Karl-Werner Ratschko

Die Arzthelferin

Karl-Werner Ratschko

Die Arzthelferin

Ausbildung und Beruf

32., vollständig neu bearbeitete Auflage

Unter Mitarbeit von Dipl.-Betriebswirt
Hans-Werner Buchholz

schlütersche

Die Deutsche Bibliothek – CIP-Einheitsaufnahme

Ratschko, Karl-Werner:
Die Arzthelferin : Ausbildung und Beruf / Karl-Werner Ratschko.
Unter Mitarb. von Hans-Werner Buchholz. – 32., vollst. bearb. Aufl. –
Hannover : Schlütersche, 1999
ISBN 3-87706-570-8

Anschrift des Verfassers:
Dr. Karl-Werner Ratschko
Havkamp 23
23795 Bad Segeberg

Gesamtherstellung: Schlütersche GmbH & Co. KG, Verlag und Druckerei,
Hans-Böckler-Allee 7, 30173 Hannover

Vorwort zur 32. Auflage

Die völlig neue Gestaltung dieses traditionsreichen Lehrbuches erleichtert den Auszubildenden die Orientierung und das Lernen. Lernziele am Anfang, wichtige Inhalte und Fragen zum Wiederholen am Ende der Kapitel sowie die klare Zuordnung der Kapitel zu Lehrbuchabschnitten mit übergeordneten Lernzielen sind eine gute Voraussetzung, um bei dem immer unübersichtlicher werdenden Stoff die Übersicht zu behalten.

Mit der 32. Auflage ist eine erhebliche Straffung des Inhaltes, die Betonung des Wesentlichen sowie eine eindeutige Orientierung auf die Belange der Arzthelferinnenausbildung, besonders in der Berufsschule, verbunden. Dabei ist es nicht möglich, die Lehrpläne aller 16 Bundesländer im einzelnen zu berücksichtigen. Für mich war wichtig, den 1985 als einheitliche Vorgabe auf der Ebene der Kultusministerkonferenz erarbeiteten Rahmenlehrplan zu erfüllen. Er ist mit der Ausbildungsverordnung für Arzthelfer/innen abgestimmt und Grundlage für alle Länderlehrpläne.

Diplom-Betriebswirt Hans-Werner Buchholz hat erneut einige Kapitel bearbeitet, die Lehrarzthelferinnen des Edmund-Christiani-Seminars der Ärztekammer Schleswig-Holstein, Heidi Reimers, Sabina Baraucke und Petra Stolten waren mir bei der Überarbeitung spezieller Abschnitte behilflich. Die Lehrarzthelferinnen Ursula Nelke und Anne Hostmann sowie die Ärztinnen Cornelia Ubert und Marianne Schardt, Limburg, haben das von Annika Müller und Nicole Ziethmann erstellte Manuskript kritisch durchgesehen. Bei allen möchte ich mich herzlich bedanken.

Ein Lehrbuch braucht die Hinweise seiner Benutzer. Deswegen bitte ich herzlich um Ihre Mitarbeit, Wünsche, Anregungen oder Kritik.

Bad Segeberg im Juli 1999 Dr. med. Karl-Werner Ratschko

Herzlich willkommen

Bau und Funktion des Körpers

Verwaltung in der Arztpraxis

Recht

Vertragsärztliche Praxis

Krankheitslehre

Im Vordergrund steht der Patient

Labortechnologie

Zu guter Letzt – Prüfung und Beruf

Herzlich willkommen

Übergreifendes Lernziel

▶ *Einsicht in die Bedeutung des Gesundheitswesens für den Einzelnen und die Gesellschaft gewinnen*

Sie haben sich entschlossen, den Beruf der Arzthelferin zu erlernen. Hierzu herzlichen Glückwunsch. Sie haben gut gewählt. In den nächsten drei Jahren werden Sie in Ihrer Arztpraxis und in der Berufsschule die praktischen und theoretischen Grundlagen Ihres neuen Berufes vermittelt bekommen. Sie werden sehen, dass Sie einen sehr anspruchsvollen Beruf gewählt haben, der viel von Ihnen verlangen wird, aber auch viel Freude macht.

Damit Ihnen der Einstieg etwas leichter fällt, erhalten Sie in den nächsten Kapiteln einen Einblick in Ihren neuen Arbeitsplatz, Ihren neuen Beruf, die Einordnung der Arbeit der Arztpraxis in unser Gesundheitswesen sowie – damit Ihnen der Umgang mit Patienten, Chef/Chefin und Kolleginnen von Anfang an leichter fällt, eine Einführung in den »Umgang mit Menschen« (Kommunikation).

1. Der neue Arbeitsplatz – die Arztpraxis

ZIELE DES RAHMENLEHRPLANS

- ▶ Ausstattung und Arbeitsabläufe in der Praxis des niedergelassenen Arztes beschreiben
- ▶ Den Arbeitsalltag in der Praxis erläutern
- ▶ Bedeutung der Schweigepflicht für das Vertrauensverhältnis zwischen Arzt und Patient erläutern

▶ *Ärztliche Fachrichtungen.*

Ärztliche Praxen können auf Grund der verschiedenen Fachrichtungen wie auch innerhalb einer Richtung durch unterschiedliche Schwerpunktsetzungen der Ärzte sehr verschieden sein. Auch gibt es unterschiedliche Anforderungen an eine Praxis in der Stadt oder auf dem Lande. Trotzdem haben Arztpraxen viele Gemeinsamkeiten.

▶ *Praxisorganisation.*

Praxisorganisation, Praxisgröße und -aufteilung, Arbeitsplatzgestaltung im Empfang → siehe Kapitel 13

Arbeitsplatzgestaltung im Labor → siehe Kapitel 32

1.1. Arbeitsabläufe und räumliche Gliederung der Praxis

▶ *Praxisausstattung.*

Die prinzipielle Gliederung und Ausstattung ist für alle Praxen ungefähr gleich.

Patienten

- kommen in die Praxis (Empfangsraum),
- melden sich an (Anmeldung),
- müssen warten (Vorwartezone, Wartezimmer),
- sprechen mit dem Arzt (Sprechzimmer),
- werden vom Arzt untersucht (Untersuchungszimmer) und
- werden behandelt (Behandlungszimmer).
- Spezielle Untersuchungen finden statt (z. B. Labor, Sonografie, Endoskopie, Röntgen),
- Abrechnungen, Liquidationen und Befundberichte werden erstellt (Administration, Schreibzimmer).

Erforderlich sind weiterhin Arbeits- und Aufenthaltsraum für den Arzt, ein Aufenthaltsraum für die Mitarbeiterinnen des Arztes, Toiletten, ein Vorratsraum und ein Abstell- und Ablageraum.

Selbstverständlich hat nicht jede Praxis jeden der dargestellten Räume als getrennte Bereiche. Empfangsraum und Anmeldung können sich in einem Raum befinden, Sprechzimmer und Untersuchungszimmer können ineinander übergehen, es kann aber auch zwei oder sogar drei Sprechzimmer geben. Ein Kinderarzt wird mehrere Wartezimmer haben, um Ansteckungen zu vermeiden, bei manchen Ärzten werden sich Untersuchungs- und/oder Behandlungsbereich im Sprechzimmer befinden u. a. m. Unabhängig von der Zahl der zur Verfügung stehenden Räume wird es in aller Regel erforderlich sein, Zonen für die dargestellten Arbeitsabläufe zu finden und in zweckmäßiger Weise abzugrenzen.

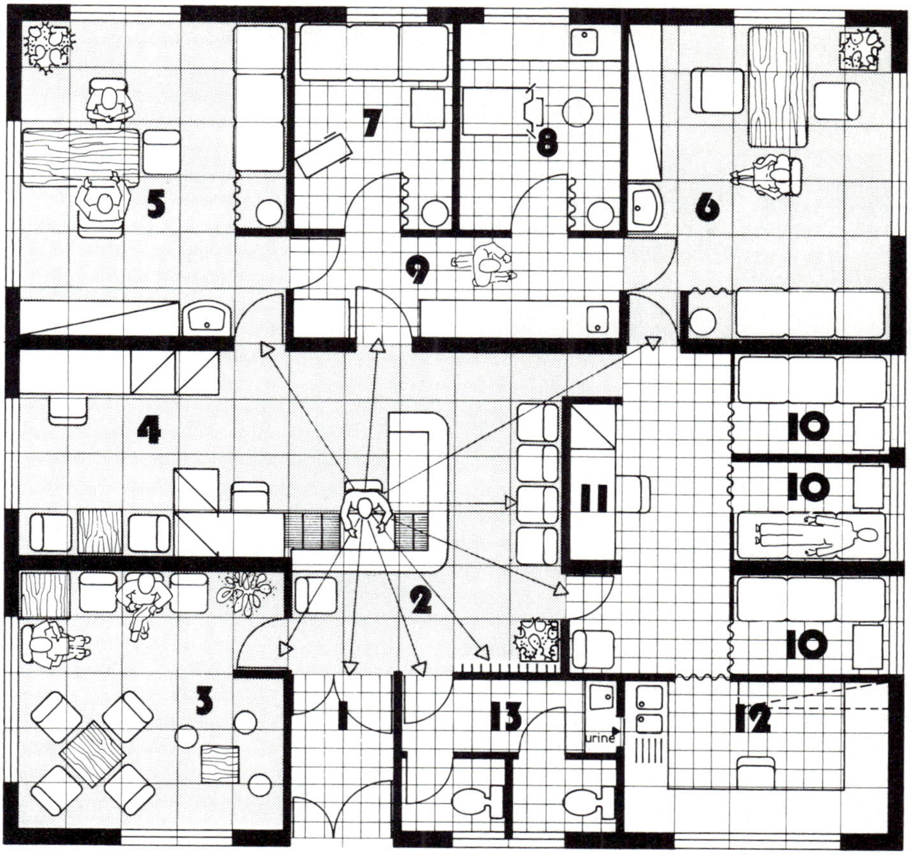

Beispiel einer Arztpraxis (WOLFF).

1,2 Empfangsraum und Anmeldung
2,3 Aufenthaltsbereiche, Wartezimmer
4 Schreibzimmer, Administration
5,6 Sprechzimmer
7,8 Untersuchungszimmer
9 Flur
10 Behandlungszimmer
11 Arbeitsplatz für Schreibarbeiten
12 Praxislabor
13 Toilette mit Durchreiche

1.2. Die Praxisräume im Einzelnen

Anmeldung und Empfangsraum

Nach Betreten der Praxis kommt der Patient üblicherweise in einen Vorflur oder ohne besonderen Übergang direkt in die Anmeldung. Der erste Eindruck ist sehr wichtig für das Wohlbefinden des Patienten in der Praxis. Aus diesem Grunde ist es von Vorteil, wenn der Empfangsbereich hell und freundlich gestaltet ist. Eine gute Belüftungsmöglichkeit hilft, den Raum frei von »praxistypischen« Gerüchen zu halten. Die Einrichtung sollte zweckmäßig sein und nur das unbedingt Notwendige enthalten. Auf diese Weise wird die erforderliche Sauberkeit leichter ermöglicht. Eine Patientengarderobe im Sichtbereich der Arzthelferin in der Nähe der Anmeldung ist zu empfehlen. Bei größeren Praxen ist es ratsam, in diesem Bereich eine Vorwartezone einzurichten. Dadurch entsteht auch ein Raum für diejenigen Patienten, die lediglich eine Bescheinigung abholen wollen oder zu einer Bestrahlung kommen.

Anmeldung.

Aufenthaltsraum.

Wartezimmer/Aufenthaltsraum

Ist eine Vorwartezone vorhanden, wird das Wartezimmer nur für Patienten erforderlich, die direkt zum Arzt wollen. Wünschenswert ist ein ausreichend großer Raum mit mehreren Sitzgruppen. Der Raum muss sich gut reinigen lassen, sollte aber nach Möglichkeit keine Wartehallenatmosphäre vermitteln, damit das unvermeidliche Warten dem Patienten so leicht wie möglich wird. Leise Rundfunkmusik, Zeitschriften, Spielzeug für Kinder verkürzen die Wartezeit.

Sprechzimmer.

Sprechzimmer

Außer dem ärztlichen Schreibtischbereich, einem Schrank für notwendige Instrumente sind ein Stuhl für den Patienten und eine Untersuchungsliege (ggf. ein Untersuchungsstuhl) erforderlich, damit neben der Beratung auch die Untersuchung und andere kleine Tätigkeiten erfolgen können. Je nach Praxis sind zwei oder sogar drei Sprechzimmer ratsam. Mehrere Sprechzimmer sind vorteilhaft, um keine unnötigen Zwangspausen entstehen zu lassen, wenn der Patient im Sprechzimmer auf den Arzt wartet oder nachdem der Arzt schon wieder das Sprechzimmer verlassen hat. Voraussetzung ist jedoch, dass die Sprechzimmer (etwa 23 °C) warm sind. Um die hygienisch einwandfreie Beschaffenheit des Sprechzimmers nicht zu gefährden, sollten hier keine offenen Schränke oder Regale mit Büchern oder Ärztemustern stehen.

Untersuchungszimmer

Für besondere Untersuchungen (Endoskopie, Rektoskopie, gynäkologische Untersuchungen) ist ein besonders eingerichtetes Untersuchungszimmer von Vorteil. Ohne Zeitverlust kann z. B. eine endoskopische Untersuchung vorbereitet und das Zimmer nach der Untersuchung aufgeräumt werden.

Technische Räume

Elektrokardiografische und sonografische Untersuchungen lassen sich ebenfalls besser in einem besonderen Raum durchführen. Auch hier ist darauf zu achten, dass die Räume ausreichend beheizt sind. Elektrokardiogramme benötigen eine besondere Abschirmung, Röntgenuntersuchungen müssen in jedem Fall in einem eigenen Raum durchgeführt werden. Laboruntersuchungen sollten ebenfalls in einem gesonderten Raum stattfinden. Hier könnten aber auch die Sterilisation und die Desinfektion erfolgen.

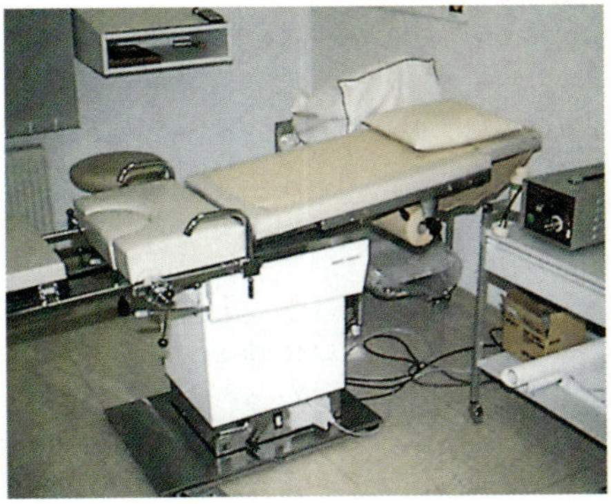

Arbeitsplatz für Endoskopien.

Behandlungszimmer

Bestrahlungen, Inhalationen, Spritzen, Verbandwechsel u. ä. werden am besten in einem Behandlungszimmer durchgeführt, das entsprechend den Bedürfnissen der Praxis ausgestattet sein muss. Das Behandlungszimmer muss so eingerichtet sein, dass es einwandfrei sauber gehalten und desinfiziert werden kann. Operativ tätige Ärzte werden bei größerem Umfang dieser Tätigkeit hierfür einen besonderen Raum vorsehen.

Schreibzimmer, Administration

Jede Praxis benötigt einen Verwaltungsbereich für die notwendigen Schreibarbeiten, Eintragungen in die Kartei, Aufbewahrung der Karteikarten und Ordner, für Abrechnung und Erstellung der Privatliquidationen, ggf. für die Praxisbuchführung. Wenn umfangreichere Schreibarbeiten anfallen (z. B. bei Ärzten, bei denen viele Befundberichte erforderlich sind), ist ein gesondertes Schreibzimmer nützlich. Ein Teil der Praxisverwaltung wird sich aus praktischen Gründen in der Anmeldung befinden müssen.

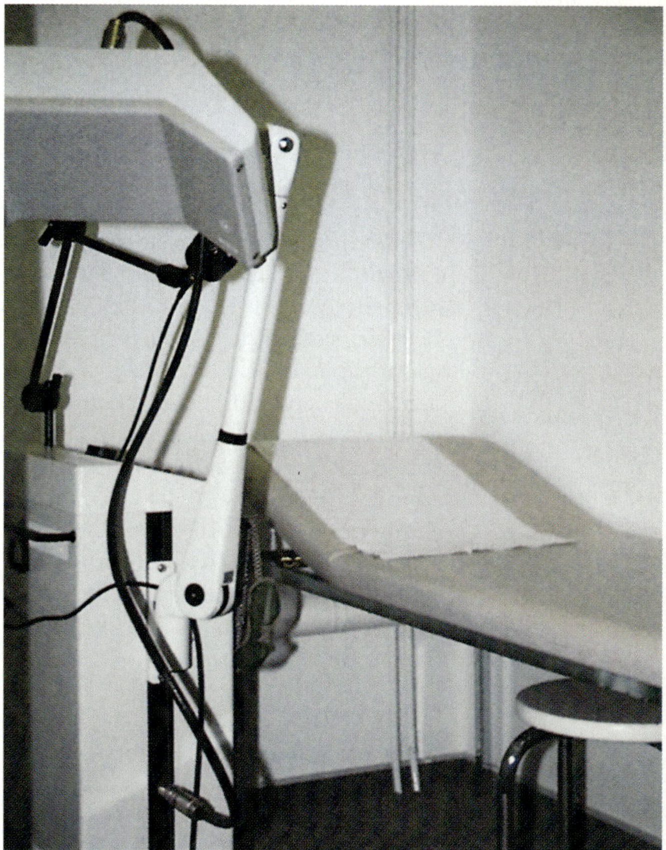

▲ *Bestrahlungskabine.*

◀◀ *Arbeitsplatz für Schreibarbeiten.*

Sonstige Räume

Ein gesondertes Arbeitszimmer ermöglicht dem Arzt, Bücher, Unterlagen für die Korrespondenz, Informations- und Werbematerial aus dem Sprechzimmer herauszuhalten. Ebenso wie der Aufenthaltsraum den Mitarbeitern des Arztes dient, benötigt auch er einen Raum zur Entspannung. Toiletten sollten für Personal und Patienten getrennt vorhanden sein. Eine Durchreiche für die Urinproben-Gefäße von der Patiententoilette zum Labor erspart den Anblick von Mitpatienten mit vollen Uringläsern auf dem Wege zum Praxislabor.

◀ *Archiv.*

1.3. Formen ärztlicher Zusammenarbeit

▶ *Ärztliche Zusammenarbeit.*

Einzelpraxis – Gruppenpraxis

In Deutschland haben sich in den letzten Jahrzehnten verschiedene Formen der Zusammenarbeit von Ärztinnen und Ärzten entwickelt. Hierdurch ergeben sich gegenüber der Einzelpraxis in manchen Bereichen erhebliche Vorteile. Die Zusammenarbeit in der »Gruppenpraxis« vermindert die Belastung für den einzelnen Arzt, schafft zusätzliche Arbeitsplätze für Ärzte, ermöglicht es, vorhandene Räume, Mitarbeiter, Geräte und Materialien besser einzusetzen. Junge Ärzte haben die Möglichkeit, durch die Zusammenarbeit mit älteren Kollegen die erforderliche Erfahrung für die Tätigkeit als niedergelassener Arzt zu erwerben.

Etwa 80 Prozent aller Arztpraxen sind *Einzelpraxen.* Vorteile der Einzelpraxis liegen besonders in zwei Bereichen:

- Wahrung des persönlichen Arzt-Patienten-Verhältnisses,
- alleinige Verantwortlichkeit des Praxisinhabers.

▶ *Gruppenpraxis.*

Die Gruppenpraxis hat dagegen in folgenden Bereichen Vorzüge:

- Bessere Auslastung der Räume, Mitarbeiter und Geräte (z. B. Raum- und Mitarbeiterbedarf pro Arzt in einer Gemeinschaftspraxis nur etwa 70 bis 80 Prozent gegenüber der Einzelpraxis),
- Möglichkeit zeitweiliger Freistellung eines Arztes für Fortbildung, Urlaub u. ä. und
- fachliche Unterstützung der Ärzte untereinander.

Gemeinschaftspraxis

In einer Gemeinschaftspraxis arbeiten mehrere Ärzte gleicher oder verwandter Fachgebiete unter Inanspruchnahme der gleichen Mitarbeiter, der Räume und technischen Einrichtung unter einem Dach zusammen. Die Gemeinschaftspraxis muss auf dem Praxisschild angekündigt werden und bedarf einer Genehmigung durch den Zulassungsausschuss bei der Kassenärztlichen Vereinigung. Die in einer Gemeinschaftspraxis tätigen Ärzte bilden eine *Gesellschaft bürgerlichen Rechts (GbR)* und üben ihre Tätigkeit gemeinsam aus.

Dies umfasst insbesondere

- einen gemeinsamen Behandlungsvertrag mit dem Patienten (siehe Kapitel 16),
- eine gemeinsame Patientenkartei,
- gemeinsame Haftung für den Schadensfall
- gemeinsame Abrechnung mit der Kassenärztlichen Vereinigung.

Es werden verschiedene Formen der Gemeinschaftspraxis unterschieden:

- die *Partnergemeinschaft* (nicht verwandte Ärztinnen und Ärzte etwa gleichen Alters arbeiten zusammen),
- die *Ehepartnergemeinschaft* (Ehepartner arbeiten zusammen),
- die *Nachfolgegemeinschaft* (Senior- und Juniorpartner arbeiten bis zu einer späteren Praxisübernahme durch den Jüngeren zusammen).

Knapp 20 Prozent der Ärztinnen und Ärzte lassen sich in einer Gemeinschaftspraxis nieder, davon etwa 40 Prozent in einer Partnergemeinschaft, 30 Prozent in einer Ehepartnergemeinschaft und 20 Prozent in der Nachfolgegemeinschaft. In etwa 10 Prozent der Praxen umfasst die Gemeinschaftspraxis mehr als zwei Partner.

Fachübergreifende Gemeinschaftspraxis

Hierbei handelt es sich formal um eine Gemeinschaftspraxis (GbR), die große Ähnlichkeit mit einer Praxisgemeinschaft hat. Die einzelnen Ärzte müssen sich auf die Leistungen beschränken, die sie auf Grund ihrer fachlichen Voraussetzungen (und Zulassung) erbringen dürfen. Bei der gemeinsamen Abrechung müssen die Leistungen nach den behandelnden Ärzten gekennzeichnet werden. Mit Zustimmung des Patienten ist eine gemeinsame Karteiführung möglich, für die Inanspruchnahme des Praxispartners ist ein Überweisungsschein nicht erforderlich.

Praxisgemeinschaft
Die Zusammenarbeit beschränkt sich auf die gemeinsame Nutzung von Räumen, Geräten oder nichtärztlichen Mitarbeitern. Formal handelt es sich um Einzelpraxen meist unterschiedlicher Fachrichtungen. Die Praxen werden wie Einzelpraxen geführt (eigene Patienten, Kartei und Abrechnung u. ä.). Die Ankündigung einer Praxisgemeinschaft auf dem Praxisschild ist nicht zulässig.

Apparategemeinschaft
Die häufigste Form der »Apparategemeinschaft« ist die *Laborgemeinschaft*. Mehrere Ärzte nutzen unter Beibehaltung des Status als Einzel- oder Gemeinschaftspraxis ein gemeinsames Labor. An einer Laborgemeinschaft sind oft weit über 100 Ärzte beteiligt. In anderen Apparategemeinschaften werden besonders kostenintensive Geräte, aufwändige Operationseinrichtungen u. ä. gemeinschaftlich genutzt. Der Anschluss an eine Laborgemeinschaft oder auch andere Formen der Apparategemeinschaft müssen bei der Kassenärztlichen Vereinigung angezeigt werden.

Partnerschaften
Ärztinnen/Ärzte haben die Möglichkeit, den ärztlichen Beruf auch in Form einer *Partnerschaftsgesellschaft* auszuüben. Die Grundzüge der ärztlichen Berufsausübung (freie Arztwahl, eigenverantwortliche und selbstständige Berufsausübung) müssen hierbei gewahrt bleiben. Es ist nur die Beteiligung an einer einzigen Kooperationsgemeinschaft zulässig. Im Rahmen der Partnerschaftsgesellschaft ist es für Ärztinnen/Ärzte auch möglich, sich mit bestimmten anderen Berufsgruppen zu medizinischen Kooperationsgemeinschaften zusammenzuschließen. Zu diesen Berufsgruppen gehören neben Zahnärzten, Diplompsychologen oder Klinischen Chemikern auch Hebammen, Logopäden, Ergotherapeuten, Physiotherapeuten, Medizinisch-technische Assistenten, Pflegepersonen, Diätassistenten.

1.4. Die ärztliche Schweigepflicht

Gleich zu Beginn ihrer Tätigkeit wird die Auszubildende auf die auch für sie geltende ärztliche Schweigepflicht aufmerksam gemacht. Der Patient hat Anspruch darauf, dass alles, was ihn betrifft, gegenüber Dritten vertraulich behandelt wird. Ausnahmen gibt es nur, wenn es durch ein Gesetz oder eine entsprechende Vorschrift ausdrücklich erlaubt ist.

◄ *Patientengeheimnis.*

Die Wahrung des Patientengeheimnisses durch den Arzt und seine Mitarbeiter ist unentbehrliche Grundlage für jedes Arzt-Patienten-Verhältnis. Nur wenn ein Patient sich darauf verlassen kann, dass die dem Arzt anvertrauten persönlichen Daten vertraulich behandelt werden, wird er bereit sein, auch Auskünfte z. B. aus seiner Intimsphäre zu geben. Ohne genaue, vollständige und wahrheitsgemäße Angaben des Patienten ist es für den Arzt häufig nicht möglich, eine richtige Diagnose zu stellen und die Ergebnisse der Behandlung zutreffend zu bewerten.

◄ *Persönliche Daten.*

Ebenso wie der Arzt ist die Arzthelferin verpflichtet, über alles, was sie in Ausübung ihres Berufes gehört und gesehen hat, zu schweigen. Dies bezieht sich nicht nur auf die Erkrankungen der Patienten, deren Behandlung oder deren Verhalten, sondern schon bereits auf die Tatsache, dass ein bestimmter Patient den Arzt aufgesucht hat. Die Schweigepflicht gilt auch gegenüber den Ehegatten der Patienten, gegenüber Eltern und anderen Angehörigen. Grundsätzlich sollte die Arzthelferin Auskünfte nur nach entsprechender Weisung durch ihren Chef erteilen.

Ist der Arzt von einem Patienten von der Schweigepflicht entbunden worden, muss dies nicht für die Arzthelferin gelten. Eine Entbindung von der Schweigepflicht sollte nach Möglichkeit schriftlich geschehen, kann aber auch durch Erklärung gegenüber einem Gericht oder gegenüber dem Prozessgegner erfolgen. Die Schweigepflicht gilt über den Tod des Patienten hinaus. Nach dem Tod eines Patienten ist eine Entbindung von der Schweigepflicht nicht mehr möglich, auch nicht durch Angehörige.

Beispiele: Die Privatliquidation für die Behandlung einer Patientin darf nicht an ihren Ehemann übersandt werden, auch wenn nur dieser beihilfeberechtigt ist und die Privatversicherung unter seinem Namen abgeschlossen wurde. Dies wäre ein Bruch der Schweigepflicht.

Auch Auskünfte über die Anwesenheit eines Patienten an Dritte sind eine Verletzung der Schweigepflicht. Sie sollten nur mit Einverständnis des Patienten gegeben werden.

Eine noch nicht vorgelegte Krankenversicherungskarte muss im geschlossenen Umschlag und nicht mit einer (für Unbefugte lesbaren) Postkarte angemahnt werden.

Die Verletzung der Schweigepflicht ist eine so ernste Angelegenheit, dass der Gesetzgeber hierfür Strafen im Strafgesetzbuch festgelegt hat. Gewöhnen Sie sich an, über Angelegenheiten aus Ihrer beruflichen Tätigkeit außerhalb der Praxis überhaupt nicht zu reden, nicht in Ihrer Familie und nicht in der Schule. In der Praxis achten Sie bitte stets darauf, daß kein Unbefugter zuhören kann. Dies ist besonders beim Telefonieren im Empfang oder bei Fragen an Patienten im Beisein anderer besonders leicht möglich.

▶▶ *Zum Wiederholen und Lernen.*

§ 203 STRAFGESETZBUCH (STGB)

(1) Wer unbefugt ein fremdes Geheimnis, namentlich ein zum persönlichen Lebensbereich gehörendes Geheimnis oder ein Betriebs- oder ein Geschäftsgeheimnis, offenbart, das ihm als . . . Arzt . . . bekannt geworden ist, wird mit Freiheitsstrafe bis zu einem Jahr oder mit Geldstrafe bestraft

(2) Den in Abs. 1 Genannten stehen ihre berufsmäßig tätigen Gehilfen und die Personen gleich, die bei Ihnen zur Vorbereitung auf den Beruf tätig sind . . .

MEMO!

WICHTIGES ZUM MERKEN

In einer Gemeinschaftspraxis arbeiten mehrere Ärzte gleicher oder verwandter Fachgebiete unter Inanspruchnahme der gleichen Mitarbeiter, Räume und technischen Einrichtungen zusammen.

In einer Praxisgemeinschaft arbeiten rechtlich selbstständige niedergelassene Ärzte zusammen, die Räume, Mitarbeiter oder Geräte gemeinschaftlich nutzen.

EINIGE FRAGEN ZUM ÜBEN

Beschreiben Sie die ambulante Versorgung der Bevölkerung!

Wie ist eine Arztpraxis grundsätzlich räumlich gegliedert?

Beschreiben Sie den Unterschied zwischen einer Gemeinschaftspraxis und einer Praxisgemeinschaft!

2. Der Weg zur Arzthelferin

ZIELE DES RAHMENLEHRPLANS

- **Rechtliche Regelungen des Ausbildungsverhältnisses erläutern**
- **Wichtige Rechtsvorschriften zum Schutz der Auszubildenden darlegen**
- **Verfahren zur Klärung von Streitigkeiten während der Ausbildung aufzeigen**

2.1. Ausbildung der Arzthelferin

Der Beruf der Arzthelferin gehört zu den medizinischen Assistenzberufen und ist durch die am 10. Dezember 1985 erlassene Ausbildungsordnung des Bundesministers für Jugend, Familie und Gesundheit geregelt. Der Beruf der Arzthelferin ist staatlich anerkannt. Nur diejenigen Auszubildenden, die die Prüfung vor einem Prüfungsausschuss der Ärztekammer abgelegt haben, dürfen die Bezeichnung Arzthelferin führen.

Die Ausbildung zur Arzthelferin erfolgt in der Praxis eines niedergelassenen Arztes sowie in der Berufsschule. Die gleichzeitige Ausbildung in Praxis und Berufsschule wird auch als Ausbildung nach dem *»dualen System«* bezeichnet. Die allgemeinen Bestimmungen für eine solche Ausbildung sind im Berufsbildungsgesetz (BBiG) geregelt.

Die Ärztekammern sind nach dem Berufsbildungsgesetz die zuständigen Stellen zur Ausbildung der Arzthelferin. Sie regeln und überwachen die Berufsausbildung der Arzthelferin, prüfen die Ausbildungsverträge und nehmen sie in ein Verzeichnis auf, errichten Prüfungsausschüsse für die Zwischen- und Abschlussprüfung, lassen zur Abschlussprüfung zu, überwachen die fachliche und persönliche Eignung der ausbildenden Ärzte sowie die Eignung der Ausbildungsstätten und beraten die Ärzte und auszubildenden Arzthelferinnen. Von jeder Ärztekammer sind Ausbildungsberater (meist in eigener Praxis tätige Ärzte) eingesetzt, die vor Aufnahme und während der Ausbildung um Rat gefragt werden können.

◀ ***Ausbildung in der Praxis.***

MEMO!

Die Ärztekammern sind zuständige Stellen für die Arzthelferinnenausbildung.

◀ ***Ausbildung in der Schule.***

Der Besuch der Berufsschule ist für jede auszubildende Arzthelferin Pflicht. Der ausbildende Arzt hat die Auszubildende für die Teilnahme am Berufsschulunterricht freizustellen. Die Anmeldung zur Berufsschule erfolgt durch den Arzt. Der Unterricht richtet sich nach den Lehrplänen der Länder, die auf einem bundeseinheitlichen Rahmenlehrplan im Auftrage der Kultusministerkonferenz beruhen. Die Inhalte von Rahmenlehrplan und Ausbildungsordnung sind miteinander abgestimmt.

2.2. Berufsbildungsgesetz

Die allgemeinen Bestimmungen der dualen Berufsausbildung sind im Berufsbildungsgesetz vom 14. August 1969 festgelegt. Neben Definition und Geltungsbereich sind dort teilweise bis ins Einzelne gehende Vorschriften zur Begründung, zum Inhalt,

▶ *Ausbildungsvertrag.*

▶ *Arbeitsvertrag.*

▶▶ *Probezeit.*

▶▶ *Prüfung.*

zu Beginn und Ende des Berufsausbildungsverhältnisses, über die Berechtigung zur Einstellung von Auszubildenden, die Anerkennung von Ausbildungsberufen, über das Verzeichnis der Berufsausbildungsverhältnisse, zum Prüfungswesen, zur Regelung und Überwachung der Berufsausbildung u. a. m. geregelt.

Voraussetzung für ein Ausbildungsverhältnis zwischen einem ausbildenden Arzt (Ausbildender) und der auszubildenden Arzthelferin (Auszubildenden), bzw. bei Minderjährigen auch deren gesetzlichem Vertreter, ist ein schriftlicher Ausbildungsvertrag.

Auf den Vertrag sind – soweit es im Berufsbildungsgesetz nicht anders geregelt ist – die für den Arbeitsvertrag geltenden Rechtsvorschriften und Rechtsgrundsätze anzuwenden.

Spätestens vor Beginn des Berufsausbildungsverhältnisses müssen vom ausbildenden Arzt die wesentlichen Inhalte des Ausbildungsvertrages schriftlich niedergelegt werden. Verbindlich vorgeschrieben sind folgende Inhalte der Angaben:

1. **Art, sachliche und zeitliche Gliederung sowie Ziel der Berufsausbildung, insbesondere die Berufstätigkeit, für die ausgebildet werden soll.**
2. **Beginn und Dauer der Berufsausbildung.**
3. **Ausbildungsmaßnahmen außerhalb der Ausbildungsstätte.**
4. **Dauer der regelmäßigen täglichen Arbeitszeit.**
5. **Dauer der Probezeit.**
6. **Zahlung und Höhe der Vergütung.**
7. **Dauer des Urlaubs.**
8. **Voraussetzung, unter denen der Berufsausbildungsvertrag gekündigt werden kann.**

Formulare zum Abschluss eines Ausbildungsvertrages gibt es bei der zuständigen Ärztekammer. Sie müssen nach Unterschrift der Ärztekammer zur Genehmigung und Erfassung vorgelegt werden.

Die auszubildende Arzthelferin hat sich zu bemühen, die Fertigkeiten und Kenntnisse zu erwerben, die erforderlich sind, um das Ausbildungsziel zu erreichen. Insbesondere ist sie verpflichtet,

- die ihr im Rahmen ihrer Berufsausbildung aufgetragenen Verrichtungen sorgfältig auszuführen,
- am Berufsschulunterricht teilzunehmen,
- den Weisungen zu folgen, die ihr erteilt werden,
- die Vorschriften in der Praxis zu beachten, Einrichtung und Instrumente pfleglich zu behandeln,
- über Vorkommnisse in der Praxis Verschwiegenheit zu bewahren und die Schweigepflicht gegenüber Patienten einzuhalten.

Die Auszubildende hat Anspruch auf eine angemessene Vergütung, die mit fortschreitender Berufsausbildung – mindestens jedoch einmal jährlich – ansteigt. Die Vergütung ist für den laufenden Ausbildungsmonat spätestens am letzten Arbeitstag des Monats fällig.

Das Berufsausbildungsverhältnis beginnt mit der Probezeit. Sie muss mindestens einen Monat und darf höchstens drei Monate betragen. Das Berufsausbildungsverhältnis endet mit dem Ablauf der Ausbildungszeit. Besteht die auszubildende Arzthelferin vor Ablauf der Ausbildungszeit die Abschlussprüfung, so endet das Berufsausbildungsverhältnis mit Bestehen der Abschlussprüfung. Besteht die Auszubildende die Abschlussprüfung nicht, so verlängert sich das Berufsausbildungsverhältnis auf ihr Verlangen bis zur nächstliegenden Wiederholungsprüfung, höchstens jedoch um ein Jahr.

Während der Probezeit kann das Berufsausbildungsverhältnis jederzeit ohne Einhaltung einer Kündigungsfrist gekündigt werden. Nach der Probezeit ist eine

Kündigung für beide Seiten nur aus einem wichtigen Grund ohne Einhaltung einer Kündigungsfrist oder mit einer Kündigungsfrist von vier Wochen von der auszubildenden Arzthelferin, wenn sie die Berufsausbildung aufgeben oder wechseln will, möglich.

2.3. Ausbildungsordnung

Die Verordnung über die Berufsausbildung zum Arzthelfer/zur Arzthelferin (Arzthelfer-Ausbildungsordnung) regelt die staatliche Anerkennung und Dauer (3 Jahre) der Ausbildung der Arzthelferin sowie in einem Ausbildungsberufsbild die Inhalte der Ausbildung in der ärztlichen Praxis. Die im Berufsbild (§ 4 der Ausbildungsordnung) festgelegten Fertigkeiten und Kenntnisse sollen nach einer der Ausbildungsordnung als Anlage beigefügten sachlichen und zeitlichen Gliederung vermittelt werden (Ausbildungsrahmenplan), wobei Abweichungen, insbesondere auf Grund praxisbedingter Besonderheiten, zulässig sind.

Ausbildungsplan

Die Ausbildungsordnung schreibt vor, dass vor Beginn der Ausbildung in einem Ausbildungsplan festgelegt wird, welche Ausbildungsabschnitte zu welchem Zeitpunkt absolviert werden sollen. Dabei dürfen die für das erste Jahr vorgesehenen Inhalte nicht im zweiten bzw. dritten Ausbildungsjahr vermittelt werden und umgekehrt.

Da Arztpraxen meistens nicht die Möglichkeit bieten, Auszubildende für bestimmte Zeiten an bestimmten »Ausbildungsstationen« einzusetzen, hat die Festlegung eines Ausbildungsplanes die Aufgabe, Schwerpunkte der Ausbildung festzulegen.

In dem jeweils festgelegten Zeitraum sollen sich ausbildender Arzt und selbstverständlich auch die weiteren Arzthelferinnen in der Arztpraxis sowie die Auszubildende darum bemühen, möglichst viele

AUSBILDUNGSBERUFSBILD (§ 4)

Gegenstand der Berufsausbildung sind mindestens die folgenden Fertigkeiten und Kenntnisse:

1. Kenntnisse über das Gesundheitswesen und die ärztliche Praxis
2. Arbeitsschutz, Arbeitshygiene, Umweltschutz und rationelle Energieverwendung
3. Maßnahmen der Praxishygiene
4. Anwenden und Pflegen medizinischer Instrumente, Geräte und Apparate
5. Betreuen von Patienten in der ärztlichen Praxis
6. Hilfeleistungen bei Notfällen
7. Mitwirken bei diagnostischen und therapeutischen Maßnahmen des Arztes
8. Durchführen von Laborarbeiten einschließlich der Qualitätssicherung
9. Umgehen mit Arzneimitteln, Impfstoffen sowie mit Heil- und Hilfsmitteln
10. Anwenden von medizinischen Termini und Grundkenntnissen über Krankheiten
11. Anatomie, Physiologie und Pathologie
12. Prävention, Prophylaxe und Rehabilitation
13. Organisieren der Praxisabläufe einschließlich Textverarbeitung
14. Durchführen des Abrechnungswesens
15. Durchführen von Verwaltungsarbeiten
16. Umgehen mit Bestimmungen der Sozialgesetzgebung

Berufsbild.

Ausbildungsabschnitte.

Fertigkeiten und Kenntnisse aus dem im Ausbildungsplan festgelegten Ausbildungsabschnitt zu vermitteln bzw. zu erlernen.

Defizite, die sich aus den Notwendigkeiten des Praxisablaufes ergeben, müssen später nachgeholt werden.

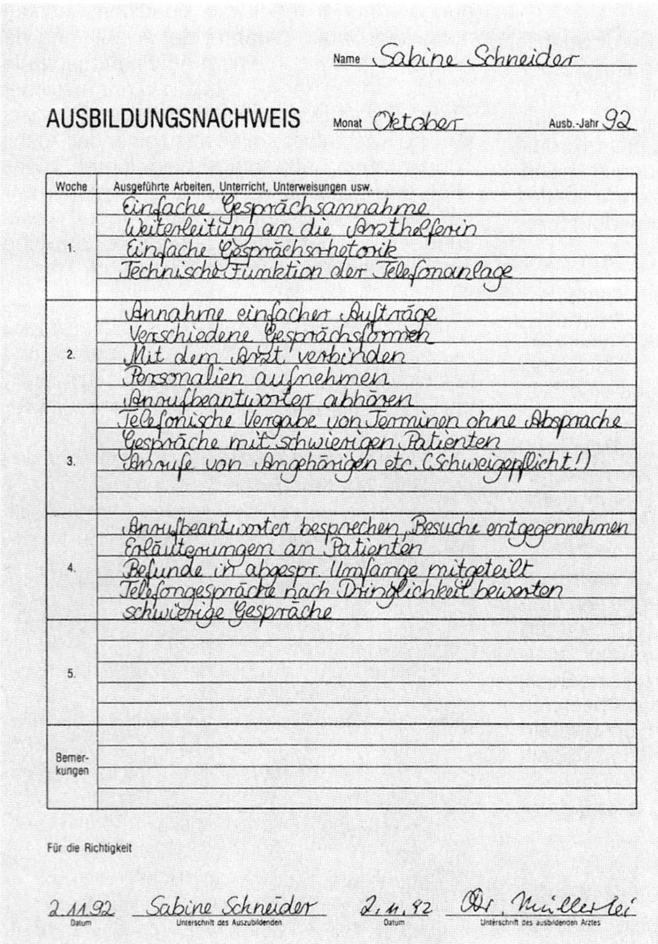

Name Sabine Schneider

AUSBILDUNGSNACHWEIS Monat Oktober Ausb.-Jahr 92

Woche	Ausgeführte Arbeiten, Unterricht, Unterweisungen usw.
1.	Einfache Gesprächsannahme Weiterleitung an die Arzthelferin Einfache Gesprächsrhetorik Technische Funktion der Telefonanlage
2.	Annahme einfacher Aufträge Verschiedene Gesprächsformen Mit dem Arzt verbinden Personalien aufnehmen Anrufbeantworter abhören
3.	Telefonische Vergabe von Terminen ohne Absprache Gespräche mit schwierigen Patienten Anrufe von Angehörigen etc. (Schweigepflicht!)
4.	Anrufbeantworter besprechen, Besuche entgegennehmen Erläuterungen an Patienten Befunde in abgespr. Umfange mitgeteilt Telefongespräche nach Dringlichkeit bewerten schwierige Gespräche
5.	
Bemerkungen	

Für die Richtigkeit

2.11.92 (Datum) Sabine Schneider (Unterschrift des Auszubildenden) 2.11.92 (Datum) Dr. Müller (Unterschrift des ausbildenden Arztes)

▲ *Berichtsheft.*

Berichtsheft

Die Ausbildungsordnung (§6) schreibt vor, dass ein Berichtsheft in Form eines *Ausbildungsnachweises* geführt wird. Das Führen des Berichtsheftes erfolgt während der Arbeitszeit in der Arztpraxis. Es soll erkennen lassen, welche Ausbildungsziele die Auszubildende erreicht hat.

Es ist überflüssig, vollständige Darstellungen von Tätigkeiten in der Arztpraxis im »Aufsatzstil« zu geben; eine kurze, knappe Beschreibung des zu einem bestimmten Zeitpunkt erreichten Lernzieles reicht aus.

Hat die Auszubildende z. B. erlernt, wie ein Patient zur Sonografie vorbereitet wird, wird in das Berichtsheft z. B. eingetragen: *»Patient für Sonografie vorbereitet.«*

Auch wenn die Auszubildende längere Zeit ähnliche Tätigkeiten ausführt, ist es möglich, unterschiedliche Ziele zu formulieren, da mit zunehmender Routine die Arbeit sicherer, besser und auch bei auftretenden Schwierigkeiten beherrscht wird.

So könnte eine Angabe von Zielen im Zusammenhang mit dem Schreiben eines Elektrokardiogrammes etwa lauten: *»Elektroden an Extremitäten angelegt, Gerät angeschlossen, Brustwandableitungen bei der Frau angelegt, Brustwandableitungen bei stark behaarter Brust, Ableitungen nach Nehb, Maßnahmen bei verzitterter Ableitung erlernt usw.«* Auch nach längerer Tätigkeit am EKG wird die Auszubildende noch Fortschritte in der Ausbildung machen, die im Ausbildungsnachweis festgehalten werden sollten.

Das Berichtsheft ist im Bereich der Ärztekammern im Bundesgebiet nicht einheitlich. Viele Ärztekammern haben Vordrucke entwickelt, bei denen jeweils für einen Ausbildungsmonat eine Berichtsheftseite zur Verfügung steht, andere Ärztekammern haben ihr Berichtsheft nach den Ausbildungsabschnitten des Ausbildungsrahmenplanes eingeteilt.

In regelmäßigen Abständen haben Ausbildender und Auszubildende das Berichtsheft zu unterschreiben. Das Heft ist bei der Anmeldung zur Abschlussprüfung vorzulegen. Bei nicht bestandener Prüfung kann es von rechtlicher Bedeutung sein, wenn ihm zu entnehmen ist, dass Ausbildungsabschnitte, deren Nichtbeherrschung zum Durchfallen geführt haben, nicht in der Arztpraxis vermittelt worden sind.

Ausbildungsrahmenplan

Der Ausbildungsrahmenplan beschreibt die in der Praxis vom ausbildenden Arzt zu vermittelnden und von der Auszubildenden zu erwerbenden Fertigkeiten und Kenntnisse und bildet damit die Grundlage für den in der Arztpraxis zu erstellenden Ausbildungsplan. Im Gegensatz zu dem in der Berufsschule zu vermittelnden Stoff, der sich mehr auf die theoretischen Ausbildungsinhalte bezieht, sollen die in der Praxis zu erreichenden Ziele mehr praktisch orientiert sein. Soweit Inhalte des Ausbildungsrahmenplans im Rahmen der Tätigkeit in der Ausbildungspraxis nicht vermittelt werden können, muss der ausbildende Arzt in geeigneter Weise dafür sorgen, dass seine Auszubildende die Gelegenheit erhält, die notwendigen Fertigkeiten und Kenntnisse zu erwerben.

Fehlende Ausbildungsmöglichkeiten

Die Ausbildungsordnung enthält an einigen Stellen auch Lernziele, die in der Arztpraxis nur schwer zu vermitteln sind (z. B. Aufgaben und Organisation des Gesundheitswesens). In diesen Fällen muss sich der ausbildende Arzt davon überzeugen, dass seine Auszubildende die theoretischen Kenntnisse in der Berufsschule erworben hat. Ist dies nicht der Fall, ist eine Unterweisung in der Praxis oder der Erwerb der fehlenden Kenntnisse in einer geeigneten Fortbildungsveranstaltung erforderlich.

Fortbildungsveranstaltung.

Rahmenlehrplan der Kultusministerkonferenz

Die Ziele der Berufsschule und die Fachziele der Ausbildung zur Arzthelferin in der Berufsschule sind den Vorbemerkungen des Rahmenlehrplanes zu entnehmen.

Berufsschulen vermitteln dem Schüler/der Schülerin allgemeine und berufsbezogene Lerninhalte für die Berufsausbildung, die Berufsausübung wie auch im Hinblick auf die berufliche Weiterbildung. Soweit eine berufsfeldbreite Grundbildung in vollzeitschulischer Form durchgeführt wird, wird auch die fachpraktische Ausbildung vermittelt. Allgemeine und berufsbezogene Lerninhalte zielen auf die Bildung und Erziehung für berufliche und außerberufliche Situationen.

Entsprechend diesen Zielvorstellungen sollen die Schüler

- eine fundierte Berufsausbildung erhalten, auf deren Grundlage sie befähigt sind, sich auf veränderte Anforderungen einzustellen und neue Aufgaben zu übernehmen. Damit werden auch ihr Entscheidungs- und Handlungsspielraum und ihre Möglichkeit zur freien Wahl des Arbeitsplatzes erweitert,
- unter Berücksichtigung ihrer betrieblichen Erfahrungen Kenntnisse und Einsichten in die Zusammenhänge ihrer Berufstätigkeit erwerben, damit sie gut vorbereitet in die Arbeitswelt eintreten.
- Fähigkeiten und Einstellungen erwerben, die ihr Urteilsvermögen und ihre Handlungsfähigkeit und -bereitschaft in beruflichen und außerberuflichen Bereichen vergrößern,
- Möglichkeiten und Grenzen der persönlichen Entwicklung durch Arbeit und Berufsausübung erkennen, damit sie mit mehr Selbstverständnis ihre Aufgabe erfüllen und ihre Befähigung zur Weiterbildung ausschöpfen,
- in der Lage sein, betriebliche, rechtliche sowie wirtschaftliche, soziale und politische Zusammenhänge zu erkennen.
- sich der Spannung zwischen den eigenen Ansprüchen und denen ihrer Mit- und Umwelt bewusst werden und bereit sein, zu einem Ausgleich beizutragen und Spannungen zu ertragen.

Persönliche Entwicklung.

Für den Rahmenlehrplan gelten die folgenden übergreifenden Lernziele, wobei die berufsspezifische Anbindung an entsprechende fachliche Lernziele vorzunehmen ist.

Die Schüler sollen

- Grundsätze und Maßnahmen der Unfallverhütung und des Arbeitsschutzes zur Vermeidung von Gesundheitsschäden und zur Vorbeugung gegen Berufskrankheiten kennen und beachten
- mit der Berufsausübung verbundene Umweltbelastungen erkennen und Maßnahmen zu ihrer Vermeidung bzw. Verminderung treffen

Lernziele.

Übersicht über die Lerngebiete mit Zeitrichtwerten.

RAHMENLEHRPLAN

Lerngebiete	Zeitrichtwerte (Unterrichtsstunden) i. d. Ausbildungsjahren		
	1.	2.	3.
1. Anatomie	80	40	–
2. Hygiene	40	–	–
3. Geräte, Apparate und Instrumente	20	20	20
4. Labortechnologie	40	40	40
5. Gesundheitswesen	20	–	–
6. Pathologie	–	40	–
7. Arzneimittel, Heil- und Hilfsmittel	–	–	20
8. Diagnose und Therapie/Patientenbetreuung	–	40	
9. Rechnungswesen/Zahlungsverkehr	30	20	40
10. Recht	50	20	–
11. Kassenärztliche Praxis/Abrechnungswesen	–	40	40
12. Praxisorganisation	–	20	40
13. Textverarbeitung	40	40	40
insgesamt	**320**	**280**	**280**

Inhalte des Rahmenlehrplans.

- Grundsätze und Maßnahmen des rationellen Einsatzes von Energie beschreiben
- Kenntnisse der Anatomie, der Physiologie und der Pathologie besitzen
- Fachsprache anwenden
- sich ihrer Verantwortung bei der Durchführung von Hygienemaßnahmen und beim Umgang mit Medikamenten und Geräten bewusst sein
- die Bedeutung der verwaltenden Tätigkeiten erkennen und die dafür erforderlichen Kenntnisse und Fertigkeiten anwenden
- Verantwortungsbewusstsein bei der Erfassung, Verarbeitung und Weitergabe von Informationen und Daten entwickeln
- moderne Technologien in praxisnahen Funktions- und Handlungszusammenhängen anwenden
- die Fähigkeit entwickeln, im Rahmen der beruflichen Aufgaben mit Menschen verständnisvoll umzugehen und bei ihrer Betreuung sachkundige Hilfe zu leisten
- den beruflichen Aufgaben- und Verantwortungsbereich beachten
- Einsicht in die Bedeutung des Gesundheitswesens für den Einzelnen und die Gesellschaft gewinnen und Bereitschaft entwickeln, die im Beruf erworbenen Fähigkeiten verantwortungsbewusst einzusetzen.

Der Rahmenlehrplan der Kultusministerkonferenz ist Grundlage für die Lehrpläne der Länder.

Prüfungsordnung

Die Prüfungsordnungen für die Durchführung der Arzthelferinnenprüfungen werden von den Ärztekammern beschlossen. Zuständig hierfür ist der jeweilige Berufsbildungsausschuss. Grundlage der Prüfungsordnung sind die Bestimmungen des Berufsbildungsgesetzes, der Ausbildungsordnung sowie Grundsatzbeschlüsse des Bundesinstitutes für Berufsbildung (siehe Kapitel 35).

Alle für die Prüfung der Auszubildenden erforderlichen Bestimmungen sind in der Prüfungsordnung zusammengefasst.

MEMO!

Zum Wiederholen und Lernen.

WICHTIGES ZUM MERKEN

Die allgemeinen Regelungen für eine Ausbildung im »dualen System« sind im Berufsbildungsgesetz vom 14. August 1969 geregelt. Die besonderen Bestimmungen finden sich in der Ausbildungsordnung für Arzthelferinnen vom 10. Dezember 1985.

Im Ausbildungsberufsbild (§ 4 der Ausbildungsordnung) sind die während der Ausbildung zu vermittelnden Fertigkeiten und Kenntnisse festgelegt. Deren zeitliche und sachliche Gliederung ist dem Ausbildungsrahmenplan (Anlage zur Ausbildungsordnung) zu entnehmen. Sie sind für die Ausbildung verbindlich. Vor Beginn der Ausbildung ist unter Zugrundelegung des Ausbildungsrahmenplanes vom ausbildenden Arzt ein Ausbildungsplan (§ 6 der Ausbildungsordnung) zu erstellen.
Der Rahmenlehrplan der Kultusministerkonferenz legt die Mindestinhalte für die Ausbildung in den Berufsschulen der Länder fest.

Die Ärztekammern sind zuständige Stellen für die Arzthelferinnenausbildung.

Die Probezeit am Anfang des Berufsausbildungsverhältnisses muss mindestens einen Monat und darf höchstens drei Monate betragen.

Berichtshefte (§ 7 der Ausbildungsordnung) sind in Form eines Ausbildungsnachweises zu führen. Das Führen erfolgt während der Arbeitszeit.

EINIGE FRAGEN ZUM ÜBEN

Wer darf die Berufsbezeichnung Arzthelferin führen?

Was versteht man unter einer Ausbildung nach dem »dualen System«?

Wo sind die allgemeinen Bestimmungen für eine Ausbildung nach dem dualen System geregelt?

Welche Einrichtung ist die zuständige Stelle für die Ausbildung zur Arzthelferin?

Welche Inhalte sind nach dem Berufsbildungsgesetz verbindlich für den Ausbildungsvertrag?

Welche Pflichten hat die Auszubildende?

Nennen Sie die Bestimmungen des Berufsbildungsgesetzes für den Beginn und das Ende der Ausbildung!

Wie unterscheidet sich der Ausbildungsrahmenplan vom Ausbildungsplan?

Welche Aufgabe hat das Berichtsheft?

3. Das Gesundheitswesen

ZIELE DES RAHMENLEHRPLANS

- Bereiche des Gesundheitswesens beschreiben und wesentliche Unterschiede aufzeigen
- Arbeitsfelder im Gesundheitswesen beschreiben
- Rechtliche Grundlagen der Ausbildung in Berufen des Gesundheitswesens nennen
- Gliederung des öffentlichen Gesundheitsdienstes und die jeweiligen Aufgaben beschreiben

3.1. Begriff »Gesundheitswesen«

Unter dem Begriff *»Gesundheitswesen«* wird eine Vielzahl von Behörden, Einrichtungen, Körperschaften, Verbänden und Vereinen zusammengefasst, die sich mit der Erhaltung, Wiederherstellung oder Erlangung von Gesundheit befassen. Neben den staatlichen Einrichtungen des Bundes, der Länder und der Kommunen sind die gesetzlichen Krankenkassen, die privaten Krankenversicherungen, die Wohlfahrtsverbände, die Berufsorganisationen von Ärzten, Zahnärzten und Apotheken, Vereine und Selbsthilfegruppen besonders zu nennen.

Unter Gesundheitswesen im engeren Sinne wird die Gesamtheit der Einrichtungen und Personen verstanden, die das Ziel verfolgen, die Gesundheit der Bevölkerung zu erhalten, zu fördern, herzustellen oder wiederherzustellen.

Die Aufgaben des Gesundheitswesens lassen sich inhaltlich in drei Bereiche unterteilen:

- **Gesundheitsschutz** (allgemeine Hygiene und Sozialhygiene)
- **Gesundheitspflege** (Gesundheitsfürsorge, Präventivmedizin und Krankheitsvorsorge, prophylaktische Medizin),
- **Kurative Medizin** (Wiederherstellung der Gesundheit).

Gesundheitsschutz

Hierunter werden alle Maßnahmen zusammengefasst, mit denen das Auftreten von Krankheiten oder die Minderung der Leistungsfähigkeit verhindert werden soll. Hierzu gehören die Maßnahmen der allgemeinen Hygiene, der Arbeits- und Betriebsmedizin, des Umweltschutzes, der allgemeinen Seuchenbekämpfung, Maßnahmen zur Unfallverhütung sowie die Überwachung des Arzneimittelwesens und der Gesundheitseinrichtungen u. a. m.

Gesundheitspflege

In diesen Bereich gehören alle Maßnahmen, um Gesunde vor gesundheitsschädlichem Handeln zu bewahren (z. B. Gesundheitsaufklärung – *primäre Prävention*), Gefährdete und Vorgeschädigte vor Erkrankung zu schützen (z. B. Impfprophylaxe, Vorsorgeuntersuchungen, Früherkennungsuntersuchungen – *sekundäre Prävention*) und bereits Erkrankte vor erneuter Erkrankung oder Verschlimmerung der Erkrankung zu schützen (z. B. Infarktsportgruppen nach Herzinfarkt – *tertiäre Prävention*)

Kurative Medizin

Hierzu gehören alle Maßnahmen zur Wiederherstellung der Gesundheit von Erkrankten oder Verletzten durch niedergelassene Ärzte und Zahnärzte sowie im Krankenhaus, einschließlich der Maßnahmen zur Rehabilitation.

3.2. Gesundheitssystem

Die Aufgaben des Gesundheitswesens werden im Wesentlichen durch

- das öffentliche Gesundheitswesen (Gesundheitspflege, Gesundheitschutz, Umweltmedizin),
- die Krankenhäuser (stationäre Versorgung) und
- freiberuflich tätige Ärzte, Zahnärzte und Apotheker (ambulante Versorgung) wahrgenommen.

Hinzu kommen Einrichtungen der Berufsgenossenschaften (z. B. Arbeitsmedizinische Zentren), der Rentenversicherer (z. B. ambulante und stationäre Rehabilitation), der Krankenkassen (z. B. Medizinischer Dienst), der Kreise und kreisfreien Städte (z. B. Rettungsdienst), der Wohlfahrtsverbände (z. B. Sozialstation) sowie gemeinnützige Vereine (z. B. Landesvereinigungen zur Gesundheitsförderung), Selbsthilfegruppen und -vereine (z. B. der Allergiker, der Gehörlosen, der Blinden, der an Multipler Sklerose Erkrankten) u. a. m.

Beschäftigte im Gesundheitswesen

Rund 4,2 Millionen Personen sind im Gesundheitswesen beschäftigt. Hierzu gehören das Personal in den Krankenhäusern, Mitarbeiter im ambulanten ärztlichen und zahnärztlichen Bereich wie auch in den Gesundheitsverwaltungen (Behörden, Krankenkassen, Versicherungen usw.), sowie die Beschäftigten in der Pharmaindustrie oder in Dental-Labors.

Kosten des Gesundheitswesens

Etwa 10 Prozent des gesamten Bruttosozialproduktes wurden in den letzten Jahren für Erhaltung und Wiedererlangung der Gesundheit pro Jahr ausgegeben. Fast die Hälfte finanzierte die Gesetzliche Krankenversicherung, die andere Hälfte trugen Arbeitgeber, Staat, Renten- und Unfallversicherungen, private Krankenversicherungen sowie private Haushalte.

Krankenkassen, Krankenversicherung.

3.3. Gliederung des Gesundheitswesens

Die herausragenden Aufgaben des Gesundheitswesens teilen sich das *öffentliche Gesundheitswesen*, das *Krankenhauswesen* und der Bereich *ambulanter Versorgung* (Ärzte, Zahnärzte, Apotheker, Physiotherapeuten usw.).

Öffentliches Gesundheitswesen.

Öffentliches Gesundheitswesen

Unter öffentlichem Gesundheitswesen wird der Teil des Gesundheitswesens verstanden, der unmittelbar (direkt durch Bund, Länder, Kreise und Gemeinden) oder mittelbar (indirekt durch Beauftragung Dritter wie z. B. Körperschaften oder Stiftungen des öffentlichen Rechts) durch den Staat wahrgenommen wird.

Teil des öffentlichen Gesundheitswesens ist der öffentliche Gesundheitsdienst. Hauptaufgabe des öffentlichen Gesundheitsdienstes ist die Wahrnehmung der Gesundheitspflege sowie die Überwachung von Gesundheitseinrichtungen und der gesundheitlichen Verhältnisse einschließlich der Seuchenbekämpfung. Die Behandlung von Patienten gehört nicht zu den Aufgaben des öffentlichen Gesundheitsdienstes.

Überwachung von Gesundheitseinrichtungen.

Der öffentliche Gesundheitsdienst wird im Wesentlichen von den Gesundheitsämtern wahrgenommen. Die Finanzierung erfolgt aus öffentlichen Mitteln.

Gesundheitsamt.

Krankenhauswesen

Krankenhäuser sind Einrichtungen, in denen die stationäre Behandlung von Patienten erfolgt, d. h., in denen Kranke untergebracht sind und ärztlich versorgt werden.

Krankenhäuser.

Nach der Trägerschaft werden die *öffentlichen Krankenhäuser* (des Bundes, der Länder, der Kreise und der Gemeinden) von den *freigemeinnützigen* (den kirchlichen Einrichtungen, Genossenschaften und Stiftungen) und den *privaten Krankenhäusern* unterschieden.

Die Finanzierung erfolgt teils durch den Staat, teils durch die Krankenkassen und -versicherungen. Die Länder übernehmen die erforderlichen Investitionen für Neu- und Umbaumaßnahmen, die Krankenkassen die Kosten für Pflege und Unterbringung sowie für die ärztliche Versorgung.

Impfprophylaxe, Vorsorgeuntersuchung, Früherkennung.

Ambulante Versorgung

Die ambulante Versorgung der Patienten, aber auch Maßnahmen der Gesundheitspflege (z. B. Impfprophylaxe, Vorsorge- und Früherkennungsuntersuchungen) erfolgen durch *niedergelassene Ärzte und Zahnärzte.* Diese sind freiberuflich in eigener wirtschaftlicher Verantwortung tätig. Der überwiegende Teil der niedergelassenen Ärzte (weit über 90 Prozent) ist zur vertragsärztlichen Versorgung zugelassen und erbringt somit Leistungen im Rahmen der Sozialversicherung (siehe Kapitel 21).

Mitglieder gesetzlicher Krankenkassen können, ohne selbst direkt Kosten übernehmen zu müssen, einen Arzt oder Zahnarzt ihrer Wahl in Anspruch nehmen, die Kosten werden von den Krankenkassen übernommen *(Sachleistungsprinzip).*

3.4. Ärztliche Versorgung

Kassenpatienten, Zulassung als Vertragsarzt.

Die ärztliche Versorgung erfolgt durch freiberuflich tätige niedergelassene Ärzte. Da über 90 Prozent der Patienten Mitglieder einer gesetzlichen Krankenkasse sind, ist es für die wirtschaftliche Existenzfähigkeit des niedergelassenen Arztes erforderlich, dass er die Erlaubnis hat, Kassenpatienten zu behandeln. Die Erlaubnis wird mit der Zulassung zum Vertragsarzt von der Krankenkasse erteilt.

MEMO!

Vertragsarzt

Alle zur Versorgung von Mitgliedern der gesetzlichen Krankenkassen zugelassenen Ärztinnen und Ärzte werden als Vertragsärzte bezeichnet.

Die Aufgaben des niedergelassenen Arztes sind vielfältig. Neben der Krankenbehandlung, der Krankheitsfrüherkennung, der Gesundheitsförderung und Rehabilitation nimmt er bade-, beleg- und betriebsärztliche Tätigkeiten wahr, ist Durchgangsarzt der Berufsgenossenschaften, erstellt Gutachten für Versicherungen, Sozialversicherungsträger und Gerichte u. a. m.

Der niedergelassene Arzt lenkt in großem Umfang die gesamte gesundheitliche Betreuung des Patienten. Er bestätigt die Arbeitsunfähigkeit, verordnet Arzneimittel und Krankenhauspflege, bescheinigt die Notwendigkeit von häuslicher Pflege und Krankentransport, regt rehabilitative Maßnahmen an u. a. m.

Die ambulante ärztliche Versorgung erfolgt durch praktische Ärzte oder Ärzte für Allgemeinmedizin sowie Fachärzte (z. B. Chirurgen, Internisten, Augenärzte, Orthopäden).

Die Vertragsärzte sind verpflichtet, die ambulante ärztliche Versorgung der Mitglieder der gesetzlichen Krankenkassen sicherzustellen (*Sicherstellungsauftrag*). Hierzu gehört die *Präsenzpflicht* des Arztes und Zahnarztes – er muss für seine Patienten während der Sprechstunden mindestens von Montag bis Freitag erreichbar sein – und *die Residenzpflicht* – er darf nicht weiter von seiner Praxis entfernt wohnen, als es mit der ordnungsgemäßen Versorgung der Patienten vereinbar ist. Weiterhin besteht die Pflicht zur Teilnahme am Notfallbereitschaftsdienst.

Notfallbereitschaftsdienst

Der Vertragsarzt ist verpflichtet, seine Sprechstunden so festzulegen, dass sie einer ausreichenden Versorgung der Patienten gerecht werden. Der niedergelassene Arzt ist verpflichtet, am Notfallbereitschaftsdienst (»Notdienstarzt«) teilzunehmen. Hierbei handelt es sich um einen Bereitschaftsdienst der niedergelassenen Ärzte für Patienten außerhalb der Sprechstunden. In der Regel erfolgt der Notfallbereitschaftsdienst nach festgelegten Dienstplänen. Er ist regional organisiert.

Krankenhausambulanzen und Polikliniken
Neben den für die vertragsärztliche Versorgung zugelassenen oder ermächtigten niedergelassenen Ärzten können auch Ärzte z. B. an Krankenhäusern, Gesundheitsämtern oder ärztlich geleiteten Einrichtungen für die Durchführung bestimmter ärztlicher Leistungen ermächtigt werden.

Im Rahmen der Lehre an den Kliniken der Universitäten gibt es Polikliniken bzw. Ambulanzen, in denen eine ambulante Versorgung der Patienten erfolgt. Für spezielle Aufgaben werden ebenfalls Ambulanzen ermächtigt, wie z. B. Diabetikerambulanzen oder Drogenambulanzen.

Eine vor- und nachstationäre Behandlung von Patienten in Krankenhäusern ist unter bestimmten Voraussetzungen möglich.

Rettungsdienst
Der Rettungsdienst ist eine staatliche Aufgabe, die in vielen Bundesländern durch Gesetz auf die Kreise und kreisfreien Städte übertragen ist. Der Rettungsdienst hat die Aufgabe, Patienten mit lebensbedrohlichen Erkrankungen oder nach Unfällen zu versorgen und einer weiterführenden Behandlung zuzuführen.

Hierzu gibt es *Rettungsleitstellen*, die den Einsatz der Notarzt- und Rettungsfahrzeuge koordinieren. Die als Notärzte (»Rettungsärzte«) eingesetzten Ärztinnen und Ärzte haben besondere Kenntnisse, Erfahrungen und Fähigkeiten in der Notfallmedizin. Es handelt sich vorwiegend um Krankenhausärzte, gelegentlich aber auch um niedergelassene Ärzte, die die Aufgabe im Rettungsdienst neben ihrer Praxis wahrnehmen.

Notarztwagen (NAW) und Rettungswagen (RW) sind besonders für die Aufgaben im Rettungsdienst ausgerüstet. Der Rettungswagen ist mit *Rettungsassistenten* besetzt.

3.4.1. Arbeitsmedizinische Zentren

Nach den »Berufsgenossenschaftlichen Grundsätzen für arbeitsmedizinische Vorsorgeuntersuchungen« des Hauptverbandes der gewerblichen Berufsgenossenschaften, müssen sich Versicherte, mit deren Tätigkeit eine besondere Unfall- oder Gesundheitsgefahr verbunden ist, einer ärztlichen Vorsorgeuntersuchung unterziehen. Jährlich werden mehr als 2 Millionen arbeitsmedizinische Vorsorgeuntersuchungen durchgeführt. Diese Untersuchungen erfolgen in Arbeitsmedizinischen Zentren, durch den *Berufsgenossenschaftlichen arbeitsmedizinischen Dienst (BAD), niedergelassene Ärzte* oder durch die *staatlichen Gewerbeärzte.*

3.4.2. Arzneimittelversorgung

Nach dem Apothekergesetz haben die Apotheken die Aufgabe, eine ordnungsgemäße Arzneimittelversorgung der Bevölkerung sicherzustellen. Der Leiter einer Apotheke muss approbierter Apotheker sein. In der *Apothekenbetriebsordnung* sind die Voraussetzungen zur Gewährleistung eines ordnungsgemäßen Apothekenbetriebes geregelt. Hierzu gehören besonders die Anforderungen an die Betriebsräume, die mindestens erforderlichen Geräte und Hilfsmittel, die vorzuhaltenden Arzneimittelmengen sowie die Lagerungsbedingungen.

Die Abgabe von Arzneimitteln ist dem pharmazeutischen Personal (Apotheker[in], Apothekerassistenten[-tinnen], pharmazeutischen Assistenten[-tinnen] – auch in Ausbildung) vorbehalten.

Für Apotheken gilt das Ladenschlussgesetz. Apotheker sind verpflichtet, einen Notdienst für dringend benötigte Medikamente zu unterhalten.

◀ ***Notdienst, Notfallbereitschaft.***

◀ ***Ambulante ärztliche Versorgung.***

◀ ***Rettungsdienst.***

3.4.3. Weitere ambulante medizinische Versorgung

Physikalische Therapie, Krankengymnastik

Physiotherapeuten, Masseure und medizinische Bademeister haben das Recht, ihre Tätigkeit in freier Niederlassung durchzuführen.

Ambulante Geburtshilfe

Nach dem Hebammengesetz sind außer Ärztinnen und Ärzten nur Hebammen und Entbindungspfleger zur Durchführung von Geburtshilfe berechtigt. Soweit Geburten ambulant durchgeführt werden, ist die Anwesenheit einer Hebamme bzw. eines Entbindungspflegers, außer in Notfällen, zwingend vorgeschrieben. Geburten erfolgen in Krankenhäusern überwiegend unter gemeinsamer ärztlicher Leitung und Betreuung durch Hebamme bzw. Entbindungspfleger.

Sozialstationen

Sozialstationen wie Ambulante Pflegedienste bieten ein umfassendes Angebot an Kranken-, Alten-, Familien- und Hauspflege für ein bestimmtes Einzugsgebiet zur Unterstützung der ambulanten ärztlichen Versorgung an. Zur Vermeidung von Krankenhauspflege kann der Arzt *häusliche Krankenpflege* verordnen (siehe auch Kapitel 21), die von den Mitarbeiter(innen) der Sozialstation (Krankenschwestern/-pfleger, Altenpfleger[innen], Krankenpflegehelfer[innen] u. a.) durchgeführt wird. Möglich sind pflegerische Tätigkeiten der Grund- und Behandlungspflege wie z. B. Verbandwechsel, Einreibungen und Wickel, Injektionen, Wechsel von Verweilkathetern, Dekubitusbehandlung, Inhalation.

Zum Wiederholen und Lernen.

MEMO!

WICHTIGES ZUM MERKEN

Unter **Gesundheitswesen** wird die Gesamtheit der Einrichtungen und Personen verstanden, die das Ziel verfolgen, die Gesundheit der Bevölkerung zu erhalten, zu fördern, herzustellen oder wiederherzustellen.

Hauptaufgabe des öffentlichen Gesundheitsdienstes ist die Wahrnehmung der Gesundheitspflege, die Überwachung der Gesundheitseinrichtungen sowie der gesundheitlichen Verhältnisse in der Bevölkerung. Die Behandlung von Patienten gehört nicht zu den Aufgaben des öffentlichen Gesundheitsdienstes.

Verweildauer ist die Zeit, die ein Patient durchschnittlich im Krankenhaus liegt.

TERMINOLOGIE

Sachleistungsprinzip: die Kosten für die Leistungen werden direkt von den Krankenkassen übernommen.

Sicherstellungsauftrag: die Verpflichtung der Vertragsärzte, die ambulante ärztliche Versorgung zu gewährleisten.

Präsenzpflicht: der Vertragsarzt muss für seine Patienten erreichbar sein.

Residenzpflicht: der Vertragsarzt darf nur so weit von seiner Praxis entfernt wohnen, als es mit einer ordnungsgemäßen Versorgung der Patienten vereinbar ist.

EINIGE FRAGEN ZUM ÜBEN

Erläutern Sie die Begriffe »Gesundheitsschutz«, »Gesundheitspflege« und »kurative Medizin«.

Wo ist das Sozialversicherungsrecht geregelt?

Beschreiben Sie die Gliederung des Gesundheitswesens in Deutschland.

Beschreiben Sie die wichtigsten Aufgaben des öffentlichen Gesundheitswesens.

Nennen Sie Einrichtungen des öffentlichen Gesundheitswesens.

Welche Aufgaben haben die Krankenhäuser?

Beschreiben Sie die unterschiedlichen Arten von Krankenhäusern.

Wie wird die ambulante Versorgung der Mitglieder gesetzlicher Krankenkassen sichergestellt?

Nennen Sie Beispiele für die Aufgaben eines niedergelassenen Arztes.

Wie unterscheidet sich der Notfallbereitschaftsdienst vom Rettungsdienst?

4. Der ärztliche Beruf und andere Berufe im Gesundheitswesen

ZIELE DES RAHMENLEHRPLANS

- **Heilberufe und Helferinnenberufe sowie nichtärztliche Fachberufe im Gesundheitswesen beschreiben**

4.1. Der ärztliche Beruf

Die Ausbildung zum Arzt erfolgt an Hochschulen in Deutschland nach den Bestimmungen der Approbationsordnung und dauert mindestens 6 Jahre.

Nach Beendigung des Medizinstudiums ist vor Erteilung der Approbation eine praktische Zeit als »Arzt im Praktikum« für 1 1/2 Jahre im Krankenhaus oder anderen geeigneten Einrichtungen nachzuweisen. Mit der vom Staat erteilten Approbation ist der Arzt berechtigt, selbstständig Patienten zu behandeln.

4.1.1. Berufsordnung

Die Berufsausübung des Arztes wird durch die Berufsordnung geregelt.

In einer Reihe von Bestimmungen sind besondere ärztliche Berufspflichten festgelegt. Hierzu gehört vor allem auch die Schweigepflicht, zu der in § 2 der Berufsordnung u. a. formuliert ist:

- **Der Arzt hat über das, was ihm in seiner Eigenschaft als Arzt anvertraut oder bekannt geworden ist, zu schweigen.**
- **hat seine Gehilfen und die Personen, die zur Vorbereitung auf den Beruf an der ärztlichen Tätigkeit teilnehmen, über die gesetzliche Pflicht zur Verschwiegenheit zu belehren und dieses schriftlich festzuhalten.**

Die übrigen Berufspflichten der Ärztinnen und Ärzte sind in über 30 weiteren Paragrafen festgelegt. Neben der schon zitierten Bestimmung zur Schweigepflicht in § 2 regeln die weiteren Paragrafen u. a. die Zusammenarbeit der Ärzte, die Pflicht zur Fortbildung, die Pflicht zu ärztlichen Aufzeichnungen, zur Ausbildung von Mitarbeitern, zu kollegialem Verhalten, das Verhalten bei der Behandlung von Patienten anderer Ärzte, die Pflicht zur Teilnahme am ärztlichen Notfallbereitschaftsdienst sowie das Verbot der Werbung.

Es ist dem Arzt untersagt, für sich zu werben; die Gestaltung und Anbringung der Praxisschilder wie auch Briefbogen, Rezeptvordrucke und Stempel sind geregelt. Auch sind in der Berufsordnung Bestimmungen zu finden, wann und wie oft Anzeigen durch einen Arzt in Zeitungen gestattet sind und welchen Inhalt sie haben dürfen.

Ausbildung der Ärzte.

4.1.2. Das Führen von Bezeichnungen

Ärztliche Berufspflichten.

Die meisten Ärzte bemühen sich auch nach der Approbation, die ärztlichen Erfahrungen in einem Krankenhaus noch weiter zu vertiefen.

Nach einer vorgeschriebenen Mindestzeit muss ein Antrag bei der zuständigen Ärztekammer eingereicht werden, in dem durch Zeugnisse nicht nur die notwendigen Zeiten, sondern auch die von der Weiterbildungsordnung vorgeschriebenen Inhalte für das angestrebte Gebiet, den Schwerpunkt oder den Bereich nachgewiesen werden müssen. Nach Zulassung zur Prüfung durch die Ärztekammer muss der Arzt eine Prüfung vor einem Prüfungsausschuss ablegen. Nach Bestehen der Prüfung erhält der Arzt eine Urkunde über das Recht zum Führen der jeweiligen Bezeichnung.

Weiterbildungsordnung.

▶ *Beispiele für Bezeichnungen nach einer Weiterbildung.*

Gebiete:	Allgemeinmedizin Chirurgie Innere Medizin Kinderheilkunde Radiologie Urologie u. a.
Schwerpunkte:	Unfallchirurgie Endokrinologie Pneumologie Angiologie Rheumatologie u. a.
Bereiche:	Allergologie Badearzt Betriebsmedizin Chirotherapie Handchirurgie Homöopathie Naturheilverfahren Umweltmedizin Sportmedizin Psychotherapie u. a.

Allgemeinarzt

Die Allgemeinmedizin umfasst den gesamten menschlichen Lebensbereich, die Krankheitserkennung und -behandlung sowie die Gesundheitsführung der Patienten, unabhängig von Alter, Geschlecht und Art der Gesundheitsstörung.

Praktizierender Arzt

Jeder Arzt hatte früher die Möglichkeit, sich auch ohne spezielle Weiterbildung, mit einer Weiterbildung ohne Abschluss oder mit einer Weiterbildung in einem Spezialfach als »prakt. Arzt« in vertragsärztlicher Praxis niederzulassen.

Kinderheilkunde

Der Kinderarzt befasst sich mit der Erkennung und Behandlung aller körperlichen und seelischen Erkrankungen des Kindes bis zum Abschluss der Entwicklung einschließlich der Prävention, Prophylaxe und Rehabilitation.

Frauenheilkunde und Geburtshilfe

Der Frauenarzt befasst sich mit der Erkennung, Verhütung und Behandlung der Krankheiten der weiblichen Geschlechtsorgane sowie der ärztlichen Betreuung der Frauen während der Schwangerschaft und Geburt.

Innere Medizin

Der Internist befasst sich mit der Erkennung und der *konservativen Behandlung* der Erkrankungen aller Organsysteme einschließlich der Intensivmedizin, Prophylaxe und Rehabilitation, so weit nicht Spezialgebiete (wie z. B. Augenheilkunde oder Nervenheilkunde) bestehen.

Zur Inneren Medizin gehören zahlreiche Schwerpunkte, deren Fachbezeichnung ein Arzt erst dann führen darf, wenn er eine über das Gebiet hinausgehende meist zweijährige Weiterbildung in dem speziellen Schwerpunkt absolviert hat. Diese Schwerpunkte bestehen für alle im Rahmen der Inneren Medizin besonders wichtigen Organsysteme wie für das Hormonsystem (*Endokrinologie)*, das Magen-Darm-System (*Gastroenterologie)*, das Blut und Krebserkrankungen (*Hämatologie* und *Internistische Onkologie)*, für Herz und Kreislauf (*Kardiologie)*, für die Atmung (*Pneumologie)*, für Niere und ableitende Harnwege (*Nephrologie)*, für Gefäßerkrankungen (*Angiologie)* und für entzündliche Erkrankungen des Bewegungsapparates (*Rheumatologie)*.

Chirurgie

Der Chirurg befasst sich mit der Erkennung und operativen Behandlung von chirurgischen Erkrankungen, Verletzungen und Fehlbildungen einschließlich der zu diesen Erkrankungen gehörenden konservativen Behandlungsverfahren, der Voruntersuchungen und der Nachsorge. Folgende Schwerpunkte gibt es in dem Gebiet Chirurgie: *Gefäßchirurgie, Thoraxchirurgie, Viszeralchirurgie und Unfallchirurgie.*

WEITERE ARZT- ODER FACHARZTBEZEICHNUNGEN (insgesamt gibt es knapp 40)	
Anästhesiologie	(Anästhesiologe) umfasst den gesamten Bereich der allgemeinen und lokalen Anästhesien, der Wiederbelebung und Intensivmedizin zusammen mit den für das Grundleiden zuständigen Ärzten.
Arbeitsmedizin	(Arbeitsmediziner) befasst sich mit der Verhütung von Arbeitsunfällen und Berufskrankheiten
Augenheilkunde	(Augenarzt)
Diagnostische Radiologie	(Radiologe)
Foniatrie und Pädaudiologie	(Erkrankungen und Störungen der Stimme, Sprache, des Sprechens sowie kindliche Hörstörungen)
Hals-, Nasen-, Ohrenheilkunde	(Hals-, Nasen-,Ohrenarzt)
Haut- und Geschlechtskrankheiten	(Hautarzt)
Hygiene und Umweltmedizin	(Hygieniker)
Laboratoriumsmedizin	(Laborarzt)
Lungen- und Bronchialheilkunde	(Lungenarzt, Pneumologe)
Mikrobiologie und Infektionsepidemiologie	(Arzt für Mikrobiologie und Infektionsepidemiologie)
Mund-, Kiefer-, Gesichtschirurgie	(Mund-, Kiefer-, Gesichtschirurg)
Neurochirurgie	(Neurochirurg)
Neurologie	(Neurologe, zuständig für Erkrankungen des Nervensystems und der Muskulatur)
Nervenheilkunde	(Nervenarzt)
Nuklearmedizin	(Nuklearmediziner)
Öffentliches Gesundheitswesen	(Arzt für öffentliches Gesundheitswesen)
Orthopädie	(Orthopäde, zuständig für bestimmte Erkrankungen des Bewegungsapparates)
Pathologie	(Pathologe)
Pharmakologie und Toxikologie	(Pharmakologe)
Psychiatrie und Psychotherapie	(Psychiater)
Rechtsmedizin	(Rechtsmediziner)
Transfusionsmedizin	(Transfusionsmediziner).
Urologie	(Urologe, zuständig für Erkrankungen des männlichen Urogenitalsystems und der weiblichen Harnorgane).

Die Ärztekammern haben

- **die Berufspflichten der Ärzte in einer Berufsordnung zu regeln**
- **die Einhaltung dieser Pflichten durch die Ärzte zu überwachen**
- **die Weiterbildung der Ärzte in einer Weiterbildungsordnung zu regeln**
- **auf ein gutes Verhältnis der Ärzte untereinander und der Ärzte Dritten gegenüber hinzuwirken**
- **an der Erhaltung einer sittlich und wissenschaftlich hoch stehenden Ärzteschaft mitzuwirken**
- **die beruflichen Belange der Ärzte wahrzunehmen**
- **den öffentlichen Gesundheitsdienst bei der Erfüllung seiner Aufgaben auf dem Gebiet der Heilkunde zu unterstützen**
- **in allen den Arztberuf und die Heilkunde betreffenden Fragen Vorschläge zu unterbreiten und Gutachten zu erstatten**
- **zu Gesetz- und Verordnungsentwürfen Stellung zu nehmen**
- **eine Einrichtung zur Altersversorgung der Ärzte zu unterhalten**
- **eine Fürsorgeeinrichtung für Ärzte zu unterhalten**
- **zuständige Stelle für die Arzthelferinnenausbildung zu sein**
- **Versorgungseinrichtungen für die Altersversorgung der Ärzte zu schaffen, einen Schlichtungsausschuss, der für Streitigkeiten zwischen Ärzten und zwischen Ärzten und Dritten zuständig ist, einzusetzen.**

4.1.3. Ärztekammern – berufsständische Einrichtungen der Ärztinnen und Ärzte

Die Ärztekammern in den Ländern

Ärztekammern sind durch Landesgesetze begründet. Den Kammern gehören alle Ärzte an, die den ärztlichen Beruf ausüben, häufig auch diejenigen Ärzte, die ihren Beruf nicht oder nicht mehr ausüben und ihren Wohnsitz im Bereich der jeweiligen Ärztekammer haben. Nach einem bestimmten Schlüssel werden von den Ärzten Delegierte für die Delegiertenversammlung der Ärztekammer, die *Kammerversammlung*, gewählt. Diese wählt bei ihrem ersten Zusammentreten einen *Präsidenten*, einen *Vizepräsidenten* und weitere *Vorstandsmitglieder*. Die Geschäfte der Ärztekammer werden durch den Vorstand geführt, grundsätzliche Entscheidungen werden von der Kammerversammlung gefällt.

Zur Erfüllung der verschiedenartigen Pflichten gibt es bei den Ärztekammern Gremien, die den Vorstand der Kammer unterstützen, wie z. B. *Prüfungsausschüsse*, vor denen der Arzt eine Prüfung ablegen muss, bevor er eine Gebiets- oder Teilgebietsbezeichnung führen darf, oder es gibt *Weiterbildungsausschüsse*, die sich mit grundsätzlichen Fragen der Weiterbildung beschäftigen.

Rechte und Pflichten der Ärztekammer

Schlichtungsstellen oder *Gutachterkommissionen* sind dann zuständig, wenn Patienten sich falsch behandelt fühlen und einen Haftpflichtanspruch geltend machen. Der *Berufsbildungsausschuss* ist zuständig für die Ausbildung der Arzthelferinnen. In vielen Ärztekammern gibt es *Akademien*, in denen sich Ärzte und medizinisches Assistenzpersonal fortbilden können.

Die Ärztekammern sind die zuständigen Stellen für die Arzthelferinnenausbildung.

In Rheinland-Pfalz gibt es Bezirksärztekammern als selbstständige Körperschaften des öffentlichen Rechts. In Baden-Württemberg sind die Bezirksärztekammern keine Körperschaften, haben aber im Bereich der Berufsaufsicht, Weiterbildung und Ausbildung der Arzthelferin weitgehende Befugnisse.

Bundesärztekammer (BÄK)

Alle Ärztekammern in den Ländern haben sich auf Bundesebene in der Bundesärztekammer zusammengeschlossen. Diese ist keine Körperschaft des öffentlichen Rechts, sondern eine Arbeitsgemeinschaft der Ärztekammern.

Zu den wichtigen Aufgaben der Bundesärztekammer gehören der ständige Erfahrungsaustausch unter den Ärztekammern, die Herbeiführung möglichst einheitlicher Regelungen, die Förderung der Fortbildung sowie die Wahrung der beruflichen Belange der Ärzteschaft in denjenigen Angelegenheiten, die auf Bundesebene entschieden werden müssen.

Hierfür gibt es bei der Bundesärztekammer Ausschüsse und Ständige Konferenzen, die dem Vorstand der Bundesärztekammer bei seinen Entscheidungen behilflich sind. Besonders zu nennen sind der *Deutsche Senat für ärztliche Fortbildung, die Arzneimittelkommission der deutschen Ärzteschaft und der Wissenschaftliche Beirat der Bundesärztekammer.*

4.2. Berufe im Gesundheitswesen

4.2.1. Heilberufe

Zu den Heilberufen gehören Arzt, Zahnarzt, Apotheker und Tierarzt. Die Tätigkeit in allen vier Berufen ist an ein erfolgreich absolviertes Studium an einer Universität sowie an eine staatliche Erlaubnis (Approbation) gebunden. Voraussetzung für das Studium ist die Hochschulreife (Abitur). Die Approbation erhalten nur Deutsche oder Staatsangehörige der Mitgliedstaaten der Europäischen Union.

4.2.2. Helferinnenberufe

Für die Tätigkeit in den Praxen der Ärzte, Zahnärzte und Tierärzte sowie in den Apotheken gibt es jeweils einen Helferinnenberuf (Arzt-, Zahnarzt-, Tierarzthelfer/in und die Pharmazeutisch-kaufmännische Angestellte), der durch eine auf der Basis des Berufsbildungsgesetzes erlassene staatliche Ausbildungsordnung geregelt ist. Die Helferinnen werden in der Praxis bzw. in der Apotheke und in der Berufsschule ausgebildet, die Ausbildung dauert drei Jahre.

BERUF	GESETZ	AUSBILDUNGSDAUER
Arzt	Bundesärzteordnung	Studium: 6 Jahre Praktikum: 1,5 Jahre
Zahnarzt	Zahnheilkundegesetz	Studium: 5 Jahre
Apotheker	Bundesapothekerordnung	Studium: 3,5 Jahre Praktikum: 1 Jahr

▲ *Übersicht über Heilberufe (ohne Tierarzt).*

Arzthelferin
Auf den Beruf der Arzthelferin wird im Kapitel 36 noch näher eingegangen.

Zahnarzthelferin
Zahnarzthelferinnen haben assistierende Aufgaben in der konservierenden, chirurgischen und prothetischen Zahnheilkunde. Im Bereich der Praxisverwaltung und zunehmend in der Prophylaxeberatung nehmen sie auch weitgehend eigenverantwortliche Aufgaben wahr.

Tierarzthelferin
Die Ausbildung zur Tierarzthelferin dauert drei Jahre, sie erfolgt in der tierärztlichen Praxis und der Berufsschule.

Pharmazeutisch-kaufmännische Angestellte
Pharmazeutisch-kaufmännische Angestellte (die früheren Apothekenhelferinnen) dürfen nicht beim Verkauf apothekenpflichtiger Arzneimittel eingesetzt werden.

Übersicht über die Helferinnenberufe. ▼

BERUF	AUSBILDUNGS-DAUER	AUSBILDUNGS-BETRIEB
Arzthelferin	3 Jahre	Arztpraxis
Zahnarzthelferin	3 Jahre	Zahnarztpraxis
Tierarzthelferin	3 Jahre	Tierarztpraxis
PKA	3 Jahre	Apotheke

4.2.3. Diagnostisch-technische Berufe

▶ *Medizinische Assistenzberufe.*

Medizinisch-technische Assistenten/-innen

Von besonderer Bedeutung für den medizinischen Bereich sind die Berufe der medizinisch-technischen Assistenten/innen (MTA). Die Ausbildung setzt den Realschulabschluss voraus. Sie dauert drei Jahre und besteht aus theoretischem und praktischem Unterricht an anerkannten Lehranstalten. Die Ausbildung schließt mit einer staatlichen Prüfung ab. Die Berufsbezeichnungen der MTAs sind geschützt. Den MTAs sind *bestimmte medizinische Tätigkeiten* vorbehalten, d. h. solche Tätigkeiten dürfen z. B. nicht von Arzthelferinnen (aber durch Ärzte und Zahnärzte) durchgeführt werden. Dies ist in § 9 des MTA-Gesetzes festgelegt.

MEMO!

Für MTAs vorbehaltene Tätigkeiten

Hierunter werden bestimmte Arbeiten verstanden, die nur von medizinisch-technischen Assistenten (und Ärzten sowie Zahnärzten) ausgeführt werden dürfen, also nicht von der Arzthelferin oder anderen Gesundheitsberufen.

Medizinisch-technische(r) Laboratoriumsassistent/in

Vorbehaltene Tätigkeiten nach § 9 des MTA-Gesetzes sind mit Ausnahme von einfachen vorbereitenden Tätigkeiten sowie einfachen qualitativen und quantitativen Untersuchungen von Körperflüssigkeiten und Ausscheidungen (z. B. Färbung von Blutausstrichen, kleines Blutbild, Nährbodentechnik, einfache Serologie):

- Hilfeleistungen bei feingeweblichen und zytologischen Untersuchungen,
- Arbeiten in der klinischen Chemie,
- Arbeiten in Hämatologie und Immunhämatologie,
- Arbeiten in Mikrobiologie und Serologie.

Medizinisch-technische(r) Radiologieassistent/in

Vorbehaltene Tätigkeiten nach § 9 des MTA-Gesetzes sind einschließlich der Qualitätssicherung:

- technische Arbeiten und Beurteilung ihrer Qualität in radiologischer Diagnostik
- technische Mitwirkung in der Strahlentherapie
- technische Mitwirkung in der nuklearmedizinischen Diagnostik und Therapie
- Durchführung messtechnischer Aufgaben in der Dosimetrie und im Strahlenschutz

Medizinisch-technische(r) Assistent/in für Funktionsdiagnostik

Vorbehaltene Tätigkeiten nach § 9 des MTA-Gesetzes sind mit Ausnahme einfacher vor- und nachbereitender Tätigkeiten und einfacher Funktionsprüfungen (z. B. EKG, Ergo- und Spirometrie) einschließlich Ergebnisdarstellung, Qualitäts- und Plausibilitätskontrolle die

- Durchführung von Untersuchungsgängen in der Funktionsdiagnostik des Nervensystems und der Sinnesorgane
- Durchführung von Untersuchungsgängen in der kardio-vaskulären Funktionsdiagnostik
- Durchführung von Untersuchungsgängen in der pulmonologischen Funktionsdiagnostik
- technische Mitwirkung im Rahmen der chirurgischen und invasiven Funktionsdiagnostik

4.2.4. Therapeutisch-rehabilitative Berufe

Masseur und medizinischer Bademeister

Der Masseur und medizinische Bademeister hat die Aufgabe, am Patienten bestimmte Formen der physikalischen Therapie durchzuführen.

Masseure und medizinische Bademeister haben (ebenso wie die Physiotherapeuten) die Möglichkeit, freiberuflich in eigener Praxis tätig zu sein.

Physiotherapeut/in

Der/Die Physiotherapeut/in hat die Aufgabe, durch vorwiegend aktive Bewegungsübungen den Patienten zu aktivieren, zu mobilisieren sowie Anomalien des Bewegungsapparates zu bessern.

Physiotherapeuten haben die Möglichkeit, freiberuflich in eigener Praxis tätig zu sein.

Logopädin

Aufgabe der Logopädin ist die Behandlung von Stimm- und Sprachstörungen aller Art.

Orthoptistin

Der/Die Orthoptist/in unterstützt bei der konservativen Schielbehandlung und Nachbehandlung bei Schieloperationen.

4.2.5. Weitere Fachberufe

Krankenpflegeberufe

Die Krankenpflegeausbildung ist durch das *Gesetz über die Berufe in der Krankenpflege (Krankenpflegegesetz)* des Bundes vom 4. Juni 1985 geregelt. Krankenpflegeberufe sind die/der Krankenschwester/-pfleger, die/der Kinderkrankenschwester/-pfleger und der/die Krankenpflegehelfer/in.

Die Berufsbezeichnungen sind geschützt, werden sie unbefugt geführt, kann dies mit einer Geldbuße bis zu 5000 DM geahndet werden.

Fachberufe des Gesundheitswesens.

Einen Schutz der Berufstätigkeit (vorbehaltene Tätigkeiten) wie bei den MTAs gibt es nicht.

Hebamme/Entbindungspfleger

Aufgabe der Hebamme ist die Beratung der Schwangeren während der Schwangerschaft, Beistand während der Geburt und Betreuung im Wochenbett. Mit Ausnahme von Notfällen muss eine Hebamme bei jeder Geburt anwesend sein.

MEMO!

Vorbehaltene Tätigkeiten/ Hinzuziehungspflicht

Außer Ärztinnen und Ärzten sind zur Geburtshilfe nur Hebammen und Entbindungspfleger berechtigt (Vorbehaltene Tätigkeit), Ärztinnen/Ärzte sind verpflichtet, Hebammen/Entbindungspfleger zur Geburt hinzuzuziehen (Hinzuziehungspflicht).
Mit einer besonderen Niederlassungserlaubnis können Hebammen/Entbindungspfleger freiberuflich tätig sein.

Rettungsassistent

Rettungsassistenten haben die Aufgabe, am Unfallort bis zur Übernahme der Behandlung durch den Arzt lebensrettende Maßnahmen bei Notfällen durchzuführen, die Transportfähigkeit der Patienten herzustellen, lebenswichtige Körperfunktionen während des Transports zum Krankenhaus zu beobachten und aufrechtzuerhalten sowie kranke, verletzte und sonstige hilfsbedürftige Personen, auch wenn sie nicht Nofallpatienten sind, unter sachgerechter Betreuung zu befördern.

Zum Wiederholen und Lernen.

MEMO!

WICHTIGES ZUM MERKEN

Eine **Approbation** als Arzt berechtigt nicht, den Titel »Dr. med« zu führen. Hierzu ist eine **Promotion** erforderlich.

Im **ärztlichen Weiterbildungsrecht** werden **Gebietsbezeichnungen** (Arzt für . . ., Facharzt für . . ., z. B. Arzt für Allgemeinmedizin, Facharzt für Allgemeinmedizin oder Allgemeinarzt, Internist, Chirurg, Augenarzt) von **Schwerpunkten** z. B. Chirurgie – Gefäßchirurgie, – Kinderchirurgie, Innere Medizin – Endokrinologie, – Kardiologie) und **Bereichen** (auch genannt Zusatzbezeichnungen, z. H. Allergologie, Badearzt, Sportmedizin, Psychotherapie) unterschieden.

MTAs vorbehaltene Tätigkeiten: Hierunter werden bestimmte Arbeiten verstanden, die nur von Medizinisch-Technischen Assistenten und Ärztinnen/Ärzten ausgeführt werden dürfen, also nicht von Arzthelferinnen oder anderen Gesundheitsberufen.

EINIGE FRAGEN ZUM ÜBEN

Erklären Sie die Begriffe Approbation und Promotion im Zusammenhang mit dem Beruf des Arztes!

Welches Ziel hat die ärztliche Weiterbildung?

Nennen Sie einige wichtige Grundsätze der ärztlichen Berufsordnung!

Erläutern Sie Bedeutung und Aufgaben der Ärztekammern!

Welche Heilberufe gibt es neben dem ärztlichen Beruf?

Was wird unter diagnostisch-technischen und therapeutisch-rehabilitativen Berufen verstanden?

5. Im Vordergrund steht der Patient

ZIELE DES RAHMENLEHRPLANS

- Kommunikations- und Interaktionsprozess beschreiben und Ursache für Störungen nennen
- Situationsgerechtes Kommunikationsverhalten entwickeln
- Verhalten des Patienten und der Arzthelferin als »Rollenverhalten« erläutern
- Möglichkeiten der Einflussnahme im Rahmen der Betreuung von Patienten beschreiben

5.1. Kommunikation und Interaktion

5.1.1. Kommunikation

Jeder Mensch lebt in einer sozialen Umwelt, auf die er einwirkt und die Einfluss auf ihn hat. Er ist stark vereinfacht dargestellt zum einen »Sender« für Nachrichten, die von einem anderen Menschen, dem »Empfänger«, entgegengenommen werden und eine Reaktion zur Folge haben. Zum anderen ist er selbst »Empfänger« für Nachrichten anderer »Sender«.

Senden und Empfangen einer Nachricht ist Kommunikation. Dabei ist Kommunikation nicht unbedingt ein geplanter Vorgang, sondern findet ständig statt. Immer wenn Menschen aufeinander treffen, kommunizieren sie miteinander, oder, wie es der Kommunikationsforscher Paul Watzlawick formuliert hat: Man kann nicht **nicht** kommunizieren.

Hierbei sind die Vorgänge des »Sendens« und »Empfangens« nicht nur als reine Übermittlung von Wörtern zu verstehen. Gesendet werden kann eine Information, Idee oder Vorstellung auch durch Sprache, Mimik, Gestik, Handeln, Art des Handelns u.a.m. Schon wenn ein weiterer Mensch, ohne etwas zu sagen oder etwas Bestimmtes zu tun, einen Raum betritt, findet Kommunikation statt.

◄ *Nachrichten empfangen.*

5.1.2. Interaktion

Das Verständnis einer Nachricht ist nicht ohne weiteres identisch mit dem, was vom »Sender« gemeint war, sondern abhängig von Situation, Stimmung, Erfahrung, Interpretation u. a. m. des Empfängers.

◄ *Nachrichten übermitteln.*

Beispiel: Die freundlich gemeinte Bemerkung der Arzthelferin in der Praxis (Sender) zu einem Patienten (Empfänger) »Sie sehen aber heute gut aus« kann bei diesem je nach Stimmung zu folgenden Wahrnehmungen führen:

- Was wollen Sie denn hier? Sie sind doch gesund!
- Ich sehe schlecht aus. Sie will mich nur beruhigen.
- Jetzt schreibt der Doktor mich nicht mehr krank!
- Wie kann ich gut aussehen, wenn es mir doch so schlecht geht.
- Sie findet auch, dass ich gut aussehe.

Kommunikation ist also dadurch gekennzeichnet, dass die Persönlichkeit und die Rahmenbedingungen von Sender und Empfänger Einfluss auf Inhalt und Form der Botschaft und ihr Verständnis haben. Viele Missverständnisse könnten vermieden werden, wenn dies den an der Kommunikation Beteiligten immer bewusst wäre.

◄ *Inhalt und Form von Botschaften.*

Hat der Empfänger die Nachricht interpretiert, wird er darauf reagieren, d. h. der Empfänger wird zum Sender, der Kommunikationsvorgang wird abgeschlossen. Beide Beteiligte haben einen Zuwachs an Erkenntnis gewonnen.

In unserem obigen Beispiel wären folgende Reaktionen des Patienten denkbar:

- Mir geht es auch schon wieder ganz gut. Ich benötige nur neue Arzneimittel.
- Wenn Sie meinen. Ich hoffe, es wird mir bald wirklich gut gehen.
- Ich fühle mich noch sehr schwach. Ich glaube kaum, dass ich schon arbeiten kann.
- Leider sieht man mir nie an, wie schlecht es mir wirklich geht!
- Es geht mir auch schon viel besser!

5.1.3. Das von Thunsche Modell

Friedeman Schulz von Thun hat in seinem sehr bekannten Modell verdeutlicht, dass jede Nachricht vier Inhalte enthält:

1. den **Sachinhalt**: die eigentliche Information
2. die **Selbstoffenbarung**: die eigenen Gefühle
3. die **Beziehung zum anderen**: die Einschätzung des anderen
4. der **Appell**: meine Erwartungen an den anderen

Es gibt also vier Möglichkeiten, eine Nachricht zu empfangen: mit dem Sachohr, dem Selbstoffenbarungsohr, dem Beziehungsohr und dem Appellohr. Je nachdem, welches »Ohr« gerade besonders geöffnet ist, hört der Empfänger besonders die Sachaussage, die Mitteilung über die gefühlsmäßige Befindlichkeit, die Mitteilung über die Beziehungssituation zum Sender oder die Aufforderung etwas zu tun. Hierdurch kann der Verlauf des Gespräches stark beeinflusst werden.

Beispiel: Mit der Aussage: »Ich muss den Doktor sprechen« teilt der Patient

1. zunächst einmal mit, dass er einen Termin mit dem Arzt haben möchte. Hinzu kann
2. die Offenbarung kommen, dass es ihm nicht gut geht,
3. die Hoffnung deutlich werden, schnell einen Termin zu bekommen und
4. die Aufforderung ausgedrückt werden, doch einen alsbaldigen Termin herauszusuchen.

Die in einer übervollen Praxis gerade sehr stark belastete Arzthelferin hört (mit ihrem »Appell-Ohr«) vielleicht besonders die Aufforderung, schnell einen Termin herauszusuchen, fühlt sich in ihrer Belastung nicht verstanden und reagiert gereizt. Schon sind die Voraussetzungen für eine reibungslos verlaufende Kommunikation deutlich vermindert.

Deswegen ist es wichtig, dass der Sender möglichst präzise, klare Aussagen, getrennt nach Sach-, Gefühls-, Beziehungs- und Appellaussage, absendet, auf der anderen Seite sich der Empfänger darum bemüht, vermischte Nachrichten auf ihren einzelnen Gehalt zu analysieren und entsprechend zu bewerten.

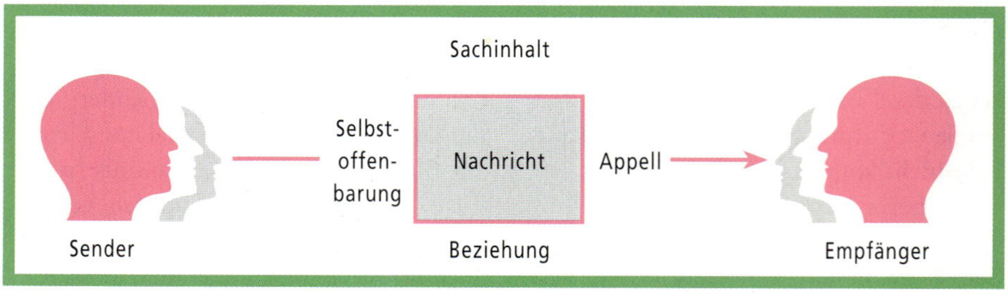

Die vier Seiten einer Nachricht (nach Schulz von Thun).

Vier Möglichkeiten, eine Nachricht zu empfangen (nach Schulz von Thun).

5.1.4. Non-verbale Kommunikation

Die Arzthelferin muss sich bewusst sein, dass sie non-verbal ständig Botschaften aussendet. Dies muss sie bei ihrem Verhalten berücksichtigen, um den Patienten gegebenenfalls nicht unbewusst und ungewollt ihre Einschätzung seines Verhaltens und seiner Situation erkennen zu lassen.

Beispiele:

- Die Arzthelferin, die in der Anmeldung fahrig und ohne System hin und her hastet, signalisiert dem Patienten (ohne Worte): »Bitte, lass mich nur in Ruhe!«
- Der Arzt, der, während er dem Patienten zuhört, nervös mit den Fingern auf den Schreibtisch trommelt, zeigt unbewusst, dass er sich nicht viel Zeit nehmen will.
- Ein Patient, der den Arzt mit zitternder, unruhiger Stimme nach den Befunden fragt, lässt erkennen, dass er sich Sorgen macht.
- Schwarze, dunkle Kleidung kann einen Trauerfall, aber auch eine grundsätzlich gedrückte, zurückhaltende Art, bunte farbenfrohe Kleidung das Gegenteil erkennen lassen.
- Gebeugte Körperhaltung spricht für Resignation, aufrechte Haltung für Selbstbewusstsein.

Natürlich hat auch die Arzthelferin das Recht auf Empfindungen, Emotionen und Missfallen, sie sollte sich diese aber, wenn sie negative Auswirkungen auf den Patienten haben können, nach Möglichkeit nicht anmerken lassen. Damit erleichtert sie es sich, aber auch dem Arzt und den übrigen Mitarbeitern in der Praxis, möglichst sachlich den berechtigten Bedürfnissen des Patienten gerecht zu werden.

Auch wenn sie in Eile ist, sollte es die Arzthelferin den Patienten nicht merken lassen. Der Patient muss möglichst immer das Gefühl haben, die Hauptperson zu sein, selbst wenn seine Beschwerden der Arzthelferin nicht schwerwiegend erscheinen. Klagen der Patienten müssen geduldig angehört und, soweit sie sich auf organisatorische Bereiche beziehen, nach Möglichkeit abgestellt werden.

Beispiel: Einem Patienten soll Blut abgenommen werden. Aus dem ganzen Verhalten des Patienten, seinem Zögern, seinen Fragen erkennt die Arzthelferin, dass der Patient hiervor Angst hat. In diesem Falle wird sie besonders ausführlich erklären, wie eine Blutentnahme vor sich geht, mit welchen Schmerzen der Patient zu rechnen hat und wird ihm noch einmal die Notwendigkeit der Blutentnahme erläutern. Hierbei bemüht sie sich selbst um eine ganz besonders ruhige, sachliche Art, die den Patienten erkennen lässt, dass es sich um einen alltäglichen Vorgang für die Arzthelferin handelt.

Patientenführung.

Zuhören, Geduld haben.

Akzeptieren, wie der Patient ist.

5.1.5. Kommunikationsstörungen

Kommunikation ist immer von Gefühlen, Vermutungen, Eindrücken, Interpretationen, Vorurteilen, Einschätzungen begleitet. Dadurch redet man aneinander vorbei, man versteht sich nicht und es gibt Missverständnisse.

Grundsätzlich gibt es folgende Möglichkeiten der Kommunikationsstörung:

Störung der Nachrichtenübermittlung
Störung der Kommunikation durch Dritte, zu leise Sprache, Fremdgeräusche u. a. m. führen dazu, dass beim Empfänger das Interesse nachlässt oder gar nicht erst entsteht, eine Nachricht also gar nicht erst ankommt.

Störung der Verschlüsselung bzw. Entschlüsselung
Der »Sender« benutzt zu viele Fremdwörter, er drückt sich unverständlich aus oder er stellt sich mit der »Verschlüsselung« seiner Information nicht auf den Empfänger ein, der »Empfänger« missversteht eine Nachricht aufgrund seiner Gefühle, Stimmungslage oder Vorerfahrungen.

Störung bei Sender/Empfänger der Nachricht
Mangelnde Konzentration, Vorurteile, Aggression gegen den anderen, Missachtung der unterschwelligen Mitteilungen, unsachliche Haltung, Ängste, Zeitmangel, fehlende Achtung des anderen, inkongruente Nachrichten u. a. m.

Inkongruente Nachrichten sind solche, bei denen verbale und non-verbale Signale nicht übereinstimmen. Sie führen beim Empfänger zu Missbehagen und mangelndem Vertrauen zum Sender und dessen Nachricht.

5.1.6. Grundsätze des Umgangs mit Patienten

Für einen erfolgreichen Umgang mit Patienten sind fünf persönliche Eigenschaften für die Arzthelferin besonders wünschenswert. Sie sollten schon in der Ausbildung gepflegt und – soweit möglich – mit Kolleginnen geübt werden:

1. Einfühlendes Verstehen, Nachvollziehen der Erlebniswelt des Patienten.
2. Offenheit (Deckungsgleichheit zwischen Gefühlen und deren Ausdruck in Mimik, Gestik und Sprechweise).
3. Aufmerksame Zuwendung, konzentriertes Zuhören, Beachtung von Abweichungen zwischen sprachlichen und non-verbalen Äußerungen des Patienten.
4. Unterstützung des Patienten in der Übernahme eigener Verantwortung für seine Gesundung.
5. Bereitschaft, den Patienten so zu akzeptieren, wie er ist, ohne dass dies Zustimmung zum Tun oder Sagen des Patienten bedeuten muss.

Fünf Grundsätze sollten von einer Arzthelferin möglichst beachtet werden:

1. Der Patient möchte als Einzelperson behandelt werden.
2. Die Arzthelferin soll den Patienten ermutigen, seine Gefühle auszudrücken.
3. Die Arzthelferin soll sich um gefühlsmäßige Anteilnahme und wohlwollendes Verständnis in angemessenem Umfange bemühen.
4. Der Patient muss von der Arzthelferin so akzeptiert werden, wie er ist und sich gibt, Erziehungsversuche müssen (von Ausnahmen abgesehen) unterbleiben.
5. Der Patient hat Anspruch auf vertrauliche Behandlung seiner vertraulichen Aussagen. Dies gilt in einem gewissen Umfang auch zwischen Arzthelferin und Arzt.

Streitfall
Im Streitfall sollte die Arzthelferin unter Berücksichtigung der Notwendigkeiten der Praxis möglichst versuchen, auf den Patienten einzugehen; der Patient ist der sich krank Fühlende, der (soweit vertretbar) Anspruch auf eine auch seiner besonderen psychischen Situation angemessene Behandlung hat.

Beachte:
Jeder wirklich Kranke oder sich ernsthaft krank fühlende Patient ist – unabhängig von der Schwere der Erkrankung – in einer psychischen Ausnahmesituation, die Einfühlungsvermögen und Verständnis erfordert.

5.2. Der Mensch als Rollenträger

In jeder größeren oder kleineren Gruppe der Gesellschaft hat der Einzelne eine bestimmte *Rolle*, an die eine bestimmte *Rollenerwartung* gebunden ist. Die Arzthelferin ist z. B. in der Familie die Tochter, Ehefrau oder Mutter, im Supermarkt die Kundin, im Turnverein die Turnerin, in der Praxis die Assistentin des Arztes. Der Patient erwartet Können, Sachkunde, Mitgefühl und persönlichen Einsatz für sein eigenes Anliegen, der Arzt erwartet Sachkunde, korrekte Arbeit, gute Organisation und möglichst weitgehende Entlastung, und die Kolleginnen erwarten Kollegialität, Einsatz, Einordnung, Geselligkeit usw.

Allen Rollenerwartungen kann eine Arzthelferin nicht gerecht werden, sie gerät in den *Rollenkonflikt. Sie muss sich entweder für die eine oder andere Rolle oder (weitaus häufiger) für einen Kompromiss entscheiden.* Erfüllt sie in dem Beispiel die Erwartungen des Patienten, wird sie denen des Arztes und der Kolleginnen nicht gerecht und umgekehrt. Sie wird also versuchen, unter Einhaltung der Regeln der Praxisorganisation bei dem Patienten Verständnis dafür zu gewinnen, dass sein Anliegen keinen Vorrang haben kann, dabei aber versuchen, ihm trotzdem das Gefühl zu geben, dass sie sich für seine Angelegenheit so weit wie möglich einsetzt.

Streit vermeiden.

5.3. Der Patient in der Praxis

5.3.1. Empfang des Patienten

Anmeldung
Den ersten Kontakt hat der Patient in der Regel mit der Arzthelferin in der Anmeldung. Wichtige Voraussetzung dafür, dass der Patient sich in der Praxis wohl fühlt, ist neben einer zweckmäßig, freundlich gestalteten Umgebung ein ruhiges, freundliches Auftreten der Arzthelferin. Ohne Hast soll sie sich seiner Anliegen annehmen, er ist die Hauptperson, Störungen durch Dritte (Arzt, Telefon, andere Patienten) sollten zu einer kurzen Entschuldigung führen. Auf die Anliegen des Patienten soll so gründlich wie möglich eingegangen werden, Gespräche mit mehreren Patienten zur gleichen Zeit sind zu vermeiden.

Stress vermeiden, nie ungeduldig werden!

MEMO!

Auch wenn viel zu tun ist, darf der Patient nicht darunter leiden.
Zeitnot, Anspannung, Ungeduld darf der Patient der Arzthelferin nicht anmerken.

Aufnahme der Personalien
Von jedem Patienten müssen – soweit er nicht schon bekannt ist – Wünsche und Beschwerden sowie persönliche Daten erfragt werden. Die Daten werden selbstverständlich nicht im Wartezimmer oder im Beisein anderer Patienten erfragt.

Patientendaten vertraulich behandeln.

MEMO!

Nie Patienten im Beisein anderer Patienten über persönliche Daten, Anliegen oder Beschwerden befragen.

Wartende Patienten umsorgen, ggf. informieren.

5.3.2. Der wartende Patient

Von den meisten Patienten wird langes Warten beim Arzt als sehr lästig empfunden. Eine gut organisierte Bestellpraxis vermindert Wartezeiten auf ein zumutbares Minimum. Sollte es auf Grund unvorhergesehener Vorfälle (Notfallbesuch des Arztes u. ä.) zu Verzögerungen kommen, sollten diese den Patienten erklärt werden. Ihnen sollte die Möglichkeit angeboten werden, zu einem späteren Zeitpunkt wiederzukommen.

Hochschwangere, Blinde in Begleitung, fiebernde Patienten u. a. m. sollten nach Möglichkeit nicht warten. In diesen Fällen müssen die wartenden Patienten eine ausreichende Erklärung für die Bevorzugung dieser Patienten erhalten, ohne dass die erforderliche Verschwiegenheit darunter leidet.

Jeder Patient sollte einen Sitzplatz haben. Sind alle Sitzplätze belegt, muss für zusätzliche Sitzgelegenheiten gesorgt werden. Stehende Patienten werden missmutig und neigen gelegentlich zum Kollaps.

Körperbehinderten und älteren Patienten sollte beim Ablegen des Mantels geholfen werden. Für Kinder, die ihre Mütter begleiten oder selbst Patienten sind, sollte brauchbares Spielzeug zur Verfügung stehen.

Rezepte und Verordnungen erläutern.

Die Arzthelferin als »Assistentin« des Arztes.

5.3.3. Der Patient beim Arzt im Sprechzimmer

Für die Behandlung des Patienten kann es von Vorteil sein, wenn bei der Beratung und Untersuchung des Patienten im Sprechzimmer eine Arzthelferin anwesend ist. Sie kann den älteren oder behinderten Patienten schon vor Erscheinen des Arztes beim Ausziehen behilflich sein, sie kann bei der Untersuchung, beim Verbandwechsel, beim Blutdruckmessen oder bei Injektionen assistieren. Die Anliegen der Patienten werden ihr noch besser bekannt, sie wird für den Patienten neben dem Arzt zu einer besonderen Vertrauensperson, der auch Angelegenheiten anvertraut werden, mit denen der Patient den Arzt nicht behelligen möchte.

Vielfach möchte der Patient den Arzt allein sprechen. Aus diesem Grunde empfiehlt es sich, den Patienten zu fragen, ob er damit einverstanden ist, dass die Arzthelferin im Sprechzimmer bleibt.

Wird eine Patientin zum ersten Mal beim Allgemeinarzt oder Frauenarzt gynäkologisch untersucht, sollte die Arzthelferin – wenn es vom Arzt gewünscht wird – der Patientin die Angst vor der Untersuchung durch Schilderung des Untersuchungsvorganges nehmen.

Bei Kindern wird es häufig erforderlich sein, dem Arzt zu helfen. Das Kind muss beruhigt werden, gegebenenfalls für Untersuchungen oder Eingriffe sachkundig gehalten werden. Gewaltanwendung sollte vermieden werden, da sie nur selten zum Erfolg führt.

Hat die Arzthelferin den Eindruck, dass die Patienten aus Angst oder Aufregung die Erläuterungen des Arztes nicht richtig aufgenommen haben, sollte sie sich durch Befragen des Patienten nach Verlassen des Sprechzimmers davon überzeugen, dass die Verordnungen verstanden wurden. Ist dies nicht der Fall, sollte sie die Ausführungen des Arztes ergänzen.

5.3.4. Der Patient bei diagnostischen und therapeutischen Eingriffen

Verständlicherweise haben Patienten gegenüber ihnen nicht bekannten medizinisch-technischen Geräten Misstrauen, manchmal sogar Angst. Verständliche Erklärungen durch Arzt oder Arzthelferin helfen, die Vorbehalte des Patienten abzubauen.

Die Erklärungen dürfen nicht bagatellisieren. Wenn im Zusammenhang mit einem Eingriff Schmerzen oder Unannehmlichkeiten bereitet werden müssen, muss dies dem Patienten auch erklärt werden. Nur so kann das notwendige und erwünschte Vertrauen des Patienten und seine Mitarbeit erreicht werden.

Mitunter machen sich die Ängste des Patienten durch unfreundliches Verhalten bemerkbar. Die sachkundige Arzthelferin weiß dies richtig einzuordnen und wird sich besonders aufmerksam um das Vertrauen des Patienten bemühen.

Blutentnahmen bei Kindern können sich schwierig gestalten. Von Vorteil ist es, dem Kind seine mitgebrachte Puppe oder ein anderes Spielzeug zu belassen, ihm in verständlicher Sprache zu erläutern, was man tun möchte, wobei auch der Einstichschmerz nicht verheimlicht werden sollte. Schnelles, zielstrebiges und bestimmtes Handeln zusammen mit geschickter Ablenkung des Kindes werden in vielen Fällen eine problemlose Blutentnahme erlauben.

Ausländer und ältere Patienten haben aus unterschiedlichen Gründen (Sprache, Schwerhörigkeit) oft Schwierigkeiten, die Erläuterungen zu verstehen. Hier hilft nur Zeit und Geduld. Wenn es sich einrichten lässt, sollten diese Patienten möglichst für einen Zeitpunkt bestellt werden, der genügend Spielraum für Erklärungen lässt.

5.4. Der Patient in besonderen Situationen

Nicht selten befinden sich Patienten in der Praxis in ungewöhnlichen Situationen, die auch von der Arzthelferin viel Fingerspitzengefühl und Einfühlungsvermögen verlangen. Allgemeine Ratschläge sind schwer zu geben, da das Verhalten sehr vom Einzelfall abhängig gemacht werden muss.

Dem Patienten oder den Angehörigen sollte das Mitgefühl etwa bei Todes- oder schweren Erkrankungsfällen unaufdringlich vermittelt werden. Sollte er den Wunsch haben, sich bei der Arzthelferin auszusprechen, sollte sie dies – wenn es geht – ermöglichen, in Zweifelsfällen sollte der Arzt hinzugezogen werden.

Die Arzthelferin sollte ihre Aufgabe vordringlich darin sehen, dem Patienten zuzuhören, ihn zu trösten, beruhigen und ihm Hoffnung zu machen. Irgendwelcher Beurteilungen oder Wertungen von Krankheitsverläufen und Behandlungen muss sie sich in solchen Gesprächen unbedingt enthalten.

5.5. Die Arzthelferin am Telefon

Bei Telefongesprächen ist der »Kommunikationskanal« auf Sprache und Tonfall beschränkt. Auch wenn das Telefongespräch gerade in einer anderen Tätigkeit oder einem Gespräch stört, sollte der Anrufer dies nicht erkennen können. Freundlich und aufmerksam soll nach dem Anliegen gefragt werden, dazu gehört, dass sich die Arzthelferin nach Angabe der Praxis mit ihrem Namen meldet.

Wird ein Besuch bestellt, müssen die notwendigen Angaben erfragt werden. Auskünfte am Telefon dürfen Patienten nur erteilt werden, wenn eine allgemeine oder für den Einzelfall gegebene Anordnung des Arztes vorliegt. Angehörige erhalten am Telefon keine Auskünfte durch die Arzthelferin, auch nicht Ehemänner über ihre Ehefrauen oder umgekehrt oder Eltern über ihre Kinder. In Zweifelsfällen muss der Arzt gefragt werden.

5.6. Verhalten bei Streit

Wann immer es geht, wird die Arzthelferin versuchen, Streit aus dem Wege zu gehen. Gelegentlich ist dies jedoch nicht möglich. Dies gilt besonders, wenn Wünsche des Patienten sich mit organisatorischen Möglichkeiten der Praxis nicht vereinbaren lassen oder wenn unterschiedliche Auffassungen über einen Sachverhalt oder ein weiteres Vorgehen bestehen. Auch mit den

◄ *Angst und Unsicherheit.*

◄ *Kinder in der Praxis.*

◄ *Telefonische Auskunft.*

Kolleginnen oder dem Arzt sind Meinungsverschiedenheiten nicht immer zu vermeiden. In solchen Fällen ist es wichtig, ohne Emotionen vorzugehen.

In jedem Falle bleibt die Arzthelferin ruhig, sachlich und behält die Beherrschung. Sie überprüft ihren Standpunkt und überlegt, ob nicht auch der Standpunkt des anderen seine Berechtigung haben könnte. Abwertende Bemerkungen sind in jedem Falle zu vermeiden.

Kommt die Arzthelferin zu dem Ergebnis, dass eine falsche Beurteilung ihrerseits zu dem Streit geführt hat, ist das einzig richtige Verhalten, dass dies mit einer Entschuldigung zugegeben wird.

Hat der »Kontrahent« nach Auffassung der Arzthelferin auch nach erneuter Prüfung weiterhin Unrecht, hilft es oft, wenn die Standpunkte beider Seiten gemeinsam klargestellt werden. Kann Abhilfe trotz der Klarstellung nicht gefunden werden, bietet sich ein Kompromiss an. Dieser kann darin liegen, dass man sich darauf einigt, einen Dritten um Entscheidung zu bitten. Gelegentlich ist es auch möglich, den strittigen Sachverhalt noch einmal bis zum nächsten Tag zu überdenken. Ein Kompromiss kann auch darin liegen, dass die Arzthelferin, trotz des Bewusstseins, Recht zu haben, ihrem Kontrahenten entgegenkommt; man trifft sich »in der Mitte«.

Zum Wiederholen und Lernen.

MEMO!

WICHTIGES ZUM MERKEN

Jeder wirklich Kranke oder sich ernsthaft krank fühlende Patient ist in einer **psychischen Ausnahmesituation,** die Einfühlungsvermögen und Verständnis erfordert.

Auch wenn viel zu tun ist, darf der Patient nicht darunter leiden. **Zeitnot, Anspannung und Ungeduld** darf der Patient der Arzthelferin nicht anmerken.

Nie Patienten im Beisein anderer Patienten über **persönliche Daten**, Anliegen und Beschwerden befragen.

Zum **Schutz vor Anschuldigungen** sollten gynäkologische Untersuchungen durch den Arzt nur im Beisein einer Helferin durchgeführt werden.

EINIGE FRAGEN ZUM ÜBEN

Erläutern Sie die Begriffe »Kommunikation« und »Interaktion«!

Geben Sie Beispiele für »nonverbale Kommunikation«!

Nennen Sie Grundsätze für den Umgang mit Patienten!

TERMINOLOGIE

Kommunikation	Senden einer Botschaft zum Empfänger
Interaktion	Gegenseitige Beeinflussung mehrerer Personen durch Kommunikationsprozesse
Nonverbale Kommunikation	Kommunikation ohne Worte, z. B. durch Mimik, Gestik

Bau und Funktion des Körpers

Übergreifendes Lernziel

▶ *Kenntnisse der Anatomie und der Physiologie besitzen*

Voraussetzung für das Verständnis des menschlichen Körpers und seiner Erkrankungen und damit auch der Erkennung und Behandlung von Krankheiten ist ein guter Überblick über den Aufbau des Körpers und seiner Grundfunktionen.

6. Der Körper als Ganzes, Zelle und Gewebe

Für die alltägliche Arbeit in der Medizin ist die Anwendung beschreibender Bezeichnungen des menschlichen Körpers unentbehrlich. Aus diesem Grund steht am Anfang der Anatomie und der Physiologie zunächst ein Überblick über das Ganze. Weil sich viele Grundfunktionen des Körpers schon auf der Ebene des kleinsten lebensfähigen Teils des Körpers, der Zelle, und seinem Verbund, dem Gewebe, finden lassen, wird das Erlernen des Baus und der Funktion des Körpers durch das Kennenlernen von Zelle und Gewebe sehr erleichtert. Vieles, was zunächst sehr theoretisch erscheint, bekommt mit dem tieferen Eindringen in die Medizin große praktische Bedeutung.

▶▶ *Anatomie, Physiologie.*

ZIELE DES RAHMENLEHRPLANS

- Grundbegriffe der Anatomie und Physiologie erklären
- Den Körper nach morphologischen und funktionellen Gesichtspunkten einteilen
- Die wichtigsten Lage- sowie Richtungsbezeichnungen und Körperregionen nennen
- Aufbau der kleinsten lebensfähigen Einheit des Körpers beschreiben
- Die wichtigsten physiologischen Grundphänomene am Beispiel der Zelle beschreiben
- Bau und Funktion der Gewebe nennen

Der Körper als Ganzes

6.1. Aufbau des Körpers

▶▶ *Der Körper.*

Der gesamte Körper wird als Organismus bezeichnet. Er setzt sich aus Organsystemen zusammen, die ihrerseits wieder aus Organen bestehen. Organe werden durch verschiedene Gewebe gebildet, die aus Zellen zusammengesetzt sind. Die Zellen verfügen über so genannte Organellen, die die Funktionsfähigkeit der Zelle ermöglichen.

Anatomie	=	Lehre vom Bau des Körpers
Physiologie	=	Lehre von der Funktion des Körpers
Pathologie	=	Krankheitslehre
Histologie	=	Gewebelehre
Zytologie	=	Zelllehre
Morphologie	=	Lehre von der Körperstruktur

Der menschliche Körper besteht aus zwei sich spiegelbildlich entsprechenden Hälften, er ist symmetrisch. Folgende Körperabschnitte werden bei grober Einteilung unterschieden:

- Kopf (mit Gehirn, Gesicht)
- Hals
- Rumpf (mit Brustkorb, Bauchraum, Becken)
- Gliedmaßen (Arme, Beine)

Kopf	=	**Caput**
Hals	=	**Collum**
Rumpf	=	**Truncus**
Brustkorb	=	**Thorax**
Bauch	=	**Abdomen**
Becken	=	**Pelvis**

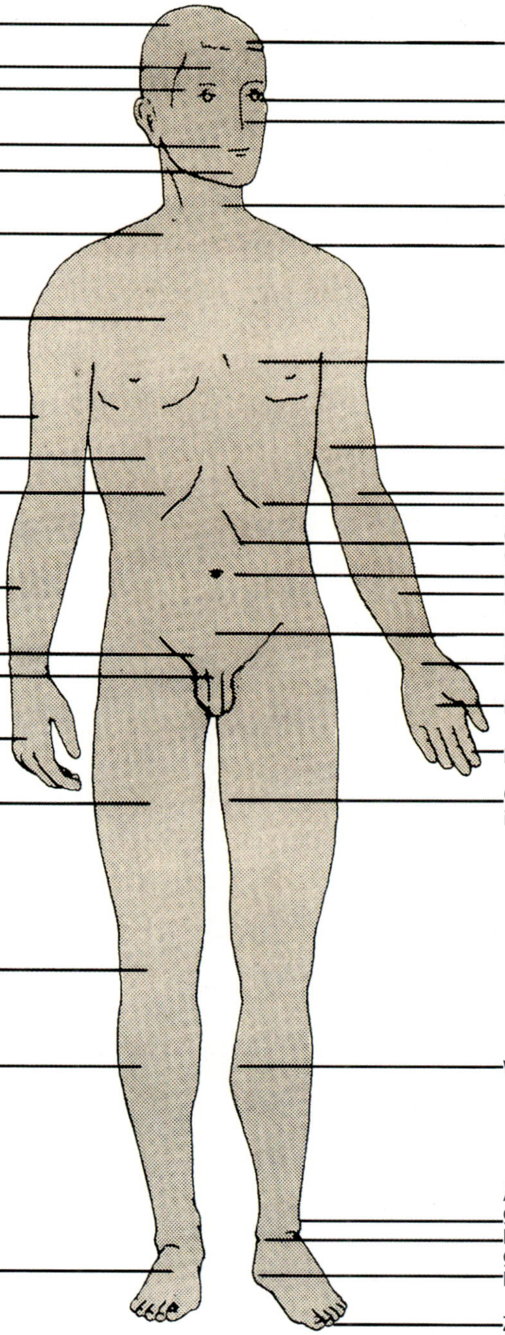

Bezeichnung der Körperregionen (Vorderseite).

Beispiele: (Begriffe: regio = Gegend, fossa = Grube).

Regio temporalis	Schläfengegend
Regio frontalis	Stirngegend
Regio colli anterior	vordere Halsgegend
Regio colli lateralis	seitliche Halsgegend
Regio brachii anterior	vorderer Oberarm
Regio antebrachii posterior	hinterer Unterarm
Regio mammalis	Brustgegend
Regio umbilicalis	Nabelgegend
Regio inguinalis	Leistengegend
Regio scapularis	Schulterblattgegend
Regio vertebralis	Wirbelgegend
Fossa cubitalis	Ellenbeuge
Fossa poplitea	Kniebeuge

6.1.1. Körperregionen

Der Körper wird in kleine Gebiete unterteilt (Körperregionen), die jeweils eine eigene Bezeichnung haben. Mit diesen Bezeichnungen kann der Ort einer Erkrankung oder Verletzung beschrieben werden. Sie beziehen sich entweder auf die im Bereich der Region unter der Haut liegenden Organe (z. B. Herzgegend, Nierengegend, Lebergegend), auf Knochen oder Knochenhöcker (z. B. Ellenbogen, Knöchelgegend, Fersengegend), auf die Funktion der in einem bestimmten Bereich befindlichen Muskulatur (z. B. Unterarm, Oberschenkelbeuge- bzw. -streckseite) sowie auf sichtbare anatomische Strukturen (z. B. Augen-, Nasen-, Mund-, Nabel-, Kniegegend).

Die Benennung der Körperregionen erfolgt heute sehr häufig in deutscher Sprache. Unter Berücksichtigung der genannten Regeln, Vorsilben und der Lage- und Richtungsbezeichnungen sind – wie folgende Beispiele zeigen – auch bei der Anwendung der lateinischen Fachterminologie Zuordnungen nicht schwer.

6.1.2. Organsysteme

Unter einem Organsystem werden funktionell zusammenarbeitende Organe verstanden, die sich gegenseitig ergänzen und im menschlichen Körper einen bestimmten Teil der Aufgaben übernehmen. Die wichtigsten Organe, Organsysteme und ihre Aufgaben zeigt die folgende Tabelle.

Beispiele für Organsysteme.

WICHTIGSTE ORGANE	ORGANSYSTEM	AUFGABEN
Knochen, Muskeln	Bewegungsapparat	Bewegung
Magen, Darm, Leber, Bauchspeicheldrüse	Verdauungsapparat	Ernährung und Stoffwechsel
Herz, Arterien, Venen	Kreislaufsystem	Transport, Wärmeregulation
–	Blut	Transport und Abwehr
Kehlkopf, Luftröhre, Lunge	Atmungsapparat	Atmung und Sprache
Nieren, Blase	Harnapparat	Ausscheidung
Keimdrüsen, ableitende Geschlechtswege	Geschlechtsorgane	Fortpflanzung
Gehirn, Rückenmark, Nerven, Hypophyse, Schilddrüse	Nervensystem, Hormonsystem	Steuerung

6.1.3. Organe

Organe sind aus mehreren Geweben zusammengesetzt und bilden eine funktionelle Einheit. Beispiele für Organe und ihre Aufgaben zeigt nebenstehende Tabelle.

ORGAN	AUFGABE
Herz	Kreislaufpumpe
Niere	Ausscheidungsorgan
Keimdrüsen	Organe, in denen die Geschlechtszellen und bestimmte Hormone gebildet werden
Leber	Stoffwechselorgan
Schilddrüse	Hormonorgan mit Auswirkung auf die Aktivität des Körpers
Auge	Sehorgan

▲ *Beispiele für Organe.*

6.2. Lage- und Richtungsbezeichnungen

Neben den auch im Menschen verwendeten Begriffen »links« (sinister) und »rechts« (dexter), »oben« (kranial) und »unten« (kaudal) sind noch weitere Begriffe üblich, die zum Verständnis von Lagebeschreibungen nötig sind.

MEMO!

Rechts und links sind stets vom Kranken aus zu sehen. Die Leber liegt also im Oberbauch rechts, die Wurmfortsatzoperationsnarbe befindet sich gegebenenfalls am rechten Unterbauch. Das Herz liegt im Thorax links.

Nicht nur bei Erläuterungen, sondern auch zur Dokumentation ist stets erforderlich, dass die Lage einer Verletzung, einer lokalen Erkrankung u. a. genau angegeben wird. Hierbei bezieht man sich häufig auf bestimmte – genau festliegende – Punkte der Körperoberfläche, z. B. Knochenhöcker, oberflächliche Muskeln, anatomische Strukturen wie den Nabel, die Brustwarzen usw. Zu diesen und anderen Zwecken werden Lage- und Richtungsbezeichnungen benötigt.

proximal	zum Körper (Rumpf) hin (Beispiel: Der Ellenbogen befindet sich proximal vom Unterarm)
distal	vom Körper (Rumpf) weg (Beispiel: Die Hand liegt distal vom Unterarm)
radial	daumenwärts (in Richtung Speiche = Radius)
ulnar	kleinfingerwärts (in Richtung Elle = Ulna)
tibial	schienbeinwärts (Schienbein = Tibia)
fibular	wadenbeinwärts (Wadenbein = Fibula)
dorsal	am Handrücken bzw. Fußrücken
volar	auf der Handinnenfläche
plantar	auf der Fußsohle

◀ *Wichtige Lage- und Richtungsbezeichnungen an den Extremitäten.*

superior	oben, weiter oben
inferior	unten, weiter unten
externus	außen, weiter außen
internus	innen, weiter innen
anterior	vorne, weiter vorne
posterior	hinten, weiter hinten
anterior-posterior	(a. p.) von vorn nach hinten
sinister	links

dexter	rechts
horizontal	waagerecht
vertikal	senkrecht
median	senkrecht durch die Mitte des Körpers
sagittal	parallel zur Medianebene
frontal	parallel zur Stirnebene
transversal	waagerecht durch den Körper

◀ *Allgemeine Lage- und Richtungsbezeichnungen.*

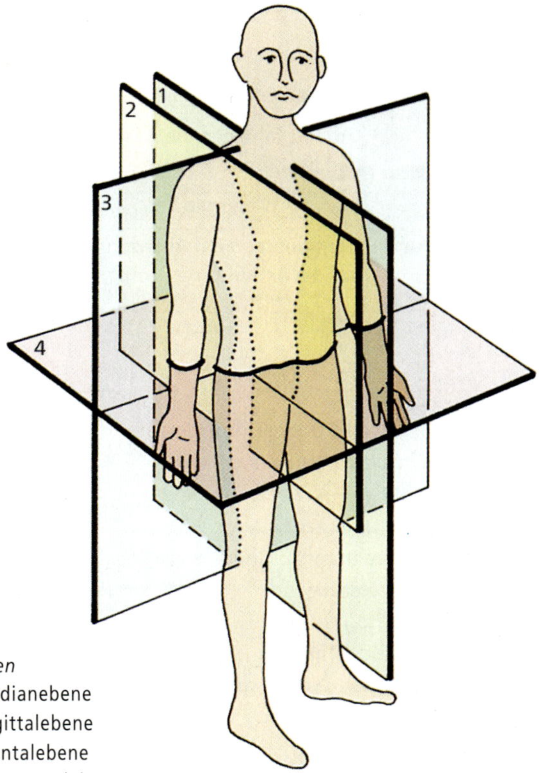

Ebenen
1. Medianebene
2. Sagittalebene
3. Frontalebene
4. Transversalebene

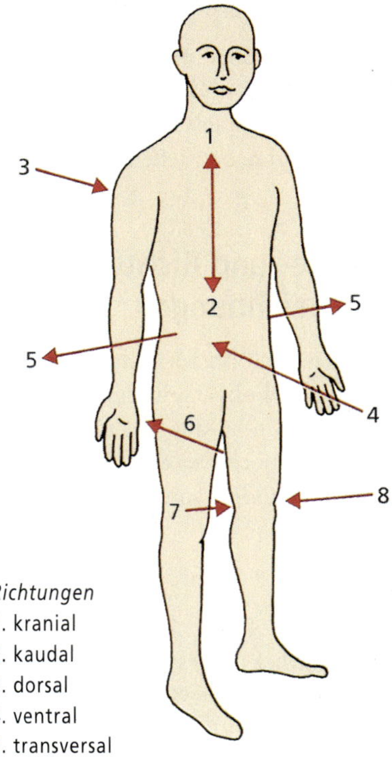

Richtungen
1. kranial
2. kaudal
3. dorsal
4. ventral
5. transversal
6. volar
7. medial
8. lateral

kranial	schädelwärts, oben weiter oben Beispiel: Der Hals liegt kranial vom Brustkorb
kaudal	steißwärts, unten, weiter unten Beispiel: Der Bauchraum liegt kaudal vom Brustkorb
medial	zur Mitte hin Beispiel: Die Brustwarze liegt medial von der Achselhöhe
lateral	von der Mitte weg Beispiel: Die Brustwarze liegt lateral vom Brustbein
dorsal	hinten, zum Rücken hin, am Rücken
ventral	vorn, zum Bauch hin, am Bauch

▲
Wichtige Lage- und Richtungsbezeichnungen an Kopf und Rumpf.

MEMO!

WICHTIGES ZUM MERKEN

Medizinische Begriffe haben immer einen Stamm.
Zur weiteren Verdeutlichung kann eine Vorsilbe oder eine Endung hinzukommen.

Rechts und links sind stets vom Patienten aus zu sehen.

Streckseiten am Körper sind an ihrer stärkeren Bräunung nach Sonneneinstrahlung zu erkennen.

EINIGE FRAGEN ZUM ÜBEN

Erläutern Sie folgende Wortpaare: Superior – inferior, externus – internus, dexter – sinister, medial – lateral.

Nennen Sie Organsysteme des Körpers und ihre wichtigste Aufgabe.

Zell- und Gewebelehre

6.3. Die Zelle

Die kleinste Einheit des Körpers ist die Zelle. Sie erfüllt alle Voraussetzungen eines Lebewesens: Sie hat einen Stoffwechsel, sie kann sich bewegen, sie kann sich fortpflanzen, sie vermag zu wachsen und sie kann Reize aufnehmen und verarbeiten.

Zelleigenschaften

- Stoffwechsel
- Bewegung
- Fortpflanzung
- Wachstum
- Reizaufnahme und -verarbeitung

Hierzu benötigt die Zelle bestimmte Strukturen, *Organellen*. Zu ihnen gehören die Mitochondrien, der Zellkern mit den Chromosomen u. a. m.

Die Zellen im Körper des Menschen sind hoch spezialisiert. Im Gegensatz zu den tierischen Einzellern (Protozoen) sind sie normalerweise außerhalb des Körpers nicht lebensfähig. Die einzelne Zelle benötigt zum Wachstum Voraussetzungen, die sie nur innerhalb des menschlichen Körpers findet wie:

- eine weitgehend gleich bleibende Umgebung,
- bestimmte Nährstoffe und Sauerstoff

Nur wenn diese Voraussetzungen gegeben sind, können Zellen im Menschen ihren hoch spezialisierten Aufgaben nachkommen. Der Ausgleich der Körperwärme, die Zufuhr der Nahrung und der zur Verbrennung erforderliche Sauerstoff sowie der Transport von »Abfallstoffen« (wie z. B. Kohlendioxid) und die Schaffung einer für das Zellleben geeigneten Umgebung *(physiologisches Milieu)* erfolgen durch den Blutkreislauf. Werden Zellen nicht durch Blut versorgt, sterben sie je nach Spezialisierung und Empfindlichkeit nach kurzer oder längerer Zeit ab.

Zellen können je nach ihrer Lokalisation im Körper und ihrer Aufgabe unterschiedlich geformt sein. Zwischen den einzelnen Zellen befindet sich oft eine so genannte *Zwischenzellsubstanz*. Zellen und Zwischenzellsubstanz bilden Gewebe.

6.3.1. Bau der Zelle

Größe und Aussehen

Die Zelle als kleinster lebensfähiger Baustein des Körpers ist nur im Mikroskop erkennbar. Die Körperzellen sind unterschiedlich geformt, je nachdem, welches Gewebe sie aufbauen und welche Funktion sie haben. So können Zellen z. B. kugelig, eiförmig, spindelig aussehen oder mit langen Ausläufern versehen sein. Die größte Zelle im Körper ist die Eizelle, die bei einem Durchmesser von 0,25 mm gerade noch mit bloßem Auge wahrgenommen werden kann. Besonders unterschiedlich ist die Länge von Zellen: von einigen Mikrometern (z. B. Erythrozyt mit durchschnittlich 8 Mikrometer) bis über 1 m (Nervenzelle mit Fortsätzen).

Schema der Zellstrukturen im Elektronenmikroskop.

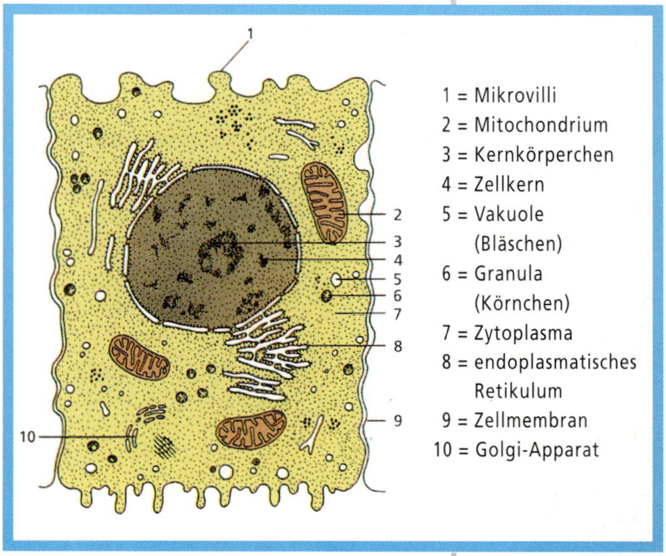

6.3.2. Bestandteile der Zelle

Zellmembran

Jede Zelle ist von einer Zellhaut (Zellmembran) umgeben. Sie schützt vor äußeren Einflüssen und ist zur Aufnahme und Abgabe von Stoffen durchlässig.

Zytoplasma, Zellorganellen

Der Zellkörper (Zytoplasma, Protoplasma) besteht aus einem wabig aufgebauten Gerüst, in das Zellorganellen eingelagert sind. Hierzu gehören die *Mitochondrien*, die *Zentrosomen* und der *Golgi-Apparat*. Im Grundplasma des Zellkörpers befindet sich ein Labyrinth von kleinen Röhrchen und Kanälchen, das *endoplasmatische Retikulum*. Es ist für den Stofftransport innerhalb der Zelle verantwortlich. An seiner Außenmembran befinden sich die an der Eiweißsynthese der Zelle mitwirkenden *Ribosomen*. *Lysosomen* sind wesentlicher Bestandteil der intrazellulären Verdauung. *Vakuolen* sind an der Produktion, Speicherung, Resorption und dem Transport von Stoffen beteiligt.

Mitochondrien

Hierbei handelt es sich um in stets schlängelnder oder kreisender Bewegung befindliche winzige Gebilde, deren Zahl und Größe je nach Zellart und -funktion schwankt. Die Mitochondrien sind von einer Doppelmembran umgeben. Einstülpungen der inneren Membran bilden im Inneren der Mitochondrien Lamellen und Röhrchen. Hierdurch wird eine erhebliche Oberflächenvergrößerung der Membranen bewirkt.

In den Mitochondrien findet die innere Atmung statt: Auf dem Blutweg herangebrachter Sauerstoff und Traubenzucker (Glukose) werden enzymatisch »verbrannt«, dabei wird die für jegliches Leben unentbehrliche Energie produziert. Als »Abfallprodukte« entstehen Kohlendioxid und Wasser.

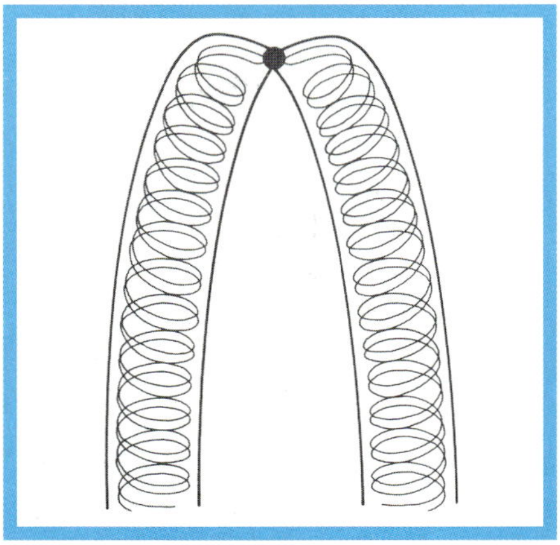

Schema des inneren Aufbaus eines Chromosoms. In zwei Chromosomenarmen finden sich zwei spiralig aufgewundene Chromatiden. Jede Chromatide besteht aus einer Doppelspirale aus Desoxyribonukleinsäure (DNS). Die DNS ist der Träger der Erbanlagen.

Zentrosomen

Zentrosomen (Zentralkörperchen, Zentriol) befinden sich im Zellkern und haben die Aufgabe, die Zentralspindel im Zusammenhang mit der Zellteilung zu bilden.

Golgi-Apparat

Beim Golgi-Apparat handelt es sich um ein Lamellensystem, in dem in die Zelle aufgenommene oder in der Zelle gebildete Stoffe konzentriert weitergegeben oder zum Aufbau neuer Stoffe (z. B. von Sekreten) verwendet werden.

Zellkern, Nukleolus, Chromosomen

Jede Zelle im menschlichen Körper außer den Erythrozyten enthält einen Zellkern, der die Erbinformationen speichert. Dies geschieht durch die im Zellkern befindlichen, aber nicht immer sichtbaren Chromosomen (Kernschleifen). In der Arbeitsphase der Zelle (dann, wenn keine Zellteilung stattfindet) sind Chromosomen nicht erkennbar. Zu Beginn der Teilungsphase der Zellteilung werden mit Hilfe der Zentrosomen und der von ihnen gebildeten Zentralspindel die Chromosomen sichtbar. Diesem Vorgang ist bereits eine Verdoppelung der Chromosomen vorausgegangen.

Der Nukleolus, das Kernkörperchen, spielt eine wichtige Rolle bei der Eiweißsynthese.

Die Chromosomen haben eine fadenförmige Gestalt, sind verschieden lang, kommen paarweise vor und befinden sich im Zellkern.

Der Mensch hat 46 Chromosomen in jedem Zellkern. Davon sind 22 Paarhälften normalerweise miteinander identisch (autosom), das 23. Paar, die Geschlechtschromosomen, können verschieden sein. Sie sind beim Mann ungleich geformt (heterosom): Das X-Chromosom ist größer als das Y-Chromosom. Liegen zwei X-Chromosomen vor, handelt es sich um eine Frau.

Die Chromosomen sind Träger der Erbanlagen, der Gene. In jedem Gen sind Informationen für eine bestimmte vererbliche menschliche Eigenschaft enthalten. Hier sind die Merkmale für Aussehen, Verhalten, Leistungsfähigkeit, Begabung u. ä. festgelegt.

6.3.3. Zellvermehrung

Die Gewebe und Organe und damit der Körper erneuern sich oder wachsen, indem sich Zellen teilen. Einige Zellarten vermehren sich im wesentlichen nur während der Entwicklung im Mutterleib (z. B. Nervenzellen), andere das ganze Leben hindurch (z. B. Epithelzellen).

Bestimmte Körperzellen erneuern sich ständig; ältere Zellen sterben ab und werden abgestoßen (z. B. Epithelzellen) oder abgebaut (z. B. Erythrozyten).

Die Vermehrung der Zellen erfolgt durch die indirekte Zellteilung (Mitose), die direkte Zellteilung (Amitose) oder die Reduktionsteilung (Meiose).

Indirekte Zellteilung (Mitose)

Das Leben der Zellen besteht aus Phasen der Teilung (Teilungsphase, Mitose) und der Zeit dazwischen (Interphase, Arbeitsphase). Eine einzelne Zelle lebt als »Individuum« nur von einer Teilung (aus der sie hervorgegangen ist) bis zur nächsten (in der sie sich wieder teilt).

Das Ziel der Mitose ist die erfolgreiche Verteilung der im Zellkern lokalisierten Gene. Die Mitose beginnt mit der Teilung des Zentralkörperchens. Dessen beide Teile wandern an die gegenüberliegenden Zellkernpole. Daraufhin teilen sich die im Zellkern befindlichen Chromosomen, die durch viele von den Zentralkörperchen ausgehende Spindelfasern gehalten werden. Schließlich legt sich jeder der beiden neu entstandenen gleichartigen Zellkerne an ein Zentralkörperchen. Durch Abschnürung bilden sich aus dem Zytoplasma zwei Teile.

◀ Chromosomen.

Direkte Zellteilung (Amitose)

Die Amitose kommt im menschlichen Körper selten vor. Es erfolgt eine direkte Durchschnürung des Kernes, ohne dass Chromosomen oder Kernspindel sichtbar werden. Die Verteilung der Chromosomen ist hierbei zufällig.

Reduktionsteilung (Meiose)

Damit bei der Vereinigung von Samenzelle und Eizelle nicht ein doppelter Chromosomensatz entsteht, wird bei der Teilung der Geschlechtszellen der Chromosomensatz halbiert (reduziert). Dieser Vorgang heißt Reduktionsteilung oder Meiose.

◀◀ Zellteilung.

6.4. Vererbung

Kinder sind äußerlich, aber auch in ihrem Wesen und Verhalten ihren Eltern oft ähnlich. Die Ursache hierfür ist die Vererbung von bestimmten Merkmalen, die über die Gene in den Chromosomen der Geschlechtszellen an das Kind weitergegeben werden. Die äußerlich erkennbaren Merkmale, das Erscheinungsbild, nennt man auch *Phänotypus*, die an das Kind weitergegeben Erbmerkmale *Genotypus.*

◀ Genetik.

Da der Genotypus (abgesehen von Ausnahmen) immer sowohl von Vater und Mutter stammt, kann sich oft nur das Merkmal eines Elternteils im Erscheinungsbild durchsetzen. Genotypus und Phänotypus sind also nicht identisch.

Genetische Merkmale eines Elternteils, die sich gegenüber gleichartigen des anderen Elternteiles durchsetzen, sind *dominante* Erbmerkmale, die »unterlegenen« Erbmerkmale werden *rezessiv* genannt.

◀ Genetische Merkmale.

Terminologie.

Genotypus	Erbanlage
Phänotypus	Erscheinungsform
dominant	die Erscheinungsform bestimmendes Gen
rezessiv	ein nicht in Erscheinung tretendes Gen

Dominanter Erbgang
Der dominante Erbgang ist von besonderer Bedeutung, wenn ein dominantes schädliches Gen, das bei seinem Träger zur Krankheit geführt hat, an ein Kind weitergegeben wird. Obwohl vom anderen Elternteil ein »gesundes« Gen vorhanden ist, kann es zur Krankheit kommen, das schädliche Gen ist dominant. Ein solcher Erbgang liegt bei der Chorea Huntington, dem erblichen Veitstanz, vor.

Rezessiver Erbgang
Anders ist die Situation, wenn das schädliche Gen rezessiv ist. Liegt beim Partner ein gesundes Gen vor, tritt die Krankheit beim Kind nicht auf. Erst wenn beide Partner das schädliche Gen vererben, also zwei rezessive Gene zusammentreffen, kommt es zum Ausbruch der Krankheit beim Kind. Ein solcher Sachverhalt liegt bei der *Phenylketonurie* vor.

An der *Bluterkrankheit* lässt sich beispielhaft darstellen, wie eine vererbbare Erkrankung an die Kinder übertragen werden kann. Über das Geschlechtschromosom **x** der Frau wird rezessiv die Bluterkrankheit, die sich auf Grund des Fehlens eines Gerinnungsfaktors im Blut bei betroffenen Männern mit fast unstillbaren Blutungen bemerkbar macht, vererbt. Bei Vorhandensein eines normalen **x**-Chromosoms tritt die Krankheit nicht auf. Dies ist der Grund dafür, dass fast nur Männer bluterkrank sind, da nur diese über ein einzelnes **x**-Chromosom verfügen. Mit **x** und **y** werden Geschlechtschromosomen bezeichnet. **xx** sind die Geschlechtschromosomen der Frau, **xy** die des Mannes.

6.5. Gewebe

MEMO!

Unter einem Gewebe versteht man einen Verband gleichartig gebauter Zellen mit gleicher Funktion.

Verschiedene Gewebearten.

Die Gewebearten unterscheiden sich durch den verschiedenartigen Aufbau der Zellen sowie durch die unterschiedliche Beschaffenheit des Zellzwischenraums. Hierbei handelt es sich um den Raum zwischen den Zellen, der mit Gewebewasser, mit Fasern, knorpeliger oder knochiger Substanz gefüllt ist.

GEWEBEARTEN	
Epithelgewebe	Schutz der Oberfläche, Sekretion, Resorption
Stützgewebe	Stütz- und Stoffwechselfunktion
Muskelgewebe	Bewegung
Nervengewebe	Reizaufnahme, -leitung und -verarbeitung

6.5.1. Epithelgewebe

Das Epithelgewebe bildet die Oberfläche der Haut und Schleimhaut und kleidet die Körperhöhlen aus. Aus diesem Grunde besteht das Epithelgewebe aus geschlossenen Zellverbänden ohne Zwischenzellsubstanz. Weitere Aufgaben des Epithelgewebes bestehen in der Produktion von Sekreten, der Aufnahme (Resorption) von Stoffen sowie der Reizaufnahme (Sinnesepithel).

Aufgaben des Epithelgewebes
- Bedeckung und Schutz von Oberflächen
- Produktion von Sekreten
- Resorption
- Reizaufnahme

Je nach Aufgabe und Lokalisation sind die Zellen des Epithelgewebes unterschiedlich geformt und angeordnet.

Wir unterscheiden *einschichtiges von mehrschichtigem Epithel.* Einschichtiges Plattenepithel findet sich z. B. als Innenauskleidung von Herz und Blutgefäßen, einschichtiges Zylinderepithel dient der Sekretion oder Resorption z. B. in Magen, Darm, Gebärmutter. Mehrschichtiges Epithel gibt es in Form von verhorntem Plattenepithel an besonders beanspruchten Körperoberflächen (z. B. der äußeren Haut) und unverhornt z. B. in Mundhöhle, Speiseröhre, Scheide und After. Übergangsepithel kann sich verschiedenen Füllungs- bzw. Dehnungszuständen anpassen und ist als Auskleidung der Harnwege anzutreffen.

Die Oberfläche der Epithelzellen kann verschieden strukturiert sein.

Flimmerhaare (Kinozilien) findet man an vielen Epithelzellen. Besonders dicht angeordnet sind sie im Atemtrakt und im Eileiter. Sie sind beweglich und befördern z. B. Staub und Schmutzpartikel an der Oberfläche der Atemwege nach außen oder z. B. das Ei bzw. nach Befruchtung den Embryo im Eileiter in Richtung Gebärmutter.

Mikrovilli sind verschieden lange Ausstülpungen der Zellmembran. Sie kommen besonders ausgeprägt bei resorbierenden Zellen (z. B. im Darm) vor und vergrößern die resorbierende Oberfläche erheblich. Nur dadurch ist es möglich, dass die Nährstoffe aus dem Darm ausreichend schnell in den Körper aufgenommen werden.

Drüsengewebe

Eine wichtige Funktion des Epithelgewebes besteht in der Produktion von Sekreten *(Sekretion).* Dies geschieht in besonders spezialisierten Zellen, den *Drüsenzellen.* Die Produktion von Sekret kann in einzelnen Drüsenzellen, genannt Becherzellen, erfolgen, wie sie insbesondere in den Atemwegen zu finden sind, aber auch in einer Ansammlung von Drüsenzellen, die dann zusammen mit Blutgefäßen, Nervengewebe u. a. ein Organ – die Drüse – bilden.

Wir unterscheiden zwei Arten von Drüsengewebe:

- *die exokrinen Drüsen* (Drüsen mit äußerer Sekretion), die über einen Ausführungsgang mit der Oberfläche verbunden sind (Beispiele: Mundspeicheldrüsen, Bauchspeicheldrüsen, Leber, Vorsteherdrüse, Tränendrüse)
- *die endokrinen Drüsen* (Drüsen mit innerer Sekretion), die keinen Ausführungsgang haben, sondern ihr Sekret (Hormon) direkt aus der Drüsenzelle an das Blut abgeben (Beispiele: Hirnanhangdrüse, Schilddrüse, Nebenniere, Langerhanssche Inseln in der Bauchspeicheldrüse, Eierstock, Hoden)

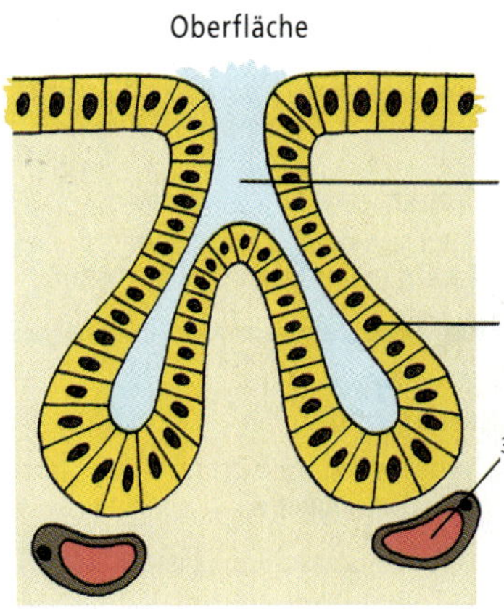

1 Sekret, 2 Drüsenzellen, 3 Kapillare

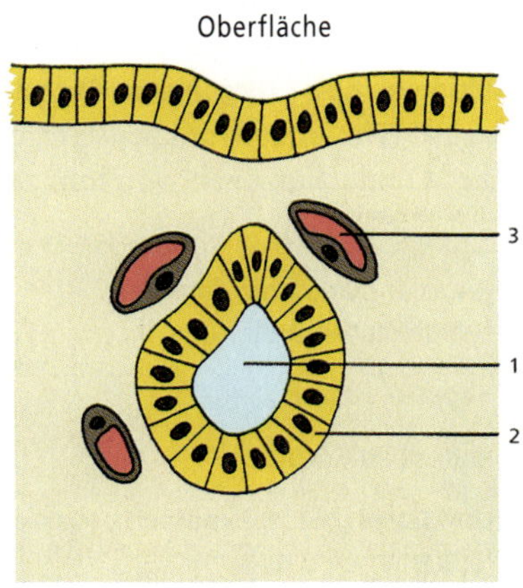

1 Sekret, 2 Drüsenzellen, 3 Kapillare

Links: Exokrine Drüse, Rechts: Endokrine Drüse.

Lockeres Bindegewebe.

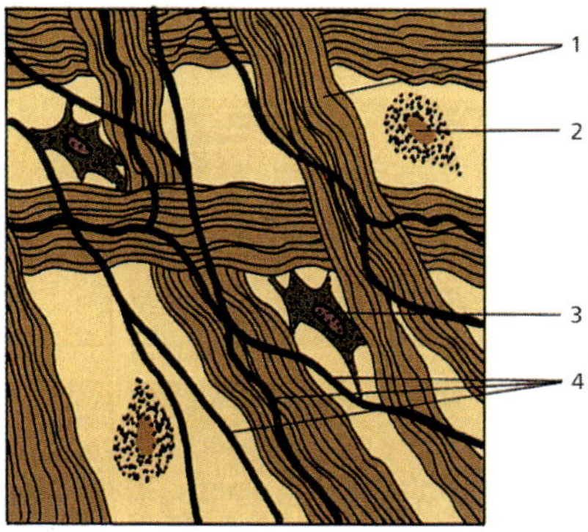

1 Bündel kollagener Fibrillen
2 Fibrozyt
3 Histiozyt
4 Elastische Fasern

6.5.2. Stützgewebe

Ein wichtiges Stützgewebe ist das Bindegewebe, das Grundbestandteil aller Organe ist und die einzelnen Bestandteile des Körpers miteinander verbindet.

Lockeres Bindegewebe

Das lockere Bindegewebe besitzt die Fähigkeit, Abwehrstoffe (Antikörper) zu bilden, Stoffe zu speichern sowie Fremdkörper wie z. B. Bakterien in sich aufzunehmen und abzubauen (Phagozytose). Es findet sich besonders im Knochenmark, in der Milz, den Tonsillen, Lymphknoten und der Leber. Es übernimmt Aufgaben bei der Abwehr von Krankheitserregern, auch die Wundheilung geht von ihm aus.

Knorpelarten.

Verschiedene Arten von Stützgewebe und ihr Vorkommen.

Lockeres Bindegewebe	**Knochenmark, Milz, Tonsillen, Lymphknoten, Leber u. a. m.**
Straffes Bindegewebe	**Kapseln, Faszien, Sehnen**
Fettgewebe	**überall im Körper**
Knorpelgewebe	**Ohrknorpel, Gelenkknorpel, Rippenknorpel u. a. m.**
Knochengewebe	**Skelett**

Phagozytose

Unter Phagozytose wird die Fähigkeit von bestimmten Zellen (= Fresszellen, Phagozyten) verstanden, Fremdkörper wie z. B. Bakterien aufzunehmen und abzubauen.

Straffes Bindegewebe

Je nach Lokalisation und Aufgabe enthält die Zwischenzellsubstanz des Bindegewebes mehr oder weniger kollagene Fasern (hohe Zugfestigkeit) oder elastische Fasern (hohe Elastizität). Aus ihm bestehen alle Organkapseln, Muskelscheiden (Faszien), Sehnen u. a. m.

Fettgewebe

Fettgewebszellen sind mit Fetttröpfchen angefüllt. Fettgewebe hat Aufgaben als Brennstoffreserve (Speicherfett), bei der Auspolsterung (Baufett) und als Wärmeschutz (Isolationsfett).

Knorpelgewebe

Knorpelgewebe gibt es in Form von hyalinem Knorpel (Gelenkflächen, Rippen, Nase, Kehlkopf, Luftröhre), elastischem Knorpel (Kehldeckel, Ohr) und Faserknorpel (Zwischenwirbelscheiben und Menisken).

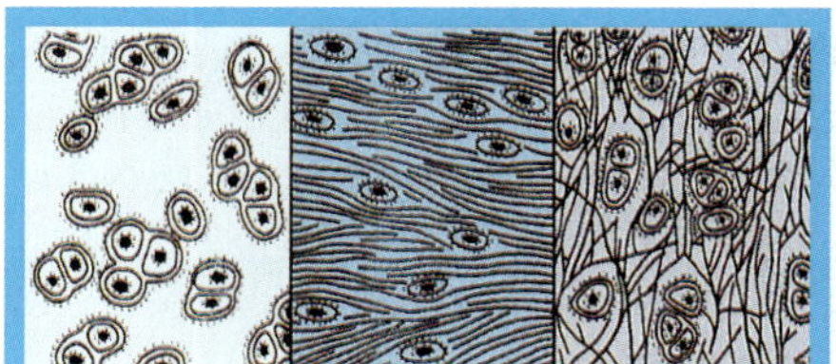

Hyaliner Knorpel — Faserknorpel — Elastischer Knorpel

Die verschiedenen Knorpelarten unterscheiden sich durch Zahl und Anordnung der Fasern in der Interzellularsubstanz.

Knochengewebe

Knochengewebe gehört zu den härtesten Bestandteilen des Körpers. Es besteht aus einer teils organischen (Fasern u. ä.), teils anorganischen (Mineralsalze, insbesondere Kalziumsalze) Zwischenzellsubstanz und Knochenzellen.

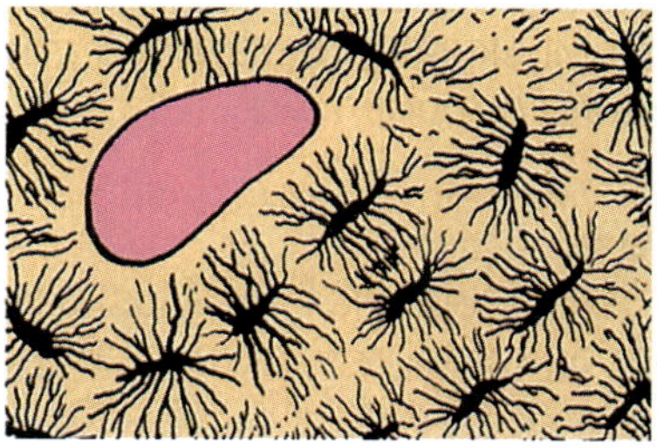

Knochengewebe, das aus verschiedenen Knochenzellen und Knochenkanälchen zusammengesetzt ist. In den Knochenkanälchen verlaufen Blutgefäße. Knochengewebe ist das festeste Stützgewebe und baut die Knochen auf.

◀◀ *Knochengewebe.*

6.5.3. Muskelgewebe

Muskelgewebe besteht aus lang gestreckten Muskelzellen, die als wesentlichen Bestandteil so genannte *Myofibrillen* enthalten. Bindegewebe befindet sich in jedem Muskelgewebe. Es hat die Aufgabe, die Muskelzellen untereinander zu verknüpfen und die Verkürzung der Muskulatur auf die Umgebung zu übertragen.

Wichtigste Eigenschaft des Muskelgewebes ist die Fähigkeit, sich zusammenzuziehen, sich zu kontrahieren. In Skelettmuskeln zusammengefasstes Muskelgewebe kann die Knochen des Skelettsystems dadurch gegeneinander bewegen, dass es sich zusammenzieht. Nach dem Erschlaffen müssen andere Muskeln (so genannte Gegenspieler, Antagonisten) die Knochen wieder in die Ausgangslage zurückführen.

Nach ihren Aufgaben und den Unterschieden der Zellen im Mikroskop werden

- glatte Muskulatur
- quer gestreifte Muskulatur sowie
- Herzmuskulatur unterschieden.

Glattes Muskelgewebe

Glatte Muskulatur kommt u. a. in den Wänden der Eingeweide (z. B. Magen, Darm, ableitende Harnwege, Gallenblase, Bronchien) und den Blutgefäßen vor. Die Zellen sind meist spindelförmig, ihr Kern liegt in der Mitte der Zelle. Glatte Muskulatur ist nicht willentlich beeinflussbar.

Skelettmuskulatur

Mit Skelettmuskulatur wird die quer gestreifte Muskulatur bezeichnet, die die Aufgabe hat, die Knochen des Skeletts gegeneinander zu bewegen. Es gibt aber auch (in geringerem Umfang) Skelettmuskulatur in den Eingeweiden von Kopf und Hals (z. B. Zunge, Rachen, obere Speiseröhre). Skelettmuskulatur kann im Gegensatz zur glatten Muskulatur und zur Herzmuskulatur bei Belastung ermüden.

Sklelettmuskeln bestehen aus Muskelfasern, die durch bindegewebige Fasern zu Bündeln und Muskeln zusammengefasst werden. Muskelfasern können bis zu

Längsschnitt und Querschnitt der glatten und quergestreiften (Skelett- und Herz-) Muskelzellen. ▼

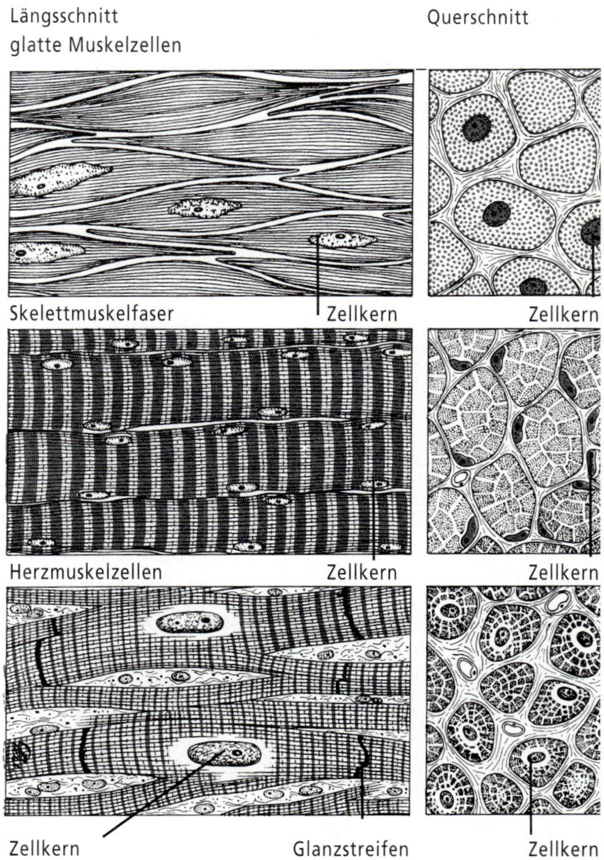

Muskelgewebe.

MUSKELGEWEBEART	IM MIKROSKOP		BEWEGEN SICH
Skelettmuskel	quergestreift	randständiger Kern	willkürlich
Eingeweidemuskel	glatt	mittelständiger Kern	unwillkürlich
Herzmuskel	quergestreift	mittelständiger Kern	unwillkürlich

15 cm lang sein. Sie bestehen aus zahlreichen randständigen Zellkernen und Myofibrillen mit Querstreifung.

Skelettmuskeln sind mit dem Willen beeinflussbar. Skelettmuskeln stehen fast immer über Sehnen mit den Knochen in Verbindung.

Herzmuskelgewebe

Die Herzmuskulatur gehört zur quer gestreiften Muskulatur, weist ihr gegenüber aber eine Reihe von Besonderheiten auf. Alle Muskelzellen des Herzens sind miteinander verbunden und bilden ein Netzwerk. Die Verbindungen der Zellen über Zellgrenzen sind als so genannte *Glanzstreifen* mikroskopisch erkennbar. Der Kern der Herzmuskelzelle (manchmal auch 2 oder 3) liegt in der Mitte der Zelle. Der Herzmuskel ist zur Dauerleistung befähigt. Die Steuerung erfolgt über ein eigenes, nicht mit dem Willen beeinflussbares Reizleitungssystem.

Muskelarten

Es gibt *Haltemuskeln* (platte Bauchmuskeln, Beckenbodenmuskulatur), *Ringmuskeln* (die – wie die zirkuläre Augenmuskulatur – nur zeitweise kontrahieren oder – wie die After- und Harnblasenmuskulatur – vorwiegend nur willkürlich geöffnet werden oder – wie die Magenpförtnermuskulatur – sich unwillkürlich öffnen und schließen), *Muskeln mit besonderen Aufgaben* wie das Gaumensegel mit Zäpfchen (es verschließt beim Schluckakt den oberen Rachenraum) oder wie das Zwerchfell (das als platter dünner Muskel Brust- und Bauchraum trennt und sich beim Atmen bewegt) oder wie die Zunge, die aus mehreren Muskelzügen besteht und den Bissen formt. Die *lange Rückenmuskulatur* dient dem aufrechten Gang und der Wirbelsäulenbewegung, der gerade Bauchmuskel (Musculus rectus abdominis) dem Gegenhalt und dem Halt des Bauchinhalts.

6.5.4. Nervengewebe

Das am höchsten entwickelte Gewebe im menschlichen Körper ist das Nervengewebe. Es hat die Aufgabe, aus der Umwelt oder dem Körper stammende Reize weiterzuleiten und zu verarbeiten.

Hierzu dienen Nervenzellen, die miteinander durch Fortsätze über spezielle Berührungspunkte *(Synapsen)* verbunden sind. Auf Grund der hohen Spezialisierung ist Nervengewebe im wesentlichen schon kurz nach der Geburt des Menschen nicht mehr in der Lage, sich zu teilen. Ein Verlust von Nervenzellen durch Verletzung oder Intoxikation (z. B. durch Alkohol) ist endgültig.

Eine »Nerveneinheit«, das *Neuron*, besteht aus dem eigentlichen Zellleib und Fortsätzen. In den Fortsätzen werden Nervenreize entweder zum Zellleib hin *(Dendriten)* oder vom Zellleib weg *(Axon oder Neuriten)* geleitet. Nach ihren Aufgaben werden

- motorische Neurone von
- sensiblen Neuronen

unterschieden. Die Weiterleitung der Reize (Signale) durch die Fortsätze der Neurone erfolgt durch Nervenimpulse, kleine Ströme, die sich in den Fortsätzen fortpflanzen.

Die meisten Nervenfasern verlaufen in Bündeln, den *(peripheren)* Nerven. Die

Nerven leiten Impulse vom Zentralnervensystem weg und zu ihm hin. Wegleitende Nervenfasern werden auch *efferente* (motorische) *Nerven* (Erfolgsorgan: Muskel, Drüse), zum Zentralnervensystem hinleitende *afferente* (sensible) Nerven genannt.

Die Nervenfasern im Nerven sind schraubförmig gewunden, damit ist eine geringe Verlängerung der empfindlichen Nerven möglich, ohne dass eine Überdehnung eintritt.

Wird ein Nerv durchtrennt, ist grundsätzlich ein Nachwachsen möglich. Dies erfolgt von den proximalen Stümpfen der durchtrennten Nervenfasern, die distalwärts wachsen. Dies ist über 30 cm und mehr möglich, dauert dann aber unter Umständen ein Jahr und länger. Ob der Nerv wieder seine alte Funktion übernehmen kann, hängt sehr stark davon ab, ob die wachsenden Nervenfasern den Weg zu dem Erfolgsorgan finden. Dies kann z. B. durch Narben erschwert oder sogar gänzlich verhindert werden.

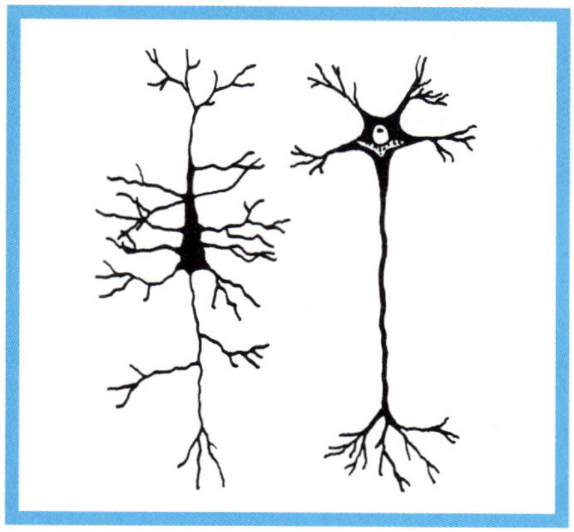

Nervenzellen mit Fortsätzen, die sich verästeln.

MEMO!

Zum Wiederholen und Lernen.

WICHTIGES ZUM MERKEN

Merkmale des Lebens: Stoffwechsel, Bewegung, Fortpflanzung, Wachstum, Reizverarbeitung.

Der Mensch hat 46 **Chromosomen,** davon zwei Geschlechtschromosomen (Frau **x,x,** Mann **x,y**).

Phagozytose ist die Fähigkeit von Zellen, Fremdkörper zu »fressen«, d. h. aufzunehmen.

Ein **Protein** ist ein Eiweißstoff.

Gewebe: Epitelgewebe, Stützgewebe, Muskelgewebe, Nervengewebe

Drüsen: Mit Ausführungsgang sind exokrine Drüsen, ohne sind endokrine Drüsen.

Muskelzellen können sich nur zusammenziehen.

Synapsen sind Berührungspunkte der Fortsetzung von Nervenzellen.

EINIGE FRAGEN ZUM ÜBEN

Welche Fähigkeiten sind Voraussetzung dafür, dass Leben vorliegt?

Beschreiben Sie die wichtigsten Bestandteile der Zelle und ihre Aufgaben.

Beschreiben Sie die Aufgaben der Chromosomen!

Was sind Gene?

Beschreiben Sie die vier großen Gewebegruppen und ihre wichtigsten Aufgaben!

Wie unterscheiden sich exokrine von endokrinen Drüsen?

Welche verschiedenen Stützgewebe kennen Sie?

Beschreiben Sie die (grobe) chemische Zusammensetzung von Knochenhartsubstanz!

Beschreiben Sie eine Nervenzelle

7. Bewegung des Körpers

Das Bewegungssystem dient der Stütze des Organismus und der Bewegung des Skeletts durch Zusammenziehen (Kontraktion) von Muskeln und Gegenmuskeln über die Gelenke hinweg. Zum Bewegungssystem gehören Knochen, verbunden durch Gelenke und Muskeln, verlängert und verstärkt durch Sehnen.

ZIELE DES RAHMENLEHRPLANS

- **Bau und Funktion des Bewegungsapparates verstehen**

7.1. Skelett (Passiver Bewegungsapparat)

Das Knochengerüst (Skelett) wird von Knochen gebildet. Es hat Stützfunktion und schützt die Organe des Schädels, des Brustkorbes (Thorax) und teilweise des Bauches (Abdomens). Da es sich ohne Muskulatur nicht bewegen kann, wird es auch passiver Bewegungsapparat genannt.

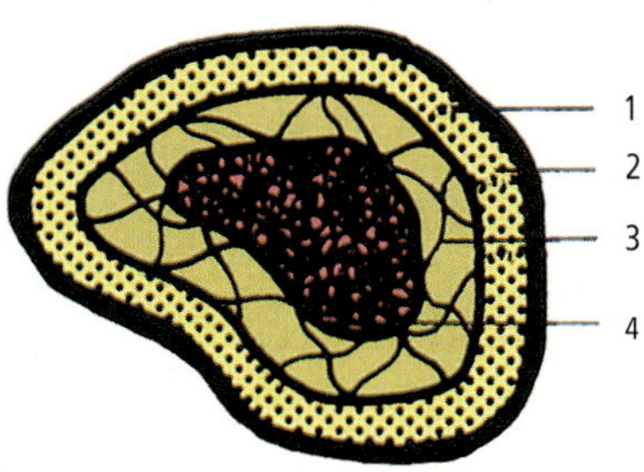

1 Knochenhaut
2 harte Rindenschicht (Kompakta)
3 schwammige Rindenschicht (Spongiosa)
4 Markhöhle mit Knochenmark

Querschnitt durch einen Röhrenknochen.

7.1.1. Knochen

Je nach Aussehen werden verschiedene Knochenformen unterschieden:

- *Lange Knochen* (Röhrenknochen) sind lang gestreckte Knochen (Oberarm-, Unterarm-, Oberschenkel-, Unterschenkelknochen).
- *Platte Knochen* sind breite, flache Knochen und schützen zum Teil die inneren Organe (Schädelknochen, Schulterblätter, Brustbein, Rippen, Darmbeine)
- *Kurze Knochen* sind würfelige Knochen (Handwurzel-, Fußwurzelknochen).

Knochenaufbau

Der Aufbau des Knochens ist am einfachsten an einem Längsschnitt und an einem Querschnitt durch einen Röhrenknochen zu verstehen (siehe Abb.)

Von außen nach innen besteht der Röhrenknochen aus folgenden Strukturen:

- *Knochenhaut (Periost),* sehr schmerzempfindlich!
- *Harte Rindenschicht (Kompakta)* aus Knochengewebe. Die harten Knochenteile bestehen vorwiegend aus Kalziumsalzen, die in organische Substanzen eingelagert sind. Blutgefäße treten durch die Knochenkanäle ein und durchziehen die Knochenmasse.
- *Schwammige Rindenschicht (Spongiosa).*
- *Markhöhle mit Knochenmark (Myelon).*

Die Knochenlänge heißt *Knochenschaft (Diaphyse). Die Knochenenden (Epiphyse)* sind meist Teile der Gelenke, die sich während der Kindheitsentwicklung mit dem Knochenschaft verbinden. Längenwachstumszonen sind die *Metaphysen.*

In der Markhöhle des Knochens befindet sich rotes und weißes Knochenmark. Weißes Knochenmark ist Fettmark, das sich fast ausschließlich in den Schäften (Diaphysen) der großen Röhrenknochen findet. Das rote Knochenmark ist der Ort der Blutbildung, es befindet sich in allen Knochen.

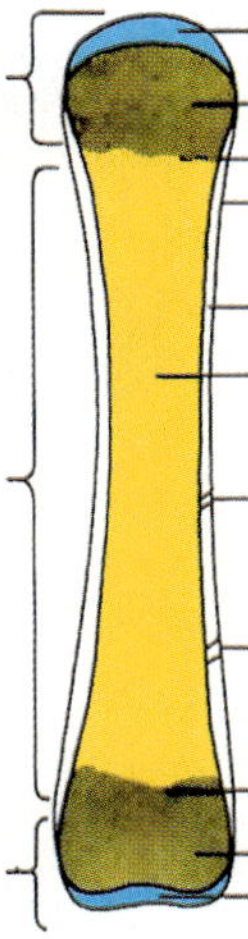

Längsschnitt durch einen Röhrenknochen.

7.1.2. Gelenke

Als *Gelenke* werden alle Verbindungen verschiedener Knochen untereinander bezeichnet. Es wird zwischen *Haften* und *echten Gelenken* unterschieden. Haften sind mehr oder weniger unbewegliche Verbindungen von Knochen. Echte Gelenke bestehen aus Knochen, zwischen denen sich ein Gelenkspalt befindet.

Bau eines Gelenks

Ein Gelenk besteht aus dem *Gelenkspalt*, den *Gelenkflächen,* der *Gelenkkapsel* sowie den *Gelenkbändern.* Die Gelenkflächen sind mit Knorpel überzogen und bilden häufig einen gewölbten *(Gelenkkopf)* und einen ausgehöhlten Teil *(Gelenkpfanne).* Im *Gelenkspalt* befindet sich *Gelenkschmiere (Synovia)*, die von der Innenhaut der *Gelenkkapsel* gebildet wird. Die *Gelenkbänder* sichern das Gelenk.

Beweglichkeit der Gelenke

Durch ihren Bau sind Gelenke häufig in ihrer Beweglichkeit eingeschränkt.

Die beweglichste Form eines Gelenkes ist das Kugelgelenk. In ihm sind Bewegungen in den drei Ebenen des Raumes, also insgesamt in sechs Hauptrichtungen möglich. Die drei Ebenen der Bewegung im *Kugelgelenk:*

- Beugung – Streckung
- Heranziehen – Abspreizen
- Außendrehung – Innendrehung

Gelenkarten

Nach ihrer Form werden folgende Gelenkarten unterschieden:

- *Kugelgelenke* erlauben Bewegungen in drei Ebenen und sechs Hauptrichtungen (z. B. Schultergelenk, Hüftgelenk)
- *Eigelenke* mit Bewegungen in zwei Ebenen und vier Hauptrichtungen (z. B. Handgelenk)
- *Zapfengelenke* mit Drehbewegungen in einer Ebene um eine Achse in Form von Außen- und Innendrehung (z. B. Gelenk zwischen Atlas und Axis, Speiche und Elle)

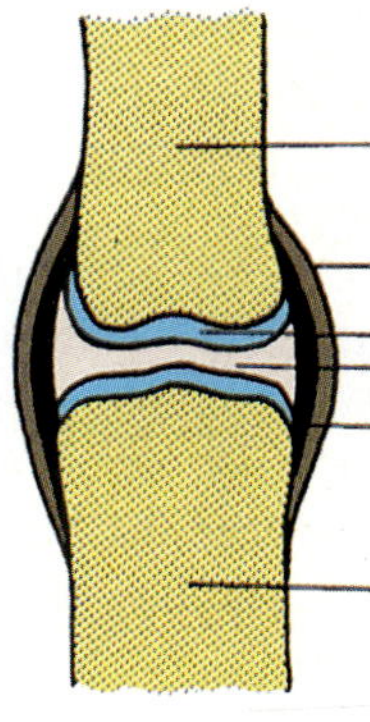

Schema eines Gelenks.

Schematische Darstellung der verschiedenen Gelenktypen. Die gestrichelten Linien markieren die Gelenkachsen.

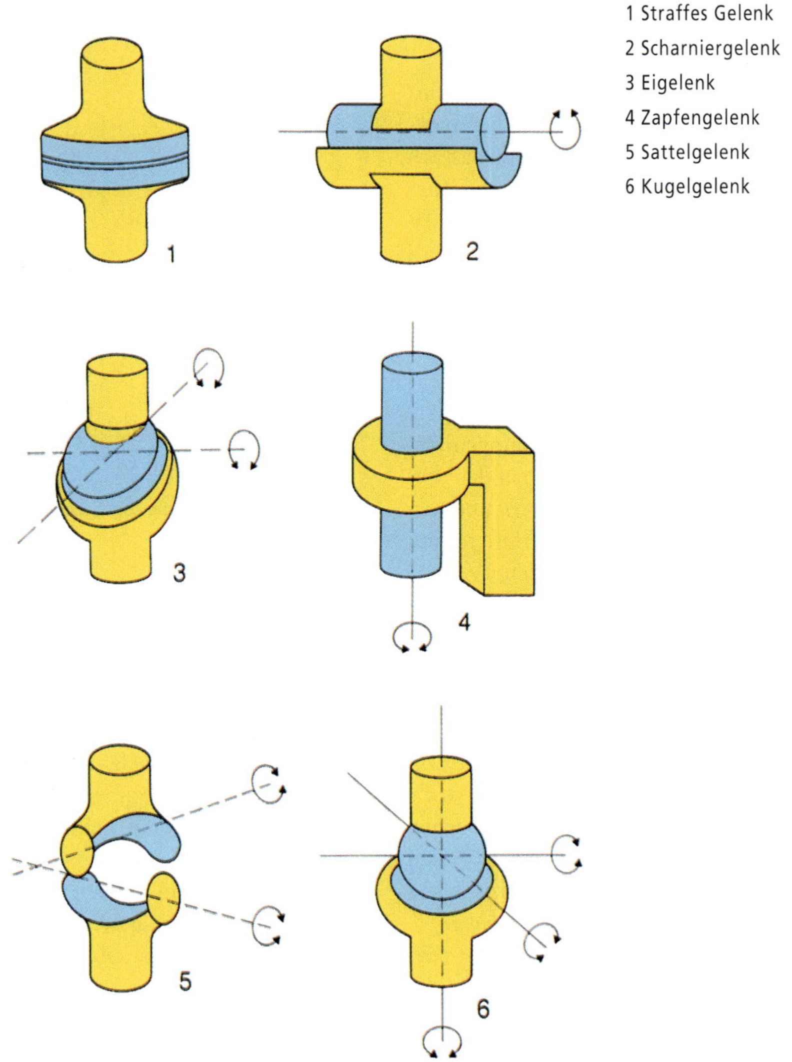

- *Sattelgelenke* mit Bewegungen in zwei Ebenen in vier Hauptrichtungen. Zwei sattelförmige Flächen gleiten aufeinander (z. B. erstes Mittelhand-Handwurzelgelenk)
- *Straffe Gelenke* finden sich insbesondere zwischen den Knochen der Hand und des Fußes. In ihnen sind keine Bewegungen möglich (z. B. Kreuzbein/Darmbeingelenk, Mittelhandgelenk).

MEMO!

Bewegungen zwischen zwei über echte Gelenke verbundene Knochen sind nur möglich, wenn es der Bau des Gelenkes einschließlich Kapseln und Sehnen zulässt und Muskeln vorhanden sind, die auf Grund ihres Baues, ihres Ursprunges und Ansatzes die Bewegungen auch erlauben.

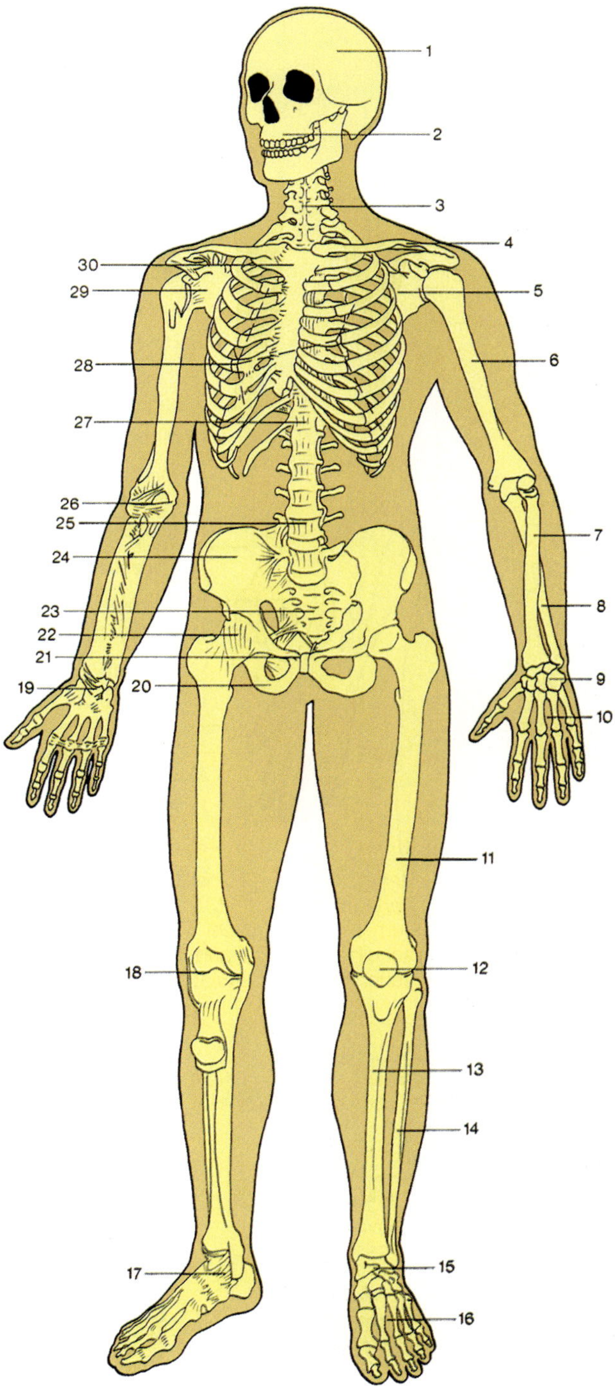

1 Hirnschädel
2 Gesichtsschädel
3 Halswirbelsäule
4 Schlüsselbein (Clavicula)
5 Schulterblatt (Scapula)
6 Oberarmknochen (Humerus)
7 Speiche (Radius)
8 Elle (Ulna)
9 Handwurzelknochen
10 Mittelhandknochen
11 Oberschenkelknochen (Femur)
12 Kniescheibe (Patella)
13 Schienbein (Tibia)
14 Wadenbein (Fibula)
15 Fußwurzelknochen
16 Mittelfußknochen
17 Sprunggelenk
18 Kniegelenk
19 Handgelenk
20 Sitzbein
21 Schambein
22 Hüftgelenk
23 Kreuzbein
24 Darmbeinschaufel
25 Lendenwirbelsäule
26 Ellenbogengelenk
27 Brustwirbelsäule
28 Brustkorb (Thorax) mit Rippen (Costae)
29 Schultergelenk
30 Brustbein (Sternum)

Skelett von vorn.

Skelett von hinten.

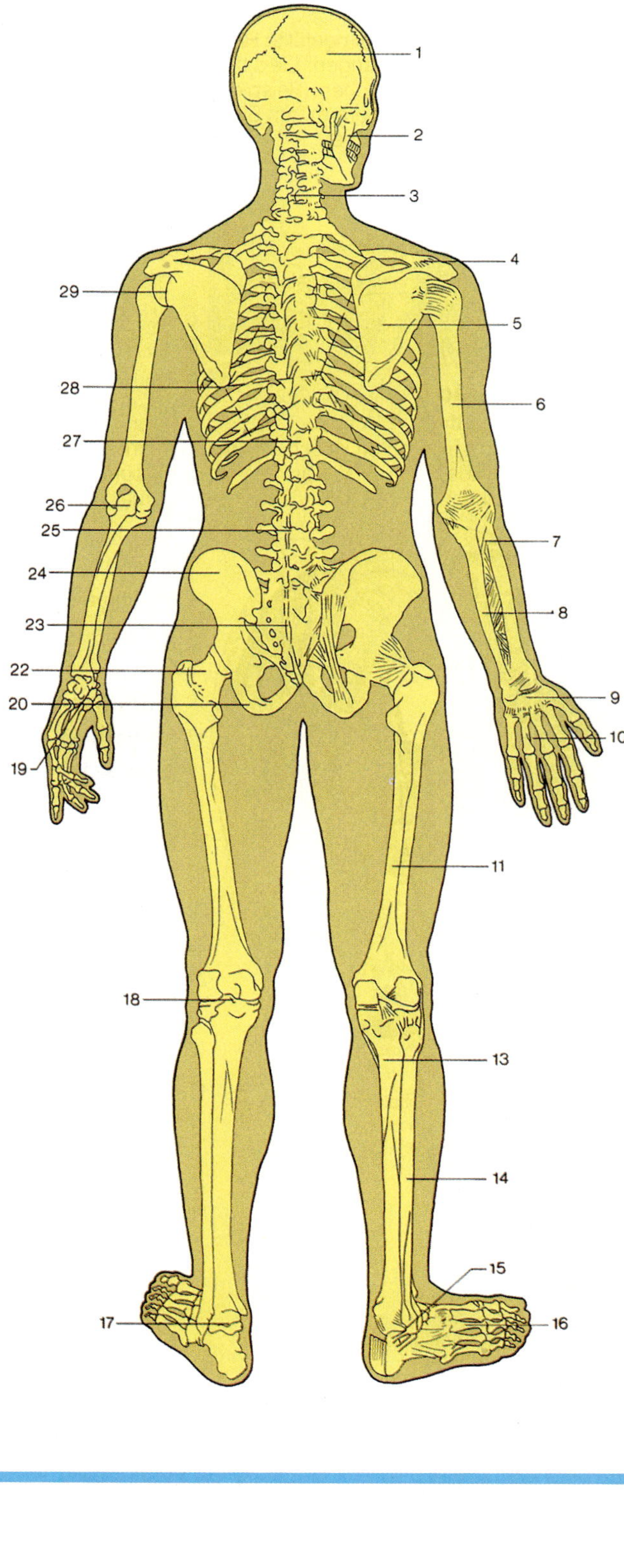

1 Hirnschädel
2 Gesichtsschädel
3 Halswirbelsäule
4 Schlüsselbein (Clavicula)
5 Schulterblatt (Scapula)
6 Oberarmknochen (Humerus)
7 Speiche (Radius)
8 Elle (Ulna)
9 Handwurzelknochen
10 Mittelhandknochen
11 Oberschenkelknochen (Femur)
13 Schienbein (Tibia)
14 Wadenbein (Fibula)
15 Fußwurzelknochen
16 Mittelfußknochen
17 Sprunggelenk
18 Kniegelenk
19 Handgelenk
20 Sitzbein
22 Hüftgelenk
23 Kreuzbein
24 Darmbeinschaufel
25 Lendenwirbelsäule
26 Ellenbogengelenk
27 Brustwirbelsäule
28 Brustkorb (Thorax) mit Rippen (Costae)
29 Schultergelenk

7.2. Skelettmuskulatur

Die Knochen des Skeletts werden durch Zusammenziehen (Kontraktion) der Skelettmuskeln gegeneinander bewegt. Diese Muskeln sind mit dem Willen beeinflussbar. Sie bestehen aus einem *Muskelbauch*, einem *körpernahen (proximalen) Ursprung* und einem *körperfernen (distalen)* Ansatz. Jeder derartige Muskel ist von einer Muskelhülle (Faszie) umgeben; diese besteht aus Bindegewebe. Innerhalb des Muskels finden sich Muskelstränge, die wiederum aus Muskelfaserbündeln und diese aus Muskelfasern bestehen.

Es gibt bauchige (z. B. Bizeps) und flache (z. B. Stirn-, Bauchmuskeln) Muskeln. Bei der Bewegung verdickt und verkürzt sich der Muskel; es entsteht der so genannte Muskelbauch.

MEMO!

Muskelfasern können sich nur zusammenziehen (kontrahieren)!

Damit sie sich wieder dehnen, müssen sich andere Muskeln zusammenziehen.

Jeder Muskel hat eine innere Spannung *(Tonus)*. Energie durch Verbrennung von Traubenzucker in den Zellen (*Innere Atmung*) ermöglicht es den Muskelzellen sich zu kontrahieren. Dabei wirken bestimmte Muskelgruppen gegensinnig *(Antagonisten)*, andere wiederum gleichsinnig *(Synergisten)*. Beispielsweise wird der Unterarm durch Kontraktion des »Bizeps« (*Musculus biceps brachii*, zweiköpfiger Oberarmmuskel) gebeugt, durch Kontraktion des »Trizeps« (*Musculus triceps brachii*, dreiköpfiger Muskel) gestreckt. Bei gleichzeitiger Anspannung beider wird das von Synergisten und Antagonisten bewegte Gelenk fixiert.

Alle Muskeln haben an ihrer Ansatzstelle Sehnen. Diese sind teilweise sehr lang (z. B. an Fingern und Zehen) und durchlaufen vielfach Sehnenfächer, zum Teil sind sie in *Sehnenscheiden* eingebettet. Sehnen und ihre Muskeln überbrücken ein oder mehrere Gelenke. An den unteren Extremitäten befinden sich zwei besonders stark ausgebildete Sehen, die *Patellarsehne* (Sehne des M. quadriceps femoris, die zum Schienbein zieht und in der sich die Kniescheibe [*Patella*] befindet) und die *Achillessehne* (zwischen Wadenmuskulatur und Fersenbein).

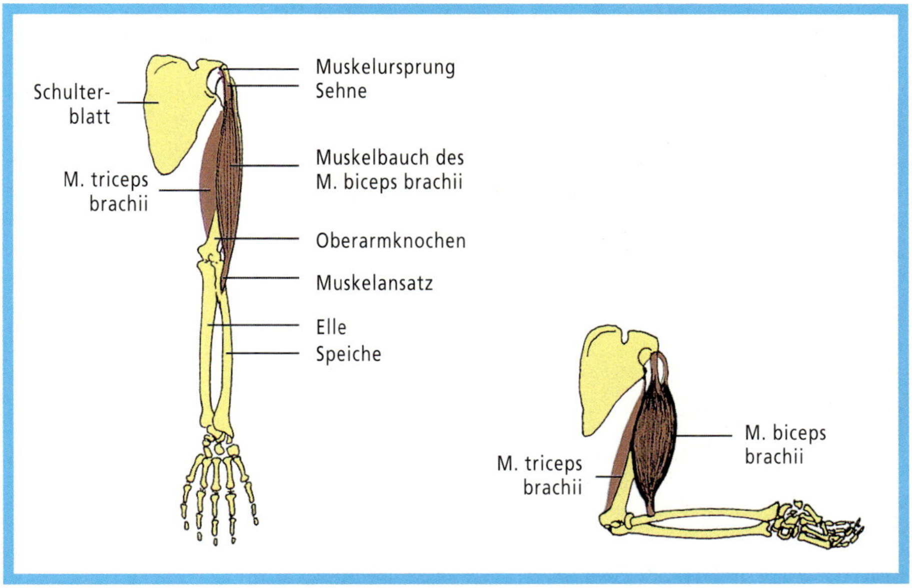

Bizeps (Beuger) und Trizeps (Strecker) als Gegenspieler der Unterarmbewegung. Jeder Muskel an den Extremitäten hat seinen Gegenspieler, welcher die gegensinnige Bewegung ausführt.

Beispiele für Antagonisten und Synergisten (M. = Musculus).

Schultergelenk	**1. M. deltoideus (dreieckiger Schultermuskel)**	**– Abspreizen**
	2. M. latissimus dorsi (breiter Rückenmuskel) **3. M. pectoralis major (großer Brustmuskel)**	**– Heranziehen**
	1 und 2 + 3 sind Antagonisten, **2 und 3 sind Synergisten**	
Ellenbogengelenk	**4. M. biceps brachii (zweiköpfiger Oberarmmuskel)**	**– Beugen**
	5. M. triceps brachii (dreiköpfiger Oberarmmuskel)	**– Strecken**
	4 und 5 sind Antagonisten	

Antagonisten – Synergisten
Antagonisten sind entgegengesetzt wirkende Muskelgruppen. Die Kontraktion der einen Muskelgruppe wird durch die Kontraktion der antagonistisch wirkenden wieder rückgängig gemacht.

Synergisten sind gleichsinnig zusammenwirkende Muskelgruppen

7.3. Kopf

Am Kopf werden Gehirnschädel (Schädeldach, Schädelbasis) und Gesichtsschädel unterschieden.

Schädeldach des Neugeborenen.

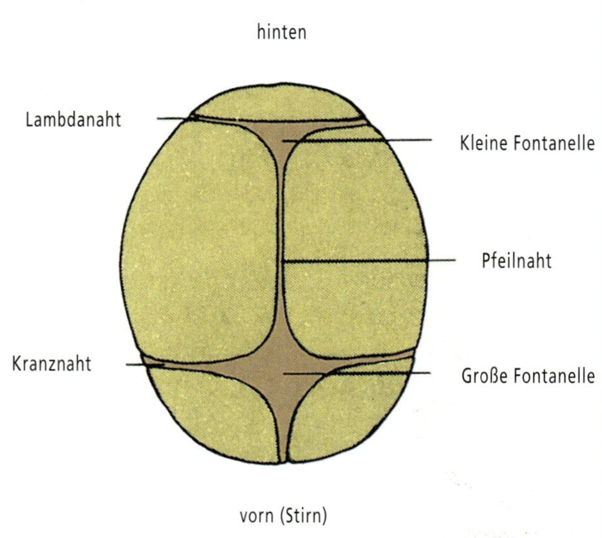

7.3.1. Gehirnschädel

Schädeldach (Kalotte)
Die Schädelknochen sind durch Knochennähte miteinander verbunden. Beim Neugeborenen liegen die Schädelknochen noch nicht aneinander; es bleiben zwei Lücken (Fontanellen), von denen sich die kleinere innerhalb der ersten 3 Wochen, die große Fontanelle erst im Verlauf der ersten beiden Lebensjahre schließt.

Der Gehirnschädel umschließt und schützt das Gehirn. Er wird nach oben von der Hirnschale *(Schädeldach)* begrenzt, nach unten von der *Schädelbasis.* Die wichtigsten Gehirnschädelknochen sind Stirnbein (1), Scheitelbeine (2), Schläfenbeine (2) und Hinterhauptsbein (1). Das Hinterhauptsbein hat eine große Öffnung. Durch dieses Hinterhauptsloch tritt das Rückenmark (mit Nerven und Blutgefäßen) aus dem Gehirn aus und führt, durch die Wirbelsäule geschützt, abwärts. Durch weitere Öffnungen der Schädelbasis treten Hirnnerven und Blutgefäße ein und aus.

Schädelbasis (Schädelgrund)
An der Schädelbasis unterscheidet man vordere, mittlere und hintere Schädelgrube. Die vordere wird von der mittleren Schädelgrube durch die Keilbeine begrenzt, die mittlere von der hinteren Schädelgrube durch die Felsenbeine. Die mittlere Schädelgrube ist durch den Türkensattel (der die Hirnanhangsdrüse[*Hypophyse*] schützt) geteilt.

7.3.2. Gesichtsschädel

Er besteht aus dem Oberkieferknochen (1), den Jochbeinen (2) und den Nasenbeinen (2).

Nach unten ist der Gesichtsschädel vom Gaumenbein begrenzt (das Dach der Mundhöhle wird von einem Teil des Oberkiefers und vom Gaumenbein gebildet).

In der Tiefe des Gesichtsschädels liegen die Tränenbeine (2). Im Nasengebiet unterscheidet man Nasenbeine, Pflugscharbein, Siebbein, die Nasenmuschel (beiderseits je 3).

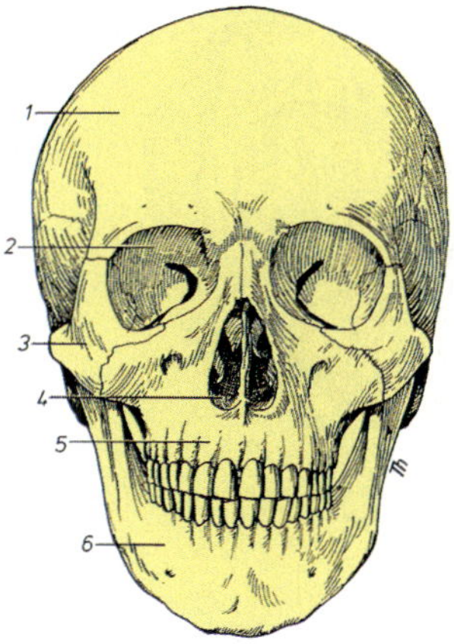

1 Stirnbein (Os frontale)
2 Augenhöhle (Orbita)
3 Jochbein (Os zygomaticum
4 Nasenhöhle (Cavum nasi)
5 Oberkiefer (Maxilla)
6 Unterkiefer (Mandibula)

▲ *Knöcherner Schädel (von vorn)*

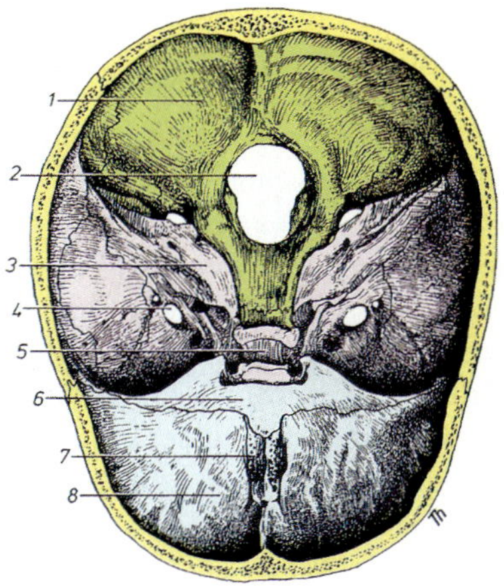

hellblau = vordere Schädelgrube
hellrot = mittlere Schädelgrube
hellgrün = hintere Schädelgrube

1 Hinterhauptsbein (Os occipitale)
2 Hinterhauptsloch (Foramen magnum)
3 Schläfenbein (Os temporale)
4 Foramen ovale
5 Türkensattel (Sella turcica)
6 Keilbein
7 Siebplatte (Lamina cribrosa)
8 Stirnbein (Os frontale)

◀ *Schädelbasis von oben.*

1 Stirnbein (Os frontale)
2 Großer Keilbeinflügel
3 Augenhöhle (Orbita)
4 Nasenbein (Os nasale)
5 Jochbein (Os zygomaticum)
6 Oberkieferknochen (Maxilla)
7 Unterkieferknochen (Mandibula)
8 Foramen mentale
9 Scheitelbein (Os parietale)
10 Hinterhauptsbein (Os occipitale)
11 Gelenkfortsatz
12 Schläfenbein (Os temporale)
13 Warzenfortsatz (Processus mastoideus)
14 Knöcherner Gehörgang (Meatus acusticus externus)
15 Griffelfortsatz (Processus styloideus)

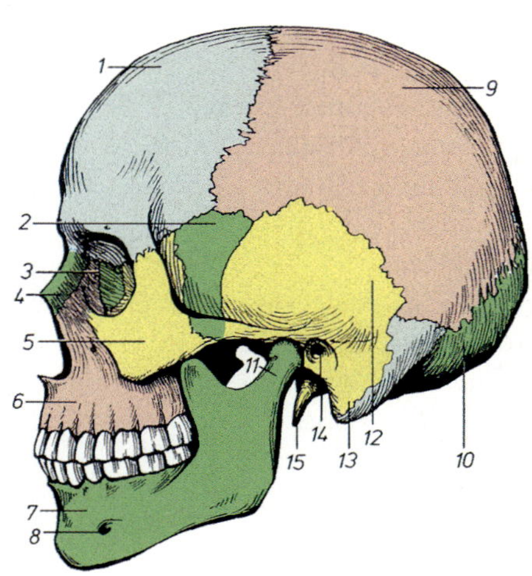

◀ *Knöcherner Schädel (Seitenansicht).*

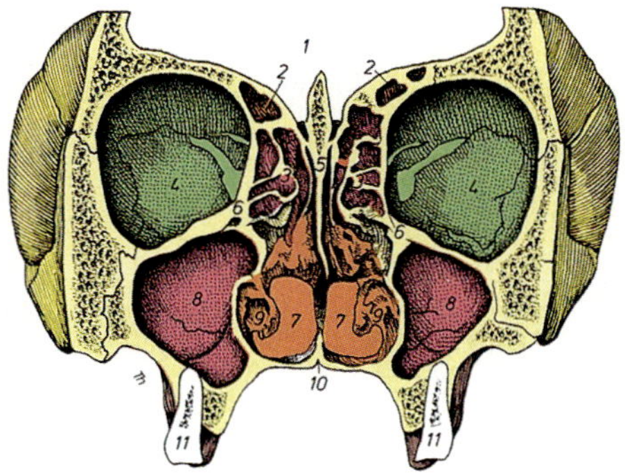

1 Vordere Schädelgrube
2 Stirnbeinhöhle(n) (Sinus frontalis)
3 Siebbeinzellen (Cellulae ethmoidales)
4 Augenhöhle
5 Nasenseptum
6 Tränenbein
7 Nasenhöhle
8 Kieferhöhle(n) (Sinus maxillaris)
9 Untere Muschel der Nasenhöhle
10 Gaumen
11 Oberkiefer mit Alveolarfortsatz und Zahn

▲ ***Frontalschnitt durch knöchernen Schädel mit Nasenhöhlen und Nasennebenhöhlen.***

Nasenhöhle

Durch das Siebbein, welches in das Stirnbein eingelassen ist, ziehen die vom obersten Teil der Nasenscheidewand kommenden Riechnervenfasern zum Gehirn. Die Nasenscheidewand (Septum) teilt die Nasenhöhle längs.

Nasennebenhöhlen

Der Gesichtsschädel umhüllt die in seiner Tiefe befindlichen, luftgefüllten Nebenhöhlen (Stirn-, Keilbein-, Kieferhöhlen, Siebbeinzelllen); diese haben über die Nase Verbindung nach außen, enthalten Luft und sind mit Schleimhäuten ausgekleidet.

Augenhöhlen

Der Gesichtsschädel bildet aus mehreren Knochenteilen die Augenhöhlen. Im unteren Anteil der Augenhöhlen liegen beiderseits die Tränenbeine.

Ober- und Unterkiefer

Der Oberkiefer besteht aus zwei Oberkieferknochenhälften. Sie haben vier Fortsätze (Stirn-, Jochbein-, Gaumen- und Zahnfortsatz). Der Unterkiefer besteht aus Unterkieferbasis und zwei aufsteigenden Ästen. Am oberen Ende der aufsteigenden Äste befinden sich die Gelenkfortsätze (Kiefergelenke) und die Muskelfortsätze, an denen die Kaumuskeln ansetzen. Die Unterkieferbasis trägt den Zahnfortsatz, in dem die Zähne in knöchernen Zahnfächern sitzen.

7.3.3. Kopfmuskeln

Besondere Bedeutung innerhalb der Kopfmuskeln haben die *Kaumuskeln*, die das Kauen durch Bewegung des Unterkiefers gegen den Oberkiefer ermöglichen. *Schläfenkaumuskel*, *Wangenkaumuskel* und *innerer Flügelkaumuskel* schließen den Mund und entwickeln den »Kaudruck«, der Schläfenmuskel zieht zusätzlich noch den Unterkiefer nach hinten. Diese Bewegung wird durch den *äußeren Flügelkaumuskel* wieder rückgängig gemacht. Diese beiden Bewegungen führen zum Hin- unter Herschieben des Unterkiefers, der typischen »Mahlbewegung«. Das Öffnen des Mundes erfolgt überwiegend durch die *Zungenbeinmuskeln*, die den Unterkiefer nach unten und hinten ziehen.

Die *Gesichtsmuskulatur* oder *mimische Muskulatur* ordnet sich überwiegend um die Öffnungen des Gesichtes an (Lid, Nase, Mund), verschließt und öffnet diese. Veränderungen der Gesichtsmuskulatur lassen Rückschlüsse auf das jeweilige Empfinden des Menschen zu.

7.4. Rumpf

7.4.1. Wirbelsäule und Brustkorb

Die Wirbelsäule trägt den Schädel und ist Stütze des gesamten Körpers. Von der Seite gesehen hat sie eine geschwungene Form. Die Hals- und die Lendenwirbelsäule sind nach vorn gebogen (Hals- und Lendenlordose), die Biegung der Brustwirbelsäule ist nach hinten gerichtet (Brustkyphose).

Lordose	Biegung der Wirbelsäule nach **vorn**, normal im Lendenteil und der Halswirbelsäule, bei zu starker Ausprägung: **Hohlkreuz**
Kyphose	Biegung der Wirbelsäule nach **hinten**, im Brustwirbelbereich in geringem Umfang normal, bei zu starker Ausprägung: **Buckel**

Die Wirbelsäule besteht aus 32–34 Wirbeln. Diese setzen sich aus 7 Hals-, 12 Brust- und 5 Lendenwirbeln zusammen. Hinzu kommt das Kreuzbein, das aus 5 Wirbeln zusammengewachsen ist. Das am unteren Wirbelsäulenbereich befindliche Steißbein besteht aus 3 bis 5 nur verkümmert angelegten Wirbelresten.

WIRBELSÄULE (32–34 WIRBEL)

7 Halswirbel	(1. HW = Atlas, 2. HW = Axis, bilden das Kopfgelenk)
12 Brustwirbel	(tragen die Rippen des Brustkorbs)
5 Lendenwirbel	(Abwinkelung zum Kreuzbein = Promontorium)
5 Kreuzbeinwirbel	(zum Kreuzbein zusammengewachsen)
3–5 Steißbeinwirbel	(nur noch rudimentäre Wirbelreste)

Die Abwinkelung zwischen Lendenwirbelsäule und Kreuzbein wird *Promontorium* genannt. Die Krümmungen der Wirbelsäule ergeben sich aus der aufrechten Haltung des Menschen.

Die Wirbelsäule kann gebeugt und gestreckt, seitlich geneigt und um die Längsachse gedreht werden. Am beweglichsten sind diejenigen Abschnitte der Wirbelsäule, die keine Rippen tragen, also der Hals- und Lendenbereich.

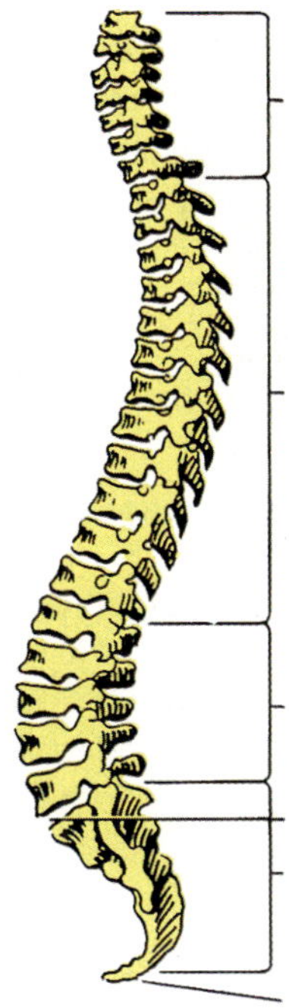

◀ *Wirbelsäule.*

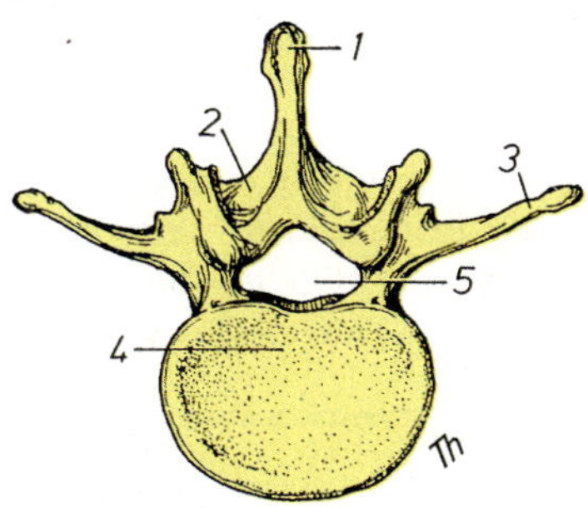

1 Dornfortsatz, 2 Wirbelbogen, 3 Querfortsatz, 4 Wirbelkörper, 5 Wirbelloch

◀ *Wirbel von oben.*

Wirbel (Vertebra)

Jeder Wirbel besteht aus Wirbelkörper, Wirbelbogen, Dorn- und zwei Querfortsätzen. Der Wirbelbogen umgreift das Wirbelloch, in dem das Rückenmark verläuft. Die Wirbelkörper sind über Band-

▶ *Wirbel von vorn.*

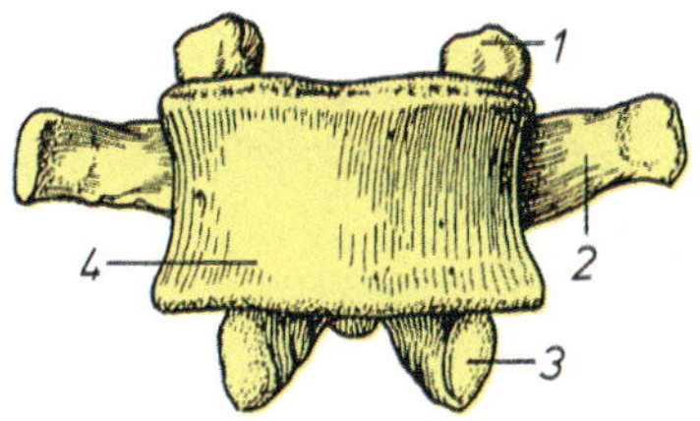

1, 3 Gelenkfortsätze,
2 Querfortsätze,
4 Wirbelkörper

scheiben (zwischen den Wirbelkörpern), Bänder (besonders zwischen den Wirbelbögen) und Gelenke (der Gelenkfortsätze) verbunden. Die Dorn- und Querfortsätze sind Ansatzpunkte für Muskeln, welche die Rückwärts- und Seitwärtsbewegung der Wirbelsäule ermöglichen.

Der oberste Halswirbel (Atlas) trägt den Schädel. In den Atlas ragt von unten zapfenförmig der Dreher (Axis). Beide Wirbel gestatten die Kopfdrehung in verschiedene Richtungen (**Zapfengelenk**).

Zwischenwirbelscheibe (Discus intervertebralis)

Zwischen den Wirbelkörpern befindet sich jeweils eine *Zwischenwirbelscheibe* (Bandscheibe), die aus einem *Faserring* und einem *Gallertkern* besteht und damit den für die Beweglichkeit erforderlichen Abstand herstellt. Die Bandscheiben wirken als Puffer und fangen Erschütterungen

▶ *Die beiden obersten Wirbel.*

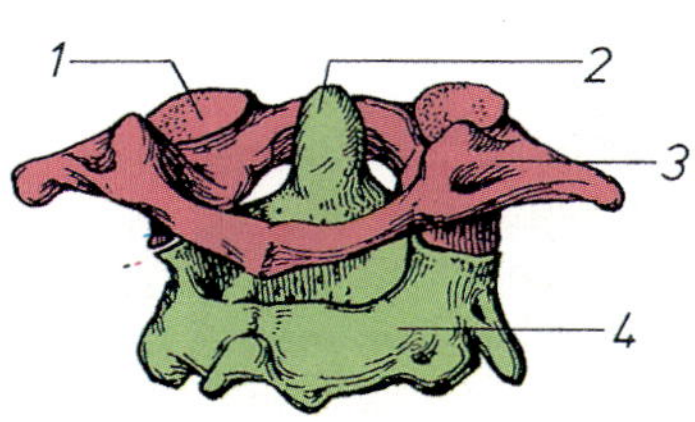

Schema der beiden obersten Wirbel. Der Atlas (3) hat kleine Gelenkflächen (1), auf denen der Schädel aufsitzt. Der Dreher (4) greift durch den Atlas mit einem Knochenzapfen (2) hindurch.

und Stauchungen der Wirbelsäule ab. Die Elastizität nimmt aber im Laufe des Lebens infolge Minderung des Wassergehaltes ab.

▶▶ *Schematische Darstellung der zwischen den Wirbelkörpern liegenden Zwischenwirbelscheiben (Bandscheiben); diese bestehen aus einem Faserring mit Gallertkern; wirken als Puffer zwischen den Wirbeln.*

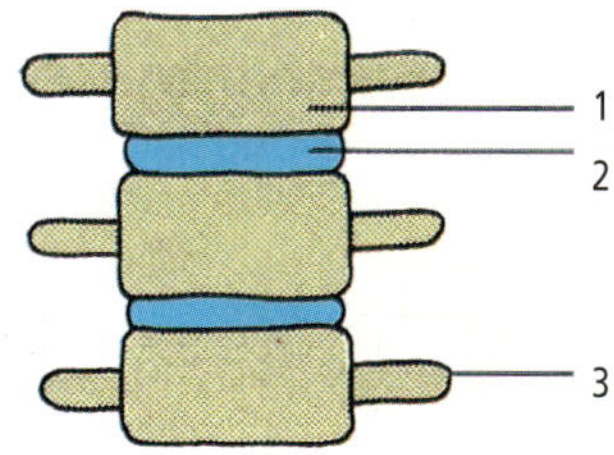

1 Wirbelkörper
2 Zwischenwirbelscheibe (Diskus)
3 Querfortsatz

Brustkorb (Thorax)

Der Brustkorb dient dem Schutz von Herz, Lungen und den im Mittelfell befindlichen Organen. Er besteht aus 12 Paaren schmaler platter Knochen, den *Rippen (Costae,* Einzahl: Costa). Alle 12 Rippenpaare sind hinten mit den 12 Querfortsätzen der Brustwirbelsäule gelenkig, also beweglich, verbunden, vorne sind die oberen 10 Rippen über elastische Knorpelzonen an dem Brustbein (*Sternum)* befestigt. Die 7 oberen Rippenpaare setzen

▶▶ *Brustkorb mit Schultergürtel von vorne.*

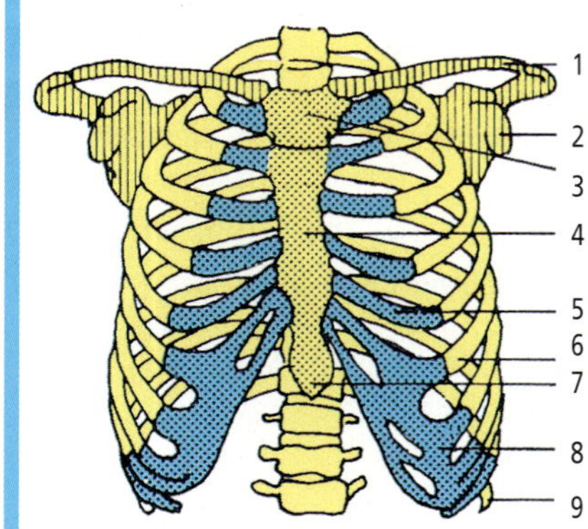

1 Schlüsselbein, 2 Schulterblatt,
3 Handgriff des Brustbeins,
4 Brustbeinkörper,
5 Rippenknorpel, 6 Rippen,
7 Schwertfortsatz des Brustbeins,
8 Falsche Rippen, 9 Freie Rippen

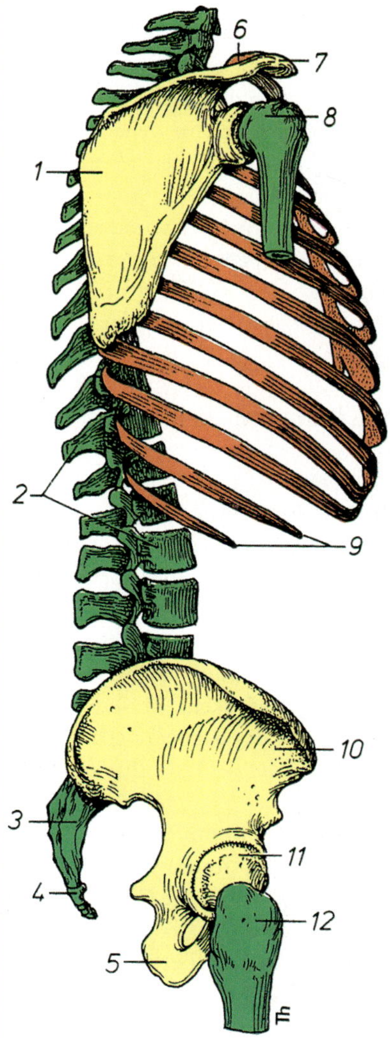

1 Schulterblatt (Scapula)
2 Wirbelsäule (Columna vertebralis)
3 Kreuzbein (Os sacrum)
4 Steißbein (Os coccygis)
5 Sitzbein (Os ischii)
6 Schlüsselbein (Clavicula)
7 Schulterhöhe (Akromion)
8 Kopf des Oberarmknochens (Caput humeri)
9 freie Rippen des Brustkorbes
10 Becken
11 Gelenkpfanne des Hüftgelenks (Acetabulum)
12 Großer Rollhügel (Trochanter major)

◀◀ ***Skelett des Rumpfes von rechts.***

dabei am Brustbein an *(»echte« Rippen)*, wobei das 2. bis 7. Rippenpaar mit dem Brustbein Gelenke bildet.

Das 8. bis 10. Rippenpaar setzt mit breiteren Knorpelspangen am Brustbein an *(»falsche« Rippen)*. Der so gebildete Rippenbogen bildet die untere Begrenzung des Brustkorbs. Die 11. und 12. Rippenpaare enden in der Bauchmuskulatur.

Durch die gelenkige Verbindung der Rippen an den Wirbeln und die knorpelige Verbindung zum Brustbein ist der Brustkorb elastisch und kann bei der Einatmung ausgedehnt, bei der Ausatmung verengt werden. Zwischen den Rippen liegen die Zwischenrippenräume (Interkostalräume), die sich bei Einatmung vergrößern, bei Ausatmung verkleinern.

Das *Brustbein (Sternum)* schützt das teilweise dahinter liegende Herz. Wegen seiner schwertähnlichen Form wird die untere Spitze *Schwertfortsatz* (Xiphoid) genannt.

7.4.2. Schultergürtel

Der Schultergürtel besteht aus den beiden *Schulterblättern (Scapulae,* Einzahl: Scapula), welche durch die beiden *Schlüsselbeine (Claviculae,* Einzahl: Clavicula) gelenkig mit dem Brustbein verbunden sind. Der Schultergürtel sitzt dem Thorax wie ein Gürtel auf und schützt den oberen Abschnitt des Brustkorbes. Bei den dem oberen Thorxdrittel anliegenden Schulter-

Schultergürtel von vorne. ▼

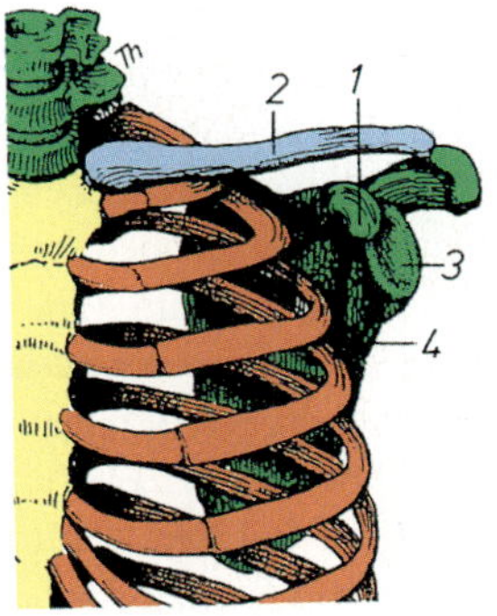

1 Rabenschnabelfortsatz (Processus coracoideus)
2 Schlüsselbein (Clavicula)
3 Gelenkpfanne Schultergelenk
4 Schulterblatt (Scapula)

Becken.

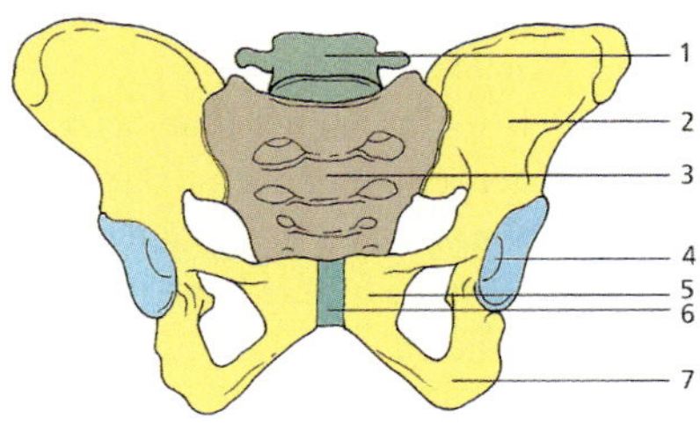

1 Lendenwirbelsäule
2 Darmbeinschaufel
3 Kreuzbein
4 Hüftgelenkpfanne
5 Schambein
6 Symphyse
7 Sitzbein

blättern handelt es sich um platte Knochen. Das äußere Ende der Schulterblattgräte nennt man *Schulterhöhe* Die Schulterblätter bilden die Gelenkpfanne für den Kopf des Oberarmknochens (*Humerus*).

7.4.3. Becken

Der Beckengürtel besteht aus einem Knochenring *(Beckenring),* der sich aus den beiden *Hüftbeinen* sowie dem *Kreuzbein* zusammensetzt. Das paarig angelegte *Hüftbein* (Os coxae) ist aus dem Darmbein *(Os ilium),* dem Schambein *(Os pubis)* und dem Sitzbein (*Os ischii*) verschmolzen. Das Darmbein bildet mit seiner Darmbeinschaufel und der Darmbeinkante den oberen Teil des Beckens *(großes Becken).* Es geht an der Grenzlinie *(Linea terminalis)* in das *kleine* Becken über. Hier befindet sich der Beckeneingang, der ebenso wie der Beckenausgang zwischen dem Sitzbeinstachel und dem Sitzbeinknochen bei der Frau breiter ist als beim Mann. Bei der Frau sind oft sehr viel weiter ausladende Darmbeinschaufeln festzustellen. Das insgesamt breitere Becken der Frau ermöglicht, dass der Kopf bei der Geburt des Kindes durch den knöchernen Beckenring hindurchtreten kann.

Das *Kreuzbein* befindet sich als ein die Wirbelsäule tragender Knochen zwischen den beiden Hüftbeinen und ist mit ihnen durch straffe Gelenke verbunden. Die *Hüftbeine* tragen die Gelenkpfanne für die beiden Hüftgelenke, in denen die Köpfe der Oberschenkelknochen (*Femur*) gelenkigen Halt finden.

Die Verbindung der vorderen Äste der Schambeine nennt man *Schambeinfuge (Symphyse).* Hier befindet sich zwischen beiden Knochen ein Knorpel.

7.4.4. Rumpfmuskeln

Die sehr starke Rückenmuskulatur (z. T. von der Schultermuskulatur überlagert) führt Streckbewegungen der Wirbelsäule aus. Die Zwischenrippenmuskeln haben eine wichtige Funktion bei der Atmung.

Bei den Bauchmuskeln handelt es sich um drei platte Muskeln. Sie verbinden den unteren Rand des Rippenbogens mit dem oberen Rand des Beckens. Ihre Aufgabe ist die Beugung des Rumpfes nach vorn, die Aufrichtung des Rumpfes aus der Rückenlage sowie die Ausatmung.

Bei der »**Bauchpresse**«, der gemeinsamen Kontraktion aller Bauchmuskeln, des Zwerchfelles und der Beckenbodenmuskulatur bei verschlossener Stimmritze, entsteht ein starker Druck im Bauchraum, durch den (bei Stuhlgang) der Darm, (beim Wasserlassen) die Harnblase, (bei einer Geburt) die Gebärmutter und (bei Erbrechen) der Magen entleert werden können.

7.5. Extremitäten

Die oberen Extremitäten (Arme) dienen vorwiegend dem Greifen und Hantieren, die unteren Extremitäten (Beine) dagegen der Stütze und der Fortbewegung.

7.5.1. Obere Extremität (Arm)

Das Skelett des Armes besteht aus dem Oberarmknochen (*Humerus*), den Unterarmknochen (Elle *[Ulna]* und Speiche *[Radius]),* den Handwurzelknochen (8), den Mittelhandknochen (5) sowie den Fingerknochen (Daumen 2, 2. bis 5. Finger je 3). Der Oberarmknochen ist ein langer Röhrenknochen, dessen Kugel in die Gelenkpfanne des Schulterblattes ragt. Dicht unterhalb der Kugel stehen der große und kleine Knochenhöcker vor. Von den Unterarmknochen liegt die Elle kleinfingerwärts, die Speiche daumenwärts. Die Speiche dreht sich um die feststehende Elle. Sie sind – wie die Fingerknochen – Röhrenknochen.

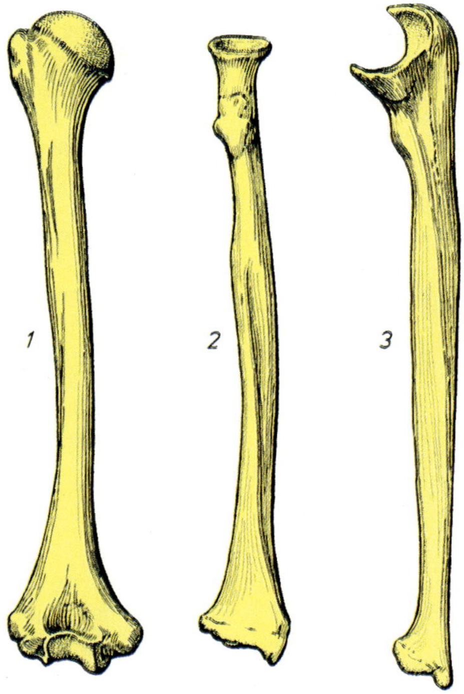

1 Oberarmknochen (Humerus)
2 Speiche (Radius)
3 Elle (Ulna)

Schultergelenk

Wegen der verhältnismäßig kleinen, flachen, vom Schulterblatt gebildeten Gelenkpfanne ist das Schultergelenk überwiegend durch Gelenkkapsel, Bänder und Muskeln gesichert. Es ist wenig stabil, Verrenkungen sind nicht selten. Bewegungen sind in diesem **Kugelgelenk** in drei Ebenen und damit in sechs Hauptrichtungen (vorwärts und rückwärts, Weg und Anziehen, Innen- und Außenrollung) möglich.

MEMO!

Elle	=	**Ulna – auf der Kleinfingerseite des Unterarms**
Speiche	=	**Radius – auf der Daumenseite des Unterarms**

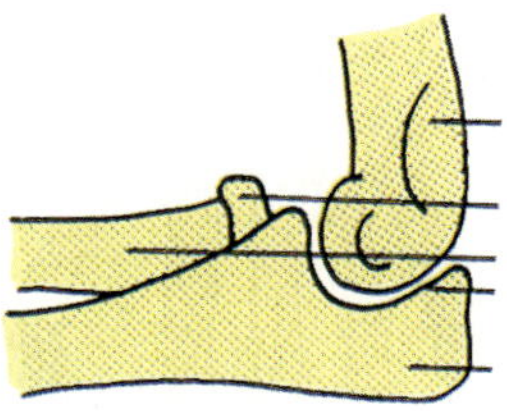

Das Oberarm-Ellen-Gelenk ist ein Scharniergelenk. Bei der Gelenkverbindung zwischen Speiche und Elle handelt es sich um ein Radgelenk. Das Radgelenk gestattet die Drehbewegung des Unterarms, während das Scharniergelenk zwischen Oberarm und Elle die Beugung und Streckung des Unterarms gestattet.

▲ ***Ellenbogengelenk von der Seite.***

Ellenbogengelenk

Es besteht aus drei Einzelgelenken, wobei das von Oberarmknochen und Elle gebildete **Scharniergelenk** von besonderer Bedeutung ist. Speiche und Elle sowie Speiche und Oberarmknochen befinden sich ebenfalls in gelenkiger Verbindung; in diesen beiden Gelenken erfolgt die Drehbewegung der Hand (*Supination und Pronation)*

Bewegungen im Ellenbogengelenk.

Beugen und Strecken	**zwischen Oberarm und Unterarm**
Supination	**Drehung der Hand mit Unterarm nach außen (Handfläche wird sichtbar)**
Pronation	**Drehung der Hand mit Unterarm nach innen (Handrücken wird sichtbar)**

Bei der Supination wird die Hand so gehalten, als wollte man aus ihr Suppe essen, bei der Pronation, als wollte man Brot essen.

Handgelenk

Die Verbindung zwischen Unterarm und Hand erfolgt über das Handgelenk. Es handelt sich um ein **Eigelenk**, in dem Bewegungen in zwei Ebenen und damit vier Hauptrichtungen (Beugen und Strecken, Bewegungen daumenwärts und kleinfingerwärts) möglich sind.

Knochen der Hand und der Handwurzel.

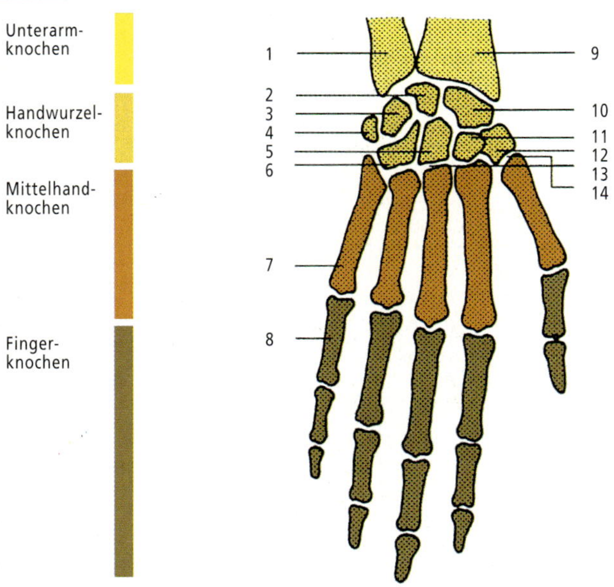

1 Elle, 2 Mondbein, 3 Dreieckbein, 4 Erbsenbein', 5 Kopfbein, 6 Hakenbein, 7 Mittelhandknochen, 8 Fingerknochen, 9 Speiche, 10 Kahnbein, 11 Kleines Vielecksbein, 12 Großes Vielecksbein, 13 Straffes Gelenk, 14 Daumengelenk

7.5.2. Untere Extremität (Bein)

Das Skelett des Beines besteht aus dem Oberschenkelknochen *(Femur)*, den Unterschenkelknochen *(Schienbein und Wadenbein)*, den Fußwurzelknochen (7), Mittelfußknochen (5) und den Zehenknochen (an der Großzehe 2, an den übrigen Zehen 3). Ober- und Unterschenkelknochen sind lange Röhrenknochen.

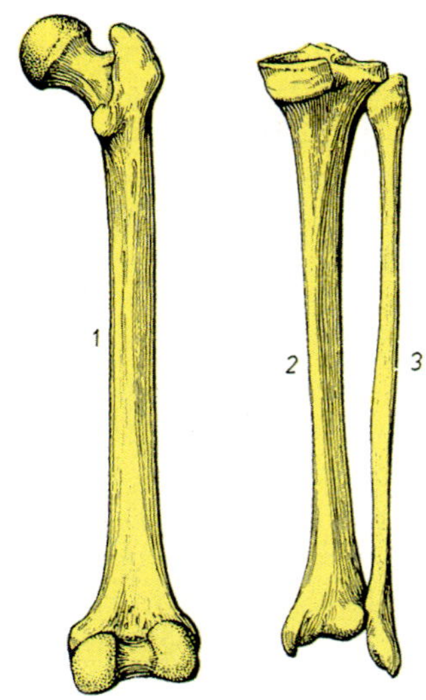

1 Oberschenkelknochen (Femur)
2, 3 Unterschenkelknochen (links Schienbein [Tibia], rechts Wadenbein [Fibula])

Hüftgelenk

Der Oberschenkelknochen ragt mit seiner Kugel in die Gelenkpfanne (Hüftpfanne) des Beckens. Da die von dem Hüftbein gebildete Gelenkpfanne den Gelenkkopf des Oberschenkelknochens sehr weit umgreift und zusätzlich starke Bandverbindungen bestehen, hat das Hüftgelenk eine beträchtliche Festigkeit. Verrenkungen kommen praktisch nie vor. Es handelt sich um ein **Kugelgelenk**, in dem Bewegungen in drei Ebenen und damit sechs Hauptrichtungen (Beugung – Streckung, Wegführen und Heranführen an den Körper, Innen- und Außendrehung) möglich sind.

Unterhalb des Oberschenkelkopfes befindet sich der Schenkelhals. Darunter schließen sich der große und der kleine Rollhügel an. Der Schaft des Oberschenkelknochens (Femur) geht distal in die Gelenkknorren über, die Bestandteil des Kniegelenks sind.

Kniegelenk
Oberschenkelknochen und Schienbein bilden das größte Gelenk des Körpers, das Kniegelenk. An den Knorpelteilen des Schienbeins befinden sich zwei halbmondförmige Fasernknorpelscheiben *(Menisci),* die eine ähnliche Funktion wie die Zwischenwirbelscheiben haben, um Belastungen auf unterschiedliche Punkte der Gelenkebene auszugleichen, Erschütterungen abzufangen und die Beweglichkeit zu erhöhen. Eine große Gelenkkapsel umgibt das Kniegelenk in weitem Umfange. Gehalten wird das Gelenk durch Seitenbänder, das Kniescheibenband und im Inneren durch die Kreuzbänder. In der am oberen vorderen Teil des Schienbeines ansetzenden Sehne des vierköpfigen Oberschenkelstreckmuskels befindet sich die Kniescheibe (Patella), die etwas oberhalb und vor dem Gelenkspalt liegt.

Das Kniegelenk ist ein **Scharniergelenk**, in dem in der Beugestellung auch die Innen- und Außendrehung des Unterschenkels und des Fußes möglich sind. Die Unterschenkelknochen sind Schienbein *(Tibia)* und Wadenbein *(Fibula).* Das Schienbein liegt vorn medial, das Wadenbein hinten lateral. Der äußere Knöchel gehört zum Wadenbein, der innere Knöchel zum Schienbein.

Sprunggelenk
Wir unterscheiden ein oberes und unteres Sprunggelenk.

Das obere Sprunggelenk wird aus Schienbein und Wadenbein einerseits und dem Sprungbein andererseits gebildet. Es ist ein reines **Scharniergelenk**.

Das untere Sprunggelenk liegt zwischen Sprungbein einerseits, Fersenbein und Kahnbein andererseits. Es erlaubt das Heben der äußeren (Pronation) bzw. der inneren Fußkante (Supination).

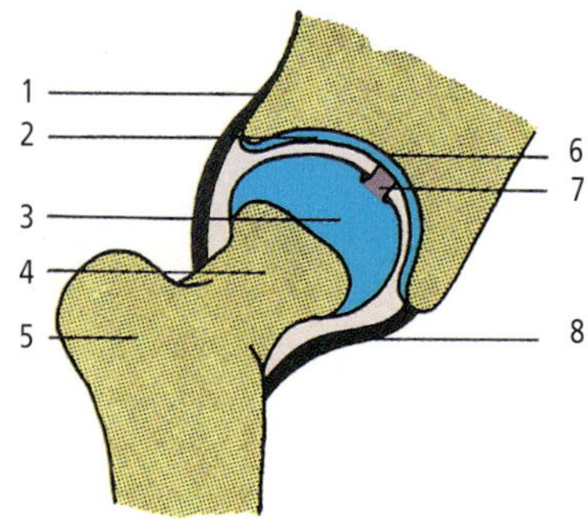

1 Gelenkkapsel, 2 Knorpel (Gelenkpfanne), 3 Oberschenkelkopf, 4 Schenkelhals, 5 Großer Rollhügel, 6 Gelenkpfanne, 7 Rundes Band, 8 Gelenkkapsel

▲ *Hüftgelenk.*

Schema des Kniegelenks. ▼

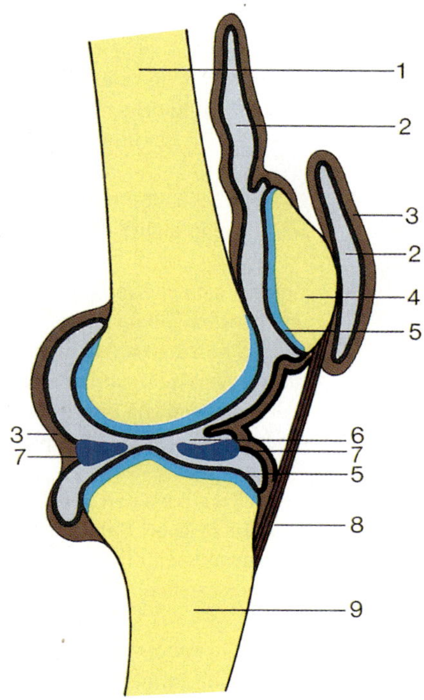

1 Femur, 2 Schleimbeutel, 3 Kapsel von Gelenk und Schleimbeuteln, 4 Patella, 5 Gelenkknorpel, 6 Gelenkhöhle, 7 Meniskus, 8 Sehne des vierköpfigen Oberschenkelstreckmuskels, 9 Tibia

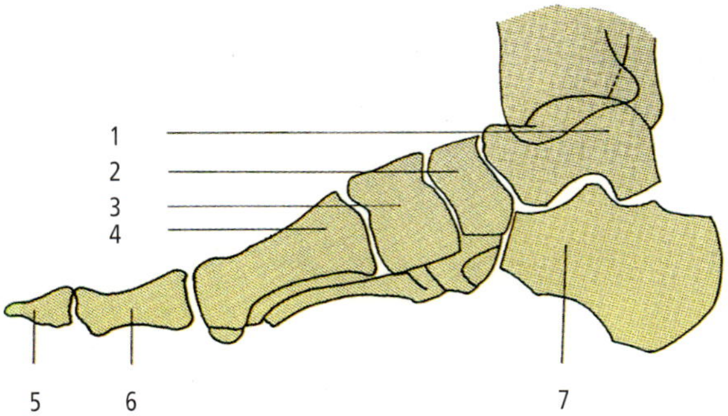

1 Sprungbein (Talus)
2 Kahnbein (Naviculare)
3 Keilbein (Cuneiforme)
4 Mittelfußknochen (Metarsale)
5 1. Zehenglied
6 1. Zehengrundglied
7 Fersenbein (Calcaneus)

Fußknochen von der Innenseite aus gesehen.

MEMO!

Pronation – Heben der äußeren Fußkante

Supination – Heben der inneren Fußkante

Knochen des Fußes

Die wichtigsten Fußwurzelknochen sind Sprungbein und Fersenbein. die übrigen heißen Kahnbein, Würfelbein und Keilbeine (3). Die Mittelfuß- und Zehenknochen sind kleine Röhrenknochen. Fußwurzelknochen und Mittelfußknochen bilden das Fußgewölbe. Normalerweise tritt der Fuß mit dem Fersenbein, dem Ballen, den Zehen und dem 5. Mittelfußköpfchen auf.

MEMO!

WICHTIGES ZUM MERKEN

In den kurzen und platten Knochen befindet sich das Knochenmark.
Es ist der Ort der Blutbildung.

Die Knochenhaut *(Periost)* ist besonders schmerzempfindlich.

Gelenke sind alle Verbindungen von Knochen miteinander.
Es wird zwischen **Haften** (Verbindungen ohne Gelenkspalt) und **echten Gelenken** (Verbindungen von zwei Knochen über einen Gelenkspalt) unterschieden.

Muskelfasern können sich nur zusammenziehen. Damit sie sich wieder dehnen, müssen sich andere Muskeln zusammenziehen.

Die Elle befindet sich auf der Kleinfinger-, die Speiche auf der Daumenseite des Unterarms.

EINIGE FRAGEN ZUM ÜBEN

Welcher Unterschied besteht zwischen dem aktiven und dem passiven Bewegungsapparat?

Beschreiben Sie den Längs- und Querschnitt eines Knochens!

Wie ist ein typisches Gelenk aufgebaut?

Welche Arten von Gelenken gibt es. Nennen Sie ihre Bewegungungsrichtungen und jeweils ein typisches Beispiel!

Aus wie vielen Wirbeln besteht die Wirbelsäule, wie ist sie geformt?

Beschreiben Sie die Vorgänge im Bauchraum bei einer »Bauchpresse«.
Bei welchen Vorgängen wird sie benötigt?

Beschreiben Sie Supination und Pronation an Arm und Bein!

UND ZUM SCHLUSS ETWAS SCHWERES:

Ellenbogen- und Kniegelenk werden häufig als »Scharniergelenk« bezeichnet. Das stimmt nicht ganz. Warum?

Zum Wiederholen und Lernen.

8. Transport, Abwehr und Wärmeregulation

Der Blutkreislauf mit dem in ihm kreisenden Blut hat drei Aufgaben für das Funktionieren der Körperzellen:

- ***Transport***
  von Nährstoffen, Sauerstoff, Kohlendioxid, Abfallstoffen, Hormonen u. a. m.
- ***Abwehr***
  von Krankheitserregern, von eigenen entarteten Zellen, von fremden ins Blut geratenen Zellen u. a. m.
- ***Wärmeregulation***

Erhaltung einer gleich bleibenden Temperatur von etwa 36,5 °C bis 37,5 °C im zentralen Bereich des Körpers (Kopf und Rumpf). Nur bei gleich bleibender Temperatur sind die dort befindlichen Organe in der Lage, ihre Aufgabe zu erfüllen.

ZIELE DES RAHMENLEHRPLANS

- ▶ **Zusammensetzung und Funktion von Blut und Lymphe beschreiben**
- ▶ **Bau und Funktion des Kreislaufes beschreiben**

8.1. Blut

8.1.1. Aufgaben des Blutes

Zu den Aufgaben des Blutes gehört die Bindung des in der Lunge ins Blut aufgenommenen *Sauerstoffes* an die roten Blutkörperchen und der Transport zu den Zellen sowie der Rücktransport des *Kohlendioxids* aus den Zellen zur Lunge auf die gleiche Weise.

Bakterien werden durch *Abwehrstoffe* im Blut wie z. B. Antikörper vernichtet, bestimmte Blutzellen bekämpfen Krankheitserreger an der Stelle ihres Eindringens in den Körper.

Im Blut gelöst werden die *Nährstoffe* vom Ort der Resorption im Darm zu den Zellen transportiert, das Gleiche geschieht mit den von den Zellen ausgeschiedenen *Abbauprodukten* in Richtung Ausscheidungsorgane.

Die annähernd konstante Zusammensetzung des Blutes sorgt für ein in allen Bereichen des Körpers *optimales (physiologisches) Milieu* für die Zellen. Nur so können sie ihren hoch spezialisierten Aufgaben nachkommen. Auch bei der *Aufrechterhaltung der notwendigen Temperatur* in bestimmten Bereichen des Körpers ist das Blut von entscheidender Bedeutung.

8.1.2. Zusammensetzung des Blutes

Blut besteht aus flüssigen und festen Bestandteilen. Die flüssigen Bestandteile heißen *Blutplasma*, es setzt sich aus *Blutserum* und dem für die Gerinnung wichtigen *Fibrinogen* zusammen. Die festen Bestandteile sind die *Blutkörperchen*, die sich wiederum aus roten und weißen Blutkörperchen sowie Thrombozyten zusammensetzen.

MEMO!

Die Blutmenge eines erwachsenen Menschen beträgt etwa 8 Prozent seines Körpergewichtes.
Im Körper eines Erwachsenen mit 70 kg Körpergewicht befinden sich also 5 bis 6 Liter Blut.

Blutserum.

8.1.3. Blutplasma

Blutplasma, dem man das Fibrinogen entzogen hat, wird Blutserum genannt. Es kann nicht mehr gerinnen.

Blutserum ist nach dem Urin die meist untersuchte Körperflüssigkeit. Dies erklärt sich daraus, dass die Funktion vieler Organe im Körper durch die im Blut transportierten Stoffe abgelesen werden kann, so zum Beispiel:

Gerinnung.

- Aus der Zunahme oder Abnahme von Stoffwechselprodukten lassen sich Schlussfolgerungen auf die Funktion von Organen ziehen;
- Absterben von Zellen führt zu Vermehrung von bestimmten, nur in diesen Zellen vorkommenden Enzymen im Blut,
- Entzündungen führen zu Vermehrung von bestimmten, gegen die Entzündung gerichteten Eiweißkörpern (Gammaglobulin) u. a. m.

Blutplasma.

Wasser	(90 %)
Salze	(0,6–0,7 %) Natrium-, Kalium-, Calciumsalze u. a.
Eiweißkörper	(~ 7 %) Albumine 4 %, Globuline ~ 2,5 % Fibrinogen ~ 0,4 %
Nährstoffe	z. B. Traubenzucker (0,1 %), Fette (0,5 %) u. a.
Abbaustoffe	z. B. Harnstoff, Harnsäure

MEMO!

Blutplasma (gerinnbar)
Fibrinogen = Blutserum (ungerinnbar)

8.1.4. Blutkörperchen

Feste Bestandteile des Blutes sind rote und weiße Blutkörperchen sowie Blutplättchen. Sie entstehen vorwiegend im roten Knochenmark aus Vorstufen und schwemmen als ausgereifte Zellen in den Blutkreislauf.

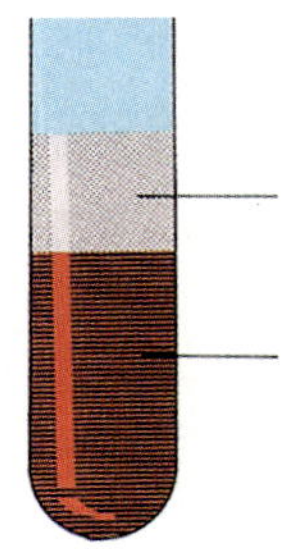

Läßt man Blut in einem Reagenzglas stehen, so scheiden sich Blutserum (Überstand) und Blutkuchen (Blutkörperchen und Fibrinstoffe). Infolge des Gehaltes an Fibrinstoffen gerinnt der Blutkuchen.

Erythrozyt (rotes Blutkörperchen), links von oben, rechts von der Seite aus gesehen.
Beim Durchfließen durch die Kapillaren verformen sich die Erythrozyten glockenförmig.

Rote Blutkörperchen (Erythrozyten)
Erythrozyten sind

- rund und haben einen wulstartigen Rand mit einer Eindellung in der Mitte,
- kernlos (ihre Frühformen im Knochenmark besitzen einen Kern) und schwimmen frei im Blut und
- haben eine Größe von 7,5 µm und sind bis zu 3 Monate lebensfähig.

Im Kubikmillimeter hat der Mann 5 Millionen Erythrozyten (entspricht 5 T/Liter), die Frau 4,5 Millionen (entspricht 4,5 T/Liter, T=Tera).

Aufgabe der roten Blutkörperchen ist in erster Linie der O_2-Transport von den Lungenbläschen zu den Organen und der CO_2-Rücktransport aus dem Gewebe zu den Lungenbläschen.

Blutfarbstoff (Hämoglobin)
Hämoglobin befindet sich in den roten Blutkörperchen. Mit dem Hämoglobin werden Sauerstoff und Kohlendioxid im Blut transportiert. Der Mann besitzt 9,993 mmol/Liter (= 16 g %), die Frau 9,31 mmol/Liter (= 15 g %) Blutfarbstoff. Nach dem Abbau der roten Blutkörperchen in der Milz wird Blutfarbstoff in der Leber zu Bilirubin zerlegt.

Weiße Blutkörperchen (Leukozyten)
Leukozyten werden vorwiegend im roten Knochenmark, in Milz und Lymphknoten aus Vorstufen gebildet. Der Mensch besitzt 5 bis 6 Giga Leukozyten pro Liter (5000 bis $6000/mm^3$).

Leukozyten werden unterschieden in Granulozyten, Lymphozyten und Monozyten, die auch im Mikroskop gut erkennbar sind.

Die Leukozytenarten sind im Blutausstrich an ihrer unterschiedlichen Anfärbung zu erkennen.

Das prozentuale Verhältnis der verschiedenen weißen Blutkörperchen zueinander schwankt im Laufe des Lebens und bei Erkrankungen. Überwiegen die jugendlichen und stabkernigen Granulozyten, spricht man von *Linksverschiebung* (Zeichen der Entzündung). *Rechtsverschiebung* bedeutet eine Zunahme der Segmentierung der Kerne von Granulozyten (bei älteren Granulozyten häufiger zu beobachten). Die Aufgabe der neutrophilen Granulozyten ist die *Bakterienvernichtung* (»Polizei«, Phagozytose von Keimen und Fremdkörpern). Deshalb sind sie bei Entzündungen vermehrt.

Granulozyten
Sie sind an Körnchen (lat.: Granula) in ihrem Zytoplasma erkennbar. Je nach Anfärbbarkeit der Körnchen wird von neutrophilen, basophilen oder eosinophilen Granulozyten gesprochen. Sie sind etwa 9–15 µm groß.

Normale Leukozytenform des peripheren Blutes.

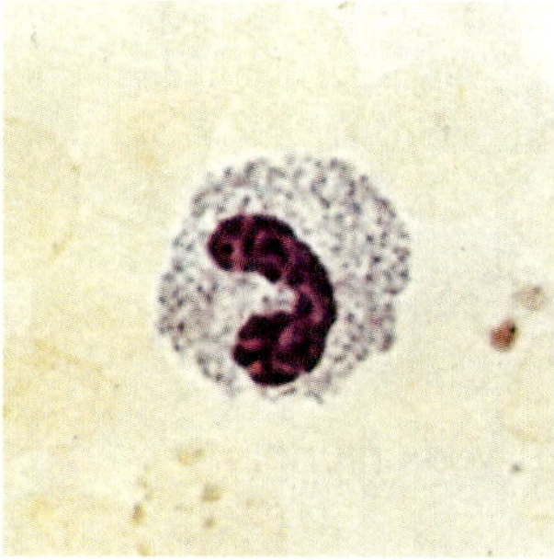

Stabkerniger Granulozyt

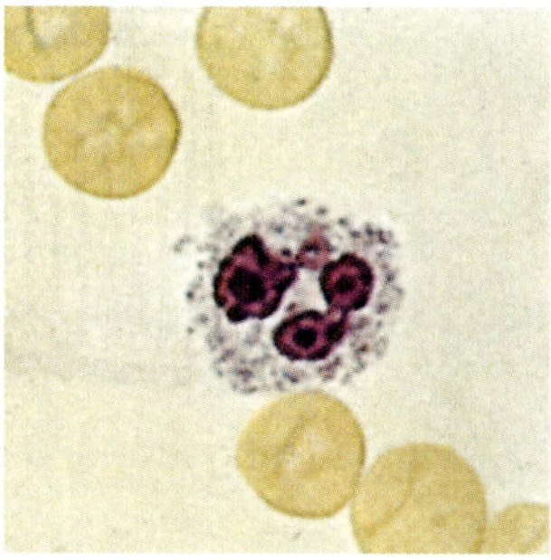

Segmentkerniger Granulozyt

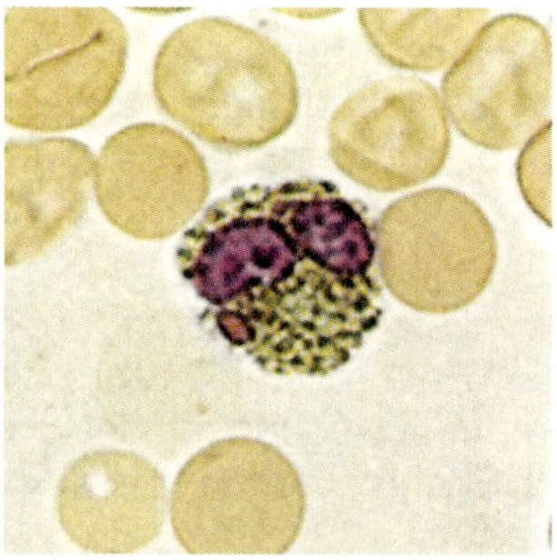

Eosinophiler Granulozyt

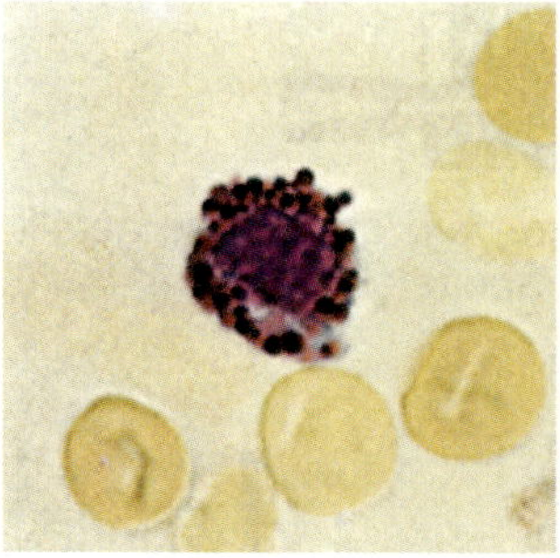

Basophiler Granulozyt

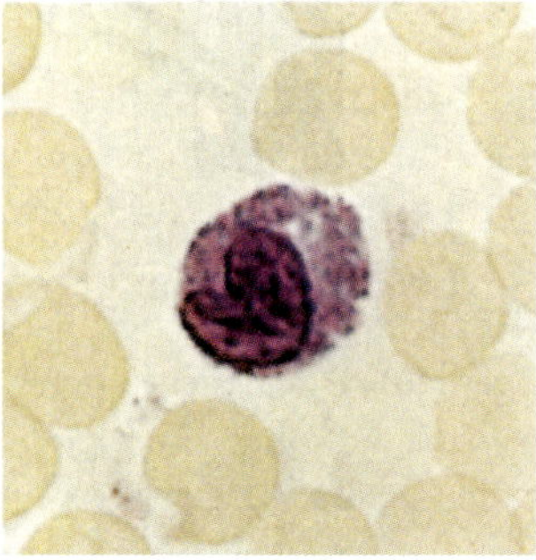

Monozyt

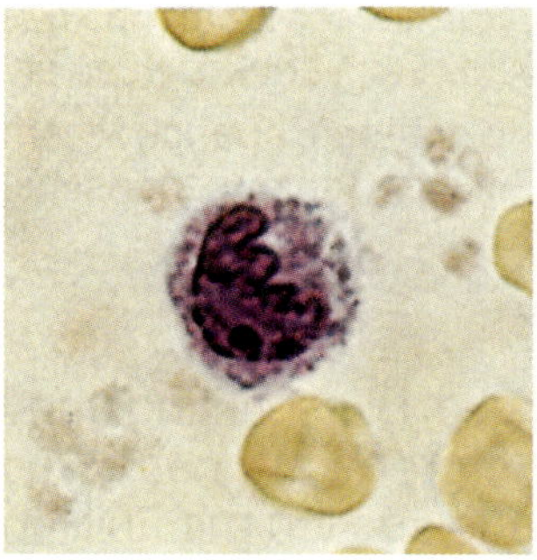

Monozyt

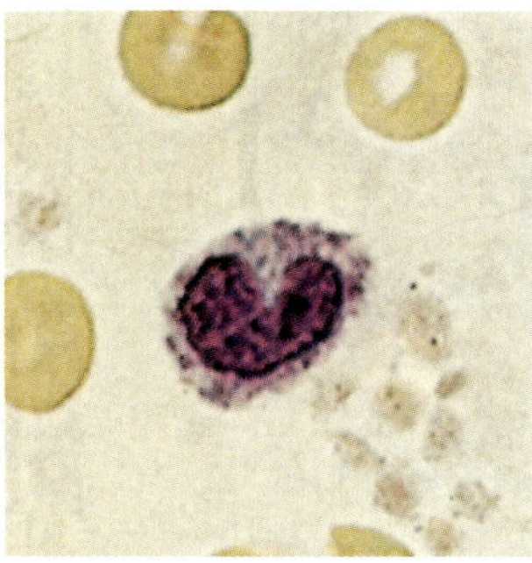

Monozyt

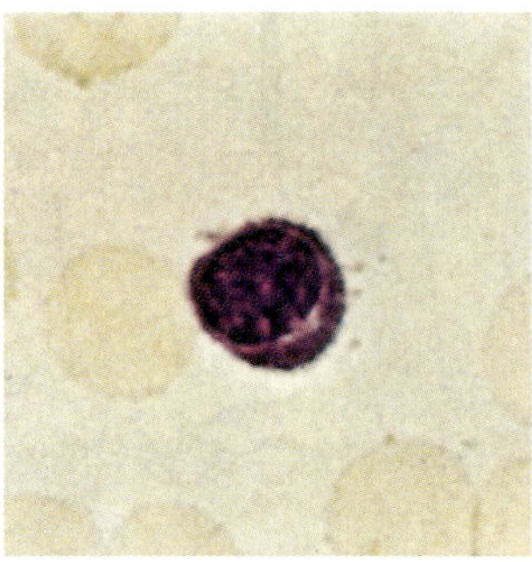

Lymphozyt

Neutrophile Granulozyten sind neutral anfärbbar, ihr Zytoplasma erscheint fein getupft. Es handelt sich um Wander- und Fresszellen *(Mikrophagen)*. Bei Eintritt von Krankheitserregern in den Körper durchdringen sie die Wand der Kapillaren und nehmen die Krankheitserreger in sich auf. Bei Massenanfall von Bakterien oder Viren zerfallen dann viele Neutrophile und werden Bestandteil vom Eiter, der durch die Lymphkapillaren abtransportiert wird. Hierbei treten neutrophile Granulozyten vermehrt im Blut *(Granulozytose* oder *Leukozytose)* auf.

Basophile Granulozyten sind im Zytoplasma dunkelblau getupft. Sie sind oft ein Zeichen bösartiger krankhafter Vorgänge im Organismus.

Eosinophile Granulozyten sind im Zytoplasma rot getupft. Sie treten vermehrt bei allergischen Reaktionen auf (Asthma bronchiale, Ekzem im akuten Stadium, Urtikaria).

Lymphozyten
Zu den weißen Blutkörperchen gehören auch die Lymphozyten. Sie werden im Knochenmark gebildet und gelangen zum größten Teil in die lymphatischen Organe (z. B. Milz, Lymphknoten, Tonsillen, Thymus), wo sie für ihre künftigen Aufgaben geprägt werden. Über die Lymphbahnen gelangen sie ins Blut. Im Mikroskop können kleine Lymphozyten (mit etwa 8 µm etwa so groß wie Erythrozyten) und große Lymphozyten (10–15 µm) unterschieden werden. Nur etwa ein Zwanzigstel der Lymphozyten befindet sich im Blut, der größte Teil ist in den lymphatischen Geweben (70 Prozent), im Knochenmark (10 Prozent) und in anderen Geweben (10–20 Prozent) zu finden.

Lymphozyten kommt für die Bildung von Antikörpern sowie für die Bekämpfung von bestimmten Krankheitserregern und fremden Körperzellen eine besondere Rolle zu. Z. B. bei Viruserkrankungen, Tuberkulose sind sie im Blut stark vermehrt.

Monozyten
Bei den Monozyten handelt es sich um die großen Fresszellen *(Makrophagen)* des Blutes. Sie phagozytieren (nehmen in ihren Zellleib auf) auch Krankheitserreger und Fremdstoffe, mit denen die Mikrophagen nicht fertig geworden sind. Auch zerstörte Granulozyten werden von den Monozyten aufgenommen und im Zellinneren verarbeitet.

Sie haben die Fähigkeit, sich an Stellen krankheitsbedingter Schäden in neues Gewebe umzuwandeln *(Granulationsgewebe)* und so die Heilung einzuleiten. Sie sind bei der Bildung von Antikörpern durch Weitergabe von Information an die für die Antikörperbildung zuständigen Lymphozyten beteiligt.

Blutplättchen (Thrombozyten)
Thrombozyten entstehen aus Knochenmarksriesenzellen und sind am Gerinnungsvorgang beteiligt. Krankhafte Veränderungen der Thrombozyten führen zu Blutungen der Haut, der Schleimhaut oder der Nieren. Ursachen für solche Störungen sind Infektionen, Arzneimittelnebenwirkungen u. a., gelegentlich auch Blutkrankheiten.

Der Mensch hat 150 bis 300 Giga/Liter (= 150 000 bis 300 000/mm^3) Blutplättchen. Sie leben 8 bis 11 Tage, bei bestimmten Blutkrankheiten nur bis zu 2 Tage.

Bei Verletzungen von Körpergewebe werden stets auch Kapillaren und größere Blutgefäße mitverletzt. Die Thrombozyten dichten dann die Gefäßwände ab und bringen Sickerblutungen zum Stehen.

8.1.5. Blutgruppen

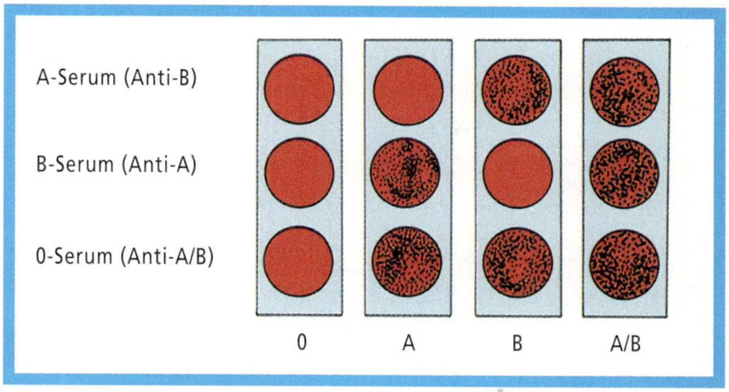

▲ *Aus dem unterschiedlichen Auftreten von Agglutination (in der Abb. schwarze Flecke) des zu untersuchenden Blutes mit den Prüfseren läßt sich die Blutgruppe bestimmen.*

AB0-System

Man unterscheidet vier Erythrozyteneigenschaften und vier ebenso bezeichnete Blutgruppen: A, B, AB und 0 (= Null). In seinem Plasma enthält fast jedes Blut Abwehrstoffe gegen die Erythrozyten anderer Blutgruppen: A-Blut enthält Anti-B (β), B-Blut enthält Anti-A (α), 0-Blut enthält Anti-A und Anti-B zugleich. Nur das Plasma des seltenen AB-Blutes ist frei von diesen Antistoffen gegen fremde Erythrozyten.

Blutgruppen (auch Blutgruppensysteme anderer Art) sind erblich. Der Vaterschaftsnachweis beruht in erster Linie auf der Feststellung verschiedener Blutgruppensysteme.

Rhesusfaktor

Neben dem schon genannten AB0-System ist das Rhesus-System am wichtigsten. Das Rh-System (= Rh-Faktor) ist ein neben den Blutgruppen des AB0-Systems selbstständiges System. Es besteht aus mehreren Antigenen (C, c, D, d, E, e). 86 Prozent der Menschen haben diesen Faktor (Rhesus-positiv = **Rh+**), bei 14 Prozent fehlt er (= rh-negativ = **rh–**). Bekommen rh-negative Menschen (z. B. Frauen im Verlauf einer Schwangerschaft durch Rh-positive Kinder) Rh-positives Blut zugeführt, so bilden sie Antikörper gegen den Rhesusfaktor. Wird erneut Rh-positives Blut zugeführt, kann es zu Reaktionen mit dem Antikörper mit Krankheitserscheinungen kommen.

Dies ist auch der Fall bei einer erneuten Schwangerschaft mit einem Rh-positiven Kind. Die Rhesus-Antikörper der Mutter zerstören die Erythrozyten des Kindes. Folgen sind schwerste Erkrankungen des Kindes (Morbus hämolyticus neonatorum) bis hin zu Totgeburten.

Die Bildung von Rhesus-Antikörpern in der Mutter kann durch eine Injektion (Anti-D-Immunoglobulin) verhindert werden, einem erkrankten Neugeborenen wird durch eine Austauschtransfusion geholfen.

Transfusion (Blutübertragung)

Übertragungen von Blut erfolgen heute fast immer durch *Erythrozyten-Konzentrate*, die von der Blutspendezentrale (Blutbank) bezogen werden. Zur Überprüfung der Übereinstimmung von Blutgruppen und -systemen wird vor jeder Bluttransfusion die *Kreuzprobe* durchgeführt; durch Mischung von Blutkörperchen und Blutse-

ERYTHROZYTEN-EIGENSCHAFTEN		HÄUFIGKEIT	SERUM-EIGENSCHAFTEN
BLUTGRUPPE			ANTIKÖRPER
0	ohne Merkmal A oder B	37,0 %	mit Anti-A und Anti-B
A	mit Merkmal A	42,5 %	mit Anti-B
B	mit Merkmal B	14,0 %	mit Anti-A
AB	mit Merkmalen A und B	6,5 %	ohne

◄ *Erythrozyten- und Serumeigenschaften.*

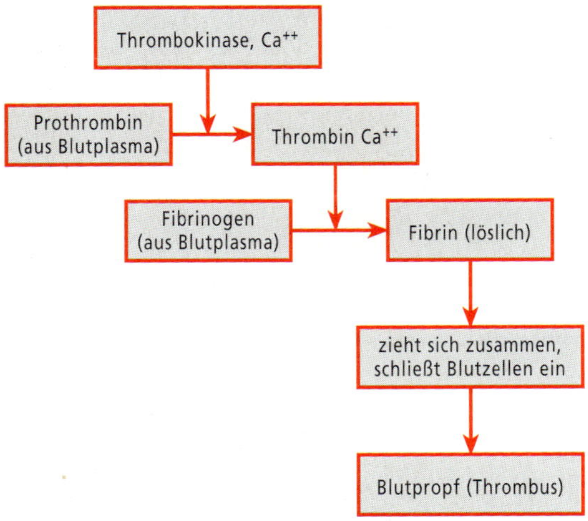

▲ *Schema der Blutgerinnung.*

rum von Spender und Empfänger wird die Verträglichkeit festgestellt.

Rote Blutkörperchen, die bei einer Blutübertragung einem Menschen übertragen werden, der in seinem Plasma Antikörper gegen gerade diese Erythrozyten besitzt, werden im Blutkreislauf des Empfängers zerstört. Das kann zum Tode des Empfängers führen: Empfänger der Blutgruppe A oder der Blutgruppe 0 zum Beispiel kommen in Lebensgefahr, wenn ihnen versehentlich B-Blut übertragen wird. Deshalb darf keine Blutübertragung ohne genaue Blutgruppenkenntnis und weitere Vorsichtsmaßnahmen vorgenommen werden.

Blutgerinnung

Das Blut enthält Fibrinogen, Thrombozyten und Blutfaktoren, die das Blut beim Austritt aus Blutgefäßen (z. B. Wunden) gerinnen lassen. Hierbei spielt auch Kalzium eine Rolle. Die Blutgerinnung verläuft in Phasen und wird durch Gerinnungsfaktoren (mit römischen Zahlen von I bis XII bezeichnet) gesteuert. Fehlt ein Gerinnungsfaktor kommt es zu Spontanblutungen (z. B. bei der Hämophilie A durch das Fehlen von Faktor VII). Die Gerinnungsfähigkeit des Blutes kann zu Behandlungszwecken herabgesetzt werden, z. B. durch Heparin bei Herzinfarkt.

Werden Kalziumionen dem Blutplasma entzogen (z. B. durch Mischung des Blutes mit Natriumzitrat bei Durchführung der Blutsenkung), so kann es nicht gerinnen. Das Gleiche gilt, wenn Fibrinogen im Labor entfernt wird (Defibrinierung) oder Prothrombin vermindert wird (Cumarin-Therapie).

8.2. Herz

Herz und Blutgefäße bilden ein Gefäßsystem, in dem das Blut kreist, (Blutkreislauf). Das Herz ist ein Hohlmuskel, dessen Aufgabe darin besteht, durch Zusammenziehen seiner Muskelschichten Blut durch dieses Gefäßsystem in den Körper zu pumpen. Es hat etwa die Größe der Faust seines Besitzers und wiegt ungefähr 250 bis 350 g. Es befindet sich hinter dem Brustbein (Sternum) im Herzbeutel (Perikard) auf der linken Zwerchfellkuppel, seine Spitze zeigt nach links. Für seine Arbeit benötigt der Herzmuskel natürlich auch Nährstoffe und Sauerstoff. Seine Blutversorgung erfolgt über die Herzkranzgefäße (Koronararterien und -venen).

8.2.1. Bau des Herzens

Aufteilung des Herzens

Der Herzmuskel wird durch die Herzscheidewand (Septum) in eine rechte und linke Seite getrennt; durch die Scheidewand wird verhindert, dass das CO_2-reiche verbrauchte Blut aus der rechten Kammer sich mit dem Blut in der linken Kammer mischt und so wieder in den Körper gepumpt wird; es ist vielmehr dazu gezwungen, seinen Weg in die Lunge zum Gasaustausch zu nehmen. Jede Herzseite ist in *Vorhof* und *Kammer* geteilt.

Herzklappen

Zwischen Vorhof und Kammer befinden sich beiderseits *Segelklappen*. Die rechte Segelklappe ist *dreizipfelig*, die linke *zweizip-*

felig. Weitere Herzklappen, die sogenannten *Taschenklappen,* liegen am Ausgang der linken Kammer (zur Hauptschlagader hin) und am Ausgang der rechten Kammer (zur Lungenschlagader hin). Die Herzklappen bewirken, dass sich der Blutstrom im Blutkreislauf nur in einer Richtung bewegt, da die Herzklappen Rückschlagventilfunktion haben; die *Aortenklappe* (am Ausgang der linken Herzkammer) und die *Pulmonalklappe* (am Ausgang der rechten Herzkammer) sind während der *Diastole* (Ausdehnung des Herzmuskels) geschlossen. Das Blut kann somit aus den Schlagadern nicht ins Herz zurückfließen, es sei denn, es läge ein Herzklappenfehler vor.

Herzwand und Herzbeutel

Die Herzwand ist aus drei Schichten zusammengesetzt: der Herzinnenhaut *(Endokard),* dem Herzmuskel *(Myokard)* und der Herzaußenwand *(Epikard).* Der Herzbeutel *(Perikard)* umgibt das Herz als bindegewebige Hülle. Er enthällt eine Gleitflüssigkeit.

8.2.2. Funktion des Herzens

Pumpfunktion des Herzens

Das Herz zieht sich, koordiniert durch das Herznervensystem, rhythmisch zusammen. Zuerst kontrahieren sich die beiden Vorhöfe, anschließend die Herzkammern (währenddessen sich die Vorhöfe erweitern). In der *Kammersystole* schließen sich die

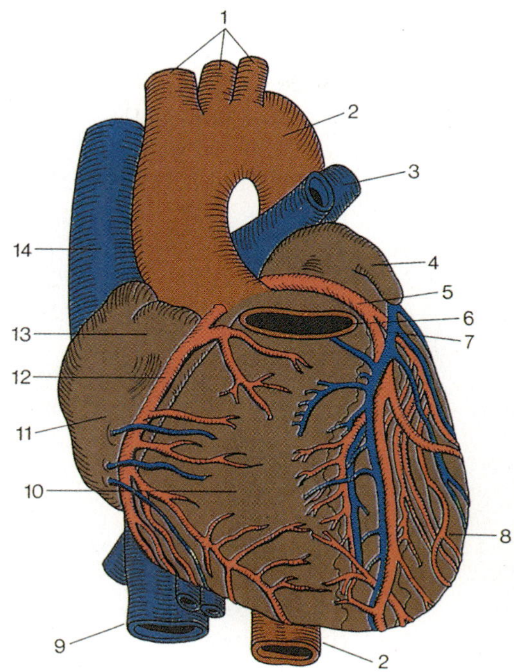

1 Arterien zur Versorgung des Kopfes und der Arme
2 Aorta
3 Lungenvenen
4 Linker Vorhof
5 Linke Koronararterie
6 Lungenarterien
7 Große Herzvene
8 Linke Kammer
9 Untere Hohlvene
10 Rechte Kammer
11 Rechter Vorhof
12 Rechte Koronararterie
13 Rechtes Herzohr
14 Obere Hohlvene

▲ *Das Herz von vorn.*

	Gefäße (4)	Räume (4)	Klappen (4)
Körperkreislauf	Hohlvenen →	re. Vorhof	Dreizipfelklappe (Segelklappe)
	Lungenarterien (Lungenkreislauf) ←	re. Kammer	Pulmonalklappe (Taschenklappe)
	Lungenvenen →	li. Vorhof	Zweizipfelklappe (Segelklappe)
	Hauptschlagader ←	li. Kammer	Aortenklappe (Taschenklappe)

Pfeile geben die Strömungsrichtung des Blutes an: blau = sauerstoffarmes Blut, rot = sauerstoffreiches Blut

◄ *Übersicht über den Bau des Herzens.*

Funktionsphasen des Herzens (s. a. Abb. S. •••).

Diastole: Ruhe- oder Erholungsphase

Entspannungszeit: Die Kammermuskulatur entspannt sich.
Füllungszeit: Die Herzkammern werden mit Blut gefüllt. Dabei zieht sich die Muskulatur der Vorhöfe zusammen und drückt das Blut durch die sich öffnenden Segelklappen in die Kammern.

Systole: Arbeits- und Kontraktionsphase

Anspannungszeit: Die Herzmuskulatur der Herzkammern beginnt sich zusammenzuziehen. Die Segelklappen schließen sich.
Austreibungszeit: Durch die sich öffnenden Taschenklappen wird das Blut in Richtung Lunge (Lungenkreislauf) und Körper (Körperkreislauf) ausgetrieben.

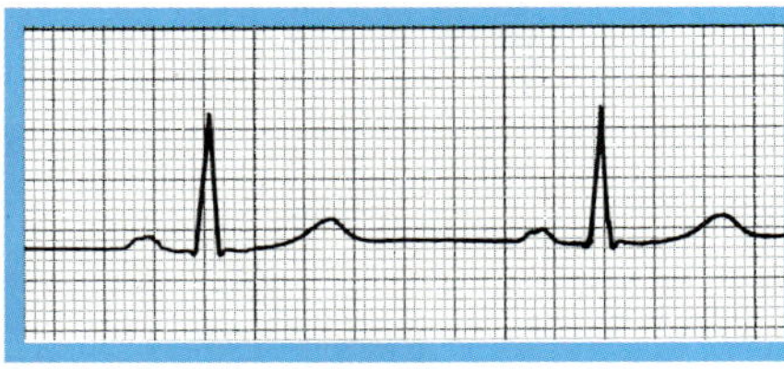

EKG-Kurve.

Segelklappen, die Taschenklappen öffnen sich und das Blut wird aus den Kammern in den Körper getrieben, und zwar aus der linken Herzkammer in die Hauptschlagader (*Aorta*), aus der rechten Herzkammer in die Lungenarterien (*Pulmonalarterien*). In der folgenden *Diastole* lässt die Herzmuskelspannung nach; infolge der Druckverhältnisse öffnen sich die Segelklappenklappen, und das Blut kann aus den Vorhöfen in die Kammern fließen. Die beiden Taschenklappen sind geschlossen, damit kein Blut aus den abführenden Arterien zurückfließen kann. Ein ähnlicher Vorgang findet in den Vorhofbereichen statt. Das Blut wird in der Vorhofsystole aus den Vorhöfen in die Herzkammern getrieben, während in der Vorhofdiastole Blut in die Vorhöfe angesaugt wird.

In der Kontraktionsphase hebt sich die Herzspitze und stößt dadurch in Höhe des 5. Zwischenrippenraumes innen an den Thorax an *(Herzspitzenstoß)*.

Durch Herzaktion feststellbare Befunde

Herztöne

Durch Aneinanderlegen der Herzklappen entsteht über jeder Klappe ein *Herzton*, feststellbar durch Abhören mit dem Stethoskop, registrierbar durch die Herztonkurve (Fonokardiogramm).

Herzschlag

Die Herzmuskelkontraktion bewirkt eine wellenförmige Austreibung des Blutes aus dem Herzen. Die Blutwelle wird als Puls gefühlt. Die Schnelligkeit des Pulses ent-

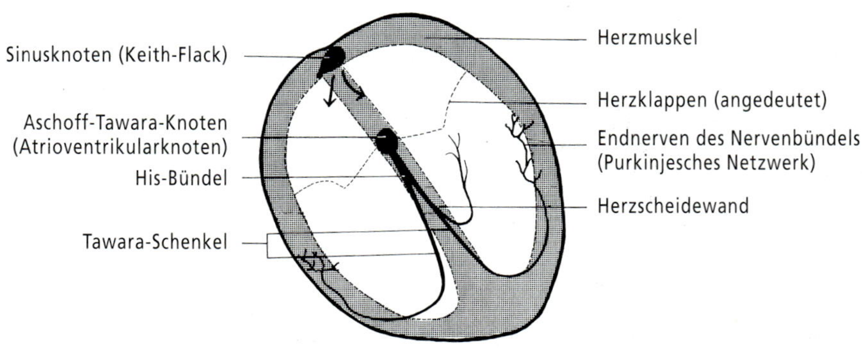

Herzmuskel mit der Herzscheidewand. Eingezeichnet sind die im Herzmuskel liegenden speziellen Muskelfasern für die Reizleitung und das Reizleitungssystem. Beginn der Erregungsimpulse im Sinusknoten (Vorhofgebiet). Ausbreitung zum Kammergebiet.

spricht der Schnelligkeit der Herzschlagfolge. Der *Herzschlag* beträgt in der Minute etwa 65 bis 80 Schläge. Kinder haben einen schnelleren Herzschlag.

Erregungsleitung
Die Bewegung des Herzmuskels wird weitgehend vom herzeigenen *Erregungsleitungssystem* gesteuert; es löst Systole und Diastole aus. Die Eigenströme des Herzens lassen sich im Elektrokardiogramm registrieren.

Das Erregungsleitungssystem
Das Erregungsleitungssystem besteht aus dem im rechten Vorhof befindlichen Sinusknoten, aus dem im Vorhof-Kammer-Grenzbereich lagernden Aschoff-Tawaraschen Atrioventrikularknoten, aus dem sich anschließenden Hisschen Bündel und schließlich aus dem in die Kammermuskulatur führenden Tawara-Schenkel. Außerdem greift das vegetative Nervensystem in die Herzfunktion ein; der Nervus vagus stößt bis zum Sinusknoten, der Nervus sympathicus bis zum Atrioventrikularknoten vor.

8.3. Blutgefäße

Es werden Schlagadern, Blutadern und Haargefäße unterschieden. Die Wände der Blutgefäße sind unterschiedlich dick und bestehen aus mehreren Gewebeschichten.

8.3.1. Schlagadern (Arterien)

Die Arterien sind durch die Einlagerung von elastischen Fasern dickwandig und elastisch; sie können deshalb einen höheren Blutdruck aushalten. In der Hauptschlagader (Aorta) wird das Blut von der linken Herzkammer vom Herzen in den Körper transportiert. Jedes Organ erhält seine Blutzufuhr durch mindestens eine Arterie. Wird die Blutversorgung z. B. durch Verletzung oder Verstopfung der Arterie unterbrochen, so stirbt das Organ ab, wenn nicht noch eine weitere Versorgungsmöglichkeit besteht. Die Herzkranzgefäße entspringen dicht am Herzen aus der Hauptschlagader und führen dem Herzmuskel Blut zu.

Sauerstoffreiches Blut wird gelegentlich auch als »arterielles» Blut bezeichnet. Das kann irreführend sein, da nur die Arterien des großen Blutkreislaufes auch sauerstoffreiches Blut führen. Deshalb sind die von der rechten Herzkammer zur Lunge führenden Blutgefäße Schlagadern. Die von der Lunge zum Herzen ziehenden Adern sind Blutadern, obwohl sie sauerstoffreiches Blut zum linken Herzvorhof bringen. Arterien sind Blutgefäße, die Blut vom Herzen in den Körper transportieren, gleichgültig, ob es sich um sauerstoffreiches oder sauerstoffarmes Blut handelt.

MEMO!

In den Schlagadern fließt das Blut von den Herzkammern weg. Es entscheidet also nur die Richtung vom oder zum Herzen, ob es sich um eine Schlagader oder um eine Blutader handelt. In der aus der rechten Herzkammer kommenden Lungenschlagader (Arteria pulmonalis) fließt sauerstoffarmes, CO_2-beladenes Blut.

Die das Blut heranführenden Arterien verengen sich vor den Kapillaren zu Arteriolen. Nach den Kapillaren sind im venösen Teil die Venolen zwischengeschaltet. Der Pfeil zeigt die Strömungsrichtung.

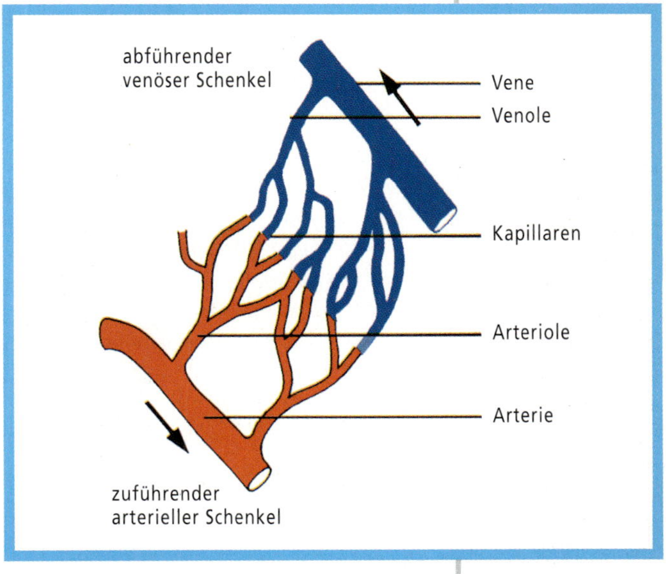

Übersicht über die Blutgefäße des Körpers.

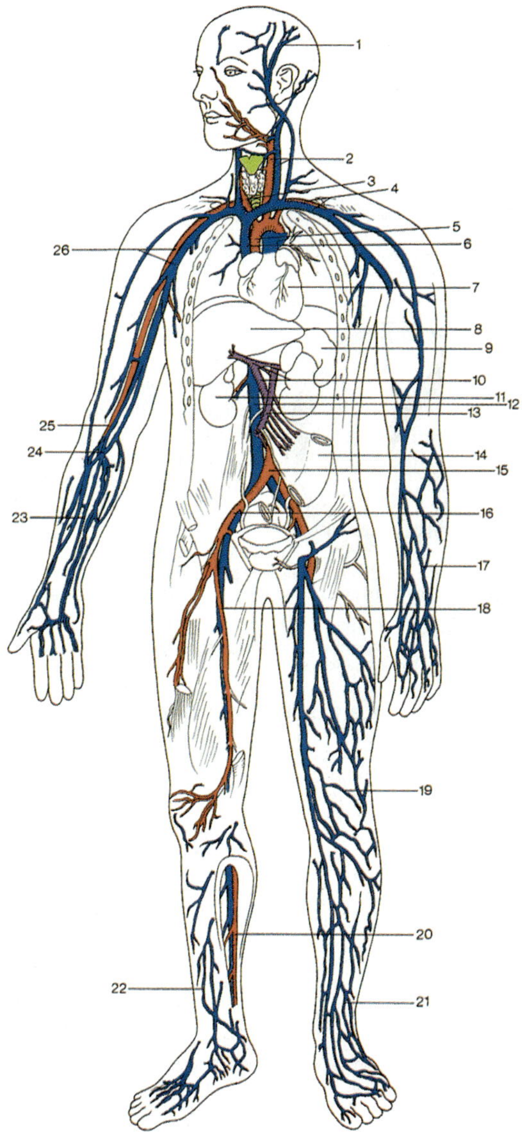

1, 17, 19, 21, 22, 23 Oberflächliche Hautvenen
2 Linke Kopfarterie, eine Drosselvene
3 Armkopfarterie
4 Linke Schlüsselbeinarterie
5 Aorta
6 Obere Hohlvene
7 Herz
8 Leber
9 Milz
10 Pfortader mit Gekröse- und Milzvene
11 Nieren
12 Untere Hohlvene
13 Obere Gekrösearterie
14 Dünndarm
15 Bauchaorta
16 Beckenarterie und -vene
18 Oberschenkelarterie, Oberschenkelvene
20 Schienbeinarterie
24 Mittelvene des Unterarms
25 Speichenarterie
26 Oberarmarterie und -vene

8.3.2. Blutadern (Venen)

In den Venen fließt das Blut vom Körper in den rechten Herzvorhof und von beiden Lungen in den linken Herzvorhof. Den Blutadern fehlt (im Gegensatz zu den Schlagadern) in den Wänden die elastische Schicht. Dafür haben sie Venenklappen (ringförmige Verdickungen, die segelförmig gespannt sind und den Rückstrom des Blutes aufhalten); sie befinden sich im Abstand von wenigen Zentimetern in den Blutaderwänden der unteren Extremitäten.

8.3.3. Haargefäße (Kapillaren)

Kapillaren befinden sich zwischen arteriellem und venösem Abschnitt des Kreislaufs in allen Organen (außer in Augenhornhaut, Nägeln, Gelenkknorpel und obersten Hautepithelschichten). Der Übergang von Schlagadern ist abgestuft mit nach und nach sich verengendem Gefäßöffnungen; der Blutstrom wird dadurch verlangsamt. Ähnlich weiten sich nach den Haargefäßen die Gefäßwände wieder, so dass der Blutstrom beschleunigt wird. Durch die Kapillaren werden Stoffe aus dem Blut an die Zellen herangeführt und Stoffwechselprodukte der Zellen ins Blut aufgenommen. Das ist nur möglich, weil die Kapillaren sehr dünne Wände haben, durch die die Stoffe hindurchdiffundieren können.

So nehmen z. B. die Kapillaren in den Lungenbläschen Sauerstoff, im Darm Nahrungsstoffe und in den Drüsen mit innerer Sekretion Hormone auf. Die in den Nierenknäueln befindlichen Kapillaren geben Wasser und gelöste Stoffwechselabfallprodukte ab.

8.4. Blutkreislauf

Der Weg des Blutes aus dem Herzen zu den Organen und von dort zum Herzen zurück wird als Blutkreislauf bezeichnet. Er ist in sich geschlossen, beginnt und endet in den Haargefäßen (Kapillaren) der Lungenbläschen. Wir unterscheiden den *Körper-* von dem *Lungenkreislauf.* Ist allgemein von »Kreislauf« die Rede, so ist der Körperkreislauf gemeint. Daneben gibt es den Pfortaderkreislauf, in dem das Blut aus der Milz und ein Großteil des aus dem Darmbereich kommenden Blutes zur Leber transportiert wird.

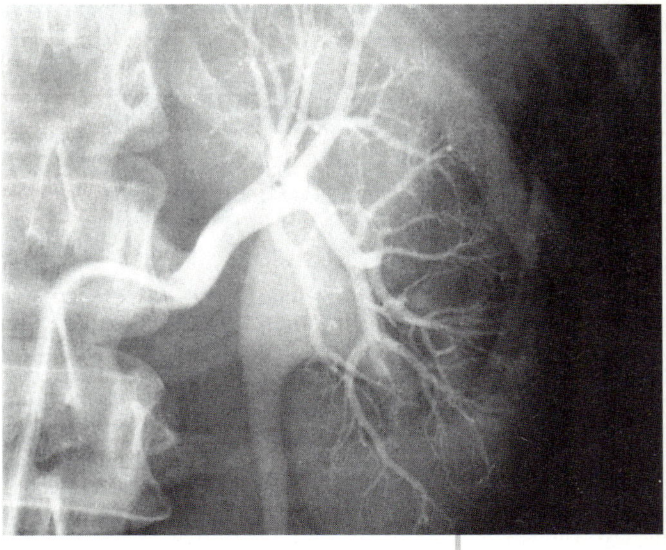

▲ *Darstellung der Nierenarterie und des Nierenbeckens links (selektive Nierenangiographie).*

Darstellung der A. carotis im Schädel (Karotisangiogramm). ▼

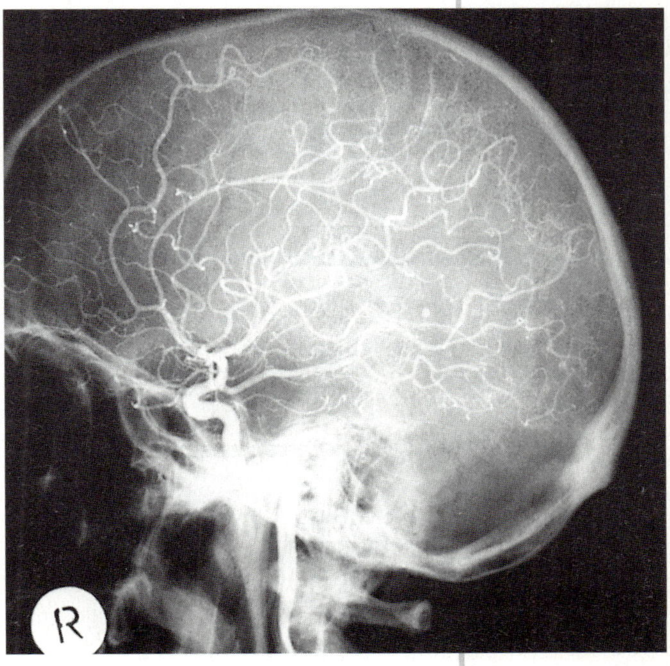

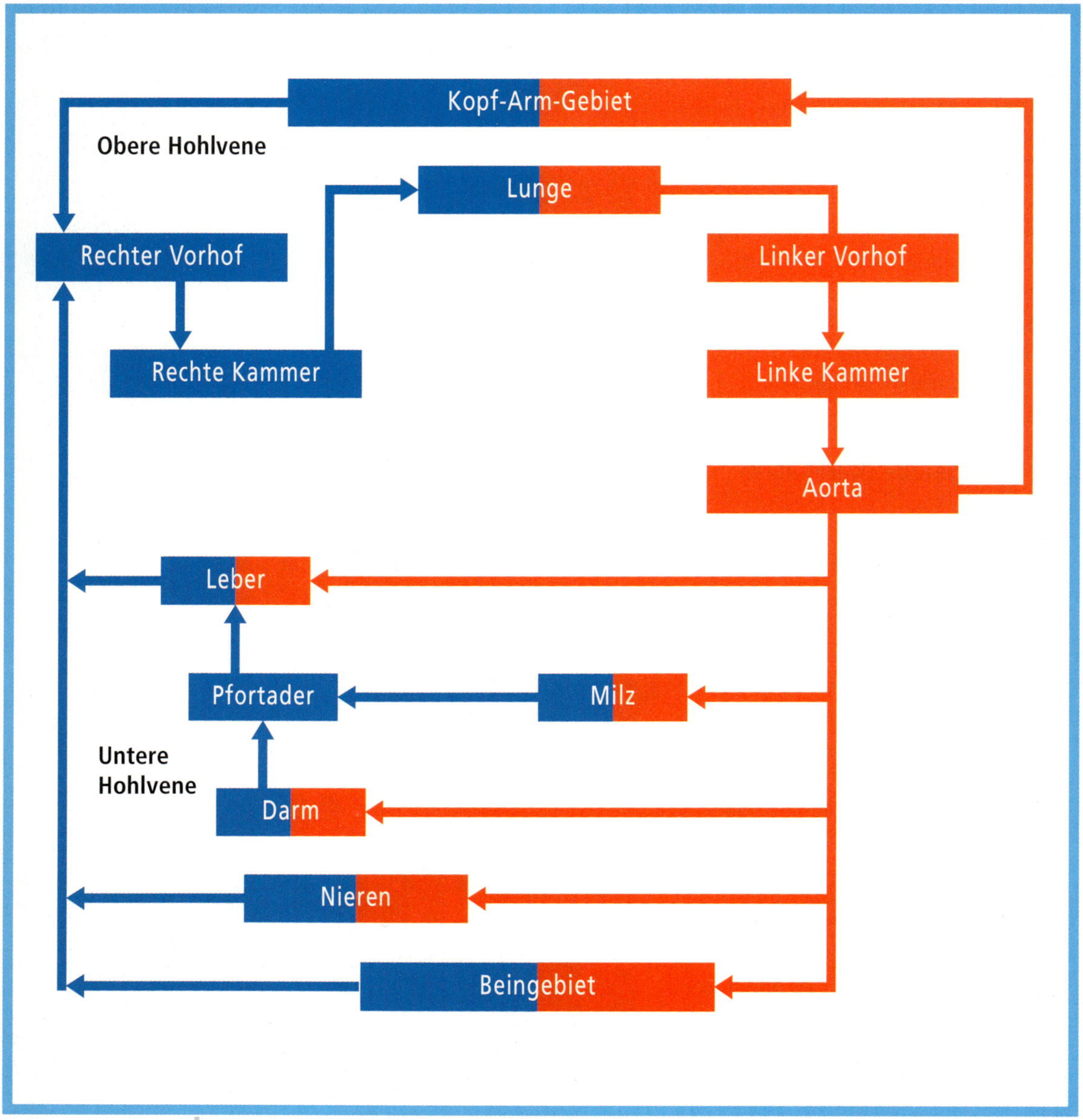

▲
Schematische Darstellung des Blutkreislaufs. Blutgefäße mit sauerstoffreichem Blut sind rot, solche mit sauerstoffarmem Blut sind blau dargestellt.

8.4.1. Großer Kreislauf (Körperkreislauf)

Der Körperkreislauf erstreckt sich von der linken Herzkammer über die Aorta, die Arterien und Arteriolen zu den Kapillaren, zurück über die Venolen und Venen und den Hohlvenen zum rechten Herzvorhof. Seine Aufgabe ist es, die Zellen mit allen lebenswichtigen Stoffen zu versorgen und überflüssige Stoffe abzutransportieren.

Die Venen führen das Blut aus den Organen zum rechten Herzvorhof zurück. Das aus dem Kopf-Hals-Arm-Gebiet kommende Blut fließt in die obere Hohlvene, das aus dem Rumpf-Bein-Gebiet stammende Blut in die untere Hohlvene; beide münden in den rechten Herzvorhof ein.

Puls

Die sich während der Herzsystole in die Arterien fortpflanzende Blutwelle ist als Puls fühl- und messbar. Die Beschaffenheit des Pulses beruht auf der vom Herzen ausgeworfenen Blutmenge, der elastischen Beschaffenheit der Arterien, der Intensität und Rhythmus des Blutauswurfs aus dem Herzen. Dadurch unterscheidet man:

- *Pulsfrequenz* (Häufigkeit in der Minute): erhöht ab 100/min; bei Fieber der Erwachsenen erhöht sich der Puls je 1 Grad Temperaturerhöhung um 7 bis 8 Pulsschläge, bei Kindern um 16 bis 20 Pulsschläge pro Minute.
- *Pulsrhythmus* (Schlagfolge): normal (»rhythmisch«) ist eine ganz regelmäßige Schlagfolge des Herzens, arhythmisch ist der Puls, wenn das Herz unregelmäßig schlägt.
- *Pulsstärke* (Pulsfülle): stark = kräftig zu fühlen; schwach = nur undeutlich zu fühlen, klein, weich.

Pulsmessung siehe 29.2.2.

Blutdruck

Der in den Schlagadern herrschende Druck entspricht der Pumpkraft des Herzens in seiner Systole. Messbar ist der Blutdruck mit dem Blutdruckapparat. Man unterscheidet dabei den oberen Druckwert *(systolischer Wert)* und den unteren Druckwert *(diastolischer Wert)*. Der Unterschied zwischen beiden ist die so genannte *Blutdruckamplitude*.

Der Blutdruck wird in mm Hg (= Millimeter Quecksilbersäule) gemessen. Der normale Blutdruck liegt etwa bei 120–130/80–90 mm Hg. Die Blutdruckwerte nehmen mit dem Alter infolge Verhärtung und Elastizitätsverlustes der Gefäße zu. Die Höhe des Blutdrucks und die Blutdruckamplitude lassen Schlüsse auf den Zustand von Herz, Gefäßen und Nieren zu.

Blutdruckmessung siehe 29.2.3.

8.4.2. Kleiner Kreislauf (Lungenkreislauf)

Der Lungenkreislauf erstreckt sich von der rechten Herzkammer über die Lungenschlagader zu den Lungenarteriolen, Lungenkapillaren, zurück über die Lungenvenolen und Lungenblutadern zum linken Herzvorhof; Aufgabe des kleinen Kreislaufs ist es, dafür zu sorgen, dass das CO_2 an die Außenluft abgegeben und O_2 aus der Außenluft zugeführt wird.

MEMO!

Im großen Kreislauf fließt sauerstoffreiches Blut in den Arterien zu den Organen, strömt kohlendioxidbeladenes Blut in den Venen zum Herzen zurück.

Im kleinen Kreislauf fließt kohlendioxidbeladenes Blut durch die Lungenarterien zur Lunge und sauerstoffreiches Blut in den Lungenvenen zum Herzen zurück.

8.4.3. Pfortaderkreislauf

Die zur Leber führende Pfortader sammelt das venöse Blut aus Darmgebiet und Milz. Nach Passieren der Leber fließt das Blut in die untere Hohlvene. Der nicht aus dem Darmgebiet kommende Teil des Blutes der unteren Körperhälfte fließt unter Umgehung der Leber in die untere Hohlvene. Ganz besonders wichtig ist aber noch, dass sich in der Mastdarmschleimhaut ein Venengeflecht befindet, das direkt in die untere Hohlvene mündet. Diese anatomischen Verhältnisse werden bei der Verabreichung von Arzneimitteln mit Zäpfchen genutzt. Medikamente, die in der Leber abgebaut werden würden, können so im Körper Wirksamkeit entfalten..

Die Lymphbahnen, hier des Arms, münden in die regionären Lymphknoten. Durch eine Infektion im Finger-Hand-Arm-Gebiet schwellen die Achsellymphknoten an. Durch eine Eiterung im Mund-Zahn-Gebiet werden die Halslymphknoten verdickt. Infektionen im Brustraum haben eine Schwellung der Lymphknoten in der oberen Schlüsselbeingrube zur Folge.

8.5. Lymphkreislauf

8.5.1. Lymphsystem

Das Lymphsystem ist ein eigenständiges Gefäßsystem im Körper. Es durchzieht alle Gewebe. In den Lymphgefäßen fließt Lymphe. Es handelt sich um eine weißliche Flüssigkeit, die in den Zwischenzellschichten aus Gewebewasser und Blutplasma gebildet wird. Die aus dem Darmgebiet abfließende fettreiche Lymphe wird *Chylus* genannt. Lymphe besteht aus Lymphkörperchen, Fett, Eiweiß, Kristallen, Mineralien und Abwehrstoffen gegen Krankheitserreger.

8.5.2. Lymphbahnen

Die Lymphbahnen beginnen in den Gewebespalten als Lymphkapillaren und nehmen dort verschiedene Abbauprodukte des Zellstoffwechsels auf. Sie erweitern sich zu Lymphgefäßen. In deren Verlauf sind Lymphknoten eingeschaltet, die die ankommende Lymphe filtrieren und Bakterien zurückhalten oder zerstören. Wichtige Lymphknoten befinden sich im Lungenwurzelgebiet (*Hilusdrüsen*), im Gekröse (*Mesenterium*) des Darmes und im Becken.

Die Lymphbahnen vereinigen sich innerhalb des Brustkorbs zum *Milchbrustgang*, der neben der Hauptschlagader kopfwärts zieht. Er mündet zwischen der linken inneren Drosselvene und der Arm-Kopf-Vene ins venöse Blutsystem.

8.5.3. Lymphorgane und Milz

Die mit dem lymphatischen System anatomisch und funktionell zusammenhängenden Organe sind Tonsillen, Rachenmandeln, Thymus, Milz, Appendix.

Die Milz ist ein in der Bauchhöhle links oben liegendes schwammiges, lymphatisches Organ mit vielseitigen Aufgaben.

AUFGABEN DER MILZ

- **Bildung von Lymphozyten**
- **Zerstörung alternder Erythrozyten**
- **Blutspeicher mit wechselnder Füllung**
- **Eisenspeicher**
- **Bildung von Stoffen mit Abwehr- und Schutzfunktion**

Bei Zerfall der Erythrozyten in der Milz wird der Blutfarbstoff Hämoglobin chemisch verändert und in der Leber zu Bilirubin umgewandelt. Bilirubin wird im Gallensaft in den Zwölffingerdarm ausgeschieden.

Wichtigste Lymphknotengebiete des Körpers.

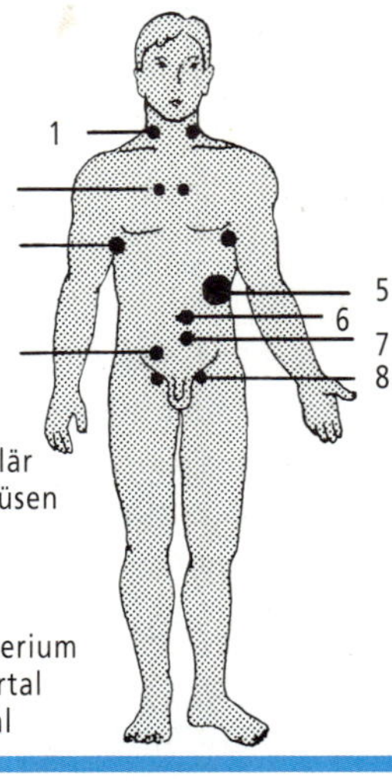

MEMO!

Zum Wiederholen und Lernen.

WICHTIGES ZUM MERKEN

Von einer **Linksverschiebung** wird gesprochen, wenn die **jugendlichen** und **stabkernigen Granulozyten** vermehrt sind. Dies ist ein Zeichen für das Bestehen einer Entzündung.

Blutserum unterscheidet sich von **Blutplasma** durch das Fehlen des Gerinnungsstoffes **Fibrinogen.**

Blutgruppen sind erblich. Am wichtigsten sind das **AB0-System** (Blutgruppen A, B, AB, 0) und das **Rhesus-System.**

Bei der Blutgerinnung entsteht aus dem im Blut vorhandenen **Prothrombin** bei Auftreten von **Thrombokinase** (z. B. bei Verletzung) im Beisein von **Kalzium-Ionen Thrombin.** Thrombin ermöglicht bei Vorhandensein von **Kalzium-Ionen** die Umwandlung von dem im Blut vorhandenen **Fibrinogen** in Fibrin. Fibrin ermöglicht die Bildung eines **Blutpropfes.**

Fehlen **Kalzium-Ionen** (z. B. bei Natrium-citrat-Blut bei der Blutsenkung), **Prothrombin** (durch eine Cumarin-Therapie) oder **Fibrinogen,** so ist eine Blutgerinnung nicht möglich.

Das **Herz** ist ein **Hohlmuskel** von etwa 250 bis 300 Gramm Gewicht. Es hat etwa die Größe der geschlossenen **Faust** des Besitzers. Es liegt mehr links im **Brustkorb,** auf der linken Zwerchfellkuppel und hinter dem Brustbein.

Das Herz befindet sich im Herzbeutel **(Perikard),** seine Wand ist aus drei Schichten zusammengesetzt (von innen nach außen): **Endokard, Myokard, Epikard.**

Systole und Diastole des Herzens folgen in ununterbrochener Folge.
In der **Systole** zieht sich der Herzmuskel zusammen, die Segelklappen schließen sich, Blut wird in Körper und Lunge gepumpt. In der **Diastole** entspannt sich der Herzmuskel, durch die geöffneten Segelklappen fließt Blut von den Vorhöfen in die Kammern.

Arterien (dickwandig) führen das Blut **vom Herzen weg.** In **Venen** (dünnwandig) fließt das Blut **zum Herzen hin.**

Im **Körperkreislauf** fließt in Arterien **sauerstoffreiches,** in Venen **sauerstoffarmes** Blut. Dies ist im **Lungenkreislauf** genau entgegengesetzt: In den Lungenarterien fließt **sauerstoffarmes** Blut in die Lunge und kommt nach Aufsättigung als **sauerstoffreiches** Blut über die Lungenvenen in das Herz zurück.

EINIGE FRAGEN ZUM ÜBEN

Welche Aufgaben hat das Blut?

Wie ist das Blut zusammengesetzt?

Nennen Sie die im menschlichen Körper normalerweise auftretenden Blutzellen!

Beschreiben Sie die unterschiedlichen Formen der weißen Blutkörperchen, ihre Aufgaben und die prozentuale Häufigkeit der einzelnen Arten!

Was versteht man unter einer »Linksverschiebung«, was unter einer »Rechtsverschiebung«?

Welche Möglichkeiten gibt es, Blut ungerinnbar zu machen?

Beschreiben Sie die Systole und die Diastole.

Wie unterscheiden sich Arterien von Venen?

UND ZUM SCHLUSS ETWAS SCHWERES!

Wie ist der Sauerstoffgehalt des Blutes in einer Lungenarterie im Vergleich zur Körperhauptschlagader?

9. Nahrung, Verdauung und Atmung

Nahrung wird aufgenommen und mit Hilfe der Verdauungsorgane zerlegt. Die Spaltprodukte werden ebenso wie der in der Lunge aufgenommene Sauerstoff durch das Blut zu den Körperzellen transportiert. Dort erfolgt die Verbrennung (unter Freisetzung von Energie, die der Körper zum Leben benötigt), Abfallstoffe werden vom Blut zur Leber oder direkt zur Ausscheidung zu Lunge und Niere (sowie in geringerem Ausmaße zur Haut) transportiert.
Dieses Kapitel befasst sich im ersten Teil mit der Zusammensetzung der Nahrung, ihrem Stoffwechsel, den Verdauungsorganen und dem Verdauungsvorgang.
Im zweiten Teil geht es um die Atmung, die Aufnahme von Sauerstoff in den Körper und die Abgabe von Kohlendioxid über die Lunge.

ZIELE DES RAHMENLEHRPLANS

- ▶ **Bau und Funktion der Verdauungsorgane und wichtige Stoffwechselvorgänge beschreiben**
- ▶ **Bau und Funktion der Atmungsorgane beschreiben**

9.1. Nahrungsbestandteile, Verdauung und Stoffwechsel

Die Nahrungsmittel setzen sich aus *Nährstoffen, Wirkstoffen, Ballaststoffen* sowie *Geschmacksstoffen* zusammen. Alle notwendigen Bestandteile der Nahrung haben im Körper eine bestimmte Aufgabe.

Der chemische Abbau und Umbau von Nahrungsbestandteilen wird durch *Enzyme* – Enzyme werden auch Fermente genannt – bewirkt. Es sind vom Körper gebildete Eiweißkörper, die die Geschwindigkeit von chemischen Funktionen wie z. B. von Verdauungsprozessen beeinflussen.

Die Stoffwechselumbau- und -abbauprodukte werden in der Leber entgiftet und über den Darm (Kot, Wasser, Gase), die Nieren (Salze, Wasser, Säuren, Basen), die Haut (Wasser, Salze, Geruchstoffe), die Drüsen und die Ausatmungsluft (Kohlendioxid, Wasser) ausgeschieden.

MEMO!

Enzyme sind biologische Katalysatoren. Katalysatoren sind Stoffe, die die Geschwindigkeit eines chemischen Vorganges dadurch beschleunigen, dass sie die für die Reaktion erforderliche Temperatur herabsetzen. Dabei werden sie selbst nicht verändert. Manche Reaktionen werden durch ihre Anwesenheit überhaupt erst möglich. Viele chemische Prozesse im Körper sind nur mit Hilfe von Enzymen mit der für den Körper erforderlichen Geschwindigkeit möglich.

9.1.1. Energiebedarf

Zum Leben benötigt der Körper Energie. Als *Grundumsatz* wird diejenige Energiemenge bezeichnet, die ein Körper bei völliger Ruhe in 24 Stunden verbraucht. Sie ist abhängig vom Alter, Geschlecht, Körperbau und Klima. Der *Arbeitsumsatz* ist diejenige Energiemenge, die ein Körper bei einer bestimmten Arbeit in 24 Stunden verbraucht.

Energie wird in Joule (Kilojoule) gemessen. Die früher übliche Bezeichnung Kalorie (Kilokalorie) wird zunehmend nicht mehr verwendet.

MEMO!

1 Kalorie (cal) entspricht 4,1868 Joule (J)
1 Kilokalorie (kcal) entspricht 4,1868 Kilojoule (kJ)

Eine Kilokalorie ist diejenige Wärmemenge, die benötigt wird, um einen Liter Wasser von 14,5 °C auf 15,5 °C. also um 1 ° zu erwärmen.

Der *Grundumsatz* eines Erwachsenen beträgt etwa 4,2 kJ pro kg Körpergewicht und Stunde, also bei einem 75 kg schweren Erwachsenen pro Tag etwa (4,2 x 75 x 24) 7560 kJ.

Der *Arbeitsumsatz* von Erwachsenen liegt zwischen 9 500 und 11 000 kJ bei leichter Abeit (z. B. Büroarbeit) und 17 500 und 21 000 kJ bei schwerster Arbeit (z. B. Bergsteigen).

9.1.2. Nährstoffe

Die vom Menschen benötigten Nährstoffe sind Kohlenhydrate und Fette für den Betriebsstoffwechsel und Eiweiße für den Baustoffwechsel.

Kohlenhydrate

Je nach Aufbau unterscheidet man Polysaccharide (Stärke, Glykogen), Disaccharide (z. B. Milchzucker, Rohrzucker) und Monosaccharide (Traubenzucker, Galaktose, Fruktose). Monosaccharide können durch die Darmwand ins Blut (und damit in die Zellen) gelangen.

Aufgabe der Verdauung ist es, die Stärke (oder das Glykogen) so zu zerlegen, dass die Spaltprodukte ins Blut aufgenommen werden können. Dies geschieht mit Hilfe bestimmter Enzyme, die sich im Mundspeichel und im Dünndarm befinden (Glukosidasen oder Amylasen).

Nicht vom Körper benötigte Monosaccharide werden in der Leber in Form von Glykogen gespeichert.

Der *Kohlenhydratstoffwechsel* wird beeinflusst durch das in den *Langerhansschen Inseln* der Bauspeicheldrüse gebildete Hormon *Insulin* (Verminderung des Blutzuckers durch Bildung von Glykogen und Transport von Insulin in die Zellen) sowie die Gegenspieler *Glukagon* (auch aus Langerhansschen Inseln) und *Adrenalin* (aus dem Nebennierenmark). Mangel an Insulin führt zur *Zuckerkrankheit (Diabetes mellitus).*

	BRENNWERT PRO GRAMM (IM ORGANISMUS)	BEDARF JE KG KÖRPERGEWICHT
Kohlenhydrate	17,2 kJ	5 – 7 g
Fette	38,9 kJ	0,7 – 0,8
Eiweiß	17,2 kJ	1 g

▲ *Brennwerte und Bedarf von Nährstoffen.*

Nahrungsmittel und ihre Aufgaben. ▼

NAHRUNGSMITTEL	AUFGABEN
Nährstoffe Kohlenhydrate Fette Eiweiße	▪ liefern Energie (Betriebsstoffwechsel) ▪ dienen als Baustoffe (Baustoffwechsel)
Wasser	Körperflüssigkeit
Wirkstoffe Vitamine Mineralien Spurenelemente	▪ sind wichtig für bestimmte Körperfunktionen
Ballaststoffe	▪ regen Darmperistaltik an
Geschmacksstoffe	▪ regen den Appetit an

Fette

Fette (und fettähnliche Stoffe) liefern besonders viel Energie, finden auch Verwendung als Energiereserve (Fettpolster) und als Baustoffe.

Sie sind schwer verdaulich und müssen zunächst durch die aus dem Gallensaft stammenden *Gallensäuren* in feinste Fetttröpfchen zerlegt (*emulgiert*) werden, bevor das Enzym *Lipase* sie in Fettsäuren und Glyzerin zerlegen kann. Dann sind die Fettspaltprodukte durch die Darmwand aufnehmbar (*resorbierbar*). Durch die Chylusgefäße der Darmzotten wird das wieder in alter Form zusammengesetzte Fett über das Lymphgefäßsystem ins Blut überführt.

Emulsion	**Feinste Verteilung meist von Fett in wässriger Flüssigkeit, ohne dass eine Verbindung eintritt (z. B. Milch)**
Resorption	**Aufnahme von Stoffen durch eine Wand hindurch in Gefäße und Zellen**

Eiweiße

Eiweißstoffe finden besonders Verwendung als Baustoff des Körpers. Sie werden im Darm durch Enzyme (z. B. *Trypsin, Peptidasen)* erst in Polypeptide, dann in Aminosäuren zerlegt. In dieser Form können sie durch die Darmwand resorbiert werden. Sie gelangen in das Pfortaderblut, mit diesem in die Leber, wo sie z. T. zu körpereigenen Eiweißen (z. B. Prothrombin, Fibrinogen) zusammengesetzt werden.

In der Leber werden die körpereigenen Eiweißstoffe ebenfalls abgebaut, wobei *Harnstoff* als nicht vom Körper verwertbares Abfallprodukt übrig bleibt. Harnstoff wird durch die Niere ausgeschieden. Bei Versagen beider Nieren kommt es durch Anreicherung von Harnstoff im Blut zur *Urämie.* Urämie führt ohne Behandlung (Dialyse = Blutwäsche, Nierentransplantation) zum Tod.

9.1.3. Wasser

Wasser ist der wichtigste Bestandteil im menschlichen Körper. Je nach Alter macht es 40 bis 70 Prozent der Körpersubstanz aus. Der Mensch kann längere Zeit nicht ohne Wasser leben. Wasser ist Transportmittel, Lösungsmittel und nötig zur Aufrechterhaltung des Gewebedrucks. Die Wasserausscheidung erfolgt über Nieren, Darm, Lungen (Ausatmungsluft) und Haut (Schweiß). Ist die Ausscheidung behin-dert, kommt es zu Wassereinlagerungen (Ödemen).

WASSERVERTEILUNG IM KÖRPER	% KÖRPERGEWICHT
in den Zellen	50 %
außerhalb der Zellen	
Blutplasma	5 %
Gewebeflüssigkeit	15 %

Aufgaben des Wassers

- **Baustoff**
  In Verbindung mit den Mineralstoffen ist es in allen Zellen Baustein.
- **Lösungs- und Transportmittel**
  Nur in gelöster Form können Nahrungsbestandteile transportiert werden.

9.1.4. Wirkstoffe

Vitamine

Vitamine sind lebenswichtige organische Substanzen, die der Körper nicht selbst aufbauen kann, jedoch in kleinen Mengen benötigt. Sie sind entweder fett (A, D, E, K) oder wasserlöslich.

Mangel an Vitaminen führt zu Erkrankungen (*Hypovitaminosen*). Dies gilt auch für den Überfluss von einigen Vitaminen (*Hypervitaminosen*). Nach ihrer Funktion werden Vitamine unterschieden, die

◄ *Vitamine.*

NAME	AUFGABE	MANGELERKRANKUNG
A	Epithelschutzvitamin Bestandteil des Sehpurpurs	Nachtblindheit, Hornhautschäden
B1	Stoffwechsel Nervengewebe	Beri-Beri-Krankheit (Wachstumsstörungen, Nervenstörungen)
B2-Komplex	Bestandteil von Coenzymen im Bereich der inneren Atmung	Wachstumsstörungen, Nervenstörungen, Entzündungen der Schleimhäute
B6		Hautschädigungen, Nervenstörungen, Entzündungen an Mund und Augen
B12	Bildung roter Blutkörperchen	Perniziöse Anämie
C	Aufbau der Bindegewebe-grundsubstanz	Skorbut (Blutungen, Anämie, gestörte Herztätigkeit)
D	Förderung der Kalzium-Resorption und der Kalkaufnahme ins Knochengewebe	Rachitis (bei Kindern) Osteomalazie (bei Erwachsenen) Deformierung der Knochen
E	Schutz gegen Muskelschwund und Leberschäden	nicht bekannt
H	Bestandteil eines Coenzyms	Appetitlosigkeit, Muskelschmerzen, Anämie
K wird von Darmflora gebildet	Blutgerinnung Prothrombinbildung)	Verzögerung der Blutgerinnung

- eine Aufgabe als *Coenzyme* (B1, B2, B6, B12, H und K) oder
- *eine Aufgabe im Organismus haben (A, C, D und E)*

Ein Coenzym ist ein Bestandteil eines Enzyms, ohne den es seine Wirkung nicht entfalten kann.

Mineralien

Es handelt sich im Wesentlichen um Kalzium, Magnesium, Phosphat, Natrium, Chlorid und Kalium.

Kalzium: Im Skelett des Menschen sind ungefähr 1 kg Kalzium eingelagert. auch an anderen Stellen im Körper ist es unentbehrlich (z. B. Herz-, Muskel- und Nervenfunktionen, Blutgerinnung). Der *Kalziumstoffwechsel* wird durch das *Parathormon* der Nebenschilddrüse (Erhöhung des Kalziumspiegels im Blut durch Mobilisierung aus dem Knochen und erhöhte Resorption im Darm) und das *Calcitonin* der Schilddrüse (Senkung des Blut-Kalzium-Spiegels) reguliert. *Vitamin D* fördert die Kalzium-Resorption und die Kalkaufnahme ins Knochengewebe.

Magnesium wirkt ebenso wie Kalzium hemmend auf die Erregbarkeit von Nerven und Muskeln. *Phosphat* ist unentbehrlich für den Stoffwechsel in der Zelle. *Natrium, Kalium, Chlorid* sind bedeutsam für den Wasserhaushalt des Körpers sowie die normale Erregbarkeit von Nerven und Muskeln.

Spurenelemente

Hierunter werden anorganische Substanzen verstanden, die im Organismus lediglich in Spuren vorkommen. Es wird unterschieden zwischen

- unentbehrlichen Spurenelementen (Eisen, Jod, Kobalt, Kupfer, Mangan, Molybdän).
- funktionsfördernden Spurenelementen (Cadmium, Fluor, Selen) zur Verbesserung der Funktion, führt aber nicht zu Mangelerscheinungen.

9.1.5. Ballaststoffe, Geschmacksstoffe

Ballaststoffe sind unverdauliche Nahrungsbestandteile wie z. B. Zellulose, Pektin u. a. Sie können vom menschlichen Körper nicht abgebaut werden. Der Organismus benötigt Ballaststoffe für die Peristaltik des Darmes, mit der der Nahrungsbrei im Darm weiterbefördert wird. Fehlende Ballaststoffe führen zur Verstopfung (*Obstipation*).

Geschmacksstoffe wirken appetitanregend. Durch sie werden die Speicheldrüsen zur Tätigkeit angeregt.

▶ *Zum Wiederholen und Lernen.*

MEMO!

WICHTIGES ZUM MERKEN

Grundumsatz ist diejenige Energiemenge, die ein Körper in völliger Ruhe in 24 Stunden verbraucht. **Arbeitsumsatz** ist diejenige Energiemenge, die ein Körper bei einer bestimmten Arbeit in 24 Stunden verbraucht.

Energie wird gemessen in **Joule (J)** bzw. Kilojoule (kJ). **Kalorie** bzw. Kilokalorie findet zunehmend keine Verwendung mehr. Mit einer Kalorie wird gut viermal (genau 4,19 mal) so viel Energie bezeichnet als mit einem Joule. Eine **Kilokalorie** ist diejenige Wärmemenge, die benötigt wird um einen Liter Wasser von 14,5 °C auf 15,5 Grad °C, also um 1 Grad °C zu erwärmen.

EINIGE FRAGEN ZUM ÜBEN

Aus welchen Bestandteilen setzen sich Nahrungsmittel zusammen?
Nennen Sie die einzelnen Nährstoffe und ihre Aufgaben!
Welche Aufgaben haben Ballaststoffe der Nahrung im menschlichen Körper?
Welche Aufgaben haben Enzyme im menschlichen Körper?
Was geschieht mit den Stoffwechselumbau- und -abbauprodukten im Körper?
Welche Aufgaben haben Katalysatoren?
Was versteht man unter »Grundumsatz« und »Arbeitsumsatz«, wie groß sind sie in etwa beim Erwachsenen?
Welchen Brennwert haben die einzelnen Nährstoffe?
Nennen Sie unterschiedliche Kohlenhydrate!
Beschreiben Sie die Verdauung der Kohlenhydrate!
Welche Aufgaben haben die Fette im menschlichen Körper?
Beschreiben Sie die Verdauung der Fette!
Erläutern Sie die Begriffe »Resorption«und »Emulsion«?
Welche Aufgaben hat das Wasser im menschlichen Körper?
Nennen Sie die Wirkstoffe, die der menschliche Körper zum Leben benötigt!
Nennen Sie die vom menschlichen Körper benötigten Mineralien!
Nennen Sie Beispiele für unentbehrliche und funktionsfördende Spurenelemente!

UND ZUM SCHLUSS ETWAS SCHWERES

Wie unterscheidet sich der Abtransport der Fette nach der Resorption von dem der anderen Nährstoffe?

9.2. Verdauungsorgane

Übersicht über die Verdauungsorgane

Die Verdauungsorgane sind der Verdauungskanal (Mund, Speiseröhre, Magen-Darm-Kanal) und die Verdauungsdrüsen (Mundspeicheldrüse, Bauchspeicheldrüse und Leber). Der größte Teil der Verdauungsorgane befindet sich in der Bauchhöhle.

Die Aufgaben des Verdauungssystems sind im oberen und mittleren Abschnitt Zerkleinerung und Verflüssigung der Nahrung sowie die Aufspaltung in Einzelstoffe und Resorption der gelösten Nahrungsstoffe in die Blut- und Lymphkapillaren. Die Aufgabe des unteren Abschnitts ist die Ausscheidung der ungelösten Stoffe unter Rückresorption von Wasser. Walkendes Zusammenschnüren der Muskulatur (Peristaltik) befördert die Nahrung durch den gesamten Verdauungstrakt. Die Verdauungsorgane werden in folgende Abschnitte eingeteilt.

Oberer Abschnitt
Mundhöhle, (Zunge, Zähne, Speicheldrüsen), Rachen, Speiseröhre

Mittlerer Abschnitt
Magen, Dünndarm (Zwölffingerdarm, Leerdarm, Krummdarm), Bauchspeicheldrüse, Leber

Unterer Abschnitt
Dickdarm, (Grimmdarm mit Blinddarm, aufsteigendem, querverlaufendem, absteigendem und S-förmigem Teil), Mastdarm

9.2.1. Mundhöhle

Sie ist allseitig (bis auf die Zahnkronen) von Schleimhaut überzogen und wird seitlich von der Backenmuskulatur, nach unten von der Mundbodenmuskulatur und nach oben vom Gaumen begrenzt. Hinten geht die Mundhöhle in den Rachen über.

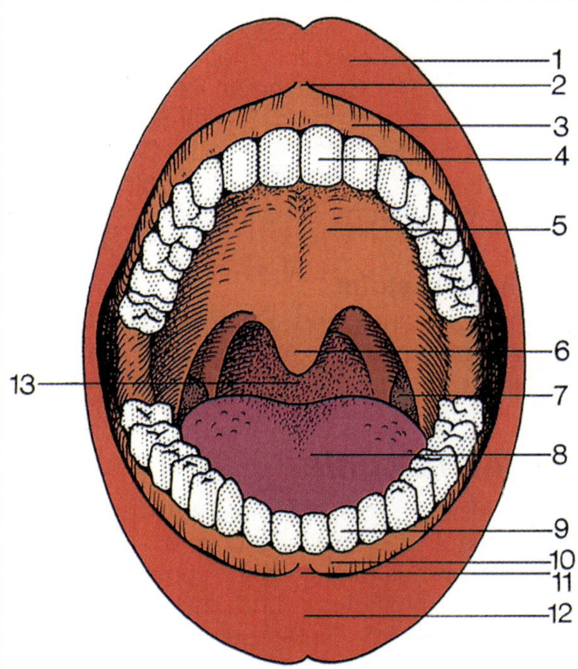

1 Oberlippe
2 Lippenbändchen
3 Mundvorhof
4 Oberkieferzähne
5 Harter Gaumen
6 Zäpfchen (am weichen Gaumen)
7 Tonsille (Gaumenmandel, zwischen vorderem und hinterem Gaumenbogen)
8 Zunge
9 Unterkieferzähne
10 Mundvorhof
11 Lippenbändchen
12 Unterlippe
13 Hintere Rachenwand

Der geöffnete Mund.

Aufgaben der Mundhöhle

- Aufnahme der Nahrung
- Prüfung (Geschmack) der Nahrung
- Zerkleinerung (Zähne und Zunge) der Nahrung
- beginnende Verdauung
- Lautbildung (Sprache

Zunge

Sie besteht aus mehreren Muskeln. Die Zunge formt zusammen mit dem harten Gaumen die Speise. In ihre Oberfläche sind Geschmacksknospen eingelagert. Die Zunge dient weiterhin der Lautbildung.

Zähne

Milchgebiss

Beim Neugeborenen sind noch keine Zähne zu sehen. Sie brechen erst mit dem 6. Lebensmonat durch die Schleimhaut. Die erste Zahnung, das Milchgebiss, besteht aus 20 Zähnen. Je 10 Zähne befinden sich im Ober- und Unterkiefer. In je einer Kieferhälfte sitzen 2 Schneidezähne, 1 Eckzahn und 2 Milchbackenzähne (Milchmoralen). Der Durchbruch der Milchzähne ist meistens mit $2^1/_2$ Jahren beendet.

Bleibende Zähne

Der Durchbruch der bleibenden Zähne beginnt mit dem 6. Lebensjahr. Zuerst erscheint der vordere große Backenzahn. Dann folgen die Unter- und Oberkieferfrontzähne. Mit Ausnahme der Weisheitszähne ist die zweite Zahnung im Alter von 12 Jahren beendet. Die Weisheitszähne erscheinen zwischen dem 16. und 40. Lebensjahr; teilweise auch später. Das bleibende Gebiss umfasst 32 Zähne, 16 in jedem Kiefer und somit 8 je Kieferhälfte. In jeder Kieferhälfte gibt es 2 Schneidezähne, 1 Eckzahn, 2 kleine Backenzähne und 3 große Backenzähne.

Gaumen

Der *harte Gaumen* ist leicht gewölbt und mit einer Schleimhaut bedeckt. An ihn schließt sich nach hinten der aus Bindegewebe und Muskelzügen bestehende *weiche Gaumen* an; dieser endet als Zäpfchen (*Uvula*). Vom weichen Gaumen ziehen beiderseits Falten herab (*vorderer und hinterer Gaumenbogen*). Zwischen ihnen sitzen beiderseits die Gaumenmandeln (*Tonsilla palatina*). Die Tonsillen gehören zum lymphatischen System und spielen eine gewisse Rolle bei der Abwehr von Infektionen.

Speicheldrüsen

Vor den Ohren sitzen in den Backen beiderseits die Ohrspeicheldrüsen. Außerdem gibt es Unterkiefer- und Unterzungendrüsen. Jede Speicheldrüse hat einen oder mehrere Ausführungsgänge zur Mundhöhle zur Absonderung von Speichelsekreten. Speichel verdünnt den Nahrungsbrei, macht ihn besser gleitfähig.

Mundspeicheldrüsen.

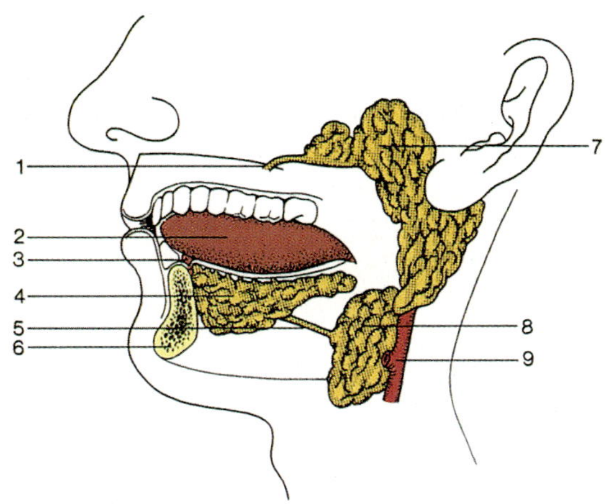

1 Ausführungsgang der Ohrspeicheldrüse
2 Zunge
3 Kleine Warze, auf der die Unterzungendrüse mündet
4 Unterzungendrüse
5 Ausführungsgang der Unterkieferdrüse
6 Unterkieferknochen
7 Ohrspeicheldrüse
8 Unterkieferdrüse
9 Arteria carotis

BESTANDTEILE DES MUNDSPEICHELS (MENGE 1 BIS 2 L TÄGLICH)	
Enzyme	Zur Vorverdauung. Amylase (= Ptyalin) spaltet Stärke.
Mineralstoffe	Salze
Mucin (Schleim)	hält wie ein Klebstoff die im Mund geformten Bissen zusammen

9.2.2. Speiseröhre (Ösophagus)

Die Speiseröhre ist ein schlauchförmiger Hohlmuskel, der beim Rachen beginnend *hinter dem Herzen* und dem Hauptschlagaderbogen *im Mittelfell (Mediastinum)* verläuft, *durch das Zwerchfell* tritt und zum Mageneingang führt. Damit liegt die Speiseröhre der Vorderseite der Wirbelsäule auf. Sie hat drei Engstellen: am Eingang, in Höhe der Luftröhrengabelung und am Durchtritt durch das Zwerchfell.

Kau- und Schluckakt

Die Zerkleinerung der Speise erfolgt durch das Kauen mit den Zähnen, aber auch durch Zerreiben der Speise zwischen Zunge und Gaumen. Hierbei wird der Bissen geformt und gleichzeitig mit Speichel besser gleitfähig gemacht.

Dann wird der Bissen durch *Schlucken* in den hinter der Mundhöhle liegenden Rachenteil gebracht. Dabei hebt sich der weiche Gaumen, es schließt sich der Kehldeckel. Der Speiseröhreneingang wird geöffnet und der Bissen wird durch walkendes Zusammenschnüren der Speiseröhrenmuskulatur (*Peristaltik*) in den Magen befördert. Durch das Anheben des weichen Gaumens wird der Nasenrasen verschlossen, der Kehldeckelschluss verhindert, dass Speise beim Schlucken in die Luftröhre gelangt.

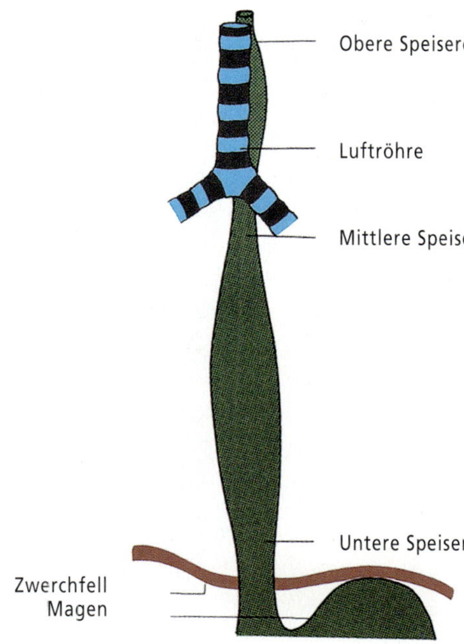

▲ ***Die Speiseröhre und ihre Engstellen, die obere am Eingang, die mittlere in Höhe der Luftröhrengabelung, die untere am Durchtritt durch das Zwerchfell.***

9.2.3. Magen (Gaster, Ventriculus)

Der Magen stellt eine sackförmige Ausbuchtung des Verdauungskanals dar. Er ist mit Schleimhaut ausgekleidet, in die Drüsen eingebettet sind. In der Magenwand lagert eine dünne Längs- und Schrägmuskulatur. Den Ausgang des Magens bildet ein Ringmuskel (*Magenpförtner*, *Pylorus*). Der Magen ist an Bändern aufgehängt. Seine Form ist je nach Füllungszustand sehr unterschiedlich. Meist erstreckt er sich von links oben unter dem Zwerchfell schräg nach unten bis zu einer Stelle etwas rechts der Mittellinie oberhalb des Bauchnabels. Im oberen Teil des Magens (*Fundus*) sammeln sich oft Gase. (»*Magenblase).*

Teile des Magens

Der Magen ist in seinem oberen Teil weit und verjüngt sich zum Magenausgang hin. Der Mageneingang *(Cardia)*, die Stelle, an der die Speiseröhre in den Magen mündet, liegt nicht an der höchsten Stelle des Magens, so dass links von der Cardia eine

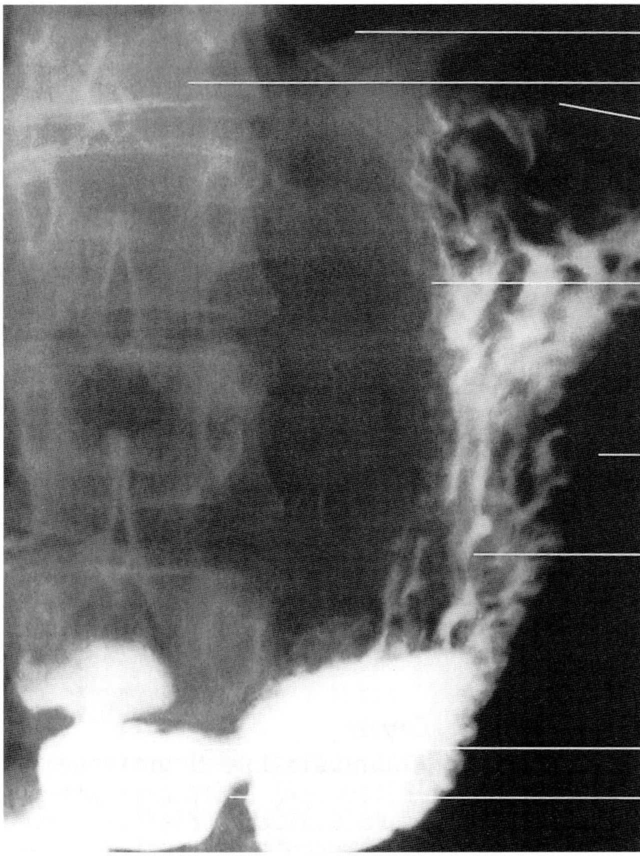

Röntgenbild des Magens. Der Magen ist teilweise mit Kontrastbrei gefüllt.

Kuppel *(Fundus)* entsteht. Durch die Sackform entstehen eine kleine und eine große Kurvatur. Dem Hauptteil des Magens (Corpus) folgt vor dem Magenausgang eine Erweiterung (Antrum). Die Magenschleimhaut ist gewulstet; die wulstartigen Erhebungen durchziehen den Magen in Längsrichtung. Mit Hilfe der Längs- und Schrägmuskulatur kann sich der Magen zusammenschnüren *(Peristaltik)* und den Nahrungsinhalt durchwirken und weiterbefördern; dabei macht er pendelnde Bewegungen. Der Magenausgang heißt Pförtner *(Pylorus).*

Aufbereitung der Speise im Magen

Peristaltik und Magensaft bewirken die Aufbereitung der Nahrung. Der Magensaft wird in den in der Schleimhaut befindlichen Magendrüsen gebildet. Folgende Drüsenzellen werden unterschieden:

- **Hauptzellen**
  sondern Pepsinogen und Kathepsin ab
- **Belegzellen**
  geben eine Vorstufe der Salzsäure ab
- **Schleimzellen**
  bilden einen die Magenwand schützenden Schleim

Der Magensaft verdünnt den Speisebrei, der Schleim schützt die Magenwand, Salzsäure vernichtet Krankheitserreger, macht Pepsinogen wirksam und ermöglicht die Verdauung des Eiweißes. Das Enzym Kathepsin leitet die Eiweißverdauung ein, Pepsine spalten Eiweiß, Lab dient der Milchgerinnung.

Magensaft besteht aus

- Wasser
- Schleim
- Salzsäure
- Salzen
- Enzymen (Kathepsin, Pepsin, Lab)

◄ ***Schematische Zeichnung des Magens und Zwölffingerdarms. In den Zwölffingerdarm münden der Gallengang und der Bauchspeicheldrüsengang.***

Die Zusammensetzung des Magensaftes wird vom *vegativen Nervensystem* gesteuert, Aktionen des *Vagus* führen zu einer Vermehrung des Magensaftes. Der leere Magen löst Hungergefühl aus. Anblick von Speisen oder Vorstellungen über Speisen führen zu Produktion des Magensaftes.

Ein *»Intrinsic factor«* aus der Magenschleimhaut erlaubt die Resorption von *Vitamin B12*, das zur Blutbildung benötigt wird. Sein Fehlen führt zu einer Blutkrankheit (*Perniziöse Anämie*).

Magenpförtner (Pylorus)

Er ist ein in der Wand des Magenausgangs befindlicher Ringmuskel. Seine Öffnung und Schließung hängt von der Magenfüllung und vom Speisegehalt ab (längere Verweildauer z. B. von fettigen Speisen). Die Öffnung erfolgt reflektorisch, sobald die Magenverdauung beendet ist, indem nur jeweils eine kleine Portion Magenbrei in den Darm (Duodenum) entlassen wird. Bis sich der Magenpförtner wieder öffnet, dauert es dann einige Zeit.

9.2.4. Darm

Dünndarm (Intestinum tenue)

Er ist fast 5 Meter lang und ein außen glatter, innen gefalteter Schlauch, der vom Zwölffingerdarm zum Dickdarmeingang führt.

Teile des Dünndarms:

- Zwölffingerdarm
- Leerdarm
- Krummdarm

Zwölffingerdarm (Duodenum)

Nach Passieren des Pylorus gelangt der Speisebrei in den Zwölffingerdarm, dem ersten Teil des Dünndarms. Dieser Anteil des Darmkanals hat eine Länge von 12 Fingern Breite (25 – 30 cm) und verläuft C-förmig. Der innere Krümmungsbogen umfasst den Kopf der Bauchspeicheldrüse. Den oberen Pol bezeichnet man als *Bulbus*. In den Zwölffingerdarm münden die Ausführungsgänge von Bauchspeicheldrüse (Pankreas) und Gallenblase häufig gemeinsam auf einer Längsfalte durch eine Papille

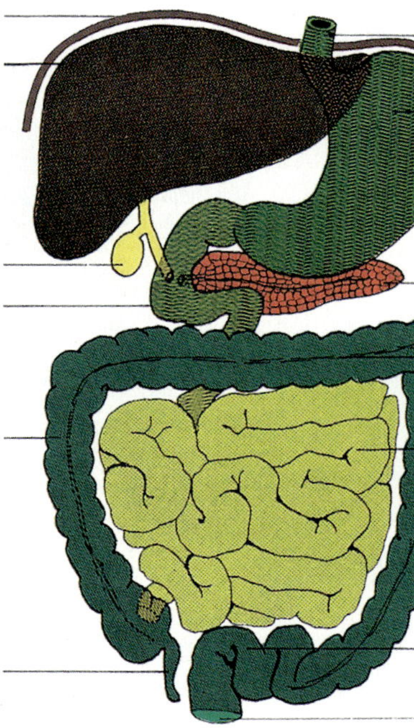

Übersicht über die wichtigsten Organe der Bauchhöhle. Man beachte insbesondere den Verlauf des Dickdarms.

(*Papilla Vateri*). Im Duodenum werden keine eigenen Enzyme gebildet. Vielmehr erfolgt die weitere Aufspaltung der vom Magen herangeführten Speise durch Pankreasenzyme.

Leerdarm (Jejunum) und Krummdarm (Ileum)

Der obere Teil ist der Leerdarm, der untere der Krummdarm. Sie sind der freie Teil des Dünndarms und an einem *Gekröse (Mesenterium)* aufgehängt. Die gewulsteten Schleimhautfalten haben mehrere Millionen Zotten; diese dienen der Vergrößerung der inneren Fläche des Darmes, wodurch die Resorption sowohl umfangmäßig größer als auch zeitlich schneller erfolgen kann. Jede Zotte ist von kleinsten Haargefäßen (Kapillaren) durchsetzt, in denen resorbierte Nährstoffe mit dem Blut abtransportiert werden. Fettstoffe werden über ein Lymphgefäß (*Chylusgefäß*) aufgenommen.

Der Dünndarm mündet in der rechten Unterbauchgegend in den Dickdarm. Die Einmündung besitzt eine Ventilklappe, so dass ein Rückfluss des Dickdarminhaltes in den Dünndarm nicht möglich ist.

Verdauung im Dünndarm

Enzyme ermöglichen eine vollständige Aufspaltung der Nahrung. *Lipase* aus der Bauchspeicheldrüse spaltet die durch den Gallensaft zur Verdauung vorbereiteten Fette in *Glyzerin* und *Fettsäure*.

Amylasen (Maltase, Saccharase und Laktase) bauen Mehrfachzucker (*Polysaccharide*) in Zweifach- (*Disaccharide*) und Einfachzucker (*Monosaccharide*) ab.

Peptidasen zerlegen die schon im Magen und durch den Bauspeichel in *Peptide* aufgespaltenen Eiweißstoffe in ihre kleinsten Bestandteile, die *Aminosäuren*.

Die so zerlegten Nährstoffe werden über Blutgefäße (Aminosäuren, Monosaccharide) und Chylusgefäße (Fette) abtransportiert.

Der Nahrungsaufschließung dient außer den Enzymen auch der in den Zwölffingerdarm fließende Gallensaft. Durch Gallensaft werden die Fette in feinste Tröpfchen zerlegt (Emulgierung).

Verdauungsenzyme

- **Amylasen**
  Kohlenhydratverdauung zu Monosacchariden
- **Lipasen**
  Fettverdauung zu Fettsäuren und Glyzerin
- **Peptidasen**
  weitere Eiweißverdauung zu Aminosäuren

Dickdarm (Intestinum crassum)

Der Dickdarm besteht aus dem Grimmdarm und dem Mastdarm.

Grimmdarm (Kolon)

Der Grimmdarm ist ein kurzer, aber dicker Darm, der den Kot bereitet. Er hat einem im rechten Unterbauch beginnenden *aufsteigenden*, einen *querliegenden* und einen in der linken Bauchhöhlenseite *absteigenden Teil.* Der Anfang des aufsteigenden Grimmdarmteils weist unterhalb der Dünndarmeinmündung eine sackartige Ausbuchtung auf *(Blinddarm).* An ihm hängt ein schmaler, enger Fortsatz *(Wurmfortsatz, Appendix).* Der *S-Darm* verbindet, S-förmig gekrümmt, den absteigenden Grimmdarm mit dem Mastdarm.

Mastdarm (Rectum)

Die Länge des Mastdarms beträgt 15 – 20 cm. Er schmiegt sich dem inneren Teil des Kreuzbeins an und liegt in Steißbeinhöhe nach hinten, tritt durch den Beckenboden und wird zum After (Canalis analis), 6 – 20 Längsfalten in diesem Bereich bilden analwärts seichte Taschen. Dieser etwa 1 cm lange Bereich wird als *Zona haemorrhoidalis* bezeichnet. Das Ende des Analkanals bildet der Anus, der durch ringförmige Muskulatur und einen Schwellkörper verschlossen wird.

Aufgaben des Dickdarms

Im Dickdarm wird Nahrungsresten und unverdaulichen Nahrungsbestandteilen Wasser entzogen, der Brei wird »eingedickt« und als Kot durch den After abgegeben. Im Dickdarm befinden sich normalerweise Bakterien, die die Spaltung der Zellulose bewirken. Sie bilden auch das *Vitamin K,* das zur Produktion von Prothrombin (für die Blutgerinnung) in der Leber benötigt wird.

9.2.5. Verdauungsdrüsen

Leber

Die größte Drüse des Körpers. Sie befindet sich im rechten Oberbauch innerhalb der vorderen Bauchhöhle dicht unterhalb der rechten Zwerchfellkuppel, ragt nach unten bis zum Rippenbogen und nach links über die Mittellinie hinaus.

Sie besteht aus mehreren ungleich großen Leberlappen; diese setzen sich aus Leberläppchen, diese wiederum aus Leberzellen zusammen.

An der Unterseite der Leber liegt die *Leberpforte.* Hier treten die von der Aorta heranführende *Leberarterie* (die die Leber durchblutet und ernährt) und die *Pfortader* (die das aus der Milz und dem Darmgebiet kommende Blut sammelt) in die Leber ein, während Gallengänge und Lymphgefäße austreten.

Im Pfortaderblut finden sich winzige Fetttröpfchen, die so genannten *Chylomikronen,* welche aus dem Nahrungsfett in den Dünndarmzellen gebildet und von dort über Lymphbahnen und das Blut zur Leber transportiert werden. Chylomikronen bestehen aus Neutralfetten (Triglyzeriden), Cholesterin, Phosphatiden und Proteinen.

Innerhalb der Leber verengt und verzweigt sich die Pfortader zu einem Kapillarsystem.

◀◀ *Nahrungsaufschließung.*

◀ *Leberpforte.*

◀◀ *Analkanal.*

Aufgaben der Leber

- **Drüsenfunktionen**
  Produktion von Gallensaft
- **Stoffwechselfunktion**
  Glykogenbildung,
  Eiweißaufbau,
  Eiweißabbau,
  Entgiftung von Hormonen
  und Arzneimitteln
- **Blut- und Kreislauffunktion**
  Blutspeicher,
  Prothrombinbildung,
  Hämoglobinabbau (in Bilirubin)

In der Leber werden die vom Darmgebiet herangeschafften, teilweise bereits chemisch abgebauten Nahrungsbestandteile weiter zerlegt, entgiftet und zu körpereigenen Bestandteilen umgebaut. Die Kapillaren sammeln sich in der Lebervene, die ihrerseits in die untere Hohlvene mündet (diese führt das Blut in den rechten Herzvorhof).

Die Leber ist nicht nur eine große Drüse, sondern auch Zentralstation des Stoffwechsels für den menschlichen Körper. Auch für Blut und Kreislauf erfüllt sie wichtige Aufgaben.

Gallensaft fließt aus den Gallenkapillaren der Leber zusammen und mündet in den Lebergang, der sich in den Gallenblasengang (zur Gallenblase hin) und in den Gallengang (um Zwölffingerdarm hin) aufteilt. Gallensaft besteht u. a. aus Wasser, Gallensäuren (die in der Leber aus Cholesterin gebildet werden) und Bilirubin. Die Galle zerteilt die Fette in feine, verdaubare Kügelchen (*Emulgierung*), die dann durch Lipase abgebaut werden können. Der Gallensaft im Darm ist verantwortlich für die typische braune Stuhlfärbung.

Die *Gallenblase* dient als Reservoir für den Gallensaft für die Zeit, während der er nicht benötigt wird. Passiert Speisebrei den Zwölffingerdarm, zieht sich die Gallenblase zusammen und schüttet ihren Inhalt aus. Dadurch gelangt Gallensaft in den Zwölffingerdarm und mischt sich dort mit der durch die Magenpassage aufgeschlossenen Nahrung.

Bauchspeicheldrüse (Pankreas)

Die Bauchspeicheldrüse liegt im Oberbauch hinter dem Magen und wird zu zwei Drittel vom linken Leberlappen verdeckt. Das Pankreas hat neben der *inkretorischen* (Langerhansschen Zellen: *Glukagon* und *Insulin)* auch eine *exkretorische* Funktion. Durch den Pankreasgang, der zusammen mit dem Gallengang in das Duodenum mündet, wird ein alkalischer Verdauungssaft abgegeben (pro Tag etwa $^1/_2$ bis 1 $^1/_2$ l), der mit dem Dünndarmsaft den sauren Mageninhalt neutralisiert. Im Bauchspeichel sind *Lipase* (Fettverdauung) und *Amylase* (Kohlenhydratverdauung) enthalten.

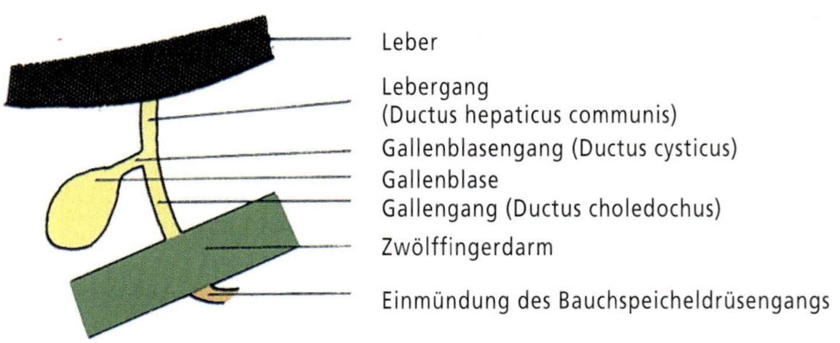

Schematische Darstellung des Leber-, Gallenblasen- und Gallenganges.

MEMO!

Zum Wiederholen und Lernen.

WICHTIGES ZUM MERKEN

Schluckakt: Der Bissen wird durch die Zunge in den Mundrachen gebracht. Dabei hebt sich der weiche Gaumen und verschließt den Nasenrachen, der Kehldeckel schließt den Kehlkopf (und verhindert so das »Verschlucken«). Der Bissen gelangt in die Speiseröhre.

Der Weg der Nahrung bis zur Ausscheidung der unverdaulichen Reste: Mundhöhle, Rachen, Speiseröhre, Magen, Dünndarm, Dickdarm (Grimmdarm, Mastdarm).

Die Abschnitte des Dünndarms: Zwölffingerdarm, Leerdarm, Krummdarm.

Die Abschnitte des Dickdarms: Grimmdarm (Blinddarm mit Appendix, aufsteigender, querverlaufender, absteigender, S-förmiger Teil), Mastdarm.

Die **Leber** hat **Drüsen-** (Gallensaft), **Stoffwechsel-** (Glykogen, Eiweißauf- und -abbau, Entgiftung) , **Blut- und Kreislauffunktion** (Prothrombinbildung, Hämoglobinabbau, Blutspeicher).

EINIGE FRAGEN ZUM ÜBEN

Welche Aufgaben hat die Mundhöhle?

Beschreiben Sie das bleibende Gebiss!

Nennen Sie die Mundspeicheldrüsen!

Beschreiben Sie Bau und Lage der Speiseröhre!

Befindet sich die Speiseröhre vor oder hinter der Luftröhre?

Was versteht man unter der **»Peristaltik«?**

Beschreiben Sie Bau und Lage des Magens!

Nennen Sie die Teile des Dünndarms!

An welcher Stelle mündet der Dünndarm in den Dickdarm?

Beschreiben Sie Bau, Lage und Aufgaben des Dickdarms!

Beschreiben Sie Größe und Lage der Leber sowie ihren Bau!

Welche Aufgaben hat die Leber?

Welche Aufgaben hat die Bauchspeicheldrüse?

UND ZUM SCHLUSS NOCH ETWAS SCHWERES

Erläutern Sie den Kau- und Schluckakt!

9.3. Atmung

Übersicht über die Atmungsorgane

- **obere Luftwege**
  Nase, Rachen
- **mittlere Luftwege**
  Kehlkopf
- **untere Luftwege**
  Luftröhre, Bronchien und ihre Verzweigungen
- **Lunge**

Aufgaben

Die Atmung dient der Aufnahme von Sauerstoff und der Abgabe von Kohlendioxid (äußerer Gasaustausch). Durch die Atmungsorgane wird Luft eingeatmet; sie besteht aus etwa einem Fünftel Sauerstoff, vier Fünftel Stickstoff und kleinen Mengen CO_2 und Edelgasen. Vom eingeatmeten Sauerstoff wird nur der fünfte Teil benötigt, der Rest wird wieder abgeatmet.

9.3.1. Obere und mittlere Luftwege

Nase

Äußere Nase

Die äußere Nase ist in ihrer typischen Form ein charakteristisches Merkmal des Menschen. Von der Nasenwurzel geht der Nasenrücken aus; er wird von den Nasenbeinen getragen. Vom Nasenrücken ziehen sich beiderseits die Nasenflügel herab, die mit der knorpeligen Nasenspitze verbunden sind und die Nasenlöcher bilden.

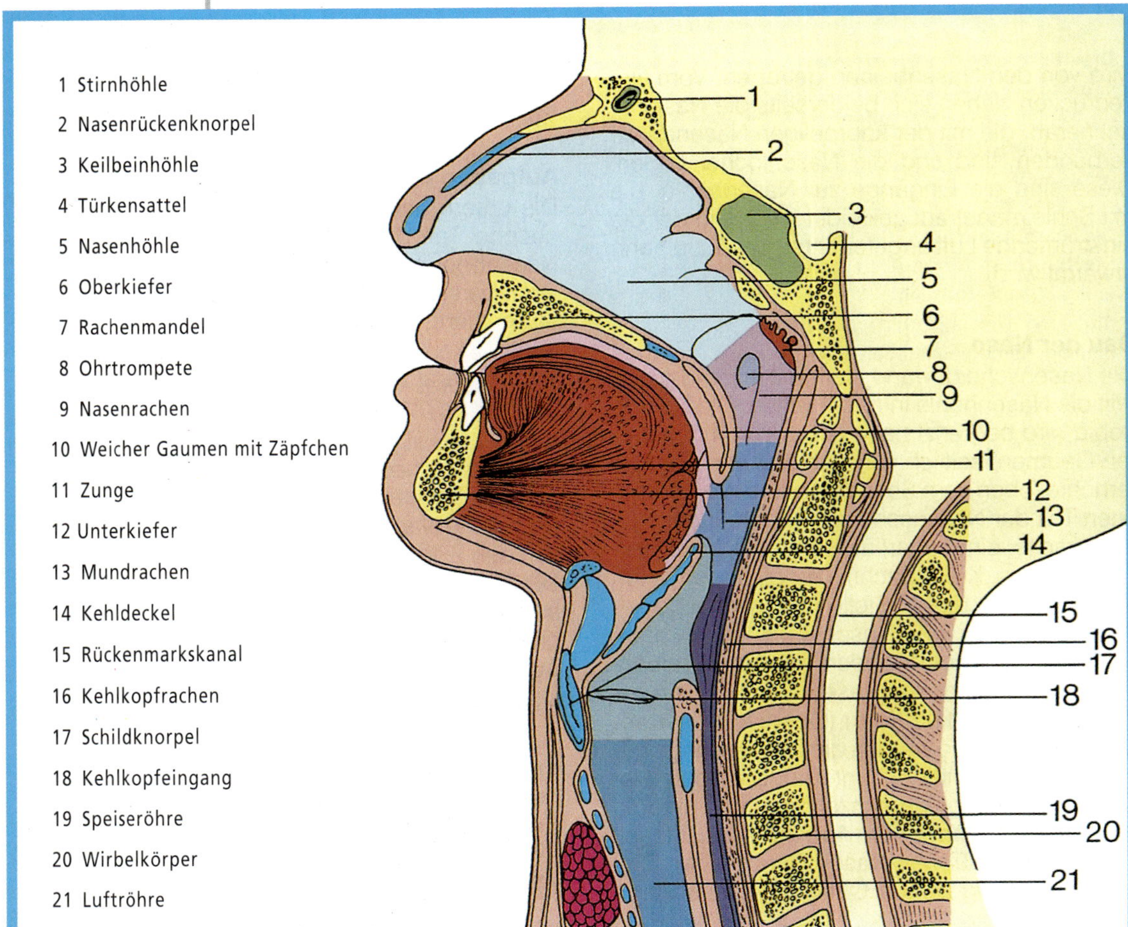

Obere Luftwege: Schnittbild der Nase, der Stirn- und Keilbeinhöhle, des Mundes, des Rachens und des Kehlkopfes.

Bau der Nase
Die Nasenscheidewand steht mittelständig und teilt die Nasenhöhle in zwei Hälften. Die Nasenhöhle wird begrenzt nach unten durch den harten Gaumen, seitlich von den Wänden der Kieferhöhle, oben vom Schädelboden. Die Nasenschleimhaut ist mit *mehrstufigem Flimmerepithel* (feinen Härchen) bedeckt.

Am knorpeligen Teil der Nasenscheidewand befindet sich beiderseits eine oberflächlich gelegene Blutader (Locus Kieselbach). Verletzungen auch leichter Art an dieser Stelle (Nasenbohren) führen häufiger zu Nasenbluten.

In jede Nasenhöhlenhälfte ragen seitwärts, von den Wänden der Nasennebenhöhlen kommend, drei Nasenmuscheln; sie haben eine gewulstete Form; durch sie werden drei Nasengänge (oberer, mittlerer, unterer) gebildet.

Die obere Nasenmuschel enthält Riechzellen.

In den unteren Nasengang mündet, vom Augenbindehautsack kommend, der *Tränen-Nasen-Gang*. Dies ist der Grund für das meist mit dem Weinen verbundene Schniefen.

Vom mittleren Nasengang ziehen Öffnungen seitwärts in die Nasennebenhöhlen.

Aufgaben der Nase
- Anfeuchten
- Anwärmen
- Prüfen
- Säubern

} der Atemluft

Die untere und mittlere Muschel, der entsprechende Teil der Nasenscheidewand und der Nasenboden haben die Aufgabe, die Atemluft aufzubereiten *(Regio respiratoria).* Der Luftstrom zieht im Wesentlichen durch diesen Bereich. Durch das »Schnuppern« wird die Luft verwirbelt, gerät auch in die obere Nasenmuschel, die das Riechsinnesorgan enthält *(Regio olfactoria).*

Die Schleimhaut in der Regio respiratoria ist durch Flimmerepithel bedeckt.

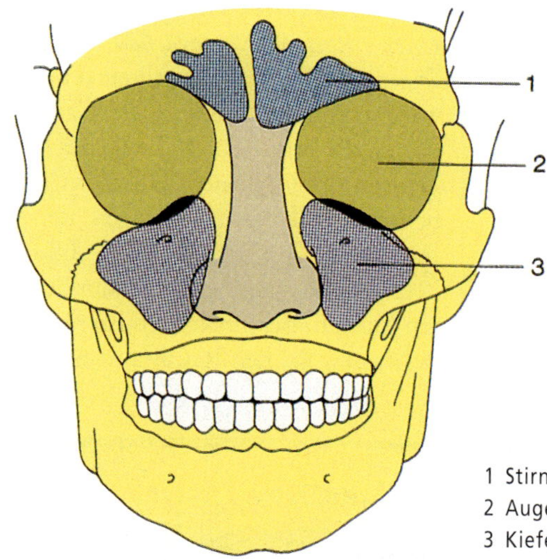

1 Stirnhöhle
2 Augenhöhle
3 Kieferhöhle

▲ ***Nasennebenhöhlen und Augenhöhlen.***

Becherzellen und kleine Nasendrüsen erzeugen Schleim, der von den Zilien des Flimmerepithels verteilt wird. Der Schleim dient zum Festhalten des Staubes aus der Atemluft und ihrer Anfeuchtung, die rachenwärts schlagenden Zilien sorgen für den Abtransport. In der Wand der Muscheln befindet sich ein Schwellkörper, der durch Anschwellen die Nase verschließen kann. Venen in der Nasenschleimhaut haben die Aufgabe, die passierende Atemluft zu erwärmen.

Nasennebenhöhlen (Sinus paranasales)
Mit der Nase stehen mit Luft gefüllte und Schleimhaut ausgekleidete Hohlräume, die Nasennebenhöhlen, in Verbindung. Es handelt sich um die
- Kieferhöhlen (Sinus maxillaris)
- Stirnbeinhöhle(n) (Sinus frontalis)
- Keilbeinhöhle (Sinus sphenoidalis)
- Siebbeinzellen (Cellulae ethmoidales)

Die Nasennebenhöhlen sind zum Zeitpunkt der Geburt noch nicht entwickelt und wachsen erst im Verlaufe der Kindheit. Im 10. Lebensjahr haben sie etwa die Hälfte, zwischen 15. und 20. Lebensjahr ihre endgültige Größe erreicht. Sie sind an der Vorwärmung der Luft beteiligt. Infektiöse Erkrankungen sind nicht selten.

Rachen (Pharynx)

Oberer Rachen, Nasenrachen
Die gesäuberte, angefeuchtete und angewärmte Atemluft verlässt die Nasenhöhle durch die hinteren Nasenlöcher *(Choanen)*. In unmittelbarer Nähe der Choanen befinden sich die Öffnungen der Ohrtrompete *(Tuba auditiva)*. Die Ohrtrompete verbindet das Mittelohr mit dem oberen Rachen. Bei infektiösen Erkrankungen des Nasen-Rachen-Raumes ist auf diesem Wege eine Beteiligung des Mittelohres möglich. Dies ist besonders leicht der Fall, wenn die in Nachbarschaft zu den Öffnungen der Ohrtrompete liegenden Rachenmandeln vergrößert sind *(Rachenpolypen)*. Durch die Rachenpolypen können auch die Choanen verlegt werden. Dies kommt nicht selten bei Kleinkindern vor. Die Kinder »sprechen durch die Nase« und atmen mit offenem Mund.

Von hinten eröffneter Rachen mit Blick in die Nasenhöhle, Mundhöhle und den Kehlkopfbereich.

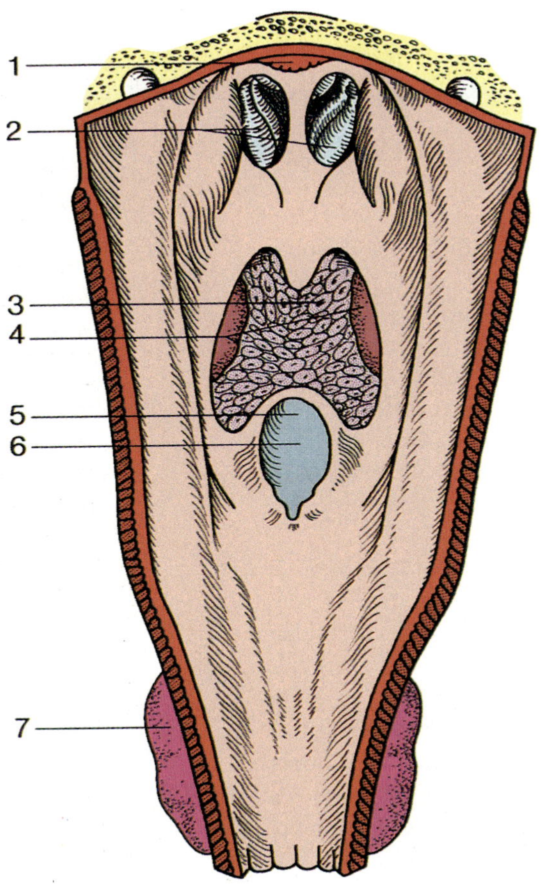

1 Rachenmandel
2 Choanen (hintere Öffnung der Nasenhöhlen, die Muscheln sind sichtbar)
3 Zunge (Zungengrund mit Zungenmandeln)
4 Gaumenmandeln
5 Kehldeckel
6 Kehlkopfeingang
7 Schilddrüse

Mittlerer Rachen, Mundrachen
Im mittleren Teil des Rachens befindet sich die hintere Öffnung der Mundhöhle mit dem weichen Gaumen *(Gaumensegel)*. Hier kreuzen Luft- und Speiseweg. Der weiche Gaumen *(Palatum molle)* ist eine Muskel- und Sehnenplatte. Das Gaumensegel hat eine wichtige Funktion beim Schlucken, bei dem es angehoben wird und den Nasenrachen verschließt. Auf diese Weise ist der Nasen-Rachen-Raum beim Schlucken vom Speiseweg abgetrennt.

Druckausgleich zwischen Mittelohr und Rachen
Beim Schlucken werden die Öffnungen der Ohrtrompete in den Rachen erweitert. Dieser Umstand wird dazu benutzt, um bei Erkältungskrankheiten, wenn durch die verschwollenen Schleimhäute der Ohrtrompete kein Druckausgleich zwischen Rachen und Mittelohr mehr möglich ist, doch noch zu einem Druckausgleich zwischen Mittelohr und Rachen zu kommen. Notwendig wird er bei erheblichen Höhenwechseln von oben nach unten, z. B. bei einem sinkendem Flugzeug, Bergabfahren mit dem Auto oder dem Abstieg in den Bergen.

Unterer Rachen, Kehlkopfrachen
Im unteren Teil des Rachens teilen sich Luft- und Speiseweg auf: Die aus dem Nasenrachen kommende Atemluft nimmt den Weg durch den Kehlkopf in die unteren Luftwege; die Speise kommt im hinteren Teil des Rachens in die Speiseröhre. Luft- und Speiseweg kreuzen sich also.

Damit Speise nicht in die Lunge gelangen kann, verschließt der Kehldeckel beim Schlucken den Kehlkopf. Die Speise gleitet über den Kehldeckel hinweg in die Speiseröhre.

Kehlkopf (Larynx)

Der Kehlkopf befindet sich am Eingang der Luftröhre, am vorderen Teil des unteren Rachens.

Er besteht aus dem *Schildknorpel*, dem *Ringknorpel* und den beiden *Stellknorpeln* sowie dem *Kehldeckelknorpel.*

Die *Stimmbänder* bilden die beiden oberen verdickten Enden des so genannten *Conus elasticus.* Unter Conus elasticus wird der Teil der unter der Schleimhaut befindlichen fasernetzartigen Membran verstanden, der sich im unteren Teil des Kehlkopfes befindet. Stimmbänder und Conus elasticus sind für die Entstehung von Tönen verantwortlich.

Aufgaben des Kehlkopfes

Aufgabe des Kehlkopfes ist neben dem Schutz der unteren Luftwege die Stimmbildung.

Wenn ein Fremdkörper (wie z. B. Nahrungsteile beim »Verschlucken«) in den Kehlkopf gelangen, verschließen sich die Stimmbänder und werden durch einen Hustenstoß explosionsartig geöffnet. Dabei werden Fremdkörper nach außen befördert (*Hustenreflex*).

Die geschlossenen und gespannten Stimmbänder werden zur Stimmbildung durch einen Luftstrom geöffnet und zum Schwingen gebracht. Hierdurch entstehen Schallwellen. Die von der Länge, Spannung und Dicke der Stimmbänder abhängige Schwingungsfrequenz bestimmt die Tonhöhe, die Stärke des Luftstromes und die Lautstärke. Die Klangfarbe wird durch die »Resonatoren« Rachen, Mund und Nasenhöhlen bestimmt.

Die Verlängerung der Stimmbänder bei Knaben in der Pubertät durch Wachstum des Kehlkopfskeletts (»Adamsapfel«) führt nach Übergangsschwierigkeiten (»Stimmbruch«) zu einer tieferen Stimme. Die Klangfarbe der Stimme verändert sich bei Verschluss von Teilen der Resonatoren, z. B. gequetschte Stimme bei Schnupfen, näselnde Stimme bei zugehaltener Nase u. ä.

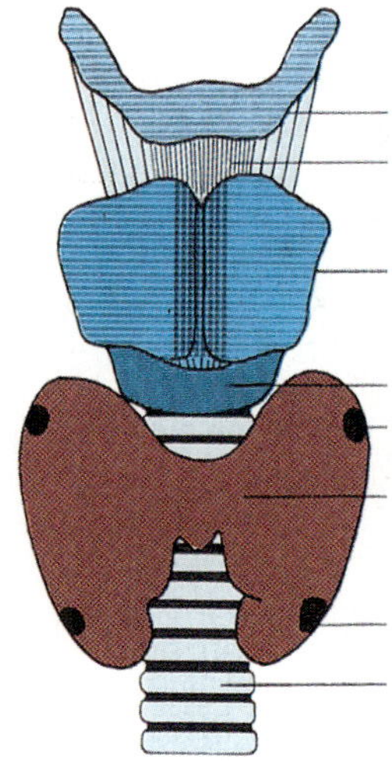

▲ *Schematisches Bild der Halsorgane.*

Blick in den Kehlkopf (Einatemstellung). Die Stimmbänder sind elastische Bänder, die von der Innenfläche des Schildknorpels zur Ecke des Gießbecken- oder Stellknorpels ziehen. Beim Einatmen stehen sie auseinander (man kann die Luftröhre sehen), bei der Sprachbildung zusammen. ▼

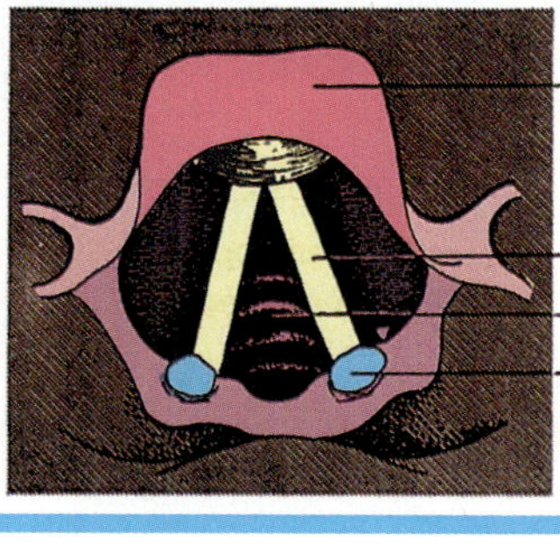

9.3.2. Untere Luftwege

Luftröhre (Trachea)

Die Luftröhre ist eine von Knorpelspangen ständig offen gehaltene, mit mehrreihigem Flimmerepithel und Drüsen ausgekleidete etwa 10 bis 12 cm lange Röhre. Ihr oberer Abschluss ist der Kehlkopf. Sie verzweigt sich wie ein Baum zunächst in die beiden Bronchialäste, die zu den beiden Lungenflügeln führen. Die Zweigstelle wird *Bifur-*

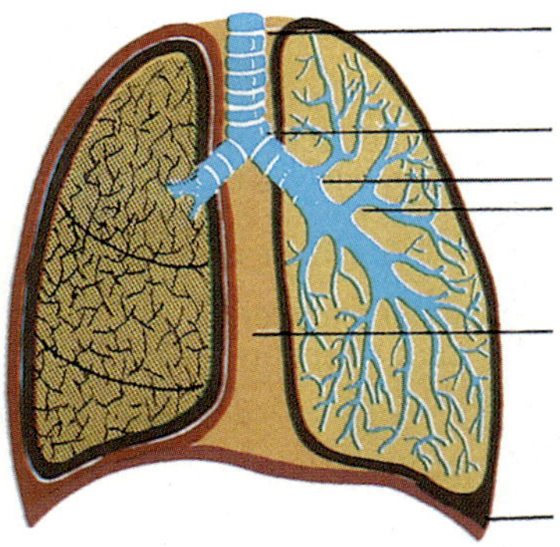

▲ *Die beiden Lungenflügel. An der rechten Lunge sind die drei Lungenlappen zu erkennen. In der linken (aufgeschnittenen) Lunge erkennt man den Bronchialbaum.*

catio genannt. Die Vorderwand der Luftröhre besteht aus 16 bis 20 hufeisenförmigen Knorpeln, die die Luftröhre offen halten.

Bronchien und Bronchiolen

Rechter und linker Hauptbronchus teilen sich in 5 Lappenbronchi und dann weiter auf jeder Seite in 10 Segmentbronchi. Weitere Verästelungen des Bronchialbaumes führen zu immer kleiner werdenden Durchmessern, hierbei vermindert sich der Knorpel in der Bronchienwand immer mehr, bis die knorpelfreien Bronchiolen mit einem Durchmesser kleiner als 1 mm erreicht werden. Weitere Aufteilungen (Bronchioli terminales und respiratorii) führen zu den Alveolen (Lungenbläschen).

9.3.3. Lunge (Pulmo)

Bau der Lunge

Die Lunge ist das Atmungsorgan des Körpers. Sie besteht aus dem rechten und dem linken *Lungenflügel.* Die Lungenflügel sind in *Lungenlappen* unterteilt. Die Lungenlappenbegrenzungen verlaufen schräg; zwischen den Lungenlappen befinden sich Spalträume. Rechts gibt es drei Lungenlappen, links nur zwei. Die linken Lungenlappen sowie der untere rechte teilen sich dann weiter in jeweils 5 *Lungensegmente* auf, der rechte obere Lappen nur in drei, der rechte mittlere sogar nur in zwei Lungensegmente.

Das eigentliche Lungengewebe wird von etwa insgesamt 300 bis 750 Millionen Alveolen mit einer Gesamtoberfläche von etwa 200 m^2 gebildet, in denen der Luftaustausch stattfindet.

Im *Lungenhilus* treten beiderseits die Bronchien, Blut- und Lymphgefäße und Nerven in die Lungenflügel ein.

Brustfell (Pleura)

Das Brustfell besteht aus dem die innere Brustwand *(Rippenfell, Pleura costalis),* das Zwerchfell *(Pleura diaphragmatica)* und den zwischen den beiden Lungenflügeln liegenden Mittelraum *(Pleura mediastinalis)* überziehenden Teilen und dem die Lungenlappen bekleidenden *Lungenfell*

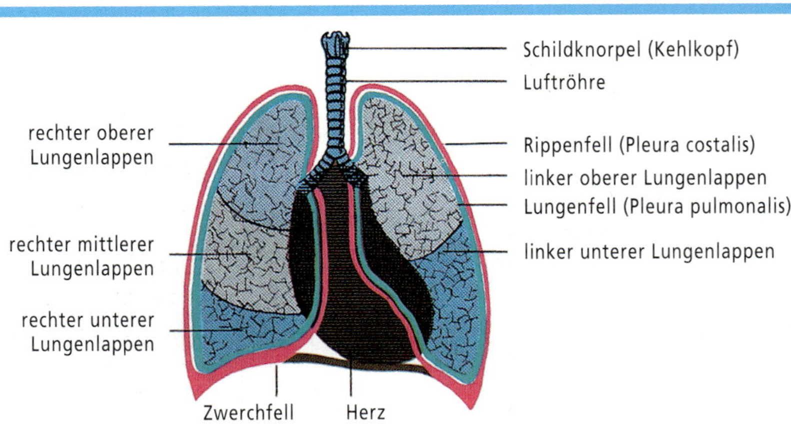

► *Schildknorpel, Luftröhre und die Organe des Brustraums (Luftröhre, Lungenflügel, Herz). Der rechte Lungenflügel hat drei, der linke nur zwei Lungenlappen. Deutlich sind das Rippen- und das Lungenfell dargestellt.*

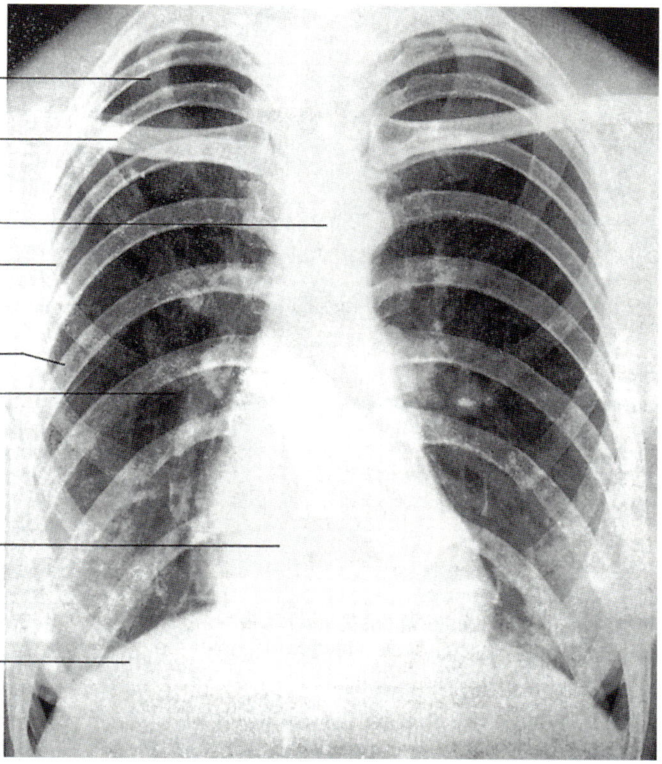

Röntgenaufnahme der Brustorgane.

(Pleura pulmonalis). Lungen-, Rippenfell und die übrigen Teile des Brustfells liegen infolge des zwischen ihnen befindlichen Unterdrucks eng aneinander und bewegen sich bei der Atmung aneinander vorbei. In dem Spalt (Pleuraspalt) zwischen ihnen befindet sich eine geringe Menge Flüssigkeit als »Gleitmittel«.

Bei Entzündungen in diesem Bereich *(Rippenfellentzündung)* kann es zunächst zu Flüssigkeitsansammlungen, dann zu Verwachsungen und Verschwartungen kommen, die die Atmung stark behindern können.

Wird der Unterdruck in dem Pleuraspalt durch eine Verletzung aufgehoben *(Pneumothorax),* schnurrt der Lungenflügel zusammen und steht für die Atmung nicht mehr zur Verfügung. Bei Verschluss der Verletzung wird die Luft im Brustkorb langsam resorbiert, und es baut sich wieder ein Unterdruck auf. Ein *Ventilpneumothorax* liegt vor, wenn bei einer Verletzung zwar Luft in den Thorax eindringen, aber bei der Ausatmung (Exspiration) nicht mehr entweichen kann.

Alveolen

In den *Lungenbläschen (Alveolen)* findet der Gasaustausch statt. Sie haben einen Durchmesser von etwa 0,2 mm. Insgesamt gibt es zwischen 300 und 750 Millionen Alveolen. Sie sind mit flachen, einschichtigen Deckzellen ausgekleidet. In unmittelbarer Nähe der Auskleidung der Alveolen befinden sich Kapillaren.

Der Abstand zwischen Alveolarepithel und Kapillarwand ist nur lichtmikroskopisch nachweisbar. Zwischen Luft (in den Alveolen) und Blut (in den Kapillaren) befinden sich nur das Alveolarepithel, das Grundhäutchen von Alveole und Kapillare – oft jedoch weitgehend miteinander verschmolzen – und das Kapillarendothel. Insgesamt ist diese Luft-Blut-Schranke etwa 0,5 µm dick.

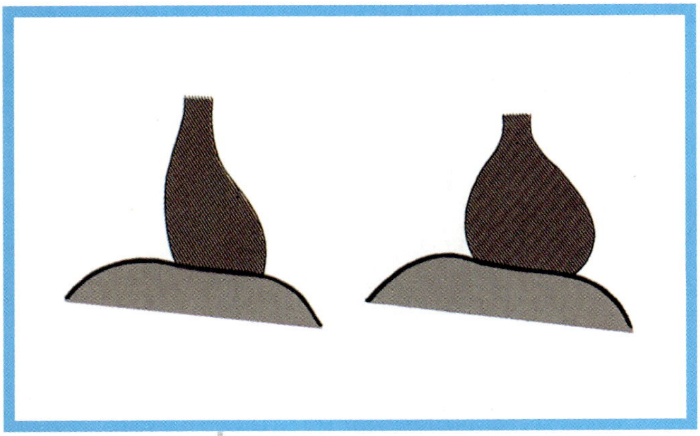

▲ *Verschiedener Hochstand des Zwerchfells, links beim Einatmen (dabei schlankere Herzform), rechts beim Ausatmen (breitere Herzform).*

Funktion der Lunge

Ein- und Ausatmung der Luft erfolgen mechanisch und dienen der O_2-Aufnahme sowie der CO_2-Abgabe; sie werden gesteuert vom Atemzentrum des verlängerten Rückenmarkes. Aus der eingeatmeten Luft tritt in den Alveolen der Sauerstoff in die Kapillaren über und wird – angebunden an das Hämoglobin in den roten Blutkörperchen – in die Gewebe des Körpers transportiert. Das aus den Körperzellen auf dem Blutweg in die Lungenkapillaren transportierte Kohlendioxid wird aus den Kapillaren in die Alveolen abgegeben und mit der Ausatmungsluft abgeatmet.

▶ *Schema: Äußerer Gasaustausch in den Alveolen (Abgabe von CO_2 aus dem Blut, Aufnahme von O_2 in das Blut).*

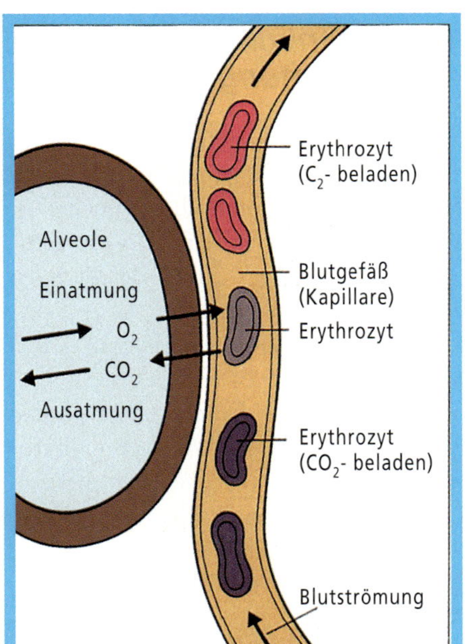

9.3.4. Atemmechanik

Durch Erweiterung des Brustraumes wird Luft in die Lungen eingesaugt, bei Verkleinerung wird sie herausgepresst. Die Lungen folgen der Bewegung des Brustkorbes und des Zwerchfells. Die Erweiterung des Brustraumes wird durch das Anheben der Rippen und das Absenken des Zwerchfells bewirkt.

Das Anheben der Rippen erfolgt durch Kontraktion der Zwischenrippenmuskeln. Diese Form der Atmung wird *Rippen- oder Brustatmung* genannt. Bei sehr heftiger Atmung werden auch die auf den Brustkorb einwirkenden Hals- und Armmuskeln in Anspruch genommen *(Atemhilfsmuskeln).* Hierbei müssen die Arme fixiert werden. Aus diesem Grunde stützen sich z. B. sehr heftig atmende Sportler mit den Händen auf einen festen Gegenstand.

Das Zwerchfell wird durch Kontraktion des Zwerchfellmuskels abgesenkt. Dabei wird der Inhalt der Bauchhöhle gegen die Bauchdecken gedrückt, die sich etwas vorwölben. Bei Erschlaffen des Zwerchfells ziehen sich die Bauchmuskeln zusammen und drücken die Baucheingeweide mit dem Zwerchfell nach oben. Der Brustraum wird verkleinert, Bauchmuskeln und Zwerchfell wirken als Antagonisten. Diese Form der Atmung heißt *Zwerchfell- oder Bauchatmung.*

MEMO!

Bei der Einatmung
weitet sich der Brustkorb durch Heben der Rippen und Senkung des Zwerchfells. Dadurch wird sauerstoffreiche Luft in die Lungen eingesogen.

Bei der Ausatmung
verengt sich der Brustkorb durch Senken der Rippen und Hebung des Zwerchfells und der unteren Rippen. Dadurch wird kohlendioxidreiche Luft aus den Lungen gepresst.

Normalerweise wirken Rippen- und Zwerchfellatmung zusammen. In der Jugend (oder auch in der Schwangerschaft) überwiegt die Rippenatmung. Im Alter nimmt die Elastizität des Brustkorbs ab. Als Folge überwiegt die Zwerchfellatmung.

Atemgrößen

In Ruhe braucht ein Erwachsener etwa 7 bis 8 Liter Luft pro Minute, bei starker körperlicher Anstrengung werden bis zu 90 Liter benötigt, da der Sauerstoffverbrauch stark ansteigt. Die Leistungsfähigkeit der Lunge ist an verschiedenen Funktionsgrößen erkennbar:

- Statische Größen wie *Atemfrequenz, Atemvolumen, inspiratorische und exspiratorische Reserveluft, Vitalkapazität und Totalkapazität.*
- Dynamische Größen wie *Atemstoßwert, Atemgrenzwert und Atemminutenvolumen.*

Atemfrequenz

Die durchschnittliche Atemhäufigkeit beim 30-jährigen Erwachsenen liegt bei etwa 16 Atemzügen in der Minute. Bei einem Neugeborenen bei etwa 40 Atemzügen in der Minute. Auf einen Atemzug (Ein- und Ausatmung) kommen etwa 4 Herzschläge.

◀ *Atmung.*

Atemvolumen

Bei normalem Atmen wird die Luft in der Lunge bei weitem nicht vollständig ausgetauscht, das Luftvolumen bei ruhiger Atmung beträgt etwa 500 ml.

Reserveluft und Restluft

Bei maximaler Einatmung ist ein Volumen von etwa 1500 bis 2000 ml möglich (*Komplementär oder inspiratorische Reserveluft),* bei maximaler Ausatmung etwa genauso viel *(exspiratorische Reserveluft).* Die Luftmenge, die nach maximaler Ausatmung noch in der Lunge verbleibt (1200 ml), wird *Restluft* genannt.

◀ *Sauerstoffverbrauch.*

TOTALKAPAZITÄT DER LUNGE (ETWA 5000 BIS 7000 ML)

▪ die Luftmenge, die durch maximales Einatmen zu dem normalen Atemvolumen zusätzlich eingeatmet werden kann (inspiratorische Reserveluft)	Komplementärluft (1500 bis 2000 ml)		
▪ bei ruhiger Atmung bewegte Luft	Atemvolumen (etwa 500 ml)	Vitalkapazität (3500 bis bis 5000 ml) (= maximales Atemvolumen)	Totalkapazität (= maximales Lungenvolumen)
▪ Luftmenge, die durch maximales Ausatmen nach normaler Ausatmung zusätzlich ausgeatmet werden kann (exspiratorische Reserveluft)	Reserveluft (1500 bis 2000 ml)		
▪ Luftmenge, die nach maximaler Ausatmung in der Lunge verbleibt (Residualluft)	Restluft (etwa 1200 ml)		

EINGEATMET	BESTANDTEILE DER LUFT	AUSGEATMET
20 %	Sauerstoff	16 %
79 %	Stickstoff	79 %
0,005 %	Kohlendioxid	4 %
1 %	Edelgase	1 %

▲ *Zusammensetzung der Luft.*

Vitalkapazität und Totalkapazität

Mit Vitalkapazität wird diejenige Luftmenge beschrieben, die nach maximal möglicher Einatmung abgegeben werden kann. Sie setzt sich also aus der inspiratorischen Reserveluft, dem Atemvolumen und der exspiratorischen Reserveluft mit insgesamt etwa 3500 bis 6000 ml zusammen. Als Totalkapazität wird die Vitalkapazität zusammen mit der Restluft verstanden, also die Gesamtmenge der in den Lungen befindlichen Luft.

Atemstoßwert, Atemgrenzwert, Atemminutenvolumen

Beim *Atemstoßwert* handelt es sich um diejenige Luftmenge, die nach tiefer Einatmung innerhalb einer Sekunde abgegeben werden kann. Der *Atemgrenzwert* wird dadurch erreicht, dass der Patient eine Minute lang so tief und so schnell wie möglich ein- und ausatmet. Das *Atemminutenvolumen* wird durch Multiplikation des Atemvolumens mit der Atemfrequenz errechnet.

Schema der Inneren Atmung (Schema einer Körperzelle). Die Pfeile deuten das Prinzip der Energiebildung in der Zelle an (Stoffwechsel). ▼

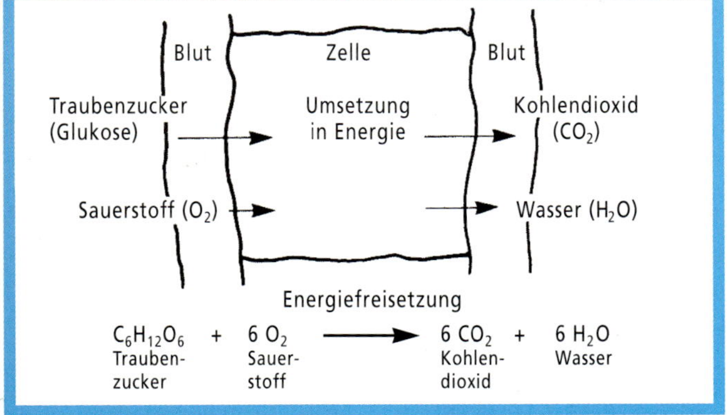

Gasaustausch

Energie wird für jegliche Form des Lebens benötigt. Sie wird in den Mitochondrien der Zelle dadurch gewonnen, dass Traubenzucker (Glukose) zusammen mit Sauerstoff verbrannt wird. Hierfür benötigt der Körper ständig Sauerstoff, Kohlendioxid wird abgegeben.

Äußerer Gasaustausch

Der äußere Gasaustausch findet zwischen den Alveolen und den benachbarten Kapillaren statt. Das aus dem Stoffwechsel der Zellen stammende Kohlendioxid wird mit dem Hämoglobin der Erythrozyten und gelöst im Blutplasma über die Körpervenen und Lungenarterien in die Lungenkapillaren transportiert und durch Kapillar- und Alveolenwand in die Alveolen abgegeben. Gleichzeitig erfolgt die Aufnahme von Sauerstoff aus den Alveolen durch Alveolen- und Kapillarwand in das kapillare Blut. Der Sauerstoff wird an das Hämoglobin gebunden und zu den Körperzellen transportiert.

Das Blut in den Kapillaren des Lungenkreislaufes kommt kohlendioxidreich und sauerstoffarm bei den Alveolen an (und sieht dunkelrot aus), durch den Gasaustausch wird es sauerstoffreich und kohlendioxidarm.

Durch den Übertritt des Kohlendioxids in die Alveolen und des Sauerstoffs in die Kapillaren wird die Luft dort verglichen mit der Außenluft kohlendioxidreich und sauerstoffarm.

Innere Atmung

Ein entgegengesetzter Austausch findet – jedoch nach gleichen Gesetzmäßigkeiten – zwischen den Kapillaren des Körpergewebes und den Zellen statt. Die Körperzellen nehmen den Sauerstoff auf und geben Kohlendioxid ab.

MEMO!

Zum Wiederholen und Lernen.

WICHTIGES ZUM MERKEN

Nasennebenhöhlen:
Kiefer-, Stirnbein-, Keilbeinhöhle, Siebbeinzellen.

Kehlkopfskelett:
Schild-, Ring-, Kehldeckel- und Stellknorpel (2) .

Der **Hustenreflex** tritt auf, wenn Fremdkörper in den Kehlkopf gelangen. Die **Stimmbänder** schließen sich und werden durch einen Hustenstoß wieder explosionsartig geöffnet.
Beim **»Verschlucken«** gelangen durch einen nicht geschlossenen **Kehlkopfdeckel** Nahrungsbestandteile (= Fremdkörper) in den Kehlkopf.

Stimmbruch tritt durch Wachstum des Kehlkopfskeletts (Adamsapfel) und Verlängerung der Stimmbänder in der **Pubertät** bei Knaben ein.
Die Stimme wird tiefer.

Luftwege: Nase, Rachen (obere L.) , Kehlkopf (mittlere L.) , Luftröhre, Bronchien und ihre Verzweigungen (untere L.)

Die Luftröhre liegt vor der Speiseröhre.

Lunge: Rechts ein **Lungenflügel** mit drei (R und r) Lappen und 10 **Lungensegmenten** (oberer Lappen 3, mittlerer 2, unterer 5), links mit zwei Lappen, die jeweils 5 Lungensegmente haben.

Das **Lungengewebe** besteht aus etwa 300 bis 750 Millionen Alveolen mit einer Gesamtoberfläche von etwa 200 m^2.

Gasaustausch: äußerer G. zwischen Alveolen und benachbarten Kapillaren (CO_2 wird in die Alveolen, O_2 in die Kapillaren aufgenommen), innerer G. zwischen Kapillaren und Zellen (O_2 wird in die Zellen, CO_2 in die Kapillaren aufgenommen).

EINIGE FRAGEN ZUM ÜBEN

Beschreiben Sie den Weg der Luft durch die Atemwege!

Welche Aufgabe hat das Atmungssystem?

Wie ist die Luft zusammengesetzt?

Welche Aufgaben hat die Nase?

Wo liegt der Kehldeckel, welche Aufgabe hat er?

Beschreiben Sie die Luftröhre, welche Aufgabe hat sie?

Aus wie viel Lungenflügeln und Lungenlappen besteht die menschliche Lunge?

Welche Teile des Brustkorbes und seiner Organe werden vom Brustfell bzw. vom Lungenfell überzogen?

Beschreiben Sie die Funktion der Lunge!

Beschreiben Sie die Vorgänge bei der Ein- und Ausatmung!

Nennen Sie die Atemgrößen.

UND ZUM SCHLUSS ETWAS SCHWERES!

Erläutern Sie den »Hustenreflex«, was geschieht beim Verschlucken?

10. Ausscheidung und Fortpflanzung

Die Abgabe von Wasser, Salzen, Stoffwechselprodukten, Giftstoffen, Medikamenten und ihren Abbauprodukten erfolgt überwiegend durch die Harnorgane. Die Ausscheidung über die Lunge (Atmung) und über die Haut (Schwitzen, Transpiration) ist von der Menge her im Vergleich dazu bei weitem nicht so bedeutend.
Die männlichen und weiblichen Geschlechtsorgane dienen der Fortpflanzung. In ihnen entstehen männliche und weibliche Geschlechtshormone sowie Samen- und Eizellen.

ZIELE DES RAHMENLEHRPLANS

- ▶ **Bau und Funktion der Harnorgane beschreiben**
- ▶ **Bau und Funktion der Geschlechtsorgane beschreiben**

Niere.

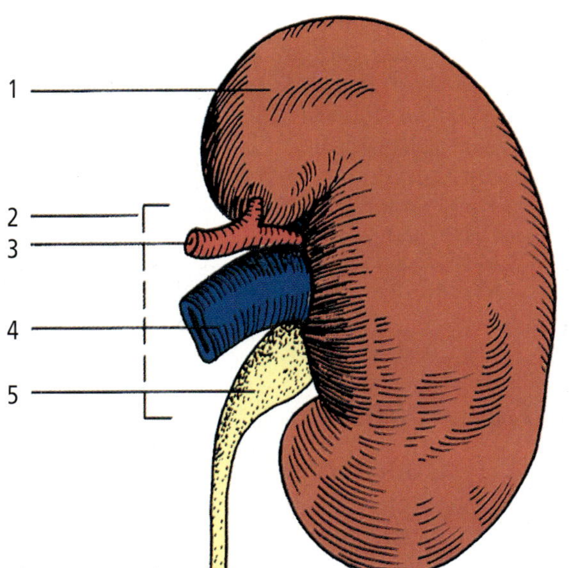

1 oberer Nierenpol
2 Nierenpforte
3 Nierenarterie
4 Nierenvene
5 Harnleiter

10.1. Harnorgane

- **Bau der Harnorgane**
  Sie bestehen aus den paarig angelegten Nieren einschließlich Nierenkelchen und Nierenbecken, Harnleitern sowie der Harnblase und der Harnröhre.

- **Aufgaben der Harnorgane**

  Ausscheidungsfunktion:
  Harnstoff, Harnsäure, Giftstoffe, Arzneimittel u. a.

  Regulationsfunktion:
  Wasser- und Salzhaushalt u. a.

10.1.1. Nieren (Renae)

Größe, Form und Lage

Die Nieren sind paarig angelegt. Sie haben einen Längsdurchmesser von 10 bis 12 cm, einen Querdurchmesser von 5 bis 6 cm und eine Dicke von etwa 4 cm. Das Gewicht der einzelnen Niere liegt zwischen 150 und 200 g.

Die Nieren sind von bohnenförmiger Gestalt und liegen zu beiden Seiten der Wirbelsäule im Bauchraum hinten außerhalb des Bauchfells (im so genannten Retroperitonealtraum), seitlich und hinten durch die 11. und 12. Rippenpaare geschützt. Als Folge der Verdrängung durch die Leber steht die rechte Niere etwas tiefer als die linke. In der Mitte der medialen Fläche befindet sich die Nierenpforte; hier treten Harnleiter, Nierenvene und Nerven aus sowie Nierenarterie und Nerven ein.

Die Nieren sind mit Bindegewebe und einem Fettpolster umgeben. Die Niere besteht aus einer äußeren Rinde (*Nierenrinde)* und dem innen gelegenen Mark (*Nierenmark)*. Nierenrinde und Nierenmark unterscheiden sich auch in ihrer feingeweblichen Zusammensetzung.

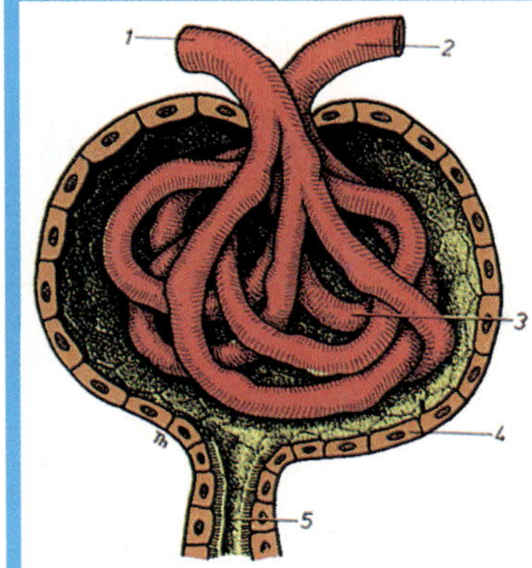

1 zuführendes Blutgefäß
2 wegführendes Blutgefäß
3 »Wunderknäuel«
4 Bowmansche Kapsel
5 Harnkanälchen

▲ *Glomerulum.*

Nierenrinde

Die Nierenarterie verzweigt sich nach ihrem Eintritt in die Nierenpforte zwischen *Nierenrinde* und *Nierenmark* in ein System von mehreren Millionen Knäueln (*Glomerula*) aus Blutgefäßkapillaren in der Nierenrinde. Jedes Knäuel (*Glomerulum*) ist von einer dünnwandigen Kapsel umgeben (*Bowmansche Kapsel*). Mehrere Millionen Glomerula befinden sich in der Nierenrinde. In den Glomerula entsteht der *Primärharn.*

Nierenmark

Die Markschicht besteht aus Nierenpyramiden, deren Spitzen auf einzelne in den Nierenkelch ragende Wälle (*Papillen*) münden. Dort finden sich die Öffnungen der Harnkanälchen. Der Endurin wird im Nierenmark gebildet und nach Verlassen der Papillen in Nierenkelchen und im Nierenbecken gesammelt. Er fließt über die Harnleiter in die Harnblase und wird dort gesammelt.

Harnbereitung

Durch die feine Kapillarwand der Glomerula wird Blutflüssigkeit mit Ausnahme größerer Eiweißkörper in die anschließenden Harnkanälchen als *Primärharn* ausgeschieden. Fast alle Flüssigkeit und die darin gelösten Stoffe, welche der Körper noch braucht, werden in die die Harnkanälchen umgebenden Blutkapillaren zurückresorbiert, so dass schließlich nur etwa 1 Prozent des Primärharnes als *Sekundärharn* zur Ausscheidung über die Harnblase kommt. Pro Tag fließen 1500 l Blut durch die Nieren, es werden 150 l Primärharn und daraus 1,5 l Sekundärharn gebildet. Der Vorgang wird vom Hypophysenhinterlappenhormon *Adiuretin* gesteuert. Die Filtration mit Abgabe harnpflichtiger Substanzen (Zuckerstoffe, Salze u. a. m.) hängt von einem normalen Blutdruck und einer ausreichenden Blutfüllung des Nierengefäßsystems ab.

Zusammensetzung des Urins

Aufgabe des Harnsystems ist die Regulierung des Wasserhaushalts und Ausscheidung von Stoffwechselschlacken. Mit dieser Fähigkeit hängt zusammen, dass der Urin unterschiedlich konzentriert sein kann. Bei Durst und starkem Schwitzen wird wenig Urin gebildet. Wird viel getrunken (*Polydipsie*) erhöht sich beim Gesunden auch die Urinausscheidung entsprechend. Der Urin enthält dann wesentlich weniger Schlackenbestandteile als bei Durst. Meist kann die Konzentration des Urin schon an der Farbe und dem Geruch grob erkannt werden.

Ableitende Harnwege (vereinfachte Darstellung eines Röntgenbildes).

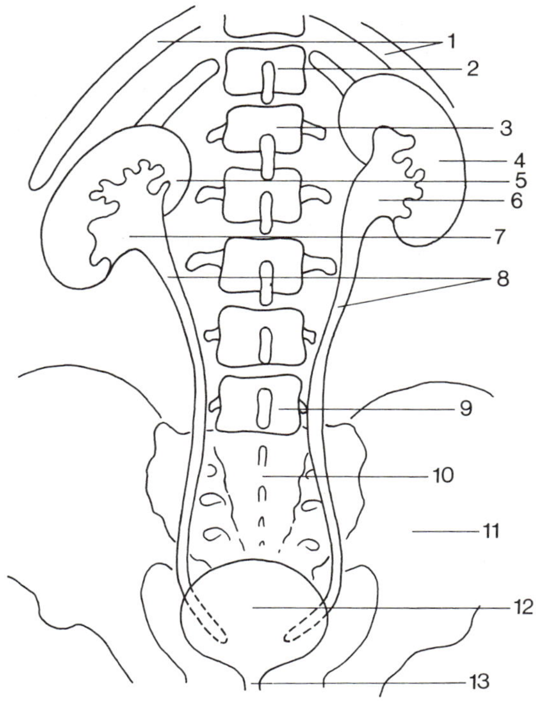

1 Rippen
2 12. Brustwirbel
3 1. Lendenwirbel
4 Linke Niere
5 Rechte Niere
6 Nierenbecken links
7 Nierenbecken rechts
8 Linker und rechter Harnleiter
9 5. Lendenwirbel
10 Kreuzbein
11 Becken
12 Harnblase
13 Harnröhre

10.1.2. Ableitende Harnwege

Oberfläche und Muskulatur

Die Oberflächen der ableitenden Harnwege sind mit *Übergangsepithel* ausgekleidet, das sich besonders gut starken Oberflächenveränderungen anpassen kann. Glatte Muskulatur transportiert den Urin durch Zusammenziehen (Peristaltik) bis in die Harnblase.

Nierenkelch (Calix renalis), Nierenbecken (Pelvis renalis)

Die Öffnungen der Harnkanälchen befinden sich in den Nierenpapillen. Eine oder mehrere Nierenpapillen münden in einen *Nierenkelch*, in den der Urin abgegeben wird. Die 6 bis 10 Nierenkelche vereinigen sich auf jeder Seite im *Nierenbecken* (*Pelvis renalis*).

Harnleiter (Ureter)

Er entspringt auf beiden Seiten am Nierenbeckenausgang und zieht als dünnes Rohr zur Harnblase. In ihm wird der Urin vom Nierenbecken zur Harnblase transportiert. Kurz vor Eintritt in die Harnblase besteht eine Engstelle.

Harnblase (Vesica urinaria)

Die Harnblase liegt im kleinen Becken und stellt einen Hohlmuskel, der innen mit einer Schleimhaut ausgekleidet ist, dar. Sie ist die Sammelstelle für den aus den Nieren über beide Ureteren dauernd eintropfenden Urin. Der am Harnblasenausgang liegende ring- und spiralförmige Schließmuskel besteht aus einem unwillkürlich innervierten Anteil, der sich bei Harndrang öffnen würde, aber durch den willkürlich innervierten Anteil willentlich weiterhin geschlossen gehalten bzw. auf Grund eines Willensimpulses geöffnet werden kann. Bei Füllung der Harnblase tritt Harndrang ein. Durch Kontraktion der Harnblase entleert sich Harn. Das Fassungsvermögen der Harnblase bei Erwachsenen beträgt etwa 500 ml.

Harnröhre (Urethra)

In ihr fließt der aus der Harnblase kommende Urin beim Wasserlassen (*Miktion*) ab. Die Harnröhre ist ein mit Schleimhaut ausgekleidetes Rohr. Beim Manne verläuft die Harnröhre (ca. 15–20 cm Länge) im Penis, bei der Frau (ca. 3–5 cm Länge) mündet sie zwischen Klitoris und Vagina. Das Katheterisieren der männlichen Harnblase ist wegen des gebogenen Verlaufs und der Länge der Harnröhre weit schwieriger als bei der Frau.

MEMO!

Zum Wiederholen und Lernen.

WICHTIGES ZUM MERKEN

Ausscheidung erfolgt durch die Harnorgane, aber auch durch Darm, Lunge, Haut.

Die **Harnorgane** bestehen aus den paarig angelegten **Nieren, Nierenkelchen, -becken** und **Harnleitern** sowie der **Harnblase** und der **Harnröhre.**

Die **Harnorgane** haben eine **Ausscheidungs-** (z. B. Harnstoff, Giftstoffe, Arzneimittel) und **Regulationsfunktion** (z. B. Wasser- und Salzhaushalt).

Die **Niere** (150 bis 200 g, 12 x 6 x 4 cm, bohnenförmig) besteht aus **Rinde** (enthält mehrere Millionen **Glomerula,** in denen der **Primärharn** gebildet wird) und **Mark** (in dessen **Kanälchensystem** der **Endurin** gebildet wird, der über Papillen an den Spitzen der Nierenpyramiden in die Nierenkelche ausgeschieden wird).

Die Oberflächen der **ableitenden Harnwege** sind mit **Übergangsepithel** ausgekleidet, das sich besonders gut Oberflächenveränderungen anpassen kann.

EINIGE FRAGEN ZUM ÜBEN

Welche Organe rechnet man zum Harnsystem?

Beschreiben Sie Lage, Größe und Bau der Nieren!

Beschreiben Sie den Unterschied zwischen Nierenrinde und Nierenmark!

Erläutern Sie den Unterschied zwischen Primärharn und Sekundärharn!

Beschreiben Sie den Weg des Urins von der in den Nierenkelch ragenden Papille bis zur Ausscheidung!

Beschreiben Sie die normale Zusammensetzung des Urins!

UND ZUM SCHLUSS NOCH ETWAS SCHWERES!

Aus welchem Grunde steht die rechte Niere etwas tiefer als die linke?

10.2. Männliche Geschlechtsorgane

Hoden	**Testes**
Nebenhoden	**Epididymis**
Vorsteherdrüse	**Prostata**
Glied	**Penis**

Die männlichen Geschlechtsorgane haben die Aufgabe, letzlich durch Befruchtung einer Eizelle die Vermehrung zu ermöglichen. Da sich die Eizellen zum Zeitpunkt ihrer Befruchtungsfähigkeit tief in den inneren weiblichen Geschlechtsorganen befinden, müssen die männlichen Geschlechtsorgane so beschaffen sein, dass die empfindlichen Samenzellen die Möglichkeit haben, die Eizelle zu erreichen.

10.2.1. Hoden (Testes), Nebenhoden, Prostata

Hoden und Nebenhoden sind paarig gebildete Drüsen, die außerhalb der Bauchhöhle im Hodensack (Skrotum) liegen, um eine gleichmäßige Temperatur zu gewährleisten.

Aufgaben des Hodens

- **Hormonbildung**
  In besonderen Zellen, den *Leydigschen Zwischenzellen*, wird das männliche Geschlechtshormon *Testosteron* gebildet.
- **Bildung der Samenzellen (Spermien)**
  Die Samenzellen, auch Samenfäden genannt, werden in den gewundenen Hodenkanälchen durch Zellteilung (*Meiose*) gebildet. Sie sind sehr gut beweglich.

Spermien bestehen aus einem Kopf (mit dem Einfachsatz der Chromosomen), einem Mittelstück (dem »Energiezentrum« für die Bewegung) und dem Schwanz (spiraliges Bewegungsorgan).

Die Ausgänge des Hodens führen in den *Nebenhoden,* der hinten oberhalb der Hoden liegt. Der Nebenhoden speichert die zunächst noch unbeweglichen Samenzellen. Durch die Gänge wird der Samen in den Samenleiter gedrückt. Von jedem Nebenhoden aus führt je ein Samenleiter (*Ductus spermaticus*) in Höhe der Prostata in die Harnröhre.

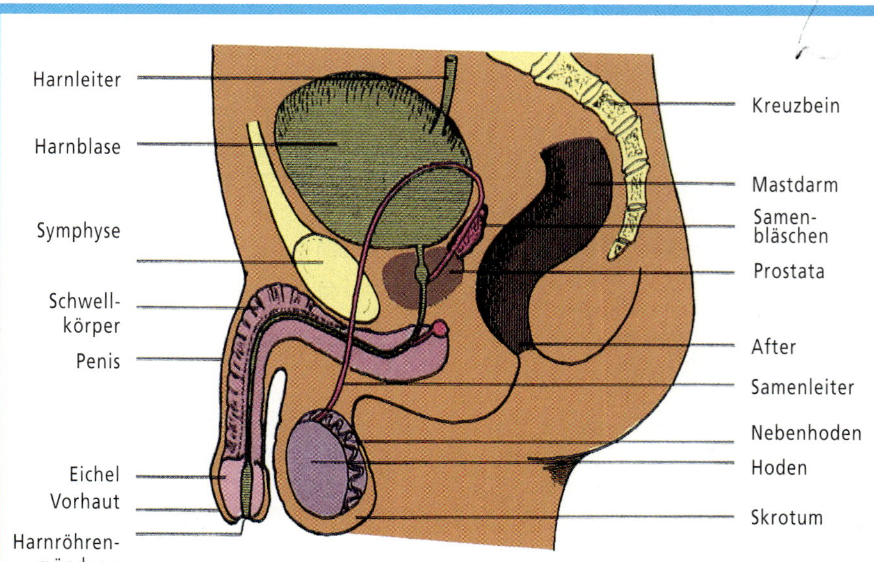

Männliches Becken im Längsschnitt mit männlichen Geschlechtsorganen. Die Blase ist gefüllt dargestellt.

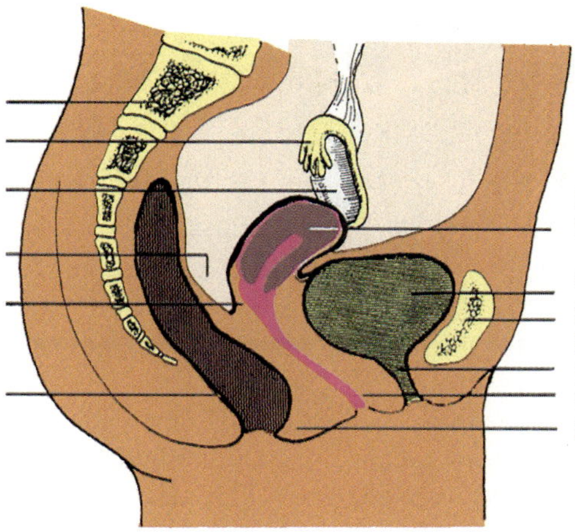

Weibliches Becken im Sagittalschnitt mit weiblichen Geschlechtsorganen.

Kurz vor dem Eintritt des Samenleiters in den hinteren Harnröhrenteil liegen zwei *Samenbläschen*. Sie haben, wie die dicht daneben befindliche *Cowpersche Drüse*, Drüsenfunktion und reichern den Samen mit Sekret an. Der Inhalt der Samenbläschen wird mit dem Samenerguss entleert.

Die Befruchtungsfähigkeit des Samens besteht nur bei vorhandenem Drüsensekret der Samenbläschen, durch die Spermien die erforderliche Beweglichkeit erhalten.

Die Vorsteherdrüse (*Prostata*) liegt hinter dem Harnblasenhals und ist vom Mastdarm aus als zweilappiges Organ tastbar.

10.2.2. Männliches Glied (Penis)

Das *männliche Glied* besteht aus Harnröhre und darum gelagerten Schwellkörpern. Das vordere Ende des Penis ist die *Eichel*, welche olivenförmig gebaut ist und körperwärts eine Kranzfurche aufweist. Die Eichel ist mit der *Vorhaut* überzogen, die bis zur Kranzfurche zurückgezogen werden kann. Die Schwellkörper sind mit Muskelzügen durchsetzte Hohlräume, die sich bei Reizung der Eichel oder unter psychischem Einfluss mit Blut füllen, so dass es zur Aufrichtung und Versteifung des Gliedes (*Erektion*) kommt.

10.3. Weibliche Geschlechtsorgane

Übersicht

Eierstock	**Ovar**
Eileiter	**Tube (Salpinx), Anhänge (Adnexe)**
Gebärmutter	**Uterus**
Scheide	**Vagina**
äußeres Geschlechtsorgan	**Vulva**
Brüste	**Mammae**

10.3.1. Eierstöcke (Ovarien)

Die Eierstöcke gehören zu den inneren weiblichen Geschlechtsorganen und ermöglichen das Heranreifen der Eizellen bis zur Befruchtungsfähigkeit. Damit aus befruchteten Eizellen ein Embryo und später das Kind heranreifen kann (*Schwangerschaft*), braucht die befruchtete Eizelle eine

Gebärmutter und Eierstöcke.

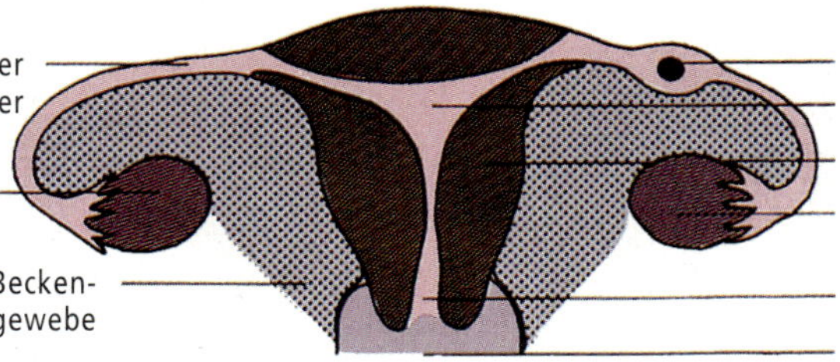

Möglichkeit, sich einzunisten. Dies geschieht in der sich meist in etwa monatlichem Rhythmus (*Periode*) verändernden Gebärmutterschleimhaut. Tritt eine Schwangerschaft nicht ein, wird die Gebärmutterschleimhaut abgestoßen (*Regelblutung* oder *Menstruation*).

Die Eierstöcke liegen in einer Umschlagfalte des Bauchfells. Dieses ist mit dem Beckenbindegewebe verbunden, das sich beiderseits der Gebärmutter befindet. Dadurch sind die inneren Geschlechtsorgane der Frau elastisch eingebettet.

Während der ersten Hälfte des *Menstruationszyklus* bilden die Follikel im Eierstock unter dem Einfluss des follikelstimulierenden Hormons aus dem Vorderlappen der Hirnanhangsdrüse (FSH) das *Follikelhormon* (*Östrogen*). Es bewirkt u. a. einen Wiederaufbau der Schleimhaut in der Gebärmutter nach der Menstruation (*Proliferationsphase*).

In der zweiten Hälfte des Zyklus wandelt sich der Follikel im Eierstock, der das reife Ei abgegeben hat (Ovulation/*Eisprung*) zum so genannten *Gelbkörper* (*Corpus luteum*) um. Das Corpus luteum bildet unter Einfluss des Luteinisierenden Hormons des Hypophysenvorderlappens (LH) das *Corpus-luteum-Hormon* (*Gelbkörperhormon*, *Progesteron*). Es bewirkt u. a. eine Auflockerung und Durchsaftung der Gebärmutterschleimhaut (*Sekretionsphase*). Tritt keine Schwangerschaft ein, wird die Gebärmutterschleimhaut in Form einer Blutung abgestoßen.

Graafscher Follikel.

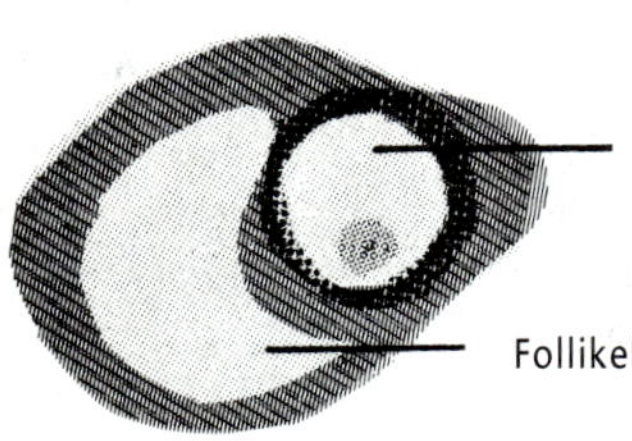

Follikelreifung

In den Eierstöcken sind bis zu 400.000 *Primärfollikel* (Eibläschen) angelegt. Hier entwickeln sich bläschenartige Hüllen, die *Graafschen Follikel*, aus denen das Ei ausgestoßen wird. Nach der Eiabstoßung bildet sich der Graafsche Follikel zum *Gelbkörper* (Corpus luteum) um. Das Ei wird mit dem Eisprung vom Fransentrichter des Eileiters (Fimbrien) aufgesaugt und im Eileiter (Tube) zur Uterushöhle transportiert. Im Laufe des Lebens stoßen die Ovarien über 300 Eier ab.

Der Menstruationszyklus

Wird das Ei nicht befruchtet, geht es zugrunde, und die obere Schicht der Gebärmutterschleimhaut wird abgestoßen (Menstruation). Mit Eintritt des neuen Zyklus öffnet sich der Muttermund und lässt die abgestoßene Uterusschleimhaut als Menstruationsblut heraussickern. Die *Menstruation* dauert normalerweise 3 bis 5 Tage. Die Menge des Menstrualblutes beträgt etwa 200 ml.

In der ersten Zyklushälfte reift das Ei im Ovar heran und wird am 14. Tag (Zyklus-

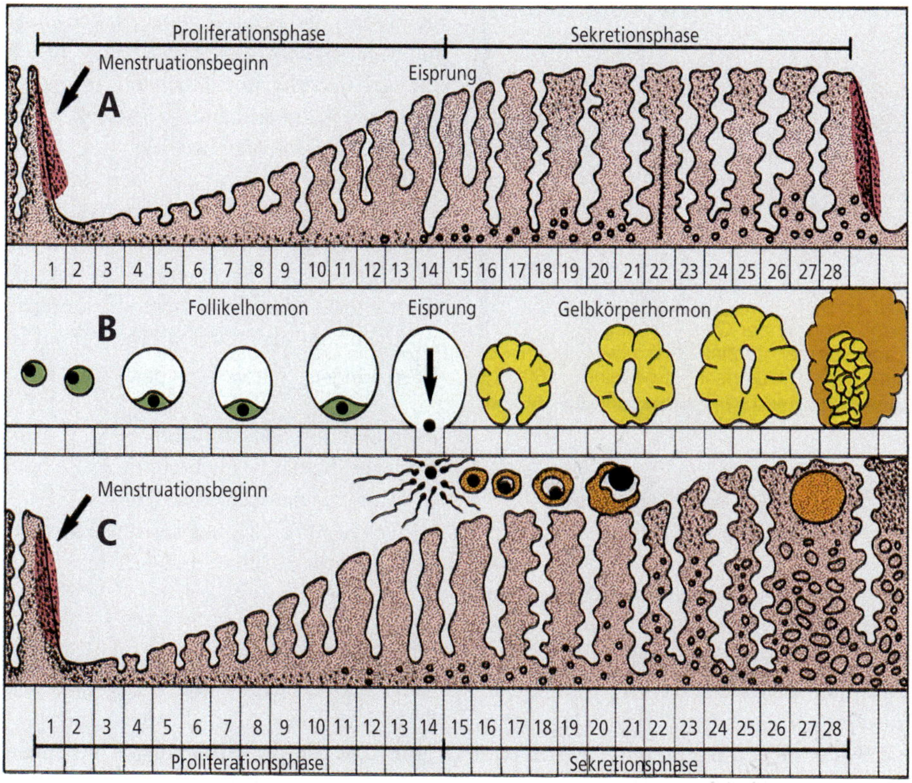

Schema des Menstruationszyklus (28 Tage): A zeigt die Entwicklung der Gebärmutterschleimhaut zwischen zwei Regelblutungen, in B ist die Entwicklung des Graafschen Follikels im Eierstock zu einem Gelbkörper während des gleichen Zeitraums dargestellt. C zeigt die Gebärmutterschleimhaut nach Befruchtung des Eies und Einnistung in die Schleimhaut. In diesen Falle vergrößert sich der Gelbkörper weiter.

mitte) abgestoßen (Eisprung). Vom 15. Tag eines 28-tägigen Zyklus bis zum Eintritt der nächsten Menstruation produziert der Eierstock aus dem sich bildenden Gelbkörper das Gelbkörperhormon. Währenddessen wird die Gebärmutterschleimhaut, gesteuert von Ovarial- und Hypophysenhormonen, umgebaut. Die Schleimhaut wird aufgelockert und ist mit Drüsen durchsetzt, um bereit zur Aufnahme des befruchteten Eies zu sein.

Befruchtung des Eies

Das Ei ist nur etwa 12 bis 48 Stunden befruchtungsfähig. Die Spermien leben nach dem Geschlechtsverkehr noch bis zu 48 Stunden, so dass die befruchtungsfähige Zeit höchstens etwa 4 Tage beträgt. Die Zeit der Ovulation liegt bei 12 bis 16 Tage vor der nächsten zu erwartenden Menstruation, im Durchschnitt bei einem 28-tägigen Zyklus am 14. Tag. Daraus lässt sich ableiten, dass das Optimum für eine Befruchtungsfähigkeit zwischen dem 12. und 16. Zyklustag liegt.

Ovar bei Schwangerschaft

Während der Schwangerschaft ist der Gelbkörper im Ovar vergrößert; es tritt keine Follikelreifung ein. Dafür produziert der Gelbkörper vermehrt Hormone, also Östrogene und Progesteron, die das Uteruswachstum in den ersten 16 Schwangerschaftswochen bewirken.

Geschlechtsreifung der Frau.

Menarche	Zeitpunkt des 1. Auftretens der Regelblutung (in Deutschland mit etwa 12 bis 13 Jahren)
Pubertät	Zeitraum der geschlechtlichen Reifung
Geschlechtsreife	Volle geschlechtliche Reife
Klimakterium	Wechseljahre, Zeitraum des Erlöschens der zyklischen Ovarialfunktionen und der Menstruation
Menopause	Zeitpunkt der letzten Regel (etwa mit 48 bis 52 Jahren).

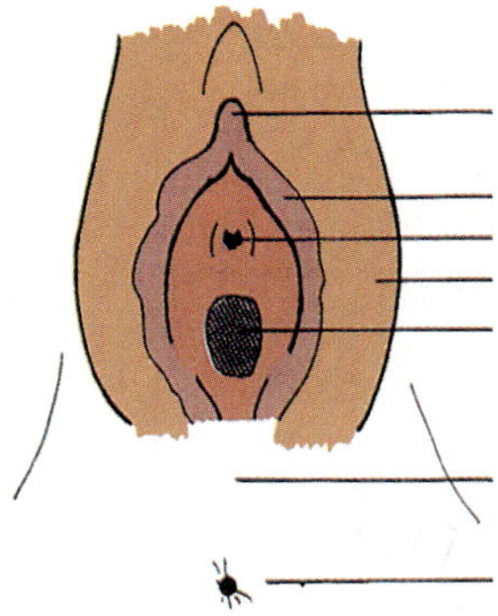

Die äußeren weiblichen Geschlechtsorgane.

10.3.2. Eileiter, Gebärmutter, Scheide

Beiderseits des Gebärmuttergrundes entspringen die *Eileiter*, enge Röhren, deren Inneres der Wanderungsweg des aus dem Eierstock abgestoßenen Eies zur Gebärmutter ist. Das Ende der Tube hängt frei in die Bauchhöhle. Hier besteht letztlich eine Verbindung zwischen Bauchhöhle und Außenwelt. Am Tubenende sitzt ein fingerartiger Saugnapf, der sich auf den Eierstock legt, wenn ein Ei abgestoßen wird. Die Eileiter sind mit Flimmerepithel ausgekleidet. Die Flimmerhärchen transportieren das befruchtete oder unbefruchtete Ei in Richtung Gebärmutter.

Die Gebärmutter *(Uterus)* ist ein birnenförmiger Hohlmuskel, der mit dem Muttermund *(Portio vaginalis)* in die Scheide ragt. Die Gebärmutterhöhle ist von Schleimhaut überzogen. Die Gebärmutter besteht aus Muskelzügen mit großer Ausdehnungs- und Kontraktionsfähigkeit in der Schwangerschaft. Zur Bauchhöhle hin ist die Gebärmutter mit Bauchfell überzogen. Sie ist mit Aufhängebändern im Becken und in den Leistenkanälen befestigt.

Die der Gebärmutter benachbarten Organe sind Harnblase (nach vorn und unten liegend) und Mastdarm (hinten liegend). Zwischen Hinterwand der Gebärmutter und Mastdarm liegt die unterste Ausbuchtung der Bauchhöhle *(Douglasscher Raum)*.

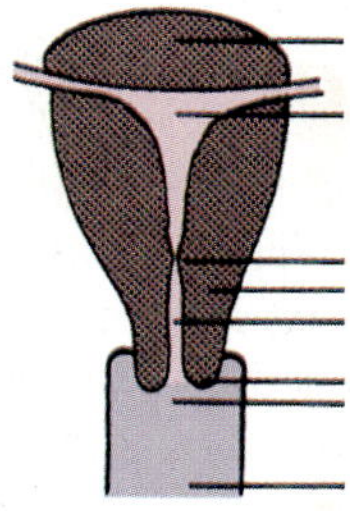

Gebärmutterabschnitte von vorn gesehen.

Aufgaben der Gebärmutter

- Lagerung des befruchteten Eies
- Hülle für das werdende Kind
- Wehen für die Dauer der Entbindung
- Schleimhautaufbau und -abbau während des Zyklus

Die Scheide *(Vagina)* ist ein mit Schleimhaut ausgekleidetes Rohr, das zwischen Scheideneingang und Muttermund verläuft. Die in der Schleimhaut liegenden Drüsen halten die Vagina feucht. Auf der Schleimhaut lebt eine normalerweise stabil zusammengesetzte Bakterienflora. Der Scheideneingang ist bis zum ersten Geschlechtsverkehr von einer dünnen Haut eingeengt *(Hymen, Jungfernhäutchen)*. Beim ersten Geschlechtsverkehr reißt das Hymen ein (Defloration) und blutet leicht. Das obere Ende der Vagina ist das hintere Scheidengewölbe, in das der Muttermund hineinragt.

10.3.3. Äußere weibliche Geschlechtsorgane (Vulva)

Die großen und kleinen Schamlippen haben eine Schutzfunktion. Sie bedecken den Scheideneingang. Dort befinden sich auch die *Bartholinischen Drüsen*. Vorn zwischen den beiden Schamlippen *(Labien)* befindet sich der Kitzler *(Klitoris)*, beiderseits davon nach hinten ziehend befinden sich in den Labien Schwellkörper. Die Klitoris ist ein Schwellkörper mit zahlreichen Nervenendigungen. Zwischen Kitzler und Scheideneingang liegt innerhalb des flachen Scheidenvorhofs die Mündungsstelle der Harnröhre.

10.3.4. Weibliche Brust (Mamma)

Die weiblichen Brüste sind Drüsen mit äußerer Sekretion. Sie wachsen mit Beginn der Pubertät, die Warzenhöfe werden größer, die Brustwarzen treten über das Hautniveau und färben sich braun. Die Brust besteht aus Drüsen, Fett und Bindegewebe. 12 bis 15 Milchgänge führen zur Brustwarze. Durch Saugreflex erfolgt die Öffnung. Ein Schließmuskel im Warzengebiet sorgt für Öffnung und Schließung der Milchgangenden nach dem Stillen eines Kindes.

Während der Schwangerschaft nehmen die Brüste unter dem Einfluss des Plazentarhormons, des Gelbkörpers und der Hypophyse an Umfang zu. Kurz vor der Entbindung beginnt die Milchbildung, zunächst in Form der Vormilch, nach der Entbindung als Milch für die Ernährung des Säuglings in dessen ersten Lebensmonaten. Innersekretorisch werden die Brustdrüsen von *Prolaktin*, einem Hormon des Hypophysenvorderlappens, gesteuert. Nach vorheriger Wirkung von Östrogenen und Progesteron setzt Prolaktin (LTH) die Milchsekretion in Gang.

10.3.5. Geschlechtsverkehr und Empfängnisverhütung

Damit das männliche Glied in die Scheide eingeführt werden kann, erfolgt durch Füllung der Schwellkörper mit Blut eine Versteifung des Gliedes (*Erektion*). Bei der Frau schwellen die um den Kitzler liegenden Schwellkörper an.

Bewegungen des Gliedes in der Scheide führen zum Höhepunkt des Geschlechtsverkehrs (*Orgasmus*). Samenflüssigkeit (*Ejakulat*) wird in das hintere Scheidengewölbe gespritzt. Von dort gelangen die Spermien in die Gebärmutter und in die Eileiter, wo die Befruchtung des Eies nach dem Eisprung erfolgen kann.

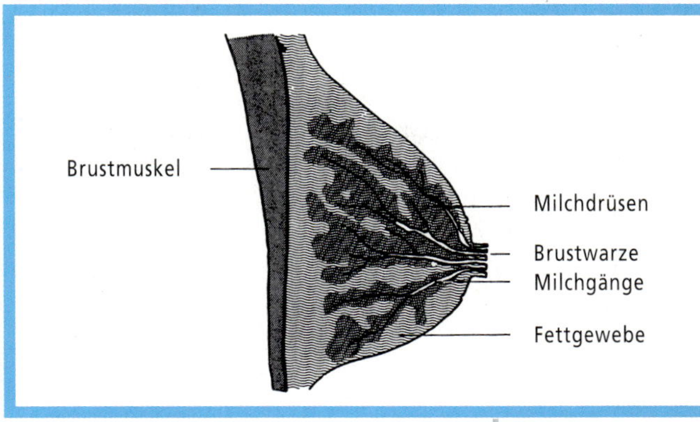

▲ ***Querschnitt der weiblichen Brust mit Milchgängen. Die Milchgänge münden im Brustwarzengebiet.***

Nach Eintreten der Geschlechtsreife (Beginn bei Mädchen etwa mit dem 11., bei Jungen mit dem 13. Lebensjahr) ist bei Mädchen nach dem Eisprung das Ei im Eileiter für sechs bis zwölf Stunden befruchtbar. Durch zwei Tage vor bis etwa zwei Tage nach dem Eisprung stattfindenden Geschlechtsverkehr kann es befruchtet werden. Etwa die Hälfte der befruchteten Eizellen nistet sich innerhalb von sieben Tagen in der Gebärmutterschleimhaut ein. Der Rest geht verloren. Weitere etwa 10 bis 15 Prozent sind in ihrer Anlage geschädigt und werden in den ersten Wochen der Schwangerschaft abgestoßen (Abort).

Sind Kinder (noch) nicht erwünscht, muss zu Methoden der Empfängnisregelung gegriffen werden, um Schwangerschaften zu verhindern.

Nahezu alle gängigen Methoden verhindern das Zusammentreffen von Ei- und Samenzelle.

Dies kann auf
- mechanischem (Kondom, Pessar, Spirale)
- chemischem (Creme, Spray)
- biologischem (Zeitwahl)
- hormonellem (Ovulationshemmer, »Pille«)

Weg geschehen. Die Wahl eines Verhütungsmittels hängt in starkem Maße von den individuellen Wünschen und Vorstellungen der Partner ab, auch sollte die unterschiedliche Zuverlässigkeit der Methoden beachtet werden.

Methoden der Schwangerschaftsverhütung

Aus der Broschüre: »Wie Sie den Zeitpunkt für ein Kind selbst bestimmen können« der Bundeszentrale für gesundheitliche Aufklärung.

METHODE UND MITTEL	BESCHREIBUNG UND WIRKUNG	WERTUNG
Sterilisation des Mannes	Unterbrechung der Samenleiter. Samenzellen können nicht mehr in den sog. Samenerguss gelangen.	Sicherste Verhütungsmethode, aber endgültiger Eingriff, kann normalerweise nicht mehr rückgängig gemacht werden.
Sterilisation der Frau	Unterbrechung der Eileiter. Weg der Eizelle wird unterbrochen. Eizelle und Samenzellen können sich nicht mehr treffen.	
Ovulationshemmer »Pille«	Hormontabletten zum täglichen Einnehmen. Verhindert das Reifen eines Eies.	Sicherstes der Verhütungsmittel, deren Wirkung wieder aufgehoben werden kann.
Minipille	Hormontabletten zum täglichen Einnehmen. Die Einnistung des Eies in die Gebärmutterschleimhaut wird erschwert. Samenzellen können nicht in die Gebärmutter eindringen.	Bei täglicher pünktlicher Einnahme (es werden keine Einnahmepausen gemacht!) fast so sicher wie die »normale« Pille.
Dreimonatsspritze	Hormon, das in den Gesäßmuskel gespritzt wird. Reifung einer Eizelle wird unterdrückt und Gebärmutterschleimhaut verändert.	Wirkung hält 3 Monate vor. Blutungsunregelmäßigkeiten treten auf. Für Jugendliche meistens nicht geeignet.
Gebärmutterpessar = »Spirale«	T-förmiges bzw. 7-förmiges kleines Gebilde aus Weichplastik mit feinem Kupferdraht. Die Einnistung des befruchteten Eies in die Gebärmutterschleimhaut wird verhindert.	Wird in die Gebärmutter eingelegt. Alle 2 Jahre gegen ein neues auswechseln lassen!
Kondom	Dünner Gummischutz, der über das versteifte Glied gezogen wird. Samenzellen gelangen nicht in die Scheide.	Unkompliziert, jederzeit verfügbar. Schützt vor Geschlechtskrankheiten. Nur Markenfabrikate verwenden.
Scheidenpessar und Portiokappe	Mechanisches Schutzmittel für die Frau. Samenzellen gelangen nicht in die Gebärmutter.	Gute Sicherheit bei richtigem Sitz und zusätzlicher Verwendung eines chemischen Verhütungsmittels (d. h. Bestreichen mit Gelee an Seiten und Rand).
Chemische Verhütungsmittel	Creme, Gelee, Tabletten, Schaumspray, Zäpfchen, Töten Samenzellen in der Scheide ab; bilden Sperre vor dem Eingang der Gebärmutter.	Als Schutz alleine nicht sicher. Allerdings gibt es beachtliche Neuentwicklungen, die hohen Grad an Sicherheit bei alleiniger Anwendung aufweisen. Tabletten, Zäpfchen, Schaum-Ovolum müssen 10 Minuten schmelzen. Bei jedem sexuellen Verkehr anwenden.
Zeitwahlmethoden; Knaus-Ogino und Basaltemperatur-Methode	Enthaltsamkeit an fruchtbaren Tagen, die durch Errechnen bzw. Messen der Körpertemperatur ermittelt werden.	Basaltemperatur-Methode ist etwas sicherer als Knaus-Ogino. Trotzdem beides als Verhütungsmethode nicht sicher genug.
Coitus interruptus = »Aufpassen« = unterbrochener Verkehr	Vorzeitiges Beenden des sexuellen Kontaktes. Die Masse des Samenergusses gelangt nicht in die Scheide.	Unsicherste Verhütungsmethode, nicht zu empfehlen.

Ovulationshemmer (»Anti-Baby-Pille«)
Ovulationshemmer sind Hormonpräparate. Unter ihrer Wirkung gelangen die Eianlagen im Graafschen Follikel nicht zur Ausreifung. Der Follikelsprung unterbleibt. Damit steht kein befruchtungsfähiges Ei zur Verfügung. Ovulationshemmer eignen sich gut zur Schwangerschaftsverhütung, ihre Nebenwirkungen müssen beachtet werden.

Basaltemperatur-Methode
Regelmäßige morgendliche Temperaturmessungen ergeben, dass die Körpertemperatur während der ersten Zyklushälfte niedriger, aber im Anschluss an den Follikelsprung in der zweiten Zyklushälfte zunächst um 0.6 °C höher liegt, jedoch alsbald abfällt. Besteht eine Schwangerschaft, bleibt die Temperatur erhöht.

Dieser Sachverhalt wird auch als eine Möglichkeit zur Schwangerschaftsverhütung genutzt. Enthaltsamkeit an fruchtbaren Tagen gehört allerdings nicht zu den sicheren Methoden der Schwangerschaftsverhütung.

10.4. Schwangerschaft und Geburt

10.4.1. Entwicklung des Kindes

Entwicklung des Embryos
Bei der Befruchtung dringt ein Samenfaden in das Ei ein *(Konzeption).* In diesem Moment wölbt sich ein Teil der Eihaut vor *(Befruchtungshügel)*, und die Außenzone des Eies verändert ihre physikalischen Eigenschaften und chemische Zusammensetzung, so dass weitere Samenfäden nicht eindringen können. Nach der Befruchtung, die im Eileiter stattfindet, wird das Ei zur Gebärmutter transportiert und nistet sich dort in der Schleimhaut ein *(Nidation)* und wächst. Mit der Befruchtung tritt keine Regelblutung mehr ein. Der zuletzt ausgebildete Gelbkörper übernimmt die Funktion der hormonalen Steuerung zusammen mit der Hirnanhangsdrüse.

MEMO!

Bis zum Ende des 3. Schwangerschaftsmonates wird die kindliche Frucht Embryo, danach Foet genannt.

Am Ende des zweiten Schwangerschaftsmonats ist der Kopf ausgebildet; Rumpf und Gliedmaßen sind erkennbar. Am Ende des dritten Schwangerschaftsmonats sind bereits Finger und Zehen und innere Organe ausgebildet. Die Herztätigkeit hat vollständig begonnen. Mit zunehmender Größe nimmt das Gewicht des Embryos zu. Gleichzeitig weitet sich die Gebärmutter aus. Dadurch ist die Dauer der Schwangerschaft am Stand des Gebärmuttergrundes erkennbar.

Mutterkuchen (Plazenta)
Bereits im frühen Entwicklungsstadium der Einnistung des befruchteten Eies entsteht an der Einnistungsstelle der Mutterkuchen (Plazenta).

Aufgaben des Mutterkuchens
Aufrechterhaltung der Ernährung des Embryos, Zufuhr von Nährstoffen über den an den mütterlichen Organismus angeschlos-

Das im Mutterleib entwickelte Kind kurz vor der Geburt.

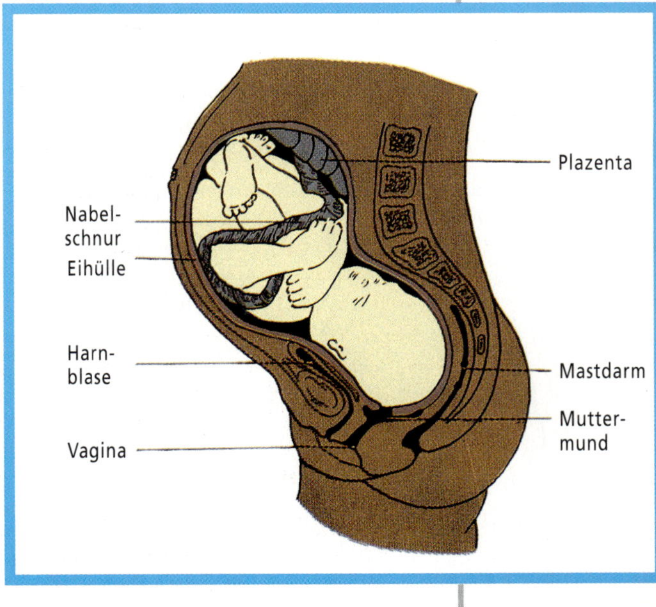

senen Plazentakreislauf, Stoffwechsel-, Gasaustausch, Hormonproduktion von Östrogenen, Gestagenen und Choriongonadotropin.

Die Verbindung zwischen Mutterkuchen und Kind ist die Nabelschnur. Sie ist 1,5 cm dick, von sulziger Konsistenz und am Ende der Schwangerschaft 60 cm lang. Ihre dünne Haut geht in die Bauchhaut des Embryos über.

Fruchtwasser

Der Foet schwimmt im Fruchtwasser. Fruchtwasser befindet sich in der Fruchtblase, die durch die Eihaut begrenzt ist. Das Fruchtwasser kann untersucht werden.

10.4.2. Die Schwangere

Gewichtszunahme der Frau, Schwangerschaftsdauer

Die Schwangere nimmt während der Schwangerschaft (*Gravidität*) etwa 11 kg an Gewicht zu. Abweichungen bedürfen der ärztlichen Beurteilung, weil sie eventuell krankhaft sein können. Die Schwangerschaft dauert durchschnittlich 281 Tage. Dies entspricht 9 Monaten. Da jedoch von den Geburtshelfern nach Mondmonaten zu je 28 Tagen gerechnet wird, dauert die Schwangerschaft zehn Mondmonate zu 28 Tagen = 40 Wochen.

Vergrößerung der Gebärmutter

Im 4. Schwangerschaftsmonat ist die Gebärmutter dicht oberhalb der Symphyse zu tasten, im 6. Schwangerschaftsmonat in Nabelhöhe, im 9. Schwangerschaftsmonat unter dem Rippenbogen, im 10. Schwangerschaftsmonat ist die Gebärmutter insgesamt etwas in Richtung Becken gesunken. Der Fundus steht also unterhalb des Rippenbogens.

Hat eine Frau vor der Schwangerschaft regelmäßig alle 28 Tage eine Regelblutung gehabt, werden zum ersten Tag der letzten Periode 7 Tage hinzugerechnet, dann 3 Monate abgezogen und ein Jahr zugezählt. Also: 1. Tag der letzten Periode + 7 Tage – 3 Monate + 12 Monate. Der sich ergebende Tag ist der Tag der voraussichtlichen Entbindung. Dies ist nur eine Faustregel und hat auf absolute Genauigkeit keinen Anspruch. Sie gibt nur einen allgemeinen Anhaltspunkt für die Zeit der Niederkunft.

Beispiel: Der 1. Tag der letzten Periode war am 1. Januar 1993. Wir zählen 7 Tage dazu. Das ist der 8. Januar. Wir ziehen 3 Monate ab, das ist der 8. Oktober, und zählen dann 12 Monate hinzu. Das ist der 8. Oktober 1993. Die Geburt wird also um die Zeit des 8. Oktober 1993 erfolgen.

Stand des Fundus uteri (Gebärmuttergrundes) während der Schwangerschaft. Der Fundusstand am Ende des 8. und am Ende des 10. Monats gleichen sich. Der Schwangerschaftsmonat wird zu 28 Tagen gerechnet.

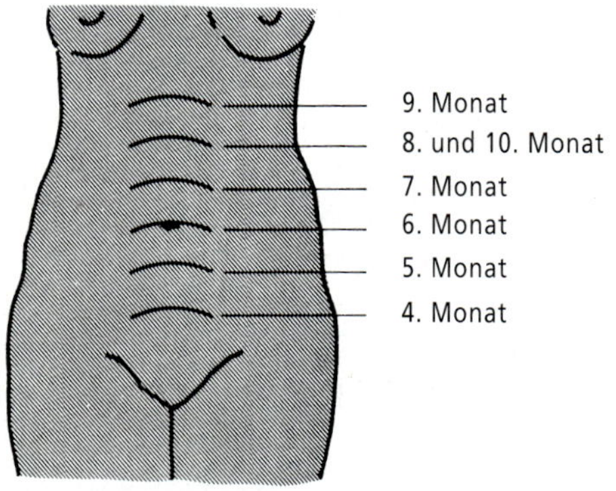

Schwangerschaftszeichen

Zu den unsicheren Schwangerschaftszeichen gehören das Ausbleiben der Menstruation, Schmerzen in der Brust, Übelkeit und Erbrechen. Sicher ist eine Schwangerschaft aber erst, wenn sichere Schwangerschaftszeichen festgestellt werden können: Kindliche Herztöne, Kindsbewegungen, Tastbarkeit kindlicher Teile und Nachweis des Foeten durch die Ultraschalluntersuchung.

10.4.3. Geburt

Auslösung der Geburt

Durch regelmäßige Wehen kommt die Geburt in Gang. Wehen sind rhythmisch ablaufende Zusammenziehungen der Gebärmuttermuskulatur. Vor- und Senkwehen treten bereits vier Wochen vor dem Geburtstermin auf. Das Kind tritt dabei

bei Erstgebärenden in den Beckeneingang, wobei normalerweise der Kopf vorangeht (also nach unten scheidenwärts gerichtet ist).

Geburtsablauf

- **Eröffnungsphase**
  Bis zum Verstreichen (vollständiges Eröffnen) des Muttermundes und damit eines geringfügigen Blutabgangs (»Zeichnen«) und Platzen der Fruchtblase.
- **Austreibungsperiode**
  Mit Austreibungs- und Presswehen. Austreten des Kindes.
- **Nachgeburtsperiode**
  Austreiben des Mutterkuchens.

MEMO!

Das reif geborene Kind hat eine Körperlänge von etwa 50 cm, ein Gewicht von etwa 3500 g und einen Kopfumfang von etwa 35 cm. Die Nägel überragen die Fingerkuppen, bei Knaben befinden sich die Hoden im Hodensack.

Nach der Geburt

Nach der Geburt beginnt für die Mutter das Wochenbett. In diesen 6–8 Wochen bilden sich bei der sogenannten Wöchnerin die während der Schangerschaft aufgetretenen Veränderungen des Körpers wieder zurück, die Brustdrüse sezerniert Muttermilch.

Zum Wiederholen und Lernen.

MEMO!

WICHTIGES ZUM MERKEN

Der **Menstruationszyklus** wird von den Hormonen des Eierstocks gesteuert. Während der ersten Hälfte bewirkt das **Follikelhormon** den Aufbau der Gebärmutterschleimhaut **(Proliferationsphase)**, in der zweiten Hälfte **das Corpus-Luteum-Hormon** die Auflockerung und Durchsaftung **(Sekretionsphase).**

Bis zum Ende des 3. Schwangerschaftsmonats wird die kindliche Frucht **Embryo**, danach **Foet** genannt.

EINIGE FRAGEN ZUM ÜBEN

Beschreiben Sie die primären und sekundären Geschlechtsmerkmale bei Mann und Frau!

Welche Aufgaben haben Hoden und Eierstöcke?

Erläutern Sie den Menstruationszyklus

Was geschieht beim Eisprung?

Wie lange ist ein Ei befruchtungsfähig?

Was versteht man unter »Ovulationshemmern«?

Wie verändern sich die Eierstöcke während der Schwangerschaft?

Beschreiben Sie Lage, Bau und Funktion von Eierstöcken, Gebärmutter und Scheide!

UND ZUM SCHLUSS ETWAS SCHWERES!

Welche Aufgabe hat das Flimmerepithel in den Eileitern?

11. Steuerung des Körpers

Der menschliche Körper wird durch zwei sich gegenseitig beeinflussende Systeme gesteuert: das Nervensystem und das Hormonsystem. Während Hormone im Blut kreisen, langsam und allgemein wirken, arbeitet das Nervensystem gezielt mit nervösen Impulsen, die rasches und genaues Reagieren erlauben.

ZIELE DES RAHMENLEHRPLANS

- ▶ **Bau und Funktion der Steuerungssysteme beschreiben**

11.1. Nervensystem

Für die nervöse Steuerung des Körpers gibt es zwei Systeme: das rasch arbeitende *zerebrospinale Nervensystem* (Gehirn, Rückenmark, periphere Nerven) und das unabhängig arbeitende, aber vielfältig beeinflusste *vegetative Nervensystem.*

Gliederung des Nervensystems. ▼

NERVENSYSTEM		
Gehirn	Großhirn	
	Zwischenhirn	Hirnstamm
	Mittelhirn	Hirnstamm
	Rautenhirn*	Hirnstamm
	Kleinhirn	
Rückenmark		
Peripheres Nervensystem	Hirnnerven Spinalnerven	
Vegetatives Nervensystem	Sympathikus Parasympathikus	
	* ohne Kleinhirn	

Gehirn und Rückenmark werden zusammen auch als *zentrales Nervensystem (ZNS)* bezeichnet. Das zentrale Nervensystem mit den peripheren Nerven regelt die Beziehungen zur Umwelt, vermittelt Empfindung, ermöglicht Bewegung und ist mit dem Willen beeinflussbar. Über Sinnesorgane aufgenommene Reize werden im zentralen Nervensystem verarbeitet und führen zu Reaktionen durch Bewegung, Sprache u. a.

11.1.1. Das Gehirn

Im Gehirn befindet sich ein Hohlraumsystem, die *Hirnhöhlen,* in denen sich das Gehirn-Rückenmark-Wasser (Liquor cerebrospinalis) befindet. Umgeben ist das Gehirn von *Hirnhäuten.* Das Gehirn kann grob in Großhirn, Hirnstamm und Kleinhirn eingeteilt werden.

Hirnhäute (Meningea)

von außen nach innen:

- Harte Hirnhaut (Dura mater)
- Spinngewebehirnhaut (Arachnoidea)
- Weiche Hirnhaut (Pia mater)

Großhirn (Endhirn)

Das Großhirn besteht aus zwei Hälften, die durch den Hirnbalken miteinander verbunden sind. Das Großhirn ist an seiner Oberfläche gefurcht. Die durch die Furchungen bedingten Erhebungen heißen Hirnwindungen.

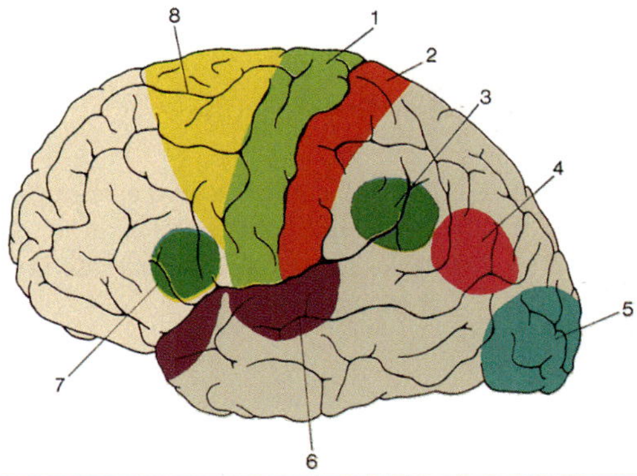

1 Motorische Rinde (zur Steuerung der Skelettmuskulatur)
2 Körperfühlsphäre (Zentrum der bewussten Empfindung)
3 Zentrum des Sprachverständnisses
4 Lesezentrum
5 Sehzentrum
6 Hörzentrum
7 Sprechzentrum
8 Zentrum des Antriebs

Großhirnrinde mit schematischer Darstellung der verschiedenen Funktionszentren.

Großhirnrinde
Die Hirnrinde ist der Außenbezirk des Großhirns (= graue Substanz). Sie beherbergt in den Zentralwindungen die *Hirnzentren*, die den Ablauf der Körperbewegungen steuern. In der vorderen Zentralwindung liegen die Zentren für die Körperbewegung, in der hinteren die Empfindungszentren. Die *Hirnmasse* befindet sich im Innern des Großhirns (= weiße Substanz).

Hirnstamm
Mit dem Begriff Hirnstamm werden alle Hirnabschnitte unterhalb des Großhirns mit Ausnahme des Kleinhirns bezeichnet. Zum Hirnstamm gehören das *Zwischenhirn*, das *Mittelhirn* und das *Rautenhirn (ohne Kleinhirn)*

Das Rautenhirn besteht aus der Brücke, der Medulla oblongata (verlängertes Rückenmark) und dem Kleinhirn. Die Medulla oblongata im Rautenhirn bildet den Übergang vom Gehirn zum Rückenmark. Fast alle Nervenbahnen, die vom Körper kommen oder in den Körper ziehen, müssen sie passieren. Die Regulierung der Ein- und Ausatmung, des Nies- und Schluckreflexes, das Atemzentrum und Zentren für die Kreislauforgane befinden sich in diesem Abschnitt des Gehirns.

Kleinhirn
Unter dem Hinterhauptslappen des Großhirns liegt das Kleinhirn.

Das Kleinhirn enthält Zentren für den Gleichgewichtssinn, den Tastsinn und die Tiefensensibilität. Es koordiniert die Muskelbewegungen durch Beeinflussung der Muskelkraft und Muskelspannung.

11.1.2. Rückenmark

Das Rückenmark tritt durch das Hinterhauptsloch der Schädelbasis in den Wirbelkanal der Wirbelsäule ein und endet in Höhe des 2. Lendenwirbels. Bei einem Durchmesser von etwa 1 cm hat es eine Länge von 40 bis 50 cm. Umgeben ist es von der weichen und der harten Rückenmarkshaut. Zwischen beiden befindet sich ebenso wie bei den Hirnhäuten die Spinngewebehaut.

Gehirn (Längsschnitt).

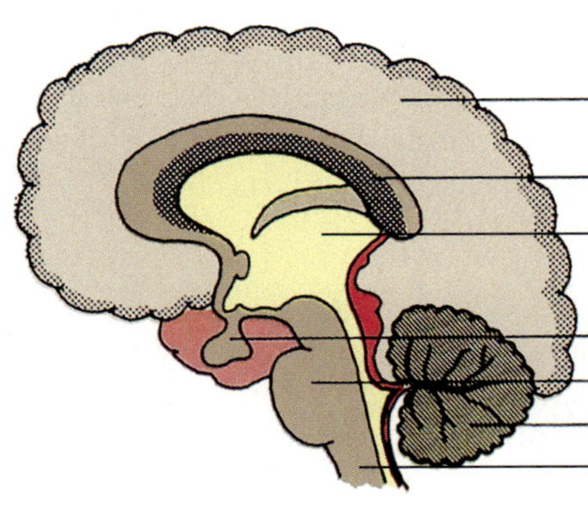

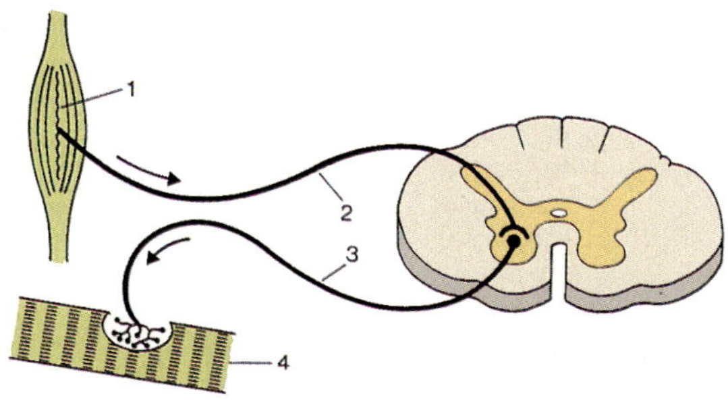

1 Muskelspindel
2 Afferentes Neuron
3 Efferentes Neuron
4 Muskulatur

▲ *Einfacher Reflexbogen (Patellarsehnenreflex). Dehnen der Muskelspindel führt zu einem Reiz, der über das afferente Neuron und das efferente Neuron zu einer Reaktion (Zusammenziehen) der Muskulatur führt.*

Zwischen der weichen Rückenmarkshaut und der Spinngewebehaut befindet sich auch hier Liquor cerebrospinalis. Unterhalb des 2. Lendenwirbels (zwischen 3. und 4. Lendenwirbel) kann durch eine Punktion (*Lumbalpunktion*) Liquor entnommen werden, ohne dass die Gefahr besteht, das Rückenmark zu verletzen.

11.1.3. Das periphere Nervensystem

Unter *peripherem Nervensystem* werden alle Teile des Nervensystems außerhalb des ZNS verstanden. Es werden die aus der Wirbelsäule austretenden *Rückenmarks- oder Spinalnerven* von den aus dem Gehirn austretenden Hirnnerven unterschieden. Die peripheren Nerven bestehen aus den Fortsätzen der motorischen, sensiblen und meist auch vegetativen Nervenzellen im Rückenmark. Die Nervenfasern bilden im Körper kabelähnliche Leitungen.

▶ *Terminologie.*

motorisch	**Bewegungsnerv, z. B. motorische Zentren = Bewegungszentren**
sensibel	**Gefühlsnerv, empfindlich, z. B. sensibler Nerv = Empfindungen leitender Nerv**

Reflex

MEMO!

Unter einem Reflex wird eine immer gleich ablaufende unwillkürliche Reaktion auf einen bestimmten Reiz verstanden.

Der Reflex wird über einen *Reflexbogen* übertragen. Dieser besteht mindestens aus einem zuleitenden, sensiblen (oder *afferenten*) und einem ableitenden, motorischen (oder *efferenten) Neuron*.

Werden z. B. durch einen Schlag mit dem Perkussionshammer auf die Patellarsehne Sehnenspindeln gedehnt, entstehen Nervenimpulse, die über afferente Bahnen und Spinalganglien ins Rückenmark geleitet werden. Dort wird über Verbindungen zu den Bewegungsnerven eine Reaktion der Muskulatur (des vierköpfigen Kniestreckers, Musculus quadriceps femoris) bewirkt. Dies geschieht ohne bewusste Einflussnahme, also unwillkürlich. Erst später wird der Vorgang bewusst. Der hier beschriebene Reflex wird als *Patellarsehnenreflex* bezeichnet.

Reflexe werden bei ärztlichen Untersuchungen geprüft, um festzustellen, ob die Nervenbahnen in den jeweils geprüften Bereichen intakt sind.

Eine krankhafte Störung kann vorliegen, wenn die Reflexe vermindert oder gar nicht auszulösen sind oder gesteigert auftreten.

Im Wesentlichen werden *Eigen- und Fremdreflexe* unterschieden.

Eigenreflex
Beim Eigenreflex sind der Ort, an dem der Reiz aufgenommen wird *(Reizort)* und der Ort der Reaktion *(Erfolgsorgan)* identisch. Ein Beispiel für einen Eigenreflex ist der schon beschriebene Patellarsehnenreflex. Reizort sind die Sehnenspindeln in der Sehne des M. quadriceps femoris, Erfolgsorgan ist der Muskel.

NAME	AUSLÖSUNG DURCH SCHLAG AUF	ERFOLG
Bizepssehnenreflex	Sehne M. biceps brachii	Beugung im Ellenbogengelenk
Trizepssehnenreflex	Sehne M. triceps brachii	Streckung im Ellenbogengelenk
Achillessehnenreflex	Achillessehne	Beugung des Fußes zur Sohle hin
Zehenbeugereflex	Zehenbeeren	Beugung der Zehen

Einige Beispiele für Eigenreflexe.

NAME	AUSLÖSUNG DURCH BESTREICHEN	ERFOLG
Würgereflex	(Berühren) des Gaumens	Würgen
Bauchdeckenreflex	der Bauchhaut	Kontraktion der Bauchhautmuskeln
Kremasterreflex	der Oberschenkelinnenseite	Hochziehen des Hodens
Plantarreflex	der Fußsohle	Greifbewegung der Zehen

Einige Beispiele für Fremdreflexe.

Fremdreflex

Beim Fremdreflex sind Reizort und Erfolgsorgan nicht identisch. Ein Beispiel für einen Fremdreflex ist der Kornealreflex. Das Berühren des »Reizorgans« Hornhaut (Cornea) führt zur Kontraktion des »Erfolgsorgans« M. orbicularis oculi (Muskel für den Lidschluss).

11.1.4. Das vegetative Nervensystem

Das vom Willen nicht beeinflussbare vegetative oder autonome Nervensystem regelt die Funktionen der inneren Organe (z. B. Kreislauf, Darm, Nieren, Stoffwechsel, Wach-Schlaf-Rhythmus). Es hat zwei Anteile, die als Gegenspieler fungieren:

- Sympathikus
- Parasympathikus

Beide wirken entgegengesetzt und halten damit das vegetative Gleichgewicht aufrecht. Störungen des Gleichgewichts im vegetativen Nervensystem ergeben das Krankheitsbild der *»vegetativen Dystonie«*. Die vegetativen Nerven befinden sich zum Teil in den Wänden von Hohlorganen (Harnblase, Herz, Magen, Gebärmutter) und üben teilweise selbstständige Tätigkeit aus, wie z. B. der Auerbachsche Plexus und der Meissnersche Plexus in den Muskelschichten des Magen-Darm-Kanals.

ORGAN	SYMPATHIKUS	PARASYMPATHIKUS
Herz Herzschlag Kranzgefäße	 Beschleunigung Erweiterung	 Verlangsamung Verengung
Gefäße	Verengung	Erweiterung
Bronchien	Erweiterung	Verengung
Magen und Darm (Peristaltik u. Drüsen)	Hemmung	Anregung
Pupillen	Erweiterung	Verengung

Beispiele für den Antagonismus von Sympathikus und Parasympathikus (n. Clara).

MEMO!

Der Sympathikus unterstützt die Aktivitäten des Körpers, während der Parasympathikus für Erholung und Schonung sorgt.

Das vegetative Nervensystem durchsetzt alle Organe und stellt damit ein feinverzweigtes Nervengespinst dar. Der Sympathikus verläuft im Brust-Bauch-Raum vor der Wirbelsäule. Ein Teil davon ist der *Grenzstrang*, der aus Ganglien (Nervenknoten) besteht. In den Bahnen bestimmter Hirnnerven sowie den im Kreuzbeinbereich austretenden Nerven verläuft der Parasympathikus. Sein wichtigster Teil befindet sich im X. Hirnnerv (*Vagus*). Der Vagus versorgt insbesondere die Eingeweidemuskulatur.

11.2. Endokrines System

Im Gegensatz zu den exokrinen Drüsen (wie z. B. der Ohrspeicheldrüse), die ihr Sekret durch einen Gang in die Mundhöhle, den Darm oder an andere Häute oder Schleimhäute abgeben, treten die von den endokrinen Drüsen (Hormondrüsen) produzierten Hormone ohne Ausführungsgang direkt aus der Zelle ins Blut über.

Durch die Hormone der endokrinen Drüsen werden andere Hormondrüsen oder Organe des Körpers in ihrer Tätigkeit beeinflusst.

11.2.1. Hirnanhangsdrüse (Hypophyse)

Sie liegt, knöchern geschützt, auf dem Schädelgrund im Türkensattel und besteht aus den ineinander geflochtenen, in ihrer innersekretorischen Wirkung getrennten Vorder-, Mittel- und Hinterlappen. Über einen Stiel ist sie mit dem Zwischenhirn (Hypothalamus) verbunden. In diesem Stiel verlaufen Kapillargefäße, die vorwiegend zum Vorderlappen ziehen, und Nervenbahnen, die vorwiegend zum Hinterlappen führen.

Die vegetative Steuerung der Hypophyse erfolgt vom Gehirn aus. Die Hypophyse ist der »Dirigent« aller anderen innersekretorischen Drüsen.

11.2.2. Schilddrüse

Sie liegt an der Halsvorderseite dicht unterhalb des Kehlkopfes und besteht aus zwei Lappen, die durch einen Drüsensteg in Höhe des 3. und 4. Luftröhrenringes verbunden sind. Die Hormonausschüttung wird zentral vom Hypothalamus über den

▶ *Übersicht über Hormonorgane*

ORGAN		HORMON(E)
Zirbeldrüse		Melatonin
Hirnanhangsdrüse		
Vorderlappen		ACTH, STH, TSH, FSH, LH, LTH
Mittellappen		MSH
Hinterlappen		Oxytozin, Adiuretin
Schilddrüse		Thyroxin, Calcitonin
Nebenschilddrüse		Parathormon
Langerhanssche Inseln		Insulin, Glukagon
Nebenniere	Mark	Noradrenalin, Adrenalin
	Rinde	Mineralokortikoide, Glukokortikoide, Androkortikoide
Keimdrüsen	Hoden	Testosteron
	Eierstock	Follikel-Hormon, Corpus-luteum-Hormon

Vorderlappen der Hypophyse gesteuert und hängt von einer ausreichenden Jodzufuhr aus der Nahrung ab.

In der Schilddrüse werden folgende Hormone gebildet:

- **Thyroxin** (T 4), **Trijodthyronin** (T 3)
  Sie steigern den Stoffwechsel, erhöhen den Grundumsatz und fördern das Wachstum.
- **Calcitonin**
  Es regelt zusammen mit dem Parathormon den Kalziumstoffwechsel

11.2.3. Nebenschilddrüse

Zu beiden Seiten der Schilddrüse liegt die Nebenschilddrüse, die aus 3 bis 4 Epithelkörperchen besteht. Hormon: *Parathormon*. Es reguliert den Kalk- und Phosphorstoffwechsel und beeinflusst damit die Knochenstruktur, die Funktion des vegetativen Nervensystems, die Blutgerinnung, den Muskel- und Herzmuskeltonus. Es ist ein Antagonist zum *Calcitonin*. Parathormon hebt den Kalziumblutspiegel, Calcitonin senkt ihn.

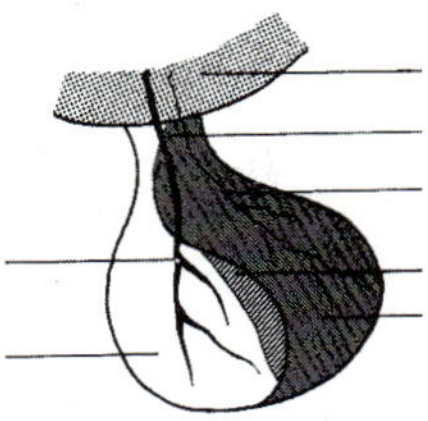

▲ *Die Hirnanhangsdrüse (Hypophyse) mit Vorder- und Hinterlappen und den zuführenden Blutgefäßen und den versorgenden Nerven.*

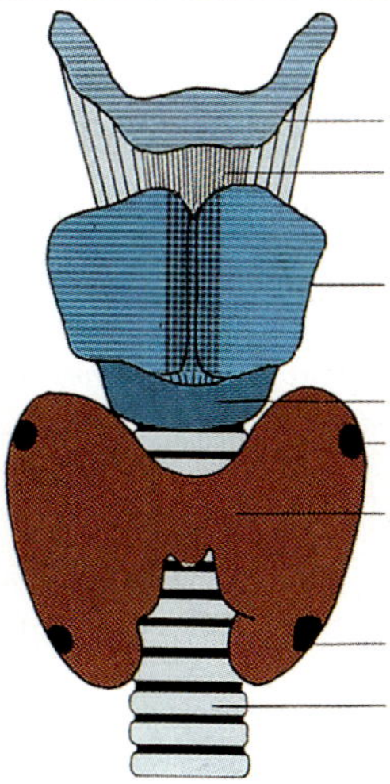

◀ *Schilddrüse mit Nebenschilddrüsen (Epithelkörperchen).*

HYPOPHYSENVORDERLAPPEN	
ACTH	Adrenocorticotropes Hormon, das die Nebennierenrinde steuernde Hormon
STH	Somatotropes Hormon, stoffwechsel- und wachstumsteuerndes Hormon
TSH	Thyreotropes Hormon, schilddrüsensteuerndes Hormon
FSH	Follikelstimulierendes Hormon, Steuerung der Samenbildung im Hoden und der Hormonbildung im Eierstock
LH	Luteinisierungshormon, Steuerung der Hormonbildung im Hoden und Eierstock
LTH	Luteotropes Hormon (= Prolaktin), milchproduktionsteuerndes Hormon
HYPOPHYSENMITTELLAPPEN	
MSH	Melanozytenstimulierendes Hormon, fördert die Pigmentbildung
HYPOPHYSENHINTERLAPPEN	
Oxytozin	wirkt auf Gebärmutter am Ende der Schwangerschaft, auf die Milchproduktion
Adiuretin	beeinflusst und steuert die Wasserrückresorption in der Niere

◀ *Hypophysenhormone.*

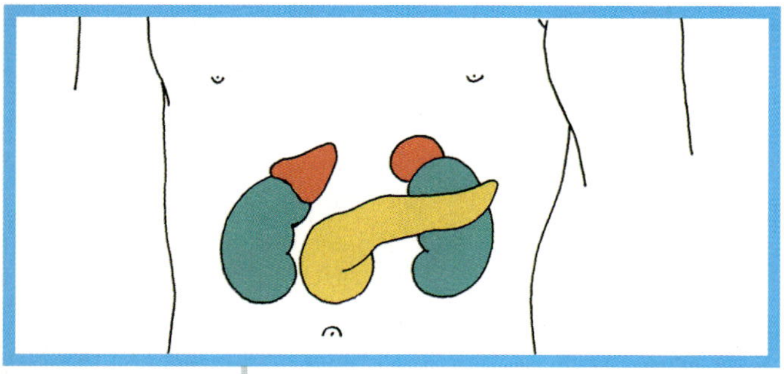

▲ *Nebennieren (rot) und Bauchspeicheldrüse (gelb) mit Langerhansschen Inseln (nicht sichtbar). Die Nieren sind türkis dargestellt.*

11.2.4. Langerhanssche Inseln (in der Bauchspeicheldrüse)

Bei den Langerhansschen Inseln handelt es sich um besondere Zellhaufen innerhalb der Bauchspeicheldrüse. In ihnen wird das Hormon *Insulin* und das *Glukagon* gebildet. *Insulin* entsteht in den B-Zellen und steuert die Glukosemenge im Blut. Bei Insulinmangel steigt der Blutzucker (Diabetes mellitus, Zuckerkrankheit). *Glukagon* wird in A-Zellen gebildet. Es ist ein Antagonist zum Insulin.

11.2.5. Nebennieren

Jedem oberen Nierenpol liegt eine Nebenniere, bestehend aus Mark und Rinde, kappenförmig auf. Die Nebennierenrinde wird von der Hypophyse inkretorisch gesteuert.

11.2.6. Keimdrüsen (Gonaden)

Hoden (Testis)
In den *Leydigzellen* des Hodens wird unter dem Einfluss des entsprechenden Hypophysenvorderlappenhormons das *Testosteron* gebildet. Testosteron ist für die Entwicklung der typisch männlichen Merkmale während der Pubertät, wie z. B. Bartwuchs und Stimmbruch, verantwortlich.

Eierstock (Ovar)
Während der ersten Hälfte des Menstruationszyklus bilden die Follikel im Eierstock unter dem Einfluss des FSH das *Follikelhormon* (Östrogen). Es bewirkt u. a. einen Wiederaufbau der Schleimhaut in der Gebärmutter nach der Menstruation *(Proliferationsphase).*

In der zweiten Hälfte des Zyklus bildet das Corpus luteum unter Einfluss von LH das *Corpus-luteum-Hormon* (Gelbkörperhormon, Progesteron). Es bewirkt u. a. eine Auflockerung und Durchsaftung der Gebärmutterschleimhaut *(Sekretionsphase).*

HORMONE DES NEBENNIERENMARKES (genannt Katecholamine)	
Noradrenalin	steigert den Blutdruck durch Einfluss auf die glatte Muskulatur der Gefäße
Adrenalin	verändert den Blutdruck durch Einfluss auf das Herz, führt zur Anhebung des Blutzuckers

HORMONE AUS DER NEBENNIERENRINDE (genannt Kortikosteroide)	
Mineralokortikoide	(z. B. Aldosteron) regeln das Gleichgewicht von Natrium- und Kaliumsalzen im Körper durch Zurückhalten von Natriumsalzen (Natrium-Retention)
Glukokortikoide	heben den Blutzuckerspiegel an (fördern z. B. den Umbau von Eiweiß in Zucker), Kortison und Hydrokortison wirken entzündungshemmend
Androkortikoide	sind männlich prägende Hormone

Zum Wiederholen und Lernen.

MEMO!

WICHTIGES ZUM MERKEN

Die **drei Hirnhäute** (Meningen) heißen von außen nach innen: harte Hirnhaut, Spinngewebehaut, weiche Hirnhaut.

Im Inneren des Gehirns befindet sich ein Hohlraumsystem **(Ventrikelsystem)**, das mit Liquor gefüllt ist.

Der **Liquor** (korrekt: Liquor cerebrospinalis, Hirn-Rückenmarks-Wasser) wird in einem Adergeflecht der Seitenventrikel des Gehirns produziert.

Die **Hirnrinde** ist der Sitz des Bewusstseins. In Zentralwindungen befinden sich u. a. die Zentren für Empfindung, Bewegung, Sprache.

Reflexe sind immer gleichartig ablaufende unwillkürliche Reaktionen auf einen bestimmten Reiz.

Bei **Eigenreflexen** sind der Reizort und das Erfolgsorgan identisch (z. B. Patellarsehnenreflex: Musculus quadriceps femoris), bei **Fremdreflexen** nicht (z. B. Bauchdeckenreflex: Reizort Bauchhaut, Erfolgsorgan Bauchmuskulatur).

Spinalnerven verlassen die Wirbelsäule durch die Zwischenwirbellöcher.

Das **vegetative Nervensystem** ist vom Willen nicht beeinflussbar und besteht aus zwei antagonistisch arbeitenden Teilen, dem Sympathikus und dem Parasympathikus.

Der **Sympathikus** unterstützt die Aktivitäten des Körpers, während der **Parasympathikus** für Erholung und Schonung sorgt.

Die **Hirnanhangsdrüse** (Hypophyse) liegt auf dem Türkensattel der Schädelbasis. Sie produziert zahlreiche Hormone, die ihrerseits andere Hormondrüsen steuern (z. B. ACTH – Nebennierenrinde, TSH – Schilddrüse) oder direkt auf Organe (z. B. Oxytoxin – Gebärmutter, Adituretin – Niere) einwirken.

Die **Schilddrüse** steigert den Stoffwechsel (Thyroxin) und senkt den Kalziumblutspiegel (Calcitonin). Die Nebenschilddrüse reguliert den Kalk- und Phosphorstoffwechsel mit dem Parathormon (Anheben des Kalziumblutspiegels).

Die **Langerhansschen Inseln** befinden sich eingesprenkelt in der Bauchspeicheldrüse und regeln den Blutzuckerspiegel durch Insulin (aus B-Zellen, Senkung) und Glukagon (aus A-Zellen, Anheben).

Die **Hormone des Nebennierenmarks** sind Adrenalin (Anhebung Blutzucker, Veränderung Blutdruck) und Noradrenalin (Blutdrucksteigerung), die der Nebennierenrinde die Kortikosteroide (z. B. die entzündungshemmend wirkenden Glukokortikosteroide Kortison und Hydrokortison).

EINIGE FRAGEN ZUM ÜBEN

Wo liegt das Rückenmark?

Beschreiben Sie die das Gehirn umgebenden Hirnhäute!

Welche Aufgaben hat die Hirnrinde?

Beschreiben Sie das verlängerte Rückenmark!

Beschreiben Sie die Lage des Rückenmarks!

Wie ist ein Nerv aufgebaut?

Wie unterscheiden sich »Bewegungsnerven« von »Empfindungsnerven«.

Was wird unter einem »Reflexbogen« verstanden, wie funktioniert er?

Nennen Sie Beispiele für Eigen- und Fremdreflexe!

Wie unterscheidet sich das vegetative vom übrigen Nervensystem?

12. Verbindung mit der Umwelt

*Die **Haut** begrenzt den Körper nach außen, schützt ihn vor schädlichen Umwelteinflüssen und Krankheitserregern und ist an der Wärmeregulation sowie Ausscheidung von Wasser und Stoffwechselabbauprodukten beteiligt.*
*Die **Sinnesorgane** nehmen die Eindrücke der Außenwelt auf und leiten sie über Nervenbahnen dem Gehirn zu, damit wird die Beziehung zwischen Umwelt und Mensch hergestellt.*
Man unterscheidet folgende Sinnesorgane:

- *Sehorgan (Auge)*
- *Hörorgan (Ohr)*
- *Gleichgewichtsorgan (Innenohr)*
- *Geschmacksorgan (Zunge)*
- *Geruchsorgan (Nase)*
- *Sensibilitätsorgane (Haut, Muskeln, Sehnen).*

ZIELE DES RAHMENLEHRPLANS

- **Bau und Funktion der Haut erläutern**
- **Bau und Funktion von Sinnesorganen beschreiben**

12.1. Hautorgan

12.1.1. Haut (Derma)

Die Haut ist Deck- und Schutzorgan des Körpers; sie hüllt ihn von außen ein, während die Schleimhäute für die innere Auskleidung sorgen. Die Haut bietet Schutz vor Kälte, Hitze und Eintrocknung und wehrt ankommende Keime ab. Sie ist mit Nervenfasern dicht durchsetzt, insbesondere vorn Empfindungsnerven mit Tastkörperchen, die Kälte, Wärme und Druckeinwirkung zu unterscheiden vermögen. Die Wärmeregulation des Körpers wird weitgehend von den Blutgefäßen der Haut und von ihrem Absonderungsvermögen (Schweiß, Talgdrüsen, Salze) gesteuert. Zur Haut gehören die Anhangsgebilde Drüsen, Haare, Nägel.

Weiterhin ist die Haut ein Aufnahme- und Absonderungsorgan (z. B. Medikamenten- und Sauerstoffaufnahme, Kohlendioxidabgabe) und Stoffwechselorgan (Umwandlung von Provitaminen, Vitamin D). Pigmentbildung führt zum Schutz gegen Sonnenstrahlen.

Die Haut besteht aus mehreren Schichten:

- *Oberhaut (Epidermis)*

Sie ist aus mehreren Schichten von Epithelzellen (*verhorntes Plattenepithel*) aufgebaut, welche sich in der äußersten Schicht laufend abstoßen und aus der Keimschicht ergänzen, so dass Verletzungen der Oberhaut immer wieder ausheilen können, während tiefere Verletzungen nur mit Narbenbildung heilen.

Die Oberhaut hat die Aufgabe des Schutzes gegen Druck, Eintrocknung, Eindringen von Krankheitskeimen; sie kann verhornen. Ihre tiefste Schicht ist die Pigmentschicht, die weitgehend die Hautfarbe bestimmt.

- ***Lederhaut (Corium)***

Sie beherbergt Nervenkörperchen für die Tast-, Wärme- und Kälte- sowie die Druckempfindung. Elastische Fasern erlauben eine große Dehnungsfähigkeit.

Schnitt durch die Haut. In der linken Hälfte der schematischen Zeichnung sind die drüsigen Anteile, in der rechten Hälfte die nervlichen Anteile dargestellt.

▪ *Unterhaut (Subkutis)*
Sie besteht vor allem aus Fett- und Bindegewebe. Eingelagert sind Gefäß- und Lymphkapillaren für Ernährung und Abtransport von Stoffwechselschlacken und Schweißdrüsen zur Wasserabgabe und Talgdrüsen zum Wärmeschutz und zum Geschmeidigmachen der Haut.

12.1.2. Schleimhäute (Mukosa)

Schleimhäute kleiden den Körper innen aus, begrenzen also die Hohlräume der Organe. Es handelt sich um dünne, Schleim und Sekrete produzierende Schichten. Sichtbare Schleimhäute: z. B. Bindehaut (am Auge), Nasenschleimhaut, Lippenschleimhaut, Überzug vom Zahnfleisch, am After, an der Scheide. Unsichtbare Schleimhautauskleidungen: z. B. Rippenfell (Auskleidung des Brustraums von innen), Lungenfell (Umkleidung der Lungen), Bauchfell (Auskleidung der Bauchhöhle), Darmschleimhaut, Schleimhaut der ableitenden Harnwege, Harnröhrenschleimhaut.

12.1.3. Hautanhangsgebilde

Hautdrüsen

Nach ihren besonderen Sekreten werden Schweiß-, Duft-, Talg- und Brustdrüsen unterschieden.

Schweißdrüsen kommen in allen Hautbezirken vor. Es gibt insgesamt etwa 2 Millionen.

Das Verdunsten von Schweiß dient der Wärmeregulation, auch werden durch Schweiß Stoffe ausgeschieden (z. B. Kochsalz). Deswegen muss bei starkem Schwitzen auf ausreichende Kochsalzzufuhr geachtet werden. Schweiß bildet einen Säureschutzmantel der Haut gegen Krankheitserreger.

Duftdrüsen gibt es nur an wenigen Stellen (Achselhöhlen, Genitalbereich). Die Tätigkeit der Duftdrüsen beginnt in der Pubertät.

Talgdrüsen befinden sich meistens an den Haarbälgen. Ihr Talg macht Haut und Haare geschmeidig.

Haare

Haare bestehen aus Haarschaft und Haarwurzel. Charakteristische Behaarungen gibt es am Kopf (*Schädelhaare*), über den Augen (*Augenbrauen*), an den Lidern (*Wimpern*), an den Backen und am Kinn (*Bart*), an der Brust, der Scham und an den Beinen. Die Haare werden von Blutgefäßen ernährt, die zur *Haarpapille* ziehen. Die Wachstumszone der Haarwurzeln ist kolbig verdickt (*Haarzwiebel*). Der darüber befindliche Haarschaft ist von einem Haartrichter umhüllt, in den Talgdrüsenausgänge münden. Dicht oberhalb der Haarzwiebel setzt der *Haaraufrichtemuskel* an, der bei Kälte (*Gänsehaut*) aktiv wird.

Nagel mit Nagelfalz.

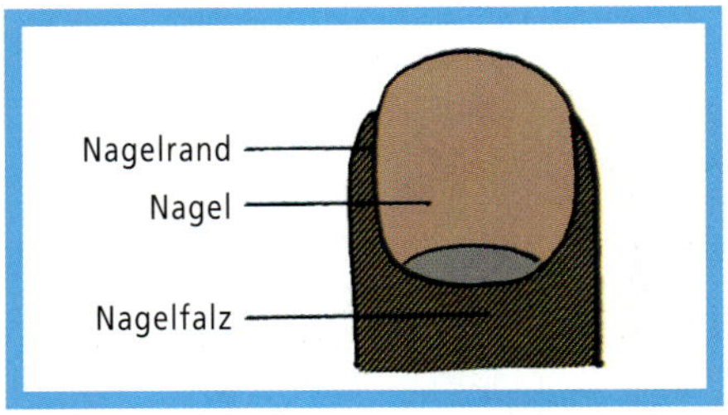

Nägel

Jeder Finger und jede Zehe ist am Ende mit einem Nagel bedeckt. Er wächst als Hornplatte am Nagelfalz aus der Nagelwurzel. Sein Wachstumsursprung ist das Nagelbett. Er dient dem Schutz der Finger- und Zehenglieder.

12.2. Sehorgan (Auge)

Durch das Sehen werden von außen eintreffende Lichtempfindungen aufgenommen. Das Sehorgan verarbeitet diese optischen Reize. Es besteht aus zwei Augäpfeln mit ihren Bewegungsmuskeln, den Sehnerven mit den zugehörenden Gehirnnervenbahnen. Die Augen dienen dem Sehen (Erfassen der Formen, Bewegungen, Farben, von Helligkeit und Dunkelheit). Sie liegen geschützt in der knöchernen Augenhöhle.

12.2.1. Schutz- und Hilfsorgane des Auges

Augenlider und Augenbrauen

Das Auge wird vorn von den Augenlidern (Ober-, Unterlid) geschützt. Diese werden von den ringförmigen Augenlidmuskeln bewegt. Die Öffnung zwischen Ober- und Unterlid heißt Lidspalte.

Die Augenbrauen befinden sich an der unteren Stirngrenze und dienen dem Schutz gegen Staub und Schweiß.

Tränenapparat

Die seitlich unter dem Oberlid befindliche Tränendrüse hat 10 bis 15 Ausführungsgänge, aus denen Tränenflüssigkeit quillt, um die Hornhaut dauernd feucht zu halten und Staubteile, kleine Fremdkörper oder Insekten auszuschwemmen. Die Feuchtigkeit, vermengt mit Fett aus Drüsen, wird durch den Lidschlag verteilt. Die Flüssigkeit nimmt ihren Weg zu dem inneren Augenwinkel hin. Dort befinden sich die Tränenpunkte, der Beginn der Tränenröhrchen, welche sich zum Tränensack vereinigen, aus dem der Tränen-Nasen-Gang abgeht und in den unteren Nasengang mündet.

Augenmuskeln

Augenmuskeln bewegen den Augapfel so, dass ein gleichsinniges, beidseitig aufeinander abgestimmtes Sehen möglich ist. 4 gerade Augenmuskeln bewegen das Auge nach rechts und links, nach oben und unten; 2 schräge Augenmuskeln führen die Schrägbewegungen des Augapfels durch. Parallelstand der Augen und beidseitig parallele Augenbewegungen werden zentral durch das Gehirn gesteuert.

12.2.2. Augapfel (Bulbus oculi)

Hüllen des Auges

Der Augapfel ist ein kugeliges Organ, das aus mehreren Schichten besteht:

- Lederhaut (Sklera) die äußere Hülle des Auges, vorn weiß mit durchsichtiger Hornhaut (Cornea)
- Aderhaut (Chorioidea) die mittlere Hülle des Auges mit Ziliarkörper und vorn Regenbogenhaut (Iris)
- Innere Haut mit Pigmentepithel und Netzhaut (Retina)

Das Innere des Auges

Vordere Augenkammer

Hinter der durchsichtigen Hornhaut liegt *die vordere Augenkammer*, die augeninnenwärts von *Linse* und *Regenbogenhaut (Iris)*

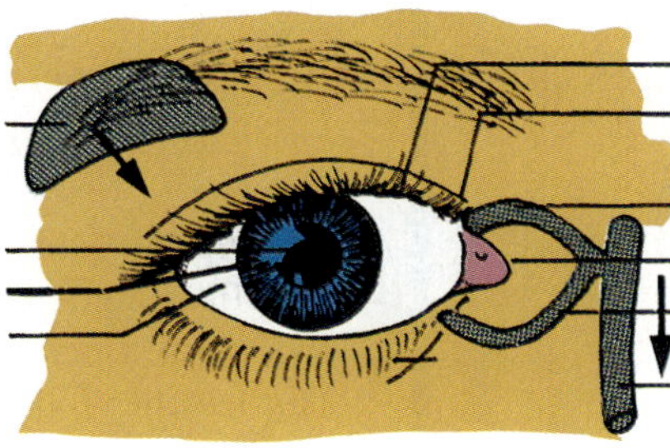

Die Augenbedeckung, die Tränendrüse und der Tränenkanal mit Tränensack.

begrenzt wird. Das in ihr befindliche Kammerwasser stammt aus Blutgefäßen der Aderhaut und des Linsenhalteapparates und fließt durch den *Schlemmschen Kanal* in die Blutgefäße (Kammerwasservenen) ab.

Linse, Ziliarkörper, Regenbogenhaut

Die Augenlinse ist ein glasklarer Körper, beiderseits konvex geformt. Sie ragt mit ihrem vorderen Teil in die vordere Augenkammer, mit ihrem hinteren Teil in den Glaskörper und wird allseits schwebend von *Strahlenkörperfasern* (*Ziliarfasern*) gehalten. Der *Ziliarkörpermuskel* steuert die Linsenkrümmung; bauchig wird sie beim Nahsehen, flach beim Sehen in die Ferne. Das Anpassen der Krümmungsfläche der Linse an die Erfordernisse des Sehens heißt *Akkommodation*.

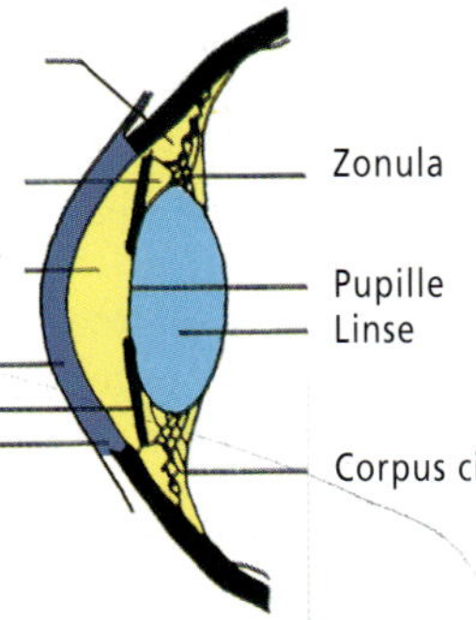

Vorderer Teil des Augapfels.

Die *Linse* sammelt die ankommenden Lichtstrahlen und projiziert sie auf die Netzhaut. Die Vorderseite der Linse wird allseitig ringförmig von der Regenbogenhaut so bedeckt, dass in der Mitte die *Pupille* als Blende bleibt; die Regenbogenhaut ist ein vom vegetativen Nervensystem gesteuerter Muskel (Pupillenspiel); in sie sind Farbstoffe eingelagert.

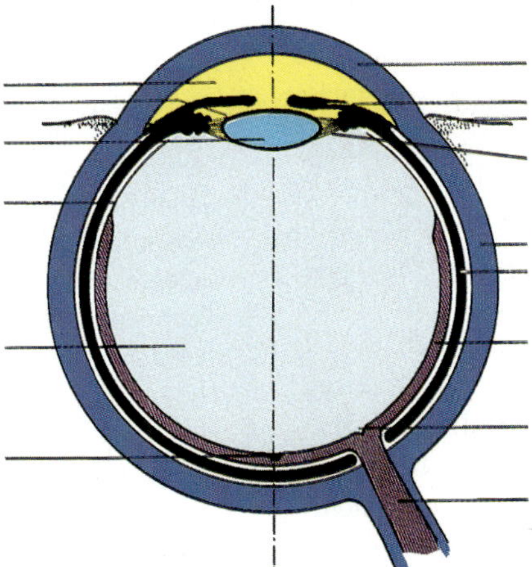

Schnitt durch das Auge, von oben gesehen. Die Augachse ist durch eine unterbrochene Linie angedeutet.

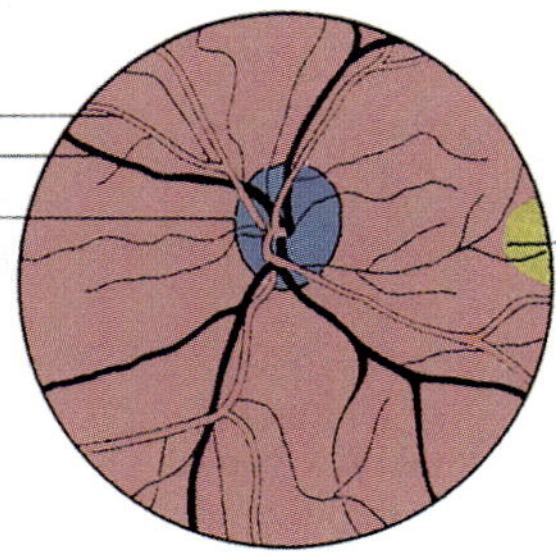

▲ *Augenhintergrund.*

Glaskörper
Hinter der Linse befindet sich der Glaskörper, eine gallertartige, durchsichtige Masse, die den Augapfel ausfüllt.

Augenhintergrund
Der Augenhintergrund besteht aus der *Netzhaut* und der *Aderhaut,* die von Blutgefäßen spiralig durchzogen sind.

Netzhaut. Sie dient der Aufnahme des in das Auge einfallenden Lichtes und der Umwandlung in Nervenimpulse, die über den *Nervus opticus* dem Gehirn zugeleitet werden.

Mit Hilfe des Augenspiegels kann der Augenhintergrund genau betrachtet werden. Es gibt keine Stelle am Körper, an der der Arzt sich so verhältnismäßig einfach ein Bild über Veränderungen an Blutgefäßen machen kann.

Besonders auffällig ist beim Betrachten der Netzhaut der so genannte *Blinde Fleck,* der Austrittspunkt des Sehnervs. An dieser Stelle besteht Blindheit, da dort die Sinneszellen für die Umwandlung von Licht in Nervenimpulsen fehlen.

Der *Gelbe Fleck* ist die Stelle des schärfsten Sehens. Dies ist dadurch begründet, dass sich an dieser Stelle *Zäpfchen* befinden.

Stäbchen und *Zäpfchen* sind die Reizempfänger (Rezeptoren) der Netzhaut. Sie ermöglichen die Aufnahme des Lichtreizes. Hierbei besteht zwischen beiden eine Spezialisierung. Stäbchen sind besonders geeignet für das Dämmerungs- und Nachtsehen, während Zäpfchen besonders das Farbsehen ermöglichen.

Adaptation
Unter Adaptation wird die Anpassung des Auges an unterschiedliche Lichtverhältnisse verstanden. Dies geschieht durch Veränderungen in verschiedenen Bereichen des Auges wie der Änderung der Pupillenweite und der Empfindlichkeit der Netzhaut sowie dem Übergang vom Zapfen- auf Stäbchensehen (oder umgekehrt)

Funktion des Auges
Die aus der Umwelt in Form von Lichtstrahlen auf das Auge treffenden Eindrücke nehmen ihren Weg durch Hornhaut, vordere Augenkammer, Linse, Glaskörper und treffen auf die Netzhaut. Dort entsteht ein umgekehrtes Bild, das durch komplizierte Vorgänge im Gehirn aufrecht erfasst wird. Die gesunde Netzhaut nimmt das Außenbild in einem bestimmten Gesichtsfeld wahr; dieses hat ein natürliches »Loch«, welches dem blinden Fleck entspricht. Ist das Gesichtsfeld krankhaft eingeengt (z. B. bei *Glaukom*), sieht der Betreffende in gewissen Gesichtsfeldbezirken nichts. Die Feststellung des Umfangs des Gesichtsfeldes erfolgt durch die Gesichtsfelduntersuchung (*Perimetrie*). Die Gefäßversorgung der Augen erfolgt durch die Augenschlagader, von der die zentrale Netzhautarterie abzweigt.

12.3. Hör- und Gleichgewichtsorgan (Ohr)

Übersicht

Durch die Fähigkeit des Hörens werden Geräusche und Töne für den Menschen wahrnehmbar. Das Hör- und Gleichgewichtsorgan setzt sich zusammen aus äußerem Ohr, Mittelohr, Innenohr. Das Ohr dient dem Hören, sein Innenohrteil außerdem der Gleichgewichtsempfindung.

12.3.1. Äußeres Ohr

Das äußere Ohr besteht aus der Ohrmuschel und dem äußeren Gehörgang. Die

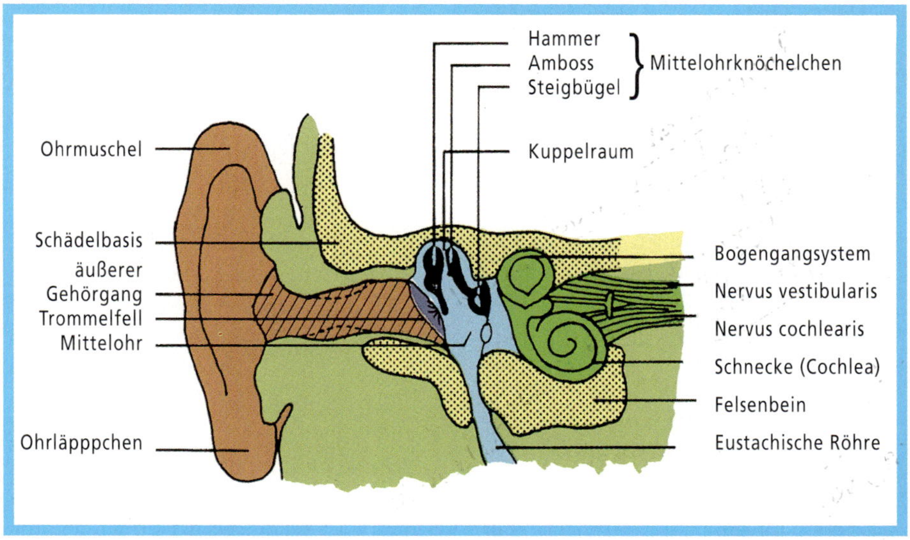

Schematischer Querschnitt durch Gehörgang, Trommelfell, Mittelohr und Innenohr.

Ohrmuschel ist ein Knorpel und dient dem Auffangen der Schallwellen, die in den äußeren Gehörgang und an das Trommelfell fortgeleitet werden. Der äußere Gehörgang hat einen an die Ohrmuschel angrenzenden knorpeligen Vorderteil und einen in der Felsenbeinpyramide der Schädelbasis gelegenen knöchernen Teil. Er ist mit Haut ausgekleidet, die Borstenhaare trägt und in Drüsen Ohrenschmalz (*Cerumen*) produziert.

Trommelfell

Es bildet den Abschluss des äußeren Gehörgangs und stellt eine sehnig-bindegewebige Trennwand zur Paukenhöhle des Mittelohrs dar. Es wird durch Schallwellen in Schwingungen versetzt. Die Schwingungen werden auf die *Gehörknöchelchen* übertragen, von denen der *Hammer* an der Innenseite des Trommelfells mit dem *Hammergriffende* ansetzt.

Der Trommelfellspannmuskel hält das Trommelfell in federnder Spannung.

12.3.2. Mittelohr

Das Mittelohr geht in die lufthaltigen Zellen des *Warzenfortsatzes* über. Es liegt geschützt innerhalb des Felsenbeins. Zwischen dem Mittelohr und dem Rachen verläuft die *Ohrtrompete (Tuba auditiva);* sie dient dem Druckausgleich zwischen der Paukenhöhle und der Außenluft.

Paukenhöhle

Ein lufthaltiger Raum mit zwei Verbindungen; die eine zum Druckausgleich mit dem Rachen (*Eustachische Röhre, Ohrtrompete*), die andere zu den Luftkammern des Warzenfortsatzes. Der oberste Teil der Paukenhöhle ist der Kuppelraum. In der Paukenhöhle befinden sich drei Gehörknöchelchen *(Hammer, Amboss, Steigbügel),* die untereinander sehnig verbunden sind. Sie nehmen die an das Trommelfell gelangenden Schallwellen auf und geben sie über ein Fenster an das Innenohr weiter.

12.3.3. Innenohr

Das Innenohr liegt im Felsenbein eingeschlossen und dient als Hör- und Gleichgewichtsorgan. Es besteht aus dem häutigen und knöchernen Teil und wird wegen seines komplizierten Aufbaus auch Labyrinth genannt. Man unterscheidet *Vorhof* (Empfang der Schallwellen), *Schnecke* mit Gehörzellen (Gehörempfindung) und drei *Bogengänge* (statisches Organ, Gleichgewichtsorgan).

12.3.4. Funktion des Gehörorgans

Die auf das Trommelfell auftreffenden Schallwellen werden über die Gehörknöchelchen mit der Steigbügelplatte im ovalen Fenster auf die Flüssigkeit in der *Schnecke* des Innenohres übertragen. Hierdurch werden Sinneszellen im *Cortischen Organ* gereizt, Nervenimpulse entstehen, die dem Gehirn zugeleitet werden und zur Ton- und Geräuschwahrnehmung führen.

12.3.5. Funktion des Gleichgewichtsorgans

Neben der Schnecke gehört der *Vestibularapparat* zum Innenohr, der die Orientierung im Raum ermöglicht. Er besteht aus drei *Bogengängen* sowie zwei Säckchen (*Utriculus* und *Sacculus*). Die in den Bogengängen und den Säckchen befindlichen Sinneszellen reagieren auf Geschwindigkeitsänderungen, die Nervenimpulse auslösen. Die Geschwindigkeitsänderungen werden durch Bewegungen des Kopfes, aber auch des ganzen Körpers erzeugt, eine gleichmäßige Bewegung des gesamten Körpers wird nicht registriert. Die Nervenimpulse werden ebenfalls dem Gehirn zugeleitet.

12.4. Riech-, Geschmacks- und Sensibilitätsorgane

12.4.1. Riechorgan (Nase)

Das Geruchsorgan (*Riechzellen*) ist in der Schleimhaut der oberen Nasenmuschel und dem gegenüberliegenden Teil der Nasenscheidewand eingebettet. Von den Riechzellen gehen die Nervenfasern (*Riechfäden*) aus; sie ziehen nach oben durch die Siebbeinplatte zum Gehirn. Die Riechzellen nehmen gasförmige Duftstoffe wahr.

12.4.2. Geschmacksorgan

In die Zungenschleimhaut sind Geschmacksknospen eingelassen – knospig-schalenförmig aufgebaute Zellkomplexe. In ihnen liegen Stift- und Stützzellen (Sinneszellen). Die Geschmacksknospen haben eine Öffnung, in die Teile von Speisen und Getränken dringen. Von der Geschmacksknospe ziehen Nervenfäden (Teile des vegetativen Nervensystems) zum Gehirn. Jede Geschmacksqualität (süß, sauer, bitter, salzig) entspricht einem Zungenfeld. Neben den Geschmacksknospen verfügt die Zunge über Tastkörperchen ähnlich wie die Haut. Sie beherbergt auch Schmerzempfindungszellen und hat Gefühlsregionen für die Temperatur. Die Geschmacksempfindung wird auch über den Geruchssinn vermittelt. Dies erklärt den faden Geschmack bei Einschränkung des Geruchssinns wie z. B. Schnupfen.

12.4.3. Sensibilitätsorgane

Die Sensibilitätsorgane vermitteln *Tast-, Druck-, Temperatur- und Schmerzempfinden* aus der Haut und den Schleimhäuten *(Oberflächensensibilität)* sowie Muskel-, Sehnen- und Gelenkempfindungen aus den tieferen Organen *(Tiefensensibilität)*.

Im Durchschnitt befinden sich in einem Quadratzentimeter Haut 2 Wärme, 13 Kälte, 25 Druck- und 200 Schmerzpunkte. Die Verteilung der Sensibilitätsorgane ist in der Haut sehr unterschiedlich. Die Tiefensensibilität wird durch Muskel- und Sehnenspindeln übermittelt.

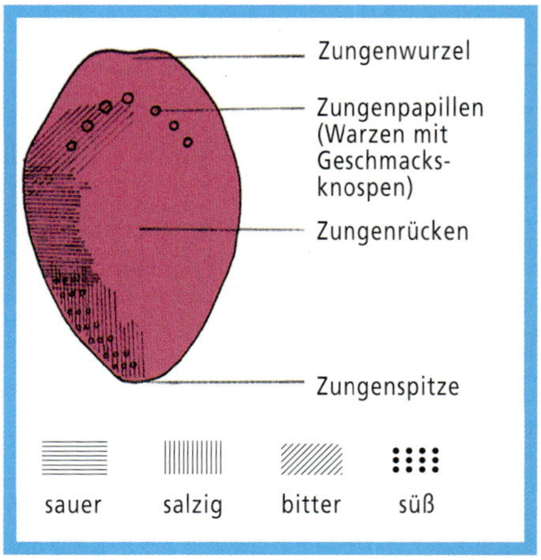

►► Geschmackszonen der Zunge.

MEMO!

Zum Wiederholen und Lernen.

WICHTIGES ZUM MERKEN

Die **Haut** begrenzt den Körper nach außen, schützt ihn und ist an Wärmeregulation sowie Ausscheidung beteiligt.
Sie besteht aus Oberhaut, Lederhaut und Unterhaut. **Hautanhangsgebilde** sind Hautdrüsen (Schweiß-, Duft- und Talgdrüsen), Haare und Nägel.

Hüllen des Auges sind die **Lederhaut** (vorn Hornhaut), die **Aderhaut** (vorn Regenbogenhaut) und die **innere Haut** (mit Netzhaut).

Die **vordere Augenkammer** liegt hinter der Hornhaut, vor Linse und Regenbogenhaut. Sie ist mit Kammerwasser gefüllt.

Die **Augenlinse** ist ein glasklarer, konvexer Körper, dessen Krümmung durch Muskeln (die Ziliarmuskeln) gesteuert wird.
Die Vorderseite der Linse wird ringförmig von der **Regenbogenhaut** bedeckt, wobei in der Mitte eine Öffnung, die Pupille, bleibt.

Änderungen der Pupillenweite sind Pupillenenge **(Miosis)**, Pupillenweite **(Mydriasis)**, verschieden weit geöffnete Pupillen **(Anisokorie)**.

Das **Hör- und Gleichgewichtsorgan** (Ohr) setzt sich aus dem äußeren Ohr, dem Mittelohr und dem Innenohr zusammen. Das Ohr dient dem Hören, sein Innenohranteil außerdem der Gleichgewichtsempfindung.

Das **Mittelohr** ist zum äußeren Ohr hin durch das **Trommelfell** begrenzt, es enthält die **Gehörknöchelchen** (Hammer, Amboss, Steigbügel). Mittelohr und Rachen werden durch die **Ohrtrompete** verbunden. Sie ermöglicht den Druckausgleich zwischen Mittelohr und Außenwelt.

EINIGE FRAGEN ZUM ÜBEN

Beschreiben Sie die Schichten der Haut!

Welche Aufgaben haben die Schleimhäute?

Nennen Sie die anatomischen Bestandteile des Haares!

Beschreiben Sie den Vorgang des Sehens!

Beschreiben Sie die Hüllen des Auges mit den zugehörigen besonderen anatomischen Gebilden!

Erläutern Sie den Vorgang der Akkomodation!

An welcher Stelle der Netzhaut ist schärfstes Sehen möglich?

Wie heißt die in der Netzhaut befindliche Austrittstelle des Sehnervs?

Welche Aufgaben hat das Trommelfell?

Beschreiben Sie Verlauf und Aufgaben der Ohrtrompete!

Beschreiben Sie Bau und Funktion des Gleichgewichtsorgans!

Womit wird der Geschmack wahrgenommen?

Wo befindet sich das Geschmacksorgan, welche Geschmacksqualitäten werden unterschieden?

UND ZUM SCHLUSS ETWAS SCHWERES!

Wie entsteht eine »Gänsehaut«?

Verwaltung in der Arztpraxis

Übergreifende Lernziele

- *Die Bedeutung der verwaltenden Tätigkeiten erkennen und die dafür erforderlichen Fähigkeiten und Kenntnisse anwenden*
- *Verantwortungsbewusstsein bei der Erfassung, Verarbeitung und Weitergabe von Informationen und Daten entwickeln*

Natürlich ist jede Arztpraxis auch ein kleiner Betrieb. Deswegen müssen die Regeln, die für die organisatorische und kaufmännische Seite von Betrieben in der Wirtschaft gelten, auch in der Praxis Anwendung finden, soweit sie übertragbar sind. Auf die Arzthelferin kommen in diesem Zusammenhang wichtige Aufgaben zu, die für die Grundlagen der Organisation, der Kommunikation und des Rechnungswesens unentbehrlich sind.

13. Praxisorganisation

ZIELE DES RAHMENLEHRPLANS

- Verfahren zur Führung einer Patientenkartei/-datei erläutern
- Grundlegende Verfahren der Personaleinsatzplanung erläutern
- Berufsbezogene Texte sprachlich und sachlich richtig formulieren und gestalten
- Einfache Textbausteine entwerfen und auf ihre organisatorische und schreibtechnische Verwendbarkeit überprüfen
- Regeln zur Vereinbarung und Erfassung von Terminen erläutern
- Verfahren zur Organisation der Patientenbetreuung darstellen
- Einsatzmöglichkeiten moderner Bürotechnologien in Grundzügen darstellen und an Beispielen deren Auswirkungen auf die Organisation der ärztlichen Praxis beschreiben
- Die Notwendigkeit besonderer Schutzbestimmungen für den Bereich der Datenverarbeitung erläutern

13.1. Organisation in der Arztpraxis

Bei der Organisation einer Arztpraxis sind viele Faktoren zu berücksichtigen. Im Vordergrund aller Überlegungen sollten bei der Festlegung organisatorischer Vorgänge die Bedürfnisse der Patienten stehen. Daneben sind u. a. die Einhaltung gesetzlicher und vertraglicher Bestimmungen, Arbeitszeitregelungen, Absprachen mit Mitarbeitern, Sprechstundenzeiten, medizinische Erfordernisse und wirtschaftliche Gesichtspunkte im Hinblick auf eine möglichst rationelle Erbringung von Leistungen von Bedeutung.

13.1.1. Organisationsprinzipien

Praxiskosten

Der Anteil der Praxisausgaben am Umsatz beträgt heute durchschnittlich über 50 Prozent, d. h. jede zweite Mark der Praxiseinnahmen wird wieder für Praxiskosten ausgegeben. Bei diesem Sachverhalt sind die in der ärztlichen Praxis noch vorhandenen Rationalisierungsreserven von besonderem Interesse, damit das seit Jahren zu beobachtende Ansteigen der Praxiskosten nach Möglichkeit abgeschwächt wird.

Organisation, Organisationsformen

Unter Organisation versteht man das Festlegen von Verhaltensweisen für häufig wiederkehrende, ähnliche oder gleichwertige Sachverhalte, die regelmäßig mit der Frage nach der

- Notwendigkeit
- Nützlichkeit
- Zweckmäßigkeit

überprüft werden sollten.

Durch folgende Möglichkeiten können Tätigkeiten in der Praxis gegebenenfalls rationalisiert werden:

- Kombination
- Vereinfachung
- Verminderung
- Wegfall

} (von Aufgaben)

Unter- und Überorganisation
In der ärztlichen Praxis ist der Ablauf der Tätigkeiten häufig durch ein hohes Maß an Improvisation bestimmt. Improvisieren ist eine Form der Unterorganisation, ein »Zu wenig« an praxisbezogenen Sachverhaltsregeln. Im Gegensatz dazu kann aber auch eine Überorganisation, ein »Zu viel« an praxisinternen Regelungen, zu unzweckmäßigen Festlegungen führen, so wie sie nicht selten bei Behörden gefunden wird.

Regeln für eine gute Organisation
- Mit gegebenen Mitteln den größtmöglichen Nutzen erzielen!
- Ein bestimmtes Ziel mit den geringsten Mitteln erreichen!

Planung der Praxisorganisation
Um eine möglichst gute Organisation in der Praxis zu erreichen, sind zunächst die Arbeitsabläufe unter Berücksichtigung einschränkender Faktoren, wie z. B. der Bedürfnisse der Patienten, des Arztes und der Mitarbeiter, zu analysieren. Erst danach kann eine erste Festlegung des Vorgehens bei wiederkehrenden Arbeitsabläufen erfolgen. Dabei muss auch die wirtschaftliche Leistungserbringung mit Hilfe moderner Techniken und eindeutiger Aufgabenverteilung unter den Mitarbeitern des Arztes Berücksichtigung finden. Es folgt die Erprobung der festgelegten Arbeitsabläufe und – falls sich die Neuregelungen bewähren – deren endgültige Einführung.

Die Planung und Festlegung organisatorischer Regelungen in einer Arztpraxis können nie Aufgabe allein der Arzthelferin sein. Sie kann aber dem Arzt durch ihre Erfahrung wertvolle Hinweise geben und mit ihren Vorschlägen viel Leerlauf und Improvisation abbauen helfen.

Kennzeichen einer guten Organisation in einer Arztpraxis
- Optimale Berücksichtigung der Belange der Patienten (führt zu zufriedenen Patienten)
- Wirtschaftlichkeit (Verminderung der Praxiskosten)
- Schnelle Abwicklung der Tätigkeiten (z. B. reibungsloser Ablauf der Sprechstunde, geringe Wartezeiten)
- Richtigkeit, Vollständigkeit (ordnungsgemäße Erledigung der Aufgaben ohne Beanstandungen)

◀ *Praxisorganisation optimal gestalten.*

13.2. Praxisgröße und -aufteilung

13.2.1. Praxisgröße

Die Größe einer Arztpraxis wird sich nach Fachgebiet des Arztes, besonderen Schwerpunkten (wie z. B. Allergologie, Psychotherapie, operative Eingriffe) sowie die Zahl der zu betreuenden Patienten u. ä. höchst unterschiedlich gestalten.

◀ *Platzbedarf ermitteln.*

Arztpraxen mit etwa 800 Patienten (Fällen) pro Quartal ohne besonders Geräte und Raum beanspruchende Schwerpunkte, mit wenigen Mitarbeitern könnten eine Größe zwischen 80–100 m^2 haben, große Spezialpraxen (Chirurgie, Orthopädie, Urologie, Röntgen) haben einen Raumbedarf von 200 m^2 und mehr. Nicht immer bieten vorhandene Räume die besten Möglichkeiten, die alltäglichen Arbeiten mit einem Minimum an Aufwand und einem Maximum an Nutzen zu gestalten. Trotzdem wird auf der nächsten Seite eine idealtypische Praxisaufteilung (nach R. R. Wolff) dargestellt, da viele Anforderungen oder Raumgegebenheiten in abgewandelter Form realisiert werden können.

◀ *Arbeitsabläufe analysieren.*

Beispiele einer Arztpraxis (WOLFF).
1,2 Empfangsraum und Anmeldung
2,3 Wartezimmer
4 Schreibzimmer, Administration
5,6 Sprechzimmer
7,8 Untersuchungszimmer
9 sonstiger Raum
10 Behandlungszimmer
11 Arbeitsplatz
12 Technische Räume
13 sonstiger Raum

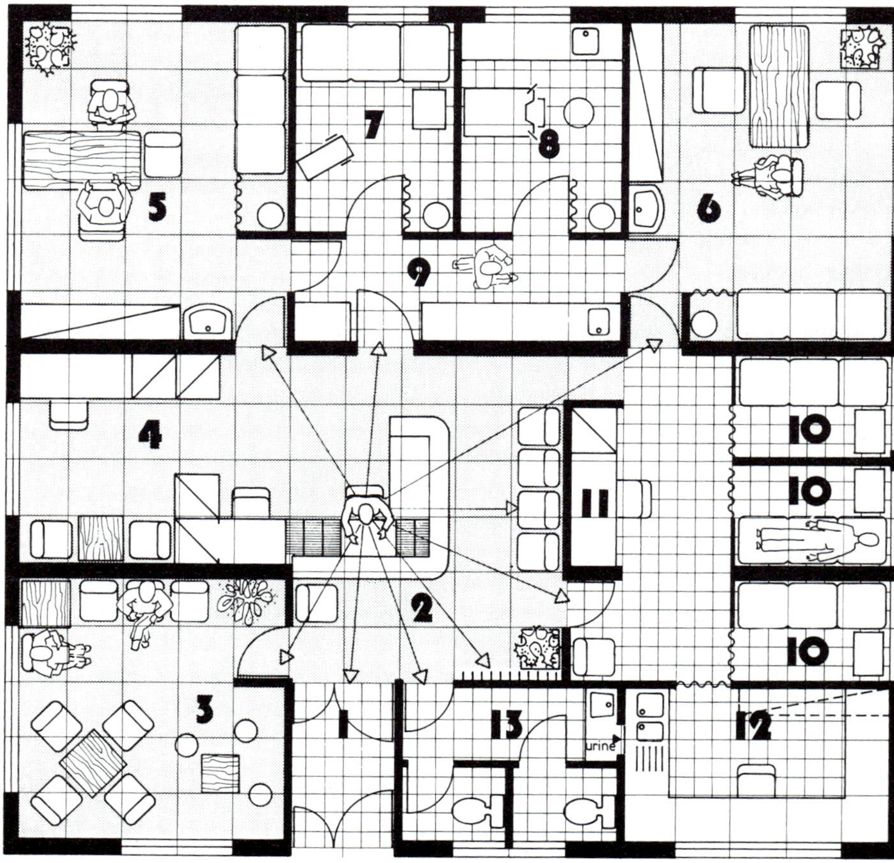

Beispiel für den Raumbedarf einer mittelgroßen allgemeinärztlichen Praxis

Sprechzimmer (2) zu je 16 m^2	32 m^2
Anmeldung – Verwaltung	20 m^2
Wartebereiche	12 m^2
Bestrahlung, Labor, Sonografie u. ä.	30 m^2
Personalraum	10 m^2
Nebenflächen (Flure, Toiletten)	20 m^2

Der Arztbereich

Neben den von Fach zu Fach unterschiedlichen speziellen Untersuchungen, die normalerweise außerhalb des üblichen Arzt-Patienten-Kontaktes zu gesondert festgelegten Zeiten durchgeführt werden, fallen für den Arzt folgende Tätigkeiten an:

- große Fälle mit Gespräch (Anamnese) und gründlicher Untersuchung
- kleine Fälle wie Injektionen, Blutentnahmen, Wundversorgung
- Unterschriften unter Formulare der Briefe, Korrespondenz, Gutachten

Für diese Zwecke hat der Arzt zwei Sprechzimmer. Schreibtisch, Schreibtischstuhl, ein direkt neben dem Schreibtisch stehender Patientenstuhl und ein weiterer Stuhl (für eventuell anwesende Angehörige) bilden den Bereich Beratung, eine Untersuchungsliege mit Funktionswagen den Bereich Untersuchung.

Der Patientenstuhl steht so neben dem Schreibtisch, dass der Arzt direkt Puls oder Blutdruck messen kann. Schreibtisch und Patientenstuhl sind so angeordnet, dass der Arzt bei Betreten des Raumes auf den Pati-

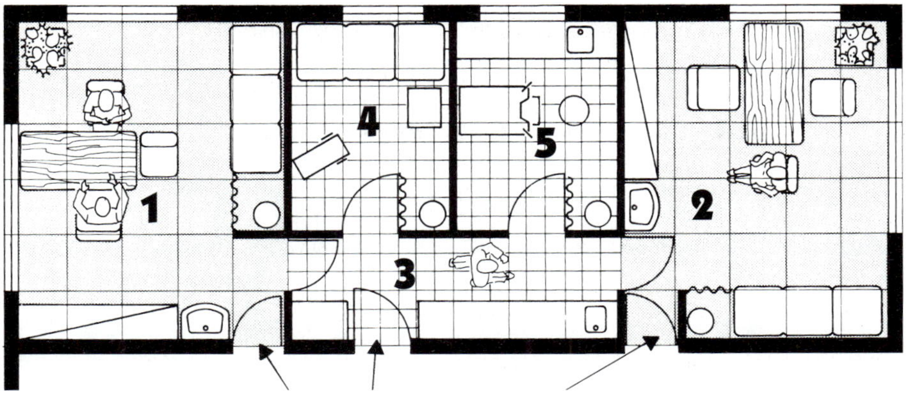

Sinnvolle Gestaltung des ärztlichen Bereichs: Sprechzimmer (1 und 2), verbunden durch einen Gang (3), von dem auch die Türen zu zwei Untersuchungszimmern (4 und 5) abgehen.

enten zugeht, die Untersuchungsliege mit Funktionswagen befindet sich gegenüber dem Beratungsbereich.

Zwischen den Sprechzimmern befinden sich Räume für spezielle Untersuchungen (z. B. EKG, Sonografie) und kleine Tätigkeiten (z. B. Injektionen, kleine Eingriffe, Verbandwechsel), alle Räume sind durch eine neutrale Zwischenzone (Flur), in der beim Wechseln von einem Raum in den anderen noch Unterschriften unter Formulare und andere Kleinigkeiten erledigt werden können, zu erreichen.

Der Patient wird durch die Arzthelferin in das jeweils freie Sprechzimmer geschickt. Er kann sich dort außerhalb der Wartezone schon auf das Gespräch mit dem Arzt vorbereiten. Auf dem Weg ins Sprechzimmer nimmt der Arzt die Karteikarte und kann sich so auch schon auf den Patienten einstellen. Muss der Patient sich ausziehen, wechselt der Arzt in das zweite Sprechzimmer, in dem ebenfalls ein Patient sitzt. Sind bei einem schon entkleideten Patienten spezielle Untersuchungen erforderlich, kann dieser, ohne sich wieder anziehen zu müssen, direkt in einen der Untersuchungsräume wechseln.

Für den Arzt ist eine solche beispielhaft dargestellte Regelung wegen der kurzen Wege und der geringen Zeitverluste vorteilhaft, auch die Patienten empfinden es als angenehm, sich auf das Gespräch mit dem Arzt nach dem Sitzen in der Wartezone einstellen zu können und beim Entkleiden für Untersuchungen nicht auf den wartenden Arzt Rücksicht nehmen zu müssen.

Als durchaus zweckmäßig kann sich erweisen, jedes Zimmer einer größeren Praxis mit einer Signalanlage auszustatten, die erkennen lässt, ob sich ein Patient bzw. der

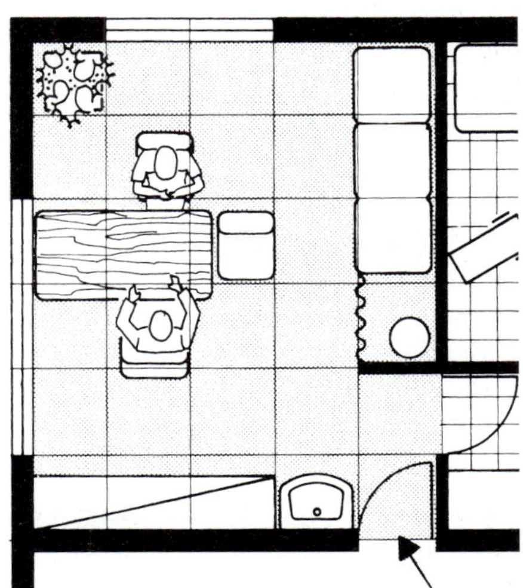

Typische Gestaltung eines Sprechzimmers: links Beratung und Dokumentation, rechts Untersuchung.

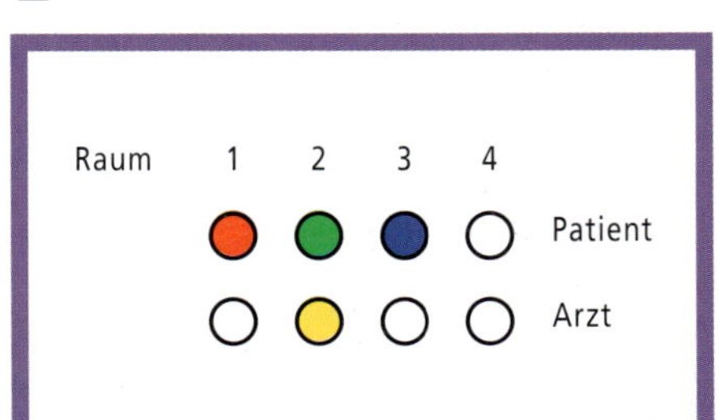

Signallampe: Lampen in den Zimmern signalisieren, ob sich ein Patient im jeweiligen Raum befindet, und wo der Arzt tätig ist. Im dargestellten Beispiel ist im Raum 4 kein Patient, der Arzt ist im Raum 2.

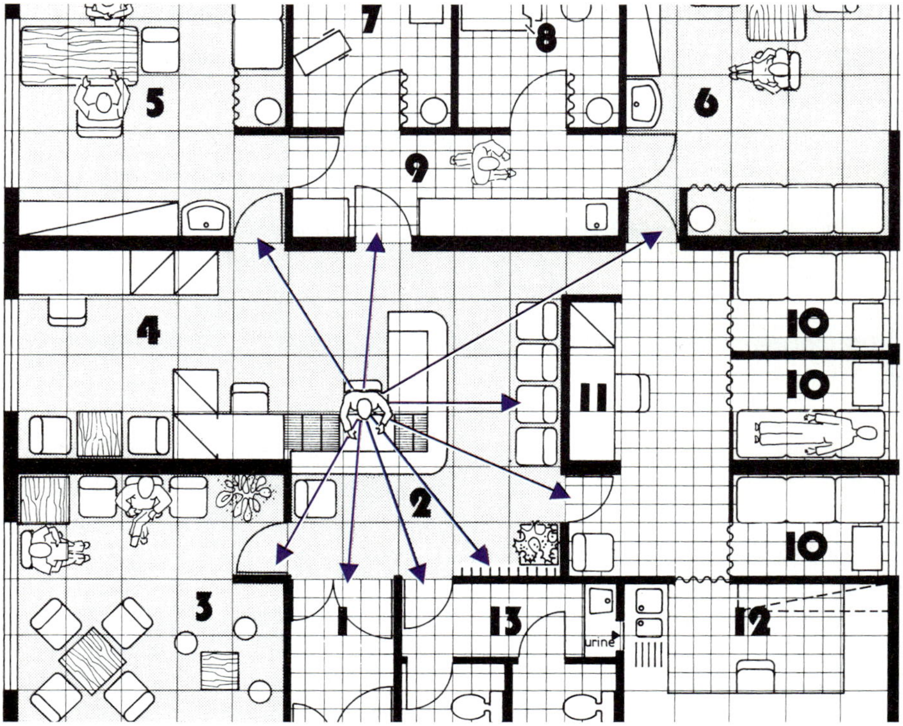

▶ *Empfang und Verwaltung: Die Arzthelferin hat alle Zugänge im Blick: Eingangsbereich (1), Aufenthaltsraum (3), Sprechzimmer (5 und 6), Untersuchungszimmer (7 und 8), Gang (9), Therapiekabinen (10), Arbeitsplatz (11), Labor (12), Toiletten mit Durchreiche zum Labor (13).*

Arzt in diesem Raum befindet. So ist zu jeder Zeit zu sehen, ob ein Raum besetzt ist. Sobald der Arzt einen Behandlungsraum betritt, kann die Arzthelferin dies an der Signalanlage erkennen.

Der Empfang

Der Empfang ist die Visitenkarte der Arztpraxis. Hier gewinnt der Patient seine ersten Eindrücke. Der Empfang ist das Zentrum der Praxis, steuert die Verteilung der Patienten, dient als Datenarchiv und Verwaltung. Es hat sich meist als sinnvoll erwiesen, im Empfang Anmeldung und Bürobereich zusammenzulegen, da so unnötige Laufereien vermieden werden und eine sinnvolle Nutzung des Raumes auch außerhalb der Sprechstunden erfolgen kann.

Empfang – Anmeldung

Der Begriff »Empfang« sollte dem Begriff »Anmeldung« vorgezogen werden. Er ist besser geeignet, den Patienten zu zeigen, dass sie sich in einer Praxis befinden, in der sie nicht verwaltet, sondern betreut werden. Leerlauf wird vermieden, da in ruhigen Zeiten Büroarbeiten erledigt werden können. Karteikarten und andere Unterlagen sind sofort griffbereit und müssen nicht erst aus anderen Bereichen der Praxis geholt werden.

Art und Umfang der Aufgaben erfordern eine zentrale Lage des Empfanges, um kurze Wege zu ermöglichen. Alle wesentlichen Praxisbereiche sollten im Blickfeld der Arzthelferin sein, um die erforderliche Übersicht zu gewährleisten. Aus diesem Grunde darf sich der Empfang auch nicht in einem geschlossenen Raum befinden. Zusätzlicher Personalbedarf und damit Unwirtschaftlichkeit wären die Folge.

In größeren Praxen mit entsprechend höherem Anfall an Schreibarbeiten empfiehlt sich zusätzlich ein kleiner Raum neben dem Empfang.

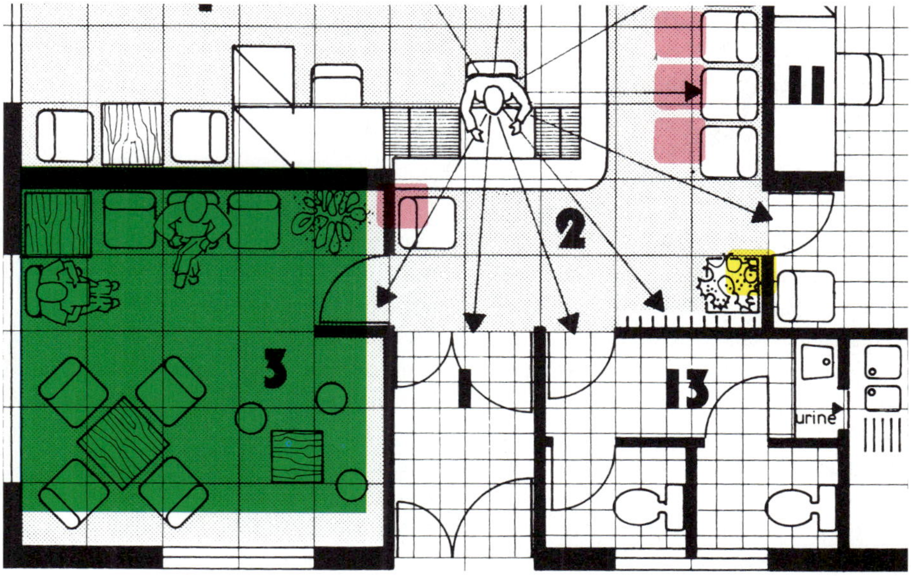

Wartebereich: grün Aufentshaltsraum, rosa Vorwartezone, gelb Zwischenwartezone (für Bestrahlung und Labor) Vorwartezone und Zwischenwartezone werden auch als Kurzwartezone bezeichnet.

Der Empfang als Schaltzentrale

Hier melden sich die Patienten persönlich an, äußern ihre Wünsche, kleinere Anliegen (Wiederholungsrezept, Überweisungsschein) werden häufig direkt erledigt, Karteikarten werden herausgesucht, eventuell neu angelegt, Formulare werden vorbereitet. Der Patient wird in den jeweiligen Praxisbereich (Wartezone, Labor, Bestrahlung u. a.) weitergeleitet, befindet er sich im Aufenthaltsraum, wird er aufgerufen und in den dafür vorgesehenen Raum gebracht.

Telefongespräche werden angenommen, bearbeitet (Terminvergabe, Annahme von Hausbesuchen, bestimmte Auskünfte) oder an den Arzt vermittelt.

Termine für Bestrahlungen, Blutentnahmen, Laboruntersuchungen usw. werden ebenso wie Hausbesuche geplant, neue Termine an Patienten vergeben.

Der Empfang als Verwaltung

Post wird entgegengenommen und bearbeitet, Kurzmitteilungen und Briefe werden geschrieben, Gebührenziffern werden in Karteikarten – bzw. in die Dokumentation des Praxiscomputers – eingetragen, die Abrechnung wird durchgeführt, Privatliquidationen und Mahnungen (Krankenscheine, nicht bezahlte Rechnungen) werden erstellt, Praxisbedarf wird bestellt, Zahlungen werden entgegengenommen usw.

Manche dieser Arbeiten ergeben sich unmittelbar aus der Schaltfunktion des Empfangs. In kleineren Praxen werden die Kommunikationsfunktionen und die Büroarbeiten deswegen auch vom gleichen Arbeitsplatz aus wahrgenommen. In größeren Praxen, in denen eine Mitarbeiterin zumindest während der Sprechstunde nicht für alle anfallenden Arbeiten ausreicht, empfiehlt es sich, einen Bürobereich im hinteren Teil des Empfanges vorzusehen. Eine Abtrennung durch etwa 160 cm hohe Raumteiler erhält die Übersicht und ermöglicht ungestörte Kommunikation mit der im Bürobereich tätigen Kollegin, die bei Bedarf auch im Empfang einspringen kann.

Wartebereiche

Eine funktionelle Trennung in Aufenthaltsraum, Wartezone und Zwischenwartezone ist sinnvoll. Damit ist auch für die Patienten erkennbar, dass nicht einzelne »vorgezogen« werden, sondern jeweils unterschiedliche Abläufe zu unterschiedlicher Behandlung führen. Streitereien werden dadurch auf ein Minimum reduziert.

Aufenthaltsraum – Wartezimmer

Warten ist auch bei guter Organisation gelegentlich unvermeidlich. Fast kein Patient wartet gern. Deswegen sollte, um nicht unangenehme Gefühle aufkommen zu lassen, an Stelle des Begriffes »Wartezimmer« die Bezeichnung »Aufenthaltsraum« Verwendung finden.

▶ *Patienten warten.*

Der Aufenthaltsraum ist üblicherweise für die Patienten reserviert, die im ärztlichen Bereich behandelt werden. Optimalerweise trennt der Empfang den Aufenthaltsraum von den Funktionsräumen. In der Vorwartezone warten Patienten auf Rezepte, Überweisungen oder andere kleine Dienstleistungen, die keinen direkten Arzt-Patienten-Kontakt benötigen. In den Zwischenwartezonen, die den jeweiligen Funktionsbereichen (z. B. Labor, Bestrahlung) zugeordnet sind, warten die Patienten auf die jeweilige Untersuchung oder Behandlung.

13.2.2. Arbeitsplatzgestaltung im Empfang

Raumausstattung

Zur Grundausstattung gehören ein Schreibtisch nebst Schreibmaschinentisch und Schreibtischstuhl, je ein Akten- und ein Karteischrank. Für Formulare ist ein Schreibtischaufsatz oder ein entsprechender Einbausatz in Schreibtischschubladen erforderlich. Abschließbare Fächer sollten für Rezepte u. a. wichtige Formulare, Stempel sowie für die Kasse vorhanden sein. Auch der Karteischrank muss verschlossen werden können.

▶ *Verschließbare Schränke.*

Bei der Einrichtung des Computerarbeitsplatzes sind folgende Gesichtspunkte zu beachten:

Bildschirm und Tastatur sollen in den übrigen Arbeitsplatz des Empfangsbereiches integriert werden. Die Blickrichtung der Arzthelferin zum PC soll parallel zur Anordnung der Beleuchtungskörper an der Decke sowie zur Fensterfront gewählt werden. Bei einer leichten Bildschirmneigung mit Absenkung der Blicklinie um etwa 35 Grad aus der Waagerechten ist eine entspannte Kopfhaltung möglich. Augen und obere Kante des Bildschirms bilden dabei eine waagerechte Linie, so daß der Kopf leicht geneigt werden muß. Der Stuhl am PC-Arbeitsplatz muß höhenverstellbar sein. Bei der Aufstellung des Monitors muß besonders darauf geachtet werden, daß keine Spiegelungen entstehen können. Der optimale Abstand zwischen Auge und Monitor, aber auch zwischen Auge und Tastatur liegt zwischen 45 und 60 cm. Ein Beleghalter erleichtert die Arbeit, auch zwischen ihm und dem Auge gilt der genannte Abstand.

▶ *PC-Arbeitsplatz.*

Am Monitor müssen der Kontrast und Helligkeit regulierbar sein, die Zeichen müssen auch im Randbereich konturen- und verzerrungsfrei dargestellt werden. Die Größe des Monitors muss mindestens 17 Zoll betragen, die einzelnen Auflösungspunkte dürfen nicht sichtbar sein, Höhe und Neigung müssen verstellbar sein, und er muss drehbar und strahlungsarm sein. Weiterhin muss eine gültige Betriebsgenehmigung vorliegen (GS, TÜV, VDE).

Zunehmend häufig gehen Arztpraxen dazu über, den Empfangsbereich mit speziellen Möbeln (»Tresen«) auszustatten, die es der Arzthelferin erleichtern, den Überblick zu behalten und funktionell zu arbeiten. Durch einen Aufsatz wird der Patient daran gehindert, auf der Arbeitsfläche liegende Unterlagen einsehen zu können. In dem Aufsatz befinden sich Fächer für Formulare und Büromaterial. Die Karteikarten befinden sich in einem Karteiturm, in Schubladen und/oder in einem in die Arbeitsfläche eingearbeiteten Karteitrog (meist nur die laufende Kartei).

Gestaltung der Arbeitsfläche

Die Gestaltung des Arbeitsplatzes ist auch davon abhängig, ob die hauptsächlich dort arbeitende Arzthelferin Rechts- oder Linkshänderin ist. Bei Rechtshändern befindet sich das Telefon und eine Schreibtischlampe links, damit Schreiben mit der rechten Hand beim Telefonieren möglich ist. Auch fällt bei einer links stehenden Schreibtischlampe der Schatten nicht auf das zu beschreibende Papier. Ein Anrufbeantworter findet außerhalb der eigentlichen Arbeitsflächen Platz.

Der Karteitrog oder Schrank ist links neben dem Arbeitsplatz angeordnet. Auf der Arbeitsfläche befindet sich der Terminplaner, der aber beim Schreiben nicht stören darf. Bei Rechtshändern rechts neben der Arbeitsfläche befinden sich Stempelhalter mit Stempeln und Stempelkissen, Büroklammern und Hefter.

Computer oder Schreibmaschine und Diktierwiedergabegerät finden Platz auf dem Schreibmaschinentisch. Auch ein Fotokopiergerät sollte nicht zu weit vom Arbeitsplatz entfernt stehen.

Anordnung der Arbeitsunterlagen

Die Anordnung der Arbeitsunterlagen wie z. B. Telefonbuch, Kassenbuch, Notizblock und viele Formulare richtet sich danach, wie häufig sie gebraucht werden. Dies kann in den einzelnen Arztpraxen sehr unterschiedlich sein. Wir unterscheiden den direkten Zugriffsbereich von der Aufbewahrung in der Schublade und in dem Vorratsbereich.

Im direkten Zugriffsbereich müssen sich u. a. Notizblock, Terminkalender, Terminzettel, Briefumschläge Rezeptblock, Überweisungsscheine, Arbeitsunfähigkeitsbescheinigungen, Krankentransportscheine befinden.

In den Schubladen in unmittelbarer Nähe der Arbeitsfläche befinden sich Telefonbuch, Kassenbuch, Belegmappe, Kasse, Quittungsblock, Krankenhauseinweisungsformular.

In den Vorratsbereich gehören Impfausweis, Formular für die Jugendarbeitsschutzuntersuchung, KOV-Überweisung u. a. m.

13.3. Ärztlicher Schriftverkehr

Neben dem persönlichen Gespräch und dem Telefon ist die schriftliche Mitteilung mittels eines Briefes das am häufigsten verwendete schriftliche »Kommunikationsmittel«, auch wenn der Brief zunehmend durch andere Kommunikationsmöglichkeiten (z. B. Telefax) verdrängt wird. Durch den (ärztlichen) Brief werden wesentliche Sachverhalte (z. B.Untersuchungsergebnisse) schriftlich festgehalten und dienen häufig über die reine Mitteilung an einen Dritten hinaus der Dokumentation.

Arbeitsplatz ergonomisch gestalten.

Der Brief ist die Visitenkarte der Praxis. Durch ihn wird das Bild der Praxis bei anderen Ärztinnen und Ärzten, Kliniken, Behörden oder anderen Stellen geprägt. Darum sollte der ausgehenden Korrespondenz besondere Aufmerksamkeit zukommen.

Bei Briefen sollten von der Arzthelferin die allgemeinen Formvorschriften, so wie sie auch im kaufmännischen Bereich Verwendung finden, beachtet werden. Alle Schriftstücke werden so verfasst, dass sie den Leser ansprechen. Das steife, wenig natürliche Verwaltungsdeutsch sollte vermieden werden. Die Genauigkeit der Aussage darf darunter aber natürlich nicht leiden.

Formvorschriften bei Briefen.

13.3.1. Der Geschäftsbrief

Bereits vor Jahrzehnten wurden DIN-Normen für so genannte Geschäftsbriefe aufgestellt (DIN-Norm = Deutsche Industrienorm). Heute sind die Festlegungen des »Deutschen Institutes für Normung e.V.« ausschlaggebend. In den einschlägigen Normvorschriften (DIN 5007) sind z. B. Form, Größe, Einteilung und Beschriftung des Briefblattes für maschinengeschriebene Briefe vorgeschrieben. Diese Bestimmungen beziehen sich auch auf Postkarten und Briefhüllen. Für ärztliche Mitteilungen ist es mittlerweile üblich, dass diese per Computer und Textverarbeitungsprogramm hergestellt werden.

Ärztlicher Schriftverkehr unterliegt den üblichen Anforderungen an Geschäftsbriefe, er sollte stilistisch und inhaltlich einwandfrei sein und den bereits erläuterten äußeren Formen entsprechen.

Der private Geschäftsbrief

▶▶ *Brieftexte gestalten.*

Wenn eine Privatperson an eine Behörde oder eine Firma schreibt, werden diese Briefe als »Private Geschäftsbriefe« bezeichnet. Hierfür werden keine besonderen Vordrucke benutzt.

Die Schreib- und Anordnungsregeln entsprechen ebenfalls den DIN-Vorschriften:

- Rand, rechts: Grad 70 ±5
- Rand, links: Grad 10
- Zeilenabstand: 1
- Absenderadresse: Beginn 5. Zeile
- Ort, Datum: 5. Schreibzeile, Grad 50
- Sendungsart, Versendungsform: 13. Schreibzeile
- Empfängeranschrift: Beginn 15. Schreibzeile
- Betreff: 24. Schreibzeile.

Inhalte eines Briefblattes

Der formale Inhalt eines Briefbogens einer Arztpraxis bezieht sich auf nachfolgende Punkte, die üblicherweise zum Teil schon im Vordruck enthalten sind.

▶ *Schriftstücke verarbeiten.*

- Briefrand
- Briefkopf
- Postanschrift des Absenders
- Anschrift des Empfängers (Straße, Hausnr., Postfach, PLZ, Ort)
- Bezugszeichenzeile mit Hinweisen (Ihre Zeichen, Ihre Nachricht vom, Unser Zeichen,Tagesdatum)
- Angabe des Betreffs
- Behandlungsvermerke (z. B.»Eilt«)
- Falt- und Lochmarken
- Anrede
- Brieftext
- Briefabschluss (Grußformel, Unterschrift)
- Anlage
- Verteiler
- Telefon, Telefax, Bankverbindungen

13.3.2. Gestaltung von Schreiben

Kennzeichnung und Gliederung von Texten

Zur Verbesserung der Übersichtlichkeit werden Texte gegliedert und bei Bedarf gekennzeichnet.

Gliederungen erfolgen durch

- Absätze
- Aufzählungen
- Abschnitte

Entsprechende *Kennzeichnung der Gliederungen* erfolgen durch

- Ziffern
- Buchstaben
- Mittelstriche

Hervorhebungen werden erreicht durch

- Einrücken
- Sperren
- Unterstreichen
- Anführungszeichen
- Großbuchstaben
- Wechsel der Schriftart
- Fettschrift

13.3.3. Textverarbeitung

Zur Textverarbeitung gehört alles, was mit dem

- Konzipieren (entwerfen)
- Formulieren
- Diktieren
- Schreiben
- Archivieren
- Reproduzieren
- Transportieren

von Texten zusammenhängt.

Diese vorgenannten konventionellen Methoden haben durch die »Programmierte Textverarbeitung« eine wichtige Ergänzung erfahren. Mit programmierter Textverarbeitung ist das Arbeiten mit vorformulierten Texten und Briefen (Bausteine, Ganzbriefe, Anschriften) gemeint, die z. B. über ein Textverarbeitungsprogramm in einem Praxiscomputer abgespeichert sind.

Sie enthalten regelmäßig folgende Einrichtungen:

- Eingabe (Schreibmaschine oder Tastatur)
- Einrichtung zur Durchführung der Textverarbeitung (Steuerprogramm)
- Speicherung von Texten durch Textträger
- Ausgabe (Schreibmaschine oder Drucker)

Ein Bildschirm oder eine andere Anzeigeeinrichtung (Display = Sichtfenster) kann zur Erleichterung der Textverarbeitung vorhanden sein. Über eine Schnitt- oder Anschlussstelle (= Interface) kann das Textverarbeitungssystem mit entsprechenden Kommunikationseinrichtungen auch als Endgerät, also z. B. als Faxgerät oder »E-Mail-Empfänger« eingesetzt werden.

Die Benutzung von Textverarbeitungsprogrammen ist für die Tätigkeit der Arzthelferin zunehmend von großer Bedeutung.

Vor der eigentlichen Textverarbeitung sind organisatorische Vorarbeiten notwendig, die aus der Analyse des Schriftverkehrs sowie aus der Aufbereitung und Formulierung standardisierter Texte bestehen (»Textverarbeitungsprogrammierung«).

MEMO!

Aufbereitung für die Textverarbeitung heißt Zerlegung von Texten in kleine Einheiten und Zusammenstellung zu vielfach verwendbaren Textbausteinen!

EINSATZGEBIET DER TEXTVERARBEITUNG IN DER ÄRZTLICHEN PRAXIS

■ Arztbriefe ■ Atteste ■ Gutachten ■ Sonstige Briefe	} Automatischer Zugriff auf gespeicherte Patienten- und Behandlungsdaten sowie sonstige Adressen.

Die erarbeiteten Textbausteine werden z. B. im Praxiscomputer gespeichert und automatisch ausgedruckt. Die Arzthelferin erhält danach z. B. einen Schreibauftrag vom Arzt und wählt die zum Schreiben notwendigen Textbausteine selbst aus.

Texthandbuch

◀◀ *Textverarbeitung.*

Eine Sammlung von vorformulierten Texten (Bausteine, Ganzbriefe) in sachbezogener Systematik und Ordnung nennt man Texthandbuch. Wichtig ist dabei, dass dieses durch ein klares und übersichtliches Inhaltsverzeichnis dargestellt wird, um das Wiederfinden der einzelnen Bausteine zu erleichtern.

Insbesondere muss ein Texthandbuch leisten, dass

- die für die einzelnen Themen erforderlichen Texte enthalten sind,
- die Texte nach einem übersichtlichen und praktischen System geordnet sind.

Arten programmierter Texte

Programmierbare Texte werden nach ihrer Verwendbarkeit für die programmierte Textverarbeitung unterschieden:

◀◀ *Textbausteine.*

- *Ganzbriefe:* gleiche, unveränderbare Briefe (ohne Variable) werden wie ein Baustein gespeichert.
- *Ganzbriefe mit individuellen Änderungen:* Form und Gliederung des Briefes bleiben unverändert, es gibt nur geringfügige Änderungen oder Einschübe.
- *Textbausteine:* Unterschiedliche Texte werden aus mehreren Varianten ausgewählt. Bestimmte Sachverhalte, Einschübe oder Gedanken wiederholen

sich und lassen sich abschnittsweise zu einem neuen Brief zusammenfügen.

- *Textbausteine mit individuellen Änderungen:* unterschiedliche Texte. Briefe werden aus verschiedenen Varianten zusammengesetzt. Kleine Abschnitte weichen im Einzelfall ab.
- *Textbausteine und Diktat:* Verwendung einzelner Textbausteine. Teile des Briefes müssen individuell diktiert werden, da nicht programmierbar.

13.4. Dokumentation

Die Bestimmungen der Berufsordnung verpflichten die Ärzte, eine vollständige und ordnungsgemäße Kartei zu führen, die alle für die Diagnostik und Behandlung der Patienten wichtigen Sachverhalte enthält.

Diese Karteikarte ermöglicht eine schnelle Übersicht der Basisdaten, beschriftet wird sie in jeder zweiten Reihe. Diese Art der Beschriftung kostet sehr viel Platz.

Die Dokumentation erfolgt heute in der Arztpraxis mit Hilfe des Praxiscomputers. Die von den verschiedenen Arztprogrammen gefundenen Lösungen unterscheiden sich, bauen jedoch auf dem Prinzip der Patientenkartei auf, die aus diesem Grund in ihren Grundzügen auch weiterhin erlernt werden muß.

13.4.1. Die Kartei

▶ *Patientenkartei.*

Zentraler Datenspeicher der Arztpraxis ist die Kartei. Für jeden erstmals die Praxis aufsuchenden Patienten wird auf Grund seiner Angaben und der Daten auf der Krankenversicherungskarte eine Karteikarte ausgestellt.

Format

Zweckmäßigerweise werden Karteikarten im DIN-A5-Format benutzt, die als mit Klappen versehene gefaltete Mappen ausgestaltet sind: In diese können Adressfolien, letzte Befunde (z. B. EKG, Krankenhausentlassungsbericht) hineingelegt werden. DIN-A4-Formate sind im Allgemeinen unwirtschaftlich, wenn die Kartei nur als Dokumentation und nicht als Ablage bzw. Altablage benutzt wird.

Karteikartenrand

Der obere Karteikartenrand zeigt das Alphabet; es wird in der unten dargestellten Form mit Anfangsbuchstabe des Patientennamens und -vornamens sowie Zweitbuchstaben des Nachnamens gekennzeichnet.

Umfang der Kartei

Die Kartei enthält die Patientendaten sowie Diagnosen und die laufende Dokumentation sowie aktuelle Befunddaten.

Weitere Unterlagen über den Patienten wie alte Krankenhausentlassungsberichte, Facharztbefunde, EKG-Streifen u. ä. gehören in ein getrenntes Ablagesystem. Hierzu können Ordner oder große Ablagetaschen Verwendung finden. Auf diese Weise wird erreicht, dass die aktuelle Kartei, die sich in der Anmeldung befindet, nicht zu groß wird und auch für den Arzt eine schnelle Übersicht erlaubt. Ergänzende Unterlagen werden vergleichsweise nur selten benötigt und sind bei einer gut geführten Praxis auch bei getrennter Ablage schnell zu beschaffen.

Karteiführung

Daten der Karteikarte

Die Karteikarte enthält Raum für:

- Familiennamen, Vornamen, Geburtstag des Hauptversicherten
- Familiennamen, Vornamen, Geburtstag des Familienversicherten (bei Ehefrauen auch Mädchenname)
- Name und Anschrift des Sorgeberechtigten bei Kindern und Jugendlichen, falls andere Adresse als die vom Hauptversicherten
- Postleitzahl, Wohnung (Wohnort, Straße, Nr.), Fernruf (bzw. über welche Telefonnummer erreichbar?), besondere Kennzeichen des Hauses (z. B. Briefkas-

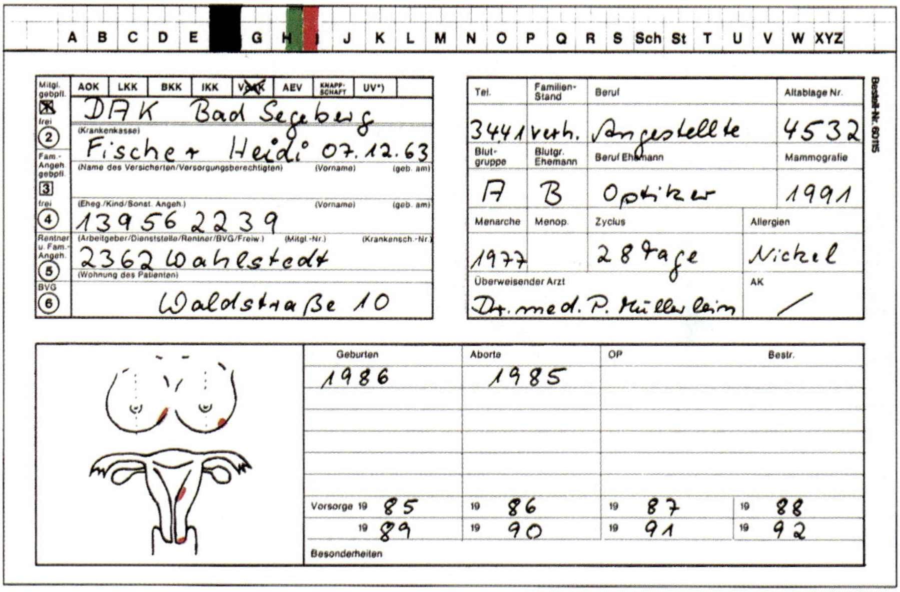

A B C D E G H I J K L M N O P Q R S Sch St T U V W XYZ

Mitgl. gebpfl. | AOK | LKK | BKK | IKK | VdAK | AEV | KNAPP-SCHAFT | UV*)

DAK Bad Segeberg
(Krankenkasse)
Fischer Heidi 07.12.63
(Name des Versicherten/Versorgungsberechtigten) (Vorname) (geb. am)
(Eheg./Kind/Sonst. Angeh.) (Vorname) (geb. am)
13956 2239
(Arbeitgeber/Dienststelle/Rentner/BVG/Freiw.) (Mitgl.-Nr.) (Krankensch.-Nr.)
2362 Wahlstedt
(Wohnung des Patienten)
Waldstraße 10

Tel.	Familien-Stand	Beruf	Altablage Nr.
3441	verh.	Angestellte	4532
Blut-gruppe	Blutgr. Ehemann	Beruf Ehemann	Mammografie
A	B	Optiker	1991
Menarche	Menop.	Zyclus	Allergien
1977		28 Tage	Nickel
Überweisender Arzt			AK
Dr. med. P. Müllerlein			/

Geburten	Aborte	OP	Bestr.
1986	1985		

Vorsorge 19 85	19 86	19 87	19 88
19 89	19 90	19 91	19 92

Besonderheiten

Karteikarte aus einer Frauenarztpraxis.

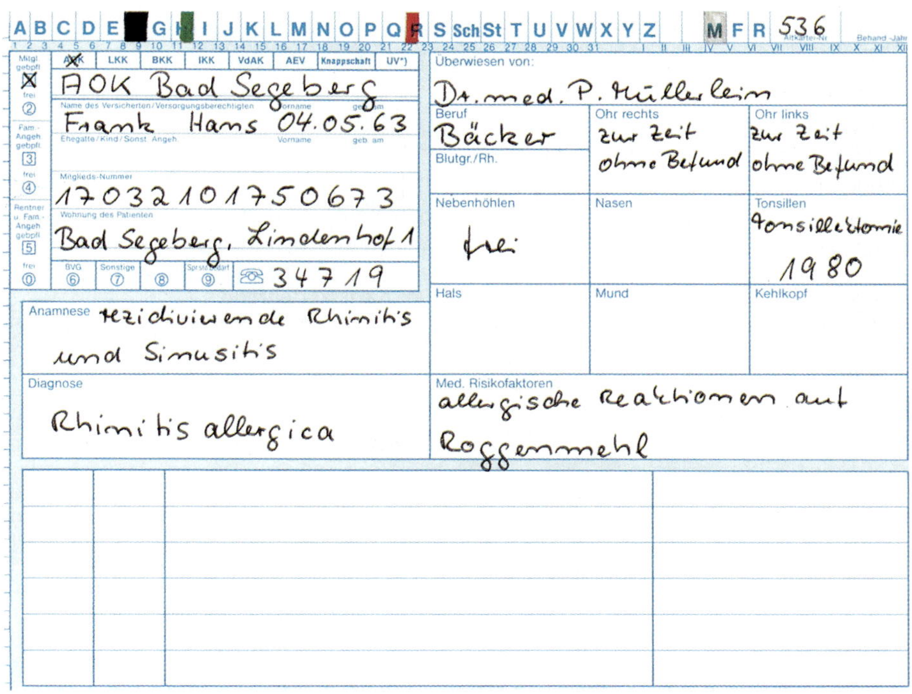

A B C D E G H I J K L M N O P Q R S Sch St T U V W X Y Z M F R 536

Mitgl. gebpfl. | AOK | LKK | BKK | IKK | VdAK | AEV | Knappschaft | UV*)

AOK Bad Segeberg
Name des Versicherten/Versorgungsberechtigten Vorname geb. am
Frank Hans 04.05.63
Ehegatte/Kind/Sonst. Angeh. Vorname geb. am
Mitglieds-Nummer
17032101750673
Wohnung des Patienten
Bad Segeberg, Lindenhof 1
BVG ⑥ Sonstige ⑦ ⑧ Sprstellbedarf ⑨ ☎ 34719

Überwiesen von: Dr. med. P. Müllerlein

Beruf	Ohr rechts	Ohr links
Bäcker	zur Zeit ohne Befund	zur Zeit ohne Befund
Blutgr./Rh.		
Nebenhöhlen	Nasen	Tonsillen
frei		Tonsillektomie 1980
Hals	Mund	Kehlkopf

Anamnese: rezidivierende Rhinitis und Sinusitis

Diagnose: Rhinitis allergica

Med. Risikofaktoren: allergische Reaktionen auf Roggenmehl

Karteikarte aus einer Hals-Nasen-Ohren-Arztpraxis.

ten am Haus, Haus der Bäckerei Lehmann u. a.) Stockwerk? Aufgang?

- Beruf (des Versicherten)
- Kasse und Mitgliedsnummer (bzw. Leitnummer, laufende Nummer und dgl.), der Kassenname muss genau angegeben werden
- Es wird kenntlich gemacht, ob die Krankenversichertenkarte vorliegt; das geschieht im Allgemeinen durch handschriftliche Eintragung des Quartals
- Vermerke (eventuell in Farbe) auf Anordnung des Arztes, wie Diabetes, Glaukom, Hypertonie, Allergie
- Bei Übergabe eines Überweisungsscheins: Überwiesen von . . .

Karteikarte aus einer Kinderarztpraxis.

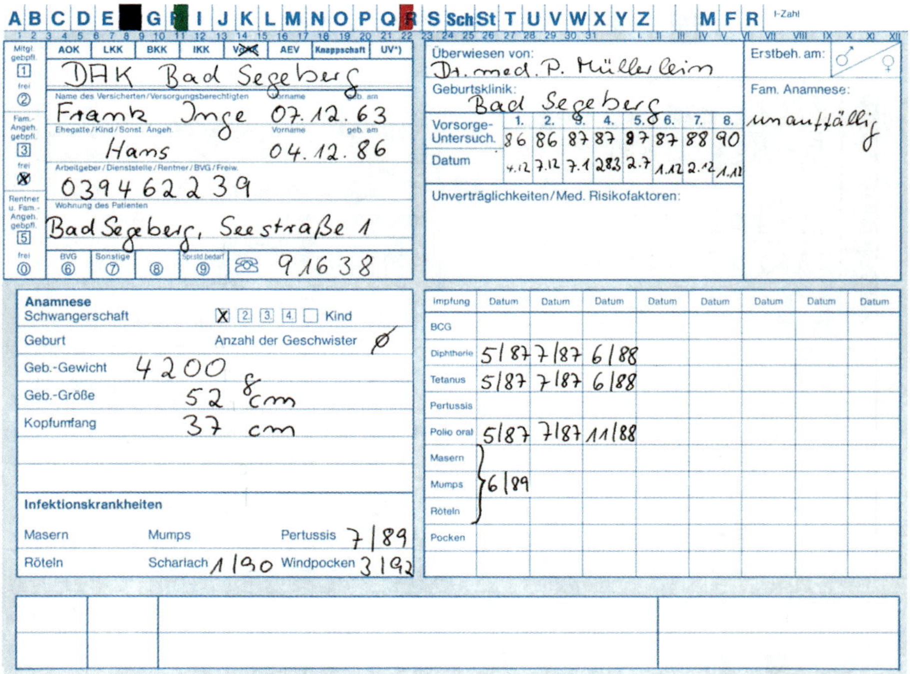
A B C D E [redacted] G H I J K L M N O P Q R S Sch St T U V W X Y Z M F R I-Zahl

Mitgl. gebpfl. 1 | AOK | LKK | BKK | IKK | VdAK | AEV | Knappschaft | UV*)

DAK Bad Segeberg

Name des Versicherten/Versorgungsberechtigten – Vorname – geb. am

Frank Inge 07.12.63

Ehegatte/Kind/Sonst. Angeh. – Vorname – geb. am

Hans 04.12.86

Arbeitgeber/Dienststelle/Rentner/BVG/Freiw.

039462239

Wohnung des Patienten

Bad Segeberg, Seestraße 1

BVG 6 | Sonstige 7 | 8 | Sprstd.bedarf 9 | ☎ 91638

Überwiesen von: Dr. med. P. Müllerleim

Geburtsklinik: Bad Segeberg

Erstbeh. am: ♂ ♀

Fam. Anamnese: unauffällig

Vorsorge-Untersuch.	1.	2.	3.	4.	5.	6.	7.	8.
	86	86	87	87	87	87	88	90
Datum	4.12	7.12	7.1	2.8	3	2.7	1.12	2.12	1.11

Unverträglichkeiten/Med. Risikofaktoren:

Anamnese
Schwangerschaft X 2 3 4 Kind
Geburt – Anzahl der Geschwister ø
Geb.-Gewicht 4200 g
Geb.-Größe 52 cm
Kopfumfang 37 cm

Infektionskrankheiten
Masern – Mumps – Pertussis 7/89
Röteln – Scharlach 1/90 – Windpocken 3/92

Impfung	Datum	Datum	Datum	Datum	Datum	Datum	Datum	Datum
BCG								
Diphtherie	5/87	7/87	6/88					
Tetanus	5/87	7/87	6/88					
Pertussis								
Polio oral	5/87	7/87	11/88					
Masern	6/89							
Mumps	6/89							
Röteln	6/89							
Pocken								

In vielen Arztpraxen ist es üblich, zusätzliche Angaben auf die Karteikarte zu übernehmen wie z. B.

- die Angabe des Hausarztes oder überweisenden Arztes
- Vermerke auf Anweisung des Arztes über Erkrankungen oder Risikofaktoren wie z. B. Diabetes mellitus, Glaukom, Hypertonus, Penicillinallergie
- Nennung des Arbeitgebers (aber nicht auf Formularen)
- Eventuelle Freivermerke

Erfolgen solche Zusätze auf der ersten Seite der Karteikarte, ist noch sorgfältiger als ohnehin schon darauf zu achten, dass die Karteikarten nicht von Unbefugten gelesen werden können.

Kassenmarkierung

Bei allen vertragsärztlichen Vordrucken ist in der Kopfleiste die zutreffende Kassenart richtig zu kennzeichnen. Dies ist auch für die Kopfleiste der Karteikarte sinnvoll. Hierbei gelten für die einzelnen Kassenarten Abkürzungen wie AOK, LKK, BKK, IKK, VdAK, AEV, Knappschaft.

Die Kennzeichnung der unterschiedlichen Kassenarten durch unterschiedliche Farben der Karteikarten erscheint nicht sinnvoll, da zum einen ein erhöhter Aufwand durch Beschaffung und Vorratshaltung verschiedener Karteikarten betrieben werden muss, zum anderen auch Schwierigkeiten bei dem nicht seltenen Wechsel der Patienten von einer zur anderen Krankenkasse entstehen.

Besser ist eine Markierung der Karteikarte mit einem farbigen »Reiter« oder einem farbigen Filzstift.

Eine Sortierung der Karteikarten nach Kassenart erfolgt nicht.

Ordnung innerhalb der Kartei

Die Ordnung innerhalb der Kartei erfolgt am Besten alphabetisch. Dabei sind die Regeln der DIN 5007 zugrunde zu legen. Andere Ablagesysteme etwa nach Geburtsdaten haben sich nicht bewährt, da hierfür mindestens eine Person erforderlich ist, die z. B. das Geburtsdatum kennt. Dies ist nicht der Fall, wenn eine Nachbarin z. B. für eine Patientin ein Wiederholungsrezept erbittet.

Die Anwendung des Alphabetes hat aber auch Nachteile, da die Patientennamen nicht gleichmäßig auf das Alphabet verteilt sind. Bei bestimmten Buchstaben (z. B: B, H, K, S, Sch) gibt es Häufungen, die die Suchvorgänge erheblich komplizieren können und eine erhebliche Verwechslungsgefahr beinhalten.

Um trotzdem eine sinnvolle Verwendung des Alphabetes zu ermöglichen, empfiehlt es sich, das Alphabet am oberen Karteirand wie folgt zu kennzeichnen:

- Anfangsbuchstabe des Familiennamens dick schwarz,
- Zweitbuchstabe des Familiennamens halb so dick in der linken Spalte orange
- Anfangsbuchstabe des Vornamens in der rechten Spalte grün

Es empfiehlt sich deshalb schon beim Einkauf einer Karteikarte, auf das Alphabetfeld zu achten. Geteilte Buchstaben sind für die oben vorgeschlagene Kennzeichnung vorteilhaft.

Da die Anfangsbuchstaben der Vornamen recht gleichmäßig über das Alphabet verteilt sind, wird so eine Markierung erreicht, die Verwechslungen und falsches Einsortieren nicht nur stark vermindert, sondern auch auf Grund des optischen Eindrucks sofort erkennen lässt.

Eintragungen in die Karteikarte

Eintragungen in die Karteikarte sollen so kurz und prägnant wie möglich sein. Dies kann in Form einzelner Wörter, geläufiger medizinischer Abkürzungen oder durch ein Symbol erfolgen.

Beispiele:

RR	**=**	**Blutdruck (Riva-Rocci)**
z. B.	**=**	**zur Beobachtung**
Ø	**=**	**negativ**
>	**=**	**größer als**
<	**=**	**kleiner als**

Regeln für alphabetische Ordnung einer Kartei (nach DIN 5007)

- Der Familienname ist erstes, der Vorname zweites Ordnungswort
- Familiennamen ohne Vornamen werden vor den gleichen Familiennamen mit Vornamen eingeordnet. Abgekürzte Vornamen – auch einzelne Buchstaben – werden dabei als vollständige Worte angesehen.
- Familiennamen mit mehreren Vornamen stehen hinter den gleichen Familiennamen mit nur einem (gleichen) Vornamen.
- Bei häufig vorkommenden Familiennamen und gleichen Vornamen können als zusätzliche Ordnungsmerkmale in der Reihenfolge der Zweckmäßigkeit berücksichtigt werden: Geburtstag, Beruf, Ort
- Zusammengesetzte Familiennamen (Doppelnamen) folgen den jeweiligen Einzelnamen als Sondergruppe
- Akademische Grade, Berufs- und Adelstitel (z. B. Prof., Dr., Dipl.-Ing., Graf) und Vorsatzwörter (z. B. von, van, de la) werden in der Ordnungsreihenfolge nicht berücksichtigt. Dies gilt nicht, wenn die Letztgenannten mit dem Namen zu einem Wort verschmolzen sind.
- Die Umlaute ä, ö, ü werden wie ae, oe, ue behandelt, ß wie ss.
- Die Eintragungen müssen für den fachkundigen, befugten Leser verständlich sein.
- Die ärztlichen Leistungen werden mit Nummern (GOÄ, BMÄ, E-GO) in die entsprechende Datumsrubrik eingetragen.

Außerdem sind Aufzeichnungen, gegebenenfalls nach Diktat des Arztes, zu machen über

- Dauer der Arbeitsunfähigkeit
- Anamnese, bei Unfällen über Unfallhergang (s. oben)
- Befunde (auch Laborbefunde, Befunde von Spezialisten),

◀◀ *Anordnung der*
- Namen
- Daten
- Fakten
auf Karteikarte.

◀◀ *Einheitliche Abkürzungen.*

▶▶ *Ablagetaschen.*

- Verordnungen (Medikamente, Sachleistungen, Heilmittel, Hilfsmittel),
- Erfolgte Meldungen (z. B. von anzeigepflichtigen Infektionskrankheiten),
- Bei Schwangeren Daten (letzte Periode, erste Kindsbewegungen, voraussichtlicher Niederkunftstermin u. a. m.)
- Dauer eines Krankenhausaufenthaltes,
- Überweisungsdaten an andere Ärzte, ob zur Mit- oder Weiterbehandlung, zur Auftragsleistung oder Konsiliaruntersuchung,
- Andere Arztbefunde, Krankenhausberichte sind an die Krankenkartei zu heften oder in besonderem Ordner abzulegen, Eintrag auf der Karteikarte

13.4.2. Altablage

Altkarteien

Es werden mindestens zwei Karteien geführt:

- die laufende Kartei für die im laufenden Quartal behandelten Patienten,
- die Ablagekartei für Karten von Patienten, deren Behandlung abgeschlossen und abgerechnet ist. Hierbei wird eine »Übergangsablagekartei« von einer Altablage unterschieden

▶ *Aufbewahrungsfristen.*

Mit der Abrechnung am Ende des Quartals wird die laufende Kartei zur Übergangsablagekartei. Sobald der Patient eine Behandlung in Anspruch nimmt (dies geschieht in etwa 60 bis 80 Prozent), erfolgt wieder eine Übernahme in die laufende Kartei. Karteikarten von Patienten, die im folgenden Quartal die Praxis nicht wieder aufsuchen, kommen endgültig in die Ablagekartei.

Karteikarten müssen, wie auch andere Unterlagen der Patientendokumentation, 10 Jahre aufbewahrt werden.

Andere Altablagen

Alte Berichte, Befunde, Untersuchungsergebnisse werden gesondert abgelegt. Es empfehlen sich alphabetisch oder nach dem Geburtsdatum geordnete Ablagetaschen oder Ordner. Ablagetaschen sind verhältnismäßig teuer und erfordern Ablageschränke, Ordner sind preiswerter und können in ebenfalls preiswerten Regalen untergebracht werden. Ablagetaschen können im kleinen Format für DIN A5 oder im größeren Format für DIN A4 Verwendung finden. Das kleinere Format hat den Nachteil, dass die Patientenunterlagen stark gefaltet werden müssen, dafür haben Kartei und Altablage ein einheitliches Format. Hierdurch werden keine unterschiedlichen Ablageschränke benötigt.

Für die Übersichtlichkeit ist es erforderlich, dass auch in diesem Bereich konsequent ein Ablagesystem Verwendung findet: also alphabetische Ablage nach dem Namen oder Ablage nach Geburtsdaten.

Die Ablage nach Namen oder Geburtsdatum setzt voraus, dass schon bei der Anlage der Altablage im Hinblick auf den künftig benötigten Platz Schränke beschafft werden, die zunächst ungenutzt bleiben.

Besser ist ein Ablagesystem, das mit im Bürohandel käuflichen selbstklebenden Doppelnummern arbeitet. Sobald »Altablage« anfällt, wird eine der Nummern auf die Karteikarte geklebt, die andere Nummer kommt auf die Ablagetasche (Ordner sind hierfür nicht so gut geeignet). Diese werden fortlaufend nummeriert abgelegt. Genauso können auch Röntgenbilder u. a. Unterlagen abgelegt werden. Ein Nachteil dieses Systems ist darin zu sehen, dass der Zugriff nur mit Hilfe der Karteikarte möglich ist.

▶▶ *Unterlagen bei Abwesenheit verschließen.*

Der Empfang muss – solange sich Patienten in der Praxis befinden – immer besetzt sein. Wird er auch kurzfristig verlassen, müssen Karteikarten, Stempel und Formulare gesichert sein.

Aufbewahrungsfristen.

WICHTIGE AUFBEWAHRUNGSFRISTEN FÜR DIE ÄRZTLICHE PRAXIS	
▪ Arbeitsunfähigkeitsbescheinigungen (Muster 1 c)	1 Jahr
Teil 3 der Betäubungsmittelverordnung, Kontoauszüge, Kassenbücher, Einnahme- und Ausgabebelege, Mahnvorgänge, Versicherungsunterlagen, Durchschläge (Kopien) aus dem allgemeinen Schriftwechsel (nicht einzelne Patienten betreffend)	6 Jahre
▪ Patientenunterlagen, Durchschläge von Arztbriefen, Unterlagen über Röntgenuntersuchungen	10 Jahre
▪ Unterlagen über Röntgenbehandlungen	30 Jahre

13.5. Schweigepflicht und Datenschutz

Insbesondere im Routinebetrieb einer ärztlichen Praxis ist es oft nicht einfach, die Schweigepflicht bzw. den Datenschutz in ausreichendem Umfang zu wahren.

Erhebung der Personalien
Ein neuer Patient darf im Empfangsbereich nicht im Beisein von weiteren Patienten um seine Personalien und weitere persönliche Angaben gebeten werden.

Telefongespräche
Bei Telefongesprächen aus dem Empfangsbereich heraus ist darauf zu achten, ob wartende Patienten mithören können. Ist dies der Fall, muss überprüft werden, inwieweit die von dem Wartenden mitzuhörenden Gesprächsfetzen Schweigepflicht und Datenschutz gefährden. Das Gleiche gilt bei der Benutzung von Sprechanlagen.

Karteikarten
Karteikarten und andere Patientenunterlagen dürfen nirgendwo so liegen, dass sie von Unbefugten eingesehen werden können. Dies gilt ganz besonders für Unterlagen im Empfang, aber auch für Karteikarten im Sprechzimmer, in dem Patienten allein auf den Arzt warten. Von Nutzen sind hierbei Karteisteckleisten.

Sprechzimmer und Untersuchungsräume
Sprechzimmer und Untersuchungsräume, insbesondere »Untersuchungskabinen« sind so schalldicht herzurichten, dass wartende Patienten in Nebenräumen oder -kabinen Gespräche des Arztes mit den Patienten nicht mithören können.

Bildschirme
Wird in den Praxen mit Computern gearbeitet, muss sichergestellt sein, dass die Patienten nicht die Daten auf dem Bildschirm einsehen können. Nach Einschalten muss sich die Arzthelferin (natürlich auch der Arzt) durch ein Kennwort ausweisen, bevor sie (er) Zugang zu den Daten erhält. Wird der Raum verlassen, muss der Bildschirm abgestellt werden. Ein erneuter Zugang zu den Daten darf dann nur wieder über das Kennwort möglich sein.

Privatrechnungen
Privatrechnungen dürfen immer nur direkt an den (volljährigen) Patienten gerichtet werden. Soll über eine Verrechnungsstelle liquidiert werden, muss hierzu das Einverständnis des Patienten vorliegen.

Papierabfälle
Papierabfälle müssen vor der Entsorgung so behandelt werden, dass sie nicht mehr lesbar sind. Dies geschieht am zweckmäßigsten durch einen Reißwolf. Größere Mengen können auch durch Spezialunter-

nehmen entsorgt werden, die sich vertraglich zur Wahrung der Verschwiegenheit bei Vernichtung der Unterlagen verpflichten müssen.

Neuer Eigentümer der Arztpraxis

▶ *Eigentümerwechsel.*

Wird eine Arztpraxis verkauft oder geht aus anderen Gründen an einen anderen Arzt über, muss das Einverständnis der Patienten dafür eingeholt werden, dass der neue Arzt die vorhandene Kartei mit den Unterlagen übernehmen darf.

Auskünfte über Patienten

Gesetzliche Krankenkassen, Landesversicherungsanstalten, Versorgungs- und Arbeitsämter haben nur in dem Umfange Anspruch auf Auskünfte über einen Patienten, wie sie im Rahmen der jeweiligen Aufgaben benötigt werden. In Zweifelsfällen sollte der Patient noch einmal ausdrücklich befragt werden, ob er mit der Weitergabe einverstanden ist. Privatversicherungen müssen in jedem Fall eine Erklärung über die Entbindung von der Schweigepflicht vorlegen.

Auch Angehörige dürfen ohne Einwilligung des Patienten keine Auskünfte erhalten.

In Zweifelsfällen muss der Arzt entscheiden.

Arztbriefe

▶▶ *Täglicher Terminplan.*

Arztbriefe von Krankenhausärzten oder anderen niedergelassenen Ärzten sind auch dann, wenn sie in der Kartei aufbewahrt werden, nicht Bestandteil der Dokumentation des Arztes. Eine Herausgabe ist nur mit Einwilligung derjenigen Stelle erlaubt, die den Arztbrief erstellt hat, und auch nur, wenn die mit dem Arztbrief übermittelten Informationen nicht über das hinausgehen, was die anfordernde Stelle ohne Verstoß gegen die Schweigepflicht erhalten kann. Im Zweifelsfalle empfiehlt sich auch hier, die Einwilligung des Patienten einzuholen.

13.6. Zeitplanung

Das Zeitgerüst berücksichtigt die für eine Terminplanung erforderliche Zeitdauer bestimmter Tätigkeiten. Es handelt sich um Durchschnittszeiten.

DURCHSCHNITTSZEITEN FÜR DIE PLANUNG

Für den Arzt	
Erster Arzt-Patienten-Kontakt (Beratung und Untersuchung)	20 Min.
Einfache Beratung	10 Min.
Ergometrie	20 Min.
Sonografie	20 Min.
Für die Arzthelferinnen	
Blutentnahme	alle 5 Min.
Elektrokardiogramm	15 Min.
Mikrowelle (Bestrahlungszeit)	15 Min.
Reizstrom (einschließlich An- und Ausziehen)	15 Min.
Inhalation (einschließlich Reinigung des Gerätes)	15 Min.
Verbände	10 Min.
Gipsen	30 Min.

Entsprechend diesen Vorgaben erfolgt die Terminvergabe.

Zeitaufwändige Untersuchungen oder Behandlungen sollten nach Möglichkeit nur zu Zeiten eingeplant werden, in denen die Praxis gut besetzt ist.

Blutentnahmen für Laboruntersuchungen sollten (auch weil die Patienten oft nüchtern sein müssen) morgens erfolgen.

Bei der Sonografie und dem Belastungs-EKG ist die Anwesenheit des Arztes bei der Untersuchung erforderlich. Sonografie kann gut morgens vor der Sprechstunde eingeplant werden (ebenso wie Gastroskopien, Durchleuchtungen), Belastungs-

EKGs lassen sich im Anschluss an die vormittägliche Sprechstunde durchführen. Elektrokardiogramm, Bestrahlung, Inhalationen, Verbandwechsel sollten vorzugsweise vormittags eingeplant werden, müssen bei berufstätigen Patienten aber auch nachmittags möglich sein. Für eingehende Beratungen – soweit planbar – empfiehlt sich die Zeit nach 18.00 Uhr.

Bestellsysteme

Zur Verkürzung von Wartezeiten gibt es unterschiedliche Organisationsmethoden (Bestellsysteme). Alle Bestellsysteme sind nur erfolgreich, wenn die Regeln streng beachtet werden und in der Arztpraxis sehr diszipliniert gearbeitet wird. Trotzdem können Notfälle, Notfallbesuche, überlange Beratungen u. ä. zu Störungen führen.

Die Terminvergabe hat bei Anwendung von Bestellsystemen eine besondere Bedeutung. Die Arzthelferin muss herausfinden, ob ein Patient

- sofort einen Termin bekommen muss (z. B. bei starken Schmerzen)
- noch bis zum nächsten »Puffer« warten kann (z. B. bei Notfällen ohne besondere Schmerzen und Gefahren)
- auf einen Termin entsprechend der üblichen Terminvergabe warten kann

Bei Verzögerungen oder Störungen sollte den Patienten allgemein der Grund mitgeteilt werden, um Verärgerung zu vermeiden.

Offene Sprechstunde

In der offenen Sprechstunde kann jeder Patient nach eigenem Ermessen in die Sprechstunde kommen. Ein wesentlicher Nachteil ist darin zu sehen, dass spezielle Untersuchungen nicht vorbereitet werden können und es zu langen Wartezeiten kommen kann. Für Patienten ist sehr vorteilhaft, dass sie das Gefühl haben, ihren Arzt immer aufsuchen zu können. Ihr Arzt ist jederzeit für sie da.

Halb offene Sprechstunde

In der halb offenen Sprechstunde wechseln terminfreie Zeiten mit Terminvergaben. Die in den Arztpraxen häufigste Form ist das Abhalten einer offenen Sprechstunde am Vormittag und die Einbestellung von Terminpatienten am Nachmittag. So können die Patienten, die Termine wünschen, in den Nachmittagsstunden kommen und Patienten mit Beschwerden suchen vormittags sofort ihre Praxis auf. Der Vorteil liegt hier in dem weitgehend planbaren Sprechstundenablauf am Nachmittag.

◀ *Patiententerminierung.*

Terminsprechstunde

Die Terminsprechstunde wird voll durchgeplant. Pufferzonen sollten hier allzu große Wartezeiten durch Notfälle verhindern. In einer optimalen Terminsprechstunde sollten Patienten nicht länger als 10 bis 15 Minuten warten. Längere Wartezeiten über 30 Minuten ohne Erläuterungen für den Patienten dürfen in einer Terminsprechstunde nicht auftreten.

◀ *Sprechstundenorganisation.*

Patienten, die sich telefonisch oder persönlich anmelden, erhalten je nach eigenem Wunsch, medizinischer Dringlichkeit und Möglichkeit der Praxis einen genauen Termin (Tag und Uhrzeit) genannt. Voraussetzung hierfür ist, dass die Zeit, die ein Patient durchschnittlich den Arzt in Anspruch nimmt, ungefähr abgeschätzt werden kann. Auch muss Zeit für unbestellte Patienten, die den Arzt direkt aufsuchen wollen, eingeplant werden.

Es ist sinnvoll, vor Einführung eines Bestellsystems die Zeiten zu erfassen, die Patienten mit unterschiedlichen Anliegen in der Praxis benötigen.

Bei diesem Verfahren kann es Überraschungen durch Notfallbesuche und Notfallpatienten geben, die vorgezogen werden müssen und dadurch den Zeitplan durcheinander bringen. Unerwartete Ereignisse, wie z. B. Ausfall von Patienten durch Witterungsverhältnisse, langsamerer Ablauf der Sprechstunde durch Fehlen von Arzthelferinnen oder Erkrankung des Arz-

◀ *Zeitlimit.*

tes (oder durch noch nicht erfolgte Einarbeitung des Vertreters), können ebenfalls zu Störungen führen.

Nummernsystem
Das Nummernsystem ist ein Bestellsystem, in dem sich Patienten zu Beginn oder während der Sprechstunde persönlich oder telefonisch eine Nummer geben lassen. Diese Nummern werden der Reihe nach vergeben. An einer Anzeigetafel können die Patienten sehen, welche Nummer gerade aufgerufen ist. Bei Abholung der Nummer wird ihnen mitgeteilt, zu welchem Zeitpunkt sie, entsprechend ihrer Nummer, etwa damit rechnen können, an der Reihe zu sein.

▶ ***Organisation an der Rezeption.***

Da die Nummern erst am gleichen Tag vergeben werden, ist das Nummernsystem etwas weniger störanfällig. In einem gewissen Umfang können noch kurzfristig Störungen berücksichtigt werden.

Bei großem Patientenandrang kann es zu Schwierigkeiten kommen, da die Sprechstunde nicht unbegrenzt ausgedehnt werden kann. Ein Nachteil ist auch darin zu sehen, dass bei persönlicher Abholung der Nummern die Patienten zweimal in die Praxis kommen müssen. Auch ist für einen Patienten nicht ersichtlich, wann seine Nummer an der Reihe ist.

Psychologisch ist es nicht als günstig anzusehen, mit Nummern zu arbeiten, da die Patienten auf diese Weise nicht das erwünschte Gefühl erhalten, individuell behandelt zu werden.

13.7. Sprechstunden

13.7.1. Aufgaben der Arzthelferin

Während der Sprechstunde ist der Arzt überwiegend mit der Beratung, Untersuchung und Behandlung seiner Patienten beschäftigt. Aufgabe der Arzthelferin ist es, durch entsprechende organisatorische Vorkehrungen dafür zu sorgen, dass dieses ohne lange Wartezeiten für die Patienten, aber auch ohne Leerzeiten für den Arzt möglich ist. Soweit es irgend geht, sollte sie Störungen durch Telefongespräche vermeiden helfen.

Aus diesem Grund muss der Ablauf der Sprechstunde weitgehend von der Arzthelferin organisatorisch gestaltet werden. Neben der Annahme der Patienten im Empfang muss an die Möglichkeit einer Assistenz für den Arzt im Sprechzimmer ebenso gedacht werden wie an ein funktionsfähiges Behandlungszimmer und eventuell sogar Labor. Bei Krankheit oder Urlaub von Arzthelferinnen muss auch berücksichtigt werden, dass neben der Durchführung der Sprechstunde Bestrahlungen oder Laborarbeiten eventuell nicht mehr möglich sind. Zur Vermeidung von Überraschungen empfiehlt sich in größeren Arztpraxen ein Dienstplan, der einen Überblick über die Einsetzbarkeit der Mitarbeiter der Praxis gibt.

13.7.2. Vor der Sprechstunde

Aufnahme der Personalien
Jeder Patient muss sich zunächst nach Betreten der Praxis bei der Arzthelferin am Empfang melden. Soweit er zu Bestrahlungen, Verbandwechsel, Injektionen oder Laboruntersuchungen bestellt ist, wird der Patient in die jeweiligen Bereiche begleitet. Ist der Patient nicht angemeldet oder bestellt, müssen seine Wünsche und Beschwerden erfragt werden. Bei neuen Patienten müssen die persönlichen Daten aufgenommen werden. Dies darf selbstverständlich nicht im Wartezimmer geschehen.

▶▶ ***Persönliche Daten erfassen.***

MEMO!

Persönliche Daten dürfen nie im Beisein anderer Patienten aufgenommen werden.

Praxis-Informationen für unsere Patienten

für
Herrn / Frau / Fräulein

Dr. med. Adolf Mustermann
Arzt für Allgemeinmedizin
Am Esbaum 6
8200 Rosenheim
Telefon 0 85 79 / 39 02

Wie Sie unsere Praxis erreichen

Bushaltestelle Hauptbahnhof

Lageplan

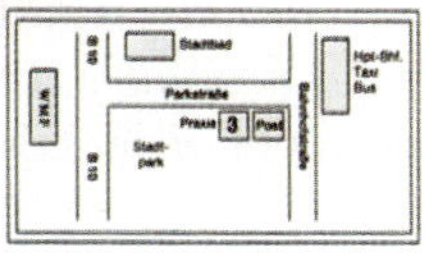

Parkmöglichkeiten

In der Parkstraße

Taxi

Taxistand am Hauptbahnhof Geislingen. Wir bestellen Ihnen gerne ein Taxi.

Wichtige Telefonnummern

- Ärztl. Notdienst ...... 0 73 31 / 6 11 10
- Feuerwehr 1 12
- Polizei 1 10
- Giftnotruf ...... 0 85 79 / 1 92 22

Telefon

Sie erreichen uns während der allgemeinen Sprechzeiten unter der Rufnummer **0 85 79 / 39 02.**

In Notfällen bin ich auch Privat erreichbar. Wählen Sie bitte **0 85 79 / 9 87 32.**

Telefonanrufbeantworter

Außerhalb unserer Sprechzeiten und während unseres Urlaubs gibt Ihnen unser Telefonanrufbeantworter Auskunft darüber, wo Sie ärztliche Hilfe erhalten können.

Sehr verehrte Patientin,
sehr geehrter Patient,

Ich möchte Ihnen mit dieser Informationsschrift alles Wissenswerte über unsere Praxis mitteilen und Ihnen dadurch den Umgang mit uns erleichtern.

Sollten Sie Verbesserungsvorschläge oder Wünsche haben, sprechen Sie uns bitte an.

Ihr
Dr. med. Adolf Mustermann
und Mitarbeiterinnen

P.S.: Diese Praxisinformation dient ausschließlich als Organisationshinweis für Sie persönlich.

Allgemeine Sprechstunde

Ich bitte Sie um frühzeitige Anmeldung.

Mo	8.30 – 11.30	14.30 – 18.00
Di	8.30 – 11.30	15.30 – 19.00
Mi	8.30 – 11.30	14.30 – 18.00
Do	8.30 – 11.30	
Fr	8.30 – 11.30	14.30 – 18.00
Sa	nach Vereinb.	

Ihre spezielle Sprechstunde

____
____
____

Terminvereinbarungen

Wir möchten, daß Sie möglichst kurze Wartezeiten haben.

Vereinbaren Sie bitte rechtzeitig einen Sprechstundentermin.

Wir bemühen uns, die vereinbarten Zeiten einzuhalten.

Akute Notfälle müssen trotz Terminen vorgezogen werden. Wir bitten um Ihr Verständnis.

Nicht angemeldete Patienten müssen mit längeren Wartezeiten rechnen.

Für besonders zeitaufwendige Untersuchungen und Behandlungen sind Terminvereinbarungen unbedingt erforderlich.

Sollten Sie einen Termin nicht einhalten können, so bitten wir Sie um frühzeitige Abmeldung.

Rezepterneuerungen

Wiederholungsrezepte bei Dauerbehandlungen können Sie sich ohne Voranmeldung während unserer Sprechzeiten ausstellen lassen.

In besonderen Fällen können Sie Ihre Rezepte auch telefonisch anfordern.

Krankenscheine Überweisungen

Bitte geben Sie zu Beginn einer Behandlung oder zu Anfang eines Quartals Ihren Kranken- oder Überweisungsschein ab.

Telefonische Beratungen

Rufen Sie möglichst von 12.30-13.30 Uhr oder 18.30-19.30 Uhr an.

◄ *Patienteninformation.*

Aufenthaltsraum

Jeder Patient sollte einen Sitzplatz haben. Sind alle Sitzplätze belegt, muss für zusätzliche Sitzgelegenheiten gesorgt werden. Stehende Patienten werden missmutig und neigen gelegentlich zum Kollaps.

Körperbehinderten und älteren Patienten sollte bei Ablegen des Mantels geholfen werden. Für Kinder, die ihre Mütter begleiten oder selbst Patienten sind, sollte Spielzeug im Wartezimmer zur Verfügung stehen.

In einer Bestellpraxis wird es gelegentlich unvermeidbar sein, dass abgesprochene Termine auch seitens der Praxis z. B. wegen eines Notfallbesuchs des Arztes nicht eingehalten werden können. Der Patient sollte hierüber mit ungefährer Zeitangabe über die Zeitdauer der zusätzlichen Wartezeit informiert werden. Auf keinen Fall darf wider besseres Wissen der Eindruck erweckt werden, als würde eine Behandlung durch den Arzt unmittelbar bevorstehen.

Reihenfolge der Behandlung

Patienten sollen grundsätzlich in der Reihenfolge zum Arzt vorgelassen werden, wie sie zur Sprechstunde erscheinen bzw. wie sie bestellt sind. Unvermeidliche Ausnahmen muss der Arzt bestimmen.

Bevorzugt werden vorgelassen

- akut Schwerkranke
- Unfallverletzte
- hoch fieberhaft Erkrankte
- Hochschwangere
- Mütter mit kleinen Kindern (besonders Säuglingen)
- ansteckend Erkrankte
- Schwerbeschädigte (soweit sie nicht warten können)
- Blinde (in Begleitung)
- Gehörlose

In der Bestellpraxis werden die zu einer bestimmten Zeit bestellten Patienten möglichst pünktlich vorgelassen.

Ansteckend erkrankte Patienten dürfen nicht zusammen mit anderen Patienten im Wartezimmer sitzen. Wenn für diese Fälle keine separate Wartemöglichkeit besteht, müssen sie dem Arzt sofort vorgestellt werden.

Nach dem Verlassen des Sprechzimmers
Ehe der Patient nach der Beratung durch den Arzt die Praxis verlässt, muss geklärt werden, ob und wann er sich wieder vorstellen soll. Zweckmäßig wird eine bestimmte Zeit an einem bestimmten Tag vereinbart (Notiz im Bestellbuch!). In vielen Praxen wird dem Patienten eine kleine Merkkarte dafür mitgegeben. Bei Bedarf wird dem Patienten eine Bescheinigung für den Arbeitgeber über seine Anwesenheit in der Praxis ausgestellt.

13.8. Besuche

13.8.1. Besuchsbestellung

Bei Bestellung eines Krankenbesuches ist es wichtig, alle erforderlichen Angaben zu erfragen, damit sich der Arzt gegebenenfalls einen Eindruck über die Dringlichkeit der Besuchsbestellung verschaffen kann. Auch wenn der Patient der Praxis bekannt ist, sollte sicherheitshalber die Adresse verglichen werden, damit bei Ausführung des Besuches keine unnötige Verzögerung entsteht.

In entsprechender Weise ist bei persönlicher Besuchsbestellung durch Angehörige oder Nachbarn zu verfahren.

Handelt es sich um eine Besuchsbestellung zu einem neuen Patienten, sind Adresse, Angaben über den Patienten und dessen Telefonnummer festzuhalten. Bei Untermietern ist der Name des Hauptmieters zu notieren. Die Frage nach der Hausklingel und Hausnummer ist wichtig. Stets sind die näheren Umstände der Besuchsbestellung zu erfragen, z. B. ob bettlägerig, ob Bauchbeschwerden, ob Luftmangel, ob akut aufgetreten. Wie hoch ist die Körpertemperatur?

▶▶ *Hausbesuchstasche.*

Telefonische Besuchsbestellung
Es ist zu notieren bzw. zu veranlassen

- Zeit des Anrufes, Name des Anrufers, Name und Alter des Patienten
- Anschrift der Besuchsstelle, Stockwerk?
- Wegbeschreibung, besondere Kennzeichen des Hauses?
- Telefonisch erreichbar? Handy-Anschluss?
- Grund der Besuchsanmeldung
- Ist der Patient bettlägerig?
- Warum kann er nicht in die Praxis kommen?
- Leidet er unter Atemnot?
- Leidet er unter starken Schmerzen?
- Wo? Und wie?
- Fieber? Axillar oder rektal?
- Sonstige Beschwerden?
- Dabei Feststellung, ob nach dem Beschwerdebild sofortiger Besuch oder eventuell Rettungswagen erforderlich
- Besuch noch heute? Oder morgen? Oder gelegentlich?
- Ist auf der Klingel der Name vermerkt?
- Wie lange kann geöffnet werden?
- Um neuerlichen Anruf bei Befundänderung bitten!
- Die Besuchsanmeldung sofort dem Arzt mitteilen!

Es wird eine Karteikarte mit den vorläufig bekannten Angaben angelegt. Die Reihenfolge der Besuche bestimmt der Arzt, die für die Besuche benötigten Karteikarten werden am Schluss der Sprechstunde zusammengestellt.

13.8.2. Besuchstasche

Für Besuchsfahrten benötigt der Arzt eine Besuchstasche, in der die notwendigsten Instrumente und Medikamente übersichtlich untergebracht sind. Die Tasche ist täglich auf Vollständigkeit zu überprüfen. Das Fehlen eines wichtigen Medikamentes kann das Leben von Menschen gefährden! Notwendige Ergänzungen der Besuchstasche sind insbesondere auch im Hinblick auf eventuelle Besonderheiten der Erkrankung der besuchten Patienten vorzunehmen.

Der Inhalt der Tasche wird vom Arzt bestimmt. In der nachfolgenden Aufstellung werden aus diesem Grund nur allgemeine Hinweise gegeben.

Inhalt der Besuchstasche

Diagnostik
Taschenlampe, Stethoskop, Blutdruckapparat, Otoskop, Bandmaß, Ophtalmoskop, Mundspatel, Reflexhammer, Einmalhandschuhe und Fingerlinge, Thermometer

Therapie
Einwegspritzen und -kanülen, Alkoholtupfer, Staubinde, Katheter mit Gleitmittel, Ampullensägen, Schere, Pinzette, Verbandmaterial, sterile Wundauflagen, Heftpflaster

Labor
Einweggefäße für Blut, Urin, Stuhl, Urin-Mehrfachstreifen, Dextrostixstreifen zur Blutzuckeruntersuchung

Medikamente
(nur nach Anweisung des Arztes)
z. B. Herz- und Kreislaufmittel, Schmerzmittel (Morphium, Dolantin, Schmerztabletten), Spasmolytika, Antibiotika, Sedativa, Antihistaminika, Diuretika, Lokalanästhesetika, Atropin, Medikamente für Schocktherapie (Volumenersatzmittel, Cortison usw.)

Sonstiges
Formulare aller Art, insbesondere Rezepte, Überweisungsformulare, Krankenhauseinweisungen, Krankentransportscheine, Notfallbehandlungsscheine sowie Kugelschreiber, evtl. Diktiergerät

Notfallkoffer
Die Ausstattung eines Notfallkoffers ist auch von den speziellen Fähigkeiten des Arztes abhängig. In jedem Fall sollten in ihm (ggf. auch zusätzlich in der Besuchstasche): Schienen, Verbandmaterial, Mundkeil, Zungenzange, Tubus, Notintubationsbesteck, Volumenersatzmittel enthalten sein.

13.9. Einkauf von Praxisinventar

13.9.1. Übersicht

Richtig einkaufen bedeutet:
Die richtige Menge und Güte zur richtigen Zeit und zum günstigen Preis beim richtigen Lieferanten einzukaufen.

◄ *Verbrauchsgüter einkaufen.*

Insbesondere bei der Anschaffung von Praxisgegenständen bedarf es vor der Kaufentscheidung im Rahmen eines weitgehend vorgegebenen Verfahrens der Abklärung entscheidungsrelevanter Sachverhalte.

Anfrage
Um sich eine Übersicht über die für die gewünschten Güter marktgängigen Preise zu verschaffen, besteht die Möglichkeit, sich mit einer Anfrage an die in Frage kommenden Lieferanten zu wenden.

Soweit nur allgemeine Unterlagen (Katalog, Preisübersicht u. ä.) erbeten werden, wird von allgemeiner Anfrage gesprochen. Bei der Frage nach ganz konkreten Einzelheiten handelt es sich um eine bestimmte Anfrage. Die Anfrage hat keine rechtliche Wirkung.

Angebot
Unter einem Angebot wird eine an eine bestimmte Person gerichtete Willenserklärung, mit der sich der Anbieter bereit erklärt, unter bestimmten Bedingungen Waren zu überlassen oder Leistungen zu erbringen, verstanden.

Ein Angebot soll so klar und ausführlich sein, dass es ohne Rückfragen zu einem Auftrag kommen kann. Grundsätzlich gibt es für Angebote keine Formvorschriften, d. h. sie können

◄ *Angebot und Nachfrage.*

- mündlich (telefonisch)
- schriftlich (brieflich, telegrafisch, Telefax)
- stillschweigend (schlüssige Handlung – z. B. Automatenverkauf)

erfolgen.

Verbindlichkeit eines Angebots
Ein Angebot ohne Zusatz muss mindestens auf dem gleich schnellen Weg bestätigt werden wie es erfolgt ist, d. h., ein mündlich/telefonisches Angebot muss sofort angenommen werden.

Bei einem befristeten Angebot ist der Verkäufer bis Fristablauf gebunden (z. B. »Angebot gilt bis 31. Dezember 93«).

An ein freibleibendes Angebot ist ein Lieferant gar nicht gebunden (z. B. »Lieferung vorbehalten«, »Preise unverbindlich«). Erfolgt eine Auftragserteilung, kommt der Kaufvertrag erst nach unveränderter Auftragsbestätigung zustande.

Inhalte eines Angebots
Das Angebot muss alle wesentlichen Angaben enthalten und Aufschluss geben über

- Art, Beschaffenheit und Güte,
- Beförderungskosten,
- Erfüllungsort/Gerichtsstand.
- Lieferzeit,
- Menge,
- Preis,
- Verpackungskosten,
- Zahlungsbedingungen.

▶ *Kaufvertrag.*

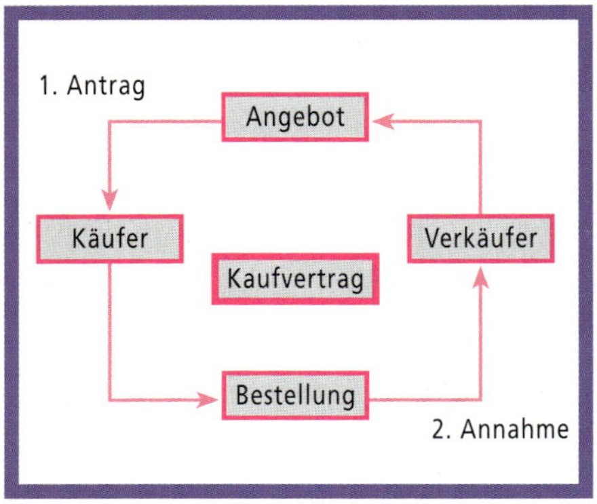

13.9.2. Kaufvertrag

Abschluss (Zustandekommen) eines Kaufvertrages
Beim Zustandekommen eines Kaufabschlusses entsteht ein Kaufvertrag. Der Kaufvertrag kommt durch zwei übereinstimmende Willenserklärungen als »zweiseitiges Rechtsgeschäft« zustande.

Erfüllung des Kaufvertrages
Nach Abschluss des Kaufvertrages, der für beide Seiten bestimmte Pflichten beinhaltet (Verpflichtungsgeschäft), erfolgt die beiderseitige Erfüllung (Erfüllungsgeschäft). Am Erfüllungsort (Leistungsort) haben Verkäufer und Käufer ihre Leistung zu erbringen.

Bedeutung des Erfüllungsortes
Die Gefahr der zufälligen Beschädigung, Verschlechterung oder Vernichtung des Warengutes geht auf den Käufer über. Durch den Erfüllungsort bestimmt sich gleichzeitig der Gerichtsstand: bei rechtlichen Auseinandersetzungen muss die Klage beim zuständigen Gericht des Erfüllungsortes eingereicht werden.

Gesetzlicher Erfüllungsort
Da es bei jedem Kaufvertrag zwei Schuldner gibt (der Verkäufer schuldet die Warenlieferung und der Käufer den Kaufpreis), bestehen auch zwei Erfüllungsorte, es sei denn, beide wohnen in demselben Ort.

Wenn vertraglich keine Regelung getroffen wird, gilt gesetzlich der Niederlassungsort des Schuldners als Erfüllungsort. Der Verkäufer erfüllt durch Übergabe oder Versand an seinem Niederlassungsort.

Der Käufer erfüllt durch Abnahme der Ware und rechtzeitige (fristgemäße) Begleichung des Kaufpreises auf seine Gefahr und Kosten.

MEMO!

Warenschulden sind Holschulden
Geldschulden sind Bringschulden!

Vertraglicher Erfüllungsort

In der Regel werden in den Kaufverträgen eigene Erfüllungsvereinbarungen getroffen. Dabei vereinbaren die Vertragsparteien meistens den Niederlassungsort des Lieferanten als Erfüllungsort im Kaufvertrag (= vertraglicher Erfüllungsort).

13.9.3. Störungen bei der Erfüllung des Kaufvertrages

Nicht immer verläuft die Erfüllung eines Kaufvertrages ohne Störungen. In der ärztlichen Praxis spielen besonders der Mangel einer gelieferten Ware sowie der Lieferungsverzug eine Rolle. Weitere Störungen wären der Annahmeverzug und der Zahlungsverzug. Bestimmungen hierzu finden sich insbesondere im Bürgerlichen Gesetzbuch.

Störungen bei der Erfüllung des Kaufvertrages

- Annahmeverzug
- Lieferungsverzug
- Mängelrüge
- Zahlungsverzug

Lieferungsverzug

Voraussetzungen für das Eintreten des Lieferungsverzuges sind:

- Fälligkeit der Ware (Lieferung muss fällig sein, d. h., der Lieferant muss verpflichtet sein, seine Leistung zu erbringen)
- Mahnung des Lieferanten (schriftlich oder mündlich, nur notwendig, wenn Fälligkeit der Lieferung kalendermäßig nicht genau bestimmt ist, z. B. »Lieferzeit etwa 6 bis 8 Wochen«). Die Mahnung muss die Aufforderung enthalten, die Leistung nunmehr auszuführen.
- Verschulden des Lieferanten (Vorsatz oder Fahrlässigkeit). Höhere Gewalt (z. B. Streik) schließt Verschulden aus.

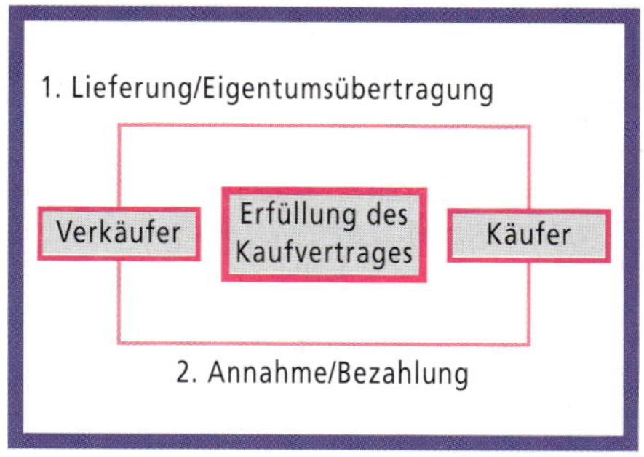

Erfüllung des Kaufvertrages.

MEMO!

WICHTIG!

Bei einem kalendermäßig genau definierten Lieferzeitpunkt (»Lieferung am 15. Oktober 19..« = Fixkauf oder »Lieferung bis spätestens 30. Juni 19..«) entfällt die Notwendigkeit einer Mahnung.

Wenn der Lieferant von sich aus erklärt, dass er erst zu einem späteren Zeitpunkt als vereinbart liefern kann, setzt er sich selbst in Verzug. In diesem Fall entfällt ebenfalls die Notwendigkeit einer Mahnung.

Nachfrist

Bei Lieferungsverzug ist der Käufer verpflichtet, eine angemessene Nachfrist zu setzen (§376 Abs. 2 BGB). Diese muss nicht gewährt werden, wenn der Lieferer von sich aus erklärt, nicht liefern zu können.

Rechte des Käufers bei Lieferungsverzug

Der Käufer hat bei Lieferungsverzug folgende Möglichkeiten:

- Rücktritt vom Vertrag nach Ablauf einer angemessenen Nachfrist.
- Nach Ablauf der Nachfrist die Leistung ablehnen und Schadenersatz wegen Nichterfüllung des Kaufvertrages verlangen.
- Auf Erfüllung des Kaufvertrages bestehen, aber Schadenersatz wegen verspäteter Lieferung verlangen

MANGELART → / KAUFART ↓	offene Mängel	versteckte Mängel
Zweiseitiger Handelskauf	unverzüglich nach Lieferung	unverzüglich nach Entdeckung
Einseitiger Handelskauf, bürgerlicher Kauf	innerhalb von 6 Monaten nach Wareneingang	

▲ *Kaufvertrag.*

Mängelrüge

Unter einer Mängelrüge wird die Beanstandung einer mangelhaften Lieferung verstanden. Die Mängelrüge erfordert keine besondere Form. Die Mängel müssen allerdings in der Beanstandung konkret beschrieben werden. Bei mündlicher oder telefonischer Reklamation sollte auf einer schriftlichen Bestätigung bestanden werden.

Eine mangelhafte Warensendung muss der Käufer aufbewahren und sorgfältig behandeln, bis der Verkäufer neu über sie verfügt.

Prüfung der Warensendung
Bei Übergabe der Warensendung wird *unverzüglich* in Anwesenheit des Überbringers überprüft:

- Art und Anzahl der gelieferten Ware
- Vergleich mit Lieferschein, Frachtbrief usw.
- Anschrift der Sendung, Lieferanschrift
- Äußere Verpackung oder Ware selbst, wenn unverpackt

Ergeben sich hierbei Beanstandungen, lässt sich der Käufer dies durch den Überbringer der Warensendung (z. B. Spediteur, Postbote) bestätigen.

Beim Auspacken und Prüfen der Ware ist zu beachten:
- Verpackung ist sorgfältig zu entfernen, damit Beschädigungen vermieden werden
- Inhalt wird mit dem Lieferschein verglichen
- Art, Güte, Beschaffenheit werden unverzüglich überprüft und mit den zur Verfügung stehenden Unterlagen (z. B. Bestellung, Muster u. ä.) verglichen.
- Vermerke im Bestellbuch, Eingangsvermerk (evtl. Bestandsverzeichnis)
- Bei Mängeln unverzügliche Reklamation beim Lieferanten

Mängelarten
Folgende Mängel können auftreten:

- *Sach- oder Qualitätsmängel:*
  Mängel in der Güte
  (z. B. geringere Güte),
  Mängel in der Beschaffenheit
  (z. B. bei Beschädigung)
- *Falschlieferung:*
  Mängel in der Art
  (z. B. falsche Ware geliefert),
  Mängel in der Menge
  (z. B. zu wenig geliefert)

MEMO!

Falschlieferung bedeutet Nichterfüllung des Kaufvertrages

Bei Falschlieferung hat der Käufer – wie beim Lieferungsverzug – die Möglichkeit, im Rahmen einer angemessenen Nachfrist Neulieferung zu verlangen oder nach Ablauf der Nachfrist vom Vertrag zurückzutreten oder Schadenersatz geltend zu machen.

Offene und versteckte Mängel
Offene Mängel sind unter Berücksichtigung der zur Prüfung erforderlichen Zeit (z. B. bei medizinischen Apparaten oder Geräten) *unverzüglich* zu rügen. Bei Lieferung des allgemeinen Praxisbedarfs genügen Stichproben.

Versteckte (verborgene) Mängel müssen unverzüglich nach ihrer Entdeckung dem Lieferanten mitgeteilt (»gerügt«) werden. Der Käufer muss seine Ansprüche innerhalb von 6 Monaten nach Übergabe der Ware geltend machen.

Bei *arglistig verschwiegenen* Mängeln handelt es sich um versteckte Mängel, die der Verkäufer absichtlich verschweigt.

Bei Qualitätsmängeln kann der Käufer wahlweise folgende Rechte (Gewährleistungsansprüche) durchsetzen:

- *Rücktritt vom Kaufvertrag* (Wandlung, § 462 BGB)
  Erleidet der Käufer keinen Schaden und ist das Kaufobjekt zwischenzeitlich auch nicht im Preis gestiegen, wird der Käufer bei unzuverlässigen Lieferanten vom Kaufvertrag zurücktreten.

- *Preisnachlass* (Minderung des Kaufpreises, § 462 BGB)
  Weist der gelieferte Gegenstand nur kleine Fehler auf, die für den Käufer nicht erheblich sind, könnte sich diese Möglichkeit empfehlen.

- *Schadenersatz* wegen *Nichterfüllung* (§ 463 BGB)
  Erfüllt der Kaufgegenstand oder die Ware zugesicherte Leistungsmerkmale nicht oder hat der Lieferant Mängel arglistig verschwiegen, hat der Käufer Anspruch auf Schadenersatz.

- *Verlangen auf Neu- bzw. Ersatzlieferung* (§ 480 BGB)
  Bei einer sehr günstigen Kaufentscheidung wird der Käufer auf Erfüllung bestehen und Lieferung einer mangelfreien Ware verlangen.

Bei routinemäßigen Bestellungen, wie z. B. überwiegend beim Praxisbedarf oder geringfügigen Einkäufen, brauchen die beschriebenen Abläufe und Kaufüberlegungen dagegen nur im begrenzten Umfang stattzufinden.

Zahlungsverzug

Wenn ein Zahlungstermin nicht ausdrücklich vereinbart ist, kommt der Käufer (Schuldner) erst nach ausdrücklicher Mahnung des Verkäufers in Verzug (zweite Rechnung gilt nicht als Mahnung).

War dagegen ein *kalendermäßig bestimmter Zahlungstag* vereinbart, kommt der Käufer bereits mit dem Tag der *Fälligkeit in Verzug.*

Vom Tage des Verzugs bzw. vom Zugang der Mahnung an können nach dem Bürgerlichen Gesetzbuch 4 Prozent Verzugszinsen und Nebenkosten (Mahnkosten, Zinsen) geltend gemacht werden.

◀◀ ***Gewährleistungsansprüche.***

13.10. Umweltgerechte Abfallentsorgung

13.10.1. Vermeidung von Abfall

Besser als die beste umweltgerechte Beseitigung von Müll ist die Vermeidung von Abfall. Insbesondere bei Verpackungsmaterial und Einwegartikeln kann bei überlegtem Einkauf und sorgfältiger Handhabung die Entstehung von unnötigem Abfall vermieden werden.

◀ ***Hygiene und Sicherheit im Praxisalltag.***

Auflagen auf Liegen müssen nicht immer aus Einwegmaterial sein, häufig reichen auch abwischbare Tücher aus. Die Hände können nach dem Händewaschen unter Warmluft getrocknet werden, auf diese Weise können an vielen Stellen Einweghandtücher gespart werden. Hygiene und Sicherheit dürfen unter dem Gesichtspunkt der Abfallvermeidung jedoch nicht leiden. So müssen z. B. bei Blutentnahmen mit herkömmlichen Spritzen unbedingt Einmalhandschuhe getragen werden.

Grundlage für die Entsorgung von medizinischen Abfällen sind das ZfA-Merkblatt Nr. 8 und die Richtlinie des Bundesgesundheitsamtes zur Erkennung, Verhütung und Bekämpfung von Krankenhausinfektionen. Beide unterscheiden hausmüllähnliche Abfälle von Sonderabfällen.

◀ ***ZfA-Merkblatt Nr. 8.***

▶▶ *Recyclingfähiges Material verwenden.*

Abfallvermeidung oder –verminderung

Verpackung
Bei unnötigem Verpackungsaufwand Firmen anschreiben und auf das Problem aufmerksam machen, Verpackungsmaterial an Firmen zur Wiederverwendung zurückgeben, selbst unnötiges Verpackungsmaterial vermeiden (Mehrwegverpackung, Vermeidung schwer recyclingfähiger Verbundstoffe).

Handtücher
Trocknung mit Warmluft, wenn nicht möglich oder geboten, Einmalhandtücher aus Altpapier.

Papier
Papier beidseitig beschreiben, nach Möglichkeit DIN A5 verwenden; einseitig beschriebenes Papier zu Notizzetteln schneiden (Datenschutz und Schweigepflicht dabei beachten).

Zeitschriften, Werbung
Nicht bestellte und erwünschte Zeitschriften aus Verteiler streichen lassen, Annahme bei unerwünschten Werbebriefen verweigern, bei Gemeinschaftspraxen Rundschreiben, Handbücher u. ä. nur einmal schicken lassen.

▶ *Abfalltrennung.*

13.10.2. Umgang mit »Problemstoffen« und Trennung von Abfällen

▶▶ *Entsorgung.*

Häufig ist das Vermeiden von Abfällen beim besten Willen nicht möglich. In diesen Fällen ist es wichtig, im Rahmen der örtlichen Möglichkeiten die Abfallstoffe zu trennen. Hierbei ist besonders an problematische Substanzen und an wieder verwertbare Stoffe zu denken.

Problemstoffe
Bestimmte problematische Substanzen wie z. B. Batterien, Desinfektionsmittelreste, Kunststoffe, Chemikalien u. ä. sind getrennt zu entsorgen. Hierdurch wird der Abfall zwar nicht verhindert, aber ungefährlicher.

Wiederverwertung (Recycling)
Eine immer größere Rolle spielt das Aussortieren und das getrennte Erfassen von Wertstoffen, die als »Sekundär-Rohstoffe« eine erneute Verwendung finden können. Hierzu gehören Papier, Kunststoffe, Metalle, Glas u. a. Damit die Wiederverwertung, das »Recycling«, möglichst wirtschaftlich erfolgen kann, ist eine Trennung der Abfälle schon in der Arztpraxis erforderlich.

Auf dem Markt werden Systeme angeboten, die eine Trennung der Abfälle jeweils auf die Bedürfnisse der Praxis zugeschnitten erlauben. So sind z. B. jeweils 40 Liter fassende Behälter miteinander zu verbinden. In sie werden Foliensäcke gehängt und mit Sackklemmen befestigt. Ein Zeitschriftenelement mit Schnurrollen zur Papierbündelung ist ebenfalls vorzusehen.

13.10.3. Beseitigung von Praxisabfällen als Hausmüll

Entsorgung von Abfällen

Hausmüll und hausmüllähnliche Abfälle
Diese Abfälle müssen vor der endgültigen Entsorgung nicht besonders behandelt werden. Bei einigen praxistypischen Abfällen sind jedoch zwei wesentliche Regeln zu beachten:

- Schutz des entsorgenden Personals bei Abwurf, Sammeln und Ladearbeiten. Gefährdend sind hier spitze und schneidende Gegenstände, insbesondere wenn sie mit Blut behaftet sind.
- Schutz vor missbräuchlicher Verwendung (spielende Kinder, Suchtkranke).

Vorgehen: Gebrauchte Spritzen und Kanülen, chirurgische Einmalinstrumente und Glasbruch werden in festen, durchstichsicheren Behältern gesammelt. Die Kanüle soll nicht von der Spritze abgestreift werden, weil hierbei Blut- oder Medikamentenreste verspritzen können. Die Schutzklappe darf nicht wieder auf die Kanüle aufgesetzt werden (Gefahr der Stichverletzung).

Die Standzeit des Sammelbehälters sollte 4 Wochen nicht überschreiten. Der volle Sammelbehälter wird am Besten mit einem Schraubdeckel fest verschlossen.

Gebrauchte Verbände, Tupfer, Kompressen, Tampons, Damenbinden u. ä. werden in flüssigkeitsdichten Kunststoffsäcken mit einer Wandstärke von mindestens 0,15 mm gesammelt. In diesen Säcken werden, zusammen mit den gesamten Abfällen, auch die verschlossenen Sammelbehälter für Abfälle mit Verletzungsgefahr zum Transport bereitgestellt.

Nicht mehr brauchbare Medikamente sind Sondermüll und entsprechend zu entsorgen. Die Regelungen sind regional unterschiedlich, die jeweiligen Gesundheitsämter wissen Bescheid.

Behälter
Behälter können wie normale Kunststoff- bzw. Glasabfälle zusammen mit dem Hausmüll beseitigt werden, wenn sie vollständig entleert sind.

Die Vorschriften und Hinweise der örtlichen Träger der Abfallentsorgung sind zu beachten.

Laborabfälle
Blut und Urin werden über die Kanalisation entsorgt, infektiöses Material nach Desinfektion mit dem Hausmüll, ohne Desinfektion als Sondermüll.

Papier
Papier kann – soweit vorhanden – über vorhandene Sammelcontainer als Altpapier entsorgt werden.

Röntgenabfälle
Sowohl die verwendeten Entwicklungs- und Fixierbäder als auch Röntgenbilder müssen über entsprechende Spezialfirmen entsorgt werden.

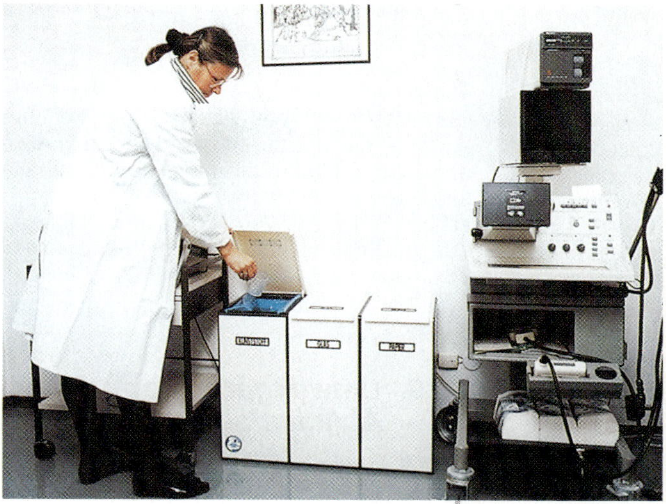

▲ Mülltrennungssystem.

Operationsabfälle
Organteile und infektiöses Material müssen entsprechend der Sonderabfallbeseitigungsverordnung mit dem Sondermüll entsorgt werden, die übrigen Abfälle können wie Hausmüll behandelt werden.

13.11. Rationelle Energieverwendung

13.11.1. Bau und Ausstattung der Praxis

Die meisten Maßnahmen zur Energieeinsparung müssen schon während des Baus und der Einrichtung der Arztpraxis erfolgen. Da die Arzthelferin in aller Regel zu diesem Zeitpunkt noch nicht in der Praxis mitarbeitet, sind die in Frage kommenden Möglichkeiten nur beispielhaft aufgezählt:

- Außentemperaturgesteuerte Heizung,
- Heizkörperthermostate
- Energiesparlampen (Leuchtstoffröhren)
- Energiesparende Warmwasserbereitung (z. B.: Untertischgeräte für Warmwasser zum Händewaschen)
- Wärmedämmung, Isolierglasfenster u. ä.

13.11.2. Regeln zur Energieeinsparung

Nach der Bau- und Ausstattungsphase sind die Möglichkeiten in der Praxis zur Energieeinsparung verhältnismäßig begrenzt und nur wenig anders als diejenigen, die jeder Wohnungsbesitzer beachten sollte:

- Fenster nicht unnötig lange geöffnet lassen, kurzes ausgiebiges Lüften ist vorzuziehen,
- Heizungen zur Nacht und zum Wochenende niedriger einstellen,
- Kühlschränke häufiger abtauen, falls nicht eine Abtauautomatik vorhanden ist,
- Licht und Elektrogeräte ausschalten, wenn sie nicht benötigt werden,
- Sterilisatoren mit den vom Werk angegebenen Temperaturen und Zeiten betreiben, nach Möglichkeit warten, bis der Sterilisator vollständig gefüllt ist,
- Warmwasser nicht unnötig laufen lassen, eventuell defekte Dichtungen auswechseln lassen,
- Wasserbäder über Nacht und zum Wochenende abschalten.

Energiesparbemühungen dürfen nicht dazu führen, dass Patienten frieren müssen. Ein zu weit gehendes Absenken der Heiztemperatur über Nacht und am Wochenende erfordert am nächsten Tag bzw. am Montag viel Energie zum Aufheizen. Empfehlenswert ist ein vernünftiges Mittelmaß (Absenkung um etwa 5 bis 8(C). Bei zu starker Auskühlung dauert es selbst bei leistungsstarker Heizung ziemlich lange, bis die Räume wieder angenehm warm sind, da neben den Einrichtungsgegenständen auch das Mauerwerk ausgekühlt ist.

Räume und Arbeitsplätze müssen ausreichend beleuchtet sein. Energiesparend sind Energiesparlampen, die allerdings nicht ständig ein- und ausgeschaltet werden dürfen, da sie sonst nicht nur frühzeitig verschleißen, sondern auch wesentlich mehr Strom verbrauchen. Abends müssen Zuwegung und Eingang zur Praxis ebenso wie ein eventuelles Treppenhaus ausreichend beleuchtet sein. Hierbei muss beachtet werden, dass insbesondere ältere Patienten oft nicht gut sehen können und deswegen besseres Licht benötigen.

▶ *Zum Wiederholen und Lernen.*

MEMO!

WICHTIGES ZUM MERKEN

Empfang – Anmeldung: Der Begriff »Empfang« sollte dem Begriff »Anmeldung« vorgezogen werden.
Er ist besser geeignet, den Patienten zu zeigen, dass sie sich in einer Praxis befinden, in der sie nicht verwaltet, sondern betreut werden.

Der **Empfang** muss – solange sich Patienten in der Praxis befinden – immer besetzt sein. Wird er auch kurzfristig verlassen, müssen Karteikarten, Stempel und Formulare gesichert sein.

Aufenthaltsraum – Wartezimmer:
Warten ist auch bei guter Organisation gelegentlich unvermeidlich. Fast kein Patient wartet gern. Deswegen sollte, um nicht unangenehme Gefühle aufkommen zu lassen, anstelle des Begriffes »Wartezimmer« die Bezeichnung »Aufenthaltsraum« Verwendung finden.

Die Festlegungen in den einschlägigen **DIN-Norm-Vorschriften** (DIN 5008) sind maßgebend für die Gestaltung von Arztbriefen bzw. sonstigen schriftlichen Mitteilungen der Praxis an Dritte.
In den DIN-Vorschriften sind Regelungen hinsichtlich Form, Größe, Einteilung und

◄ *Zum Wiederholen und Lernen.*

MEMO!

Beschriftung sowie des formalen Inhalts (z. B. Anschrift, Empfängerbezeichnung, Empfängerhinweise) für Maschinen geschriebene Briefe enthalten.

Bei der **Gestaltung von Schreiben** sind die Kennzeichnung, Gliederung sowie Hervorhebung von Texten unter besonderer Berücksichtigung von Textverarbeitungssystemen optimal zu nutzen.

Entsprechend dem Umfang eines Schreibens muss das richtige **Papier- und Briefhüllenformat** ausgewählt und Absenderangabe sowie Empfängeranschrift richtig plaziert werden.

Für die **Aufbewahrung** des ärztlichen Schriftverkehrs und sonstiger Formulare, Belege und Bescheinigungen sind unterschiedliche Aufbewahrungsfristen zu beachten.

Ansteckend erkrankte Patienten dürfen nicht zusammen mit anderen Patienten im Aufenthaltsraum sitzen.

Gestaltung der Arbeitsfläche:
Die Gestaltung der Arbeitsfläche ist auch davon abhängig, ob die dort arbeitende Arzthelferin Rechts- oder Linkshänderin ist. Bei Rechtshändern befinden sich das Telefon (rechte Hand zum Schreiben frei!) und die Schreibtischlampe (kein Schattenwurf auf zu beschreibendes Papier!) links.

Schweigepflicht: Auch Angehörige dürfen ohne Einwilligung des Patienten keine Auskünfte erhalten. Privatrechnungen dürfen bei volljährigen Patienten in jedem Fall nur direkt an die Patienten gerichtet werden. Persönliche Daten dürfen nie im Beisein anderer Patienten aufgenommen werden.

Zeitplanung: Zeitaufwändige Untersuchungen oder Behandlungen sollten nur zu Zeiten eingeplant werden, in denen die Praxis gut besetzt ist.

TERMINOLOGIE

Aufenthaltsraum:
Wartebereich für Patienten, die im ärztlichen Bereich behandelt werden

Betreff:
Hinweis auf den Inhalt eines Schreibens

DIN 5008:
Normvorschriften für Geschäftsbriefe

Organisation:
Festlegen von Verhaltensweisen für häufig wiederkehrende Sachverhalte

Textbausteine:
unterschiedliche Texte werden aus mehreren Varianten ausgewählt

Texthandbuch:
Sammlung von vorformulierten Texten in sachbezogener Systematik und Ordnung

Textverarbeitungssystem:
Bürogerät (z. B. PC) für die Ein- und Ausgabe von Texten

Vorwartezone:
Wartebereich für Patienten, die auf Rezepte, Überweisungen oder andere kleinere Dienstleistungen warten

Zwischenwartezone:
den jeweiligen Funktionsbereichen zugeordneter Wartebereich

MEMO!

▶ *Zum Wiederholen und Lernen.*

EINIGE FRAGEN ZUM ÜBEN

Welche Aufgaben hat eine gut durchdachte Praxisorganisation?

Erläutern Sie den Begriff »Organisation«!

Durch welche Maßnahmen können Tätigkeiten in der Praxis rationalisiert werden?

Nennen Sie Regeln für eine gute Organisation!

Warum ist es besser, die Anmeldung als Empfang und das Wartezimmer als Aufenthaltsraum zu bezeichnen?

Nennen Sie wichtige Regeln beim Umgang mit Karteikarten und Formularen!

Beschreiben Sie eine praxisübliche Karteikarte!

Welche Eintragungen müssen bei der Neuaufnahme eines Patienten erfolgen?

Nach welchen Regeln erfolgt die Ordnung innerhalb der Kartei? Welche DIN ist zu beachten?

Wie werden Familiennamen, bei denen der Vorname noch nicht bekannt ist, eingeordnet?

Welche Bestellsysteme kennen Sie? Beschreiben Sie Vor- und Nachteile!

Nennen Sie die üblichen Papier- und Briefhüllenformate!

Welche Umschläge finden üblicherweise bei DIN-A4-Briefen Verwendung?

Wie muss vorgegangen werden, damit der Empfänger eines Briefes diesen ohne Beschädigung abheften kann?

Nennen Sie Formvorschriften für Briefdatum, Bezugszeichenzeile, Betreff, Anrede und Grußformel!

Wie wird ein Anlagenvermerk vorgenommen?

Wie lange müssen Durchschläge/Kopien von Arztbriefen und anderen Schreiben aufbewahrt werden?

Wie lange müssen Patientenunterlagen aufbewahrt werden?

Wie lange müssen Arbeitsunfähigkeitsbescheinigungen aufbewahrt werden?

Wie lange müssen Unterlagen über Röntgenbehandlungen aufbewahrt werden?

Welche Ausstattung gehört zu einem Textverarbeitungssystem?

Nennen Sie Einsatzgebiete der Textverarbeitung in der ärztlichen Praxis!

Was ist ein Texthandbuch bei der Textverarbeitung?

Welche Aufgaben sind von der Arzthelferin im Rahmen der Sprechstunde wahrzunehmen?

Beschreiben Sie das Vorgehen bei der Aufnahme der Personalien neuer Patienten!

In welcher Reihenfolge werden Patienten zum Arzt vorgelassen?

Nennen Sie unvermeidliche Ausnahmen für die bevorzugte Vorlassung von Patienten! Was ist bei ansteckend erkrankten Patienten zu beachten?

Beschreiben Sie Möglichkeiten zur Vermeidung von Abfall!

Wie ist mit »Problemstoffen« bei der Abfallbeseitigung in der Arztpraxis umzugehen?

Welche Regeln zur Energieeinsparung müssen von Ihnen täglich in der Praxis beachtet werden?

14. Post und Telekommunikation

ZIELE DES RAHMENLEHRPLANS
▶ Bearbeitungsregeln für Postsendungen entwickeln
▶ Möglichkeiten der Telekommunikation darstellen sowie deren Kosten und Leistungen vergleichen

Postbankdienst	Zahlungsverkehr über Postgiroämter oder den Postsparkassendienst
Postdienst	Beförderung von Briefen und sonstiger Sendungen, Güterverkehr, Paketdienst
Telekom	Nachrichtenverkehr in allen Formen (Fernmeldebereich)

14.1. Postsendungen

14..1.1. Übersicht

Die Arzthelferin muss bei der Erfüllung ihrer Aufgaben in vielfältiger Weise Informationen verarbeiten. Der direkte Informationsaustausch von Mensch zu Mensch (Chef, Kolleginnen, Patienten, Lieferanten usw.) ist nur ein Teil der Kommunikation. Hier geht es dabei verstärkt um die sichere Übermittlung oder die Entgegennahme von Informationen *räumlich getrennter* Kommunikationspartner.

Nach der Neuordnung der Post werden die Postleistungen durch die drei öffentlich-rechtlichen Unternehmen Postbankdienst, Postdienst und Telekom unter der Aufsicht des Bundesministers für Post und Telekommunikation ausgeführt.

Am 1. Januar 1995 wurde die Deutsche Bundespost POSTDIENST in eine Aktiengesellschaft, die Deutsche Post AG, umgewandelt. Seit dem 1. Januar 1996 gliedert sich der Postdienst in die Bereiche Briefpost, Frachtpost und Postfilialen.

Für den schriftlichen Nachrichtenverkehr über die Deutsche Post AG (Post) gelten das Gesetz über das Postwesen (PostG), die Postdienstverordnung (PostV) und die allgemeinen gesetzlichen Vorschriften.

Für die vertraglichen Rechtsbeziehungen zwischen der Post und ihren Kunden im Dienstleistungsbereich Briefdienst gelten insbesondere die Allgemeinen Geschäftsbedingungen der Post (AGB).

14.1.2. Allgemeine Regelungen

Absender

Die Absenderadresse ermöglicht der Post die Rücksendung nicht zustellbarer Postsendungen, und dem Empfänger macht sie die vollständige Anschrift des Absenders bekannt. Dadurch kann der Absender Antwortsendungen ebenfalls richtig beschriften. Diesem Zweck dienen auch Briefhüllen, Umschläge usw. mit eingedruckten Absenderangaben.

Der Absender muss allerdings nur auf folgenden Sendungen angegeben werden:

- eingeschriebene Sendungen
- Sendungen mit Wertangabe
- Postanweisungen
- Sendungen mit Nachnahme
- Paketsendungen

Auf anderen Sendungen sollte der Absender aber aus oben genannten Gründen schon aus Eigeninteresse des Absenders immer angegeben werden.

Die Aufschriftseite von Briefsendungen sollte so gestaltet sein, dass sie von den automatischen Verteilanlagen der Deutschen Post gelesen werden kann. Neben einer Beschriftung mit Schreibmaschine/ Computerdrucker oder zumindest mit einer leserlichen Handschrift sollten bestimmte Einteilungen der Aufschriftseite beachtet werden. Bei manchen Sendungsarten, wie z. B. Infopost ist die Maschinenlesbarkeit sogar vorgeschrieben.

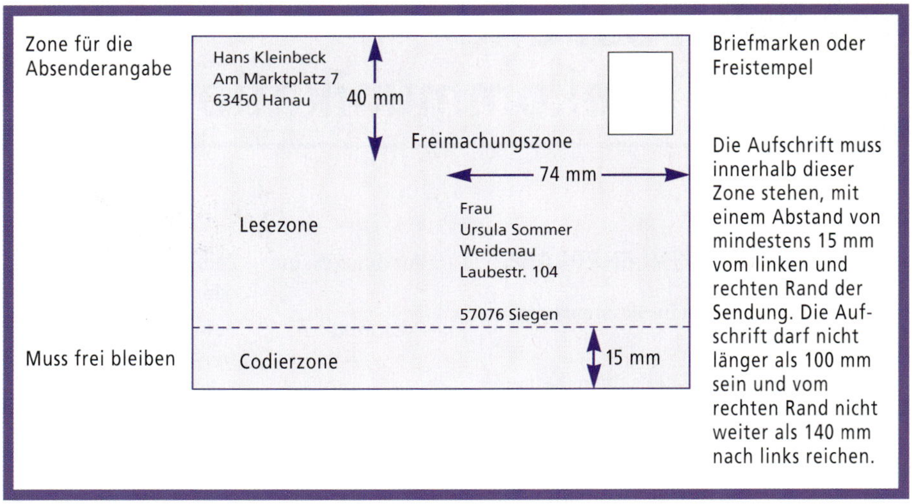

Die Absenderadresse soll bei Briefsendungen möglichst auf der Aufschriftseite oben links stehen. Sie kann auch auf der Rückseite angebracht werden.

Postvollmacht

Der Empfänger kann eine oder mehrere Personen bevollmächtigen, für ihn bestimmte Sendungen in Empfang zu nehmen. Wird mehreren Personen Postvollmacht erteilt, so ist jeder Postbevollmächtigte allein empfangsberechtigt.

Die Postvollmacht gilt bis zum Widerruf. Für jeden Postbevollmächtigten wird ein Ausweis ausgestellt. Behörden, juristische Personen, Gesellschaften und Gemeinschaften müssen die Postvollmachten auf einem Formblatt erteilen.

Einer besonderen Postvollmacht bedarf es

- für den Empfang von Sendungen, die dem Empfänger eigenhändig zuzustellen sind,
- für den Empfang postlagernder eingeschriebener Briefsendungen und Briefe mit Wertangabe und Postanweisungen

Empfangsberechtigung

Als Empfänger können natürliche Personen, Behörden, juristische Personen, Gesellschaften oder Gemeinschaften bezeichnet werden. Sind mehrere natürliche Personen als Einzelempfänger bezeichnet, so ist jede von ihnen allein empfangsberechtigt.

Nach den Bestimmungen der Postordnung sind unterschiedlich nach Adressaten folgende Personen empfangsberechtigt:

- *bei natürlichen Personen* der oder die Empfänger je nach Adressierung, der Ehegatte oder Postbevollmächtigte
- *bei Behörden, Organisationen, Vereinen usw.* der Postbevollmächtigte
- *bei Einzelunternehmen* der Inhaber oder der Postbevollmächtigte

Als Ersatzempfänger für gewöhnliche Sendungen sind Angehörige oder Angestellte sowie Inhaber oder Vermieter bzw. Haus- oder Wohnungsnachbarn möglich. Die vorgenannten Personen, bis auf Haus- und Wohnungsnachbarn, dürfen auch Einschreibsendungen in Empfang nehmen.

Haftung der Post

Die Post haftet nur bei den nachfolgend aufgeführten Sendungsarten:

- Einwurf-Einschreiben 40,– DM
- Übergaben-Einschreiben 50,– DM
- Nachnahme (Verlust und Beschädigung der Sendung) 50,– DM

Die Post *haftet nicht*, wenn der Schaden durch den Absender verursacht wurde (z. B. unzureichende Verpackung) oder durch die Beschaffenheit der Sendung entstanden ist.

Die Ansprüche gegen die Post stehen nur dem Absender zu, der diese allerdings an den Empfänger abtreten kann. Bei gewöhnlichen Briefsendungen und Päckchen ist die Haftung ausgeschlossen. Bei vermissten Sendungen kann ein Nachforschungsantrag gestellt werden.

14.1.3. Sendungsarten

Unterschieden wird zwischen *Sendungsarten* und *zusätzlichen Leistungen.*

Sendungsarten

- Blindensendungen
- Briefe
- Büchersendungen
- Infopost
- Postkarten
- Postwurfsendungen
- Postzustellungsauftrag
- Telebriefe
- Warensendungen

Zusätzliche Leistungen

- Anschriftenprüfung
- Eigenhändig
- Einschreiben
- Express
- Nachnahme
- Rückschein
- Werbeantwort

Die *Sendungsart* muss bei Büchern-, Blinden- und Warensendungen oberhalb der Anschrift, bei Postwurfsendungen grundsätzlich deutlich hervortretend auf der Außenseite bezeichnet werden. Bei Briefen, Postkarten und Infopost ist die Bezeichnung nicht erforderlich.

Die Angaben über *zusätzliche Leistungen* müssen oberhalb der Anschrift zusätzlich zu der vorgeschriebenen oder zulässigen Bezeichnung der Sendungsart angegeben werden.

Die Post unterscheidet zwischen verschiedenen Briefsendungsarten, deren Beschreibung und wesentlichen Merkmale (Gewichtsstufen, Maße) in der folgenden Tabelle wiedergegeben sind.

Im Rahmen des Postkonzeptes BRIEF 2000 gibt es 4 Basisbriefarten

- Standardbrief
- Kompaktbrief
- Großbrief
- Maxibrief

mit einem Preissystem. Dabei bilden Produkt- und Preissystem eine Einheit.

Diese gelten für die Bereiche

- Brief
- Büchersendungen
- Infobrief
- Infopost
- Postkarte
- Postwurfsendung
- Warensendungen

Brief

Der Brief ist das klassische Mittel der vertraulichen Nachrichtenübermittlung. Er kann unverschlossen sein. Briefe, aber auch Postkarte und Infopost, sollen bei normalem Ablauf am ersten Werktag nach

4 Basisprodukte am Beispiel Brief.

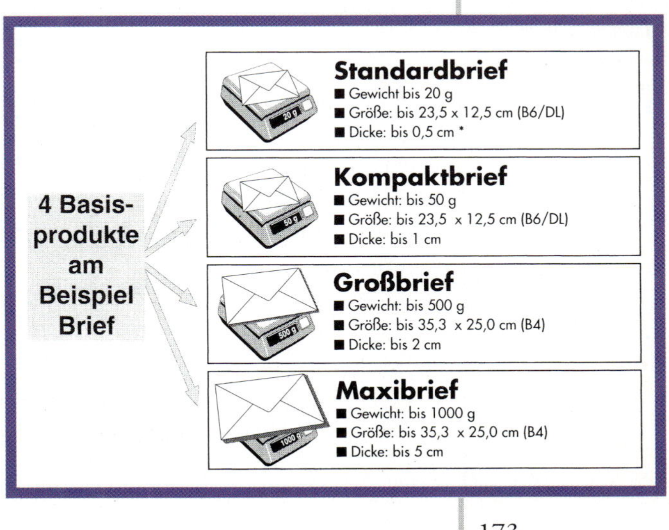

der Einlieferung beim Empfänger eintreffen.
Zugelassen zur Beförderung sind neben schriftlichen Mitteilungen auch Gegenstände, die nach Inhalt und Umfang mit einer Umhüllung sicher verpackt sind, d. h. sie dürfen beim Transport nicht herausfallen. Da Briefe fest gebündelt werden, drücken harte Gegenstände leicht durch die Umhüllung. Wenn Briefe wegen ihrer Größe z. B. mit Päckchen verwechselt werden können, sollte über der Anschrift das Wort »Brief« stehen.

Infobrief

Schriftliche Mitteilungen oder Unterlagen können als Infobrief versandt werden, wenn die festgelegte *Mindesteinlieferungsmenge* von 50 Stück erfüllt ist und die Sendungen *inhaltsgleich* sind. Den Sendungen dürfen auch inhaltsgleiche unentgeltliche Proben, Muster, Werbeartikel und Fremdbeilagen beigefügt werden.

Eine Sortierung ist bei der Einlieferung nicht erforderlich. Die Einlieferung umfasst inhaltsgleiche Sendungen, die an demselben Tag bei derselben Einlieferungsstelle mit einer Einlieferungsliste eingeliefert werden. Einlieferungslisten stellt die Post zur Verfügung.

Bei freigestempelten Infobriefen kann der Zusatz »Entgelt bezahlt« entfallen, wenn die Sendungsart (»Infobrief«) in der Aufschrift enthalten ist.

Infopost

Massensendungen sind im Bereich »Infopost« organisiert. Wie auch beim Infobrief können Nachrichten als Infopost versandt werden, wenn festgelegte *Mindestmengen* eingeliefert werden und die Sendungen *inhaltsgleich* sind.

Infopost sind schriftliche Mitteilungen oder Unterlagen gleichen Inhalts (bestimmte Ausnahmen zugelassen) desselben Absenders an einen größeren Empfängerkreis zu niedrigeren Gebühren. Format- und Gewichtsgleichheit muss bestehen. Zum Inhalt dürfen keine Verkaufswaren, Kontoauszüge, Rechnungen, Lieferscheine, Zahlungsverkehrsvordrucke (außer bei Spendenaufrufen) gehören.

Bestimmte Mindestmengen müssen gleichzeitig eingeliefert werden:

- 4.000 Stück, nach Postleitzahl (PLZ) geordnet
- 250 Stück für dieselbe Leitregion nach PLZ geordnet (Übereinstimmung der ersten beiden Postleitzahlen)
- 50 Stück für den Leitbereich der Einlieferungsstelle, nach PLZ geordnet

Als inhaltsgleich werden Sendungen auch dann angesehen, wenn es sich um generell zugelassene Abweichungen handelt (z. B. Anrede).

Für Infopostsendungen gelten die Bezeichnungen und Maße wie für Briefe.

Höchstgewichte	
■ **Infopost – Standard**	**20 g**
■ **Infopost – Kompakt**	**50 g**
■ **Infopost – Groß und Maxi**	**1.000 g**

Bei freigestempelten Infopostsendungen kann der Zusatz »Entgelt bezahlt« weggelassen werden, wenn die Sendungsart in der Aufschrift (»Infopost«) bezeichnet ist.

▶▶ *Infopost (Stempel) Allgemeine Form Länge 3,5 cm, Breite 1,8 cm.*

Deutsche Post AG
Entgelt bezahlt
56727 Mayer

Um den Einsatz kostensparender Verpackungsmethoden zu erleichtern, dürfen die Sendungen auch verschlossen sein. Die Post behält sich allerdings die stichprobenartige Inhaltsprüfung vor.

Abgerechnet wird Infopost grammweise, also nicht in Grammschritten. Für Eigenleistungen des Absenders, wie z. B.

Freistempelung, Vorsortierung oder Maschinenlesbarkeit, gibt es Entgeltermäßigungen.

Postwurfsendungen
Postwurfsendungen sind die Verteilung von aufschriftlosen Sendungen gleichen Inhalts an (alle) Haushaltungen.

Man unterscheidet folgende Arten von Postwurfsendungen
- an alle Haushalte bis 100 g (auch Haushalte, die keine Tagespost erhalten)
- an alle Haushalte mit Tagespost bis 100 g (Haushalte, die am Tag der Zustellung auch Post erhalten)
- an alle Briefabholer bis 1.000 g

Jede Sendung muss grundsätzlich auf der Außenseite die Bezeichnung »Postwurfsendung« mit einem Hinweis auf den Verteilerkreis (z. B. – »Alle« – »Für alle Haushalte«) enthalten.

Die Umhüllungen von Postwurfsendungen können verschlossen sein, wenn der Absender mit der Öffnung zur Inhaltsprüfung einverstanden ist.

Postkarte
Die Postkarte verfügt nur über eine begrenzte Mitteilungsfläche und ist bei gleicher Schnelligkeit billiger als der Standardbrief. Die Postkarte eignet sich besonders für kurze Mitteilungen, die jeder lesen darf. Postkarten müssen dem amtlichen Muster entsprechen. Die Bezeichnung »Postkarte« ist nicht notwendig.

Warensendungen
Warensendungen dienen dem verbilligten Versand von Gegenständen ohne briefliche Mitteilungen. Zulässig ist der Versand von Proben, Mustern oder kleineren Gegenständen, z. B. Kassetten. Der Inhalt der Sendung darf auf den Gegenständen, der Verpackung oder einem Hinweiszettel kurz gekennzeichnet werden, z. B. Preis, Anwendungsvorschriften (»6 Tropfen täglich«), Menge, Gewicht.

Die Aufschrift der Sendung muss die Bezeichnung »Warensendung« enthalten. Warensendungen müssen eine Umhüllung haben und nach Inhalt und Umfang sicher verpackt sein. Der Inhalt der *offen* einzuliefernden Sendungen muss leicht überprüft werden können. Gegenstände, die beim Öffnen der inneren Verpackung verderben können (z. B. steril verpackte Verbandstoffe), dürfen eine fest verschlossene innere Verpackung haben. Dies gilt auch für Gegenstände, die ihrer Natur nach in Behältnissen verschickt werden müssen (Flüssigkeiten, Pasten, pulverförmige Stoffe usw.).

Urinproben.

Flüssigkeiten müssen in dicht schließenden Behältnissen so verpackt sein, dass sie nicht auslaufen können. Urinproben und andere Ausscheidungsstoffe müssen außerdem in feste, undurchlässige, mit einem aufsaugenden Stoff ausgefüllten Behälter so verpackt werden, dass die Flüssigkeit bei Bruch des Gefäßes durch den Füllstoff völlig aufgesaugt wird. Salben und andere schmelzende Stoffe müssen ebenfalls so verpackt sein, dass sie die Umhüllung nicht durchdringen können (siehe Versand von Körpermaterialien).

Postgeheimnis.

Datenschutz.

WICHTIG!
Angaben über Patienten dürfen Dritten nicht zugänglich gemacht werden! Schon die Tatsache, dass eine Person Patient bei einem bestimmten Arzt ist, gehört zu den vertraulich zu behandelnden Angaben. Aus diesem Grunde sind Mahnungen z. B. bei fehlender Krankenversicherungskarte oder Kurzmitteilungen an Patienten mit der Postkarte nicht zulässig!

14.1.4. Versendungsformen

Für besondere Zwecke, z. B. Einziehen von Geld, Beschleunigung von Sendungen, Bestätigung der Auslieferung, Empfangsbescheinigung des Empfängers u. ä., bietet die Post besondere Versendungsformen, die der Absender über der Anschrift vermerkt. Hierfür werden zusätzliche Entgelte erhoben.

Einschreiben

Beim Einschreiben erhält der Absender am Postschalter eine Empfangsbescheinigung. Neben dem Entgelt für die Sendung (z. B. Briefgebühr) ist ein zusätzliches Einschreibeentgelt zu entrichten.

Einwurf-Einschreiben

der von einem Mitarbeiter der Post AG dokumentierte Einwurf in den Briefkasten oder das Postfach des Empfängers

Übergabeeinschreiben

die vom Empfänger dokumentierte Übergabe

▶ *Einlieferungsbeleg.*

Einlieferungsbeleg
Einschreiben / Nachnahme

Deutsche Post AG

Postvermerk

ggf. Identnummer einkleben,
Tagesstempel anbringen,
unterschreiben

Unser Service-Telefon
01805 / 290690
Montag – Freitag, 09.00 – 18.00 Uhr

Angaben des Kunden
Wir empfehlen Ihnen, nachstehende Felder auszufüllen bzw. anzukreuzen:

z. B. Empfänger, PLZ, Bestimmungsort oder andere kundenbezogene Angaben:

Wichtige Hinweise auf der Rückseite!

☐ Einwurf-Einschreiben

☐ Übergabe-Einschreiben

☐ Eigenhändig

☐ Rückschein

☐ Nachnahme

☐ Eilzustellung

Nachnahmebetrag in DM ☐☐☐☐ , ☐☐

912 666 000 9/97

Der Absender muss die Sendung selbst freimachen. Der Vermerk »Einschreiben« ist oberhalb der Anschrift anzugeben. Wertvolle Inhalte (z. B. Geld) sollten aus Sicherheitsgründen nicht per Einschreiben, sondern in Briefen mit Wertangabe versandt werden, da bei Verlust ohne Rücksicht auf den tatsächlichen Wert nur DM 50 ersetzt werden.

Einschreiben ist möglich bei Briefen, Postkarten, Blindensendungen und Päckchen.

Telebrief

Als Telebrief können schriftliche Mitteilungen (z. B. Nachrichten, Zeichnungen) nach allen Orten im Bereich der Deutschen Post versandt werden. Diese Mitteilungen werden auf einem Teil der Beförderungsstrecke auf fernmeldetechnischem Wege über Fernkopierer der Post übermittelt. Die bei der Empfangsstelle entstandene Schwarzweißkopie wird wahlweise über die Briefzustellung, die Expresszustellung noch am Einlieferungstag oder die Abholung ausgeliefert.

Bei den Beförderungswegen unterscheidet man Telebriefe zwischen

- zwei Postfilialen
- dem Gerät eines Kunden und einer Postfiliale
- einer Postfiliale und dem Gerät eines Kunden.

Das Entgelt richtet sich nach dem Umfang (Seitenzahl) des Telebriefes. Der Absender kann beantragen, den Empfänger über den Eingang eines Telebriefes telefonisch zu benachrichtigen. Hierfür wird dann ein Zusatzentgelt erhoben.

Der bei der Empfangsstelle eingegangene Telebrief wird in einer verschlossenen Umhüllung wie ein gewöhnlicher Brief ausgeliefert. Express-Telebriefe werden noch am Einlieferungstag ausgeliefert, wenn sie bis 18.00 Uhr bei der zuständigen Empfangsstelle vorliegen. Telebriefe, die an

Besondere Versendungsform	Zulässig bei folgenden Sendungsarten	Vermerke oberhalb der Anschrift	Entgelt
Einschreiben	Brief, Postkarte, Päckchen Blindensendung	Einschreiben	Entgelt für die Sendung + Einschreibentgelt
Eigenhändig	Eingeschriebene Briefe, Postkarten, Päckchen und Blindensendungen Wertbrief	Eigenhändig	Entgelt für die Sendung + Entgelt für Eigenhändig
Rückschein	Wie bei Eigenhändig	Rückschein	Entgelt für die Sendung + Rückscheinentgelt
Nachnahme	Brief, Postkarte Päckchen, Paket	Nachnahme ... DM (Bezeichnung des Girokontos und der Bank)	Entgelt für die Sendung + Nachnahmeentgelt
Luftpost (nur Ausland)	Päckchen, Paket	Mit Luftpost/ Par avion	Entgelt für die Sendung + Luftpostzuschlag
Express Brief	Brief, Paket	Wunschzustellung: über Nacht: vor neun, vor zehn, vor zwölf	Entgelt für die Express-Sendungen

◀ *Zusätzliche Leistung(en) – Übersicht.*

Werktagen oder an Sonn- und allgemeinen Feiertagen aufgegeben werden, können im Inland am Tag nach der Einlieferung ausgeliefert werden.

Eigenhändig

Bei Sendungen mit dem Vermerk »Eigenhändig« werden diese nur dem Empfänger persönlich oder einer besonders bevollmächtigten Person ausgeliefert.

Neben dem Entgelt für die Sendung (z. B. Entgelt für einen Einschreibebrief) muss ein zusätzliches Entgelt für die *eigenhändige Zustellung* entrichtet werden.

Der Absender muss die Sendung freimachen. Der Vermerk »Eigenhändig« ist oberhalb der Anschrift anzugeben. Vermerke wie »Persönlich aushändigen« oder »Nur dem Empfänger zustellen« bewirken *keine* eigenhändige Zustellung.

Die eigenhändige Zustellung ist möglich bei eingeschriebenen Briefsendungen, Briefen und Paketen mit Wertangabe.

Rückschein

Bei eingeschriebenen Briefsendungen, Briefen und Paketen übersendet die Post dem Absender gegen eine zusätzliche Rückscheingebühr die Original-Empfangsbestätigung des Empfängers. Aus ihr ist zu ersehen, wann und an wen die Sendung ausgeliefert worden ist.

Der Vermerk »Rückschein« ist oberhalb der Anschrift anzugeben. Die Post empfiehlt, für den Vermerk den Amtlichen Klebezettel (siehe Muster) zu benutzen, der unentgeltlich bei der Post zu bekommen ist. Der Klebezettel sollte bei Briefsendungen in der linken oberen Ecke der Aufschriftseite oder unterhalb der Absenderangabe aufgeklebt werden.

Express

Briefe bis 2000 g und Pakete bis 20 kg können als Express-Briefe bzw. Express-Pakete verschickt werden. Durch die Möglichkeit einer zusätzlichen Transportversicherung hat diese Versendungsform die Funktion einer Wertsendung übernommen.

Express-Sendungen werden am Tag nach der Einlieferung zugestellt. Sonn- und feiertags geschieht dies gegen einen zusätzlichen Aufpreis.

Express-Sendungen werden zwar nicht schneller transportiert, aber termingenau zugestellt, z. B. bis 9.00, 11.00 oder 12.00 Uhr.

Als Zusatzleistungen können »Eigenhändig« oder »Rückschein« in Anspruch genommen werden.

Neben dem normalen Entgelt für die Sendung ist ein zusätzliches Entgelt für Zusatzleistungen zu entrichten.

14.1.5. Versand von Gegenständen

Die Deutsche Post AG hat entsprechend den Rechtsgrundlagen für den Briefdienst auch für den Frachtdienst eigene Allgemeine Geschäftsbedingungen (AGB) festgelegt.

Im Bereich Frachtdienst Inland bietet die Post AG die Beförderung und Auslieferung folgender Versandarten an

- Blindensendung – Schwer
- Infopost – Schwer
- Päckchen
- Postpaket

Der Versand von schriftlichen Mitteilungen oder Unterlagen desselben Absenders kann bis zum Höchstgewicht von 10 kg je

Sendung bei gleichzeitiger Einlieferung bestimmter Mindestmengen als Infopost – Schwer erfolgen. Blindensendung – Schwer wird bis zum Höchstgewicht von 7 kg entgeltfrei befördert und ausgeliefert.

Päckchen, Infopost-Schwer und Blindensendung – Schwer sind im Sinne des Gesetzes über das Postwesen Briefsendungen.

Für Arztpraxen haben lediglich die Sendungsarten »Päckchen« und »Paket« regelmäßig Bedeutung.

Päckchen

Das Päckchen dient überwiegend dem Warenversand und hat gegenüber dem Brief und dem Paket Entgeltvorteile. Zulässig sind die Beförderung von Gegenständen aller Art sowie briefliche Mitteilungen. Dafür erfolgt die Beförderung des Päckchens nicht mit den vollbezahlten Briefen, sondern mit den Paketen. Sofern Eilbedüftigkeit besteht, wird man das Päckchen bis 1.000 g als Brief verschicken, anderenfalls aus Gründen der Portoersparnis als Päckchen. Das Päckchen ist postalisch eine Briefsendung.

Päckchen (Höchstgewicht 2 kg) müssen den Vermerk »Päckchen« tragen. In jedes Päckchen ist ein Doppel der Aufschrift zu legen. Päckchen müssen nach Inhalt und Umfang sicher verpackt werden, dürfen aber entweder offen oder verschlossen zum Versand kommen. Die Einlieferung bei der Post wird bei gewöhnlichen Päckchen nicht bescheinigt. Zusatzleistungen sind für Päckchen ausgeschlossen.

Pakete

Das Postpaket dient dem Warenversand im Bereich der Deutschen Post AG an jeden beliebigen Ort bis zu einem Höchstgewicht von 20 kg. Außerdem wird der Paketdienst mit allen Ländern der Welt durchgeführt.

Zulässig für die Beförderung sind Gegenstände aller Art, Waren und Mitteilungen. Das zu versendende Gut muss sich nach Form und Ausdehnung für die Beförderung mit dem Paketdienst eignen und in

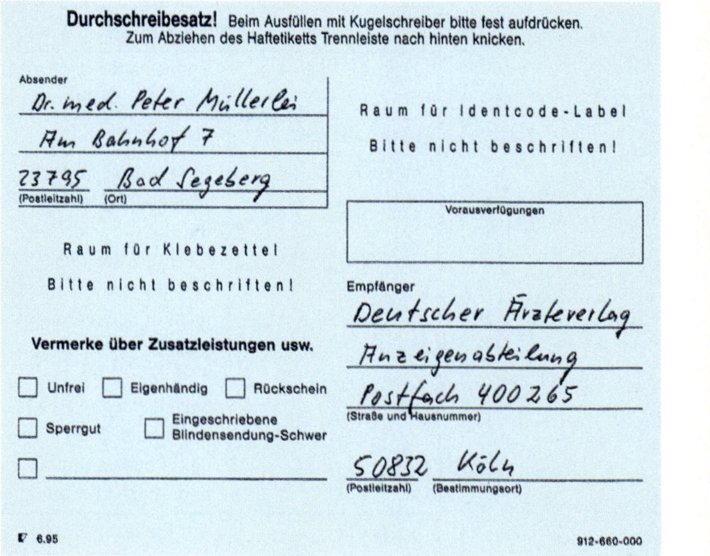
Durchschreibesatz! Beim Ausfüllen mit Kugelschreiber bitte fest aufdrücken.
Zum Abziehen des Haftetiketts Trennleiste nach hinten knicken.

Absender
Dr. med. Peter Müllerlei
Am Bahnhof 7
23795 Bad Segeberg
(Postleitzahl) (Ort)

Raum für Identcode-Label
Bitte nicht beschriften!

Vorausverfügungen

Raum für Klebezettel
Bitte nicht beschriften!

Vermerke über Zusatzleistungen usw.
☐ Unfrei ☐ Eigenhändig ☐ Rückschein
☐ Sperrgut ☐ Eingeschriebene Blindensendung-Schwer
☐

Empfänger
Deutscher Ärzteverlag
Anzeigenabteilung
Postfach 400265
(Straße und Hausnummer)
50832 Köln
(Postleitzahl) (Bestimmungsort)

6.95 912-660-000

▲ *Dreiteiliger Paketschein als Durchschreibesatz. Blatt 1 wird als Sendungsaufschrift auf das Postpaket geklebt. Blatt 2 ist der Einlieferungsschein. Blatt 3 ist der Prüfbeleg für die Post.*

den vorhandenen Beförderungsmitteln der Post zu transportieren sein.

Für *»sperrige Pakete«* und für *»Pakete mit zerbrechlichem Inhalt«* wird ein Zuschlag erhoben.

Verpackungsmaterial für Paketsendungen und Päckchen kann in verschiedenen Größen an den Postschaltern käuflich erworben werden. Für die Aufschrift und Absenderangaben soll der Versandschein nach postalischem Muster benutzt werden. Die Aufschrift kann aber auch unmittelbar auf der Umhüllung angebracht werden. Ein Doppel der Aufschrift soll in das Paket obenauf gelegt werden. Pakete, bei denen die Aufschrift nicht hinreichend sicher angebracht werden kann (z. B. Koffer, Eimer), werden mit einer so genannten Aufschriftfahne versehen.

Für ganz Deutschland gilt unabhängig von der Entfernung eine einheitliche Tarifzone. Entgelte werden allein nach dem Gewicht berechnet, d. h. auch die Zustellung ist kostenfrei.

Gewöhnliche Pakete können freigemacht (frankiert) oder nicht freigemacht werden. Eine Teilfreimachung ist nicht möglich. Für ein nicht freigemachtes Paket wird vom Empfänger eine Zusatzgebühr erhoben.

	Paket	Päckchen
Zulässig	Gegenstände aller Art, briefliche Mitteilung	Gegenstände aller Art, briefliche Mitteilung
Höchstgewicht	20 kg/31,5 kg*	2 kg
Maße, Form	Paket muss sich nach Ausdehnung und Form zur Beförderung mit der Frachtpost eignen (Länge max. 2 m und größer nicht in der Längsrichtung gemessener Umfang zusammen 4,50 m) Sperrig: länger als 120 cm, breiter als 60 cm, höher als 60 cm oder wenn besondere betriebliche Behandlung nötig	Höchstmaße: In rechteckiger Form: Länge 60 cm, Breite 30 cm, Höhe 15 cm In Rollenform: Länge 90 cm, Durchmesser 15 cm
Aufschrift	Auf Klebezettel nach postalischem Muster oder direkt auf Verpackung; Aufschriftfahnen bei Eimern, Fahrrädern, Kannen usw. Doppel der Aufschrift im Paket	Wie Paket Doppel der Aufschrift in das Päckchen Vermerk »Päckchen« Keine Paketaufschriftfahne benutzen
Absender	Auf Paket und Paketschein angegeben	Soll angegeben werden, bei Einschreib- und Nachnahmepäckchen erforderlich
Einlieferung	Mit Paketschein Einlieferung wird kostenlos bestätigt	Einlieferung wird nicht bescheinigt, bei Nachnahme auf Wunsch gegen Entgelt
Besondere Versendungsformen	besonderer Wert; Eigenhändig und Rückschein bei Paketen; Nachnahme	Eigenhändig und Rückschein, wenn eingeschrieben; Nachnahme
Haftung	Bei Verlust und Beschädigung bis 1000 DM	Grundsätzlich keine Haftung bei eingeschriebenen Päckchen – pauschal 50 DM

* Höhere Gewichtstufe nur für Selbstbucher

Pakete können in folgenden besonderen Versendungsformen verschickt werden:

- Besonderer Wert
- Eigenhändig
- Rückschein
- Nachnahme
- Luftpost

Pakete bis 31,5 kg dürfen nur von Versendern ausgeliefert werden, die *Selbstbucher* von Paketsendungen sind.

Vor allem bei kleinen und leichtgewichtigen Sendungen (Höchstgewicht 2 kg) ist die gleiche Sendung billiger als ein Päckchen. Sonderleistungen wie Express und Nachnahme sind gegen Entgelt ebenfalls möglich (Zustellung auch samstags).

Versand von Körpermaterialien

Sendungen, die Körpermaterialien enthalten, können *nicht als Warensendung* versandt werden. Für den Versand von Körpermaterialien hat die Post in den Allgemeinen Geschäftsbedingungen Regelungen über den Postversand von medizinischem und biologischem Untersuchungsgut veröffentlicht.

Postsendungen mit Untersuchungsmaterial dürfen nicht in den Briefkasten gesteckt werden; vielmehr sind die Sendungen bei einer Postfiliale abzugeben. Nur die Sendungsarten Brief und Postpaket sind zugelassen. Damit der Absender einen Nachweis erhält, empfiehlt sich im Briefdienst eine entsprechende Versendungsform (z. B. Einschreiben, Rückschein).

Regelungen über den Postversand von medizinischem und biologischem Untersuchungsgut

1 Sendungen mit Untersuchungsgut ohne oder mit geringem Infektionsrisiko

1.1 Flüssiges Untersuchungsgut (z. B. Blut, Serum, Urin, Stuhl, in Flüssigkeit befindliche Proben usw.)
Die Absender von Untersuchungsgut müssen sicherstellen, daß die Sendungen derart verpackt sind, daß sie den Bestimmungsort in gutem Zustand erreichen und während des Versandes keinerlei Gefahr für Mensch, Tier und Umwelt darstellen. Zugelassen sind nur Versandverpackungen nach DIN EN 829 (Probengefäß, aufsaugende Materialien, Schutzgefäß, kistenförmige Verpackung oder Versandhülle) sowie Versandverpackungen, die der Vorgängernorm DIN 55515 Teil 1 entsprechen, jeweils mit der Einschränkung, daß für das Schutzgefäß kein Glas zulässig ist, um die Verletzungsgefahr bei Beschädigungen der Versandverpackung zu verringern.
Bei Blutentnahmesystemen muß beim Postversand die Injektionsnadel entfernt sein.

1.2 Nichtflüssiges Untersuchungsgut (z. B. Abstriche oder Ausstriche auf Objektträgern)
Nichtflüssiges Untersuchungsgut fällt nicht unter die Verpackungsvorschriften nach 1.1. Es wird jedoch auf die allgemeinen Verpackungsbedingungen hingewiesen (u. a. müssen zerbrechliche Gegenstände wie z. B. Objektträger aus Glas so verpackt sein, daß sie durch Druck, Stoß, Fall usw. nicht beschädigt werden können.

1.3 Untersuchungsgut in Formalin, bei dem jegliches Infektionsrisiko ausgeschlossen ist
Bei in Formalin fixierten Proben, bei denen jegliches Infektionsrisiko ausgeschlossen ist, kann auf die aufsaugenden Stoffe zwischen Proben- und Schutzgefäß verzichtet werden.

2 Sendungen mit infektiösem Untersuchungsgut

Stoffe, die für Mensch oder Tier infektiös sind oder bei denen ein entsprechend begründeter Verdacht gegeben ist, müssen, wenn sie im Briefdienst eingeliefert werden, neben den unter 1.1 geforderten Verpackungsbedingungen zusätzlich unter Wertangabe versandt werden, um u. a. die Bearbeitung mit automatischen Sortiertanlagen zu umgehen. Im Frachtdienst ist ein Versand solcher Sendungen nicht zulässig.
Die Sendung muß auf der Aufschriftseite links neben der Aufschrift den auffälligen Vermerk „Untersuchungsgut - Vorsicht infektiös! -" tragen. Trägt die Versandhülle das Bildzeichen nach 6.3 (Bild 1) der DIN EN 829, reicht der Zusatz, „Vorsicht infektiös!".

Die Beurteilung darüber, ob der Versand wegen der damit konkret verbundenen Ansteckungsgefahr unter Wertangabe erforderlich ist, unterliegt grundsätzlich dem Absender (Arzt), der auch die haftungsrechtliche Verantwortung für den Versand trägt. Erregerkulturen oder Proben mit nach § 37 des Bundesseuchengesetzes beschriebenen Krankheiten fallen immer unter diese Bestimmung.

3 Allgemeines

Für den Versand von Untersuchungsgut - auch nichtflüssigem - ist unabhängig von der Verschlußart der Versandhülle bzw. der Verpackung im Briefdienst nur die Sendungsart Brief zugelassen, im Frachtdienst nur das Post-Paket.

14.2. Telekommunikation

14.2.1. Übersicht

Die Telekommunikationsdienste der Deutschen Telekom werden auch von Arztpraxen in hohem Maße in Anspruch genommen. Das öffentliche Telekommunikationsnetz wird von der Telekom zur allgemeinen Nutzung bereit gehalten. Die Telekommunikation der Telekom besteht aus

- Telekommunikationsnetzen
- Telekommunikationsdiensten und
- Endeinrichtungen

Telekommunikationsnetze
Die Verbindung zwischen den Kommunikationspartnern erfolgt über das Telekommunikationsnetz der Telekom. Es wird zwischen dem Telefonnetz, dem integrierten Text- und Datennetz (IDN) und dem Breitbandverteilungsnetz unterschieden. Diese Netze werden auch unter dem Begriff integriertes Netz (ISDN-Netz, engl. Integrated Services Digital Network) zusammengefasst.

Telekommunikationsdienste
Die technischen Möglichkeiten erlauben eine Vielzahl von Nutzungsmöglichkeiten für den Endanwender, die unter dem Begriff Telekommunikationsdienste zusammengefasst werden:

- Telefondienste
- Telexdienst
- Teletexdienst
- Telefaxdienst
- Bildschirmtextdienst
- Datenübermittlungsdienst
- Funkdienste
- Kabelanschluss
- Breitbandverteildienst
- Videokommunikation/ Videokonferenz

Endeinrichtungen
Endeinrichtungen in der Telekommunikation ermöglichen dem Endanwender die Nutzung der Kommunikationsmöglichkeiten, wie z. B. Telefon, Telefaxgerät, Modem, BTX, u. a.

14.2.2. Telefondienst

Das Telefon ist die am meisten eingesetzte Telekommunikationsart und das weitaus beliebteste Kommunikationsmittel im geschäftlichen wie auch im privaten Bereich. Telefonanlagen mit einem Nebenstellennetz sowie weiteren technischen Zusatzleistungen (Wähl- und Rückrufautomatik, Anrufbeantworter usw.) können den jeweiligen Bedürfnissen des Benutzers entsprechend eingesetzt werden.

Wählverbindungen und Gebühren
Die Selbstwählverbindungen werden wegen der unterschiedlichen Bemessungsgrößen für die Verbindungsgebühren (Gesprächsgebühren) unterteilt in

- Ortswählverbindungen (City)
- Nahwählverbindungen (Region 50)
- Regionalwählverbindungen (Region 200)
- Weitwählverbindungen (Fern)

Die Höhe der Telefongebühren richtet sich außerdem nach der in Zeiteinheiten unterteilten Verbindungszeit und ist ferner vom Tag (z. B. Werktag, Sonn- und Feiertag) und von der Tageszeit abhängig.

14.2.3. Telefonanlagen

Im Telefondienst werden als Endstellen-Telefonanlagen bereitgestellt, die in allen Bereichen von Industrie, Handel, Handwerk, bei Freiberuflern wie z. B. Ärzten und im Privatbereich anzutreffen sind.

Die Entwicklung der Telefonanlagen hat sich von den elektromechanischen über die elektronischen bis zu den digitalen Anlagen sowie von der Telefonanlage für die Sprache zur Mehrdiensteanlage für Sprach-, Text-, Daten- und Bildübertragung vollzogen.

Für jeden Mitarbeiter und jeden Arbeitsplatz das richtige Telefon bedeutet:

- schnelle Erreichbarkeit
- kurze Wege
- geringe Wartezeiten
- niedrige Gebühren

Es wird zwischen *Telefonanlagen für Systemtelefone* und *Telefonanlagen mit Vermittlungseinrichtung* unterschieden.

Telefonanlagen für Systemtelefone

Bei den Telefonanlagen für Systemtelefone werden Reihenanlagen, Vorzimmeranlagen, Durchwahlanlagen und Mehrfachabfragestellen unterschieden.

Reihenanlage

Reihenanlagen mit einer Zuschaltung von bis zu 12 Anschlüssen werden in Arztpraxen bevorzugt eingesetzt.

Bei einem Telefon der Reihenanlage ist zu erkennen, welcher Anschluss gerade belegt ist, von welchem Telefon der Anlage angerufen wird, welche Rufnummer gewählt worden ist und wieviel Gebühreneinheiten entstanden sind.

Vorzimmeranlage

Vorzimmeranlagen (Chef-Sekretär-Anlagen) werden in der Regel an Zweitanlagen betrieben und sind ihrer Zweckbestimmung entsprechend in erster Linie auf das Zusammenwirken von Sekretär/-in und Chef (Arzthelferin – Arzt) abgestimmt.

Dabei werden Anrufe von der Sekretärin abgefragt und nur die wichtigen Anrufe dem Chef übergeben. Zwischen dem Cheftelefon und dem Telefon der Sekretärin besteht eine direkte Verbindung.

Vorzimmeranlagen sind regelmäßig mit zusätzlichen Leistungsmerkmalen und Ergänzungsausstattungen versehen (z. B. Freisprechen, Zieltastenwahl, Wahl bei aufliegendem Hörer usw).

BUCHSTABIERTAFEL

Deutsch		International	
Anton	Otto	Amsterdam	Quebec
Ärger	Ökonom	Baltimore	Roma
Berta	Paula	Casablanca	Santiago
Cäsar	Quelle	Dänemark	Tripoli
Charlotte	Richard	Edison	Uppsala
Dora	Samuel	Florida	Valencia
Emil	Schule	Gallipoli	Washington
Friedrich	Eszett	Havanna	Xanthippe
Gustav	Theodor	Italia	Yokohama
Heinrich	Ulrich	Jerusalem	Zürich
Ida	Übermut	Kilogramme	
Julius	Viktor	Liverpool	
Kaufmann	Wilhelm	Madagaskar	
Ludwig	Xanthippe	New York	
Martha	Ypsilon	Oslo	
Nordpol	Zacharias	Paris	

Mehrfachabfrageanlagen

Mehrfachabfrageanlagen werden eingesetzt, wo besonders viele Anrufe innerhalb eines Arbeitsbereiches eingehen, z. B. Bestellannahmen bei Versandhäusern, Anzeigenannahmen bei Zeitungen usw. Dabei kommt es darauf an, innerhalb dieses Arbeitsbereiches möglichst viele Anrufe schnell entgegenzunehmen. Eine Vermittlung zu anderen Plätzen muss nur in Ausnahmefällen erfolgen, da zwischen den Arbeitsplätzen der Mehrfachabfrageanlage Innenverbindungen bestehen.

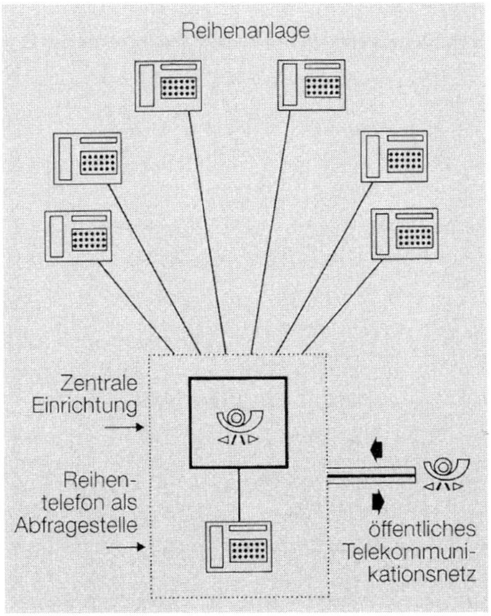

◄ *Reihenanlage.*

Telefonanlagen mit Vermittlungseinrichtungen

Bei den Telefonanlagen mit Vermittlungseinrichtungen werden *Familientelefonanlagen*, *Wählanlagen* und *Unteranlagen* unterschieden.

Familientelefonanlage

Mit der sog. Familientelefonanlage kann der Übergang aus dem Bereich der rein privaten Nutzung in den Bereich der teilweisen geschäftlichen Nutzung, z. B. durch Telefone im Wohnbereich und im Arbeitszimmer, hergestellt werden. Neben den Telefonen können weitere Endgeräte wie Anrufbeantworter und Faxgeräte angeschlossen werden.

Jedes Telefon ist von außen anwählbar, und von jedem Telefon können externe Gespräche geführt werden.

Die Familientelefonanlage verfügt über einen oder zwei Telefonanschlüsse. Bei einem Anschluss kann gleichzeitig nur von einem Telefon nach außerhalb telefoniert werden. Bei Familientelefonanlagen mit 2 Anschlüssen (Doppelanschluss), d. h. mit 2 Anschlüssen und 2 Rufnummern, kann gleichzeitig von 2 Telefonen nach draußen telefoniert werden.

Zwischen den maximal 8 Telefonen ist eine uneingeschränkte Kommunikation möglich. Man kann von einem Telefon zum anderen hausintern und damit gebührenfrei sprechen. Während eines externen Gespräches kann bei einem anderen Telefon der Anlage rückgefragt werden, ohne dass der externe Teilnehmer mithören kann. Das Gespräch kann auch dorthin weitergegeben werden.

Außerdem besteht die Möglichkeit des Anschlusses eines Türöffnungs- und Türsprechsystems. Wenn es an der Haustür klingelt, kann von jedem Telefon mit dem Besucher Kontakt aufgenommen und durch Nachwahl einer Kennziffer der elektrische Türöffner betätigt werden.

Beispiel für Familientelefonanlage. ▼

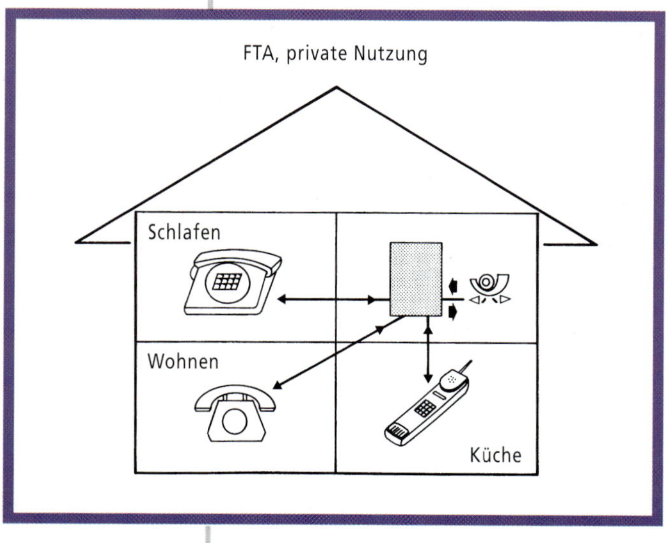

Wählanlagen

Für die reibungslose Kommunikation und vollständige Erreichbarkeit aller Mitarbeiter in einem Geschäftsbetrieb bedarf es einer Wählanlage. Wählanlagen bestehen aus einer Vermittlungseinrichtung mit Abfragestelle und den daran angeschlossenen Telefonen als Nebenstellen. Größere Anlagen können auch als Abfragestelle (Telefonzentrale) mehrere Arbeitsplätze haben.

Die Telefonanlage ist unter der Rufnummer des Anschlusses von außerhalb erreichbar. Gespräche können an Nebenstellen weitergegeben werden. Alle Nebenstellen sind durch Selbstwahl erreichbar, d. h., alle Mitarbeiter können gebührenfrei miteinander sprechen. Während eines Gesprächs kann auch bei einer anderen Nebenstelle nachgefragt bzw. das Gespräch dorthin gegeben werden. Entsprechend der Berechtigung der Nebenstellen kann die Verbindung selbst hergestellt werden, oder die Abfragestelle (Zentrale) teilt die Verbindung der Nebenstelle zu.

Nebenstellen haben verschiedene Berechtigungsmöglichkeiten:

Vollamtsberechtigung: Alle Verbindungen können selbst hergestellt oder entgegengenommen werden.

Halbamtsberechtigung: Auch hier können alle Verbindungen entgegengenommen werden. Verbindungen zu anderen Nebenstellen können selbst hergestellt werden, abgehende Verbindungen ins öffentliche Netz erhält man nur über die Vermittlung oder eine vollamtsberechtigte Nebenstelle.

Nichtamtsberechtigung: Es können nur Verbindungen zu anderen Nebenstellen der Anlage hergestellt werden. Man kann nicht »mit draußen« telefonieren und auch nicht »von draußen« erreicht werden, d. h. »Amtsverbindungen« sind nicht möglich.

Bei hohem Gesprächsaufkommen ist die Telefonanlage mit Durchwahlmöglichkeit zu den einzelnen Nebenstellen sinnvoll. Ohne Mitwirkung der Zentrale kann jede Nebenstelle direkt über die Durchwahlnummer angewählt werden.

Unteranlagen

Unteranlagen sind Zweitanlagen, die über Festanschlüsse mit einer Erstanlage verbunden sind. Sie haben keine eigene Abfragestelle (Zentrale). Verbindungen zwischen den Nebenstellen der Hauptanlage und der Unteranlage werden direkt gewählt. Bei Durchwahl sind die Nebenstellen der Unteranlage ebenfalls direkt erreichbar.

Jede Telefonanlage hat entsprechend ihrer technischen Entwicklung Leistungsmerkmale, die auf ihre Bedienung und den Einsatz zugeschnitten sind. Diese Leistungsmerkmale erhöhen den Bedienungskomfort und bringen dem Anwender Nutzen.

14.2.4. Weitere Telefondienste

Neben den dargestellten Telefondiensten gibt es als Telefonverbindungen die sog. drahtlosen Nachrichtenübermittlungsdienste.

Eurosignal
Der Empfänger wird zum Rückruf bei einer vorher festgelegten Rufnummer aufgefordert.

Euroruf
Ein transportabler Empfänger im Notizbuchformat für Lockrufe (Piepser).

Leistungsmerkmale eines modernen Telefons

Wahlwiederholung:	Die zuletzt gewählte Rufnummer wird gespeichert. Ist der angerufene Anschluss »besetzt« oder meldet sich niemand, kann die Wahl durch einen Tastendruck wiederholt werden.
Kurzwahl:	Die Rufnummern von Gesprächspartnern, mit denen man besonders oft telefoniert, können eingespeichert werden und sind dann durch Tastendruck anzuwählen – das geht wesentlich schneller als das Wählen ganzer Telefonnummern, »Verwählen« unter Zeitdruck ist nicht mehr möglich.
Namentasten:	Mit beschrifteten Namentasten können Gesprächspartner, mit denen häufig telefoniert wird, durch einen Tastendruck erreicht werden.
Notizbuchfunktion:	Telefonnummern, die man sich während eines Telefongesprächs – z. B. mit der Telefonauskunft – merken will, müssen nicht mehr auf Notizzettel gekritzelt werden. Hierzu wird die Rufnummer mit der Tastatur eingespeichert und danach mit Tastendruck angewählt.
Anzeige der gewählten Telefonnumer:	Telefone mit einem so genannten Display (Anzeigenfeld) zeigen an, welche Nummer man gerade wählt. Das gilt auch für gespeicherte Nummern, bei Wahlwiederholung und Kurzwahl.
Gebührenanzeige:	Während eines Gesprächs kann man die Verbindungsgebühren auf einer Anzeige ablesen.
Lautsprecher:	Mit einer Taste läßt sich ein im Telefon eingebauter Lautsprecher einschalten. Andere im Raum anwesende Personen können das Telefongespräch mithören.
Frei-Sprechen:	Ohne den Hörer abzunehmen, kann über das eingebaute Mikrofon und den Lautsprecher telefoniert werden.

▶ *Komforttelefon.*

City-Ruf
City-Ruf wird regional in sog. Rufzonen ausgestrahlt und ermöglicht über Telefon, BTX oder Telex-/Teletexmaschine die Übermittlung von Tonsignalen, Ziffern oder auch kurzen Texten, die auf einem scheckkartengroßen Empfänger auf einem Display wiedergegeben werden.

Der City-Ruf ist infolge seiner regionalen Begrenzung auch für bestimmte Arztpraxen ein interessantes Angebot. Auf diesem Wege können z. B. während der Hausbesuche dem Arzt Informationen übermittelt werden, denn jeder City-Ruf-Teilnehmer ist per Telefon sofort erreichbar.

▶ *»Handy«.*

Mobiltelefon
Die Inanspruchnahme von Mobiltelefonen (»Handy«) hat in den letzten Jahren stark zugenommen und ist zu einem sinnvollen Gebrauchsgegenstand für Ärzte geworden.

Mobiltelefone werden parallel über die so genannten C-, D-, und E-Netze abgewickelt.

14.2.5. Dienstleistungen im Telefondienst

Die Telekom bietet im Telefondienst weitere unterstützende und betriebsnotwendige Leistungen an, die hier nur stichwortartig und beispielhaft genannt werden sollen, wie z. B.: Amtliche Telefonbücher, Auftragsdienstleistungen (z. B. Ansagedienste), Auskunft, Entstörungsdienst.

Anrufbeantworter
Der automatische Anrufbeantworter ist eine in der Arztpraxis unentbehrliche Zusatzeinrichtung, mit der Patientenanrufe entgegengenommen werden können, wenn die Praxis nicht besetzt ist. Durch kurze Texte können die Patienten informiert werden, wo der Arzt zu erreichen ist oder an welchen Arzt sie sich im Notfall wenden können. Kurze Mitteilungen der Patienten werden aufgenommen.

Kartentelefone
Kartentelefone sind in öffentlichen Telefonzellen installiert, bei denen die Gebühren nicht mit Geldmünzen, sondern mittels Telefonkarte bezahlt werden.

Die Vorteile bestehen z. B. darin, dass keine Münzen benötigt werden, Münzen nicht nachgeworfen werden müssen und eine genaue Abrechnung erfolgt, weil das Restguthaben nicht verloren geht.

Es gibt 3 Arten von Telefonkarten:

- *Telefonkarten mit Guthaben*
Während der Telefonverbindung wird der Wert der Telefonkarte laufend um die verbrauchten Einheiten reduziert. Der aktuelle Wert wird am Kartentelefon sichtbar. Nach Verbrauch sind die Telefonkarten nicht weiter benutzbar.

- *Buchungskarten*
Bei diesen Telefonkarten erfolgt die Abrechnung über die Fernmelderechnung.

- *Kreditkarten*
An Flughäfen und großen Bahnhöfen gibt es Kartentelefone, die mit üblichen Kreditkarten benutzt werden können. Eine Abbuchung erfolgt in der für Kreditkarten üblichen Weise.

▶▶ *Kommunikationsdienste.*

14.2.6. Weitere Telekommunikationsdienste

Zu den herkömmlichen Telekommunikationsdiensten gehören der Telefon- und der Telegrammdienst sowie besonders auch die Möglichkeit, Telefaxe zu versenden. Durch die vielfältigen Entwicklungen im Bereich der Nachrichtentechnik haben sich im Fernmeldebereich zusätzlich neue Telekommunikationsdienste auf elektronischer Grundlage ergeben.

Telegramm

Das Telegramm ist eine schriftliche Nachricht zur eiligen Beförderung an einen Empfänger. Seine Bedeutung im geschäftlichen Bereich hat stark abgenommen, da durch die zunehmende Dichte des Telefonnetzes und neue Dienste (Telefax) bessere Möglichkeiten bestehen, eilige Nachrichten zu übermitteln.

Telegramme können schriftlich am Postschalter, telefonisch bei der Telegrammaufnahme, per Telex, Teletex oder Telefax, durch Mitgabe an Telegramm- und Postzusteller aufgegeben werden.

Das Telegramm muss mindestens aus Anschrift und Text bestehen. Alle Schriftzeichen sind zugelassen. Der Text kann in jeder Sprache abgefasst werden. Eine Unterschrift ist nicht erforderlich, aber zweckmäßig (im Ausland teilweise vorgeschrieben).

Formblätter für die Aufgabe von Telegrammen sind kostenlos am Postschalter erhältlich. Auf den Formblättern sind die wichtigsten Hinweise für das Abfassen von Telegrammen enthalten.

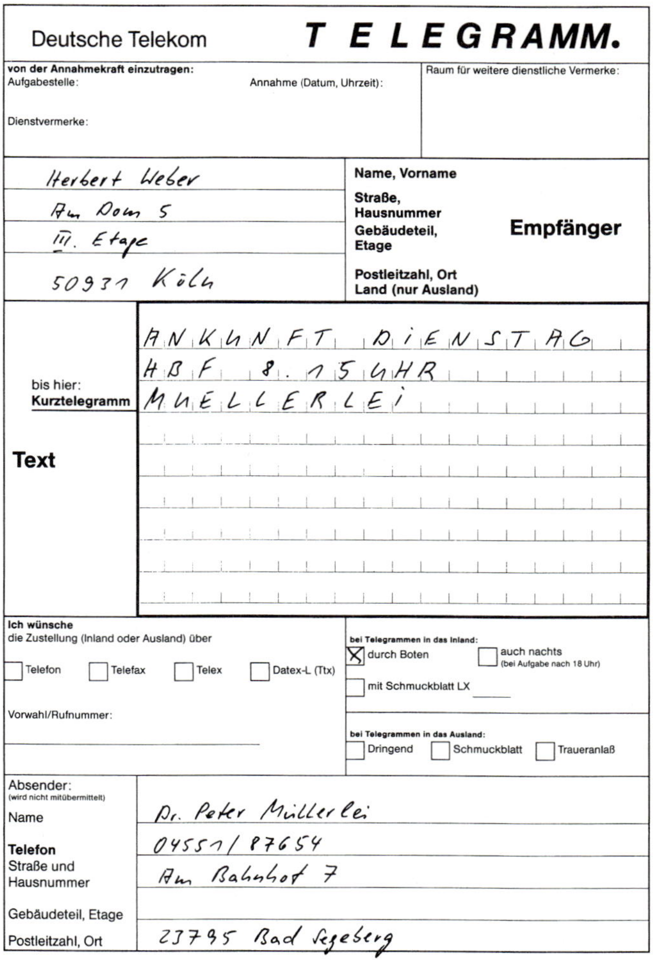
Deutsche Telekom **TELEGRAMM.**

von der Annahmekraft einzutragen:
Aufgabestelle: Annahme (Datum, Uhrzeit):
Dienstvermerke:
Raum für weitere dienstliche Vermerke:

Empfänger
Name, Vorname: Herbert Weber
Straße, Hausnummer: Am Dom 5
Gebäudeteil, Etage: III. Etage
Postleitzahl, Ort, Land (nur Ausland): 50931 Köln

Text
ANKUNFT DIENSTAG
HBF 8.15 UHR
bis hier: Kurztelegramm
MUELLERLEI

Ich wünsche die Zustellung (Inland oder Ausland) über
☐ Telefon ☐ Telefax ☐ Telex ☐ Datex-L (Ttx)
Vorwahl/Rufnummer:

bei Telegrammen in das Inland:
☒ durch Boten ☐ auch nachts (bei Aufgabe nach 18 Uhr)
☐ mit Schmuckblatt LX

bei Telegrammen in das Ausland:
☐ Dringend ☐ Schmuckblatt ☐ Traueranlaß

Absender: (wird nicht mitübermittelt)
Name: Dr. Peter Müllerlei
Telefon: 04551/87654
Straße und Hausnummer: Am Bahnhof 7
Gebäudeteil, Etage:
Postleitzahl, Ort: 23795 Bad Segeberg

Leistungsentgelte

Telegramme werden als Standardtelegramm oder Kurztelegramm zugestellt.

Die Leistungsentgelte für Telegramme (Minitelegramme und Maxitelegramme) orientieren sich am Textumfang; ein Minitelegramm hat bis zu 10, ein Maxitelegramm bis zu 30 Wörtern. Für Sonn- und Feiertagszustellung wird eine Zusatzgebühr erhoben.

Telefax

Telefax bietet die Möglichkeit, schriftliche Nachrichten (z. B. handschriftliche Mitteilungen, Briefe, Urkunden, Skizzen, Grafiken) originalgetreu über geeignete Endein-

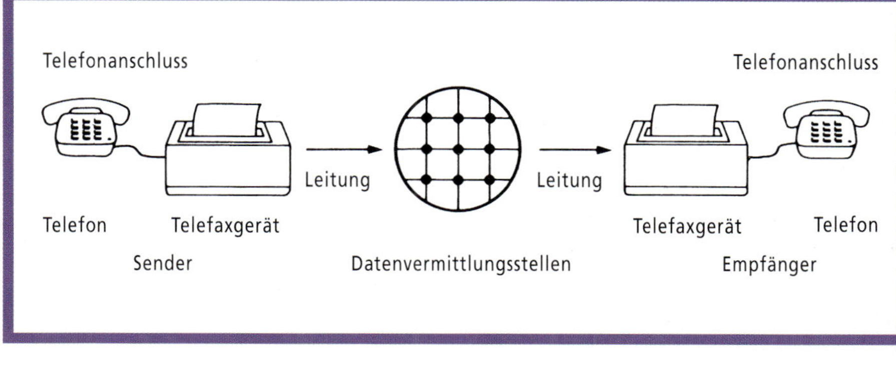

Schematische Darstellung Telefax.

▶ *Fernkopierer.*

richtungen (Fernkopierer) schnell und über große Entfernungen an den Empfänger zeit- und kostensparend zu übermitteln.

Für den Einsatz eines Telefaxgerätes werden ein Telefonanschluss, eine Anschalteeinrichtung, ein für den Telefaxdienst zugelassener Fernkopierer benötigt.

Das Faxgerät kann man bei der Post oder beim Fachhandel kaufen oder mieten. Die modernen Fernkopierer haben einen automatischen Empfang, es kann ohne Anwesenheit des Empfängers rund um die Uhr gesendet werden.

Die Telefaxteilnehmer sind im Amtlichen Telefax- und Telebriefverzeichnis mit ihren Telefaxnummern aufgeführt, so dass weltweit mit jedem Besitzer eines Faxgerätes Nachrichten ausgetauscht werden können. Auf Wunsch wird die Telefaxnummer auch im Telefonbuch eingetragen.

Ablauf beim »Faxen«

▶ *Faxen.*

Der Absender legt Vorlage in das Faxgerät, die Faxnummer des Empfängers wird gewählt, und die Vorlage wird in das Telefaxgerät eingezogen und übertragen.

Abhängig vom Gerätetyp wird der Inhalt einer DIN-A4-Seite in kurzer Zeit übertragen.

Alle Vorlagen, die kopierbar sind, können auch »gefaxt« werden!

Die von einem Faxgerät zu übermittelnden Vorlagen werden durch eine im Gerät enthaltene Fotozelle zeilenweise abgetastet und in Rasterpunkte zerlegt. Die verschiedenen Helligkeitswerte werden in elektrische Signale umgewandelt und übertragen. Im Empfangsgerät entsteht aus den zeilenweisen transferierten Rasterpunkten eine originalgetreue Schwarzweißkopie. Nach der Übertragung wird die Verbindung automatisch wieder getrennt.

Teletex (Electronic mail) email

▶ *E-mail.*

Teletex ist die Weiterentwicklung des Fernschreibdienstes (Telex) und nutzt die besseren Möglichkeiten der EDV.

Elektronisch gespeicherte Informationen werden in einen elektronischen Speicher beim Empfänger übertragen. Dort können sie auf dem Bildschirm abgerufen oder auf seinem angeschlossenen Drucker ausgedruckt werden.

Einsetzbare Geräte

Für den Teletexdienst sind folgende Geräte einsetzbar:

- Datenverarbeitungsanlagen
- Personalcomputer
- Speicherschreibmaschinen (teletexfähig)
- Textverarbeitungsanlagen

Diese Geräte werden wiederum über Datexnetzanschlussgeräte (DXG) der Telekom an ihr Teletexnetz angeschlossen.

Durch Teletex können Nachrichten zwischen Sender und Empfänger ganztägig innerhalb von wenigen Sekunden papierlos ausgetauscht werden. Teletexnachrichten können auch ohne personelle Besetzung der Empfangsstation ständig übermittelt werden; auch wenn am Teletexgerät gearbeitet wird (z. B. auf einer Speicherschreibmaschine) ist das Gerät weiterhin empfangsbereit.

Jeder Teletexteilnehmer erhält eine Nummer, die Teletex-Kennung, die im amtlichen Telex- und Teletexverzeichnis aufgeführt ist und vom Benutzer regelmäßig auf seinen Geschäftsbriefen angegeben ist.

Die Kennung besteht aus der Rufnummer des Anschlusses und einer Buchstabengruppe (z. B. 3748-212906 = RWG).

Über diese Nummer (Kennung) kann er von jedem anderen Teletexteilnehmer erreicht werden, auch wenn dieser ein anderes Gerät benutzt (z. B. Speicherschreibmaschine/Datenverarbeitungsanlage).

Vorteile von Teletex gegenüber Telex

- Teletex ist wesentlich schneller, sendet über Telefonleitung, direkte Übermittlung zwischen elektronischen Speichern.

- Bei der Texterstellung können alle Zeichen einer Schreibmaschine einschließlich Editier- und Korrekturfunktionen eingesetzt werden. Bei Telex kann nur mit Kleinbuchstaben, Ziffern und Zeichen gearbeitet werden.
- Texte lassen sich nur auf büroüblichen Papierformaten ausdrucken, Teletex auf Endlospapier.
- Geräte und Arbeitsplatz sind bei Teletex vielseitiger und ständig einsatzbereit, bei Telex sind Geräte nur hierfür und für den jeweils stattfindenden Arbeitsvorgang (z. B. Empfang) verfügbar.

Telebox

Telebox ist eine elektronische, personenbezogene Mitteilungsdienstleistung, die Personen, die viel unterwegs sind, jederzeit und an jedem Ort für eine Nachricht erreichbar macht und mit der auch »von unterwegs« rund um die Uhr Nachrichten verschickt werden können.

Von einer Datenendeinrichtung erhält der Teilnehmer durch Anpassungsvorrichtungen (Akustikdoppler oder Modem) an seinem Datengerät (z. B. Kleincomputer) über das Telefon, Datex-L oder Datex-P Zugang zum Telebox-System der Post. Im Telebox-System befinden sich als Zwischenspeichereinrichtungen »elektronische Postfächer« die Teleboxen. Jeder Teilnehmer hat eine eigene Box, zu der er nur mit seinem persönlichen Passwort Zugang erhält.

Die Benutzer des Telebox-Systems können von jedem beliebigen Ort aus über die Datexnetze bzw. das Telefonnetz Daten an Dritte hinterlegen, dadurch ergeben sich folgende Vorteile:

- kein Einhalten von Bürozeiten
- auch umfangreiche Nachrichten können einfach erstellt, abgespeichert und durch das Anlegen von Ablagefächern nach selbstgewählter Ordnung und Benennung ausgetauscht werden, ohne dass der Empfänger anwesend sein muss
- Zeitverschiebungen sind ohne Bedeutung
- keine besetzten Telefone
- Vertraulichkeit der Mitteilung durch Passwort

Datenfernübertragung und Datexdienste

Datexdienste.

Bei der Datenfernübertragung geht es nicht um die Kommunikation zwischen Menschen, sondern um die Übermittlung und den Austausch von Daten zwischen Datenverarbeitungsanlagen.

Die Datenfernübertragung ist das Zusammenwirken von Datenverarbeitung und Datenübermittlung, aber nicht nur die Datenübertragung von Computer zu Computer, sondern z. B. auch von externen Terminals zu einem zentralen Rechner. Das Element Datenverarbeitung liegt im Zuständigkeitsbereich des Anwenders, während die Telekom für den Bereich der Datenübermittlung zuständig ist. Die hierfür von der Telekom bereitgehaltenen Dienstleistungen sind unter dem Begriff Datenübermittlungsdienst zusammengefasst.

Datex.

Die wichtigsten Datendienste sind

- DATEX-J (Nachfolger BTX)
- DATEX-L (leitungsvermittelte Datenübertragung)
- DATEX-P (paketvermittelte Datenübertragung).

Datex = DATA EXchange

DATEX-J

Datex J ist der Nachfolger von Bildschirmtext (BTX) und ist die billigste Form der Datenfernübertragung. DATEX-J kann durch ein Modem sowohl von analogen Telefonen als auch mittels ISDN genutzt werden. Wichtigster Anwendungsbereich ist nach wie vor BTX.

BTX.

Beim BTX sind Bildinformationen, die eigentlich entsprechend gestaltete Textinformationen sind, zentral bei der Telekom oder bei angeschlossenen BTX-Anbietern elektronisch gespeichert und können bei Abforderung des Empfängers über den Bildschirm des Fernsehgerätes wiedergegeben wird.

Das BTX-Verfahren basiert auf der Kombination von Telefon und Fernseher. Der Teilnehmer (Empfänger) benötigt zusätzlich ein Modem.

Für den Dialog mit dem BTX-System kann der Teilnehmer die Fernbedienung seines Fernsehgerätes oder eine Buchstabentastatur benutzen. Diese Zusatzeinrichtungen reichen aus, um Informationen aus dem BTX-System auf den eigenen Bildschirm abzurufen.

Durch BTX können über den Bildschirm rund um die Uhr Informationen in Form von fertigen Texten und Grafiken abgefragt, Mitteilungen eingegeben und Geschäfte abgewickelt werden.

Eine Besonderheit beim Bildschirmtext besteht darin, dass geschlossene Benutzergruppen (GBG) gebildet werden können. Die Informationen, die natürlich auch nur für diese Gruppe bestimmt sind, können auch nur von Teilnehmern dieser Benutzergruppe abgerufen werden.

▶ ***Geschlossene Benutzergruppen.***

So können z. B. Pharmafirmen speziell Ärzte und Apotheker schnell über bestimmte Medikamente informieren oder Nachrichten firmenintern einem bestimmten Personenkreis (z. B. Außendienst) zukommen lassen.

DATEX-L

Daten werden ohne Zwischenspeicherung an eine Datenendeinrichtung (z. B. PC, DV-Anlage, Bildschirm, Drucker) übermittelt.

Die Verbindung wird schnell aufgebaut, große Datenmengen können in kurzer Zeit übertragen werden. Nach Eingabe der gewünschten DATEX-L-Rufnummer wird eine Wählverbindung hergestellt. Bei DATEX-L bleibt die Wählverbindung (Sender – Empfänger) während der ganzen Übertragungszeit bestehen (für andere Aufgaben und Teilnehmer blockiert), auch wenn keine Daten übertragen werden.

▶▶ ***Integrated Services Digital Network***

DATEX-P

Bei DATEX-P werden die zu übertragenden Daten zunächst zu »Paketen« zusammengestellt und mit hoher Geschwindigkeit durch das Netz der Post geschickt. Die »Datenpakete« werden dem Empfänger am Bestimmungsort (Zielpunkt) mit einer dem Empfangsgerät angepassten Geschwindigkeit übermittelt. Die Leitung wird hier nur für die eigentliche Übertragungsdauer genutzt. Der Teilnehmer zahlt nach der übertragenen Datenmenge.

Außerdem besteht als weitere Möglichkeit der Datenfernübertragung die Möglichkeit der so genannten Standleitung. Dabei sind zwei oder mehr Teilnehmer über festgeschaltete Postleitungen ständig miteinander verbunden, weil die eingesetzten Datenverarbeitungs-Systeme und die anfallenden Datenmengen dies erforderlich machen. Zwischen den Datenendeinrichtungen können Daten schnell und zu jeder Zeit ohne weiteren Aufwand (Herstellen einer Verbindung) übertragen werden. Dies ist sinnvoll bei ausschließlich firmeninternem Datenaustausch, z. B. Zentrale mit Zweigstellen.

ISDN

Bisher erfolgt die Abwicklung der Telekommunikation über verschiedene Wege, Telefon, Telex usw. Diese verschiedenen getrennt voneinander entwickelten Netze werden zunehmend zusammengefasst. Dafür wurde ein Telekommunikationsnetz geschaffen, in dem die gleichzeitige Übertragung von Sprache, Text, Bild und Daten möglich ist.

Dieses Netz heißt **ISDN** = Integrated Services Digital Network = Dienste-integriertes digitales Fernmeldenetz.

Das ISDN hat sich aus dem digitalisierten Telefonnetz entwickelt. Der Unterschied zum digitalisierten Telefonnetz besteht beim ISDN im wesentlichen in der Digitalisierung der bestehenden Teilnehmeranschlussleitungen.

Es gibt verschiedene Möglichkeiten, ISDN zu nutzen. Zur Zeit gibt es drei Grundvarianten: den Basisanschluss – geeignet für den privaten Nutzer oder kleinere Firmen –, den etwas aufwändigeren

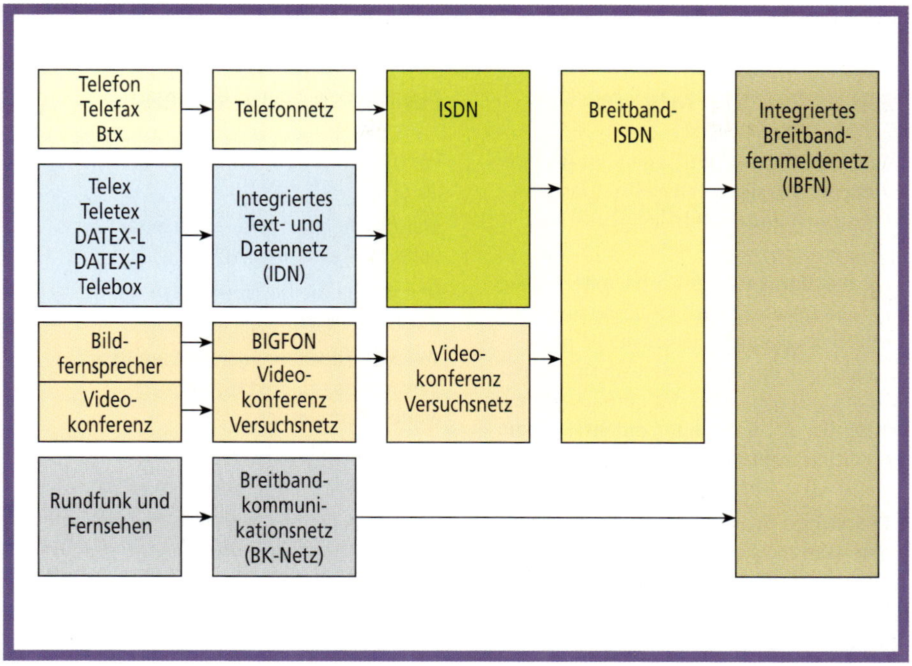

◀ *Integration des Nachrichtenverkehrs der Bundespost.*

Mehrgeräteanschluss und die Businessvariante für große Unternehmen, den genannten Primärmultiplexanschluss.

Der Basisanschluss

Die kleinste ISDN-Variante mit zwei Leitungen und drei Rufnummern. Die beiden Leitungen können unabhängig genutzt werden: Man kann gleichzeitig telefonieren und faxen oder auch auf zwei Apparaten telefonieren. Selbst diese Einfachvariante bietet hohen Komfort. Bis zu acht Endgeräte lassen sich anschließen. Wer immer erreichbar sein muss, kann beispielsweise alle eingehenden Anrufe auf eine andere Rufnummer – den Privatanschluss, das Handy oder Autotelefon – umleiten lassen. Weitere Funktionen: Dreierkonferenzen und Anklopfen (das Display zeigt alle ankommenden Anrufe während eines Telefonats an und speichert die Rufnummern der Anrufer). Die Telefonrechnung listet für jede Rufnummer die Tarifeinheiten gesondert auf.

Der Mehrgeräteanschluss

Auch hier lassen sich bis zu acht Endgeräte – Telefon, Fax, Anrufbeantworter, PC – anschließen. Jeder Apparat ist auf eine eigene Rufnummer programmiert. Die behält er auch, wenn er an eine andere Anschlussbox – etwa im Büro nebenan – gesteckt wird. Der Vorteil: Selbst während eines laufenden Telefonats kann der Benutzer seinen Apparat einfach ausklinken, in ein anderes Zimmer gehen, sich dort einstöpseln und weitertelefonieren. Ansonsten bietet der Mehrfachanschluss den gleichen Service wie der Basis-Anschluss.

Primärmultiplexanschluss

Die Lösung für große Unternehmen. Der Anschluss verfügt über 30 parallele Nutzungskanäle. Es gibt eine Rufnummer mit verschiedenen Durchwahlmöglichkeiten. Eine integrierte Nebenstellenanlage koordiniert Anrufe, leitet um, schaltet weiter und verbindet beispielsweise PC und Telefon. Für jeden einzelnen Apparat – ob Telefon, Fax oder PC – gibt es eine Einzelabrechnung, auf der alle angewählten Rufnummern aufgelistet sind.

▶ *Zum Wiederholen und Lernen.*

MEMO!

WICHTIGES ZUM MERKEN

Seit 1996 hat die **Deutsche Post AG** ihren Postdienst in die Bereiche Briefpost, Frachtpost und Postfilialen gegliedert.

Für den **Versand von Körpermaterialien** hat die Deutsche Post AG besondere Vorschriften erlassen, unterschieden nach Sendungen mit medizinischem Untersuchungsgut ohne oder mit geringem Infektionsrisiko und Sendungen mit infektiösem medizinischem Untersuchungsgut.

Postvollmacht: Der Praxisinhaber kann eine oder mehrere Arzthelferinnen auf einem amtlichen Formblatt bevollmächtigen, für ihn bestimmte Sendungen in Empfang zu nehmen. Eine besondere Postvollmacht ist erforderlich bei Sendungen, die dem Empfänger direkt zuzustellen sind, und für den Empfang postlagernder und eingeschriebener Sendungen sowie bei Postanweisungen.

Nebenstellen in einer Telefonanlage haben verschiedene Berechtigungsmöglichkeiten (Vollamtsberechtigung, Halbamtsberechtigung, Nichtamtsberechtigung).

Telegramm: eine schriftliche Nachricht zur eiligen Beförderung an einen Empfänger. Man unterscheidet das Standardtelegramm vom Telegramm mit Sonderbehandlung.

Telefax bietet die Möglichkeit, schriftliche Nachrichten aller Art originalgetreu über geeignete Endeinrichtungen (Telefaxgeräte) unter Benutzung eines Telefonnetzes an den Empfänger zu übermitteln.

ISDN (Integreted Services Digital Network): Die Abwicklung von verschiedenen Telekommunikationsdiensten wird durch ein Telekommunikationsnetz bewältigt, in dem die gleichzeitige Übertragung von Sprache, Text, Bild und Daten möglich ist.

EINIGE FRAGEN ZUM ÜBEN

Welche Sendungsarten der Post kennen Sie?

Welche Angaben gehören zu einer vollständigen Anschrift?

Nennen Sie die Basisbriefarten für Briefsendungen!

Welche Mindestmengen müssen beim Versand als Infopost gleichzeitig eingeliefert werden?

Wann versendet man einen Brief als Einschreiben?

Bis zu welchem Betrag haftet die Post bei Verlust eines Einschreibens?

Um eine Brief- oder Päckchensendung schneller an den Empfänger gelangen zu lassen, kann die Sendung mit »Eilzustellung« deklariert werden. Wie wird dabei vorgegangen?

Beschreiben Sie die verschiedenen Möglichkeiten, Gegenstände mit der Deutschen Post AG zu versenden!

In welchen Versendungsformen können Päckchen verschickt werden?

Welche Gegenstände sind für die Beförderung als Paket zulässig?

In welchen Versendungsformen können Pakete verschickt werden?

Beschreiben Sie genau, wie Körpermaterial versandt werden muss!

Was ist eine Postvollmacht?

Nennen Sie verschiedene Empfangsberechtigungen für Postsendungen!

Wie verfahren Sie bei beschädigten Sendungen?

Beschreiben Sie die Haftung der Post für die verschiedenen Sendungsarten!

Nennen Sie Telekommunikationsdienste der Telekom!

Unterscheiden Sie die Amtsberechtigungen bei Nebenstellenanlagen!

Welche besonderen Vorteile bietet Telefax?

Erläutern Sie den Ablauf beim »Faxen«!

MEMO!

TERMINOLOGIE

Amtsberechtigungen	unterschiedliche Berechtigungen von Nebenstellen einer Telefonanlage
Digitaltechnik	Ermöglichung der Übertragbarkeit aller Kommunikationsarten
Eigenhändig	Sendungen werden nur dem Empfänger persönlich oder einer besonders bevollmächtigten Person ausgehändigt
Eilzustellung	Sendungen mit einem Vermerk »Eilzustellung« werden am Bestimmungsort mit Eilboten zugestellt
Einschreiben	Post bescheinigt Einlieferung einer Sendung und lässt sich den Empfang bestätigen
Endeinrichtungen	ermöglichen dem Endanwender die Nutzung der Telekommunikationsdienste
Infopost	schriftliche Mitteilungen gleichen Inhalts an einen größeren Empfängerkreis zu niedrigen Gebühren
ISDN	Integrated Services Digital Network, ein Telekommunikationsnetz, mit dem die gleichzeitige Übertragung von Sprache, Text, Bild und Daten möglich ist.
Telekommunikationsdienste	Zusammenfassung der angebotenen Kommunikationsmöglichkeiten für Endanwender
Telekommunikationsnetze	Herstellung der Verbindung zwischen Kommunikationspartnern
Wählanlagen	bestehen aus einer Vermittlungseinrichtung mit Abfragestelle und Telefonen als Nebenstellen
Warensendungen	dienen dem verbilligten Versand von Gegenständen ohne briefliche Mitteilungen
Wurfsendungen	Verteilung von aufschriftlosen Drucksachen oder Warensendungen gleichen Inhalts an Haushalte

◀ *Zum Wiederholen und Lernen.*

15. Rechnungswesen und Zahlungsverkehr

ZIELE DES RAHMENLEHRPLANS

- ▶ Die Notwendigkeit einer Buchführung in der Arztpraxis begründen
- ▶ Belege nennen und ihre Bedeutung erklären
- ▶ Vorschriften über Inhalt und Form der Buchführung nennen und anwenden
- ▶ Einnahmen-Ausgaben-Buch führen
- ▶ Gehaltskonten der Praxis beschreiben und einfache Eintragungen vornehmen
- ▶ Bestandsverzeichnis führen
- ▶ Funktion des Geldes in der arbeitsteiligen Wirtschaft erklären
- ▶ Voraussetzungen für die Teilnahme am Zahlungsverkehr beschreiben
- ▶ Möglichkeiten der Zahlung beschreiben und zweckmäßige Zahlungsarten begründen
- ▶ Formblätter im Zahlungsverkehr normgerecht ausfüllen
- ▶ Zahlungsverzug beschreiben und Mahnungen durchführen
- ▶ Gewinnermittlung
- ▶ Verjährung von Ansprüchen erläutern

15.1. Ärztliche Buchführung

15.1.1. Einführung

Steuern müssen auf der Basis einer Bemessungsgrundlage entrichtet werden. Bemessungsgrundlage für die Einkommensteuer ist das Einkommen, daher auch die Bezeichnung »Einkommensteuer«. Die Buchführung muss also so eingerichtet sein, dass das Einkommen ermittelt werden kann. Damit Ärzte zur Einkommenssteuer veranlagt werden können, müssen sie auch eine Buchführung einrichten.

MEMO!

Bemessungsgrundlage für die Einkommensteuer ist das zu versteuernde Einkommen.

Die Buchhaltung dient

- dem Nachweis der Praxiseinnahmen
- dem Nachweis der Praxisausgaben
- der Feststellung des Praxisgewinns
- der Ermittlung der Einnahmen aus anderen Einkunftsarten und den dazu gehörenden Kosten
- der Feststellung des Einkommens (Gesamtbetrag der Einkünfte nach Abzug der Sonderausgaben und der außergewöhnlichen Belastungen)

Ärzte können die Art der Gewinnermittlung frei wählen; d. h. sie können ihren Gewinn nach § 4 Abs. 3 Einkommensteuergesetz (EStG) feststellen. Es handelt sich hier um die wesentlich vereinfachte Methode der Gewinnermittlung, da sie nur durch Gegenüberstellung der Betriebseinnahmen und der Betriebsausgaben erfolgt.

Eine gewissenhafte Buchführung ist die Grundlage für die Steuererklärung, die bis zu der vom Finanzamt gesetzten Frist eingereicht werden muss. Hierbei bedient sich der Arzt üblicherweise eines Steuerberaters.

Es kann für eine Arztpraxis vorteilhaft sein, die Aufzeichnungen von Einnahmen und Ausgaben in der Praxis selbst vorzunehmen. Die Arzthelferin soll daher befähigt sein, die in der Arztpraxis übliche Buchführung zu verstehen und auch selbst durchzuführen.

Bei der Gewinnermittlung nach § 4 Abs. 1 EStG ist dagegen eine doppelte kaufmännische Buchführung erforderlich mit Aufstellung einer Bilanz zum Jahresende. Die Steuer wird hierbei nach dem Unterschiedsbetrag zwischen dem Betriebsvermögen der Vorjahresbilanz mit dem des abgelaufenen Kalenderjahres ermittelt. Diese Methode ist wesentlich komplizierter, bringt steuerlich kaum Vorteile und macht den Arzt von sachverständigen Dritten abhängig.

Aus diesen Gründen ist es besser, die Buchführung in der vereinfachten Form der Gegenüberstellung der Einnahmen und Ausgaben durchzuführen.

Für dieses Buchführungssystem werden keine Spezialkenntnisse benötigt. Es genügt die laufende und lückenlose Aufzeichnung aller Geldvorgänge, die das Vermögen und das Einkommen beeinflussen.

15.1.2. Aufzeichnungen der Einnahmen und Ausgaben

Zu führen sind Kassenbuch, Tagebuch und Inventarverzeichnis. Sofern ein Rechnungsausgangsbuch geführt wird, ist auch dies automatisch Bestandteil der Buchführung.

Kassenbuch

Bareinnahmen und Barausgaben, soweit sie die Praxis betreffen, werden täglich fortlaufend eingetragen. Das Kassenbuch ist für die Aufzeichnung der Einnahmen/Ausgaben so gestaltet, dass die Rubriken für Einnahmen und Ausgaben nebeneinander stehen, links die Rubrik für die Einnahmen, rechts die für die Ausgaben. Unbare Geschäftsvorgänge gehören nicht in das Buch.

Einnahmenbuch

Alle einkommensteuerpflichtigen Einnahmen werden fortlaufend und einzeln in der Reihenfolge des Eingangs in das Einnahmenbuch eingetragen.

Es handelt sich um eine *Ist-Buchführung,* d. h. nicht der Tag der Rechnungsstellung, sondern der Tag des Zahlungseingangs durch den Patienten oder einen anderen Schuldner ist entscheidend für den Buchungsvorgang.

◄ **Buchführung in der Praxis.**

Praxiseinnahmen

Der Arzt hat mehrere Arten von Einnahmen:

- Einnahmen aus *vertragsärztlicher Tätigkeit* beruhen auf dem Umfang der ärztlichen Tätigkeit für Versicherte in der sozialen Krankenversicherung, also aus Behandlung von RVO- und Ersatzkassenmitgliedern.
- Einnahmen aus *privatärztlicher Tätigkeit* beruhen auf dem Umfang der ärztlichen Tätigkeit für Selbstzahler.
- *Sonstige Einnahmen* bestehen aus Vergütungen für nichtvertrags- und privatärztliche Tätigkeiten, wie z. B. Nebentätigkeiten (Vertretungen, Gesundheitsamt, Berufsschulunterricht, Fortbildung usw.) sowie aus Hilfsgeschäften (Verkauf von Praxisgegenständen).
- *Übrige Einnahmen* sind nicht praxisgebunden, z. B. aus schriftstellerischer Tätigkeit, Vorträge, Vorlesungen an Hochschulen, Vermietung und Verpachtung, Kapitalvermögen, Renten.

Ausgabenbuch

Alle durch den Betrieb (Arztpraxis) veranlassten Ausgaben sind steuerrechtlich Betriebsausgaben (Praxiskosten) und damit abzugsfähig von den Betriebseinnahmen im Rahmen der bereits dargestellten Einnahmen-(Überschuss-)Rechnung zur Ermittlung der Steuerschuld des Arztes.

◄ **Einnahmen, Ausgaben.**

MEMO!

Betriebsausgaben sind Ausgaben, die durch den Betrieb (Arztpraxis) veranlasst werden (Praxiskosten).

Grundsätze ordnungsgemäßer Buchführung

1. Einnahmen und Ausgaben müssen einzeln aufgezeichnet werden.
2. Einnahmen und Ausgaben müssen in chronologisch richtiger Reihenfolge eingetragen werden.
3. Die Seiten müssen nummeriert sein.
4. Die Eintragungen müssen mit Tinte oder Tintenstift vorgenommen werden.
5. In den Büchern darf nicht radiert werden.
6. Fehleintragungen dürfen nur so gestrichen werden, daß die ursprüngliche Eintragung noch lesbar ist.
7. Zwischen den Buchungen dürfen keine leeren Räume gelassen werden.
8. Der Arzt ist nicht verpflichtet, Einnahmen aus dem rein privaten Bereich und private Ausgaben aufzuzeichnen.
9. Für jede Ausgabe muss ein Beleg vorhanden sein.
10. Die Zahlen sind nicht zu groß in die entsprechenden Kästchen einzutragen.
11. Bücher, Inventare und Bilanzen müssen 10 Jahre, andere Unterlagen 6 Jahre aufgehoben werden.
12. Um Rechenfehler zu vermeiden, sind die Zahlen wertmäßig richtig untereinander zu schreiben.

Der Privatsphäre zuzuordnende Ausgaben (z. B. Urlaubsreise) gehören nicht zu den Betriebsausgaben.

Es gibt jedoch eine Reihe von Ausgaben, die zugleich privater und beruflicher Natur sind (z. B. Pkw, Telefon, Miete, Bewirtung usw.). Diese Ausgabeposten müssen eindeutig aufgegliedert werden, damit der auf die Praxis entfallende Anteil steuerlich als Betriebsausgabe geltend gemacht werden kann.

Das Finanzamt erkennt Betriebsausgaben nur dann an, wenn diese durch einen Beleg dokumentiert sind. Belege sind gewöhnlich Rechnungen bzw. Kassenzettel. Die Belege müssen nähere Angaben über die gekaufte Ware enthalten. Zu jeder bezahlten Rechung gehört auch ein Überweisungsbeleg bzw. eine Quittung oder ein Hinweis auf den entsprechenden Zahlungsvorgang.

▶▶ *Betriebsausgaben.*

Für jede Ausgabe muss ein Beleg vorhanden sein!

Bei einigen Einkäufen gibt es keine Quittung; in solchen Fällen ist die Erstellung eines Eigenbelegs notwendig, der den Zahlungsempfänger, Zahltag, die bezahlte Summe, das Datum und die Unterschrift des Arztes oder der Arzthelferin trägt. Auch bei Verlust einer Rechnung kann ein Eigenbeleg ausgestellt werden.

Die Ausgaben müssen in *chronologischer* Reihenfolge eingetragen werden. Der Tag der Bezahlung ist das Ausgabedatum, nicht der Tag des Eingangs der Rechnung oder des Rechnungsdatums.

Die Eintragungen müssen klar und eindeutig sein und den Kostenarten zugeordnet werden können. Müssen Eintragungen geändert werden, sind die irrtümlichen Daten so zu entwerten, dass der Ursprungstext noch lesbar bleibt. Tipex oder radieren sind verboten!

Entsprechend der Erfassung aller einkommensteuerpflichtigen Einnahmen muss auch ein vollständiger Nachweis sämtlicher steuerlich abzugsfähiger Betriebsausgaben erfolgen. Während die Nichterfassung einkommensteuerpflichtiger Einnahmen einen Straftatbestand (Steuerhinterziehung) darstellt, führen fehlende Belege bzw. unzureichende Nachweise von Praxiskosten im Ergebnis zu einer höheren Steuerschuld.

Der Einnahmenbereich ist in den Spalten 1 bis 6 entsprechend dem Einnahmenbuch unterteilt nach Datum, Vorgang, Belegnummer und der Zahlungsart (Kasse = bar, Postgiro und Bank). Die Betriebsausgaben in den Spalten 7 bis 26 sind nach ihrer Art unterteilt (z. B. Raumkosten, Personalkosten, Fahrtkosten), gegebenenfalls mit einer weiteren Untergliederung.

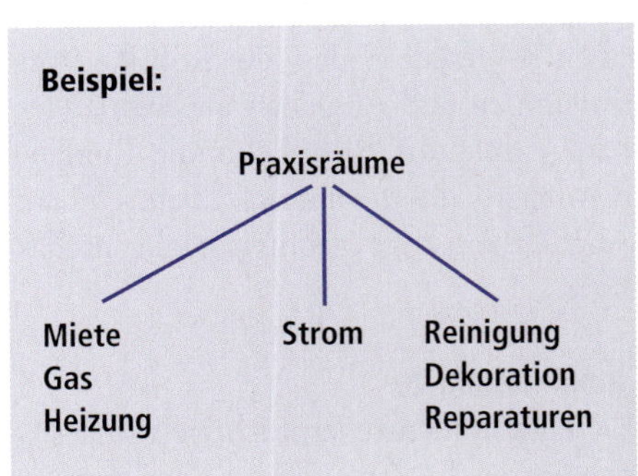

Monat .... 19 ...... **Ausgaben**

Tag	Zahlung geleistet an wen und wofür	Beleg	Ausgaben über			Die in den Spalten 4–6 gebuchten						
			Kasse (in bar)	Postscheck	Bank	Personalkosten Gehälter, Löhne, Sozialabgaben, Sachbezüge	Praxisräume: Miete bzw. anteilige Hausunkosten	Praxisräume: Strom Gas Heizung	Praxisräume: Reinigung Dekoration Reparaturen	Praxisbedarf: Porto, Telefon, Bürobedarf, Bücher, Zeitschriften	Praxisbedarf: Wäsche, Reparaturen an Praxisgegenständen	Praxisbedarf: Kleine Anschaffungen bis DM 800,– zuzüglich der MWSt. des Lieferanten
1	2	3	4	5	6	7	8	9	10	11	12	13
	Übertrag:											
	1											
	2											

Beträge werden in den sie betreffenden Spalten 7–26 nochmals eingetragen

Sprechstundenbedarf, Arzneimittel, Labor-, Röntgen-, Zahnmaterial	Fahrkosten: eigenes Fahrzeug: Feste Ausgaben Garage Kfz.-Steuer Kfz.-Vers.	Fahrkosten: eigenes Fahrzeug: Lfd. Ausgaben Benzin, Öl, [illegible], Reparaturen	Fahrkosten: Fremde Verkehrsmittel	Fortbildung Tagungen, Reisespesen, Bewirtungsspesen, Geschenke	Praxis-Vers. Beiträge Gebühren Umsatzsteuer			Zahlungen auf Gegenstände des Bestd.-Verzeichn. (Anschaffungskosten höher als in Spalte 13)	Sonderausgaben: z. B. Kirchen-St. Spenden Renten	Sonderausgaben: Vorsorge-Aufwand Vers.-Prämien Bauspark.	Private u. sonstige Ausgaben	Verrechnungs-Konto	
14	15	16	17	18	19	20	21	22	23	24	25	26	
													1
													2

Die Zahl der zur Verfügung stehenden Spalten ist durch das Ausgabenbuch automatisch begrenzt, so dass verschiedene, aber gleichartige Kosten zusammengefasst werden müssen (siehe Beispiel Praxisräume). Der Grundsatz der Aufzeichnungsklarheit darf hierbei aber nicht verletzt werden. Grundsätzlich hat jedoch jeder Arzt die Möglichkeit, eine beliebige Zahl von Ausgaben-Spalten einzurichten.

15.1.3. Bestandsverzeichnis

Das Bestandsverzeichnis (Inventarverzeichnis bzw. -buch) ist eine listenmäßige Erfassung aller Praxiseinrichtungsgegenstände, die eine Nutzungsdauer von mehr als einem Jahr haben und deren Anschaffungswert über DM 800 liegt. Die Grenze von 800 DM erhöht sich um den vollen Mehrwertsteuersatz von z. Z. 16 Prozent. Alle Praxiseinrichtungsgegenstände, deren Beschaffungspreis einschließlich Mehrwertsteuer 928 DM (800 DM + 128 DM MWSt.) nicht übersteigt, sind im Jahr der Anschaffung voll absetzbar.

MEMO!

In das Bestandsverzeichnis müssen alle Praxisgegenstände über 800 DM (928 DM inkl. 16 Prozent MWSt.) aufgenommen werden.

Abschreibungsmethoden

Zur Ermittlung der jährlichen Abschreibungsbeträge werden zwei Methoden unterschieden, die lineare und die degressive Abschreibung (»AfA« = Abschreibung für Abnutzung).

Lineare (gleichbleibende) Abschreibung

Die lineare Abschreibungsmethode ist am gebräuchlichsten. Bei der linearen AfA wird der Abschreibungsbetrag immer vom Anschaffungswert berechnet.

Kopf einer Seite des Ausgabenbuches.

Monat .... 19 ...... **Einnahmen**

Tag	Zahlung erhalten von	Beleg	Einnahmen über			Die in Spalten 4–6 gebuchten Einnahmen werden in den sie betreffenden Spalten 7–13 nochmals eingetragen.						
			Kasse (in bar)	Postscheck	Bank	Freie Praxis: umsatzsteuerfreie Tätigkeit als Arzt oder Zahnarzt (§ 4 Nr. 14 UStG)	Freie Praxis: umsatzsteuerpflichtig		Gehalt		Private und sonstige steuerfreie Einnahmen	Verrechnungs-Konto
1	2	3	4	5	6	7	8	9	10	11	12	13
	Übertrag:											
	1											

Kopf einer Seite des Einnahmenbuches.

Dadurch bleibt der jährliche Abschreibungsbetrag immer gleich (linear). Die Ausnahme kann nur bei Anschaffung des Praxisgegenstandes in der 2. Jahreshälfte bestehen, wenn im Anschaffungsjahr nur der halbe Abschreibungsbetrag abgesetzt werden darf. Bei linearer Abschreibung kann demzufolge im letzten Abschreibungsjahr ebenfalls nur der halbe verbleibende Abschreibungsbetrag geltend gemacht werden.

Formel für die lineare AfA.
▼

$$\frac{100}{\text{Nutzungsdauer}} = \text{AfA in \%}$$

oder

$$\frac{\text{Anschaffungspreis}}{\text{Nutzungsdauer}} = \text{jährlicher Abschreibungsbetrag}$$

Degressive (fallende) Abschreibung

Bei der degressiven AfA haben wir es im Gegensatz zur linearen AfA nicht mit gleichbleibenden, sondern mit fallenden Abschreibungsbeträgen zu tun.

Der Abschreibungsbetrag wird bei der degressiven AfA jeweils vom Restwert berechnet. Der Abschreibungsprozentsatz darf lediglich das 3fache der linearen AfA betragen, höchstens aber 30 Prozent.

Formel für die degressive AfA.
▼

$$\frac{100}{\text{Nutzungsdauer}} \times 3 = \text{AfA in \% (höchstens aber 30\%)}$$

Die Wahl der Abschreibungsmethode erfolgt unter steuerlichen Gesichtspunkten. Bei der degressiven Abschreibungsmethode können in den ersten Jahren regelmäßig höhere Abschreibungsbeträge als bei der linearen AfA geltend gemacht werden.

MEMO!

Es ist gestattet, jederzeit von der degressiven AfA zur linearen AfA zu wechseln, aber nicht umgekehrt.

15.1.4. Gehaltsabrechnung

Personalkosten

Neben der Buchung der Personalkosten im Ausgabenbuch ist es erforderlich, dass Gehaltskonten geführt werden, damit jederzeit ein genauer Überblick über die Gehaltsabrechnungen möglich ist. Zum Gehaltskonto gehören Lohnsteuerkarte und Sozialversicherungsnachweise. Der Arzt ist verpflichtet, vom Bruttogehalt seiner angestellten Mitarbeiter Lohnsteuer, ggf. Kirchensteuer und Sozialversicherungsbeiträge einzubehalten und an Finanzamt, Krankenkasse usw. abzuführen.

Bemessungsgrundlage für die gesetzlichen Abzüge, also Lohnsteuer und Sozialversicherungsbeiträge, ist das Bruttoarbeitsentgelt. Dies besteht aus dem Bruttogehalt und sonstigen Bezügen (z. B. aus den Sachleistungen oder aus dem Arbeitgeberanteil der vermögenswirksamen Leistungen).

Für alle Angestellten des Arztes besteht Versicherungspflicht in der Renten-, Arbeitslosenversicherung und Pflegeversicherung. Die Pflicht zur Mitgliedschaft in einer gesetzlichen Krankenversicherung ist dagegen von der Höhe des Jahresarbeitsverdienstes abhängig. Angestellte und Arbeitgeber teilen sich die Beiträge zu den genannten Versicherungen je zur Hälfte.

▶ *Bestandsverzeichnis.*

Lfd. Nr.	Gegenstand	Datum der Anschaffg.	Nutz. Dauer	Afa %	Anschaffungspreis	Afa 1989	Bestand am 1. Jan. 1990	Afa 1990	Bestand am 1. Jan. 1991	Afa 1993	Bestand am 1. Jan. 1994	Afa 1994	Bestand am 1. Jan. 1995
1.	Schreibmaschine	17.06.89	5	20	2980.-	596.-	2384.-	596.-	1788.-	596.-	1.-		
2.	Pkw	03.07.89	4	25	20000.-	2500.-	17500.-	5000.-	12500.-	2500.-	1.-		
3.	Höhensonne	12.09.90	5	20	1550.-	—	—	310.-	1240.-	310.-	310.-	310.-	1.-

Lohnsteuer

Die Lohnsteuer ist eine besondere Erhebungsform der Einkommenssteuer. Man kann sie auch als Einkommenssteuer der Lohn- und Gehaltsempfänger (Einkünfte aus nichtselbstständiger Tätigkeit) bezeichnen. Der entscheidende Unterschied besteht darin, dass der Arbeitgeber des Steuerpflichtigen die Lohnsteuer vom Gehalt/Lohn einzubehalten und für den Arbeitnehmer (vierteljährlich am 10. April, 10. Juli, 10. Oktober und 10. Januar) gemeinsam ggf. mit der Kirchensteuer an das Finanzamt abzuführen hat.

Der Arbeitnehmer ist Steuerschuldner, der Arbeitgeber haftet jedoch für die Einbehaltung und Abführung der Lohnsteuer. Der Arbeitnehmer muss nicht dafür einstehen, dass der Arbeitgeber die einbehaltene Lohnsteuer richtig abführt. Bei nicht in der Höhe richtig einbehaltener Lohnsteuer haftet auch der Arbeitnehmer gesamtschuldnerisch mit dem Arbeitgeber.

Bezugsgröße für die Lohnsteuerpflicht ist die Höhe des Lohns bzw. des Gehalts. Das sind alle Einnahmen eines Arbeitnehmers, die ihm aus einem oder gegebenenfalls mehreren aktuellen oder früheren Arbeitsverhältnissen zufließen, unabhängig davon, ob es laufende oder einmalige Bareinnahmen oder Sachbezüge (z. B. Wohnung oder Verpflegung) sind. Hierzu gehören also auch Vergütungen für Überstunden, Umsatzbeteiligungen, Gratifikationen usw.

Lohnsteuerkarte

Die Höhe der vom Arbeitgeber einzubehaltenden Lohnsteuer richtet sich nach der auf der Lohnsteuerkarte des Arbeitnehmers eingetragenen Lohnsteuerklasse. Die Lohnsteuerkarte wird jedem Steuerpflichtigen von der Gemeindebehörde jährlich neu zugestellt, der sie unverzüglich an den Arbeitgeber weiterzuleiten hat. Die Lohnsteuerkarte enthält alle für die Berechnung der Lohn- und ggf. Kirchensteuer notwendigen Angaben.

ANWENDUNG DER STEUERKLASSE (BEISPIELE):

Steuerklasse	
I	Ledige, dauernd getrennt lebende verheiratete, geschiedene oder verwitwete Arbeitnehmer
II	für in Steuerklasse I aufgeführte Arbeitnehmer, wenn sie das 49. Lebensjahr vollendet haben oder wenn sie mind. 1 Kind haben
III	Verheiratete, wenn nur ein Ehepartner Arbeitslohn bezieht
IV	Verheiratete, wenn beide Ehepartner Arbeitslohn beziehen
V	für in Steuerklasse IV aufgeführte Arbeitnehmer, wenn ein Ehegatte in Klasse III eingereiht ist
VI	für ein zusätzliches Arbeitsverhältnis

Angaben auf der Lohnsteuerkarte

- Name, Vorname
- Adresse
- Geburtsdatum
- Steuerklasse
- Anzahl der Kinder
- Familienstand
- Religionsgemeinschaft
- eventuelle Freibeträge

Jede Änderung der Angaben auf der Steuerkarte (z. B. Eheschließung, Geburt eines Kindes) muss ebenfalls durch die zuständige Gemeindebehörde vorgenommen werden. Hat ein Arbeitnehmer mehrere Dienstverhältnisse, muss er sich für jedes weitere Beschäftigungsverhältnis eine zusätzliche Lohnsteuerkarte ausstellen lassen.

Lohnsteuerklassen

Die Berechnung der Lohnsteuer erfolgt über Lohnsteuertabellen. Es gibt Tabellen für die Jahreslohn-, Monatslohn-, Wochenlohn- und Tageslohnsteuer.

Die Lohnsteuer ist in 6 Steuerklassen unterteilt. Für jede Steuerklasse ist aus der Lohnsteuertabelle bei gleichem Bruttoge-

◄◄ *Steuern.*

◄◄ *Steuerschuldner.*

◄ *Steuerklassen.*

▶ *Lohnsteuerfreie Leistungen.*

▶▶ *Inkassovollmacht.*

▶▶ *Kontoauszüge.*

halt eine unterschiedlich hohe Lohnsteuer abzulesen.

Es gibt jedoch auch lohnsteuerfreie Leistungen des Arbeitgebers unter Berücksichtigung von Höchstgrenzen wie z. B.:

- Betriebsveranstaltungen, Betriebsausflüge, Weihnachtsfeiern
- Jubiläumsgeschenke
- Heirats- und Geburtsbeihilfen.

Werbungskosten

Werbungskosten sind Aufwendungen des Arbeitnehmers zur Erwerbung, Sicherung und Erhaltung des Arbeitlohnes, also im Wesentlichen Aufwendungen, die im Zusammenhang mit der Ausübung einer Berufstätigkeit stehen. Was für den Selbstständigen die Betriebsausgaben, das sind die Werbungskosten für den Arbeitnehmer. In der Steuertabelle ist ein Werbungskostenpauschalbetrag bereits berücksichtigt.

Beispiele für Werbungskosten:

- Fort- und Weiterbildungskosten,
- Typische Berufskleidung,
- Beiträge zu Berufsverbänden oder Gewerkschaften,
- Aufwendungen für Fahrten zwischen Wohnung/Arbeitsstätte,
- Mehraufwendungen für doppelte Haushaltsführung (setzt voraus, dass der Arbeitnehmer außerhalb seinen Beschäftigungsort hat und dort eine 2. Wohnung unterhält),
- Kontoführungsgebühren für das Gehaltskonto,
- Umzugskosten durch einen beruflich veranlassten Wohnungswechsel.

15.2. Zahlungsverkehr

15.2.1. Zahlungsarten

Barzahlung

Bei der Barzahlung wird die Zahlung vom Zahler an den Empfänger mittels Bargeld geleistet. Der Zahler hat Anspruch auf eine Quittung. Diese sollte stets folgende Angaben enthalten:

- Name des Zahlers
- Grund der Zahlung
- Betrag (bei höheren Summen in Buchstaben)
- Bestätigung des Empfangs
- Ort und Datum
- Unterschrift und ggf. Stempel der Praxis.

Die Arzthelferin darf Bargeld nur entgegennehmen und Quittungen ausstellen, wenn sie vom Arzt eine entsprechende Vollmacht (Inkassovollmacht) erhalten hat.

Halbbare Zahlung

Halbbare Zahlung bedeutet, dass der Zahlungsvorgang auf einer Seite mit Bargeld und auf der anderen Seite unbar abgewickelt wird, d. h., halbbare Zahlung wird regelmäßig dann erfolgen, wenn nur einer der beiden Partner ein Konto bei einem Geldinstitut hat.

Zu den halbbaren Zahlungsarten gehören insbesondere Zahlscheine, Zahlkarten und Barschecks. Der Zahlende (z. B. beim Barscheck) oder der Zahlungsempfänger (z. B. beim Zahlschein) müssen ein Konto bei einem Kreditinstitut oder beim Postgiroamt haben.

Zahlschein (Gutschrift)

Mit dem Zahlschein zahlt der Einzahlende (Zahlungspflichtige) bei der Post oder einem Kreditinstitut Bargeld ein. Der Zahlungsempfänger bekommt den eingezahlten Geldbetrag auf seinem Konto gutgeschrieben und erhält über den Kontoauszug die Gutschriftsanzeige. Der Einzahlende

ZAHLUNGSART	SCHULDNER	EMPFÄNGER	ANWENDUNGSBEISPIELE
Barzahlung	bar	bar	Käufe des täglichen Lebens
Halbbare Zahlung	bar bar	bargeldlos bargeldlos	Barscheck Zahlschein
Bargeldlose Zahlung	bargeldlos	bargeldlos	1. Überweisung 2. Verrechnungsscheck

bekommt die Durchschrift, beim Geldinstitut verbleibt das Original.

Benutzt werden auch kombinierte Formulare »Überweisung/Zahlschein«, die es ermöglichen, sowohl auf das Konto des Empfängers oder das eigene Konto bar einzuzahlen als auch vom eigenen Konto auf ein anderes zu überweisen.

Besonders Firmen, aber auch Ärzte mit entsprechendem Kunden- bzw. Patientenstamm verschicken diese Zahlungsformulare mit ihren Rechnungen.

Die bargeldlose Zahlung

Die bargeldlose Zahlung setzt voraus, dass Zahler und Zahlungsempfänger ein Konto bei einem Geldinstitut (Bank, Sparkasse, Postgiroamt) haben.

Bei der Überweisung beauftragt der Schuldner sein Geldinstitut, dem Gläubiger einen bestimmten Betrag gutzuschreiben bei gleichzeitiger Belastung des eigenen Kontos.

Der Verrechnungsscheck dagegen wird dem Gläubiger (Zahlungsempfänger) übergeben oder zugeschickt, der ihn dann an sein Geldinstitut zur Gutschrift weiterleitet. Wegen der großen Bedeutung für die bargeldlose Zahlung wird der Überweisungsverkehr nachfolgend als eigenständiges Kapitel behandelt.

Die bargeldlose Zahlung kann erfolgen durch

- Banküberweisung bzw. Postgiroüberweisung,
- Kreditkarte,
- Scheck (Bankscheck, Postscheck) oder Scheckkarte,
- Wechsel.

Durch die bargeldlose Zahlung wird der Zahlungsverkehr zu reinen Schreib- und Buchungsvorgängen. Dadurch entstehen jedoch auch beweissichere Belege, werden Verluste verhindert, die beim Umgang mit Bargeld auftreten können, und es entstehen – wenn auch geringfügig – Guthabenzinsen für den Kontoinhaber.

MEMO!

Die bargeldlose Zahlung ermöglicht es, auch hohe Zahlungsbeträge über große Entfernungen rasch, bequem, billig und sicher durchzuführen.

Quittung.

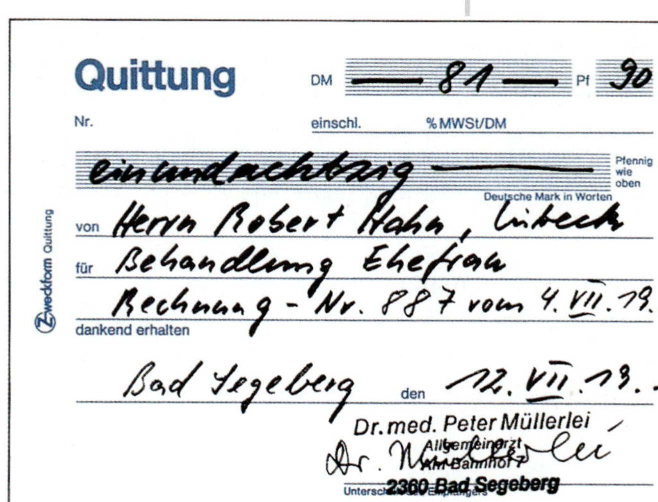
Quittung DM —81— Pf 90
Nr. einschl. % MWSt/DM
einundachtzig — Pfennig wie oben
Deutsche Mark in Worten
von Herrn Robert Hahn, Lübeck
für Behandlung Ehefrau
Rechnung-Nr. 887 vom 4. VII. 19..
dankend erhalten
Bad Segeberg den 12. VII. 19..
Dr. med. Peter Müllerlei
Allgemeinarzt
Am Bahnhof 7
2300 Bad Segeberg
Unterschrift des Empfängers
Zweckform Quittung

15.2.2. Überweisungsverkehr bei Kreditinstituten

Als Überweisungs- oder Giroverkehr bezeichnet man den *bargeldlosen Zahlungsverkehr* (Überweisungen, Lastschriften, Schecks), der von den kontoführenden Geldinstituten über zentrale Verrechnungsstellen (Girozentralen) durchgeführt wird.

Einrichtung eines Kontos

▶ *Girokonto.*

Ein Girokonto ist Voraussetzung für die Teilnahme am bargeldlosen Zahlungsverkehr. Der Eröffnung eines Girokontos bei einem Kreditinstitut geht ein schriftlicher Kontoeröffnungsantrag voraus, der vom Kreditinstitut ausdrücklich oder stillschweigend angenommen wird (Kontovertrag). Der Antragsteller muss sich bei der Kontoeröffnung ausweisen, falls er nicht persönlich bekannt ist. Er muss zum Zeitpunkt der Antragstellung voll geschäftsfähig sein, also das 18. Lebensjahr vollendet haben. Jüngere Antragsteller bedürfen der Zustimmung des gesetzlichen Vertreters.

▶ *Kontoinhaber.*

Unterschriftsproben von den Verfügungsberechtigten werden entgegengenommen, die für die Teilnahme am Giroverkehr erforderlichen Vordrucke (Schecks, Überweisungen) werden ausgehändigt.

▶ *Verfügungsberechtigte.*

Konten können bei allen Kreditinstituten eröffnet werden. Das Konto trägt eine Nummer und eine Leitnummer; jede Bank hat für den innerdeutschen Verkehr eine Bankleitzahl, die bei Überweisungen an Dritte anzugeben ist.

Für die Führung eines Bankkontos sind meistens Kontoführungsgebühren zu zahlen. Dafür geben die Geldinstitute geringe Guthabenzinsen (die für ein laufendes Konto niedriger liegen als für ein gleichzeitig vorhandenes Sparkonto mit ggf. auf Monate oder Jahre festgelegten Beträgen). Überziehen des Kontos ist nur nach Vereinbarung mit der Bank möglich.

Man kann vom Girokonto sowohl Bargeld abheben (persönlich oder durch eine bevollmächtigte Person) als auch Überweisungen vornehmen oder Schecks ausstellen (Bezogener ist die Bank).

Durch Kündigung wird das Konto aufgelöst.

Kontoauszug

Mit einem Kontoauszug wird der Kontoinhaber über die Veränderungen auf seinem Konto unterrichtet. Kontoauszüge können selbst abgeholt oder in vereinbarten Zeitabständen zugesandt werden.

Der Kontoauszug enthält folgende Angaben:

- Name und Anschrift des Kontoinhabers
- Bewegungen (Umsätze) auf dem Konto mit Datum der Wertstellung und einer kurzen Erklärung durch einen Buchungstext
- alter und neuer Saldo

Überweisungsverfahren

Der kontoführenden Stelle wird der Auftrag erteilt, den angegebenen Betrag vom Konto des Zahlenden auf das Konto eines Empfängers zu geben. Dieser Vorgang heißt *Überweisung*.

Dabei kann sich das Konto des Empfängers beim gleichen oder jedem anderen Kreditinstitut befinden. Voraussetzung sind Verbindungen zwischen den Kreditinstituten, die eine Weitergabe der Überweisungsaufträge in kurzer Zeit ermöglichen.

Es gibt dafür verschiedene Gironetze, z. B. das Gironetz der Deutschen Bundesbank, der Postgiroämter sowie der Kreditinstitute (Großbanken, Genossenschaftsbanken, Sparkassen), über die Überweisungen vom Konto des Zahlers zum Konto des Empfängers durchgeführt werden können.

Da die Kreditinstitute nach Möglichkeit die Überweisungsaufträge innerhalb ihres eigenen Gironetzes abwickeln, enthält der Überweisungsvordruck den Zusatz *»oder ein anderes Konto des Empfängers«*. Soll der

Betrag in jedem Falle auf das angegebene Konto gebucht werden, muss dieser Zusatz gestrichen werden. Wird er nicht gestrichen, hat das Kreditinstitut das Recht, den Betrag auf ein anderes als das angegebene Konto des Empfängers zu überweisen.

Sonderformen der Überweisung

Dauerauftrag
Regelmäßige Zahlungen mit festen Beträgen werden zweckmäßigerweise über Daueraufträge abgewickelt.

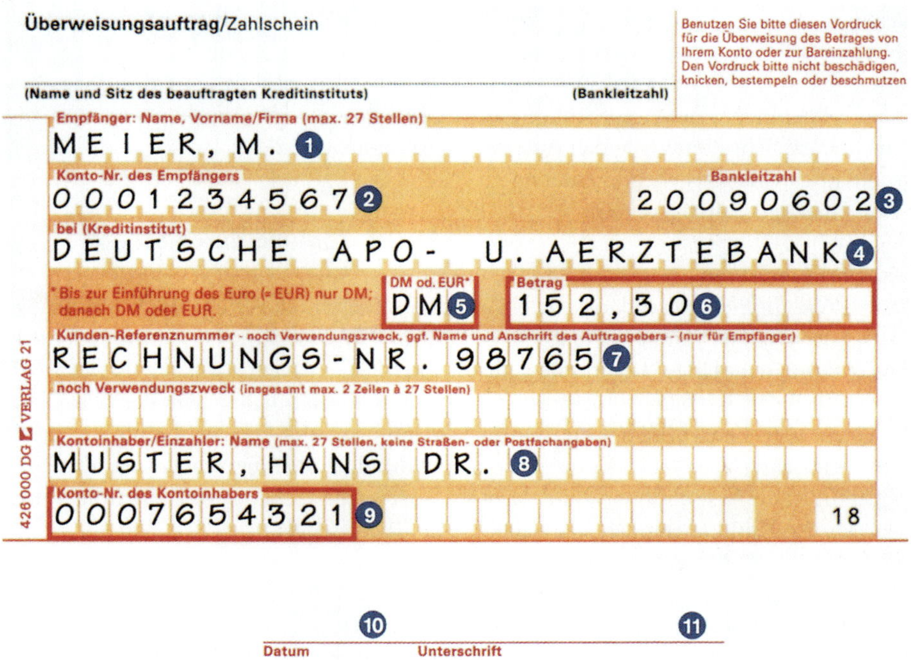
Überweisungsauftrag/Zahlschein

Benutzen Sie bitte diesen Vordruck für die Überweisung des Betrages von Ihrem Konto oder zur Bareinzahlung. Den Vordruck bitte nicht beschädigen, knicken, bestempeln oder beschmutzen

(Name und Sitz des beauftragten Kreditinstituts) (Bankleitzahl)

Empfänger: Name, Vorname/Firma (max. 27 Stellen)
MEIER, M. ❶
Konto-Nr. des Empfängers
0001234567 ❷
Bankleitzahl
20090602 ❸
bei (Kreditinstitut)
DEUTSCHE APO- U. AERZTEBANK ❹
* Bis zur Einführung des Euro (= EUR) nur DM; danach DM oder EUR.
DM od. EUR*
DM ❺
Betrag
152,30 ❻
Kunden-Referenznummer - noch Verwendungszweck, ggf. Name und Anschrift des Auftraggebers - (nur für Empfänger)
RECHNUNGS-NR. 98765 ❼
noch Verwendungszweck (insgesamt max. 2 Zeilen à 27 Stellen)
Kontoinhaber/Einzahler: Name (max. 27 Stellen, keine Straßen- oder Postfachangaben)
MUSTER, HANS DR. ❽
Konto-Nr. des Kontoinhabers
0007654321 ❾
18

428 000 DG VERLAG 21

❿ Datum
⓫ Unterschrift

Beim Beschriften der Überweisungsvordrucke ist Folgendes zu beachten:
Ausfüllen mit der Schreibmaschine
Achten Sie bitte darauf, dass die Zeilen des Vordruckes eingehalten werden. Die Rasterkästchen sind für das Ausfüllen mit der Schreibmaschine ohne Bedeutung. Sie können sowohl große als auch kleine Buchstaben miteinander gemischt benutzen. Schreiben Sie pro Zeile nicht mehr als die maximale Stellenzahl (einschl. Leer- und Sonderzeichen). Bitte hierzu die Angaben gegebenenfalls sinnvoll kürzen.
Ausfüllen mit der Handschrift
Verwenden Sie bitte ausschließlich GROSSBUCHSTABEN in BLOCKSCHRIFT. Tragen Sie in jedes Kästchen nur einen Buchstaben, eine Ziffer oder ein Sonderzeichen (z. B. Komma) ein. Sofern die vorhandene Stellenzahl nicht ausreicht, bitten wir Sie, die Auftragsdaten sinnvoll zu kürzen.
Zum Ausfüllen bitte Kugelschreiber mit schwarzer oder blauer Farbe benutzen und fest aufdrücken.

Ausfüllhinweise:

❶ Name, Vorname/Firma des Empfängers

❷ Konto-Nr. des Empfängers

❸ Bankleitzahl des Empfänger-Kreditinstitutes

❹ Name des Empfänger-Kreditinstitutes

❺ Währungsfeld; nicht streichen oder überschreiben

❻ Überweisungsbetrag von links beginnend eintragen. Für Komma und/oder Punkt eigenes Kästchen verwenden.

❼ Verwendungszweck in Kurzform (ggf. sinnvoll kürzen)

❽ Name, Vorname des Kontoinhabers

❾ Konto-Nr. des Kontoinhabers

❿ aktuelles Datum

⓫ Unterschrift des Kontoinhabers/Kontobevollmächtigten

◀ *Überweisungsauftrag.*

MEMO!

Daueraufträge bei regelmäßig wiederkehrenden, gleich bleibenden Zahlungen!

Daueraufträge.

Dies gilt z. B. für Mieten, Ratenzahlungen, Vereinsbeiträge u. ä. Daueraufträge werden ebenso wie normale Überweisungen durchgeführt und können jederzeit widerrufen werden. Der Zahlungspflichtige gibt seinem Geldinstitut einmalig den Auftrag, automatisch eine feststehende Zahlung an einen Gläubiger durchzuführen.

Lastschriftverfahren

Der Zahlungspflichtige erklärt sich beim Lastschriftverfahren damit einverstanden, dass Zahlungsempfänger bestimmte Zahlungen (evtl. bis zu einem Höchstbetrag) in Form von Gutschriften von seinem Konto einziehen.

Damit ist die Lastschrift ein Einzugspapier, das der Zahlungsempfänger (Gläubiger) ausstellt und seinem Geldinstitut zur Einziehung des fälligen Schuldbetrages beim Geldinstitut des Schuldners übergibt.

Regelmäßige oder unregelmäßige Zahlungen, die ihrer Art, aber nicht der Höhe nach feststehen, wie z. B. Strom-, Wasser- oder Telefonrechnung, werden zweckmäßigerweise über das Lastschriftverfahren abgewickelt.

Abbuchung.

Entsprechend dem Einverständnis des Zahlungspflichtigen unterscheidet man 2 Verfahren:

Abbuchungsauftrag

Der Zahlungspflichtige erteilt seinem Geldinstitut einen widerruflichen Dauerauftrag zur regelmäßigen Einlösung (Abbuchung) der von einem bestimmten Zahlungsempfänger vorgelegten Lastschriften.

Einzugsermächtigung

Der Zahlungspflichtige ermächtigt den Zahlungsempfänger durch eine Erklärung direkt, bestimmte Zahlungen zu Lasten seines Kontos ohne seinen besonderen Auftrag einziehen zu dürfen.

Beim Lastschriftverfahren bringt der Kontoinhaber dem Zahlungsempfänger hohes Vertrauen entgegen. Daher sollte dieses Verfahren, insbesondere bei der Einzugsermächtigung, nur bei absolut seriösen und gut bekannten Partnern und Institutionen angewandt werden. In jedem Fall sollte eine regelmäßige Kontrolle der Abbuchungen über die Kontoauszüge vorgenommen werden.

15.2.3. Zahlung durch Scheck

Mit dem Scheck verfügt ein Kontoinhaber über sein Guthaben bei einem Geldinstitut.

Der Kontoinhaber kann den Scheck als Zahlungsmittel seinem Gläubiger gegen Quittung aushändigen oder zusenden oder Beträge am Schalter des Kreditinstitutes abheben (seltener).

Die Zahlung per Scheck ist

- **bequem** (Kontoinhaber schreibt lediglich Scheck aus, und das Weitere erledigt die Bank)
- **billig** (Versendung des Schecks kann als Brief erfolgen)
- **sicher** (Missbrauch nur in geringem Umfang möglich, insbesondere Verrechnungsscheck)
- **wirtschaftlich** (durch zeitliche Verzögerung der Kontobelastung bessere Verzinsung des Guthabens bzw. reduzierter Kreditbedarf)

Wesen des Schecks

MEMO!

Der Scheck ist eine schriftliche Anweisung an ein Geldinstitut, eine bestimmte Summe aus dem Guthaben des Scheckausstellers an den berechtigten Inhaber zu zahlen. Der Scheck ist eine Urkunde.

Die Ausstellung von Schecks ist an folgende Voraussetzungen gebunden:

- Aussteller muss mit dem Geldinstitut in einer entsprechenden Geschäftsbeziehung stehen, d. h. dort ein Girokonto oder Kontokorrentkonto (laufendes Konto) haben.
- Der Scheck muss »gedeckt« sein, d. h., das Konto des Ausstellers muss ein entsprechendes Guthaben aufweisen. Ein Guthaben kann auch dadurch gegeben sein, dass das Geldinstitut Kredit einräumt. Wer mit »ungedecktem« Scheck bezahlt, läuft Gefahr, wegen Betrugs angezeigt und bestraft zu werden.

Form und Inhalt des Schecks

Der Kontoinhaber erhält von seinem Geldinstitut Scheckformulare. Da der Scheck ein Wertpapier darstellt, ist das Ausfüllen an entsprechende Formvorschriften gebunden. Der Scheck enthält gesetzliche und kaufmännische Bestandteile. Während die gesetzlichen Bestandteile zwingend vorgeschrieben sind, sollen die kaufmännischen Bestandteile die technische Abwicklung des Scheckverkehrs erleichtern.

Wenn einer der gesetzlichen Bestandteile fehlt, gilt die Urkunde mit 2 Ausnahmen nicht als Scheck: Fehlt der Ausstellungsort, gilt der Scheck an dem Ort als ausgestellt, der bei dem Namen des Ausstellers angegeben ist; fehlt der Zahlungsort, dann gilt der Ort des Bezogenen (Kreditinstitut).

Gesetzlich vorgeschriebene Bestandteile des Schecks

(bei Fehlen ist der Scheck ungültig)

- Name der Bank, Sparkasse usw.
- Zahlungsort (Sitz der Bank usw.)
- Wort »Scheck« im Text
- Anweisung, einen Betrag zu zahlen (in Buchstaben)
- Ort und Tag der Ausstellung
- Unterschrift des Ausstellers

Arten des Schecks

Man unterscheidet nach der Rechtsform, nämlich nach der Bezeichnung des Zahlungsempfängers, Inhaberscheck (Überbringerscheck) und Namensscheck (Orderscheck).

Nach der Art der Einlösung unterscheidet man den Barscheck und den Verrechnungsscheck.

Inhaberscheck – Namensscheck

Die meisten Schecks sind durch den Zusatz »oder Überbringer« hinter dem Namen des Empfängers *Inhaberschecks (Überbringerscheck)*. Nach dem Scheckgesetz gilt ein Scheck auch ohne Benennung eines Schecknehmers (Empfängers) als zahlbar an den Inhaber, d. h., sie werden an jeden Überbringer bar ausgezahlt. Das Geldinstitut ist nicht verpflichtet, die Legitimation der den Scheck vorlegenden Person zu überprüfen.

Ein *Namensscheck (Orderscheck)* liegt vor, wenn mit oder ohne Zusatz »oder an Überbringer« ein bestimmter Zahlungsempfänger benannt ist. Ein solcher Scheck kann wie auch der Inhaberscheck durch Indossament (Übertragungsvermerk) als Zahlungsmittel weitergegeben werden. Dann ist die Bank als Bezogene des Schecks verpflichtet, die formelle Berechtigung des Vorlegenden zu überprüfen.

◄◄ *Kaufmännische Bestandteile der Schecks.*

Verwendung des Schecks

Einlösung des Schecks

Entgegengenommene Schecks sollten möglichst unverzüglich bei der Bank eingereicht werden. Die Vorlegungsfrist beträgt 8 Tage bei Inlandsschecks (bei Schecks im europäischen Ausland 20 Tage, in anderen Erdteilen 70 Tage). Wenn ein Scheck nicht innerhalb von 8 Tagen nach Ausstellung zur Einlösung vorgelegt wird, ist die bezogene Bank nicht mehr zur Annahme verpflichtet, und der Scheckinhaber verliert seine Auszahlungsansprüche.

◄◄ *Gesetzliche Bestandteile der Schecks.*

Verrechnungs-scheck
Normaler Scheck als Verrechnungsscheck durch Vermerk »Nur zur Verrechnung«.

Barscheck – Verrechnungsscheck

Bei einem *Barscheck* kann der Scheckinhaber das Geld bei der bezogenen Bank sofort bar abheben. Der Verrechnungsscheck trägt dagegen auf der Vorderseite quer die Aufschrift »Nur zur Verrechnung«, d. h., der Gegenwert des Verrechnungsschecks wird nur auf dem Konto des Vorlegenden gutgeschrieben. Dieser Vermerk schützt also vor Barabhebung, nicht jedoch davor, dass der Scheckbetrag dem Konto eines unberechtigten Inhabers gutgeschrieben wird (wegen Zusatz »oder Überbringer«). Die Streichung des Zusatzes »oder Überbringer« gilt als nicht erfolgt. Ein Barscheck kann jederzeit durch nachträgliche Beschriftung des Schecks mit dem Hinweis »Nur zur Verrechnung« zu einem Verrechnungsscheck gemacht werden.

Jeder Scheck wird bei Vorlage (bei Sicht) zahlbar. Darum besteht besonders beim Barscheck die Gefahr, dass bei Verlust eine unberechtigte Einlösung nicht verhindert werden kann.

Umgang mit Schecks

- Es dürfen keine ungedeckten Schecks ausgestellt werden. Auf dem Konto muss ein entsprechendes Guthaben verfügbar sein, oder der eingeräumte (Überziehungs-) Kredit muss größer sein als der Scheckbetrag.
- Über den Scheckverkehr sollte genau Buch geführt werden. Das Geldinstitut erstellt dem Kunden entsprechende Kontoauszüge über Zu- und Abgänge einschließlich Abrechnung der Zinsen und Spesen. Der Kunde sollte diese Auszüge mit seinen eigenen Aufzeichnungen unverzüglich abgleichen.
- Entgegennahme von Schecks nur von Ausstellern annehmen, die persönlich als kreditwürdig und kreditfähig bekannt sind. Bei Zweifeln Kontaktaufnahme mit dem bezogenen Geldinstitut bezüglich der Deckung eines vorgelegten Schecks.

MEMO!

Vorsicht bei Weitergabe (Versand) eines Barschecks, da das Risiko der unberechtigten Verwendung bei Verlust sehr groß ist. Verrechnungsschecks können dagegen auch in gewöhnlichen Briefen versandt werden.

Der Euroscheck

Da Scheckempfänger nie die volle Sicherheit der Kontodeckung des Ausstellers haben, andererseits insbesondere der Wunsch nach einem international anerkannten Zahlungsmittel bestand, wurde 1972 der Euroscheck (Eurocheque) geschaffen.

Bei dieser Zahlungsart vergeben die Geldinstitute als »Ausweis« an Kunden Scheckkarten (2 Jahre gültig). Bei Vorlage der Scheckkarte (eurocheque) garantiert die Hausbank jedem Scheckempfänger eines auf ihrem Scheckformular (ec-Scheckvordruck) ausgestellten Schecks die Zahlung eines Scheckbetrages bis zur Höhe von 400 DM.

Die ec-Schecks werden im In- und Ausland von allen Geldinstituten mit dem ec-Zeichen entweder in Bargeld eingelöst oder von Geschäftspartnern oder Kaufleuten statt Bargeld akzeptiert. Wegen der garantierten Einlösung (bis 400 DM) werden ec-Schecks deshalb auch überall gern angenommen.

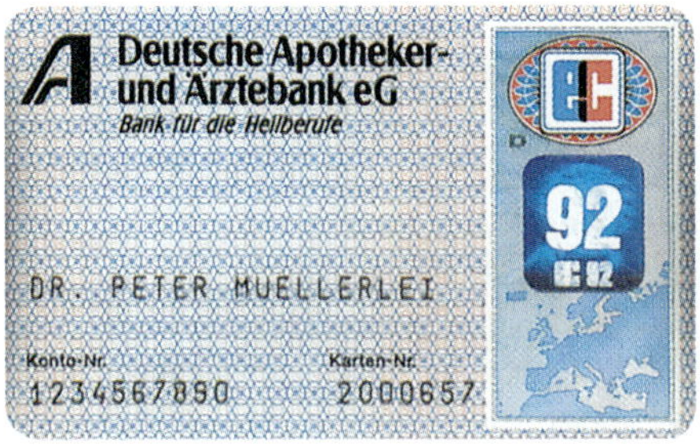

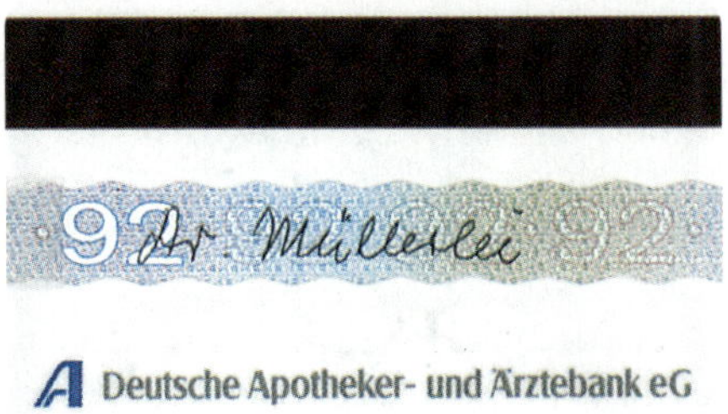

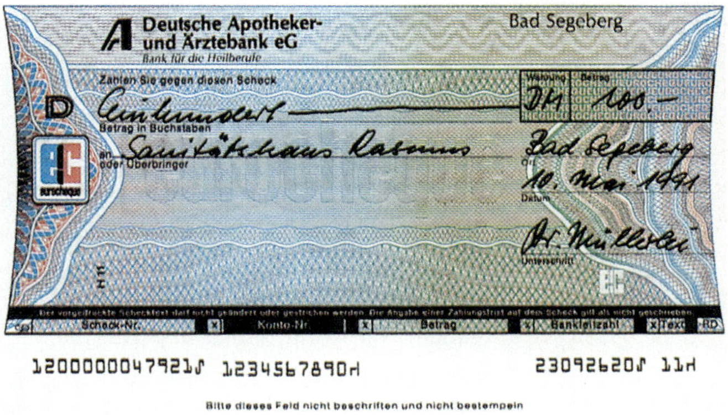

▲
Euroscheck
Vorder- und Rückseite eines ausgefüllten eurocheques und einer eurochequekarte.

Verwendung des Euroschecks

Der Kontoinhaber (Schuldner) füllt das Scheckformular aus, gibt es dem Empfänger (seinem Gläubiger) und zeigt diesem seine Euroscheckkarte, deren Nummer auf der Rückseite des Scheckformulars handschriftlich vom Aussteller notiert wurde. In großen Einzelhandelsgeschäften z. B. erfolgt das vollständige Ausfüllen des Euroschecks über die Drucker der Registrierkassen. Der Kunde muss nur noch seine Unterschrift auf dem Scheckformular leisten.

Voraussetzungen für die Gültigkeit eines Euroschecks

- Unterschrift, Name des Geldinstitutes und Kontonummer auf Euroscheck und Scheckkarte müssen übereinstimmen.
- Die Nummer der Scheckkarte muss auf der Rückseite notiert sein.
- Das Ausstellungsdatum des Schecks muss innerhalb der Gültigkeitsdauer der Scheckkarte (2 Jahre) liegen.

Die ec-Karte, versehen mit einer zusätzlichen Codierung auf Magnetstreifen, ermöglicht außerdem am Schalter des eigenen Kreditinstituts sowie durch Benutzung der Geldautomaten aller beteiligten Banken Bargeld abzugeben. Die ec-Karte wird auch zunehmend als Kreditkarte eingesetzt.

»Electronic-Cash«

Der Zahlungsempfänger ist »online«, also direkt mit der Bank des Zahlenden (Kunden) verbunden, so dass der Betrag als Gut- und Lastschrift sofort verbucht wird. Die ec-Karte ist damit ein Zahlungsausweis bei der Benutzung elektronischer Kassen.

Das bezogene Geldinstitut zahlt beim Barscheck die Schecksumme bar aus, oder es erfolgt auf Wunsch des Scheckinhabers eine Kontogutschrift, wenn dieser ebenfalls ein Konto bei dem bezogenen Geldinstitut unterhält.

Einlösung Verrechnungsscheck

Das Geldinstitut schreibt beim Verrechnungsscheck die Schecksumme dem Konto des Einreichenden gut und zieht den Gegenwert des Schecks bei dem bezogenen Geldinstitut ein.

▶▶
EUROCARD.

15.2.4. Weitere Möglichkeiten des Zahlungsverkehrs

Damit sich der Bankkunde am sogenannten »Homebanking«, d. h. »Bankgeschäfte zu Hause erledigen«, beteiligen kann, muss er einen Telefonanschluss, einen PC und ein an den Telefonanschluss gekoppeltes Modem bzw. einen ISDN-Anschluss haben. Der Kunde erhält über die Telefonleitung Zugang zum Rechner des Geldinstituts und kann auf diese Weise Bankgeschäfte täglich und rund um die Uhr erledigen.

Möglichkeiten des Homebanking
- Abfragen des Kontostandes
- Erteilung von Überweisungsaufträgen bei jedem Geldinstitut
- Erteilung, Änderung, Löschung von Daueraufträgen
- Bestellung von Vordrucken
- Abfragen von Bankleitzahlen

Damit Unbefugte keinen Zugriff haben können, die Daten auch wirklich »persönlich« bleiben, erhält jeder, der am Homebanking teilnimmt, eine
PIN = (**P**ersonal-**I**dentifikations-**N**ummer).

PIN ist eine persönliche Geheimzahl, die in Verbindung mit der Kontonummer den Zugang zum Rechner des Geldinstituts ermöglicht.

Überweisungsaufträge und andere Aufträge sind nur durch Eingabe einer weiteren Geheimzahl möglich (TAN = **T**rans**a**ktions-**N**ummer). Diese Nummer wird an Stelle der Unterschrift eingesetzt und ist im Gegensatz zur PIN, die viele Jahre gleich sein kann, mit einmaliger Anwendung verbraucht. Die Bank stellt Listen von Transaktions-Nummern je nach Bedarf zur Verfügung.

Kreditkarten

Die Zahlung mit Kreditkarten als bargeldloses Zahlungsmittel für Waren und Dienstleistungen setzt sich zunehmend

weltweit durch. Mittlerweile gibt es eine große Zahl von Universalkreditkarten. Die größten und überwiegend weltweit tätigen Kreditkartenorganisationen sind z. B. American Express, Diners Club, Eurocard, Visa.

Bei der Bezahlung mittels Kreditkarte unterschreibt der Kreditkarteninhaber mit Vorlage seiner Kreditkarte einen entsprechenden Beleg und hat damit bezahlt, d. h. er benutzt einen durch die Kreditkartenorganisation eingeräumten Kredit (deshalb Kreditkarte). Über eine zentrale Abrechnungsstelle seiner Kartenorganisation bekommt der Kunde regelmäßig monatlich eine Abrechnung über den aufgelaufenen Gesamtbetrag. Geschäfte, die sich einer der Kreditkartenorganisationen anschließen (Vertragsfirmen), erhalten von dieser als Gutschrift nur den Rechnungsbetrag abzüglich einer Provision.

Reiseschecks

Reiseschecks werden weltweit im nationalen und internationalen Reiseverkehr wie Bargeld akzeptiert, z. B. beim Bezahlen von Hotelrechnungen, Flugtickets, Mietautos, Einkäufen usw. Auch Bargeld wird von vielen Geldinstituten bei Vorlage eines Reiseschecks ausgezahlt.

Der Reisende (Kunde) kauft bei seinem Geldinstitut Reiseschecks, die auf bestimmte Beträge ausgestellt sind. Noch beim Erwerb der Reiseschecks unterschreibt der Käufer die Schecks. Wenn er später im In- oder Ausland die Reiseschecks einlösen will, wird dort in Gegenwart des

Reisescheck.

Reisechecknehmers eine nochmalige Unterschrift geleistet. Vor Annahme oder Auszahlung des Reiseschecks werden die beiden auf dem Reisescheck befindlichen Unterschriften verglichen.

Reiseschecks bieten gegenüber Bargeld größere Sicherheit gegen Verlust.

15.3. Überwachung des Zahlungseingangs

Das Überwachen und der Einzug der Honorarforderungen gehört in vielen Praxen zu den Aufgaben der Arzthelferin.

Der Arzt muss aus Wirtschaftlichkeitsgründen darauf achten, dass seine Forderungen pünktlich eingehen, damit

- keine Zinsverluste entstehen (Geld bringt Zinsen bzw. macht Kreditaufnahme oder Kontoüberziehung überflüssig),
- er seinen eigenen Verpflichtungen (Rechnungen, Gehälter usw.) rechtzeitig nachkommen kann,
- keine Verluste durch »Verjährung« entstehen können.

Zur Überwachung der Außenstände gehört eine genaue Terminverfolgung, z. B. mit einer EDV-Datei. In kleineren Betrieben kann auch eine nach Fälligkeit der Liquidationen geordnete Ablage der Rechnungskopien dieses Erfordernis erfüllen.

Für die Arztpraxis empfiehlt sich das regelmäßige Führen eines *Rechnungskontrollbuches*, in das der Rechnungsempfänger, das Datum der Rechnungsstellung, der Rechnungsbetrag und gegebenenfalls die Rechnungssumme eingetragen werden. Bei säumigen Zahlern findet dort das Datum der 1., 2. und gegebenenfalls 3. Mahnung Platz.

Viele niedergelassene Ärzte sind Mitglieder von Privatärztlichen Verrechnungsstellen (PVS), die den Ärzten die mit der Rechnungserstellung und der Einziehung des Betrages verbundenen Mühen gegen eine Gebühr abnehmen.

Rechtsgrundlagen des Zahlungsverzuges

Der Patient ist auf der Grundlage des Behandlungsvertrages verpflichtet, rechtzeitig, d. h. unverzüglich, die Liquidation des Arztes zu begleichen. Wenn der Patient nicht rechtzeitig bezahlt, befindet er sich im so genannten Schuldnerverzug, d. h., der Zahlungsverzug bedeutet Anwendung derselben Rechtsbestimmungen wie bei der Erfüllung eines Kaufvertrages.

Eintritt des Zahlungsverzuges

- Bei kalendermäßig genau bestimmtem oder bestimmbarem Fälligkeitstag mit diesem Datum.
- Bei unbestimmtem Zahlungsziel mit Erhalt einer Mahnung.

Rechte des Gläubigers bei Zahlungsverzug

Der Gläubiger kann bei Zahlungsverzug

- auf Zahlung bestehen
- hat Anspruch auf Verzugszinsen (nach § 288 Abs. 1 BGB bei bürgerlichen Rechtsgeschäften 4 Prozent Verzugszinsen vom Tag des Verzugs)

▶▶ *Mahnfristen.*

15.3.1. Das außergerichtliche Mahnverfahren

Wenn ein Patient die Rechnung nicht pünktlich bezahlt, wird der Arzt nicht gleich die gesetzlichen Möglichkeiten in Anspruch nehmen, um sein Honorar einzutreiben. Er legt in der Regel großen Wert darauf, mit seinen Patienten auch weiterhin ein einvernehmliches Verhältnis zu haben. Zunächst wird der Arzt daher versuchen, auf gütliche Weise die Erfüllung seiner Honorarforderung zu erreichen.

Gesetzliche Vorschriften für das *außergerichtliche Mahnverfahren* bestehen nicht, d. h., es existieren keine Vorgaben bezüglich der Einhaltung von Fristen oder bestimmter Formalien. Mahnungen sollten aus Beweisgründen jedoch immer schriftlich erfolgen. Der Gang des außergerichtlichen Mahnverfahrens ist daher nicht in allen Praxen gleich.

Am häufigsten erfolgt das außergerichtliche Mahnverfahren jedoch in nachstehender Reihenfolge:

▶▶ *Inkasso.*

- Wird eine Rechnung nicht innerhalb von 4 Wochen bezahlt, erhält der Patient als Mahnung ein Erinnerungsschreiben als »1. Mahnung« mit der Angabe einer Frist, bis zu der die Zahlung erwartet wird. Eine 2. Rechnung als Erinnerungsschreiben mit der Bitte um Bezahlung z. B. innerhalb von 14 Tagen gilt rechtlich ebenfalls als eine Mahnung.
- Durch die Fristsetzung kommt der Patient (Schuldner) in Verzug, wenn er die im Mahnschreiben gesetzte Frist ohne Bezahlung der Rechnung verstreichen lässt. Weitere Mahnungen sind daher rechtlich nicht notwendig.
- Nach erfolglosem Verstreichen der Nachfrist (regelmäßig etwa 14 Tage) erfolgt eine 2. Mahnung mit weiterer Fristsetzung (regelmäßig 10 bis 14 Tage), in der häufig schon weitere Maßnahmen (gerichtliches Mahnverfahren) angekündigt werden.
- In einer »3. Mahnung« oder »letzten Mahnung« erfolgt eine letzte, regelmäßig sehr kurze Fristsetzung, in der auf das weitere Verfahren bei Nichtzahlung hingewiesen wird.

Bleiben Mahnungen erfolglos, bestehen neben dem gerichtlichen Mahnverfahren noch die Möglichkeiten, anstehende Honorarforderungen durch Postnachnahme einzuziehen (häufig erfolglos) oder ein Inkassoinstitut (teuer) zu beauftragen.

15.3.2. Das gerichtliche Mahnverfahren

Wenn das außergerichtliche Mahnverfahren erfolglos geblieben ist, muss der Arzt seine Honoraransprüche gerichtlich geltend machen.

Das gerichtliche Mahnverfahren verhilft dem Arzt häufig schneller zu seinem Geld als eine Klage, da ein Zivilprozess regelmäßig kosten- und zeitaufwändig ist. Es handelt sich hierbei um ein vereinfachtes Verfahren mit gesetzlich festgelegten Vorschriften zur Beitreibung finanzieller Forderungen *ohne Gerichtsverhandlung* bei verhältnismäßig geringen Gebühren.

Mahnbescheid

Der Gläubiger erwirkt bei dem Amtsgericht, d. h. bei dem Gericht, das für seinen Wohnsitz zuständig ist, einen Mahnbescheid.

Wann erfolgt die Beantragung eines Mahnbescheides?

- bei böswilliger Nichtzahlung
- bei Gefahr, dass die Forderung verjährt
- bei Gefahr, dass der Schuldner überhaupt nicht mehr zahlen kann

Der Mahnbescheid fordert den Schuldner (Patienten) auf, innerhalb der angegebenen Frist den Schuldbetrag zuzüglich Zinsen und Kosten zu bezahlen oder Widerspruch zu erheben.

Der Gläubiger muss dabei das Formular »Vordruck für den Mahn- und Vollstreckungsbescheid« ausfüllen, welches in Amtsgerichten oder in Schreibwarengeschäften erhältlich ist, und sendet den Vordruck an sein zuständiges Amtsgericht. Bearbeitet das Amtsgericht das Mahnverfahren dagegen maschinell, müssen andere Formularsätze benutzt werden, die man nur beim Amtsgericht direkt erhalten kann.

Der Formularsatz besteht aus dem

- Antrag auf Erlass eines Mahnbescheides,
- Mahnbescheid,
- Antrag auf Zustellung des Vollstreckungsbescheides,
- Vollstreckungsbescheid.

Die Gerichtskosten sowie die Kosten für die Zustellung des Mahnbescheides sind **vor** Bearbeitung zu entrichten. Die Gerichtskosten werden dabei in Form von Kostenmarken beglichen, die bei der Geschäftsstelle des Amtsgerichtes gekauft werden können. Nach Ausfertigung des Mahnbescheides werden die Kostenmarken auf den oberen Rand des Mahnbescheides geklebt und zur Bearbeitung an das Amtsgericht geschickt.

Das Amtsgericht überprüft den Antrag. Bei Vollständigkeit der Angaben und Vorhandensein der erforderlichen Gerichtskostenmarken erlässt das Amtsgericht dann den Mahnbescheid. Eine juristische Prüfung hinsichtlich der Rechtmäßigkeit der Forderung erfolgt nicht, daher sind bei diesem Verfahren auch keine Richter beteiligt.

Der Mahnbescheid ist eine gerichtliche Mahnung!

Das Amtsgericht stellt dem Schuldner den Mahnbescheid (häufig mit Postzustellungsurkunde) zu und teilt dem Gläubiger den Tag der Zustellung und die Dauer der Widerspruchsfrist mit.

Der Schuldner wird in dem Mahnbescheid aufgefordert,

- *innerhalb von 14 Tagen zu zahlen oder*
- *Widerspruch einzulegen.*

Mögliche Maßnahmen (Verhalten) des Schuldners:

- Bezahlung der Schulden innerhalb von 2 Wochen einschließlich Verzugszinsen sowie weiterer Kosten.
- Erheben des Widerspruchs innerhalb von 14 Tagen. Der Gläubiger (Antragsteller) wird durch das Amtsgericht von dem Widerspruch in Kenntnis gesetzt und kann nun einen Antrag auf mündliche Verhandlung vor dem für das Streitverfahren zuständigen Gericht stellen, bei dem der Schuldner seinen allgemeinen Gerichtsstand hat (Zivilprozess). In einem Urteil kann der Gläubiger einen vollstreckbaren Titel erwirken, mit dem die Zwangsvollstreckung möglich wird.
- Der Schuldner unternimmt nichts. In diesem Fall kann der Gläubiger innerhalb von 6 Monaten Antrag auf Vollstreckung des Mahnbescheides (Vollstreckungsbescheid) stellen. Nach Fristablauf wird der Mahnbescheid wirkungslos.

◀◀ *Gläubiger.*

◀◀ *Vollstreckungsbescheid.*

◀◀ *Kostenmarken.*

Vollstreckungsbescheid
Der Antragsteller (Gläubiger) kann nach Ablauf der Widerspruchsfrist spätestens innerhalb von 6 Monaten nach Zugang des Mahnbescheides einen Vollstreckungsbescheid (Urkunde) beantragen.

Das Amtsgericht stellt dem Schuldner den Vollstreckungsbescheid durch den Gerichtsvollzieher oder per Postzustellungsurkunde zu.

Wenn der Schuldner nicht zahlt, bestehen zwei Möglichkeiten:

- Der Schuldner kann innerhalb von 2 Wochen nach Zustellung des Vollstreckungsbescheides Einspruch erheben. Wie beim Widerspruch gegen einen Mahnbescheid kommt es dann zu einem ordentlichen Gerichtsverfahren.
- Nach Ablauf der Frist (Schuldner reagiert nicht) wird der Vollstreckungsbescheid rechtskräftig. Auf der Basis des jetzt »vollstreckbaren Titels« kann der Gläubiger nunmehr die Zwangsvollstreckung betreiben, d. h. einen Gerichtsvollzieher mit der Pfändung von Vermögenswerten des Schuldners beauftragen.

▶ *Vollstreckbarer Titel.*

▶ *Zwangsvollstreckung.*

15.3.3. Verjährung von Honorarforderungen

Wird ein Patient nicht rechtzeitig an die Begleichung der Rechnung erinnert, kann er bei der Honorarforderung nach einer Zweijahresfrist die Bezahlung verweigern. Die Forderung ist »verjährt«.

Die Forderungen aus einer ärztlichen Behandlung verjähren am 31. Dezember des nach der Leistungserbringung folgenden zweiten Jahres (§§ 196 Abs. 1 und 201 BGB).

Beispiel

Ist die Behandlung z. B. am 10. August 1999 beendet, wird die Liquidation am 15. September 1999 zugestellt, verjährt die Forderung am 31. Dezember 2001. Hat der Zahlungspflichtige nicht gezahlt, muss spätestens am 31. Dezember 2001 ein Mahnbescheid bei Gericht erwirkt werden. Sonst verfällt die Klagbarkeit der Forderung.

Unterbrechung der Verjährung
Bei einer Unterbrechung der Verjährung beginnt die Verjährungsfrist am Tag des unterbrechenden Ereignisses wieder von vorne; der Verjährungszeitraum vor der Unterbrechung bleibt also unberücksichtigt.

MEMO!

**Mahnschreiben führen nicht zur Unterbrechung der Verjährung.
Ist ein Anspruch rechtskräftig festgestellt (Urteil), tritt für diesen Anspruch eine Verjährungsfrist von 30 Jahren ein.**

Hemmung der Verjährung
Wenn der Arzt einem Patienten die Bezahlung stundet, wird die Verjährung gehemmt, d. h., die Verjährungsfrist wird entsprechend der Stundungsfrist hinausgeschoben.

MEMO!

WICHTIGES ZUM MERKEN

Buchführung: Zur Ermittlung der Höhe der Einkommensteuer müssen Ärzte eine Buchführung betreiben (Einkommen aus selbstständiger Tätigkeit). Die Art der Gewinnermittlung kann frei gewählt werden.

Aufzeichnungspflichten: Kassenbuch (freiwillig), Einnahmen-Ausgaben-Buch (vorgeschrieben) und Bestandsverzeichnis (vorgeschrieben).

Kassenbuch: Die Praxis betreffende Bareinnahmen und Barausgaben werden chronologisch erfasst.

Einnahmenbuch: Die einkommensteuerpflichtigen Einnahmen werden fortlaufend in der Reihenfolge des Eingangs in das Einnahmenbuch eingetragen.

Ausgabenbuch: Die durch die Arztpraxis im Rahmen der Praxisführung veranlassten Ausgaben sind steuerlich Betriebsausgaben (Praxiskosten) und abzugsfähig von den Praxiseinnahmen.

Bestandsverzeichnis: In das Bestandsverzeichnis müssen alle Praxisgegenstände über 800,– DM (928,– DM inkl. 16 Prozent Mehrwertsteuer) aufgenommen werden.

Beim Zahlungsverkehr unterscheidet man nach den verwendeten Zahlungsmitteln die **Zahlungsarten** Barzahlung, halbbare Zahlung und bargeldlose Zahlung.

Überweisung: Der kontoführenden Stelle (Geldinstitut) wird der Auftrag erteilt, einen vorgegebenen Betrag vom Konto des Zahlenden auf das Konto des Empfängers zu geben.

Dauerauftrag: Der Zahlungspflichtige gibt einem Geldinstitut einmalig den Auftrag, automatisch eine feststehende Zahlung an einen Gläubiger durchzuführen. Besonders geeignet für regelmäßig wiederkehrende, gleich bleibende Zahlungen (Miete).

Lastschriftverfahren: Abbuchungsauftrag – Der Zahlungspflichtige gibt seinem Geldinstitut widerruflich einen Dauerauftrag zur regelmäßigen Abbuchung der von einem bestimmten Zahlungsempfänger vorgelegten Lastschriften. **Einzugsermächtigung** – Der Zahlungspflichtige berechtigt den Zahlungempfänger direkt, bestimmte Zahlungen von seinem Konto einziehen zu dürfen.

Scheck: Der Scheck ist eine schriftliche Anweisung an ein Geldinstitut, eine bestimmte Summe an den berechtigten Inhaber zu Lasten des Ausstellers zu zahlen. Trägt der Scheck den Vermerk **»Nur zur Verrechnung«** (oben links), ist eine Barauszahlung ausgeschlossen. Der Scheckbetrag wird nur dem Konto gutgeschrieben (Verrechnungsscheck).

Euroscheck (eurocheque – ec): Das kontoführende Geldinstitut garantiert in jedem Fall die Einlösung von bis zu 400,– DM. Nur Gültigkeit in Verbindung mit der ec-Karte.

Mahnwesen: Bei nicht pünktlicher Bezahlung wird im Allgemeinen durch das außergerichtliche Mahnverfahren mit einer 1.,2. und 3. Mahnung versucht, den Schuldner (Patienten) zur Zahlung zu veranlassen. Bleiben Mahnungen erfolglos, wird aus Kostengründen üblicherweise das gerichtliche Mahnverfahren durchgeführt: Mahnbescheid und Vollstreckungsbescheid.

EINIGE FRAGEN ZUM ÜBEN

Welche Angaben soll eine Quittung enthalten?
Was versteht man unter einem Kontoauszug, welche Angaben enthält er?
Beschreiben Sie die »unbare Zahlung«!
Was geschieht bei einer Überweisung?
Was versteht man unter einem »Dauerauftrag«, dem »Lastschriftverfahren« und »Sammelüberweisungen«?
Wie ist beim Lastschriftverfahren vorzugehen?

◀ *Zum Wiederholen und Lernen.*

▶
Zum Wiederholen und Lernen.

MEMO!

Was versteht man unter einem Scheck?

Welche Angaben muss, welche sollte ein Scheck enthalten?

Innerhalb welcher Zeit muss in der Bundesrepublik Deutschland ein Scheck zur Einlösung vorgelegt werden?

Beschreiben Sie den Euroscheck im Vergleich zum Bankbarscheck!

Wie unterscheidet sich ein Verrechnungsscheck von einem Bankbarscheck oder Euroscheck?

Wie funktioniert das Zahlungssystem mittels Kreditkarte?

Warum bieten Reiseschecks für den Inhaber große Sicherheit?

Welcher Zweck wird mit der Buchführung verfolgt?

Nennen Sie die Grundsätze ordnungsgemäßer Buchführung!

Welche Bücher müssen in einer Arztpraxis geführt werden?

Beschreiben Sie Einnahmen und Ausgaben einer Praxis!

Welche Praxisgegenstände müssen in ein Bestandsverzeichnis aufgenommen werden?

Was bedeutet »Absetzung oder Abschreibung für Abnutzung«?

Erläutern Sie den Unterschied zwischen der linearen und der degressiven Abschreibung!

Ist der Wechsel der AfA-Methode zulässig?

Wie kann der Eingang von Honorarforderungen überwacht werden?

Wann und wie wird eine nicht bezahlte Rechnung angemahnt werden?

Ist es notwendig, eine Mahnung zu schicken, damit der Honoraranspruch eines Arztes erhalten bleibt?

Weshalb muss – wenn eine Mahnung geschickt wird – eine Zahlungsfrist gesetzt werden?

Wie ist der Ablauf des gerichtlichen Mahnverfahrens?

Wann verjähren Honorarforderungen aus ärztlicher Behandlung?

TERMINOLOGIE

Barscheck	Scheckinhaber kann den Geldbetrag sofort bei der bezogenen Bank bar abheben
Mahnbescheid	Aufforderung an einen Schuldner, innerhalb einer Frist Schulden zu begleichen
Quittung	Bestätigung der Übergabe eines Geldbetrages durch den Empfänger
Überweisungsverfahren	Differenzierung nach Anzahl der beteiligten Geldinstitute (ein- oder mehrstufige Verfahren)
Verrechnungsscheck	trägt auf der Vorderseite die Aufschrift »Nur zur Verrechnung« und wird dem Konto des Vorlegenden nur gutgeschrieben (nicht bar ausgezahlt)
Vollstreckungsbescheid	öffentliche Urkunde, die den Gläubiger zur Zwangsvollstreckung berechtigt
Zahlschein	Formular zur Einzahlung eines Geldbetrages bei einem Geldinstitut

Abkürzungen

EC	Euroscheck
DA	Dauerauftrag
UE	Überweisung
TAN	Transaktions-Nummer
PIN	Personal identification number
EStG	Einkommensteuergesetz
AfA	Absetzung für Abnutzung
DEM	Deutsche Mark
EUR	Euro

Recht

Übergreifendes Lernziel

- *Beachtung des beruflichen Aufgaben- und Verantwortungsbereiches*
- *Beachtung der Grundsätze und Maßnahmen der Unfallverhütung und des Arbeitsschutzes zur Vermeidung von Gesundheitsschäden und zur Vorbeugung gegen Berufskrankheiten*

Die berufliche Tätigkeit in der Arztpraxis ist in hohem Maße durch Vorschriften und Gesetze geprägt. Für die Arzthelferinnen sind die Bestimmungen für die Tätigkeit in der Arztpraxis sowie die Rechtsgrundlagen des deutschen Sozialversicherungssystems und Regelungen für den Arbeitsschutz und die Unfallverhütung für ihren Arbeitsalltag von Bedeutung.

16. Recht für die Arztpraxis

ZIELE DES RAHMENLEHRPLANS

- ▶ **Den Behandlungsvertrag als Basis der Rechtsbeziehungen zwischen Arzt und Patient erläutern**
- ▶ **Wichtige gesetzliche Bestimmungen in der ärztlichen Praxis beschreiben**
- ▶ **Zustandekommen des Kaufvertrages darlegen**
- ▶ **Gegenseitige Verpflichtungen aus dem Kaufvertrag aufzeigen**

16.1. Rechtliche Grundlagen

16.1.1. Rechtsordnung

Die Rechtsbeziehungen jedes Menschen sind in einer Rechtsordnung geregelt, die Rechte und Pflichten des einzelnen gegenüber dem Staat und gegenüber Dritten regelt. Die *Rechtsordnung* enthält alle das Rechtsleben eines Staates regelnden Vorschriften wie Gesetze, Verordnungen, Erlasse usw.

Rechtsordnung
Gesamtheit aller Vorschriften, die das Rechtsleben in einem Staat regeln (ordnet und regelt die Beziehungen der Menschen).

Quellen des Rechts sind das *gesetzliche* Recht (Verfassung, Gesetze, Rechtsverordnungen) und das durch langjährige tatsächliche Übung entwickelte und allgemein akzeptierte *Gewohnheitsrecht.*

Die Rechtsquellen des gesetzlichen Rechts sind:

- **Grundgesetz** der Bundesrepublik Deutschland vom 23. Mai 1949 und die Verfassungen der Länder als Grundlage aller weiteren Maßnahmen des gesetzlichen Rechts
- **Gesetze**, die von Parlamenten (Bundestag, Landtagen) verabschiedet werden
- **Rechtsverordnungen** können nur auf Grund eines Gesetzes von einer obersten Verwaltungsbehörde erlassen werden (Zustimmung anderer Gremien, z. B. Bundesrat, kann notwendig sein)
- **Satzungen**, die von Selbstverwaltungskörperschaften (z. B. Ärztekammern, Kassenärztlichen Vereinigungen) erlassen werden

Grundsätzlich wird zwischen dem »Öffentlichen Recht« und dem »Privatrecht« unterschieden. Während das »Öffentliche Recht« im Wesentlichen die Beziehungen des Staatsbürgers zum Staat und zu anderen juristischen Personen des öffentlichen Rechts regelt, beruht das Privatrecht auf der Gleichberechtigung aller Rechtsträger. Zur Materie des Privatrechts im weiteren Sinne gehören z. B. das Bürgerliche Gesetzbuch (BGB) und das Handelsgesetzbuch (HGB).

Privatrecht
Rechtsbeziehungen zwischen einzelnen Individuen (z. B. Bürgerliches Recht, Handelsrecht, Arbeitsrecht).

Öffentliches Recht
Rechtsbeziehungen zwischen Staat und Individuum (z. B. Verfassungsrecht, Steuerrecht, Strafrecht).

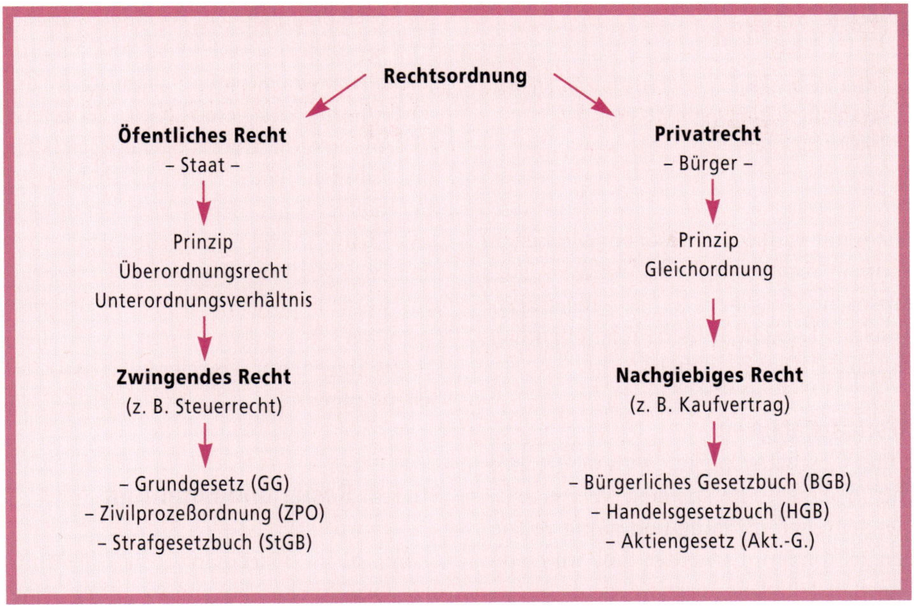

Rechtsordnung.

16.1.2. Rechtssubjekte und Rechtsobjekte

Rechtssubjekte sind alle Personen, die auch rechtsfähig sind, also die im Sinne unserer Rechtsordnung Träger von Rechten und Pflichten werden können. Es werden natürliche und juristische Personen unterschieden.

Natürliche Personen

Natürliche Personen sind Menschen. Der Mensch ist lebenslang rechtsfähig. Seine Rechtsfähigkeit beginnt mit der Geburt.

Juristische Personen

Neben den Menschen können auch Personenvereinigungen (z. B. Aktiengesellschaft) Träger von Rechten und Pflichten werden. Sie haben fast die gleiche rechtliche Stellung wie natürliche Personen. Die Rechtsfähigkeit erwerben juristische Personen mit der Eintragung in ein öffentliches Register. Juristische Personen können damit ebenfalls Verträge abschließen, verklagt werden oder selbst klagen, denn ihre Rechte sind von denen der Mitglieder getrennt.

Man unterscheidet juristische Personen des

- **Privaten Rechts**
  (eingetragener Verein, Aktiengesellschaft, Gesellschaft mit beschränkter Haftung, Stiftungen)
- **Öffentlichen Rechts**
  (Staat, Gemeinden, Körperschaften, z. B. Ärztekammern, Anstalten, Rundfunk und Fernsehen, Bundesversicherungsanstalt).

Rechtsobjekte sind Gegenstände von Rechtsgeschäften, also Sachen und Rechte. An Rechtsobjekten haben oder erwerben Rechtssubjekte bestimmte Einzelrechte (z. B. Eigentumsrecht oder Ansprüche, z. B. Kaufvertragsansprüche).

16.1.3. Rechts- und Geschäftsfähigkeit

Rechtsfähigkeit

Rechtsfähig (aber nicht geschäftsfähig) wird der Mensch mit Vollendung der Geburt und bleibt es bis zu seinem Tod.

MEMO!

Unter Rechtsfähigkeit wird die Fähigkeit verstanden, Träger von Rechten und Pflichten zu sein.

Nicht nur natürliche Personen (Menschen) können rechtsfähig sein, sondern auch juristische Personen (z. B. eingetragene Vereine, Kapitalgesellschaften, öffentlich-rechtliche Körperschaften).

Geschäftsfähigkeit

Unter Geschäftsfähigkeit wird die (rechtliche) Fähigkeit verstanden, die eigenen Geschäfte selbstständig und gültig vollziehen zu können. Es werden drei Stufen der Geschäftsfähigkeit unterschieden:

Stufen der Geschäftsfähigkeit

Geschäftsunfähigkeit bei Kindern, die das 7. Lebensjahr noch nicht vollendet haben; bei Personen, die geistesgestört sind oder wegen Geisteskrankheit entmündigt sind

Beschränkte Geschäftsfähigkeit bei Minderjährigen, die das 7. Lebensjahr vollendet haben; bei Personen, die wegen Geistesschwäche, Trunksucht oder Verschwendungssucht entmündigt sind

Geschäftsfähigkeit bei Volljährigen

Bei geschäftsunfähigen Personen handelt der gesetzliche Vertreter. Beschränkt geschäftsfähige Personen benötigen die Zustimmung des gesetzlichen Vertreters. Dies gilt nicht für normale Rechtsgeschäfte im Rahmen eines Arbeitsverhältnisses, für Kaufverträge, deren Verpflichtungen aus den Mitteln (Taschengeld) der nicht voll geschäftsfähigen Person bestritten werden können, und für Rechtsgeschäfte, die dem nicht voll Geschäftsfähigen nur Vorteile bringen (z. B. Schenkungen).

16.1.4. Besitz und Eigentum

Besitz ist im Gegensatz zum Eigentum die tatsächliche Herrschaft über eine Sache (wer z. B. ein Buch geliehen hat, ist dessen Besitzer). Unter einer *Sache* versteht das Bürgerliche Gesetzbuch *körperliche Gegenstände*. Der Besitz muss z. B. nicht rechtmäßig erlangt sein. So ist der Dieb Besitzer einer gestohlenen Sache, der Bestohlene hat nicht mehr Besitz an der Sache, bleibt aber weiterhin Eigentümer.

Eigentum ist die rechtliche Herrschaft über eine Sache, d. h., der Eigentümer kann nach Belieben über die Sache frei verfügen, da sie ihm gehört. Nach Artikel 14 des Grundgesetzes wird das Eigentum geschützt.

Wichtige Rechte und Pflichten des Staatsbürgers.

	Wichtige Rechte und Pflichten des Staatsbürgers
Lebensalter	**Rechte und Pflichten**
0 Jahre	Rechtsfähigkeit, Geschäftsunfähigkeit
7 Jahre	Beschränkte Geschäftsfähigkeit, Käufe im Rahmen des Taschengeldes wirksam, beschränkte Haftpflicht = Deliktsfähigkeit
14 Jahre	Beschränkte strafrechtliche Deliktsfähigkeit
16 Jahre	Mögliche Ehemündigkeit der Frau (Einwilligung des gesetzlichen Vertreters). Besitz von Pass und/oder Personalausweis. Wahlrecht für Jugendvertretung in Betrieben
18 Jahre	Volljährigkeit, volle Geschäftsfähigkeit, Ehemündigkeit. Aktives und passives Wahlrecht, Männer = Wehrpflicht, volle Strafmündigkeit und volle zivilrechtliche Deliktsfähigkeit (volle Haftung)

16.2. Rechtsgeschäfte

Rechtsgeschäfte kommen durch rechtswirksame Willenserklärungen einer oder mehrerer Personen zustande.

MEMO!

Für den Abschluss von Rechtsgeschäften ist grundsätzlich keine besondere Form vorgeschrieben, es gilt der Grundsatz der Formfreiheit.

Es werden einseitige und zweiseitige Rechtsgeschäfte unterschieden. Ein einseitiges Rechtsgeschäft liegt vor, wenn bereits die Willenserklärung einer Person genügt, um eine bestimmte Rechtswirksamkeit herbeizuführen (z. B. Kündigung einer Wohnung). Zu unterscheiden ist hierbei noch zwischen den empfangsbedürftigen Willenserklärungen (Wirksamkeit erst nach Zugang beim Empfänger, z. B. Kündigung, Angebot) und der nicht empfangsbedürftigen Willenserklärung (unmittelbare Wirksamkeit, z. B. Testament). Zweiseitige Rechtsgeschäfte (Verträge) kommen durch zwei miteinander übereinstimmende Willenserklärungen zustande (z. B. Kaufvertrag, Dienstvertrag, Werkvertrag).

Rechtswirksame Willenserklärung.

Willenserklärungen

Empfangsbedürftige Willenserklärungen werden erst wirksam, wenn sie dem Empfänger zugegangen sind.

Nicht empfangsbedürftige Willenserklärungen werden unmittelbar wirksam (z. B. Errichtung eines Testamentes).

Form

Rechtsgeschäfte können mündlich, schriftlich oder telefonisch abgeschlossen werden. Der Gesetzgeber schreibt für wichtige Rechtsgeschäfte eine Form vor. In bestimmten Fällen ist die Schriftform vorgeschrieben: z. B. bei Ausbildungsverträgen, bei Miet- und Pachtverträgen über Grundstücke und Gebäude über ein Jahr, beim eigenhändigen Testament, bei Bürgschaften. Die gerichtliche oder notarielle Beurkundung ist z. B. für Grundstückskaufverträge u. a. Verträge, die in ein öffentliches Register eingetragen werden, vorgeschrieben.

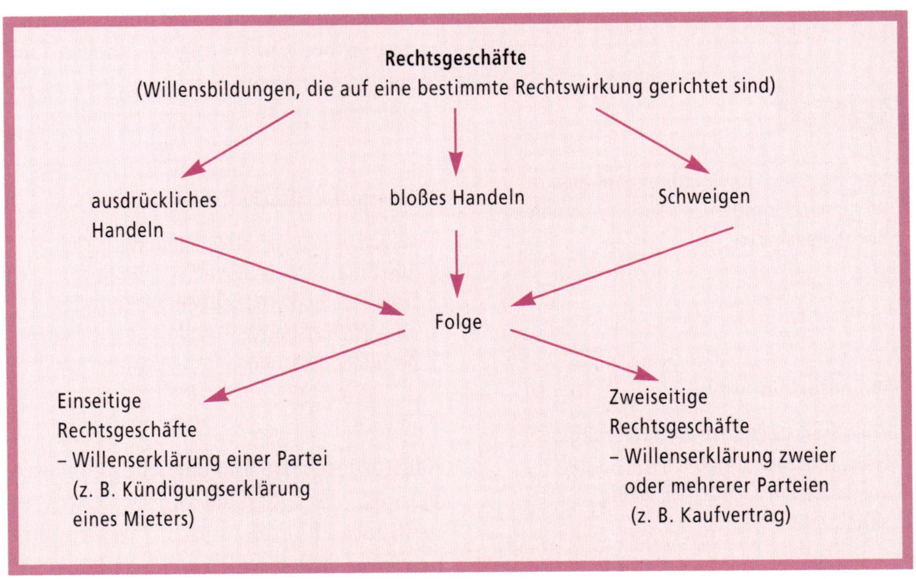

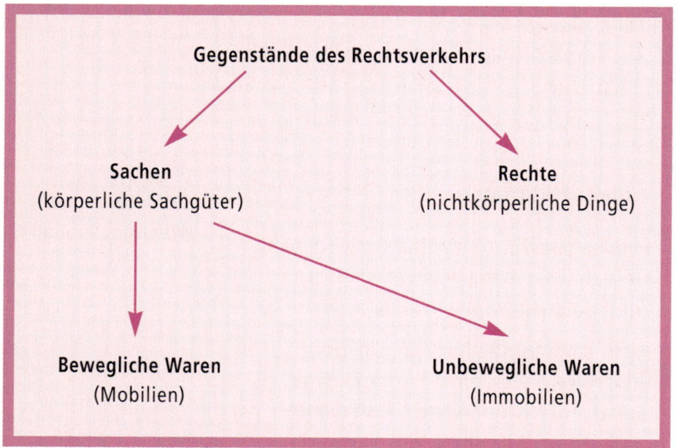

▲ *Gegenstände des Rechtsverkehrs.*

Die meisten Rechtsgeschäfte werden formlos abgeschlossen (z. B. bei den üblichen alltäglichen Einkäufen in Geschäften, bei der Benutzung eines öffentlichen Verkehrsmittels usw.)

16.2.1. Verträge

Die häufigsten Rechtsgeschäfte sind Verträge. Hierbei handelt es sich um durch zwei miteinander übereinstimmende Willenserklärungen (Antrag und Annahme) zustande gekommene Rechtsgeschäfte. Häufig vorkommende Verträge sind z. B. der Kaufvertrag, der Dienstvertrag, der Werkvertrag.

MEMO!

Verträge sind durch übereinstimmende Willenserklärungen zustande gekommene Rechtsgeschäfte.

Willenserklärung

Willenserklärung ist die Äußerung eines rechtlich erheblichen Willens, durch die ein rechtlicher Erfolg angestrebt wird.

16.2.2. Allgemeine Geschäftsbedingungen (AGB)

Bei Vertragsabschlüssen kommt es regelmäßig vor, dass der wirtschaftlich stärkere Vertragspartner die Vertragsbedingungen (z. B. Lieferbedingungen, Haftung) weitgehend bestimmt, um für sich günstigere Vertragsbedingungen zu erreichen. So legt z. B. der Lieferant eines medizinischen Gerätes über seine »vorgefertigten Vertragsbestimmungen« einseitig fest, zu welchen Bedingungen er das Gerät an den Arzt verkaufen will. Regelmäßig ist es so, dass der Kunde akzeptieren muss oder ein Vertrag kommt gar nicht erst zustande.

Da z. B. Kaufleute im Gegensatz zu Privatleuten oder auch Ärzten regelmäßig meistens gleichartige Verträge abschließen, liegt es in der Natur der Sache, dass sie schon aus Gründen der Arbeitserleichterung entsprechend ausgearbeitete Formularverträge benutzen. In diesen Vertrags-Formularvordrucken sind eine Vielzahl vorformulierter Verkaufs-, Lieferungs- und Zahlungsbedingungen, das so genannte »klein Gedruckte«, enthalten. Sie werden damit als »Allgemeine Geschäftsbedingungen« Bestandteil jedes einzelnen Vertrages.

»Allgemeine Geschäftsbedingungen« als vorformulierte Vertragsbestandteile (Rückseite des Vertragsformulars) gibt es nicht nur bei Kaufverträgen, sondern auch in vielen anderen Lebensbereichen (z. B. Kreditverträge, Versicherungsverträge).

Allgemeine Geschäftsbedingungen

Allgemeine Geschäftsbedingungen sind alle für eine Vielzahl von Verträgen vorformulierten Vertragsbedingungen, die eine Vertragspartei der anderen Vertragspartei bei Abschluss eines Vertrages stellt.

Haustürgeschäfte und ähnliche Geschäfte
Verträge, die außerhalb von Geschäftsräumen abgeschlossen werden, können binnen Wochenfrist widerrufen werden.

16.3. Vertragsarten

Veräußerungsverträge
Hierbei handelt es sich um den Kaufvertrag und den Tauschvertrag.

- **Kaufvertrag**
  (Übereignung von Sachen oder Rechten gegen Geld)
- **Tauschvertrag**
  (Gegenseitige Übereignung von Sachen oder Rechten)

Bestätigungsverträge
Zu den Bestätigungsverträgen gehören der Werk- und Werklieferungsvertrag sowie der Dienstvertrag.

- **Werkvertrag**
  (Erstellung oder Veränderung [z. B. Reparatur] eines Werkes an fremder Sache)
- **Werklieferungsvertrag**
  (Erstellung eines Werkes in eigener Sache [z. B. Autokauf, Hausbau einschließlich Material])
- **Dienstvertrag** (mit Arbeitsvertrag), (Überlassung von Dienst- oder Arbeitsleistung gegen Entgelt [z. B. Gehalt, Honorar])

Überlassungsverträge
Hierzu gehören der Leihvertrag, der Darlehensvertrag, der Mietvertrag und der Pachtvertrag.

- **Leihvertrag**
  (Unentgeltliche Überlassung beweglicher Sachen oder von Grundstücken zum Gebrauch)
- **Darlehensvertrag**
  (Entgeltliche Überlassung von vertretbaren Sachen zum Verbrauch [Waren oder Geld])
- **Mietvertrag**
  (Entgeltliche Überlassung von Sachen zum Gebrauch)
- **Pachtvertrag**
  (Entgeltliche Überlassung von Sachen zum Gebrauch und Fruchtgenuss [Ertrag])

16.3.1. Kaufvertrag

Käufer und Verkäufer.

Die Beteiligten an einem Kaufvertrag sind Käufer und Verkäufer. Der Käufer verpflichtet sich, dem Verkäufer den vereinbarten Kaufpreis zu zahlen und die gekaufte Sache abzunehmen. Der Verkäufer verpflichtet sich, dem Käufer eine Sache (Sachenrecht) zu übergeben und das Eigentum an der Sache zu verschaffen; der Verkäufer eines Rechtes (z. B. eines Patentes) ist verpflichtet, dem Käufer das Recht zu verschaffen und, wenn das Recht zum Besitz einer Sache berechtigt (z. B. Erbbaurecht), die Sache zu übergeben.

Der Kaufvertrag besteht wie jeder andere Vertrag aus inhaltlich übereinstimmenden Willenserklärungen (Antrag und Annahme). Der Wert eines Kaufgegenstandes hat für den Kaufvertrag keine Bedeutung. Kaufverträge können grundsätzlich formlos, also stillschweigend, mündlich oder telefonisch abgeschlossen werden.

In einigen Fällen schreibt das Gesetz jedoch eine bestimmte Form vor, z. B. für den Grundstückskaufvertrag, der rechtswirksam nur in notariell beurkundeter Form geschlossen werden kann.

> **§ 433 Bürgerliches Gesetzbuch (BGB)**
> »Durch den Kaufvertrag wird der Verkäufer einer Sache verpflichtet, dem Käufer die Sache zu übergeben und das Eigentum an der Sache zu verschaffen. Der Käufer ist verpflichtet, dem Verkäufer den vereinbarten Kaufpreis zu zahlen und die gekaufte Sache anzunehmen.«

Verpflichtungsgeschäft.

Durch den Abschluss eines Kaufvertrages entstehen demnach Verpflichtungen (Verpflichtungsgeschäft) für beide Vertragspartner. Daraus ergibt sich, dass mit dem Abschluss eines Kaufvertrages das Eigentum an dem Kaufobjekt aber noch nicht auf den Käufer übergeht. Der Kaufvertrag verpflichtet den Verkäufer zur Übereignung des Kaufobjektes und verpflichtet den Käufer zur Übereignung des Kaufpreises.

Mit der Erfüllung dieser Verpflichtungen (Erfüllungsgeschäft)

Übergabe der Sache
(Eigentumsübergabe) und
Zahlung des Kaufpreises

sind die geschuldeten Leistungen und damit der Vertrag erfüllt.

Vertragserfüllung.

Die Erfüllung des Kaufvertrages (gegenseitige Eigentumsübertragung von Kaufgegenstand und Geld) ist im Buch 3 des BGB (Sachenrecht) geregelt.

Unterscheidung nach Kaufarten
Man unterscheidet verschiedene Kaufarten, z. B. bezüglich des Kaufobjektes:

- Warenkauf (Kauf beweglicher Sachen)
- Grundstückskauf (Kauf von unbeweglichen Sachen)
- Kauf von Rechten (z. B. Forderungs- oder Wertpapierkauf)
- Firmenkauf (Kauf einer Firma)

Unterscheidung nach Vertragsparteien
Nach den Vertragsparteien unterscheidet man den

Bürgerliches Gesetzbuch.

- **bürgerlichen Kauf**
  (keiner der beiden Partner ist Kaufmann, oder der Kauf ist für beide Parteien kein Handelsgeschäft)
- **einseitigen Handelskauf**
  (mindestens ein Vertragspartner ist Kaufmann, und der Kauf ist für ihn ein Handelsgeschäft)
- **zweiseitiger Handelskauf**
  (beide Vertragspartner sind Kaufleute, und für beide Seiten ist der Kauf ein Handelskauf)

Handelsgesetzbuch.

Für den bürgerlichen Kauf gelten die Bestimmungen des BGB (§§ 433–514). Für Kaufleute werden diese Rechtsgrundlagen durch Sonderbestimmungen des Handelsgesetzbuches (HGB) ergänzt, die aber insbesondere bei den zweiseitigen Handelsgeschäften Anwendung finden (z. B. hinsichtlich der Mängelrüge).

16.3.2. Behandlungsvertrag

Behandlungen von Patienten durch Ärzte erfolgen durch einen meist stillschweigend ohne besondere Form abgeschlossenen Behandlungsvertrag. Hierbei handelt es sich der Art nach um einen Dienstvertrag. Inhalt des Vertrages ist die Erbringung einer ärztlichen Leistung gegen Bezahlung (Honorar bei Privatpatienten bzw. Kostenübernahme durch Krankenkasse bei Kassenpatienten).

Dienstvertrag

Durch einen Dienstvertrag wird die Leistung von Diensten gegen eine Vergütung vereinbart. Ein typisches Beispiel ist das Vertragsverhältnis zwischen Arbeitgeber und Arbeitnehmer; der Arbeitnehmer führt bestimmte Tätigkeiten (Dienste) aus, der Arbeitgeber bezahlt dafür.

Pflichten des Arztes
Auf Grund des Behandlungsvertrages ist der Arzt verpflichtet, die erforderlichen diagnostischen und therapeutischen Maßnahmen nach den Regeln der Kunst einschließlich der erforderlichen Aufklärung und Dokumentation unter Beachtung der Schweigepflicht vorzunehmen. Ziel des Behandlungsvertrages ist es, dem Patienten durch Heilung bzw. Linderung seiner Beschwerden zu helfen oder durch vorbeugende Maßnahmen zu bewirken, dass Krankheiten gar nicht erst auftreten.

Inhalt des Behandlungsvertrages kann jedoch nicht der Heilerfolg sein. Der Erfolg ärztlicher Bemühungen hängt nicht allein vom ärztlichen Können, sondern auch von den besonderen, vom Arzt nur beschränkt beeinflussbaren Gegebenheiten des Patienten wie physische und psychische Konstitution, Art und Ausmaß der Erkrankung u. a. m. ab. Heilung als Behandlungserfolg kann zwar von beiden Vertragspartner angestrebt werden, aber nicht Gegenstand des Behandlungsvertrages sein.

Vergütung
Der Behandlungsvertrag verpflichtet den Patienten, dem Arzt eine Vergütung zu bezahlen. Diese richtet sich bei Privatpatienten nach den Bestimmungen der Gebührenordnung für Ärzte. Der Patient hat gegenüber dem Vertragsarzt nach Vorlage der Krankenversichertenkarte Anspruch auf eine für ihn kostenfreie Behandlung. Wird die Krankenversichertenkarte nicht vorgelegt, müssen auch Mitglieder einer gesetzlichen Krankenkasse eine Vergütung zahlen.

Beendigung des Behandlungsvertrages
Der Behandlungsvertrag kann durch den Arzt beendet werden, wenn
- der Vertrag erfüllt ist
- das Vertrauensverhältnis zwischen Arzt und Patient beeinträchtigt ist
- der Patient die Anweisungen des Arztes nicht einhält
- sich in ungebührlicher Weise gegenüber dem Arzt verhält
- der Arzt so überlastet ist, dass es durch weitere Patienten für ihn nicht mehr möglich ist, die Pflichten aus dem Behandlungsvertrag zu erfüllen.

Der Patient kann auf Grund des Rechts zur freien Arztwahl jederzeit die Behandlung bei einem Arzt beenden.

Geschäftsführung ohne Auftrag
Ist der Patient nicht in der Lage, mit dem Arzt einen Behandlungsvertrag abzuschließen (z. B. bei Bewusstlosigkeit), erfolgt die Behandlung auf Grund einer »Geschäftsführung ohne Auftrag«. Hierbei muss der Arzt den mutmaßlichen Willen seines Patienten zum Maßstab für sein Tun nehmen.

> **§ 677 BGB (Geschäftsführung ohne Auftrag)**
> »Wer ein Geschäft für einen anderen besorgt, ohne von ihm beauftragt oder ihm gegenüber sonst dazu berechtigt zu sein, hat das Geschäft so zu führen, wie das Interesse des Geschäftsherren mit Rücksicht auf dessen wirklichen oder mutmaßlichen Willen es erfordert.«

16.3.3. Werkvertrag

Durch einen Werkvertrag wird ein Vertragsbeteiligter zur Herstellung eines »Werkes« verpflichtet, der andere übernimmt die Verpflichtung, hierfür eine Vergütung zu entrichten (z. B. Reparaturauftrag in einer Autowerkstatt: Die Werkstatt übernimmt die Verpflichtung zur Reparatur, der Autobesitzer zahlt dafür).

Man spricht bei den Beteiligten auch von Auftraggeber und Auftragnehmer. Zweck des Werkvertrages ist also die Erzielung eines bestimmten Arbeitserfolges.

Man unterscheidet den echten »Werkvertrag« vom »Werklieferungsvertrag«.

Werkvertrag
Der Besteller (Auftraggeber) liefert dem Unternehmer (Auftragnehmer) das Material zur Ver- oder Bearbeitung.

◄◄ *Behandlungsvertrag.*

16.4. Verjährung zivilrechtlicher Ansprüche

◄◄ *Freie Arztwahl.*

Wenn ein Gläubiger seinen Anspruch eine bestimmte Zeit nicht geltend macht, besteht die Gefahr, ihn nach Ablauf einer gewissen Frist zu verwirken. Dabei spricht man von Verjährung.

»Die Forderung ist verjährt« bedeutet, dass der Schuldner berechtigt ist, die Zahlung unter Hinweis auf Ablauf der Verjährung zu verweigern, die so genannte »Einrede der Verjährung« geltend zu machen. Auch mit gerichtlicher Hilfe kann der Schuldner nicht mehr zur Zahlung gezwungen werden (§ 222 BGB).

◄ *Verjährungsfristen.*

Verjährung bedeutet aber nicht etwa, dass nach Ablauf der Verjährungsfrist die Schuld erloschen ist, sondern lediglich, dass der Schuldner die Erfüllung der Schuld verweigern kann.

Verkürzte Verjährungsfristen.

Beispiel

Ein Arzt hat übersehen, eine Forderung gegen einen Patienten rechtzeitig durchzusetzen. Die Verjährungsfrist ist abgelaufen. Zahlt der Patient trotzdem nach Ablauf der Verjährungsfrist, hat er etwas beglichen, was er auch wirklich noch schuldig war. Er kann das Gezahlte also auch nicht zurückverlangen. Würde der Patient allerdings nicht zahlen, sondern sich auf die Verjährung berufen, so könnte der Arzt seine Forderung auch nicht mehr durchsetzen.

16.4.1. Regelmäßige Verjährungsfrist

Die regelmäßige Verjährungsfrist beträgt 30 Jahre (§ 195 BGB) und gilt für alle Ansprüche, für die gesetzlich keine kürzere Verjährungsfrist festgesetzt ist, insbesondere für Sachansprüche und bestimmte Geldforderungen, z. B. aus Darlehen. Ferner für alle Ansprüche aus rechtskräftigen Urteilen, für Vollstreckungsbefehle usw. Verjährungsvorschriften können durch Rechtsgeschäfte weder ausgeschlossen noch erweitert werden (§ 225 BGB).

Beispiel
Eine Arzthelferin hat ihrer Freundin ein Darlehen unter der Bedingung gegeben, dass dies bis zum 16. September 1999 zurückgezahlt werden muss. Die Freundin zahlt bis zum 16. September 1999 nicht. Am 17. September 1999 beginnt die 30jährige Verjährungsfrist. Mit dem 18. September 2029 ist die Verjährungsfrist abgelaufen.

Wichtig
Die regelmäßige Verjährungsfrist beginnt mit dem Tage der Entstehung des Anspruchs (§198 BGB).

Ansprüche aus Geschäften des täglichen Rechtsverkehrs.

16.4.2. Kürzere Verjährungsfristen

Verkürzte Verjährungsfristen von 2 bzw. 4 Jahren hat das Gesetz für bestimmte Rechtsgeschäfte vorgesehen. Die zwei- und die vierjährige Verjährungsfrist beginnt erst mit dem Schluss des Kalenderjahres (31. Dezember, 24.00 Uhr) zu laufen, in dem die Schuld fällig war. Auf das Datum der Rechnungserstellung kommt es dabei nicht an.

In 4 Jahren verjähren
- Ansprüche von Kaufleuten und Handwerkern aus Lieferungen und Leistungen für den gewerblichen Bedarf des Schuldners,
- Ansprüche auf wiederkehrende Leistungen, z. B. Zinsen, Mieten usw.

In 2 Jahren verjähren
- Ansprüche aus Geschäften des täglichen Rechtsverkehrs (Kaufpreis- und Werklohnansprüche, soweit sie aus Lieferungen und Leistungen für den privaten Bedarf des Schuldners stammen).
- Lohn- und Gehaltsansprüche der Arbeitnehmer
- Gebührenansprüche der freien Berufe z. B. Ärzte, Rechtsanwälte, Steuerberater usw.

16.5. Gerichtswesen

Ordentliche Gerichte
Zu den so genannten ordentlichen Gerichten zählen
- Amtsgerichte
- Landgerichte
- Oberlandesgerichte
- Bundesgerichtshof

Die ordentlichen Gerichte sind in folgenden Sparten tätig:
- Zivilrecht (Kläger und Beklagter)
- Strafrecht (Staatsanwalt und Angeklagter)
- Freiwillige Gerichtsbarkeit (Antragsteller und Antragsgegner)

Zuständige Gerichtsbarkeiten

Nach der Art des Rechtsanspruchs sind verschiedene Gerichte zuständig:

- **Arbeitsgericht**
  (Arbeitsgericht, Landesarbeitsgericht, Bundesarbeitsgericht), wegen der sich aus einem Arbeitsverhältnis ergebenden Ansprüche
- **Sozialgericht**
  (Sozialgericht, Landessozialgericht, Bundessozialgericht), Ansprüche gegen Träger der gesetzlichen Sozialversicherung (Krankenkasse, Pflegekasse, Landesversicherungsanstalt, Bundesversicherungsanstalt für Angestellte, Berufsgenossenschaft, Bundesanstalt für Arbeit)
- **Finanzgericht**
  (Finanzgericht, Bundesfinanzhof), bei Steuerstreitigkeiten mit der Finanzverwaltung
- **Verwaltungsgericht**
  (Verwaltungsgericht, Verwaltungsgerichtshof bzw. Oberverwaltungsgericht, Bundesverwaltungsgericht) bei Übergriffen oder Fehlentscheidungen der Verwaltungsbehörden.

MEMO!

Zum Wiederholen und Lernen.

WICHTIGES ZUM MERKEN

Rechtsordnung: Menschen geben sich eine Rechtsordnung, um ein positives Miteinander der Menschen zu ermöglichen und gegen die Allgemeinheit oder den einzelnen Bürger gerichtetes Verhalten zu verhindern. Rechtsordnung ist die Gesamtheit aller Vorschriften, die das Rechtsleben in einem Staat regeln. Im Rahmen der Rechtsordnung wird unterschieden zwischen **Privatrecht und Öffentlichem Recht.**

Privatrecht (Bürgerliches Recht, Zivilrecht) regelt Rechtsbeziehungen von Einzelpersonen und Unternehmen, ist nachgiebiges Recht, kann durch Vereinbarungen der Vertragspartner ersetzt werden.

Öffentliches Recht beinhaltet rechtliche Regelungen, die sich insbesondere auf das Verhältnis des Bürgers zum Staat beziehen, ist zwingendes Recht, da nicht durch vertragliche Vereinbarungen abänderbar.

Rechtsgeschäfte sind Willenserklärungen einer oder mehrerer Personen, die auf eine bestimmte Rechtswirkung gerichtet sind, d. h. ein Rechtsverhältnis (z. B. Arbeitsverhältnis) begründen oder aufheben sollen. Rechtsgeschäfte können grundsätzlich mündlich, schriftlich oder telefonisch abgeschlossen werden (keine Formvorschriften).

Zweiseitige Rechtsgeschäfte (Verträge) kommen durch zwei miteinander übereinstimmende Willenserklärungen zustande und sind die häufigsten Rechtsgeschäfte.

Die wichtigsten **Vertragsarten** sind im Bürgerlichen Gesetzbuch (BGB) geregelt (Kaufvertrag, Werkvertrag, Werklieferungsvertrag, Dienstvertrag, Miet- und Pachtvertrag).

Für **wichtige Rechtsgeschäfte** ist eine bestimmte Form vorgeschrieben (Miet-und Pachtverträge, Bürgschaftserklärungen, Schuldanerkenntnisse, gerichtliche und notarielle Beurkundungen bei Kaufverträgen über Grundstücke und Gebäude, Verträge zwischen Eheleuten über vermögensrechtliche Verhältnisse).

Verjährung: Das rechtzeitige Eintreiben von Forderungen schützt vor Verlusten durch Verjährung. Forderungen verjähren nach 2 Jahren (Ansprüche aus Geschäften des täglichen Rechtsverkehrs – u. a. Honorarforderungen aus Privatliquidationen niedergelassener Ärzte), nach 4 Jahren (Ansprüche zwischen Kaufleuten oder Handwerkern sowie Ansprüche aus Zinsen und wiederkehrenden Leistungen), nach 30 Jahren (alle übrigen Forderungen, für die gesetzlich keine kürzere Verjährungsfrist festgelegt ist, z. B. Forderungen aus rechtskräftigen Urteilen oder vollstreckbarem Titel). Die Verjährung kann unterbrochen oder gehemmt werden.

Zum Wiederholen und Lernen.

MEMO!

TERMINOLOGIE

Rechtsfähigkeit	Fähigkeit, Träger von Rechten und Pflichten zu sein
Geschäftsfähigkeit	Fähigkeit, eigene Geschäfte selbstständig und rechtswirksam vollziehen zu können
Rechtssubjekte	alle rechtsfähigen Personen
Rechtsobjekte	Gegenstände von Rechtsgeschäften (Sachen und Rechte)
Besitz	tatsächliche Herrschaft über eine Sache
Eigentum	rechtliche Herrschaft über eine Sache
Willenserklärung	Äußerung eines rechtlich erheblichen Willens, durch die ein rechtlicher Erfolg angestrebt wird
Sachenrecht	Regelung der rechtlichen Beziehungen einer Person zu einer Sache (dingliche Rechte)
Verjährung	Schuldner ist berechtigt, eine Zahlung nach Ablauf einer Frist zu verweigern

EINIGE FRAGEN ZUM ÜBEN

Was wird unter »Rechtsfähigkeit« verstanden?

Erläutern Sie den Begriff »Geschäftsfähigkeit«!

Beschreiben Sie einzelne Stufen der Geschäftsfähigkeit!

Wer handelt für nicht geschäftsfähige Personen?

Beschreiben Sie das Zustandekommen eines Rechtsgeschäftes!

Erläutern Sie einseitige und zweiseitige Rechtsgeschäfte!

Nennen Sie Beispiele für Rechtsgeschäfte, bei denen die Schriftform vorgeschrieben ist!

Was versteht man unter den so genannten »Allgemeinen Geschäftsbedingungen« (AGB)?

Welcher Art und welchen Inhaltes ist das Vertragsverhältnis zwischen Arzt und Patient?

Gibt es Formvorschriften für den Abschluss eines Behandlungsvertrages?

Welche Pflichten hat der Arzt aus dem Behandlungsvertrag?

Welche Pflichten hat der Patient aus einem Behandlungsvertrag?

Was bedeutet »Geschäftsführung ohne Auftrag«?

Welches Gesetz regelt die Verjährung von zivilrechtlichen Ansprüchen?

Wie lang ist die regelmäßige Verjährungsfrist und wie lang sind die kürzeren Verjährungsfristen?

Wann beginnt die regelmäßige Verjährungsfrist? Wann beginnen die verkürzten Verjährungsfristen?

Wodurch wird die drohende Verjährung einer Forderung unterbrochen?

Nennen Sie die ordentlichen Gerichte und deren Zuständigkeiten!

17. Was darf ich, was muss der Arzt tun?

Rechtliche Verantwortung von Arzt und Helferin

ZIELE DES RAHMENLEHRPLANS

- Den beruflichen Aufgaben- und Verantwortungsbereich beachten
- Die Haftung des Arztes und der Arzthelferin erläutern
- Die strafrechtliche Verantwortung der Arzthelferin darlegen

17.1. Arzt und Arzthelferin

17.1.1. Leistungen durch Arzt und Arzthelferin

Persönliche Leistungserbringung ist ein Merkmal freiberuflicher Tätigkeit, also auch der Tätigkeit des Arztes. Dies schließt aber nicht aus, dass vom Arzt bestimmte Leistungen an Mitarbeiter delegiert werden, die unter Weisung und Aufsicht des Arztes stehen und eine für die Hilfeleistung ausreichende Qualifikation besitzen.

Ob und in welchem Umfang der Arzt ärztliche Leistungen von seinen Mitarbeitern durchführen lassen darf, hängt im Wesentlichen von der Art der Leistung, der Schwere des Krankheitsfalles und der Qualifikation der Mitarbeiter ab.

Persönliche Leistungserbringung durch den Arzt

Bestimmte Leistungen müssen vom Arzt selbst erbracht und dürfen nicht Mitarbeitern übertragen werden. Hierzu gehören insbesondere operative Eingriffe, die Untersuchung und Beratung der Patienten, schwerwiegende diagnostische Eingriffe und die Entscheidung über sämtliche therapeutische Maßnahmen. Diese Tätigkeiten dürfen der Arzthelferin nicht übertragen und sollen von ihr auch nicht ausgeführt werden.

Die Verantwortung des Arztes für seine Patienten setzt in aller Regel voraus, dass der Arzt auch bei der Durchführung der an die Mitarbeiter übertragenen Leistungen in der Praxis anwesend ist. Kann der Arzt also nicht in der Praxis erscheinen (z. B. Krankheit, Urlaub), dürfen medizinische Leistungen durch das Praxispersonal nicht erbracht werden. In solchen Fällen muss ein Vertreter bestellt oder die Praxis vorübergehend geschlossen werden.

◄ *Anwesenheit des Arztes.*

Bei vorübergehender Abwesenheit können bereits vom Arzt angeordnete Leistungen durchgeführt werden, wenn dies den medizinischen Anforderungen genügt. Vom Arzt vorher angeordnete Blutentnahmen können in der Zeit vor Beginn der Sprechstunde durchgeführt werden, wenn der Arzt in angemessener Zeit persönlich in der Praxis erreichbar ist.

Auf die Arzthelferin im Einzelfall übertragbare Leistungen

Es handelt sich um Leistungen, bei denen der Arzt im Einzelfall in Kenntnis des Krankheitsbildes des Patienten und der Qualifikation seiner Mitarbeiter zu entscheiden hat, ob eine Durchführung durch seine Arzthelferin mit den medizinischen Erfordernissen vereinbar ist. Hierbei geht es besonders um Injektionen, Infusionen und Blutentnahmen, Röntgenaufnahmen oder EKG- und EEG-Ableitungen.

◄ *Qualifikation der Helferin.*

Injektionen, Infusionen und Blutentnahmen durch die Arzthelferin

Bei der Übertragung der Durchführung von Injektionen an Mitarbeiter ist vom Arzt zwischen intravenösen Injektionen,

▶ *Injektionen.*

Infusionen und Blutentnahmen einerseits und subkutanen und intramuskulären Injektionen andererseits zu unterscheiden.

Die Durchführung von *subkutanen und intramuskulären* Injektionen kann auf Assistenzpersonal übertragen werden, wenn die erforderliche Qualifikation vorhanden ist.

Blutentnahmen dürfen nur an einzelne entsprechend qualifizierte Mitarbeiter übergeben werden.

Intravenöse Injektionen und das Anlegen von Infusionen sollten vom Arzt selbst durchgeführt werden; sie sind wegen der damit verbundenen Gefahren nur dann übertragbar, wenn sich der Arzt von der durch Ausbildung und Erfahrung gewonnen Qualifikation der Mitarbeiterin in der Punktions- und Injektionstechnik überzeugt hat und persönlich in der Praxis anwesend ist.

Weitere im Einzelnen übertragbare Leistungen

▶▶ *Ärztliche Sachleistungen.*

Übertragen werden kann auch die *technische Erstellung des Röntgenbildes.* Die persönliche Anwesenheit des Arztes im Röntgenraum ist nicht erforderlich, er muss aber für Rückfragen kurzfristig persönlich erreichbar sein und die Röntgenaufnahmen nach Erstellung selbst beurteilen, um eventuell auch Schlussfolgerungen für weitere ergänzende Aufnahmen zu ziehen.

▶ *Fachkunde Strahlenschutz.*

Nach den Bestimmungen der *Röntgenverordnung vom 7. Januar 1987* dürfen Röntgenbilder nur von Arzthelferinnen oder anderen Mitarbeitern oder Mitarbeiterinnen des Arztes erbracht werden, die über die *Fachkunde Strahlenschutz* verfügen.

Bei *EKG- und EEG-Leistungen* ist die Beurteilung durch den Arzt im medizinisch notwendigen zeitlichen Zusammenhang mit der technischen Erstellung der Ableitungen erforderlich.

Ergometrische Untersuchungen dürfen nur in Anwesenheit des Arztes durchgeführt werden.

Auf die Arzthelferin grundsätzlich übertragbare Leistungen

Es handelt sich um Leistungen, bei denen sich der Arzt darauf beschränken kann, die insbesondere durch eine entsprechende Ausbildung nachzuweisende Qualifikation der Mitarbeiterin festzustellen und in regelmäßigen Abständen zu überprüfen, weiterhin die Leistungserbringung beim jeweiligen Patienten anzuordnen und nach deren Durchführung das Ergebnis, so weit es für Diagnostik und Therapie relevant ist, zu beurteilen.

Zu den hier zu nennenden Leistungen gehören

- Laborleistungen mit Ausnahme des Speziallabors
- physikalisch-medizinische Leistungen
- Ton- und Sprachaudiometrie sowie vergleichbare Messverfahren
- Dauerkatheterwechsel
- Wechsel einfacher Verbände

Der Arzt darf ärztliche Sachleistungen nur dann selbst ausführen oder ausführen lassen, wenn er die dafür geeigneten Einrichtungen besitzt und über die erforderliche Vorbildung verfügt. Soweit Mitarbeiter tätig werden, müssen sie die entsprechenden fachlichen Voraussetzungen erfüllen.

Bestehen im vertragsärztlichen Bereich auf der Grundlage der Verträge mit den Krankenkassen besondere Anforderungen an Einrichtung, Fachkunde und persönliche Leistungserbringung, so müssen diese beachtet werden.

17.1.2. Rechtliche Stellung der Arzthelferin

Die Arzthelferin wird im Auftrage und auf Weisung des Arztes tätig. Dabei dürfen von ihr nur solche Aufträge ausgeführt werden, zu deren Durchführung sie auf Grund ihrer Ausbildung und sonstigen Erfahrungen und Kenntnisse fähig ist.

Der Arzt kann davon ausgehen, dass eine Arzthelferin Tätigkeiten, die Gegenstand der Ausbildung gewesen sind, in dem innerhalb der Ausbildung vermittelten Umfang auch durchführen kann. Dies gilt besonders für übliche Tätigkeiten wie Praxisorganisation, Schreibarbeiten, Abrechnung, Erstellung von Liquidationen, Bestrahlungen, kleinere Untersuchungen, Laborarbeiten, Verbände, Schreiben von EKGs, Reinigung von Instrumenten, Sterilisation und Desinfektion usw.

Überwachungspflichten des Arztes

Trotzdem darf der Arzt sich nicht allein darauf verlassen, dass die der Arzthelferin übertragenen Aufgaben von ihr auch immer richtig ausgeführt werden. Er hat die Pflicht, die Arbeit der Arzthelferin in geeigneter Weise zu überwachen. Hierzu gehört neben gelegentlichen Stichproben auch die Überprüfung des Ergebnisses. Nur so kann der Arzt der Sorgfaltspflicht nachkommen, die er dem Patienten aus dem zwischen Arzt und Patient abgeschlossenen Behandlungsvertrag schuldet.

Blutentnahme, Injektionen

Mitunter gehören von der Arzthelferin ausgeführte Tätigkeiten zu den grundsätzlich vom Arzt zu erbringenden Leistungen. Hier sind insbesondere die mit dem Eingriff in die körperliche Unversehrtheit des Patienten verbundenen Tätigkeiten wie Blutentnahmen, Verabreichungen von Spritzen u. a. zu nennen. In solchen Fällen besteht auch bei Durchführung der Tätigkeit durch die Arzthelferin weiterhin eine unmittelbare Verantwortung des Arztes für den Eingriff. Erst wenn er sich persönlich mehrfach davon überzeugt hat, dass seine Arzthelferin die Technik der Blutentnahme, der intra- und subkutanen Injektion beherrscht, wird er eine Delegation dieser Aufgaben verantworten können. Gleiches gilt für intramuskuläre Injektionen, soweit sie nicht mit besonderen Risiken (z. B. bei der Verabreichung bestimmter Medikamente) verbunden sind.

MEMO!

Intravenöse Injektionen sollten von der Arzthelferin nicht vorgenommen werden, es sei denn auf Anordnung des Arztes in einem genau überschaubaren, begründeten Einzelfall.

17.1.3. Die Haftung des Arztes und der Arzthelferin

Im Rahmen des Behandlungsvertrages zwischen Arzt und Patienten haftet der Arzt nicht nur für seine eigenen Fehler, sondern auch für die seiner Mitarbeiter. Dies gilt grundsätzlich auch für vom Arzt nicht angeordnete oder gestattete Handlungen der Arzthelferin; in diesem Fall hat der Arzt jedoch die Möglichkeit, sich selbst durch finanziellen Rückgriff auf die Mitarbeiterin zu entlasten.

◀◀ *Stichproben zur Überprüfung.*

Beachte

Eine Arzthelferin soll nur Aufgaben ausführen, die ihr vom Arzt aufgetragen wurden und die sie fachlich beherrscht. Fühlt sich eine Arzthelferin nach ihrer subjektiven Einschätzung nicht in der Lage zu einer bestimmten Injektion oder einer anderen Tätigkeit, die nicht zum typischen Berufsbild der Arzthelferin gehört, so sollte sie eine solche Tätigkeit nicht ausführen.

◀◀ *Delegation Verantwortung.*

Zumindest eine Mitverantwortung trifft die Arzthelferin, wenn Schäden dadurch entstanden sind, dass allgemeine oder besondere ärztliche Weisungen nicht genau befolgt worden sind.

17.2. Die strafrechtliche Verantwortung von Arzt und Arzthelferin

17.2.1. Strafbare Handlung

Merkmale einer strafbaren Handlung

► *§ 1 Strafgesetzbuch.*

Die meisten Straftatbestände sind im Strafgesetzbuch (StGB) festgelegt. § 1 StGB:

»Eine Tat kann nur bestraft werden, wenn die Strafbarkeit gesetzlich bestimmt war, bevor die Tat begangen wurde.«

Eine Straftat liegt vor, wenn bestimmte Merkmale erfüllt sind:

- erfüllter **Tatbestand**
- **Rechtswidrigkeit**
- Vorliegen von **Schuld**

► *Straftatbestand.*

Der *Tatbestand* ist im Strafgesetzbuch festgelegt (z. B. Verstoß gegen Schweigepflicht, Schwangerschaftsabbruch ohne Vorliegen bestimmter Indikationen, Körperverletzung, Unterlassene Hilfeleistung).

Das Vorliegen eines Tatbestandes führt noch nicht zur Strafbarkeit, da die Tat gerechtfertigt sein kann. Im ärztlichen Bereich vorkommende Rechtfertigungsgründe sind:

- *gesetzliche Regelungen.* Bruch der Schweigepflicht auf Grund einer gesetzlichen Meldepflicht, Schwangerschaftsunterbrechung auf Grund einer sozialmedizinischen Indikation u. a. m.
- *Einwilligung des Patienten.* Der operative Eingriff wird durch die ausdrücklich oder stillschweigend erklärte Einwilligung des Patienten gerechtfertigt. Diese ist nur so weit wirksam, wie der Patient über Befund, Art des Eingriffs und deren Folgen aufgeklärt ist
- *Wahrung berechtigter Eigeninteressen* (um sich bei Beschwerden des Patienten gegen den Arzt z. B. bei der Ärztekammer oder vor Gericht zu rechtfertigen)
- *rechtfertigender Notstand*

► *Rechtfertigender Notstand.*

Weitere Voraussetzung für eine Bestrafung ist das Vorhandensein von *Schuld.* Schuld liegt immer bei vorsätzlichen Straftaten vor. Fahrlässiges Verhalten wird nur bestraft, wenn dies im Gesetz ausdrücklich vorgesehen ist. Schuld wird ausgeschlossen oder gemindert durch Schuldunfähigkeit (eines Kindes unter 14 Jahren, eines Schwachsinnigen u. ä.), verminderte Schuldfähigkeit (durch einen Gutachter festgestellt) oder Verbotsirrtum (der Täter befand sich im Glauben, dass eine Strafbarkeit nicht vorliegt, z. B. bei Vorliegen von Tatbestandsmerkmalen waren hinreichend Rechtfertigungsgründe vorhanden).

Wichtige Paragraphen im Strafgesetzbuch

§ 34	Rechtfertigender Notstand
§ 203	Schweigepflicht
§ 230	Körperverletzung
§ 323 c	Unterlassene Hilfeleistung

17.2.2. Rechtfertigender Notstand

§ 34 StGB:

»Wer in einer gegenwärtigen, nicht anders abwendbaren Gefahr für Leben, Leib, Freiheit, Ehre, Eigentum oder ein anderes Rechtsgut eine Tat begeht, um die Gefahr von sich oder einem anderen abzuwenden, handelt nicht rechtswidrig, wenn bei Abwägung der widerstreitenden Interessen, namentlich der betroffenen Rechtsgüter und des Grades der ihn drohenden Gefahren, das geschützte Interesse das Beeinträchtigte wesentlich überwiegt. Dies gilt jedoch nur, so weit die Tat das angemessene Mittel ist, die Gefahr abzuwenden.«

Diese Bestimmung des Strafgesetzbuches kann auch im ärztlichen Bereich von Bedeutung sein. Wenn z. B. ein Patient mit starker, nicht behandelbarer Einschränkung seiner Sehfähigkeit den Empfehlungen des Arztes, seinen Führerschein abzugeben bzw. nicht mehr Auto zu fahren, nicht folgt, sondern weiterhin darauf besteht, sein Kraftfahrzeug zu führen, wird der Arzt ernsthaft in Erwägung ziehen müssen, ob nicht zur Abwendung einer Gefahr für das Leben anderer in diesem Einzelfall die Schweigepflicht gebrochen werden und dem zuständigen Ordnungsamt Mitteilung gemacht werden muss.

Beispiel

Die Mitteilung an die zuständige Verwaltungsbehörde, dass ein Patient auf Grund eines Sehfehlers eine schwerwiegende Verkehrsgefährdung darstellt, ist nicht strafbar, wenn der Patient trotz Aufklärung nicht bereit ist, das Führen eines Pkw aufzugeben.

17.2.3. Schweigepflicht

§ 203 StGB

(1) Wer unbefugt ein fremdes Geheimnis, namentlich ein zum persönlichen Lebensbereich gehörendes Geheimnis oder ein Betriebs- oder ein Geschäftsgeheimnis, offenbart, das ihm als ... Arzt ... bekannt geworden ist, wird mit Freiheitsstrafe bis zu einem Jahr oder mit Geldstrafe bestraft ...

(2) Den in Abs. 1 Genannten stehen ihre berufsmäßig tätigen Gehilfen und die Personen gleich, die bei Ihnen zur Vorbereitung auf den Beruf tätig sind ...

Unentbehrliche Grundlage für jedes Arzt-Patienten-Verhältnis ist die Wahrung des Patientengeheimnisses durch den Arzt. Nur wenn ein Patient sich darauf verlassen kann, dass die dem Arzt anvertrauten persönlichen Daten vertraulich behandelt werden, wird er bereit sein, auch Auskünfte z. B. aus seiner Intimsphäre zu geben. Ohne genaue, vollständige und wahrheitsgemäße Angaben des Patienten ist es für den Arzt häufig nicht möglich, eine richtige Diagnose zu stellen und die Ergebnisse der Behandlung zutreffend zu bewerten.

◀◀ *Patientengeheimnis.*

Ebenso wie der Arzt ist die Arzthelferin verpflichtet, über alles, was sie in Ausübung ihres Berufes gehört und gesehen hat, zu schweigen. Dies bezieht sich nicht etwa nur auf die Art der Erkrankungen der Patienten, deren Behandlung oder deren Verhalten, sondern schon bereits auf die Tatsache, dass ein bestimmter Patient den Arzt aufgesucht hat. Die Schweigepflicht gilt auch gegenüber den Ehegatten der Patienten, gegenüber Eltern und anderen Angehörigen. Grundsätzlich sollte die Arzthelferin Auskünfte nur nach entsprechender Weisung durch ihren Chef erteilen.

◀ *Entbindung von der Schweigepflicht.*

Ist der Arzt von einem Patienten von der Schweigepflicht entbunden worden, muss dies nicht für die Arzthelferin gelten. Eine Entbindung von der Schweigepflicht sollte nach Möglichkeit schriftlich geschehen, kann aber auch durch Erklärung gegenüber einem Gericht oder gegenüber dem Prozessgegener erfolgen. Die Schweigepflicht gilt über den Tod des Patienten hinaus. Nach dem Tod eines Patienten ist eine Entbindung von der Schweigepflicht nicht mehr möglich, auch nicht durch Angehörige.

◀◀ *Vorsicht bei Auskünften.*

Beispiele

Die Privatliquidation für die Behandlung einer Patientin darf nicht deren Ehemann übersandt werden, auch wenn nur dieser beihilfeberechtigt ist und die Privatversicherung unter seinem Namen abgeschlossen wurde.

Auch Auskünfte über die Anwesenheit eines Patienten an Dritte sollten nur mit Einverständnis des Patienten gegeben werden.

Eine noch nicht abgegebene Krankenversichertenkarte darf nicht mit einer (für Unbefugte lesbaren) Postkarte, sondern muss im geschlossenen Umschlag angemahnt werden.

17.2.4. Aussagepflicht und Zeugnisverweigerungsrecht

Liegt eine Schweigepflichtentbindung vor, muss über einen Patienten ausgesagt werden, wenn die Vernehmung durch den Richter erfolgt. Gegenüber der Polizei kann die Aussage auch bei Vorliegen der Schweigepflichtentbindung verweigert werden, wenn gleichzeitig die Vernehmung durch einen Richter beantragt wird.

Liegt keine Entbindung von der Schweigepflicht vor, muss die Aussage vor Polizei und Gericht verweigert werden (Zeugnisverweigerungsrecht).

Die Arzthelferin sollte nie ohne ausdrückliche Anweisung durch ihren Chef über einen Patienten Auskunft geben.

▶▶ *Rechtfertigungsgrund.*

▶▶ *Rücksprache mit Arzt oder Rechtsanwalt.*

Ohne Vorliegen einer Schweigepflichtentbindung sind u. a. in folgenden gesetzlich bestimmten Fällen Auskünfte durch den Arzt notwendig:

- Gegenüber den gesetzlichen Krankenkassen und den Rentenversicherungen, soweit die Auskunft diese in die Lage versetzt, ihren gesetzlich festgelegten Aufgaben nachzukommen
- Gegenüber Berufsgenossenschaften, soweit die Auskunft dazu dient, dass die Berufsgenossenschaften ihren gesetzlich festgelegten Aufgaben nachkommen können
- Gegenüber dem Gesundheitsamt, soweit es sich um die Meldepflicht bestimmter Infektionskrankheiten handelt
- Gegenüber dem Standesamt, soweit es sich um Meldung von Früh- und Totgeburten, Geburten und um Anzeige des Todes eines Patienten handelt

Bei Vorliegen eines Rechtfertigungsgrundes (z. B. zum Schutze eines höherwertigen Rechtsgutes) kann der Bruch der Schweigepflicht gerechtfertigt sein. Eine Entscheidung darüber sollte die Arzthelferin aber nur nach Rücksprache mit dem Arzt oder einem Rechtsanwalt fällen.

STRAFPROZESSORDNUNG

§ 53

(1) Zur Verweigerung des Zeugnisses . . . sind berechtigt . . . Ärzte, Zahnärzte, Apotheker und Hebammen über das, was ihnen in dieser Eigenschaft anvertraut oder bekannt geworden ist . . .

(2) Die in Abs. 1 . . . Genannten dürfen das Zeugnis nicht verweigern, wenn sie von der Verpflichtung zur Verschwiegenheit entbunden sind.

§ 54 a

(1) Den in § 53 Abs. 1 . . . Genannten stehen ihre Gehilfen und die Personen gleich, die zur Vorbereitung auf den Beruf an der berufsmäßigen Tätigkeit teilnehmen. Über die Ausübung des Rechtes dieser Hilfspersonen, das Zeugnis zu verweigern, entscheiden die in § 53 Abs. 1 . . . Genannten, es sei denn, dass diese Entscheidung in absehbarer Zeit nicht herbeigeführt werden kann.

(2) Die Entbindung von der Verpflichtung zur Verschwiegenheit (§ 53 Abs. 2) gilt auch für Hilfspersonen.

17.2.5. Körperverletzung

§ 230 StGB

Wer durch Fahrlässigkeit die Körperverletzung eines anderen verursacht, wird mit Freiheitsstrafe bis zu drei Jahren oder mit Geldstrafe bestraft.«

§ 823 BGB

Wer vorsätzlich oder fahrlässig das Leben, den Körper, die Gesundheit . . . eines anderen widerrechtlich verletzt, ist dem anderen zum Ersatz des daraus entstandenen Schadens verpflichtet.«

Jeder Eingriff in die körperliche Unversehrtheit eines Patienten erfüllt den Tatbestand einer Körperverletzung. Dies gilt für die Kapillarblutentnahme ebenso wie für Injektionen oder operative Eingriffe. Gerechtfertigt wird der Straftatbestand der Körperverletzung durch die Einwilligung des Patienten. Damit fehlt die Rechtswidrigkeit. Bei kleineren Eingriffen, wie z. B. Blutentnahmen, kann in aller Regel von der stillschweigenden Einwilligung des Patienten ausgegangen werden. Lehnt ein Patient jedoch eine Blutentnahme oder Injektion entschieden ab, muss dies respektiert werden.

Jeder Einwilligung eines Patienten muss eine Aufklärung vorangehen, es sei denn, der Arzt kann bei alltäglichen Vorgängen (Injektionen von dem Patienten der Art nach bekannten Medikamenten, Blutentnahmen) davon ausgehen, dass dem Patienten Zielrichtung und Gefahren des Eingriffs bekannt sind.

Beispiel

Das ärztlich nicht gerechtfertigte Verordnen von Betäubungsmitteln stellt eine »Körperverletzung« im Sinne einer Gesundheitsschädigung dar. Dies gilt z. B. auch für eine Infektion eines Patienten durch unsachgemäße oder nicht sorgfältige Injektionstechnik.

17.2.6. Unterlassene Hilfeleistung

§ 323 c StGB

Wer bei Unglücksfällen . . . nicht Hilfe leistet, obwohl dies erforderlich und ihm den Umständen nach zuzumuten . . . ist, wird mit Freiheitsstrafe bis zu einem Jahr oder Geldstrafe bestraft.«

Im Gegensatz zur Auffassung mancher Patienten sind Ärzte außer in Notfällen nicht zur Behandlung von Patienten verpflichtet. Ein Arzt hat also das Recht, die Behandlung von Patienten wegen Überlastung, wegen Fehlens einer ausreichenden Vertrauensbasis oder aus anderen Gründen (ohne dass er eine Rechenschaft schuldig ist) abzulehnen.

Notfall.

Körperliche Unversehrtheit.

Dies gilt nicht, wenn ein Patient in einer Notlage ärztlicher Hilfe bedarf. In diesem Fall ist der Arzt mehr noch als alle anderen durch § 323 c des Strafgesetzbuches sowie seine Berufsordnung gezwungen, Hilfe zu leisten.

Für die Arzthelferin gilt, dass sie, besonders bei Abwesenheit des Arztes, ebenfalls zur Hilfe verpflichtet ist. Das Ausmaß ihrer Hilfe richtet sich danach, in welchem Umfang von ihr nach Ausbildung und Berufserfahrung ein Tätigwerden erwartet werden kann. Auch im Notfall sollte sich eine Arzthelferin davor hüten, Maßnahmen zu ergreifen, deren Gefahren und Auswirkungen sie nicht übersehen kann.

Beispiel

Bei einem Verkehrsunfall muss dem Verunglückten nach besten Kräften geholfen werden. Dies gilt auch für den Fall, dass die eigenen Kenntnisse und Fähigkeiten nur begrenzt sind.

Pflicht zur Hilfe.

17.3. Weitere rechtliche Pflichten

17.3.1. Dokumentationspflicht

Dokumentationspflicht

»Der Arzt hat über die in Ausübung seines Berufes gemachten Feststellungen und getroffenen Maßnahmen die erforderlichen Aufzeichnungen zu machen. Ärztliche Aufzeichnungen sind nicht nur Gedächtnisstützen für den Arzt, sie dienen auch dem Interesse des Patienten an einer ordnungsgemäßen Dokumentation.« (§11 Berufsordnung für Ärzte)

▶▶ *Arztbrief.*

▶ *Patientenkartei.*

Diese Bestimmung verpflichtet den Arzt dazu, eine vollständige und ordnungsgemäße Kartei zu führen, die alle für die Diagnostik und Behandlung des Patienten wesentlichen Sachverhalte enthält. Geschieht dies nicht, kann die Folge in einem Haftpflichtprozess die so genannte *Beweislastumkehr* sein, d. h., nicht mehr der Patient muss den Nachweis erbringen, dass vom Arzt schuldhaft eine fehlerhafte Behandlung vorgenommen wurde, sondern der Arzt muss beweisen, dass dies nicht der Fall gewesen ist.

Der Patient hat ein Recht auf Einsichtnahme in seine Krankenunterlagen. Allerdings muss er bei der Einsichtnahme die organisatorisch bedingten Einschränkungen, wie sie sich aus den Gegebenheiten des Praxisablaufs ergeben, hinnehmen. Kosten für eventuelle Kopien müssen vom Patienten übernommen werden.

MEMO!

Der Patient hat ein Recht auf Einsichtnahme in seine Krankenunterlagen.

▶▶ *Aufklärung der Patienten.*

Das *Einsichtsrecht* ist begrenzt auf die objektiven Daten der Patientendokumentation (Befunde von technischen Untersuchungen, Laborergebnisse, Untersuchungsbefunde, Medikamentenverordnungen), während subjektive Beobachtungen, gefühlsmäßige Anmerkungen, persönliche Wertungen des Arztes, Notizen über die Angaben Dritter, Verdachtsdiagnosen u. ä. nicht dem Einsichtsrecht unterliegen.

Arztbriefe von anderen Ärzten sind nicht Bestandteil der Dokumentation des niedergelassenen Arztes, ein Einsichtsrecht in solche Unterlagen muss vom Patienten gegenüber dem für den Arztbrief verantwortlichen Arzt bzw. dem Krankenhausarzt geltend gemacht werden.

17.3.2. Aufklärungspflicht

Der Patient hat vor ärztlichen Maßnahmen Anspruch auf Aufklärung über Art und Umfang des geplanten diagnostischen oder therapeutischen Eingriffs. Seine daraufhin erteilte Zustimmung berechtigt den Arzt erst, den Eingriff vorzunehmen.

Der Umfang der Aufklärung ist abhängig

- von der medizinischen Notwendigkeit des Eingriffs
  (je notwendiger der Eingriff, desto geringer kann die Aufklärung sein)
- von dem Vorhandensein weiterer Behandlungsmethoden, die zu gleichem oder ähnlichem Ergebnis führen
- vom Verhalten des Patienten
  (wenn dieser zweifelsfrei erkennen lässt, dass er dem Arzt vertrauensvoll die Entscheidung überlässt)
- von der Befürchtung des Arztes, dass eine schonungslose Aufklärung den Therapieerfolg in höchstem Maße gefährdet

Die Aufklärung des Patienten muss so erfolgen, dass er in seiner Willensentscheidung noch frei ist. Dies führt nicht selten zur Notwendigkeit der Aufklärung durch den niedergelassenen Arzt, z. B. vor einer Krankenhauseinweisung.

17.3.3. Meldepflicht

Meldepflichten
Bestimmte Infektionskrankheiten
nach dem Bundesseuchengesetz
Geschlechtskrankheiten
nach dem Geschlechtskrankheitengesetz
Behinderungen
nach dem Bundessozialhilfegesetz
Chemikalienvergiftungen
nach dem Chemikaliengesetz
Arzneimittelnebenwirkungen
nach der Berufsordnung für Ärzte
Schwangerschaftsabbruch
Medizingeräteunfälle
nach der Medizingeräteverordnung
Geburt und Todesfall
nach dem Personenstandsgesetz
Berufskrankheiten
nach der Berufskrankheitenverordnung
Positive HIV-Befunde
nach der Laborberichtsverordnung

Krebserkrankungen
Nach dem Krebsregistergesetz des Bundes und Ausführungsgesetzen einiger Länder (z. B. neue Bundesländer, Schleswig-Holstein, Hessen).

Bundesseuchengesetz
Das Bundesseuchengesetz enthält Bestimmungen über Maßnahmen der Verhütung und Bekämpfung von übertragbaren Krankheiten (Infektionskrankheiten), darunter insbesondere die Meldepflichten, die Pflichten zur Ermittlung der Krankheitsherde, Absperrmaßnahmen, Entschädigungsregelungen, Bestimmungen für den Schulbesuch usw. Für die Tätigkeit in der ärztlichen Praxis sind insbesondere die Bestimmungen zur Meldepflicht sowie des Wiederbesuchs von Schulen und sonstigen Gemeinschaftseinrichtungen von besonderer Bedeutung.

Bei der Meldepflicht wird zwischen Krankheiten unterschieden, bei denen Erkrankung, Todesfall und Verdacht gemeldet werden müssen, während bei anderen nur Erkrankung sowie Tod und bei einer dritten Gruppe nur der Todesfall zu melden ist.

Meldepflicht.

Zur Meldung verpflichtet ist zunächst der behandelnde oder sonst hinzugezogene Arzt. *Wenn dieser aus irgendeinem Grunde zur Meldung nicht in der Lage ist, sind auch andre mit der Behandlung oder Pflege berufsmäßig beschäftigte Personen zur Meldung verpflichtet.*

Gesundheitsamt.

Die Meldung erfolgt an das zuständige Gesundheitsamt innerhalb von 24 Stunden. Die Meldung hat auf einem besonderen Formular zu erfolgen.

Gesetz zur Bekämpfung der Geschlechtskrankheiten
Nach dem Gesetz zur Bekämpfung der Geschlechtskrankheiten besteht bei Auftreten dieser Geschlechtskrankheiten Meldepflicht gegenüber dem zuständigen Gesundheitsamt. Geschlechtskrankheiten sind Gonorrhoe (Tripper), Lues (Syphilis), Ulcus molle (weicher Schanker) und Lymphogranulomatosis inguinale. Die Meldung erfolgt ohne Namen unter Angabe des Geburtstages, Geschlechtes, Familienstandes, Diagnose, Zahl früher durchgemachter Geschlechtskrankheiten, Beratung oder Behandlung der jetzigen Erkrankung durch einen anderen Arzt. Eine namentliche Meldung erfolgt nur, wenn der Patient entweder die Behandlung verweigert, unterbricht, die Nachuntersuchung unterlässt, wenn Übertragungsgefahr durch Lebensweise und Lebensumstände besteht, wenn die Ansteckungsquelle offenbar falsch angegeben wird, wenn durch den Patienten Personen gefährdet werden oder bei sittlicher Gefährdung von noch nicht 18-jährigen.

Übertragbare Infektionskrankheiten.

Eine Meldung der Ansteckungsquelle und der vom Patienten möglicherweise infizierten Personen muss erfolgen, falls diese nicht erreichbar sind oder der Aufforderung zur Untersuchung nicht sofort nachkommen oder wenn Ansteckungsquellen auf häufig wechselnden Partner hinweisen.

Meldung einer Behinderung an das Gesundheitsamt

Nach dem Bundessozialhilfegesetz sind alle Ärzte ausdrücklich verpflichtet, die Behinderten (bzw. ihre Eltern) über die festgestellten Behinderungen aufzuklären und sie über die bestehenden Hilfsmöglichkeiten ärztlich-medizinischer, sozialer und finanzieller Art zu beraten.

Meldepflicht nach dem Chemikaliengesetz

Nach § 16 Absatz 2 des Chemikaliengesetzes sind Ärzte verpflichtet, dem **Bundesgesundheitsamt** Meldung zu machen, wenn sie zur Behandlung oder zur Beurteilung der Folgen einer Erkrankung hinzugezogen werden, bei der zumindest der Verdacht besteht, dass sie auf die Einwirkungen gefährlicher Stoffe, gefährlicher Zubereitungen oder Erzeugnisse, die gefährliche Stoffe oder Zubereitungen freisetzen oder enthalten, zurückgeht.

▶▶ *Berufskrankheit.*

Die Meldung erfolgt auf einem Formblatt hinsichtlich der Person des Patienten in anonymisierter Form und soll Angaben über den Stoff bzw. die Zubereitung, Alter und Geschlecht des Patienten, den Expositionsweg, die aufgenommene Menge und die festgestellten Symptome enthalten.

▶▶ *BG Gesundheit und Wohlfahrtspflege.*

Meldepflicht über unerwünschte Arzneimittelwirkungen

> **§ 6 der Berufsordnung für Ärzte**
>
> **»Der Arzt ist verpflichtet, die ihm aus ärztlicher Behandlungstätigkeit bekannt werdenden unerwünschten Arzneimittelwirkungen der Arzneimittelkommission der deutschen Ärzteschaft mitzuteilen.«**

Die Berufsordnung verpflichtet die Ärzte, ihnen bekannt gewordene Arzneimittelnebenwirkungen an die Arzneimittelkommission der deutschen Ärzteschaft, Aachener Str. 233–237, 50931 Köln, zu melden. Meldeformulare finden sich in regelmäßigen Abständen im Deutschen Ärzteblatt.

▶ *Nebenwirkungen.*

Weitere Meldepflichten

Jeder *Schwangerschaftsabbruch* muss durch den Arzt, der ihn durchgeführt hat, am Ende eines jeden Quartals auf einem Erhebungsbogen dem Statistischen Bundesamt gemeldet werden. Eine Namensnennung ist hierbei nicht erforderlich.

Geburt eines Kindes bzw. ein *Todesfall* müssen nach dem Personenstandsgesetz dem Standesamt angezeigt werden. Wenn die zuständigen Personen (bei der Geburt: Hebamme, Vater; beim Todesfall: Familienoberhaupt, Wohnungsinhaber) verhindert sind, besteht Anzeigepflicht auch für den Arzt, der bei der Geburt zugegen war oder die Leichenschau vorgenommen hat.

Der Verdacht auf Vorliegen einer möglichen *Berufskrankheit* ist nach der Berufskrankheitenverordnung dem zuständigen Unfallversicherungsträger zu melden.

Bei Arzthelferinnen und anderen Mitarbeiterinnen und Mitarbeitern des Arztes kommen insbesondere Erkrankungen an Tuberkulose, Hepatitis, aber auch Strahlenschäden und Hauterkrankungen für eine Meldung an die Berufsgenossenschaft für Gesundheitsdienst und Wohlfahrtspflege als zuständigem Unfallversicherungsträger in Frage.

Nach der *Laborberichtsverordnung* sind diejenigen Personen zur Meldung an das Bundesgesundheitsamt verpflichtet, die AIDS-Bestätigungstests durchführen oder für die Durchführung verantwortlich sind.

Die Berichte über die positiven Ergebnisse sind ohne Angabe des Namens der Person, ohne Namensbestandteile oder eines alphanumerischen Schlüssels zur Kennzeichnung der Person, von der das Untersuchungsmaterial stammt, auf einem vom Bundesgesundheitsamt herausgegebenen Formular zu erstatten.

Der freiwillige Bericht über die Erkrankung oder den Tod eines Patienten an AIDS erfolgt auf einem Formblatt *(Vertraulicher AIDS-Fallbericht)* und ermöglicht dem Bundesgesundheitsamt, einen Überblick über die AIDS-Erkrankungs- und Todesfallzahlen zu erhalten.

Zum Wiederholen und Lernen.

MEMO!

WICHTIGES ZUM MERKEN

Auf die **Arzthelferin übertragbare Leistungen:** Laborleistungen (unter Berücksichtigung vorbehaltener Tätigkeiten nach § 9 MTA-Gesetz!), Röntgenleistungen (bei Vorliegen der Fachkunde Strahlenschutz) , Physikalisch-medizinische Leistungen (Einweisung in Geräte nach Medizingeräteverordnung erforderlich), Dauerkatheterwechsel, Wechsel einfacher Verbände u. a.

Intravenöse Injektionen sollten von der Arzthelferin nicht vorgenommen werden, es sei denn auf Anordnung des Arztes in einem genau überschaubaren begründeten Einzelfall.

Der Patient hat ein **Recht auf Einsichtnahme in seine Krankenunterlagen.** Das Einsichtsrecht des Patienten ist begrenzt auf die objektiven Daten der Dokumentation (z. B. Befunde, Laborergebnisse, Medikamentenverordnung).

Aufklärungspflicht: Der Patient hat vor ärztlichen Maßnahmen Anspruch auf Aufklärung über Art und Umfang des Eingriffs.

Injektionen, Infusionen und Blutentnahmen durch die Arzthelferin

- **i.m.** ja, wenn Qualifikation vorhanden ist
- **Blutentnahmen** ja, an einzelne, qualifizierte Mitarbeiterinnen
- **und Anlegen von Infusionen** nur, wenn der Arzt sich persönlich von Qualifikation und Erfahrung überzeugt hat und sich der Arzt in der Praxis aufhält.

Meldepflichten

- Bestimmte Infektionskrankheiten nach dem Bundesseuchengesetz
- Geschlechtskrankheiten nach dem Geschlechtskrankheitengesetz
- Behinderungen nach dem Bundessozialhilfegesetz
- Chemikalienvergiftungen nach dem Chemikaliengesetz
- Arzneimittelnebenwirkungen nach der Berufsordnung für Ärzte
- Schwangerschaftsabbruch
- Medizingeräteunfälle nach der Medizingeräteverordnung
- Geburt und Todesfall nach dem Personenstandsgesetz
- Berufskrankheiten nach der Berufskrankheitenverordnurg
- Positive HIV-Befunde nach der Laborberichtsverordnung
- Krebserkrankungen nach den Ausführungsbestimmungen der Länder zum Krebsregistergesetz des Bundes

EINIGE FRAGEN ZUM ÜBEN

Welche Leistungen dürfen vom Arzt grundsätzlich nicht delegiert werden?

Dürfen einfachere medizinische Leistungen vom Praxispersonal erbracht werden, wenn sich der Arzt im Urlaub befindet?

Dürfen vom Arzt angeordnete Leistungen bei seiner vorübergehenden Abwesenheit ausgeführt werden?

Welche Leistungen sind im Einzelfall auf die Arzthelferin übertragbar?

Darf eine Arzthelferin intramuskuläre Injektionen vornehmen?

Wann darf die Arzthelferin Auskünfte an Patienten und Dritte erteilen?

Ist eine Arzthelferin gegenüber der Polizei bei Vorliegen der Schweigepflicht zur Aussage verpflichtet?

Ist eine Kapillarblutentnahme oder eine Injektion eine Körperverletzung?

Welchen Umfang hat das Einsichtsrecht des Patienten in seine Krankenunterlagen?

Müssen alle übertragbaren Krankheiten gemeldet werden?

18. Das soziale Netz

Sozialgesetze und Sozialversicherung

ZIELE DES RAHMENLEHRPLANS

- ▶ Maßnahmen der Gemeinschaft und des Individuums zur sozialen Sicherung des Lebens und des Lebensstandards darstellen
- ▶ Versorgung im Rahmen der Sozialhilfe in den Grundzügen darstellen
- ▶ Weitere Versorgungsleistungen beschreiben und deren Rechtsgrundlagen nennen
- ▶ Grundzüge des Systems der Renten- und Arbeitslosenversicherung beschreiben
- ▶ Leistungen der gesetzlichen Unfallversicherung aus der jeweiligen Rechtsvorschrift ableiten
- ▶ Besondere gesetzlich geregelte Maßnahmen skizzieren
- ▶ Durchsetzung von Ansprüchen gegenüber den Trägern sozialer Maßnahmen skizzieren

18.1. Sozialgesetze

Zur Verwirklichung sozialer Gerechtigkeit und Sicherheit werden im Rahmen der Sozialgesetzgebung soziale und erzieherische Hilfen geschaffen. Zu den Sozialgesetzen gehören die Bestimmungen der Sozialgesetzbücher sowie u. a. das Schwerbehindertengesetz, das Bundesversorgungsgesetz, das Wohngeldgesetz, das Bundeskindergeldgesetz, das Jugendwohlfahrtsgesetz, das Bundessozialhilfegesetz, das Mutterschutzgesetz, das Reichsknappschaftsgesetz.

18.1.1.Sozialhilfegesetz

Diejenigen Personen, die unverschuldet oder verschuldet in eine Lage gekommen sind, in der sie sich nicht selbst zu helfen vermögen und auch von anderer Seite keine Hilfe zu erwarten haben, haben Anspruch auf Hilfe durch den Staat. Diese Hilfe wird Sozialhilfe genannt, die Voraussetzungen, sie zu erlangen, und ihr Leistungsumfang sind im Bundessozialhilfegesetz festgelegt.

Aufgabe der Sozialhilfe

Aufgabe der Sozialhilfe ist es, dem Empfänger die Führung eines Lebens zu ermöglichen, das der Würde eines Menschen entspricht. Die Hilfe soll ihn so weit wie möglich befähigen, unabhängig von ihr zu leben; hierbei muss er nach seinen Kräften mitwirken.

Anspruchsberechtigte

Auf Sozialhilfe besteht Anspruch, soweit durch das Sozialhilfegesetz bestimmt ist, dass Hilfe gegeben werden muss. Sozialhilfe darf nicht erhalten, wer sich selbst helfen kann oder wer die Hilfe von anderen, besonders von Angehörigen oder von Trägern anderer Sozialleistungen, erhält.

Folgende Gesichtspunkte sind bei der Bemessung der Sozialhilfe zu berücksichtigen:

- individueller Bedarf
- persönliche Umstände
- familiäre Verhältnisse

Umfang der Sozialhilfe

Dem Bedürftigen wird nach den Bestimmungen des Sozialhilfegesetzes *Hilfe zum*

Lebensunterhalt gewährt. Hierzu gehören insbesondere Geldleistungen nach bestimmten Regelsätzen sowie die Hilfe, Arbeit zu erhalten oder die Arbeit durchführen zu können.

Die *Hilfe in besonderen Lebenslagen* wird Personen gegeben, die sich in die Gesellschaft nicht einfügen können, wie z. B. Süchtigen, Nichtsesshaften. Hierzu gehören aber auch die Kranken- und Mutterschaftshilfe.

Hilfe in besonderen Lebenslagen (BSHG)

- Hilfe zum Aufbau oder zur Sicherung der Lebensgrundlage
- Ausbildungshilfe
- Vorbeugende Gesundheitshilfe
- Krankenhilfe, sonstige Hilfe
- Hilfen für werdende Mütter und Wöchnerinnen
- Eingliederungshilfen für Behinderte
- Tuberkulosenhilfe, Blindenhilfe
- Hilfe zur Pflege
- Hilfe zur Überwindung besonderer sozialer Schwierigkeiten
- Altenhilfe und andere mehr

18.1.2. Mutterschutzgesetz (MuSchG)

Allgemeines

Das Mutterschutzgesetz gilt für alle Frauen, die in einem Arbeits-, Ausbildungs-, Volontär- oder Praktikantenverhältnis stehen.

Unbeachtlich ist dabei der Personenstand (verheiratet oder unverheiratet), das Lebensalter (Minderjährigkeit) und die Staatsangehörigkeit.

Mitteilungspflicht

Werdende Mütter sollen dem Arbeitgeber ihre *Schwangerschaft* und den mutmaßlichen Tag der Niederkunft mitteilen, sobald ihnen ihr Zustand bekannt ist; der Arbeitgeber kann darüber ein ärztliches Zeugnis oder die Bescheinigung einer Hebamme verlangen. Der Arbeitgeber muss das Gewerbeaufsichtsamt über die Mitteilung der werdenden Mutter benachrichtigen.

**An das
Gewerbeaufsichtsamt**

**Betr.: Mitteilungspflicht für
werdende Mütter
Bezug: § 5 Abs. 1 MuSchG**

**Sehr geehrte Damen und Herren!
Frau .... hat mir heute davon Kenntnis gegeben, dass sie am .... ein Kind erwartet.**

Hochachtungsvoll

Kündigungsverbot

Kündigungen seitens des Arbeitgebers sind während der Schwangerschaft und bis zum Ablauf von 4 Monaten nach der Entbindung nicht zulässig. Wenn der Arbeitgeber in Unkenntnis zu einem Zeitpunkt kündigt, zu dem die Frau eine Schwangerschaft vermutet, kann sie bei Nachweis der Schwangerschaft innerhalb von 14 Tagen nach Erhalt der Kündigung Widerspruch erheben.

Eine Kündigung während der Schwangerschaft und nach der Entbindung ist nur mit Zustimmung der zuständigen Behörde (in der Regel die Gewerbeaufsicht) möglich. Wird der Erziehungsurlaub in Anspruch genommen, erweitert sich auch der Kündigungsschutz bis zum Ablauf des Erziehungsurlaubs.

◄◄ *Sozialhilfe.*

◄◄ *Hilfe zum Lebensunterhalt.*

◄ *Schwangerschaft.*

Beschäftigungsverbote

Werdende Mütter dürfen nicht beschäftigt werden, soweit nach ärztlichem Zeugnis Leben oder Gesundheit von Mutter und Kind bei Fortdauer der Beschäftigung gefährdet sind.

▶ *Mutterschutzgesetz.*

Außerdem dürfen Schwangere **nicht** mit schweren körperlichen Arbeiten und nicht mit Arbeiten beschäftigt werden, bei denen sie schädlichen Einwirkungen gesundheitsgefährdender Stoffe oder Strahlen, von Staub, Gasen oder Dämpfen ausgesetzt sind (z. B. im Röntgenbereich und im Labor). Werdende Mütter dürfen ebenfalls nicht mit Arbeiten beschäftigt werden, bei denen regelmäßig Lasten von mehr als 5 kg Gewicht oder gelegentlich Lasten von mehr als 10 kg Gewicht ohne mechanische Hilfsmittel von Hand bewegt werden.

Werdende und stillende Mütter dürfen **nicht** mit Mehrarbeit, Nacht- und Sonntagsarbeit beschäftigt werden. Überstunden (Mehrarbeit) nicht über 8,5 Stunden täglich oder 90 Stunden in der Doppelwoche, auch wenn die Arbeitnehmerin damit einverstanden sein sollte. Das Nachtarbeitsverbot (20 bis 6 Uhr) gilt nicht für die Beschäftigung in der Krankenpflege, sofern wöchentlich eine mindestens 24-stündige ununterbrochene Ruhezeit im Anschluss an eine Nachtarbeit gewährt wird.

▶ *Ruhezeiten.*

Schutzfristen

Werdende Mütter dürfen in den letzten 6 Wochen vor der Entbindung nicht beschäftigt werden, es sei denn, dass sie sich zur Arbeitsleistung ausdrücklich bereit erklären. Diese Erklärung kann jederzeit widerrufen werden.

Die Mutter darf bis 8 Wochen nach der Geburt nicht arbeiten, auch wenn sie sich zur Arbeitsleistung bereit erklären sollte (absolutes Beschäftigungsverbot). Die Schutzfrist verlängert sich bei Früh- und Mehrlingsgeburten (auch wenn eines oder beide Kinder sterben) auf 12 Wochen.

Ist die Frau in den ersten Monaten nach der Geburt nicht voll leistungsfähig, darf sie, wenn ein ärztliches Zeugnis vorliegt, nicht zu einer die Leistungsfähigkeit übersteigende Arbeit herangezogen werden. Im Anschluss an die Schutzfristen hat die Mutter bzw. der Vater Anspruch auf Erziehungsurlaub.

FRISTEN NACH DEM MUTTERSCHUTZGESETZ

Beschäftigungsverbote
6 Wochen vor bis 8 Wochen
(bei Früh- und Mehrlingsgeburten
12 Wochen) nach der Entbindung

Mitteilungspflicht
sobald Schwangerschaft bekannt

Kündigungsschutz
Kündigungsverbot während
der Schwangerschaft bis
4 Monate nach der Entbindung

Mutterschaftsgeld

Frauen, die in der gesetzlichen Krankenversicherung versichert sind, erhalten für die Zeit der Schutzfristen ein kalendertägliches Mutterschaftsgeld in Höhe von z. Z. 25 DM von der Krankenkasse.

Der Arbeitgeber zahlt während dieses Zeitraumes einen *Zuschuss zum Mutterschaftsgeld* in Höhe des Unterschiedsbetrages zwischen dem Mutterschaftsgeld und dem um die gesetzlichen Abzüge verminderten durchschnittlichen kalendertäglichen Arbeitsentgelt. Der Zuschuss zum Mutterschaftsgeld ist nicht einkommensteuerpflichtiges bzw. sozialversicherungspflichtiges Entgelt. Bemessungsgrundlage ist das durchschnittliche Nettogehalt der letzten 3 abgerechneten Lohnzahlungszeiträume, so dass die Frau während der Schutzfristen finanziell keine Einbußen hat.

18.1.3. Bundeserziehungsgeldgesetz

Allgemeines

Nach dem *Bundeserziehungsgeldgesetz (BErzGG)* haben alle Mütter oder Väter Anspruch auf *Erziehungsgeld* für jedes Kind, und zwar vom Tage der Geburt des Kindes an bis zur Vollendung des 24. Lebensmonates (in einigen Bundesländern bis zur Vollendung des 36. Lebensmonats) des Kindes. Erwerbstätige Mütter oder Väter haben Anspruch auf Erziehungsurlaub für einen Zeitraum von 36 Monaten.

Erziehungsgeld

Mütter oder Väter von neugeborenen Kindern erhalten für die ersten 24 Lebensmonate ihres Kindes ein Erziehungsgeld von 600 DM monatlich, wenn sie ihr Kind selbst betreuen. Anspruch auf Erziehungsgeld besteht nicht, wenn das Nettoeinkommen bei Verheirateten 100 000.– DM (Ledige 75 000.– DM) übersteigt. Vom 7. Lebensmonat des Kindes an gelten weitere Einkommensgrenzen, die zu einer Minderung des Anspruchs führen können (z. B. bei Verheirateten mit einem jährlichen Nettoeinkommen von mehr als 29 400 DM).

Das Mutterschaftsgeld wird auf das Erziehungsgeld voll angerechnet. Wenn das Mutterschaftsgeld in den 8 Wochen nach der Entbindung (Schutzfrist) mehr als 600 DM beträgt, entfällt das Erziehungsgeld ganz. Zusätzlich zum Mutterschaftsgeld während der Schutzfristen wird es nur gezahlt, wenn das Mutterschaftsgeld 600 DM nicht erreicht. In diesem Fall wird das Mutterschaftsgeld auf 600 DM aufgestockt. Da der Bund die Kosten des Erziehungsgeldes trägt, ist der Arbeitgeber nach Ablauf der Schutzfristen nicht mehr mit weiteren direkten Kosten belastet.

Anspruchsberechtigte

Anspruchsberechtigt sind alle Mütter und Väter sowohl leiblicher als auch an Kindesstelle angenommener Kinder, sofern sie ihr Kind selbst erziehen. Die Bundesländer legen die für die Durchführung des Gesetzes zuständigen Behörden fest. In Bayern, Hessen, Nordrhein-Westfalen und Schleswig-Holstein sind z. B. die Versorgungsämter die zuständigen Stellen. Das Erziehungsgeld wird auf schriftlichen Antrag gewährt, rückwirkend für höchstens 6 Monate ab Antragstellung.

◀◀ *Erziehungsgeld.*

Neben dem Bezug von Erziehungsgeld ist eine Teilzeitbeschäftigung möglich, wenn die wöchentliche Arbeitszeit nicht mehr als 19 Stunden beträgt.

◀ *Teilzeitarbeit.*

Erziehungsurlaub

Arbeitnehmerinnen und Arbeitnehmer haben bis zur Vollendung des 3. Lebensjahres eines Kindes Anspruch auf Erziehungsurlaub, wenn sie mit einem Kind

- für das ihnen die Personensorge zusteht
- einem Stiefkind
- das mit dem Ziel der Annahme als Kind aufgenommen wird
- für das ohne Personensorge in einem Härtefall Erziehungsgeld bezogen werden kann
- als Nichtsorgeberechtigte (mit leiblichen Kind)

in einem Haushalt leben und dieses Kind selbst erziehen.

Bei einem angenommenen Kind und einem Kind in Adoptionspflege kann der Erziehungsurlaub von insgesamt drei Jahren ab der Aufnahme längstens bis zur Vollendung des 7. Lebensjahres des Kindes genommen werden.

Anspruch auf Erziehungsurlaub besteht nicht, wenn

◀◀ *Mutterschaftsgeld.*

- die Mutter als Wöchnerin bis zum Ablauf der Schutzfristen (8 bzw. 12 Wochen) nicht beschäftigt werden darf
- der mit dem Arbeitnehmer in einem Haushalt lebende andere Elternteil nicht erwerbstätig ist, es sei denn, dieser ist arbeitslos oder befindet sich in Ausbildung

- der andere Elternteil Erziehungsurlaub in Anspruch nimmt, es sei denn, die Betreuung des Kindes kann nicht durchgeführt werden.

▶▶ *Teilzeitarbeit.*

Der Anspruch auf Erziehungsurlaub kann arbeitsvertraglich weder ausgeschlossen noch beschränkt werden.

Der Erziehungsurlaub muss **spätestens** 4 Wochen vor dem Zeitpunkt, von dem an er in Anspruch genommen werden soll, beim Arbeitgeber verlangt werden. Gleichzeitig muss verbindlich erklärt werden, für welchen Zeitraum der Arbeitnehmer den Erziehungsurlaub in Anspruch nehmen möchte. Die Inanspruchnahme von Erziehungsurlaub oder ein Wechsel unter den Berechtigten ist *dreimal* zulässig.

Der Erziehungsurlaub kann vorzeitig beendet oder auch verlängert werden, wenn der Arbeitgeber einverstanden ist. Eine Verlängerung kann nur beansprucht werden, wenn ein vorgesehener Wechsel in der Anspruchsberechtigung aus einem wichtigen Grund nicht erfolgen kann.

Kündigung

Der Arbeitgeber darf das Arbeitsverhältnis auch während des Erziehungsurlaubs nicht kündigen. Erst nach Ablauf des Erziehungsurlaubs kann wieder eine Kündigung unter Berücksichtigung der arbeitsvertraglich vereinbarten Kündigungsfrist ausgesprochen werden. Nur in besonderen Fällen kann ausnahmsweise mit Zustimmung der zuständigen Behörde eine Kündigung ausgesprochen werden, z. B. wenn die wirtschaftliche Existenz des Arbeitgebers durch die Aufrechterhaltung des Arbeitsverhältnisses nach Beendigung des Erziehungsurlaubs unbillig erschwert wird.

▶ *Kündigungsfrist.*

Die oder der Erziehungsberechtigte kann unter Einhaltung einer Kündigungsfrist von 3 Monaten zum Ende des Erziehungsurlaubs kündigen.

▶▶ *Widerspruchsbescheid.*

Den Erholungsurlaub kann der Arbeitgeber für jeden Monat, den der Arbeitnehmer im laufenden Kalenderjahr Erziehungsurlaub in Anspruch nimmt, um ein Zwölftel kürzen. Das gilt nicht, wenn der Arbeitnehmer während dieser Zeit bei seinem Arbeitgeber Teilzeitarbeit leistet. Für den Zeitraum der gesetzlichen Schutzfristen besteht demnach ebenfalls Anspruch auf zusätzlichen Erholungsurlaub.

Während des Erziehungsurlaubs kann der Arbeitnehmer eine zulässige Teilzeitarbeit bei einem anderen Arbeitgeber nur mit Zustimmung des ersten Arbeitgebers annehmen. Die Ablehnung einer solchen Zustimmung kann der Arbeitgeber allerdings nur mit entgegenstehenden betrieblichen Interessen innerhalb einer Frist von 4 Wochen geltend machen.

18.1.4. Sozialgerichtsbarkeit

Für Rechtsstreitigkeiten, die sich aus der Sozialgesetzgebung und der Kriegsopferversorgung ergeben, sind die Sozialgerichte zuständig.

Gegen jeden Verwaltungsakt (Bescheid) eines Sozialversicherungsträgers (Versorgungsbehörde) kann innerhalb eines Monats Widerspruch erhoben werden. Wird dem Widerspruch nicht stattgegeben, kann binnen eines Monats nach Zustellung des Widerspruchsbescheides Klage beim Sozialgericht erhoben werden. Bei Rechtsstreitigkeiten der Unfallversicherung, Rentenversicherung, Pflegeversicherung und der Kriegsopferversorgung kann wahlweise Widerspruch oder sofort Klage beim Sozialgericht erhoben werden, wenn um einen Leistungsstreit verhandelt werden muss.

Widerspruch

Innerhalb eines Monats kann gegen einen Verwaltungsakt im Sozialversicherungsbereich Widerspruch erhoben werden.

Berufung

Gegen Urteile der Sozialgerichte kann die Berufung zum Landessozialgericht binnen eines Monats nach der Zustellung des schriftlichen Urteils erfolgen. Vor dem Landessozialgericht besteht ebenfalls kein Vertretungszwang durch einen Anwalt.

Landessozialgericht.

Verfahrenskosten
Die Verfahren in der Sozialgerichtsbarkeit sind für die Versicherten kostenfrei. Bei mutwilliger Prozessführung kann jedoch die Übernahme von so genannten Mutwillenskosten durch das Gericht verfügt werden.

18.2. Sozialversicherung

18.2.1. Einführung

Von besonderer Bedeutung im Rahmen der Sozialgesetzgebung ist die Sozialversicherung, die der wirtschaftlichen Sicherung von über 90 Prozent der Bevölkerung bei Krankheit, Arbeitsunfall, Invalidität, Alter, Mutterschaft oder Arbeitslosigkeit dient. Die Sozialversicherung ist in mehrere Versicherungszweige mit besonderen Versicherungsträgern und verschiedenen Versicherungsrisiken gegliedert. Nach der Art des versicherten Risikos lässt sie sich in folgende Zweige aufteilen:

- Arbeitslosenversicherung
- Krankenversicherung
- Pflegeversicherung
- Rentenversicherung
- Unfallversicherung

Für sie gelten gemeinsame Vorschriften, die in den verschiedenen Teilen des Sozialgesetzbuches zusammengefasst werden.

Die Sozialgesetzgebung soll dazu beitragen, ein menschenwürdiges Dasein zu sichern, gleiche Voraussetzungen für die freie Entfaltung der Persönlichkeit, insbesondere auch für junge Menschen zu schaffen, die Familie zu schützen und zu fördern, den Erwerb des Lebensunterhaltes durch eine frei gewählte Tätigkeit zu ermöglichen und insbesondere Belastungen des Lebens, auch durch Hilfe zur Selbsthilfe, abzuwenden oder auszugleichen.

Aufgabe der Sozialversicherung ist es, auf der Basis gesetzlicher Grundlagen die

SGB I	Allgemeiner Teil
SGB II	Ausbildungsförderung
SGB III	Arbeitsförderung
SGB IV	Gemeinsame Vorschriften für die Sozialversicherung
SGB V	Gesetzliche Krankenversicherung
SGB VI	Gesetzliche Rentenversicherung
SGB VII	Unfallversicherung
SGB VIII	Kinder- und Jugendhilfe
SGB IX	Sozialhilfe
SGB X	Verwaltungsverfahren
SGB XI	Pflegeversicherung
SGB XII	Kinder- und Erziehungsgeld
SGB XIII	Wohngeld

Das Sozialgesetzbuch.

VERSICHERUNGSZWEIG	TRÄGER	LEISTUNGEN BEI
Krankenversicherung	Krankenkassen	Vorsorge, Krankheit, Schwangerschaft, Tod
Unfallversicherung	z. B. Berufsgenossenschaft	Arbeitsunfall, Schulunfall, Berufskrankheit
Rentenversicherung	Landesversicherungsanstalten Bundesversicherungsanstalt	Berufs- bzw. Erwerbsunfähigkeit, Alter, Tod
Arbeitslosenversicherung	Bundesanstalt für Arbeit	Arbeitslosigkeit, Kurzarbeit
Pflegeversicherung	Krankenkassen	Pflegefall

Zweige der Sozialversicherung.

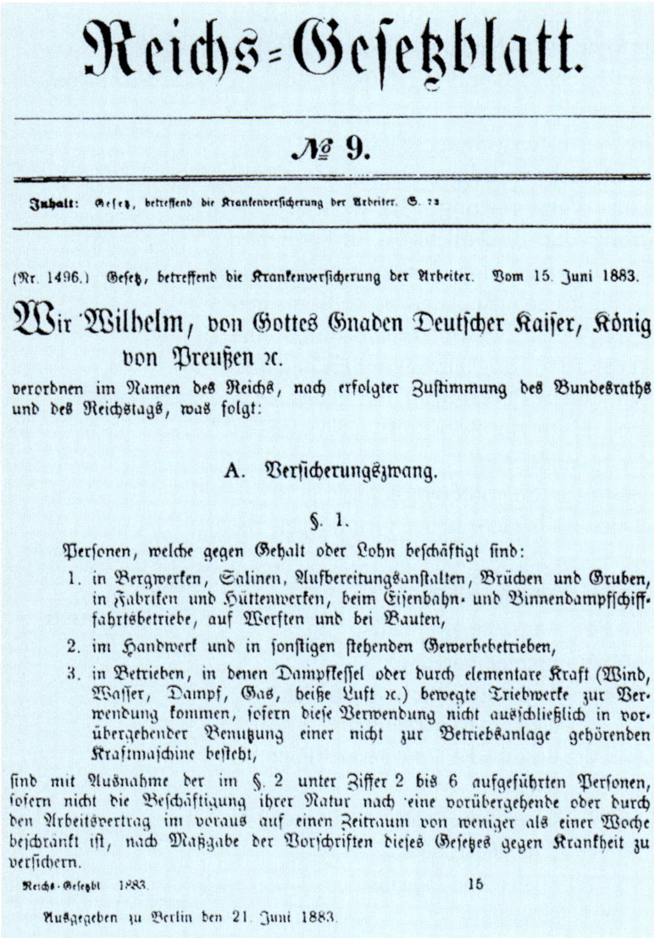

Reichs-Gesetzblatt.

№ 9.

Inhalt: Gesetz, betreffend die Krankenversicherung der Arbeiter. S. 73

(Nr. 1496.) Gesetz, betreffend die Krankenversicherung der Arbeiter. Vom 15. Juni 1883.

Wir Wilhelm, von Gottes Gnaden Deutscher Kaiser, König von Preußen rc.

verordnen im Namen des Reichs, nach erfolgter Zustimmung des Bundesraths und des Reichstags, was folgt:

A. Versicherungszwang.

§. 1.

Personen, welche gegen Gehalt oder Lohn beschäftigt sind:

1. in Bergwerken, Salinen, Aufbereitungsanstalten, Brüchen und Gruben, in Fabriken und Hüttenwerken, beim Eisenbahn- und Binnendampfschifffahrtsbetriebe, auf Werften und bei Bauten,
2. im Handwerk und in sonstigen stehenden Gewerbebetrieben,
3. in Betrieben, in denen Dampfkessel oder durch elementare Kraft (Wind, Wasser, Dampf, Gas, heiße Luft rc.) bewegte Triebwerke zur Verwendung kommen, sofern diese Verwendung nicht ausschließlich in vorübergehender Benutzung einer nicht zur Betriebsanlage gehörenden Kraftmaschine besteht,

sind mit Ausnahme der im §. 2 unter Ziffer 2 bis 6 aufgeführten Personen, sofern nicht die Beschäftigung ihrer Natur nach eine vorübergehende oder durch den Arbeitsvertrag im voraus auf einen Zeitraum von weniger als einer Woche beschränkt ist, nach Maßgabe der Vorschriften dieses Gesetzes gegen Krankheit zu versichern.

Reichs-Gesetzbl. 1883. 15

Ausgegeben zu Berlin den 21. Juni 1883.

gegenseitige Hilfeleistung von Arbeitnehmern unter Beteiligung der Arbeitgeber für die Wechselfälle des Lebens (z. B. Krankheit, Unfall, Invalidität, Alter, Arbeitslosigkeit) sicherzustellen.

18.2.2. Entwicklung der Sozialversicherung

Wirtschaftliche Entwicklung und Industrialisierung im 18. und 19. Jahrhundert verursachten einen grundlegenden Wandel der sozialen Verhältnisse der Menschen. Es entstand die Gruppe der Fabrik- und Lohnarbeiter, die meistens den Notständen des Lebens weitgehend schutzlos ausgeliefert war. Im Rahmen zunehmender Industrialisierung verlangte die sich schnell ausbreitende Arbeiterbewegung gesetzliche Regelungen für Hilfs- und Unterstützungsmaßnahmen. Dadurch kam es am Ende des vorigen Jahrhunderts zur Schaffung des großen deutschen Sozialversicherungswerkes, an dessen Aufbau vor allem Bismarck maßgeblichen Anteil hatte. Grundlage war die kaiserliche Botschaft vom 17. November 1881.

Organe der Sozialversicherung

Die Durchführung der Sozialversicherung liegt bei den Versicherungsträgern, die als Körperschaften des öffentlichen Rechts in Selbstverwaltung tätig werden und deren Aufgabe es ist, die Verwaltung und Organisation der einzelnen Sozialversicherungszweige sicherzustellen.

18.2.3. Meldevorschriften und Beitragsverfahren

Meldepflichten und Meldeverfahren

Für die Kranken-, Renten-, Pflege- und Arbeitslosenversicherung besteht ein einheitliches Meldeverfahren unter Verwendung maschinenlesbarer Versicherungsnachweise.

Entstehung der Sozialversicherungsgesetze

1883	Krankenversicherungsgesetz
1884	Unfallversicherungsgesetz, Reichsversicherungsordnung
1889	Invalidenversicherungsgesetz
1911	Angestelltenversicherungsgesetz
1927	Arbeitslosenversicherung
1941	Krankenversicherung der Rentner
1969	Arbeitsförderungsgesetz
1972	Krankenversicherung der Landwirte
1995	Pflegeversicherung

Dazu benötigt jeder Arbeitnehmer ein vom zuständigen Rentenversicherungsträger ausgestelltes Versicherungsnachweisheft.

Das *Versicherungsnachweisheft* enthält neben den Personalien und der Versicherungsnummer des Arbeitnehmers einen Versicherungsausweis sowie An-, Ab- und Jahresmeldungen als Versicherungsnachweise für Meldezwecke. Der Arbeitnehmer muss das Versicherungsnachweisheft bei Beginn einer Beschäftigung an den Arbeitgeber aushändigen. Nach Beendigung des Arbeitsverhältnisses erhält der Arbeitnehmer das Versicherungsnachweisheft zurück.

Alle Arbeitgeber mit versicherungspflichtigen Beschäftigten erhalten von der Bundesanstalt für Arbeit eine so genannte Betriebsnummer sowie ein Schlüsselverzeichnis, da in den Versicherungsnachweisen Angaben zur Tätigkeit in Form von Schlüsselzahlen gemacht werden müssen.

Dem Arbeitgeber obliegt die Meldepflicht an die zuständige Krankenkasse. Zuständig ist die Krankenkasse, bei der ein Arbeitnehmer pflicht- oder freiwillig versichert ist, also Orts-, Betriebs-, Innungs- oder Ersatzkasse.

Wenn ein Arbeitnehmer einer gesetzlichen Krankenkasse nicht angehört, ist für die Meldung der Renten- und Arbeitslosenversicherung die gesetzliche Krankenkasse zuständig, die bei Bestehen einer Krankenversicherungspflicht zuständig wäre. Damit sind die jeweiligen Krankenkassen gleichzeitig Beitragseinzugsstelle für die Gesamtsozialversicherungsbeiträge zur Kranken-, Renten-, Pflege- und Arbeitslosenversicherung.

Bei jeder Meldung, die der Arbeitgeber mittels des Versicherungsnachweises an die Krankenkasse vornimmt (Abmeldung, Unterbrechung, Jahresmeldung), bekommt der Arbeitnehmer eine Durchschrift als Beitragsnachweis für die Rentenversicherung. Wenn das Versicherungsnachweisheft aufgebraucht ist, fordert der Arbeitgeber mit dem Vordruck »Anforderung« bei der zuständigen Krankenkasse ein neues Versicherungsnachweisheft an.

Die Meldung eines versicherungspflich-

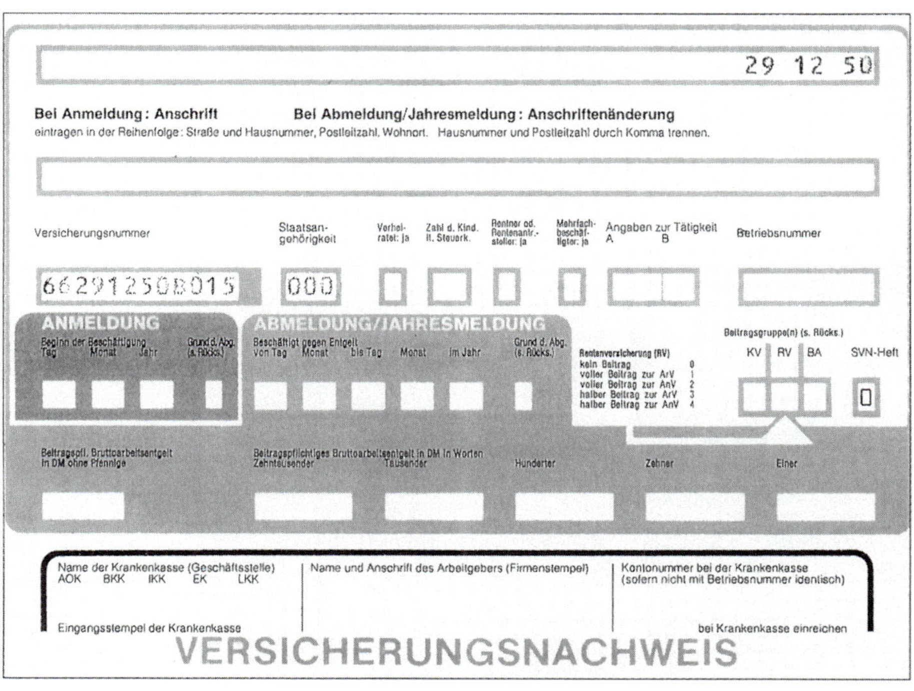
29 12 50

Bei Anmeldung: Anschrift — Bei Abmeldung/Jahresmeldung: Anschriftenänderung
eintragen in der Reihenfolge: Straße und Hausnummer, Postleitzahl, Wohnort. Hausnummer und Postleitzahl durch Komma trennen.

Versicherungsnummer | Staatsangehörigkeit | Verheiratet: ja | Zahl d. Kind. lt. Steuerk. | Rentner od. Rentenantr.-steller: ja | Mehrfachbeschäftigter: ja | Angaben zur Tätigkeit A B | Betriebsnummer

66291250B015 | 000

ANMELDUNG
Beginn der Beschäftigung Tag Monat Jahr | Grund d. Abg. (s. Rücks.)

ABMELDUNG/JAHRESMELDUNG
Beschäftigt gegen Entgelt von Tag Monat bis Tag Monat im Jahr | Grund d. Abg. (s. Rücks.)

Beitragsgruppe(n) (s. Rücks.) KV RV BA SVN-Heft
Rentenversicherung (RV)
kein Beitrag 0
voller Beitrag zur ArV 1
voller Beitrag zur AnV 2
halber Beitrag zur ArV 3
halber Beitrag zur AnV 4

0

Beitragspfl. Bruttoarbeitsentgelt in DM ohne Pfennige
Beitragspflichtiges Bruttoarbeitsentgelt in DM in Worten Zehntausender Tausender Hunderter Zehner Einer

Name der Krankenkasse (Geschäftsstelle) AOK BKK IKK EK LKK
Name und Anschrift des Arbeitgebers (Firmenstempel)
Kontonummer bei der Krankenkasse (sofern nicht mit Betriebsnummer identisch)
Eingangsstempel der Krankenkasse
bei Krankenkasse einreichen

VERSICHERUNGSNACHWEIS

Eine Seite aus dem Versicherungsnachweisheft.

tigen Beschäftigungsverhältnisses muss innerhalb von 2 Wochen mit dem Vordruck »Anmeldung« aus dem Versicherungsnachweisheft bei der Krankenkasse erfolgen. Dieser Vordruck enthält die Personalien des Arbeitnehmers, Art der Tätigkeit sowie Angaben zum Arbeitgeber und ist mit Schreibmaschine auszufüllen. Bei Beendigung des Beschäftigungsverhältnisses muss spätestens innerhalb von 6 Wochen ein Versicherungnachweis »Abmeldung« bei der Krankenkasse eingereicht werden.

Beitrag

Die Pflichtbeiträge zur Kranken-, Renten, Pflege- und Arbeitslosenversicherung werden je zur Hälfte vom Arbeitgeber und Arbeitnehmer getragen. Der Arbeitgeber muss die auf den Arbeitnehmer entfallenden Beiträge vom Arbeitsentgelt abziehen.

Die Berechnung der Gesamtsozialversicherungsbeiträge erfolgt entweder nach den bei den Krankenkassen erhältlichen Beitragstabellen oder nach dem tatsächlichen Arbeitsentgelt. Entscheidend ist das Bruttoarbeitsentgelt, soweit es die für den jeweiligen Abrechnungszeitraum geltenden Beitragsbemessungsgrenzen nicht übersteigt.

Als Beiträge werden bestimmte Prozentsätze des Arbeitsentgeltes bis zu einer bestimmten Höchstgrenze, der *Beitragsbemessungsgrenze*, bestimmt.

MEMO!

Arbeitgeber und Arbeitnehmer tragen die Beiträge zur Kranken-, Renten-, Pflege-und Arbeitslosenversicherung je zur Hälfte, die Beiträge zur gesetzlichen Unfallversicherung trägt ausschließlich der Arbeitgeber.

Für Arbeitnehmer, deren monatliches Entgelt die so genannte Geringverdienergrenze nicht übersteigt (z. B. Auszubildende, Praktikanten, Teilzeitbeschäftigte) muss der Arbeitgeber die Sozialversicherungsbeiträge allein übernehmen. Bei den geringfügig Beschäftigten bis zu einem Arbeitsentgelt von ebenfalls 630,– DM übernimmt der Arbeitgeber die Betragszahlungen an Renten- (12 %) und Krankenversicherung (10 %) vollständig. Erst durch Zuzahlung von weiteren 7,5 % durch den Arbeitnehmer an die Rentenversicherung entstehen Ansprüche auf Leistungen.

Sozialversicherungsausweis

Jeder Arbeitnehmer, also auch jeder geringfügig Beschäftigte, erhält einen Sozialversicherungsausweis. Dabei wird gleichzeitig eine Versicherungsnummer vergeben, soweit dies noch nicht geschehen ist. Der Ausweis muss beim Arbeitgeber vorgelegt werden.

Sozialversicherungsausweis. ▼

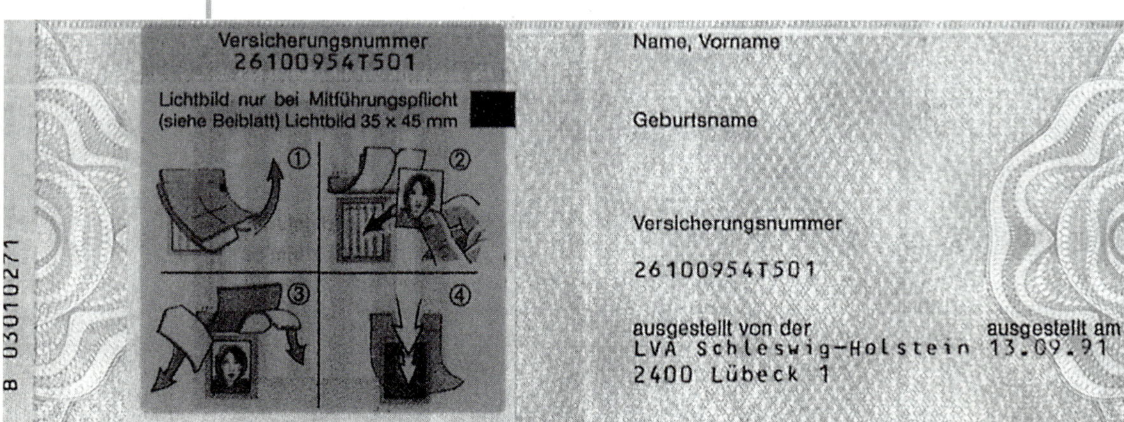

Der Sozialversicherungsausweis enthält, wie das 1. Blatt des Sozialversicherungsnachweisheftes, folgende Angaben:

- Name, Vorname und ggf. Geburtsname,
- eine 12-stellige Versicherungsnummer,
- das Ausstellungsdatum,
- die Bezeichnung des ausstellenden Rentenversicherungsträgers.

Sozialversicherungsnachweis.

Während einer Lohn- oder Gehaltsfortzahlung wegen Arbeitsunfähigkeit (Krankheit) kann der Arbeitgeber die Hinterlegung des Sozialversicherungsausweises verlangen. Er ist berechtigt, die Lohn- oder Gehaltsfortzahlung zu verweigern, solange der Arbeitnehmer der Aufforderung, den Ausweis bei ihm zu hinterlegen, nicht nachkommt.

Die Arbeitsämter verlangen bei Gewährung von Arbeitslosengeld, Arbeitslosenhilfe, Unterhaltsgeld oder Übergangsgeld vom Versicherten (Leistungsempfänger) die Hinterlegung des Sozialversicherungausweises. Davon darf nur in Ausnahmefällen abgesehen werden. Kommt der Versicherte seiner Hinterlegungspflicht trotz entsprechender Aufforderung nicht nach und hat er dies selbst zu vertreten, können die Arbeitsämter und Krankenkassen ihre Leistungen so lange ganz oder teilweise versagen oder entziehen, bis die Hinterlegung nachgeholt wird.

Hinterlegungspflicht.

18.2.4 Gesetzliche Rentenversicherung

Das gesamte Rentenversicherungsrecht ist durch das Ende 1989 von Bundestag und Bundesrat verabschiedete Rentenreformgesetz 1992 (RRG 92) neu geregelt worden und als 6. Buch (SGB VI) in das Sozialgesetzbuch aufgenommen worden.

Die Rentenversicherungen gewähren Schutz gegen wirtschaftliche Folgen der Berufsunfähigkeit, der Erwerbsunfähigkeit, des Alters sowie des Todes des Versicherten.

Folgende Aufgaben sind festgelegt:

- Allgemeine Maßnahmen zur Besserung der gesundheitlichen Verhältnisse der gesamten Bevölkerung
- Leistungen zur Rehabilitation für den Einzelnen
- Zahlen von Renten
- Zahlen von Zuschüssen zu den Beiträgen an die Krankenversicherung
- Aufklären und Beraten der Versicherten und Rentner

Die gesetzliche Rentenversicherung ist wie folgt gegliedert

- **Rentenversicherung für Arbeiter**
- **Rentenversicherung für Angestellte**
- **Knappschaftliche Rentenversicherung**
- **Rentenversicherung der Handwerker**
- **Altershilfe für Landwirte**

Arbeiter- und Angestelltenversicherung

Grundsätzlich kann jeder (Arbeiter, Angestellter, Selbstständiger usw.) der Arbeiter- oder Angestelltenrentenversicherung beitreten. Es wird zwischen Pflichtversicherten und freiwillig Versicherten unterschieden.

Hierbei gilt, dass derjenige, der überwiegend körperlich tätig ist, der Arbeiterrentenversicherung, derjenige, der überwiegend geistig tätig ist, der Angestelltenversicherung angehört.

Pflichtversicherung.

Pflichtversichert ist man als Arbeiter oder Angestellter. Hierbei handelt es sich um eine Zwangsversicherung, der Arbeiter oder Angestellte kann sie nicht abwählen, auch kann nicht zwischen Arbeiter- und Angestelltenversicherung gewählt werden.

Beispiele für Pflichtmitgliedschaft in den Rentenversicherungen.

Arbeiterrentenversicherung:
Gesellen, Gehilfen, Hausgehilfen, Hausgewerbetreibende, Heimarbeiter u. a.

Angestelltenrentenversicherung:
Kaufmännische Angestellte, Büroangestellte, leitende Angestellte, Handlungsgehilfen, Arzthelferinnen.

Selbstständige können nach einem Aufnahmeantrag auch pflichtversichert sein.

Freiwillige Versicherung.

Die freiwillige Versicherung ist vom Willen des Einzelnen abhängig. Jeder kann der Rentenversicherung freiwillig beitreten. Ausnahmen gelten für Beamte u. a. Sie können nur freiwillige Beiträge zahlen, wenn sie bereits 60 Pflichtbeiträge gezahlt haben.

Träger der Rentenversicherung für Arbeiter sind die 17 regional gegliederten *Landesversicherungsanstalten (LVA).* Bei der Angestelltenversicherung ist der Träger die *Bundesversicherungsanstalt für Angestellte (BfA).* Daneben gibt es Sonderanstalten für besondere Berufsgruppen: Die Bundesbahn-Versicherungsanstalt für Arbeiter und Angestellte der Bundesbahn und die Seekasse für in einem der Seefahrt dienenden Unternehmen.

Einheitlich für die Rentenversicherung der Arbeiter und Angestellten wird ein bestimmter Prozentsatz des Entgelts bis zur Beitragsbemessungsgrenze erhoben. Die Beitragsbemessungsgrenze wird jährlich neu festgesetzt. Die Beiträge werden von Arbeitgeber und Arbeitnehmer je zur Hälfte aufgebracht. Freiwillig Versicherte und Selbstständige tragen ihre Beiträge allein.

Es wird zwischen Renten wegen *Alters, wegen verminderter Erwerbsfähigkeit* oder *wegen Todes* unterschieden. Die Oberbegriffe – Alter, verminderte Erwerbsfähigkeit, Tod – bezeichnen das jeweils versicherte Risiko.

Rehabilitation.

Ziel der **Rehabilitation** durch die Rentenversicherung ist es, Beeinträchtigungen der Erwerbsfähigkeit der Versicherten oder ihr vorzeitiges Ausscheiden aus dem Erwerbsleben zu verhindern oder sie möglichst dauerhaft in das Erwerbsleben wieder einzugliedern.

Rehabilitation vor Rente!

Eine Wiederholung medizinischer Leistungen zur Rehabilitation ist erst nach Ablauf von mindestens 3 Jahren möglich, es sei denn, aus gesundheitlichen Gründen sind vorzeitige Leistungen dringend erforderlich.

Medizinische und Ergänzende Leistungen.

Medizinische Leistungen zur Rehabilitation erfolgen üblicherweise stationär und umfassen vor allem Heilbehandlung in Kliniken und Spezialeinrichtungen einschließlich ärztlicher Behandlung, Arznei- und Verbandmittel, Heilmittel sowie Krankengymnastik.

Ergänzende Leistungen umfassen neben einem Übergangsgeld u. a. die Übernahme der Kosten für eine Haushaltshilfe, der Reisekosten und die Kosten für ärztlich verordneten Rehabilitationssport.

18.2.5. Arbeitslosenversicherung

Träger der Arbeitslosenversicherung ist die Bundesanstalt für Arbeit in Nürnberg mit den Landesarbeitsämtern und Arbeitsämtern.

Die Arbeitslosenversicherung hat im Grundsatz zwei Aufgaben

- Sicherung von Arbeitsplätzen
- Finanzielle Leistungen an Arbeitslose

Arbeitgeber und Arbeitnehmer zahlen je die Hälfte der Beiträge. Die Bemessungsgrenze entspricht der der Rentenversicherung.

Pflichtversichert sind alle Arbeiter und alle Angestellten. Nicht versichert sind alle

Selbstständige oder Personen, für die auf andere Weise gesorgt ist (wie z. B. Beamte), Arbeitnehmer, die das 63. Lebensjahr vollendet haben und Rentner wegen Erwerbsunfähigkeit.

Zur Sicherung von Arbeitsplätzen wird Kurzarbeitergeld, Schlechtwettergeld u. ä. gezahlt. Weitere Leistungen sind u. a. Konkursausfallgeld, Stilllegungsvergütung, Maßnahmen zur Verhütung und Beendigung von Arbeitslosigkeit.

Die wichtigste Leistung der Arbeitslosenversicherung ist die finanzielle Sicherung von Arbeitslosen durch Arbeitslosengeld und Arbeitslosenhilfe.

Anspruch auf *Arbeitslosengeld* hat jeder Arbeitslose, der

- der Arbeitsvermittlung zur Verfügung steht,
- die Anwartschaftszeit erfüllt (d. h. innerhalb von drei Jahren unmittelbar vor der Arbeitslosigkeit mindestens 12 Monate beitragspflichtig beschäftigt war),
- sich beim Arbeitsamt arbeitslos gemeldet hat und
- Arbeitslosengeld beantragt hat.

Die Dauer des Anspruchs auf Arbeitslosengeld richet sich nach der Dauer der versicherungspflichtigen Beschäftigungszeiten und dem Lebensalter des Arbeitslosen.

Das Arbeitslosengeld beträgt **67 Prozent** des letzten Nettoarbeitsverdienstes bei denen, die Kinder erziehen, bei allen anderen **60 Prozent.**

Wenn ein Arbeitsloser selbst Anlass für die Beendigung des Arbeitsverhältnisses gegeben hat, eine ihm vom Arbeitsamt angebotene (zumutbare) Arbeit nicht annimmt oder sich einer Maßnahme zur beruflichen Förderung entzieht, wird das Arbeitslosengeld bis zu zwölf Wochen gesperrt.

Arbeitslosenhilfe erhält derjenige, der die oben genannten Voraussetzungen mit Ausnahme der Anwartschaft erfüllt und bedürftig ist. Arbeitslosenhilfe erhalten also auch Personen, die nicht in der Arbeitslosenversicherung versichert sind. Die Arbeitslosenhilfe beläuft sich bei Personen, die Kinder erziehen, auf **57 Prozent**, bei allen anderen auf **53 Prozent** des letzten Nettoverdienstes. Sie wird ohne zeitliche Begrenzung gezahlt.

◀ ***Arbeitslosenhilfe, Arbeitslosengeld.***

Alle vom Arbeitsamt erfassten Arbeitslosen sind für die Dauer ihrer Arbeitslosigkeit bei der zuletzt zuständigen Krankenkasse versichert.

18.2.6. Gesetzliche Unfallversicherung

Die Unfallversicherung hat die Aufgaben, Arbeitsunfälle zu verhüten und nach Eintritt eines Arbeitsunfalles den Verletzten, seine Angehörigen und seine Hinterbliebenen zu entschädigen. Dies kann geschehen durch Wiederherstellung der Erwerbsfähigkeit des Verletzten, durch Arbeits- und Berufsförderung und durch Erleichterung der Verletzungsfolgen oder durch Geldleistungen an den Verletzten, seine Angehörigen oder seine Hinterbliebenen.

◀ ***Arbeitsunfall.***

Arbeitsunfälle sind Unfälle, die sich während der Arbeit eines Versicherten oder auf dem Weg von und zur Arbeit ereignen. Auch *Berufskrankheiten*, also Krankheiten, die sich ein Versicherter infolge besonderer Gesundheitsschädigungen bei seiner Arbeit zugezogen hat, gehören in den Bereich der gesetzlichen Unfallversicherung.

◀ ***Berufskrankheit.***

In der gesetzlichen Unfallversicherung sind sehr viele verschiedene Gruppen versichert. Besonders sind zu nennen:

- die auf Grund eines Arbeits-, Dienst- oder Ausbildungsverhältnisses Beschäftigten
- eine Reihe von Selbstständigen bei der Ausübung ihrer Tätigkeit
- Personen, die bei Unglücksfällen, Kata-

strophen oder Festnahme einer Person o. ä. Hilfe leisten

- Kinder während des Besuches von Kindergärten, Schüler, Auszubildende und Studenten

Die gesetzliche Unfallversicherung gliedert sich in drei Zweige:

- **Allgemeine Unfallversicherung:**
  Träger sind die gewerblichen Berufsgenossenschaften, die Gemeindeunfallversicherungsverbände, die städtischen Eigenunfallversicherungen, die Feuerwehrunfallversicherungskassen.
- **Landwirtschaftliche Unfallversicherung:**
  Träger der Landwirtschaftlichen Unfallversicherung sind im Gegensatz zu den Trägern der allgemeinen Unfallversicherung regional gegliedert.
- **See-Unfallversicherung:**
  Träger der See-Unfallversicherung ist die See-Berufsgenossenschaft.

▶ *Berufsgenossenschaften.*

Die Träger der Unfallversicherung sind Körperschaften des öffentlichen Rechts zur Versicherung der Arbeitgeber gegen Arbeitsunfälle und Berufskrankheiten ihrer Arbeitnehmer. Aus diesem Grunde zahlen die Arbeitgeber den vollen Betrag in einem Umlageverfahren. Die Höhe richtet sich u. a. nach der in dem jeweiligen Bereich gegebenen Gefährdung.

Die Leistungen der Unfallversicherung bestehen in der *Heilbehandlung* (etwa ensprechend der Krankenpflege bei den gesetzlichen Krankenversicherungen), *Verletztengeld* (etwa entsprechend dem Krankengeld), *Berufshilfe* (etwa entsprechend der Krankenhilfe) sowie *Renten* an Verletzte und Hinterbliebene, *Sterbegeld* und *sonstige Beihilfen.*

Kommen Arzthelferinnen oder andere Mitarbeiter der Praxis in Wahrnehmung ihrer beruflichen Tätigkeit zu Schaden, so handelt es sich um einen Arbeitsunfall oder eine Berufskrankheit. In diesen Fällen kommt die für Arztpraxen zuständige Berufsgenossenschaft für Gesundheitsdienst und Wohlfahrtspflege (BGW) für die entstehenden Kosten auf. Für den gesamten medizinischen Bereich ist der zuständige Unfallversicherungsträger die *Berufsgenossenschaft für Gesundheitsdienst und Wohlfahrtspflege*, Pappelallee 35–37, 22089 Hamburg.

18.2.7. Gesetzliche Pflegeversicherung

▶▶ *Pflegebedürftigkeit.*

▶▶ *SGB XI.*

Zur sozialen Absicherung des Risikos der Pflegebedürftigkeit wurde 1995 die gesetzliche Pflegeversicherung als ein neuer eigenständiger Zweig der Sozialversicherung geschaffen.

Die Pflegeversicherung ist keine Vollversicherung wie z. B. die gesetzliche Krankenversicherung, sondern hat lediglich die Aufgabe, die Grundversorgung sicherzustellen.

Träger der Pflegeversicherung sind die Pflegekassen, die Aufgabe wird von den Krankenkassen zusätzlich übernommen. Der Beitrag wird von Arbeitgeber und Arbeitnehmer je zur Hälfte getragen.

Pflegebedürftig im Sinne des SGB XI sind alle Personen, die wegen einer körperlichen, geistigen oder seelischen Krankheit oder Behinderung für die gewöhnlichen und regelmäßig wiederkehrenden Verrichtungen im Ablauf des täglichen Lebens auf Dauer – voraussichtlich mindestens 6 Monate – in erheblichem oder höherem Maße Hilfe bedürfen.

MEMO!

Keine Hilfe ist allgemeine Beaufsichtigung sowie alle Verrichtungen, die der Krankenbehandlung dienen (Behandlungspflege)

Pflegestufen

Pflegestufe I – Erhebliche Pflegebedürftigkeit

Erhebliche Pflegebedürftigkeit liegt vor bei einem mindestens einmal täglich erforderlichen Hilfebedarf bei mindestens zwei Verrichtungen aus einem oder mehreren Bereichen der Körperpflege, Ernährung oder Mobilität. Zusätzlich muss mehrfach in der Woche Hilfe bei der hauswirtschaftlichen Versorgung benötigt werden.

Der wöchentliche Aufwand muss im Tagesdurchschnitt mindestens $1\ ^{1}/_{2}$ Stunden betragen, wobei die Grundpflege (Grundpflege = Körperpflege, Ernährung, Mobilität) gegenüber dem hauswirtschaftlichen Aufwand im Vordergrund stehen muss, also mehr als 45 Minuten am Tag beträgt.

Pflegestufe II – Schwerpflegebedürftigkeit

Schwerpflegebedürftigkeit liegt vor bei einem mindestens dreimal täglich zu verschiedenen Tageszeiten erforderlichen Hilfebedarf bei der Körperpflege, der Ernährung oder der Mobilität. Zusätzlich muss mehrfach in der Woche Hilfe bei der hauswirtschaftlichen Versorgung benötigt werden.

Der wöchentliche Aufwand muss im Tagesdurchschnitt mindestens 3 Stunden betragen, wobei der pflegerische Aufwand gegenüber dem hauswirtschaftlichen Aufwand eindeutig das Übergewicht haben muss, also mehr als 2 Stunden am Tag beträgt.

Pflegestufe III – Schwerstpflegebedürftigkeit

Schwerstpflegebedürftigkeit liegt vor, wenn der Hilfebedarf so groß ist, dass jederzeit eine Pflegeperson unmittelbar erreichbar sein muss, weil der konkrete Hilfebedarf jederzeit und Tag und Nacht anfallen kann.

Der wöchentliche Aufwand muss im Tagesdurchschnitt mindestens 5 Stunden betragen, wobei der pflegerische Aufwand gegenüber dem hauswirtschaftlichen Aufwand eindeutig das Übergewicht haben muss, also mehr als 4 Stunden am Tag beträgt.

MEMO!

TERMINOLOGIE

Sozialhilfe	**Hilfen zum Lebensunterhalt und Hilfen in besonderen Lebenslagen**
BSHG	**Bundessozialhilfegesetz**
MuschG	**Mutterschutzgesetz**
BErzGG	**Bundeserziehungsgeldgesetz**
Geringverdienergrenze	**Verdienstgrenze, bis zu der der Arbeitgeber die Sozialversicherungsbeiträge allein übernehmen muss**
Arbeitslosengeld	**Zahlung an arbeitslose Arbeitnehmer, die die erforderliche Anwartschaft erfüllen**
Arbeitslosenhilfe	**Zahlung an arbeitslose Arbeitnehmer, die nicht die erforderliche Anwartschaft erfüllen**

▶ *Zum Wiederholen und Lernen.*

MEMO!

WICHTIGES ZUM MERKEN

Sozialhilfegesetz: Diejenigen Personen, die unverschuldet oder verschuldet sich nicht selbst helfen können und auch von anderer Seite keine Hilfe zu erwarten haben, erhalten Sozialhilfe durch den Staat. Aufgabe der Sozialhilfe ist es, dem Empfänger die Führung eines Lebens zu ermöglichen, das der Würde eines Menschen entspricht. Nach dem Sozialhilfegesetz wird dem Bedürftigen Hilfe zum Lebensunterhalt, insbesondere Geldleistungen und Hilfe in besonderen Lebenslagen, gewährt.

Mutterschutzgesetz
Arbeitszeit darf maximal 8,5 Std. täglich bzw. 90 Std. in der Doppelwoche nicht überschreiten.
Werdende Mütter dürfen nicht zu schwerer körperlicher Arbeit und nicht mit Arbeiten beschäftigt werden, bei denen sie schädlichen Einwirkungen von gesundheitsgefährdenden Stoffen oder Strahlen (z. B. Labor, Röntgen) ausgesetzt sind.
Werdende Mütter dürfen nicht zu Mehrarbeit, Nacht- und Sonntagsarbeit herangezogen werden
In den letzten 6 Wochen vor der Entbindung Beschäftigung nur auf eigenen Wunsch; nach der Entbindung 8 Wochen absolutes Beschäftigungsverbot (bei Früh- und Mehrlingsgeburten 12 Wochen)
Stillenden Müttern ist auf ihr Verlangen die zum Stillen erforderliche Zeit einzuräumen, ohne dass Verdienstausfall eintritt
Während der Schutzfristen erhalten die Frauen ein kalendertägliches Mutterschaftsgeld in Höhe von DM 25,– von der Krankenkasse. Der Arbeitgeber zahlt während dieses Zeitraumes einen Zuschuss zum Mutterschaftsgeld bis zur Höhe des letzten Nettogehaltes.

Bundeserziehungsgeldgesetz: Alle Mütter oder Väter haben einkommensabhängig Anspruch auf ein Erziehungsgeld in Höhe von DM 600,– vom Tage der Geburt des Kindes bis zur Vollendung des 24. Lebensmonats des Kindes. Arbeitnehmerinnen und Arbeitnehmer haben bis zur Vollendung des 3. Lebensjahres eines Kindes Anspruch auf Erziehungsurlaub.

Beitrags- und Meldeverfahren: Ein maschinenlesbares **Versicherungsnachweisheft** ermöglicht ein einheitliches Meldeverfahren für die Kranken-, Renten-, Pflege- und Arbeitslosenversicherung.

Als **Beiträge** werden bestimmte (häufiger wechselnde) Prozentsätze des Arbeitsentgeltes (Krankenversicherung etwa 13 bis 14 Prozent, Rentenversicherung um 20 Prozent, Arbeitslosenversicherung bei 6,5 Prozent, Pflegeversicherung 1,6 Prozent) bis zu einer bestimmten Höchstgrenze, der Beitragsbemessungsgrenze (Krankenversicherung 75 % des Betrages der Rentenversicherung), bestimmt.

EINIGE FRAGEN ZUM ÜBEN

Welche Personen haben Anspruch auf Hilfe nach dem Sozialhilfegesetz?
Welche Gesichtspunkte sind bei der Bemessung der Sozialhilfe zu berücksichtigen?
Nennen Sie die Träger der Sozialhilfe!
Erläutern Sie die Mitteilungspflicht nach dem Mutterschutzgesetz!
Beschreiben Sie das durch das Mutterschutzgesetz festgelegte Kündigungsverbot für Schwangere und Mütter!
Wann darf eine Schwangere nicht mehr im Betrieb beschäftigt werden?
Welche Arbeiten darf eine Schwangere nicht ausführen?
Welche Bedingungen gelten für stillende Mütter?
Welche Personen haben für welchen Zeitraum Anspruch auf Erziehungsurlaub und Erziehungsgeld?
Nennen Sie die Träger der einzelnen Sozialversicherungszweige und die versicherten Risiken!
Welche Aufgabe hat die gesetzliche Rentenversicherung?
Welche Aufgaben hat die Arbeitslosenversicherung?
Welche Aufgaben hat die Unfallversicherung?
Nennen Sie den Unterschied zwischen Arbeitsunfall und Berufskrankheit!
Welche Aufgaben hat die Pflegeversicherung?

19. Sicherheit am Arbeitsplatz für alle

ZIELE DES RAHMENLEHRPLANS

- Grundsätze und Maßnahmen des Arbeitsschutzes zur Vermeidung von Gesundheitsschäden und Vorbeugung gegen Berufskrankheiten kennen und beachten
- Wichtige Unfallverhütungsvorschriften der ärztlichen Praxis erläutern
- Leistungen der gesetzlichen Unfallversicherung aus den jeweiligen Rechtsvorschriften ableiten

Jede Arzthelferin hat die Pflicht, die Unfallverhütungsvorschriften zu befolgen. Die zur Verhütung von Unfällen gegebenen Anweisungen und Belehrungen sind zu beachten. Andere Personen, die der Arzthelferin zur Hilfe oder Unterweisung zugeteilt sind (z. B. andere Arzthelferinnen, Reinmachefrauen u. dgl.), hat sie auf die mit ihrer Beschäftigung verbundenen Gefahren und auf die in Frage kommenden Unfallverhütungsvorschriften aufmerksam zu machen. Sie hat darauf zu achten, dass die Verhaltensmaßregeln auch befolgt werden.

19.1. Arbeitsschutz und Unfallverhütung

Jeder Unfall eines Patienten kann rechtliche Folgen und Schadenersatzansprüche verursachen.

Haftpflichtig ist in diesem Falle der Praxisinhaber, der sich gegen Risiken dieser Art mit einer Haftpflichtversicherung absichern muss.

Arzt und Arzthelferin jedoch müssen zusätzlich stets darum bemüht sein, Gefahrenquellen, soweit irgend möglich, zu erkennen und abzubauen.

19.1.1. Unfallverhütungsvorschriften

Für den Bereich des Gesundheitsdienstes gelten die Unfallverhütungsvorschriften der BGW (UVV) vom 1. Oktober 1982.

Die Unfallverhütungsvorschriften werden von der BGW auf Anforderung kostenlos zur Verfügung gestellt (Pappelallee 35–37, 20000 Hamburg 76)

Praxisinhaber und Krankenhausverwaltung bzw. Chefarzt müssen alle beschäftigten Personen in regelmäßigen Abständen auf die Vorschriften hinweisen und diese gegebenenfalls erläutern.

Untersuchung vor Aufnahme der Tätigkeit (§ 2 UVV)

Bestimmte Tätigkeiten dürfen in der Praxis nur Personen übertragen werden, die eine abgeschlossene Ausbildung in Berufen des Gesundheitswesens haben oder die von einer fachlich geeigneten Person unterwiesen sind und beaufsichtigt werden. Bei diesen Personen muss der Gesundheitszustand durch arbeitsmedizinische Vorsorgeuntersuchungen (Erstuntersuchung vor Aufnahme der Beschäftigung und Nachuntersuchung während dieser Beschäftigung) überwacht werden.

▶ *Arbeitsschutzgesetze.*

Der Umfang der Untersuchung richtet sich nach der Gefährdung durch die Arbeit unter besonderer Berücksichtigung der Einwirkung von Krankheitserregern. Arbeitsmedizinische Vorsorgeuntersuchungen sind für bestimmte Tätigkeiten im Gesundheitsdienst auch durch andere Vorschriften gefordert, wie z. B. die Strahlenschutzverordnung, die Röntgenverordnung, die Arbeitsstoffverordnung, das Jugendarbeitsschutzgesetz u. a.

Behandlungsgeräte (§ 3 UVV)
Mit der Behandlung von medizinischen Geräten, die bei ihrer Anwendung zu einer Gefährdung von Beschäftigten oder Patienten führen können, dürfen nur Personen befasst werden, die in der Bedienung des jeweiligen Gerätes unterwiesen und über die möglichen Gefahren und deren Abwendung unterrichtet sind.

Schutzimpfungen (§ 4 UVV)
Die in der ärztlichen Praxis Beschäftigten müssen über die für sie in Frage kommenden Maßnahmen zur Immunisierung (Schutzimpfung) bei Aufnahme ihrer Tätigkeit und aus gegebener Veranlassung unterrichtet werden. Die im Einzelfall gebotenen Maßnahmen zur Immunisierung sind im Einvernehmen mit dem Arzt, der die arbeitsmedizinischen Vorsorgeuntersuchungen durchführt, festzulegen. Die Immunisierung ist den Beschäftigten kostenlos zu ermöglichen.

▶ *Hepatitis-B-Schutzimpfung.*

Hepatitis-B-Schutzimpfung: Überall dort, wo Ärzte und Mitarbeiter in ärztlichen Praxen besonders infektionsgefährdet sind, wird die Hepatitis-B-Schutzimpfung für notwendig gehalten. Dies gilt insbesondere für Ärzte und ihre Mitarbeiter, die z. B. durch Injektionen und Blutentnahmen sowie Bluruntersuchungen besonders der Gefahr ausgesetzt sind, sich an einem Patienten anzustecken.

Übertragbare Krankheiten (§ 5 UVV)
In der Praxis auftretende übertragbare Krankheiten, die für die Arzthelferin schwerwiegende Folgen haben können, müssen dem Arzt unverzüglich mitgeteilt werden, der die arbeitsmedizinischen Vorsorgeuntersuchungen durchführt. Durch organisatorische und hygienische Maßnahmen ist dafür zu sorgen, dass der Kontakt zu ansteckend Erkrankten auf möglichst wenige Personen beschränkt wird.

Dies gilt insbesondere für übertragbare Krankheiten, die nach dem Bundesseuchengesetz zu melden sind, und solche, die zwar nicht meldepflichtig sind, aber epidemisch schwer verlaufen oder häufig mit Komplikationen einhergehen, wie z. B. Virusgrippe, Staphylokokken-Pneumonie, epidemische Konjunktivitisformen, Coxsackie-Infektionen, verschiedene Durchfallerkrankungen.

Händedesinfektion (§ 6 UVV)
In Arztpraxen sind leicht erreichbare Händewaschplätze mit fließend warmem und kaltem Wasser, Direktspender mit hautschonenden Waschmitteln, Händedesinfektionsmitteln und geeignete Hautpflegemittel sowie Handtücher zum einmaligen Gebrauch zur Verfügung zu stellen. Händedesinfektion nach der Schüsselmethode ist nur zulässig, wenn der Desinfektionserfolg sichergestellt und eine Schädigung der Haut der Hände verhindert ist.

Hautpflegemittel aus einem von allen Beschäftigten gemeinsam benutzten Behälter ohne Dosiereinrichtung sind ungeeignet. Führt ein Händedesinfektionsmittel bei längerem Gebrauch zu Allergien, sollte ein regelmäßiger Wechsel des Mittels erfolgen.

Schutzbekleidung (§7UVV)
Kann die Kleidung der Arzthelferin mit Krankheitskeimen verschmutzt werden, muss ihr in ausreichender Stückzahl Schutzkleidung zur Verfügung gestellt werden. Zusätzlich müssen zur Verfügung stehen

- dünnwandige und flüssigkeitsdichte Handschuhe (in verschiedenen Größen), wenn die Hände mit Blut, Ausscheidungen, Eiter oder hautschädigenden Stoffen in Berührung kommen können,
- feste, flüssigkeitsdichte Handschuhe zum Desinfizieren und Reinigen benutzter Instrumente, Geräte und Flächen,
- flüssigkeitsdichte Schürzen, wenn damit zu rechnen ist, dass die Schutzkleidung durchnässt wird,
- flüssigkeitsdichte Fußbekleidung, wenn mit Durchnässen des Schuhwerks zu rechnen ist,
- Gesichts- und Kopfschutz, wenn mit Verspritzen oder Versprühen infektiöser Stoffe zu rechnen ist und technische Maßnahmen keine ausreichende Abschirmung bewirken.

Der Praxisinhaber hat für die Desinfektion, Reinigung, Instandhaltung und getrennte Aufbewahrung der getragenen Schutzkleidung geeignete Vorkehrungen zu treffen. Vor Betreten der Aufenthaltsräume ist die getragene Schutzkleidung abzulegen.

Hygieneplan (§ 9 UVV)

Für die einzelnen Arbeitsbereiche ist entsprechend der Infektionsgefährdung ein Hygieneplan aufzustellen, der Maßnahmen zur Desinfektion, Reinigung und Sterilisation sowie zur Ver- und Entsorgung schriftlich festlegt. Die Durchführung des Planes ist zu überwachen.

Bei der Reinigung der Arbeitsbereiche müssen staubbindende Reinigungsverfahren angewendet werden; ist dies nicht möglich, muss vor der Reinigung desinfiziert werden. Benutzte Instrumente und Laborgeräte müssen vor einer Reinigung desinfiziert werden, sofern bei der Reinigung die Gefahr von Verletzungen besteht. Spitze, scharfe und zerbrechliche Gegenstände dürfen nur sicher umschlossen in den Abfall gegeben werden.

Hygieneplan (Reinigungs-, Desinfektions- und Sterilisationsplan)

Hygiene.

Er soll z. B. Angaben enthalten über:

- **Reinigung der Räume und Einrichtungsgegenstände**
- **Händedesinfektion**
- **Flächendesinfektion**
- **Raumdesinfektion**
- **Desinfektion von Apparaten, Instrumenten und anderen Gegenständen**
- **Wäscheerfassung und -desinfektion**
- **Abfallerfassung und -entsorgung**
- **Reinigung und Desinfektion der Abwurfschächte und pneumatischen Transportsysteme**
- **hygienische Überprüfung der lüftungstechnischen Anlagen**
- **Anzahl, Leistung, Betriebszeit und Ersatz von Ultraviolettstrahlern.**

Geeignete Desinfektionsmittel und -verfahren sind z. B. diejenigen, die
1. in der Liste nach § 10 c Bundesseuchengesetz oder
2. in der Liste der Deutschen Gesellschaft für Hygiene und Mikrobiologie veröffentlicht wurden.

Weitere wichtige Bestimmungen der UVV

Reinigung von Arbeitsbereichen: Es müssen staubbindende Reinigungsverfahren angewandt werden. Ist dies nicht möglich, muss vor der Reinigung desinfiziert werden.

Reinigungsverfahren.

Instrumente und Geräte: Benutzte Instrumente und Geräte müssen vor einer Reinigung desinfiziert werden, sofern bei der Reinigung die Gefahr von Verletzungen besteht. Oberflächen von Geräten müssen desinfizierbar sein.

Desinfektion, Abfallbeseitigung.

Abfall: Spitze, scharfe und zerbrechliche Gegenstände dürfen nur sicher umschlossen in den Abfall gegeben werden.

Toiletten: Für Praxismitarbeiter müssen gesonderte, für Patienten nicht zugängliche Toiletten zur Verfügung stehen.

Arzneimittel und Hilfsstoffe: Gesundheitsschädigende Einwirkungen von Arzneimitteln, Hilfsstoffen der Medizin und Desinfektionsmitteln müssen verhindert werden.

▶ *Infektionsgefahr.*

Arbeitsplätze mit besonderer Infektionsgefährdung: Jugendliche dürfen in Arbeitsbereichen mit erhöhter Infektionsgefährdung (hierzu gehören Lungenfachpraxen, Dialyse- und Endoskopiebereiche, medizinische Laboratorien u. a.) nicht beschäftigt werden. Dies gilt nicht, wenn die Tätigkeit zur Erreichung des Ausbildungszieles erforderlich ist und unter Aufsicht Fachkundiger erfolgt.

In Arbeitsbereichen mit besonderer Infektionsgefährdung dürfen nur Personen arbeiten, die über die mögliche Infektionsgefährdung unterrichtet sind.

In Arbeitsbereichen mit besonderer Infektionsgefährdung müssen an Händewaschplätzen Wasserarmaturen installiert sein, die ohne Berühren mit der Hand benutzt werden können.

In Arbeitsbereichen mit besonderer Infektionsgefährdung dürfen an Händen und Unterarmen keine Schmuckstücke, Uhren und Eheringe getragen werden.

In Arbeitsbereichen mit besonderer Infektionsgefährdung ist essen, trinken und rauchen nicht erlaubt.

19.1.2. Jugendarbeitsschutzgesetz

Das Gesetz zum Schutze der arbeitenden Jugend gilt für die Beschäftigung von Personen, die noch nicht 18 Jahre alt sind.

Das Gesetz legt fest, dass Kind ist, wer noch nicht 14 Jahre alt ist. Jugendlicher ist, wer 14, aber noch nicht 18 Jahre alt ist. Jugendliche, die der Vollzeitschulpflicht unterliegen, gelten als Kinder im Sinne des Gesetzes.

▶▶ *Arbeitszeit Jugendlicher.*

Arbeitszeit und Freizeit

Tägliche Arbeitszeit ist die Zeit vom Beginn bis zum Ende der täglichen Beschäftigung ohne die Ruhepausen. Unter der Schichtzeit versteht man die tägliche Arbeitszeit unter Hinzuziehung der Ruhepausen. Die wöchentliche Arbeitszeit wird von Montag bis ggf. einschl. Sonntag berechnet. Die Arbeitszeit, die an einem Werktag infolge eines gesetzlichen Feiertags ausfällt, wird auf die wöchentliche Arbeitszeit angerechnet.

Jugendliche dürfen nicht mehr als 8 Stunden täglich und nicht mehr als 40 Stunden wöchentlich beschäftigt werden. Wenn an einzelnen Werktagen die Arbeitszeit auf weniger als 8 Stunden verkürzt ist, können Jugendliche an den übrigen Werktagen derselben Woche bis zu 8,5 Stunden beschäftigt werden.

▶▶ *Schichtzeit.*

Bei ihrer Beschäftigung darf die Schichtzeit normalerweise 10 Stunden nicht überschreiten. Nach § 6 Abs. 6 des Manteltarifvertrages für Arzthelferinnen kann die Schichtzeit für Jugendliche in Arztpraxen bis auf 11 Stunden verlängert werden. Ausnahmen gibt es auch für den Bergbau (8 Stunden) und das Gaststättengewerbe (11 Stunden).

Jugendliche dürfen nur in der Zeit von 7.00 bis 20.00 Uhr beschäftigt werden. Hierzu gibt es eine Reihe von Ausnahmen.

Eine Beschäftigung ist nur an 5 Tagen in der Woche erlaubt, wobei für Samstage und Sonntage festgelegt ist, dass Jugendliche nicht beschäftigt werden dürfen.

Ärztlicher Notdienst: Für die in Ausbildung befindliche Arzthelferin ist wichtig, dass die Beschäftigung Jugendlicher an Samstagen und Sonntagen zum Zwecke des ärztlichen Notdienstes erlaubt ist. Hierbei ist aber darauf zu achten, dass mindestens 2 Samstage und jeder 2. Sonntag beschäftigungsfrei bleiben. Mindestens 2 Sonntage im Monat müssen beschäftigungsfrei sein.

Werden Jugendliche am Samstag oder Sonntag beschäftigt, ist ihnen die 5-Tage-Woche durch Freistellung an einem anderen berufsschulfreien Arbeitstag derselben Woche sicherzustellen.

Am 24. und 31. Dezember nach 14.00 Uhr sowie an gesetzlichen Feiertagen dürfen Jugendliche nicht beschäftigt werden.

Zulässig ist jedoch die Beschäftigung jugendlicher auszubildender Arzthelferinnen im Rahmen des ärztlichen Notdienstes an gesetzlichen Feiertagen. Ausgenommen sind folgende Feiertage: 1. Januar, 1. Osterfeiertag, 1. Pfingstfeiertag, 1. Mai und 25. Dezember. Eine Freistellung muss entsprechend der Regelung für Samstage und Sonntage erfolgen.

Ruhepausen: Jugendlichen müssen im Voraus feststehende Ruhepausen von angemessener Dauer gewährt werden. Die Ruhepausen müssen mindestens betragen:

- 30 Minuten bei einer Arbeitszeit von mehr als 4 1/2 bis zu 6 Stunden
- 60 Minuten bei einer Arbeitszeit von mehr als 6 Stunden.

Als Ruhepause gilt nur eine Arbeitsunterbrechung von mindestens 15 Minuten. Ruhepausen müssen frühestens 1 Stunde nach Beginn und spätestens 1 Stunde vor Ende der Arbeitszeit gewährt werden. Länger als 4 1/2 Stunden hintereinander dürfen Jugendliche nicht ohne Ruhepause beschäftigt werden.

Ausnahmen: Bei vorübergehender Beschäftigung und bei unaufschiebbaren Arbeiten in Notfällen finden die Bestimmungen über die Arbeitszeit, die Schichtzeit, die Ruhepausen, die Freizeit, Samstags-, Sonn- und Feiertagsruhe und über die 5-Tage-Woche keine Anwendung, sofern erwachsene Beschäftigte nicht zur Verfügung stehen und die Mehrarbeit durch eine entsprechende Verkürzung der Arbeitszeit innerhalb der nächsten 3 Wochen ausgeglichen wird.

Urlaub: Der Arbeitgeber hat Jugendlichen für jedes Kalenderjahr einen bezahlten Erholungsurlaub zu gewähren. Samstage werden als Werktage gerechnet. Der Urlaub sollte in den Berufsschulferien liegen. Ist dies aus betrieblichen Gründen nicht einzuhalten, ist für jeden Tag, an dem der Jugendliche während des Urlaubs die Berufsschule besucht, ein weiterer Urlaubstag zu gewähren.

Es *gilt das Alter zu Beginn des Kalenderjahres.* Der jährlich zu gewährende Jahresurlaub ist in Werktagen festgelegt.

Werktage sind alle Kalendertage mit Ausnahme der Sonn- und Feiertage. Da die tarifvertraglichen Vereinbarungen die aus dem Jahre 1976 stammenden Schutzbestimmungen des Jugendarbeitsschutzgesetzes zwischenzeitlich überholt haben, wird nach dem Günstigkeitsprinzip verfahren, d. h. auch die minderjährigen Auszubildenden erhalten Erholungsurlaub nach dem Manteltarifvertrag für Arzthelferinnen bis zum vollendeten 30. Lebensjahr z. Z. 26 Arbeitstage Urlaub.

Berufsschule

Der Arbeitgeber hat den Jugendlichen für die Teilnahme am Berufsschulunterricht freizustellen. An **einem** Berufsschultag in der Woche mit mehr als 5 Unterrichtsstunden dürfen Jugendliche nicht mehr beschäftigt werden; dieser Tag ist mit 8 Stunden auf die wöchentliche Arbeitszeit anzurechnen. An Berufsschultagen dürfen Jugendliche ferner nicht beschäftigt werden

- vor einem vor 9.00 Uhr beginnenden Unterricht,
- in Berufsschulwochen mit Blockunterricht von mindestens 25 Stunden an mindestens fünf Tagen.

Zusätzliche betriebliche Ausbildungsveranstaltungen bis zu zwei Stunden wöchentlich sind jedoch zulässig.

Bei weiteren Berufsschultagen wird nur die in der Schule verbrachte Unterrichtszeit einschließlich Pausen auf die Arbeitszeit

◀◀ **Sonntagsarbeit.**

◀◀ **Notdienst.**

◀ **Manteltarifvertrag.**

angerechnet, d. h., eine Jugendliche kann unter Umständen nachmittags noch in der Praxis eingesetzt werden.

▶ *Berufsschule.*

Die **Wegezeit** von der Praxis oder von der Wohnung zur Schule und zurück ist weder Arbeits- noch Unterrichtszeit. Auf die Arbeitszeit ist lediglich die Unterrichtszeit einschl. Schulpausen anzurechnen. Der Arbeitgeber hat den Jugendlichen jedoch für die Unterrichtszeit und die Wegezeit von der Arbeit freizustellen.

▶▶ *Ausbildungspflicht.*

Die Freistellung von einer Beschäftigung im Betrieb vor und nach der Berufsschule ist nunmehr auf jugendliche Auszubildende unter 18 Jahren beschränkt.

▶▶ *Ausbildungsziel.*

§ 9 Jugendarbeitsschutzgesetz

Berufsschule

Der Arbeitgeber hat den Jugendlichen für die Teilnahme am Berufsschulunterricht freizustellen. Er darf den Jugendlichen nicht beschäftigen

- **vor einem vor 9.00 Uhr beginnenden Unterricht,**
- **an einem Berufsschultag mit mehr als fünf Unterrichtsstunden von mindestens je 45 Minuten, einmal in der Woche,**
- **in Berufsschulwochen mit einem planmäßigen Blockunterricht von mindestens 25 Stunden an mindestens fünf Tagen; zusätzlich betriebliche Ausbildungsveranstaltungen bis zu zwei Stunden sind wöchentlich zulässig.**

Auf die Arbeitszeit wird angerechnet

- **Berufsschultage nach Absatz 1 Nr. 2 mit acht Stunden**
- **Berufsschulwochen nach Absatz 1 Nr. 3 mit 40 Stunden**
- **im Übrigen die Unterrichtszeit einschließlich der Pausen**

(3) Ein Entgeltausfall darf durch den Besuch der Berufsschule nicht eintreten.

Für die Teilnahme an Prüfungen und Ausbildungsmaßnahmen sowie an dem Arbeitstag, der der schriftlichen Abschlussprüfung unmittelbar vorangeht, hat der Arbeitgeber den Jugendlichen ohne Entgeltausfall freizustellen. Eine außerbetriebliche Ausbildung kann auch an Samstagen oder Sonntagen stattfinden; in diesem Falle muss jedoch der Jugendliche in der darauf folgenden Woche entsprechend von der Arbeit freigestellt werden.

Pflichten des Arbeitgebers

Der Arbeitgeber darf Jugendliche mit Arbeiten

- die ihre Leistungsfähigkeit übersteigen
- bei denen sie sittlichen Gefahren ausgesetzt sind
- die mit Unfallgefahren verbunden sind
- bei denen durch außergewöhnliche Hitze oder Kälte oder starke Nässe die Gesundheit gefährdet wird
- bei denen sie schädlichen Einwirkungen von Lärm, Erschütterung, Strahlen oder von giftigen, ätzenden oder reizenden Stoffen ausgesetzt sind

nicht beschäftigen. Ausnahmen sind zur Erreichung des Ausbildungszieles bei entsprechendem Schutz möglich.

Der Arbeitgeber hat die Jugendlichen vor Beginn der Beschäftigung über die Unfall- und Gesundheitsgefahren, denen sie bei der Beschäftigung ausgesetzt sind, sowie über die Einrichtung von Maßnahmen zur Abwendung dieser Gefahren zu unterweisen. Die Unterweisungen sind in angemessenen Zeitabständen, mindestens aber halbjährlich, zu wiederholen.

Jugendliche dürfen nicht körperlich gezüchtigt werden und müssen vom Arbeitgeber vor körperlicher Züchtigung und Misshandlung und vor sittlicher Gefährdung durch andere geschützt werden. Der Arbeitgeber darf Jugendlichen unter 16 Jahren keine alkoholischen Getränke und Tabakwaren, Jugendlichen über 16 Jahren keinen Branntwein (hochprozentige alkoholische Getränke) geben.

Gesundheitliche Betreuung (Jugendarbeitsschutzuntersuchungen)
Ein Jugendlicher darf nur beschäftigt werden, wenn er sich einer Reihe von Untersuchungen unterwirft. Diese können bei einem Arzt seiner Wahl erfolgen. Ein Jugendlicher, der in das Berufsleben eintritt, darf nur beschäftigt werden, wenn er innerhalb der letzten 14 Monate von einem Arzt untersucht worden ist (*Erstuntersuchung*) und dem Arbeitgeber eine von diesem Arzt ausgestellte Bescheinigung vorliegt.

Ein Jahr nach Aufnahme der ersten Beschäftigung hat sich der Arbeitgeber die Bescheinigung eines Arztes darüber vorlegen zu lassen, dass der Jugendliche nachuntersucht worden ist (*erste Nachuntersuchung*). Die Nachuntersuchung darf nicht länger als 3 Monate zurückliegen. Der Arbeitgeber soll den Jugendlichen 9 Monate nach Aufnahme der ersten Beschäftigung auf den Zeitpunkt der ihm vorzulegenden ärztlichen Bescheinigung hinweisen und ihn auffordern, die Nachuntersuchung bis dahin durchführen zu lassen.

Der Jugendliche darf nach Ablauf von 14 Monaten nach Aufnahme der ersten Beschäftigung nicht weiter beschäftigt werden, solange er die Bescheinigung über die erste Nachuntersuchung nicht vorgelegt hat.

Nach Ablauf jeden weiteren Jahres nach der ersten Nachuntersuchung kann sich der Jugendliche erneut nachuntersuchen lassen (weitere Nachuntersuchung).

Außergewöhnliche Nachuntersuchung

Unter bestimmten Voraussetzungen kann der Arzt eine außergewöhnliche Nachuntersuchung anordnen.

◀◀ ***Erste Nachuntersuchung.***

◀◀ ***Weitere Nachuntersuchung.***

19.2. Arbeitsunfall und Berufskrankheit

19.2.1. Arbeitsunfall

Arbeitsunfälle sind Unfälle, die sich während der Arbeit eines Versicherten oder auf dem Wege von und zur Arbeit ereignen. Für einen Arbeitsunfall müssen die folgenden Voraussetzungen erfüllt sein:

Eine versicherte Person muss bei einer versicherten Tätigkeit einen Unfall mit einem Körperschaden erleiden.

Kein Arbeitsunfall liegt vor, wenn eine der Voraussetzungen fehlt.

Versicherte Personen sind alle gesetzlich, satzungsgemäß oder freiwillig bei einem Unfallversicherungsträger Versicherten, z. B. alle Arbeitnehmer, bestimmte Gruppen von Selbständigen, Kindergartenkinder, Schüler und Studenten, Teilnehmer an Rehabilitationsmaßnahmen. Nicht versichert sind z. B. Beamte und ihnen gleichgestellte Personen im Rahmen ihrer dienstlichen Tätigkeit.

Versicherte Tätigkeiten sind z. B. die betriebliche Tätigkeit, der Besuch des Kindergartens, der Schule und der Hochschule, der Weg von und nach der Tätigkeit, Betriebsfahrten, Lohn- und Gehaltsabhebungen einmal je Abrechnungszeitraum bei einem Geldinstitut und Verwahrung, Beförderung, Instandhaltung oder Erneuerung von Arbeitsgeräten.

Unfälle sind körperlich schädigende, zeitlich begrenzte, äußere Ereignisse (z. B. Sturz, Schlag).

Körperschäden sind regelwidrige Gesundheitsschäden aus unmittelbarer oder mittelbarer Unfallfolge, z. B. Prellungen, Quetschungen, Zerrungen, Frakturen u. ä.

19.2.2. Wegeunfall

Als Arbeitsunfall gilt auch ein Unfall, der sich auf dem Weg von oder zur Arbeitsstätte (bzw. Kindergarten, Schule) ereignet. Er wird als Wegeunfall bezeichnet. Der versicherte Weg beginnt und endet an der Außentür des Wohnhauses. Es ist nur der direkte und unmittelbare Weg von und zur Arbeitsstätte versichert. Als direkter und unmittelbarer Weg gelten der kürzeste Weg, der verkehrsgerechte Weg (z. B. Schnellstraße bei Pkw-Benutzung) oder die Fahrstrecke des öffentlichen Verkehrsmittels.

▶ *Unmittelbarer Weg.*

19.2.3. Berufskrankheiten

Berufskrankheiten sind Krankheiten, die sich ein Versicherter in Folge besonderer Gesundheitsschädigung bei seiner Arbeit zugezogen hat und die in der Berufskrankheitsverordnung aufgeführt sind. Hierunter fallen z. B. Infektionskrankheiten und Schädigungen durch Erkrankungen durch Röntgenstrahlen. Eine ärztliche Anzeige der Berufskrankheiten ist zu erstatten, wenn der begründete Verdacht besteht, dass eine Berufskrankheit im Sinne der Berufskrankheitenverordnung vorliegt. Todesfälle, besonders schwere Berufskrankheiten und Massenerkrankungen sind telefonisch dem zuständigen Unfallversicherungsträger und bei gewerblichen Betrieben dem Gewerbeaufsichtsamt zu melden. Es besteht Meldepflicht.

▶ *Meldepflicht.*

19.2.4. Meldungen

Meldungen durch den Betrieb

Jeder Arbeitsunfall bzw. Schulunfall und jede Berufskrankheit müssen umgehend vom Betrieb, der Schule usw. der zuständigen Verwaltung des Unfallversicherungsträgers gemeldet werden. Ist diese nicht bekannt, ist die Meldung an die Hauptverwaltung zu richten. Bei Arbeitsunfällen ist die gelbe Unfallanzeige in einfacher Ausfertigung, bei Berufskrankheiten das grüne Formular »Ärztliche Anzeige über eine Berufskrankheit« in zweifacher Ausfertigung direkt an den Unfallversicherungsträger einzusenden.

Ärztliche Unfallmeldung

Der Arzt erstattet die ärztliche Unfallmeldung mit dem Arztvordruck 13 (im Rahmen der Schülerunfallversicherung mit dem Arztvordruck S13 oder A13) am Tage der ersten Inanspruchnahme durch den Unfallverletzten, spätestens jedoch am Tag darauf beim Durchgangsarzt oder gegebenenfalls beim Augen-, HNO- oder Hautarzt. Der Arztvordruck 13 besteht aus einem dreiteiligen Satz (weiß für Unfallversicherungsträger sowie zwei grüne Kopien für Arzt und Abrechnung mit Unfallversicherungsträger nach abgeschlossener Behandlung).

Hat offensichtlich kein Arbeitsunfall vorgelegen, kann der Unfallversicherungsträger innerhalb von 10 Tagen nach Eingang des Arztvordruckes 13 seiner Leistungspflicht widersprechen. In diesem Falle entfällt ein Anspruch auf Vergütung von Beginn der allgemeinen Heilbehandlung an. Erfolgt ein Widerspruch später, so entfällt der Vergütungsanspruch nach Eingang des Widerspruchs beim Arzt.

Ein Arbeitsunfall liegt offensichtlich nicht vor bei einem Unfall während einer privaten Tätigkeit oder in der Regel bei Bandscheibenvorfall, Leistenhernie, Lumbago. Die Tatsachenbestandsaufnahme (Unfallaufnahme) erfolgt durch den Arzt. Die rechtliche Entscheidung über das Vorliegen eines Arbeitsunfalles ist Aufgabe des Unfallversicherungsträgers.

Durchgangsarzt

Bei einem Durchgangsarzt handelt es sich um einen Chirurgen oder Orthopäden, der auf Grund besonderer Erfahrungen in der Behandlung von Unfällen von den Unfallversicherungsträgern zum Durchgangsarzt bestellt worden ist.

Eine Vorstellung beim Durchgangsarzt ist erforderlich, wenn

- die Unfallverletzung zur Arbeitsunfähigkeit führt oder
- die Behandlungsbedürftigkeit voraussichtlich mehr als eine Woche dauert
- in allen Wiedererkrankungsfällen

Die Vorstellung beim Durchgangsarzt erfolgt mit dem hellblauen Überweisungsformular »ÜV«.

Der Durchgangsarzt beurteilt und entscheidet, ob eine besondere Heilbehandlung angezeigt ist. Leitet er diese besondere Heilbehandlung ein, so veranlasst er sofort die erforderlichen Maßnahmen. Der Unfallverletzte bleibt in seiner Behandlung. Unabhängig davon erstattet der Durchgangsarzt einen Durchgangsbericht auf dem Vordruck D13 an den Unfallversicherungsträger.

Ist eine besondere Heilbehandlung nicht erforderlich, wird der Unfallverletzte an den Hausarzt verwiesen. Dieser führt dann die allgemeine Heilbehandlung zu Lasten des Unfallversicherungsträgers durch. Dies gilt für etwa 80 Prozent der Verletzungsfälle. Ist eine Vorstellung beim Durchgangsarzt nicht erforderlich (»Bagatellunfälle«), fertigt der behandelnde Arzt den Arztvordruck A13 aus und rechnet seine Leistungen ebenfalls im Rahmen der allgemeinen Heilbehandlung beim Unfallversicherungsträger ab. Unfallverletzte, die von einem Chirurgen behandelt werden, sind von der Vorstellung beim Durchgangsarzt befreit. Das Gleiche gilt bei Orthopäden im Rahmen ihres Fachgebietes.

Schülerunfallversicherung

Die Schülerunfallversicherung ist Bestandteil der gesetzlichen Unfallversicherung. Träger sind die Gemeindeunfallversicherungsträger oder die Ausführungsbehörden für Unfallversicherung der Länder. Versichert sind Schüler, Kinder in Kindergärten, Studenten.

Schulunfälle sind Unfälle, die Kinder während des Besuchs von Kindergärten, Schüler während des Besuchs von Schulen und Studierende während des Besuchs von Hochschulen erleiden. Auch die Wege von und zum Kindergarten, von und zur Schule und Hochschule sind versichert.

Formular 13S

Zur Abrechnung der Leistungen im Schülerunfallheilverfahren wird ein dreiteiliger Vordruck (13S) verwendet. Teil 1 (rosa) dient der Meldung des Unfalls an den zuständigen Unfallversicherungsträger durch den Arzt. Teil 2 (grün) wird für die Abrechnung des behandelnden Arztes verwendet. Abgerechnet wird über die Kassenärztliche Vereinigung. Teil 3 (gelb) dient zum Verbleib beim behandelnden Arzt. Der Vordruck 13S ist über die zuständige Kassenärztliche Vereinigung zu beziehen.

◄◄ *Durchgangsarzt.*

◄ *Schulunfälle.*

◄ *Unfallversicherungsträger.*

19.3. Medizinproduktegesetz

Medizinprodukte sind Instrumente, Apparate, Vorrichtungen, Stoffe und Zubereitung aus Stoffen oder andere Gegenstände (einschließlich der für einwandfreies Funktionieren des Medizinproduktes eingesetzten Software), die vom Hersteller zur Anwendung für Menschen zu gleichen Zwecken wie Arzneimittel in den Verkehr gebracht werden.

Das Medizinproduktegesetz (MPG) ergibt sich weitgehend aus Vorschriften der Europäischen Union und wird für die Medizinprodukte an die Stelle des Arzneimittelgesetzes, des Gerätesicherheitsgesetzes, des Eichgesetzes und die dazugehörigen Verordnungen treten. Es hat den Zweck, dass künftig nur noch solche Medizinprodukte verwendet werden dürfen, die die Gesundheit der Patienten nicht gefährden.

▶ *CE-Zeichen.*

Nach dem Medizinproduktegesetz hergestellte Produkte sind an dem Kennzeichen »CE« (Conformité Européene) zu erkennen.

Das MPG ist am 1. Januar 1995 mit einer Übergangsfrist bis zum 13. Juni 1998 in Kraft getreten. Medizinprodukte ohne CE-Zeichen dürfen keine Verwendung mehr finden.

MEMO!

Medizinprodukte unterscheiden sich von Arzneimitteln dadurch, dass sie überwiegend auf physikalischem Weg ihre Zweckbestimmung erreichen.

19.4. Besondere Gefahren in der Arztpraxis

▶▶ *Verletzungen*
- vermeiden
- vorbeugen.

Untersuchungsmaterial und Infektionsgefahr

Menschliches Untersuchungsmaterial (Blut, Auswurf, Abstrich, Urin, Stuhl, Eiter, Gewebekulturen) kann ansteckend sein. Direkte Berührung muss unter allen Umständen vermieden werden. Beim Umgang mit menschlichem Untersuchungsmaterial sind Handschuhe anzuziehen. Nach einer ungewollten Berührung muss man sich gründlich desinfizieren. Unsachgemäß verpackte und an Untersuchungesstellen versandte Materialien gefährden andere Menschen.

▶▶ *Gebrauchte*
- Instrumente
- Spritzen
- Kanülen.

Pipettieren

Selbst wenn sich der Pipettiervorgang dadurch verzögern sollte, sind Pipettierhilfen zu verwenden, die eine Mundberührung der Pipette umgehen. Bei Stuhl- und Urinuntersuchungen ist Pipettieren überflüssig; schon aus diesem Grunde dürfen Pipetten nur am serologischen Arbeitsplatz stehen.

MEMO!

Besondere Infektionsgefahr besteht beim Pipettieren. Das Pipettieren mit dem Mund ist verboten.

Verboten ist der Gebrauch von Blutsenkungsapparaten, in welche das Blut nur mit dem Munde aufgesaugt werden kann; es gibt ausreichend technisch durchdachte Blutsenkungsapparaturen, bei denen das für die Blutsenkungsreaktion mit Natrium citricum gemischte Blut mit der Entnahmespritze von unten her eingedrückt werden kann.

Blutuntersuchungen dürfen nicht am gleichen Arbeitsplatz wie Urin- und Stuhluntersuchungen durchgeführt werden.

Verletzungen durch Kanülen, Ampullen und Instrumente

Hantiert die Arzthelferin mit einer Spritze, auf der die Kanüle steckt, so muss sie besonders vorsichtig sein. Die Kanülenspitze muss immer schräg nach unten gehalten werden, damit keine Person verletzt wird. Besondere Vorsicht muss die Arzthelferin walten lassen beim Aufschneiden einer Ampulle. Sowohl splitterndes Glas als auch die Säge selbst können Verletzungen setzen.

Nicht mehr:

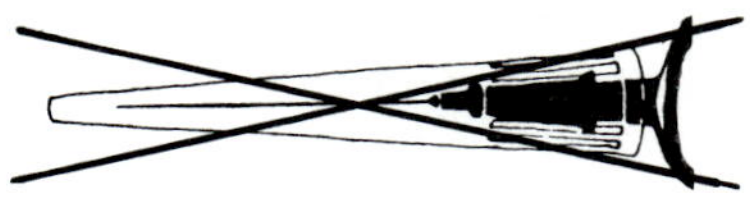

Zurückstecken der gebrauchten Kanüle in die Schutzhülle oder

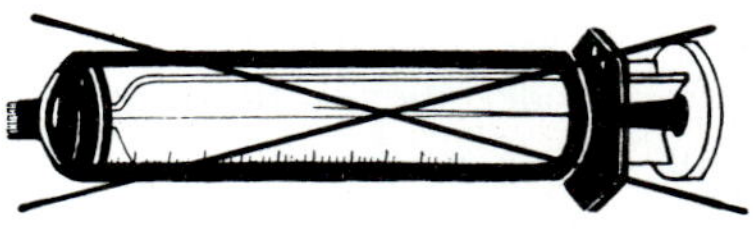

neben den Stempel der Einmalspritze.

Verletzungsgefahr besteht auch beim Aufsägen einer Glasampulle. Die Ampullenspitze darf nach dem Ansägen des Ampullenhalses nur mit feuchtem Alkoholtupfer angefasst und abgebrochen werden.

Einwegkanülen bieten Infektionsschutz und Arbeitserleichterung. Das gilt auch für Einweglanzetten und -skalpelle.

MEMO!

Einweggeräte dürfen nicht direkt in den Abfallbeutel geworfen werden, da sie diesen durchdringen und zu Verletzungen der Haut führen können (Gefahr der Keimverschleppung mit den Folgen der Hepatitis und Sepsis).

Nach Injektion wird die Kanüle nicht in die Schutzhülle oder Einmalspritze zurückgesteckt. Ohne weitere Manipulation werden Spritze und aufgesteckte Kanüle in einen festwandigen, verschließbaren Kunststoffbehälter entsorgt.

MEMO!

Gebrauchte Instrumente, Spritzen und Kanülen sind immer als infektiös anzusehen. Handelt es sich um Einmalartikel, sind sie so zu beseitigen, dass eine Verletzungs- und Infektionsgefahr ausgeschlossen ist.

Verwechslung von Medikamenten

Muss die Arzthelferin ein Medikament in die Spritze aufziehen, so soll sie die leere Ampulle leicht über die Kanüle stülpen. Dadurch kann sich der Arzt, falls die Injektion nicht sofort vorgenommen werden sollte, stets vom Inhalt überzeugen.

Weitere Unfallgefahren in der Praxis

Unfällen vorbeugen.

Der Fußboden darf in einer Praxis niemals glatt gebohnert werden. Kranke und gebrechliche Personen könnten ausrutschen und stürzen.

Dem körperbehinderten Personen muss geholfen werden, sowohl beim Ausziehen als auch beim Hinlegen auf die Untersuchungsliege. Auch jeder Patientin, die sich auf den gynäkologischen Stuhl legen muss, soll Hilfestellung gegeben werden, damit sowohl beim Hinlegen als auch beim Aufstehen kein Unfall durch Ausgleiten oder Abrutschen geschehen kann. Kinder sollen in Praxisräumen nie ohne Aufsicht gelassen werden.

19.5. Vermeiden von Bränden – Verhalten bei Feuer

Vermeiden von Bränden

Unfallgefahren erkennen.

In den meisten Arztpraxen gibt es Geräte, Apparate und Materialien, die im Brandfall eine besondere Gefährdung darstellen können. Die Brandgefahr in einer Arztpraxis ist sicher nicht sehr viel größer als in einer Wohnung, trotzdem muss die Arzthelferin einige Regeln kennen und beachten:

- Vorsicht beim Umgang mit offenem Feuer. Nie eine offene Flamme unbeaufsichtigt lassen. Fahrlässiger Umgang mit offenem Feuer ist eine der häufigsten Brandursachen.
- Kein offenes Feuer in der Nähe brennbarer Flüssigkeiten (Äther, Alkohol, Benzin) und Gase verwenden. Brennbare Flüssigkeiten entwickeln entzündliche, explosionsfähige und manchmal giftige Dämpfe. Dämpfe brennbarer Flüssigkeiten und Gase sind mitunter schwerer als Luft, breiten sich unsichtbar am Boden aus und können sich selbst an entfernten Stellen entzünden.
- Der Inhalt von Spraydosen kann brennbar sein. Spraydosen nicht in der Nähe einer offenen Flamme verwenden und der Wärme aussetzen, sie können sonst

explodieren. Leere Spraydosen können noch Reste brennbarer Substanzen enthalten, auch deswegen nicht ins offene Feuer werfen.

Reparatur von Elektrogeräten.

- Unbeaufsichtigte Elektrogeräte, insbesondere Elektroöfen, Heizsonnen u. ä., beinhalten eine erhöhte Brandgefahr. Dies gilt ganz besonders bei defekten Geräten und nach unsachgemäßer Wartung oder Reparatur. Deswegen Elektrogeräte nur dann unbeaufsichtigt lassen, wenn sie von ihrer Konstruktion und Beschaffenheit die Gewähr dafür bieten, dass keine Brandgefahr entstehen kann. Reparaturen an elektrischen Geräten dürfen nur von Fachleuten durchgeführt werden. Defekte Geräte dürfen – auch wenn ihre Funktion nicht beeinträchtigt ist – nicht verwendet werden.
- Kunststoffe sind brennbar und verursachen eine intensive Rauchentwicklung, die im Brandfall zu Rauchvergiftungen und Panik führen kann. Aus diesem Grunde nie glimmende Tabakreste oder heiße Asche in Kunststoffbehälter oder Abfallbehälter, die Kunststoffabfälle enthalten, werfen.
- Flure und Treppen müssen in voller Breite als Flucht- und Rettungswege frei gehalten werden, um im Brandfall größeren Schaden zu vermeiden.

Verhaltensregeln im Brandfall

Wenn tatsächlich in einer Arztpraxis einmal ein Brand auftreten sollte, kommt es sehr auf das besonnene und richtige Verhalten der Arzthelferin an. Drei Regeln sind besonders wichtig:

Arbeitsplatzsicherheitsgesetz.

- **Ruhe bewahren**
- **Gefahr beurteilen**
- (Größe des Brandes? Explosionsgefahr? Gefährliche Substanzen in der Nähe des Brandes? Personen gefährdet? u. ä.)
- **Maßnahmen ergreifen**
- (ggf. Brand löschen oder Feuerwehr benachrichtigen, Personen in Sicherheit bringen, Strom und Gas abstellen u. ä.).

Sicherheitstechnische Überprüfung.

Wenn es sich um einen größeren Brand handelt, der nicht mit eigenen Mitteln gelöscht werden kann, sollte die Arzthelferin bis zum Eintreffen der Feuerwehr

- gefährdete Personen verständigen und in Sicherheit bringen, wenn keine Gefahr für ihr eigenes Leben besteht
- brennbares Material aus der Nähe des Brandherdes entfernen
- Türen und Fenster geschlossen halten und
- versuchen, den Brand zu bekämpfen

MEMO!

Nie soll bei einem größeren Brand ein eventuell vorhandener Aufzug als Fluchtweg benutzt werden.

Wenn die Feuerwehr eintrifft, müssen dem Einsatzleiter kurze, präzise Auskünfte über die Lage der Brandstelle, Ausdehnung des Brandes, gefährliche Stoffe, den Zugang zum Brandherd und vermisste und gefährdete Personen gegeben werden.

19.6. Sicherheitstechnische und ärztliche Überwachung

Aufgrund einer EG-Richtlinie (Nr. 89391) ist auf der Grundlage des Arbeitssicherheitsgesetzes für alle Betriebe mit einem Mitarbeiter und mehr seit dem 1. September 1995 eine sicherheitstechnische und ärztliche Überwachung einzuführen. Dies gilt natürlich auch für Arztpraxen. Entsprechende Bestimmungen sind in der Unfallverhütungsvorschrift Sicherheitsfachkräfte VGB 122 und der UVV Betriebsärzte VGB 123 zu finden.

Die sicherheitstechnische Überprüfung nimmt bei einer Praxis mit zwei Mitarbeiter/innen pro Jahr etwa eine Stunde, die ärztliche Überprüfung ca. 15 Minuten pro Mitarbeiter/in in Anspruch. Die Untersuchungen werden im technischen Teil von einem ausgebildeten Sicherheitsingenieur und im medizinischen Teil von einem dafür qualifizierten Arzt durchgeführt.

Arbeitsmedizinische Vorsorgeuntersuchungen, wie z. B. G 24 Hautkrankheiten, G 37 Bildschirmarbeitsplätze, G 42 Infektionskrankheiten, müssen selbstverständlich weiterhin stattfinden. Bei Nichteinhaltung der Bestimmungen drohen Bußgelder für die Arztpraxen.

Die Zeit der Einführung der sicherheitstechnischen und ärztlichen Überwachung in Arztpraxen richtet sich nach Gefahrenklassen.

Zum Wiederholen und Lernen.

MEMO!

WICHTIGES ZUM MERKEN

Für in Zusammenhang mit der Arbeit auftretende Schäden (Arbeitsunfall und Berufskrankheit) kommt bei Mitarbeiter(inne)n von Arztpraxen die **Berufsgenossenschaft für Gesundheit und Wohlfahrtspflege (BGW)** auf.

Berufskrankheiten sind Erkrankungen, die sich der Versicherte in Ausübung seiner Arbeit zuzieht und die in der Berufskrankheitenverordnung als solche bezeichnet sind. Bei Arzthelferinnen sind dies insbesondere Hepatitis B, Tuberkulose, andere Infektionskrankheiten und Allergien.

Unfallverhütungsvorschriften:
Jede Arzthelferin hat die Pflicht die Unfallverhütungsvorschriften zu beachten. In ihnen sind u. a. geregelt: die Untersuchung vor Aufnahme der Tätigkeit, Behandlungsgeräte, Schutzimpfungen, übertragbare Krankheiten, Händedesinfektion, Schutzkleidung, Hygieneplan u. a. m.

Hygieneplan: Für einzelne Arbeitsbereiche ist entsprechend der Infektionsgefährdung ein Hygieneplan aufzustellen, der Maßnahmen zur Desinfektion, Reinigung und Sterilisation sowie der Ver- und Entsorgung festlegt.

Arbeitsplätze mit besonderer Infektionsgefährdung:
Jugendliche dürfen hier nicht beschäftigt werden, außer unter Aufsicht in der Ausbildung, andere nur, wenn sie über Infektionsgefährdung unterrichtet worden sind. Spezielle Händewaschplätze sind vorgeschrieben. Essen, Trinken, Rauchen sind ebenso wie Schmuck und Uhren an Händen und Unterarmen untersagt.

Besondere Infektionsgefahren bestehen beim **Pipettieren.** Das Pipettieren mit dem Mund ist in jedem Falle verboten.

Gebrauchte Instrumente, Spritzen und Kanülen sind immer als infektiös anzusehen. Handelt es sich um Einwegartikel, sind sie so zu beseitigen, dass eine Verletzungs- und Infektionsgefahr ausgeschlossen ist.

Nach der Injektion wird die Kanüle nicht in die Schutzhülle oder Einmalspritze zurückgesteckt. Ohne weitere Manipulation werden Spritze und aufgesteckte Kanüle in einen festwandigen, verschließbaren Kunststoffbehälter entsorgt.

EINIGE FRAGEN ZUM ÜBEN

Beschreiben Sie den Unterschied zwischen einem Arbeitsunfall und einer Berufskrankheit!
Welche Bedeutung haben die Unfallverhütungsvorschriften für die Arzthelferin?
Nennen Sie die Vorschriften für Schutzimpfungen!
Welche Angaben muss der Hygieneplan im Allgemeinen enthalten?
Welche Freizeiten und Ruhepausen hat ein Jugendlicher gesetzlich zu beanspruchen? Gibt es Ausnahmen?
Wie wird die Wegzeit von der Praxis oder von der Wohnung zur Schule auf die Arbeits- oder Unterrichtszeit angerechnet?
Ist eine Ausbildung auch am Sonnabend zulässig? Wenn ja, in welchem Falle, was muss zusätzlich beachtet werden?
Was ist beim Umgang mit menschlichem Untersuchungsmaterial jeglicher Art unbedingt zu beachten?
Weshalb dürfen unbrauchbare Kanülen nicht in den Abfalleimer oder -beutel geworfen werden?
Wie wird eine gebrauchte Einmalkanüle beseitigt?
Nennen Sie Regeln zum Vermeiden von Bränden!
Beschreiben Sie das richtige Verhalten im Brandfall!

Vertragsärztliche Praxis

Übergreifende Lernziele

- *Die Bedeutung der verwaltenden Tätigkeiten erkennen und die dafür erforderlichen Kenntnisse und Fertigkeiten anwenden*
- *Entwicklung von Verantwortungsbewusstsein bei der Erfassung, Verarbeitung und Weitergabe von Informationen und Daten*

Ohne vertragsärztliche Tätigkeit sind Arztpraxen meist nicht existenzfähig. Deswegen sind die zu diesem Bereich gehörenden Bestimmungen für die Arzthelferin sehr wichtig. Vertragsärzte behandeln auch Privatpatienten. Aus diesem Grunde – und wegen der besseren Übersichtlichkeit – sind die wenigen (einfachen) Formulare und die Regelungen für die Liquidation nach der Gebührenordnung für Ärzte (GOÄ) ebenfalls in diesen Abschnitt aufgenommen.

20. Vertragsärztliche Versorgung

ZIELE DES RAHMENLEHRPLANS

- **Grundlagen der vertragsärztlichen Versorgung erläutern**
- **Wichtige Bestimmungen des Bundesversorgungsgesetzes nennen**

20.1. Einrichtungen der Selbstverwaltung

20.1.1. Kassenärztliche Vereinigung (KV)

Kassenärztliche Vereinigungen werden auf Grund des § 77 SGB V von den Vertragsärzten für einen bestimmten Bereich gebildet. *Ordentliche Mitglieder* sind die Vertragsärzte. *Außerordentliche Mitglieder* sind die in das Arztregister eingetragenen nicht zugelassenen Ärzte. Die Vertragsärzte und außerordentlichen Mitglieder wählen die Delegierten der *Vertreterversammlung,* die ihrerseits den Vorstand wählen. Dieser führt die Geschäfte der vertragsärztlichen Vereinigung.

Den Kassenärztlichen Vereinigungen stehen verschiedene Gremien zur Erfüllung ihrer Aufgaben zur Verfügung. Hier sind insbesondere die *Prüfungs- und Beschwerdeausschüsse,* der *Disziplinarausschuss* und der *Zulassungsausschuss* zu nennen.

Rechte und Pflichten der Kassenärztlichen Vereinigung

- Die vertragsärztliche Versorgung sicherzustellen (Sicherstellungsauftrag)
- Die Interessen der Vertragsärzte gegenüber den Krankenkassen wahrzunehmen (Interessenwahrung)
- Die vertragsärztlicheVergütung auf die einzelnen Vertragsärzte zu verteilen
- Die wirtschaftliche Erbringung von vertragsärztlichen Leistungen zu überwachen (Gewährleistungsauftrag)
- Einen Bedarfsplan für die vertragsärztliche Versorgung zu erstellen
- Die vertragsärztliche Fortbildung zu regeln

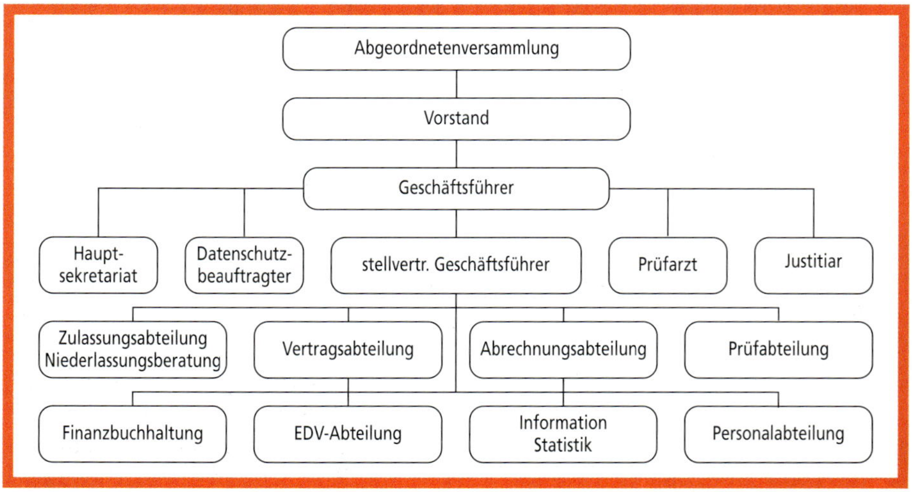

Organisation einer Kassenärztlichen Vereinigung.

20.1.2. Kassenärztliche Bundesvereinigung (KBV)

Im Gegensatz zur Bundesärztekammer ist die Kassenärztliche Bundesvereinigung eine Körperschaft des öffentlichen Rechts, die von den Kassenärztlichen Vereinigungen der Länder gebildet wird. Bestimmte Aufgaben werden für alle Kassenärztlichen Vereinigungen von der Kassenärztlichen Bundesvereinigung wahrgenommen. So ist die KBV z. B. Vertragspartner für Gesamtverträge mit den Spitzenverbänden der Krankenkassen sowie für bestimmte »Sonstige Kostenträger«, während die Kassenärztlichen Vereinigungen in den Ländern im Rahmen ihrer Aufgaben insbesondere Verträge mit den Landesverbänden der Primärkassen und Verbänden der Ersatzkassen über angemessene Vergütungen der ärztlichen Leistung abschließen.

20.1.3. Bundesausschuss der Ärzte und Krankenkassen

Ein Bundesausschuss der Ärzte und Krankenkassen wird auf Bundesebene von der KBV und den Bundesverbänden der Krankenkassen gebildet. Er besteht aus einem unparteiischen Vorsitzenden, zwei weiteren unparteiischen Mitgliedern, neun Vertretern der Ärzte, drei Vertretern der Ortskrankenkassen, zwei Vertretern der Ersatzkassen, je einem Vertreter der Betriebskrankenkassen, der Innungskrankenkassen, der landwirtschaftlichen Krankenkassen sowie der knappschaftlichen Krankenversicherung. Der Bundesausschuss beschließt die zur Sicherung der vertragsärztlichen Versorgung erforderlichen Richtlinien für eine ausreichende, zweckmäßige und wirtschaftliche Versorgung der Versicherten. Entsprechende Ausschüsse gibt es auch auf Landesebene.

20.2. Vertragsärztliche Vergütung

Im Gegensatz zum Privatpatienten braucht der Kassenpatient seinem behandelnden Arzt kein Honorar zu zahlen. Dies geschieht durch die zuständige Kassenärztliche Vereinigung, deren Mitglied der Arzt ist. Die Kassenärztliche Vereinigung erhält ihrerseits das Geld von einer gesetzlichen Krankenkasse auf Grund einer Abrechnung oder einer vereinbarten Gesamtvergütung. Die Krankenkassen erhalten die zur Wahrnehmung ihrer Aufgaben notwendigen Mittel je zur Hälfte von ihren Pflichtmitgliedern und deren Arbeitgebern.

◀ ***Gesamtvergütung.***

Das auf Grund eines Behandlungsvertrages entstehende Rechtsverhältnis zwischen Arzt und Privatpatient unterscheidet sich bezüglich der Honorierung von dem zwischen Arzt und Kassenpatient bestehenden Rechtsverhältnis.

◀ ***Behandlungsvertrag.***

Arzt – Privatpatient

- der Arzt erbringt für seinen Patienten eine oder mehrere Leistungen,
- der Patient bezahlt nach ordnungsgemäßer Rechnungsstellung (unter Zugrundelegung der GOÄ) dafür.

Hierbei ist es für den Arzt vom Grundsatz her unerheblich, ob der Patient seinerseits eine private Krankenversicherung hat, ob er als Beamter beihilfeberechtigt ist oder aber die Rechnung voll aus eigener Tasche bezahlt. Das Rechtsverhältnis zwischen Arzt und Kassenpatient ist komplizierter.

◀ ***Beihilfeberechtigung.***

Arzt – Kassenpatient

- der Arzt erbringt für seinen Patienten eine oder mehrere Leistungen.
- der Patient gibt seinen Behandlungsausweis (z. B. den Krankenschein) beim Arzt ab.
- der Arzt rechnet gegenüber seiner Kassenärztlichen Vereinigung unter Zugrundelegung der Gebührenordnung und Beachtung der Abrechnungsbe-

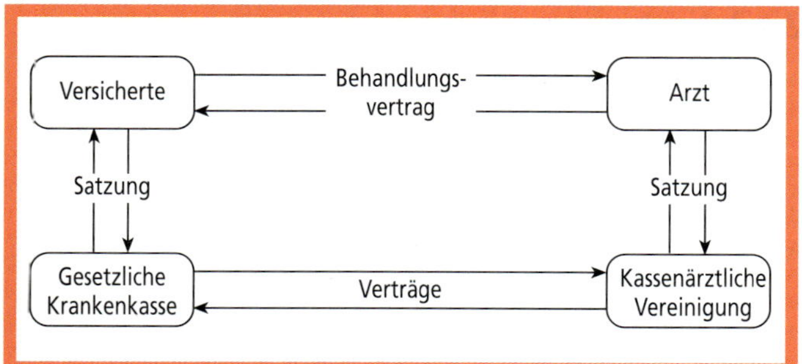

▲ *Arzt-Kassenpatient.*

stimmungen ab und erhält von der KV Geld.

- die KV rechnet mit der zuständigen Krankenkasse ab oder erhält von ihr eine vereinbarte Gesamtvergütung.
- die Krankenkasse bezahlt die vereinbarten Beträge an die KV.
- die Krankenkasse erhält die nötigen Geldmittel durch Beiträge von ihren Mitgliedern bzw. deren Arbeitgebern. Die Höhe des Beitrages wird bis zu einer bestimmten Höchstgrenze in Prozent des Bruttogehaltes von der Vertreterversammlung der Krankenkasse beschlossen und richtet sich nach der Höhe der Ausgaben.

Die mit der vertragsärztlichen Vergütung zusammenhängenden Vorschriften sind gesetzlich insbesondere im SGB V, im Übrigen in Gesamtverträgen und vertraglichen Absprachen, Richtlinien und Satzungen geregelt.

20.3. Teilnahme an der vertragsärztlichen Versorgung

MEMO!

An der vertragsärztlichen Versorgung nehmen zugelassene Ärzte (Vertragsärzte), ermächtigte Ärzte und ermächtigte ärztliche Einrichtungen teil.

20.3.1. Zulassung zum Vertragsarzt

Vertragsarzt

**Das Gesundheitsstrukturgesetz vom 21. Dezember 1992 hat den Begriff »Kassenarzt« abgeschafft.
Alle zur Versorgung von Mitgliedern der gesetzlichen Krankenkassen zugelassenen Ärzte werden seit dem 1. Januar 1993 als Vertragsärzte bezeichnet**

Die Zulassung ist in § 98 SGB V und in einer vom Bundesminister für Arbeit erlassenen Zulassungsordnung für Vertragsärzte geregelt. Die Zulassung erfolgt für einen bestimmten Ort, den so genannten Vertragsarztsitz.

Die Zulassung endet mit der Vollendung des 68. Lebensjahres, dem Tod, dem Wirksamwerden eines Verzichtes oder dem Wegzug aus dem Vertragsarztsitz.

20.3.2. Ermächtigung

Die Kassenärztlichen Vereinigungen können zusammen mit den Krankenkassen geeignete Ärzte und in Ausnahmefällen ärztlich geleitete Einrichtungen zur Durchführung bestimmter, in einem Leistungskatalog festgelegter Leistungen ermächtigen, wenn dies zur Sicherstellung der vertragsärztlichen Versorgung erforderlich ist.

Ohne Prüfung eines Bedürfnisses können unter bestimmten Voraussetzungen Ärzte und ärztlich geleitete Einrichtungen für die zytologische Diagnostik oder die Mutterschaftsvorsorge ermächtigt werden.

20.4. Bundesmantelvertrag Ärzte (BMV-Ä) und Arzt/Ersatzkassen-Vertrag (EKV)

Im Bundesmantelvertrag (BMV) wird zwischen der Kassenärztlichen Bundesvereinigung (KBV) und den Primärkassen der allgemeine Teil der Gesamtverträge geregelt. Entsprechend gibt es für Vertragsärzte den Arzt-Ersatzkassen-Vertrag (EKV) zwischen KBV und Ersatzkassen.

20.4.1. Umfang der vertragsärztlichen Versorgung

Zur ärztlichen Behandlung im Rahmen der vertragsärztlichen Versorgung gehören

- die ärztliche Behandlung
- die ärztliche Betreuung bei Schwangerschaft und Mutterschaft
- die ärztlichen Maßnahmen zur Früherkennung von Krankheiten
- die ärztlichen Maßnahmen im Rahmen der »Sonstigen Hilfen« (Maßnahmen zur Empfängnisregelung, zur nicht rechtswidrigen Sterilisation, zum nicht rechtswidrigen Schwangerschaftsabbruch)
- die ärztlichen Leistungen zur Herstellung der Zeugungs- oder Empfängnisfähigkeit sowie die medizinischen Maßnahmen zur Herbeiführung einer Schwangerschaft
- die Verordnung von Arznei-, Heil- und Hilfsmitteln, Krankentransporten, von Krankenhausbehandlung und Behandlung in Vorsorge- und Rehabilitationseinrichtungen
- die Beurteilung der Arbeitsunfähigkeit
- die Verordnung von ambulanten Vorsorge- oder Rehabilitationskuren
- die Ausstellung von Bescheinigungen und Erstellung von Berichten, welche die Krankenkassen oder der Medizinische Dienst zur Durchführung ihrer gesetzlichen Aufgaben oder welche die Versicherten für den Anspruch auf Fortzahlung des Arbeitsentgeltes benötigen
- die Verordnung von häuslicher Krankenpflege und häuslicher Pflegehilfe
- die Verordnung von medizinischen Leistungen der Rehabilitation, Belastungserprobung und Arbeitstherapie
- die vom Arzt angeordneten und in seiner Verantwortung erbrachten Hilfeleistungen anderer Personen

◀◀ *KBV/Primärkassen.*

Weiterhin gehören zur vertragsärztlichen Versorgung

- belegärztliche Leistungen
- medizinische Vorsorgeleistungen
- Leistungen im Rahmen ambulanter Vorsorge- oder Rehabilitationskuren
- im Notfall erbrachte ärztliche Leistungen von Nichtvertragsärzten
- ärztliche Leistungen von ermächtigten Hochschulpolikliniken und psychiatrischen Institutsambulanzen
- Maßnahmen zur Erhaltung und Förderung der Gesundheit und zur Verhütung von Krankheiten und zur Rehabilitation

Nicht zur vertragsärztlichen Versorgung gehören u. a.

- Maßnahmen zur Früherkennung von Krankheiten, wenn sie bei einem Aufenthalt im Krankenhaus erbracht werden
- Behandlung von Zahnkrankheiten (außer einfachen Verrichtungen und bei Mund-Kiefer-Gesichts-Chirurgen)
- Untersuchungen, die nicht zu den von den Krankenkassen zu übernehmenden Leistungen gehören (z. B. Reihen-, Kontroll-, Einstellungs- und Tauglichkeitsuntersuchungen)
- Ausstellung von Bescheinigungen außerhalb der Aufgaben der gesetzlichen Krankenversicherungen (z. B. Totenschein, Bescheinigungen für private Versicherungen, für Sportvereine u. ä.)

◀ *Vertragsärztliche Leistung und Versorgung.*

◀◀ *Ambulante Kuren.*

20.4.2. Grundsätze der vertragsärztlichen Versorgung

Qualitätssicherung

Qualifikation des Vertragsarztes.

Ärztliche Untersuchungs- und Behandlungsmethoden, die ihrer Eigenart nach besondere Kenntnisse und Erfahrungen voraussetzen, dürfen in der vertragsärztlichen Versorgung nur ausgeführt werden, wenn der Arzt die vorgeschriebenen Qualifikationserfordernisse erfüllt. Die Qualifikation muss der Arzt gegenüber der Kassenärztlichen Vereinigung nachweisen.

Freie Arztwahl

Die Wahl unter den Vertragsärzten und ermächtigten Einrichtungen im Umfang der jeweiligen Ermächtigung steht den Versicherten frei. Andere Ärzte dürfen nur im Notfall in Anspruch genommen werden. Der Vertragsarzt darf die Behandlung von Versicherten nur in begründeten Ausnahmefällen ablehnen.

MEMO!

Ärzte für Laboratoriumsmedizin, Mikrobiologie und Infektionsepidemiologie, Nuklearmedizin, Pathologie, Radiologische Diagnostik bzw. Radiologie sowie Strahlentherapie können nur auf Überweisung in Anspruch genommen werden.

Persönliche Leistungserbringung

Jeder an der vertragsärztlichen Versorgung teilnehmende Arzt ist verpflichtet, die vertragsärztliche Tätigkeit persönlich auszuüben.

MEMO!

Persönliche Leistungen sind auch ärztliche Leistungen durch genehmigte Assistenten sowie nichtärztliche, fachlich qualifizierte Mitarbeiter(innen), wenn sie der vertragsärztlich tätige Arzt anordnet und fachlich überwacht.

Verordnungen dürfen vom Vertragsarzt nur ausgestellt werden, wenn er sich persönlich von dem Krankheitszustand des Patienten überzeugt hat oder wenn ihm der Zustand aus der laufenden Behandlung bekannt ist. Hiervon darf nur in begründeten Ausnahmefällen abgewichen werden.

Regeln der ärztlichen Kunst, Qualität und Wirtschaftlichkeit

Jeder Vertragsarzt hat

- die *Regeln der ärztlichen Kunst zu beachten*
- *den anerkannten Stand der medizinischen Erkenntnisse* zu berücksichtigen
- *das Gebot der Wirtschaftlichkeit* zu beachten.

Sprechstunden, Besuche

Sprechstunden müssen entsprechend den Notwendigkeiten festgesetzt und grundsätzlich mit festen Uhrzeiten auf dem Praxisschild bekannt gegeben werden. Sprechstunden »nach Vereinbarung« dürfen zusätzlich angegeben werden. Die Ankündigung besonderer Sprechstunden ist nur für die Durchführung von Früherkennungsuntersuchungen zulässig.

Besuchsbehandlung.

Besuchstätigkeit ist grundsätzlich Aufgabe des behandelnden Hausarztes. Anspruch auf Besuchsbehandlung haben Patienten nur, wenn ihnen das Aufsuchen des Arztes in dessen Praxisräumen wegen Krankheit nicht möglich oder nicht zumutbar ist.

Notfall.

Außer im Notfall kann der Vertragsarzt Besuche außerhalb seines üblichen Praxisbereiches ablehnen. Nimmt ein Patient ohne zwingenden Grund einen anderen als einen der nächst erreichbaren Ärzte in Anspruch, hat er die Mehrkosten zu tragen.

Vergütungsanspruch gegen Versicherte
Der Vertragsarzt darf von einem Versicherten eine Vergütung nur fordern,

- solange ein gültiger Behandlungsausweis nicht vorliegt und nicht innerhalb einer Frist von 10 Tagen nachgereicht wird
- der Versicherte vor Beginn der Behandlung ausdrücklich schriftlich verlangt, auf eigene Kosten behandelt zu werden.
- der Vertragsarzt darf für vertragsärztliche Leistungen von Versicherten keine Zuzahlungen fordern.

20.5. Weitere Verträge, Richtlinien und Vereinbarungen

Neben dem Bundesmantelvertrag Ärzte und dem Arzt-Ersatzkassen-Vertrag gibt es zahlreiche weitere Verträge, die die ärztliche Versorgung bestimmter – nicht von der vertragsärztlichen Versorgung erfasster – Personengruppen regeln. Die meisten Verträge sind von der Kassenärztlichen Bundesvereinigung für das gesamte Bundesgebiet abgeschlossen. Rechtsgrundlage ist der § 75 Abs. 3 SGB V.

20.6. Krankenversichertenkarte

20.6.1. Krankenversichertenkarte (KVK)

Verwendung
Für Mitglieder der gesetzlichen Krankenkassen ist die Krankenversichertenkarte an die Stelle des Krankenscheines getreten.

Die maschinell lesbare Karte dient der schnelleren Bearbeitung und Auswertung der verschiedenen Belege, die bei Krankenkassen und Kassenärztlichen Vereinigungen eingehen.

Krankenschein.

Berechtigte
Krankenversichertenkarten erhalten alle Mitglieder, Familienangehörigen und Rentner der AOK, BKK, LKK, IKK, See-Krankenkasse, Bundesknappschaft und Ersatzkrankenkassen. Bei Mitgliedern der sogenannten Sonstigen Kostenträger (z. B. KOV, BEG, Sozialhilfe, Postbeamten, Polizei, und Feuerwehr) und natürlich auch bei Privatpatienten wird wie bisher üblich verfahren.

Sonstige Kostenträger.

Für den Zeitraum ihrer Dienstzeit haben Wehr- und Zivildienstleistende

SGB V.

Verträge zur Regelung der allgemeinen ärztlichen Versorgung:
- Vertrag mit der Bundesknappschaft
- Vertrag mit der Postbeamtenkrankenkasse (für Mitglieder der Gruppe A)
- Vertrag mit der Krankenversorgung der Bundesbahnbeamten (für Mitglieder der Gruppen I bis III)
- Vertrag über die ärztliche Betreuung von Angehörigen des Bundesgrenzschutzes
- Vertrag über die ärztliche Versorgung von Zivildienstleistenden
- Vertrag über die ärztliche Versorgung von Soldaten der Bundeswehr/Untersuchungen von Wehrpflichtigen

Verträge zur Regelung der Versorgung bei Berufsunfällen
- Abkommen Ärzte/Berufsgenossenschaften
- Vertrag über die Heilbehandlung der durch Dienstunfall verletzten Postbeamten
- Vertrag über die Heilbehandlung der durch Dienstunfall verletzten Bundesbahnbeamten

Badearztverträge
- (mit Primärkassen, Ersatzkassen, Postbeamtenkrankenkasse und Rentenversicherungsträgern)

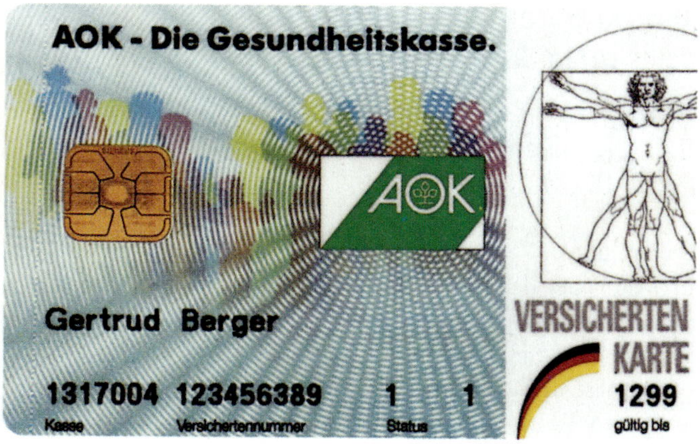

Anspruch auf freie Heilfürsorge. Hierfür gibt es keine Krankenversichertenkarte.

MEMO!

Jeder Berechtigte auf Versorgung (gleichgültig ob Mitglied, Familienangehöriger oder Rentner) erhält eine eigene Karte.

Aufbau

Die Krankenversichertenkarte hat folgenden Aufbau:

- Bezeichnung der ausstellenden Krankenkasse
- Siebenstellige Kassennummer
- Name und Vorname des Versicherten
- Maximal zwölfstellige Versicherungsnummer
- Fünfstelliges Statusfeld:
  - 1. Stelle Versichertenstatus (M = 1, F = 3, R = 5
  - 2., 3. und 4. Stelle Information für die Krankenkasse zum Risikostrukturausgleich (nicht alle Felder müssen belegt sein)
  - 5. Stelle Zugehörigkeit des Kassenmitgliedes zum Rechtskreis West (=1) oder Ost (=9)
- Gültigkeitsdatum der Krankenversichertenkarte

MEMO!

Die Krankenversichertenkarte ist nur gültig mit der Unterschrift des Versicherten oder seines gesetzlichen Vertreters (bei Versicherten bis zur Vollendung des 15. Lebensjahres).

Personalienfeld

Entsprechend der Datenfolge der Krankenversichertenkarte enthält das neue Personalienfeld den Namen und Vornamen des Versicherten sowie das Geburtsdatum.

Neben der Versicherten-Nummer ist der Versicherten-Status im Personalienfeld enthalten. Die erste Stelle gibt an, ob es sich um ein Mitglied (1), einen Familienangehörigen (3) oder um einen Rentner und dessen Familienangehörigen (5) handelt. Die Stellen 2 bis 4 haben gegebenenfalls Bedeutung für eine Stichprobenauswahl zum Risikostrukturausgleich unter den Krankenkassen, entfallen diese Angaben, sollen die Stellen 2 bis 4 mit Nullen aufgefüllt sein. Der letzten Stelle kann entnommen werden, ob es sich um Versicherte aus den alten (1) oder neuen (9) Bundesländern handelt.

Das Personalienfeld enthält weiterhin das Datum, bis zu dem die Krankenversichertenkarte gültig ist, sowie das Tagesdatum.

Bei Vorlegen der Krankenversichertenkarte überträgt der Arzt die Daten mit dem Praxiscomputer auf die Vordrucke für die vertragsärztliche Versorgung. Falls kein Lesegerät oder kein Praxiscomputer zur Verfügung steht (z. B. bei Hausbesuchen), erfolgt das Ausfüllen des Personalienfeldes manuell, für das Vorgehen bei Fehlen oder Nichtverwendbarkeit der Krankenversichertenkarte sind Ersatzverfahren geregelt.

20.6.2. Verwendung der Krankenversichertenkarte

Grundsätzlich hat der Versicherte bei jedem Arztbesuch die Krankenversichertenkarte vorzulegen. Jeder Arzt ist verpflichtet, die Daten der Krankenversichertenkarte auf die vertragsärztlichen Vordrucke zu übertragen.

Ärztinnen/Ärzte dürfen die Daten der Krankenversichertenkarte in ihren Praxiscomputern einspeichern und aus der Patientenstammdatei auf das Formular übertragen.

Hierfür gelten drei Voraussetzungen:

- das EDV-System ist von der Kassenärztlichen Vereinigung genehmigt
- der Ausdruck der Daten aus dem Praxiscomputer erfolgt positionsgerecht
- im Behandlungsfall ist eine gültige Krankenversichertenkarte vorgelegt worden

Beim ersten Arztbesuch im Quartal bestätigt der Versicherte durch seine Unterschrift auf dem Abrechnungsschein des Arztes (Ausnahme: Notfall-Behandlungsschein, Muster 19) das Bestehen der Mitgliedschaft bei seiner Krankenkasse.

20.6.3. Fehlende oder ungültige Krankenversichertenkarte

Kann bei der ersten Arzt-Patienten-Begegnung im Behandlungsfall eine gültige Krankenversichertenkarte nicht vorgelegt werden, kann der Arzt nach Ablauf von 10 Tagen eine Privatvergütung für die Behandlung verlangen. Diese ist zurückzuzahlen, wenn dem Arzt eine zum Zeitpunkt der Behandlung gültige Krankenversichertenkarte bis zum Ende des Quartals vorgelegt wird oder die zuständige Krankenkasse ihm einen Abrechnungsschein übersendet.

Arznei-,Verband-, Heil- und Hilfsmittel kann der Vertragsarzt in derartigen Fällen ohne Angabe der Kassenzugehörigkeit mit dem Vermerk »ohne Versichertennachweis« privat verordnen.

20.6.4. Ersatzverfahren

Voraussetzungen für das Ersatzverfahren

Hat die Krankenversichertenkarte dem Arzt bereits einmal im Quartal vorgelegen und kann bei späteren Arztbesuchen nicht verwendet werden (weil defekt oder nicht mitgeführt),

- werden vorher vorsorglich vorbereitete Vordrucke verwendet oder
- es findet das so genannte Ersatzverfahren statt.

Entsprechend wird verfahren, wenn keine Krankenversichertenkarte, sondern lediglich ein gültiger Überweisungsschein oder ein anderer gültiger Behandlungsschein vorgelegt wird.

Im Ersatzverfahren erforderliche Daten

Personalienfeld

Im Ersatzverfahren zur Ausfüllung des Personalienfeldes sind folgende Verfahren zulässig:

◀◀ *Abrechnungsschein.*

Gründe für eine nicht verwendbare Krankenversichertenkarte

- **Der Versicherte weist darauf hin, dass sich Krankenkasse oder Versichertenstatus geändert haben, ohne dass dies in der vorhandenen Karte berücksichtigt worden ist**
- **Karte, Lesegerät oder Drucker sind defekt**
- **kein Lesegerät bei Hausbesuchen sowie keine vorbereiteten Formulare**

- Die manuelle oder maschinelle Beschriftung auf Grund von Unterlagen in der Patientendatei oder von Angaben des Versicherten; dabei sind die Bezeichnung der Krankenkasse, der Name und das Geburtsdatum des Versicherten, die erste Stelle des Kennzeichens für den Versichertenstatus und nach Möglichkeit auch die Krankenversichertennummer anzugeben.
- die Verwendung maschinell lesbarer vorgefertigter Aufkleber, die den Abdruck des Inhalts der KV-Karte enthalten und die in ihrem Aufbau dem verbindlichen Personalienfeld entsprechen.

►► *Vordruckmuster 5.*

Unterschrift des Versicherten

Auch im Ersatzverfahren hat der Versicherte durch seine Unterschrift das Bestehen der Mitgliedschaft auf dem Abrechnungsschein zu bestätigen. Dies gilt nicht für Vordruck-Muster 19, sofern es im Notfalldienst verwendet wird.

►► *Belegarzt.*

Beibringung der Krankenversichertenkarte nach durchgeführtem Ersatzverfahren

Kann im weiteren Verlauf des Quartals die Krankenversichertenkarte verwendet werden, ist damit ein Abrechnungsschein auszustellen. Der im Ersatzverfahren bereits ausgefertigte Abrechnungsschein kann diesem angeheftet werden.

Vorlage einer geänderten Krankenversichertenkarte

Legt der Versicherte innerhalb eines Quartals, in dem die Krankenversichertenkarte bereits vorgelegen hat, nach Status- oder Kassenwechsel eine neue Krankenversichertenkarte vor, so hat der Arzt einen weiteren Abrechnungsschein mit den aktuellen Patientendaten auszustellen.

►► *Gesetzlicher Vertreter.*

20.7. Abrechnungsscheine

20.7.1. Abrechnungsschein ambulante Behandlung/ belegärztliche Behandlung

Allgemeines

Nach Einführung der Krankenversichertenkarte übernimmt das Vordruck-Muster 5 die Funktion des bisherigen Krankenscheines als Abrechnungsvordruck, sofern die Abrechnung manuell erfolgt. Der Vertragsarzt hat zu kennzeichnen, ob es sich um einen Abrechnungsschein für ambulante Behandlung oder für belegärztliche Behandlung handelt. Erfolgt bei einem Belegarzt bei demselben Patienten in einem Quartal sowohl ambulante als auch stationäre Behandlung, sind zwei entsprechend gekennzeichnete Abrechnungsscheine auszustellen. Der Abrechnungsschein dient auch der Abrechnung bei Abklärung somatischer Ursachen vor Aufnahme einer Psychotherapie und der Abrechnung einer anerkannten Psychotherapie.

Für die Abrechnung stationärer belegärztlicher Leistungen ist ausschließlich der Abrechnungsschein (Muster 5) zu verwenden und dabei die Dauer der stationären belegärztlichen Behandlung anzugeben.

Unterschrift des Versicherten

Gültig wird der Abrechnungsschein durch die Unterschrift des Versicherten, mit der er die bestehende Mitgliedschaft bei der betreffenden Krankenkasse bestätigt (§ 291 Abs. 1 SGB V).

Eine Unterschriftsleistung ist nicht erforderlich bei Versicherten, die einen gesetzlichen Vertreter haben (z. B. Versicherte vor Vollendung des 15. Lebensjahres) oder die zur Unterschriftsleistung nicht in der Lage sind.

Nachfolgende Inanspruchnahmen

Wird dem Arzt bei nachfolgenden Inanspruchnahmen im Behandlungsquartal die Krankenversicherungskarte zur maschinel-

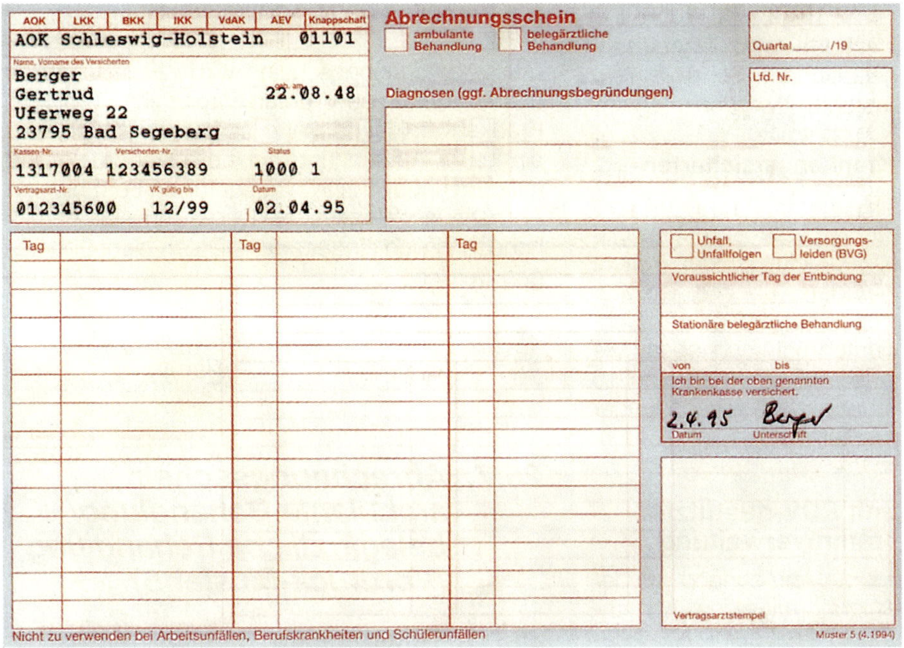

AOK | LKK | BKK | IKK | VdAK | AEV | Knappschaft

AOK Schleswig-Holstein 01101

Name, Vorname des Versicherten

Berger
Gertrud geb. am 22.08.48
Uferweg 22
23795 Bad Segeberg

Kassen-Nr. 1317004 Versicherten-Nr. 123456389 Status 1000 1

Vertragsarzt-Nr. 012345600 VK gültig bis 12/99 Datum 02.04.95

Abrechnungsschein

ambulante Behandlung | belegärztliche Behandlung

Quartal ___ /19 ___

Lfd. Nr.

Diagnosen (ggf. Abrechnungsbegründungen)

Tag | Tag | Tag

Unfall, Unfallfolgen | Versorgungsleiden (BVG)

Voraussichtlicher Tag der Entbindung

Stationäre belegärztliche Behandlung

von bis

Ich bin bei der oben genannten Krankenkasse versichert.

2.4.95 Berger

Datum Unterschrift

Vertragsarztstempel

Nicht zu verwenden bei Arbeitsunfällen, Berufskrankheiten und Schülerunfällen

Muster 5 (4.1994)

Abrechnungsschein (Muster 5).

len Beschriftung des Personalienfeldes nicht vorgelegt, soll der Arzt bei Verordnungen den Namen der Krankenkasse, den Namen und das Geburtsdatum des Versicherten sowie den Versichertenstatus – und nach Möglichkeit auch die Krankenversicherten-Nr. – auf dem bei Quartalsbeginn beschrifteten Behandlungsausweis übertragen.

Behandlungsfall

Die gesamte,

- von *demselben* Vertragsarzt
- innerhalb *desselben* Kalendervierteljahres
- an *demselben* Kranken jeweils ambulant oder stationär
- zu Lasten *derselben* Krankenkasse

vorgenommene Behandlung gilt als Behandlungsfall. Dies gilt auch, wenn sich aus der zuerst behandelten Krankheit eine andere entwickelt oder eine neue zu der zuerst behandelten dazukommt. Dies gilt auch, wenn der Kranke, nachdem er eine Zeit lang der Behandlung nicht bedurfte, innerhalb desselben Quartals wegen derselben oder einer anderen Krankheit von demselben Vertragsarzt behandelt wird.

Stationäre belegärztliche Behandlung ist auch dann ein eigenständiger Behandlungsfall, wenn in demselben Quartal ambulante Behandlung durch denselben Belegarzt erfolgt.

20.7.2. Überweisungs-/ Abrechnungsschein

Allgemeines

Das Vordruck-Muster bildet als eigenständiger Vordruck die Rückseite des Abrechnungsscheins nach Muster 5.

Ausstellung des Überweisungsscheins

Voraussetzungen

Ein Überweisungsschein darf grundsätzlich nur dann ausgestellt werden, wenn dem Vertragsarzt eine gültige Krankenversichertenkarte vorgelegt worden ist.

Ausnahmen sind z. B. bei Dringlichkeit oder dem Arzt bekannter Kassenzugehörigkeit möglich.

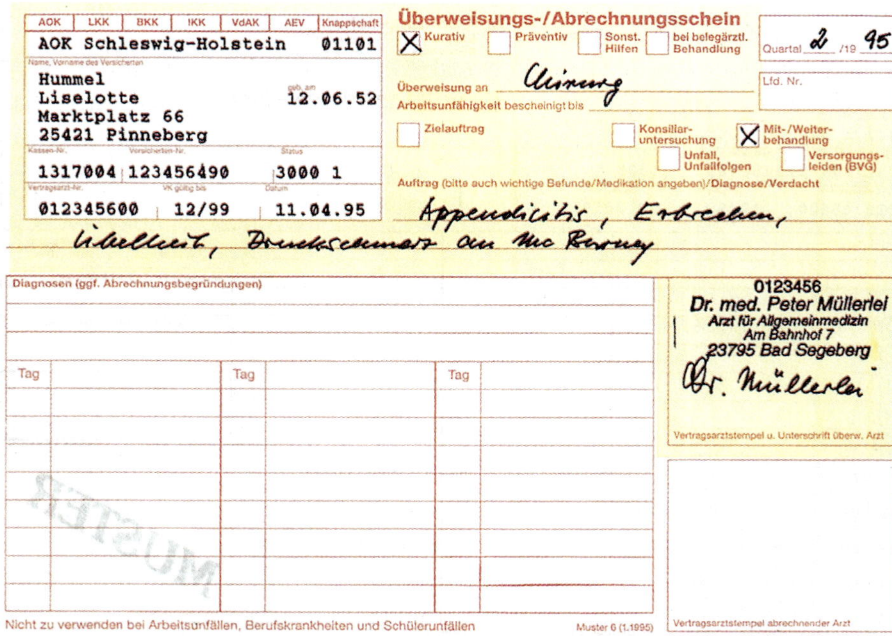
AOK | LKK | BKK | IKK | VdAK | AEV | Knappschaft

AOK Schleswig-Holstein 01101

Name, Vorname des Versicherten

Hummel
Liselotte geb. am 12.06.52
Marktplatz 66
25421 Pinneberg

Kassen-Nr. 1317004 | Versicherten-Nr. 123456490 | Status 3000 1

Vertragsarzt-Nr. 012345600 | VK gültig bis 12/99 | Datum 11.04.95

Überweisungs-/Abrechnungsschein

☒ Kurativ ☐ Präventiv ☐ Sonst. Hilfen ☐ bei belegärztl. Behandlung

Quartal 2 /19 95

Überweisung an Chirurg

Arbeitsunfähigkeit bescheinigt bis

Lfd. Nr.

☐ Zielauftrag ☐ Konsiliaruntersuchung ☒ Mit-/Weiterbehandlung ☐ Unfall, Unfallfolgen ☐ Versorgungsleiden (BVG)

Auftrag (bitte auch wichtige Befunde/Medikation angeben)/Diagnose/Verdacht

Appendicitis, Erbrechen, Übelkeit, Druckschmerz am Mc Burney

Diagnosen (ggf. Abrechnungsbegründungen)

Tag | Tag | Tag

MUSTER

0123456
Dr. med. Peter Müllerlei
Arzt für Allgemeinmedizin
Am Bahnhof 7
23795 Bad Segeberg
Dr. Müllerlei

Vertragsarztstempel u. Unterschrift überw. Arzt

Vertragsarztstempel abrechnender Arzt

Nicht zu verwenden bei Arbeitsunfällen, Berufskrankheiten und Schülerunfällen

Muster 6 (1.1995)

► *Überweisungsschein (Muster 6) (Rückseite des Abrechnungsscheins).*

Das Formular darf nicht bei Arbeitsunfällen, Berufskrankheiten sowie Schülerunfällen Verwendung finden. Für den Ärztlichen Notfalldienst sowie Urlaubs- und Krankheitsvertretung findet Vordruck-Muster 19 Verwendung.

Gelber Teil

Der mit gelbem Flächendruck umrandete oder unterlegte Teil des Formulars ist vom überweisenden Arzt auszufüllen. Der Vertragsarzt hat Überweisungen zur Durchführung erforderlicher diagnostischer oder therapeutischer Leistungen durch einen anderen Vertragsarzt, eine zugelassene Einrichtung, einen ermächtigten Arzt oder eine ermächtigte ärztlich geleitete Einrichtung auf dem Vordruck-Muster 6 zu veranlassen.

Überweisung an ...

In der Rubrik »Überweisung an ...« darf im Hinblick auf freies Arztwahlrecht des Versicherten kein bestimmter Arzt namentlich angegeben werden, sondern nur die zutreffende Gebietsbezeichnung (z. B. Chirurg, Internist). Ausgenommen von dieser Regelung sind nur solche Fälle, in denen eine spezielle Zuweisung an einen ermächtigten Arzt oder an eine ermächtigte ärztlich geleitete Einrichtung erfolgen soll. Hier können der Name des Ermächtigten oder der Einrichtung und die genaue Anschrift vermerkt werden.

Diagnose/Verdacht

Die vorgesehene Zeile Diagnose/Verdacht ist entsprechend auszufüllen, um den Arzt, der die Überweisung enthält, Hinweise für sein Handeln zu geben und unnötige Kosten durch Mehrfachuntersuchungen zu vermeiden. Daher soll auch dem mit- oder weiterbehandelnden Arzt von den bisher erhobenen Befunden und getroffenen Maßnahmen Kenntnis gegeben werden.

Kurativ/Prävention/Sonstige Hilfen

Der überweisende Arzt hat zu kennzeichnen, ob die Überweisung zur kurativen Versorgung, zur Prävention, zur Durchführung von Maßnahmen zur Empfängnisregelung, zur Sterilisation und zum Schwangerschaftsabbruch (Sonstige Hilfen) oder zur Hinzuziehung eines Vertragsarztes bei belegärztlicher Behandlung erfolgt.

MEMO!

Für die Abrechnung stationärer belegärztlicher Leistungen ist ausschließlich der Abrechnungsschein (Muster 5) zu verwenden und dabei die Dauer der stationären belegärztlichen Behandlung anzugeben.

Bindung an Überweisungsschein

Der ausführende Arzt ist grundsätzlich an den Überweisungsschein gebunden und darf sich keinen eigenen Abrechnungsschein nach Vordruck-Muster 5 ausstellen. Er verwendet für seine Abrechnung ausschließlich den weiß unterlegten Teil des Vordruckes (einschließlich »Quartal _19_« und »Lfd. Nr.«).

Grund der Überweisung

In dem Feld »Mitbehandlung, Weiterbehandlung, Konsiliaruntersuchungen und Zielauftrag« ist das jeweils zutreffende Kästchen anzukreuzen.

Auftragsleistung

Bei der Erteilung von Aufträgen sind diese nach Art und Umfang konkret zu definieren. Der die Auftragsleistung ausführende Arzt darf nur die Leistungen, die im Auftrag festgelegt sind, berechnen. Eine Erweiterung des Auftrags nach Art und Umfang bedarf der Zustimmung des Arztes, der den Auftrag erteilt hat. Dies ist zu vermerken.

Mitbehandlung/Weiterbehandlung

Bei Überweisung zur Mit- bzw. Weiterbehandlung ist dem Arzt, der diese Überweisung erhält, freigestellt, welche diagnostischen und therapeutischen Maßnahmen er für erforderlich hält.

Konsiliaruntersuchung

Sind im Rahmen einer Behandlung weitere diagnostische Maßnahmen erforderlich, die der behandelnde Arzt nicht selbst erbringen kann, die er andererseits aber bei einer Überweisung im einzelnen nicht als Auftragsleistung festlegen kann, ist die Konsiliaruntersuchung anzukreuzen und der Grund für diese Untersuchung einzutragen.

Der diese Überweisung entgegennehmende Arzt ist dann in der Wahl seiner diagnostischen Schritte frei und aus der Verantwortung hinsichtlich der Notwendigkeit und Wirtschaftlichkeit dieser diagnostischen Maßnahmen.

Im Rahmen von Konsiliaruntersuchungen sind therapeutische Maßnahmen berechnungsfähig.

Die diagnostischen Maßnahmen sollen innerhalb einer angemessenen Frist abgeschlossen sein und das Ergebnis dem überweisenden Arzt bald möglichst bekannt gegeben werden.

◀ *Angemessene Frist.*

Zielaufträge

Die Überweisung zur Ausführung von Zielaufträgen erfordert die Definition der Leistungen nach Art und Umfang (Angabe der Leistungsnummer oder genaue Leistungsbezeichnung). Der ausführende Arzt ist an den Auftrag gebunden. Für die Wirtschaftlichkeit ist der auftraggebende Arzt verantwortlich.

Der einen Zielauftrag ausführende Arzt ist berechtigt, Teile dieses Auftrags, die er selbst nicht erbringen kann, durch Weiterüberweisung an einen anderen Arzt erbringen zu lassen, wenn er seinerseits die Ausführung definierter Leistungen durch einen Zielauftrag auffordert.

◀ *Weiterüberweisung.*

Mutterschaftsvorsorge

Zur Erleichterung der Auftragserteilung im Rahmen der Mutterschaftsvorsorge können typische Leistungen dieses Versorgungsbereichs durch Ankreuzen in Auftrag gegeben werden. Andere im Rahmen der Mutterschaftsvorsorge anfallende Auftragsleistungen sind zusätzlich wie alle anderen Auftragsleistungen konkret zu formulieren.

Gültigkeitsdauer

Der die Überweisung entgegennehmende, ausführende Arzt hat darauf zu achten, ob in dem Kästchen »Gültigkeitsdauer« eine

◀◀ *Behandlungsführung.*

zeitliche Begrenzung eingetragen ist. Wenn dies zutrifft, kann der ausführende Arzt Leistungen zu Lasten der Krankenkasse nur in dem angegebenen Zeitraum erbringen.

Die Zeile »Arbeitsunfähigkeit bescheinigt bis...« ist nur dann auszufüllen, wenn die Behandlungsführung auf einen anderen Arzt übergehen soll.

Notfall-/Vertretungsschein (Muster 19 b, hellgelb).

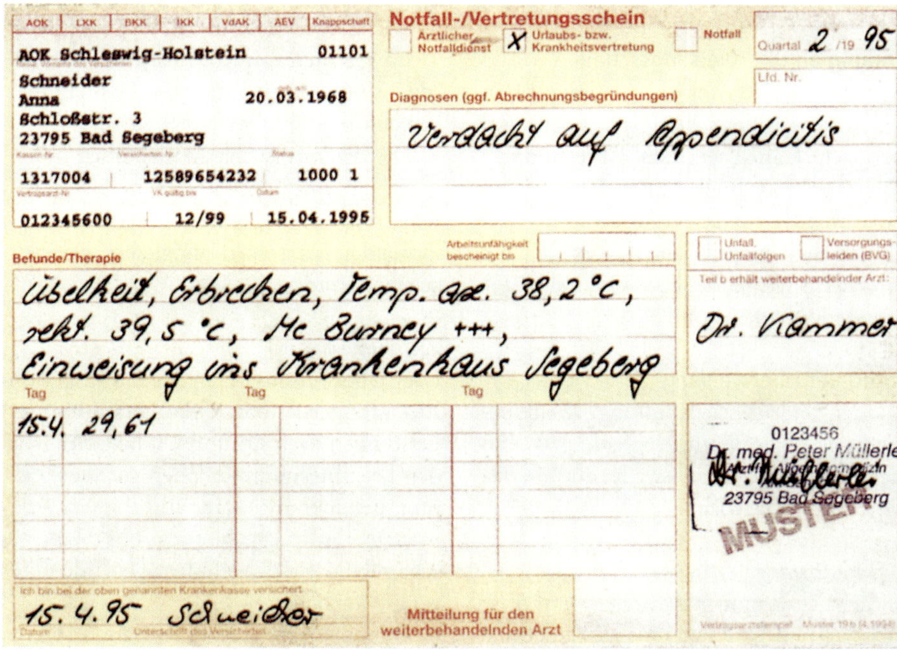
AOK | LKK | BKK | IKK | VdAK | AEV | Knappschaft

Notfall-/Vertretungsschein

Ärztlicher Notfalldienst | X Urlaubs- bzw. Krankheitsvertretung | Notfall | Quartal 2/19 95

AOK Schleswig-Holstein 01101
Schneider
Anna 20.03.1968
Schloßstr. 3
23795 Bad Segeberg
1317004 12589654232 1000 1
012345600 12/99 15.04.1995

Lfd. Nr.

Diagnosen (ggf. Abrechnungsbegründungen)
Verdacht auf Appendicitis

Befunde/Therapie
Arbeitsunfähigkeit bescheinigt bis
Übelkeit, Erbrechen, Temp. ax. 38,2 °C, rekt. 39,5 °C, Mc Burney +++, Einweisung ins Krankenhaus Segeberg

Unfall, Unfallfolgen | Versorgungsleiden (BVG)
Teil b erhält weiterbehandelnder Arzt:
Dr. Kammer

Tag | Tag | Tag
15.4. 29,61

0123456
Dr. med. Peter Müllerlei
Arzt für Allgemeinmedizin
23795 Bad Segeberg
MUSTER

Ich bin bei der oben genannten Krankenkasse versichert
15.4.95 Schneider
Datum | Unterschrift des Versicherten

Mitteilung für den weiterbehandelnden Arzt

Vertragsarztstempel Muster 19b (4.1994)

Notfall-/Vertretungsschein (Muster 19 c, weiß).

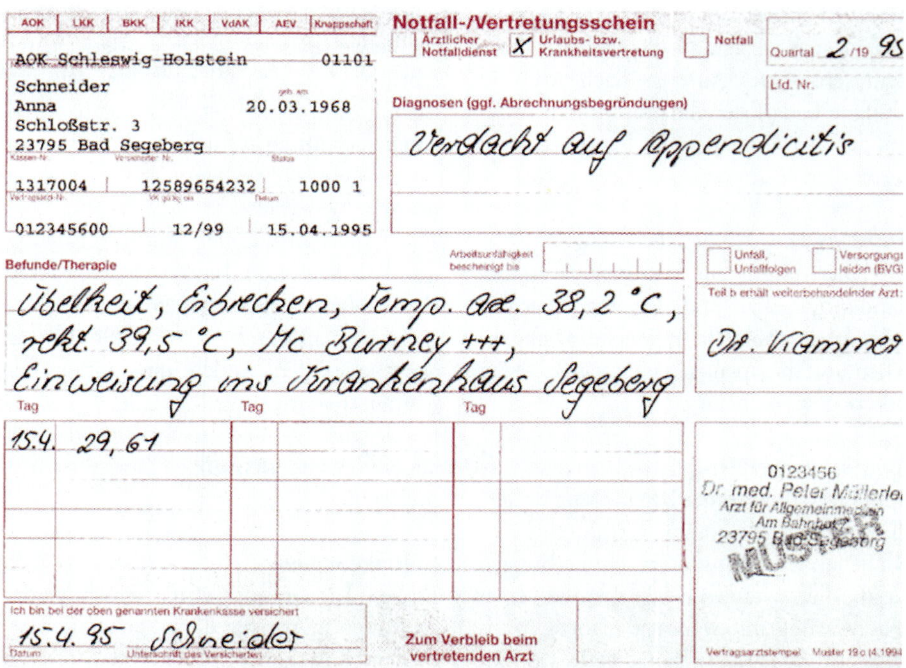
AOK | LKK | BKK | IKK | VdAK | AEV | Knappschaft

Notfall-/Vertretungsschein

Ärztlicher Notfalldienst | X Urlaubs- bzw. Krankheitsvertretung | Notfall | Quartal 2/19 95

AOK Schleswig-Holstein 01101
Schneider
Anna 20.03.1968
Schloßstr. 3
23795 Bad Segeberg
1317004 12589654232 1000 1
012345600 12/99 15.04.1995

Lfd. Nr.

Diagnosen (ggf. Abrechnungsbegründungen)
Verdacht auf Appendicitis

Befunde/Therapie
Arbeitsunfähigkeit bescheinigt bis
Übelkeit, Erbrechen, Temp. ax. 38,2 °C, rekt. 39,5 °C, Mc Burney +++, Einweisung ins Krankenhaus Segeberg

Unfall, Unfallfolgen | Versorgungsleiden (BVG)
Teil b erhält weiterbehandelnder Arzt:
Dr. Kammer

Tag | Tag | Tag
15.4. 29,61

0123456
Dr. med. Peter Müllerlei
Arzt für Allgemeinmedizin
Am Bahnhof 7
23795 Bad Segeberg
MUSTER

Ich bin bei der oben genannten Krankenkasse versichert
15.4.95 Schneider
Datum | Unterschrift des Versicherten

Zum Verbleib beim vertretenden Arzt

Vertragsarztstempel Muster 19c (4.1994)

20.7.3. Notfall-/Vertretungsschein

Für die Abrechnungen der Leistungen im ärztlichen Notfalldienst und bei Urlaubs- bzw. Krankheitsvertretung ist der *»Abrechnungsschein für ärztlichen Notfalldienst, Urlaubs- bzw. Krankheitsvertretung«* zu verwenden, es sei denn, dass die Notfall-, Urlaubs- oder Krankheitsvertretung auf Grund von Absprachen unter Ärzten erfolgt und die vertretenden Ärzte diese Leistungen abrechnen. Der Notfallberechnungsschein (Teil 19 a Farbe rosa, Durchschlag Teil 19 b hellgelb, dazwischen Teil 19 c für den vertretenden Arzt weiß) wird von dem vertretenden Arzt selbst ausgestellt und mit allen erforderlichen Angaben versehen. Er gilt als Behandlungsschein, aus diesem Grund müssen auch die Diagnosen, auf Grund derer Leistungen erbracht worden sind, eingetragen werden. Der Abrechnungsschein muss auch von Nicht-Vertragsärzten benutzt werden, die im Notfalldienst eingesetzt sind.

Aus datenschutzrechtlichen Gründen ist das Feld »Befunde/Therapie« auf dem ersten Blatt (Teil 19a) geschwärzt. Dieser Teil des Vordrucks ist nach Hochklappen des ersten Blattes auf Teil 19b auszufüllen. Der Ausdruck mittels EDV erfolgt auf Teil 19a im geschwärzten Feld.

Auf die Unterschriftsleistung des Versicherten kann verzichtet werden, wenn

- die Personen einen gesetzlichen Vertreter haben
- die Personen zur Unterschriftsleistung wegen Krankheit oder Gebrechlichkeit nicht in der Lage sind
- das Einfordern der Unterschrift den Ablauf der Notfallbehandlung stören würde (z. B. bei Ausländern, die der deutschen Sprache nicht mächtig sind).

Im Rahmen des ärztlichen Notfalldienstes erbrachte Leistungen, die zur Berechnung der Nr. 1 (Ordinationsgebühr) führen, werden bei Mitgliedern, Familienangehörigen und Rentnern unabhängig von der Fachrichtung des Notarztes mit 220 Punkten bewertet. Die Berechnung auf dem Abrechnungsschein für den ärztlichen Notfalldienst erfolgt einheitlich durch die KV.

Zur Berechnung des Wegegeldes für Besuche im organisierten Notfalldienst bei Ersatzkassenpatienten ist an Stelle des Praxissitzes der Ort der Zentrale des Notfalldienstes das Zentrum für die Feststellung der durch Entfernungskreise festgelegten Wegebereiche.

Besuche im Rahmen des organisierten Notfalldienstes sind bei Tag nach Nr. 25 und bei Nacht – bestellt und ausgeführt zwischen 20 und 8 Uhr – nach Nr. 26 zu berechnen, wenn der Notfalldienst nicht von einem niedergelassenen Vertragsarzt oder dessen persönlichen Vertreter wahrgenommen wird. Die Gebühr nach Nr. 5 ist hier im Zusammenhang mit den Nrn. 25 und 26 ausgeschlossen.

Der Teil a des Vordrucks (rosa) wird zur Abrechnung benutzt, der Durchschlag (Teil b, hellgelb) ist dem weiterbehandelnden Arzt zuzuleiten, damit dieser über die Erkrankung seines Patienten und die notwendig gewordenen Leistungen informiert wird. Der weiße Teil (Teil c) verbleibt beim ausstellenden Arzt.

MUSTER	FARBE	VERBLEIB
19 a	rosa	Abrechnung
19 b	hellgelb	weiterbehandelnder Arzt
19 c	weiß	ausstellender Arzt

Notfall- und Vertretungsschein.

20.8. Früherkennungs-untersuchungen

20.8.1. Ärztliche Gesundheits-untersuchung

Versicherte, die das 35. Lebensjahr vollendet haben, haben jedes zweite Jahr Anspruch auf eine ärztliche Gesundheitsuntersuchung zur Früherkennung von Krankheiten, insbesondere zur Früherkennung von Herz-Kreislauf- und Nierenerkrankungen sowie der Zuckerkrankheit (§ 25, 1 SGB V).

Früherkennung von Krankheiten.

Die ärztlichen Maßnahmen bei Frauen und Männern vom 36. Lebensjahr an dienen der Früherkennung solcher häufig auftretenden Krankheiten, die wirksam behandelt werden können und deren Vor- und Frühstadium durch diagnostische Maßnahmen messbar ist. Dies sind insbesondere Herz-Kreislauf-Erkrankungen, Nierenerkrankungen sowie Diabetes mellitus.

Die ärztlichen Maßnahmen sollen mögliche Gefahren für die Gesundheit der Anspruchsberechtigten dadurch abwenden, dass aufgefundene Verdachtsfälle eingehend diagnostiziert, erkannte Krankheiten rechtzeitig einer Behandlung zugeführt und Änderungen gesundheitsschädigender Verhaltensweisen frühzeitig bewirkt werden.

Vordruck-Muster 30a/b.

Gesundheitsuntersuchungs-Richtlinien
Einzelheiten sind in den Gesundheitsuntersuchungs-Richtlinien geregelt.

Eine Gesundheitsuntersuchung nach den Gesundheitsuntersuchungs-Richtlinien dürfen nur Allgemeinärzte, praktische Ärzte oder Internisten abrechnen.

Die ärztlichen Maßnahmen zur Früherkennung von Krankheiten umfassen folgende Leistungen:

- Anamnese (insbesondere Erfassung der besonderen Risiken)
- Klinische Untersuchung (Ganzkörperstatus)
- Laboratoriumsuntersuchungen (Blut: Gesamtcholesterin, Glukose, Harnsäure; Urin: Eiweiß, Glukose, Erythrozyten, Leukozyten, Nitrit)
- Beratung (Konsequenzen der Untersuchungsergebnisse auf Lebensgestaltung, Hinweis auf Notwendigkeit von Krebs-Früherkennungsuntersuchungen)
- Folgerungen (gegebenenfalls weitere Diagnostik und Therapie bei (Verdacht auf) Vorliegen einer Krankheit

Die Ergebnisse der Anamnese und Untersuchung werden ebenso wie auf Grund der Gesundheitsuntersuchung veranlasste oder empfohlene Maßnahmen auf einem zweiteiligen Berichtsvordruck dokumentiert: Dabei ist auf Vollständigkeit der Eintragungen zu achten.

Abrechnung Gesundheitsuntersuchung
Die Abrechnung der Gesundheitsuntersuchungen erfolgt auf dem Kranken- oder Überweisungsschein.

Berichtsvordruck Gesundheits-untersuchung
Der Berichtsvordruck für die Gesundheitsuntersuchung besteht aus zwei Teilen, dem Muster 30a (weißes Papier, rote Druckfarbe) und Muster 30b (weißes Papier, schwarze Druckfarbe). Teil a des vollständig ausgefüllten Vordrucks ist zusammen mit der Abrechnung (jedoch getrennt von den Abrechnungsunterlagen) der KV zur Erfassung und Aufbereitung zuzuleiten, Teil b verbleibt beim Arzt und ist fünf Jahre aufzubewahren.
Der Berichtsvordruck wird ausschließlich durch Ankreuzen ausgefüllt. Bei möglichen Alternativen ist bis auf zwei Ausnahmen (»Geschlecht«, »EKG durchgeführt«)

MUSTER	PAPIER	DRUCK	VERBLEIB
30 a	weiß	rot	KV
30 b	weiß	schwarz	Arzt (5 Jahre)

stets nur die Ja-Antwort vorgesehen, so dass ein Ankreuzen entfällt, wenn das gefragte Merkmal nicht zutrifft.

Auf Grund der Fragestellung müssen insgesamt sechs Positionen auch bei völlig unauffälligem Ergebnis der Gesundheitsuntersuchung ausgefüllt werden (Krankenkasse, Alter, Geschlecht, Blutdruck, Gesamtcholesterin, EKG durchgeführt/nicht durchgeführt).

Die Erfassung der Daten erfolgt durch automatische Beleglesung. Deswegen dürfen nur Original-Vordrucksätze verwendet werden, die mit schwarzem oder blauem Kugelschreiber auszufüllen sind und weder geknickt noch geheftet werden.

20.8.2. Früherkennungsuntersuchungen bei Kindern

Bei der Inanspruchnahme von Früherkennungsuntersuchungen gemäß den Richtlinien des Bundesausschusses der Ärzte und Krankenkassen über die Früherkennung von Krankheiten bei Kindern bis zur Vollendung des 64. Lebensmonats (Kinderrichtlinien) wird ein neun Untersuchungen umfassendes Programm durchgeführt. Ein Berechtigungsschein ist nicht erforderlich.

Die erste Untersuchung wird unmittelbar nach der Geburt im Krankenhaus durchgeführt. Da das Neugeborene noch keine eigene Krankenversichertenkarte besitzt, erfolgt die Abrechnung dieser Untersuchung und eventuell auch noch der zweiten (U 2) auf einem mit der Krankenversichertenkarte eines Elternteils ausgestellten Abrechnungsscheins (Muster 5).

Die weiteren Untersuchungen U 2 bis U 9 können in den jeweils angegebenen Zeiträumen, die möglichst genau eingehalten werden sollen, in Anspruch genommen werden. Bei den Untersuchungen U 4 bis U 9 ist auf das von der Krankenkasse in die Zeile »gültig bis . . .« eingetragene, die Gültigkeitsdauer einschränkende Datum zu achten.

U 2	Neugeborenen-Basisuntersuchung (3. bis 10. Lebenstag)
U 3	Untersuchung in der 4. bis 6. Lebenswoche
U 4	Untersuchung in dem 3. bis 4. Lebensmonat
U 5	Untersuchung in dem 6. bis 7. Lebensmonat
U 6	Untersuchung in dem 10. bis 12. Lebensmonat
U 7	Untersuchung in dem 21. bis 24. Lebensmonat
U 8	Untersuchung in dem 43. bis 48. Lebensmonat
U 9	Untersuchung in dem 60. bis 64. Lebensmonat

Abgerechnet werden die Untersuchungen zur Früherkennung von Krankheiten bei Kindern über Abrechnungsschein (Muster 5).

Überweisungen zur Labordiagnostik erfolgen auf dem Überweisungs-/Abrechnungsschein für Laboratoriumsleistungen als Auftragsleistung (Muster 10).

20.8.3. Früherkennung von Krebskrankheiten

Die nach den Richtlinien des Bundesausschusses für Ärzte und Krankenkassen über die Früherkennung von Krebserkrankungen (Früherkennungsrichtlinien) durchzuführenden ärztlichen Maßnahmen dienen.

Früherkennung Krebs.

bei Männern
der Früherkennung von Krebserkrankungen des Dickdarms, der Prostata, des äußeren Genitales und der Haut vom Beginn des 45. Lebensjahres an.

bei Frauen
der Früherkennung von Krebserkrankungen des Genitales vom Beginn des 20. Lebensjahres an sowie zusätzlich der Brust und der Haut vom Beginn des 30. Lebensjahres an sowie zusätzlich des Rektums und des übrigen Dickdarms vom Beginn des 45. Lebensjahres an.

Für die Durchführung der Früherkennungsuntersuchung von Krebserkrankungen genügt die Vorlage der Krankenversichertenkarte. Ein besonderer Berechtigungsschein ist nicht erforderlich.

Während jeder Früherkennungsuntersuchung muss das Untersuchungsergebnis durch Ankreuzen der zutreffenden Stelle auf dem Berichtsvordruck dokumentiert werden. Nach Diktat des Arztes ist entweder das Kästchen mit »ja« oder »nein« anzukreuzen.

Vordruck fünf Jahre aufbewahren.

Der *Berichtsvordruck für Männer* umfasst die Teile a und b. Der Teil a wird nach abschließenden Eintragungen vom untersuchenden Arzt der KV zur Erfassung und Auswertung zugesandt, Teil b bleibt beim untersuchenden Arzt und soll 5 Jahre aufbewahrt werden.

Der *Berichtsvordruck für Frauen* umfasst die Teile a bis c, die zunächst zusammen mit dem Untersuchungsmaterial an den Zytologen gesandt werden. Die Teile a und b des Berichtsvordrucks werden vom Zytologen ausgefüllt an den Einsender zurückgesandt, Teil c bleibt beim Zytologen. Der Teil b wird nach abschließenden Eintragungen vom untersuchenden Arzt der KV zur Erfassung und Auswertung zugesandt, Teil a bleibt beim untersuchenden Arzt und soll 5 Jahre aufbewahrt werden.

Abrechnung.

Die Abrechnung erfolgt auf einem Abrechnungs- oder Überweisungsschein.

MEMO!

Ergeben sich während der Früherkennungsuntersuchungen Befunde, die zum Verdacht des Vorliegens einer Krebserkrankung führen, so werden weitere diagnostische Maßnahmen und die etwa darauf folgenden Behandlungsmaßnahmen auf Krankenschein als kurative Leistungen abgerechnet.

20.9. Bundesbehandlungsschein

Nach dem Bundesversorgungsgesetz (BVG) sind Anspruchsberechtigte auf ärztliche Behandlung Personen mit einer Kriegs- oder Wehrdienstbeschädigung sowie unter gewissen Voraussetzungen auch ihre Angehörigen und Hinterbliebenen. Das BVG gilt auch für Wehrdienst- und Zivilgeschädigte, Impfgeschädigte nach dem Bundesseuchengesetz, für Opfer von Gewalttaten u. a.

Die Durchführung der Krankenbehandlung erfolgt durch die Träger der gesetzlichen Krankenversicherung. Die Bundesbehandlungsscheine werden durch die AOK des Wohnortes oder eine Ersatzkasse ausgegeben. Die Kosten trägt der Bund.

Kriegsbeschädigte und andere Versorgungsberechtigte, die »Mitglied« in einer gesetzlichen Krankenkasse sind, werden auf Krankenschein behandelt, Nichtmitglieder der Krankenkasse erhalten einen Behandlungsschein. Der Bundesbehandlungsschein gilt für das laufende Quartal und soll dem Arzt bei der ersten Inanspruchnahme vorgelegt werden.

Rosafarbener Bundesbehandlungsschein (KOV-Schein)
Mit dem rosafarbenen Bundesbehandlungsschein werden nur Behandlungen anerkannter Schädigungsfolgen abgerechnet. Er gilt nicht für die Behandlung versorgungsfremder Leiden, für deren Gewährung ein Träger der gesetzlichen Krankenversicherung, eine Berufsgenos-

senschaft o. a. zuständig sind. Ärztliche Leistungen, die sich aus der Behandlung von Gesundheitsstörungen ergeben, die nichts mit der anerkannten Schädigung zu tun haben, dürfen auf dem Behandlungsschein nicht abgerechnet werden.

Bei der Verordnung von Arznei- und Heilmitteln muss bei Beschädigten mit rosafarbenen KOV-Schein darauf geachtet werden, dass zu Lasten der Versorgungsbehörde nur diejenigen Verordnungen ausgestellt werden, die sich auf das Versorgungsleiden beziehen.

Der Behandlungsschein wird von der Krankenkasse im Durchschreibeverfahren ausgefüllt, Teil III bleibt bei der Krankenkasse, Teil II wird sofort an die Krankenkasse zurückgesandt, die Teile II und III an das Versorgungsamt weiterleitet. Teil I dient der Abrechnung am Quartalsende.

Bei Notwendigkeit einer Überweisung muss die Krankenkasse einen neuen Behandlungsschein ausstellen.

Orangefarbener Behandlungsschein

Diese KOV-Scheine gelten für Schwerbeschädigte, wenn diese nicht Mitglied einer gesetzlichen Krankenversicherung sind. Sie gelten auch für Angehörige, Hinterbliebene und Pflegepersonen, die mit von der Kriegsrente des Pflegebedürftigen leben. Vom Format und von der Gestaltung her sind diese Scheine weitgehend mit den Krankenscheinen der gesetzlichen Krankenkasse identisch.

Überweisungen an einen anderen Arzt werden für den hier genannten Personenkreis mittels einer gesonderten orangefarbenen Überweisung veranlasst.

Bundesbehandlungsscheine gelten nicht bei Arbeitsunfällen, Berufs- und Geschlechtskrankheiten; bei Tuberkuloseerkrankungen gelten sie nur, wenn es sich um ein anerkanntes Versorgungsleiden handelt.

Abrechnung der Bundesbehandlungsscheine

Die Bundesbehandlungsscheine werden über die Kassenärztliche Vereinigung zu Lasten der ausstellenden Krankenkasse abgerechnet. Die Krankenkasse fordert ihrerseits entsprechend den Bestimmungen des Bundesversorgungsgesetzes, die entstehenden Kosten beim Bund an.

MEMO!

WICHTIGES ZUM MERKEN

Vertragsarzt: Alle zur Versorgung von Mitgliedern der gesetzlichen Krankenkassen zugelassenen Ärztinnen/Ärzte werden als Vertragsärzte bezeichnet.
Freie Arztwahl: Die Wahl unter den Vertragsärzten und ermächtigten Ärzten bzw. Einrichtungen im Umfange der jeweiligen Ermächtigung steht den Versicherten frei. Andere Ärzte dürfen nur im Notfall in Anspruch genommen werden.
Persönliche Leistungserbringung: Jeder an der vertragsärztlichen Versorgung teilnehmende Arzt ist verpflichtet, die vertragsärztliche Tätigkeit persönlich auszuüben. Hierzu zählen auch Leistungen von genehmigten Assistenten und Mitarbeiterinnen, wenn sie der Vertragsarzt anordnet und fachlich überwacht.
Regeln der ärztlichen Kunst, Qualität und **Wirtschaftlichkeit:** Jeder Vertragsarzt hat die Regeln der ärztlichen Kunst und den anerkannten Standard der medizinischen Erkenntnisse zu berücksichtigen sowie das Gebot der Wirtschaftlichkeit zu beachten. Versicherte, die eine ärztliche oder zahnärztliche Behandlung in Anspruch nehmen, haben dem Arzt (Zahnarzt) vor Beginn der Behandlung ihre **Krankenversicherungskarte** auszuhändigen.
Behandlungsfall: Die gesamte von demselben Vertragsarzt innerhalb desselben Kalendervierteljahres an demselben Kranken jeweils ambulant oder stationär zu Lasten derselben Krankenkasse vorgenommene Behandlung gilt als Behandlungsfall. Auch bei Kassenwechsel des Versicherten liegt abrechnungstechnisch ein neuer Behandlungsfall vor.

Zum Wiederholen und Lernen.

Zum Wiederholen und Lernen.

MEMO!

Das **Muster 6** der Vordruckvereinbarung (Überweisungsschein) findet sowohl als Überweisungs- wie auch als Belegarztschein Verwendung.
Familienangehörige von Rentnern werden mit »R« gekennzeichnet.
Versichertenkarte: groß wie eine Euroscheckkarte, mit Piktogramm aus Äskulapstab und Gebietskarte Bundesrepublik, maschinenlesbar, kann auf Vordrucke übertragen werden, enthält gleiche Daten wie Krankenschein, keine medizinischen Daten, keine Daten über letzten Arztbesuch oder über Zuzahlungspflicht oder Befreiung bei Arzneimitteln.

EINIGE FRAGEN ZUM ÜBEN

Nennen Sie die Rechtsgrundlage, den Status und die Mitglieder der Kassenärztlichen Vereinigungen!
Welche Rechte und Pflichten haben die Kassenärztlichen Vereinigungen?
Welche Aufgaben hat die Kassenärztliche Bundesvereinigung?
Wie erfolgt die Vergütung des Vertragsarztes für Leistungen bei Kassenpatienten?
Welche Voraussetzungen müssen für eine Zulassung zum Vertragsarzt erfüllt sein?
Beschreiben Sie den Unterschied zwischen der Beteiligung und der Ermächtigung!
Welche Arten der Überweisung können auf dem Überweisungsschein gewählt werden?
Was ist zu beachten, wenn die Überweisung zur Durchführung bestimmter Leistungen (Auftragsleistungen) erfolgt?
Wie rechnen Nichtvertragsärzte im Notdienst ab?
Welche Leistungen umfassen die ärztlichen Maßnahmen zur Früherkennung von Krankheiten (Gesundheitsuntersuchung)?
Welche Arten von Früherkennungsmaßnahmen bei Kindern dürfen auf Kosten der Krankenkassen durchgeführt werden?
Weshalb gilt der Berechtigungsschein für eine Früherkennungsuntersuchung bei Kindern nur innerhalb bestimmter Zeiträume?
Welche Berechtigungsscheine für Krebsfrüherkennungsmaßnahmen gibt es?
Welchen Umfang haben die Krebsfrüherkennungsuntersuchungen bei Frauen?
Wie ist zu verfahren, wenn sich während der Früherkennungsuntersuchungen Befunde ergeben, die zum Verdacht des Vorliegens einer Krebserkrankung führen?
Wer ist nach dem Bundesversorgungsgesetz anspruchsberechtigt?
Welche Unterschiede bestehen zwischen Mitgliedern einer Krankenkasse und Nichtmitgliedern, wenn sie Ansprüche nach dem Bundesversorgungsgesetz haben?

TERMINOLOGIE

Ermächtigung	der Zulassungsausschuss kann Ärzte und Einrichtungen zur Durchführung bestimmter Leistungen ermächtigen, wenn dies zur Sicherstellung der vertragsärztlichen Versorgung erforderlich ist
Sicherstellungsauftrag	Pflicht der Kassenärztlichen Vereinigung, die vertragsärztliche Versorgung sicherzustellen
Zulassung	(als Vertragsarzt) ist erforderlich für eine vertragsärztliche Tätigkeit, erfolgt durch den Zulassungsausschuss bei der Kassenärztlichen Vereinigung

Abkürzungen

BMV-Ä	Bundesmantelvertrag Ärzte
EKV	Arzt-Ersatzkassen-Vertrag
KBV	Kassenärztliche Bundesvereinigung (nicht verwechseln mit KVB – Krankenversorgung der Bundesbahnbeamten!)
SGB	Sozialgesetzbuch

21. Schutz und Sicherheit bei Krankheit

Gesetzliche Krankenversicherung

ZIELE DES RAHMENLEHRPLANS

- ▶ **Leistungen der gesetzlichen Krankenversicherung aus der jeweiligen Rechtsvorschrift ableiten**
- ▶ **Sonstige Kostenträger und die für sie geltenden wichtigsten Bestimmungen nennen**
- ▶ **Regelungen für Besucher der Bundesrepublik Deutschland nennen**

21.1. Allgemeines

Die Vorschriften über die gesetzliche Krankenversicherung finden sich im Fünften Buch des Sozialgesetzbuches (SGB V).

Solidarität und Eigenverantwortung (§ 1, SGB V)

Die Krankenversicherung als Solidaritätsgemeinschaft hat die Aufgabe, die Gesundheit der Versicherten zu erhalten, wiederherzustellen oder ihren Gesundheitszustand zu bessern.
Die Versicherten sind für ihre Gesundheit mit verantwortlich; sie sollen durch eine gesundheitsbewusste Lebensführung, durch frühzeitige Beteiligung an gesundheitlichen Vorsorgemaßnahmen sowie durch aktive Mitwirkung an Krankenbehandlung und Rehabilitation dazu beitragen, den Eintritt von Krankheit und Behinderung zu vermeiden oder ihre Folgen zu überwinden.
Die Krankenkassen haben den Versicherten dabei durch Aufklärung, Beratung und Leistung zu helfen und auf gesunde Lebensverhältnisse hinzuwirken.

Die Krankenkassen stellen den Versicherten bestimmte Leistungen unter Beachtung des Wirtschaftlichkeitsgebotes zur Verfügung. Qualität und Wirksamkeit der Leistungen haben dem allgemein anerkannten Stand der medizinischen Erkenntnisse zu entsprechen und den medizinischen Fortschritt zu berücksichtigen.

Die Leistungen und sonstigen Ausgaben der Krankenkassen werden durch Beiträge finanziert. Dazu entrichten die Mitglieder und die Arbeitgeber Beiträge, die sich in der Regel nach den beitragspflichtigen Einnahmen, je nach Krankenkasse etwa 13 bis 14 Prozent des Einkommens bis zu einer vom Gesetzgeber festgelegten Höchstgrenze (Bemessungsgrenze), richten. Für versicherte Familienangehörige werden Beiträge nicht erhoben.

Die Krankenkassen sind Körperschaften des öffentlichen Rechts mit Selbstverwaltung. Im Interesse der Leistungsfähigkeit und der Wirtschaftlichkeit arbeiten die Krankenkassen miteinander und mit allen Einrichtungen des Gesundheitswesens zusammen.

21.2. Versicherter Personenkreis

21.2.1. Versicherungspflicht

Versicherungspflichtig sind

- Arbeiter und Angestellte und zu ihrer Berufsausübung Beschäftigte, die gegen Arbeitsentgelt beschäftigt werden. Hierzu gehören unter bestimmten Umständen auch die Empfänger von Vorruhestandsgeld

- Leistungsempfänger nach dem Arbeitsförderungsgesetz,
- Landwirte und ihre Familienangehörigen (einschließlich Altenteiler), Künstler und Publizisten
- Personen, die in Einrichtungen der Jugendhilfe für eine Erwerbstätigkeit befähigt werden sollen, sowie Teilnehmer an berufsfördernden Maßnahmen zur Rehabilitation (mit Ausnahme von Maßnahmen nach dem Bundesversorgungsgesetz)
- Behinderte in Werkstätten nach dem Schwerbehindertengesetz sowie in Anstalten u. ä., wenn sie in einem gewissen Umfange Leistungen erbringen
- Studenten bis zum Abschluss des 14. Fachsemesters bzw. bis zur Vollendung des 30. Lebensjahres, wenn nicht fachliche oder persönliche Gründe eine längere Versicherungspflicht rechtfertigen
- Personen, die eine vorgeschriebene berufspraktische Tätigkeit verrichten, zu ihrer Berufsausbildung ohne Entgelt Beschäftigte u. a.
- unter bestimmten Umständen Personen, die die Voraussetzungen für den Anspruch auf eine Rente aus der gesetzlichen Rentenversicherung erfüllen und diese Rente beantragt haben

▶▶ *Jahresentgelt.*

21.2.2. Versicherungsfreiheit

Versicherungsfreiheit besteht für

- Arbeiter und Angestellte, deren regelmäßiges Jahresentgelt 75 Prozent der Beitragsbemessungsgrenze der Rentenversicherung übersteigt (mit Ausnahme von Seeleuten). Bei der Ermittlung des Jahresarbeitsentgeltes bleiben familienbedingte Zuschläge ohne Berücksichtigung
- Beamte, Richter, Soldaten auf Zeit und Berufssoldaten sowie weitere im öffentlichen Dienst Beschäftigte, Geistliche, Lehrer an Privatschulen, die bei Krankheit nach beamtenrechtlichen Vorschriften oder Grundsätzen Anspruch auf Fortzahlung der Bezüge und auf Beihilfe oder Fürsorge haben
- satzungsgemäße Mitglieder geistlicher Genossenschaften, Diakonissen u. ä., wenn sie sich aus überwiegend religiösen oder sittlichen Beweggründen mit Krankenpflege, Unterricht oder anderen gemeinnützigen Tätigkeiten beschäftigen und nicht mehr als freien Unterhalt oder ein geringes Entgelt beziehen
- Personen, die nach dem Krankheitsfürsorgesystem der Europäischen Gemeinschaften bei Krankheit geschützt sind

▶▶ *Jahresversicherungsgrenze.*

21.2.3. Überschreiten der Jahresarbeitsentgeltgrenze

Mit Ablauf des Kalenderjahres, in dem die Jahresarbeitentgeltgrenze überschritten wird, endet die Versicherungspflicht. Dies gilt nicht, wenn das Entgelt die vom Beginn des nächsten Kalenderjahres geltende Jahresarbeitsentgeltgrenze nicht überschreitet.

Bei rückwirkender Erhöhung des Entgeltes endet die Versicherungspflicht mit Ablauf des Kalenderjahres, in dem der Anspruch auf das erhöhte Entgelt entstanden ist.

21.2.4. Befreiung von der Versicherungspflicht

Auf Antrag wird von der Versicherungspflicht befreit, wer

- wegen der Erhöhung der Jahresversicherungsgrenze
- wegen Aufnahme einer nicht vollen Erwerbstätigkeit während des Erziehungsurlaubs
- wegen Herabsetzung der Beschäftigungszeit auf weniger als die Hälfte (wenn länger als fünf Jahre wegen Überschreitens der Jahresentgeltgrenze Versicherungsfreiheit besteht)

- durch Antrag auf eine Rente oder Teilnahme an einer berufsfördernden Maßnahme
- durch Einschreibung als Student oder durch die berufspraktische Tätigkeit
- durch die Tätigkeit in einer Einrichtung für Behinderte

versicherungspflichtig wird.

21.2.5. Freiwillige Versicherung

Freiwillig können der Krankenversicherung Personen beitreten,

- die als Mitglieder ausgeschieden sind und in den letzten fünf Jahren vor dem Ausscheiden mindestens zwölf Monate oder unmittelbar vor dem Ausscheiden ununterbrochen mindestens sechs Monate versichert waren
- mitversicherte Familienangehörige, wenn die Mitversicherung endet
- Familienangehörige, die wegen des Einkommens eines Elternteils nicht versichert sind
- schwer Behinderte, wenn sie oder ein Elternteil in den letzten fünf Jahren mindestens drei Jahre versichert waren, sowie
- Arbeitnehmer, die außerhalb des Bundesgebietes tätig waren, wenn sie zwei Monate nach Rückkehr wieder eine Beschäftigung aufnehmen.

21.2.6. Familienversicherung

Versichert sind der Ehegatte und die Kinder von Mitgliedern, wenn diese Familienangehörigen nicht selbst versicherungspflichtig oder freiwillig versichert sind, nicht versicherungsfrei oder von der Versicherungspflicht befreit sind und nicht hauptberuflich selbstständig erwerbstätig sind.

Kinder sind bis zum vollendeten 18. Lebensjahr versichert; bis zum vollendeten 23. Lebensjahr, wenn sie nicht erwerbstätig sind; bis zum vollendeten 25. Lebensjahr, wenn sie sich in einer Schul- oder Berufsausbildung befinden. Wird diese durch Wehrdienst oder Zivildienst unterbrochen, besteht die Versicherung darüber hinaus. Ohne Begrenzung sind Kinder mitversichert, wenn sie wegen einer Behinderung außerstande sind, sich selbst zu unterhalten.

Nicht versichert sind Kinder, wenn ein Elternteil nicht Mitglied der Krankenkasse ist und regelmäßig im Monat mehr als ein Zwölftel der Jahresentgeltgrenze und mehr als das versicherte Mitglied verdient.

◀ ***Nichtversicherte Kinder.***

21.3. Träger der gesetzlichen Krankenversicherung

21.3.1. Übersicht

Die gesetzliche Krankenversicherung ist sehr stark gegliedert. Träger sind die Krankenkassen.

Alle gesetzlichen Krankenkassen sind zu Verbänden zusammengeschlossen, die Primärkassen (AOK, BKK, IKK, LKK) zu Landes- und Bundesverbänden, die Knappschaftliche Krankenversicherung zur Bundesknappschaft, die Ersatzkassen zum Verband der Angestelltenkrankenkassen (VdAK) und zum Verband der Arbeiterersatzkassen (AEV).

◀ ***SGB IV.***

Im SGB IV ist die Bildung der Selbstverwaltungsorgane und ihre Aufgabenstellung geregelt. Selbstverwaltungsorgane der Krankenkassen sind ein Verwaltungsrat sowie ein hauptamtlicher Vorstand. Die Aufsicht über die Krankenkassen führt auf Landesebene die dazu bestimmte oberste Verwaltungsbehörde (z. B. Sozialminister), für die Bundesvertragskassen und die Ersatzkassen das Bundesministerium für Arbeit und Soziales.

◀ ***Selbstverwaltungsorgane.***

21.3.2. Primärkassen

Allgemeine Ortskrankenkassen (AOK)
In ihnen sind alle versicherungspflichtigen Arbeitnehmer Mitglied, die nicht einer anderen gesetzlichen Krankenversicherung angehören. § 173 SGB V legt fest, dass sie Mitglieder der Allgemeinen Ortskrankenkasse ihres Beschäftigungsortes werden müssen.

Betriebskrankenkassen (BKK)
Betriebskrankenkassen können für einen oder mehrere Betriebe mit mehr als 450 Arbeitnehmern errichtet werden. Gemäß § 174 SGB V gehören ihr alle im Betrieb beschäftigten Versicherungspflichtigen einschließlich der für den Betrieb beschäftigten Heimarbeiter an. Verwaltungen des Bundes haben auch Betriebskrankenkassen errichtet, z. B. die Betriebskrankenkasse des Bundesverkehrsministeriums, die Bundesbahn-BKK, die Bundespost-BKK. Mit »Bundesgesamtvertragskassen« bezeichnet man jene Betriebskrankenkassen, deren Mitglieder über das ganze Bundesgebiet verstreut sind.

Innungskrankenkassen (IKK)
Können unter bestimmten Voraussetzungen für eine oder mehrere Innungen gemeinsam errichtet werden, wenn in den Betrieben regelmäßig mindestens 450 Versicherungspflichtige beschäftigt werden. Die in den Betrieben beschäftigten Versicherungspflichtigen gehören der Innungskrankenkasse an, die Versicherungsberechtigten können ihr beitreten (§ 175 SGB V).

See-Krankenkasse (See-KK)
Sie versichert als Untergliederung der See-Kasse die Seeleute. Bei ihr sind die Besatzungsmitglieder deutscher Seefahrzeuge sowie Berufsseeleute, soweit sie auf Kosten ihres Reeders anderweitig beschäftigt sind, pflichtversichert. Die See-KK hat außerhalb Hamburgs keine eigenen Geschäftsstellen. Aushelfende Kassen sind AOK und LKK. Die See-Krankenkasse nimmt innerhalb der Krankenkassen eine Sonderstellung ein, die sich aus der Eigenart des Berufes der Seeleute ergibt; sie bietet Unterkunft und Verpflegung in einem Seemannsheim für die Dauer einer Krankheit sowie Leistungen im Ausland. Binnenschiffer sind in ihr nicht versichert.

Landwirtschaftliche Krankenkassen (LKK)
Sie versichern Landwirte und deren über 18-jährige mitarbeitende Familienmitglieder, die Altenteiler sowie die Auszubildenden. Die Landwirtschaftlichen Krankenkassen sind der landwirtschaftlichen Berufsgenossenschaft angeschlossen. Sitz des Bundesverbandes ist in Kassel bei der landwirtschaftlichen Alterskasse. Landesverbände gibt es nicht.

Knappschaftskrankenversicherung
Sie ist Teil der Bundesknappschaft für Arbeiter und Angestellte des Bergbaus. Die Bundesknappschaft umfasst außer der Krankenversicherung noch Renten- und Altersruhegeldversicherung für Arbeiter und Angestellte.

21.3.3. Ersatzkassen

Ersatzkassen sind ebenfalls Träger der gesetzlichen Krankenversicherung. Im Unterschied zu den Primärkassen ergibt sich der in ihnen versicherte Personenkreis nicht aus dem Beschäftigungsort, einer bestimmten Betriebs- oder Berufszugehörigkeit, sondern aus den in ihrer Satzung näher bezeichneten Personengruppen. Beschränkungen des aufnahmeberechtigten Mitgliederkreises sind nicht zulässig. Anders als in den bisher genannten Kassen ist eine Mitgliedschaft in einer Ersatzkasse grundsätzlich freiwillig.

Außer bei der Bundesknappschaft, der See-Krankenkasse und den Landwirtschaftlichen Krankenkassen hat die Mitgliedschaft in einer Ersatzkasse befreiende Wirkung für Versicherungpflichtige gegenüber den an sich zuständigen Krankenkassen (§ 184 SGB V). Wir unterscheiden Ersatzkassen für Angestellte (VdAK) und Arbeiterersatzkassen (AEV).

Die Ersatzkassen
(Sitz der Hauptstelle in Klammern)

Angestelltenkrankenkassen (VdAK)
- Barmer Ersatzkasse (Wuppertal-Barmen), BEK
- Deutsche Angestellten Krankenkasse (Hamburg), DAK
- Kaufmännische Krankenkasse (Hannover), KKH
- Hamburg-Münchener Ersatzkasse (Hamburg), HaMü
- Handelskrankenkasse (Bremen), HKK
- Hanseatische Ersatzkasse (Hamburg), HEK
- Techniker Krankenkasse (Hamburg), TK

Arbeiterersatzkassen (AEV)
- Buchdrucker-Krankenkasse (Hannover), BK
- Gärtner-Krankenkasse (Hamburg), GKK
- Schwäbisch Gmünder Ersatzkasse (Schwäbisch Gmünd), GEK
- Hamburgische Zimmerer-Krankenkasse (Hamburg), HZK
- Krankenkasse »Eintracht« Heusenstamm, KEH
- Brühler Krankenkasse (Solingen), Brühler

21.3.4. Sonstige Kostenträger

Neben den Primär- und Ersatzkassen gibt es noch weitere Kostenträger. Kassenärztliche Vereinigungen können entsprechend § 75 Abs. 3 Satz 3 SGB V über die Primärkassen hinaus weitere Aufgaben der ärztlichen Versorgung, insbesondere für Ersatzkassen und andere Träger der Sozialversicherung übernehmen.

Verträge sind mit den Ersatzkassen, der Bundesknappschaft, Bundesbahn, Bundespost, Bundeswehr, dem Bundesgrenzschutz, den Berufsgenossenschaften, für die Zivildienstleistenden, die Polizei u. a. m. abgeschlossen worden.

Die Bestimmungen hierzu müssen bei Bedarf den in jeder Vertragsarztpraxis vorhandenen Vertragstexten (»KBV-Ordner«) entnommen werden

◄ *Vertragstext in »KBV-Ordnern«.*

Die Vertragspartner haben bei der Festlegung der Verträge grundsätzlich die Möglichkeit, ein Leistungsverzeichnis neu zu bestimmen oder ein schon vorhandenes zugrunde zu legen. Wegen des hohen Arbeitsaufwandes wird von der Erstellung neuer Leistungsverzeichnisse bei allen derzeit bestehenden Vertragsverhältnissen abgesehen.

Schwierigkeiten bereitet regelmäßig die Unterscheidung der Abrechnung bzw. Rechnungserstellung bei Mitgliedern der Postbeamtenkrankenkasse Gruppe B (PBeaKK B) und der Krankenversorgung der Bundesbahnbeamten (KVB) Gruppe IV (in beiden Fällen Privatpatienten) von der bei Mitgliedern der Postbeamtenkrankenkasse Gruppe A (PBeaKK A) und der Krankenversorgung der Bundesbahnbeamten Gruppe I bis III (Verträge nach S 75 Abs. 3 Salz 3 SGB V),

◄ *Postbeamtenkrankenkasse.*

Für Soldaten der Bundeswehr, Zivildienstleistende und Bundesgrenzschutzbeamte legt § 75 Abs. 3 SGBV fest, dass ärztliche Leistungen so zu vergüten sind, wie die Ersatzkassen sie vergüten.

Die ärztliche Versorgung der Polizeibeamten ist jeweils auf Landesebene mit den zuständigen Kassenärztlichen Vereinigungen geregelt.

21.3.5. Freie Krankenkassenwahl

Die gesetzlichen Krankenkassen erheben einen unterschiedlichen Beitrag von ihren Mitgliedern, der bei etwa 13 bis 14 Prozent des Einkommens liegt. Seit dem 1. Januar 1996 ist es möglich, seine gesetzliche Krankenkasse zu wechseln, um z. B. den Kostenvorteil einer billigeren Krankenkasse zu nutzen. Ein halbes Prozent Beitrag

◄ *Wechsel der Krankenkasse.*

weniger macht z. B. bei einem Bruttogehalt von 3000,– DM im Monat eine jährliche Ersparnis von 180,– DM für Arbeitgeber und Arbeitnehmer zusammen aus.

Wählbare Krankenkassen

Alle versicherungspflichtigen und freiwillig versicherten Mitglieder können am Wohn- oder Beschäftigungsort folgende Krankenkassen auswählen:

- Allgemeine Ortskrankenkasse sowie jede Ersatzkasse
- bei Beschäftigung in dem bestimmten Betrieb (auch wenn mittlerweile Rente bezogen wird), die Betriebs- oder Innungskrankenkasse,
- eine Betriebs- oder Innungskrankenkasse, wenn sie sich »geöffnet« hat

Unabhängig vom Beschäftigungs- oder Wohnort oder der Betriebszugehörigkeit können Ortskrankenkasse, Ersatzkasse, Betriebs- oder Innungskrankenkasse auch gewählt werden, wenn dort

- ein Ehegatte versichert ist
- eine Mitgliedschaft oder Familienversicherung vor Beginn der Versicherungspflicht oder -berechtigung bestanden hat
- ein Elternteil versichert ist, aber nur für versicherungspflichtige Behinderte, Jugendliche in Jugendhilfeeinrichtungen, Teilnehmer an berufsfördernden Maßnahmen zur Rehabitilation, Waisenrentner

Studenten können die Ortskrankenkasse oder jede Ersatzkasse an dem Ort wählen, an dem die Hochschule ihren Sitz hat.

Fristen und Verfahrensabläufe

Bei Beginn der Versicherungspflicht muss innerhalb von zwei Wochen eine Krankenkasse durch schriftliche Erklärung gewählt werden. Der Versicherungsschutz beginnt vom ersten Tag der Versichertenpflicht, also bei Beschäftigten in der Regel der erste Tag des Beschäftigungsverhältnisses. Die Wahl der Krankenkasse gilt grundsätzlich für mindestens 12 Monate, ein vorheriger Kassenwechsel ist nicht möglich.

Schon versicherte Versicherungspflichtige können die Mitgliedschaft in ihrer Krankenkasse bis zum 30. September zum 1. Januar des Folgejahres kündigen. Die neue Kasse stellt dann eine Mitgliedsbescheinigung für den Arbeitgeber aus. Werden die Fristen nicht eingehalten, kommt ein Kassenwechsel nicht zustande.

Versicherungspflichtige können ihre Krankenkasse in bestimmten Fällen auch vor Jahresende wechseln. Dies gilt ohnehin, wenn sich grundsätzlich Bedingungen des Arbeitsverhältnisses, z. B. Wechsel des Arbeitgebers, Übergang in den Ruhestand oder Eintritt in die Arbeitslosigkeit, verändern. Eine vorzeitige Kündigung ist aber auch möglich, wenn für ihren Betrieb eine Betriebs- oder Innungskrankenkasse neu errichtet wird.

Freiwillige Mitglieder können auch im Laufe des Kalenderjahres wechseln. Die alte Krankenkasse muss mit einer Frist von zwei Monaten zum Ende des übernächsten Kalendermonats gekündigt werden, soweit nicht die Satzung der Krankenkasse eine kürzere Kündigungsfrist bestimmt. Bei der neuen Krankenkasse kommt die Mitgliedschaft durch Beitrittserklärung mit dem Tage des Beitritts, frühestens jedoch am Tage nach Ablauf der Kündigung zustande.

Fristen für Krankenkassenwahl.

GRUPPE	FRIST
Beginn der Versicherungspflicht	innerhalb von zwei Wochen
Bereits versicherte Pflichtversicherte	zum 1. Januar des Folgejahres*)
Versicherungsberechtigte	durch Beitrittserklärung bei neuer Kasse**)

*) Kündigung spätestens 3 Monate vor Jahresende
**) Kündigung bei alter Kasse mit 2 Monaten Frist zum Ende des übernächsten Kalendermonats

21.4. Leistungen der Krankenkassen

21.4.1. Übersicht über Leistungen

Versicherte der gesetzlichen Krankenversicherung haben Anspruch auf folgende Leistungen:

- Förderung der Gesundheit
- Verhütung von Krankheiten
- Früherkennung von Krankheiten
- Behandlung einer Krankheit
- Sterbegeld (Mitglied 2100,– DM, Familienangehörige 1050,– DM)

Hierzu gehören auch die Leistungen zur Rehabilitation, die eine Behinderung oder Pflegebedürftigkeit vermeiden, beseitigen oder mindern. Bei stationärer Behandlung gehört zu den Leistungen die medizinisch notwendige Mitaufnahme einer Begleitperson.

Kein Anspruch besteht, wenn Leistungen als Folge eines Arbeitsunfalls oder einer Berufskrankheit zu erbringen sind.

21.4.2. Allgemeine Vorschriften für Leistungen

Die Leistungen müssen *ausreichend, zweckmäßig* und *wirtschaftlich* sein; sie dürfen das Maß des Notwendigen nicht übersteigen.

Die Versicherten erhalten die Leistungen in der Regel als Sach- und Dienstleistungen, Kosten dürfen erstattet werden bei freiwilligen Mitgliedern und ihren Familienangehörigen. Anspruch auf Erstattung besteht jedoch nur in Höhe der Vergütung, die die Krankenkasse bei Erbringung als Sachleistung (vermindert um Abschläge für Verwaltungskosten und fehlende Wirtschaftlichkeitsprüfungen) zu tragen hätte.

Ärztliche (bzw. zahnärztliche) Behandlung wird von Ärzten oder Zahnärzten erbracht oder angeordnet.

21.5. Präventive Leistungen

21.5.1. Gesundheitsförderung, Krankheitsverhütung

Die Krankenkassen haben ihre Versicherten über Gesundheitsgefährdung und über die Verhütung von Krankheiten aufzuklären. Sie sollen den Ursachen von Gesundheitsgefährdungen und -schäden nachgehen und auf ihre Beseitigung hinwirken.

Der Anspruch auf Leistungen erlischt mit dem Ende der Mitgliedschaft oder, wenn keine Erwerbstätigkeit ausgeübt wird, spätestens einen Monat nach Ende der Mitgliedschaft.

Bei der Verhütung arbeitsbedingter Gesundheitsgefahren arbeiten die Krankenkassen mit den Unfallversicherungsträgern zusammen. Ist anzunehmen, dass bei einem Versicherten eine berufsbedingte gesundheitliche Gefährdung oder eine Berufskrankheit vorliegt, hat die Krankenkasse dies unverzüglich den für den Arbeitsschutz zuständigen Stellen und dem Unfallversicherungsträger mitzuteilen.

◀◀ **Rehabilitation.**

In ihrer Satzung kann die Krankenkasse zusätzliche Leistungen zur Erhaltung und Förderung von Gesundheit und zur Vermeidung von Krankheit vorsehen.

Verhütung von Zahnerkrankungen

Versicherte, die das 12., aber noch nicht das 20. Lebensjahr vollendet haben, können sich zur Verhütung von Zahnerkrankungen *einmal in jedem Kalenderjahr* zahnärztlich untersuchen lassen *(Individualprophylaxe)*. Für Versicherte, die das 12. Lebensjahr noch nicht vollendet haben, sind die Krankenkassen verpflichtet, zusammen mit den Zahnärzten u. a. in Kindergärten und Schulen Maßnahmen zur Verhütung von Zahnerkrankungen zu fördern und sich an ihren Kosten zu beteiligen *(Gruppenprophylaxe)*.

◀◀ **Sach- und Dienstleistungen.**

▶ *Pflegebedürftigkeit.*

Medizinische Vorsorgeleistungen

Versicherte haben Anspruch auf ärztliche Behandlung und Versorgung mit Arznei-, Verband-, Heil- und Hilfsmittel, wenn diese notwendig sind, um eine Gesundheitsschwäche, die in absehbarer Zeit zu einer Krankheit führen würde, zu beseitigen, der Gefährdung der gesundheitlichen Entwicklung eines Kindes entgegenzuwirken oder Pflegebedürftigkeit zu vermeiden.

Reichen die Maßnahmen nicht aus, kann die Krankenkasse zu den übrigen Kosten einer *ambulanten Vorsorgekur* einen Zuschuss leisten.

Falls notwendig kann die Krankenkasse eine Kur bis zu einer Dauer von längstens vier Wochen mit Unterkunft und Verpflegung in einer Vorsorgeeinrichtung ermöglichen.

Vorsorgekuren für Mütter in einer Einrichtung eines Müttgenesungswerkes aus medizinischen Gründen können ebenfalls ermöglicht werden.

21.5.2. Leistungen zur Früherkennung von Krankheiten

Gesundheitsuntersuchung

Versicherte, die das 35. Lebensjahr vollendet haben, haben jedes zweite Jahr Anspruch auf eine ärztliche Gesundheitsuntersuchung zur Früherkennung von Krankheiten (insbesondere Herz-Kreislauf- und Nierenerkrankungen, Zuckerkrankheit).

▶▶ *Zahnmedizinische Prophylaxe.*

Früherkennung von Krebs

Höchstens einmal jährlich haben Frauen vom Beginn des 20. und Männer vom Beginn des 45. Lebensjahres Anspruch auf eine Untersuchung zur Früherkennung von Krebserkrankungen.

Kinderuntersuchungen

Versicherte Kinder haben bis zur Vollendung des 6. Lebensjahres Anspruch auf Untersuchung zur Früherkennung von Krankheiten, die ihre körperliche oder geistige Entwicklung gefährden.

21.6. Krankenbehandlung

21.6.1. Übersicht

Versicherte haben Anspruch auf Krankenbehandlung, wenn sie notwendig ist, um eine Krankheit zu erkennen, zu heilen, ihre Verschlimmerung zu verhüten oder Krankheitsbeschwerden zu lindern. Die Krankenbehandlung umfasst

- ärztliche Behandlung
- zahnärztliche Behandlung einschließlich der Versorgung mit Zahnersatz
- Versorgung mit Arznei-, Verband-, Heil- und Hilfsmitteln
- häusliche Krankenpflege und Haushaltshilfe
- Krankenhausbehandlung
- medizinische und ergänzende Leistungen zur Rehabilitation sowie Belastungserprobung und Arbeitstherapie

Besonderen Bedürfnissen psychisch Kranker ist Rechnung zu tragen. Zur Krankenbehandlung gehören Leistungen zur Herstellung der Zeugungs- oder Empfängnisfähigkeit.

21.6.2. Ärztliche und zahnärztliche Behandlung

Die ärztliche Behandlung umfasst diejenigen Leistungen des Arztes, die zur Verhütung, Früherkennung und Behandlung von Krankheiten nach den Regeln der ärztlichen Kunst ausreichend und zweckmäßig sind. Entsprechendes gilt für den Zahnarzt bei und Zahn-, Mund- und Kieferkrankheiten.

21.6.3. Arznei-, Verband-, Heil- und Hilfsmittel

Versicherte haben Anspruch auf Versorgung mit

- Arznei- und Verbandmitteln
- Heilmitteln
- Seh- und Hörhilfen

- Körperersatzstücken, orthopädischen und anderen Hilfsmitteln, die im Einzelfall erforderlich sind.

Arznei- und Verbandmittel
Für geeignete Arzneimittelgruppen werden Festbeträge festgesetzt. Für Arznei- oder Verbandmittel werden die vollen Kosten abzüglich der Zuzahlung des Versicherten übernommen. Diese beträgt bei Versicherten, die das 18. Lebensjahr vollendet haben, je nach Packungsgröße unterschiedliche Beträge, wobei für die kleinste Größe (N1) der geringste Betrag, für die größte Packung (N3) der höchste Betrag zugezahlt werden muss. Die Höhe der Zuzahlung unterliegt einer häufigen Änderung durch den Gesetzgeber.

Heilmittel
Versicherte über 18 Jahren haben zu den Kosten des Heilmittels 10 Prozent an die abgebende Stelle zu leisten, auch wenn das Heilmittel in der Praxis des Arztes oder bei ambulanter Behandlung in Krankenhäusern u. ä. abgegeben wird.

Vertragsärzte, die Leistungen der physikalischen Medizin durchführen und abrechnen, müssen von ihren Patienten eine Zuzahlung in Höhe von 10 Prozent des für freiberufliche Masseure, medizinische Bademeister und Krankengymnasten geltenden Abgabepreises für Heilmittel verlangen. An Stelle einer Einzelverrechung der eingenommenen Zuzahlung erfolgt eine Reduzierung der Punktzahlungen um 10 Prozent.

Hilfsmittel
Der Anspruch auf Hilfsmittel umfasst auch die notwendige Änderung, Instandsetzung und Ersatzbeschaffung von Hilfsmitteln sowie Ausbildung in ihrem Gebrauch. Hilfsmittel können auch leihweise überlassen werden. Die Bewilligung kann davon abhängig gemacht werden, dass der Versicherte sich im Gebrauch des Hilfsmittels unterweisen lässt.

Für Gruppen gleichwertiger und gleichartiger Hilfsmitteln können *Festbeträge* festgesetzt werden. Die Krankenkasse trägt die Kosten bis zur Höhe eines eventuellen Festbetrages.

Anspruch auf *Versorgung mit Kontaktlinsen* besteht nur in medizinisch zwingend erforderlichen Ausnahmefällen. Wählt ein Versicherter statt einer erforderlichen Brille Kontaktlinsen, wird ein Zuschuss in Höhe des Zuschusses zu einer Brille gewährt. Pflegemittel für Kontaktlinsen werden von der Krankenkasse nicht übernommen.

◀◀ *Festbetragsgrenze.*

Ausgeschlossene Arznei-, Heil- und Hilfsmittel
Bestimmte Arzneimittel sind für Versicherte, die das 18. Lebensjahr überschritten haben, von der Verordnung zu Lasten der gesetzlichen Krankenkassen ausgeschlossen.

Ausgeschlossene Arzneimittel
- Arzneimittel zur Anwendung bei Erkältungskrankheiten und grippalen Infekten einschließlich der bei diesen Krankheite anzuwendenden Schnupfenmittel, Schmerzmittel, hustendämpfenden und hustenlösenden Mittel
- Mund- und Rachentherapeutika, ausgenommen bei Pilzinfektionen
- Abführmittel
- Arzneimittel gegen Reisekrankheit u. a. m.

◀◀ *Einzelverrechnung.*

21.6.4. Häusliche Krankenpflege, Haushaltshilfe

Häusliche Krankenpflege
Versicherte erhalten in ihrem Haushalt oder ihrer Familie neben der ärztlichen Behandlung häusliche Krankenpflege durch geeignete Pflegekräfte, wenn Krankenhausbehandlung geboten, aber nicht durchführbar ist, oder wenn sie durch die häusliche Krankenpflege vermieden oder verkürzt wird.

Die häusliche Krankenpflege umfasst die im Einzelfall erforderliche *Grund- und*

▶ *Grund- und Behandlungspflege.*

Behandlungspflege sowie hauswirtschaftliche Versorgung.

Der Anspruch besteht bis zu vier Wochen je Krankheitsfall. In Ausnahmefällen kann die Krankenkasse die häusliche Krankenpflege für einen längeren Zeitraum bewilligen, wenn der Medizinische Dienst festgestellt hat, dass dies erforderlich ist.

Anspruch auf häusliche Krankenpflege besteht nur, soweit eine im Haushalt lebende Person den Kranken nicht in dem erforderlichen Umfang pflegen und versorgen kann.

Kann eine Pflegekraft nicht gestellt werden, werden dem Versicherten die Kosten für eine selbst beschaffte Kraft in angemessener Höhe erstattet.

Haushaltshilfe

▶ *Haushaltshilfe.*

Lebt im Haushalt ein Kind, das das 8. Lebensjahr noch nicht vollendet hat oder behindert und auf Hilfe angewiesen ist, erhalten Versicherte bei Krankenhausbehandlung, Kuren und Rehabilitationsmaßnahmen eine Haushaltshilfe.

Anspruch auf Haushaltshilfe besteht nur, soweit eine im Haushalt lebende Person den Haushalt nicht weiterführen kann.

▶▶ *Kur.*

21.6.5. Krankenhausbehandlung und medizinische Rehabilitationsmaßnahmen

Krankenhausbehandlung

Versicherte haben Anspruch auf Behandlung in einem Krankenhaus, wenn die Aufnahme erforderlich ist, weil das Behandlungsziel nicht durch ambulante Behandlung einschließlich häuslicher Krankenpflege erreicht werden kann.

Die Krankenhausbehandlung wird voll-, teilstationär, vor- und nachstationär sowie ambulant erbracht und umfasst *alle Leistungen, die im Einzelfall nach Art und Schwere der Krankheit für die medizinische Versorgung des Versicherten im Krankenhaus erforderlich sind,* insbesondere ärztliche Behandlung, Krankenpflege, Versorgung mit Arznei-, Heil- und Hilfsmitteln, Unterkunft und Verpflegung.

Für bestimmte Regionen wird von der Krankenkasse, der Landeskrankenhausgesellschaft und den Kassenärztlichen Vereinigungen *ein Verzeichnis stationärer Leistungen und miteinander vergleichbarer Entgelte* erstellt. Das Verzeichnis soll von den Vertragsärzten und den Versicherten bei der Inanspruchnahme von Krankenhausbehandlung beachtet werden.

Versicherte nach Vollendung des 18. Lebensjahres zahlen bis zur Zeitdauer von längstens vierzehn Tagen pro Kalenderjahr *je Kalendertag* einen *Zuschuss* an das Krankenhaus. Dieser Betrag wird an die Krankenkasse weitergeleitet.

Medizinische Rehabilitation

Reicht eine ambulante Krankenbehandlung einschließlich ambulanter *Rehabilitationsmaßnahmen* nicht aus, kann eine *ambulante Rehabilitationskur* erfolgen. Ein Zuschuss durch die Krankenkasse ist hierzu möglich.

Reicht auch diese Maßnahme nicht aus, ist eine stationäre *Rehabilitationskur* bis zur Dauer von längstens vier Wochen möglich. Eine solche Kur kann nur alle drei Jahre erfolgen, es sei denn, eine häufigere Durchführung ist aus gesundheitlichen Gründen dringend erforderlich.

Mitglieder über 18 Jahre zahlen einen Zuschuss pro Kalenderjahr an die Einrichtung, die das Geld an die Krankenkasse weiterleitet.

Aus medizinischen Gründen kann eine Rehabilitationskur in einer Einrichtung des Müttergenesungswerkes oder gleichartigen Einrichtungen erfolgen. Hierfür können die Kosten übernommen oder ein Zuschuss gezahlt werden.

Ergänzend kann die Krankenkasse den Rehabilitationssport fördern und solche Leistungen zur Rehabilitation erbringen, die unter Berücksichtigung von Art und

Schwere der Behinderung erforderlich sind, um das Ziel der Rehabilitation zu erreichen oder zu sichern.

Die Leistungspflicht anderer Träger der Sozialversicherung im Bereich der Rehabilitation hat Vorrang vor der der Krankenkassen. Dies gilt nicht, wenn eine stationäre Rehabilitationskur an die Stelle einer ansonsten notwendigen stationären Behandlung tritt.

21.7. Krankengeld

Anspruch auf Krankengeld

Versicherte haben Anspruch auf Krankengeld, wenn die Krankheit sie arbeitsunfähig macht oder sie auf Kosten der Krankenkasse stationär in einem Krankenhaus, einer Vorsorge- oder Rehabilitationseinrichtung behandelt werden.

Versicherte haben auch Anspruch auf Krankengeld, wenn es nach ärztlichem Zeugnis erforderlich ist, dass sie zur Beaufsichtigung, Betreuung oder Pflege ihres *erkrankten und versicherten Kindes* von der Arbeit fernbleiben. Das Kind darf das 8. Lebensjahr noch nicht vollendet haben, und es darf keine andere für die Betreuung geeignete Person im Haushalt leben.

Anspruch auf Krankengeld entsteht am Tage einer stationären Behandlung oder Kur, ansonsten von dem Tag an, der auf den Tag der ärztlichen Feststellung der Arbeitsunfähigkeit folgt.

Höhe und Berechnung des Krankengeldes

Das Krankengeld beträgt 80 Prozent des erzielten Einkommens, soweit es der Beitragsberechnung unterliegt, also nicht mehr als 80 Prozent der Jahresbemessungsgrenze. Es darf das Nettoarbeitsentgelt nicht überschritten und wird für Kalendertage gezahlt. Ganze Monate werden mit 30 Tagen berechnet.

Dauer und Ruhen des Krankengeldes

Krankengeld wird ohne zeitliche Begrenzung gezahlt. Für den Fall der Arbeitsunfähigkeit wegen derselben Krankheit jedoch nur längstens 78 Wochen innerhalb von drei Jahren. Tritt während der Arbeitsunfähigkeit eine weitere Krankheit hinzu, wird die Leistungsdauer nicht verlängert.

Hat ein Versicherter wegen derselben Krankheit im letzten Dreijahreszeitraum für 78 Wochen Krankengeld bezogen, besteht nach Beginn eines neuen Dreijahreszeitraums erneuter Anspruch auf Krankengeld wegen derselben Krankheit. Voraussetzung ist, dass der Versicherte in der Zwischenzeit wegen dieser Krankheit mindestens sechs Monate nicht arbeitsunfähig war, erwerbstätig war oder der Arbeitsvermittlung zur Verfügung stand.

Der Anspruch auf Krankengeld ruht, solange der Versicherte beitragspflichtiges Einkommen, Erziehungsurlaub, Mutterschaftsgeld, Versorgungskrankengeld, Verletztengeld, Übergangsgeld, Arbeitslosengeld oder -hilfe, Unterhaltsgeld, Entgeltersatzleistungen von einem Sozialversicherungsträger erhält und solange die Arbeitsunfähigkeit nicht der Krankenkasse gemeldet wird. Dies gilt nicht, wenn die Meldung innerhalb einer Woche nach Beginn der Arbeitsunfähigkeit erfolgt.

Wegfall und Kürzung des Krankengeldes

Versicherte haben keinen Anspruch auf Krankengeld, wenn sie Alters- oder Erwerbsunfähigkeitsrente, eine Pension, Vorruhestandsgeld oder vergleichbare Leistungen von einem Träger der gesetzlichen Rentenversicherung oder einer staatlichen Stelle außerhalb des Bundesgebietes erhalten. Ist neben Renten bzw. einer Pension ein diese übersteigendes Krankengeld gezahlt worden, kann der überschießende Betrag nicht zurückgefordert werden, dies gilt nicht für die »vergleichbaren Leistungen«.

◄ *Altersruhegeld.*

Erwerbsunfähigen Versicherten und Anspruchsberechtigten auf ein Altersruhegeld nach Vollendung des 65. Lebensjahres kann die Krankenkasse eine Frist von zehn Wochen setzen, innerhalb derer sie einen Antrag auf Rehabilitation bzw. Altersruhegeld zu stellen haben. Geschieht dies nicht, entfällt der Anspruch auf Krankengeld. Wird der Antrag später gestellt, lebt der Anspruch wieder auf.

Leistungsbeschränkung bei Selbstverschulden

▶▶ *Zuzahlung.*

Haben sich Versicherte eine Krankheit vorsätzlich oder bei einem von ihnen begangenen Verbrechen oder vorsätzlichen Vergehen zugezogen, kann die Krankenkasse sie an den Kosten der Leistungen in angemessener Höhe beteiligen und das Krankengeld für die Dauer dieser Krankheit ganz oder teilweise versagen und zurückfordern.

21.8. Fahrtkosten

▶ *Krankentransport.*

Die Krankenkasse übernimmt Fahrtkosten in Höhe des 20,– DM überschreitenden Betrages bei Fahrten ins Krankenhaus, Rettungsfahrten (auch wenn eine stationäre Behandlung nicht erforderlich ist) und anderen Krankentransporten, wenn sie im Zusammenhang mit einer Leistung der Krankenkasse erforderlich sind.

Kosten werden auch übernommen bei Fahrten von Versicherten zu einer ambulanten Krankenbehandlung, wenn dadurch eine stationäre oder teilstationäre Krankenhausbehandlung vermieden wird.

▶ *Fahrkosten.*

Anerkannt werden im Rahmen der mit geeigneten Einrichtungen oder Unternehmen vereinbarten Höchstpreise Fahrtkosten

- bei Benutzung von *öffentlichen Verkehrsmitteln*
- bei Benutzung *eines Taxis oder Mietwagens,* wenn ein öffentliches Verkehrsmittel nicht benutzt werden kann
- bei Benutzung eines *Krankenwagens oder Rettungsfahrzeuges,* wenn ein öffentliches Verkehrsmittel, ein Taxi oder Mietwagen nicht benutzt werden kann, oder
- bei Benutzung eines *privaten Kraftfahrzeuges* der nach dem Bundesreisekostengesetz jeweils festgesetzte Höchstbeitrag für Wegstreckenentschädigung, höchstens jedoch die Kosten für das ansonsten erforderliche Verkehrsmittel

21.9. Härteregelungen

Die Krankenkasse hat Versicherte von den Zuzahlungen zu befreien und die vom Versicherten zu tragenden Kosten bei Zahnersatz und Fahrtkosten zu übernehmen, wenn hierdurch eine unzumutbare Belastung entsteht.

Eine unzumutbare Belastung liegt vor, wenn

- die monatlichen Bruttoeinnahmen zum Lebensunterhalt 40 Prozent der Bezugsgröße nach § 18 SGB IV nicht überschreiten
- der Versicherte Hilfe zum Lebensunterhalt nach den einschlägigen Gesetzen und Bestimmungen erhält
- die Kosten zur Unterbringung in einem Heim von der Sozialhilfe oder der Kriegsopferfürsorge getragen werden

Liegt keine unzumutbare Belastung vor, hat die Krankenkasse dennoch die während eines Kalenderjahres entstehenden notwendigen Fahrtkosten und Zuzahlungen, soweit sie bei einem Einkommen bis zur Jahresentgeltgrenze 2 Prozent, bei Einkommen über der Jahresentgeltgrenze 4 Prozent übersteigen, zu übernehmen.

Für Versicherte, die wegen derselben Krankheit in Dauerbehandlung sind und ein Jahr lang Zuzahlungen in Höhe von mindestens 1 Prozent der jährlichen Bruttoeinnahmen zum Lebensunterhalt geleistet haben, entfallen die Zuzahlungen nach Ablauf des ersten Jahres für die weitere Dauer der Behandlung.

21.10. Medizinischer Dienst der Krankenkassen (MDK)

In jedem Bundesland besteht ein Medizinischer Dienst der Krankenkassen (MDK), der von einer Arbeitsgemeinschaft, bestehend aus den Landesverbänden der Orts- Betriebs- und Innungskrankenkassen, der landwirtschaftlichen Krankenkassen und den Verbänden der Ersatzkassen, getragen wird.

Der Medizinische Dienst baut auf dem früheren Vertrauensärztlichen Dienst auf und ist eine Körperschaft öffentlichen Rechts. Seine Organe sind der von der Mitgliederversammlung zu wählende Verwaltungsrat sowie der Geschäftsführer.

Die Fachaufgaben des Medizinischen Dienstes werden von Ärzten und Angehörigen anderer Heilberufe wahrgenommen. Um die Nähe zur Praxis zu gewährleisten, hat der MDK in erster Linie auf Gutachter und Sachverständige zurückzugreifen, die nicht bei ihm beschäftigt sind.

Der MDK wird grundsätzlich nach konkretem Auftrag der Krankenkasse tätig.

Er berät die Krankenkassen und ihre Verbände in Fragen der Sicherung einer leistungsfähigen und qualitativ hochwertigen medizinischen Versorgung.

21.11. Zwischenstaatliches Krankenversicherungsrecht

Auf Grund einer zwischenstaatlichen Vereinbarung haben auch im europäischen Ausland versicherte Ausländer einen Anspruch auf eine Behandlung und Abgeltung nach den Bestimmungen der gesetzlichen Krankenversicherung. Alle Träger der gesetzlichen Krankenversicherung (Orts-, Betriebs-, Innungs- und Ersatzkassen, Bundesknappschaft, Landwirtschaftliche Krankenkassen, See-Krankenkasse) erbringen aushilfsweise Leistungen und stellen Aushilfskrankenscheine aus.

◄ *Versicherte Ausländer.*

Im Falle von Verordnungen ist der jeweilige Kostenträger auf das Verordnungsblatt zu übernehmen. Das Verordnungsblatt ist im Feld der Versichertennummer mit dem Eintrag »SV-Abkommen« zu kennzeichnen.

◄◄ *Gutachter und Sachverständige.*

Zum Wiederholen und Lernen.

MEMO!

WICHTIGES ZUM MERKEN

Versicherungspflichtig in gesetzlichen Krankenkassen sind (neben vielen kleineren Gruppen) Arbeiter und Angestellte, deren Entgelt 75 Prozent der Beitragsbemessungsgrenze für die gesetzliche Rentenversicherung nicht überschreitet.

Versicherungsfrei in gesetzlichen Krankenkassen sind (neben vielen kleineren Gruppen) Arbeiter und Angestellte, deren Entgelt 75 Prozent der Beitragsbemessungsgrenze tür die gesetzliche Rentenversicherung überschreitet, Beamte, Richter, Berufs- und Zeitsoldaten.

Zu den **Primärkassen** gehören
die Allgemeinen Ortskrankenkassen (AOK) ,
die Betriebskrankenkassen (BKK),
die Innungskrankenkassen (IKK),
die Seekrankenkasse (SeeKK) und
die Bundesknappschaft (BKnsch).
Zu den **Ersatzkassen** gehören die Ersatzkassen der Angestellten (VdAK, 7 Kassen) und die Ersatzkassen der Arbeiter (AEU, 6 Kassen).

Die **Leistungen der Krankenkassen** müssen ausreichend, zweckmäßig und wirtschaftlich sein; sie dürfen das Maß des Notwendigen nicht überschreiten.

Härtefallregelungen: Die Krankenkasse hat Versicherte von Zuzahlungen zu befreien, wenn hierdurch eine unzumutbare Belastung entsteht.

Eine unzumutbare Belastung liegt vor, wenn

- die monatlichen Bruttoeinnahmen 40 Prozent der Bezugsgröße nach § 18 SGBV nicht überschreiten
- der Versicherte Hilfe zum Lebensunterhalt nach den einschlägigen Gesetzen und Bestimmungen erhält
- die Kosten zur Unterbringung in einem Heim von der Sozialhilfe getragen werden

EINIGE FRAGEN ZUM ÜBEN

Welche Personen sind verpflichtet, sich in der gesetzlichen Krankenversicherung zu versichern?

Für welchen Personenkreis besteht Versicherungsfreiheit?

In welchen Fällen können Personen von der Versicherungspflicht befreit werden?

In welchen Fällen ist freiwillige Versicherung möglich?

Was wird unter der Familienversicherung verstanden?

Nennen Sie die Träger der gesetzlichen Krankenversicherung!

Nennen Sie die verschiedenen Zweige der Primärkassen!

Wie heißen die Verbände der Ersatzkassen?

Nennen Sie die Ersatzkassen für Angestellte und die für Arbeiter!

Welche präventiven Leistungen haben die gesetzlichen Krankenkassen zu erbringen?

Auf welche medizinischen Vorsorgeleistungen haben die Versicherten Anspruch?

Welche Leistungen zur Früherkennung von Krankheiten werden von den gesetzlichen Krankenkassen gewährt?

Beschreiben Sie den Umfang der Ansprüche von Versicherten im Rahmen der Krankenbehandlung!

Beschreiben Sie Zuzahlungen des Versicherten bei der Inanspruchnahme von Arznei-, Heil- und Hilfsmitteln!

Unter welchen Voraussetzungen haben Versicherte Anspruch auf Krankengeld?

In welchem Umfang werden Fahrtkosten übernommen?

Welche Regelungen für die Abrechnung von Behandlungen bei im europäischen Ausland versicherten Ausländern gibt es?

Wer stellt nach dem zwischenstaatlichen Krankenversicherungsrecht einen Aushilfskrankenschein aus?

Zum Wiederholen und Lernen.

MEMO!

TERMINOLOGIE

Heilmittel	sächliche Mittel zur Behandlung eines krankhaften Zustandes, physikalische Therapie, Sprach- und Beschäftigungstherapie
Hilfsmittel	Körperersatzstücke, Sehhilfen, Hörhilfen, u. a.
Zuzahlung	von i. d. R. über 18-jährigen zu zahlender Eigenanteil an den Kosten von Arznei-, Verband-, Heil-, Hilfsmitteln, Krankenhaus u. a., soweit nicht eine unzumutbare Belastung vorliegt
Härteregelung	Befreiung von der Pflicht zur Zuzahlung, wenn eine unzumutbare Belastung entsteht
unzumutbare Belastung	Voraussetzung für Befreiung von Zuzahlung, wenn geringes Einkommen vorliegt oder ohnehin öffentliche Hilfe erfolgt

Abkürzungen

AEV	Verband der Arbeiterersatzkassen
AOK	Allgemeine Ortskrankenkasse
BEK	Barmer Ersatzkasse
BKK	Betriebskrankenkasse
DAK	Deutsche Angestelltenkrankenkasse
IKK	Innungskrankenkasse
LKK	Landwirtschaftliche Krankenkasse
SeeKK	Seekrankenkasse
VdAK	Verband der Angestelltenkrankenkassen

22. Unentbehrlich – Formulare in der Arztpraxis

ZIELE DES RAHMENLEHRPLANS

- ▶ Wichtige allgemeine Bestimmungen der Vordruckvereinbarung erklären und Formulare ihrer Verwendung zuordnen
- ▶ Heil- und Hilfsmittel unterscheiden und ihre Abgabe unter Berücksichtigung einschlägiger Vorschriften beschreiben

22.1. Vordruckvereinbarung

22.1.1. Vertragspartner, Geltungsbereich und Verbindlichkeit

Die Kassenärztliche Bundesvereinigung hat mit den Trägern der gesetzlichen Krankenversicherung eine Vereinbarung abgeschlossen, mit der zur Vereinheitlichung des mit der ärztlichen Tätigkeit und dem Abrechnungswesen notwendigen Schriftverkehrs einheitliche Vordrucke geschaffen wurden. Die Vordrucke gelten inhaltlich und in der Gestaltung einheitlich im ganzen Bundesgebiet und sind für den Vertragsarzt verbindlich.

MEMO!

Der Vertragsarzt darf nur Vordrucke verwenden, die ihm von seiner kassenärztlichen Vereinigung oder einer sonst befugten Stelle zur Verfügung gestellt worden sind.

22.1.2. Kennzeichnung Vertragsgebiet West und Ost

Aufgrund der unterschiedlichen Regelungen für die Höhe der Vergütung ärztlicher Leistungen und der Selbstbeteiligung durch die Versicherten im Vertragsgebiet West und Ost sind die Vordrucke im Vertragsgebiet Ost durch einen roten Streifen am rechten Papierrand gekennzeichnet. Ausnahmen gibt es beim Arzneiverordnungsblatt (Streifen über dem Personalfeld, da sonst der rechte Codierrand nicht maschinell gelesen werden kann.

Bezüglich der Versorgung von Versicherten aus dem Vertragsgebiet Ost durch Vertragsärzte im übrigen Bundesgebiet und umgekehrt sowie der Abrechnung der hierbei erbrachten ärztlichen Leistungen muss die Kennzeichnung »West«, »Ost«, bei Ausnahmetatbeständen zusätzlich »A« erfolgen.

22.1.3. Ausfüllen der Vordrucke

Die Vordrucke sind sorgfältig und leserlich auszuschreiben und vom Kassenarzt bzw. Vertragsarzt unter Verwendung des Kassenstempels persönlich zu unterzeichnen.

Bei der Ausstellung der Vordrucke kann auf die Verwendung des Vertragsarztstempels verzichtet werden, wenn dessen Inhalt an der für die Stempelung vorgesehenen Stelle im Maschinendruck bereits enthalten ist.

MEMO!

Vordrucke dürfen erst unterschrieben werden, wenn sie ausgefüllt sind!

VORDRUCKMUSTER NACH DER VORDRUCKVEREINBARUNG

Muster 1:	Arbeitsunfähigkeitsbescheinigung
Muster 2:	Verordnung von Krankenhausbehandlung
Muster 3:	Bescheinigung über den mutmaßlichen Tag der Entbindung
Muster 4:	Verordnung eines Krankentransports
Muster 5:	Abrechnungsschein ambulante Behandlung/belegärztliche Behandlung, Abklärung somatischer Ursachen vor Aufnahme einer Psychotherapie, anerkannte Psychotherapie
Muster 5a:	Bericht über Operationen ohne Leistungsdefinition nach den Nrn. 95–98 BMÄ/E-GO (Anlage zum Behandlungsausweis)
Muster 6:	Überweisungsschein/Belegarztschein
Muster 7:	Überweisung vor Aufnahme einer Psychotherapie zur Abklärung somatischer Ursachen
Muster 8:	Brillenverordnung
Muster 9:	Ärztliche Bescheinigung für die Gewährung von Mutterschaftsgeld bei Frühgeburten
Muster 10:	Überweisungs-/Abrechnungsschein für Laboratoriumsleistungen als Auftragsleistung
Muster 11:	Bericht für den Medizinischen Dienst
Muster 12:	Verordnung häuslicher Krankenpflege
Muster 13:	unbesetzt
Muster 14:	Verordnung von Stimm-, Sprech- und Sprachtherapie
Muster 15:	Ohrenärztliche Verordnung einer Hörhilfe
Muster 16:	Arzneiverordnungsblatt
Muster 17:	Ärztliche Bescheinigung zur Erlangung von Krankengeld bei der Verwendung von Einmalvordrucken
Muster 18:	unbesetzt
Muster 19:	Abrechnungsschein ärztlicher Notfalldienst, Urlaubs- bzw. Krankheitsvertretung
Muster 20:	Maßnahmen zur stufenweisen Wiedereingliederung in das Erwerbsleben (Wiedereingliederungsplan)
Muster 21:	Ärztliche Bescheinigung für den Bezug von Krankengeld bei Erkrankung eines Kindes
Muster 22:	Konsiliarbericht vor Aufnahme einer Psychotherapie
Muster 23–24:	unbesetzt
Muster 25:	Kurvorschlag des Arztes
Muster 26–30:	unbesetzt
Muster 30a und 30b:	Berichtsvordruck Gesundheitsuntersuchung
Muster 31–38:	unbesetzt
Muster 39:	Überweisungsschein zur präventiven zytologischen Untersuchung
Muster 39a: bis 39c	Dokumentationsvordruck für Krebsfrüherkennungsuntersuchung Frauen
Muster 40a und 40b:	Dokumentationsvordruck für Krebsfrüherkennungsuntersuchung Männer
Muster 41:	Arztanfrage
Muster 42–49:	unbesetzt
Muster 50:	Anfrage zur Zuständigkeit einer anderen Krankenkasse
Muster 51:	Anfrage zur Zuständigkeit eines sonstigen Kostenträgers
Muster 52:	Anfrage zum Fortbestehen der Arbeitsunfähigkeit
Muster 53:	Anfrage zum Zusammenhang von Arbeitsunfähigkeitszeiten
Muster 54:	unbesetzt
Muster 55:	Bescheinigung zur Feststellung der Belastungsgrenze
Muster 56:	Anfrage auf Förderung von Rehabilitationssport/Funktionstraining

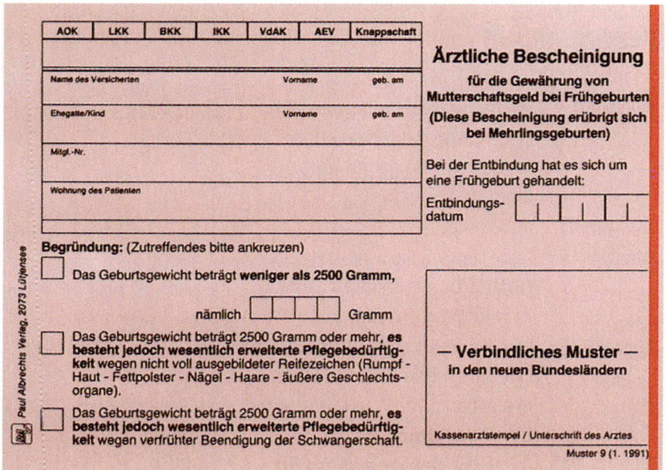

AOK	LKK	BKK	IKK	VdAK	AEV	Knappschaft

Ärztliche Bescheinigung
für die Gewährung von Mutterschaftsgeld bei Frühgeburten
(Diese Bescheinigung erübrigt sich bei Mehrlingsgeburten)

Name des Versicherten · Vorname · geb. am
Ehegatte/Kind · Vorname · geb. am
Mitgl.-Nr.
Wohnung des Patienten

Bei der Entbindung hat es sich um eine Frühgeburt gehandelt:
Entbindungsdatum

Begründung: (Zutreffendes bitte ankreuzen)

☐ Das Geburtsgewicht beträgt **weniger als 2500 Gramm,** nämlich ____ Gramm

☐ Das Geburtsgewicht beträgt 2500 Gramm oder mehr, **es besteht jedoch wesentlich erweiterte Pflegebedürftigkeit** wegen nicht voll ausgebildeter Reifezeichen (Rumpf - Haut - Fettpolster - Nägel - Haare - äußere Geschlechtsorgane).

☐ Das Geburtsgewicht beträgt 2500 Gramm oder mehr, **es besteht jedoch wesentlich erweiterte Pflegebedürftigkeit** wegen verfrühter Beendigung der Schwangerschaft.

– Verbindliches Muster –
in den neuen Bundesländern

Kassenarztstempel / Unterschrift des Arztes

Muster 9 (1. 1991)

Paul Albrechts Verlag, 2073 Lütjensee

AOK	LKK	BKK	IKK	VdAK	AEV	Knappschaft

Bescheinigung
über den mutmaßlichen Tag der Entbindung

Name des Versicherten · Vorname · geb. am
Ehegatte/Kind · Vorname · geb. am
Mitgl.-Nr.
Wohnung des Patienten

Diese Bescheinigung darf nur innerhalb 7 Wochen vor dem mutmaßlichen Zeitpunkt der Entbindung ausgestellt werden.

Zum Nachweis gegenüber der Krankenkasse (Gewährung von Mutterschaftsgeld) bescheinige ich, daß die oben bezeichnete

Versicherte voraussichtlich entbinden wird am

Die Bescheinigung erteile ich auf Grund der von mir vorgenommenen Untersuchung am

Ggf. besondere Feststellungen:

– Verbindliches Muster –
in den neuen Bundesländern

Kassenarztstempel / Unterschrift des Arztes

Muster 3 (1. 1991)

▲

Die Formulare in den neuen Bundesländern (hier: Ärztliche Bescheinigung für Mutterschaftsgeld und Bescheinigung über mutmaßlichen Tag der Entbindung) sind durch einen roten Streifen auf dem rechten Papierrand gekennzeichnet.

Kopfleiste

Kopfleiste und Personalienfeld werden nach Einführung der Krankenversichertenkarte bei Mitgliedern der gesetzlichen Krankenkassen in der Regel maschinell ausgefüllt.

Die Kopfleiste bezieht sich auf die Krankenkassen, die Abkürzungen haben folgende Bedeutung:

AOK	Allgemeine Ortskrankenkasse
LKK	Landwirtschaftliche Krankenkasse
BKK	Betriebskrankenkasse
IKK	Innungskrankenkasse
VdAK	Verband der Angestellten-Krankenkassen
AEV	Verband der Arbeiter-ersatzkassen
Knappschaft	Bundesknappschaft
UV	Unfallversicherungs-träger

In der zweiten Zeile wird die Krankenkasse genau bezeichnet, um Verwechslungen zu vermeiden. Bei Ersatzkassenversicherten wird die Ersatzkasse und die zugehörige Geschäftsstelle eingetragen. Für die Namen der Ersatzkassen werden folgende Abkürzungen verwendet:

BEK	Barmer Ersatzkasse
DAK	Deutsche Angestellten-Krankenkasse
HaMü	Hamburg-Münchener ErsatzKasse
HKK	Handelskrankenkasse
HEK	Hanseatische Ersatzkasse
KKH	Kaufmännische Krankenkasse
TK	Technikerkrankenkasse
BK	Buchdrucker Krankenkasse
Gärtner	Gärtner Krankenkasse
HZK	Hamburgische Zimmerer-Krankenkasse
GEK	Schwäbisch-Gmünder Ersatzkasse
KEH	Krankenkasse »Eintracht«, Heusenstamm

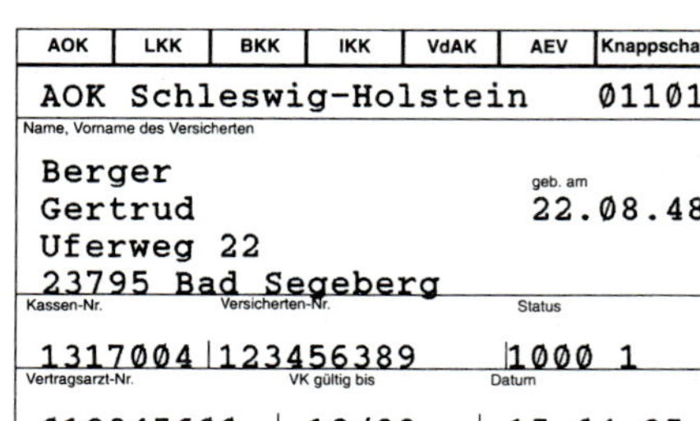

AOK	LKK	BKK	IKK	VdAK	AEV	Knappschaft

AOK Schleswig-Holstein 01101
Name, Vorname des Versicherten
Berger
Gertrud · geb. am 22.08.48
Uferweg 22
23795 Bad Segeberg
Kassen-Nr. 1317004 · Versicherten-Nr. 123456389 · Status 1000 1
Vertragsarzt-Nr. 012345600 · VK gültig bis 12/99 · Datum 15.04.95

▶▶

Kopfleiste.

22.2. Privatärztliche Verordnungen

In der privatärztlichen Versorgung gibt es nicht so viele Vordrucke wie in der Vertragsarztpraxis. Verordnungen können auf dem Privatrezept oder auf privat zu beschaffenden Formularen erfolgen.

Dies gilt nicht nur für die Verordnung von Medikamenten, sondern auch von Krankenhauspflege, der Verordnung von häuslicher Krankenpflege, der Bescheinigung über die Notwendigkeit eines Krankentransportes sowie der Verordnung von Heil- und Hilfsmitteln.

MEMO!

Privatärztliche Verordnungen erfolgen meist auf dem Formular für Privatrezepte.

Privatrezept

Das Rezept ist eine Privaturkunde, also im juristischen Sinn ein Dokument. Es ist die schriftliche Anweisung des Arztes für den Patienten zum Bezug eines Arzneimittels in einer Apotheke.

Meistens wird ein Arzneimittel in der Form verordnet, dass der Arzt hinter die beiden Buchstaben »Rp.« den Namen eines Medikamentes die Darreichungsform und die Packungsgröße (N1, N2 oder N3) schreibt, der Apotheker die fertige Packung abgibt und der Patient bezahlt.

Dies ist die heute zu 98 Prozent übliche Form der ärztlichen Verordnung von Medikamenten. Trotzdem sollte man zusätzlich einige für die Ausstellung des Rezeptes wissenswerte Punkte kennen.

Als Dokument muss es dokumentenecht geschrieben sein, es muss Datum und Unterschrift tragen. Die Abänderung durch andere Personen ist Urkundenfälschung. Anders als bei Kassenrezepten, bei denen der Vordruck vorgeschrieben ist, ist für Privatrezepte ein Format nicht vorgeschrieben.

Privatärztliches Versorgungsblatt.

Der Aufbau des privatärztlichen Verordnungsblattes ist seit altersher gleich.

Oben auf dem Rezept stehen – heute praktisch immer vorgedruckt – der Name, die Berufsbezeichnung und die Adresse des Arztes sowie das Datum.

Dann folgen – heute vorgedruckt – die beiden Buchstaben »Rp.« (d. h. »Recipe«, deutsch »Nimm«). Danach folgt die eigentliche Verordnung des Medikaments, heute fast immer Arzneimittelspezialitäten.

Bei der Abfassung des Rezeptes darf nicht nur der Name der Arzneimittelspezialität angegeben werden, sondern der Apotheker muss auch wissen, zu welcher Verordnungsform (Tablette, Creme o. ä.) sich der Arzt entschieden hat. Bei Tabletten muss auch die Dosis der Einzeltablette sowie die Anzahl pro Packung und die Anzahl der gewünschten Packungen angegeben werden. Die Formulierung des Rezeptes kann also folgendermaßen lauten:

»Decortin H 5 mg Tabl. No.X 1 OP (oder N1)«

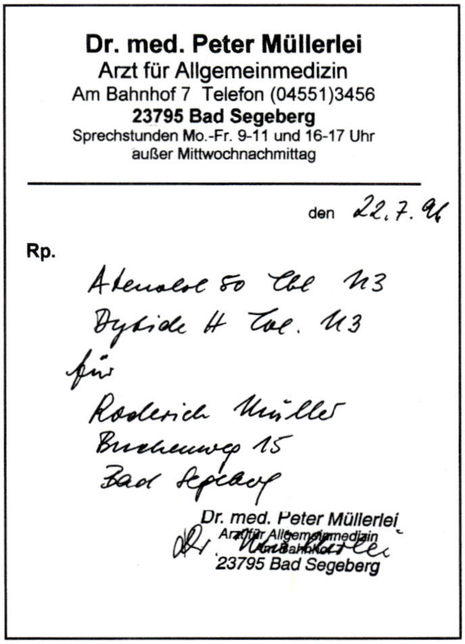
Dr. med. Peter Müllerlei
Arzt für Allgemeinmedizin
Am Bahnhof 7 Telefon (04551)3456
23795 Bad Segeberg
Sprechstunden Mo.-Fr. 9-11 und 16-17 Uhr
außer Mittwochnachmittag

den 22.7.96

Rp.

Atenolol 50 Tbl N3
Dytide H Tbl. N3
für
Roderich Müller
Buchenweg 15
Bad Segeberg

Dr. med. Peter Müllerlei
Arzt für Allgemeinmedizin
Am Bahnhof 7
23795 Bad Segeberg

Dokument und Urkunde.

Verordnungsform.

Die Anzahl der Tabletten, Zäpfchen usw. pro Packung wird immer seltener in römischen, sondern heute meist in arabischen Zahlen angegeben.

Darunter kommt ggf. noch die *»Signa«* (S), sie ist die Gebrauchsanweisung für die Patienten. Dies könnte auf dem Rezept etwa so aussehen:

»S. 3mal tägl. 1 Tabl.«

Man kann dem Patienten die Dosierung auch mündlich sagen. Dann erübrigt sich die *»Signa«*. Anders als bei Kassenrezepten wird unten auf dem Rezept der Name des Patienten und seine Adresse vermerkt. Darunter wird vom Arzt unterschrieben. Ein Stempel ist nicht zwingend vorgeschrieben.

22.3. Betäubungsmittelrezepte

Besondere Vordrucke

Für Betäubungsmittelverordnungen müssen spezielle Vordrucke benutzt werden, die nur beim Bundesinstitut für Arzneimittel und Medizinprodukte, Bundesopiumstelle, Genthiner Str. 38, 10785 Berlin, bestellt werden können.

Diese Betäubungsmittelrezepte finden sowohl in der privatärztlichen Tätigkeit als auch in der Kassenpraxis Anwendung. Sie sind entsprechend dem Arzneiverordnungsblatt (Muster 16) gestaltet.

Betäubungsmittelverordnungsformulare

BTM-Rezept.

Die Betäubungsmittelverordnungen bestehen aus drei zusammengehefteten Blättern; die mit der laufenden Nummer versehenen Rezeptvordrucke werden in Durchschrift erstellt; die Teile 1 und 2 sind zur Vorlage in der Apotheke bestimmt, Teil 3 muss der Arzt 3 Jahre lang aufbewahren.

Die Betäubungsmittelverordnungsformulare werden persönlich für den antragstellenden Arzt ausgestellt und enthalten eine nur für ihn geltende Codiernummer. Ein Belegarzt darf nur für die von ihm unmittelbar betreuten Patienten die Rezeptformulare verwenden, nicht etwa für das Krankenhaus allgemein oder für die Patienten anderer Belegärzte. Im Vertretungsfall darf der Vertreter die Formulare des Praxisinhabers verwenden.

MEMO!

Teil 3 der BTM-Rezepte müssen vom Arzt 3 Jahre lang aufbewahrt werden.

Verordnung von Betäubungsmitteln

Für die Betäubungsmittelrezepte gelten besonders strenge Vorschriften. Das BTM-Rezept muss

- *Name, Vorname und Anschrift* des Patienten, für den das Betäubungsmittel bestimmt ist, enthalten
- das *Ausstellungsdatum* (es darf weder vor- noch nachdatiert werden) tragen
- den *Namen* des Betäubungsmittels enthalten
- die gewünschte *Darreichungsform* (Ampulle, Injektionsflasche, Tabletten, Tropfen) beinhalten
- den *Betäubungsmittelgehalt* nach Gewicht bezeichnen
- die *Betäubungsmittelmenge* (Stückzahl in arabischen Zahlen und in Worten) nennen
- eine *Gebrauchsanweisung* mit Einzel- und Tagesangaben haben
- die eigenhändige *ungekürzte Unterschrift* des verordnenden Arztes sowie
- *Name, Berufsbezeichnung, Anschrift* und *Telefon* des verschreibenden Arztes ausgefüllt bzw. – so weit möglich – gestempelt tragen.

Die Angaben müssen auf allen Teilen des Formblattes *dauerhaft und übereinstimmend* vermerkt sein. Es ist nicht mehr – wie

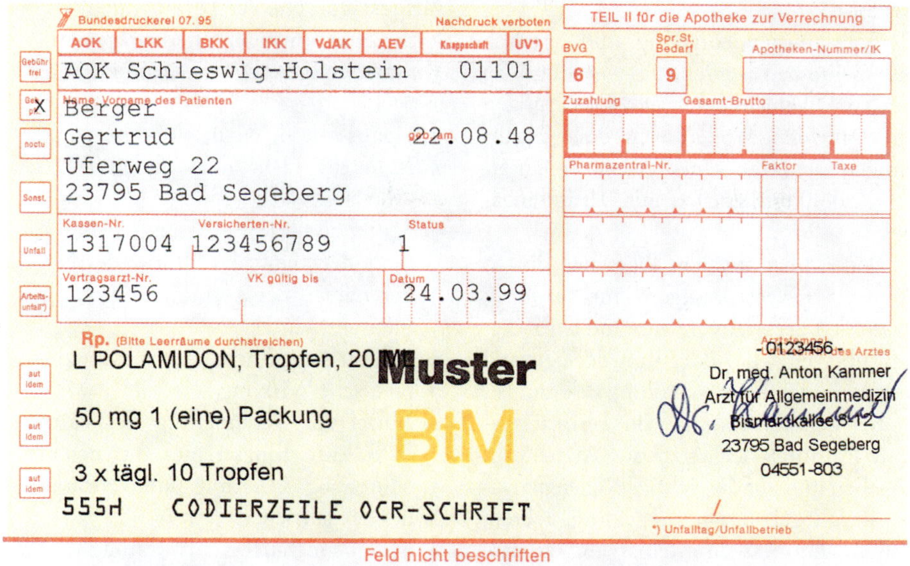
Bundesdruckerei 07.95
Nachdruck verboten
AOK | LKK | BKK | IKK | VdAK | AEV | Knappschaft | UV*)
Gebühr frei
Geb. pfl. X
noctu
Sonst.
Unfall
Arbeitsunfall*)
AOK Schleswig-Holstein 01101
Name, Vorname des Patienten
Berger
Gertrud geb. am 22.08.48
Uferweg 22
23795 Bad Segeberg
Kassen-Nr. 1317004
Versicherten-Nr. 123456789
Status 1
Vertragsarzt-Nr. 123456
VK gültig bis
Datum 24.03.99
TEIL II für die Apotheke zur Verrechnung
BVG 6
Spr.St. Bedarf 9
Apotheken-Nummer/IK
Zuzahlung
Gesamt-Brutto
Pharmazentral-Nr.
Faktor
Taxe
Rp. (Bitte Leerräume durchstreichen)
aut idem
L POLAMIDON, Tropfen, 20 ml
50 mg 1 (eine) Packung
3 x tägl. 10 Tropfen
555H CODIERZEILE OCR-SCHRIFT
Muster
BtM
Arztstempel / Unterschrift des Arztes
-0123456-
Dr. med. Anton Kammer
Arzt für Allgemeinmedizin
Bismarckallee 8-12
23795 Bad Segeberg
04551-803
*) Unfalltag/Unfallbetrieb
Feld nicht beschriften

Rezeptformular für Betäubungsmittel.

in der Vergangenheit – vorgeschrieben, dass ein Tintenstift oder Kugelschreiber verwendet werden muss. Die Eintragungen mit Ausnahme der Unterschrift können auch durch eine andere Person erfolgen und müssen nicht handschriftlich sein. Die Verwendung eines Nadeldruckers ist also möglich.

Muss der Apotheker nach Rücksprache mit dem verordnenden Arzt ein unvollständiges oder unleserliches Rezept ergänzen, muss der verschreibende Arzt dies auf dem bei ihm verbliebenen Teil 3 vermerken.

Wenn im Notfall kein BTM-Rezept zur Verfügung steht, darf für einen Patienten die zur Behebung des Notfalls erforderliche Menge auf einem Normalrezept mit dem Zusatz »Notfall-Verschreibung« verordnet werden. Der verschreibende Arzt ist verpflichtet, der abgebenden Apotheke so schnell wie möglich ein entsprechendes Betäubungsmittelrezept (gekennzeichnet mit dem Buchstaben »N«) nachzureichen.

Das aus Praxisbedarf bezogene Betäubungsmittel ist in ein vorgeschriebenes Karteiformular einzutragen: Entnahmen sind mit Tag und Patientennamen zu verzeichnen.

Sonstiges

Betäubungsmittelrezepte dürfen vom Apotheker nur innerhalb von 7 Tagen nach Ausstellung beliefert werden. Darauf sollte man die Patienten hinweisen.

Bei Privatpatienten wird an Stelle der Kasse lediglich das Wort »Privat« eingesetzt.

22.4. Arzneiverordnungsblatt

22.4.1. Arzneimittelrichtlinien

Die vom Bundesausschuss der Ärzte und Krankenkassen beschlossenen Arzneimittel-Richtlinien dienen der Sicherung einer nach den Regeln der ärztlichen Kunst ausreichenden, zweckmäßigen und wirtschaftlichen Versorgung der Versicherten. Sie sind für die Vertragsärzte verbindlich.

Rezepte
Rezepte müssen sorgfältig und leserlich ausgeschrieben werden, um Verwechslungen von Medikamenten und Dosierungen zu vermeiden. Änderungen oder Ergänzungen bedürfen einer erneuten Unterschrift des Vertragsarztes mit Datumsangabe.

Von Ausnahmefällen abgesehen dürfen Arzneimittelverordnungen nur erfolgen, wenn sich der Arzt vom Zustand des Kranken überzeugt hat oder ihm der Zustand aus der laufenden Behandlung bekannt ist.

▶ *Arzneimittelverordnung.*

Bei der Verordnung von Fertigarzneimitteln muss der Arzt die Arzneiform angeben und auf die richtige Mengenangabe der abgabefertigen Packung achten. Zusätze zum Arzneimittelnamen, wie z. B. »forte«, »mite«, »retard«, sind anzugeben.

Die Verordnung von Arzneimitteln ohne die notwendigen Angaben kann unwirtschaftlich sein, weil der Apotheker dann verpflichtet ist, die Packung mit dem niedrigsten Wirkstoffgehalt abzugeben.

Leistungsanspruch
Krankenkassen (im Allgemeinen und gegebenenfalls im Einzelnen) und Ärzte (im Einzelnen) haben Patienten darüber aufzuklären, dass

- sie nur notwendige und wirtschaftliche Arzneimittel beanspruchen können,
- sie eine Verordnung von Arzneimitteln zur Bevorratung (etwa für eine Haus- oder Reiseapotheke) nicht beanspruchen können,
- vorbeugende Schutzimpfungen und Serumgaben (außer bei Verletzungen, Tetanus- und Tollwutprophylaxe sowie bei Hepatitis-Kontaktpersonen) nur entsprechend den Satzungsbestimmungen der Krankenkasse möglich sind,
- ihnen nur Medikamente verordnet werden dürfen, deren Wirksamkeit gesichert ist,
- ihnen bestimmte Medikamente nicht oder nur unter bestimmten Voraussetzungen verordnet werden dürfen.

▶▶ *Packungsgrößen.*

Ausgeschlossene Verschreibungen
Nicht oder nur unter den genannten Voraussetzungen dürfen verordnet werden u. a.:

- Genussmittel, Weine, Würzmittel u. ä.
- Mineral-, Heil- oder andere Wässer, Obstsäfte
- Mittel zur Pflege, Reinigung und Färbung der Haut, des Haares, der Nägel, der Zähne, der Mundhöhle u. ä., kosmetische Mittel
- Badezusätze ohne nachgewiesene therapeutische Wirkung
- Mittel zur Veränderung des Körpers (z. B. Entfettungscremes, Busencremes)
- Mittel zur Anreizung und Verstärkung des Sexualtriebes
- Mittel zur Raucherentwöhnung
- Abmagerungsmittel und Appetitzügler, Vitaminpräparate
- Abstillmittel (außer bei medizinischer Indikation), Anabolika (außer parenteral bei bestimmten Erkrankungen), Insekten-Abschreckmittel u. a. m.

22.4.2. Zuzahlung und Festbetrag

Versicherte, die das 18. Lebensjahr vollendet haben, leisten an die abgebende Stelle (normalerweise die Apotheke) zu jedem zu Lasten der gesetzlichen Krankenversicherung verordneten Arznei- und Verbandmittel als Zuzahlung einen Apothekenabgabenpreis. Die Zuzahlung ist je nach Packungsgröße (N1, N2, N3) unterschiedlich, jedoch nicht höher als die Kosten des Mittels.

Soweit Festbeträge festgesetzt worden sind, übernehmen die Krankenkassen für verordnete Arzneimittel die Kosten nur bis zur Höhe der Festbeträge.

22.4.3. Das Arzneiverordnungsblatt

Das Arzneiverordnungsblatt (Muster 16) enthält zum Zwecke der maschinellen Rezepterfassung auf der rechten Seite der Vorderseite eine Arztnummer.

MEMO!

Der Vertragsarzt darf nur Arzneiverordnungsblätter mit seiner Arztnummer verwenden. Eine aushilfsweise Weitergabe des durch die Arztnummer gekennzeichneten Vordrucks an einen anderen Vertragsarzt ist nicht statthaft.

Zahl der Verordnungen

Mit einem Arzneiverordnungsblatt können bis zu drei verschiedene Arzneimittel verordnet werden. Für die zeitgleiche Verordnung von Arznei-, Heil und Hilfsmittel sind getrennte Verordnungsblätter zu verwenden.

MEMO!

Es sind bis zu drei Verordnungen je Verordnungsblatt möglich.

Leerräume

Bei der Ausfüllung des Vordrucks ist darauf zu achten, dass keine Leerräume verbleiben oder entstehen, die für Manipulation benutzt werden können. Um zu vermeiden, dass unbefugterweise noch weitere Arzneiverordnungen (insbesondere mit Suchtpotenzial) hinzugefügt werden können, hat der Vertragsarzt seine Unterschrift unmittelbar unter die letzte Verordnung auf das Verordnungsblatt zu setzen, bzw. der freie Platz über der Unterschrift muss entwertet werden.

Der untere durch einen waagerechten Strich gekennzeichnete Rand ist für Codierzwecke vorgesehen und darf nicht beschrieben werden.

Sehhilfen, Stimm-, Sprech- und Sprachbehandlung

Heil- und Hilfsmittel.

Für die Verordnung von Sehhilfen, Stimm-, Sprech- und Sprachbehandlung sowie Hörhilfen sind die Vordrucke 8,14 und 15 zu benutzen.

22.4.4. Ausfüllen des Arzneimittelverordnungsblattes

Freiwillig Versicherte mit Kostenerstattung

Werden für freiwillig Versicherte mit Anspruch auf Kostenerstattung durch eine gesetzliche Krankenkasse Arzneimittel verordnet, die zu Lasten der gesetzlichen Krankenversicherung verordnungsfähig sind, ist das Muster 16 zu verwenden und anstelle der Angabe des Namens der Krankenkasse das Wort »Kostenerstattung« einzutragen. Die Kosten für derart gekennzeichnete Verordnungen sind vom Versicherten in der Apotheke selbst zu entrichten.

Für die Verordnung von Mitteln und Maßnahmen, die nicht zur Behandlung des Patienten notwendig sind oder die nicht in die Leistungspflicht der gesetzlichen Krankenversicherung fallen, ist ein Privatrezept zu verwenden.

Ankreuzfelder »Gebühr frei/Gebühr pfl.«

Mit der maschinellen Erfassung der Daten von der Krankenversicherungskarte wird der Versichertenstatus automatisch auf die Rezepte aufgenommen. Bei Versicherten, die das achtzehnte Lebensjahr noch nicht vollendet haben, sowie in Fällen, in denen eine Befreiung von der Zuzahlungspflicht (Härtefallregelung) vorliegt, ist das Feld »Gebühr frei« anzukreuzen. Ansonsten ist das Feld »Gebühr pfl.« anzukreuzen.

Gebührenbefreiung.

Ankreuzfeld »noctu«

Wird die Arznei während der Nachtzeit (20 bis 7 Uhr) dringend benötigt, so hat der Vertragsarzt dies in der Verordnung durch den Zusatz »noctu« zu vermerken, damit in diesem Falle der Versicherte von der Entrichtung der Nachttaxe in der Apotheke befreit wird.

Ankreuzfeld »Sonstige«

Das Feld »Sonstige« ist anzukreuzen, wenn die Verordnung zu Lasten eines sonstigen

Arzneimittelverordnungsblätter (Muster 16)
Der Freiraum unter der unteren Linie im Muster 16 ist für Codierzwecke vorgesehen.

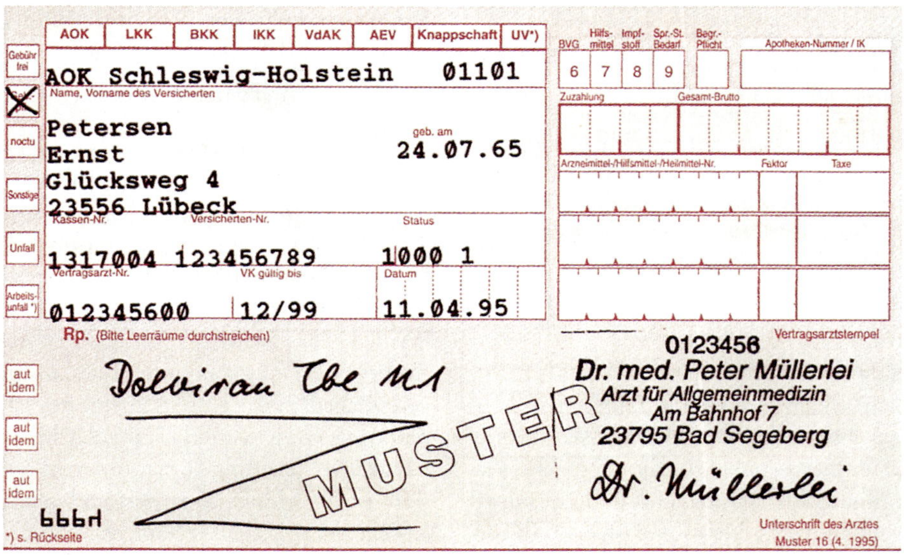
AOK | LKK | BKK | IKK | VdAK | AEV | Knappschaft | UV*)
Gebühr frei | Geb.-pfl. | noctu | Sonstige | Unfall | Arbeitsunfall *)
AOK Schleswig-Holstein 01101
Name, Vorname des Versicherten
Petersen
Ernst
Glücksweg 4
23556 Lübeck
geb. am 24.07.65
Kassen-Nr. 1317004 Versicherten-Nr. 123456789 Status 1000 1
Vertragsarzt-Nr. 012345600 VK gültig bis 12/99 Datum 11.04.95
BVG | Hilfsmittel | Impfstoff | Spr.-St. Bedarf | Begr.-Pflicht | Apotheken-Nummer / IK
6 7 8 9
Zuzahlung | Gesamt-Brutto
Arzneimittel-/Hilfsmittel-/Heilmittel-Nr. | Faktor | Taxe
Rp. (Bitte Leerräume durchstreichen)
aut idem
Dolviran Tbl N1
MUSTER
0123456 Vertragsarztstempel
Dr. med. Peter Müllerlei
Arzt für Allgemeinmedizin
Am Bahnhof 7
23795 Bad Segeberg
Dr. Müllerlei
Unterschrift des Arztes
6664
*) s. Rückseite
Muster 16 (4. 1995)

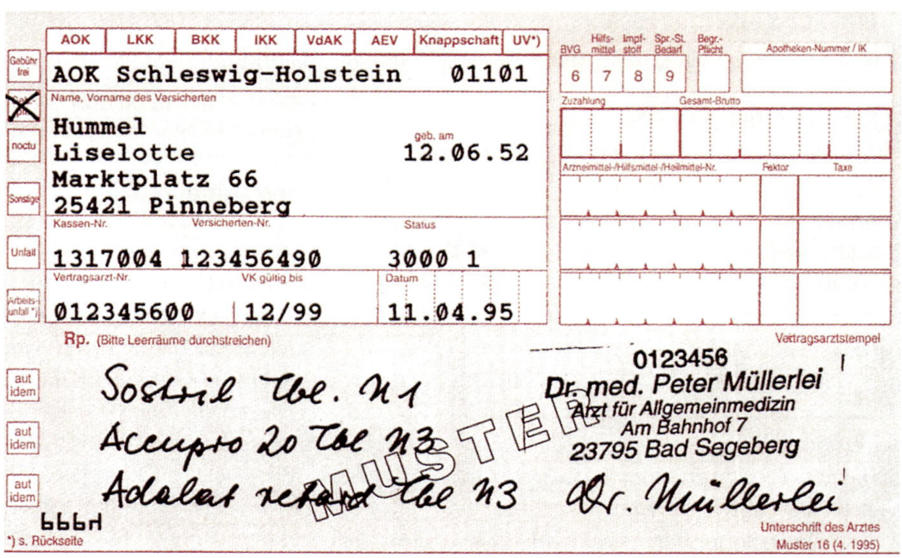
AOK | LKK | BKK | IKK | VdAK | AEV | Knappschaft | UV*)
Gebühr frei | Geb.-pfl. | noctu | Sonstige | Unfall | Arbeitsunfall *)
AOK Schleswig-Holstein 01101
Name, Vorname des Versicherten
Hummel
Liselotte
Marktplatz 66
25421 Pinneberg
geb. am 12.06.52
Kassen-Nr. 1317004 Versicherten-Nr. 123456490 Status 3000 1
Vertragsarzt-Nr. 012345600 VK gültig bis 12/99 Datum 11.04.95
BVG | Hilfsmittel | Impfstoff | Spr.-St. Bedarf | Begr.-Pflicht | Apotheken-Nummer / IK
6 7 8 9
Zuzahlung | Gesamt-Brutto
Arzneimittel-/Hilfsmittel-/Heilmittel-Nr. | Faktor | Taxe
Rp. (Bitte Leerräume durchstreichen)
aut idem
Sostril Tbl. N1
Accupro 20 Tbl N3
Adalat retard Tbl N3
MUSTER
0123456 Vertragsarztstempel
Dr. med. Peter Müllerlei
Arzt für Allgemeinmedizin
Am Bahnhof 7
23795 Bad Segeberg
Dr. Müllerlei
Unterschrift des Arztes
6664
*) s. Rückseite
Muster 16 (4. 1995)

Kostenträgers (z. B. Postbeamtenkrankenkasse, Zivildienst) erfolgt.

Ankreuzfelder »Unfall/Arbeitsunfall«
Wenn eine Arzneiverordnung zu Lasten eines Unfallversicherungsträgers ausgestellt wird, so sind neben der Bezeichnung des zuständigen Unfallversicherungsträgers auch Unfalltag und Unfallbetrieb (ggfs. Kindergarten, Schule, Hochschule) in der dafür vorgesehenen Spalte anzugeben. Weiterhin ist das Ankreuzfeld Arbeitsunfall zu kennzeichnen.

Es ist zulässig, bei Arbeitunfällen den Unfalltag und den Unfallbetrieb statt auf der Rückseite auf der Vorderseite unmittelbar hinter der Fußnote »s. Rückseite« über dem unteren Rand des Verordnungsfeldes (Achtung, die Codierleiste darf nicht beschriftet werden!) anzugeben.

Ankreuzfelder »aut idem«
Will der Arzt die Auswahl unter bestimmten Präparaten dem Apotheker überlassen, ist die »aut idem«-Kennzeichnung durch Ankreuzen des entsprechenden Kästchens im Verordnungsfeld vorzunehmen. *Aut idem* heißt: oder gleiches, d. h. der Apotheker kann auch ein Präparat einer anderen Firma oder anderen Namens ausgeben, es muss aber die gleiche Substanz enthalten.

Ankreuzfeld »BVG«
Bei Verordnungen für Anspruchsberechtigte nach dem Bundesentschädigungsgesetz (BEG) ist wie bei Anspruchberechtigten nach dem Bundesversorgungsgesetz das Feld BVG anzukreuzen.

Ankreuzfeld »Begründungspflicht«
Das Ankreuzfeld »Begründungspflicht« wurde vorgesehen, um auch nach Einführung der Liste verordnungsfähiger Arzneimittel im Einzelfall ein Medikament verordnen zu können, das in dieser Liste nicht enthalten ist. In diesen Fällen soll der Arzt das Feld ankreuzen. Die Begründung, die zur Verordnung solcher Präparate gefordert wird, ist in den Unterlagen des Arztes aufzubewahren und nicht auf dem Rezept vorzunehmen.

Weitere Felder im rechten oberen Teil
Die Felder im rechten oberen Teil des Rezeptes (Apotheker-Nr., Zuzahlung, Gesamtbrutto, Arzneimittel-/Hilfsmittel-Nr., Faktor, Taxe) werden von der abgebenden Stelle (Apotheke, Sanitätshaus) ausgefüllt.

Vertragsarztstempel
Es ist darauf zu achten, dass der Vertragsarztstempel im Verordnungsfeld an der dafür vorgesehenen Stelle abgedruckt wird damit eine Überstempelung weder in das darüber liegende noch in das darunter liegende Feld erfolgt, weil sonst eine maschinelle Lesung dieser Felder nicht möglich ist.

MEMO!

Änderungen und Ergänzungen von Verordnungen von Arznei-, Verband-, Heil- und Hilfsmitteln bedürfen einer erneuten Arztunterschrift mit Datumsangabe.

22.4.5. Verordnungen

Bei Verordnungen in Form von Rezepturen kann die Rückseite des Vordrucks ebenfalls benutzt werden oder es ist ein weiteres Arzneiverordnungsblatt zur Fortsetzung zu verwenden.

Empfängnisverhütung.

Bei Versicherten bis zum vollendeten 20. Lebensjahr sind empfängnisverhütende Mittel, die zu Lasten der Krankenkasse verordnungsfähig sind (hormonelle Antikonzeptiva, Intrauterinspiralen), auf einem gesonderten Arzneiverordnungsblatt zu verordnen.

Bei Versicherten, die das 20. Lebensjahr vollendet haben, sind empfängnisverhütende Mittel auf einem Privatrezept zu verordnen.

Sofern bei einer ärztlichen Inanspruchnahme Verordnungen erfolgen, für

▶ *Verordnungsblatt-gebühr.*

die teilweise die Verordnungsblattgebühr zu zahlen ist und teilweise nicht, sind zwei Verordnungsblätter zu verwenden.

Das Gleiche gilt, wenn Arznei- und Heilmittel gleichzeitig verordnet werden.

Wenn eine Arzneiverordnung zu Lasten eines Unfallversicherungsträgers ausgestellt wird, so sind neben der Bezeichnung des zuständigen Unfallversicherungsträgers auch Unfalltag und Unfallbetrieb (ggf. Kindergarten, Schule, Hochschule) in der dafür vorgesehenen Spalte einzugeben.

Das Arzneiverordnungsblatt kann auch für sonstige Personengruppen (z. B. Postbeamtenkrankenkasse A) verwendet werden, wenn die Kassenärztliche Vereinigung eine solche Anweisung herausgegeben hat.

22.4.6. Verordnung von Sprechstundenbedarf

Bestimmte Arzneimittel und Materialien, die der Arzt für mehrere Patienten einer Krankenkasse benötigt, kann er als Sprechstundenbedarf zu Lasten dieser Krankenkasse verordnen. Hierbei sind die für die einzelnen Kassenärztlichen Vereinigungen bestehenden Sprechstundenbedarfsregelungen zu beachten. Sie sind von KV zu KV unterschiedlich. Im Großen und Ganzen stimmen sie mit der Regelung bei den Ersatzkassen überein.

Dort ist für den Sprechstundenbedarf zwischen der Kassenärztlichen Bundesvereinigung und dem Verband der Angestellten-Krankenkassen und dem Verband der Arbeitgeberkrankenkassen festgelegt, dass Sprechstundenbedarf grundsätzlich nur einmal im Kalendervierteljahr, und zwar am Quartalsende, zu verordnen ist. Es dürfen nur bestimmte in der Vereinbarung festgelegte Mittel aufgeschrieben werden.

Der Umfang des Sprechstundenbedarfs darf nur den Bedürfnissen der Praxis entsprechen und muss zur Zahl der Behandlungsfälle der Kasse im angemessenen Verhältnis stehen.

Mittel, die nur für einen Kranken bestimmt sind, stellen keinen Sprechstundenbedarf dar und sind daher mit Angabe der zuständigen Krankenkasse auf den Namen des betreffenden Versicherten zu verordnen, soweit nicht im Einzelnen etwas anderes bestimmt ist. Soweit solche Mittel in der Praxis verbleiben und für diesen Patienten nicht mehr benötigt werden, sind sie dem Sprechstundenbedarf zuzuführen.

Als Sprechstundenbedarf zulässige Mittel

- Verband- und Nahtmaterial
- Mittel zur Narkose und örtlichen Betäubung
- Desinfektionsmittel, ausschließlich zur Anwendung am Patienten
- Reagenzien und Schnelltests – mit gewissen Einschränkungen
- Diagnostische und therapeutische Hilfsmittel
- Puder, Pulver, Salben
- Arzneimittel für Notfälle und Sofortanwendung
- Röntgenkontrastmittel

22.4.7. Negativliste

Bezüglich der Verordnung bestimmter Arzneimittel bei Mitgliedern der gesetzlichen Krankenversicherungen sind Einschränkungen zu beachten.

Für Versicherte, die das 16. Lebensjahr vollendet haben, dürfen nur noch auf Privatrezept verordnet werden:

- lokal anzuwendende Mund- und Rachentherapeutika (Ausnahmen: lokal anzuwendende Arzneimittel, die bei ulzerierenden Erkrankungen, nach operativen Eingriffen und bei Pilzerkrankungen im Mund-Rachen-Raum verordnet werden, sowie Verordnung von künstlichem Speichel)
- Abführmittel
- Arzneimittel gegen Reisekrankheit

Bei Befindlichkeitsstörung soll der Arzt zunächst auf bewährte Hausmittel verweisen.

22.5. Verordnung von Heil- und Hilfsmitteln

22.5.1. Heil- und Hilfsmittel-Richtlinien

Die Verordnung von Heil- und Hilfsmitteln erfolgt auf dem Arzneiverordnungsblatt Muster 16. Für die Verordnung von Sehhilfen, sowie für die Stimm-, Sprech- und Sprachbehandlung und Hörhilfen sind ausschließlich die Muster 8, 14 und 15 zu benutzen.

22.5.2. Heilmittel

Nach den *Heil- und Hilfsmittel-Richtlinien* sind Heilmittel oder gelten als Heilmittel:

Sächliche Mittel
Sächliche Mittel sind dann Heilmittel und keine dem Ausgleich einer Behinderung dienenden Hilfsmittel, wenn sie zur Behandlung oder Linderung eines krankhaften Zustandes eingesetzt und nur äußerlich angewandt werden.

Maßnahme der physikalischen Therapie
Massagen, Bewegungstherapie, Krankengymnastik, manuelle Therapie, Elektrotherapie, Lichttherapie, Wärme- und Kältetherapie, Hydrotherapie, Traktionsbehandlung der Wirbelsäule zur Entlastung komprimierter Nervenwurzeln, medizinische Bäder, Inhalationstherapie mittels Zerstäuber und Spray.

Stimm-, Sprech- und Sprachbehandlung
Die Verordnung von Stimm-, Sprech- und Sprachbehandlung kann nur durch einen Vertragsarzt erfolgen, der über besondere Kenntnisse auf dem Gebiet der Sprachtherapie verfügt und die erforderliche differenzierte Diagnostik vornehmen kann.

Soweit die Sprachtherapie nicht von Ärzten durchgeführt wird, ist sie Aufgabe von staatlich anerkannten Logopäden sowie Sprachtherapeuten, soweit sie Verträge mit den gesetzlichen Krankenkassen abgeschlossen haben.

Beschäftigungstherapie
Durch aktivierende Behandlungsverfahren wird die Wiederherstellung oder Verbesserung krankheitsbedingt eingeschränkter, verloren gegangener oder verzögerter Funktionen bewirkt.

Ausstellen einer Heilmittelverordnung
Im Hinblick auf eine wirtschaftliche und wirksame Behandlungs- und Verordnungsweise ist eine sorgfältige Angabe der zu behandelnden Körperteile bzw. des zeitlichen Abstandes, in dem Bäder, Massagen und dergleichen verabreicht werden sollen, erforderlich. Bei Bädern ist der erforderliche medizinische Zusatz zu vermerken, ggf. sind auch Temperatur und Zeitdauer des Bades anzugeben.

Bei der Verordnung von Bruchbändern, Leibbinden und dergleichen ist anzugeben, ob es sich um eine Maßanfertigung (n. M.) handeln soll oder ob Lagerware (v. L.) ausreicht. Maßanfertigungen können genauere Angaben erfordern, z. B. bei Einlagen, ob nach Farbabdruck oder Gipsabdruck.

Gegebenenfalls sind außerdem die Maße der verordneten Hilfsmittel zu verzeichnen.

Die Heil- und Hilfsmittel-Richtlinien schreiben vor, dass bei der Verordnung von Heil- bzw. Hilfsmitteln vom Vertragsarzt unter Angabe der Diagnose und des Datums folgende weitere Angaben zu machen sind.

- genaue Bezeichnung der Maßnahme
- Anzahl und Zeitabstände der Anwendung (ggf. Dosierung, Gruppenbehandlung u. a.)

Hausmittel.

Logopädie.

Bäder/Massagen.

- ggf. Dauer der Behandlung
- Anwendungsbereich (Körperteil)

22.5.3. Hilfsmittel

Versicherte haben Anspruch auf Versorgung mit Hilfsmitteln. Der Anspruch umfasst auch die notwendige Änderung, Instandsetzung und Ersatzbeschaffung von Hilfsmitteln sowie die Ausbildung in ihrem Gebrauch.

▶ *Körperersatzstücke.*

Hilfsmittel sind oder als Hilfsmittel gelten

- Körperersatzstücke, orthopädische und andere Hilfsmittel, die erforderlich sind, um einer drohenden Behinderung vorzubeugen, den Erfolg der Heilbehandlung zu sichern oder eine körperliche Behinderung auszugleichen.
- Brillen und andere Sehhilfen

Ist für erforderliche Hilfsmittel ein Festbetrag festgesetzt, trägt die Krankenkasse die Kosten bis zur Höhe dieses Betrages. Für andere Hilfsmittel übernimmt sie die jeweils vertraglich vereinbarten Preise.

Brillenverordnung

Brillenverordnungen (Muster 8) werden nur von solchen Ärzten ausgestellt, die in der Lage sind, die Beschaffenheit der benötigten Gläser selbst zu bestimmen, in aller Regel also von Augenärzten. Durch Ankreuzen ist in der Verordnung kenntlich zu machen, ob ein Glas oder zwei Gläser erforderlich sind und ob die vorhandene Brillenfassung weiterhin verwendet werden kann.

Ohrenärztliche Verordnung einer Hörhilfe

Die Verordnung einer Hörhilfe setzt spezielle Untersuchungen durch einen Arzt für Hals-Nasen-Ohren-Heilkunde voraus. Die Verordnung einer Hörhilfe ist vom Arzt ohne Berechnung einer besonderen Gebühr auszustellen.

22.6. Verordnung von Krankenhausbehandlung

Vor der Verordnung einer Krankenhausbehandlung hat der Arzt den Patienten darauf hinzuweisen, dass die Krankenhausbehandlung von der Krankenkasse genehmigt werden muss. In Notfällen und bei Entbindungen entfällt die Genehmigungspflicht. Auch hat der Arzt zu prüfen, ob häusliche Krankenpflege an Stelle der Krankenhausbehandlung ausreicht.

▶▶ *»Grüne Tasche«.*

Dem Krankenhausarzt werden vom niedergelassenen Arzt alle Unterlagen über den Patienten in einer »grünen Tasche« mitgegeben. Diese Taschen sind bei den Kassenärztlichen Vereinigungen erhältlich.

Krankenhauspflege-Richtlinien

Die Richtlinien dienen der zweckmäßigen und wirtschaftlichen Verordnung von Krankenhauspflege.

Die Verordnung von Krankenhauspflege darf – von Notfällen abgesehen – nur erfolgen, wenn sich der behandelnde Arzt vom Zustand des Kranken überzeugt hat.

Vor der Verordnung von Krankenhauspflege hat der Arzt alle notwendigen Maßnahmen zu treffen oder zu veranlassen, die nach den Regeln der ärztlichen Kunst angezeigt und wirtschaftlich sind, um die Einweisung in das Krankenhaus entbehrlich zu machen.

▶▶ *Krankenhaus-Einweisung.*

Die medizinische Notwendigkeit ist in der Verordnung zu begründen. Zur Begründung gehören die Diagnose, der Krankheitsbefund sowie die Krankheitssymptome. Soweit nach ärztlicher Erkenntnis Diagnose oder Befund regelmäßig eine Einweisung ins Krankenhaus erfordern, genügt deren Angabe.

Zur Unterstützung der stationären Diagnostik und Therapie, der Vermeidung von Doppeluntersuchungen und der Verkürzung der Verweildauer sind der Verordnung alle für die stationäre Behandlung des Patienten bedeutsamen Unterlagen beizufügen.

Teil 2a
Der Vertragsarzt füllt zunächst im Durchschreibeverfahren den Teil 2a des Vordruckes vollständig aus. Dabei ist auch darauf zu achten, dass eine entsprechende Kennzeichnung vorgenommen wird, wenn die Krankenhausbehandlung auf Grund eines Unfalles, von Unfallfolgen (keine Arbeitsunfälle/Berufskrankheiten) oder eines Versorgungsleidens erforderlich wird, damit die Krankenkassen in der Lage sind, gegebenenfalls Kosten gegenüber Dritten geltend zu machen.

Der Patient soll bei der Aushändigung der Verordnung (Teil 2a) auf die Genehmigungspflicht der Krankenhauspflege durch die Krankenkasse hingewiesen werden. In Notfällen entfällt die Genehmigungspflicht.

Teile 2b und c
Auf Teil 2b hat der Arzt die für den Krankenhausarzt notwendigen Informationen einzutragen. Dieser Teil ist zusammen mit allen für die stationäre Behandlung bedeutsamen Unterlagen dem Patienten für den Krankenhausarzt mitzugeben. Der einweisende Arzt entscheidet in jedem Einzelfall, ob er dem Patienten neben Muster 2a auch Muster 2b offen oder in einem verschlossenen Briefumschlag mitgibt.

Teil 2c verbleibt beim einweisenden Arzt.

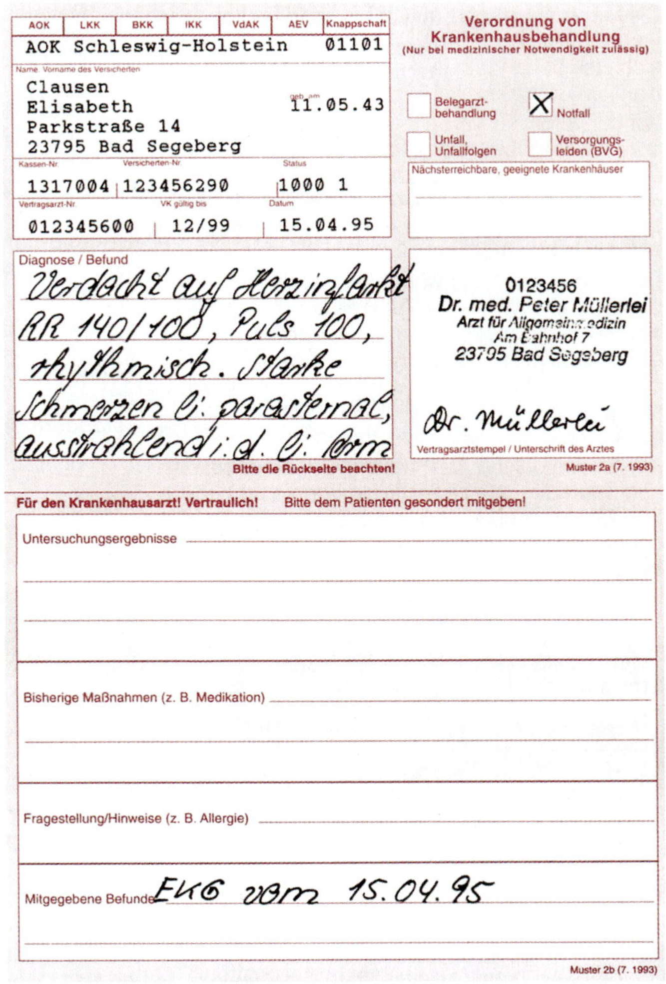
AOK | LKK | BKK | IKK | VdAK | AEV | Knappschaft
AOK Schleswig-Holstein 01101
Name, Vorname des Versicherten
Clausen
Elisabeth geb. am 11.05.43
Parkstraße 14
23795 Bad Segeberg
Kassen-Nr. 1317004 Versicherten-Nr. 123456290 Status 1000 1
Vertragsarzt-Nr. 012345600 VK gültig bis 12/99 Datum 15.04.95

Verordnung von Krankenhausbehandlung
(Nur bei medizinischer Notwendigkeit zulässig)
Belegarzt-behandlung
X Notfall
Unfall, Unfallfolgen
Versorgungs-leiden (BVG)
Nächsterreichbare, geeignete Krankenhäuser

Diagnose / Befund
Verdacht auf Herzinfarkt
RR 140/100, Puls 100,
rhythmisch. Starke
Schmerzen li. parasternal,
ausstrahlend i.d. li. Arm
Bitte die Rückseite beachten!

0123456
Dr. med. Peter Müllerlei
Arzt für Allgemeinmedizin
Am Bahnhof 7
23795 Bad Segeberg
Dr. Müllerlei
Vertragsarztstempel / Unterschrift des Arztes
Muster 2a (7. 1993)

Für den Krankenhausarzt! Vertraulich! Bitte dem Patienten gesondert mitgeben!
Untersuchungsergebnisse
Bisherige Maßnahmen (z. B. Medikation)
Fragestellung/Hinweise (z. B. Allergie)
Mitgegebene Befunde EKG vom 15.04.95
Muster 2b (7. 1993)

▲ *Verordnung von Krankenhausbehandlung.*

Arbeitsunfähigkeitsbescheinigung
Neben einer Verordnung von Krankenhauspflege ist eine Arbeitsunfähigkeitsbescheinigung auszustellen. Dies gilt auch dann, wenn der Beginn der Arbeitsunfähigkeit mit dem Tag der Krankenhausaufnahme übereinstimmt.

Belegärztliche Krankenhausbehandlung
Soll die Krankenhausbehandlung durch einen Belegarzt erfolgen, ist dies auf dem Vordruck durch Ankreuzen des betreffen-

MUSTER	FARBE	FORMAT	BESTIMMT FÜR
2 a	rosa	DIN A6 quer	Krankenkasse
2 b	rosa	DIN A5 hoch	Krankenhausarzt
2 c	weiß	DIN A5 hoch	Einweisenden Arzt

◄ *Verordnung von Krankenhausbehandlung (Muster 12).*

den Kästchens zu kennzeichnen. Der die Verordnung ausstellende Belegarzt hat Teil 2a auszustellen.

22.7. Verordnung eines Krankentransports

Transportmittel.

Die Verordnung eines Krankentransports ist nur auszustellen, wenn der Patient wegen Art und Schwere der Erkrankung nicht zu Fuß gehen und ein öffentliches Verkehrsmittel nicht benutzen kann sowie die Benutzung eines privaten Pkw nicht in Betracht kommt. Dabei ist ein strenger Maßstab anzulegen.

Rettungsleitstelle.

Die Auswahl des Transportmittels muss nach dem Grundsatz einer wirtschaftlichen Verordnungsweise erfolgen; es muss eine eindeutige Kennzeichnung auf dem Vordruck durch Ankreuzen aller zutreffender Kästchen vorgenommen werden.

Krankentransport-Richtlinien

Die Krankentransport-Richtlinien dienen der zweckmäßigen und wirtschaftlichen Verordnung von Krankenfahrten, Krankentransport- und Rettungsdienstleistungen.

Die Entscheidung über die Art des Transportmittels trifft grundsätzlich der Arzt. Seine Entscheidung, die von der medizinischen Indikation auszugehen hat, muss den Gesundheitszustand des Patienten, seine Gehfähigkeit und die Länge der Beförderungsstrecke in Betracht ziehen.

KTW – RTW – NAW.

Ist eine Beförderung mit einem Pkw (Mietwagen, Taxi) aus medizinischen Gründen nicht möglich, hat der Arzt unter Betrachtung eines strengen Maßstabes anzugeben, welches Transportmittel notwendig ist.

An den Kosten einer Beförderung aus medizinischen Gründen beteiligt sich der Patient mit einer Zuzahlung von 20,– DM.

Krankenwagen
Krankenwagen sind für alle Nicht-Notfallpatienten vorzusehen, und zwar bei

- Personen, die an einer ansteckenden oder Ekel erregenden Krankheit erkrankt oder deren verdächtigt sind
- Personen, die auf Grund ihrer Krankheit im Liegen zu befördern sind
- hilfsbedürftigen Personen, die im Zusammenhang mit der Beförderung zu ihrem Bestimmungsort (z. B. Wohnung, Arztpraxis, Krankenhaus) einer fachlichen Betreuung (Arzt, Rettungsassistent) bedürfen. Dies gilt auch für Personen, bei denen eine solche Hilfsbedürftigkeit zu erwarten ist

Rettungs- und Notarztwagen, Rettungshubschrauber

Rettungs-, Notarztwagen und Rettungshubschrauber sind nur über die örtlich zuständigen Rettungsleitstelle anzufordern.

Die Verordnung eines Rettungs- oder Notarztwagens ist nur bei Notfällen zulässig.

Notfall
Ein Notfall liegt vor, wenn sich der Verletzte oder Erkrankte in Lebensgefahr befindet oder bei ihm gesundheitliche Schäden zu befürchten sind, sofern er nicht unverzüglich medizinische Hilfe erhält.

Rettungswagen sind zur Erstversorgung und zum Transport von Notfallpatienten anzufordern, die vor und während des Transportes neben den Erste-Hilfe-Maßnahmen auch zusätzlich lebenserhaltender Maßnahmen bedürfen.

Notarztwagen sind für die Erstversorgung und den Transport von Notfallpatienten anzufordern, bei denen lebensrettende Sofortmaßnahmen durch einen Arzt erforderlich sind.

Rettungshubschrauber sind dann anzufordern, wenn die Notwendigkeit einer schnellen Heranführung des Notarztes an den Unfallort zur Durchführung lebensrettender Maßnahmen und Herstellung der Transportfähigkeit des Patienten mit dem jeweils geeigneten Transportmittel besteht.

Der Vordruck

Der Vordruck (Muster 4) hat das Format DIN A6 quer und ist hellblau (mit einem Stich ins Grünliche). Eine eindeutige Kennzeichnung durch Ankreuzen aller zutreffenden Kästchen ist unbedingt erforderlich. Wird der Vordruck zur Verordnung anderer als der angegebenen Beförderungsmittel (z. B. Hochseerettung, Rettungshubschrauber) verwendet, sind die erforderlichen Angaben auf der Schreibzeile unterhalb der Ankreuzkästchen für die Beförderungsmittel vorzunehmen.

AOK | LKK | BKK | IKK | VdAK | AEV | Knappschaft

AOK Schleswig-Holstein 01101

Name, Vorname des Versicherten

Berger
Gertrud geb. am 22.08.48
Uferweg 22
23795 Bad Segeberg

Kassen-Nr. Versicherten-Nr. Status
1317004 123456389 1000 1

Vertragsarzt-Nr. VK gültig bis Datum
012345600 12/99 15.04.95

Verordnung einer Krankenbeförderung

(Benutzung eines öffentlichen Verkehrsmittels aus medizinischen Gründen nicht möglich)

[X] Unfall, Unfallfolgen [ ] Versorgungsleiden (BVG)

[ ] Arbeitsunfall/Arbeitsunfallfolgen Berufskrankheit

Transportmittel: **- Hinweise siehe Rückseite -**

[ ] Taxi Mietwagen [X] Krankentransportwagen [ ] Rettungswagen [ ] Notarztwagen

[ ] andere:

von	nach			ja	nein
[X]	[ ] Wohnung		fachliche Betreuung erforderlich	[ ]	[X]
[ ]	[ ] Arztpraxis		Wartezeit	[ ]	[ ]
[ ]	[X] Krankenhaus		Sammeltransport	[ ]	[ ]
andere Transportwege			Befreiungsbescheid lag vor	[ ]	[ ]
[ ]	[ ]				

Paul Albrechts Verlag, 22950 Lütjensee

0123456
Dr. med. Peter Müllerlei
Arzt für Allgemeinmedizin
Am Bahnhof 7
23795 Bad Segeberg

Dr. Müllerlei

Vertragsarztstempel / Unterschrift des Arztes

Muster 4 (7. 1993)

Hinweise

Dieser Vordruck darf vom Arzt nur dann ausgefüllt werden, wenn ein öffentliches Verkehrsmittel **aus medizinischen** Gründen nicht benutzt werden kann.
Bei der Notwendigkeit eines Krankentransports ist die Verordnung einer Fahrt mit Taxi oder Mietwagen die wirtschaftlichste.

Ist ein Transport aus medizinischen Gründen mit Taxi oder Mietwagen nicht möglich, soll der Arzt unter Beachtung eines **strengen Maßstabes** angeben, welches der nachstehenden Transportmittel notwendig ist.

● **Krankentransportwagen** sind grundsätzlich für alle Krankentransporte von Nicht-Notfallpatienten vorzusehen, und zwar bei
- Personen, die an einer ansteckenden oder ekelerregenden Krankheit erkrankt oder derer verdächtig sind,
- Personen, die aufgrund ihrer Krankheit im Liegen zu befördern sind,
- hilfsbedürftigen Personen, die im Zusammenhang mit dem Transport zu ihrem Bestimmungsort (z. B. Wohnung, Arztpraxis, Krankenhaus) einer fachlichen Betreuung (Arzt oder im Rettungsdienst/Krankentransport ausgebildete Personen) oder der Einrichtung des Krankentransportwagens bedürfen; ihnen gleichgestellt sind Personen, bei denen eine solche Hilfsbedürftigkeit zu erwarten ist.

●● **Rettungswagen** sind zur Erstversorgung und zum Transport von Notfallpatienten anzufordern, die vor und während des Transportes **neben** den Erste-Hilfe-Maßnahmen auch zusätzlicher Maßnahmen bedürfen, die geeignet sind, die vitalen Funktionen aufrechtzuerhalten oder wiederherzustellen.

●●● **Notarztwagen** sind zur Erstversorgung und zum Transport von Notfallpatienten anzufordern, bei denen vor und/oder während des Transportes lebensrettende und erweiterte lebensrettende Sofortmaßnahmen durchzuführen sind, für die ein Arzt erforderlich ist.

Zur Vermeidung unkoordinierter Einsätze sollte der Arzt Rettungswagen, Notarztwagen usw. nur über die örtlich zuständige Rettungsleitstelle anfordern.

Bescheinigung des Fahrgastes bei Benutzung eines Taxis/Mietwagens.
Die durchgeführte Fahrt wird hiermit bestätigt.

Datum ____ Unterschrift des Versicherten

Befreiungsbescheid (Nr./Datum ____) lag vor.

Datum ____ Unterschrift des Fahrers

▲ *Verordnung einer Krankenbeförderung.*

22.8. Verordnung häuslicher Krankenpflege

Der Vertragsarzt kann neben seiner ärztlichen Behandlung häusliche Krankenpflege durch Krankenpflegepersonen mit einer staatlichen Erlaubnis oder durch andere zur Krankenpflege geeignete Personen verordnen:

a) wenn Krankenhauspflege zwar geboten, aber nicht ausführbar ist, weil z. B. kein Krankenhausbett beschafft werden kann oder die Trennung eines Kindes von seiner Mutter dessen Erkrankungszustand nachteilig beeinflussen würde,
b) oder wenn Krankenhauspflege dadurch nicht erforderlich wird,
c) oder wenn Krankenhauspflege dadurch abgekürzt werden kann; dies müsste in Absprache zwischen Krankenhausarzt und weiterbehandelndem Arzt erfolgen,
d) oder wenn das Ziel der ärztlichen Behandlung dadurch gesichert wird.

Der Anspruch des Versicherten auf häusliche Krankenpflege besteht bis zu vier Wochen je Krankheitsfall in den unter a) bis c) angegebenen Fällen. In begründeten Ausnahmefällen kann die Krankenkasse die häusliche Krankenpflege für einen längeren Zeitraum bewilligen, wenn der Medizinische Dienst deren Notwendigkeit festgestellt hat. *Häusliche Krankenpflege* kann sowohl Behandlungspflege als auch Grundpflege sowie hauswirtschaftliche Versorgung umfassen.

Der Anspruch des Versicherten gegenüber den Krankenkassen besteht nur, soweit eine im Haushalt lebende Person den Kranken in dem erforderlichen Umfang nicht pflegen und versorgen kann.

22.9. Bescheinigungen

22.9.1. Kurze Bescheinigungen (Atteste)

Auskünfte und Bescheinigungen, die die Krankenkassen zur Durchführung ihrer Aufgaben bedürfen, sind im Rahmen der vertragsärztlichen Versorgung ohne besonderes Honorar zu geben. Hierzu gehören die meisten Bescheinigungen, eine Ausnahme stellen die Arbeitsunfähigkeitsbescheinigungen und der Bericht für den medizinischen Dienst (Muster 11) dar, bei denen der Arzt einen Honoraranspruch gegen die Krankenkasse über seine KV hat.

▶▶ *Wiedereingliederung.*

Auskünfte und Bescheinigungen (§30, Abs. 1 BMV)

Der Kassenarzt ist verpflichtet, den Krankenkassen ohne besonderes Honorar, aber gegen Erstattung der baren Auslagen, auf Verlangen Auskünfte und Bescheinigungen zu erteilen, die die Krankenkassen zur Durchführung ihrer Aufgaben benötigen.

Soweit der Patient bei einer gesetzlichen Krankenversicherung versichert ist und eine gesonderte Bescheinigung, z. B. für die Schule (bei krankheitsbedingten Versäumnissen), für bestimmte sportliche Betätigungen (sportärztliche Zeugnisse) oder für andere Zwecke benötigt, muss er die Atteste selbst bezahlen. Die Liquidation erfolgt entsprechend den Bestimmungen der GOÄ.

▶▶ *Arbeitsunfähigkeit.*

Häufig wird von Arbeitgebern ein Nachweis darüber verlangt, dass tatsächlich während der Arbeitszeit die Sprechstunde eines Arztes aufgesucht worden ist. Da diese Bescheinigungen auch von den Arzthelferinnen ausgestellt werden können, kann auf ein Honorar verzichtet werden.

Bei Privatpatienten können Bescheinigungen im Rahmen der Bestimmungen der GOÄ liquidiert werden.

Bescheinigungen, Auskünfte, Berichte und Gutachten für Privatversicherungen müssen stets im Rahmen der GOÄ liquidiert werden. Honorarvereinbarungen bestehen in diesem Bereich nicht. Soweit von einem Versicherungsunternehmen ein festes Honorar in dem Auftragsschreiben angeboten wird, so gilt dies als vereinbart, wenn der Arzt der Bitte des Unternehmens entspricht.

22.9.2. Arbeitsunfähigkeitsbescheinigung

Arbeitsunfähigkeits-Richtlinien

Die Arbeitsunfähigkeits-Richtlinien regeln die Beurteilung der Arbeitsunfähigkeit und die Maßnahmen zur stufenweise Wiedereingliederung.

Arbeitsunfähigkeit

Arbeitsunfähigkeit liegt vor, wenn

- der Versicherte auf Grund von Krankheit seine ausgeübte Tätigkeit nicht mehr oder nur unter der Gefahr der Verschlimmerung der Erkrankung ausführen kann
- auf Grund eines bestimmten Krankheitszustandes, der für sich allein noch keine Arbeitsunfähigkeit bedingt, absehbar ist, dass aus der Ausübung der Tätigkeit für die Gesundheit oder die Gesundung abträgliche Folgen erwachsen, die Arbeitsunfähigkeit unmittelbar hervorrufen.

Eine Arbeitsunfähigkeit dauert fort auch während einer stufenweise Wiederaufnahme der Arbeit, durch die dem Versicherten die dauerhafte Wiedereingliederung in das Erwerbsleben durch eine schrittweise Heranführung an die volle Arbeitsbelastung ermöglicht werden soll.

Auch die befristete Eingliederung eines arbeitsunfähigen Versicherten in eine Werkstatt für Behinderte gilt nicht als Wiederaufnahme der beruflichen Tätigkeit.

Grundsätze zur Feststellung der Arbeitsunfähigkeit

Die Beurteilung der Arbeitsunfähigkeit und die Bescheinigung über ihre voraussichtliche Dauer erfordern wegen

- ihrer *Tragweite* für den Versicherten,
- ihrer *sozialversicherungsrechtlichen* sowie
- ihrer *wirtschaftlichen* Bedeutung

besonderer Sorgfalt. Arbeitsunfähigkeit darf deshalb nur auf Grund einer ärztlichen Untersuchung bescheinigt werden.

Die Feststellung der Arbeitsunfähigkeit kann nur auf Grund von Krankheit vorgenommen werden. Die ärztlich festgestellte Arbeitsunfähigkeit ist Voraussetzung für den Anspruch auf Entgeltfortzahlung im Krankheitsfall und für die Zahlung von Krankengeld.

Arbeitsunfähigkeit mit Entgeltfortzahlung

Arbeitsunfähigkeitsbescheinigungen auf dem dafür vorgesehenen Vordruck (Muster 1) dürfen nur von Vertragsärzten oder deren persönlichen Vertretern und nur für Versicherte ausgestellt werden, die Anspruch auf Entgeltfortzahlung oder Entgeltersatzleistung (z. B. Krankengeld) haben.

Das Formular für die Arbeitsunfähigkeitsbescheinigung (Muster 1) ist

- für die Erstfeststellung einer Arbeitsunfähigkeit
- während der Zeit des Anspruchs auf Entgeltfortzahlung im Krankheitsfall

zu verwenden.

Folgebescheinigung

Dauert die Arbeitsunfähigkeit länger als in der Erstbescheinigung angegeben, ist erneut eine ärztliche Bescheinigung über das Fortbestehen der Arbeitsunfähigkeit nach Muster 1 (Folgebescheinigung) auszustellen. Dies trifft auch zu, wenn aus gesundheitlichen Gründen der Versuch der Wiederaufnahme einer Tätigkeit nach Beendigung der vom Arzt festgestellten Arbeitsunfähigkeit missglückt. Die Arbeitsunfähigkeit wird dadurch nicht unterbrochen, sondern besteht bis zur endgültigen Wiederaufnahme der Arbeit fort.

Rückdatierung

Die Arbeitsunfähigkeit soll für eine vor der ersten Inanspruchnahme des Arztes liegende Zeit grundsätzlich nicht bescheinigt werden. Eine Rückdatierung des Beginns der Arbeitsunfähigkeit auf einen vor dem Behandlungsbeginn liegenden Tag ist ebenso wie eine rückwirkende Bescheinigung über das Fortbestehen der Arbeitsunfähigkeit nur ausnahmsweise und nur nach gewissenhafter Prüfung und in der Regel nur bis zu zwei Tagen möglich.

Arbeitsfreie Tage

Besteht an arbeitsfreien Tagen Arbeitsunfähigkeit, (z. B. an Samstagen, Sonntagen, Feiertagen, Urlaubstagen oder an arbeitsfreien Tagen auf Grund einer flexiblen Arbeitszeitregelung), so ist sie auch für diese Tage zu bescheinigen.

Medizinischer Dienst

Der Arzt erteilt dem medizinischen Dienst der Krankenkassen (MDK) die Auskünfte, die dieser im Zusammenhang mit der Arbeitsunfähigkeit zur Durchführung seiner gesetzlichen Aufgaben benötigt. Vertraglich festgelegte Vordrucke sind zu verwenden.

Das Gutachten des Medizinischen Dienstes ist verbindlich. Meinungsverschiedenheiten versucht die Krankenkasse auszuräumen, gelingt dies nicht, wird möglichst kurzfristig eine Entscheidung durch ein Zweitgutachten herbeigeführt.

◀◀ *Entgeltfortzahlung im Krankheitsfall.*

◀◀ *Krankengeld.*

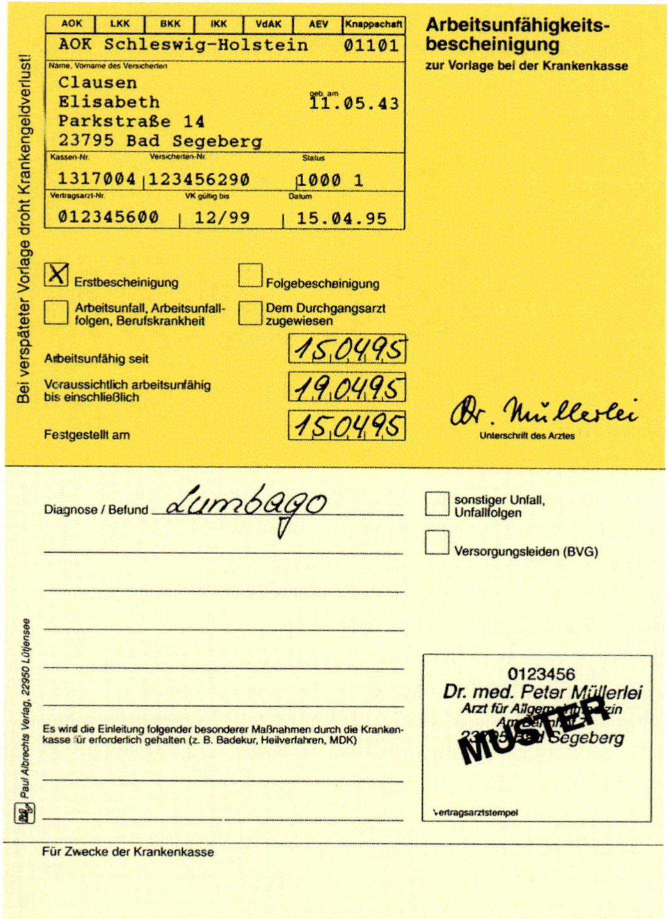
AOK | LKK | BKK | IKK | VdAK | AEV | Knappschaft
AOK Schleswig-Holstein 01101
Name, Vorname des Versicherten
Clausen
Elisabeth geb. am 11.05.43
Parkstraße 14
23795 Bad Segeberg
Kassen-Nr. | Versicherten-Nr. | Status
1317004 | 123456290 | 1000 1
Vertragsarzt-Nr. | VK gültig bis | Datum
012345600 | 12/99 | 15.04.95

Arbeitsunfähigkeits-bescheinigung
zur Vorlage bei der Krankenkasse

Bei verspäteter Vorlage droht Krankengeldverlust!

[X] Erstbescheinigung
[ ] Folgebescheinigung
[ ] Arbeitsunfall, Arbeitsunfall-folgen, Berufskrankheit
[ ] Dem Durchgangsarzt zugewiesen

Arbeitsunfähig seit 150495
Voraussichtlich arbeitsunfähig bis einschließlich 190495
Festgestellt am 150495

Dr. Müllerlei
Unterschrift des Arztes

Diagnose / Befund Lumbago
[ ] sonstiger Unfall, Unfallfolgen
[ ] Versorgungsleiden (BVG)

Es wird die Einleitung folgender besonderer Maßnahmen durch die Krankenkasse für erforderlich gehalten (z. B. Badekur, Heilverfahren, MDK)

0123456
Dr. med. Peter Müllerlei
Arzt für Allgemeinmedizin
Segeberg
MUSTER
Vertragsarztstempel

Paul Albrechts Verlag, 22950 Lütjensee

Für Zwecke der Krankenkasse

Muster 1a (7. 1993)

▲ *Arbeitsunfähigkeits-bescheinigung.*

Arbeitsunfähigkeit mit Krankengeldbezug

Während der Zeit des Krankengeldbezuges ist ein Fortbestehen der Arbeitsunfähigkeit vom Arzt auf der »Bescheinigung zum Zwecke der Erlangung von Krankengeld« zu attestieren.

VORDRUCK ARBEITSUNFÄHIGKEITSBESCHEINIGUNG (MUSTER 1)

Muster	Farbe	Format	bestimmt für
1a	hellgelb	DIN A5 hoch	Arbeitgeber
1b	hellgelb	DIN A6 quer	Krankenkasse
1c	weiß	DIN A5 hoch	Arzt*

* muß mindestens 12 Monate aufbewahrt werden

Die Bescheinigung für die Erlangung von Krankengeld soll in der Regel nicht für einen mehr als sieben Tage im Voraus liegenden Zeitraum erfolgen. Ist es auf Grund der Erkrankung oder eines besonderen Krankheitsverlaufs offensichtlich sachgerecht, können längere Zeiträume der Arbeitsunfähigkeit bescheinigt werden.

Eine Bescheinigung darf dann nicht erfolgen, wenn der Kranke entgegen ärztlicher Anordnung und ohne triftigen Grund länger als eine Woche nicht zur Behandlung gekommen ist und bei der Untersuchung arbeitsfähig befunden wird.

Stufenweise Wiedereingliederung

Bei wochen- und monatelang fortbestehender Arbeitsunfähigkeit kann eine Rückkehr an den Arbeitsplatz auch bei weiterhin notwendiger Behandlung sowohl betrieblich möglich als auch aus therapeutischen Gründen angezeigt sein.

Über den Weg der »stufenweisen Wiedereingliederung« wird der Arbeitnehmer individuell, d. h. je nach Krankheit und bisheriger Arbeitsunfähigkeitsdauer, schonend, aber kontinuierlich bei fortbestehender Arbeitsunfähigkeit an die Belastungen seines Arbeitsplatzes herangeführt.

Der Vordruck zur Arbeitsunfähigkeitsbescheinigung

Vertragsärztlicher Vordruck

Der Vordruck besteht aus den drei Teilen 1 a und 1 b (hellgelb) sowie 1 c (weiß). Der Teil 1 b ist die Ausfertigung für den Arbeitgeber und hat das Format DIN A6 quer, die Teile 1 a (Ausfertigung für die Krankenkasse) und 1 c (Ausfertigung für den Arzt) haben das Format DIN A5. Der Arzt muss den für ihn bestimmten Durchschlag der Arbeitsunfähigkeitsbescheinigung (Muster 1 c) mindestens 12 Monate aufbewahren.

Ausfüllen des Vordruckes
Die Arbeitsunfähigkeitsbescheinigung muss erkennen lassen, ob es sich um eine *Erst- oder Folgebescheinigung* handelt. Das Kästchen »Erstbescheinigung« ist von dem Arzt anzukreuzen, der die Arbeitsunfähigkeit erstmals festgestellt hat, ansonsten ist das Kästchen »Folgebescheinigung« (auch bei Mit-/Weiterbehandlung) anzukreuzen. Tritt eine neue Erkrankung auf und hat zwischenzeitlich, wenn auch nur kurzfristig, Arbeitsfähigkeit bestanden, ist »Erstbescheinigung« anzukreuzen.

Bei Vorliegen eines Arbeitsunfalles ist *»Arbeitsunfall/Arbeitsunfallfolgen«* und zutreffendenfalls *»Dem Durchgangsarzt zugewiesen«* anzukreuzen. Sollte der behandelnde Vertragsarzt von der Vorstellungspflicht beim Durchgangsarzt befreit sein, so ist in dieser Zeile »befreit« einzutragen.

In der Zeile *»Arbeitsunfähigkeit seit . . .«* ist einzutragen, von welchem Tag an bei dem Versicherten nach dem vom Arzt erhobenen Befund Arbeitsunfähigkeit besteht. Dabei soll eine Arbeitsunfähigkeit für eine vor der ersten Inanspruchnahme des Arztes liegende Zeit grundsätzlich nicht bescheinigt werden. Eine Rückdatierung des Beginns der Arbeitsunfähigkeit auf einen vor dem Behandlungsbeginn liegenden Tag ist nur ausnahmsweise und nur nach gewissenhafter Prüfung und in der Regel nur bis zu zwei Tage zulässig.

Bei *erstmaliger Ausstellung* der Arbeitsunfähigkeitsbescheinigung (Erstbescheinigung) ist in jedem Fall sowohl die Zeile »Arbeitsunfähig seit . . .« als auch die Zeile »Festgestellt am . . .« auszufüllen, und zwar auch dann, wenn die Daten übereinstimmen. Handelt es sich um eine *Folgebescheinigung,* kann die Eintragung des Datums in der Zeile »Arbeitsunfähig seit . . .« unterbleiben.

In den Zeilen *»Arbeitsunfähigkeit seit . . .«* und *»Voraussichtlich arbeitsunfähig bis einschließlich . . .«* sind die Daten sechsstellig (z. B. 01. 02. 99) anzugeben, damit missbräuchliche Änderungen verhindert werden.

In das Kästchen *»Voraussichtlich arbeitsunfähig bis einschließlich . . .«* ist das Datum einzusetzen, bis zu welchem auf Grund des erhobenen ärztlichen Befundes Arbeitsunfähigkeit besteht. Bei Einweisung zur sofortigen stationären Krankenhausbehandlung ist an Stelle der Eintragung des Datums zu vermerken: »Stationäre Krankenhauseinweisung«.

◀◀ **Vordruck 1a–c.**

Die *Feststellung der Arbeitsunfähigkeit* darf weder vor- noch rückdatiert werden; es ist vielmehr der Tag einzusetzen, an dem die Arbeitsunfähigkeit ärztlich festgestellt wurde. Dieses Datum kann also auch der Tag sein, an welchem ein anderer Arzt (Arzt im Bereitschaftsdienst oder Notfalldienst, Durchgangsarzt) die Arbeitsunfähigkeit an Stelle des die Unterschrift leistenden Vertragsarztes bereits vorher festgestellt hat.

◀◀ **Durchgangsarzt.**

Bei der Ausfüllung der beiden Zeilen *»Befund: . . .«* und *»Diagnose . . .«* ist zu beachten, dass aus ihnen u. a. erkannt werden soll, ob eine Begutachtung durch den Medizinischen Dienst der Krankenkassen angezeigt ist oder nicht. Bei einer Erstbescheinigung kann die Eintragung in den Zeilen »Befund . . .« unterbleiben.

Abrechnung/Liquidation
Bei Mitgliedern der gesetzlichen Krankenversicherung ist die Ausstellung der Arbeitsunfähigkeitsbescheinigung mit der Berechnung von Leistungen nach den Nrn. 1 bis 4 des EBM abgegolten. Bei Privatpatienten wird die GOÄ-Nummer 70 liquidiert.

◀◀ **Erstbescheinigung.**

Verlangt ein Versicherter eine Bescheinigung über die ärztliche Behandlung und/oder die Arbeits- bzw. Dienstunfähigkeit zur Vorlage bei einer dritten Stelle (nicht Arbeitgeber bzw. Krankenkasse), so muss diese Bescheinigung vom Versicherten selbst auf Grund einer Liquidation nach den Bestimmungen der GOÄ bezahlt werden.

22.9.3. Ärztliche Bescheinigung zur Erlangung von Krankengeld

Arbeiter und Angestellte erhalten für die Dauer von 6 Wochen der Arbeitsunfähigkeit ihren Lohn weiter. Besteht die Arbeitsunfähigkeit länger, erfolgt nach 6 Wochen die Zahlung von Krankengeld durch die Krankenkasse. In diesem Falle wird die Arbeitsunfähigkeit auf dem Krankengeldauszahlungsschein vom Arzt bescheinigt. Hierfür gibt es kein Honorar. Tritt innerhalb von 12 Monaten infolge derselben Krankheit wiederholt Arbeitsunfähigkeit ein, so erhält der Arbeitnehmer sein Arbeitsentgeld vom Arbeitgeber nur für die Dauer von insgesamt 6 Wochen; war der Arbeitnehmer vor der erneuten Arbeitsunfähigkeit jedoch mindestens 6 Monate nicht infolge derselben Krankheit arbeitsunfähig, so erhält er sein Arbeitsentgelt bei einer erneuten Arbeitsunfähigkeit für einen weiteren Zeitraum von höchstens 6 Wochen.

▶ *Lohnfortzahlung.*

Lohnfortzahlung erfolgt bei Arbeitern nicht bei bis zu 4 Wochen befristeten Arbeitsverhältnissen, für Tätigkeiten bis zu einer regelmäßigen Arbeitszeit von 10 Std. wöchentlich oder 45 Std. monatlich sowie für Zeiten, in denen eine Arbeiterin Anspruch auf Mutterschaftsgeld hat.

Für Angestellte wird das Gehalt jedoch in bestimmten Fällen, je nach Arbeitgeber und Beschäftigungsdauer, länger als 6 Wochen fortgezahlt.

Die Gestaltung des Vordruckes ist den Krankenkassen überlassen. Er ist vom Vertragsarzt auszustellen, wenn der Arbeitsunfähige an dem Tage, an dem die Bescheinigung gefordert wird, in seiner Behandlung gestanden hat. Befand sich der Arbeitsunfähige an diesem Tag in stationärer Behandlung oder bei einem anderen Arzt, so obliegt diesem die Ausstellung der Bescheinigung.

22.9.4. Leichenschau

▶ *Todes-*
-zeitpunkt
-ort
-ursache.

In den Bestattungsgesetzen der einzelnen Länder ist geregelt, dass die Leichenschau bei Verstorbenen durch einen Arzt zu erfolgen hat. Der Arzt hat sich zur Vornahme der Leichenschau an den Ort zu begeben, an dem sich die Leiche befindet. Er muss sich durch Untersuchung der Leiche Gewissheit über den Eintritt des Todes verschaffen sowie Todeszeitpunkt, Todesursache und Todesart möglichst genau feststellen.

Zum Wiederholen und Lernen.

MEMO!

WICHTIGES ZUM MERKEN

Privatärztliche Verordnungen erfolgen meist auf dem Formular für Privatrezepte.

Betäubungsmittelformulare:
aus drei zusammengehefteten Blättern. Teil 1 und 2 zur Vorlage in der Apotheke, Teil 3 muss der Arzt drei Jahre lang aufbewahren, sie enthalten eine nur für den jeweiligen Arzt geltende Codiernummer.

Es sind nur **drei Verordnungen** je Verordnungsblatt (Muster 16) möglich.
Die **Verordnung von Arzneimitteln** ohne die notwendigen Angaben kann unwirtschaftlich sein, weil der Apotheker dann verpflichtet ist, die Packung mit dem niedrigsten Wirkstoffgehalt abzugeben.

Der Vertragsarzt darf nur **Arzneiverordnungsblätter** mit seiner Arztnummer verwenden.

Arbeitsunfähigkeit liegt vor, wenn der Versicherte aufgrund von Krankheit seine ausgeübte Tätigkeit nicht mehr ausführen kann oder aufgrund eines bestimmten Krankheitszustandes eine Arbeitsunfähigkeit droht.

Die **Arbeitsunfähigkeitsbescheinigung** ist sorgfältig und vollständig auszufüllen. Die Durchschrift soll vom Arzt zwölf Monate aufbewahrt werden.
Eine **Rückdatierung** darf nur ausnahmsweise bis zu zwei Tagen erfolgen.

EINIGE FRAGEN ZUM ÜBEN

Beschreiben Sie die Form eines Privatrezeptes!

Wie unterscheidet sich das Privatrezept vom Kassenrezept?

Beschreiben Sie die Betäubungsmittelverordnungsformulare!

Welche Eintragungen darf die Arzthelferin in einem Betäubungsmittelrezept vornehmen?

Was geschieht mit Original und Durchschlägen des Betäubungsmittelrezeptes?

Warum enthält das Arzneiverordnungsblatt (Muster 16) eine Arztnummer? An welcher Stelle befindet sie sich?

Wie kann sichergestellt werden, dass nicht unbefugt noch weitere Arzneiverordnungen auf dem Rezept hinzugefügt werden können?

Nennen Sie Mittel, die üblicherweise als Sprechstundenbedarf zulässig sind!

Beschreiben Sie das Formular, mit dem die Verordnung der Krankenhauspflege erfolgt! Was geschieht mit den einzelnen Teilen?

Welche Regelung gilt für Auskünfte und Bescheinigungen, die die Kasse zur Erfüllung ihrer Aufgaben benötigt?

Wie werden Bescheinigungen für Dritte (z. B. für die Schule, für den Sportverein usw.) abgerechnet?

Wie wird bei Privatpatienten die Arbeitsunfähigkeit bescheinigt?

Beschreiben Sie den Vordruck, der zur Ausstellung einer Arbeitsunfähigkeitsbescheinigung in der Vertragsarztpraxis Verwendung findet!

Was ist beim Ausfüllen der Zeile »Arbeitsunfähig seit . . .« zu beachten?

Darf das Datum der Feststellung der Arbeitsunfähigkeit vor- oder rückdatiert werden?

23. Abrechnung und Liquidation

ZIELE DES RAHMENLEHRPLANS

- ▶ **Gebührenordnungen in der ärztlichen Praxis unterscheiden**
- ▶ **Abrechnung von Leistungen allgemein unterscheiden**

23.1. Gebührenordnungen

Niedergelassene Ärztinnen und Ärzte sind in eigener wirtschaftlicher Verantwortung freiberuflich tätig. Für ihre Leistungen an Patienten werden sie durch Gebühren entschädigt.

Im Wesentlichen werden in einer Arztpraxis Leistungen für

- *Mitglieder gesetzlicher Krankenkassen* (»Kassenpatienten«) sowie
- *Privatpatienten*

erbracht.

Für Kassenpatienten erfolgt eine Abrechnung am Ende eines jeden Kalendervierteljahres gegenüber der zuständigen Kassenärztlichen Vereinigung. Privatpatienten erhalten jeweils eine Rechnung persönlich zugesandt. Für beide Gruppen gelten ganz unterschiedliche Gebührenordnungen.

Grundlage der Gebührenordnungen bei der Abrechnung der Behandlung von Mitgliedern der gesetzlichen Krankenkassen ist der *Einheitliche Bewertungsmaßstab (EBM).* Von ihm leiten sich die so genannten Vertragsgebührenordnungen, der *Bewertungsmaßstab für Ärzte (BMÄ)* für Mitglieder der Primärkassen, Bundesknappschaft u. a. und die *Ersatzkassengebührenordnung* (E-GO) für Mitglieder der Ersatzkassen ab. Sie sind weitgehend identisch .

Für Privatpatienten ist die *Gebührenordnung für Ärzte (GOÄ)* anzuwenden. Sie ist eine Verordnung des Bundes, die mit Zustimmung des Bundesrates durch die Bundesregierung verabschiedet wird. Rechtsgrundlage hierfür ist die Bundesärzteordnung (§11, Abs. 1). Anders als bei den Mitgliedern der gesetzlichen Krankenkassen, bei denen die Krankheitskosten von den Krankenkassen getragen werden, ist der (geschäftsfähige) Patient der Zahlungspflichtige. Ob er auf Grund von privaten Versicherungen, Beihilfeanspruch u. ä. Erstattungsmöglichkeiten für seine Krankheitskosten besitzt, ist seine persönliche Angelegenheit.

Es gibt also drei wichtige Gebührenordnungen:

- *Bewertungsmaßstab für Ärzte (BMÄ)* für Mitglieder der Primärkassen, Bundesknappschaft u. a.
- *Ersatzkassengebührenordnung (E-GO)* für Mitglieder der Ersatzkassen
- *Gebührenordnung für Ärzte (GOÄ)* für Privatpatienten

Alle drei Gebührenordnungen bestehen aus einem *Allgemeinen Teil* und einem *Leistungsverzeichnis* oder *Gebührenverzeichnis.*

Weiterhin gibt es die Notwendigkeit, mit so genannten *»Sonstigen Kostenträgern«* abzurechnen. Durch § 75 Abs. 3 Satz 3 des SGB V ist festgelegt, dass Kassenärztliche Vereinigungen über die rein vertragsärztliche Versorgung hinaus noch weitere Aufgaben übernehmen können. Dies ist für eine ganze Zahl von Patientengruppen, die nicht den bisher genannten Krankenkassen zuzuordnen sind, geschehen. Einzelheiten sind ähnlich wie bei den Primär-

und Ersatzkassen in Verträgen geregelt, die allerdings weit weniger umfangreich gestaltet sind und sich oft an die Bestimmungen der drei oben genannten »Haupt«-Gebührenordnungen anlehnen. Solche Verträge gibt es z. B. mit den Berufsgenossenschaften, der Postbeamtenkrankenkasse, der Krankenversorgung der Bundesbahnbeamten, Bundeswehr, Zivildienstleistenden, Polizei u. a. Sie sind in den in jeder Vertragsarztpraxis vorhandenen »KBV-Ordnern« zu finden.

Für die Entschädigung von Ärzten, die Gutachten erstellen oder vor Gericht als Sachverständige auftreten, gilt das Zeugen- und Sachverständigengesetz. Hiernach werden auch Leistungen für Versorgungsämter berechnet.

Verträge mit anderen Leistungsträgern.

23.2. Einheitlicher Bewertungsmaßstab

23.2.1. Allgemeines

Der Einheitliche Bewertungsmaßstab für Ärzte (EBM) enthält die zwischen den Krankenkassen und der Kassenärztlichen Bundesvereinigung vereinbarte Abrechnungsgrundlage für die Abrechnung von Ärztinnen/Ärzten für Leistungen, die bei Versicherten der gesetzlichen Krankenkassen erbracht werden. Ergänzend dazu sind unter den Partnern des Bundesmantelvertrages Ärzte für den BMÄ und der Arbeitsgemeinschaft Ärzte/Ersatzkassen für die E-GO zusätzliche Abrechnungsbestimmungen vereinbart.

Der EBM wird durch einen jeweils mit 7 Vertretern der Krankenkassen und der Ärzte besetzten besonderen Bewertungsausschuss festgelegt und den veränderten Gegebenheiten angepasst.

Die Allgemeinen Bestimmungen im Abschnitt A des EBM legen für alle gesetzlichen Krankenkassen wichtige Grundsätze für die Abrechnung fest. Ergänzende Regelungen sind zwischen den Vertragspartnern der Arbeitsgemeinschaft Ärzte/Ersatzkassen festgelegt.

EBM – E-GO.

Der Wert der Leistungen berechnet sich durch Multiplikation der jeweils für die Leistung angegebenen Punktzahl mit dem Punktwert.

Honorar für eine Leistung = Punktzahl x Punktwert

Der Punktwert ist im vertragsärztlichen Bereich (jedoch anders als bei Liquidationen bei Privatpatienten) nicht konstant, sondern bemisst sich nach der Gesamtzahl aller durch Vertragsärzte in einem bestimmten Bereich innerhalb eines Quartals abgerechneten Leistungen.

Punktwert.

Beispiel:

Eine Kassenärztliche Vereinigung erhält für eine bestimmte Kassenart in einem bestimmten Quartal eine Gesamtvergütung von 150 Millionen DM.

Werden von den Vertragsärzten dieser KV 1,8 Milliarden Punkte abgerechnet, wird jeder Punkt mit 8,33 Pf. vergütet.

Werden z. B. durch eine Grippeepidemie oder anderweitig bedingte Leistungsvermehrung 2 Milliarden Punkte abgerechnet, vermindert sich der Punktwert auf 7,5 Pf.

23.2.2. Regeln zur Berechnungsfähigkeit von Leistungen

Besonders wichtig sind folgende Regeln zur Berechnungsfähigkeit von Leistungen:

- Eine Leistung ist nur berechnungsfähig, wenn der Leistungsinhalt vollständig erbracht worden ist. Eine Leistung ist dann nicht berechnungsfähig, wenn sie Teil einer anderen berechneten Leistung ist.

▶▶ *Leistungsverzeichnis.*

▶ *Leistungsbeschreibung.*

- Ist die Berechnung von Leistungen nebeneinander ausgeschlossen, kann die jeweils höher bewertete Leistung berechnet werden.
- Ärztliche Gesprächsleistungen mittels Fernsprecher sind nur als Konsultationsleistungen, ggf. mit Nacht-, Wochenend- und Feiertagsgebühr berechnungsfähig.

In der berechnungsfähigen Leistung sind fast alle Kosten der Praxis enthalten Hierzu zählen – soweit nicht etwas anderes bei der Leistungsbeschreibung festgelegt ist – die Kosten

- für den allgemeinen Praxisbetrieb
- für die meisten Einmalartikel
- für Materialien für Labor-, Röntgenuntersuchungen und Radionuklide
- Versand- und Transportkosten

BEWERTUNGSMASSSTAB FÜR ÄRZTLICHE LEISTUNGEN (BMÄ)	ERSATZKASSEN-GEBÜHREN-ORDNUNG (E-GO)
Primärkassen: Ortskrankenkasse Betriebskrankenkasse Innungskrankenkasse Landwirtschaftliche Krankenkasse Krankenkasse für den Gartenbau Seekrankenkasse Bundesknappschaft	**Ersatzkassen:** Barmer Ersatzkasse Deutsche Angestellen Krankenkasse Kaufm. Krankenkasse Hannover Hamburg-Münchener Techniker Hanseatische Ersatzkasse Handelskrankenkasse Schwäbisch-Gmünder Gärtner Krankenkasse Zimmererkrankenkasse Buchdrucker Eintracht
sonstige Kostenträger: Sozialhilfe Versorgungsämter (BVG und BEG) Sozialversicherungsabkommen (nur AOK)	**sonstige Kostenträger:** Bundesgrenzschutz Bundeswehr Bundesamt für den Zivildienst Polizeibeamte Postbeamte A

23.2.3. Leistungsverzeichnis des EBM

Dem Leistungsverzeichnis des EBM ist die Vielfalt der im vertragsärztlichen Bereich abrechenbaren Leistungen zu entnehmen. Die früher vorhandene Ähnlichkeit des Leistungsverzeichnisses von EBM und GOÄ ist mittlerweile fast vollständig verschwunden, so dass bei der Abrechnung im vertragsärztlichen Bereich häufig andere Leistungsbeschreibungen zur Anwendung kommen. EBM und GOÄ müssen also streng getrennt werden. Es handelt sich um völlig verschiedene Gebührenordnungen.

Die vom EBM abgeleiteten Vertragsgebührenordnungen BMÄ und E-GO sind mittlerweile fast identisch. Unterschiede gibt es im Wesentlichen im allgemeinen Teil und bei der Wegegeldregelung. Die geringen unterschiedlichen Regelungen zwischen BMÄ und E-GO sind markiert.

Der EBM besteht aus einem allgemeinen Teil und einem Leistungsteil. Alle Leistungen, die der Arzt zu Lasten der Krankenkasse abrechnen kann, sind dort in unterschiedlichen Kapiteln aufgeführt.

Bewertungsmaßstab für ärztliche Leistungen (BMÄ)

Der BMÄ ist zwischen der Kassenärztlichen Bundesvereinigung und den Bundesverbänden der Orts-, Betriebs-, Innungskrankenkassen und Landwirtschaftlichen Krankenkassen als Abrechnungsgrundlage vereinbart und gilt auf Grund besonderer Vereinbarungen auch für die Bundesknappschaft, Krankenkasse für Gartenbau, Seekasse, Sozialhilfe, Berechtigte nach dem Bundesentschädigungs- und Bundesversorgungsgesetz, die Polizei der meisten Bundesländer u. a.

Im Gegensatz zu der E-GO und der GOÄ gibt es im BMÄ keine einheitliche Bestimmung für die Abrechnung von Wegegeld bzw. einer Wegepauschale. Eine Regelung erfolgt regional zwischen den Kassenärztlichen Vereinigungen und den Landesverbänden der Krankenkassen.

Auszug aus dem EBM.

Beispiel (Auszug aus dem EBM).

Abschnitt oder Kapitel

Abrechnungs-ziffer, Position oder Nummer

Leistungstext, Inhalt, Legende

Punktzahl

CI. Sonderleistungen 205 – 245

C Sonderleistungen

I. Anlegen von Verbänden

205	Entstauender phlebologischer Funktionsverband an einem Bein unter Einschluss des Fußes und mindestens des Unterschenkels	160
212	Fixierender Verband mit Einschluss von mindestens zwei großen Gelenken (Schulter-, Ellenbogen-, Hand-, Knie-, Fußgelenk), auch als Notverband bei Frakturen unter Verwendung wieder verwendbarer Materialien (z. B. Schienen)	180
214	Fixierender Verband an einer Extremität mit Einschluss eines großen Gelenkes unter Verwendung unelastischer, individuell anmodellierter, nicht weiter verwendbarer Materialien	230

Ersatzkassengebührenordnung (E-GO)
Die E-GO gilt für die Abrechnung von Leistungen bei allen Mitgliedern von Angestellten- und Arbeiterersatzkassen. Eine »Arbeitsgemeinschaft Ärzte/Ersatzkassen« beschließt über Auslegungen und Änderungen der E-GO unter Berücksichtigung der Beschlüsse des Bewertungsausschusses. Die E-GO enthält neben den bereits für den EBM wiedergegebenen allgemeinen Bestimmungen noch weitere Regelungen.

23.3. Abrechnung mit dem Einheitlichen Bewertungsmaßstab

23.3.1. Einführung

Abrechnungs- -ziffer -nummer -position.

Wenn man im EBM blättert, sieht man viele Zahlen und Texte. Um bei der Abrechnung nicht immer den gesamten Text einer Leistung auf dem Abrechnungsschein einzutragen, ist jede Leistung mit einer sogenannten Abrechnungsziffer, -nummer oder -position versehen.

Abrechnungsziffer: Diese Zahl wird handschriftlich auf dem Abrechnungsschein in dem entsprechenden Feld eingetragen oder bei Abrechnung per EDV in den Computer eingegeben.

Leistungsinhalt: Um eine Leistung abrechnen zu können, muss der Leistungsinhalt vollständig erfüllt sein.

Punktzahl: Für die abgerechneten Leistungen erhält der Arzt eine vorgegebene Punktzahl. Am Ende des Quartals werden sämtliche Punkte addiert und mit einem von der KV ermittelten *Punktwert* multipliziert. Dabei ist allerdings zu beachten, dass das *Praxisbudget* nicht überschritten werden darf. Bei dem Praxisbudget stehen dem Arzt nur eine bestimmte Anzahl von Punkten zur Verfügung, die von der KV ermittelt werden. Überschreitet der Arzt das Budget, erhält er für die das Praxisbudget überschreitenden Punkte keine Vergütung.

23.3.2. Umgang mit dem EBM

Ein besonders wichtiges Kapitel im EBM ist das Sachregister. Dort sind alle berechnungsfähigen Leistungen alphabetisch aufgeführt. Achtung! Es gibt zwei Sachregister: *Kapitel B bis U, außer O* und das Sachregister *Kapitel O* für Laborleistungen.

Beispiel:
Ein Arzt möchte ein EKG mit 12 Ableitungen (I, II, III, aVF, aVL, aVR, V1, V2, V3, V4, V5, V6) abrechnen. Dazu schlägt man im Sachregister (Kapitel B bis U, außer O) unter dem Begriff EKG die entsprechende Seite auf und sieht dort:

EKG 602ff.

Die Zahl hinter dem Begriff EKG ist nicht die Seitenzahl, sondern die bereits erwähnte Abrechnungsziffer. Die Buchstaben ff. sind der Hinweis, dass das EKG nach mehreren Ziffern abgerechnet werden kann.

Da in unserem Beispiel 12 EKG-Ableitungen durchgeführt worden sind, ist die Nr. 603 abzurechnen.

Zu einigen Abrechnungsziffern gibt es Ausschlussbestimmungen. Das bedeutet, dass die Ziffer neben den dort aufgeführten Leistungen nicht abgerechnet werden kann. Hat man dieses Problem, sieht man sich die Punktzahlen der Ziffern an und rechnet die jeweils höher bewertete Leistung ab.

Eine Leistung ist dann nicht neben oder anstelle einer anderen Leistung berechnungsfähig, wenn sie Teil des Leistungsinhalts einer anderen berechnungsfähigen Leistung oder eines Leistungskomplexes ist. (EBM AI, 1. Absatz).

FI. Innere Medizin 601 – 604

F Innere Medizin

Kardiologische und angiologische Leistungen der Abschnitte F I und FII sind für Untersuchungen eines Feten bzw. des feto-maternalen Gefäßsystems nicht berechnungsfähig.

I. Kardiologie

601	Ergometrische Funktionsprüfung mittels Fahrrad- oder Laufbandergometer (physikalisch definierte und reproduzierbare Belastungsstufen) einschl. Dokumentation	180
602	Elektrokardiographische Untersuchung mit weniger als 12 Ableitungen, ggf. auf telemetrischem Wege	100
603	Elektrokardiographische Untersuchung mit mindestens 12 Ableitungen (Extremitäten und Brustwand) ggf. einschl. Vektorkardiographie	250

Neben den Leistungen nach den Nrn. 602 und 603 sind die Leistungen nach den Nrn. 332, 430, 431, 439, 442, 443, 452, 462, 490 und 496 nicht berechnungsfähig.

◄ *Beispiel (Auszug aus dem EBM).*

Beispiel (Auszug aus dem EBM).

BII. Grundleistungen, Präventionen, Sonst. Hilfen — 10 – 13

I. Hausärztliche Beratungs- und Betreuungsgrundleistungen

13 **Präoperativer hausärztlicher Untersuchungskomplex vor ambulant oder belegärztlich durchzuführenden Eingriffen in Narkose oder rückenmarksnahen Regionalanästhesien (spinal, Peridural) einschl.**
- **Beratung und Erörterung**
- **Erhebung des Ganzkörperstatus nach Nr. 60**
- **Ruhe-EKG nach Nr. 603**
- **Laboruntersuchungen nach Nr. 3848,**
- **Dokumentation und/oder ausführlicher Befundbericht, ggf. nach Vordruck, für den Operateur und/oder Anästhesisten. 1000**

Neben den Leistungen nach den Nr. 13 sind die Leistungen nach den Nrn. 10, 17, 165, 166, 180, 181 und 192 nicht berechnungsfähig.

Da die Nr. 603 bereits Bestandteil der Leistung nach Nr. 13 ist, kann sie nicht gesondert neben Nr. 13 abgerechnet werden.

Damit die KV die Abrechnung nachvollziehen kann, ist eine Begründung der abgerechneten Ziffern durch die Angabe der Diagnose/n, besonders wichtig.

Beispiel.

AOK LKK BKK IKK VdAK AEV Knappschaft

Barmer 02601

Name, Vorname des Versicherten geb. am

Körner
Klaus 08.10.33
Bogenstraße 14
23795 Bad Segeberg

Kassen-Nr. Versicherten-Nr. Status
1580004 | 62855475 1000 | 1

Vertragsarzt-Nr. VK gültig bis Datum
0123456 | 10/03 | 06.07.

Abrechnungsschein

[X] ambulante Behandlung [ ] belegärztliche Behandlung

II
Quartal ___/19 ___

Lfd. Nr.

Diagnosen (ggf. Abrechnungsbegründungen)

Hypertonie, Herzinsuffienz

Tag		Tag		Tag	
06.07.	1, 603				

[ ] Unfall, Unfallfolgen [ ] Versorgungsleiden (BVG)

Mutmaßlicher Tag der Entbindung

Stationäre belegärztliche Behandlung
von bis

Ich bin in der oben genannten Krankenkasse versichert
06.07. Körner
Datum Unterschrift

0123456
Dr. med. Peter Müllerlei
Arzt für Allgemeinmedizin
Am Bahnhof 7
23795 Bad Segeberg

Vertragsarztstempel

Nicht zu verwenden bei Arbeitsunfällen, Berufskrankheiten und Schülerunfällen

23.3.3. Hinweise zu häufigen Abrechnungsziffern des EBM

Hausärztliche Grundvergütung

Anspruch auf die hausärztliche Vergütung haben

- Allgemeinärzte/praktische Ärzte
- Internisten und
- Kinderärzte, die sich für die hausärztliche Tätigkeit entschieden haben

Die *Vergütung* in Höhe von 90 Punkten erfolgt automatisch von der KV pro Behandlungsfall (→ einmal im Quartal pro Patient).

Die Vergütung *entfällt,* wenn

- die Abrechnung über Muster 19 (Notfall-/Vertreterschein) erfolgt ist
- eine Überweisung zum Zielauftrag vorliegt
- nur die alleinige Abrechnung der Leistung nach Nr. 3 oder Nr. 170 erfolgt ist
- nur präventive Leistungen (=Vorsorgeuntersuchungen: Krebsfrüherkennung, Gesundheitsvorsorge, Mutterschaftsvorsorge oder Kindervorsorge) oder Leistungen aus den sonstigen Hilfen (Sterilisation, Schwangerschaftsabbruch, Empfängnisregelung) als einzige Leistungen in Ansatz gebracht worden sind
- Leistungen aus dem so genannten »K.O.-Katalog« berechnet worden sind (K.O.-Katalog = Leistungen, die zur fachärztlichen Versorgung zählen)

Ordinationsgebühr = Nr. 1

- In die Ordinationsgebühr (und die Nrn. 2, 3 und 4) sind die im Anhang des EBM aufgeführten Ziffern (insgesamt 128) eingeflossen.
- Die Bewertung der Ordinationsgebühr ist für die jeweiligen Arztgruppen unterschiedlich, sie gilt allerdings nur für die aufgeführten Fachgruppen (nicht für z. B. Laborärzte, Radiologen, Strahlentherapeuten).
- Des Weiteren ist die Bewertung unterteilt in Allgemeinversicherte (M/F) und Rentner (R).
- Es ist deshalb sehr wichtig, dass in der Arztpraxis auf den richtigen Status des Patienten geachtet wird, da meist die als Rentner versicherten Patienten höher bewertet sind als die Allgemeinversicherten.

MEMO!

Patienten, die in der Postbeamtenkrankenkasse A versichert sind, gelten ab Vollendung des 60. Lebensjahres als Rentner!

- Die entsprechende Punktzahl wird automatisch bei der Abrechnung von der KV berücksichtigt.
- Nr. 1 ist nur einmal im Behandlungsfall (Quartal) berechnungsfähig.
- Die Abrechnung der Ordinationsgebühr ist nur zulässig, wenn ein *persönlicher* (unmittelbarer) Arzt-Patienten-Kontakt stattgefunden hat.
- Wenn der Arzt-Patienten-Kontakt nur telefonisch oder mittelbar erfolgt ist, kann nur Nr. 2 (Konsultationsgebühr) abgerechnet werden.
- Sie ist in *zeitlichem* Zusammenhang nicht neben Nr. 2 oder 3 berechnungsfähig.
- Die Abrechnung der Ordinationsgebühr kann neben fast allen Leistungen des EBM erfolgen (wie z. B. neben einem Hausbesuch, dem Ganzkörperstatus oder der physikalischen Therapie).
- Die Ordinationsgebühr kann ambulant-kurativ *und* belegärztlich abgerechnet werden. Erfolgt die Inanspruchnahme des Arztes ausschließlich im präventiven Bereich (siehe hausärztliche Vergütung) kann dafür nicht die Nr. 1 abgerechnet werden, sondern Nr. 2.
- Ausgeschlossen ist die Abrechnung für Gruppenbehandlungen.

◄◄ *Anspruch.*

◄◄ *Vergütung.*

◄◄ *»K.O.«-Katalog.*

Notfalldienst Nr. 2 neben Nr. 1.

- Wenn die Abrechnung des Patienten als Notfall oder im Rahmen des Notfalldienstes auf dem Notfall-/Vertreterschein erfolgt, wird die Ordinationsgebühr mit 220 Punkten (egal welcher Fachrichtung der Arzt angehört, und ob es sich bei dem Patienten um einen Allgemeinversicherten oder Rentner handelt) vergütet.

Konsultationsgebühr = Nr. 2

- Diese Ziffer ist für mittelbare Kontakte, telefonische Kontakte und für jeden weiteren persönlichen Arzt-Patienten-Kontakt nach erfolgter Abrechnung der Ordinationsgebühr.
- Nicht berechnungsfähig für Ärzte, die in der Leistungsbeschreibung nicht aufgeführt sind (z. B. Neurologen, Psychiater → siehe auch Erläuterung der KBV im EBM), es sei denn, es erfolgten im Behandlungsfall nur telefonische Kontakte als alleinige Leistung, oder wenn im Behandlungsfall allein eine Auftragsleistung mit persönlichem Arzt-Patienten-Kontakt stattgefunden hat.

Gemeinschaftspraxis.

- Bei Gemeinschaftspraxen zwischen unterschiedlichen Fachgruppen, muss mindestens ein Arzt den aufgeführten Arztgruppen angehören.
- Ist in zeitlichem Zusammenhang nicht neben Nr. 1 berechnungsfähig, sonst jedoch mit Uhrzeitangabe.
- Die Konsultationsgebühr kann, wenn ein persönlicher Arzt-Patienten-Kontakt stattgefunden hat, neben fast allen Leistungen des EBM abgerechnet werden.
- Bei belegärztlicher Behandlung ist eine Abrechnung der Nr. 2 nicht zulässig.

Verwaltungsgebühr = Nr. 3

Der Leistungsinhalt der Nr. 3 beinhaltet

- die Ausstellung von Wiederholungsrezepten und/oder
- Überweisungsscheinen oder
- die Übermittlung von Befunden an den Patienten oder
- die Anordnung an den Patienten im Auftrag des Arztes, auch mittels Fernsprecher, durch das Praxispersonal
- Für den Ansatz dieser Ziffer ist kein persönlicher Arzt-Patienten-Kontakt erforderlich.
- Die Verwaltungsgebühr darf nicht abgerechnet werden, wenn im Behandlungsfall bereits die Ordinationsgebühr berechnet worden ist, sie wird dann automatisch von der KV gestrichen.
- Neben der Verwaltungsgebühr ist die Abrechnung des gesamten Kapitels U möglich.

Beispiel:

Ein Patient (Rentner) bittet in der Arztpraxis (Allgemeinmedizin) um die Ausstellung eines Rezeptes für seine Blutdruckmedikamente. Zwei Wochen später bittet er um die Ausstellung einer Überweisung zum Augenarzt.

ohne persönlichen Kontakt:

	Ziffer	Punktzahl
1. Tag:	3	30
2. Tag:	3	30
Punktzahl gesamt:		60

mit persönlichem Kontakt:

	Ziffer	Punktzahl
1. Tag:	1	475
hausärztliche Grundvergütung:		90
2. Tag:	2	50
	gesamt:	615

Konsiliarpauschale = Nr. 4

- Diese Ziffer ist für Ärzte, die ausschließlich auf Überweisung tätig werden.
- Statt der Ordinationsgebühr rechnen die aufgeführten Arztgruppen die Konsiliarpauschale für einen persönlichen Arzt-Patienten-Kontakt ab.
- Die Konsiliarpauschale ist nur einmal im Quartal berechnungsfähig.
- Die Leistung der Nr. 4 umfasst unter anderem den Arztbrief und die Übermittlungskosten entsprechend Kapitel U, somit können Portokosten nicht zusätzlich berechnet werden.

Nr. 5

Die Nr. 5 ist ein Zuschlag für die Inanspruchnahme des Arztes

- *nachts* zwischen 20.00 und 8.00 Uhr
- für *Besuche, Visiten* und *Notfallbehandlungen* am *Wochenende,* an gesetzlichen Feiertagen sowie am 24. und 31. Dezember
- wenn ein dringender Hausbesuch oder eine Visite die *Unterbrechung der Sprechstunde* erfordert
- Sie ist bei einer Inanspruchnahme nur einmal berechnungsfähig.
- Erfolgt jedoch eine *mehrfache Inanspruchnahme* des Arztes zur »Unzeit«, kann Nr. 5 auch mehrfach berechnet werden.
- Die Abrechnung ist nicht zulässig, wenn der Arzt vor 8.00 Uhr oder nach 20.00 Uhr Sprechstunde hat oder Patienten zu diesen Zeiten bestellt sind.
- Zu einem Mitbesuch nach Nr. 32 ist Nr. 5 nicht berechnungsfähig.

MEMO!

Nr. 5 ist im EBM mit einem Sternchen versehen. Alle Leistungen des EBM, die mit einem Sternchen versehen sind, werden nicht auf das Praxisbudget angerechnet.

Berechnungsfähigkeit der Nr. 5

1. Bei Behandlungen in der Praxis

- nachts, zwischen 20.00 und 8.00 Uhr, jedoch nur dann, wenn keine Sprechstunde stattfindet, oder wenn Patienten nicht zu dieser Zeit speziell einbestellt wurden
- bei Notfallbehandlungen an Samstagen, Sonn- und Feiertagen sowie am 24. und 31. Dezember

2. Bei telefonischer Inanspruchnahme des Arztes

- siehe »Behandlung in der Praxis«, jedoch nicht für telefonische Befundmitteilungen

3. Bei Besuchen oder Visiten

- nachts, zwischen 20.00 und 8.00 Uhr
- am Tage bei Unterbrechung der Sprechstundentätigkeit
- am Samstag, Sonn- und Feiertagen sowie am 24. und 31. Dezember

Nr. 6

Die Berechnung der Nr. 6 ist möglich

- grundsätzlich nur für die Inanspruchnahme des Arztes an Samstagen, Sonn- und gesetzlichen Feiertagen oder am 24. und 31. Dezember
- bei Sprechstundenbehandlungen an diesen Tagen
- bei Einbestellung einzelner Patienten an diesen Tagen
- bei telefonischen Beratungen an diesen Tagen, jedoch nicht samstags zwischen 8.00 Uhr und 12.00 Uhr

◀◀ *Zuschlag für »Unzeit«.*

Beispiele zur Abrechnung der Nrn. 5 und 6:

1. Telefonische Beratung eines Patienten am Freitag in der Mittagspause:	2
2. Erster persönlicher Arzt-Patienten-Kontakt am Montag um 20.10 Uhr während der Sprechstunde:	1
3. Checkup eines Patienten am Samstag während der Sprechstunde (2. Kontakt) sowie Beratung wegen bekannter Gastritis:	2, 160, 6
4. Telefonat mit dem Arzt am Montag um 23.00 Uhr (außerhalb der Sprechstunde):	2, 5
5. Persönliche Beratung eines Patienten am Samstag während der Sprechstunde (1. Kontakt):	1, 6

▶▶ *Fallpunktzahlen.*

23.3.4. Praxisbudget

Das Praxisbudget ist zum 1. Juli 1997 eingeführt worden, um die ständig steigenden Punktzahlanforderungen und den damit verbundenen sinkenden Punktwert zu bremsen.

Folgende Arztgruppen unterliegen dem Praxisbudget:

- Allgemeinärzte/prakt. Ärzte
- Anästhesisten
- Augenärzte
- Chirurgen
- Frauenärzte
- Hautärzte
- HNO-Ärzte
- hausärztliche Internisten
- hausärztliche Kinderärzte
- Nervenärzte
- Neurologen
- Orthopäden
- Psychiater, Ärzte
- für Psychiatrie und Psychotherapie
- Urologen

Dem Praxisbudget unterliegen nicht:

- fachärztliche Internisten
- fachärztliche Kinderärzte
- Humangenetiker
- Laborärzte
- Lungenärzte
- Mikrobiologen
- Mund-Kiefer-Gesichtschirurgen
- Nuklearmediziner
- Pathologen
- Radiologen

Auszug aus dem EBM

»Die in den Budgets enthaltenen Leistungen sind je Arztpraxis und Abrechnungsquartal jeweils nur bis zu einer begrenzten Gesamtpunktzahl abrechnungsfähig. Die Höhe der Budgets ergibt sich aus dem Produkt der Fallpunktzahl und der Zahl der Fälle gemäß Nr. 1.4.«

Für die Berechnung des Praxisbudgets sind von den einzelnen Kassenärztlichen Vereinigungen für die jeweiligen Bundesländer *Fallpunktzahlen* ermittelt worden. Die im EBM angegebenen Zahlen spiegeln einen Bundesdurchschnitt wieder, der regional überprüft und gegebenenfalls geändert werden kann.

Leistungen des EBM, die nicht aus dem Praxisbudget vergütet werden, sind mit einem Sternchen (*) gekennzeichnet. Dies sind unter anderem:

- Hausärztliche Grundvergütung
- Nr. 5
- Mutterschaftsvorsorgeleistungen
- Kindervorsorgeleistungen

Eine Auflistung dieser Gebührenordnungspositionen kann im EBM (Allgemeine Bestimmungen AI) nachgelesen werden.

▶▶ *Wegegeld.*

Weiterhin ausgenommen von der Anrechnung auf das Praxisbudget sind folgende Leistungen:

- Schutzimpfungen (da regional unterschiedlich, sind die Ziffern bei der jeweiligen KV zu erfragen)
- Telefonkosten, die entstehen, wenn der behandelnde Arzt mit dem Krankenhaus wegen einer erforderlichen stationären Behandlung Rücksprache nehmen muss (→ EBM, Abschnitt AI, Punkt 4)
- Wegegeld bei den Primärkassen und Ersatzkassen
- Kapitel O (dort ist jedoch eine begrenzte Gesamtpunktzahl zu beachten)

Beispiel:

Auf einem Abrechnungsschein in Schleswig-Holstein ist nur die Impfziffer nach Nr. 8900 abgerechnet worden. Dieser Behandlungsfall wird bei der Berechnung des Praxisbudgets berücksichtigt, die Ziffer jedoch nicht aus dem Budget vergütet.

Verfügt ein Arzt über eine Gebiets- oder Schwerpunktbezeichnung, hat er Anspruch auf ein Zusatzbudget. Hat er mehrere Gebiets- oder Schwerpunktbezeichnungen, so hat er auch auf mehrere Zusatzbudgets Anspruch.

Überschreiten die abgerechneten Leistungen das Zusatzbudget, ist eine Verrechnung mit dem Praxisbudget möglich.

Umgekehrt ist dies jedoch nicht möglich. Wenn das Praxisbudget überschritten wird, ist *keine* Verrechnung mit einem Zusatzbudget möglich.

Auch ist es *nicht* möglich, dass sich verschiedene Zusatzbudgets untereinander ausgleichen.

23.4. Gebührenordnung für Ärzte

23.4.1. Übersicht

Gebührenordnung für Ärzte (GOÄ)

- **Privat zahlende Patienten**
- **Jugendarbeitsschutzuntersuchungen**
- **Alle privaten Krankenversicherungen**
- **Leichenschau**
- **Behandlungen, Bescheinigungen und andere ärztliche Leistungen, die von der gesetzlichen Krankenversicherung nicht übernommen werden**

Bei der Abrechnung von Schulunfällen (Vordruck A13) → GOÄ vom 01.07.1988. Postbeamten/Dienstunfall, Bundesbahnbeamten/Dienstunfall, Krankenversorgung der Bundesbahnbeamten, Arbeitsunfällen (Vordruck A13) GOÄ vom 01.07.1988 wird das Leistungsverzeichnis der GOÄ (zum Teil mit Abweichungen) zugrunde gelegt. Es handelt sich jedoch um »Sonstige Kostenträger«.

23.4.2. Verbindlichkeit der GOÄ

Ärztinnen und Ärzte sind verpflichtet, Vergütungen für ihre ärztlichen Leistungen nach den Bestimmungen der Gebührenordnung für Ärzte festzulegen, soweit nicht durch Bundesgesetz etwas anderes bestimmt ist. Zu den durch Bundesgesetz anderweitig geregelten Bereichen gehört der gesamte vertragsärztliche Bereich; die hier erbrachten Leistungen werden nach Bestimmungen des SGB V berechnetet.

◄◄ *Zusatzbudgets.*

Soweit es also keine anderen bundesgesetzlichen Regelungen gibt, müssen Rechnungen nach den Bestimmungen der GOÄ erstellt werden. Es gibt nicht die Möglichkeit, mit Patienten anderweitige Gebührenordnungen oder Regelungen zu vereinbaren, auch Pauschalbeträge für Leistungen sind unzulässig. Über eine von den Festlegungen der GOÄ abweichende Höhe der Vergütung kann eine Vereinbarung geschlossen werden, alle anderen Bestimmungen, auch die über die Formvorschriften bei der Rechnungserstellung, müssen eingehalten werden.

◄ *Rechnungen nach GOÄ erstellen.*

Leistungen auf Verlangen

Im vertragsärztlichen Bereich dürfen Leistungen , die medizinisch nicht erforderlich sind, nicht erbracht werden. Das ist bei Privatpatienten anders. Der Arzt darf Leistungen, die über das Maß einer medizinisch notwendigen Versorgung hinausgehen, erbringen, aber nur berechnen, wenn sie auf Verlangen des Patienten erbracht worden sind. Diese Leistungen müssen in der Rechnung dann auch entsprechend kenntlich gemacht werden und werden in aller Regel nicht erstattet.

23.4.3. Gliederung der GOÄ

Die GOÄ besteht aus einem allgemeinen Teil (dem »Paragraphenteil«) und dem Leistungsverzeichnis, in dem die überwiegende Zahl der vor Ärztinnen und Ärzten ambulant *und stationär* erbringbaren Leistungen aufgeführt sind.

Im Hinblick auf den Umgang mit der GOÄ ist unbedingt auf das Sachregister zu verweisen. Es ist zu beachten, dass es zwei Sachregister gibt, in dem die Leistungen

◄ *Sachregister der GOÄ.*

der GOÄ alphabetisch aufgeführt sind. Ein Sachregister beinhaltet nur die Leistungen des Laborkapitels, das andere die übrigen Leistungen

Kapitel A.

Beachte:

Das Kapitel A ist ein besonderes Kapitel. Dort sind Leistungen aufgeführt, die eigentlich in anderen Abschnitten stehen, jedoch für die Steigerung in dieses Kapitel aufgenommen worden sind.

23.5. Rechnungsstellung mit der Gebührenordnung für Ärzte

23.5.1. Prinzip der Honorarberechnung

Fester Punktwert.

Der Leistungsteil enthält ebenso wie der des EBM Punktzahlen, im Gegensatz zum EBM können jedoch auch DM-Beträge angegeben werden, da der Punktwert der angegebenen Punkte mit 11,4 Pfennigen feststeht.

Im Rahmen der Bestimmungen der GOÄ besteht nicht nur die Möglichkeit, den sich aus der Punktzahl einer Leistung multipliziert mit dem Punktwert 11,4 Pfennige zu berechnenden Gebührensatz zu liquidieren, sondern es besteht die Möglichkeit, noch unter bestimmten Voraussetzungen einen Erhöhungsfaktor bis zum 3,5fachen anzusetzen.

Gebührenrahmen

Gebühren können bei Privatpatienten – ganz anders als im vertragsärztlichen Bereich – innerhalb eines Gebührenrahmens vom Ein- bis Dreieinhalbfachen (Regelspanne 1- bis 2,3fach) berechnet werden. Bei einem Teil der Leistungen ist dies allerdings nicht zulässig:

Gebühren für die in den Abschnitten A, E und O genannten Leistungen dürfen nur zwischen dem Ein- und Zweieinhalbfachen liquidiert werden. Die Regelspanne liegt zwischen dem 1- bis 2,3fachen Faktor. Die Schwierigkeit des Krankheitsbildes darf keine Berücksichtigung finden.

Gebühren für Leistungen des Abschnittes M sowie die Nr. 437 (Laboruntersuchung im Rahmen einer Intensivbehandlung) können nur in einem noch weiter eingeschränkten Rahmen vom 1- bis 1,3fachen angesetzt werden. Die Regelspanne liegt zwischen dem 1- bis 1,15fachen Faktor (s. Tabelle unten).

Abweichende Vereinbarung

Grundsätzlich ist es für den Arzt möglich, mit dem Patienten eine Vereinbarung über eine höhere Vergütung abzuschließen. Ausgenommen hiervon sind Leistungen der Abschnitte A, E, M und O sowie die bei Abbruch einer Schwangerschaft zu berechnenden Leistungen.

Um eine abweichende Vereinbarung (auch Abdingung genannt) gültig abschließen zu können, müssen mehrere Bedingungen erfüllt werden:

- Vor Erbringung der Leistung muss im Einzelfall ein persönliches Gespräch geführt werden

Die Verwendung von Faktoren in der GOÄ

	Rahmen	Regelspanne	Begründung ab
Normalfall	1 – 3,5fach	1 – 2,3fach	2,3
Abschnitt A, E, O	1 – 2,5fach	1 –1,8fach	1,8
Abschnitt M. Nr. 437	1 – 1,3fach	1 – 1.15fach	1.15

- Die abweichende Vereinbarung muss in einem Schriftstück erfolgen

Analoge Bewertung
Selbstständige ärztliche Leistungen, die in das Gebührenverzeichnis nicht aufgenommen sind, können entsprechend einer nach Art, Kosten- und Zeitaufwand gleichwertiger Leistung des Gebührenverzeichnisses berechnet werden.

23.5.2. Die Höhe der Vergütung

Anders als bei der Abrechnung nach dem EBM hat der Arzt bei der Rechnungsstellung nach der GOÄ die Möglichkeit seine Leistungen ganz individuell zu steigern. Allerdings kann er dies nicht unbegrenzt. Die Bemessung der Gebühren ist im § 5 der GOÄ festgehalten.

Bemessung der Gebühren für Leistungen des Gebührenverzeichnisses

(1) Die Höhe der einzelnen Gebühr bemißt sich, soweit in den Absätzen 2 bis 5 nichts anderes bestimmt ist, nach dem Einfachen bis Dreieinhalbfachen des Gebührensatzes. Gebührensatz ist der Betrag, der sich ergibt, wenn die Punktzahl der einzelnen Leistung des Gebührenverzeichnisses mit dem Punktwert vervielfacht wird. Der Punktwert beträgt 11,4 Deutsche Pfennige. Bei der Bemessung von Gebühren sind sich ergebende Bruchteile eines Pfennigs unter 0,5 abzurunden und Bruchteile von 0,5 und mehr aufzurunden.

(2) Innerhalb des Gebührenrahmens sind die Gebühren unter Berücksichtigung der Schwierigkeit und des Zeitaufwandes der einzelnen Leistung sowie der Umstände bei der Ausführung nach billigem Ermessen zu bestimmen. Die Schwierigkeit der einzelnen Leistung kann auch durch die Schwierigkeit des Krankheitsfalles begründet sein; dies gilt nicht für die in Absatz 3 genannten Leistungen. Bemessungskriterien, die bereits in der Leistungsbeschreibung berücksichtigt worden sind, haben hierbei außer Betracht zu bleiben. In der Regel darf eine Gebühr nur zwischen dem Einfachen und dem 2,3fachen des Gebührensatzes bemessen werden; ein Überschreiten des 2,3fachen des Gebührensatzes ist nur zulässig, wenn Besonderheiten der in Satz 1 genannten Bemessungskriterien dies rechtfertigen.

(3) Gebühren für die in den Abschnitten A, E und O des Gebührenverzeichnisses genannten Leistungen bemessen sich nach dem Einfachen bis Zweieinhalbfachen des Gebührensatzes. Absatz 2 Satz 4 gilt mit der Maßgabe, daß an die Stelle des 2,3fachen des Gebührensatzes das 1,8fache des Gebührensatzes tritt.

(4) Gebühren für die Leistung nach Nummer 437 des Gebührenverzeichnisses sowie für die in Abschnitt M des Gebührenverzeichnisses genannten Leistungen bemessen sich nach dem Einfachen bis 1,3fachen des Gebührensatzes. Absatz 2 Satz 4 gilt mit der Maßgabe, daß an die Stelle des 2,3fachen des Gebührensatzes das 1,15fache des Gebührensatzes tritt.

(5) Bei wahlärztlichen Leistungen, die weder von dem Wahlarzt noch von dessen vor Abschluß des Wahlarztvertrages dem Patienten benannten ständigen ärztlichen Vertreter persönlich erbracht werden, tritt an die Stelle des Dreieinfalbfachen des Gebührensatzes nach § 5 Abs. 1 Satz 1 das 2,3fache des Gebührensatzes und an die Stelle des Zweieinhalbfachen des Gebührensatzes nach § 5 Abs. 3 Satz 1 das 1,8fach des Gebührensatzes.

Auszug aus der GOÄ: § 5.

Absatz 2, Satz 4

Regelspanne		*Begründung*
1	*2,3*	*3,5*

Abschnitte A, E, O

Regelspanne		*Begründung*
1	*1,8*	*2,5*

Schwellenwert

Ziffer 437 und Abschnitt M

Regelspanne		*Begründung*
1	*1,15*	*1,3*

Schwellenwert

A. Gebühren in besonderen Fällen

E. Physikalisch-medizinische Leistungen (Nrn. 500 bis 569)
I. Inhalationen (Nrn. 500, 501)
II. Krankengymnastik und Übungsbehandlungen (Nrn. 505 bis 518)
III. Massagen (Nrn. 520 bis 527)
IV. Hydrotherapie und Packungen (Nrn. 530 bis 533)
V. Wärmebehandlung (Nrn. 535 bis 539)
VI. Elektrotherapie (Nrn. 548 bis 558)
VII. Lichttherapie (Nrn. 560 bis 569)

O Strahlendiagnostik, Nuklearmedizin, Magnetresonanztomographie und Strahlentherapie (Nrn. 5000 bis 5855)
I. Strahlendiagnostik (Nrn. 5000 bis 5380)
II. Nuklearmedizin (Nrn. 5400 bis 5607)
III. Magnetresonanztomographie (Nrn. 5700 bis 5735)
IV. Strahlentherapie (Nrn. 5800 bis 5855)

Die Leistungen des Abschnitts M (Labor) können ohne Begründung bis zum 1,15fachen, bzw. mit Begründung bis zum 1,3fachen des Gebührensatzes gesteigert werden.

Die beim Überschreiten der Schwellenwerte (2,3fach, bzw. 1,8fach Abschnitte A, E, O, bzw. 1,15fach Abschnitt M) erforderliche Begründung sollte so gewählt werden, dass sie den Patienten nicht verletzt, und muss auf Verlangen näher begründet werden.

Beispiel für den Umgang mit den Steigerungssätzen.

Position	Kapitel	Regelspanne	max. Steigerung
1	B	1 – 2,3	3,5
2007	L	1 – 2,3	3,5
3501	M	1 – 1,15	1,3
50	B	1 – 2,3	3,5
253	C	1 – 2,3	3,5
651	F/A	1 – 1,8	2,5
548	E	1 – 1,8	2,5
250	C/A	1 – 1,8	2,5
747	F	1 – 2,3	3,5
654	F/A	1 – 1,8	2,5
271	C	1 – 2,3	35
2	B/A	1 – 1,8	2,5

Um die Zuordnung der Steigerungssätze zu erleichtern, sind alle Leistungen, die nicht bis zum 2,3fachen, bzw. mit Begründung bis zum 3,5fachen gesteigert werden können, mit einem Sternchen gekennzeichnet (⟶ reduzierter Gebührenrahmen) , somit auch die Leistungen, die in Abschnitt A genannt sind. Die Kennzeichnung der Leistungen im EBM und GOÄ bedeutet also nicht das Gleiche.

23.5.3. Allgemeine Hinweise zur Rechnungsstellung mit der GOÄ

	Punktzahl	einfache Gebühr	Schwellenwert	max. Steigerung
1 Beratung – auch mittels Fernsprecher	80	9,12	20,98	31,92

Auszug aus der GOÄ.

Der eigentliche Leistungsteil der GOÄ beginnt im Abschnitt B. Dort sind die Grundleistungen und allgemeinen Leistungen aufgeführt. Außerdem sind dort die unerlässlichen Allgemeinen Bestimmungen aufgeführt, die unbedingt zu beachten sind.

Punktzahl:
Die Punktzahl für die Nr. 1 beträgt 80 Punkte. Anders als im EBM ist der Punktwert in der GOÄ auf 11,4 Pfennig festgelegt. Man multipliziert die Punktzahl der Ziffer mit 11,4 Pf. und erhält dann die einfache Gebühr (→ 80 x 11,4 = 9,12 DM).

Einfache Gebühr:
Die einfache Gebühr wird ermittelt, wenn die Punktzahl der entsprechenden Ziffer mit dem Punktwert (11,4 Pf.) multipliziert wird (siehe auch unter Punktzahl).

Schwellenwert:
Wird der Schwellenwert überschritten, muss die berechnete Gebühr begründet werden. In der GOÄ sind die DM-Beträge der Schwellenwerte für die jeweiligen Ziffern bereits aufgeführt. Im Beispiel zu Nr. 1 ist die einfache Gebühr (9,12 DM) mit dem Schwellenwert (2,3) multipliziert worden (9,12 x 2,3 = 20,98 DM).

Max. Steigerung:
In der letzten Spalte ist immer der DM-Betrag für die max. Steigerung aufgeführt. Eine Steigerung über diesen Betrag ist nur möglich, wenn im Vorwege mit dem Patienten eine so genannte Abdingung gemäß § 2 GOÄ abgeschlossen wurde.

23.5.4. Allgemeine Bestimmungen in der GOÄ

Allgemeine Bestimmungen

1. **Als Behandlungsfall gilt für die Behandlung derselben Erkrankung der Zeitraum eines Monats nach der jeweils ersten Inanspruchnahme des Arztes.**
2. **Die Leistungen nach den Nummern 1 und/oder 5 sind neben Leistungen nach den Abschnitten C bis O im Behandlungsfall nur einmal berechnungsfähig.**

Auszug aus der GOÄ.

Ein Behandlungsfall ist in der GOÄ als die Behandlung eines Patienten innerhalb eines Monat bei gleicher Erkrankung definiert. Erscheint ein Patient am 3. März, beginnt ein neuer Behandlungsfall einen Monat später, also am 4. April. Sucht der Patient den Arzt innerhalb eines Monats mit mehreren Erkrankungen auf, so handelt es sich auch um mehrere Behandlungsfälle.

Da die Nr. 1 und/oder 5 in einem Behandlungsfall nur einmal neben Leistungen aus den Abschnitten C bis O (Nrn. 200 bis 5855) berechnungsfähig ist, ist es sinnvoll sich die Bewertung der Leistungen anzusehen. Möchte man die Nr. 1 und/oder 5 erneut neben Sonderleistungen abrechnen, ist dies nicht zulässig und man muss eine oder mehrere Leistungen streichen.

Auszug aus der GOÄ.

Beispiele zur Anwendung der Allgemeinen Bestimmungen

(Alle Leistungen finden innerhalb eines Monats bei gleicher Diagnose statt.)

1. Beispiel:

1. Tag:	1, 548		
2. Tag:	1, ~~548~~	*Nr. 548 ist zu streichen*	*Es wäre auch möglich, die Nr. 548 am ersten Tag zu streichen.*
3. Tag:	1, ~~548~~	*Nr. 548 ist zu streichen*	

2. Beispiel:

1. Tag:	1, ~~252~~	*Nr. 252 ist zu streichen*
2. Tag:	1, 272	

3. Beispiel:

1. Tag:	1, 5	*Nr. 5 steht nicht in den Abschnitten C bis O*
2. Tag:	1, 200	

4. Beispiel:

1. Tag:	1, 252		
2. Tag:	1, ~~252~~	*Nr. 252 ist zu streichen*	*Es wäre auch möglich, die Nr. 252 am ersten Tag zu streichen.*

23.5.5. Zuschläge zu den Beratungs- und Untersuchungsleistungen

Der Arzt hat die Möglichkeit, für Inanspruchnahmen durch den Patienten zu »Unzeiten« Zuschläge zu berechnen. Man unterscheidet dabei die Zuschläge zu Beratungs- und Untersuchungsleistungen und zu den Besuchen und Visiten.

Auszug aus der GOÄ.

II. Zuschläge zu Beratungen und Untersuchungen nach den Nummern 1, 3, 4, 5, 6, 7 oder 8

Allgemeine Bestimmungen

Die Zuschläge nach den Buchstaben A bis D sowie K1 sind nur mit dem einfachen Gebührensatz berechnungsfähig. Sie dürfen unabhängig von der Anzahl und Kombination der erbrachten Leistungen je Inanspruchnahme des Arztes nur einmal berechnet werden. Neben den Zuschlägen nach den Buchstaben A bis D sowie K1 dürfen die Zuschläge nach den Buchstaben E bis J sowie K2 nicht berechnet werden. Die Zuschläge nach den Buchstaben B bis D dürfen von Krankenhausärzten nicht berechnet werden, es sei denn, die Leistungen werden durch den liquidationsberechtigten Arzt oder seinen Vertreter nach § 4 Abs. 2 Satz 3 erbracht.

Die Zuschläge sind in der Rechnung unmittelbar im Anschluss an die zu Grunde liegende Leistung aufzuführen.

A Zuschlag für außerhalb der Sprechstunde erbrachte Leistungen 7,98

Der Zuschlag nach Buchstabe A ist neben den Zuschlägen nach den Buchstaben B, C und/ oder D nicht berechnungsfähig.

Der Zuschlag nach Buchstabe A ist für Krankenhausärzte nicht berechnungsfähig.

B Zuschlag für in der Zeit von 20 bis 22 Uhr oder 6 bis 8 Uhr außerhalb der Sprechstunde erbrachte Leistungen. 20,52

C Zuschlag für in der Zeit zwischen 22 und 6 Uhr erbrachten Leistung 36,48

D Zuschlag für an Samstagen, Sonn- oder Feiertagen erbrachte Leistungen. . . . 25,08

Werden Leistungen innerhalb einer Sprechstunde an Samstagen erbracht, so ist der Zuschlag nach Buchstabe D nur mit dem halben Gebührensatz berechnungsfähig.

Werden Leistungen an Samstagen, Sonn- oder Feiertagen zwischen 20 und 8 Uhr erbracht, ist neben dem Zuschlag nach Buchstabe D ein Zuschlag nach Buchstabe B oder C berechnungsfähig.

Der Zuschlag nach Buchstabe D ist für Krankenhausärzte im Zusammenhang mit zwischen 8 und 20 Uhr erbrachten Leistungen nicht berechnungsfähig.

K1 Zuschlag zu Untersuchungen nach den Nummern 5, 6, 7 oder 8 bei Kindern bis zum vollendeten 4. Lebensjahr 13,68

23.5.6. Zuschläge zu Besuchen und Visiten

▶ *Auszug aus der GOÄ.*

V. Zuschläge zu den Leistungen nach den Nummern 45 bis 62

Allgemeine Bestimmungen

Die Zuschläge nach den Buchstaben E bis J sowie K2 sind nur mit dem einfachen Gebührensatz berechnungsfähig. Abweichend hiervon sind die Zuschläge nach den Buchstaben E bis H neben der Leistung nach Nummer 51 nur mit dem halben Gebührensatz berechnungsfähig.
Im Zusammenhang mit Leistungen nach den Nummern 45 bis 55 und 60 dürfen die Zuschläge unabhängig von der Anzahl und Kombination der erbrachten Leistungen je Inanspruchnahme des Arztes nur einmal berechnet werden. Neben den Zuschlägen nach den Buchstaben E bis J sowie K2 dürfen die Zuschläge nach den Buchstaben A bis D sowie K1 nicht berechnet werden.

Die Zuschläge sind in der Rechnung unmittelbar im Anschluss an die zu Grunde liegende Leistung aufzuführen.

E Zuschlag für dringend angeforderte und unverzüglich erfolgte Ausführung 18,24

Der Zuschlag nach Buchstabe E ist neben Leistungen nach den Nummern 45 und/oder 46 nicht berechnungsfähig, es sei denn, die Visite wird durch einen Belegarzt durchgeführt.

Der Zuschlag nach Buchstabe E ist neben Zuschlägen nach den Buchstaben F, G und/oder H nicht berechnungsfähig.

F Zuschlag für in der Zeit von 20 bis 22 Uhr oder 6 bis 8 Uhr erbrachte Leistungen 29,64

Der Zuschlag nach Buchstabe F ist neben den Leistungen nach den Nummern 45, 46, 48 und 52 nicht berechnungsfähig.

G Zuschlag für in der Zeit zwischen 22 und 6 Uhr erbrachte Leistungen 51,30

Der Zuschlag nach Buchstabe G ist neben den Leistungen nach den Nummern 45, 46, 48 und 52 nicht berechnungsfähig.

Neben dem Zuschlag nach Buchstabe G ist der Zuschlag nach Buchstabe F nicht berechnungsfähig.

H Zuschlag für an Samstagen, Sonn- oder Feiertagen erbrachte Leistungen.... 38,76

Werden Leistungen an Samstagen, Sonn- oder Feiertagen zwischen 20 und 8 Uhr erbracht, darf neben dem Zuschlag nach Buchstabe H ein Zuschlag nach Buchstabe F oder G berechnet werden.

Der Zuschlag nach Buchstabe H ist neben den Leistungen nach den Nummern 45, 46 , 48 und 52 nicht berechnungsfähig.

J Zuschlag zur Visite bei Vorhalten eines vom Belegarztes zu vergütenden ärztlichen Bereitschaftsdienstes, je Tag 9,12

K2 Zuschlag zu den Leistungen nach den Nummern 45, 46, 48, 50, 51, 55 oder 56 bei Kindern bis zum vollendeten 4. Lebensjahr 13,68

Zu jedem Besuch kann ein Wegegeld nach § 8 GOÄ berechnet werden.

Beispiele zur Abrechnung von Zuschlägen

1. Telefonische Beratung am Freitag um 20.30 Uhr, außerhalb der Sprechstunde: .... **1, B**
2. Beratung, symptombezogene Untersuchung bei einem 3-jährigen Kind: **1,5, K1**
3. Eingehende Beratung (20 min.), Untersuchung (Ganzkörperstatus) am Samstag während der Sprechstunde: ... **3, 8, D (halber Gebührensatz)**
4. Dringender Besuch, einschließlich Beratung und symptombezogener Untersuchung am Mittwochnachmittag. Der Patient wohnt 3 km von der Praxis entfernt: .... **50, A, Wegegeld (13,– DM)**
5. Dringender Besuch am Samstag um 10.00 Uhr, symptombezogene Untersuchung, i.v.-Injektion. Der Patient wohnt im Nachbarhaus, 25 m von der Praxis entfernt: .... **50, H, Wegegeld (7,– DM), 253**
6. Dringender Hausbesuch, Beratung, symptombezogene Untersuchung am Samstag um 23.00 Uhr. Der Patient wohnt 2,5 km von der Praxis entfernt: ...... **50, G, H, Wegegeld (20,– DM)**
7. Besuch aus der Sprechstunde heraus bei einem 6 km von der Praxis entfernt lebenden Patienten: .... **50, E, Wegegeld (20,– DM)**
8. Dringender Besuch am Dienstag um 21.15 Uhr. Der kleine Patient (2 Jahre) klagt über starke Bauchschmerzen. Vollständige Untersuchung der Bauchorgane, i.m.-Injektion. Der Patient wohnt 5,5 km von der Praxis entfernt: ...... **50, F, K2, Wegegeld (30,– DM), 7, 252**
9. Besuch der Arzthelferin bei einer 6 km von der Praxis entfernt wohnenden Patientin. Der Patientin wird kapillares Blut entnommen zur Blutzuckeruntersuchung. Diese Untersuchung wird direkt bei der Patientin mittels Glucometer durchgeführt: **52, 3514**

Zum Wiederholen und Lernen.

MEMO!

WICHTIGES ZUM MERKEN

Der **Einheitliche Bewertungsmaßstab (EBM)** ist Grundlage für den BMÄ und die E-GO.

Die **GOÄ** gilt ohne Einschränkungen für alle Patienten, die für die Liquidation selbst aufkommen müssen oder sich durch Privatversicherungen oder Beihilfen erstatten lassen bzw. Mitglieder der Krankenversorgung der Bundesbahnbeamten Gruppe IV (KVB IV) oder Postbeamtenkrankenkasse Gruppe B sind.

Die **Gebühren nach der GOÄ** sind unter Berücksichtigung der Schwierigkeit, des Zeitaufwandes und der Umstände bei der Ausführung zu bestimmen, wobei die Schwierigkeit der einzelnen Leistungen auch durch die Schwierigkeit des Krankheitsfalles begründet sein kann.

In der Regel darf eine Gebühr nur zwischen dem 1fachen und dem 2,3fachen des Gebührensatzes bemessen werden (Regelspanne).

Ein **Überschreiten des 2,3fachen des Gebührensatzes** ist nur zulässig, wenn Besonderheiten der Schwierigkeit und des Zeitaufwandes der einzelnen Leistung sowie die Umstände bei der Ausführung es rechtfertigen. Dies muss schriftlich begründet werden. Auf Verlangen ist die Begründung näher zu erläutern.

Gebührensatz = Punktzahl x Punktwert. Die Punktzahl ist hinter der jeweiligen Leistung angegeben. Der Punktwert ergibt sich bei Mitgliedern der Primär- und Ersatzkassen aus der Gesamtvergütung aller Vertragsärzte und der Gesamtzahl der abgerechneten Leistungspunkte, bei vielen sonstigen Kostenträgern und bei der Liquidation nach der GOÄ ist der Punktwert auf bestimmte Pfennigbeträge festgelegt.

EINIGE FRAGEN ZUM ÜBEN

Geben Sie eine Übersicht über die für die Abrechnung oder Liquidation des Arztes wichtigen Gebührenordnungen!

Auf welcher Rechtsgrundlage ist der »Einheitliche Bewertungsmaßstab (E-BM)« entstanden?

Bei welchen Krankenkassen findet der BMÄ Anwendung?

Bei welchen Krankenkassen findet die E-GO Anwendung?

In welchen Fällen ist die GOÄ der Liquidation des Arztes zugrunde zu legen?

Was wird unter einem Gebührenrahmen verstanden, wie groß ist er?

Im Rahmen welcher Spanne darf sich die Gebühr für die einzelnen Leistungen in der Regel nur befinden?

Was muss geschehen, wenn die Regelspanne überschritten wird?

Krankheitslehre

Übergreifende Lernziele

- *Besitz von Kenntnissen der Pathologie*
- *Anwendung der Fachsprache*
- *Fähigkeit mit Patienten verständnisvoll umzugehen und bei ihrer Betreuung sachkundig Hilfe zu leisten*
- *Bewußtsein der Verantwortung bei Durchführung von Hygienemaßnahmen*

Kranke müssen anders behandelt werden als Gesunde. Damit die Arzthelferin hier keine Fehler macht, muss sie neben den allgemeinen Regeln der Kommunikation Verständnis für die besondere Lage der Patienten haben. Hierfür benötigt sie gute Kenntnisse der Krankheitslehre. Das gleiche gilt für die Bereiche Vorbeugung und Früherkennung, da Patienten oft bei den Arzthelferinnen nicht verstandene Einzelheiten nachfragen.

24. Krankheitsursachen und Krankheit

ZIELE DES RAHMENLEHRPLANS

- Ursachen von Krankheiten beschreiben
- Krankheitsanzeichen beschreiben
- Krankheitsverlauf anzeigen

Die Begriffe *Gesundheit und Krankheit* finden zwar häufig Verwendung, es ist aber sehr schwer, sie wirklich treffend zu erklären.

Gesundheit.

Der Begriff »*Gesundheit*« ist vielleicht am Besten mit »körperlichem und geistigem Wohlbefinden bei normalem Zusammenspiel der Organsysteme des Körpers« beschrieben, unter »*Krankheit*« ist das Versagen des Zusammenspiels der Körperfunktionen in körperlicher und geistiger Hinsicht zu verstehen. Die Weltgesundheitsorganisation (WHO) beschreibt Gesundheit als »Zustand völligen körperlichen, geistigen und sozialen Wohlbefindens«.

Von entscheidender Bedeutung kann auch das Krankheitsgefühl des Patienten sein, obwohl es schwere Krankheiten gibt, bei denen kein Krankheitsgefühl vorliegen muss (z. B. Krebs, bestimmte Geisteskrankheiten). Es kann auch ein starkes Krankheitsgefühl geben, ohne dass körperliche Störungen feststellbar sind.

Krankheitslehre.

Die *Krankheitslehre* (*Pathologie*) gibt einen Einblick in das Krankheitsgeschehen. Die Ursachen der Krankheiten sind auch heute noch nicht restlos bekannt. Am Besten untersucht sind die äußeren Krankheitsursachen. Durch ihre Kenntnis ergibt sich oft eine Möglichkeit zu wirkungsvoller Hilfe. Unterschieden werden die unbelebten von belebten äußeren Krankheitsursachen.

Für den Ablauf von Krankheiten sind weit häufiger als im Allgemeinen angenommen innere Faktoren des Körpers von Bedeutung. Sie werden mit den Begriffen Konstitution, Disposition und Immunität bezeichnet. Zusammen mit weiteren erblich bedingten Gegebenheiten, die Krankheiten zur Folge haben können, werden sie unter dem (nicht ganz zutreffenden) Begriff »innere Krankheitsursachen« zusammengefasst.

24.1. Krankheitsursachen

24.1.1. Konstitution und Disposition

Konstitution ist die Summe körperlicher, biologischer, seelischer und geistiger Eigenschaften, die meistens auf Vererbung beruhen. Nach verschiedenen Typenlehren können unterschiedliche Konstitutionstypen beschrieben werden. Interessant sind die Konstitutionstypen nach KRETZSCHMER. Es werden *Leptosome, Athleten* und *Pykniker* unterschieden. Nicht immer ganz zutreffend werden den einzelnen Typen, die allerdings in reiner Form nur selten anzutreffen sind, Neigungen zum gehäuften Auftreten bestimmter Krankheiten zugeschrieben.

Unter *Disposition* (Veranlagung) wird im Allgemeinen eine angeborene Empfindlichkeit oder Unempfindlichkeit gegen bestimmte Krankheiten verstanden.

24.1.2. Immunität

Unter einer Immunität gegen etwas wird im Allgemeinen verstanden, dass ein bestimmtes Ereignis nicht mehr eintreten kann. So gibt es Redewendungen wie »Ich bin immun gegen Mücken« o. ä. Hierbei handelt es sich jedoch um eine Dispositi-

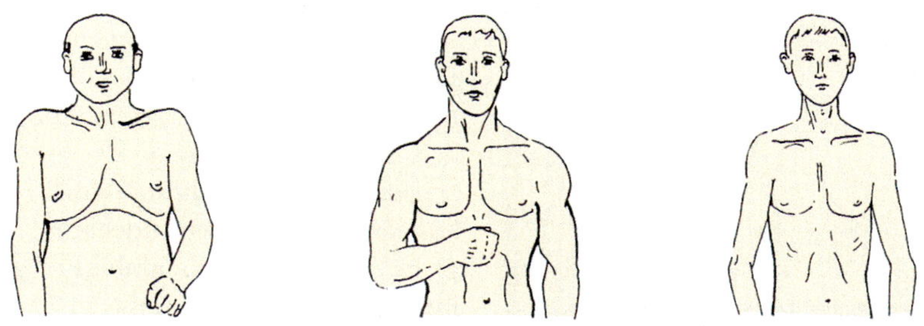

Pykniker	rundlicher Kopf, zur Glatze neigend, kurz, dick, Brustkorb hat Fassform, vorspringender, großer Bauch, bedeutender Fettansatz Neigung zu manisch-depressivem Irresein, Rheumatismus, Gallensteinen, Arteriosklerose, Hypertonie, hormonelle Störungen
Athlet	ausgeglichene Körperproportion, kräftige Knochen, gut entwickelte Muskeln, Neigung zu Epilepsie, Schizophrenie, Migräne
Leptosomer	feinknochiges Skelett, schmale Gelenke, schlaffe, wenig entwickelte Muskeln, geringe Leistungsfähigkeit, flacher Brustkorb Neigung zu Schizophrenie, Lungentuberkulose, Magengeschwüren, Hernien, Krampfadern, Hämorriden.

Konstitutionstypen (nach Kretzschmer).

on, nicht eine Immunität im engeren Sinne. Immunität im Sinne der Krankheitslehre ist im Unterschied zur Disposition (die einem ja auch »Immunität« im Sinne des allgemeinen Sprachgebrauchs verleihen kann) immer erworben.

Einmaliges Zusammentreffen mit schädlichen Stoffen (genannt »Antigene« oder »Toxine«) kann im Körper zur vorübergehenden oder dauernden Immunität gegen bestimmte Krankheiten führen.

24.1.3. Innere Krankheitsfaktoren und äußere Krankheitsursachen

Äußere Krankheitsursachen führen immer dann zu einer Erkrankung des menschlichen Körpers, wenn er für sie empfänglich (disponiert) ist. Dies kann sehr unterschiedliche Gründe haben.

Äußere Krankheitsursachen

Es gibt unbelebte und belebte Ursachen. *Unbelebte äußere Ursachen* sind übermäßige Hitze (die z. B. zum Hitzschlag führen kann) oder Kälte (bei der es zu Erfrierungen kommt), elektrische Stromeinwirkung, chemische Beeinflussung (Laugen, Säuren) und Gewalteinwirkungen auf den Körper durch Unfall.

Zu den unbelebten äußeren Ursachen von Krankheiten können auch Wirkungen von Medikamenten und Chemikalien (z. B. Überdosis von Medikamenten, Drogen) sowie fehlerhafte Nahrungszufuhr (z. B. reichliche, falsch zusammengesetzte und unsachgemäß zubereitete Nahrung mit Folgen wie Fettsucht, Blut-

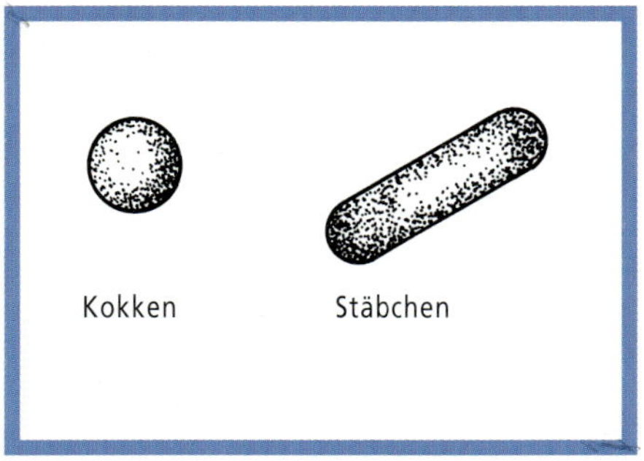

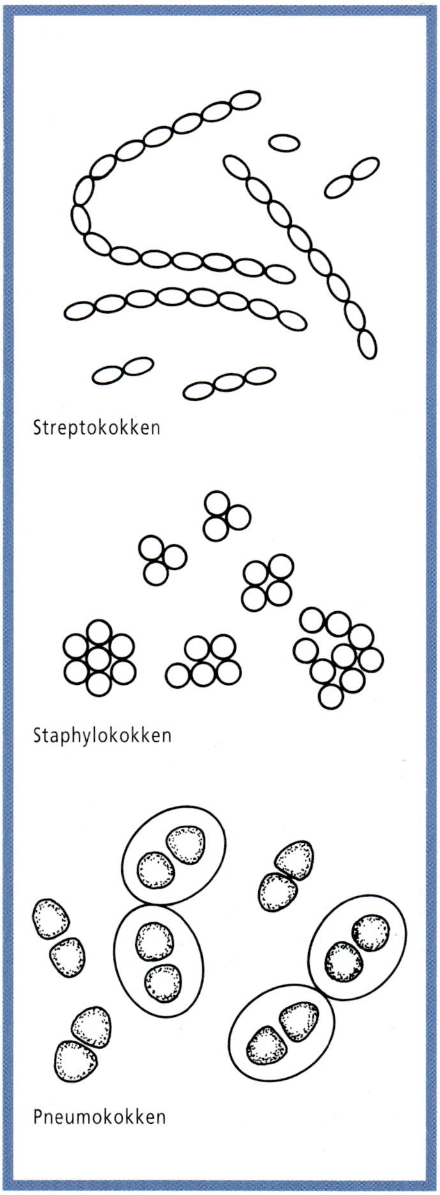

hochdruck, Schlaganfall und Herzinfarkt) gehören.

Radioaktive Strahlen können in hohen Dosen zu Verbrennungen und in sehr viel niedrigeren schon zu Veränderungen in den Keimdrüsen führen. Es kommt zu Schäden an den Chromosomen, Folge können missgebildete Kinder sein.

Es gibt aber Erkrankungen, die zu ihrem Auftreten keine äußeren Ursachen brauchen: Entweder wird die Anlage zu einer Krankheit (die dann durch Alltagsbelastungen ausgelöst wird) oder die Krankheit selbst wird von den Eltern oder Großeltern vererbt (z. B. Bluterkrankheit, Schuppenflechte u. a.)

24.2. Krankheitserreger

Belebte äußere Ursachen für Krankheiten gibt es in großer Zahl.

Folgende Erregergruppen werden unterschieden:

- **Bakterien**
- **Pilze**
- **Viren**
- **Protozoen**
- **Würmer**

24.2.1. Bakterien

Der Nachweis der Erreger erfolgt in Ausscheidungen (Schleim, Schweiß, Urin, Stuhl), Körperflüssigkeiten (Blut, Lymphe, Liquor cerebrospinalis, Sputum oder Sperma) und Geweben (Haut, Schleimhaut, Organgewebe). Die Untersuchungen erfolgen mikroskopisch, serologisch, über Kulturen oder in Tierversuchen.

▶▶ *Tierversuch.*

Sie werden nach ihrer Form, Färbbarkeit, dem Wachstum in künstlichem Nährboden sowie ihren Stoffwechselleistungen unterschieden.

Bakterien sind nur mit stärkster Vergrößerung des Mikroskops (*Ölimmersion*) sichtbar. Nach Aussehen gibt es drei Formen: *Kokken, Stäbchen* und *Spirillen.*

NAME	BESCHREIBUNG	BEISPIELE FÜR ERKRANKUNGEN
Streptokokken	Kettenkokken	Scharlach, eitrige Entzündungen
Staphylokokken	Haufenkokken	eitrige Brustentzündung, Furunkel, Panaritium, Osteomyelitis
Pneumokokken	lanzettförmige Diplokokken	Lungen- und Hirnhautentzündung
Meningokokken	semmelförmige Diplokokken	Hirnhautentzündung
Gonokokken	semmelförmige Diplokokken, intrazellulär	Gonorrhoe

Kokken.

Kokken

Es handelt sich um kugelförmige Bakterien. Man unterscheidet je nach Anordnung der Kokken die kettenförmig angeordneten *Streptokokken* von den haufenförmig angeordneten *Staphylokokken, während Diplokokken* immer zu zweit beieinander liegen.

Stäbchen

Stäbchen können gleichmäßig dick oder keulenförmig sein. Weiterhin gibt es gekrümmte Stäbchen, die entweder einfach (Vibrionen) oder schraubenförmig (Spirochäten) gekrümmt sein können.

Kolibakterien befinden sich normal im Darm. Sie verursachen in den Harnwegen, der Gallenblase, der Hirnhaut und an anderen Stellen des Körpers Entzündungen.

Salmonellen sind Erreger von *Typhus* und *Paratyphus.* Infektionen, die vom Darm ausgehen und durch hohes Fieber gekennzeichnet sind. Verantwortlich aber auch für Lebensmittelvergiftungen (Salmonellosen).

Mykobakterien, Erreger der Tuberkulose und Lepra

Klebsiellen, Erreger der chronischen Bronchitis, der Lungenentzündung

Korynebakterien, zu denen auch die Diphteriebakterien (unregelmäßig geformte Stäbchenbakterien) gehören.

Vibrionen, kommaförmig gekrümmte Stäbchen mit endständiger Geißel, zu denen Vibrio cholerae und Vibrio El Tor, Erreger der Cholera, gehören.

Spirochäten sind schraubenförmige gekrümmte Stäbchen, die mehrere Windungen haben und sich lebhaft hin und her bewegen. Hierzu gehört auch Treponema pallidum, der Erreger der Lues (Syphilis).

Bei den *Chlamydien* handelt es sich um kleine Mikroorganismen, die sich nur intrazellulär vermehren und beim Menschen zu verschiedenartigen Infektionen führen.

Clostridien gehören zu den Sporenbildnern. Sie verursachen *Wundstarrkrampf, Gasbrand* und eine fast immer tödliche Lebensmittelvergiftung, den *Botulismus.*

MEMO!

Sporen sind Dauerformen von Bakterien, die die Aufgabe haben, das Überleben auch bei ganz ungünstigen Bedingungen zu ermöglichen. Sporen können jahrzehntelang überleben und sind hochgradig resistent gegen Hitze.
Sie sind der Grund dafür, dass bei einer Sterilisation hohe Temperaturen für eine verhältnismäßig lange Zeit gewählt werden müssen. Clostridien können nur unter so genannten anaeroben Verhältnissen wachsen, d. h. in ihrer Umgebung darf sich kein Sauerstoff befinden.

Früher fand auch der Begriff Bazillen für alle Bakterienarten Verwendung. Dies sollte heute nicht mehr geschehen, da der Begriff »Bazillen« nur noch für Sporen bildende Stäbchenbakterien verwendet wird.

Mykoplasmen sind Bakterien ohne Zellwand. Sie verursachen insbesondere Lungenentzündungen.

24.2.2. Pilze

Pilze sind pflanzliche Zellen, die sich u. a. durch Sprossung vermehren können. Die meisten Pilze sind für Menschen ohne Krankheitsbedeutung. Auch krankheitserregende Pilze brauchen meist günstige Bedingungen, um zu einer Krankheit zu führen. Erkrankungen mit Pilzen werden *Mykosen* genannt. Es gibt verschiedene Pilzarten.

Sprosspilze
Der bekannteste Vertreter ist *Candida albicans,* der Erreger der *Soor. Symptome* der Soor sind weißliche Beläge der Schleimhäute, z. B. bei Säuglingen im Mund (Soor-Stomatitis), oder bei Schwangeren in der Scheide (Soor-Vaginitis).

Dermatophyten
Dermatophyten sind fadenförmige Pilze. Sie haben die Eigenschaft, Haare und Nägel zu besiedeln und verursachen Pilzerkrankungen der Haut, u. a. auch den weitverbreiteten *Fußpilz.*

Schimmelpilze
Schimmelpilze sind i. d. R. harmlos, bei sehr in der Widerstandskraft geschwächten Patienten kommt es gelegentlich zum Befall von Organen *(Organmykosen),* die dann oft tödlich verlaufen.

24.2.3. Viren

Viren sind die kleinsten bekannten Krankheitserreger. Sie haben eine Größe von 20 bis 300 nm, selbst die größten haben also nur ein Drittel der Größe eines Staphylokokken (etwa 1000 nm).

Sie sind keine Zellen, haben keinen Stoffwechsel und verfügen nicht über die Fähigkeit zu wachsen. Ihnen fehlen also wesentliche Merkmale eines Lebewesens. Die Vermehrung ist nur innerhalb einer Wirtszelle möglich.

Außerhalb von Zellen sind Viren in der Regel vollständig anzutreffen. Sie bestehen dann aus einer Hülle, dem *Kapsid,* die ihnen die Form gibt, sowie darin eingehüllter Nukleinsäure (entweder Ribonukleinsäure [RNS] oder Desoxyribonukleinsäure [DNS], genannt *Core.* Alles zusammen nennt man das *Virion.* Manche Viren haben noch eine zusätzliche Außenhülle.

Die Vermehrung in der Wirtszelle erfolgt dadurch, dass der Virus sich die Möglichkeiten der Zelle zu Eigen macht. Vermittels der RNS oder DNS der Viren werden die Wirtszellen in ihrem DNS-Bereich so »umprogrammiert«, dass sie anfangen, den Virus zu produzieren. Viren sind also »Zellparasiten«. In der Regel sterben die Wirtszellen nach Virusbefall ab.

Schema eines Virions.

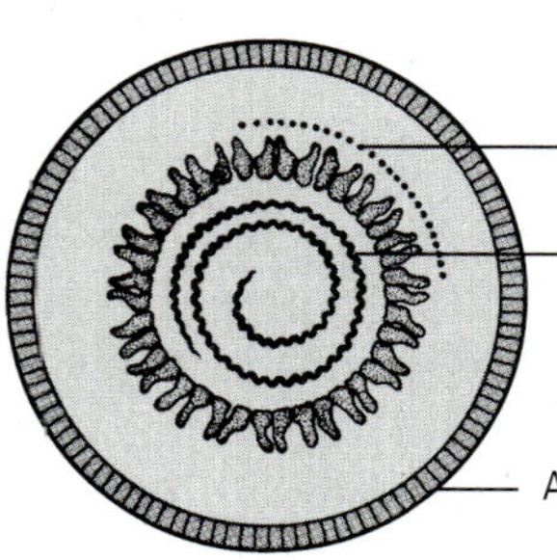

MEMO!

Da Viren keine Lebewesen sind, können sie nicht durch Antibiotika bekämpft werden. Antibiotika können nur Lebewesen wie z. B. Bakterien abtöten (anti = gegen, bios = das Leben).
Es gibt jedoch Medikamente, die gegen Viren wirken (Virostatika).

24.2.4. Protozoen

Protozoen sind tierische Einzeller, von denen einige zu Infektionen beim Menschen führen können. Besondere Erwähnung müssen die *Trichomonaden* als Erreger der häufig vorkommenden *Trichomonaden-Vaginitis* (einer Scheidenentzündung), die *Plasmodien* als Ursache der Malaria, die *Toxoplasmen* (Toxoplasmose) und die *Amöben* (Amöbenruhr) finden. Protozoen verbreiten sich häufig über einen tierischen Zwischenwirt, der selbst nicht erkrankt (z. B. bei Plasmodien durch Anophelesmücke).

24.2.5. Würmer

Würmer sind mehrzellige Lebewesen mit weitgehender Entwicklung von Organsystemen. Für den Menschen sind bestimmte *Bandwürmer* (Rinder- und Schweinebandwurm), *Saugwürmer* (Leberegel) und *Rundwürmer* (Spulwürmer, Trichinen) von Bedeutung. Wurmerkrankungen treten häufiger bei Kleinkindern auf, die sich durch hygienisch nicht einwandfreien Umgang mit Materialien und Haustieren leichter als Erwachsene infizieren.

24.3. Krankheit

24.3.1. Krankheitszeichen

Krankheitssymptome sind Zeichen, an denen das Kranksein zu erkennen ist. Folgende Symptome werden unterschieden:

- *spezifische Symptome* (z. B. Halbseitenlähmung bei Schlaganfall, silbrigweiße Schuppung bei Schuppenflechte),
- *unspezifische Symptome* (z. B. Schmerzen, Mattigkeit, Müdigkeit), sie werden nur vom Kranken empfunden,
- *objektive Symptome* (z. B. Fraktur, Verhaltensstörung, Urinveränderungen).

Objektive Symptome können von anderen Personen festgestellt werden, die subjektiven Symptome äußern sich gegebenenfalls in objektiven Symptomen (z. B. Schmerzen durch Verzerrung der Gesichtsmuskulatur, Stöhnen und Schreien).

Die Symptome können sich am erkrankten Organ oder entfernt von diesem zeigen (z. B. bei Herzmuskelversagen schwellen Leber und Beine infolge Wasserrückstauung an).

24.3.2. Krankheitsfeststellung

Wenn sich der Arzt auf Grund seines Gespräches mit dem Kranken *(Anamnese)* sowie weiteren Untersuchungen *(Diagnos-*

HAUPTANLIEGEN	
Schwindel	8,5 %
Kurzatmigkeit	6,4 %
Medikationswunsch	5,1 %
Herzschmerz	4,1 %
Rückenschmerz	3,1 %
Blutdruckmessung	3,1 %
Husten	3,0 %
Kopfschmerz	3,0 %
Beschwerden mit den Beinen	2,7 %
Routinekontrolle	2,4 %

HAUPTDIAGNOSE	
Diabetes mellitus	9,5 %
Herzkrankheiten	9,5 %
Bluthochdruck	9,3 %
Krankheiten von Skelett, Muskeln, und Bindegeweben	8,3 %
Zerebrovaskuläre Erkrankungen	6,8 %
Ischämische Herzerkrankungen	6,2 %
Arthritis	5,6 %
Bronchitis	4,1 %
Grippaler Infekt	2,0 %

◄ *Hauptanliegen und Hauptdiagnose von Patienten beim Allgemeinarzt.*

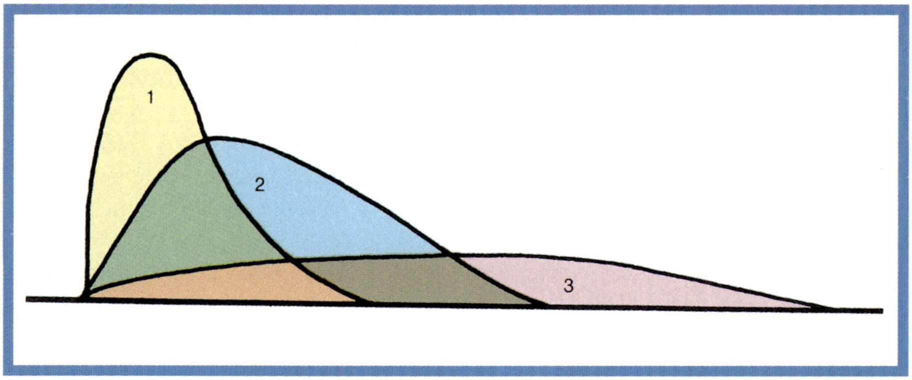

Intensität und Verlauf von Krankheiten. 1. Akuter Verlauf mit schnellem Abklingen, 2. subakuter Verlauf mit protrahiertem Abklingen, 3. primärchronischer Verlauf. Akuter und subakuter Verlauf können in den sekundärchronischen Verlauf übergehen.

tik) über die Art der Erkrankung klar geworden ist, kommt er zu einer *Diagnose (Feststellung einer Krankheit).*

Als *Differenzialdiagnose* werden die Überlegungen des Arztes, aus mehreren in Frage kommenden Diagnosen die richtige herauszusuchen, bezeichnet.

24.3.3. Krankheitsverlauf

Er hängt von Konstitution und Disposition sowie von der Art der Krankheit und ihren Ursachen ab. *Akute Krankheiten* treten plötzlich auf und heilen nach verhältnismäßig kurzer Zeit. *Subakut verlaufende Krankheiten* brauchen bis zur Ausheilung längere Zeit, sie weisen heftige Symptome auf. *Chronische Krankheiten* beginnen einschleichend und ziehen sich über Monate und Jahre hin. *Primärchronische Krankheiten* sind von vornherein chronisch, als *sekundärchronisch* werden Krankheiten bezeichnet, die aus akutem oder subakutem Verlauf entstehen.

Ein *Rezidiv* ist das Wiederauftreten bzw. Wiederaufflackern einer Krankheit nach vorangegangener (scheinbarer) Heilung. Gründe: z. B. Unwirksamkeit der Therapie, Resistenzminderung. Zum Rezidiv neigen Infektionskrankheiten, die keine Immunität hinterlassen (z. B. Wundrose), Geschwülste und Geschwüre.

24.3.4. Krankheitsende

Die Krankheit endet durch *Heilung, Defektheilung, Übergang* in eine andere Krankheit oder *Tod.*

Heilung ist die Wiederherstellung der ursprünglichen Formen und Funktionen des Körpers, der Seele und des Geistes. Der Körper ersetzt verloren gegangenes Gewebe. Dabei bildet jede Gewebeart wieder gleichartiges Gewebe oder Narben.

TERMINOLOGIE

Prophylaxe	**vorbeugende Maßnahmen zur Verhütung von Krankheiten**
Prognose	**Vorhersage des Krankheitsausgangs**
Rekonvaleszenz	**Erholung nach Krankheit (Genesungsphase)**
Sektion	**Leichenöffnung**

Defektheilung bedeutet, dass eine Heilung nur mit Mängeln möglich war (z. B. Narben, Behinderung, Lähmung).

Defektheilungen sind häufig. So verbleibt nach einem Herzinfarkt an der Stelle des abgestorbenen Muskelgewebes eine bindegewebige Narbe, die sich nicht zusammenziehen kann wie das ursprünglich vorhanden gewesene Muskelgewebe.

Häufig reicht das verbleibende Gewebe aus, die volle Funktion des Organs weiter zu erhalten. Nicht selten ist die Folge von Defektheilungen eine Organschwäche wie z. B. Herzinsuffizienz, Niereninsuffizienz, Halbseitenlähmung (nach Schlaganfall).

Übergang in eine andere Krankheit
(Folgekrankheit) An eine Krankheit kann sich eine zweite, gelegentlich eine dritte anschließen.

Tod
Klinischer Tod ist Stillstand von Atmung und Herzaktion, aber kann durch Intensivbehandlung reversibel sein. Biologischer Tod ist der endgültige Tod (Lebensende) mit Aufhören der Körperfunktion und Zellzerfall.

24.3.5. Behandlung von Krankheiten

Untersuchung
Je nach der Art der Erkrankung wird der Arzt zunächst – soweit möglich – den erkrankten Bereich betrachten *(Inspektion)* und befühlen *(Palpation)*. Bei Erkrankungen des Brust- (manchmal auch des Bauch-)raumes wird er dann durch Beklopfen *(Perkussion)* der Körperoberfläche versuchen, sich einen Eindruck über Lage und Ausmaß des Krankheitsprozesses zu machen. Nach dem Abhören *(Auskultation)* der Lunge, des Herzens und des Darms wird er oft schon zu einer Krankheitsfeststellung *(Diagnose)* kommen können.

Häufig sind bis zur endgültigen Diagnose jedoch noch weitere Untersuchungen, z. B. im Labor, mit dem Elektrokardiogramm, dem Röntgengerät oder aber durch einen Spezialisten, notwendig.

Schließlich wird der Arzt nach Ausschluss aller noch in Frage kommenden Erkrankungen *(Differenzialdiagnose)* zu einer abschließenden Diagnose kommen.

Therapie
Nach Feststellung der Diagnose folgt die Behandlung *(Therapie)*. Sie ist nach Art der jeweiligen Erkrankung unterschiedlich. Viele Erkrankungen, die mit Störungen der Körperfunktion und des persönlichen Befindens einhergehen, lassen sich am schnellsten und wirkungsvollsten durch *Medikamente* behandeln.

Mitunter helfen auch *Bestrahlungen* oder andere Formen der Wärmeanwendung oder ergänzen die medikamentöse Therapie wirkungsvoll. Bei einigen Krankheiten ist eine *chirurgische Therapie* nötig, d. h., das erkrankte Organ wird vom Chirurgen freigelegt, um die Krankheitsursache oder die Krankheitsfolge zu beseitigen. Wieder andere Krankheiten können durch die *Strahlentherapie* wirkungsvoll behandelt werden.

Bestimmte Krankheiten sind nicht so sehr körperlich, sondern weit mehr seelisch begründet, obwohl die Krankheitserscheinungen dieses manchmal nicht gleich vermuten lassen; hier hilft nicht selten eine *psychotherapeutische Behandlung.*

◀◀ ***Biologischer Tod.***

◀ ***Psychotherapie.***

Zum Wiederholen und Lernen.

MEMO!

WICHTIGES ZUM MERKEN

Klinischer Tod ist der (reversible = wieder rückgängig zu machende) Stillstand von Atmung und Herzaktion.

Biologischer Tod ist das endgültige Lebensende mit Zerfall der Körperstrukturen.

Krankheitserreger können in Körperausscheidungen (z. B. Urin, Stuhl, Sputum) und Körperflüssigkeiten (z. B. Blut, Liquor cerebrospinalis) des Menschen nachgewiesen werden.

Viren sind keine Lebewesen. Ihnen fehlen fast alle Merkmale von Lebewesen (Merkmale = 1. Stoffwechsel, 2. Bewegung, 3. Fortpflanzung, 4. Wachstum, 5. Reizaufnahme und -verarbeitung). Sie vermehren sich nicht selbstständig, sondern nur unter Zuhilfenahme der befallenen Zelle, die anfängt, das Virus zu produzieren.

EINIGE FRAGEN ZUM ÜBEN

Erklären Sie die Begriffe »Gesundheit« und »Krankheit«

Nennen Sie »innere Krankheitsursachen«

Erklären Sie die Begriffe »Konstitution« und »Disposition«!

Nennen Sie die wichtigsten äußeren Krankheitsursachen!

Was sind »Symptome«?

Welche Arten von Symptomen kennen Sie? Geben Sie Beispiele!

Welcher der folgenden Begriffe beschreibt kein Symptom: Fieber, Halbseitenlähmung, Husten, Lungenentzündung, Heiserkeit?

Welcher Unterschied besteht zwischen einer akuten und einer subakuten Erkrankung?

Erklären Sie den Begriff »Rezidiv«!

Erklären Sie die Begriffe »Rekonvaleszenz«, »Prognose« und »Prophylaxe«!

Nennen Sie die für Infektionen des Menschen wichtigsten Gruppen von Krankheitserregern!

Welche drei Formen von Bakterien werden üblicherweise unterschieden?

Wie unterscheiden sich Streptokokken von Staphylokokken im Mikroskop?

Nennen Sie Beispiele für Erkrankungen, die durch Bakterien verursacht werden!

Welche Bedeutung haben Chlamydien?

Nennen Sie einige Beispiele für Pilze, die bei Menschen Krankheiten verursachen können!

Wie unterscheiden sich Viren von Bakterien?

Nennen Sie einige Beispiele für durch Protozoen verursachte Krankheiten!

25. Krankheitsformen

ZIELE DES RAHMENLEHRPLANS

- Krankheitsformen erläutern
- Krankheitsbezeichnungen den Krankheitsformen zuordnen

25.1. Entzündung

Entzündung ist eine Abwehrreaktion des Körpers gegen eingedrungene krank machende Keime, Fremdkörper, Strahlenüberdosierung, Verbrennung und Ätzstoffe. Entzündungen können also durch Krankheitserreger, physikalische, mechanische und chemische Reize ausgelöst werden.

25.1.1.Verlauf einer Entzündung

Sehr häufig ist eine Entzündung durch Bakterien. Dabei kommt es zu folgendem Vorgang: Bakterien bewirken zunächst eine örtlich umschriebene »Reizung«. Es kommt zur *Leukozytenansammlung*, zur *Gewebeschwellung* infolge Lymph- und Kapillarstauung. Hierdurch kommt es zu den lokalen Symptomen der Entzündung (Rötung, Schwellung, Wärme und durch Druck der Schwellung auf Nervenendigungen zu Schmerz und eingeschränkter Funktion). Die am Ort der Entzündungen befindlichen *Leukozyten*, es handelt sich hierbei zunächst um *Granulozyten* (Mikrophagen), nehmen die Bakterien in sich auf (*Phagozytose*,), z. T. zerfallen sie. Dann kommen *Monozyten* (Makrophagen) hinzu und nehmen die »Trümmer« des Entzündungsortes in sich auf. Später wandeln sie sich in Bindegewebszellen und Kapillaren um und bilden das *Granulationsgewebe*. Dieses wird dann zu *Narbengewebe*.

Unspezifische Abwehr

Neutrophile Granulozyten und Makrophagen versuchen den eingedrungenen Krankheitserreger sofort zu vernichten *(unspezifische Abwehr)*. Die neutrophilen Granulozyten werden durch Krankheitserreger und Zellabbaustoffe der schon geschädigten Zellen angelockt. Sie nehmen die Erreger auf, bauen sie ab und gehen dabei selbst zugrunde. Hierbei entstehen »Eiterkörperchen«.

Bei schlechter Abwehrkraft des Körpers oder sehr aggressiven Bakterien kann es zur Lymphbahnenentzündung (Lymphangitis) einschließlich Entzündung und Vereiterung der regionären Lymphknoten (Lymphadenitis), später zum Einbrechen der Bakterien in die Blutbahn (Blutvergiftung, Sepsis mit Schüttelfrost und hohen Temperaturen) kommen.

◀ *Blutvergiftung.*

TERMINOLOGIE

Entzündliche Erkrankungen sind an der Endung -itis zu erkennen, z. B.

Appendizitis	Entzündung des Wurmfortsatzes
Arthritis	Gelenkentzündung
Cholezystitis	Gallenblasenentzündung
Dermatitis	Hautentzündung
Phlebitis	Venenentzündung
Ausnahmen:	
Panaritium	Fingergewebeentzündung
Pneumonie	Lungenentzündung
Angina	Rachenenge infolge Entzündung der Gaumenmandeln
aber auch:	
Rachitis	keine Entzündung, sondern Folge von Mangel an Vitamin D im Säuglingsalter

◀◀ *Granulationsgewebe.*

Symptome der Entzündung.

LOKAL	ALLGEMEIN
Rötung (Rubor)	Fieber
Schwellung (Tumor)	Tachykardie
Wärme (Calor)	Leukozytose
Schmerz (Dolor)	Linksverschiebung
eingeschränkte Funktion (Functio laesa)	erhöhte Blutkörperchen-Senkungsgeschwindigkeit

25.1.2. Fieber

Bakterielle Entzündungen und Infektionskrankheiten sind häufig mit Fieber verbunden. Unter Fieber wird die Erhöhung der Körpertemperatur über 38 °C verstanden. Fieber ist mit Allgemeinsymptomen (Mattigkeit, Appetitlosigkeit) und mit einer Belastung des Kreislaufs verbunden (Pulserhöhung, Atemfrequenzsteigerung), gelegentlich auch mit Übelkeit und Erbrechen.

Dem Fieberverlauf nach wird zwischen Anstieg, Fieberhöhe und Fieberabfall unterschieden. Bleibt Fieber längere Zeit gleich bleibend hoch, wird von Dauerfieber gesprochen; treten nach fieberfreien Perioden Temperaturerhöhungen auf, nennt man dies *remittierendes* Fieber, wechseln tagsüber normale mit hohen Temperaturen ab (wie bei Sepsis, Malaria), spricht man von *intermittierendem* Fieber. Mit hohem Fieber ist häufig *Schüttelfrost* verbunden.

MEMO!

Unter Fieber wird eine Erhöhung der Körpertemperatur über 38 °C verstanden.

25.1.3. Arten der Entzündung

Entzündungen werden nach der Art der dabei entstehenden Flüssigkeit unterschieden:

- *katarralisch* – Schleimhautabsonderung, (z. B. Rhinitis, Bronchitis),
- *serös* – Ausschwitzung von Gewebewasser (z. B. bei feuchter Rippenfellentzündung),
- *fibrinös* – Ausschwitzung von Fibrinklebstoffen, die zur Verschwartung führen können),
- *eitrig* – Absonderung, die aus Bakterien, Leukozyten, Gewebstrümmern u. a. besteht.

TERMINOLOGIE

Eitrige Entzündungen

Abszess	Eiterbildung in neugebildeter, unnatürlicher Höhle.
Furunkel	umschriebene Gewebeentzündung mit zentraler Eiterpfropfenbildung
Karbunkel	mehrere nebeneinander liegende und in der Tiefe verbundene Furunkel
Panaritium	Fingergewebeentzündung
Paronychie	Nagelbettentzündung
Phlegmone	flächenhaft sich verbreitende Gewebeentzündung
Empyem	Eiterbildung in natürlich bestehender Körperhöhle

25.2. Kreislaufstörungen

Im Gegensatz zum allgemeinen Sprachgebrauch, in dem mit »Kreislaufstörungen« meist durch niedrigen Blutdruck bedingte Ohnmachts- und Schwächeanfälle bezeichnet werden, werden in der Krankheitslehre hierunter alle Störungen des Kreislaufes, die zu Veränderungen der normalen Blutversorgung führen, verstanden.

25.2.1. Lokale Kreislaufstörungen

Hyperämie ist eine Blutfülle, die entweder aktiv durch Gefäßerweiterung (z. B. Erröten) oder durch Gefäßnervenlähmung (z. B. bei der Entzündung) bedingt sein kann.

Der Begriff *Ischämie* beschreibt einen Zustand bei dem ein Mangel an Blut herrscht. Die *relative Ischämie* wird erst bemerkt, wenn eine Belastung mehr Blut erfordert, als durch das krankhaft verengte Gefäßsystem herangeschafft werden kann (z. B. Gefäßverengung, Angina pectoris, Raucherbein). Bei der *absoluten Ischämie* kann durch Verschluss des Blutgefäßes kein Blut mehr in das Versorgungsgebiet kommen. Als Folge stirbt das Gewebe ab (Nekrose).

Infarkt ist ein durch Gefäßverschluss bedingtes Absterben von Gewebe.

Häufige Infarkte sind der *Herzinfarkt*, der *Lungeninfarkt* (»Lungenembolie«) und der *Hirninfarkt* (Schlaganfall, Apoplex). Grundsätzlich kann ein Infarkt in allen

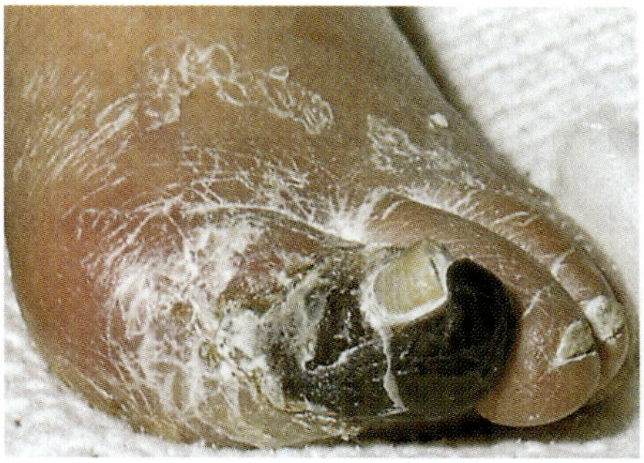

◀ *Typische trockene Gangrän (Nekrose) bei diffuser Arteriosklerose mit Verschluss der Arteria femoralis und Befall der Unterschenkelarterien. Der Patient wies anamnestisch eine Claudicatio intermittens auf, außerdem klagte er über Schmerzen in der 1. und 2. Zehe.*

Organen vorkommen. Meist sind die Folgen für den Patienten nur gering, so dass Infarkte dieser Art oft überhaupt nicht bemerkt werden.

25.2.2. Allgemeine Kreislaufstörungen

Eine besondere Rolle spielt der *Rückstau* des Blutes in den Organen, der bei beginnendem Versagen des Herzens (Herzinsuffizienz) auftritt. Zu *hoher* oder zu *niedriger Blutdruck* (Hypertonie und Hypotonie) führt zu Beeinträchtigungen des Wohlbefindens der Patienten. Hoher Blutdruck wird oft nicht bemerkt, kann aber gefährliche Folgen haben (z. B. Herzinfarkt, Schlaganfall), während der weit harmlose-

TERMINOLOGIE

BLUTUNGEN	
Apoplektischer Insult (Apoplex)	**Blutungen im Gehirn, Schlaganfall**
Hämatom	**Bluterguss**
Hämatemesis	**Bluterbrechen**
Melaena	**Blut im Stuhl**
Hämaturie	**Blut im Urin**
Metrorhagie	**Blutung außerhalb der Regel**
Hämatopnoe	**Bluthusten**
WASSERSUCHT (ÖDEM)	
Hierunter wird die Einlagerung von eiweißarmer Blutflüssigkeit (»Wasser«) in Gewebe und Körperhöhlen verstanden.	
Ödem, Anasarka	**Einlagerung in die Haut**
Ascites	**Einlagerung in die Bauchhöhle**
Hydrothorax	**Einlagerung in den Brustkorb**
Hydrocephalus	**»Wasserkopf«**
Hydrocele	**Wasser im Hodensack**

re zu niedrige Blutdruck die Patienten oft stark beeinträchtigt.

25.2.3. Weitere Kreislaufstörungen

Thrombose
Unter Thrombose wird die Bildung eines Blutgerinnsels in einem Blutgefäß verstanden. Die Thrombose kann sowohl in Arterien (mit der möglichen Folge eines Infarktes) oder in einer Vene erfolgen. Die Blutgerinnsel können abreißen und zur Embolie führen.

Embolie
Durch Verschleppung von Stoffen (wie z. B. Blutgerinnseln, Fett, Luft) im Blut kann eine Verstopfung von Blutgefäßen erfolgen. Dies kann einen Infarkt zur Folge haben.

25.3. Entartung

Unter Entartung wird das unkontrollierte Wachstum von Körperzellen verstanden; die zur Neubildung von Zellen (Geschwülsten) führen. Es gibt gutartige und bösartige Geschwülste.

25.3.1. Gutartige Geschwülste

Gutartige Geschwülste wachsen langsam und sind in ihrer Ausdehnung durch eine Kapsel begrenzt. Z. B.: Polyp, Nervengeschwulst, Fettgeschwulst, Grützbeutel, Myom.

Gebärmuttermyom
Myome sind die häufigsten Geschwülste der Gebärmutter (95 Prozent aller gutartigen Tumoren). Sie treten zu etwa 90 Prozent zwischen dem 35. und 55. Lebensjahr auf. Es handelt sich um Geschwülste der glatten Muskulatur, die zu verstärkten und verlängerten Regelblutungen, Druckbeschwerden im Unterleib und Schmerzen führen können.

Prostataadenom (Prostatahypertrophie)
Gutartige Geschwulst der Drüsen in der Schleimhaut der hinteren Harnröhre im Bereich der Vorsteherdrüse (Prostata), führt zu Blasenentleerungsstörungen bis hin zur akuten (plötzlichen) Harnverhaltung. Tritt bei etwa 50 Prozent der Männer über 60 Jahre auf.

25.3.2. Bösartige Geschwülste

Bösartige Geschwülste *Neoplasmen* (»Krebs«) entstehen durch Entartung von Körperzellen mit sich anschließender schneller Zellteilung. Wucherung in die Umgebung und Ausbildung von Tochtergeschwülsten sind meist die Folge. Ein bösartiger Tumor (Schwellung) an inneren Organen ist erst nachweisbar, wenn er den Durchmesser von einem Zentimeter erreicht hat. Inzwischen haben sich die Krebszellen 30mal geteilt, so dass bei einem kleinen Tumor bereits 670 Millionen Krebszellen vorhanden sind.

Unterschied zwischen gutartigen und bösartigen Geschwülsten.

MERKMAL	GUTARTIG	BÖSARTIG
Begrenzung	scharf	unscharf
Eindringen in Blutgefäße	nein	ja
Hineinwachsen in die Umgebung	nein	ja
Wachstumsgeschwindigkeit	langsam	schnell
Metastasierung	nein	ja

Metastasen

Unter *Metastasen* werden Tochtergeschwülste verstanden, die durch Verschleppung von Krebszellen entstanden sind. Krebszellen können auf dem Blutgewebe (hämatogen), auf dem Lymphwege (lymphogen), durch natürliche Körperkanäle (kanalikulär) oder durch direktes Eindringen in Nachbargewebe (per continuitatem) verschleppt werden.

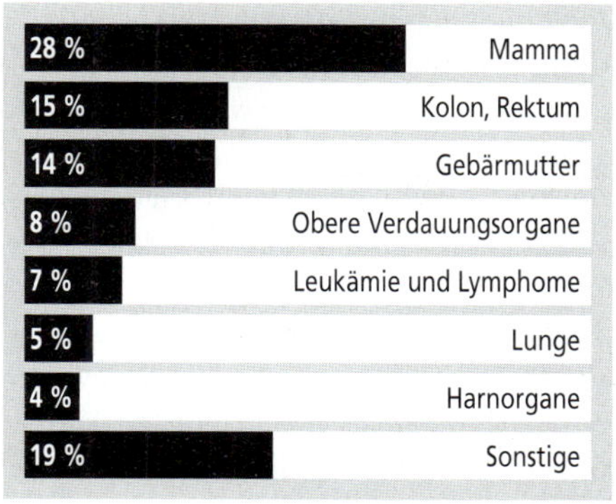

Krebssterbefälle der Frauen.

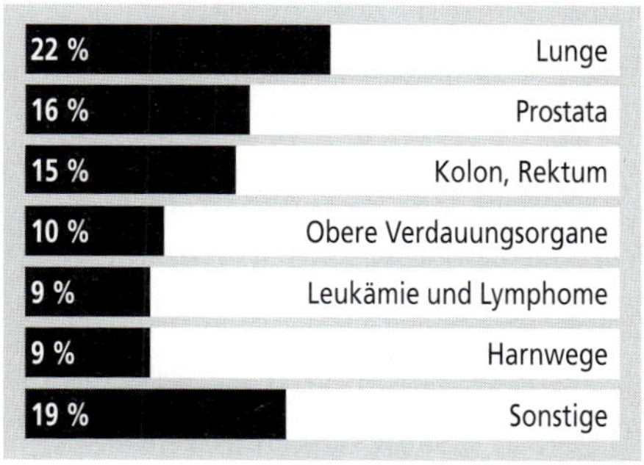

Krebssterbefälle der Männer.

25.3.3. Einteilung der Geschwülste

Die Einteilung der gutartigen und bösartigen Gewebegeschwülste erfolgt entsprechend dem Namen des Gewebes, dem sie entstammen. Bösartige Wucherungen des Epithelgewebes heißen *Karzinome.* Da in fast allen Organen des Körpers Epithelgewebe vorkommt, erfolgt eine weitere Unterscheidung durch Angabe des Organs, in dem die Epithelwucherung aufgetreten ist. *Sarkome* sind bösartige Wucherungen des Stütz-, Muskel- oder Nervengewebes. Viele gutartige Geschwülste werden mit dem Namen des Stammgewebes benannt, an das die Endung *-om* angehängt wird.

25.3.4. Häufige Krebserkrankungen

Bronchialkarzinom (Lungenkrebs)

Das Bronchialkarzinom ist eine bösartige Geschwulst der Bronchien, die häufiger bei starken Rauchern vorkommt. Symptome treten oft erst spät auf, wie z. B. Reizhusten, Sputum mit Blutbeimengungen u. ä. Metastasierung erfolgt in die Nachbarschaft, aber auch auf dem Blutweg in Knochen und Gehirn.

Kolonkarzinom (Dickdarmkrebs)

Häufiger bei Männern als bei Frauen (3:2), oft zwischen dem 50. und 70. Lebensjahr. Symptome treten erst spät auf. Z. B. Darmkoliken, Gewichtsabnahme, okkultes Blut, Schmerzen.

GEWEBE	GUTARTIG	BÖSARTIG
Epithelgewebe	Epitheliom, Papillom	Karzinom
Stützgewebe		
Bindegewebe	Fibrom	Fibrosarkom
Fettgewebe	Lipom	Liposarkom
Knorpelgewebe	Chondrom	Chondrosarkom
Knochengewebe	Osteom	Osteosarkom
Muskelgewebe	Myom	Myosarkom
Nervengewebe		Neurinom

Einteilung der Geschwülste.

▶▶ *Knochenmetastasen.*

▶ *»Knoten«.*

Korpuskarzinom (Gebärmutterkörperkrebs)

Ein Karzinom der Frau zwischen dem 60. und 80. Lebensjahr. Etwa 1,5 Prozent aller Frauen über 20 Jahre bekommen das »Korpuskarzinom«. Symptom ist häufig Blutungen nach der Menopause. Die Diagnose wird nach einer Kürettage an Hand der histologischen Untersuchung des Gewebematerials gestellt. Rechtzeitig erkannt, hat das Korpuskarzinom eine recht gute Prognose.

Magenkarzinom

Bösartige Geschwulst des Magens, in fortgeschrittenen Stadien sehr schlechte Heilungsaussichten. Symptome sind Appetitlosigkeit, Abneigung gegen bestimmte Speisen, z. B. Fleisch oder Wurst, Völlegefühl.

Mammakarzinom (Brustkrebs)

Es handelt sich um das häufigste Karzinom der Frau. Hauptlokalisation ist der obere äußere Quadrant der Brustdrüse. Das einzige Frühsymptom ist die schmerzlose, tastbare Verhärtung (»Knoten«) in der Brustdrüse. Spätsymptome sind Warzenveränderungen, Brustvergrößerung, Achseldrüsenpakete u. a. m.

Malignes Melanom

Äußerst bösartige, metastasierende braunblauschwarze Flecken auf der Haut. Die Ursache ist häufig zu intensive Sonnenbestrahlung besonders im Kindesalter. Die Häufigkeit an malignen Melanomen nimmt stark zu.

Osteosarkom

Häufigster primärer Knochentumor, tritt in etwa der Hälfte aller Fälle in der Knieregion auf, metastasiert in die Lunge, Auftreten am häufigsten im Alter zwischen 10 und 20 Jahren. Etwa 50 Prozent der Patienten überleben 5 Jahre und mehr.

Prostatakarzinom

Eine bösartige Geschwulst, die bei Männern im höheren Alter auftritt. Das Karzinom entwickelt sich harnröhrenfern und bleibt deswegen oft lange ohne Symptome. Früh schon können Knochenmetastasen in der unteren Wirbelsäule entstehen, die zu Kreuzschmerzen, Ischiasbeschwerden führen können. Weitere Symptome sind Harndrang, Hämaturie und Blasenentleerungsstörungen.

Zervixkarzinom (Gebärmutterhalskarzinom)

Das Zervixkarzinom ist das häufigste weibliche Genitalkarzinom. Es tritt bei etwa 4 bis 5 Prozent aller Frauen überwiegend zwischen dem 35. und 50. Lebensjahr auf. Symptome sind blutig verfärbter Ausfluss und atypische Blutungen, insbesondere auch Kontaktblutungen beim Geschlechtsverkehr. Hierbei handelt es sich nicht um Frühsymptome! Auch ohne Symptome sollte sich jede Frau, die älter als 20 Jahre ist, alle 6 Monate einer Vorsorgeuntersuchung unterziehen.

25.3.5. Warnzeichen vor Krebs

Es gibt eine Reihe von Symptomen und Erkrankungen, bei deren Auftreten an eine bösartige Erkrankung gedacht werden muss. Dazu gehören neben Allgemeinsymptomen wie Schwäche, Leistungsminderung, Gewichtsverlust, Nachtschweiß u. a.:

- nicht heilende Geschwüre der Haut
- Knoten oder Verdickungen in und unter der Haut
- Absonderung von Blut aus Lunge, Magen- Darm-Trakt oder Harnwegen
- Unregelmäßige Monatsblutungen
- Wechsel von Durchfall und Verstopfung
- hartnäckige Heiserkeit
- hartnäckiger Husten
- häufig wiederkehrende Magengeschwüre
- Veränderungen im Bereich einer Warze oder eines Muttermals.

TERMINOLOGIE DER KARZINOME

Blasen-Ca	Blasenkrebs
Bronchial-Ca	Lungenkrebs
Kolon-Ca	Dickdarmkrebs
Korpus-Ca	Gebärmutterkörperkrebs
Larynx-Ca	Kehlkopfkrebs
Mamma-Ca	Brustdrüsenkrebs
Ösophagus-Ca	Speiseröhrenkrebs
Ovarial-Ca	Eierstockkrebs
Prostata-Ca	Krebs der Vorsteherdrüse
Rektum-Ca	Enddarmkrebs
Zervix-Ca	Gebärmutterhalskrebs

25.4. Gewebeschwund, Abnutzungs- und Alterskrankheiten

Infolge Alterung oder Überbeanspruchung kommt es zu Abnutzungserscheinungen an einzelnen Organen, Organsystemen oder am ganzen Körper. Während bei der Entzündung die Gewebeschwellung charakteristisch ist, kommt es bei den Abnutzungserscheinungen zu Verhärtung, Erstarrung und Elastizitätsverlust des Gewebes.

Diese Erkrankungen werden auch *degenerative Erkrankungen* genannt, die Krankheitsbegriffe sind häufig an der Endung **-osis** oder eingedeutscht **-ose** zu erkennen. Die gleiche Endung findet allerdings auch bei Stoffwechselerkrankungen Verwendung.

Arteriosklerose (»Gefäßverkalkung«)

Auch am Gefäßsystem kann es zur *Verhärtung (Sklerose)* der Gefäßwände kommen. Dies führt dann zur Verengung der Blutgefäßöffnung (Lumen). Folge ist eine schlechtere Versorgung der Gewebe mit Blut, es kommt zu *Durchblutungsstörungen,* deren Folgen je nach Lokalisation unterschiedlich sind. Bei Arteriosklerose von Arterien der Beine kommt es zu Schmerzen beim Gehen *(Claudicatio intermittens),* Verkalkung der Herzkranzgefäße führt zur Herabsetzung der Herzmuskeldurchblutung. Folge sind eine verminderte Belastbarkeit des Herzens, ein Engegefühl im Brustbereich *(Angina pectoris)* oder – bei vollständigem Verschluss der Herzkranzgefäße – der *Myokardinfarkt.* Die Arteriosklerose der Nierenschlagadern kann zu Hochdruck, Verminderung der Ausscheidung und Harnstoffvergiftung *(Urämie)* führen.

Sind die Gefäße des Gehirns betroffen, kommt es zur *Cerebralsklerose.* Folgen sind das Nachlassen von Funktionen des Gehirns wie z. B. die Merkfähigkeit, die Schnelligkeit der Reaktion, die Lernfähigkeit u. a. m. Durch die Verhärtung der Gefäße geht die Elastizität verloren, die Gefahr einer Gefäßzerreißung besteht, die bei Hirngefäßen zum *Schlaganfall* führt.

Gelenkverschleiß

Am Knorpelsystem tritt Elastizitätsverlust mit Bildung neuen Knochengewebes an den Gelenkrändern und Abbau der Knochenstruktur ein, z. B. Arthrosis deformans, Spondylarthrosis, Osteochondrose, Verschmälerung der Zwischenwirbelscheiben.

Arthrosis deformans

Es kommt zu Veränderungen an den Gelenken durch Abnutzung, Fehl- (z. B. bei X-Beinen, Fußdeformitäten) oder Überbelastung (z. B. durch Fettleibigkeit).

Fortschreitende Einengung der Gefäße durch Arteriosklerose. ▼

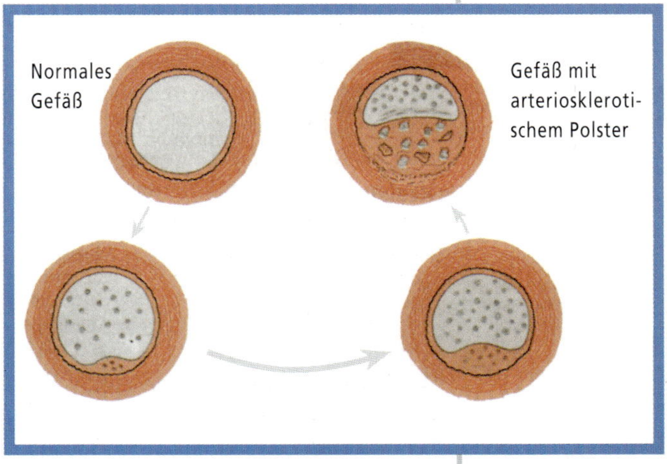

▶▶ Glocken- oder fassförmiger Thorax.

▶▶ Typ 1, 2.

▶ Frakturneigung.

Der Gelenkknorpel verliert seine Elastizität, kleine Knorpelstücke geraten in den Gelenkraum, es bilden sich Knochenzacken. Arthrosen treten gehäuft bei älteren Menschen auf, besonders an den Knien (Gonarthrose) und an der Hüfte (Coxarthrose).

Symptome: Gelenkverformung, Bewegungseinschränkung, Steifigkeit nach Ruheperioden (früher Morgenschmerz), seltener auch Gelenkblockade.

Therapie: Physikalische Therapie, orthopädische Maßnahmen, Antirheumatika, ggf. Gewichtsverminderung, operative Behandlung.

Gewebeschwund (Atrophie)

Für die Verminderung von Gewebe gibt es unterschiedliche Ursachen. Die *Altersatrophie* stellt sich normal im Laufe des Lebens ein und führt zu Faltenbildung, Dünnerwerden der Haut sowie allgemeiner Verminderung der Organgröße. *Druckatrophie* entsteht durch Druck auf die Organe. Verminderte Durchblutung führt zu Gewebeschwund. Bei vermindertem Gebrauch eines Organes kann es zur *Inaktivitätsatrophie* kommen. Besonders ausgeprägt ist dies nach Ruhigstellung von Extremitäten bei Knochenbrüchen durch einen Gipsverband. Hierbei vermindert sich die Muskulatur (*Muskelatrophie*), der Patient muss nach Entfernung des Gipses erst wieder die Extremität trainieren.

Osteoporose

Verminderung der Knochenmasse. Folgen des Abbaus insbesondere der Knochentrabekel sind für eine vermehrte Frakturneigung (besonders des Oberschenkelhalses, des distalen Radiusendes sowie Wirbeleinbrüche) verantwortlich. Die Osteoporose tritt häufig bei Frauen nach der Menopause auf.

Symptome

Mitunter keine Symptome, ansonsten Knochenschmerzen, besonders am Rücken, Kompressionsfrakturen der Wirbelsäule.

Emphysem

Der Luftgehalt der Lunge ist bei Verminderung des Lungengewebes höher, die Lunge ist überbläht. Der glocken- oder fassförmige Thorax ist starr, die Vitalkapazität und die Exspirationskraft sind vermindert, was an der Abschwächung des Atemstoßes erkannt werden kann. Die Patienten können eine Kerzenflamme nicht mehr auspusten.

25.5. Stoffwechselerkrankungen

25.5.1. Diabetes mellitus (Zuckerkrankheit)

Vorkommen

Etwa 2 bis 3 Prozent der Bevölkerung sind im Bundesgebiet zuckerkrank. Mit höherem Alter, bei Frauen und Übergewichtigen tritt der Diabetes mellitus (auch kurz »Diabetes« genannt) häufiger auf. In den allermeisten Fällen (etwa 80 bis 90 Prozent) handelt es sich um den so genannten *Erwachsenendiabetes* (Diabetes vom Typ II). Der *juvenile Diabetes* (Typ I) und die infolge anderer Erkrankungen auftretenden so genannten *sekundären Diabetesformen* sind wesentlich seltener. Diabetiker des Typs I erkranken meist in der Jugend, haben normales oder zu geringes Gewicht und sind therapeutisch schwer einzustellen. Bei Diabetikern des Typs II handelt es sich meist um Patienten, die älter als 40 Jahre sind. Sie sehen gesund aus, neigen zu hohem Blutdruck, einer Fettleber und haben meist Übergewicht.

Ursachen

Der Diabetes mellitus beruht beim Typ I auf Insulinmangel, der als Folge einer Verminderung der Hormonprodukion der Langerhansschen Inseln der Bauchspeicheldrüse auftritt. Der Mangel an Insulin hat zur Folge, dass die im Blut befindliche Glukose nicht mehr im erforderlichen Ausmaß in die Körperzellen eintreten kann

(Insulin macht die Zellwände für Glukose »durchlässig«), auch wird Glukose weniger in Glykogen umgewandelt. Folge ist ein Anstieg des Blutzuckerspiegels. Beim Typ II ist ein Missverhältnis zwischen Menge des produzierten und des benötigten Insulins (z. B. bei Fettsucht) die Ursache.

Die Neigung zu Diabetes mellitus Typ II ist erblich. Der Diabetes mellitus Typ I wird meist durch Virusinfektionen oder Entzündungen der Bauchspeicheldrüse hervorgerufen, seltener durch Vererbung.

Symptome

Typische Symptome sind Schwäche, starker Durst, (Polydipsie), gehäuftes Wasserlassen (Polyurie), Heißhunger (Polyphagie). Diabetiker sind stärker als andere Personen infektionsgefährdet.

Komplikationen

Komplikationen des Diabetes sind überwiegend durch die diabetesbedingten arteriosklerotischen Gefäßschäden bedingt. Diese können grundsätzlich überall auftreten, haben aber besonders häufig am Herzen (Herzinfarkt), am Gehirn (Apoplexie) und an den Nieren (Nierenversagen) schwerwiegende Folgen. Ein nicht oder nicht richtig behandelter Diabetes mellitus kann zu einer Entgleisung des Stoffwechsels führen *(Coma diabeticum)*. Hierbei kommt es zu einer Überschwemmung des Blutes mit giftigen Stoffwechselprodukten, der Blutzuckerspiegel ist extrem erhöht, der Patient wird zunehmend bewusstseinsgestört und verstirbt bei Ausbleiben einer rechtzeitigen Therapie.

Laborbefunde

Im Labor können beim Diabetiker erhöhte Blutzuckerwerte festgestellt werden (Hyperglykämie), bei Entgleisung des Fettstoffwechsels entstehen die so genannten Ketonkörper (z. B. Azeton), die im Urin nachgewiesen werden können, aber auch an der obstähnlich riechenden Ausatmungsluft des Patienten schon zu erkennen sind.

Blutzucker: Normalerweise befinden sich die Blutzuckerwerte zwischen etwa 60 und 100 mg/dl, bei Werten von etwa 160 mg/dl wird die so genannte Nierenschwelle überschritten, der Zucker »läuft in den Urin über«. Bei Werten zwischen 100 und 160 mg/dl ist also der Blutzuckerspiegel erhöht, ohne dass die bestehende Zuckerkrankheit durch entsprechende Glukosenachweise im Urin festgestellt werden kann. Aus diesem Grund reicht auch bei einem Verdacht auf Diabetes mellitus die Untersuchung des Urins auf Glukose allein nicht aus.

◄ *Nierenschwelle.*

Therapie

Vielfach lässt sich die Zuckerkrankheit durch strenge Diät beherrschen. Diese muss fett- und kohlenhydratarm, kalorisch ausreichend, vitaminreich und mit genügend Ballaststoffen versehen sein. Die Menge der zugeführten Kohlenhydrate muss genau bekannt sein. Sie wird in so genannten »Broteinheiten« gemessen.

Broteinheit = BE =
12 g Kohlenhydrate =
25 g Schwarzbrot

◄ *Broteinheit.*

Der Diabetiker sollte von allen Nahrungsmitteln, die er verwendet, die Broteinheiten einer vorgegebenen Menge kennen, damit er sich bei der Bemessung der Kohlenhydrate genau an die vom Arzt vorgegebene Menge von Broteinheiten halten kann. Nur wenn die Diätvorschriften eingehalten werden, kann ein Diabetes mellitus gegebenenfalls zusammen mit weiterer Therapie gut eingestellt werden.

◄◄ *Coma diabeticum.*

Die medikamentöse Behandlung kann insbesondere beim Diabetes des Typ II häufig durch Tabletten (Antidiabetica) erfolgen. In schweren Fällen und beim Diabetes des Typs I ist Insulin erforderlich, das nur parenteral (durch Injektion) verabreicht werden kann. Insulin wird häufig vom Patienten selbst subkutan injiziert. Die Stellen am Körper, an denen dies geschieht, sollten gewechselt werden. Neu eingestellte Diabetes-Patienten müssen zunächst in die Injektionstechniken und die hierbei erforderlichen Vorsichtsmaßnahmen eingewiesen werden.

25.5.2. Weitere Stoffwechselkrankheiten

Fettsucht (Adipositas, Obesitas)

Fettsucht kann Folge einer hormonellen Störung, einer Stoffwechselstörung oder zu reichlicher Nahrungsaufnahme sein. Infolge der sich ablagernden Fettmassen kommt es zur Leistungs- und Herzschwäche. Adipositas ist häufig verbunden mit Bluthochdruck, Neigung zur Gallensteinbildung (infolge erhöhten Serumcholesterins) und Diabetes mellitus (Typ II). Durch eine nach Kalorien streng bemessene Kost unter Vermeidung von Alkohol (besonders Bier) kann mitunter ein der Größe und der Konstitution nach angemessenes Körpergewicht erreicht werden.

Gicht

Gicht ist eine in akuten Schüben verlaufende Stoffwechselstörung mit erhöhter Harnsäure (Hyperurikämie) im Blut. Charakterisiert ist die Krankheit durch Ausscheidung harnsaurer Kristalle in die Gelenke (Gelenkgicht = Arthritis urica). Besonders betroffen sind die Großzehe (Podagra), das Kniegelenk (Gonagra), die Finger- und Handgelenke (Chiragra). Eine andere Art der Gicht lokalisiert sich in den Blutgefäßen und in der Niere. Die Kranken müssen purinfreie Kost einhalten, dürfen also kein Fleisch, keine Fleischwaren essen, müssen Hülsenfrüchte vermeiden und sollen keinen Bohnenkaffee, Tee, Kakao oder Alkohol trinken.

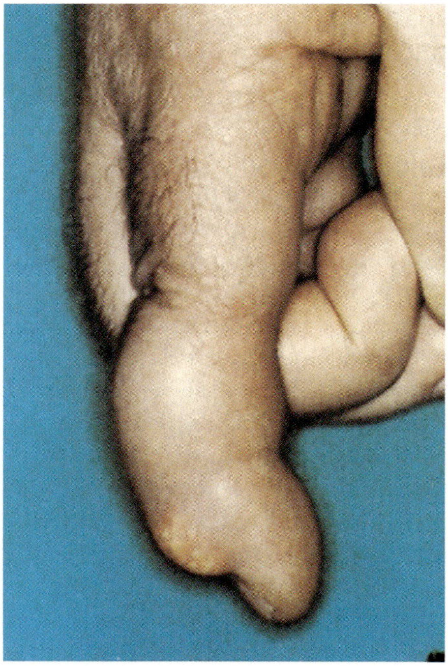

Harnsäureablagerungen an einem Fingergelenk.

Unterernährung

Unterernährung führt zu Schwund der Fettpolster und des Bindegewebes, woraufhin die Muskulatur atrophisch wird. Avitaminose (Vitaminmangel) kann Gefäßbrüchigkeit (Skorbut, Spontanblutungen unter die Haut) oder Knochenweiche (Rachitis, Osteomalazie) bewirken. Es tritt nach und nach Dystrophie infolge chronischen Eiweißmangels ein (Hungerödem). Ein schrittweiser Nahrungsaufbau (dosierte Eiweißzufuhr) kann einen in Unterernährung befindlichen Organismus wieder aufbauen.

Rachitis

Die Rachitis beruht auf Mangel an Vitamin D und auf einer Kalk- und Phosphatstoffwechselstörung mit Verzögerung der Knochenverfestigung. Es kommt zu Knochenverformung, Knochen-Knorpel-Auftreibungen und dadurch Entstehen von Quadratschädel, X- und O-Beinen nebst Buckelbildung; sowie gelegentlich zu Zahnschmelzdefekten.

25.5.3. Steinbildung

Nicht selten kommt es in kleineren Hohlräumen wie der Galle, den Nieren, der Harnblase oder im Speichel zur Steinbildung. Es können sich ein oder mehrere Steine ausbilden. Ein Stein, der den ganzen

Hohlraum eines Organs einnimmt, heißt Ausgussstein.

Cholelithiasis (Gallensteinleiden)
Steine können in der Gallenblase oder in den Gallenwegen vorkommen. Der Steinabgang aus den Gallenwegen in den Zwölffingerdarm löst eine Gallenkolik aus, die erst nachlässt, wenn der Stein die Gallenwege vollständig passiert hat. Kann der Stein nicht ins Duodenum gelangen, staut sich hinter ihm die Galle bis in die Leber, und es entsteht ein Ikterus (Gelbsucht). Gallensteine haben eine unterschiedliche chemische Zusammensetzung und Struktur.

Nephrolithiasis (Nierensteinleiden)
Ursache ist eine Kristallbildung im Nierengewebe, die zur Steinbildung führt. Der Stein wandert ins Nierenbecken, von dort in den Ureter (was zur Nierenkolik führt) und in die Harnblase. Kleine Steine gehen mit dem Urin spontan ab, größere nicht, sie müssen mechanisch zertrümmert werden.

TERMINOLOGIE

Cholelithiasis	Gallensteinbildung
Nephrolithiasis	Nierensteinbildung
Sialolithiasis	Speichelsteinbildung

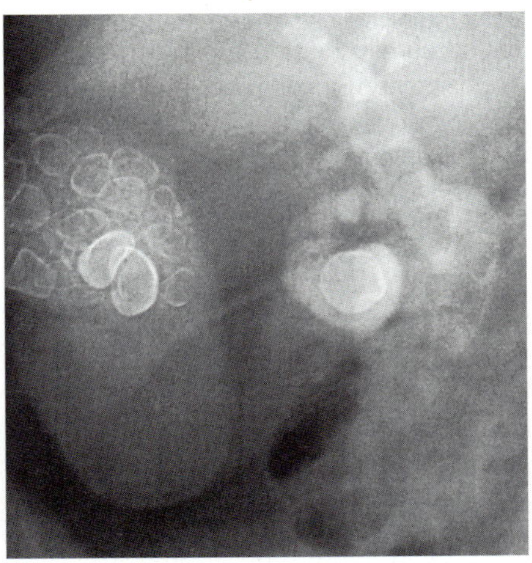

◀◀ *Darstellung der Gallenblase und Gallengänge mit Steinen.*

25.6. Immunpathologie

25.6.1. Grundlagen

Der menschliche Körper hat die Fähigkeit, gegen von ihm als fremd erkannte Stoffe Abwehrmöglichkeiten zu mobilisieren. Gegen fremde Stoffe mit einem höheren Molekulargewicht (Antigene) bildet der Körper Abwehrstoffe (Antikörper).

Antigene
Es handelt sich hierbei um Stoffe, die die Bildung von Antikörpern hervorrufen und sich mit ihnen vereinigen können.

Antigene können z. B. Bakterien, Viren, Transplantate, Fremdkörper, seltener auch krankhaft veränderte körpereigene Stoffe (z. B. Krebszellen) sein, die vom Körper nicht mehr als eigener Bestandteil erkannt werden. *Autoaggressionskrankheiten* entstehen dadurch, dass der Körper gegen eigene Substanzen oder Zellen eine Immunabwehr entwickelt.

Antikörper
Es werden *humorale und zelluläre Antikörper* unterschieden, die so genannten *B-Lymphozyten* und *T-Lymphozyten* zuzuordnen sind.

25.6.2. Allergie

Das einmalige Zusammentreffen mit »Antigenen« oder »Toxinen« kann im Körper eine Reaktion hervorrufen, die dazu führt, dass sich der Körper beim zweiten oder späteren Kontakt mit diesen Stoffen anders verhält als beim ersten Mal. Er kann *unempfindlich* sein (Immunität) oder er reagiert *überschießend* mit Fieber, Juckreiz, Quaddeln, auch Schleimhautschwellung (z. B. Heufieber, Heuschnupfen), evtl. auch mit Kontraktionen der glatten Muskulatur (z. B. in den Bronchien), das ist dann eine Allergie.

Eine *Allergie* ist die Folge einer erworbenen Überempfindlichkeit gegen ein be-

▶ *Allergen.*

stimmtes Antigen (dann *Allergen* genannt). Es kann sich dabei um Eiweißstoffe in Nahrungsmitteln handeln (rohe Milch, Erdbeeren), um Bakterienallergene (Infektion), Pollenallergene (Heuschnupfen), Transfusionsallergene (in Fremdblut), Kontrastmittel, Arzneimittelallergene.

Nachdem es durch einen früheren Kontakt zwischen Allergen und Organismus zu einer Antigen-Antikörper-Reaktion gekommen war (und zwar gegen Stoffe, gegen welche keine Abwehr nötig wäre, so dass die Abwehrreaktion selbst zur Krankheit wird), kann es bei einem Zweitkontakt und bei später erneuten Kontakten zu heftigen Antigen-Antikörper-Reaktionen kommen mit Erscheinungen wie Asthma, Ekzem, Heuschnupfen, Urtikaria. Die spezielle Ursache einer Allergie ist durch Allergietestungen festzustellen.

Asthma bronchiale

Asthma bronchiale wird ausgelöst durch Spasmen (krankhafte Zusammenziehungen) der Bronchienmuskulatur und ist von plötzlich einsetzender starker Atemnot und Zyanose (Blausucht) begleitet. Asthma bronchiale tritt im Zusammenhang mit allergischen Reaktionen und psychischen Faktoren auf.

MEMO!

Unterscheide:

Asthma cardiale ist eine Folge einer Herzinsuffizienz, bei der das Herz nicht mehr in der Lage ist, alles Blut aus dem kleinen in den großen Kreislauf zu pumpen. Dies führt zur Rückstauung des Blutes in die Lunge und meist nächtlich auftretenden Luftnot, kann ein Lungenödem zur Folge haben.

Nesselsucht (Urticaria)

▶ *Quaddeln.*

Heftig juckende, allergisch bedingte Quaddeln, die über viele Stunden bis zu mehreren Tagen anhalten.

25.7. Erbkrankheiten und vorgeburtliche Schädigungen

Durch entsprechende Erbanlagen kann es zu Fehlbildungen sowie angeborenen Erkrankungen kommen. Schädigungen während der Schwangerschaft haben je nach Zeitpunkt der Einwirkung und Art der Schädigung unterschiedlich häufig Fehlbildungen der Frucht zur Folge.

25.7.1. Chromosomenveränderungen

Eine veränderte Chromosomenzahl wie auch Veränderungen innerhalb eines einzelnen Chromosoms können beim Menschen unterschiedliche Folgen haben.

▶▶ *Trisomie 21.*

Das Fehlen eines Chromosoms (außer eines Geschlechtschromosoms) ist mit dem Leben nicht vereinbar, ein fehlendes Geschlechtschromosom führt insbesondere zu Fehlbildungen im Bereich der Geschlechtsorgane. Ein Zuviel an Chromosomen hat unterschiedliche Folgen: Ein zusätzliches Chromosom der Nr. 21 (die 23 menschlichen Chromosomenpaare sind durchnummeriert) führt zum Down-Syndrom (auch genannt *Trisomie 21*, mit Schwachsinn, schrägen Lidspalten, rauer Haut), in anderen Fällen kommt es zur Lippen-Kiefer-Gaumenspalte mit Herzmissbildungen (D1-Trisomie) u. a.

25.7.2. Vorgeburtliche Schäden

Schädigungen des Kindes im Mutterleib können unterschiedliche Gründen haben, z. B.

- ionisierende Strahlen (z. B. Röntgenstrahlen)
- Rötelnviren
- Medikamente
- Toxoplasmose, Listeriose.

Die entstehenden Fehlbildungen sind nicht so sehr auf die Art der Schädigung, sondern überwiegend auf den Zeitpunkt der Schädigung zurückzuführen. So führen Schädigungen etwa 5 Wochen nach dem 1. Tag der letzten Menstruation zum Fehlen der Ohrmuscheln und Gehörlosigkeit, Lähmung der Augen- und Gesichtsmuskeln; in der 6. bis 7. Woche zu Fehlbildungen an Herz, Darm, Gallenblase, Nieren; in der 7. bis 8. Woche zu Fehlbildungen an den Gliedmaßen.

Rötelnembryopathie

Eine Infektion der Mutter mit dem Rötelnvirus während der ersten 12 Wochen der Schwangerschaft kann in etwa 30 Prozent zu Fehlbildungen führen. Wenn es nicht zum Abort kommt, hat diese Infektion meist eine Kombination von Herzfehlern mit Blind- und Taubheit zur Folge. Wirkungsvoll verhütet werden kann die Rötelnembryopathie durch Impfung von Mädchen gegen Röteln vor Eintritt in die Geschlechtsreife.

Toxoplasmenfetopathie

Diese Schädigung des Foeten erfolgt durch Ansteckung der Mutter mit Toxoplasmen in der zweiten Schwangerschaftshälfte. Folge ist häufig eine Fehlgeburt. Falls der Fetus überlebt, kommt es meist zu schweren Körperschädigungen wie z. B. Wasserkopf (Hydrocephalus).

Lebendgeborene mit einer Fehlbildung	151,4
davon	
▪ Gaumen- und Lippenspalte	35,8
▪ Fehlbildungen des Skelettsystems und der Gliedmaßen	27,5
▪ Fehlbildungssyndrome an mehreren Organssystemen	22,2
▪ angeborener Klumpfuß	15,6
▪ Offenes Rückenmark (Spina bifida)	11,6
▪ Wasserkopf (Hydrocephalus)	6,3
▪ Fehlbildungen des Herzens	4,3
▪ Hirnlosigkeit (Anencephalus)	3,0
Lebendgeborene mit mehrfachen Fehlbildungen	32,5

◀ *Häufigkeit der Fehlbildungen pro 100 000 Lebendgeborenen.*

Zum Wiederholen und Lernen.

MEMO!

WICHTIGES ZUM MERKEN

Entzündung ist eine Abwehrreaktion des Körpers gegen eingedrungene Krankheitserreger , Fremdkörper u. ä.
Unter **Entartung** wird das unkontrollierte Wachstum von Körperzellen verstanden, das Ergebnis können (gutartige oder bösartige) Geschwülste sein.
Metastasen sind durch Verschleppung von Krebszellen (Wege: direkt, hämatogen, lymphogen, kanalikulär) entstandene Tochtergeschwülste.
Kreislaufstörungen sind alle Veränderungen der normalen Blutversorgung.
Ablauf einer Entzündung:
1. örtliche Schädigung z. B. durch Bakterien,
2. Leukozytenansammlung (zunächst neutrophile Granulozyten)
3. Gewebeschwellung
4. Granulozyten (Mikrophagen) phagozytieren Bakterien, zerfallen teilweise,
5. Monozyten (Makrophagen) nehmen Trümmer auf.
6. Umwandlung der Monozyten in Bindegewebszellen und Granulationsgewebe
7. Bildung von Narbengewebe

Symptome der Entzündung:
5 lokale Rötung (Rubor), Schwellung (Tumor) Wärme (Calor) , Schmerz (Dolor) , eingeschränkte Funktion (Functio laesa) ;
5 allgemeine, Tachykardie, schneller Pulsschlag, Leukozytenvermehrung, Linksverschiebung, erhöhte BSG
Warnzeichen vor Krebs Grundsätzlich sind alle hartnäckigen oder häufig wiederkehrende unerklärbaren Schwellungen , Blutungen oder Funktionsstörungen solange krebsverdächtig, bis die Harmlosigkeit erwiesen ist.

EINIGE FRAGEN ZUM ÜBEN

An welcher Endung kann normalerweise bei einer Krankheitsbezeichnung eine Entzündung erkannt werden?
Nennen Sie Beispiele für Krankheitsbezeichnungen, deren Endung nicht auf eine Entzündung hinweist, obwohl es sich um Entzündungen handelt!
Was geschieht am Ort der Entzündung im Gewebe?
Beschreiben Sie die Aufgaben der Granulozyten und Monozyten am Entzündungsort!
Nennen Sie die lokalen Symptome einer Entzündung! Erläutern Sie ihre Entstehung!
Nennen Sie die allgemeinen Symptome der Entzündung!
Ab wann spricht man üblicherweise von Fieber?
Mit welchen Symptomen ist Fieber meistens verbunden?
Welche Arten der Entzündung kennen Sie?
Beschreiben Sie den Unterschied zwischen einem Abszess und einer Phlegmone!
Welcher Unterschied besteht zwischen einem Furunkel und einem Karbunkel?
Erklären Sie die Begriffe »Karzinom« und »Sarkom«!
Beschreiben Sie die Entstehung von bösartigen Geschwülsten!
Welche Unterschiede bestehen zwischen gutartigen und bösartigen Geschwülsten?
Auf welchen Wegen breiten sich bösartige Geschwülste aus?
Nennen Sie die drei häufigsten bei Frau und Mann auftretenden bösartigen Geschwülste!
Nennen Sie Symptome, die als Warnzeichen vor Krebs angesehen werden müssen!
Nennen Sie Ursachen für die Entstehung von Wunden!
Welche Wundarten können Sie nennen?
Beschreiben Sie die Vorgänge im Gewebe bei der Wundheilung!
Was ist eine Ischämie?
Was wird unter einem »Infarkt« verstanden?
Welche Herzkrankheit führt zu einem Rückstau des Blutes?
Beschreiben Sie die Veränderungen des Körpergewebes durch Abnutzung und Alterung!
Beschreiben Sie die Veränderungen der Blutgefäße durch Arteriosklerose!
Welche Folgen kann die Arteriosklerose beim Menschen haben?

26. Infektionen im Körper

ZIELE DES RAHMENLEHRPLANS

- ▶ Die Entstehung von Infektionen beschreiben
- ▶ Faktoren erklären, die den Ausbruch und den Verlauf von Infektionskrankheiten bestimmen
- ▶ Häufige Kinderkrankheiten beschreiben
- ▶ Wichtige Infektionskrankheiten und deren typische Merkmale nennen

26.1. Ausbreitung von Infektionen

Unter einer Infektion wird das Eindringen krank machender (pathogener) Erreger in den Körper und deren anschließende Ansiedlung und Vermehrung im Körper verstanden. Es kommt zu einer örtlichen oder allgemeinen Erkrankung. Um eine weitere Ausbreitung zu vermeiden, ist bei Infektionen von besonderem Interesse durch wen und wie Krankheitserreger übertragen werden, wie sie in den Körper gelangen und wie eine Ansteckung oder Erkrankung vermieden werden kann (*Infektionsepidemiologie*).

26.1.1. Normale Keimbesiedlung

Es gibt Keime, die sich normalerweise auf Haut und Schleimhäuten befinden. Diese Keime haben im Normalfall keine krank machenden Eigenschaften, sie sind *apathogen* und werden auch *Eubakterien* genannt. *Kolibakterien* z. B. sind im menschlichen Darm in großer Menge vorhanden, führen dort nicht zu Krankheiten und haben sogar die nützliche Eigenschaft, das für die Blutgerinnung wichtige Vitamin K zu bilden. An anderer Stelle (z. B. in der Harnblase, der Lunge) können sie allerdings Verursacher von Entzündungen sein.

◀ *Vitamin K.*

MEMO!

Pathogene Keime sind Krankheitserreger. Ihre Wirkung ist je nach ihren Eigenschaften, den Abwehrkräften des Patienten, ihren Eintrittspforten und die befallenen Organe unterschiedlich. Einige von ihnen (z. B. bestimmte Staphylokokken oder Clostridien) bilden Toxine (Giftstoffe mit Wirkung z. B. auf das Nervensystem).

26.1.2. Übertragung von Keimen

Die Übertragung von Keimen erfolgt von Mensch zu Mensch (z. B. Scharlach, Windpocken), von Tier auf Mensch (z. B. Toxoplasmen durch Haustiere, Tollwut durch Hundespeichel), von Lebensmitteln auf den Menschen (z. B. Paratyphus durch infiziertes Fleisch), von Erde und Holz auf Menschen (z. B. Tetanus) und von Trinkwasser auf den Menschen (z. B. Hepatitis A, Typhus).

◀◀ *Infektionsepidemiologie.*

Man unterscheidet

- Kontaktinfektion (körperliche Berührung von Haut und Schleimhäuten)
- Schmierinfektion (Verschmieren infektiösen Materials, wie Sputum, Stuhl, Urin, Blut, verunreinigte Gegenstände wie Spritzen, Kanülen, Essgeschirr)

- Tröpfcheninfektion (durch Husten, Niesen, Sprechen)
- Staubinfektion (durch aufgewirbelten infizierten Staub)

26.1.3. Eintrittspforten der Erreger

Krank machende Keime gelangen durch die Haut, die Schleimhäute, in den Embryo und Foeten über den Plazentakreislauf (von der Mutter) in den Körper.

26.1.4. Infektiosität

Je ausgeprägter die Krankheitserreger die Kraft zur Infektion und Ausbreitung der Infektion haben (Infektiosität), desto gefährlicher sind sie. Die Heftigkeit der Infektion *(Virulenz)* hängt ab von der Menge der eingedrungenen pathogenen Krankheitserreger *(Quantität)*, von der Geschwindigkeit, mit der sie sich verbreiten, von dem Ausmaß ihrer krank machenden Fähigkeit *(Pathogenität)*, von der Schnelligkeit des Ingangkommens der Abwehrreaktionen und davon, ob die Krankheitserreger zusätzlich Toxine bilden.

26.1.5. Inkubationszeit

Zwischen dem Eindringen der pathogenen Krankheitserreger und dem Ausbruch der übertragbaren Krankheit vergeht eine gewisse Zeit (Inkubationszeit). Diese ist je nach Erreger unterschiedlich lang. Die körperlichen Symptome sind während der Inkubationszeit gering (Unpässlichkeit, bei Kindern Quengeligkeit) oder sie fehlen.

INKUBATIONSZEITEN

Cholera	Stunden bis Tage
Diphterie	2 bis 5 (bis 7) Tage
Gasbrand	Stunden
Gonorrhoe	2 bis 4 Tage
Hepatitis A	2 bis 5 Wochen
Hepatitis B	bis 7 Monate
Influenza	2 bis 3 (bis 4) Tage
Lues	17 bis 18 Tage
Mumps	(6 bis) 11 bis 14 (bis 23) Tage
Paratyphus	(1 bis) 2 bis 7 (bis 21) Tage
Pocken	7 bis 18 Tage
Röteln	14 bis 23 Tage
Ruhr	(1 bis) 2 bis 7 (bis 9) Tage
Scharlach	(1 bis) 2 bis 5 (bis 9) Tage
Tollwut	9 bis 15 (bis 200) Tage
Tuberkulose	3 Monate
Typhus	3 bis 21 (bis 28) Tage
Windpocken	(10 bis) 15 bis 18 (bis 28) Tage
Wundrose	1 bis 2 Tage
Wundstarrkrampf	Stunden bis 14 Tage

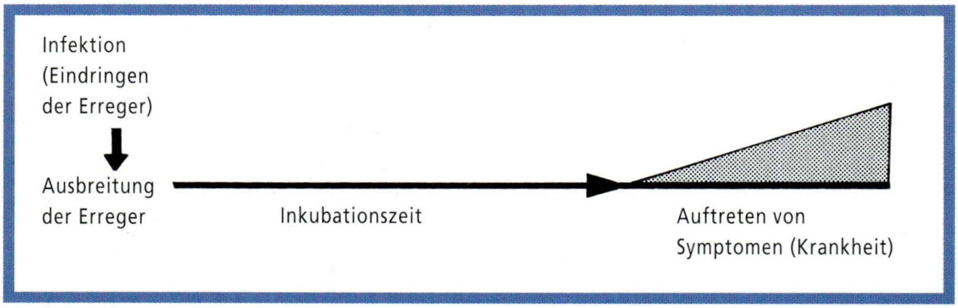

Schema von Infektion, Inkubation und Krankheitsbeginn.

MEMO!

Unter Inkubationszeit versteht man die Zeit, die zwischen Ansteckung und Ausbruch der Krankheit vergeht. Sie kann wenige Stunden bis mehrere Monate dauern.

26.2. Wirkung der Erreger im Körper

26.2.1. Eindringen

Die Krankheitserreger dringen über Haut und Schleimhäute in den Körper ein, verteilen sich über den Blut- und Lymphkreislauf und setzen sich in bestimmten Organen fest.

Die Krankheitserreger bestehen unter anderem aus Eiweißstrukturen, die im Körper als fremdes Eiweiß erkannt werden. Gegen die Einweißstrukturen mobilisiert der Körper Abwehrkräfte, die entweder ganz allgemein gegen jeden »Fremdstoff« aktiv werden *(unspezifische Abwehr)* oder sich ganz speziell gegen bestimmte Strukturen *(Antigene)* richten *(spezifische Abwehr)*.

Für die Wirkung der Erreger ist auch von Bedeutung, wie die allgemeine *Disposition* des Körpers für bestimmte Infektionen ist. Auch die *Konstitution* kann eine gewisse Rolle spielen.

26.2.2. Abwehr

Unspezifische Abwehr

Neutrophile Granulozyten und Makrophagen versuchen den eingedrungenen Krankheitserreger sofort zu vernichten. Die neutrophilen Granulozyten werden durch Krankheitserreger und Zellabbaustoffe der schon geschädigten Zelle angelockt. Die nehmen die Erreger auf, bauen sie ab und gehen dabei selbst zugrunde. Es entstehen »Eiterkörperchen«.

Monozyten aus dem Blut und Histiozyten aus dem Gewebe wandeln sich in Makrophagen um, die in Entzündungsherde einwandern. Sie nehmen die eingedrungenen Stoffe auf (Phagozytose) und bauen sie teilweise ab.

Spezifische Abwehr

◀ *Antikörper.*

B-Lymphozyten und die aus ihnen entstehenden *Plasmazellen* produzieren Antikörper, die im Blut kreisen *(humorale Antikörper)*. Antigen-Antikörper-Reaktionen mit humoralen Antikörpern erfolgen schnell, deswegen wird die von ihnen ausgelöste Antigen-Antikörper-Reaktion auch **Immunreaktion vom Soforttyp** genannt.

Die Menge der gebildeten Antikörper hängt im Allgemeinen von der Erregerart ab. Bildet der Körper ausreichend Antikörper, so wird die Infektionskrankheit schnell überstanden.

T-Lymphozyten sind die Träger der *zellgebundenen Immunität.* Verschiedene Gruppen von T-Zellen (Gedächtniszellen, Killer-Cells u. a.) sind in der Lage, bestimmte Antigene wirkungsvoll zu bekämpfen.

◀◀ *Antigene.*

Die Immunreaktion bei den T-Lymphozyten benötigt etwa 48 Stunden bis zu ihrem Höhepunkt, ist also wesentlich langsamer als die humoralen Antikörper, deswegen wird die Reaktion auch **Immunreaktion vom Spättyp** genannt. In diese Gruppe sind viele *Kontaktallergien* (z. B. gegen Nickel, Chromsalze) einzuordnen.

26.2.3. Immunität

◀◀ *Granulozyten.*

Sowohl durch die humoralen als auch die zellgebundenen Antikörper entsteht *Immunität* gegenüber einer erneuten Infektion durch dieselbe Erregerart. Die Immunität hält je nach Erreger unterschiedlich lange an. Vorübergehende Immunität bewirken z. B. Keuchhusten- und Typhuserreger. Dauerimmunität besteht z. B. nach Masern, Poliomyelitis und Röteln. Keine sichere Immunität ist nach Grippe, grippalem Infekt, Lues und Gonorrhoe zu erwarten.

▶ *Leihimmunität.*

Immunität ist als »Leihimmunität« auch schon bei der Geburt im Kind vorhanden. Hierbei handelt es sich um mütterliche Antikörper, die in der Fötalzeit über die Plazenta auf den Fötus übergegangen sind. Dies gilt nicht für die zellgebundene Immunität, da Lymphozyten die Plazenta nicht passieren können.

▶ *Stille Feiung.*

Immunität wird durch *Erkrankung, Schutzimpfung* oder die so genannte *stille Feiung* erworben. Eine stille Feiung liegt bei einer Infektion ohne Krankheitserscheinungen vor.

26.3. Wichtige Infektionskrankheiten

Die meisten Infektionskrankheiten werden in Deutschland durch Bakterien und Viren verursacht. Zunehmend sind auch Pilzerkrankungen und Infektionen mit bestimmten Protozoen zu beobachten.

▶ *Kinderkrankheiten.*

▶▶ *Himbeerzunge.*

Kinder und Jugendliche sind Infektionen besonders ausgesetzt. Man spricht bei einigen Infektionen von »Kinderkrankheiten« (z. B. Masern, Scharlach, Mumps, Keuchhusten, Diphterie). Andere Infektionen befallen vorwiegend Erwachsene (z. B. Geschlechtskrankheiten, Gürtelrose).

26.3.1. Infektionskrankheiten mit akutem Exanthem

MEMO!

Unter einem Exanthem versteht man einen Hautausschlag.

Masern (Morbilli)

Masern entstehen durch eine Virusinfektion mit bis zu 14-tägiger Inkubation; sie beginnen mit diffuser Bronchitis und Konjunktivitis; es folgt ein charakteristischer großfleckiger, diffuser Ausschlag, der im Gesicht anfängt und sich über den Körper verbreitet. Komplikationen sind Mittelohrentzündung, Lungenentzündung, Gehirnhautentzündung. Eine Masernerkrankung hinterlässt eine lebenslange Immunität. Durch die Möglichkeit der *Masernschutzimpfung* sind die Masern in Deutschland seltener geworden.

Röteln (Rubella)

Röteln beruhen auf einer Virusinfektion. Sie hinterlässt lebenslange Immunität. Es entsteht ein mittelfleckiger Ausschlag. Die Krankheit selbst wäre harmlos, wenn nicht die Auswirkungen auf den Embryo während einer Schwangerschaft bestünden. Erkrankt eine Schwangere, kann der Embryo infiziert werden. Es besteht die Gefahr erheblicher Fehlbildungen des Embryos.

Scharlach (Scarlatina)

Scharlach wird verursacht durch *hämolysierende Streptokokken der Gruppe A.* Er beginnt mit Angina und einem kleinfleckigen Ausschlag (*Exanthem*), dem ein *Enanthem* (Ausschlag der Mundschleimhaut und der Zunge, auch genannt *Himbeerzunge*) vorausgeht. In der zweiten Krankheitswoche beginnt eine sich über mehrere Wochen hinziehende Hautschuppung, sofern nicht vorher eine antiinfektiöse Behandlung eingeleitet wird. Die Krankheit hinterlässt lebenslange Immunität, führt aber gelegentlich zu Komplikationen, wie Gehirnhautentzündung, Mittelohreiterung, Herzinnenhautentzündung und Nierenentzündung. In voll ausgeprägter Form ist sie nur noch selten zu sehen, da die verursachenden Krankheitserreger gut durch Antibiotika zu behandeln sind.

26.3.2. Infektionskrankheiten mit Bläschenbildung der Haut

Gürtelrose (Zoster)

Es kommt durch den gleichen Virus wie bei den Windpocken zu einem örtlich begrenzten Auftreten von Bläschen, verbunden mit erheblichen Schmerzen. Die Bläschen befinden sich meist in einem oder mehreren Innervationsgebieten von Körpersegmenten (Dermatomen), dies führt zu einem am Rumpf meist ringförmig auftretenden Exanthem. Die Bläschen heilen nach etwa zwei bis drei Wochen unter Hinterlassung von Narben ab. Schmerzen können noch lange Zeit bestehen.

Herpes simplex

Erreger ist das Herpes-simplex-Virus. Meist beginnt das Exanthem mit einer juckenden Rötung der Haut um den Mund herum, es folgen dichtstehende kleine Bläschen, die innerhalb von wenigen Tagen ohne Narbenbildung abheilen. Bei manchen Menschen bricht diese Krankheit bei geringfügigen Belastungen immer wieder aus.

Varizellen (Windpocken)

Windpocken werden durch Viren verursacht. Die Inkubationszeit beträgt zwei bis drei Wochen, meist erkranken Kleinkinder. Die Übertragung erfolgt auf dem Luftwege nur durch Kranke, die einen Tag vor Auftreten der Hauterscheinungen bis zum

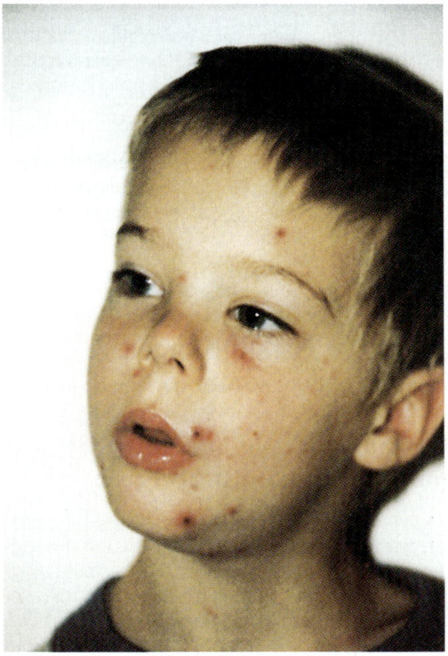

Windpocken.

KRANKHEIT	EXANTHEM	BESONDERHEITEN
Masern (Myxo-Viren, 12 bis 15 Tage)	zusammenfließend, großfleckig hinter den Ohren beginnend	Kopliksche Flecke (weiße Flecke in der Wangenschleimhaut), Bindehautentzündung, Lichtscheu, Gefahr der Masernpneumonie, Mittelohrentzündung, selten Gehirnentzündung
Röteln (Röteln-Viren, 14 bis 21 Tage)	mittelfleckig, am Kopf beginnend, nicht zusammenfließend	nicht schmerzhafte Lymphknotenschwellung am Nacken, Gefahr der Röteln-Embryopathie bei Schwangeren in den ersten drei Monaten (Kind schwer geschädigt, z. B. blind, taub, Herzfehler)
Scharlach (hämolysierende Streptokokken der Gruppe A, 2 bis 4 Tage)	feinfleckig	blasses Munddreieck, Tonsillitis, Himbeerzunge, häufigste akute bakterielle Infektionskrankheit

Häufige Infektionskrankheiten mit flächenhaftem Exanthem (in Klammern: Erreger und Dauer der Inkubationszeit).

Abfall der letzten Borken als ansteckend angesehen werden müssen. Das Exanthem besteht aus oberflächlichen, streichholzkopfgroßen Bläschen, die sich schubweise entwickeln. Deswegen finden sich nebeneinander immer Bläschen in verschiedenen Entwicklungsstadien (»*Bild einer Sternkarte*«). Die meisten Bläschen befinden sich am Rumpf, aber auch im Gesicht sind fast immer Bläschen zu sehen. Komplikationen sind insbesondere Vereiterung der Bläschen und eine varizellenbedingte Hirnentzündung. Besonders gefährlich ist eine während der Erkrankung stattfindende Kortisonbehandlung. Nach überstandener Krankheit besteht in aller Regel lebenslange Immunität.

▶ ***Sternkartenbild.***

▶▶ ***Gelbsucht.***

▶ ***Hb$_S$-Antigen.***

26.3.3. Viruserkrankungen ohne Exanthem

Infektiöse Leberentzündung (Akute Virushepatitis)

Hepatitisformen

Hepatitis A (epidemische Hepatitis): Verursacht durch den Hepatitis-A-Virus. Nach etwa 2 bis 6 Wochen langer Inkubationszeit kommt es zu einer akuten Leberentzündung. Die Übertragung erfolgt etwa 3 Wochen vor bis 3 Wochen nach den Krankheitserscheinungen über den Stuhl (fäkal-oral) direkt von Mensch zu Mensch, über verunreinigte Nahrung oder Trinkwasser. Eine aktive Schutzimpfung ist möglich.

Hepatitis B (Serumhepatitis): Verursacht durch den Hepatitis-B-Virus. Nach etwa 2 bis 6 Monate langer Inkubationszeit kommt es zu einer akuten Leberentzündung. Die Übertragung erfolgt parenteral (meist über Verletzungen, die einen Kontakt des Blutes des Infizierten mit dem noch Gesunden ermöglichen), aber auch oral. Speichel, Schweiß u. a. Körpersekrete müssen als infektiös angesehen werden. Der Nachweis des Hb$_S$-Antigens (Australia-Antigen) beweist eine Hepatitis-B-Infektion, es kommt selten bei Gesunden vor. Die Hepatitis B hinterlässt lebenslange Immunität.

Hepatitis C, D, E, F: Die Hepatitis C tritt sehr viel seltener als Hepatitis B auf. Die Ausbreitung entspricht der Hepatitis B, die Folgen einer chronischen Leberentzündung treten sehr viel häufiger als bei Hepatitis B auf. Die Formen D bis F sind sehr selten.

Krankheitsverlauf

Der Krankheitsverlauf erlaubt keine Unterscheidung der einzelnen Formen. Etwa zwei Wochen vor dem Auftreten der Gelbsucht treten Appetitlosigkeit, Abgeschlagenheit, Übelkeit oder Blähungen auf, über Schmerzen unter dem rechten Rippenbogen wird geklagt, gelegentlich sind Hautausschläge und Gelenkschmerzen zu beobachten.

Kurz vor Auftreten der Gelbsucht entfärbt sich der Stuhl, der Urin wird dunkelbraun. Mit Abnahme der Gelbsucht wird auch die Farbe von Stuhl und Urin wieder normal. Im Urin ist Bilirubin nachweisbar, Urobilinogen ist vermehrt. Im Blut ist Bilirubin vermehrt, die SGPT ist erhöht.

In 80 bis 90 Prozent heilt die Virushepatitis innerhalb von 12 Wochen aus, in 10 bis 15 Prozent kommt es zu chronischen Verlaufsformen. Die Hepatitis B kann in etwa 5 Prozent der Fälle zum Tod führen.

Die Therapie besteht in Bettruhe und Diät. Entscheidend für die Prophylaxe der insbesondere bei Berufen des Gesundheitswesens als Berufskrankheit häufiger anzutreffenden Serumhepatitis (Hepatitis B) ist die aktive Schutzimpfung sowie größte Sorgfalt und Hygiene in der Praxis, insbesondere beim Umgang mit Blut und Stuhl.

Erkältung (Grippaler Infekt)

Häufige Erkrankung, die besonders im Herbst und Winter auftritt und durch Nässe und feuchte Kälte begünstigt wird. Beginnt meist mit Schnupfen (*Rhinitis*), breitet sich häufig in den oberen und mittleren Luftwegen aus.

HIV-Krankheit und AIDS

Ursache und Übertragung
Die HIV-Erkrankung führt zu einer Schwächung des Immunsystems. Die Übertragung erfolgt besonders durch den direkten Kontakt mit Blut, beim Geschlechtsverkehr und bei infizierten Schwangeren perinatal auf das Kind. Besonders gefährdet sind Homosexuelle, Prostituierte und Drogenabhängige.

Verlauf
Nach einer Inkubationszeit von etwa 2 bis 6 Wochen können für kürzere Zeit Symptome wie Fieber, Muskel-, Gelenk- und Kopfschmerzen, Lymphknotenschwellungen, Erbrechen, Durchfälle, Hautausschläge u. a. auftreten.

Nach einer symptomfreien Latenzzeit über meist fünf Jahre folgt ein sehr vielfältiges Krankheitsbild mit Symptomen wie Lymphknotenschwellung, andauerndem Fieber, Nachtschweiß und Durchfällen.

Nach weiteren Jahren tritt die eigentliche AIDS-Krankheit (**A**quired **I**mmune **D**eficiency **S**yndrome) mit Infektionen, Malignomen und Störungen des Zentralnervensystems auf. 18 Monate später sterben ohne Behandlung etwa 50 Prozent.

Aquired Immune Deficiency Syndrome.

Laborbefunde
HIV-Antikörper sind etwa in der 4. bis 12. Woche nach Erregerkontakt im Blut nachweisbar, seltener auch erst nach mehreren Monaten. Serologische Untersuchungen bei dem Verdacht einer Ansteckung sollten sechs und zwölf Wochen sowie sechs bis zwölf Monate nach dem vermuteten Zeitpunkt des Erregerkontaktes durchgeführt werden.

Die übliche serologische Untersuchung ist der *Elisa-Screeningtest,* der in etwa 99,8 Prozent richtige Ergebnisse anzeigt. Im Positivfalle muss ein Bestätigungstest durchgeführt werden. Hierfür ist der so genannte *Westernblot-Test* verbreitet.

Elisa-Screeningtest Westernblot-Test.

Neben einem positiven serologischen Test ist eine BKS-Erhöhung und eine Leukopenie häufig feststellbar.

Therapie
Therapiemöglichkeiten zur Bekämpfung der Krankheitsursache sind z. Z. noch in der Erprobung. Es gibt mittlerweile Behandlungsmöglichkeiten, die den Verlauf der Krankheit deutlich verlängern. Infektionen und andere Begleiterkrankungen müssen mit den hierfür geeigneten Mitteln bekämpft werden. HIV-Patienten benötigen eine besonders intensive psychische Betreuung.

Bei dem Verdacht einer Infektion z. B. durch eine Stichverletzung mit Geräten, die mit Blut eines HIV-Kranken kontaminiert sind, besteht die Möglichkeit einer medikamentösen Prophylaxe.

Kinderlähmung (Poliomyelitis epidemica)

Die Poliomyelitis epidemica-Viren befallen das Zentralnervensystem und führen zu einer Lähmung der Gaumensegel, der Bauchdecken, der Atemmuskulatur und der Extremitäten.

Mumps, Ziegenpeter (Parotitis epidemica)

Die Viren bei Parotitis epidemica befallen die Ohrspeicheldrüsen und führen zu einer entzündlichen Anschwellung. Komplikationen sind Gehirnhaut-, Bauchspeicheldrüsen-, Hoden- bzw. Eierstockentzündung. Spätfolge kann bei Männern die Sterilität sein.

26.3.4. Bakteriell verursachte Infektionskrankheiten

Diphterie

Diphterie wird durch Diphteriebakterien übertragen, die sich in Nasen, Rachen und Kehlkopf festsetzen, bei Neugeborenen auch am Nabel, und eine Tonsillitis mit Belägen bewirken. Die Erreger scheiden Toxine aus, die Herzmuskel und Nerven schädigen können. Diphterie ist in der Bundesrepublik Deutschland sehr selten.

▶▶ *Dauerausscheider.*

Epidemische Hirnhautentzündung (Meningitis epidemica)
Meningitis epidemica wird vorwiegend durch Pneumo- oder Meningokokken verursacht. Sie geht mit Nackensteife und Krämpfen einher.

Keuchhusten (Pertussis)
Keuchhusten, durch stäbchenförmige Bakterien (Bordetella pertussis) verursacht, tritt meist bei kleinen Kindern auf und beginnt mit einem Bronchialkatarr und dauert mit krampfartigen Hustenanfällen oft viele Wochen. Der Krankheitsverlauf wird durch eine psychische Komponente kompliziert.

▶▶ *Miliartuberkulose.*

Rheumatisches Fieber
Rheumatisches Fieber ist eine vorwiegend durch Streptokokken ausgelöste Entzündung vieler Gelenke (Polyarthritis) oder eines Gelenkes *(Monoarthritis)*, häufig verbunden mit einer Entzündung der Herzklappen *(Endokarditis),* Folge kann ein Herzklappenfehler *(Vitium cordis)* sein.

Salmonelleninfektionen
Darunter werden *Typhus*, *Paratyphus* u. a. vorwiegend den Darm betreffende schwere Infektionen zusammengefasst, die meistens durch Nahrungsmittel ausgelöst werden. Die Darmschleimhaut weist Geschwüre auf, die Durchfälle sind bei Typhus häufig blutig-schleimig.

▶ *Gastroenteritis.*

Insbesondere die durch Salmonellen verursachte *Gastroenteritis* ist sehr weit verbreitet. Hauptsymptom ist wässeriger Durchfall oft verbunden mit Übelkeit und Erbrechen. Übertragen werden Salmonellen häufig durch Geflügel, Eier und Eiprodukte.

Auch nach Ausheilung der Erkrankung besteht die Möglichkeit, dass der gesunde Patient weiterhin Salmonellen ausscheidet. Er wird zum *Dauerausscheider.* In diesem Fall sind besondere Therapien erforderlich. Gelingt es nicht, den Status zu verändern, bestehen berufliche Einschränkungen für den Patienten. Er darf z.B. nicht im Bereich der Herstellung und Ausgabe von Lebensmitteln (z. B. Küchen) arbeiten und muss besondere Vorsichtsmaßnahmen beachten.

Tuberkulose
Tuberkulose entsteht durch Ansteckung mit dem Tuberkulosebakterium (*Mycobakterium tuberculosis*) und verläuft in drei Stadien. Das *Primärstadium* läuft meistens im Lymphknotenbereich der Lungenwurzel und der oberen Lungenflügel ab, im *Sekundärstadium* kommt es zur Ausbreitung über die ganze Lunge (*Miliartuberkulose*); im *Tertiärstadium* überwiegen Organtuberkulosen (Haut, Nieren, Gelenke). »Offene« Tuberkulose bedeutet, dass der Patient Tuberkulosebakterien im Sputum hat und ausscheidet und damit Personen der Umgebung anstecken kann. Eine Diagnose erfolgt mit Hilfe von: Thoraxröntgen, Tuberkulinprobe (Disk-Tine-Test) und Sputumuntersuchungen. Die Tuberkulose ist in Deutschland wegen der insgesamt guten Hygiene- und Behandlungsmöglichkeiten selten geworden.

Wundstarrkrampf (Tetanus)
Der Wundstarrkrampf wird durch in der Erde und im Straßenstaub sich aufhaltende Tetanusbazillen ausgelöst, die von der Wunde aus das Nervensystem befallen. Es kommt zu heftigen Muskelkrämpfen bei vollem Bewusstsein. Der Ausgang ist häufig tödlich.

Terminologie

Antikörper	Von Plasmazellen gebildete Abwehrstoffe gegen Antigene
Enathem	Ausschlag auf der Schleimhaut
Exanthem	Hautausschlag
Immunität	Erworbene, gegen bestimmte Krankheitserreger gerichtete Abwehr des Körpers
Pathogene Keime	Krankheitserreger
Pathogenität	Krank machende Fähigkeit eines Kranheitserregers
Ruhr	Durchfallerkrankung
Stille Feiung	Infektionen, bei denen eine Krankheit nicht erkennbar wird
Toxine	Von Krankheitserregern gebildete Giftstoffe
Virulenz	Heftigkeit der krank machenden Eigenschaft eines Krankheitserregers

MEMO!

Zum Wiederholen und Lernen.

WICHTIGES ZUM MERKEN

Übertragung von Keimen: Kontakt-, Schmier-, Tröpfchen- und Staubinfektion

Inkubationszeit ist die Zeit zwischen Ansteckung und Ausbruch der Krankheit

Beispiele für Inkubationszeiten: Masern 14 Tage, Röteln 14–23 Tage, Windpocken 15–18 Tage, Scharlach 2–5 Tage

Krankheitserreger können in **Körperausscheidungen** (z. B. Urin, Stuhl, Sputum) und Körperflüssigkeiten (z. B. Blut, Liquor cerebrospinalis) nachgewiesen werden.

Viren sind keine Lebewesen. Sie vermehren sich nicht selbstständig, sondern nur unter Zuhilfenahme der befallenen Zelle, die das Virus anfängt zu produzieren.

Ob und wie stark eine Krankheit ausbricht, hängt von **Eigenschaften des Krankheitserregers** (Pathogenität, Virulenz, Quantität) sowie des infizierten **Organismus** (Konstitution, Disposition, Immunität) ab.

Nicht jede infektiöse Krankheit hinterlässt **Immunität.** Ist eine Immunität vorhanden, kann sie durch Erkrankung, Schutzimpfung oder stille Feiung erworben sein.

Bei **Scharlach** kann eine **Himbeerzunge** typisch sein, bei **Masern** sind auf der Mundschleimhaut **Kopliksche** (weiße) **Flecke** zu finden, bei **Windpocken** werden die Pocken auf der Haut als **»Bild einer Sternkarte«** beschrieben.

EINIGE FRAGEN ZUM ÜBEN

Erläutern Sie die Begriffe Infektion und Infektionsepidemiologie!

Woher kommen die Krankheitserreger, die auf den Menschen übertragen werden?

Welche Arten der Übertragung kennen Sie?

Welche Bedeutung haben Pathogenität und Virulenz der Erreger für den Verlauf der Krankheit?

Erläutern Sie den Begriff Inkubationszeit!

Nennen Sie Beispiele für Erkrankungen, nach deren Auftreten keine sichere Immunität besteht!

Nennen Sie häufige Infektionskrankheiten mit flächenhaftem Exanthem!

Beschreiben Sie Symptome, Verlauf und Komplikationen von Scharlach, Masern und Röteln!

Welche Bläschenerkrankung tritt genau abgrenzbar in einem Innervationsgebiet eines Körpersegmentes auf?

Welche Symptome können bei infektiöser Leberentzündung auftreten?

Beschreiben Sie Infektionsquellen, Übertragungswege, Symptome, Verlauf und Komplikationen von AIDS!

27. Häufige Erkrankungen der Organsysteme

ZIELE DES RAHMENLEHRPLANS

- Typische und häufig auftretende Krankheiten aus unterschiedlichen Organsystemen beschreiben
- Krankheitsbezeichnungen den Organsystemen zuordnen

27.1. Erkrankungen des Bewegungsapparates

27.1.1. Rheumatismus

Unter diesem Begriff werden schmerzhafte Erkrankungen des Bewegungsapparates zusammengefasst. Es handelt sich um Krankheiten verschiedener Ursache. Teilweise gehören sie zu den Krankheiten des »*rheumatischen Formenkreises*«. Rheumatische Erkrankungen sind verhältnismäßig häufig, 1,5 Prozent der Bevölkerung unter 45 Jahren, 15 Prozent der 45- bis 65-jährigen leiden an Krankheiten aus diesem Bereich. Bei den über 45-jährigen sind zwei Drittel Frauen.

Ein Teil der rheumatischen Erkrankungen (z. B. rheumatisches Fieber) beruht auf immunologischen Vorgängen. Eine Infektion mit Streptokokken der Gruppe A führt zur im Labor nachweisbaren Antistreptolysinbildung. Von anderen sind die genauen Ursachen nicht bekannt (z. B. primär chronische Polyarthritis, Morbus Bechterew). Weitere mit »Rheumatismus« bezeichnete Erkrankungen beruhen auf Verschleiß, gehören also zu den degenerativen Erkrankungen.

Eine besondere Gruppe bilden die schmerzhaften Erkrankungen des Bewegungsapparates, die bei strengem Maßstab eigentlich nicht zu den rheumatischen Erkrankungen gehören. Hier sind der *Muskelrheumatismus* und die *Gichtarthritis* besonders zu nennen. Als »*Rheumatoide*« (= rheumaähnliche Erkrankungen) werden Gelenkerkrankungen, die im Zusammenhang mit Virusinfekten wie z. B. Röteln, Windpocken, Mumps, Grippe und Hepatitis B auftreten, bezeichnet.

Rheumatisches Fieber
Überwiegend bei Kindern und Jugendlichen nach durch Streptokokken bedingten Infektionen (Angina, Scharlach) treten *hohes Fieber* und an wechselnden Gelenken *Gelenkentzündungen* mit *Gelenkschwellung* auf. Gelegentlich kommt es hierbei zu einer *Herzentzündung (Karditis).* Die Erkrankung ist sehr ernst zu nehmen, da etwa 4 Prozent der Erkrankten in erster Linie an den Folgen der Karditis versterben, auch neigt die Karditis zu ständigem Wiederaufflackern. Als Folge auftretende Herzklappenfehler können je nach Schwere zu einer Herzoperation mit Ersatz der fehlerhaften Klappen führen.

Primär chronische Polyarthritis
Tritt am häufigsten um das 40. Lebensjahr, bei Frauen dreimal häufiger als bei Männern auf. Beginnt meist mit Schmerzen an den kleinen Gelenken der Finger und Zehen, greift dann aber auch auf die großen Gelenke über. Die Gelenke sind *teigig angeschwollen*, durch Zerstörungen im Gelenk kommt es zu *Fehlstellungen*. Bei etwa 80 Prozent der Patienten ist der *Rheumafaktor* im Labor positiv.

Eine gezielte Therapie gibt es nicht, die Auswirkungen können durch Medikamente, Bewegungungstherapie und orthopädische Maßnahmen beeinflusst werden. Bei etwa einem Sechstel der Erkrankten verschwindet die Krankheit innerhalb eines Jahres wieder vollständig, bei etwa jedem Zehnten nimmt sie einen so schweren Verlauf, dass schließlich Pflegebedürftigkeit eintritt.

Degenerativer Rheumatismus

Veränderungen im Gelenkknorpel führen u. a. zu *freien Gelenkkörpern*, die das Gelenk blockieren können, sowie zu *Randzackenbildung* durch Knochenneubildung *(Arthrosis deformans)*. Die Gelenkkapseln sind verdickt, die Gelenke deformiert, bei Bewegung ist ein Knirschen zu hören. Am häufigsten treten Veränderungen in den Hüft-, Knie- und Fingergelenken auf.

Ursächlich sind nicht selten schon angeborene Fehlhaltungen wie z. B. die Hüftgelenksdysplasie des Neugeborenen, O-Beine oder X-Beine, Fußdeformitäten. Die Diagnose kann meistens auf Grund typischer Veränderungen im Röntgenbild erfolgen (schmaler Gelenkspalt, Knochenzacken), eine Therapie ist mit Medikamenten, Übungsbehandlung u. ä. zur Minderung der Beschwerden und Folgen möglich.

Muskelrheumatismus

Aus nicht ganz geklärten Gründen kommt es zu schmerzhafter Muskelverspannung *(Myalgien)*, hierzu gehören auch der *»Hexenschuss« (Lumbago)* und der *»steife Hals«*.

Weichteilrheumatismus

Hierunter werden die Beschwerden, die durch Befall von Sehnen, Sehnenscheiden, Faszien, Schleimbeuteln und Bändern entstehen, verstanden. Hierzu gehören die *Periarthropathia humeroscapularis* (eine schmerzhafte Erkrankung des Schulterbereichs durch degenerative Erkrankung der schulternahen Sehnen, Sehnenansätze, Sehnenscheiden und Schleimbeutel) und die *Periarthrosis coxae* (das entsprechende Krankheitsbild an der Hüfte).

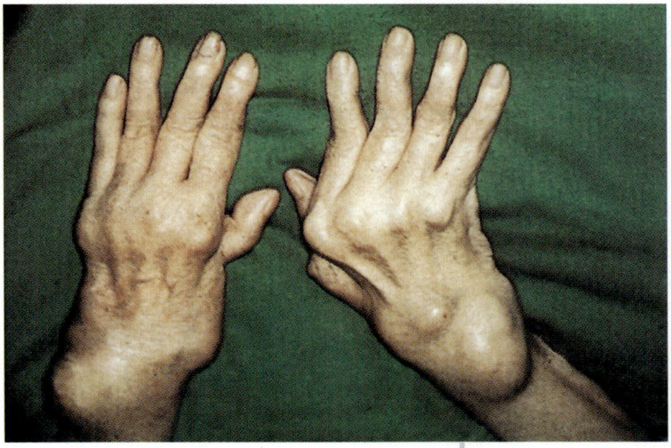

▲ *Schwere chronische Polyarthritis.*

27.1.2. Knochenbrüche (Frakturen)

Knochenbrüche sind teilweise oder vollständige Durchtrennungen des Knochengefüges, meist ausgelöst durch Gewalteinwirkung. Bei Frakturen im Oberarm- und Oberschenkelbereich kann es zu großem Blutverlust in das Gewebe kommen, falls Blutgefäße zerrissen sind. Man unterscheidet *geschlossene Frakturen* (ohne Hautverletzung) und *offene Frakturen* (komplizierte Fraktur). Infolge der Knochendurchtrennung bekommt das betroffene Glied einen unnatürlichen Verlauf (Achsenverschiebung, Verkürzung, Verdrehung), eine abnorme Lage mit unnatürlicher Beweglichkeit, eine Verschwellung der Weichteile infolge tief liegenden Blutergusses. Die auftretenden Schmerzen führen zur Gebrauchsunfähigkeit.

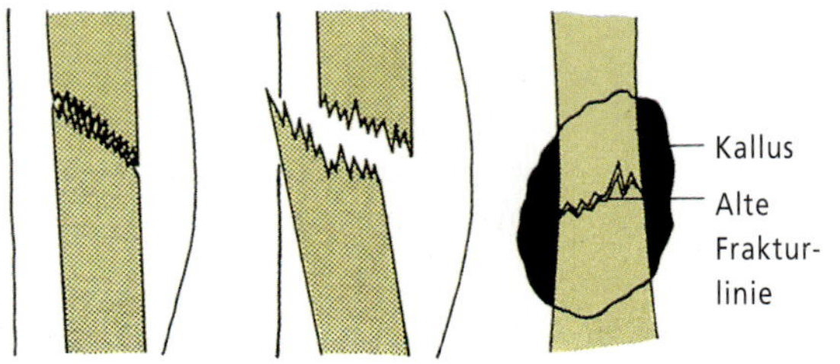

Geschlossener Knochenbruch (Fraktur) — Offener (komplizierter) Knochenbruch — Kallusbildung bei Knochenbruch

Die sich gegenüberliegenden Knochenstücke heißen Bruchstücke. Im Allgemeinen bilden sich zwei, bei starker Gewalteinwirkung oder bei besonderer Knochenbrüchigkeit mehrere Bruchstücke. Erfasst die Bruchlinie ein Gelenk, spricht man von *Gelenkfraktur*. Frakturen werden in ihren Besonderheiten mittels Röntgenuntersuchung diagnostiziert. Die Bruchstücke können sich infolge Muskelzuges verschieben; es kann dabei zur Einklemmung von Muskeln und Nerven kommen.

▶ *Gelenkfraktur.*

▶▶ *Arthritiden.*

Komplikationen
Gefahren von Frakturen sind Schock, Fettembolie, Infektion bei komplizierter Fraktur, Verletzung des benachbarten Gewebes und von Blutgefäßen, Lymphgefäßen, Nerven, Verletzungen des Gehirns bei Schädelbrüchen.

Symptome einer Fraktur
- Achsenverschiebung (Verkürzung, Verdrehung)
- abnorme Lage bzw. abnorme Beweglichkeit
- Schwellung infolge Blutergusses
- Gebrauchsbehinderung bzw. -unfähigkeit
- Schmerzen

Behandlung
In Lokalanästhesie oder Narkose *Reposition* (Wiederherstellung der natürlichen Stellung) der Bruchenden zueinander. Dazu bedarf es manchmal der *Extension* (Auseinanderziehen der gegeneinander verschobenen Bruchstücke) oder der *operativen Einrichtung* (Osteosynthese) durch Nagelung, Verschraubung, Verplattung oder Endoprothetik. Die äußere Ruhigstellung bis zur ausreichenden *Kallusbildung* erfolgt im *Gipsverband*.

Heilung
Die Heilung von Frakturen erfolgt normalerweise durch Kallusbildung, so dass die Bruchstelle nach und nach verlötet. Die Stabilität wird hergestellt durch Bildung eines Mantels um die Fraktur.

▶ *Kallusbildung.*

27.1.3. Weitere Erkrankungen des Bewegungsapparates

Arthritis
Eine akute, infektiöse Arthritis ensteht durch Infektion der Gelenksynovia mit Bakterien (z. B. Staphylokokken, Streptokokken, Gonokokken, Pneumokokken) oder anderen Krankheitserregern (Viren, Pilze). Die Infektion wird meist auf dem Blutwege auf das Gelenk übertragen.

Arthritiden treten im Zusammenhang mit Röteln, Mumps, Hepatitis-B, Psoriasis und vielen anderen Krankheiten mehr auf. *Symptome*: akute Gelenkschmerzen, Steifheit der Gliedmaße, Fieber. *Therapie:* Antibiotika.

Bandscheibenvorfall
Durch Einreißen einer Zwischenwirbelscheibe im Lendenbereich mit Austreten des Nucleus pulposus kommt es zu einer Entzündung oder zur Kompression der Nervenwurzel. *Symptome*: schlagartig einsetzende, heftige Kreuzschmerzen, ausstrahlende Schmerzen in Gesäß und Beine, Lähmungserscheinungen und Gefühlsstörungen. *Therapie:* Schmerzbekämpfung, Ruhigstellung, seltener ein operativer Eingriff.

Distorsion (Verstauchung)
Verstauchungen entstehen durch Überbeugung oder Überstreckung eines Gelenkes. Hierbei kommt es zu einer Zerrung der Gelenkkapselbänder, zu Blutungen ins Gelenk, Schwellung des Gelenkes und schmerzhafte Bewegungseinschränkung. *Therapie:* Abschwellende Maßnahmen, Ruhigstellung.

Ischialgie
Häufig im Zusammenhang mit einer Lumbago tritt auch eine Ischialgie auf. Die Schmerzen strahlen in die Gesäßbereiche und in die Außenseiten der unteren Extremitäten aus. Parästhesien (Missempfindungen) und Hyperästhesien (Überempfindlichkeit) sind meist die Folge.

Lumbago

Patienten mit Rückenschmerzen (Kreuzschmerzen, »Hexenschuss«, Lumbago) sind in der Arztpraxis sehr häufig anzutreffen. Mehr als 50 Prozent der Personen im Alter von über 60 Jahren sind betroffen.

Meist sind die Beschwerden durch degenerative Veränderungen der Wirbelsäule hervorgerufen. Es wird angenommen, dass die Belastung der Lumbal- und Kreuzbeinregion durch den aufrechten Gang zusammen mit Bewegungsmangel, Übergewicht, überwiegend sitzender Tätigkeit für das häufige Auftreten der Beschwerden mitverantwortlich ist. Die Schmerzen werden im unteren Lendenwirbelbereich und tiefer gelegenen Regionen der Wirbelsäule empfunden. Sie sind gelegentlich begleitet von Ischiasschmerzen, die ins Gesäß und die Beine ausstrahlen. *Therapie:* Schmerzbekämpfung, schmerzfreie Lagerung, physikalische Therapie und Entlastung der Wirbelsäule.

Luxation (Verrenkung)

Unter einer Verrenkung wird das Ausscheren eines Gelenkkopfes aus der Gelenkpfanne verstanden. Häufig ist die Luxation mit einer Zerreißung der Gelenkbänder und -kapsel verbunden. Das Gelenk bekommt ein unnatürliches Aussehen, Bewegungen sind in ihm nicht mehr möglich. Je nach Festigkeit der Gelenkverbindung treten Luxationen in den Gelenken unterschiedlich häufig auf. Am häufigsten gibt es Luxationen im Schultergelenk, am seltensten im Hüftgelenk. *Therapie:* Einrenkung, Ruhigstellung.

Muskelschwund und -schwäche

Bei *Muskelschwund* oder *Muskeldegeneration* kommt es auch zum Schwund der zwischen den Muskelzellen befindlichen Bindegewebszellen, ausgelöst entweder durch Erkrankung des zuführenden Nerven (wie z. B. bei Kinderlähmung) oder durch Enzymmangel im Muskelbereich.

Muskel- und Bindegewebsschwäche kann zur Senkung der Eingeweide oder zu Hernien führen (Nabel-, Leisten-, Schenkelhernie).

Osteomyelitis

Unter einer Osteomyelitis wird eine Entzündung des Knochens und des Knochenmarks verstanden. Bei Kindern tritt die Osteomyelitis eher als Folge von akuten lokalen Infektionen, wie z. B. Furunkel, Mittelohrentzündung, auf. Der Krankheitserreger breitet sich in diesem Falle auf dem Blutwege aus. Das Überspringen der Entzündungen von benachbarten Infektionsherden (z. B. Weichteilinfektionen, infizierte Nebenhöhlen, Mittelohrentzündung) ist eine weitere häufige Möglichkeit der Entstehung, die mehr bei Erwachsenen anzutreffen ist. *Ursache:* Meist Staphylokokken (Staphylococcus aureus), aber auch andere Krankheitserreger (z. B. Pilze, Rickettsien). *Symptome:* Schmerzen, hohe Temperaturen bis hin zu septischen Erscheinungen (bei Kindern), Bewegungsbehinderung, lokale Empfindlichkeit, Schwellung über dem betroffenen Knochen. *Therapie:* Hochdosiert Antibiotika, Ruhigstellung, bei chronischen Formen auch chirurgische Eröffnung.

Schleimbeutelentzündung

Eine *Entzündung der Schleimbeutel (Bursitis)* betrifft vor allem den vor der Kniescheibe gelegenen Schleimbeutel, ausgelöst durch häufiges Knien, sowie den seitlich des Großzehengelenks befindlichen Schleimbeutel (Druck durch Schuhe bei Abwinkelung der Großzehe).

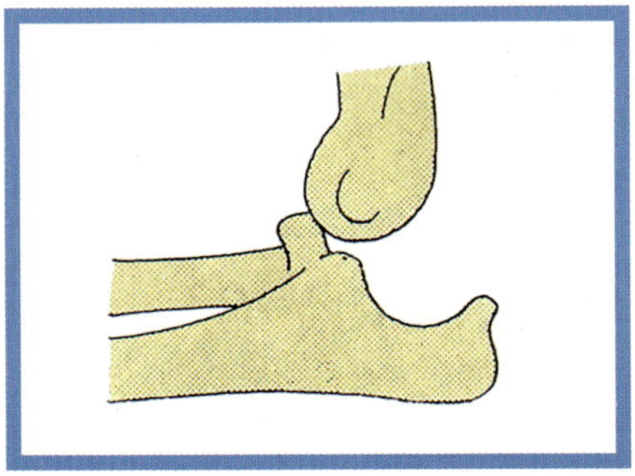

Luxation (Verrenkung) des Ellenbogengelenks.

Sehnenscheidenentzündung
Sehnenscheidenentzündung (Tendovaginitis) entsteht durch Überanstrengung (z. B. am Unterarm durch Schreibmaschinenschreiben).

Sehnenschrumpfung
Sehnenschrumpfung, z. B. in der Innenhand, führt zur Verkrümmung der betroffenen Gliedmaße (Beispiel: *Dupuytrensche Kontraktur*). Sehnenrisse betreffen meist die Patellar- und Achillessehne.

▶ *Dupuytrensche Kontraktur.*

Bei der *Dupuytrenschen Kontraktur* handelt es sich um eine Beugekontraktur der Finger auf Grund einer Verhärtung und Schrumpfung der Palmaraponeurose. Die Kontraktur tritt gehäuft bei Männern in einem Alter über 50 auf.

27.2. Erkrankungen des Blutes und des Kreislaufs

27.2.1. Arteriosklerose (»Arterienverkalkung«)

Hierbei handelt es sich um eine Erkrankung der Gefäßinnenwand, gekennzeichnet durch Wandverhärtung. Verlust der Dehnbarkeit und Verengung der Gefäßöffnungen sind die Folgen.

Ursache
Nicht genau bekannt, begünstigend wirken Zuckerkrankheit, erhöhter Cholesterinspiegel, Bluthochdruck, Nikotinabusus, Bewegungsmangel, Überernährung, Erkrankungen des Hormonsystems. Heute gelten auch Infektionen durch Chlamydien als mögliche Ursache.

▶ *Infektion durch Chlamydien.*

Folgen
- Blutgefäßverschlüsse je nach Lokalisation mit Infarkt des Herzens, des Gehirnes (Schlaganfall) sowie der »Schaufensterkrankheit« (Claudicatio intermittens).
- Zerreißen von Blutgefäßen besonders beim Apoplex (Schlaganfall).

27.2.2. Hypertonie (Hochdruck)

MEMO!

Blutdruckwerte über 160/95 mm Hg werden nach der Definition der Weltgesundheitsorganisation als Hochdruck bezeichnet.

Die WHO kennt eine Einteilung in drei Schweregrade:

- Grad 1 – Hochdruckkrankheit ohne Organschäden
- Grad 2 – Hochdruckkrankheit mit Vergrößerung des linken Herzens *(Linksherzhypertrophie)*
- Grad 3 – Hochdruckkrankheit mit weiteren Organschäden an Herz, Gehirn, Niere, Gefäßen

▶▶ *Grenzwerthypertonie.*

Blutdruckwerte zwischen 140 bis 160 mm Hg systolisch und 90 bis 95 mm Hg diastolisch gelten als *Grenzwerthypertonie.* Werte darüber sind Ausdruck der Hochdruckkrankheit (Hypertonie) im engeren Sinn.

Erhöhter Blutdruck tritt in unseren Bereichen sehr häufig auf, etwa 10 bis 15 Prozent der Bevölkerung haben eine Grenzwerthypertonie, in der gleichen Größenordnung liegt die Zahl derer, die eine Hochdruckkrankheit mit Werten über 165/95 mm Hg haben.

Die Hochdruckkrankheit ist die häufigste Ursache für Herz-Kreislauf-Erkrankungen wie z. B. Arteriosklerose, Herzinfarkt, Zerebralsklerose, Apoplexie. Symptome fehlen meist, so dass die Krankheit nicht selten mehr zufällig bei einer routinemäßigen Blutdruckmessung entdeckt wird.

Ursache:
Bei über 90 Prozent der Hypertonien ist eine Ursache nicht bekannt. Sie werden als *primäre Hypertonien* bezeichnet. Begünstigt wird ihr Entstehen durch überhöhte

Kochsalzzufuhr, Übergewicht, psychosozialen Stress und Vererbung.

Bei den *sekundären Hypertonien* gilt als Ursache eine Nierenerkrankung, Erkrankung des Hormonsystems, ein Herzfehler u. a.

Symptome:
Meist keine, gelegentlich Kopfschmerzen, Schwindel, Herzbeschwerden, Nasenbluten u. ä.

Therapie:
1. Allgemeine Maßnahmen wie Reduzierung des Gewichts, kochsalzarme und kaliumreiche Kost, körperliche Bewegung.
2. Medikamentöse Behandlung, z. B. mit Diuretika, Betablockern, gefäßerweiternden Medikamenten u. a.

27.2.3. Herzinfarkt, Angina pectoris

Als Folge des Verschlusses eines Astes einer Koronararterie kommt es zum Absterben von Teilen des Herzmuskels. Dieses Krankheitsbild wird Herzinfarkt genannt. Der Herzinfarkt tritt plötzlich mit meist sehr starken Schmerzen in der Brust, die in den linken Arm ausstrahlen, mit Todesangst, Atemnot, Schwächeanfällen und Schwindel auf. Es kommt häufig zu erheblichen Störungen der Herzfunktion, insbesondere zu unregelmäßigem Herzschlag und vermindertem Schlagvolumen. Besonders gefürchtet ist das Auftreten des so genannten kardiogenen Schocks.

In schweren Fällen tritt der sofortige Herztod durch Kammerflimmern, Herzstillstand oder Herzmuskelruptur (Herzmuskelzerreißung) ein.

Manchmal schwer von einem Herzinfarkt zu unterscheiden ist der *Angina-pectoris-Anfall*, der durch körperliche Belastung, Kälte, psychische Belastung sowie reichliche Nahrungsaufnahme ausgelöst werden kann. Hierbei kommt es zu in den linken Arm, das Kinn oder in das Schulterblatt ausstrahlenden, hinter dem Brustbein auftretenden Schmerzen, die einige Minuten nach der Belastung wieder verschwinden.

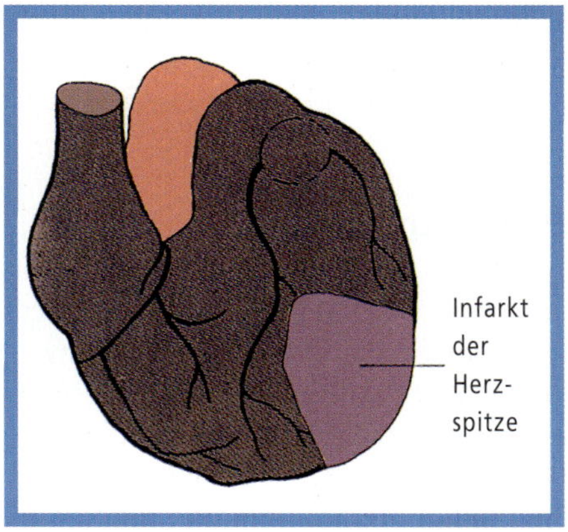

Herzinfarkt. Durch Verstopfung oder Krampf eines Herzkranzgefäßes oder Einengung des Lumens (der lichten Weite) infolge Arterienverkalkung wird der vom betroffenen Gefäß versorgte Herzmuskelteil nicht mehr durchblutet.

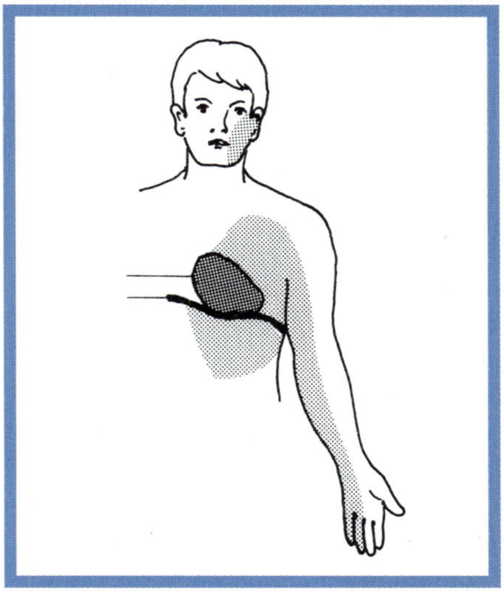

Beispiel für Schmerzen im Reflexgebiet, vom Herzen ausgehend. Ausstrahlungen bei Herzkranzgefäßkrampf in die linke Gesichtsseite, in den linken Arm und in den Oberbauch.

Die Diagnose des Herzinfarktes erfolgt endgültig mit Hilfe des EKG (tiefe und breite Q-Zacke, Anhebung der ST-Strecke) und der Laborbefunde (Erhöhung von CK, GOT und LDH).

In der ersten Stunde nach Auftreten des Infarktes mit tödlichem Verlauf sterben 60 Prozent der Patienten meist an Kammerflimmern. Aus diesem Grund ist bei Infarktverdacht stets eine sofortige Einweisung ins Krankenhaus (Intensivstation) erforderlich. Schon vorher müssen Medikamente zur Beruhigung, Schmerzbekämpfung und, falls erforderlich, zur Behandlung akuter Erscheinungen (wie

z. B. Arrhythmie, Schock u. ä.) gegeben werden. Auf dem Weg ins Krankenhaus muss der Patient überwacht werden.

27.2.4. Schlaganfall

Anlass eines Schlaganfalls ist eine aus verschiedenen Gründen mögliche Mangeldurchblutung des Gehirns. In etwa 90 Prozent der Fälle ist eine Zerebralsklerose der Hirnarterien die Ursache. Betroffen sind besonders Patienten über 50 Jahre, Männer mehr als Frauen. Risikofaktoren wie Bluthochdruck, Zuckerkrankheit, Nikotinabusus u. a. begünstigen das Entstehen der Krankheit. Folge der Sklerose ist ein Zerreißen der Gefäße mit Blutungen ins Gehirn oder eine Verengung bzw. ein Verschluss der Arterien.

▶ *Risikofaktoren.*

Die distal des Arterienverschlusses liegenden Hirngebiete werden nicht mehr ausreichend mit Sauerstoff versorgt (*Hirninfarkt*). Es kommt zu neurologischen Ausfällen, die abhängig vom Ort des Hirninfarktes sind. Am häufigsten ist die mittlere Hirnarterie betroffen. Symptome sind dann Halbseitenlähmung mit Sensibilitätsausfall, Gesichtsfeldeinschränkung, Aphasie und Bewusstseinsstörungen.

▶ *Halbseitenlähmung.*

Die Symptomatik kann sich zurückbilden, wobei eine Voraussage über das Ausmaß der Rückbildung nicht möglich ist. *Therapie:* In der akuten Phase Grundversorgung wie Freihalten der Atemwege, Infusionstherapie, Sauerstoffversorgung, Bekämpfung des immer vorhandenen begleitenden Hirnödems.

Sobald wie möglich werden die Patienten mit Krankengymnastik und Übungsbehandlung mobilisiert. Über 50 Prozent der Patienten mit Halbseitenlähmung können so weit rehabilitiert werden, dass eine eigenständige Versorgung möglich wird.

27.2.5. Weitere Erkrankungen des Kreislaufs, Erkrankungen des Blutes

Agranulozytose

Unter Agranulozytose wird eine Verminderung der Granulozyten unter 1000 G/Liter verstanden. *Ursache:* Medikamentenallergie, Zytostatikabehandlung u. a. *Symptome:* schwerste Halsentzündungen, sehr hohes Fieber, schwerste Darmentzündungen.

Anämie

Unter Anämie wird ein Mangel an roten Blutkörperchen und/oder Hämoglobin verstanden.

Hypochrome Anämie

Eine hypochrome Anämie entsteht fast immer durch Eisenmangel. Eisen ist zur Bildung von Hämoglobin nötig. Erythrozyten sind vermindert, Hämoglobin jedoch noch viel stärker, so daß auch der Hämoglobingehalt pro Erythrozyt zu gering ist. *Symptome:* Haut, Nägel, Schleimhäute rissig, Entzündungen der Speiseröhre, Blässe, eingeschränkte Leistung.

Normochrome Anämie

Eine normochrome Anämie ist fast immer durch plötzlichen Blutverlust bedingt. Erythrozyten und Hämoglobin sind gleichermaßen vermindert.

Hyperchrome Anämie (Perniziöse Anämie)

Vitamin B12 ist zur Bildung von roten Blutkörperchen nötig. Bei Mangel entstehen zu wenig Erythrozyten, die dann mehr Hämoglobin aufnehmen als normal.

TERMINOLOGIE

Chroma	die Farbe
Hypo	zu wenig
Normo	normal
Hyper	zu viel

Bluterkrankheit (Hämophilie A und B)
Eine praktisch nur bei Männern auftretende erbliche Blutgerinnungsstörung, bei der ein Aktivator für die Umwandlung von Prothrombin zu Thrombin fehlt. Jede kleine Verletzung führt zu einer starken Blutung, die lebensbedrohlich ist. Häufig kommt es zu Blutungen in die Gelenke (Hämarthros), was nach einer gewissen Zeit zu Gelenkversteifungen führen kann.

Claudicatio intermittens
(»Raucherbein«, »Schaufensterkrankheit«)
Durch zunehmenden arteriellen Gefäßverschluss bedingter Belastungsschmerz im Bein, der dazu führt, dass die Patienten nach bestimmten Wegstrecken bis zum Nachlassen der Schmerzen Pausen (z. B. vor Schaufenstern) einlegen müssen.

Endokarditis
Die Entzündung der Herzinnenhaut ist meistens mit einer Myokarditis (Herzmuskelentzündung) verbunden als Endomyokarditis. Es können sich durch Narbenbildungen Veränderungen an den Herzklappen entwickeln; dadurch kann es zum Herzklappenfehler kommen.

Herzfehler
Darunter werden Defekte in der Scheidewand des Herzens (Vorhof- und Kammerseptumdefekt) oder schadhafte Herzklappen verstanden. Sie können durch Abhören (*Auskultation*) mit dem Stethoskop festgestellt werden, häufiges Symptom ist Blausucht (*Zyanose*).

Herzinsuffizienz
Ein für den Transport des Blutes nicht mehr ausreichend leistungsfähiges Herz. Direkte Folge ist Ablagerung von Flüssigkeit in Körpergeweben, besonders in den Beinen und in der Lunge. *Ursachen:* z. B. Herzfehler, zu hoher Blutdruck, ständige Überlastungen, Alter. *Symptome:* Beinödeme, Luftnot, Abnahme der Leistungsfähigkeit. *Therapie:* Diuretika (entwässernde Medikamente), Digitalispräparate.

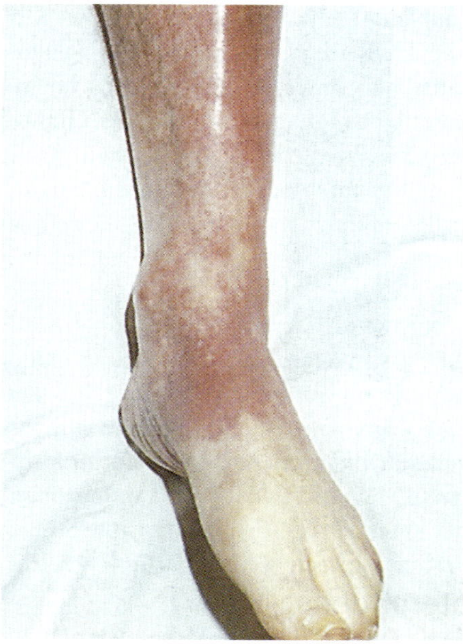

◀ *Frühveränderungen bei akuter Ischämie (Minderdurchblutung) des Beines. Der Fuß zeigt die wächserne Blässe der Blutleere. Darüber sieht man die reaktive Hyperämie (vermehrte Blutfülle) nach Wiederöffnung des Bluteinstroms.*

Herzrhythmusstörungen
Störungen des normalen Herzschlages.

TERMINOLOGIE

Bradykardie	zu langsamer Puls (unter 60 Schl./min)
Tachykardie	zu schneller Puls (über 100 Schl./min)
Extrasystole	zusätzlicher, unregelmäßiger Herzschlag
Kammerflimmern	Flimmern des Herzens, keine geordnete Pumpleistung, ohne sofortige Hilfe tödlich.

Hypotonie
Hypotonie beruht auf einem Versagen der Regulationsmechanismen des vegetativen Nervensystems, mit denen Gefäße enger gestellt werden. Durch »Versacken« des Blutes kommt es zur Minderung der Organdurchblutung, insbesondere des Gehirns, wodurch Ohnmachten ausgelöst werden. Manche Menschen haben einen niedrigen Blutdruck nur beim Stehen (orthostatische Hypotonie) oder im Gefolge einer Hypoglykämie (zu niedriger Blutzucker).

Leukämie

Die krebsartige Vermehrung der Leukozyten oder ihrer Vorstufen. Je nachdem, ob es sich um eine Entartung der Granulozyten oder der Lymphozyten bzw. ihrer Vorstufen handelt, wird von myeloischer oder lymphatischer Leukämie gesprochen.

Lymphadenitis, Lymphangitis

Eine schmerzhafte Entzündung und Schwellung von Lymphknoten. Bei der Lymphangitis entzünden sich die Lymphgefäße z. B. durch Infektionsherde im peripheren Bereich. Es entsteht dann mitunter der unter der Haut erkennbare rote Strich, der von Laien als »Blutvergiftung« bezeichnet wird.

Polyzythämie

Ein Befund von mehr als 6 T/Liter rote Blutkörperchern und/oder 18g/dl Hgb.
Ursachen: Vermehrung ohne bekannte Ursache, Vermehrung bei Aufenthalt in großen Höhen, Herzerkrankungen, bestimmte Lungenerkrankungen.

Schock (auch Kollaps)

Bei jeder, gelegentlich auch kleinen, Verletzung, Blutungen, Vergiftungen, Allergien und schweren plötzlichen Organerkrankungen (wie z. B. Herzinfarkt) kann ein Schock eintreten.

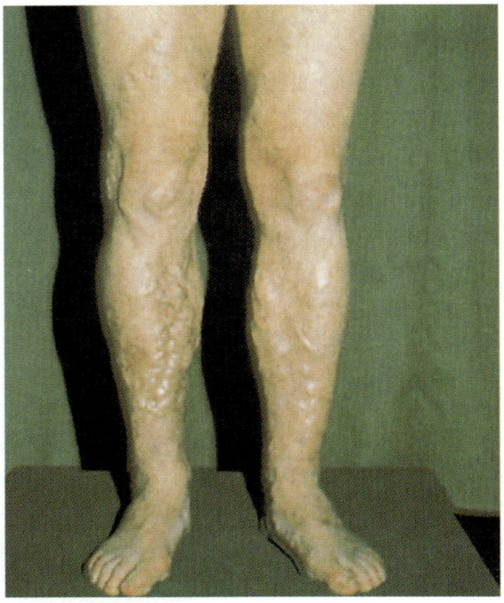

Varizen können an beiden Beinen eine große Ausdehnung erlangen. Man beachte die starke Varizenbildung am rechten Oberschenkel.

MEMO!

Unter Schock versteht man eine Störung der Körperfunktion, die auf einem Missverhältnis zwischen Blutmenge, Gefäßweite, Blutbedarf der Organe und Herzleistung besteht.

Die Haut ist schlecht durchblutet (feuchtkalt, blau untermalt, das Nagelbett blaurot, der Puls flach, 120/min (bei Ohnmacht 60/min), der Blutdruck systolisch unter 80 mm Hg. Die Venen sind nicht gefüllt, es besteht keine Urinausscheidung, allgemeine Unruhe bis zur Bewusstseinstrübung tritt ein, die Atmung ist oberflächlich und beschleunigt, die Pupillen sind weit.

Venenerkrankungen

Krampfadern (Varizen) treten meist in den Beinen auf und sind als korkenzieherartig gewundene Venen zu erkennen. Ursache für ihre Entstehung ist eine Insuffizienz der Venenklappen.

Venenentzündung (Thrombophlebitis) führt zur Gerinnselbildung in einem Gefäß *(Thrombose)*. Örtlich treten Durchblutungsstörungen auf, die zum *Ulcus cruris* führen können. Löst sich bei Thrombose ein Teil des Blutgerinnsels, kann es zu einer Embolie kommen.

27.3. Erkrankungen des Verdauungssystems

Typische Symptome

Brechreiz, *Erbrechen* werden durch intraabdominelle Krankheiten, Stoffwechsel- und Gehirnerkrankungen ausgelöst, z. B. Wurmfortsatzentzündung, Vergiftung, Gallenblasenentzündung, Magengeschwür.

Koliken: Krampfhafte Schmerzen, die durch intraabdominelle Erkrankungen (Durchfall, Gallenblasen-, Nieren-, Magenerkrankungen, Erkrankungen der weiblichen Unterleibsorgane, Hernien) ausgelöst werden.

Obstipation (Verstopfung) beruht auf zu geringer Darmbewegung und -peristaltik. Akute Verstopfung kann auf Darmverschluss beruhen (z. B. infolge Tumors, bei Kleinkindern Darmdrehung). Die häufige spastische Obstipation beruht auf Spasmen im Bereich des S-Darms und der Afterschließmuskulatur.

Durchfall (Diarrhoe) bei zu starker Darmperistaltik (z. B. bei Gastroenteritis).

Appendizitis (»Blinddarmentzündung«)

Entzündung des Wurmfortsatzes (Appendix).
Symptome: Meist Schmerzen im rechten Unterbauch, Abwehrspannung, Übelkeit, manchmal Erbrechen, belegte Zunge, leichtes Fieber, Leukozytose (10 000 bis 16 000 Leukos/mm³).

Gefahr der Perforation mit Peritonitis. Bei Verdacht: Eisbeutel, keine Wärmflasche. Sofort ärztliche Hilfe!
Therapie: Appendektomie (operative Entfernung des Wurmfortsatzes).

Cholezystitis (Gallenblasenentzündung)

Entsteht durch Infektion oder Stauung im Gallenabfluss mit Bakterienbefall. Bei Vereiterung kommt es zum Gallenblasenempyem.

Gastritis (Magenschleimhautentzündung)

Aktute Gastritis (»Magenkatarr«), »verdorbener Magen«
Ursache: Meistens Diätfehler, vor allem übermäßiger Alkoholgenuss.
Symptome: Übelkeit, Erbrechen, Appetitlosigkeit, unangenehmer Geschmack, Aufstoßen, Magendruck. Die Beschwerden klingen meist auch ohne Therapie in wenigen Tagen ab.

Chronische Gastritis
Ursache: Diätfehler, Alkohol- und Nikotinkonsum, Medikamente oder seelische, körperliche Überlastung.
Symptome: »Empfindlicher Magen«: Druck- und Völlegefühl im Oberbauch, Sodbrennen, Übelkeit, Unverträglichkeit von fetten, blähenden oder stark gewürzten Speisen.Eine Behandlung ist im Normalfall nicht erforderlich.

Gastroenteritis (Magen- und Dünndarmentzündung)

Meistens Infektion durch Bakterien, Bakterientoxine (verdorbene Speisen) oder Viren.
Symptome: Durchfall durch Reizung der Darmschleimhaut, vermehrte Peristaltik, häufig Erbrechen.
Gefahren: Wasserverlust führt zur Austrocknung, Kreislaufkollaps.

Hämorriden

Als Hämorriden werden knotenförmige Erweiterungen des anorektalen Schwellkörpers verstanden. Eine anhaltende Heilung erfolgt durch operative Maßnahmen.

Hepatitis (Leberentzündung)

Durch Viren verursachte Infektionskrankheit, Serumhepatitis und Hepatitis epidemica, siehe 26.3.3.

Ileus (Darmverschluss)

Entsteht durch Verschluss des Darmes (Tumor, Narbenstruktur, Darmverschlin-

Eine mit Steinen gefüllte Gallenblase. Ein Gallenstein ist im Gallengang (zwischen Gallenblase und Zwölffingerdarm) eingeklemmt und bildet ein Abflusshindernis für den Gallensaft. In einem solchen Fall kommt es zum Rückstau der Galle und damit zu Gelbsucht. Gelbsucht kann aber auch andere Ursachen haben (Infektion, Blutzerfall).

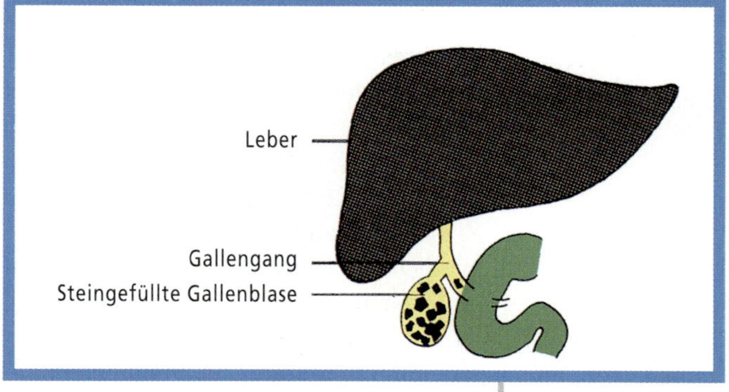

gung; genannt mechanischer Ileus) oder durch Lähmung der Darmmuskulatur (paralytischer Ileus).

Leberzirrhose (Leberschrumpfung)
Eine Vernarbung der Leber nach chronischem Alkoholabusus, auch Hepatitis. Führt im Spätstadium zu Aszites (Bauchwassersucht) und Ösophagusvarizenblutung.

▶ *Aszites.*

Pankreaserkrankungen
Die Bauchspeicheldrüse greift durch den Pankreassaft in die Verdauung ein. In ihr können Geschwülste entstehen (Adenom, Karzinom). Die Bauchspeicheldrüsenentzündung (Pankreatitis) tritt akut oder chronisch auf. Sie kann durch übermäßigen chronischen Alkoholgenuss, Gallensteine oder durch Infektion ausgelöst werden.

Stomatis
Entzündung der Mundhöhle. Die mit Bläschenbildung im Mund auftretende *Stomatitis aphthosa* ist sehr schmerzhaft, heilt in der Regel ohne Behandlung ab.

Tonsillitis
(Mandelentzündung, Angina lacunaris)
Eine Erkrankung der Gaumenmandeln, verusacht durch Bakterien. *Symptome:* Fieber, Schluckbeschwerden, Halsschmerzen, Rötung, evtl. Vereiterung der Mandeln.
Gefahren: Die Verschleppung der Bakterien im ganzen Körper (kann zu Herzentzündungen, Nierenentzündungen, Hirnhautentzündungen führen).

Ulcus ventriculi (Magengeschwür)
Ulcus duodeni (Zwölffingerdarmgeschwür)
Es handelt sich um einen Defekt in der Schleimhaut (Geschwür) von Magen oder Zwölffingerdarm. Die Geschwüre sind häufig Folge einer Infektion der Magenschleimhaut mit den Heliobacter-Bakterien und nicht in erster Linie, wie früher angenommen, Ergebnis eines Ungleichgewichtes zwischen auf die Schleimhaut einwirkenden schädigenden Faktoren (wie z. B. die Salzsäure aus dem Magensaft) sowie den schützenden Faktoren.

▶ *Heliobacter-Bakterien.*

Ulkusleiden treten bei Männern dreimal häufiger als bei Frauen auf, eine familiäre Häufung ist gegeben. Etwa 15 Prozent der erwachsenen Bevölkerung entwickeln im Laufe des Lebens Ulzera. Zwölffingerdarmgeschwüre sind etwa 4- bis 8-mal häufiger als Magengeschwüre.
Symptome: Heftige, krampfartige Schmerzen im Oberbauch, werden bei Geschwüren im Zwölffingerdarm durch Nahrungsaufnahme gebessert, Aufstoßen, Übelkeit, Völlegefühl, Erbrechen. 10 Prozent der Erkrankten haben keine Symptome.
Therapie: Ulzera neigen zu Spontanheilung. Als Medikamente finden bestimmte Antibiotika in Verbindung mit Protonen-Blockern Verwendung. Operationen sind sehr selten geworden.
Gefahren:

- Blutung des Ulkus führt zu *Bluterbrechen* und »*Teerstuhl*«
- *Perforation* (Durchbruch in die freie Bauchhöhle mit *Peritonitis* [Bauchfellentzündung]). Sofortige Operation nötig!
- *Penetration* (Durchbruch in andere Organe)

▶▶ *Teerstuhl.*

27.4. Erkrankungen der Atmungsorgane

Typische Symptome
Schnupfen ist das typische Krankheitszeichen für einen beginnenden grippalen Infekt. Er ist das Leitsymptom einer *Rhinitis* (Entzündung der Nasenschleimhaut), die mit Schwellung der Schleimhaut und Produktion eines meist wässerig-serösen Sekrets einhergeht.

Heiserkeit bis zur Stimmlosigkeit ist das typische Symptom für Erkrankungen des Kehlkopfes und der Stimmbänder.

Husten ist Symptom der Erkrankung der Bronchien. Je nach Art und Dauer des Hustens kann sich hinter diesem Krankheitszeichen eine akute oder chronische Bronchitis, ein Bronchialkarzinom und anderes mehr verbergen.

Zyanose (Blausucht) ist eine bläuliche Verfärbung der Haut. Tritt bei Insuffizienz des Herzens oder der Atmungsorgane auf, geht in der Regel mit Atemnot einher.

Adenoide (Wucherung der Rachenmandel)

Die Wucherungen der Rachenmandel treten überwiegend im Kleinkindesalter auf. Sie führen zu einer Verlegung der hinteren Ausgänge der Nase in den Rachen *(Choanen).* Folgen sind *Mundatmung, nasale Sprache* und *gehäufte Erkältungen.* Wenn auch die Einmündung der Ohrtrompeten in den Nasenrachen durch die Wucherungen verschlossen werden, treten weiterhin gehäuft *Mittelohrentzündungen* auf. Die Behandlung erfolgt mit einer (gegebenenfalls mehrfach vorgenommenen) *Adenotomie* (Kappung der gewucherten Rachenmandel).

Akute Bronchitis

Meist bei Erkältungsinfekten auftretende Entzündung der Bronchialschleimhaut.
Ursache: Verschiedene Viren.
Symptome: Husten, Fieber, Mattigkeit, evtl. glasig-schleimiger Auswurf.

Angina lacunaris (akute Tonsillitis)

Vor allem bei Kindern vorkommende bakterielle Entzündung der Gaumenmandeln mit Schluckbeschwerden, Fieber, Abgeschlagenheit, dann mit Stippchen und Pfropfen in den Krypten. Es kann zum Tonsillarabszess kommen, der sogar zur Sepsis führen kann. Im Anschluss an bestimmte Anginaformen können Endokarditis, rheumatisches Fieber und Nephritis eintreten.

Chronische Bronchitis

Andauernde Entzündung der Bronchialschleimhaut bei nicht ausheilender akuter Bronchitis, allgemeiner Anfälligkeit der Schleimhaut, Einatmen von Staub oder Rauch (Raucherbronchitis), tritt oft zusammen mit anderen Lungenerkrankungen wie Emphysem, Asthma bronchiale u. a. auf.

Grippaler Infekt (»gewöhnliche Erkältung«)

Ursache der Infektion mit kurzer Inkubationszeit sind Viren. Die Schleimhaut der betroffenen Organe ist gerötet und steigert ihre Sekretion.

Je nach Lokalisation kommt es zur

- Bronchitis (Entzündung der Bronchien)
- Laryngitis (Entzündung des Kehlkopfes)
- Pharyngitis (Entzündung des Rachens)
- Rhinitis (Entzündung der Nase)
- Tracheitis (Entzündung der Luftröhre)

Meist sind alle Schleimhautgebiete der oberen Luftwege beteiligt. Bei Erwachsenen meist geringe Beeinträchtigung, bei Kindern häufig mit Fieber verbunden.

Pleuritis (Rippenfellentzündung)

Wir unterscheiden die trockene (*Pleuritis sicca*, mit starken Schmerzen bei der Atmung im Rippenbereich und Reibegeräusch beim Abhören) von der feuchten

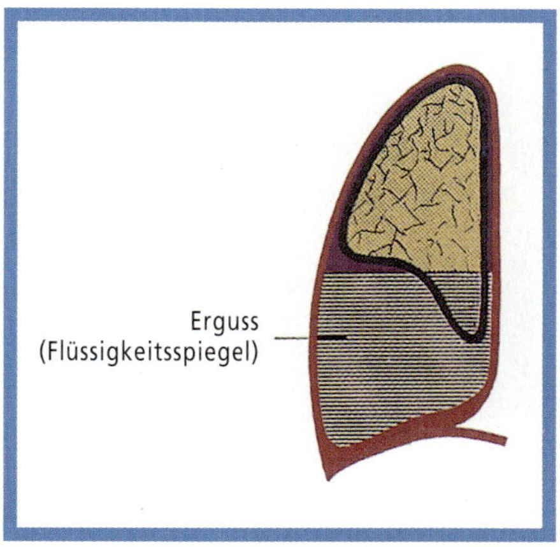

◄ *Nasse Rippenfellentzündung (Pleuraerguss). Der Erguss drängt die Lunge nach oben. Deshalb muß er punktiert und abgesaugt werden; die Lunge kann sich dann wieder entfalten. Der Erguss kann in Eiter übergehen; man nennt ihn dann Pleuraempyem.*

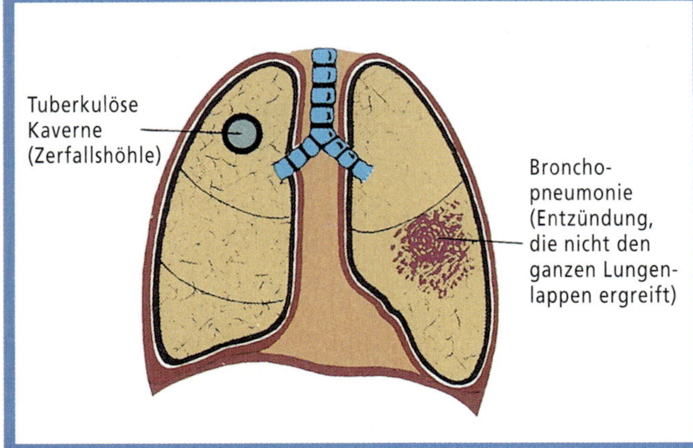

▲ *Schematische Darstellung einiger Lungenerkrankungen.*

Rippenfellentzündung (*Pleuritis exsudativa)* mit einem Erguss, der vereitern kann (*Pleuraempyem*).

Pneumonie (Lungenentzündung)

Die Pneumonie entsteht durch Infektion mit Bakterien oder Viren. *Symptome* sind mehr oder minder hohes Fieber, flache Atmung, Brustschmerzen, Abhusten blutigen Sputums. Man unterscheidet lobäre *Pneumonie* und *Bronchopneumonie*, die meistens mit Bronchitis einhergeht und im Gefolge anderer Infektionskrankheiten, wie z. B. Masern, Keuchhusten, auftritt. Komplikationen können u. a. Lungenabszess, Begleitpleuritis mit Empyem, Kreislaufschwäche und Herzversagen sein.

Pneumothorax links. ▼

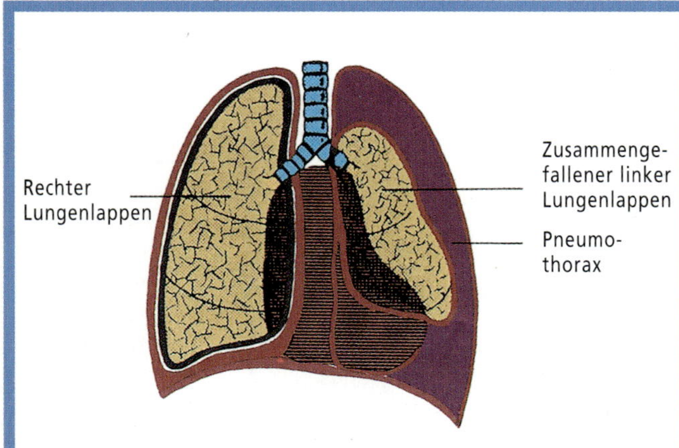

Pneumothorax

Der Pneumothorax entsteht durch das Zusammensinken eines Lungenflügels mit akut einsetzender Atemnot und Verdrängung des Mittelfells; Luft dringt zwischen Lungen- und Rippenfell, hebt die Haftung der Lunge am sich bewegenden Thorax auf; die betreffende Lungenpartie wird nicht beatmet.

Tuberkulose (Morbus Koch, Tbc)

Ansteckende Infektionskrankheit, verursacht durch Mycobacterium tuberculosis. *Symptome:* Mattigkeit, leicht erhöhtes Fieber, Blässe, Müdigkeit, trockener Reizhusten.

27.5. Erkrankungen der Harnorgane

Typische Symptome

Anurie: Fehlende Urinausscheidung (unter 100 ml/Tag). Kann bedingt sein durch Erkrankung der Niere, aber auch Behinderung des Urinabflusses zwischen Nierenkelch und Harnröhre (z. B. bei Nierensteinen, bei Karzinomen, bei Prostatahypertrophie).

Blutiger Harn: Kann bedingt sein durch Erkrankungen der Niere (Nephritis, Niereninfarkt), bösartige Geschwulste, Tuberkulose, Pyelonephritis und Harnblasenentzündung.

Brennen beim Wasserlassen: Tritt bei Entzündungen der Harnröhre auf.

Dysurie: Schmerzhaftes Wasserlassen bei Erkrankungen der Harnblase und der Harnröhre.

Kolikartige Schmerzen: Treten im rechten oder linken Unterbauch durch Einklemmung von Steinen auf. Die Muskulatur in den ableitenden Harnwegen zieht sich krampfartig zusammen, um das Hindernis in den Abflusswegen zu überwinden.

Oligurie: Zu geringe Harnausscheidung (unter 400 ml/Tag).

Pollakisurie: Häufiges Wasserlassen mit kleinen Harnmengen, besonders bei Erkrankungen der Harnblase.

Polyurie: Ausscheidung von großen Urinmengen (mehr als 2500 ml/Tag) eines meist ziemlich farblosen Harns, meist bedingt durch viel Trinken (Polydipsie), Einnahme von harntreibenden Mitteln (Diuretika) u. a.

Glomerulonephritis
Entzündung der Nierenkörperchen (Glomerula), Auftreten oft in jugendlichem Alter, Symptome sind u. a. Hypertonie und Hämaturie.

Niereninsuffizienz (Nierenversagen)
Tritt z. B. bei Nierensteinleiden, nach langjähriger chronischer Pyelonephritis, nach Phenacetinabusus u. a. auf. Hierbei werden die harnpflichtigen Stoffe (Harnstoff, Harnsäure) nicht ausgeschieden, es kommt zur *Urämie*, die ohne Hilfe (Blutwäsche durch künstliche Niere oder Nierentransplantation) zum Tode führt.

Pyelonephritis (Nierenbeckenentzündung)
Ursache: Bakterien, Pilze. *Symptome:* Schmerzen in der Lendengegend, hohes Fieber, Schüttelfrost, evtl. trüber, blutiger oder eitriger Urin. *Therapie:* Antibiotika.

Urethritis (Harnröhrenentzündung)
Häufig durch aufsteigende bakterielle Infektion sowie Trichomonaden verursacht. Führt zu Brennen beim Wasserlassen.

Zystitis (Blasenentzündung)
Die Zystitis ist eine meist bakteriell bedingte Entzündung der Harnblasenschleimhaut. Zystitiden treten häufig bei Bettlägerigen auf, die ihre Harnblase nicht vollständig entleeren, besonders auch bei Prostatahypertrophie und Liegen eines Dauerkatheters. Die akute Zystitis geht einher mit häufigem Wasserlassen und Schmerzen beim Wasserlassen. Eine akute Zystitis heilt fast immer auch ohne Behandlung aus.

◀◀ *Harn.*

27.6. Erkrankungen der Geschlechtsorgane und in der Schwangerschaft

27.6.1. Geschlechtskrankheiten

Es gibt vier »klassische« (meldepflichtige) Geschlechtskrankheiten: Gonorrhoe, Lues, Ulcus molle und Lymphogranulomatose inguinale. Die letztgenannte kommt überwiegend in den Tropen vor, deswegen wird hier auf eine Beschreibung verzichtet.

Gonorrhoe (Tripper)
Die Gonorrhoe wird ausgelöst durch Gonokokken mit eitriger Entzündung der Epithelien der Genitalschleimhäute und häufigen Komplikationen, bei Männern Orchitis, bei Frauen Adnexitis. Symptom beim Mann ist gelblich-rahmiger Ausfluss, verbunden mit Schmerzen beim Wasserlassen. Bei der Frau besteht ebenfalls ein gelblich-rahmiger Ausfluss *(Fluor)*. Spätfolge einer Gonorrhoe kann eine Sterilität (Unfruchtbarkeit) sein.

◀◀ *Urämie.*

Lues (Syphilis)
Lues ist eine Geschlechtskrankheit, die in mehreren Stadien (I bis IV) abläuft. Sie beginnt mit einem Ulkus im Genital- oder Mundbereich *(Primäreffekt)*. Der Erreger ist *Treponema pallidum*, welcher sich in Lymphknoten, auf der Haut, im Gefäß- und Gehirnbereich festsetzt. Das Zweitstadium ist gekennzeichnet durch außerordentlich vielfältige Hauterscheinungen (mit Exanthem, Schuppung u. a.) und allgemeiner Lymphknotenschwellung. Im Stadium III entstehen Zerfallsgeschwüre

◀ *Lymphknotenschwellung.*

(*Gummen*), im Stadium IV kann es zur Rückenmarksschwindsucht (*Tabes dorsalis*) oder zur progressiven Paralyse (*Hirnerweichung*) kommen.

▶ *Lues.*

Die Lues kann von einer kranken Mutter auf das Kind im Mutterleib übergreifen. Nachweis der Erreger durch Reizserum aus dem Primäraffekt, außerdem durch Nachweis im Blut: Cardiolipin-Mikroflockungs-Reaktion, TPI-Test (Treponema-pallidum-Immobilisations-Test), FTA-Test (Treponema-pallidum-Immunofluoreszenz-Test).

Ulcus molle (Weicher Schanker)

Es besteht häufig ein Geschwür, das bei Berührung schmerzt.

▶▶ *Fluor.*

27.6.2. Erkrankungen der weiblichen Geschlechtsorgane

MEMO!

Sofern die monatliche Regelblutung nicht regelmäßig eintritt, kann es sich neben einer Schwangerschaft auch um hormonale oder anatomisch bedingte Störungen handeln.
Sie hängen auch von der Funktion der Hypophyse und des Ovariums ab.
Jede anomale Blutung kann eine Karzinomblutung sein.
Ihre Ursache muss abgeklärt werden.

Adnexitis

▶ *Eileiter-/Eierstock-Entzündung.*

Unter der Adnexentzündung wird die gemeinsame Entzündung von Eileiter (Tube) und Eierstock (Ovar) verstanden. Da die meisten Entzündungen aus der Scheide aufsteigen, wird meist zunächst die Tube, dann der Eierstock befallen. Symptome sind heftige Schmerzen im Unterbauch, verbunden mit oft hohem Fieber, häufig im Anschluss an eine Menstruation. Folgeerscheinungen sind Sterilität durch Verklebung der Tuben und Eileiterschwangerschaften.

Endometritis (Gebärmutterschleimhautentzündung)

Hierbei handelt es sich um eine aufsteigende Infektion der Gebärmutterschleimhaut, die durch Bakterien verursacht wird. Wichtiges Symptom dieser Erkrankung ist die verlängerte Regelblutung, hinzu können Zwischenblutungen und Dauerschmierblutungen kommen.

Kolpitis (Scheidenentzündung)

Die Kolpitis ist die häufigste Erkrankung der Scheide. 15 bis 30 Prozent werden durch Trichomonaden, etwa 10 bis 15 Prozent durch den Soorpilz hervorgerufen. Symptome sind Juckreiz und Brennen in der Scheide sowie Ausfluss (Fluor). Übertragung erfolgt in der Regel durch Geschlechtsverkehr.

Retroflexio uteri

Die Gebärmutter ist nicht nach vorn geneigt, wie es normalerweise der Fall ist, sondern ist nach hinten abgeknickt. Bei Schwangerschaft besteht die Gefahr der Einklemmung der Frucht, es kann zu Fehlgeburten kommen.

27.6.3. Erkrankungen während der Schwangerschaft

Abort (Fehlgeburt)

Die Geburt erfolgt vor der 28. Schwangerschaftswoche. Sie ist ab 4. Schwangerschaftsmonat einer richtigen Geburt sehr ähnlich.

Extrauteringravidität

Hierbei handelt es sich um eine Schwangerschaft außerhalb der Gebärmutter, meistens im Eileiter (*Tubargravidität*). Eine solche Schwangerschaft kann ebenso wie eine Bauchhöhlenschwangerschaft nicht ausgetragen werden.

Frühgeburt

Das Kind wird zu früh geboren, hat ein Gewicht unter 1000 g, in Extremfällen sogar

TERMINOLOGIE

Gynäkologische Blutungsanomalien

Hypermenorrhoe	verstärkte Menstruation
Menorrhagie	verstärkte und verlängerte Menstruation
Hypomenorrhoe	verringerte Menstruation
Polymenorrhoe	häufigere Menstruation bei Zyklusverkürzung
Oligomenorrhoe	Menstruation mit verlängerten Zwischenräumen, Zyklusverlängerung
Metrorrhagien	Blutungen ohne Zyklusabhängigkeit
Ovulationsblutung	Blutung zur Zeit des Eisprungs, Schmierblutung, Zwischenblutung
Amenorrhoe	Ausbleiben der Menstruation infolge hormoneller Störung oder mit Eintreten einer Schwangerschaft
Dysmenorrhoe	schmerzhafte Blutung infolge Uteruskontraktion u. a. infolge psychischer Ursache oder Teilverklebung des Uterusausgangs oder bei Uterushypoplasie

unter 500 g. Es muss meistens in einem Brutkasten (Inkubator) aufgezogen werden.

Gestosen

Es handelt sich um Erkrankungen, die durch die Schwangerschaft bedingt sind und nur bei der schwangeren Frau vorkommen.

In der 5. bis 12. Schwangerschaftswoche tritt die *Emesis gravidarum* mit morgendlicher Übelkeit und Erbrechen auf, die gelegentlich in die *Hyperemesis gravidarum* übergeht. Symptome sind häufiges Erbrechen, Austrocknung des Körpers, rasche Gewichtsabnahme, Gelbsucht sowie Benommenheit bis hin zu Delirien.

Im letzten Drittel der Schwangerschaft können die so genannten Spätgestosen, die *Präeklampsie* und die *Eklampsie*, auftreten. Symptome der Präeklampsie sind hoher Blutdruck, Eiweiß im Harn sowie Wassereinlagerung in Form von Ödemen. Die schwerste Form der Gestose ist die heute sehr seltene Eklampsie, bei der Krämpfe und tiefe Bewusstlosigkeit auftreten.

27.6.4. Erkrankungen der Brustdrüse

Mastitis (Brustdrüsenentzündung)

Im Wochenbett und danach kommt es infolge Milchstauung und von den Ausführungsgängen auf der Brustwarze ausgehender und aufsteigender Infektion zur Entzündung der Brust. Symptome sind Schwellung, Schmerz, Verhärtung und Rötung. Erreger sind oft Staphylokokken.

Mastopathie

Bei der Mastopathie entwickeln sich abhängig vom Zyklus Zysten in der weiblichen Brust. Die Abgrenzung zum Mammakarzinom ist häufig nur durch eine Biopsie (Entnahme einer Gewebeprobe zur Untersuchung) zu sichern.

◀◀ *Übelkeit und Erbrechen.*

◀◀ *Hyperemesis gravidarum.*

27.7. Erkrankungen der Haut

Typische Symptome bei Hauterkrankungen

Fleck (Macula) umschriebene, im Hautniveau liegende Verfärbungen durch Gefäßerweiterung (Erythem = flächenhaft, Roseolen = linsengroß), Blutaustritt (Purpura = punktförmig), Pigmentationen, (Fehlen von Pigmentationen = Vitiligo)

Knötchen (Papel) über das Hautniveau ragende bis zu linsengroße, manchmal eingedellte Knötchen

Quaddel (Urtica) umschriebenes, erhabenes Ödem, von rotem Hof umgeben

Blase (Vesicula) mit klarer Flüssigkeit gefüllte Bläschen

Schuppe (Squama) Abstoßung von Hornschichten der Haut
Pustel (Pustula) eitrige Bläschen
Schrunde (Rhagade) eingekerbte Hautverletzungen durch Dehnung oder Zerrung
Geschwür (Ulcus) tiefreichende Verluste des Hautepithels (der Epidermis)

Akne vulgaris

Eine Erkrankung der Talgdrüsen der Haut auf der Basis einer Seborrhoe. Durch Verstopfung der Talgdrüsen kommt es zu einer Talgstauung (Komedonen) hauptsächlich im Gesicht und auf der Schulter. Entzündliche Pusteln und Papeln können die Folge sein.

Die Akne tritt hormonell durch Androgene begünstigt in der Pubertät auf und endet etwa im 4. Lebensjahrzehnt. Die Behandlung erfolgt mit salicylsäurehaltigem Spiritus, schwefelhaltigen Zubereitungen, UV-Licht, Vitamin-A-Säure und fett- und kohlenhydratarmer Diät. In schweren Fällen erfolgt eine Behandlung mit Hormonen und Antibiotika.

Ekzem

Chronische Entzündungen einer vorgeschädigten Haut. Es treten Rötungen, Papeln, Bläschen, Nässen, Krusten- und Schuppenbildung mit Juckreiz auf, ursächlich häufig allergisch bedingt.

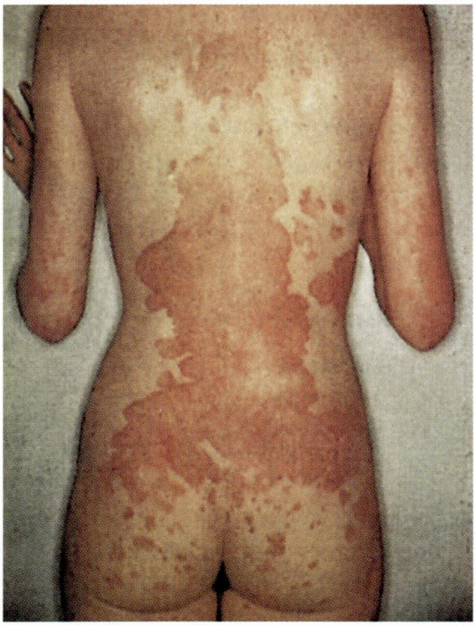

Typische psoriatische Herde am Stamm.

Muttermal (Naevus)

Ein Muttermal oder Leberfleck kann in verschiedenen Formen auftreten: als *Pigmentnaevus* mit den typischen braunen Pigmenteinlagerungen, behaart als *Tierfellnaevus* sowie als selten zur Entartung neigender blauer Naevus. Kosmetisch störende Naevi werden risikolos operativ entfernt.

Pilzerkrankungen

Pilzerkrankungen (Mykosen) führen häufig zu runden, schuppenden Herden mit oder ohne Ringwall und treten juckend auf dem behaarten Kopf und in der Bartregion *(Trichophytie)*, in den Hautfalten *(Soor)* und an anderer Stelle auf.

Die Diagnose erfolgt mit dem Mikroskop. Von einer verdächtigen Stelle wird eine Schuppe auf einen Objektträger gebracht, ein Deckglas aufgelegt und 15- bis 30-prozentige Kalilauge zwischen Objektträger und Deckglas gegeben. Eine genaue Diagnose ist nur durch eine Pilzkultur möglich. Die Therapie erfolgt durch geeignete Antimykotika.

Psoriasis vulgaris (Schuppenflechte)

Erbliche Hauterkrankung mit silberweißen Schuppen, nach deren Abkratzen das Kerzenfleckphänomen mit tautropfenartigen Blutungen auftritt. Die Psoriasis läuft in Schüben ab und kann mit Gelenkerkrankungen einhergehen. Die Behandlung erfolgt durch Ablösung der Schuppen, Behandlung mit Teer, kortikoidhaltigen Zubereitungen und UV-Bestrahlung.

Seborrhoe

Vermehrte Talgdrüsenfunktion, hormonell, psychisch und durch Wärmeeinfluss begünstigt. Auftreten mit fettiger Gesichtshaut und schuppigen Haaren, Haarausfall.

Skabies

Ansteckende Hauterkrankung (Krätze) durch Milben, die in die Haut kriechen und dort heftigen Juckreiz auslösen, weil die Milben in die Hautgänge Eier legen, aus denen innerhalb 4 Tagen neue Milben kriechen.

Ulcus cruris
Geschwür mit Hautveränderungen im Bereich der Unterschenkel (besonders bei Krampfadern), Behandlung durch spezielle Verbände oder Operation.

Verätzungen
Sie entstehen durch Säure oder Lauge. Es entsteht zunächst eine reaktive Hautrötung, dann kommt es zu Gewebsdefekten mit Ulzerationen, die sich mit Schorf bedecken.

Verbrennungen
Brandwunden entstehen durch Feuer, Strahlen (Sonnen-, Röntgenstrahlen, Ultraviolettstrahlen), bei physikalischer Behandlung mit Überdosen, heißen Dämpfen, Starkstrom. Die Gefährlichkeit der Verbrennung hängt ab vom Verbrennungsgrad sowie von der Ausdehnung der verbrannten Hautfläche. Verbrennungen werden in 4 Schweregrade eingeteilt.

Grade:
1. **Grad:** Hautrötung infolge Blutfülle (*Hyperämie).* Der Zustand bildet sich meistens schnell zurück.
2. **Grad:** Teilzerstörung der Oberhaut, *Blasenbildung* (=Verflüssigung des Epithelgewebes mit Blutserumaustritt); kann lebensgefährlich sein, wenn mehr als ein Drittel der Hautoberfläche betroffen ist.
3. **Grad:** Zerstörung der Haut und des darunter liegenden Gewebes (*Verschorfung* mit nachfolgender Nekrose = Gewebetod); Heilung unter Narbenbildung möglich; kosmetische Spätschäden.
4. **Grad:** *Verkohlung*, das Gewebe bleibt nicht lebensfähig.

Der Gefährdungsgrad wird mit der »Neunerregel« berechnet: Bei Erwachsenen zählen Kopf, Arme je 9 Prozent, der Rumpf 4mal 9 Prozent, die Beine 18 Prozent. Lebensbedrohung kann bereits bei Verbrennungen ab 18 Prozent eintreten.

Der Verbrennungskranke ist bedroht durch Vergiftung infolge toxischer Eiweißprodukte aus dem verbrannten Gewebe, Schock mit Sauerstoffmangel und Wundinfektion und Wasserverlust.

Neunerregel.

27.8. Erkrankungen des Nervensystems

TYPISCHE SYMPTOME

Singultus	Schluckauf, krampfartiges Zusammenziehen des Zwerchfells
Tremor	unwillkürliches Zittern
Meningismus	Kopfschmerzen, Pulsunregelmäßigkeiten, Nackensteifigkeit
Hirndruckzeichen	Erbrechen, Stauungspapille
Lähmung	Muskulatur hat die Fähigkeit verloren, sich zu bewegen (schlaffe Lähmung: Die Muskulatur ist schlaff, spastische Lähmung: Die Muskulatur ist ständig angespannt.)

Schlaffe, spastische Lähmung.

27.8.1. Erkrankungen des Gehirns und Kleinhirns

Anfallsleiden (Epilepsie)
Eine sich wiederholende, anfallsweise auftretende Störung der Hirnfunktion, die sich durch plötzliche Bewusstseinsstörungen, Krämpfe und vegetative Erscheinungen äußert. Die Ursachen hierfür sind frühkindliche Hirnschäden, raumfordernde Prozesse im Schädel wie Tumore, Hämatome, Abszesse und Hirnverletzungen. Häufig können Ursachen nicht gefunden werden.

Die Auslösung des einzelnen Anfalls kann durch bestimmte Bedingungen provoziert werden. Hierzu gehören Mangel an Schlaf, Flackerlicht (z. B. Fernsehen), Alkoholgenuss, Infekte u. a. mehr.

▶ *Status epilepticus.*

Unter einem *Status epilepticus* werden sich in kurzen Abständen wiederholende Anfälle verstanden, ohne dass der Patient zwischenzeitlich sein Bewusstsein wieder erlangt. Die Therapie erfolgt in der Regel durch Medikamente (Antiepileptika).

Enzephalitis

Eine Entzündung des Gehirns, die in der Regel durch Viren (z. B. Herpessimplex-Viren oder durch Zecken übertragene Arboviren), seltener auch durch Bakterien verursacht wird. Der Ausgang der Erkrankung ist sehr stark von der Art des Erregers abhängig. Die Sterblichkeit einer unbehandelten Enzephalitis liegt bei über 50 Prozent.

Gehirnerschütterung (Commotio cerebri)

▶ *Retrograde Amnesie.*

Die Folge eines Traumas. Symptome sind Erbrechen, Bewusstlosigkeit und Erinnerungslücken (retrograde Amnesie). *Therapie:* Bettruhe.

Meningitis

Eine Entzündung der Hirnhäute. Hauptsymptome sind Kopfschmerzen, Nackensteifigkeit, Rückenschmerzen und oft Fieber. Bei der Liquoruntersuchung ist eine Zellzahlerhöhung nachweisbar.

Migräne

Unter diesem Begriff werden anfallsweise auftretende Kopfschmerzen verstanden, die durch Störungen der Gefäßregulation der Hirngefäße bedingt sind. 8 Prozent aller Erwachsenen erkrankten an Migräne. Frauen sind häufiger als Männer betroffen. *Symptome:* Der typische Migräneanfall ist gekennzeichnet durch einen halbseitigen Kopfschmerz verbunden mit Übelkeit und Erbrechen sowie Lichtscheu und Geräuschempfindlichkeit. Zusätzlich können neurologische Ausfälle, Schwindel, vegetative Erscheinungen u. a. auftreten. Ein Migräneanfall kann einige Stunden bis zu mehreren Tagen dauern.

Subdurales Hämatom

Subdurale Hämatome treten im Rahmen von Schädelverletzungen auf. Sie werden verursacht durch Sickerblutungen aus verletzten Venen in die Schicht zwischen der harten und der weichen Hirnhaut.

27.8.2. Erkrankungen des Rückenmarks und der peripheren Nerven

Multiple Sklerose (MS)

Eine meist langsam fortschreitende Erkrankung des Zentralnervensystems, die bevorzugt Erwachsene zwischen dem 20. und 45. Lebensjahr befällt. Frauen sind häufiger als Männer betroffen. Die Ursache der Krankheit ist nicht bekannt. Es wird vermutet, dass Veränderungen im Immunsystem von Bedeutung sein können.

Es kommt zu einer verstreut auftretenden Entmarkung *(Demyelinisierung)* der weißen Substanz des Zentralnervensystems in oft kleinen Herden. Dadurch sind ganz unterschiedliche neurologische Symptome wie z. B. Doppelbildsehen durch Augenmuskellähmungen, Sensibilitätsstörungen, spastische Erscheinungen, Tremor und Sprachstörungen festzustellen.

Die MS verläuft in Schüben mit Phasen der Erholung. In seltenen Fällen können schwere Schübe bereits nach wenigen Monaten zum Tod führen.

Eine spezifische Therapie gibt es nicht. Bei akuten Schüben helfen Cortisonpräparate. Krankengymnastik und Ergotherapie (Arbeitstherapie) sind sinnvoll.

Vegetative Dystonie

Hierbei handelt es sich um vegetative Regulationsstörungen, die an den verschiedensten Organsystemen auftreten können, ohne dass krankhafte Veränderungen gefunden werden.

Die vegetative Dystonie tritt bei etwa 20 bis 30 Prozent der Bevölkerung, überwiegend jüngeren oder mittleren Alters, bei Frauen etwa doppelt so häufig wie bei Männern, auf. Störungen des Gleichgewichtes innerhalb der vegetativen Funktionen, z. B. durch Überlastung, Schlafmangel, aber auch konstitutionelle Vorprägung sind die Ursache.

Besondere Formen der vegetativen Regulationsstörungen sind die *Kreislaufregulationsstörungen* (orthostatisches Syndrom, verbunden mit zu niedrigem Blutdruck, aber auch labilem Hochdruck oder Ohnmachten), das *nervöse Atmungssyndrom* (auf Grund eines Lufthungers wird zu viel und zu tief eingeatmet, dadurch wird zu viel CO_2 abgeatmet), *Missempfindungen im Herzbereich, Migräne, Reizmagen* und *Reizdarm* sind die Folgen.

Vegetative Regulationsstörungen können häufig nicht auf ein einzelnes Organsystem bezogen werden. Sie beruhen meist auf psychosozialen Belastungen; seelische Konflikte führen zu körperlichen Erscheinungen.

Die Behandlung ist langwierig und schwierig. Der Patient muss nach Ausschluss krankhafter Veränderungen der Organe über die Art seiner Erkrankung aufgeklärt werden, Ziel der Behandlung muss eine gesunde, vernünftige Lebensweise mit ausreichend Schlaf, richtiger Ernährung sowie genügend Bewegung sein. Psychische Fehleinstellungen sollten analysiert und wenn möglich korrigiert werden. Medikamente (Psychopharmaka) sind nur in Ausnahmefällen und nur vorübergehend angebracht.

27.9. Erkrankungen der Psyche

27.9.1. Neurosen

Unter Neurosen werden abnorme Reaktionen verstanden, die auf ungelöste Konfliktsituationen zurückzuführen sind und ihren Ursprung meist in der frühen Kindheit haben.

Angstneurose

Bei fast allen neurotischen Störungen ist das Symptom »Angst« zu beobachten. Von einer Angstneurose wird gesprochen, wenn die Angst im Vordergrund der Erkrankung steht. Charakteristisch für diese Form der Angst ist, dass sie nicht auf einen bestimmten angsterzeugenden Sachverhalt bezogen ist.

◀◀ ***Nervöses Atmungssyndrom.***

Hysterische Neurose

Die hysterische Neurose ist eine neurotische Störung, bei der es zur veränderten Selbstdarstellung mit Tendenz zur Dramatisierung kommt. Hysterische Personen haben ein übersteigertes Geltungsbedürfnis und zeigen nicht selten Symptome, die auch im Zusammenhang mit somatischen Erkrankungen auftreten können *(Konversionssymptome),* z. B. Lähmung der Beine, Blindheit, psychogenes Erbrechen, ohne dass organische Erkrankungen vorliegen.

◀ ***Konversionssymptome.***

Phobie

Phobien sind im Gegensatz zu Angstneurosen durch tatsächlich nicht gerechtfertigte Furcht vor bestimmten Gegenständen (z. B. enge Räume), Lebewesen (z. B. Schlangen) oder Situationen gekennzeichnet. Folge ist ein »Meideverhalten«, welches den Patienten im täglichen Leben stark beeinträchtigen kann.

◀ ***Meideverhalten.***

▶▶ *Umeltkontakte.*

▶▶ *Entziehung.*

27.9.2. Psychosen

Unter Psychosen werden zentral bedingte Störungen der psychischen Funktionen (Geisteskrankheiten) verstanden, deren Ursachen bis heute nicht bekannt sind.

Manisch-depressive Psychose

Manisch-depressive Psychosen sind krankhafte Verstimmungen, die sich in zwei entgegengesetzte Richtungen äußern können: als *Depression* und als *Manie*. Sie tritt in der Regel ohne ersichtlichen Anlass auf. Das Erkrankungsrisiko ist bei Frauen höher. Sowohl depressive wie auch manische Phasen können einmalig oder wiederholt auftreten.

Depressive Phase
Die depressive Phase tritt bei Patienten insgesamt häufiger als die manische auf. Symptome sind Gefühle der Hoffnungslosigkeit, Selbstmordpläne, Entschluss- und Handlungsunfähigkeit bei gleichzeitiger quälender Unruhe, Schlaflosigkeit u. a.

Manische Phase
Symptome sind krankhaft gehobene Stimmung, krankhafte Antriebssteigerung mit Interesse an neuen Aktivitäten und starkem Bewegungsdrang. Die Patienten reden ununterbrochen und zeigen starken Einfallsreichtum.

Schizophrene Psychose

Die Wahrscheinlichkeit, an einer schizophrenen Psychose zu erkranken, liegt bei etwa 1 Prozent. Die Erkrankung bricht meistens zwischen der Pubertät und dem 30. Lebensjahr auf; eine familiäre Häufung (also eine gewisse Erblichkeit) ist zu beobachten. *Symptome:* Wahnvorstellungen, Halluzinationen (z. B. Stimmen, die etwas befehlen), Missempfindungen (z. B. das Gefühl, dass Ströme durch den Körper laufen), Störungen des Denkens und des Antriebs u. a.

Schizophrene Schübe können durch körperliche Erkrankungen oder seelische Ereignisse ausgelöst werden. Nach Beendigung eines Schubes kann die Erkrankung unterschiedliche Verlaufsformen zeigen. Etwa 30 Prozent der Patienten werden vollständig geheilt. Nach wiederholten Schüben sind Restzustände zu beobachten, die durch Persönlichkeitsveränderungen mit Erlahmung des Antriebs, verschrobenes Verhalten und Verlust der Umweltkontakte gekennzeichnet sind.

27.9.3. Abhängigkeit und Sucht

Unter Abhängigkeit bzw. Sucht wird ein körperlicher und seelischer Zustand verstanden, der sich aus einer Wechselwirkung zwischen einem bestimmten Stoff (Alkohol, Medikament, Droge, Nikotin u. a.) und dem Körper entwickelt und mit dem Zwang zur fortgesetzten Einnahme von immer größer werdenden Mengen des Suchtstoffes verbunden ist.

Psychische Abhängigkeit
Der Patient empfindet die Wirkung der suchterzeugenden Substanz als so angenehm, dass er nicht bereit und in der Lage ist, darauf zu verzichten.

Physische Abhängigkeit
Als Folge regelmäßiger Zufuhr immer größer werdender Dosen des Suchtstoffes kommt es beim Absetzen zu Entziehungserscheinungen (z. B. starken Schmerzen, Krämpfen, Unruhe, Schweißausbrüchen, Schlaflosigkeit).

Wirkung der Drogen

Die Wirkung der verschiedenen Drogen ist bildhaft in einer kleinen Geschichte (U. und W. Steuer, Gesundheitserziehung, Thieme Verlag) wiedergegeben:

Vier Männer kamen an ein verschlossenes Stadttor. Der Erste, der Alkohol getrunken hatte, schlug vor, das Tor einzuschlagen. Der Zweite, der Opium geraucht hatte, empfahl, sich hinzulegen und bis zum anderen Tag zu schlafen, da das Tor dann geöffnet werde. Der Dritte, der Haschisch geraucht hatte, rief, »Wir kriechen durch das Schlüsselloch!« Der Vierte, der LSD genommen hatte, traf Anstalten, darüber zu fliegen.

Therapie

Die Therapie erfolgt in drei Schritten: Entgiftung, Entwöhnung, Nachsorge. Voraussetzung für den Erfolg ist der feste Wille des Patienten, sich einer Therapie mit dem Ziel der Freiheit von Suchtstoffen zu unterziehen.

Entgiftung

Die Entgiftung kann je nach Schwere der Erkrankung ambulant oder stationär erfolgen. Sie dauert meist nur einige Tage. In schweren Fällen treten erhebliche Entziehungserscheinungen auf, die u. U. durch vorübergehende Gabe von Medikamenten abgemildert werden müssen.

Entwöhnung

Die Entwöhnung dauert mehrere Monate. Der Patient wird durch intensive psychotherapeutische und soziale Betreuung dazugebracht, sich von einem Leben mit Suchtstoffen dauerhaft zu lösen.

Nachsorge

Phase der Stabilisierung außerhalb der therapeutischen Einrichtungen.

Alkoholabhängigkeit

Alkohol – seit Jahrtausenden gebräuchliches Genussmittel – ist heute das bedeutendste Suchtmittel. Alkoholabhängige finden sich in allen Bevölkerungsschichten, Alters- und Berufsgruppen. Das Verhältnis Männer: Frauen beträgt 3 : 1.

Es wird zwischen *Alkoholmissbrauch* und *Alkoholabhängigkeit (Alkoholismus)* unterschieden.

Unter *Alkoholmissbrauch* wird ein Alkoholkonsum verstanden, der zu körperlichen, psychischen und sozialen Schäden führt. Zu den körperlichen Schäden können Myopathie, Gastritis, Magengeschwür, Hepatitis und Leberzirrhose, Pankreatitis, Krampfanfälle, Delirium tremens (Alkoholdelir), Korsakow-Syndrom (Erkrankung mit Merkfähigkeits- und Orientierungsstörungen) u. a. m. gehören.

Alkoholabhängigkeit schließt in der Regel den Alkoholmissbrauch ein. Sie ist charakterisiert durch Toleranzveränderungen gegenüber dem Alkohol und Entzugserscheinungen. Der Alkoholkonsum kann nicht mehr kontrolliert werden, Alkohol oder Drogen mit ähnlicher Wirkung können selbst für kurze Zeit nicht entbehrt werden.

◄◄ ***Entgiftung, Entwöhnung, Nachsorge.***

Es werden verschiedene Arten von Alkoholkranken unterschieden:

- Alpha-Trinker: Konflikt- und Erleichterungstrinker
- Beta-Trinker: Gelegenheitstrinker
- Gamma-Trinker: Süchtige Trinker mit Abhängigkeit und Kontrollverlust
- Delta-Trinker: Gewohnheitstrinker mit Abhängigkeit, Unfähigkeit zur Abstinenz
- Epsilon-Trinker: »*Quartalssäufer*«

Therapie

Ziel der Behandlung soll ein beschwerde- und symptomfreier Patient in sozialer Selbstständigkeit sein. In der Entgiftungsphase erhält der Kranke keinen Alkohol mehr. Je nach Schwere der Erkrankungen kann es zu mehr oder weniger schweren Entzugserscheinungen kommen. Die Entwöhnung dauert mehrere Monate und kann wie die Entgiftung ambulant oder stationär durchgeführt werden. In der Nachsorgephase wird der Therapieerfolg stabilisiert. Alkohol darf in keiner Form (auch nicht in kleinen Mengen etwa in Pralinen oder Arzneimitteln) konsumiert werden, will man nicht den Therapieerfolg gefährden.

◄ ***Therapieerfolg.***

Eine Behandlung kann nur erfolgreich sein, wenn der Patient für eine Therapie ernsthaft motiviert ist. Eine psychosoziale Betreuung während der Behandlung und in der Nachsorgephase ist unentbehrlich.

Drogenabhängigkeit

Drogenabhängigkeit entsteht durch Missbrauch psychotroper Substanzen (z. B. Morphin, Marihuana, Heroin, Kokain u. a.). Die Patienten sind besonders dadurch belastet, dass Drogen nicht legal erworben werden können. Durch die hohen Kosten der Beschaffung kommt es zu einem sozialen Abstieg, zu Kriminalität, Prostitution u. ä.

▶ *HIV-Infektion.*

Die Verwendung nicht steriler Kanülen und Spritzen bei der i. v. Opiatabhängigkeit führt bei einer großen Zahl Drogensüchtiger zur HIV-Infektion. Tödliche Zwischenfälle bei Injektion von Opiaten sind häufig.

▶ *Methadon-Programme.*

Die Behandlung muss neben der Entgiftung und Entwöhnung die Entkriminalisierung und soziale Integration im Auge haben. In bestimmten Krankheitsfällen wird heute bei Beibehaltung des grundsätzlichen Behandlungszieles der Drogenfreiheit durch eine Substitutionstherapie (meist mit L-Polamidon) zusammen mit intensiver sozialtherapeutischer Betreuung zunächst eine soziale Stabilisierung der Patienten versucht (»Methadon-Programme«).

Medikamentenabhängigkeit

Voraussetzung für das Entstehen einer Medikamentenabhängigkeit sind die Verfügbarkeit von Medikamenten sowie persönliche Faktoren (persönliche Suchtgefährdung, Lebenssituation) des Abhängigen. Verschreibungen von Ärztinnen und Ärzten sind eine häufige Ursache für das Entstehen einer Medikamentenabhängigkeit. Dies gilt besonders, wenn zu hohe Dosierungen, zu häufige Verschreibungen, mangelnder Arzt-Patienten-Kontakt und zu geringe Berücksichtigung der Persönlichkeit des Patienten bei der Verordnung von Medikamenten mit Suchtpotenzial zusammenkommen.

▶ *Berufliche Gefährdung.*

Ärzte, Apotheker, Krankenschwestern, Arzthelferinnen u. a., die beruflich bedingt mit Medikamenten mit Suchtpotenzial umgehen, sind besonders gefährdet (etwa 30- bis 60-mal stärker als die übrige Bevölkerung).

Zu den Arnzeimittelgruppen mit Suchtpotenzial gehören

- Alkoholhaltige Arzneimittelzubereitungen
- Analgetika, Antitussiva (z. B. Morphin, Codein)
- Appetitzügler
- Psychostimulantien (z. B. Amphetamine)
- Sedativa, Hypnotika (z. B. Barbitursäurepräparate)
- Tranquillantien (z. B. Benzodiazepine)

Therapie

Die Behandlung der Medikamentenabhängigkeit erfolgt in den gleichen Phasen wie bei der Alkoholabhängigkeit (Entgiftung, Entwöhnung, Nachsorge).

27.10. Erkrankungen der Hormonorgane

Schilddrüsen

Hormonüberproduktion bewirkt *Hyperthyreose* mit gesteigertem Stoffwechsel, Abmagerung (Thyreotoxikose), Überregbarkeit, Blutdruckerhöhung und Pulsbeschleunigung. Bei *Basedowscher Krankheit* kommt es außerdem zur Schilddrüsenschwellung und zur Glotzaugenbildung.

Mit *Hypothyreose* wird eine Unterfunktion der Schilddrüse, z. B. bei Myxödem (Ausfall der Hormonproduktion mit gedunsenem Aussehen und geistiger Trägheit) bezeichnet.

Ein *Kropf (Struma)* ist eine Vergrößerung der Schilddrüse, die besonders bei Jodmangel auftritt. Die *Struma* kommt endemisch in Gebirgslagen vor (Oberbayern, Schweiz). Thyreoiditis und Schilddrüsenkarzinom sind selten.

»Endemisch« bedeutet, dass eine Krankheit in einem begrenzten Gebiet ständig vorkommt.

Epithelkörperchen (Nebenschilddrüsen)

Eine Unterfunktion der Nebenschilddrüsen führt zur Tetanie; Überfunktion bewirkt Kalkentzug aus den Knochen, infolgedessen kommt es zu erhöhter Phosphatbildung im Blutserum, dagegen zur Herabsetzung der Kalziumwerte bei erhöhten Kalziumwerten im Urin.

Nebennieren

Nebennierenmark: Versagen der Hormonproduktion bei Stress, Infektionskrankheiten, Schock mit Absinken von Blutdruck und Blutzucker. Unterfunktion löst Addisonsche Krankheit aus (mit Pigmentbildungen, Salzmangel).

Nebennierenrinde: Überfunktion der Nebennierenrinde führt zu Morbus Cushing, Ödembildung.

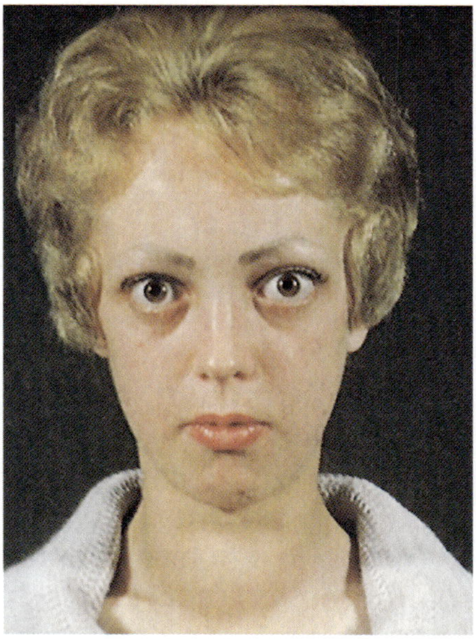

◀ *Thyreotoxikose.*

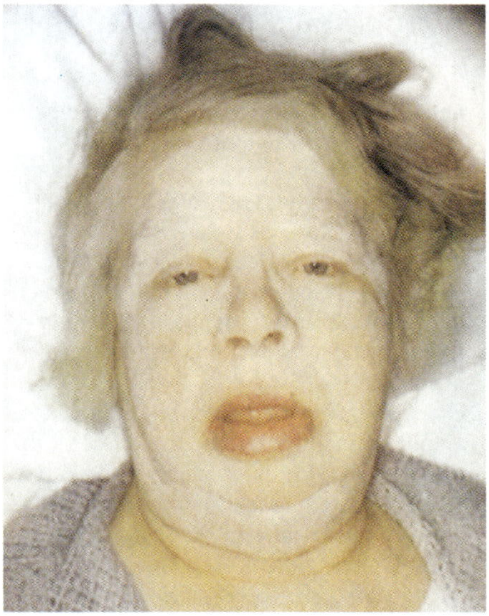

◀ *Myxödem.*

Zum Wiederholen und Lernen.

MEMO!

WICHTIGES ZUM MERKEN

Unter dem Begriff **Rheumatismus** werden schmerzhafte Erkrankungen des Bewegungsapparates zusammengefasst.
Symptome einer Fraktur sind Achsenverschiebungen, abnorme Lage bzw. Beweglichkeit, Schwellung, Gebrauchseinschränkung und Schmerzen.
Eine **Distorsion** ist eine Verstauchung durch Überbeugung oder Überstreckung eines Gelenkes. Eine **Luxation** dagegen ist eine Verrenkung mit Ausscheren eines Gelenkkopfes aus der Gelenkpfanne.
Bei einer **Arteriosklerose** handelt es sich um eine Erkrankung der Gefäßinnenwand, gekennzeichnet durch Wandverhärtung.
Blutdruckwerte über 160/95 mmHg werden als **Hypertonie** bezeichnet. Die Hypertonie ist die häufigste Ursache für Herz-Kreislauf-Erkrankungen wie z. B. Herzinfarkt, Schlaganfall.
Unter einem **Herzinfarkt** wird das Absterben von Teilen des Herzmuskels als Folge eines Verschlusses eines Koronararterienastes verstanden.
Ein **Schlaganfall** ist die Folge einer Mangeldurchblutung des Gehirns.
Unter einem **Schock** wird eine Kreislaufstörung verstanden, die auf einem Missverhältnis zwischen Blutmenge, Gefäßweite, Blutbedarf der Organe und Herzleistung besteht.
Eine **Epilepsie** ist eine sich wiederholende, anfallsweise auftretende Störung der Hirnfunktion, die sich durch plötzliche Bewusstseinsstörungen, Krämpfe und vegetative Erscheinungen äußert.
Unter **Neurosen** (z. B. Angstneurose, hysterische Neurose, Phobie) werden abnorme Reaktionen verstanden, deren Ursachen bis heute nicht bekannt sind.
Unter **Psychosen** (z. B. manisch-depressive und schizophrene Psychose) werden abnorme Reaktionen verstanden, deren Ursachen bis heute nicht bekannt sind.
Unter Abhängigkeit bzw. **Sucht** wird ein körperlicher und seelischer Zustand verstanden, der sich aus der Wechselwirkung zwischen einem bestimmten Stoff (Alkohol, Medikament, Droge, Nikotin u. a.) und dem Körper entwickelt und mit dem Zwang zur fortgesetzten Einnahme von immer größer werdenden Mengen des Suchtstoffes verbunden ist.

EINIGE FRAGEN ZUM ÜBEN

Was wird üblicherweise unter dem Begriff »Rheumatismus« verstanden?
Erläutern Sie verschiedene Ursachen der rheumatischen Erkrankungen!
Beschreiben Sie die verschiedenen Formen der Anämie und ihre Ursachen!
Wie entsteht ein Herzinfarkt?
Welche Krankheitserscheinungen sind bei einer Herzinsuffizienz festzustellen?
Beschreiben Sie die Veränderung einer Arterie bei Arteriosklerose!
Welche Ursachen hat ein Schlaganfall, welche Symptome können auftreten?
Welche Symptome hat eine Hypertonie?
Beschreiben Sie Formen, Symptome und Ursachen der Gastritis!
Welche Symptome deuten auf eine Appendizitis hin?
Erläutern Sie das Entstehen von Gicht!
Welche Ursachen hat die Rachitis, wie ist sie zu erkennen?
Erläutern Sie typische Symptome für Erkrankungen der Atmungsorgane!
Welcher Unterschied besteht zwischen einem Asthma bronchiale und einem Asthma kardiale?
Was ist ein Emphysem?
Nennen Sie typische Symptome für Erkrankungen der Harnorgane!
Auf welches Krankheitsbild deutet eine Nierenkolik hin?
Nennen Sie die vier klassischen Geschlechtskrankheiten!
Nennen Sie die verschiedenen Formen anomaler gynäkologischer Blutungen!
Beschreiben Sie den Unterschied zwischen einer Fehl- und einer Frühgeburt!
Beschreiben Sie Ursache und Symptome einer Meningitis!
Beschreiben Sie Ursache und Symptome einer Epilepsie!
Erklären Sie die Begriffe Neurose und Psychose!
Erklären Sie die Begriffe Abhängigkeit und Sucht!
Welche Personenkreise sind besonders suchtgefährdet?

28. Vorbeugung von Krankheiten – Hygiene

ZIELE DES RAHMENLEHRPLANS

- Gesundheit als körperliches, soziales und seelisches Wohlbefinden erläutern
- Grundsätzliche Möglichkeiten zur Erhaltung und Wiedererlangung der Gesundheit beschreiben
- Wichtige Maßnahmen zur Erhaltung und Pflege der eigenen Gesundheit begründen
- Grundlagen für die persönliche Hygiene aufzeigen und Maßnahmen ableiten
- Maßnahmen zur Vorbeugung von Krankheiten aufzeigen
- Maßnahmen gegen Infektionen in der Praxis beschreiben
- Mit der Berufsausübung verbundene Umweltbelastungen erkennen und
- Maßnahmen zu ihrer Vermeidung bzw. Verminderung zu ergreifen

28.1. Gesundheit

28.1.1. Gesundheit in ihren Wechselbeziehungen

Die Definition der Gesundheit als körperliches, seelisches und soziales Wohlbefinden – so wie sie von der Weltgesundheitsorganisation (WHO) Ende der Vierzigerjahre erfolgte – ist sicher eine Zielvorstellung, die über das hinausgeht, was auch unter günstigen Voraussetzungen realisiert werden kann. Richtig ist aber, dass unser Wohlbefinden nicht nur durch Krankheit, sondern auch durch psychische und soziale Belastungen in starkem Maße beeinflusst wird, viele Krankheiten sogar durch diese Faktoren verursacht oder mitverursacht werden.

Patienten mit bestimmten Krankheiten weisen gemeinsame psychische Merkmale auf, die den Einfluss der Psyche auf die Gesundheit deutlich aufzeigen. Auch soziale Faktoren sind für die Gesundheit bzw. die Entstehung von Krankheiten bedeutsam.

Einfluss der Psyche.

Umweltfaktoren haben Einfluss auf die Gesundheit. Ob es sich um Krankheitserreger in unserer Umgebung oder um chemische Substanzen in Luft, Wasser, Nahrungs- und Genussmitteln handelt. Vielfältig sind die Möglichkeiten, durch Umweltfaktoren zu erkranken.

28.1.2. Erhaltung und Pflege der eigenen Gesundheit

Arbeit

Die Arbeit der Arzthelferin verlangt weder große Kräfte noch ein Übermaß an mechanischen Arbeitsleistungen. Die Arbeit der Arzthelferin ist gekennzeichnet durch folgende Faktoren:

- Schnelle und gewissenhafte Arbeit häufig an wechselnden Arbeitsplätzen innerhalb der Praxis
- Besondere Hektik zu gewissen Tageszeiten
- Ständige Bereitschaft und Aufmerksamkeit
- Psychische Belastungen durch Leiden und Nöte der Patienten
- Notwendigkeit eigener Entscheidungen bei Abwesenheit des Arztes

Kein Mensch ist den ganzen Tag über zu gleichen Arbeitsleistungen fähig. Es gibt Höhepunkte und Tiefpunkte des Leis-

Leistungsvermögen.

tungsvermögens. Eine Arbeit, die dieses berücksichtigt, ermöglicht die beste Arbeitsleistung bei den geringsten Ermüdungserscheinungen. Im Allgemeinen liegen Leistungsspitzen vormittags zwischen 9 bis 12 Uhr und nachmittags bei 18 Uhr, während Leistungstiefs zwischen 13 und 16 Uhr sowie 22 und 6 Uhr anzutreffen sind.

▶ *Körperhaltung.*

Nicht ohne Bedeutung für Ermüdung und Schäden ist die Körperhaltung bei der Arbeit. Sie kann nicht immer frei gewählt werden. Sie sollte jedoch bewusst sein, damit durch Wechsel der Haltung möglichst häufig Ausgleich geschaffen wird. Sitzen behindert Atmung und Verdauung, die Muskulatur wird wenig beansprucht. Stehen belastet die Wirbelsäule und die Haltemuskulatur, bei entsprechender Disposition drohen Krampfadern und Fußdeformitäten. Grundsätzlich ist das Sitzen – allerdings auf geeigneten Stühlen – dem Stehen vorzuziehen.

▶▶ *Lebensgewohnheiten.*

Freizeit

Die Freizeit sollte auch dazu genutzt werden, körperlich »fit« zu bleiben. Ausgleichend können z. B. Schwimmen, Gymnastik, Tennisspielen, Segeln, Reiten, Tanzen, leichtathletische Sportarten oder Turnen wirken. Aber auch Kino, Theater oder Tanzveranstaltungen in Diskotheken, Modellieren, Stricken, Malen u. a. Hobbies helfen, »im Gleichgewicht« zu bleiben.

Schädlich ist immer das Zuviel: Zu starke körperliche Beanspruchung ist genauso gesundheitsschädlich wie zu wenig Schlaf oder einseitige Betätigung. Ausreichender Schlaf ist von nicht zu unterschätzender Bedeutung. In dieser Zeit erholt sich der Körper von den Belastungen und schafft neue Reserven für den folgenden Tag. Schlafstörungen sind häufig die Folge von Arbeitsbelastungen, unvernünftiger Freizeitgestaltung oder falscher Lebensgewohnheiten.

▶▶ *Gesundheitsberatung.*

Körperhygiene

Für die gute Arzthelferin ist selbstverständlich, dass berufsbedingte besondere Risiken wie Infektionsgefährdung, Verletzungsgefahren an Geräten u. a. durch besondere Vorsicht vermieden werden. Körperpflege und persönliche Sauberkeit, Pflege der Haut, der Haare und der Nägel sind nicht nur von kosmetischer Bedeutung, sondern auch ein wirksamer Schutz gegen Infektionen. Zweckmäßige, bequeme Kleidung unter dem Kittel, Schuhe, die den Beanspruchungen der Tätigkeit gerecht werden, sind wichtiger als übertriebene Zugeständnisse an modische Entwicklungen.

28.1.3. Gesundheitsberatung

Ursache vieler Erkrankungen bei Patienten sind schlechte/falsche Lebensgewohnheiten. Mangelnde Bewegung und Fettsucht haben Arteriosklerose, Kreislauferkrankungen und bei entsprechender Dispostion Diabetes mellitus zur Folge. Rauchen führt nicht nur zu Arteriosklerose mit allen ihren Folgen, sondern auch zur chronischen Bronchitis und zum Bronchialkarzinom. Bei gesteigertem Alkoholkonsum drohen neben der Alkoholabhängigkeit mit ihren sozialen Folgen Erkrankungen wie Leberzirrhose, Ösophagusvarizen, psychische Veränderungen, Geistesschwäche u. a. m.

Fast immer ist den Patienten bekannt, dass sie sich nicht richtig verhalten, zu Verhaltensänderungen sind sie jedoch erst bereit, wenn erste – oder manchmal auch schon schwerwiegende – Krankheitserscheinungen sie zum Arzt zwingen.

Aufgabe der Arzthelferin ist es, den Arzt bei seinen gesundheitserzieherischen Bemühungen besonders bei Fettsucht und Diabetes mellitus zu unterstützen. Ernährungshinweise und Merkzettel reichen häufig für die Patienten nicht aus, hier sollte die Arzthelferin in der Lage sein, Erläuterungen zu geben. Bei schwerwiegenden Ernährungsproblemen könnte eine Ernährungsberaterin eingeschaltet werden.

28.2. Vorbeugung und Früherkennung von Krankheiten

28.2.1. Mutterschaftsvorsorgeuntersuchungen

Durch ärztliche Betreuung während der Schwangerschaft und nach der Entbindung sollen mögliche Gefahren für Leben und Gesundheit von Mutter und Kind abgewendet sowie Gesundheitsstörungen rechtzeitig erkannt und der Behandlung zugeführt werden. Die Bestimmungen für den vertragsärztlichen Bereich finden sich in den Richtlinien über die ärztliche Betreuung während der Schwangerschaft und nach der Entbindung (»*Mutterschafts-Richtlinien*«).

Die Untersuchungen

Nach Feststellung der Schwangerschaft, der Anamnese sowie einer gynäkologischen Untersuchung zum Ausschluss von Erkrankungen der Genitalorgane und Lageanomalien der Gebärmutter werden folgende weitere Untersuchungen durchgeführt:

- Bestimmung der Blutgruppe und des Rh-Faktors
- Bestimmung des Rötelntiters (ausreichender Schutz bei mindestens 1 : 16, besser noch 1 : 32 oder höher, unter 1 : 16 besteht kein ausreichender Schutz gegen Röteln)
- Luessuchreaktion
- serologische Untersuchungen falls erforderlich (auf Hepatitis B, Toxoplasmose, HIV, Listeriose)
- Urintest auf Zucker und Eiweiß, eventuell Sediment und Bakterien
- Hämoglobinbestimmung
- Messung des Blutdrucks
- Feststellung des Leibesumfanges und Gewichtes.

Insgesamt sollen etwa 10 Vorsorgeuntersuchungen im Verlauf der Schwangerschaft in ungefähr vierwöchigem Abstand durchgeführt werden. In den letzten zwei Schwangerschaftsmonaten finden normalerweise 4 Untersuchungen statt.

Mutterpass

Die Befunde hat der Arzt (nicht die Arzthelferin) einzutragen. Der Mutterpass geht in das Eigentum der Mutter über.

Der Mutterpass ist nach Feststellung der Schwangerschaft auszustellen und der Schwangeren auszuhändigen, falls diese nicht schon einen Mutterpass besitzt.

Anderen Personen oder Dienststellen braucht die Frau keine Einsicht zu gewähren. Die Richtigkeit der Übertragung aus einem älteren Mutterpass ist ärztlich zu bescheinigen. Der Pass sollte auch bei der Entbindung verfügbar sein.

28.2.2. Kindervorsorgeuntersuchungen

Für den vertragsärztlichen Bereich gelten die Vorschriften für die Früherkennungsuntersuchungen bei Kindern bis zur Vollendung des 64. Lebensmonats in den »*Kinder-Richtlinien*«.

Die Kindervorsorgeuntersuchungen dienen der Früherkennung von Krankheiten, die Kinder in ihrer normalen körperli-

Titelseite des gelben Untersuchungsheftes für Kinder. Die Personalien sind sofort einzutragen. Das Heft ist den Eltern oder der Betreuungsperson auszuhändigen.

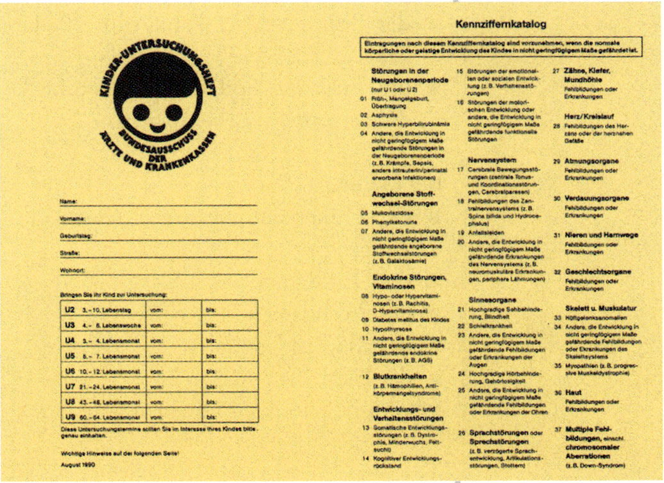

KINDER-UNTERSUCHUNGSHEFT
BUNDESAUSSCHUSS DER ÄRZTE UND KRANKENKASSEN

Name:
Vorname:
Geburtstag:
Straße:
Wohnort:

Bringen Sie Ihr Kind zur Untersuchung:

U2 3.–10. Lebenstag	vom:	bis:
U3 4.– 6. Lebenswoche	vom:	bis:
U4 3.– 4. Lebensmonat	vom:	bis:
U5 6.– 7. Lebensmonat	vom:	bis:
U6 10.–12. Lebensmonat	vom:	bis:
U7 21.–24. Lebensmonat	vom:	bis:
U8 43.–48. Lebensmonat	vom:	bis:
U9 60.–64. Lebensmonat	vom:	bis:

Diese Untersuchungstermine sollten Sie im Interesse Ihres Kindes bitte genau einhalten.

Wichtige Hinweise auf der folgenden Seite!

August 1990

Kennziffernkatalog

Eintragungen nach diesem Kennziffernkatalog sind vorzunehmen, wenn die normale körperliche oder geistige Entwicklung des Kindes in nicht geringfügigem Maße gefährdet ist.

Störungen in der Neugeborenenperiode (nur U 1 oder U 2)
01 Früh-, Mangelgeburt, Übertragung
02 Asphyxie
03 Schwere Hyperbilirubinämie
04 Andere, die Entwicklung in nicht geringfügigem Maße gefährdende Störungen in der Neugeborenenperiode (z. B. Krämpfe, Sepsis, andere intrauterin/perinatal erworbene Infektionen)

Angeborene Stoffwechsel-Störungen
05 Mukoviszidose
06 Phenylketonurie
07 Andere, die Entwicklung in nicht geringfügigem Maße gefährdende angeborene Stoffwechselstörungen (z. B. Galaktosämie)

Endokrine Störungen, Vitaminosen
08 Hypo- oder Hypervitaminosen (z. B. Rachitis, D-Hypervitaminose)
09 Diabetes mellitus des Kindes
10 Hypothyreose
11 Andere, die Entwicklung in nicht geringfügigem Maße gefährdende endokrine Störungen (z. B. AGS)

12 **Blutkrankheiten** (z. B. Hämophilien, Antikörpermangelsyndrome)

Entwicklungs- und Verhaltensstörungen
13 Somatische Entwicklungsstörungen (z. B. Dystrophie, Minderwuchs, Fettsucht)
14 Kognitiver Entwicklungsrückstand
15 Störungen der emotionalen oder sozialen Entwicklung (z. B. Verhaltensstörungen)
16 Störungen der motorischen Entwicklung oder andere, die Entwicklung in nicht geringfügigem Maße gefährdende funktionelle Störungen

Nervensystem
17 Cerebrale Bewegungsstörungen (zentrale Tonus- und Koordinationsstörungen, Cerebralparesen)
18 Fehlbildungen des Zentralnervensystems (z. B. Spina bifida und Hydrocephalus)
19 Anfallsleiden
20 Andere, die Entwicklung in nicht geringfügigem Maße gefährdende Erkrankungen des Nervensystems (z. B. neuromuskuläre Erkrankungen, periphere Lähmungen)

Sinnesorgane
21 Hochgradige Sehbehinderung, Blindheit
22 Schielkrankheit
23 Andere, die Entwicklung in nicht geringfügigem Maße gefährdende Fehlbildungen oder Erkrankungen der Augen
24 Hochgradige Hörbehinderung, Gehörlosigkeit
25 Andere, die Entwicklung in nicht geringfügigem Maße gefährdende Fehlbildungen oder Erkrankungen der Ohren

26 **Sprachstörungen** oder **Sprechstörungen** (z. B. verzögerte Sprachentwicklung, Artikulationsstörungen, Stottern)

27 **Zähne, Kiefer, Mundhöhle** Fehlbildungen oder Erkrankungen

Herz/Kreislauf
28 Fehlbildungen des Herzens oder der herznahen Gefäße

29 **Atmungsorgane** Fehlbildungen oder Erkrankungen

30 **Verdauungsorgane** Fehlbildungen oder Erkrankungen

31 **Nieren und Harnwege** Fehlbildungen oder Erkrankungen

32 **Geschlechtsorgane** Fehlbildungen oder Erkrankungen

Skelett u. Muskulatur
33 Hüftgelenksanomalien
34 Andere, die Entwicklung in nicht geringfügigem Maße gefährdende Fehlbildungen oder Erkrankungen des Skelettsystems
35 Myopathien (z. B. progressive Muskeldystrophie)

36 **Haut** Fehlbildungen oder Erkrankungen

37 **Multiple Fehlbildungen,** einschl. **chromosomaler Aberrationen** (z. B. Down-Syndrom)

chen oder geistigen Entwicklung in besonderem Maß gefährden könnten.

▶ *Wachstumskurven.*

Die wichtigsten Körpermaße (Kopfumfang, Körpergewicht und -größe) während aller Untersuchungen U1 bis U9 werden in so genannte Somatogramme (Wachstumskurven) eingetragen. In der 2. Neugeborenen-Basisuntersuchung vom 3. bis 10. Lebenstag wird auch die Blutentnahme zur TSH-Bestimmung durchgeführt, die Rachitis-Prophylaxe besprochen und gegebenenfalls eine BCG-Impfung vorgenommen.

Für die Dokumentation der Untersuchungsergebnisse wird das Untersuchungsheft für Kinder benutzt (Durchschrift auf dem Zweitsatz, ggf. mit Einlage einer Durchschrift für das Krankenblatt).

▶▶ *Okkultes Blut.*

28.2.3. Krebs-Früherkennungs-Untersuchungen

Für den vertragsärztlichen Bereich gelten die Richtlinien über die Früherkennung von Krebserkrankungen (»Krebsfrüherkennungs-Richtlinien«). Die Krebsfrüherkennungsuntersuchungen dienen

bei Frauen

- der Früherkennung von Krebserkrankungen
- des Genitales vom Beginn des 20. Lebensjahres an
- der Brust und der Haut vom 30. Lebensjahr an
- des Rektums und des übrigen Dickdarms vom 45. Lebensjahr an

bei Männern

- der Früherkennung von Krebserkrankungen
- des Dickdarms
- der Prostata
- des äußeren Genitales
- der Haut
- vom Beginn des 45. Lebensjahres an.

Früherkennungsmaßnahmen bei Frauen
Vom 20. Lebensjahr an werden neben der Anamneseerhebung eine gynäkologische Untersuchung durchgeführt, die Portio gespiegelt und zytologisches Material entnommen. Vom 30. Lebensjahr an erfolgt zusätzlich ein Abtasten der Brustdrüsen, vom 45. Lebensjahr eine Austastung des Endarmes und ein Schnelltest auf okkultes (verborgenes, nicht sichtbares) Blut im Stuhl. Die Untersuchungen und Ergebnisse werden auf einem dreiteiligen Berichtsvordruck aufgezeichnet. Es erfolgt eine Abschlußberatung.

Früherkennungsmaßnahmen bei Männern
Neben der Anamneseerhebung erfolgt eine Untersuchung des äußeren Genitales, ein Austasten des Enddarms mit Abtasten der Prostata und ein Schnelltest auf okkultes Blut vom 45. Lebensjahr an. Es erfolgt eine Abschlußberatung.

28.2.4. Gesundheitsuntersuchung zur Früherkennung von Krankheiten

Für den vertragsärztlichen Bereich gelten die Richtlinien über die Gesundheitsuntersuchung zur Früherkennung von Krankheiten (*Gesundheitsuntersuchungs-Richtlinien*).

MEMO!

Versicherte, die das 35. Lebensjahr vollendet haben, haben jedes zweite Jahr Anspruch auf eine ärztliche Gesundheitsuntersuchung zur Früherkennung von Krankheiten, insbesondere zur Früherkennung von Herz-Kreislauf- und Nierenerkrankungen sowie der Zuckerkrankheit (§ 25, 1 SGB V)

Die im Rahmen der Gesundheitsuntersuchungs-Richtlinien durchzuführenden ärztlichen Maßnahmen bei Frauen und Männern vom 36. Lebensjahr an dienen der Früherkennung solcher häufig auftretenden Krankheiten, die wirksam behandelt werden können und deren Vor- und Frühstadium durch diagnostische Maßnahmen erfassbar ist.

Die ärztlichen Maßnahmen zur Früherkennung von Krankheiten umfassen folgende Leistungen:

1. Anamnese (insbesondere Erfassung der besonderen Risiken)
2. Klinische Untersuchungen (Ganzkörperstatus)
3. Laboratoriumsuntersuchungen (Blut: Gesamtcholesterin, Glukose, Harnsäure, Kreatinin; Urin: Eiweiß, Glukose, Erythrozyten, Leukozyten, Nitrit)
4. Elektrokardiografische Untersuchung (auf Grund in der Anamnese angegebener Beschwerden, mindestens 12 Ableitungen)
5. Beratung (Konsequenzen der Untersuchungsergebnisse auf Lebensgestaltung, Hinweis auf Notwendigkeit von Krebs-Früherkennungsuntersuchungen)
6. Folgerungen (gegebenenfalls weitere Diagnostik und Therapie bei Verdacht auf/oder Vorliegen einer Krankheit).

Die Ergebnisse der Anamnese und Untersuchung werden ebenso wie auf Grund der Gesundheitsuntersuchungen veranlassten oder empfohlenen Maßnahmen auf einem zweiteiligen Berichtsvordruck dokumentiert, dabei ist auf Vollständigkeit der Eintragung zu achten.

28.2.5. Jugendarbeitsschutzuntersuchungen

Vorgeschrieben ist eine *Erstuntersuchung*, die frühestens 9 Monate vor Beginn der Beschäftigung erfolgt sein muß. Die erste *Nachuntersuchung* muss nach einer Beschäftigungsdauer von einem Jahr erfolgen. Nach Ablauf eines jeden weiteren Jahres nach der ersten Untersuchung kann sich der Jugendliche erneut nachuntersuchen lassen (*weitere* Nachuntersuchung). Durch den untersuchenden Arzt können im Bedarfsfalle *Ergänzungsuntersuchungen* bei anderen Ärzten (z. B. Orthopäden, Augenärzten) veranlasst werden.

Wenn die Untersuchung ergibt, dass ein Jugendlicher hinter dem seinem Alter entsprechenden Entwicklungsstand zurückgeblieben ist, gesundheitliche Schwächen oder Schäden vorhanden sind oder die Auswirkungen der Beschäftigung auf die Gesundheit oder Entwicklung des Jugendlichen nicht zu übersehen sind, soll der Arzt außerordentliche Nachuntersuchungen anordnen.

Der Arzt hat eine für den Arbeitgeber bestimmte Bescheinigung darüber auszustellen, dass die Untersuchung stattgefunden hat. Sie darf nicht länger als 3 Monate zurückliegen. In der Bescheinigung müssen die Arbeiten vermerkt sein, deren Ausführung er für die Gesundheit oder Entwicklung des Jugendlichen für gefährlich hält. Mit solchen Arbeiten darf der Jugendliche nicht beschäftigt werden.

Die Kosten für die Untersuchung von Jugendlichen nach dem Jugendarbeitsschutzgesetz werden vom Land getragen. Die Abrechnung richtet sich nach Nr. 95 der GOÄ 82. Sie erfolgt über die örtlich zuständige Kassenärztliche Vereinigung oder die Ärztekammern.

28.2.6. Arbeitsmedizinische Vorsorgeuntersuchungen

Arbeitsmedizinische Vorsorgeuntersuchungen dienen der Gesunderhaltung des Beschäftigten. Durch sie sollen arbeitsbedingte Beinträchtigungen seiner Gesundheit frühzeitig erkannt und vermieden werden.

Jugendarbeitsschutzuntersuchungen, die ohne Bezug auf den angestrebten Arbeitsplatz durchgeführt werden, ersetzen nicht die durch Unfallverhütungsvorschriften und Arbeitsschutzgesetz bzw. -verordnungen vorgeschriebenen arbeitsmedizinischen Vorsorgeuntersuchungen.

◄◄ *Früherkennung.*

◄◄ *Außerordentliche Nachuntersuchungen.*

◄ *Bezug auf Arbeitsplatz.*

Bei arbeitsmedizinischen Vorsorgeuntersuchungen sind die Gefährdungen am Arbeitsplatz zu berücksichtigen. Kenntnis der Arbeitsplatzbedingungen ist aus diesem Grunde wesentliche Voraussetzung bei der Durchführung der Untersuchungen. Für die Durchführung von arbeitsmedizinischen Vorsorgeuntersuchungen gibt es

- Berufsgenossenschaftliche Grundsätze für arbeitsmedizinische Vorsorgeuntersuchungen
- Spezielle Unfallverhütungsvorschriften der Berufsgenossenschaften oder Arbeitsschutzbestimmungen der Berufsgenossenschaften.

28.3. Schutzimpfungen

28.3.1. Übersicht

Impfungen sollen dem Menschen einen Schutz gegen Infektionskrankheiten geben. Man kann vorbeugend impfen oder Impfstoffe bei einer bereits vorhandenen Infektion verabreichen. Unterschieden werden drei Formen von Impfungen. Mit der einen erhält der Körper die Möglichkeit, selbst Antikörper zu bilden *(Aktive Immunisierung)*. Mit der zweiten werden ihm schon in einem anderen Körper gebildete Antikörper verabreicht *(Passive Immunisierung)* und mit der dritten erfolgt beides gleichzeitig *(Simultanimpfung)*.

Vorbeugende Impfungen sind nur gegen bestimmte Infektionskrankheiten möglich. Sie werden bei Kindern nach einem *Impfkalender* vorgenommen.

▶ *Impfkalender.*

Bei Erwachsenen erfolgen Schutzimpfungen

- Zur Auffrischung eines vor längerer Zeit erworbenen Impfschutzes (z. B. gegen Wundstarrkrampf, Diphterie)
- Zur Ergänzung eines lückenhaften Impfschutzes, soweit nicht eine natürliche Immunität erworben wurde (z. B. Röteln, Masern)
- Zur Ergänzung des Impfschutzes bei Aufnahme von infektionsgefährdeten Tätigkeiten (z. B. als Arzthelferin gegen Hepatitis B)
- Bei Urlaubsreisen in Gebiete, in denen im Heimatgebiet nicht verbreitete Infektionskrankheiten vorkommen (wie z. B. Gelbfieber, Cholera, Frühsommermeningoenzephalitis).

▶▶ *Urlaubsreisen.*

28.3.2. Aktive Schutzimpfung

Hat der Körper keinen Schutz gegen eine bestimmte Infektionskrankheit, kann er durch Injektion eines Impfstoffes

- mit abgetöteten Krankheitserregern (Pertussis, Cholera),
- in besonderer Weise abgeschwächten Krankheitserregern (Masern, Röteln, Mumps, Gelbfieber, Varizellen),
- durch abgespaltene Antigene von Krankheitserregern (Influenza, Hepatitis B) oder
- durch Toxoide (Diphterie, Tetanus)

Immunität gegen die Erreger entwickeln.

Toxoide

Toxoide sind um die Fähigkeit zur Erzeugung von Krankheiten gebrachte Giftstoffe von Krankheitserregern (Toxine), die aber die für die Schutzimpfung erforderliche immunisierende Wirkung behalten haben.

Impfungen sind entweder mit einem Impfstoff gegen eine Infektionskrankheit *(Einfachimpfstoff)* oder gleichzeitig gegen mehrere Infektionskrankheiten *(Mehrfachimpfstoff)* möglich. Der Impfschutz hält je nach Art der Impfung unterschiedlich lange an (Grippe 1 Jahr, Tetanus 10 Jahre, Masern viele Jahre).

Durch eine Auffrischungsimpfung in einem bestimmten zeitlichen Abstand kann ein durch Absinken des Antikörperspiegels im Blut weniger werdender Impfschutz wieder verbessert werden.

Die Immunität tritt bei der aktiven Impfung erst nach Wochen ein. In der Zwischenzeit ist der Körper ganz besonders infektionsempfänglich.

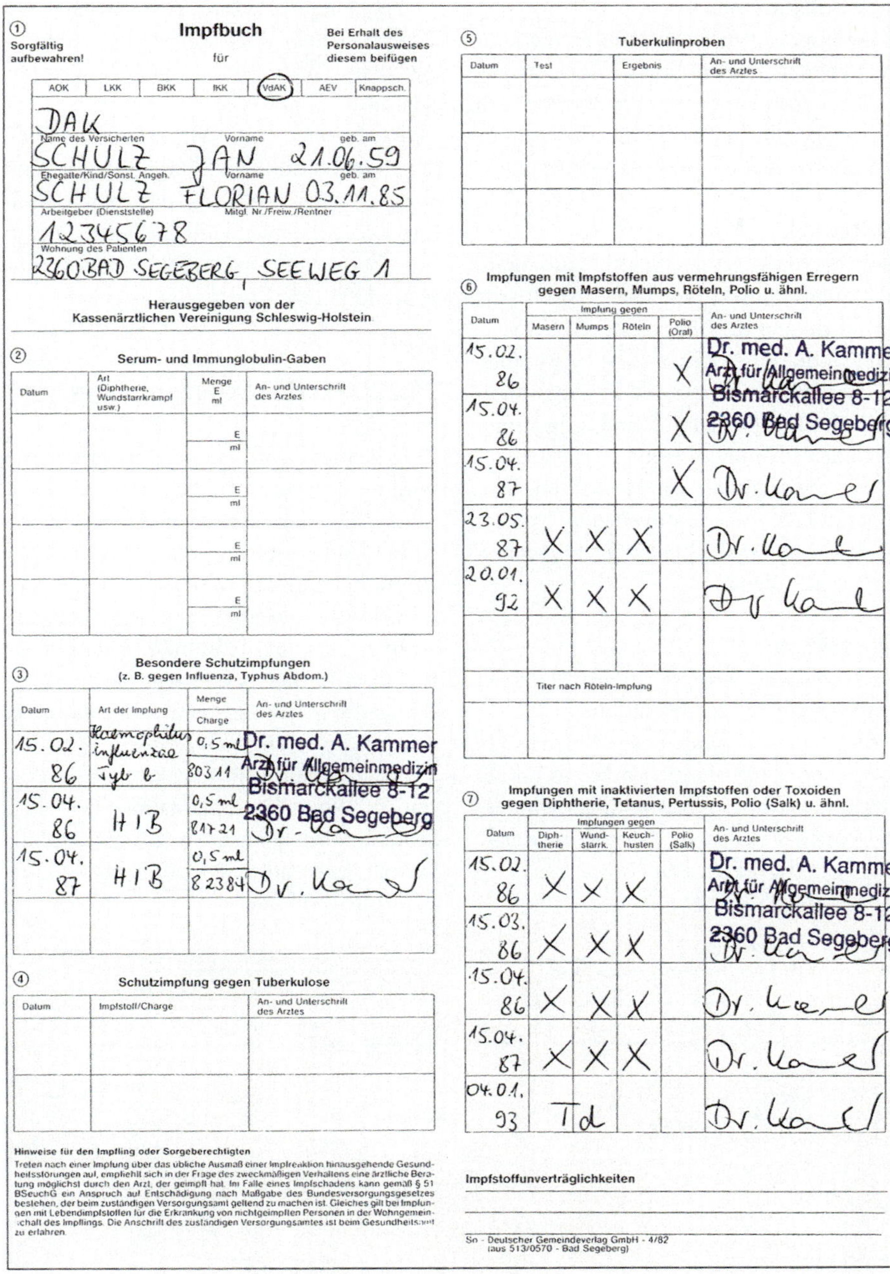

① Impfbuch für

Sorgfältig aufbewahren!

Bei Erhalt des Personalausweises diesem beifügen

AOK	LKK	BKK	IKK	VdAK	AEV	Knappsch.

DAK

Name des Versicherten / Vorname / geb. am: SCHULZ JAN 21.06.59

Ehegatte/Kind/Sonst. Angeh. / Vorname / geb. am: SCHULZ FLORIAN 03.11.85

Arbeitgeber (Dienststelle) / Mitgl. Nr./Freiw./Rentner: 12345678

Wohnung des Patienten: 2360 BAD SEGEBERG, SEEWEG 1

Herausgegeben von der Kassenärztlichen Vereinigung Schleswig-Holstein

② Serum- und Immunglobulin-Gaben

Datum	Art (Diphtherie, Wundstarrkrampf usw.)	Menge E ml	An- und Unterschrift des Arztes
		E ml	
		E ml	
		E ml	
		E ml	

③ Besondere Schutzimpfungen (z. B. gegen Influenza, Typhus Abdom.)

Datum	Art der Impfung	Menge / Charge	An- und Unterschrift des Arztes
15.02.86	Haemophilus influenzae Typ b	0,5 ml / 80311	Dr. med. A. Kammer Arzt für Allgemeinmedizin Bismarckallee 8-12 2360 Bad Segeberg
15.04.86	HIB	0,5 ml / 81721	Dr. Kammer
15.04.87	HIB	0,5 ml / 82384	Dr. Kammer

④ Schutzimpfung gegen Tuberkulose

Datum	Impfstoff/Charge	An- und Unterschrift des Arztes

Hinweise für den Impfling oder Sorgeberechtigten

Treten nach einer Impfung über das übliche Ausmaß einer Impfreaktion hinausgehende Gesundheitsstörungen auf, empfiehlt sich in der Frage des zweckmäßigen Verhaltens eine ärztliche Beratung möglichst durch den Arzt, der geimpft hat. Im Falle eines Impfschadens kann gemäß § 51 BSeuchG ein Anspruch auf Entschädigung nach Maßgabe des Bundesversorgungsgesetzes bestehen, der beim zuständigen Versorgungsamt geltend zu machen ist. Gleiches gilt bei Impfungen mit Lebendimpfstoffen für die Erkrankung von nichtgeimpften Personen in der Wohngemeinschaft des Impflings. Die Anschrift des zuständigen Versorgungsamtes ist beim Gesundheitsamt zu erfahren.

⑤ Tuberkulinproben

Datum	Test	Ergebnis	An- und Unterschrift des Arztes

⑥ Impfungen mit Impfstoffen aus vermehrungsfähigen Erregern gegen Masern, Mumps, Röteln, Polio u. ähnl.

Datum	Impfung gegen: Masern	Mumps	Röteln	Polio (Oral)	An- und Unterschrift des Arztes
15.02.86				X	Dr. med. A. Kammer Arzt für Allgemeinmedizin Bismarckallee 8-12 2360 Bad Segeberg
15.04.86				X	Dr. Kammer
15.04.87				X	Dr. Kammer
23.05.87	X	X	X		Dr. Kammer
20.01.92	X	X	X		Dr. Kammer
Titer nach Röteln-Impfung					

⑦ Impfungen mit inaktivierten Impfstoffen oder Toxoiden gegen Diphtherie, Tetanus, Pertussis, Polio (Salk) u. ähnl.

Datum	Impfungen gegen: Diphtherie	Wundstarrk.	Keuchhusten	Polio (Salk)	An- und Unterschrift des Arztes
15.02.86	X	X	X		Dr. med. A. Kammer Arzt für Allgemeinmedizin Bismarckallee 8-12 2360 Bad Segeberg
15.03.86	X	X	X		Dr. Kammer
15.04.86	X	X	X		Dr. Kammer
15.04.87	X	X	X		Dr. Kammer
04.01.93	Td				Dr. Kammer

Impfstoffunverträglichkeiten

Sn - Deutscher Gemeindeverlag GmbH - 4/82 (aus 513/0570 - Bad Segeberg)

Vorder- und Rückseite eines Impfausweises (gemäß § 16 Bundesseuchengesetz).

DAUER DES IMPFSCHUTZES

Cholera	6 Monate	Poliomyelitis	viele Jahre
Diphterie-Tetanus	10 Jahre	Röteln	viele Jahre
Gelbfieber	6 Monate	Tetanus	10 Jahre
Grippe	1 Jahr	Tollwut	12 Monate
Masern	viele Jahre	Salmonellen	bis 1 Jahr
Pocken	3 bis 10 Jahre		

Kontraindikationen

Schutzimpfungen dürfen nur vorgenommen werden, wenn beim Patienten die hierfür erforderlichen Voraussetzungen vorliegen. Alle Impfungen müssen unterbleiben, wenn der Patient akut erkrankt ist.

Impftechnik

Die Injektion erfolgt häufig subkutan, bevorzugte Injektionsstellen sind die Oberarme und die Oberschenkel. Verwendung findet eine Spritze (2 ml), Kanülen Nr. 16 oder 12, Tupfer und Hautdesinfektionsmittel. Mit Daumen und Zeigefinger der linken Hand wird eine Hautfalte abgehoben, die Kanüle wird in die Hautfalte eingestochen, Aspirationsversuch, langsame Injektion und schnelles Herausziehen der Kanüle folgen.

Impfreaktion

Unterschieden werden unterschiedliche Schweregrade der Impfreaktion:

Leichte Impfreaktionen treten verhältnismäßig häufig auf. Sie äußern sich in Lokalreaktionen (Rötung, Schwellung, Schmerzen) sowie seltener in Allgemeinerscheinungen (z. B. Fieber, Kopfschmerzen).

Impfkomplikationen sind selten und äußern sich in überschießenden Reaktionen wie z. B. Impfulkus, örtliche Lymphadenitis.

Impfschäden sind sehr selten (zwischen 1 : 10 000 und 1 : 10 000 000). Sie sind dadurch charakterisiert, dass noch nach vier Monaten bleibende Schäden entstehen. Bei vom Staat empfohlenen Impfungen erfolgt eine Entschädigung.

28.3.3. Passive Schutzimpfung

Da bei einer Neuinfektion die Antikörperbildung erst nach Wochen wirksam wird, muss man bei schweren übertragbaren Krankheiten sofort wirksame Antikörper (Immunglobuline) in Form von Seruminjektionen zuführen, um die Antigene abzufangen und Toxinbildungen einiger Krankheitserreger zu neutralisieren. Man verwendet meist nur noch vom Menschen gewonnene Seren.

Nach dem Transfusionsgesetz sind Praxen zu einer Dokumentation bei allen Immunglobulingaben (z. B.: Beriglobin, Berirab, Encegam, Hepatitis B Immunglo-

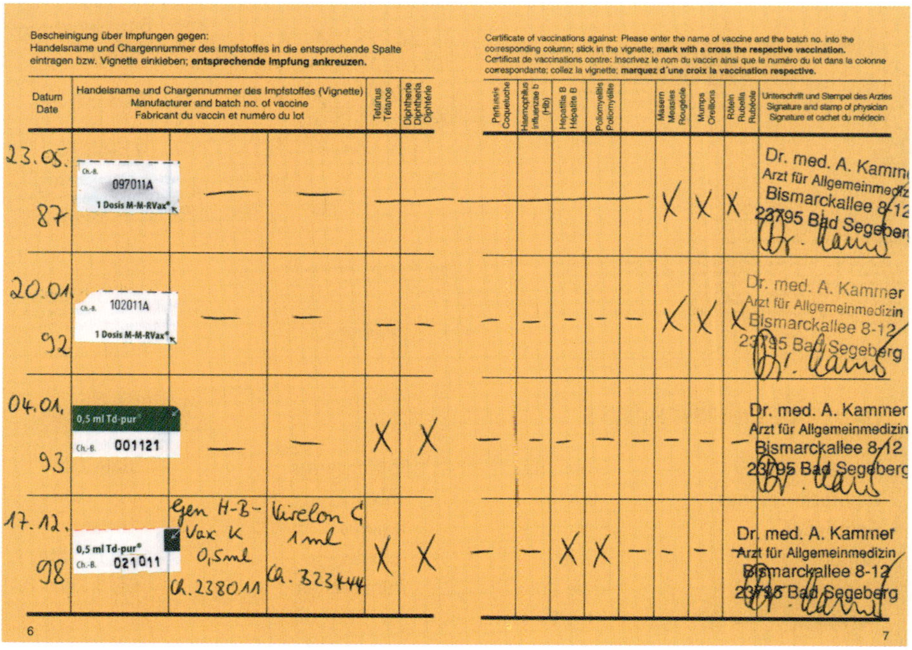

▶ *Internationaler Impfausweis.*

bulin, Rhesogam, Röteln Immunglobulin, Tetagam N, Varicellon) verpflichtet. Das Gesetz gilt auch bei Gabe von Sera aus menschlichem Blut und gentechnisch hergestellten Plasmaproteinen. Die Dokumentation ist 15 Jahre aufzubewahren.

28.3.4. Simultanimpfung

Die Simultanimpfung ist die Verbindung von aktiver und passiver Immunisierung. Bei der passiven Immunisierung führt man die augenblicklich benötigten Antikörper zu, mit der aktiven Impfung löst man die Antigen-Antikörper-Reaktion und damit die Bildung von Antikörpern aus.

Über jede Impfung ist dem Geimpften eine Bescheinigung auszustellen (Impfschein, Impfpass).

Tetanusprophylaxe siehe 30.4.3.

28.4. Praxishygiene – für sicheres Arbeiten

28.4.1. Desinfektion

Da in die Praxis viele Menschen kommen, die entweder eine beginnende oder bestehende Infektionskrankheit haben oder Keimträger sind, können die Praxisräume, Praxisgegenstände und Türklinken Ausgangspunkt für Infektionen anderer Patienten sein.

Desinfektion und auch Sterilisation sind vorbeugende Maßnahmen mit dem Ziel, Infektionen sowohl bei den Patienten als auch beim Praxispersonal zu verhindern.

Desinfizieren heißt, »einen Gegenstand in den Zustand zu versetzen, dass er nicht mehr infizieren kann«, und auch Teile des menschlichen Körpers (z. B. Hände) in den Zustand zu bringen, dass sie die Umgebung nicht mehr infizieren können.

Allgemeines Vorgehen

Die *Desinfektion* wird durchgeführt, wenn eine Sterilisation nicht möglich oder notwendig ist. Art und Umfang der Desinfektionsmaßnahmen ergeben sich auf Grund der jeweiligen Gegebenheiten. Eine Desinfektionsmaßnahme ist nur erfolgreich, wenn eine Reinigung erfolgt.

Brauchbare Desinfektionsmittel reinigen und desinfizieren in einem Arbeitsgang und nehmen lästigen Geruch fort (Desodorierung).

◀ ***Desodorierung.***

Nach den »Richtlinien für die Prüfung chemischer Desinfektionsmittel« der Deutschen Gesellschaft für Hygiene und Mikrobiologie werden Desinfektionsmittel auf ihre Wirksamkeit geprüft und in eine Desinfektionsmittelliste aufgenommen.

Die *Desinfektionsmaßnahmen* bei meldepflichtigen Krankheiten unterliegen der Regelung durch das Bundesseuchengesetz. Das Bundesgesundheitsamt gibt für solche Fälle eine Liste zugelassener Desinfektionsmittel und -verfahren heraus.

◀ ***Bundesseuchengesetz.***

Auswahl des Desinfektionsmittels

Die Beseitigung von Krankheitserregern soll bei der Desinfektion möglichst weit gehen, weil manche Keime, die gewöhnlich als nicht krankheitserregend gelten, gelegentlich doch krankheitserregend wirken können. Chemotherapie und Antibiotika fördern bei geschwächter Abwehrlage des Körpers viele nicht voraussehbare Infektionen.

Anforderungen an Desinfektionsmittel

- Gute desinfizierende und reinigende Wirkung mit kurzer Einwirkzeit
- Gute Verträglichkeit für die Haut (z. B. keine allergisierende Wirkung), Geräte, Instrumente (z. B. keine Begünstigung von Rostbildung), keine Rückstände, keine Geruchsbelästigung
- Ausreichende Umweltverträglichkeit durch gute biologische Abbaubarkeit

◀ ***Umweltverträglichkeit.***

Es wird unterschieden zwischen

- *Feindesinfektionsmitteln* (anwendbar am Körper, zur Wundbehandlung, zur Operationsfelddesinfektion)
- *Flächendesinfektionsmitteln* (für Inventar-, Raum- und Wäschedesinfektion)

- *Spezialdesinfektionsmitteln* (für Instrumenten-, Hände-, Haut- und Luftdesinfektion, Desinfektion der Ausscheidungen)

Wirkstoffe für die Desinfektion

Aldehyde

▶ *Desinfektionsmittel.*

Eine sehr gute Wirkung hat das Formaldehyd, das auf Grund seines breiten Wirkungsspektrums ein besonders zuverlässiges Desinfektionsmittel ist. Bei richtiger Konzentration und ohne dass es zu Hautkontakten kommt, ist es nach wie vor vielseitig anwendbar. Formaldehyd riecht stechend, der Geruch ist jedoch schon bei sehr geringer Konzentration festzustellen.

Alkohol

Alkohol (z. B. Ethanol) wirkt innerhalb weniger Sekunden, ist jedoch in seiner Wirkung, z. B. gegen bestimmte Viren nicht zuverlässig. Sporen werden in Alkohol nicht abgetötet. Wichtig ist die richtige Konzentration (etwa 50 bis 70 Prozent), nahezu reiner 96-prozentiger Alkohol hat keine desinfizierende Wirkung. Üblich ist die Verwendung von 70-prozentigem Alkohol als Desinfektionsmittel.

Quaternäre Ammoniumverbindungen

Die Quaternären Ammoniumverbindungen haben erhebliche Wirkungslücken bei Viren, aber auch bei Bakterien.

Halogene

▶ *Hautdesinfektion vor Operationen.*

Chlor-, brom- und jodhaltiges Desinfektionsmittel haben ein breites Wirkungsspektrum und finden in vielen Bereichen Verwendung (Chlor: Trinkwasser, Schwimmbadwasser; Brom und Jod: Hautdesinfektion vor Operationen).

Konzentration

Voraussetzung für die Wirksamkeit einer Desinfektionsmaßnahme ist die Beachtung der Gebrauchsanweisung, welche dem Desinfektionsmittel von der Herstellerfirma beigefügt ist. Desinfektionsmittel werden im Allgemeinen verdünnt. Gängige Verdünnungslösungen sind 0,25-, 0,5-, 1-, 2- und 5-prozentig. Man nimmt erst die notwendige Menge Desinfektionsmittel und füllt dann die entsprechende Menge Wasser auf. Die Abmessung erfolgt mit Hilfe des dem Desinfektionsmittel beigegebenenen Messbechers.

Eine Steigerung der Konzentration von Desinfektionsmitteln muss keine Wirkungssteigerung erbringen, sondern kann im Gegenteil eine Verminderung der Wirksamkeit zur Folge haben.

Händedesinfektion

In der Praxis werden zwei grundsätzlich verschiedene Arten unterschieden. Es handelt sich um die hygienische und chirurgische Händedesinfektion. Während die hygienische Händedesinfektion in einer Arztpraxis im Verlauf eines Arbeitstages verhältnismäßig häufig durchgeführt wird, findet die chirurgische Händedesinfektion nur vor operativen Eingriffen Anwendung.

Hygienische Händedesinfektion

Mit der hygienischen Händedesinfektion werden die Krankheitserreger an den Händen nach Kontakt mit infektiösem Material oder ansteckungsverdächtigen Patienten vermindert.

Je länger ein Desinfektionsmittel einwirken kann, desto größer ist seine Wirksamkeit.

▶▶ *Ringe.*

Ringe sind während der Arbeitszeit abzunehmen, da sie eine wirkungsvolle Händedesinfektion unmöglich machen.

Die hygienische Händedesinfektion erfolgt meist mit einem gebrauchsfertigen Desinfektionsmittel, das einem Wandspender entnommen wird. Die Hände werden damit eingerieben, dabei ist darauf zu achten, dass insbesondere auch Randbereiche wie die Falze der Fingernägel und Hautfalten desinfiziert werden. Eine ausreichende Wirkung der Desinfektion mit 70-prozentigem Alkohol tritt im Allgemeinen nach etwa 30 Sekunden ein. Danach können die Hände gewaschen werden. In Zweifelsfällen sollte immer eine Händedesinfektion erfolgen. Liegt kein besonderer Grund vor, reicht es aus, sich regelmäßig die Hände mit normaler Seife zu waschen.

Händedesinfektionsmittel enthalten fast immer Hautpflegemittel. Soll deren Wirksamkeit erhalten bleiben, empfiehlt es sich, die Hände nach der Desinfektion nicht zu waschen, sondern mit einem Einmalhandtuch abzutrocknen.

Chirurgische Händedesinfektion

Die chirurgische Händedesinfektion erfolgt an Händen und Unterarmen vor operativen Eingriffen. Es soll eine möglichst weitgehende Verminderung der Mikroorganismen auf der Haut erreicht werden.

- Beide Hände und Unterarme werden bis zu den Ellenbogen 3 bis 5 Minuten gewaschen
- Abtrocknen mit sterilem Einweghandtuch
- Je Hand 3 ml eines alkoholischen Desinfektionsmittels bis zu den Ellenbogen zwei Minuten einreiben

Eine vollständige Keimfreiheit ist nur annähernd zu erreichen, da die Bakterien, die sich in den Poren und Schweißdrüsen der Haut befinden, nicht restlos abgetötet werden.

Für die chirurgische Händedesinfektion kommen die gleichen Desinfektionsmittel in Frage, wie sie für die hygienische Händesdesinfektion verwendet werden.

Desinfektion von Ausscheidungen

In allen Ausscheidungen (Urin, Stuhl, Sputum, Erbrochenem) können Krankheitserreger enthalten sein. Als ansteckendes Material gelten die eiterbehaftete Mullbinde und die Auffangutensilien (Urinflaschen, -gläser, Stuhlbecken, Sputumgläser, Nierenschalen, Eimer) u. a. m.

MEMO!

Keimbehaftetes Material darf niemals mit bloßen Händen berührt werden. Einweghandschuhe oder Zangen benutzen!

Das infektiöse Material wird zunächst desinfiziert. Dazu benutzt man eine mit Desinfektionsmittellösung gefüllte Plastikwanne. Dauer der Desinfektion 4 bis 6 Stunden. Danach Herausnahme mit einer Zange und Überführen in einen Beutel, der zu verschließen ist.

MEMO!

Desinfektionsmittel soll nur in der unbedingt erforderlichen Menge verwendet werden, um die Belastung der Umwelt so gering wie möglich zu halten.

28.4.2. Sterilisation

Allgemeines

MEMO!

Unter einer Sterilisation wird das Abtöten oder endgültige Inaktivieren aller vermehrungsfähigen Mikroorganismen verstanden.

Es werden physikalische und physikalisch-chemische Verfahren der Sterilisation unterschieden. Physikalisch-chemische Verfahren wie z. B. die Sterilisation mit Gas- (Ethylenoxid bei 50 bis 60 Grad, Formaldehyd bei Unterdruck und 60 bis 75 Grad) sind in der Arztpraxis nicht üblich.

Praxisüblich ist die Sterilisation durch Einwirkung sehr heißer Luft (Heißluftsterilisator) oder hoch erhitzten Dampfes (Autoklav) auf das Sterilisationsgut.

◄◄ *Händedesinfektionsmittel.*

◄◄ *Keimfreiheit.*

◄ *Heißluftsterilisator.*

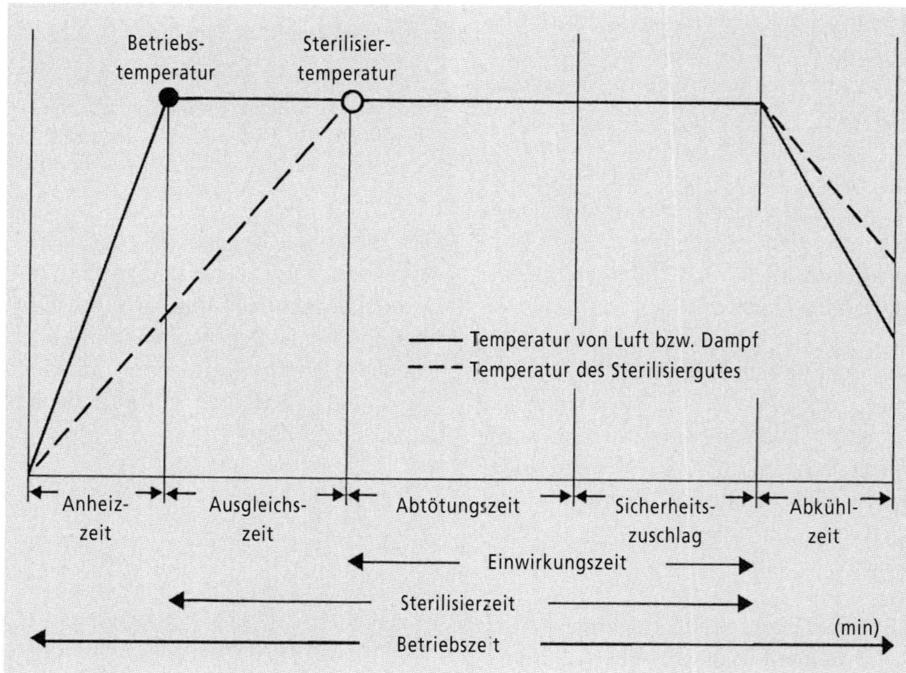

Betriebsphasen eines Sterilisators.

Vorbereitungen

Der Sterilisation müssen Desinfektion, Reinigung und gegebenenfalls Entfettung der Materialien oder Instrumente vorausgehen. Geschieht das nicht, können die Mikroorganismen vor der Abtötung durch Hitze durch Eiweiß- oder Schmutzreste geschützt werden.

Das Sterilisationsgut muss trocken sein. Bei feuchten Instrumenten und Materialien könnte durch die bei der Verdunstung entstehende Verdunstungskälte verhindert werden, dass im unmittelbaren Bereich des Sterilisationsgutes die erforderlichen Temperaturen erreicht werden.

Das Sterilisationsgut muss so verpackt sein, dass der heiße Dampf das Sterilisationsgut sicher erreicht, auch muss gewährleistet sein, dass die Sterilität außerhalb des Autoklaven bis zur Verwendung des Sterilisationsgutes erhalten bleibt. Hierfür gibt es besondere Sterilisiergutbehälter mit Filtern im Deckel oder Folien, in die das Sterilisationsgut eingeschweißt wird.

Es ist nicht zulässig, während eines laufenden Sterilisationsvorganges noch Instrumente in den Sterilisator zu legen.

MEMO!

Die Betriebszeit eines Sterilisationsapparates setzt sich, unabhängig davon, ob er mit Heißluft oder Dampf arbeitet, aus mehreren Phasen zusammen.

Betriebsphasen eines Sterilisators

Anheizzeit

Die *Anheizzeit* benötig ein Sterilisator, um die für die Sterilisation erforderliche Betriebstemperatur im Gerät zu erreichen. Diese Temperatur wird bei fast allen Geräten außen an einem Messinstrument angezeigt. Sie beträgt bei der Heißluftsterilisation mindestens 180 Grad, beim Autoklaven mindestens 121 Grad, meist 134 Grad.

Ausgleichszeit
Mit der am Messinstrument angezeigten notwendigen Temperatur im Sterilisator sind die Voraussetzungen für eine Sterilisation noch nicht gegeben, da hierfür eine gleichmäßige Verteilung der notwendigen Hitze im ganzen Gerät erforderlich ist. Die Zeit, die für die richtige Steriliertemperatur am Sterilisationsgut nach der Anheizzeit benötigt wird, heißt *Ausgleichszeit.*

Abtötungszeit, Sicherheitszuschlag
Unter *Abtötungszeit* wird der Zeitraum verstanden, der nach der Ausgleichszeit, wenn die notwendige Temperatur am Sterilisationsgut erreicht ist, benötigt wird, um die Mikroorganismen abzutöten. Um dieses Ziel mit Sicherheit zu erreichen, wird die *Einwirkzeit* um einen *Sicherheitszuschlag* verlängert. Ausgleichszeit und Einwirkzeit werden auch unter dem Begriff *Sterilisierzeit* zusammengefasst.

Abkühlzeit
Vor Entnahme des Sterilisationsgutes muss der Innenraum des Sterilisators abkühlen. Diese Zeitspanne wird *Abkühlungszeit* genannt. Anheizzeit, Sterilisierzeit und Abkühlzeit sind die *Betriebszeit des Sterilisators.*

Sterilisation mit gespanntem Dampf im Autoklaven

MEMO!

Die Sterilisation mit gesättigtem, gespanntem (unter Druck befindlichen) Dampf erfolgt bei Temperaturen von in der Regel 121 oder 134 °C im Dampfsterilisator (Autoklav).

Damit im Innenraum des Autoklaven keine *Luftinseln* entstehen, ist es erforderlich, dass die Geräte gleichmäßig beschickt und nicht überladen werden.

Kleinautoklav.

Gesättigter Wasserdampf besitzt ein wesentlich größeres Wärmeleitvermögen als trockene Luft, deswegen kommt die Dampfsterilisation mit geringeren Temperaturen aus als die Heißluftsterilisation.

Dampf lässt sich jedoch nur über 100 °C erhitzen, wenn sein Entweichen verhindert wird. Dabei baut sich ein Überdruck auf. Aus diesem Grund wird ein spezielles Gerät, der *Autoklav* benötigt, der einen Druckbehälter, ähnlich einem Dampfkochtopf, besitzt und deswegen auch höherem Druck standhalten kann. Bei 121 °C beträgt der Überdruck rund 2 bar, bei 134 °C rund 3 bar. Entsprechend stabil müssen die Autoklaven beschaffen sein.

Die Abtötungszeit bei 121° beträgt 15 bis 20 Minuten, bei 134 °C 5 Minuten. Achtung: Die Gesamtzeit des Sterilisationsvorganges ist wegen der Anheiz- und Sterilisierzeit wesentlich länger.

Im Autoklaven können (wegen der niedrigeren Temperaturen) im Gegensatz zum Heißluftsterilisator auch empfindliche Materialien wie Verbandstoffe, Operationswäsche, Arztkittel, Operationshandschuhe, Katheter u. a. m. sterilisiert werden.

Nach Beendigung der Sterilisation erfolgt in der Abkühlzeit die Trocknung. Die Entnahme des Sterilisationsgutes kann erst erfolgen, wenn der Überdruck im Autoklaven abgebaut ist. Dies ist der Fall, wenn die Temperatur 100 °C unterschreitet.

Elektrischer Heißluftsterilisator.

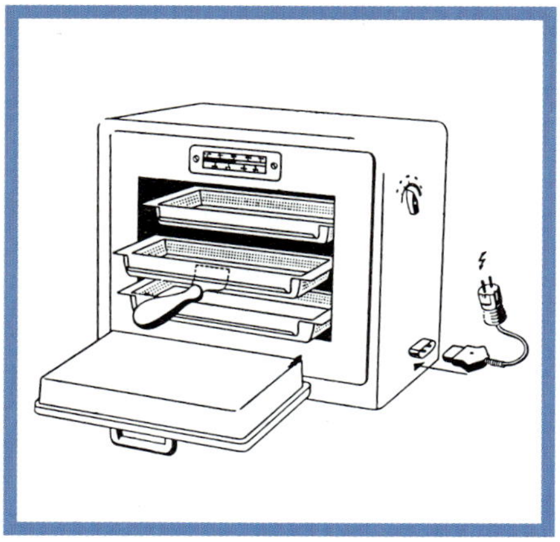

Sterilisation mit trockener Hitze im Heißluftsterilisator

Zur Sterilisation mit trockener Hitze wird ein *Heißluftsterilisator* verwendet. Da trockene Luft eine schlechtere Wärmeleitfähigkeit besitzt als Dampf, werden wesentlich höhere Temperaturen als im Autoklaven benötigt (Abtötungszeit bei 180 °C 30 Minuten, bei 200 °C 10 Minuten).

Im Heißluftsterilisator können nur Materialien sterilisiert werden, die hitzestabil sind, wie z. B. Metall, Glas, Porzellan. Fehler bei der Heißluftsterilisation sind nicht selten. So werden noch heiße Geräte erneut mit Sterilisationsgut beladen, ohne dass die Ausgleichszeit beachtet wird. Auch das nachträgliche Beladen bei schon laufender Sterilisation gefährdet ein einwandfreies Ergebnis.

Prüfverfahren

Sterilisatoren sind regelmäßig auf ihre Funktionsfähigkeit zu überprüfen. Hierfür gibt es in die Sterilisatoren einlegbare »Indikatoren«. Diese *Thermo-* oder *Chemoindikatoren* sind Teststreifen, die anzeigen, ob Sterilisierzeit und -temperatur ausgereicht haben.

Bioindikatoren sind Sporenpäckchen, die in der Regel aus getrockneten Proben von Garten- oder Komposterde bestehen. Sie können, wenn in der Praxis keine Möglichkeiten zur Züchtung von Bakterienkulturen bestehen, an Laborärzte oder Institute eingeschickt werden.

Wichtig für die Aussagekraft einer Prüfung durch die Indikatoren ist, dass eine ausreichende Anzahl von Indikatorstreifen oder Sporenpäckchen in das Sterilisationsgut an verschiedenen Stellen des Sterilisators eingelegt wird.

MEMO!

Die Thermo- oder Chemoindikatoren dürfen nicht mit Behandlungsindikatoren verwechselt werden. Diese sind lediglich dazu geeignet, sterilisiertes von nicht sterilisiertem Gut zu unterscheiden. Sie erlauben keine Aussage darüber, ob wirklich eine Sterilisation erfolgt ist.

28.5. Umweltschutz in der Praxis

28.5.1. Vermeidung und Beseitigung von Abfall

In der Arztpraxis müssen Gesichtspunkte des Umweltschutzes so weit wie möglich berücksichtigt werden.

Vermeidung von Abfall

Besser als die beste umweltgerechte Beseitigung von Müll ist die Vermeidung von Abfall. Insbesondere bei Verpackungsmaterial und Einwegartikeln kann bei Einkauf und Handhabung die Entstehung von Abfall vermieden werden. Auflagen auf Liegen müssen nicht immer aus Einwegmaterial bestehen, häufig reichen auch abwischbare Tücher aus. Die Hände können nach dem Waschen unter Warmluft getrocknet werden, auf diese Weise können die Einweghandtücher gespart werden.

Hygiene und Sicherheit dürfen unter dem Gesichtspunkt der Abfallvermeidung jedoch nicht leiden. So müssen z. B. bei Blutentnahmen mit herkömmlichen Spritzen unbedingt Einmalhandschuhe getragen werden.

Umgang mit »Problemstoffen« und Trennung von Abfällen

Häufig ist die Vermeidung von Abfällen beim besten Willen nicht möglich. In diesen Fällen ist es hilfreich, die Abfallstoffe im Rahmen der örtlichen Möglichkeiten zu trennen. Hierbei ist besonders an problematische Substanzen oder an wieder verwertbare Stoffe zu denken.

Die Vorschriften und Hinweise der örtlichen Träger der Abfallentsorgung sind zu beachten.

Problemstoffe

Bestimmte problematische Substanzen wie z. B. Batterien, Desinfektionsmittelreste, Kunststoffe, Chemikalien u. ä. sind getrennt zu entsorgen. Hierdurch wird der Abfall zwar nicht verhindert, aber ungefährlicher.

Wiederverwertung (Recycling)

Eine immer größere Rolle spielt das Aussortieren und getrennte Erfassen von *Wertstoffen*, die als »Sekundär-Rohstoffe« eine erneute Verwendung finden können. Hierzu gehören Papier, Kunststoffe, Metalle, Glas u. a.

Beseitigung von Praxisabfällen als Hausmüll

Von den meisten Abfällen der ärztlichen Praxis geht bei sachgemäßer Handhabung eine geringere Gefahr als von Hausmüll aus. Sie können in aller Regel mit dem Hausmüll auf übliche Art beseitigt werden.

Bei der Entsorgung von Praxisabfällen zusammen mit Hausmüll sind folgende Unterschiede sinnvoll:

- Bruch-, schneid- und stichfeste Behälter sind für spitze bzw. schneidende Abfälle wie z. B. Glasbruch, Kanülen, defekte Kleininstrumente usw. bereit zu halten.
- Für Tupfer, Verbandmaterial, Einwegspritzen ohne Kanüle usw. sind undurchsichtige reißfeste Säcke vorzuhalten.
- Alle übrigen Abfälle können wie der übliche Hausmüll im Hausmüllsammelgefäß erfasst werden.

◀ *Behälter.*

Die Hausmüllsammelgefäße sollten nur für die Arztpraxis und die Müllabfuhr zugänglich sein. In Abstimmung mit der jeweiligen entsorgungspflichtigen Firma oder öffentlich-rechtlichen Körperschaft – Kreis, kreisfreie Stadt, Zweckverband usw. – könnten die Hausmüllsammelbehälter zu diesem Zweck mit einem Schloss ausgestattet oder in einer gesonderten, verschlossenen Box aufbewahrt werden. Auf diese Weise kann, wofür grundsätzlich die jeweilige Arztpraxis die Verantwortung trägt, der unerlaubte Zugriff durch Kinder oder Drogensüchtige vermieden werden.

Sondermüll

Bestimmte Abfälle sind dem Sondermüll zuzurechnen und nur nach einer besonderen Vorbehandlung oder in bestimmten Abfallbeseitigungsanlagen zu entsorgen.

◀◀ *Sekundär-Rohstoffe.*

Während Körperteile, Organabfälle und nicht mehr verwendbare Medikamente in jedem Falle einer Sondermüllbeseitigung zugeführt werden müssen, können infektiöse Abfälle desinfiziert und mit dem Hausmüll beseitigt werden. Abweichende Bestimmungen sind in den einzelnen Ländern sowie bei den verschiedenen Entsorgungsunternehmen möglich.

Zum Wiederholen und Lernen.

MEMO!

WICHTIGES ZUM MERKEN

Mutterschaftsvorsorgeuntersuchungen: etwa 10 pro Schwangerschaft, Untersuchung von Urin (auf Zucker, Eiweiß, evtl. Sediment), Hämoglobin, Blutdruck, Gewicht, Stand Gebärmutter und Lage des Kindes, kindliche Herztöne, mehrere Ultraschalluntersuchungen (drei: 9.–12., 19.–22. und 29.–32. Schwangerschaftswoche).
Bei **1. Untersuchung** auch Blutgruppe, Rh-Faktor, des Rötelntiters u. a. Falls erforderlich, wird ein Mutterpass angelegt und ausgehändigt. Bestimmungen für vertragsärztliche Versorgung, die weitgehend auch im privatärztlichen Bereich berücksichtigt werden, finden sich in **Mutterschafts-Richtlinien.**

Der **Mutterpass** ist nach Feststellung der Schwangerschaft auszustellen und der Schwangeren auszuhändigen, falls sie nicht schon einen Mutterpass besitzt. Alle wesentlichen Befunde hat der Arzt in den Mutterpass einzutragen. Er soll bei der Entbindung vorgelegt werden. Anderen Personen braucht keine Einsicht gewährt zu werden.

KIndervorsorgeuntersuchungen: insgesamt 9 (U1 bis U9, in den ersten 64 Lebensmonaten), dienen der Früherkennung von Krankheiten bei Kindern, die wichtigsten Körpermaße werden in Somatogramme eingetragen, bei 1. Untersuchung (gleich nach Geburt) wird ein Untersuchungsheft für Kinder angelegt, bei 2. Untersuchung erfolgt Blutentnahme zur TSH- Bestimmung, die Besprechung der Rachitisprophylaxe. Bestimmungen für vertragsärztliche Versorgung, die weitgehend auch im privatärztlichen Bereich berücksichtigt werden, finden sich in den **Kinder-Richtlinien.**

Krebs-Früherkennungs-Untersuchungen bei **Frauen** ab 20. Lebensjahr (Genitale), ab 30. auch Haut und Brust, ab 45. Rektum und übriger Dickdarm.
Bei **Männern** ab 45. Lebensjahr Dickdarm, Prostata, äußeres Genitale und Haut.
Bestimmungen für vertragsärztliche Versorgung, die weitgehend auch im privatärztlichen Bereich berücksichtigt werden, finden sich in den **Krebsfrüherkennungs-Richtlinien.**

Gesundheitsuntersuchungen zur Früherkennung von Krankheiten ab 35. Lebensjahr jedes 2. Jahr, Untersuchung soll der Früherkennung derjenigen Krankheiten dienen, die wirksam behandelt werden können (Herz- Kreislauf-, Nierenerkrankungen, Diabetes mellitus). Umfang: Anamnese, klinische Untersuchung, Laboruntersuchung, Beratung, evtl. EKG, Folgemaßnahmen aus Untersuchungsergebnissen. Bestimmungen für vertragsärztliche Versorgung die weitgehend auch im privatärztlichen Bereich berücksichtigt werden, finden sich in den **Gesundheits-Richtlinien.**

Schutzimpfungen werden zum Schutz gegen bestimmte Infektionskrankheiten durchgeführt (z. B. Masern, Röteln). **Aktive Schutzimpfungen:** Abgetötete, abgeschwächte Krankheitserreger, abgespaltene Antigene oder Toxoide führen zu zeitweiliger oder dauerhafter Immunität (aber erst, nachdem der Körper eine eigene Immunität entwickelt hat). **Passive Schutzimpfungen**: antikörperhaltige Seruminjektionen, sie führen zu zeitweiliger Immunität (solange, bis die zugeführten Antikörper abgebaut sind). **Simultanimpfung:** gleichzeitige Durchführung von aktiver und passiver Schutzimpfung.

Jugendarbeitsschutzuntersuchungen dienen dem Schutz der Jugendlichen vor Gesundheitsschädigungen durch Auswirkungen der Beschäftigung.

Voraussetzung für die **Wirksamkeit einer Desinfektionsmaßnahme** ist die Beachtung der Gebrauchsanweisung des Herstellers!

Je länger ein Desinfektionsmittel einwirken kann, **desto höher** ist seine **Wirksamkeit.**

Zum Wiederholen und Lernen.

MEMO!

Fingerringe u. ä. sind bei Arbeiten mit infektiösem Material abzunehmen, da sie eine wirkungsvolle Händedesinfektion unmöglich machen.

Keimbehaftetes Material darf niemals mit bloßen Händen berührt werden.

Zur **Schonung der Umwelt** (und aus Kostengründen) darf Desinfektionsmittel nur in der unbedingt erforderlichen Menge verwendet werden.

Unter einer **Sterilisation** wird das **Abtöten** oder endgültige Inaktivieren aller vermehrungsfähigen Mikroorganismen verstanden.

Im **Autoklav** wird hochgespannter Dampf mit 121 °C oder 134 °C erzeugt, dabei entsteht aufgrund physikalischer Vorgänge ein Überdruck von etwa 2 bar (bei 121°) bzw. 3 bar (bei 134°). Für hitzeempfindlichere Materialien wie z. B. Katheter, Gummihandschuhe, OP-Wäsche.

Im **Heißluftsterilisator** wird trockene Hitze ab 180°C erzeugt. Verwendung nur bei hitzestabilen Materialien wie Metall, Glas, Porzellan möglich.

Je höher die **Temperatur** des Autoklaven oder Heißluftsterilisators, **desto geringer** ist die **Abtötungszeit.**

Die **Thermo- bzw. Chemoindikatoren** dürfen nicht mit Behandlungsindikatoren verwechselt werden. Behandlungsindikatoren zeigen nur an, ob ein bestimmtes Gut sterilisiert wurde oder nicht.

Beim Umgang mit verwendeten Instrumenten trägt die Arzthelferin **Handschuhe.**

Die Reihenfolge bei gebrauchten Instrumenten, die wieder gebrauchsfähig gemacht werden sollen, ist: **Desinfektion – Reinigung – Sterilisation.**

Am umweltgerechtesten ist die **Vermeidung von Abfall.** Geht dies nicht, ist die Trennung der Abfälle (unter besonderer Berücksichtigung der Problemstoffe wie z. B. Batterien, Chemikalien) für eine Wiederverwendung (Recycling) oder gezielte Entsorgung die nächstbeste Möglichkeit.

Praxisabfälle sind ungefährlicher als Hausmüll und können meist mit dem Hausmüll entsorgt werden. (Praxis-)Hausmüllsammelgeräte sollen nur für die Arztpraxis und die Müllabfuhr zugänglich sein.

EINIGE FRAGEN ZUM ÜBEN

Wie ist die Definition der Gesundheit durch die Weltgesundheitsorganisation?

Welche Bedeutung haben Umweltfaktoren für die Gesundheit?

Zu welchen Tageszeiten sind Höchstleistungen, zu welchen nicht so hohe Leistungen (Leistungstiefs) in der Regel zu erwarten?

Zu welchen körperlichen Belastungen führt ein Übermaß an Stehen und Sitzen?

Welchen Zweck haben Mutterschaftsvorsorgeuntersuchungen?

Welche Untersuchungen werden bei der ersten Mutterschaftsvorsorgeuntersuchung durchgeführt?

Welchen Zweck hat der Mutterpass, wer trägt in ihn ein, wem gehört er?

Welche Aufgabe haben die Kindervorsorgeuntersuchungen?

Welche Aufgaben haben die Krebs-Früherkennungsuntersuchungen?

Welche Aufgaben haben Impfungen?

Zum Wiederholen und Lernen.

MEMO!

Welche Arten von Impfungen werden grundsätzlich unterschieden?

Wie unterscheidet sich die aktive von der passiven Schutzimpfung?

Was versteht man unter einer Desinfektion?

Nennen Sie die wichtigsten für die Desinfektion geeigneten Wirkstoffe!

Es sollen 1 100 ml einer 1,5-prozentigen Desinfektionslösung hergestellt werden. Wie viel Desinfektionsmittel wird benötigt?

Welcher grundsätzliche Unterschied besteht zwischen der hygienischen und der chirurgischen Händedesinfektion?

Beschreiben Sie das Vorgehen bei der hygienischen und chirurgischen Händedesinfektion!

Was versteht man unter der Sterilisation?

Beschreiben Sie die Betriebsphasen eines Sterilisators!

Welche Temperaturen müssen für welche Zeitdauer bei der Dampfsterilisation eingehalten werden?

Welche Temperaturen müssen für welche Zeitdauer bei der Heißluftsterilisation eingehalten werden?

Erläutern Sie Aufbau und Funktion eines Hygieneplans!

Wie ist mit »Problemstoffen« bei der Abfallbeseitigung in der Arztpraxis umzugehen? Beschreiben Sie Möglichkeiten zur Vermeidung von Abfall!

Was verstehen Sie unter Trennung und Wiederverwertung von Abfällen?

Welche Praxisabfälle sind dem Sondermüll zuzurechnen?

UND ZUM SCHLUSS ETWAS SCHWERES

Warum können Jugendarbeitsschutzuntersuchungen nicht die arbeitsmedizinische Vorsorgeuntersuchung ersetzen?

Warum gefährdet nachträgliches Hineinlegen von Sterilisationsgut in den Heißluftsterilisator bei ansonsten unveränderten Bedingungen das Ergebnis?

Im Vordergrund steht der Patient

Übergreifende Lernziele

- *Bewußtsein der Verantwortung beim Umgang mit Medikamenten und Geräten*
- *Anwendung moderner Technologien in praxisnahen Funktions- und Handlungszusammenhängen*
- *Fähigkeit, bei der Betreuung der Patienten sachkundige Hilfe zu leisten*

Medizinische Tätigkeiten am Patienten führt die Arzthelferin in Abhängigkeit von fachlichen Erfordernissen, rechtlichen Bestimmungen sowie Schwierigkeit entweder vor- und nachbereitend für die Ärztin/den Arzt, als ihre/seine Assistentin oder (weitgehend) selbständig durch.
Die folgenden Kapitel vermitteln hierfür die notwendigen Grundlagen.

29. Untersuchung des Patienten

ZIELE DES RAHMENLEHRPLANS

- Erhebung einer Anamnese beschreiben
- Allgemeinuntersuchung des Patienten erläutern
- Wirkungsweise des Elektrokardiographen beschreiben
- Ultraschalltechnik in der ärztlichen Praxis beschreiben
- Endoskopische Verfahren und Geräte beschreiben
- Wirkungsweise des Röntgenapparates beschreiben

29.1. Erstes Gespräch

Jeder Patient, der zum ersten Mal in die Praxis eines Arztes kommt, wird vom Arzt besonders gründlich befragt und untersucht. Sind die Patienten dem Arzt bekannt, fällt es ihm später viel leichter, bei erneut auftretenden Erkrankungen schnell und gezielt Entscheidungen zu treffen.

Je nach Krankheit und Bekanntheit des Patienten werden vom Arzt vor weiteren Untersuchungen die Vorgeschichte der Erkrankung und die jetzigen Beschwerden erfragt (*Anamnese*). Das Ergebnis führt zu einer gezielten Untersuchung.

▶ *Anamnese.*

29.2. Allgemeinuntersuchungen

29.2.1. Vorbereitende Untersuchungen durch die Arzthelferin

Bei neuen Patienten oder auf besondere Anweisung des Arztes werden von der Arzthelferin vor der ärztlichen Untersuchung schon Körpergewicht, Körpergröße, bei einigen Patienten auch der Umfang bestimmter Körperteile festgestellt. Bei Säuglingen und fiebrig erkrankten Patienten sollte die Körpertemperatur gemessen werden.

Körpergewicht

Es wird barfuß mit Hosen gewogen. Ist dies nicht möglich, wird notiert, ob mit Halbkleidung oder Ganzkleidung (große Variationsbreiten und Fehlerquellen).

Körpergröße und Gewicht hängen besonders auch vom Alter und Geschlecht ab und zeigen große Schwankungen.

MEMO!

Normalgewicht
Das Sollgewicht in Kilogramm = Körpergröße in Zentimeter minus 100 (Formel nach Broca)

Idealgewicht
Das Idealgewicht für Erwachsene erhält man bei Männern nach Abzug von 10 Prozent, bei Frauen von 15 Prozent des Normalgewichts.

Body-Mass-Index (BMI)
Index für Körpergewicht, berechnet aus dem Körpergewicht in kg geteilt durch das Quadrat der Körperlänge (m^2), normal ist 20–25 kg/m^2

Einstellen der Waage (Tarieren)
Möglichst einmal täglich, am Besten vor jedem Wiegen, muss überprüft werden, ob die Waage das Gewicht richtig anzeigt. Dies geschieht durch das *Tarieren:* Die leere Waage wird darauf überprüft, ob ein Gewicht von 0 kg angezeigt wird. Ist dies nicht der Fall, besteht durch eine Tarierschraube die Möglichkeit, die Anzeige auf Null zu bringen.

◄◄ *Tarieren.*

Körpergröße
Der Patient steht mit *nackten Füßen* auf dem Tritt der Waage (an der die Messstange befestigt ist); das Klappmetall wird auf den Scheitelpunkt aufgelegt. Man kann den Patienten auch vor das am Türrahmen befestigte Messband stellen.

Körperumfangsmessungen
Bei liegenden Säuglingen werden Kopfumfang und Körperlänge gemessen. Bei den übrigen Patienten werden je nach Anordnung Messungen des Hals-, Brust- und Bauchumfanges und des Umfangs von Extremitäten in verschiedener Höhe durchgeführt. Bei Patienten mit bestimmten Lungenerkrankungen (Asthma bronchiale, chronische Bronchitits, Emphysem) wird in Höhe der Brustwarzen der Brustumfang in eingeatmeten und ausgeatmetem Zustand gemessen.

◄◄ *Brustumfang.*

Messung der Körpertemperatur
Dies geschieht mit einem Fieberthermometer, dessen Quecksilbersäule vor der Messung durch ruckartiges, schnelles Herunterschlagen des Thermometers in der Luft auf etwa 35 °C gebracht wird. Die Messung erfolgt bei Erwachsenen und größeren Kindern in der Achselhöhe (*axillär,* nicht sehr genau) oder oral, bei Säuglingen und Kleinkindern durch Einführen in den After *(rektal).*

MEMO!

Bei rektaler Messung liegen die Temperaturen jeweils um etwa 0,5 °C höher als in der Achselhöhle. Der rektalen Messung ist wegen der größeren Genauigkeit in Zweifelsfällen der Vorzug zu geben.

Bei Verdacht auf entzündliche Prozesse im Unterbauch (z. B. Appendizitis) wird die Temperatur sowohl in der Achselhöhle als auch im After gemessen (zwei Thermometer verwenden!). Ist die Differenz deutlich größer als 0,5 °C, so ist dies ein weiterer Hinweis, gelegentlich sogar die Bestätigung, für die Verdachtsdiagnose Appendizitis.

Die Messung muss mit dem Quecksilberthermometer *mindestens 3 Minuten* lang durchgeführt werden. Bei der Benutzung von elektronisch messenden Thermometern verkürzt sich die Dauer.

Nach Gebrauch ist das Thermometer zu reinigen und zu desinfizieren, die Quecksilbersäule sollte wieder auf 35 °C gebracht werden.

Verschiedene Bereiche der Körpertemperatur
- Normaltemperatur bis 37 °C
- Erhöhte (subfebrile) Temperatur bis 38 °C
- Temperatur bis 39 °C
- Hohe Temperatur über 39 °C (Fieber)
- Sehr hohe Temperatur ab 40 °C (hohes Fieber)

◄ *Fieber.*

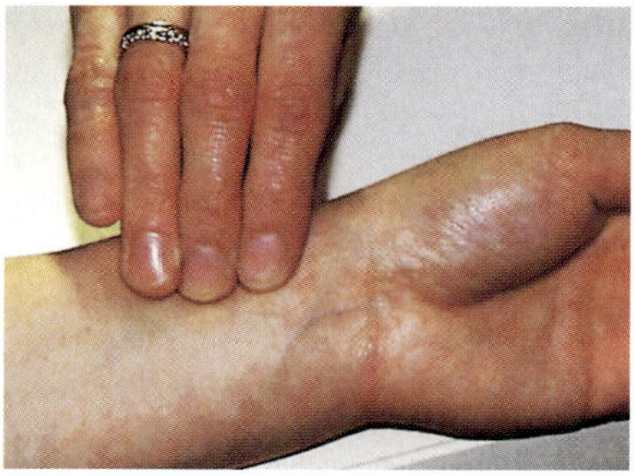

Fühlen des Radialispulses.

29.2.2. Pulsmessung

Die Stöße der Blutwelle, die durch die Herzkontraktion entstehen, sind zu fühlen.

Die Häufigkeit des Pulsschlages pro Minute wie auch die Regelmäßigkeit des Pulses erlauben Rückschlüsse auf die Funktion des Kreislaufes.

Die Häufigkeit des Pulses *(Pulsfrequenz)* pro Minute wird mit Hilfe einer Uhr mit Sekundenanzeige festgestellt. Der Puls wird oberhalb des Handgelenkes an der auf der Daumenseite befindlichen Unterarmarterie *(Arteria radialis)* durch Auflegen und leichtes Eindrücken von drei Fingerspitzen (zweiter, dritter und vierter Finger) gemessen. Der Daumen stützt sich dabei an der Rückenfläche des Handgelenks ab (s. Abb.). In der Regel wird mindestens eine Viertelminute gemessen. Das Ergebnis wird durch Multiplizieren mit 4 auf eine Minute hochgerechnet. Bei Besonderheiten des Pulsschlages muss die Messdauer verlängert werden.

NORMALWERTE

Neugeborene und Säuglinge	**120 – 140 Pulsschläge pro min.**
1. Lebensjahr	**100 – 110 Pulsschläge pro min.**
2. Lebensjahr	**95 – 105 Pulsschläge pro min.**
7. Lebensjahr und folgende	**85 Pulsschläge pro min.**
Erwachsene vom 20. Lebensjahr	**65 – 80 Pulsschläge pro min.**

29.2.3. Blutdruckmessung

Sie erfolgt mit einem Blutdruckapparat *(Sphygmomanometer)*. Hierbei kann entweder ein *Quecksilber-Blutdruckmessapparat* oder ein *Manometer-Blutdruckmessapparat* Verwendung finden. Beide Apparate können wahlweise mit einer selbsthaftenden Manschette oder einer Hakenmanschette ausgerüstet sein.

Die an dem Verbindungsschlauch sitzende Gummimanschette wird eng um den Oberarm des Patienten gewickelt. Die Ellenbeuge bleibt dabei frei. Mit der »3-Finger-Kontrolle« wird überprüft, ob die Manschette nicht abschnürt. Hierbei wird jeweils ein Finger von oben und unten zwischen Manschette und Arm geschoben. Dies muss genauso möglich sein wie das Fassen des »dritten« Fingers zwischen Kleidung und Arm.

Danach wird mittels *Gebläse* (Gummiball) Luft in die Manschette gepumpt. Die aufgeblähte Manschette übt einen Druck auf die Weichteile des Oberarmes aus. Bei Überschreiten eines bestimmten Druckes wird die Oberarmarterie so zusammengedrückt, dass kein Blut mehr durch die Arterie hindurchkommt.

Der Druck kann an der Quecksilbersäule oder am Zeiger des Blutdruckapparates abgelesen werden. Anschließend wird das Bruststück eines Stethoskopes in der Ellenbeuge über der Arterie aufgesetzt. Ist die Oberarmarterie verschlossen, ist mit dem Stethoskop nichts zu hören. Wird mit der am Gebläse des Blutdruckapparates befindlichen Schraube langsam Luft aus der Manschette abgelassen und damit der Druck auf die Arterie vermindert, ist das Fließen des Blutes durch die immer noch verengte Arterie durch ein klopfendes Geräusch *(Korotkowsches Geräusch)* im Stethoskop zu hören.

- Sobald das erste Geräusch zu hören ist, muss der obere (oder systolische) Blutdruckwert abgelesen werden.
- Beim deutlichen Nachlassen der Geräusche wird der untere oder diastolische Wert abgelesen.

MEMO!

Beachte:
Armlagerung in Herzhöhe, Manschettenbreite für Erwachsene 13 cm, für Neugeborene 2,5 cm, für Kleinstkinder bis 12 Monate 5 cm, für Kinder bis zum 8. Lebensjahr 9 cm. Je dicker das Oberarmgewebe ist, desto größer ist die Messungenauigkeit.

Der gemessene Blutdruck wird auf der Karteikarte vermerkt; dazu wird sich einer festgelegten Abkürzung bedient. Beträgt der systolische Blutdruck beispielsweise 110, der diastolische 70 mm Hg, so heißt es RR *(RR = Riva-Rocci)* 110/70 mm Hg (Hg = Hydrargyrum, Quecksilber). Die physikalisch richtige Bezeichnung Kilopascal (Kpa) hat sich im medizinischen Bereich nicht durchgesetzt. Um Vergleichswerte zu haben, ist stets im Liegen zu messen. Wird im Stehen oder Sitzen gemessen, ist dies ausdrücklich zu vermerken. Ist der Blutdruck an einem Arm stets höher als an dem anderen, muss die Messung immer am gleichen Arm vorgenommen werden.

Wenn nur eine 13 cm breite Manschette zur Verfügung steht, müssen systolischer und diastolischer Druck korrigiert werden. Häufig müssen die Blutdruckwerte an beiden Oberarmen, manchmal auch an den Unterschenkeln oder Oberschenkeln, gemessen werden.

NORMALWERTE

Neugeborenes	80/60 mm Hg
2 Monate altes Kind	80/60 mm Hg
Kind im 2. bis 4. Lebensjahr	90/60 mm Hg
Kind im 5. Lebensjahr	100/60 mm Hg
Kind im 9. Lebensjahr	110/80 mm Hg
ab 14. Lebensjahr	120/80 mm Hg

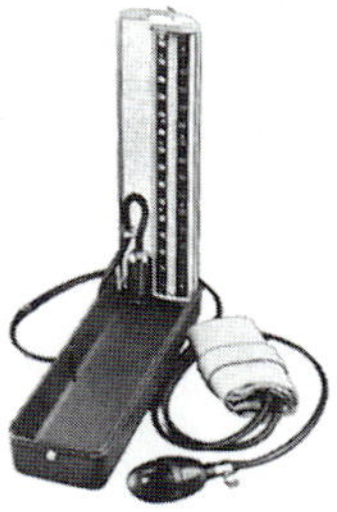

Quecksilber-Blutdruckmessapparat (AC 300)

Hakenmanschette (AC 390)

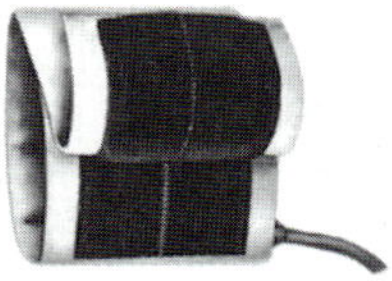

Selbsthaftende Manschette (AC 392)

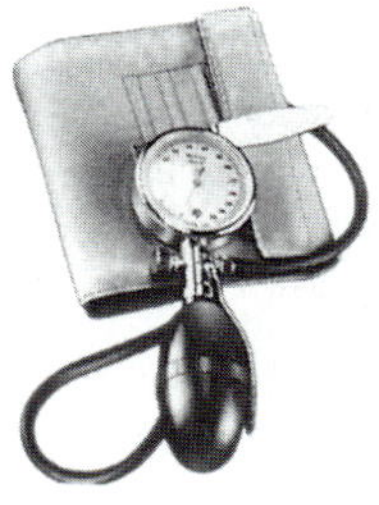

Manometer-Blutdruckmessapparat (AC 330)

Gebläse (AC 396)

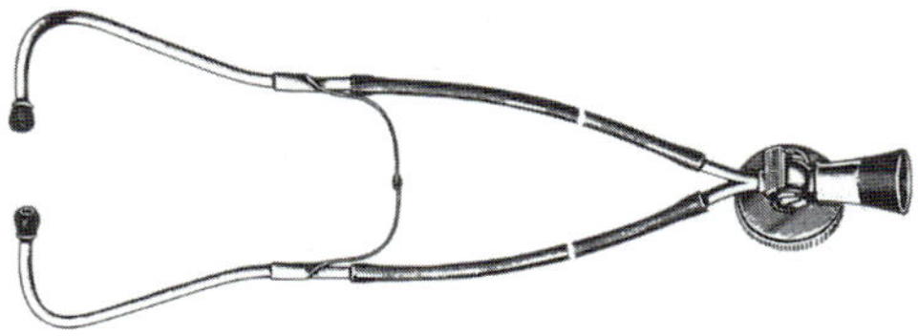

Kombinations-Membran- und Trichter-Stethoskop (AC 155 C)

Stethoskop aus Holz (AC 106)

Stethoskop (Hörrohr)
Es dient zum Abhören der Herztöne, des Atemgeräusches über den Lungen, der Darmbewegungen und der Geräusche beim Blutdruckmessen. Wir unterscheiden *Schlauchstethoskope* von den heute nur noch in der Geburtshilfe verwendeten *Holzstethoskopen*. Schlauchstethoskope bestehen aus einem *Bügel* mit den *Ohroliven* und dem *Bruststück*, das mit einer Membran, einem Trichter oder einer Kombination von beiden versehen sein kann.

29.2.4. Weitere Untersuchungen

▶ *Otoskopiebesteck, bestehend aus: Otoskop, 3 Ohrtrichtern und Batteriehandgriff (AC 615).*

Untersuchung der Ohren
Hierzu wird entweder ein Stirnspiegel mit Ohrtrichter oder ein Otoskop (elektrischer Ohrspiegel) mit bajonettförmig einrastendem Trichter verwendet. Der in den Gehörgang eingeführte Trichter erlaubt die Beurteilung des Trommelfells im Hinblick auf Verletzungen und Entzündungen.

Untersuchung der Augen
Im Rahmen der Allgemeinuntersuchung wird mit Hilfe einer Untersuchungslampe (Taschenlampe) der Pupillenreflex geprüft. Bei Auftreten des Lichtes auf die Pupille in nicht zu hellen Räumen verengt sich die Pupille normalerweise schlagartig. Mit dem Augenspiegel kann die Netzhaut auf Veränderungen untersucht werden.

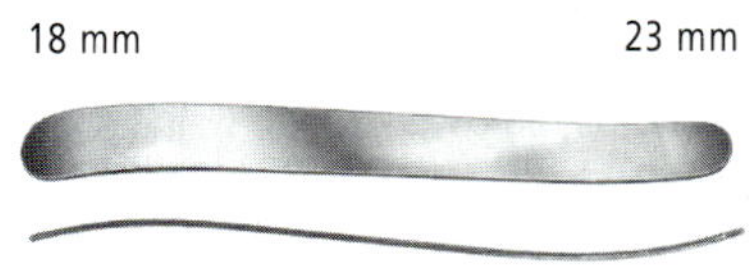

Zungenspatel, 180 mm, 7" (OM 205)

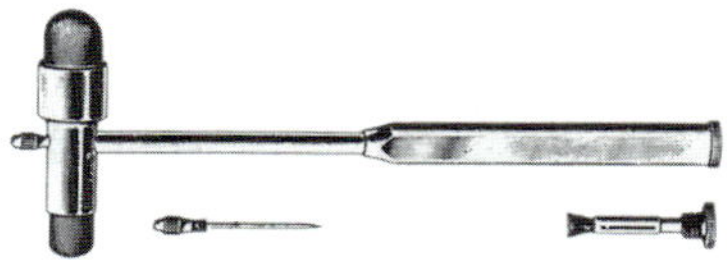

Perkussionshammer mit Nadel und Pinsel, 180 mm, 7" (AC 15 C)

Untersuchung des Rachens
Zweckmäßig werden Einwegspatel verwendet (aus Holz oder Kunststoff). Damit wird die Zunge heruntergedrückt, um Einblick in den hinteren Bereich der Mundhöhle und den Rachen zu bekommen. Licht erhält man durch eine Untersuchungs- oder Taschenlampe.

Untersuchung des Nervensystems
Im Rahmen der Allgemeinuntersuchung werden mit einem Reflexhammer die Reflexe geprüft; Nervennadel und Nervenpinsel, die mitunter in den Reflexhammer

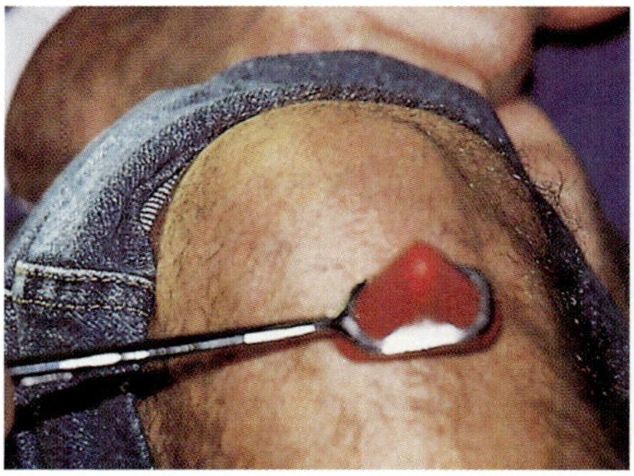

▶▶ *Prüfung des Patellarsehnenreflexes.*

eingeschraubt sind, erlauben die Prüfung der Schmerz- und Berührungsempfindlichkeit.

Rektale Untersuchung
Eine rektale Untersuchung wird durchgeführt, um den Enddarm im Bereich der letzten 10 cm auf Veränderungen zu untersuchen. Beim Mann wird insbesondere auch die Prostata auf Vergrößerung (Prostatahypertrophie) oder Verhärtung (Prostatakarzinom) untersucht, bei der Frau können Portio (Muttermund der Gebärmutter) und Adnexe (Eileiter, Eierstöcke, breites Mutterband) beurteilt werden.

29.3. Elektrokardiogramm

Die Untersuchung des Herzens mit Hilfe eines Elektrokardiographen (EKG) ist eine weit verbreitete Untersuchung. Hierbei werden die Ströme des Erregungsleitungssystems des Herzens gemessen. Störungen der Erregungsausbreitung und der Erregungsrückbildung können festgestellt werden und erlauben Rückschlüsse auf Herzgröße und -lage sowie krankhafte Veränderungen des Herzens wie z. B. Verengung oder Verschluss der Herzkranzgefäße oder Rhythmusstörungen.

MEMO!

Mit einer EKG-Untersuchung können immer nur elektrische Veränderungen am Herzen gemessen werden. Diese lassen gegebenenfalls Rückschlüsse auf Veränderungen der Lage, Größe, Durchblutung des Herzens u. a. zu.

29.3.1. Ableitung von Herzströmen

Die vom Herzmuskel ausgehenden und sich im ganzen Körper ausbreitenden Herzströme werden mit Hilfe von *Elektroden* an festgelegten *Ableitungspunkten* abgeleitet. Hierbei handelt es sich um sehr schwache Ströme, die im EKG-Gerät erheblich verstärkt werden müssen, damit sie grafisch aufgezeichnet werden können.

Patienten haben bei der ersten EKG-Untersuchung gelegentlich Angst, da sie befürchten, dass sie mit elektrischem Strom in Berührung kommen. Dies ist nicht der Fall. Es fließt kein Strom in den Patienten.

Elektroden
Elektroden haben die Aufgabe, die sehr schwachen Herzströme an den festgelegten Ableitungspunkten des Körpers möglichst ohne Störungen und Verluste abzunehmen. Die Elektroden müssen besonders sorgfältig angelegt werden, damit ein fehlerfreies Elektrokardiogramm geschrieben werden kann.

Nach der Befestigungsart werden Saug-, Klebe- oder Klammerelektroden unterschieden. Die Elektroden bestehen aus rostfreiem Stahl. Sie sollen sauber sein. Guter Kontakt zum Körper wird durch richtig durchfeuchtetes Elektrodenpapier und Kontaktgele oder Elektrodenpasten

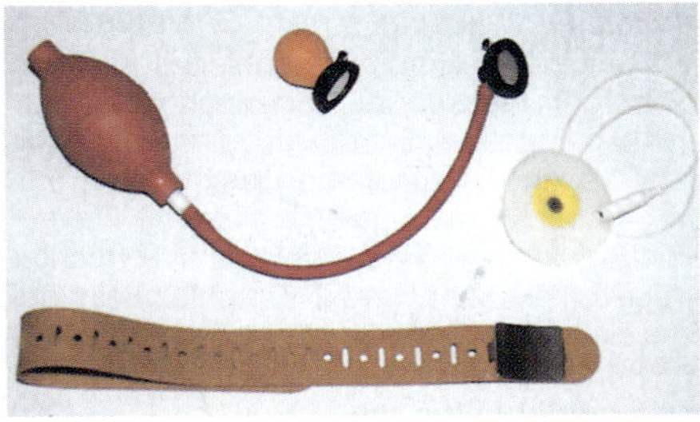

Elektroden: links Saugelektroden, rechts eine Klebeelektrode, unten ein Befestigungsgurt mit einer Metallelektrode.

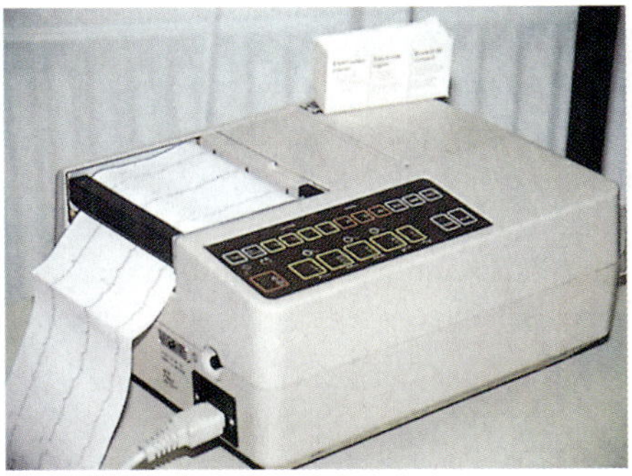

Elektrokardiograph (EKG-Gerät).

▶ *Wasser.*

erreicht. Leitungswasser ist für die Durchfeuchtung geeignet, destilliertes Wasser eignet sich weniger gut, da die für eine gute Leitung erforderlichen Elektrolyte fehlen.

Die Elektroden werden über Kabel mit dem EKG-Gerät verbunden.

Extremitätenableitungen

Die Elektroden für die Extremitätenableitungen werden am linken und rechten Handgelenk und am linken Fußgelenk angebracht. Eine vierte Elektrode zur Erdung befindet sich am rechten Fußgelenk.

▶ *Kabelverbindungen.*

Jeder Ableitungspunkt am Körper hat ein bestimmtes dazugehöriges Kabel, das an richtiger Stelle mit dem EKG-Gerät verbunden sein muss. Die Elektroden der Extremitätenableitungen sind mit farbig gekennzeichneten Kabeln in folgender Weise verbunden:

rechter Arm	-> **Rot**
linker Arm	-> **Gelb**
rechtes Bein	-> **Schwarz**
linkes Bein	-> **Grün**

Anordnung der Kabel bei den Extremitätenableitungen

MERKMAL:

schwarz – rot – gelb	(Deutsche Flagge)
oder	
rot – gelb – grün	(Ampel)

Die Extremitätenableitungen nach Einthoven messen Spannungsdifferenz zwischen jeweils zwei Elektroden. Sie werden mit I, II und III bezeichnet. Die Ableitungen sind gut geeignet, um Veränderungen der Lage des Herzens festzustellen.

MEMO!

Ableitung I misst die Differenz zwischen dem linken und rechten Arm, Ableitung II zwischen rechtem Arm und linkem Bein und Ableitung III zwischen linkem Bein und linkem Arm.

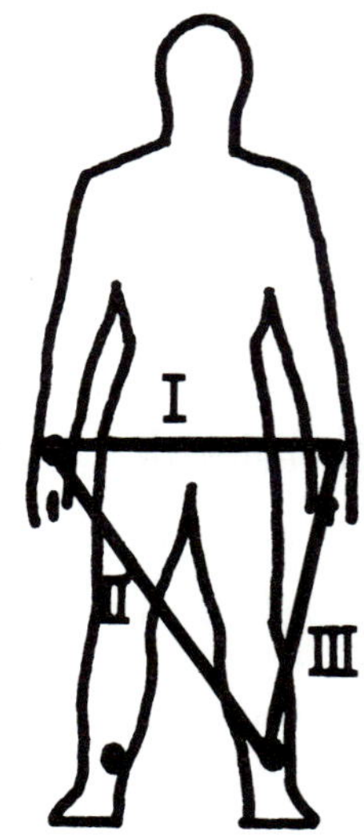

Brustwandableitungen

Die 6 Brustwandableitungen nach Wilson werden auf genau festgelegten Ableitungspunkten am Brustkorb abgeleitet. Sie werden mit V1 bis V6 gekennzeichnet. Gemessen wird gegen die zur Nullelektrode über einen Widerstand zusammengeschalteten Extremitätenableitungen.

Brustwandableitungen nach Wilson

- **V1** – 4. ICR rechts, parasternal
- **V2** – 4. ICR links, parasternal
- **V3** – zwischen V2 und V4, 5. Rippe links, Herzspitze
- **V4** – 5. ICR links, Medioclavicularlinie
- **V5** – 5. ICR links, vordere Axillarlinie
- **V6** – 5. ICR links, mittlere Axillarlinie

▶▶ *Intercostalraum.*

Die Ableitungen **V1 und V2** liegen rechts (V1) und links (V2) neben dem Brustbein im 4. Zwischenrippenraum (= Intercostalraum, ICR). Sie erfassen besonders Veränderungen im rechten Herzen.

Die Ableitung **V4** liegt im 5. ICR auf der Medioclavicularlinie, **V3** liegt zwischen V2« und V4. Erfasst werden elektrische Veränderungen des Herzens im Bereich des Herzseptums.

TERMINOLOGIE

Medioclavicularlinie	eine aus der Mitte des Schlüsselbeins senkrecht nach unten ziehende, gedachte Linie
Axillarlinie	in der Achselhöhle senkrecht nach unten ziehende, gedachte Linien. Wir unterscheiden eine vordere, mittlere und hintere Axillarlinie.

V5 und **V6** befinden sich im 5. Zwischenrippenraum neben V4 in der vorderen und mittleren Axillarlinie. Durch sie werden besonders Veränderungen am linken Herzen registriert.

MEMO!

Beachte: Beim Abzählen der Rippen zum Anlegen der Elektroden für die Brustwandableitungen ist die 1. Rippe nicht zu tasten, da sie sich hinter dem Schlüsselbein befindet. Die **erste tastbare Rippe** ist also die 2. Rippe von oben.

Gelegentlich werden bei bestimmten Veränderungen am Herzen noch *weitere Brustwandableitungen* benötigt.

Bei Linksverlagerung des Herzens oder Vergrößerung des linken Herzbereiches finden die Ableitungen V7 bis V9 Verwendung. Sie liegen im 5. ICR neben V6 in der hinteren Axillarlinie (V7) und neben der Wirbelsäule (V9). V8 liegt zwischen V7 und V9.

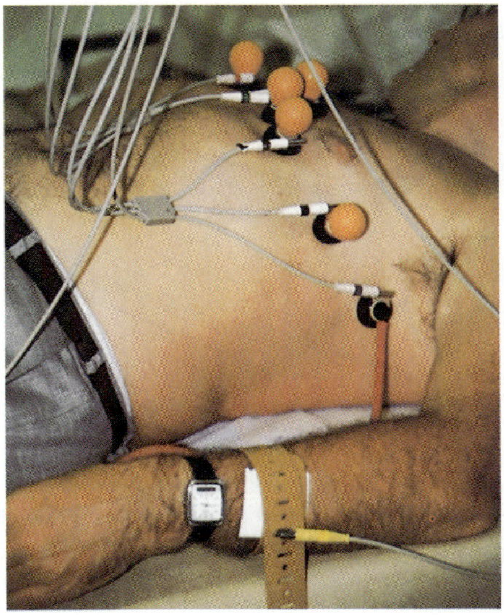

Brustwandableitungen von der Seite, zu sehen ist auch die Ableitung am linken Arm. Die Uhr muss entgegen einer weitverbreiteten Vorstellung nicht abgenommen werden.

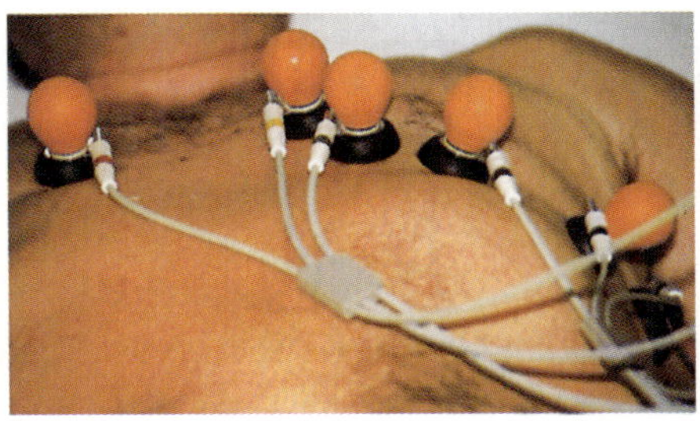

Brustwandableitungen von vorn.

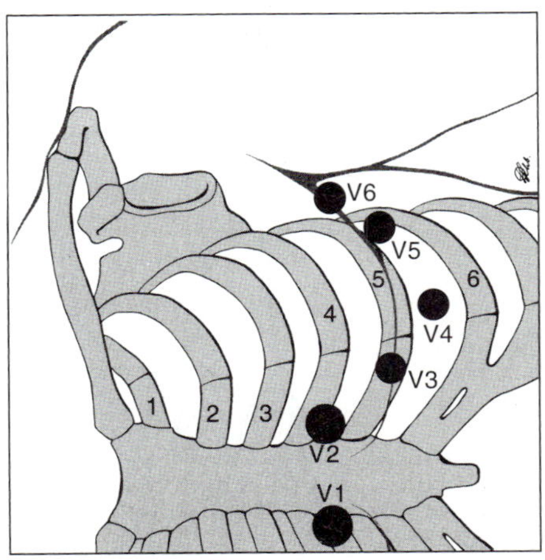

Brustwandableitungen nach Wilson.

Bei Rechtsverlagerung oder Vergrößerung des rechten Herzens werden die Ableitungen spiegelbildlich V3 bis V6 auf der linken Thoraxseite angelegt.

Das Ergebnis der Aufzeichung der elektrischen Herzströme wird auf »EKG-Streifen« festgehalten (»geschrieben«).

Die einzelnen Teile einer EKG-Kurve.

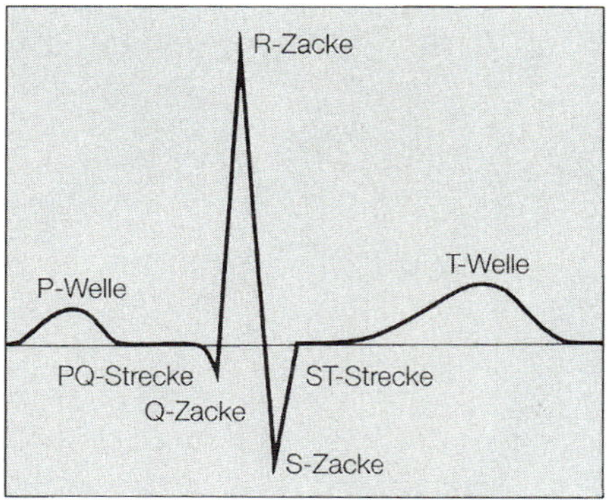

BEDEUTUNG DES EKG	
P-Welle	Erregungsausbreitung in den Vorhöfen
PQ-Strecke	Zeit der Überleitung vom Vorhof zur Kammer
QRS-Komplex	Kammererregung
ST-Strecke	Erregungsausbreitung in den Kammern (aus der Q-Zacke, der R-Zacke und der S-Zacke)
T-Welle	Erregungsrückbildung der Kammern

In einer Linie werden Wellen, Strecken und Zacken aufgezeichnet, die bestimmten elektrischen Herzaktionen zugeordnet werden können.

Führung des Patientenkabels. Links falsch, rechts richtig.

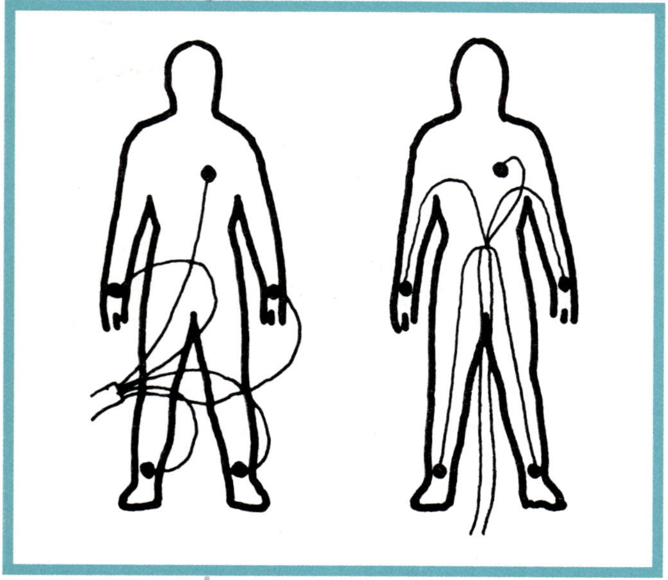

29.3.2. Durchführung einer Untersuchung mit dem EKG

Patient

Der Patient muss entspannt liegen. Voraussetzung hierfür ist eine ausreichend gepolsterte Liege und eine Polsterrolle in den Kniekehlen. Damit es nicht zu störendem Muskelzittern kommt, muss der Raum ausreichend beheizt (20 bis 23 °C) sein. Bei Patienten mit stark zitternden Händen Ableitungen an den Oberarmen anlegen.

Uhr, Ringe und Armbänder stören normalerweise nicht. Falls der Patient Angst haben sollte, Untersuchung erklären.

Elektroden

Sorgfältiges Anlegen der Elektroden unter Verwendung von Leitungswasser oder Kontaktpaste (nicht zu viel!) zur Verminderung des Übergangswiderstandes. Spannbänder für Elektroden nicht zu fest anziehen.

Beim Anschließen der Kabel auf richtige Zuordnung zu den Elektroden achten. Vor Beginn der Untersuchung werden die Elektroden sowohl für die Extremitäten- als auch für die Brustwandableitungen angelegt.

Elektrokardiograph

Gerät einschalten und mit Eichzacke auf 1 mV eichen. Der Ausschlag des Zeigers auf 10 mm entspricht 1 mV. Erforderlichenfalls mit Verstärkungsregler nachregeln.

Aufzeichnung des EKG

Gewünschtes Ableitungsprogramm einstellen. Registriergeschwindigkeit wählen (meist 50 mm/sec). Zu Beginn eines Programms jeweils die Eichzacke registrieren. Patienten bitten, sich nicht zu bewegen, nicht zu sprechen oder zu husten, auf ruhige Atmung achten.

Den Programmwähler des EKG-Gerätes auf die Ableitungen I, II und III stellen und einen ausreichend langen Streifen schreiben. Eichzacke nicht vergessen!

Programmwähler auf Ableitungen aVR, aVL und aVF umstellen, Streifen schrei-

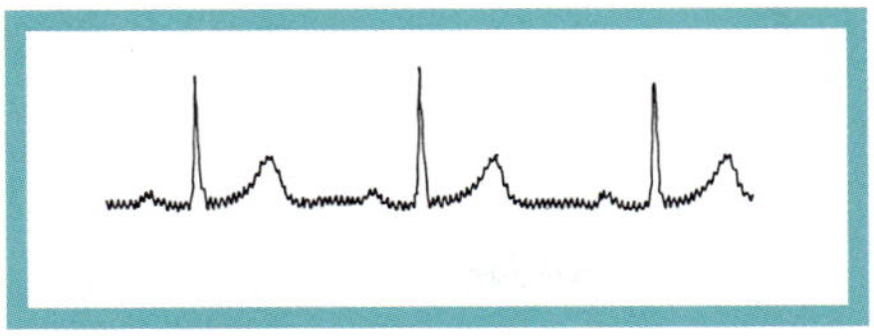

Wechselstromüberlagerung.

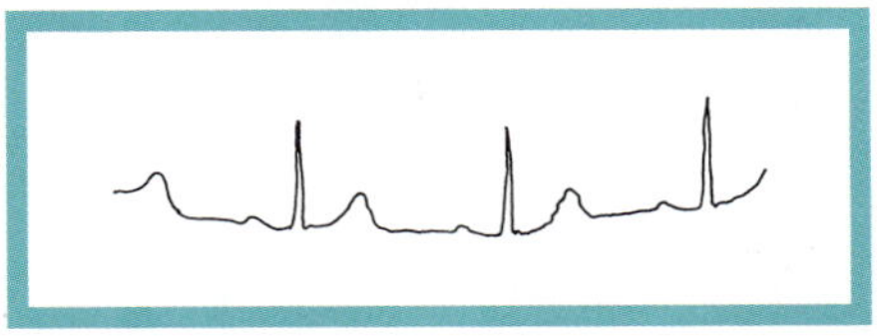

Wandern der Nulllinie.

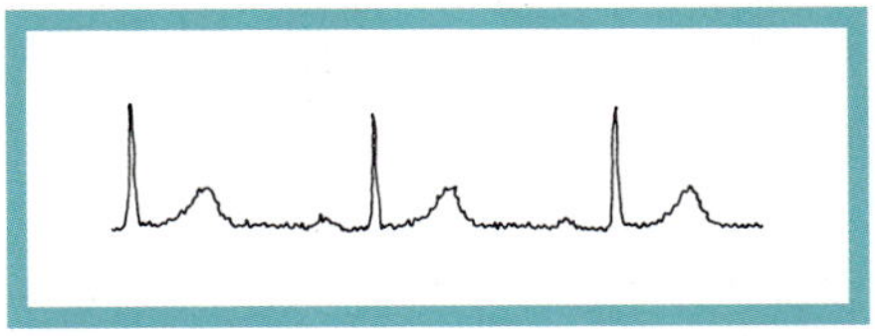

Muskelzittern.

ben. An Eichzacke denken, auf eventuelle Bewegungen des Patienten achten!

Programmwähler auf Brustwandableitungen stellen und aufzeichnen.

Während des Schreibens auf grobe Auffälligkeiten im EKG (Muskelzittern, Wechselstrom, Nulllinienwanderung) achten. Fehler nach Möglichkeit beseitigen, bei eventuell krankhaften EKG-Auffälligkeiten (z. B. Extrasystolen) den Arzt unterrichten.

Nach Beendigung der Untersuchung Elektroden abnehmen, Kontaktpaste am Patienten abwischen, Plattenelektroden abtrocknen, Saugelektroden unter fließendem Wasser vom Gel befreien und gut abtrocknen.

Dokumentation

Der EKG-Streifen muss sofort mit folgenden Angaben beschriftet werden:

- Name und Vorname des Patienten
- Geburtsdatum
- Datum der Untersuchung
- Papiergeschwindigkeit
- Die Ableitungen (z. B. I, II, III).

Zunächst wird der gesamte Streifen dem Arzt zur Befundung vorgelegt, erst danach wird er zerschnitten. Hierbei soll hinter einer vollständigen Erregung geschnitten werden, also nach der T-Welle.

Fehler bei der EKG-Schreibung

- *Sägezahngrundlinien*

verursacht durch Wechselspannungen (Wechselstromüberlagerung), mangelhafte Erdung, Wackeln des Steckers, störende weitere Geräte (z. B. Kurzwelle, Mikrowelle, Staubsauger, Neonleuchten).
Abhilfe: Abrücken der Liege von der Wand, Kabelführung nachprüfen, Elektroden fester anlegen, notfalls Filtertaste benutzen.

- *Wandern der Nulllinie*

(bei sonst normalem EKG)
verursacht durch Bewegung des Patienten oder der Elektroden, lockere Elektrodenkontakte, Kabelbruch, Husten, Schluckauf oder psychisch bedingt.
Abhilfe: Beruhigung, Entspannung, Kabel locker legen, Elektroden befestigen, Kontaktpapier nachfeuchten.

- *Unregelmäßige Verzitterung*

ohne Wanderung der Nulllinie
verursacht durch Muskelanspannung, Frösteln (zu niedrige Raumtemperatur), Tremor (Myogrammüberlagerung), unbequeme Lagerung des Patienten, Angst, Schilddrüsenüberfunktion, nasskaltes Elektrodenpapier, zu fest sitzende Elektroden.
Abhilfe: Entspannung, Lockerung, Abstützung der Extremitäten durch Sandsäcke, Raumtemperatur erhöhen, mäßige Lockerung der Elektrodengummibänder.

29.3.3. Ergometrische Untersuchung (Belastungs-EKG)

Zur Prüfung der Leistungsfähigkeit des Herzens wird eine dosierte, stufenweise gesteigerte Belastung des Patienten, z. B. durch Treppensteigen auf einer Spezialtreppe *(Master-Test)* oder dem Treten eines speziell hergerichteten Fahrrads *(Fahrradergometer)*, durchgeführt. Der Patient muss sich

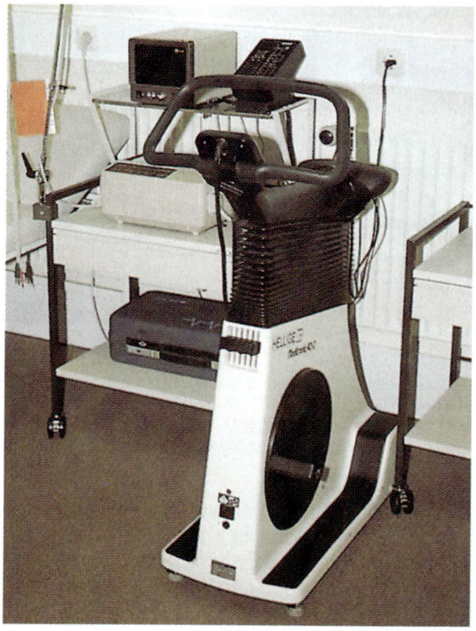

Ergometerarbeitsplatz mit Fahrradergometer, links oben auf dem Tisch Monitor und EKG-Gerät.

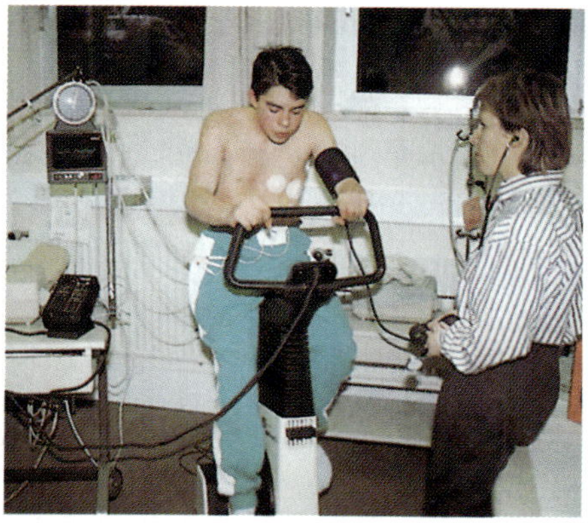

Der Patient wird mit dem Fahrradergometer belastet. Dabei wird regelmäßig der Puls und der Blutdruck gemessen und das EKG aufgezeichnet.

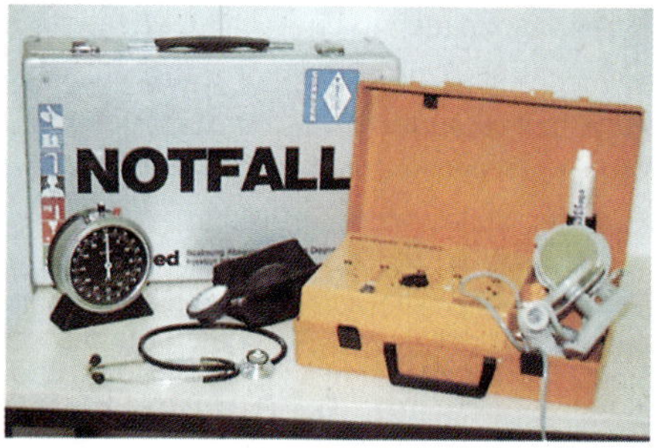

Bei der ergometrischen Untersuchung kann es Zwischenfälle wie Herzflimmern und Herzstillstand geben. Deswegen dürfen Defibrillator und Notfallkoffer nicht fehlen.

hierbei in genau vorgeschriebener Weise belasten. Vor der Belastung, während der Belastung und hinterher werden in festgelegten Zeitabständen Puls und Blutdruck gemessen und ein EKG geschrieben.

Die Untersuchung darf wegen der möglichen Zwischenfälle (z. B. Herzinfarkt, Herzkammerflimmern u. ä.) *nur im Beisein eines Arztes* durchgeführt werden. Auch müssen von ihm die wichtigsten Untersuchungsergebnisse überwacht werden, um gegebenenfalls die Untersuchung abbrechen zu können. Notfallkoffer bereithalten.

29.4. Ultraschalldiagnostik

29.4.1. Verbreitung

In den letzten Jahren hat die Ultraschalldiagnostik eine immer größere Verbreitung gefunden. Es handelt sich um eine Methode, die ohne jedes Risiko für den Patienten die Darstellung tieferliegender Strukturen des Körpers erlaubt. Die wegen der Strahlenbelastung nur in wirklich begründeten Fällen notwendigen Röntgenaufnahmen sind oft nicht mehr erforderlich.

Bei der Ultraschalluntersuchung werden Frequenzen jenseits des Hörbereichs verwendet. Diese werden an Grenzflächen des Körpers reflektiert. Das Echo wird aufgenommen und diagnostisch ausgewertet. Das auf einem Bildschirm erscheinende Echobild wird meistens mit einer Sofortbildkamera festgehalten. Andere Möglichkeiten sind das Aufzeichnen mit einer Videoeinrichtung oder der Ausgabe von Bildern über einen Drucker.

29.4.2. Vorbereitung und Lagerung des Patienten

Der Patient muss für Untersuchungen des Abdominalraumes nüchtern sein, er soll abgeführt haben und auch am Tag der Untersuchung keine blähenden Speisen zu sich genommen haben.

Blähungen (Meteorismus) können die Untersuchungen erheblich stören, gelegentlich sogar unmöglich machen.

Untersuchungen des Bauchraumes und der weiblichen Brust erfolgen in Rückenlage, bei besonderen Fragestellungen ist eine Hyperlordose der Wirblesäule von Vorteil.

Bei Untersuchungen im Halsbereich ist ein Polster in der Schultergegend, durch das der Kopf nach hinten fällt, erforderlich. Bei bestimmten Fragestellungen kann die Untersuchung auch in Seiten- und Bauchlage sowie im Stehen erfolgen.

29.4.3. Untersuchung des Patienten, Dokumentation

Während der Untersuchung des Bauchraumes soll der Patient möglichst gleichmäßig und langsam atmen. Dabei ist es wichtig, dass der Bauch beim Einatmen weit herausgestreckt wird, damit die Organe im Oberbauch durch das Zwerchfell nach unten gedrückt werden. Die Befunde müssen einwandfrei dokumentiert werden. Für die Abrechnung im vertragsärztlichen Bereich sowie für die Liquidation nach der GOÄ sind Aufnahmen (in der Regel Sofortbilder) vorgeschrieben.

29.5. Röntgendiagnostik

29.5.1. Entstehung von Röntgenbildern

Röntgenstrahlen sind ebenso wie Licht und Radiowellen elektromagnetische Wellen. Die in der Medizin genutzten Röntgenstrahlen haben Wellenlängen zwischen 1 und 100 nm (Nanometer).

Im Gegensatz zu Radiowellen und Licht, die zum größten Teil reflektiert werden, verfügen Röntgenstrahlen über die Fähigkeit, feste Substanzen zu durchdringen.

Röntgenstrahlen rufen auf einem lichtempfindlichen Film ebenso ein noch nicht sichtbares Bild hervor wie sichtbares Licht. Durch »Entwickeln« wird das Bild sichtbar gemacht.

Röntgenstrahlen vermögen gesundes Gewebe zu schädigen. Dies gilt ganz besonders für die Keimdrüsen, bei denen schon geringe Strahlendosen zu Veränderungen führen. Folgen sind möglicherwei-

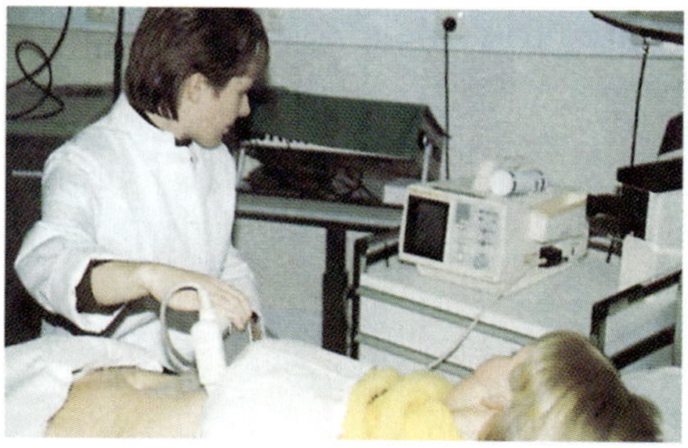

Sonographie des rechten Oberbauches.

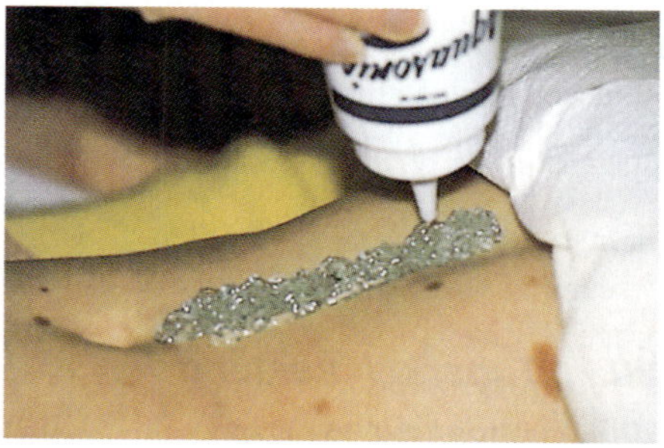

Damit zwischen Schallkopf und Haut keine Luft gelangt, wird reichlich Ultraschallgel aufgetragen.

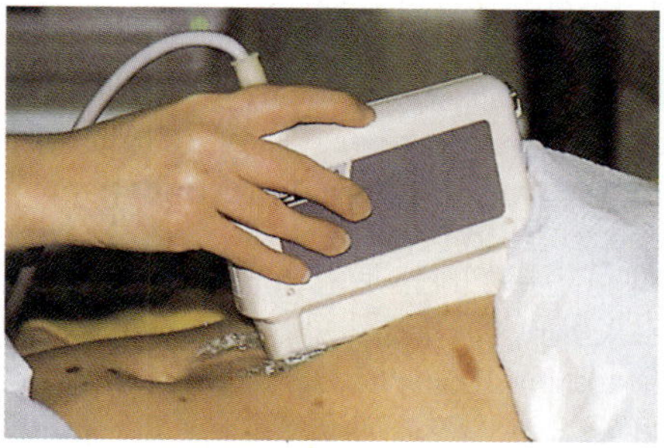

Der Schallkopf wird in das Ultraschallgel gehalten und einige Male leicht hin und her bewegt.

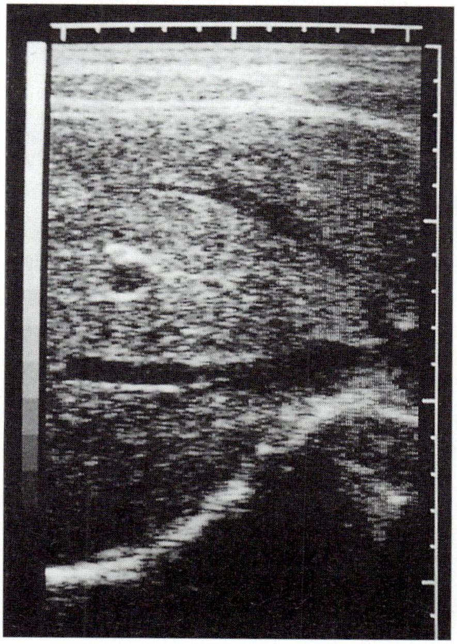

Sonographie des Oberbauches.

se Missbildungen und bei entsprechend hoher Strahlenbelastung auch Krebserkrankungen wie z. B. Leukämie.

Die zerstörerische Wirkung auf das Gewebe wird in der Strahlentherapie genutzt, um Krebserkrankungen zu bekämpfen. Schnell wucherndes (Krebs-) Gewebe ist viel strahlenempfindlicher als gesundes Gewebe.

Erzeugung von Röntgenstrahlen

Röntgenstrahlen entstehen, wenn Elektronen mit hoher Geschwindigkeit auf eine Materie auftreffen und dadurch abgebremst werden. Benötigt werden also zur Erzeugung von Röntgenstrahlen »Vorrichtungen«, die

- Elektronen produzieren
- Elektronen beschleunigen
- Elektronen abfangen

Damit dieses Ziel erreicht werden kann, ist eine *Röntgenröhre* erforderlich, in der Elektronen erzeugt und abgebremst werden können, ein *Generator* zur Erzeugung der Hochspannung, mit der die Elektronen auf die erforderliche Geschwindigkeit beschleunigt werden sowie eine *Steuereinheit,* mit der diese Vorgänge gesteuert werden können.

Röntgenstrahlen im Körper

Röntgenstrahlen werden beim Durchdringen des menschlichen Körpers abhängig von ihrer Beschaffenheit und der des Körpers (z. B. dick, dünn) oder der der Körperteile (Fett, Muskel, Knochen) unterschiedlich stark abgeschwächt (absorbiert).

Harte Röntgenstrahlen dringen leicht durch den Körper hindurch, weiche Strahlen werden zum größten Teil abgefangen. Aus diesem Grunde eigenen sich weiche Röntgenstrahlen nicht so gut zur Röntgendiagnostik, ein Metallfilter am Strahlenaustrittsfenster der Röntgenröhre fängt die weichen Röntgenstrahlen ab.

Dichtere Körpergewebe wie z. B. Knochen schwächen Röntgenstrahlen stärker als z. B. Muskel- oder Fettgewebe.

Die durch den Körper hindurchtretenen Strahlen treffen auf den in einer Filmkassette befindlichen Röntgenfilm. Nach Entwicklung sind die Teile des Körpers, die Strahlen in größerem Umfange absorbiert haben, heller dargestellt als die gut strahlendurchlässigen Körperstrukturen.

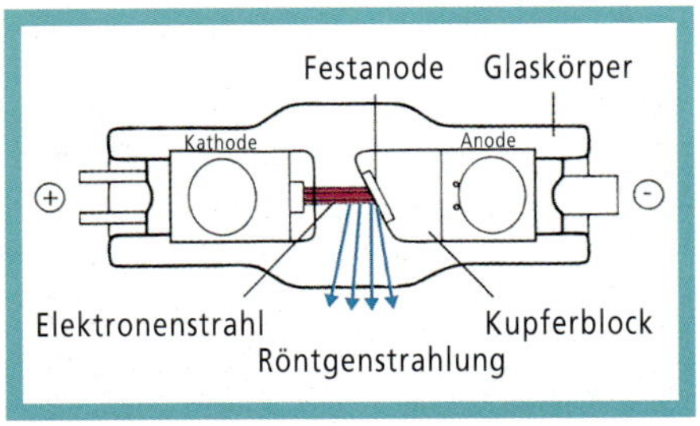

Prinzipieller Aufbau einer Röntgenröhre.

29.5.2. Röntgenaufnahmen

Röntgenstrahlen durchdringen den zu untersuchenden Körperteil und werden durch die Strukturen des Körpers unterschiedlich stark abgeschwächt. Entsprechend wird ein Röntgenfilm belichtet. Das zunächst noch nicht sichtbare Bild wird durch Entwicklung sichtbar.

Vorbereitung einer Röntgenuntersuchung

Da das Filmmaterial für Röntgenaufnahmen auch empfindlich für normales (sichtbares) Licht ist, wird der Röntgenfilm in der Dunkelkammer in eine *Kassette* gelegt.

Befragung des Patienten

Vor der Durchführung einer Röntgenuntersuchung muss nach früheren Röntgenuntersuchungen sowie bei Frauen nach dem Bestehen einer Schwangerschaft gefragt werden.

Durchführung der Röntgenuntersuchung

Der an der zu untersuchenden Stelle entkleidete Patient wird für die Untersuchung entsprechend gelagert. Soweit erforderlich, wird er mit strahlendurchlässigen Kissen oder Schaumstoffpolstern gestützt.

MEMO!

Arzthelferinnen dürfen nur röntgen, wenn sie über die Fachkunde Strahlenschutz verfügen und unter ständiger Aufsicht und Verantwortung eines Arztes arbeiten.

Beschriftung und Entwicklung

Die Beschriftung der Röntgenaufnahme erfolgt nach der Belichtung mit einem *Scribor* und dem dazugehörigen Belichtungsgerät, nachdem der belichtete Film in der Dunkelkammer der Kassette entnommen wurde.

Der Scribor ist ein schmaler weißer Papierstreifen, der mit Patientendaten (Name, Vorname, Geburtsdatum, Tag der Aufnahme u. a.) beschriftet wird.

Die Entwicklung des Röntgenbildes erfolgt heute meist in einer Entwicklungsmaschine. Dort wird es auch fixiert (= haltbar gemacht), gewässert und getrocknet.

Besondere Techniken

Bei der Durchleuchtung handelt es sich um die Untersuchung mit Röntgenstrahlen vor einem Leuchtschirm. Der Patient steht zwischen Röntgenröhre und Leuchtschirm. Die Strahlen durchdringen die Körperstrukturen, werden unterschiedlich abgeschwächt und treffen auf den Leuchtschirm. Dieser wird durch die Röntgenstrahlen zum Fluoreszieren gebracht.

Hohlräume lassen sich häufig nur nach Verabreichung von Kontrastmitteln ausreichend gut darstellen.

Vor einer *Magen-Darm-Untersuchung* erhält der Patient Bariumsulfatbrei zu trinken.

Röntgenaufnahmen des Magen-Darm-Traktes sind durch die Möglichkeiten der Endoskopie heute sehr viel seltener als noch vor einigen Jahren.

Zu *Gallenblasendarstellungen* (Cholezystografien) wird das entsprechende Kontrastmittel am Abend vor der Untersuchung eingenommen oder kurz vor der Röntgenuntersuchung intravenös injiziert.

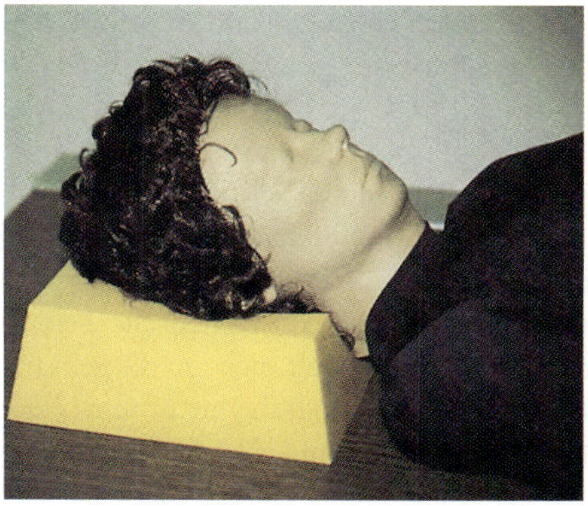

Lagerung des Kopfes.

Zur *Gelenkdarstellung* spritzt der Arzt das Kontrastmittel in den Gelenkspalt. Auch diese Röntgenuntersuchung ist durch die Verbreitung der *Gelenkspiegelung* (Arthroskopie) sehr viel seltener geworden.

Beim *Pyelogramm* (auch Urogramm), der Kontrastdarstellung der ableitenden Harnwege, erfolgt die Verabreichung des Kontrastmittels intravenös.

Darstellungen der *Blutgefäße* (Angiografien) erfolgen durch Einspritzung eines Kontrastmittels in die Blutgefäße.

Mit der *Mammografie* wird die weibliche Brust röntgenologisch dargestellt.

Mit der *Tomografie* werden bestimmte Körperschichten scharf abgebildet. Davor und dahinter liegende Strukturen sind nur verwischt sichtbar.

Bei der *Computertomografie* handelt es sich ebenfalls um eine Methode, bestimmte Schichten im Körper sichtbar zu

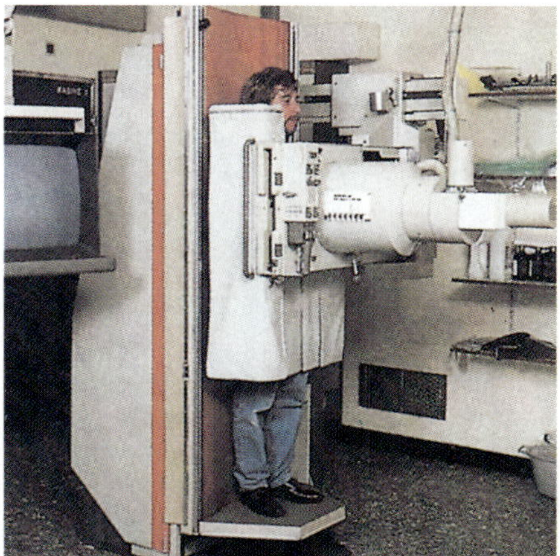

Röntgenanlage (Durchleuchtung, Aufnahme).

machen. Dies geschieht jedoch nicht durch Schwärzung eines Röntgenfilmes, sondern durch elektronische Aufarbeitung des die Körperstrukturen durchdringenden Röntgenstrahles mittels EDV.

Bei der *Kernspintomografie* wird die unterschiedliche Reaktion von Körperstrukturen auf starke magnetische Felder gemessen. Es handelt sich im Gegensatz zur Computertomografie nicht um eine Röntgenuntersuchung. Die Strahlenbelastung entfällt.

Dokumentation

Bei der Anfertigung von Röntgenuntersuchungen sind folgende Daten schriftlich zu dokumentieren:

- Tag der Untersuchung
- Art der Untersuchung
- Untersuchte Körperregion
- Anzahl der Aufnahmen einschließlich der Fehlaufnahmen
- Filmformat
- Schaltdaten der Aufnahme (z. B. kV, mAs)
- Dauer der Durchleuchtung

Bilder und Aufzeichnungen müssen mindestens 10 Jahre nach Durchführung der Röntgenuntersuchung aufbewahrt werden. Aufzeichnungen über Strahlenbehandlungen müssen mindestens 30 Jahre nach der letzten Behandlung aufbewahrt werden.

Patienten haben Anspruch auf eine Abschrift oder Ablichtung der Aufzeichnungen.

Die Röntgenaufnahmen und Aufzeichnungen müssen der *Ärztlichen Stelle* auf Verlangen vorgelegt werden.

Nach den Bestimmungen der Röntgenverordnung ist ein Röntgennachweisheft (Röntgenpass) vorgesehen. Dieses ist eine freiwillig vom Patienten geführte Unterlage, in die der untersuchende Arzt Datum und untersuchte Körperregion einträgt. Eintragungen sind kostenlos vorzunehmen.

29.5.3. Strahlenschutz

Anzahl der Röntgenuntersuchungen

Der beste Strahlenschutz für Patienten und Personal ist die Beschränkung der Strahlenexposition auf das unbedingt erforderliche Minimum. Hier sind zunächst einmal die Indikationsstellung für die Durchführung von Röntgenaufnahmen, aber auch die Qualität der Arbeit des Röntgenpersonals von Bedeutung. Unnötige Aufnahmen müssen vermieden werden.

Dies ist auch der Grund dafür, dass nach den Bestimmungen der Röntgenverordnung nur noch Ärztinnen und Ärzte Röntgenuntersuchungen anordnen dürfen, die im Besitz der *Fachkunde Strahlenschutz* sind. Vor einer Anordnung von Röntgenuntersuchungen haben die Ärzte

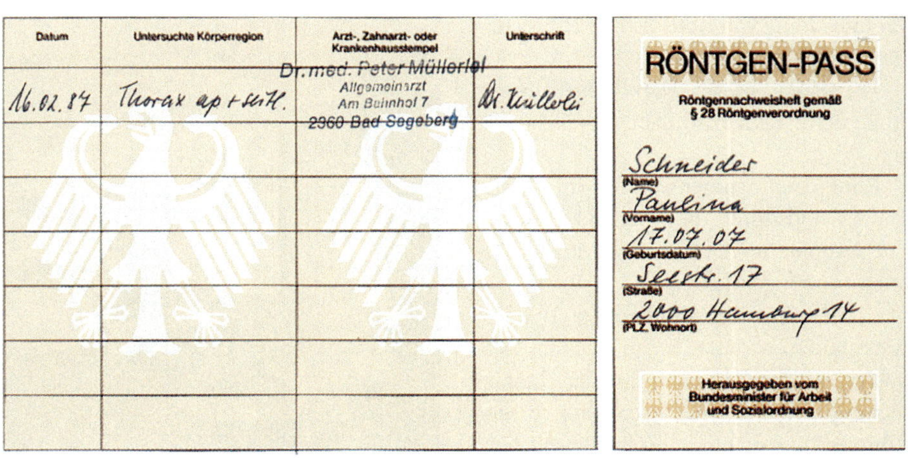

Datum	Untersuchte Körperregion	Arzt-, Zahnarzt- oder Krankenhausstempel	Unterschrift
16.02.87	Thorax ap + seitl.	Dr. med. Peter Müller Allgemeinarzt Am Bahnhof 7 2360 Bad Segeberg	Dr. Müller

RÖNTGEN-PASS

Röntgennachweisheft gemäß § 28 Röntgenverordnung

Schneider (Name)

Paulina (Vorname)

17.07.07 (Geburtsdatum)

Seestr. 17 (Straße)

2000 Hamburg 14 (PLZ. Wohnort)

Herausgegeben vom Bundesminister für Arbeit und Sozialordnung

Röntgenpass nach der Röntgenverordnung vom 7. Januar 1987.

zu überprüfen, ob nicht andere, den Patienten weniger belastende Möglichkeiten der Untersuchung, wie z. B. durch Sonografie oder Endoskopie, bestehen.

Qualifikation des Röntgenpersonals

Belastend sind auch Doppelaufnahmen durch technische Fehler. Hier schafft die Verbesserung der Qualifikation des Röntgenpersonals Abhilfe. Arzthelferinnen dürfen nicht mehr im Röntgenbereich tätig sein, wenn sie nicht auch ihrerseits über eine *Fachkunde Strahlenschutz* verfügen. Diese wird in einem Röntgenkurs für medizinisches Assistenzpersonal erworben.

Strahlenschutz

Der Röntgenraum ist so abgeschirmt, dass praktisch keine Röntgenstrahlen nach außen dringen können. Voraussetzung für die Schutzwirkung ist, dass während der Aufnahme die Tür geschlossen ist. Ist ein Aufenthalt im Röntgenraum erforderlich, müssen Bleigummischürzen, Bleihandschuhe u. ä. je nach Situation getragen werden.

MEMO!

Strahlengefahr besteht nur, solange die Röntgenröhre eingeschaltet ist.

Je kürzer der Aufenthalt im Röntgenraum, desto geringer ist die Strahlenbelastung. Das Halten von Patienten muss auf das unbedingte Minimum beschränkt bleiben.

Patienten müssen vor einer Aufnahme nach der letzten Röntgenuntersuchung gefragt werden. Handelt es sich um eine vor kurzer Zeit durchgeführte gleichartige Untersuchung, muss geprüft werden, inwieweit auf die vorgesehene Untersuchung verzichtet werden kann.

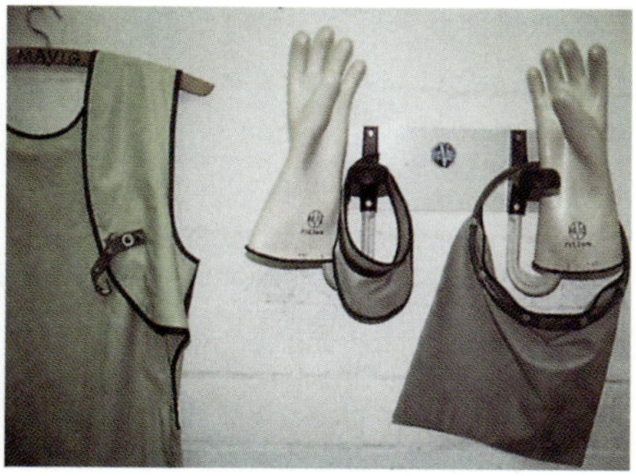

Bleischürze, Bleihandschuhe.

Frauen im gebärfähigen Alter müssen nach möglichen Schwangerschaften gefragt werden. Während bestehender Schwangerschaften sollte, soweit möglich, nicht geröntgt werden.

Eine Bestrahlung der Keimdrüsen muss vermieden werden, da es zu Veränderungen des Erbgutes kommen kann. Dies geschieht durch Bleischürzen, Bleiplatten oder einen Ovarien- oder Hodenschutz.

29.6. Endoskopie

29.6.1. Das Gerät

Als Endoskopie wird die Untersuchung der inneren Flächen von Hohlorganen sowie operativer Eingriffe mit Hilfe von besonderen röhrenförmigen Geräten (Endoskop) bezeichnet. Endoskope können entweder starr oder flexibel sein.

Mit Hilfe der Endoskope ist es heute möglich, bestimmte Körperhöhlen (z. B. Magen, Darm, Bronchien, Nebenhöhlen, Harnblase), die früher gar nicht oder nur bei chirurgischen Eingriffen einsehbar waren, mit dem Auge zu beurteilen sowie durch das Endoskop hindurch Eingriffe vorzunehmen.

Ein Endoskop besteht aus folgenden Teilen:

- Lichtquelle nebst einem »Lichtleitbündel« zum Übertragen des Lichtes von der außerhalb des Körpers befindlichen Lichtquelle zur zu untersuchenden Fläche innerhalb des Körpers
- Optik (Okular und Objektiv) nebst einem Glasfaserbündel (bei flexiblen Endoskopen) zum Übertragen der Bilder aus dem Körperinnern zum Auge
- Arbeitskanäle für Zusatzinstrumente zum Einleiten und Absaugen von Spülflüssigkeiten, Luft oder für chirurgische Eingriffe

Schema eines Endoskopiegerätes mit Fiberskop.

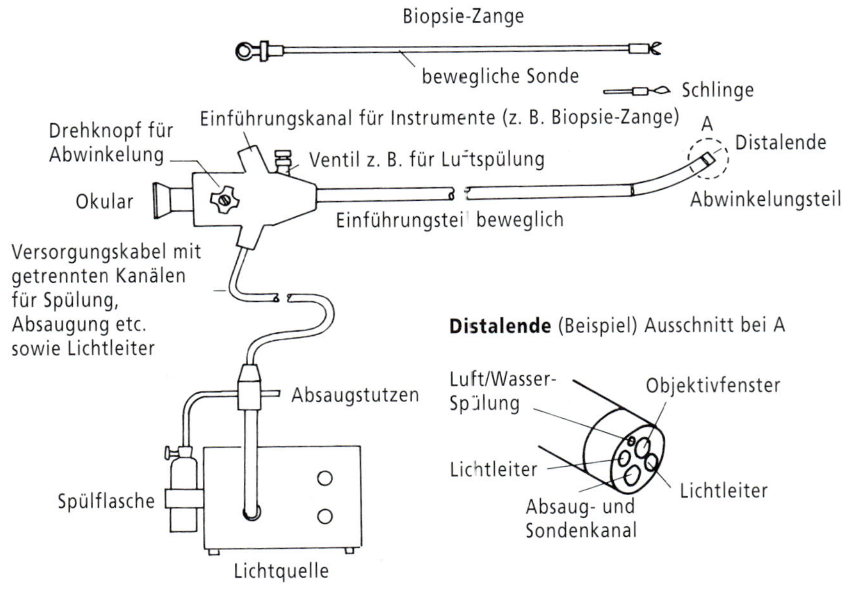

Mit Hilfe von Drehknöpfen kann das Endoskop im Inneren des Körpers gesteuert werden.

Es wird die diagnostische von der operativen Endoskopie unterschieden. Nicht selten sind zunächst diagnostisch geplante Untersuchungen mit kleineren operativen Eingriffen verbunden.

Zur *diagnostischen Endoskopie* gehören die Untersuchung des Magen-Darm-Traktes (Ösophagoskopie, Gastroskopie, Duodenoskopie, Koloskopie), der Luftwege (Bronchoskopie) u. a.

Zur *operativen Endoskopie* werden Eingriffe am Gelenk (Arthroskopie), am Brustkorb (Thorakoskopie), im Bauchraum und kleinen Becken (Laparoskopie, Pelviskopie) gerechnet.

Am häufigsten wird durch den niedergelassenen Arzt die *Gastroskopie* (einschließlich Ösophago- und Duodenoskopie) und die *Koloskopie* durchgeführt. Hierzu werden flexible Endoskope verwendet. Die Geräte sind sehr empfindlich; sie müssen sofort nach Gebrauch entsprechend den Anweisungen der Bedienungsanleitung sorgfältig desinfiziert, gesäubert und gepflegt werden. Die Aufbewahrung erfolgt hängend in einem besonderen Schrank oder in speziellen Schalen.

Gastroskopie.

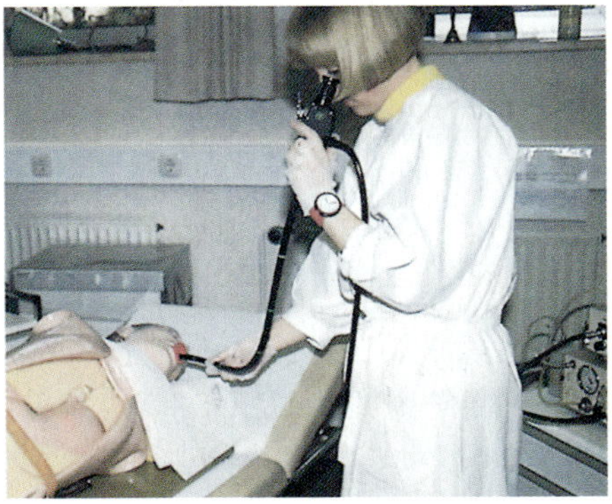

29.6.2. Reinigung und Desinfektion

Vorreinigung

Nach Gebrauch des Endoskopes müssen sofort äußere Verunreinigungen mit einem Einwegtuch abgewischt werden. Es folgt die Reinigung des Arbeitskanals mit Bürsten, Spülen, Durchblasen und Prüfen der Durchgängigkeit aller Kanäle.

Bei der Reinigung des Endoskopes muss die Arzthelferin Handschuhe tragen.

Die weitere Reinigung und Desinfektion (Wiederaufbereitung) kann manuell oder vollautomatisch erfolgen. Für die Desinfektion der Endoskope eignen sich Desinfektionsmittel, die Aldehyde (z. B. 10 Prozent Gigasept®) enthalten, am besten.

Biopsiezangen, Schlingen, Zytologiebürsten werden nach Desinfektionen und Reinigung im Ultraschallreinigungsgerät autoklaviert.

Manuelle Wiederaufbereitung

Die manuelle Reinigung und Desinfektion von Endoskopen hat den Vorteil, dass gleichzeitig alle Funktionen überprüft werden können.

Ältere, nicht wasserdichte Endoskope dürfen nur bis knapp unterhalb des Bedienungskopfes ganz in Desinfektionslösung gelegt werden. Der Bedienungskopf wird mit 70-prozentigem Alkohol abgerieben.

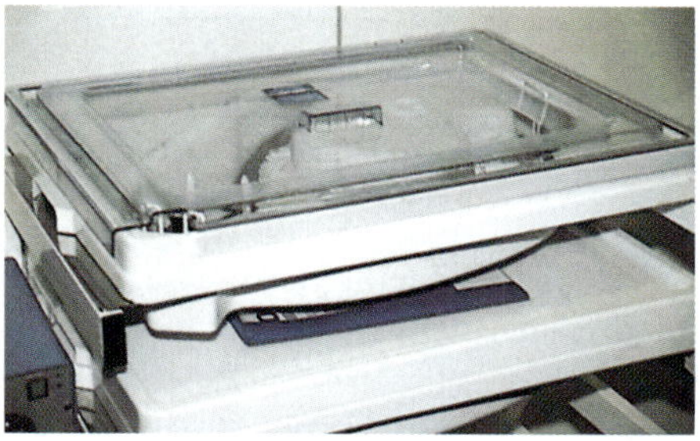

Desinfektion und Aufbewahrung des Gastroskopes.

Moderne, wasserdichte Endoskope lassen sich ganz in Desinfektionslösung legen, ohne Schaden zu nehmen.

Vollautomatische Wiederaufbereitung

Der Vorteil der vollautomatischen Wiederaufbereitung liegt in der geringeren Belastung mit Desinfektionsmitteln, manchmal ist die Beschickung der Maschinen umständlich, auch ist oft noch weiterhin eine manuelle Vorreinigung erforderlich.

MEMO!

Zum Wiederholen und Lernen.

WICHTIGES ZUM MERKEN

Körpertemperatur: Die Messung erfolgt nach »Herunterschlagen« des Thermometers in der Achselhöhle (axillär, nicht sehr genau) oral oder im Enddarm (rektal, etwa 0,5 °C höher als axillär). Bis 37 °C liegt Normaltemperatur, zwischen 37° und 39° erhöhte Temperatur, ab 39 °C Fieber vor.

Puls: normal beim Erwachsenen etwa 65 bis 80 Schl./Min., wird oberhalb des Handgelenkes an der auf der Daumenseite befindlichen Unterarmarterie durch Auflegen und leichtes Eindrücken von drei Fingerspitzen gemessen, erhöht (Tachykardie) bei Säuglingen und Kindern, bei Fieber, bei bestimmten Herzrhythmus-Störungen, bei Überfunktion der Schilddrüse u. a. m.

Blutdruck: normal beim Erwachsenen etwa 120/80 mmHg wird mit einem (Quecksilber-der Manometer-) Blutdruckapparat gemessen. Der erste Wert gibt den Blutdruck während der Systole, der zweite den während der Diastole an. Der Blutdruck bei Säuglingen und Kindern, auch bei Vorliegen einer Hypotonie, ist niedriger. Ab einem Blutdruck von 165/95 mmHg liegt eine Hypertonie vor.

Elektrokardiogramm (EKG): Messung elektrischer Veränderungen am Herzen mit Hilfe von Elektroden. Die Ströme sind sehr schwach und müssen deshalb, bevor sie aufgezeichnet werden können, erheblich verstärkt werden.

Die **1. Rippe** befindet sich unter dem Schlüsselbein und ist nicht zu tasten. Die erste tastbare Rippe ist die 2. Rippe von oben.

Ergometrische Untersuchungen dürfen wegen möglicher Zwischenfälle (Herzstillstand, Herzflimmern) nur im Beisein eines Arztes durchgeführt werden. Bei jeder Untersuchung müssen Notfallkoffer und Defibrillator einsatzbereit sein.

Zum Wiederholen und Lernen.

MEMO!

TERMINOLOGIE

Tarieren	Einstellen der Waage auf den Nullpunkt
Tachykardie	zu schneller Puls (über 100 Schl./Min.)
Bradykardie	zu langsamer Puls (unter 60 Schl./Min)
Cerumen	auch: Zerumen, Ohrschmalz
Katheter	Hohlrohre aus Kunststoff (meist Einmalgebrauch)
Mandrin	dünner Draht, der den Hohlraum von wieder verwendbaren Kanülen ausfüllt.
Master-Test	Ergometrische Untersuchung durch Treppensteigen auf einer Spezialtreppe.

ABKÜRZUNGEN

Schl./Min.	Schläge pro Minute
RR	Riva-Rocci, Abkürzung für Blutdruck, z. B. RR 120/80
EKG	Elektrokardiogramm, Schreibung der Herzströme
ICR	Intercostalraum, Zwischenrippenraum
EEG	Elektroenzephalogramm, Hirnstromschreibung

EINIGE FRAGEN ZUM ÜBEN

Beschreiben Sie die verschiedenen Möglichkeiten der Messung der Körpertemperatur!

Beschreiben Sie das Vorgehen bei der Pulsmessung!

Wie erfolgt die Messung des Blutdrucks?

Wie wird der systolische und der diastolische Wert festgestellt?

Welche Instrumente bzw. Materialien sind für eine Ohrspülung vorzubereiten?

Wie wird Urin zur Untersuchung üblicherweise gewonnen?

Beschreiben Sie die richtige Lagerung des Patienten und der Apparatekabel zur Erstellung eines EKGs!

Welche Aufgabe haben Elektroden

Wie sind die verschiedenfarbigen Kabel bei den Extremitätenableitungen anzulegen?

Was ist beim Abzählen der Rippen beim Anlegen von Brustwandableitungen besonders zu beachten?

Beschreiben Sie das Vorgehen bei einer ergometrischen Untersuchung!

30. Behandlung der Patienten

ZIELE DES RAHMENLEHRPLANS

- Arzneimittel unterscheiden und ihre Abgabe unter Berücksichtigung einschlägiger Bestimmungen beschreiben
- Arzneimittelformen und Applikationsarten beschreiben und ihren Einfluss auf den Wirkungseintritt erläutern
- Arzneimittel nach ihren Hauptwirkungen unterscheiden und Nebenwirkungen nennen
- Umgang mit Arzneimitteln beschreiben
- Verantwortungsbewusstsein im Umgang mit Arzneimitteln entwickeln
- In der Praxis übliche Instrumente und ihre Anwendung beschreiben
- Vorbereitung bei Durchführung von Injektionen erläutern
- Assistenz bei kleinen chirurgischen Eingriffen beschreiben

30.1. Arzneimitteltherapie

30.1.1. Begriffe, Gefahren, Arzneispezialitäten und Aufbewahrung

Begriffsbestimmung

MEMO!

Arzneimittel sind Stoffe, die dazu bestimmt sind
- **die Beschaffenheit, den Zustand oder die Funktion des Körpers zu beeinflussen**
- **vom Körper erzeugte Wirkstoffe zu ersetzen**
- **Krankheitserreger unschädlich zu machen**

Neben den frei verkäuflichen Mitteln wie Kosmetika, Desinfektionsmittel u. a. werden die *apothekenpflichtigen Arzneimittel* unterschieden. Die *Apothekenhandverkaufsmittel* werden vom Apotheker ohne ärztliche Verordnung verkauft, hierzu gehören leichte Schmerzmittel, Schlafmittel, Abführmittel.

Rezeptpflichtige Arzneimittel gibt es nur auf ärztliche Verordnung (Rezept). *Betäubungsmittel* werden nur auf ganz spezielle Betäubungsmittelrezepte abgegeben. Für sie gelten besondere Bestimmungen.

Verfallene Arzneimittel dürfen nicht mehr verwendet werden. Ihre Beseitigung erfolgt als Sondermüll.

Arzneimittel gibt es zu innerem und zu äußerem Gebrauch. Gifte sind stets durch einen Totenkopf gekennzeichnet. Der Inhalt jeder Packung und Flasche muss auf dem Etikett stehen. Hat sich ein Etikett gelöst, ist die Packung (Flasche) samt Inhalt nicht mehr zu gebrauchen und muss sachgemäß vernichtet werden. Aus einer Packung herausfallende Tabletten und Pulver sind ebenfalls umgehend zu vernichten. Verwechslungs- und Vergiftungsgefahr drohen sonst!

Gefahren durch Medikamente

Medikamente können einen Zustand herbeiführen, der den Patienten ganz oder teilweise funktionsuntüchtig macht. Das betrifft besonders Schlafmittel, Beruhigungsmittel, Psychopharmaka, Antiepileptika, Antihistaminika u. a. Patienten müssen darüber Bescheid wissen, dass ihre Verkehrstüchtigkeit eingeschränkt ist, wenn sie entsprechende Mittel eingenommen haben. Manche Medikamente können – über längere Zeit eingenommen – zu Abhängigkeit oder Sucht führen.

▶ *Verkehrstüchtigkeit.*

Arzneispezialitäten

Arzneimittel kann der Apotheker bereiten (Rezepturen). Die industriell hergestellten und vom Apotheker abgegebenen Arzneimittel sind in Fertigpackungen abgepackt (Spezialitäten), unter ihnen spielen die synthetischen Arzneimittel eine große Rolle; es handelt sich um in der Natur nicht vorkommende, aus chemisch erstellten Stoffen zusammengesetzte Präparate (Chemotherapeutika).

Die Anwendung ist unterschiedlich. Man unterscheidet zwischen Applikationsform und Applikationsort.

Aufbewahrung von Arzneimitteln

Die in der Praxis vorrätig zu haltenden Arzneimittel werden nur im Arzneimittelschrank aufbewahrt. Arzneimittel müssen so gelagert werden, dass sie weder Hitze- noch Kälteeinwirkungen ausgesetzt und unzugänglich für Unbefugte sind.

Die Ordnung der Arzneimittel erfolgt entweder entsprechend ihrer Wirkung oder alphabetisch. Getrennt oder unter Doppelverschluss sind Gifte zu halten, unter besonderem Verschluss alle Betäubungsmittel, Beruhigungs-, Schlaf- und Schmerzmittel.

▶ *Betäubungsmittel.*

Impfstoffe werden bei vorgeschriebener Temperatur von 4 °C zweckmäßig im besonderen Kühlschrank verwahrt. Die Schlüssel zu den Arzneischränken dürfen nie stecken bleiben!

MEMO!

Arzneien, Sera, Antibiotika und Augentropfen sind wöchentlich einmal auf das Verfallsdatum hin zu prüfen. Verfallene Arzneien müssen aussortiert und als Sondermüll beseitigt werden.

30.1.2. Arzneimittelformen

Cremes

Verstreichbare Zubereitungen, in denen die wässrigen Bestandteile gegenüber den fetthaltigen überwiegen.

Dragées

Mit Zucker oder zuckerfreier »Dragéemasse« überzogene Tabletten, glatt, glänzend, leicht zu schlucken.

Emulsionen

Milchartige Flüssigkeiten, meist feinste Verteilung von Fetttröpfchen in Wasser oder umgekehrt.

Gelees

Verstreichbare Zubereitungen mit fettfreier, aus Quellenstoffen und Wasser bestehender Grundlage.

Granulate

Pulverförmige Arzneimittel, in Körnchen oder Kugelform.

Kapseln

Arzneimittel in einer Umhüllung aus Gelatine, leicht zu schlucken, lösen sich im Magen bzw. erst im Dünndarm auf.

Lösungen
Arzneimittel in Flüssigkeit gelöst, zum äußerlichen oder innerlichen Gebrauch.

Pasten
Verstreichbare Zubereitungen mit hohem Pudergehalt. Sie sind zäher als Salben, aber noch gut streichfähig.

Pillen
Kugelförmig, zum Schlucken, nur noch selten verordnet.

Pulver
Zerkleinerte feste Arzneistoffe, zum Einnehmen, heute meist äußerlich als Puder.

Salben
Verstreichbare, fetthaltige Zubereitungen zur Anwendung auf Haut und Schleimhäuten.

Tabletten
Unter hohem Druck zusammengepresste Pulver, meist weiß und rund.

Zäpfchen
Der Wirkstoff ist in einer bei Körpertemperatur schmelzenden Grundmasse untergebracht, werden in das Rektum eingeführt.

30.1.3. Arzneimittelverabreichung

Damit das Arzneimittel dorthin gelangt, wo es wirken soll, gibt es verschiedene Möglichkeiten der Verabreichung (Applikation):

Lokal	**Örtliche Verabreichung**
Enteral	**Verabreichung über den Verdauungstrakt**
Parenteral	**Verabreichung unter Umgehung des Verdauungstraktes, z. B. durch Injektion**
Inhalatorisch	**Verabreichung durch Einatmen**

Lokale Verabreichung
Das Arzneimittel wirkt nur an der Stelle, an der es verabreicht wird, während der Gesamtorganismus weitgehend unbeeinflusst bleibt.

Beispiele:
- *Kutan oder transkutan* = auf die Haut oder durch die Haut hindurch, z. B. Salben, Lösungen
- *Intraartikulär* = Injektion in ein Gelenk
- *Lumbal* = Injektion in den Rückenmarkskanal

Direkte Verabreichung von Augen-, Ohren- oder Nasentropfen und -salben.

Enterale Verabreichung

Oral	**durch den Mund**
Lingual	**durch die Schleimhaut der Zunge**
Rektal	**durch die Darmschleimhaut**

Das Schlucken von Medikamenten, meist in Tablettenform, ist die häufigste Form der Arzneimittelverabreichung. Das Medikament wird im Dünndarm resorbiert und gelangt über die Pfortader zunächst in die Leber. Die Geschwindigkeit der Resorption und des Wirkungseintritts ist von der Form und den Eigenschaften des Arzneimittels und vom Funktionszustand des Magen-Darm-Traktes abhängig. Das Einnehmen von Medikamenten auf dem oralen Wege erfolgt meist mit reichlich Wasser, es ist in aller Regel leicht durchzuführen und kann von den Patienten ohne Hilfe vorgenommen werden. Lediglich bei Säuglingen und mitunter Kleinkindern sowie bei bewusstlosen Patienten oder solchen mit Schluckstörungen treten Schwierigkeiten auf.

◀◀ *Applikation.*

Durch Überziehen mit *Lack* u. ä. können Tabletten widerstandsfähig gegen Magensaft werden und lösen sich dann erst im Dünndarm auf. *Schicht- oder Mantel-*

▶▶ *Quaddeln.*

▶▶ *Dosis.*

▶▶ *N1 – N2 – N3.*

tabletten bestehen aus mehreren Schichten, die nacheinander bzw. auch verschieden wirken. *Retard-Tabletten* geben einen Wirkstoff verzögert ab, so dass eine längere Wirkung erzielt wird. *»Anti-Baby-Pillen«* sind trotz des irreführenden Namens Dragées.

Lingual werden Medikamente häufig verabreicht, um den Pfortaderkreislauf zu umgehen. Wichtig bei Medikamenten, die in der Leber sonst sofort abgebaut werden würden.

Auch bei der rektalen Verabreichung eines Medikamentes durch Zäpfchen (Suppositorien) erfolgt eineUmgehung des Pfortaderkreislaufs. Häufig treten jedoch hohe Wirksamkeitsverluste durch unvollständige Resorption auf. Die rektale Verabreichung findet Anwendung, wenn lokale Wirkung erwünscht ist, z. B. bei Hämorriden, oder wenn eine andere Verabreichung des Medikamentes nicht möglich oder zu schwierig ist. Beispiel »Fieberzäpfchen« bei Säuglingen und Kleinkindern

Parenterale Verabreichung

Es dürfen nur sterile Arzneimittel aus Ampullen und sterile Spritzen und Kanülen verwendet werden. Die Injektionsstelle muss sorgfältig desinfiziert werden.

Intravenös	**i.v.**	**in eine Vene**
Intramuskulär	**i.m.**	**in das Muskelgewebe**
Subkutan	**s.c.**	**in das Unterhautgewebe**
Intrakutan	**i.c.**	**in die Haut**

Bei der intravenösen Injektion wird die schnellste Arzneimittelverteilung und -wirkung erzielt. Diese Verabreichung darf in der Regel nur vom Arzt durchgeführt werden, da sie bei vielen Medikamenten gefährlich sein kann. Bei der intramuskulären Injektion werden Medikamente verabreicht, die nicht in Venen gespritzt werden dürfen. Der Wirkungseintritt ist langsamer. Das Medikament steht länger zur Verfügung, da es eine gewisse Zeit dauert, bis der Wirkstoff aus dem Muskelgewebe abtransportiert werden kann. Subkutane Injektionen finden häufig bei Schutzimpfungen Anwendung, die intrakutane Injektion dient zum so genannten »Quaddeln«.

Verabreichung durch Inhalation

Bestimmte Medikamente wirken am schnellsten oder am besten, wenn sie in Form von fein zerstäubten Flüssigkeiten eingeatmet werden.

Dosierung von Arzneimitteln

Jedes Arzneimittel hat einen optimalen Wirkungsbereich, der nicht unterschritten (Unwirksamkeit) und überschritten (Vergiftung) werden darf. Flüssigkeiten werden tropfen-, kinderlöffel- und esslöffelweise gegeben.

Jedes Arzneimittel darf nur in einer bestimmten Menge (Dosis) verabfolgt werden. Man unterscheidet die *Einzelgabe* und die *Tagesdosis*. Die Tagesdosis besteht im Allgemeinen aus mehreren Einzelgaben. Sowohl für Einzel- als auch Tagesabgaben sind Höchstgrenzen gesetzt (Maximaldosen), die nicht überschritten werden dürfen.

Einheitliche Packungsgrößen

Arzneimittel in fester, oraler Darreichungsform werden zunehmend in einheitlicher Packungsgröße in den Handel gebracht. Bei der Festlegung der Packungsgrößen von Fertigarzneimitteln wird grundsätzlich von einer Dreiteilung ausgegangen.

Für Verordnungen in der ambulanten ärztlichen Praxis stellen die Kurzbezeichnungen (N1, N2, N3) grundsätzlich eine hinreichende Mengenangabe auf dem Rezeptblatt dar.

Rote Liste

Unentbehrlich für die Arbeit der Arzthelferin (und des Arztes) ist die »Rote Liste«, die einmal jährlich neu aufgelegt und den

BEZEICHNUNG	EINORDNUNG	VERWENDUNG
N1	**kleinste Packung**	**Test der Verträglichkeit, Behandlung von Krankheiten mit kurzer Dauer**
N2	**mittlere Packung**	**Behandlung von Krankheiten mittlerer Verlaufsdauer**
N3	**größere Packung**	**Dauertherapie**

meisten Arztpraxen kostenlos zur Verfügung gestellt wird. Die »Rote Liste« wird vom Bundesverband der Pharmazeutischen Industrie als Buch oder CD-ROM herausgegeben und enthält ein Verzeichnis des Arzneimittelangebotes der Mitgliedsfirmen des Bundesverbandes.

30.1.4. Arzneimittelwirkungen

Hauptwirkung

Unter der Hauptwirkung wird die zur Besserung eines Krankheitsbildes gewünschte Wirkung eines Arzneimittels verstanden. Damit die Hauptwirkung in erwünschter Weise eintreten kann, ist eine auf den einzelnen Patienten bezogene optimale Dosierung erforderlich. Unterdosierung führt dazu, dass der erwünschte Erfolg ausbleibt, Überdosierung kann zu toxischen oder zu lebensbedrohlichen Erscheinungen führen.

Die Wirkung der meisten Arzneimittel erfolgt im Körper des Menschen auf Rezeptoren (»Empfängern«) an den Zellwänden.

Nebenwirkungen

Nebenwirkungen sind die bei richtigem Gebrauch eines Medikamentes auftretenden unerwünschten Begleiterscheinungen. Jedes Arzneimittel hat mehr oder weniger häufig bestimmte leichtere oder auch schwere Nebenwirkungen.

Beispiele für Nebenwirkungen

- *Magen-Darm-Störungen* (z. B. Übelkeit, Erbrechen, Blutungen, Schmerzen, Durchfall, Verstopfung)
- *Überempfindlichkeitsreaktion* (z. B. asthmatische Erscheinungen, allergische Hauterscheinungen, Eosinophilie)
- *Erscheinungen an Herz und Kreislauf* (z. B. Kollaps, Tachykardie, Bradykardie, Ödeme, Kammerflimmern)
- *Erscheinungen am Zentralnervensystem* (z. B. Überregbarkeit, Sensibilitätsstörungen, Müdigkeit, Schwindel)
- *Erscheinungen im Blut* (z. B. Thrombopenie, Granulozytopenie, Agranulozytose, Verminderung des Hämoglobins, Gerinnungsstörungen)
- *Veränderungen der Psyche* (z. B. Gewöhnung, Abhängigkeit, Sucht, Depression, Persönlichkeitsveränderungen)
- *Schädigungen des Embryos oder des Fötus* (Missbildungen verschiedenster Art, Wachstumsstörungen)

◄ *Gerinnungsstörungen.*

MEMO!

Beachte unbedingt!
Die Hinweise und Anordnungen des Arztes müssen von den Patienten peinlich genau beachtet werden. Ungewöhnliche Erscheinungen (Nebenwirkungen!?) sind dem Arzt unverzüglich mitzuteilen, damit er entscheiden kann, ob das Arzneimittel noch weitere Verwendung finden kann.

Ohne Anordnung des Arztes sollen keine Arzneimittel eingenommen werden. Dies gilt ganz besonders für schwangere Frauen, Kinder und alte Leute. Eigenmächtige Verabreichung von Medikamenten kann für den Patienten unabsehbare Folgen haben!

◄◄ *Magen-Darm-Störungen.*

30.1.5. Das Arzneimittel im Körper

Aufnahme

Die Aufnahme des Arzneimittels in den Körper verläuft nach Verabreichungsart und -form unterschiedlich.

▶▶ *Blut-Hirn-Schranke.*

Der *parenterale* Weg ist die sicherste und schnellste Möglichkeit, ein Medikament zu verabreichen. Am schnellsten tritt die Wirkung nach einer intravenösen Injektion ein, auch die intramuskuläre Injektion verspricht einen raschen Wirkungseintritt. Ein subkutan verabreichtes Medikament wird wesentlich langsamer in den Körper aufgenommen, deswegen ist seine Wirkungsdauer aber auch wesentlich länger.

Bei der am häufigsten zur Anwendung kommenden *oralen Verabreichung* von Arzneimitteln haben eine Reihe von Faktoren Einfluss auf die Aufnahme in den Körper.

▶ *Wechselwirkungen.*

Hierzu gehört die Form des Medikamentes, ob es magensaftresistent ist oder nicht, die Zeit, die im Magen-Darm-Trakt bis zur Resorption benötigt wird, Wechselwirkungen mit anderen Medikamenten, Nahrungsbestandteilen und Körpersäften sowie die Veränderungen der Arzneimittel nach Resorption in der Leber.

So kann gleichzeitig mit Medikamenten erfolgende Nahrungsmittelaufnahme zu einer besseren (z. B. bei Valium®) oder schlechteren Aufnahme (z. B. Aspirin®, Binotal®) von Medikamenten führen. Die Verabreichung von Tetrazyklinen mit Milch kann die Resorption vollständig verhindern.

Die *lokale Verabreichung* von Arzneimitteln durch Salben, Pasten u. ä. führt zu örtlich hohen Konzentrationen bei niedriger Resorption in den Körper.

Verteilung

Nach der Resorption gelangen die Arzneimittel ins Blut und werden dort teilweise an die Bluteiweiße gebunden. Sie gelangen dann mit dem Pfortaderkreislauf (siehe Kapitel 8) in die Leber und werden in unterschiedlichem Umfang verändert. Einige Medikamente werden so sehr um- und abgebaut, dass sie ihre Wirkung ganz oder fast ganz verlieren. Solche Medikamente (wie z. B. die Nitrate) müssen sublingual oder rektal verabreicht werden. Um wirksam zu werden, müssen die Arzneimittel aus dem Blut in die Zellen eintreten, Problematisch für die meisten Medikamente ist die zwischen Blutgefäß und Hirnzelle bestehende Barriere (»Blut-Hirn-Schranke«).

Abbau und Ausscheidung

Der Ab- oder Umbau der Medikamente erfolgt meistens in der Leber und muss nicht immer mit einem Wirkungsverlust einhergehen. Es können auch Medikamente mit längerer oder stärkerer Wirkung entstehen.

Die Ausscheidung erfolgt überwiegend in der Niere durch Filtration in den Glomerula oder Sekretion in den auf das Glomerulum folgenden Kanälchen, Medikamente können auch über Gallensaft und Darm oder über die Haut ausgeschieden werden.

Leber- und Nierenschäden können die Stärke und Dauer der Wirkung von Arzneimitteln verändern.

30.1.6. Arzneimittelgruppen

Die Übersicht über Arzneimittelgruppen kann nur einen Einblick in die Vielfalt der verschiedenen medikamentösen Möglichkeiten geben. Nur die wichtigsten Wirkungen und Nebenwirkungen konnten aufgenommen werden. Eine größere Zahl von Medikamenten darf nicht während der Schwangerschaft eingesetzt werden, andere sollen nach Möglichkeit vermieden werden.

30.2. Instrumentenkunde

Übersicht über Instrumente

1. Spritzen und Kanülen
2. Schneidende (scharfe) Instrumente: Skalpelle, Scheren, scharfe Löffel, Küretten
3. Fassende Instrumente: Pinzetten, Zangen, Klemmen
4. Haltende Instrumente: Haken, Spekulum

5. Instrumente zum Nähen:
   Nadelhalter, Nadeln, Nahtmaterial
6. Sonstige Instrumente:
   Sonden, Stieltupfer
7. Behälter:
   Nierenschale, Verbandtrommel

30.2.1. Spritzen und Kanülen

Spritzen

Spritzen haben verschieden Größen und damit unterschiedliche Rauminhalte: 1, 2, 5, 10 und 20 ml. Der Rauminhalt wird begrenzt vom Zylinder, von der unteren Fläche des Kolbens und von der inneren Fläche des Halteringes.

In der Praxis werden fast durchweg Einwegspritzen verwendet; sie sind sterilisiert und werden nach Gebrauch weggeworfen

Die *Tuberkulinspritze* kann 1 ml Flüssigkeit enthalten, ihre Unterteilung ist so genau, dass noch Unterschiede von 1/100 ml eingestellt werden können.

Die *Insulinspritze* enthält eine besondere Graduierung, die damit zusammenhängt, dass Insulinmengen nicht in Millilliter, sondern Einheiten gemessen werden.

Vier (Insulin-)Einheiten entsprechen 1/10 ml, vierzig Einheiten also 1 ml Insulin.

Die *Ohrspritze* kann bis 150 ml aufnehmen und dient zum Ausspülen der Gehörgänge.

Kanülen

Die Kanüle ist ein dünnes Rohr aus Metall, das am Anfang den Konus trägt (der auf den Kanülenansatz des Spritzenhalterings aufgesetzt wird) und am unteren Ende schräg angeschliffen ist. Man unterscheidet hinsichtlich Durchmesser und Länge mehrere Kanülenarten, je nach beabsichtigter Injektionsart wird die Kanüle ausgesucht.

Die für Injektionen verwendeten »normalen« Kanülen unterscheiden sich durch verschiedene Weiten des Hohlrohres. Die Kanülendicke ist im Ansatz der Kanüle eingraviert.

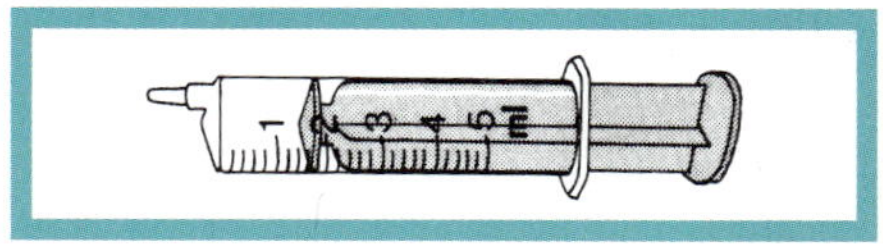

Einwegspritze mit randständigem (exzentrischem) Konus.

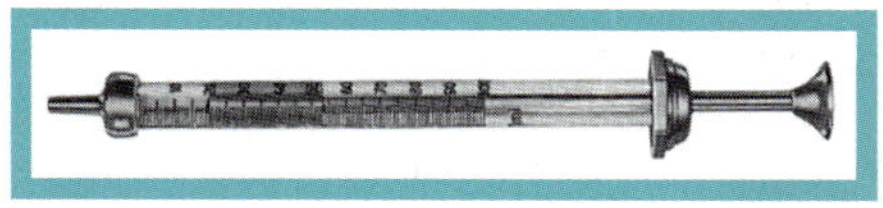

Tuberkulinspritze (SF 51).

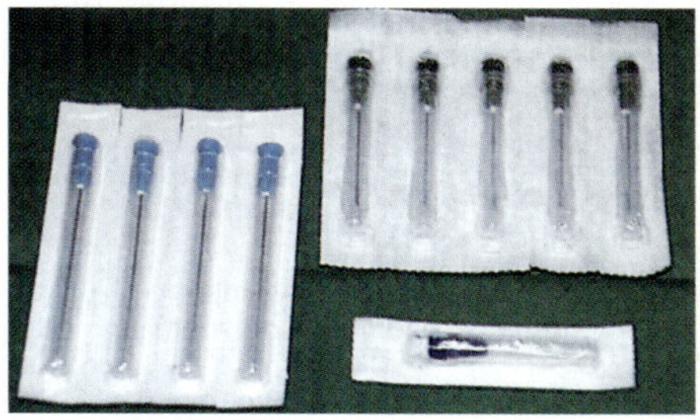

Links Größe 16 (lange Form), rechts oben Größe 12, rechts unten Größe 16 (kurze Form).

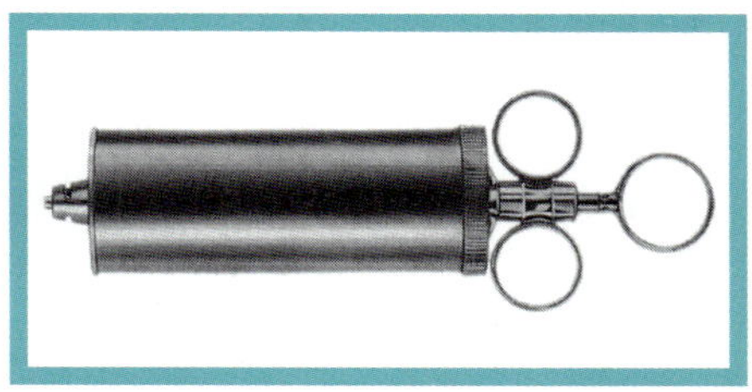

Ohrspritze (SH 111)

Marktübliche Kanülen für die Arztpraxis.

FARBE	BEZEICHNUNG	Ø mm	LÄNGE mm
gelb	1	0,90	38
grün	2	0,80	38
schwarz	12	0,70	32
pink	14	0,65	32
blau	16	0,60	26
lila	17	0,55	25
braun	18	0,45	23
grau	20	0,42	22
braun	Insulin	0,45	13
ocker	Blutentnahme	1,10	30
rosa	Blutentnahme Varizenverödung	1,20	38
grün	Intramuskulär	0,80	50
ocker	Intramuskulär	1,10	50
gelb	Tief-Intramuskulär	0,90	70

Für Injektionen finden Einer-, Zweier- und Zwölferkanülen, bei Injektionen in die Haut auch Sechzehnerkanülen Verwendung.

Die Blutentnahme erfolgt mit Einer- oder Zweierkanülen.

Im Allgemeinen werden Einwegkanülen benutzt, die nach Gebrauch weggeworfen werden. Sie haben keinen *Mandrin* (ein dünner Draht, der den Hohlraum der Kanüle ausfüllt). Sofern Kanülen nicht als Einwegkanülen benutzt werden, müssen man sie nach Gebrauch desinfiziert, gereinigt und im Heißluftsterilisator, nach Größen geordnet und mit einem Mandrin durchzogen, sterilisiert werden.

MEMO!

Ein eventuell vorhandener Mandrin muss unbedingt vor Aufsetzen der Kanüle auf die Spritze entfernt werden! Die Mandrins müssen stets länger als die Kanülen sein, also auf beiden Seiten um wenigstens $^1/_2$ cm herausragen; sind sie zu kurz, so besteht Gefahr, dass sie im Kanülenlumen verschwinden und dann nicht erreichbar sind oder – was noch schlimmer ist – unvorsichtigerweise mit eingespritzt werden.

Flügelkanülen

Sie haben ein Griffstück in der Größe einer Münze, das ein besseres Anfassen erlaubt. Sie haben ein wesentlich dickeres Hohlrohr als die üblichen Kanülen und finden insbesondere bei größeren Blutentnahmen Verwendung.

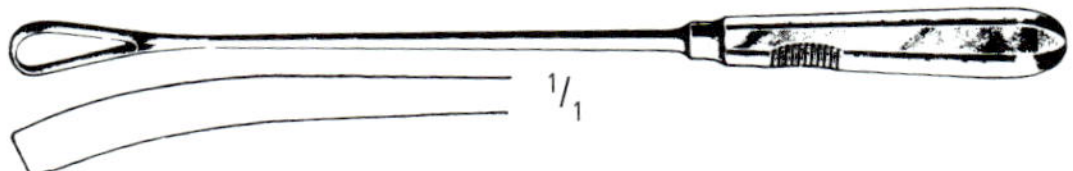

Uteruskürette (ER 219)

Scharfer Löffel (FK 630)

Infusionsgeräte und -flaschen

Infusionen werden aus mit einem Gummistopfen verschlossenen Flaschen oder Kunststoffbehältern mit sterilem Inhalt durchgeführt. Zur Verbindung der Infusionsflasche mit dem Patienten dient ein mitgeliefertes Einmal-Infusionsgerät. Dies besteht aus einer Einstichkanüle für den Gummistopfen, einem sich anschließenden durchsichtigen Schlauch mit einem Durchflussregler, mit dem die Geschwindigkeit der Infusion reguliert wird, einer Tropfkammer sowie einem freien Ende für die Punktionskanüle (Flügelkanüle, Kunststoffverweilkanüle).

30.2.2. Schneidende (scharfe) Instrumente

Skalpelle

Skalpelle sind Messer von verschiedener Länge und unterschiedlicher Schneidenform. Häufig werden Einwegskalpelle verwendet.

Nach der Klingenform werden *spitze und bauchige Skalpelle* unterschieden. Mit den spitzen Skalpellen werden Stichinzision (z. B. beim Abszess), mit den bauchigen Skalpellen Schnittinzisionen (z. B. Hautschnitte bei Operationen) vorgenommen.

Scheren

Es gibt gerade und gebogene Scheren. Sie können unterschiedlich lange Branchen haben. Weiterhin werden unterschieden:

- *Knopfscheren* (knopfartige Auftreibung an einem Branchenende)
- *Verbandscheren* (unterschiedlich lange, am vorderende abgestumpfte Branchen, die abgewinkelt sind; die untere Branche ist verbreitert und kann ohne Verletzungsgefahr unter den zirkulären Verband geschoben werden)
- *Gipsscheren* zu Öffnung eines Gipsverbandes. Sie haben kurze Branchen und lange Griffe; damit erzielt man eine starke Hebelwirkung; zumal der Hebeleffekt über zwei Gelenke geleitet wird.

Skalpelle.

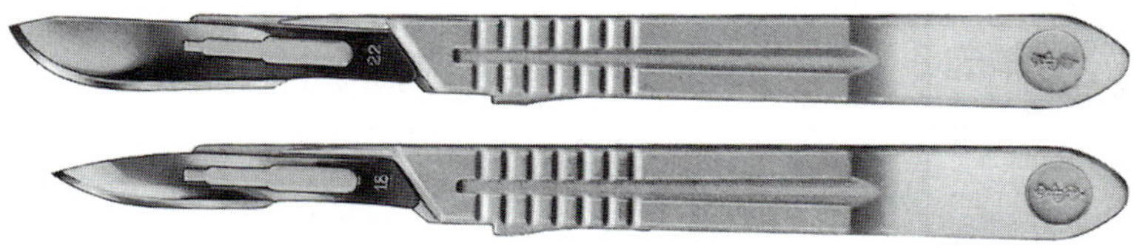

Skalpelle mit spitzer (BA 318) und bauchiger (BA 322) Klinge.

Scheren für besondere Anwendungen.

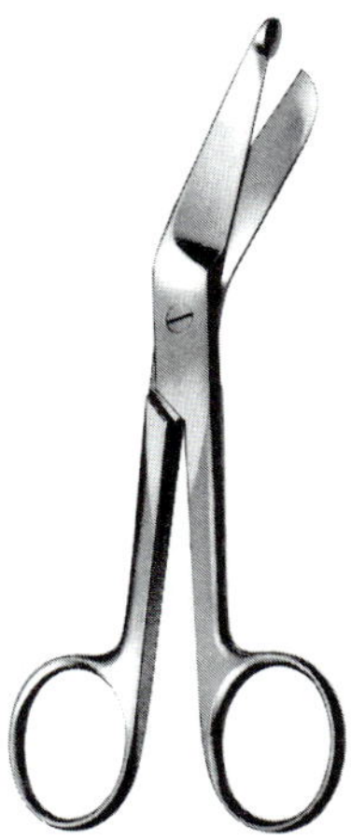

Verbandschere (BC 860)

Kleiderschere (BC 888)

Gipsschere (LX 570)

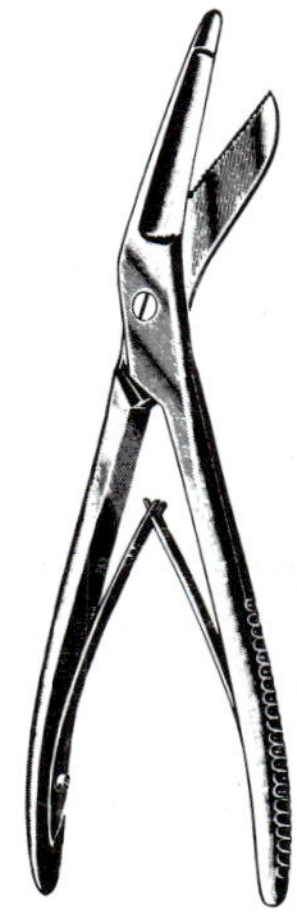

Gipsschere (LX 565)

Verschiedene chirurgische Scheren.

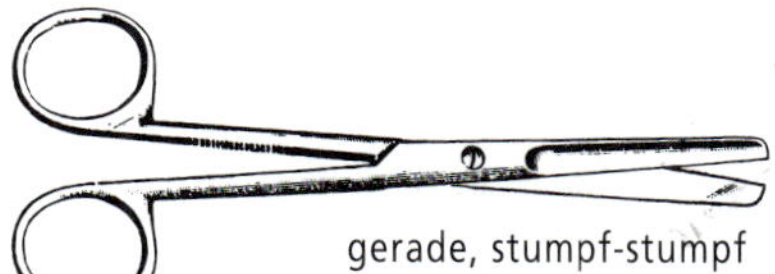

gerade, stumpf-stumpf (BC 313)

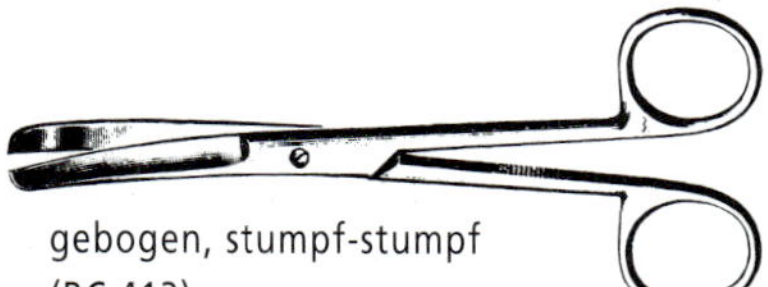

gebogen, stumpf-stumpf (BC 413)

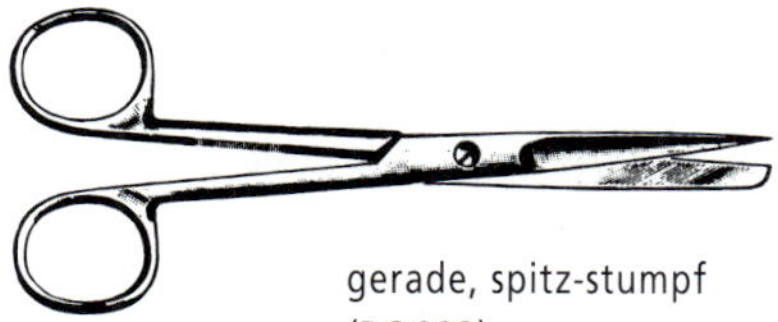

gerade, spitz-stumpf (BC 323)

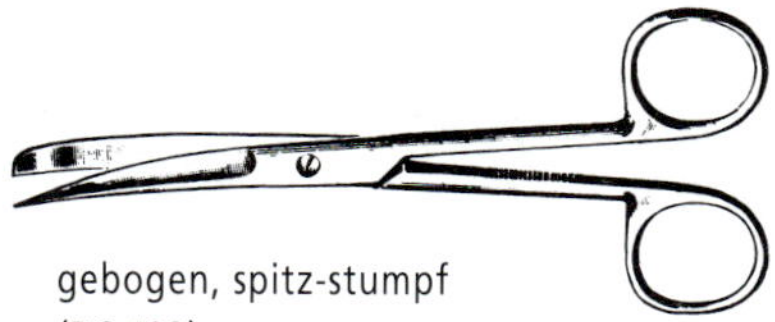

gebogen, spitz-stumpf (BC 423)

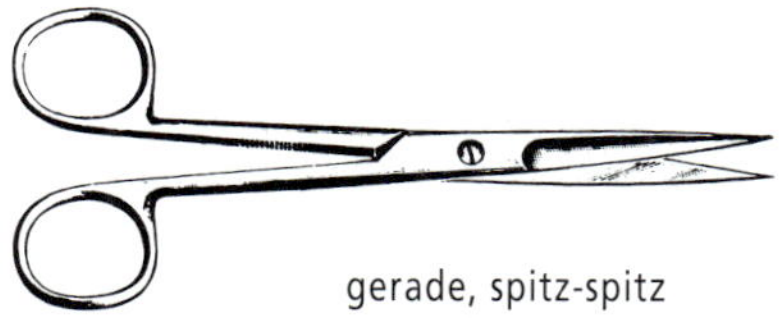

gerade, spitz-spitz (BC 343)

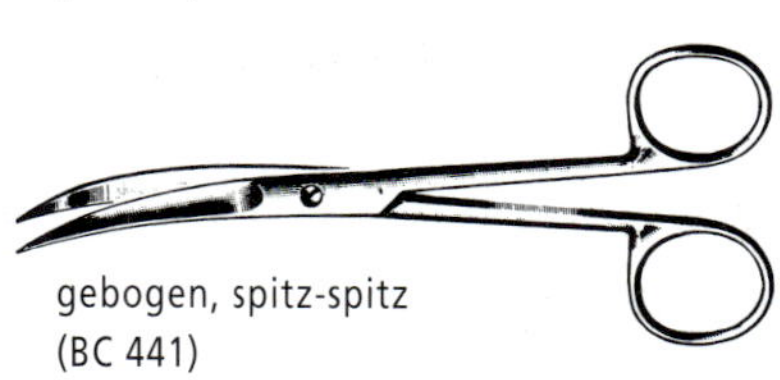

gebogen, spitz-spitz (BC 441)

Anatomische Pinzette (BD 45)

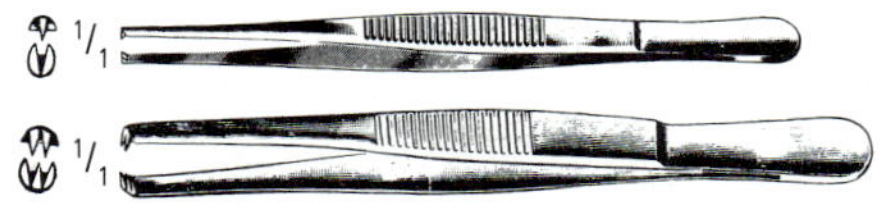

Chirurgische Pinzetten (BD 555 u. 579)

Splitterpinzette (BD 995)

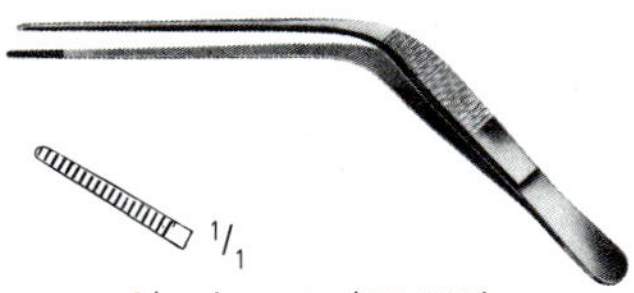

Ohrpinzette (BD 902)

Scharfe Löffel

Sie bestehen aus einem dicken Schaft und einem am Löffelende befindlichen runden oder oval vertieften Teller mit scharfen Rändern. Er dient dem Auskratzen oberflächlicher Wundwucherungen oder dem Abkratzen von Warzen.

Küretten

Mit Hilfe von Küretten wird die Schleimhaut der Gebärmutter zu diagnostischen oder therapeutischen Zwecken ausgeschabt. Sie entsprechen in etwa dem scharfen Löffel.

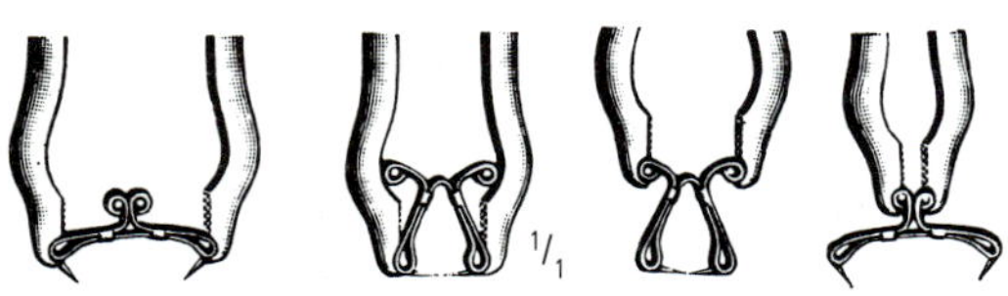

Anlegen Abnehmen

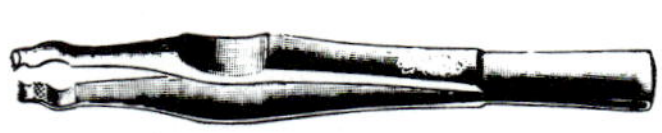

Klammeranlege- und -entfernungspinzette (BN 732)

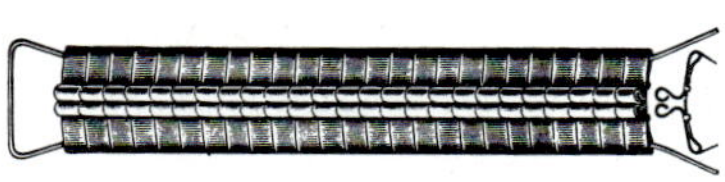

Wundklammern (BN 607 N)

30.2.3. Fassende Instrumente

Pinzetten

Sie bestehen aus zwei Schenkeln, die spitz aneinander gelötet sind und federn. Es gibt

- *anatomische Pinzette* (an den Schenkelenden gerieft)
- *chirurgische Pinzette* (an den Schenkelenden mit spitzen Zähnen, die gegenüber ineinandergreifen)
- *Ohrpinzetten* (bajonettförmig abgewinkelte Pinzetten)
- *Splitterpinzetten* (spitz, zum Entfernen von Splittern)
- *Klammerpinzetten* (zum Klammern von Wunden)

MEMO!

Unterscheide: Anatomische Pinzetten haben Riefen, chirurgische Pinzetten spitze Zähne!

Klammerpinzetten und *Klammern* werden zum Verschluss von Wunden an Stelle der Naht verwendet. Die Klammerpinzette findet sowohl als Klammeranlege- wie auch als Klammerentfernungspinzette Verwendung.

Zangen

- *Kornzangen* haben eine lange Greifzange, mit der man Mulltupfer fasst und damit Körperhöhlen (Mund, Rachen, Vagina) austupfen und auswischen kann. Sie findet häufig auch Verwendung als Instrumentenfasszange und kann leicht mit einer langen stumpfen Klemme verwechselt werden.
- *Zungenzangen* dienen zum Festhalten der Zunge bei Bewusstlosen.
- *Splittterzangen* werden zum Entfernen von Splittern und Fremdkörpern aus Wunden verwendet.
- *Fremdkörperzangen* finden in der Urologie Verwendung.
- *Tupferzangen* dienen zum Fassen von Tupfern.

Zangen und Klemmen.

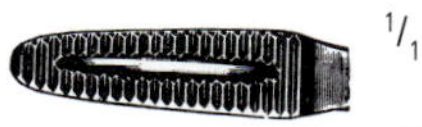

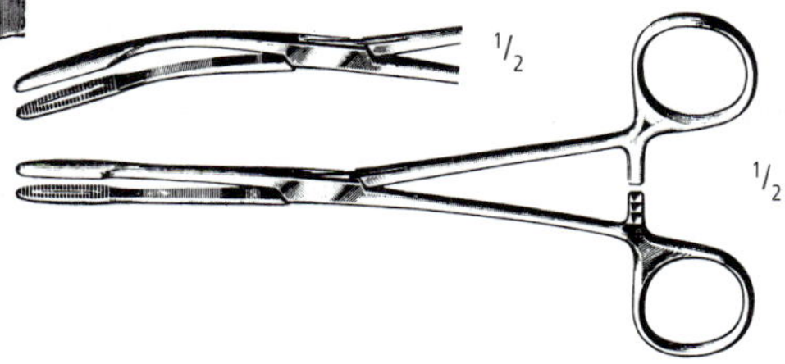

Kornzange, mit Sperre
(BF 58)

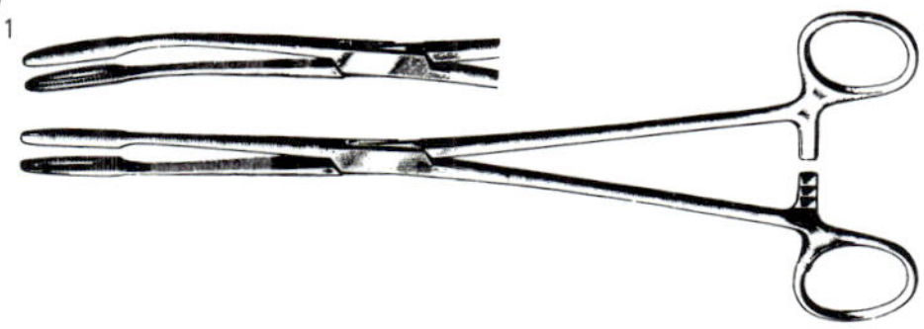

Kornzange,mit Sperre
(BF 46)

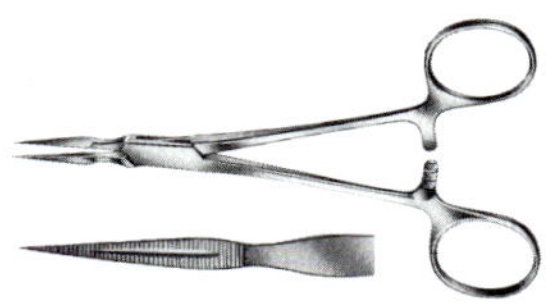

Splitterzange,
(BD 992)

Fremdkörperzange,
(EF 920)

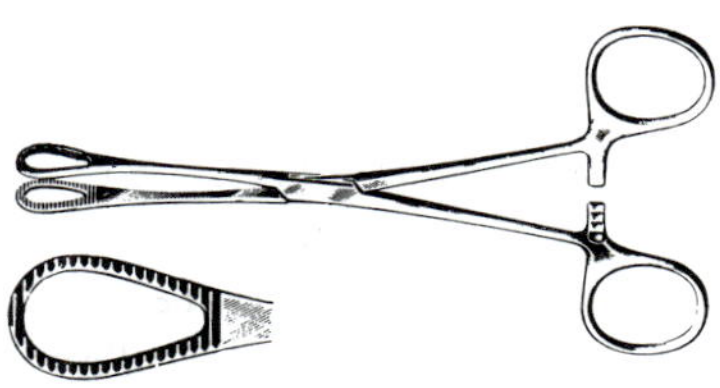

Tupferzange mit Sperre
(BF 112)

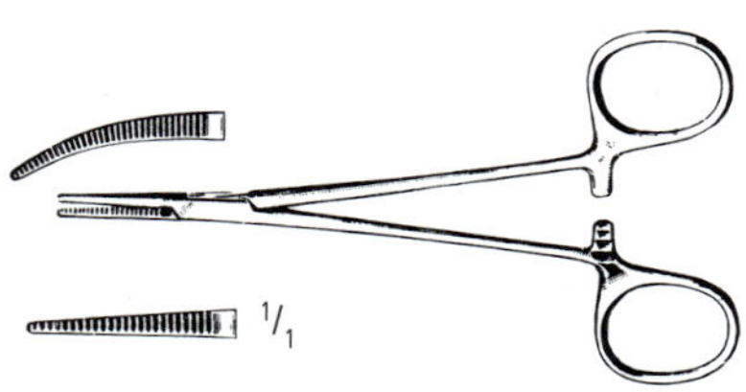

Feine Arterienklemme
nach Halstead-Mosquito
gerade (BH 110) und
gebogen (BH 111)
(am Blattende geriffelt)

Klemmen

Wichtige Klemmarten sind *Arterienklemmen* und *Tuchklemmen*.

Arterienklemmen sind zum Verschluss von spritzend blutenden Blutgefäßen bestimmt.

Tuchklemmen dienen zur Befestigung von Operationstüchern am Patienten.

Desinfektion und Reinigung erfolgen wenn möglich mit auseinander genommenen Blättern. Vor der in geschlosssenem Zustand durchgeführten Sterilisation muss das Gelenk geölt werden.

Weitere Zangen und Klemmen.

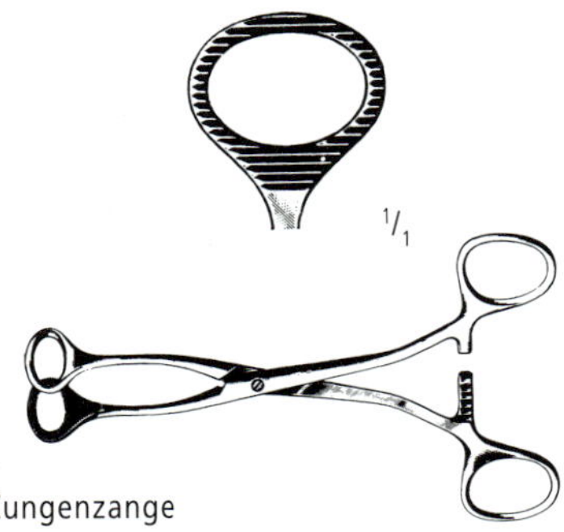

Zungenzange
(BH 906)

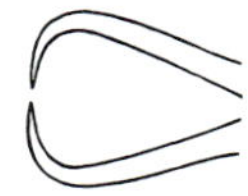

Tuchklemme (BF 431)

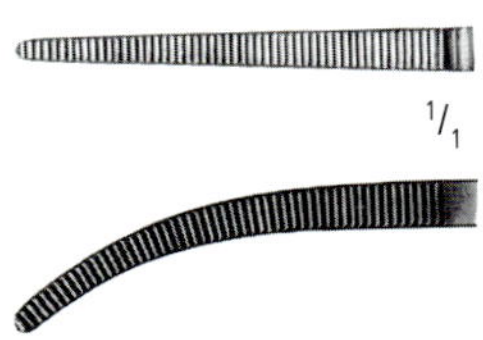

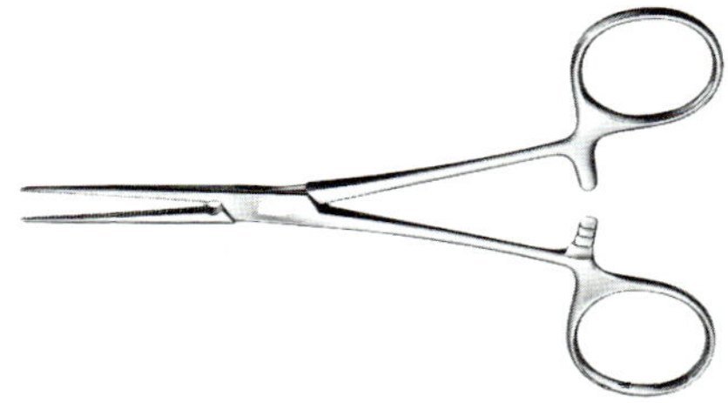

Stumpfe Arterienklemme nach Péan
(am Blattende geriffelt)
(BH 414)

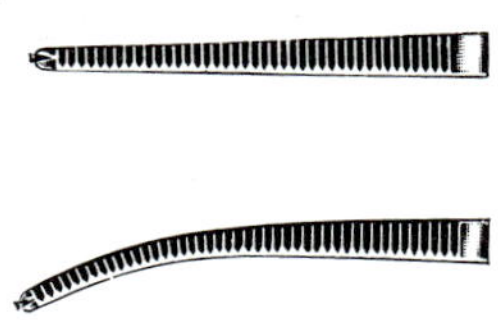

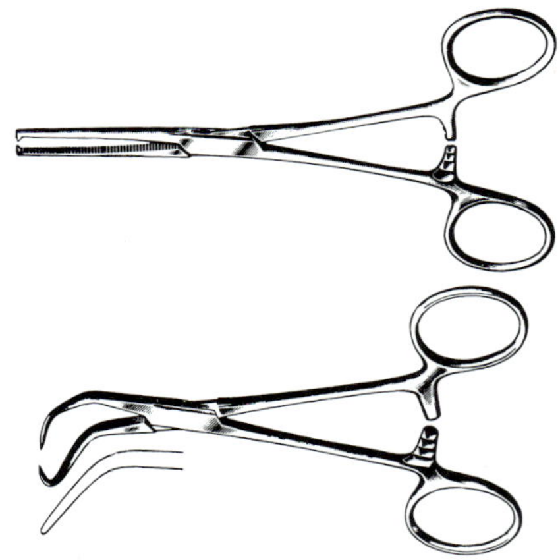

Scharfe Arterienklemme nach Kocher, gerade
und leicht gebogen (am Blattende Zacken)
(B 614)

Scheidenspekulum.

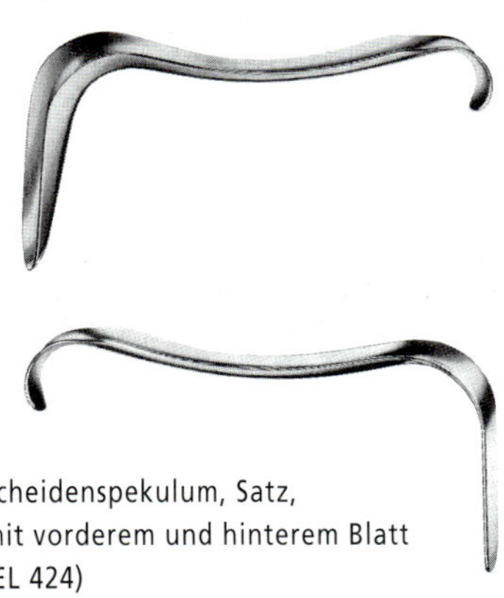

Scheidenspekulum, Satz,
mit vorderem und hinterem Blatt
(EL 424)

30.2.4. Haltende Instrumente

Wundhaken dienen dem Spreizen von Wunden. Es werden doppelseitige Wundhaken (=Venenhaken), scharfe und stumpfe, selbsthaltende und nichtselbsthaltende Wundhaken (zum Teil mit Gewichtsbeschwerung) mit stumpfen oder scharfen Hakenenden unterschieden. Wundhaken haben einen bis mehrere Zinken.

Das *Spekulum* wird zur Entfaltung der Scheide verwendet, wodurch der Arzt den Scheidenkanal und den Gebärmuttermund betrachten kann. Immer häufiger werden Einwegspekula verwendet. Sie haben verschiedene Formen und Größen. Rundspekula sind röhrenförmig gebaut. Klappenspekula bestehen aus zwei breiten Löffeln, ggf. versehen mit einem Schraub- oder Klemmsystem.

Häufigste Verwendung findet das aus einem vorderen und hinteren Blatt bestehende zweiteilige Scheidenspekulum nach Kristeller.

30.2.5. Instrumente zum Nähen

Chirurgische Nadeln sind abgerundete Instrumente zur Wundnaht. Es gibt verschiedene Größen mit unterschiedlicher Rundung und verschiedenem Querschnitt.

◀ *Haken.*

Trachealhäkchen, 3zinkig, scharf (BT 123)

Wundhaken (BT 327)

Wundhaken, stumpf (BT 254)

Venenhaken (BT 187)

◀ *Instrumente zum Nähen.*

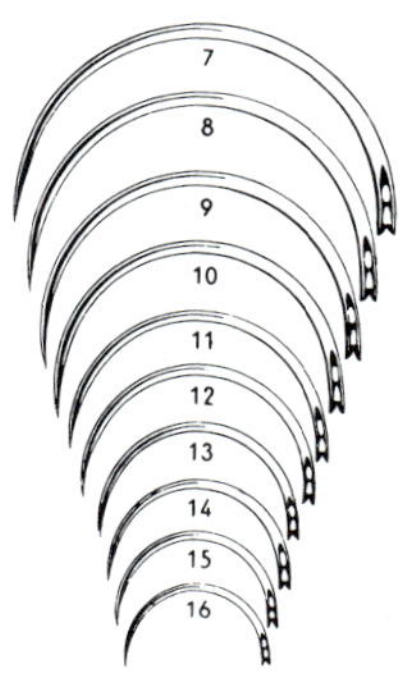

Chirurgische Nähnadeln, 1/2-Kreis-Dreikantspitze (BL 207 N)

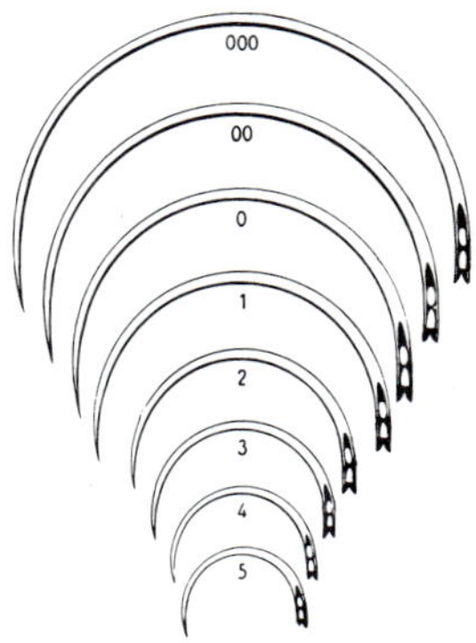

Chirurgische Nähnadeln, 1/2-Kreis-Rundspitze (BL 318 N)

Nadeldose (BL 930)

Innendose allein (BL 931)

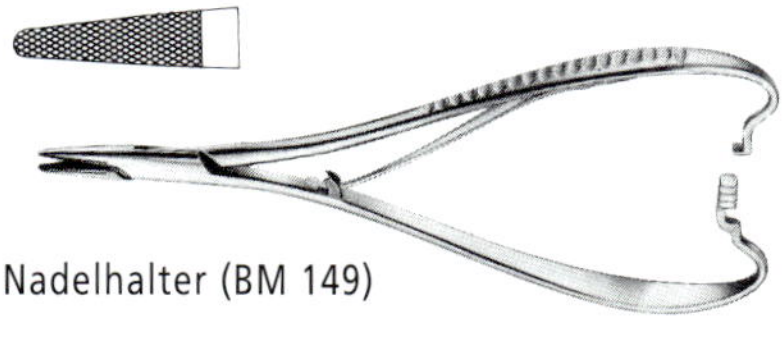

Nadelhalter (BM 149)

Katgut (BL 862)

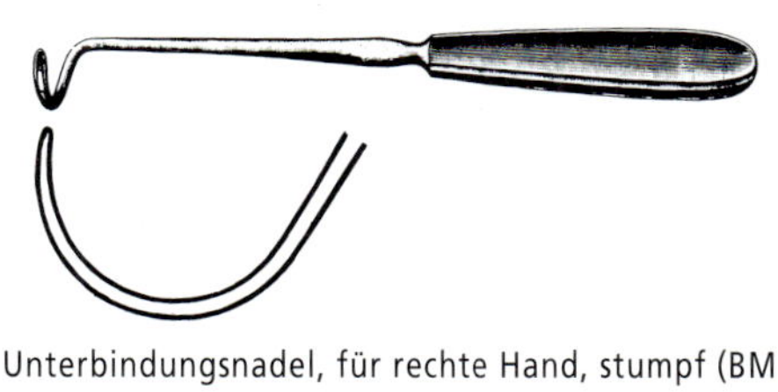

Unterbindungsnadel, für rechte Hand, stumpf (BM 810)

Nähseide (BL 870)

▶ *Sonden.*

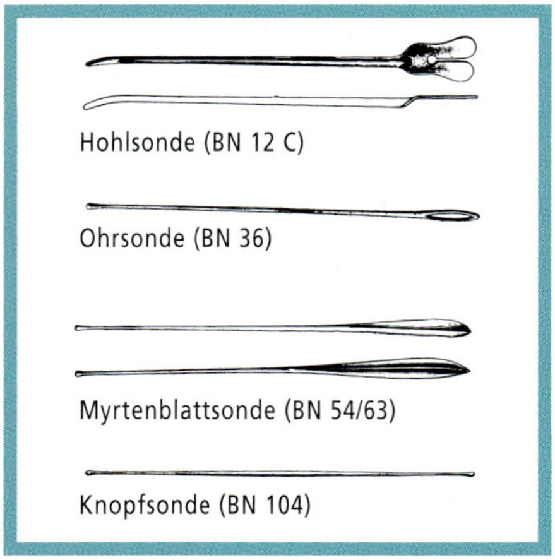

Sie haben ein geschlossenes oder offenes federndes Ohr, in das der Nahtfaden eingeführt wird. Wir unterscheiden die (dreikantigen) *scharfen Nadeln* für feste Gewebe von den (runden) *glatten Nadeln*, die bei zarten Geweben Verwendung finden.

Unterbindungsnadel nach Deschamps: Sie hat einen langen Schaft und am Ende ein entweder nach links oder nach rechts abgebogenes Teil mit Nadelöhr. Das Instrument dient dem Unterfahren eines Blutgefäßes, ehe es abgebunden und durchtrennt werden kann.

Nadeln werden in der *Nadeldose* sterilisiert und aufbewahrt; die Nadeldose besteht aus einem mehrfach durchlöcherten Metallgefäß und einer Metallhülle. Die Löcher gestatten das Eindringen der Sterilisationshitze.

Nadelhalter dienen dem Festklemmen und Halten von Nadeln, die im kurzen Schenkel des Nadelhalters festgeklemmt werden.

Nahtmaterial wird für Praxiszwecke gebrauchsfertig in Einzelfäden geliefert. Der Faden ist häufig bereits an einer Nadel angeschweißt (atraumatisches Nahtmaterial). Sonst wird er mit einer sterilen anatomischen Pinzette aus der Packung genommen und in die auf dem Nadelhalter montierte Nadel eingeführt. Es gibt verschiedene Sorten von Nahtmaterial: *Katgut, Seide, Zwirn, Kunststofffäden.* Man unterscheidet resorbierbares Material und nichtresorbierbares. Für Nähte in der Tiefe des Körpers muss resorbierbares Fadenmaterial verwendet werden.

30.2.6. Sonstige Instrumente, Behälter

Sonden sind Metallstäbe verschiedener Form. Die *Knopfsonde* wird benutzt, um eine Wunde in der Tiefe abzutasten oder einen Fistelgang zu verfolgen. Die *Hohlsonde* hat eine Längsrinne.

Stieltupfer bestehen aus einer langschaftigen Klemme, an deren Ende ein Mulltupfer eingeklemmt wird.

Bei der *Nierenschale* handelt es sich um eine nierenförmig geformte Schale mit vielseitiger Verwendungsmöglichkeit, wie z. B. Ablage von gebrauchten Spritzen, Instrumenten, Mull. Die Nierenform dient der Anpassung an Körperrundungen.

Sterilisier- und Bereitschaftsbehälter (»Verbandtrommel«). Runde oder viereckige Metallbehälter, in die zur Sterilisation Mull, Tupfer, Abdecktücher, Gummihandschuhe u. ä. gelegt werden können.

30.2.7. Desinfektion und Sterilisation von Instrumenten

Allgemeines Vorgehen

Beim Umgang mit gebrauchten Instrumenten trägt die Arzthelferin Gummihandschuhe. Dies gilt auch für das Herausnehmen aus dem Desinfektions- und Reinigungsbad.

Nach Gebrauch werden die Instrumente in eine Desinfektionsmittellösung gelegt, die neben der desinfizierenden auch eine reinigende Funktion hat. Scheren, Zangen u. a. entsprechende Instrumente werden geöffnet. Spritzen auseinander genommen, damit das Desinfektionsmittel alle Stellen erreichen kann.

Die reinigende Wirkung des Desinfektions- und Reinigungsbades tritt nach etwa

10 Minuten, die desinfizierende Wirkung nach 30 Minuten ein.

MEMO!

Jedes benutzte Instrument kann keimbesiedelt sein. Deswegen ist die Reihenfolge zu beachten:
Desinfektion – Reinigung – Sterilisation

Desinfektionsmittellösungen müssen peinlich genau hergestellt werden. Wird die Konzentration zu niedrig gewählt, besteht eine verminderte Wirksamkeit, wird sie zu hoch gewählt, kann auch eine geringere Wirksamkeit bestehen, auf jeden Fall wird die Umwelt unnötig belastet.

Vorgehen bei zu sterilisierenden Instrumenten

Soweit die Instrumente im Desinfektions- und Reinigungsbad noch nicht völlig sauber geworden sind, werden sie einzeln gründlich mit einer weichen Bürste gereinigt. Skalpelle werden wegen ihrer empfindlichen Schneiden nicht gebürstet. Zum Abschluss werden die Instrumente mit einem sauberen Tuch abgetrocknet. Schadhafte Instrumente werden aussortiert, Instrumente mit Scharnieren wie z. B. Scheren, Zangen werden auf Gängigkeit überprüft und mit einem Spray gegen Rostbildung eingesprüht.

Zur Sterilisation werden die Instrumente in geeignete Behälter gelegt. Die Behälter haben im Deckel oder im Boden Öffnungen, über die die Heißluft oder der hochgespannte Dampf in den Behälter eindringen kann. Die Öffnungen sind mit Filtereinlagen verschlossen, die gelegentlich ausgewechselt werden müssen.

Vorgehen bei zu desinfizierenden Instrumenten und Geräten

Manche Instrumente und Apparate lassen sich nicht sterilisieren, da sie die Hitze nicht vertragen. Hierzu gehören ganz besonders die Endoskope, aber auch bestimmte Katheter, Beatmungsgeräte u. a. Für sie müssen bestimmte Desinfektionsmittel und -verfahren nach Anweisung des Herstellers Verwendung finden.

Umgang mit sterilisierten oder desinfizierten Instrumenten

Desinfizierte und gereinigte Instrumente, die nicht unbedingt steril sein müssen, werden bis zum nächsten Gebrauch in einer geeigneten Desinfektionsmittellösung aufbewahrt.

Sterilisierte Instrumente können im Sterilisator bleiben oder im Behälter im Instrumentenschrank aufbewahrt werden.

Sterile Instrumente werden grundsätzlich nicht mit der Hand aus dem Behälter genommen, sondern mit einer sterilen Instrumentenfasszange gefasst. Die Instrumentenfasszange wird aufrecht in einem Standzylinder aufbewahrt. Instrumentenfasszange und Standbehälter müssen nach Möglichkeit täglich sterilisiert werden.

Der Standzylinder darf nicht mit einem Desinfektionsmittel gefüllt sein, da Desinfektionsmittel insbesondere 70-prozentiger Alkohol, nicht völlig keimfrei sind.

◄ *Behälter.*

Nierenschale (JG 506)

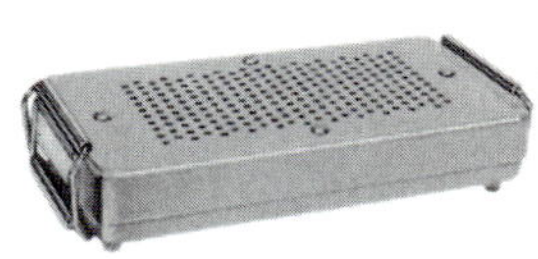

Sterilisier- und Bereitschaftsbehälter mit Deckel, Bodenlochung und Filtertucheinlagen (JF 402 C)

30.3. Injektionen

Injektionen dienen der Verabreichung von Arzneimittellösungen oder Knntrastmitteln unter Umgehung des Magen-Darm-Kanals. Die Gabe von Medikamenten über den Magen-Darm-Trakt wird »enterale Verabreichung« genannt. Injektionen gehören, da der Magen-Darm umgangen wird, zu den »**par**-enteralen Verabreichungen«.

Zu Injektionen werden Spritzen und Kanülen benötigt, deren Größe nach Art und Menge der Medikamente sowie der Verabreichungsstelle ausgewählt werden muss.

30.3.1. Vorbereitung einer Spritze für eine Injektion

Der Ampullenhals wird mittels einer Ampullenfeile aufgesägt und nach hinten abgebrochen. Schließlich nimmt man die Ampulle in die linke, die Spritze in die rechte Hand.

Beim Öffnen von Ampullen kommt es immer wieder zu Schnittverletzungen. Diese Verletzungen werden sehr leicht zur Eintrittspforte für Infektionserreger (z. B. Hepatitisvirus, Hospitalismuskeime). Durch richtige Handhabung der Ampullen beim Öffnen sind – nach kurzer Übung – diese Verletzungen leicht vermeidbar.

Ampullen öffnen ohne Schmerzen (nach dem Merkblatt M 714 der BGW) ***Beim Öffnen von Ampullen kommt es immer wieder zu Schnittverletzungen. Diese Verletzungen werden sehr leicht zur Eintrittspforte für Infektionserreger (z. B. Hepatitisvirus, Hospitalismuskeime). Durch richtige Handhabung der Ampullen beim Öffnen sind – nach kurzer Übung – diese Verletzungen leicht vermeidbar.***

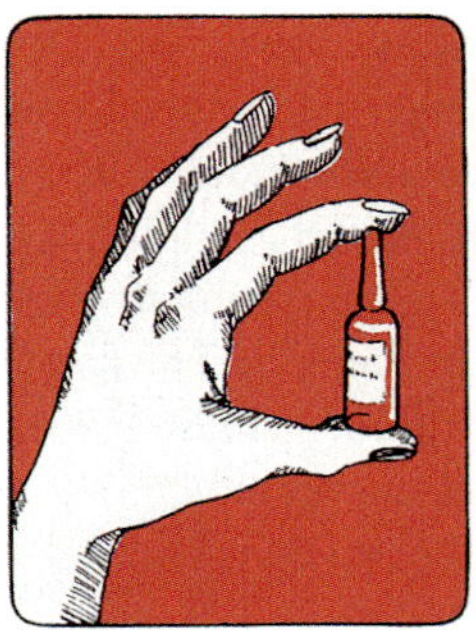

So soll die Ampulle **nicht** festgehalten werden!

Ampulle unterhalb des Ampullenhalses fest mit Daumen und Zeigefinger halten! (Nutze als Widerlager die Gelenkfalte!)

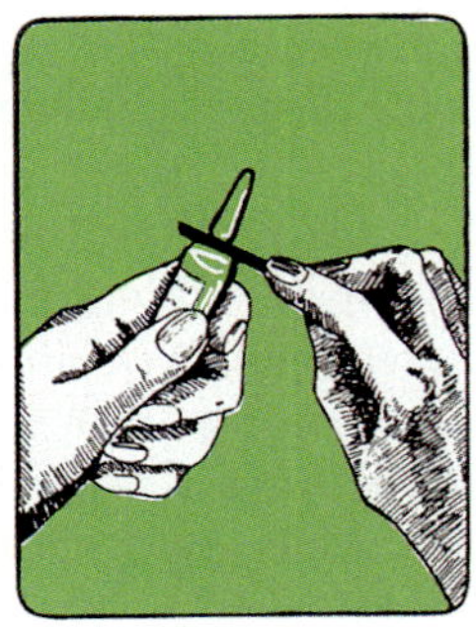

Ampullenhals unter leichtem Druck schiebend ansägen! Man spürt, ob die Säge »faßt«! Das genügt!

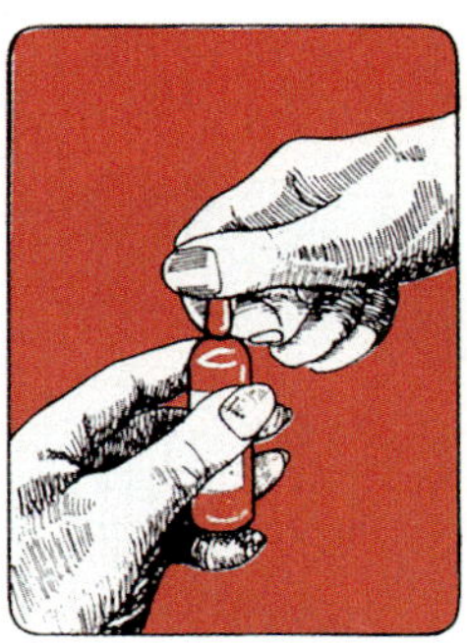

Nicht so!
Es würde beim Brechen leicht Splitterverletzungen geben!

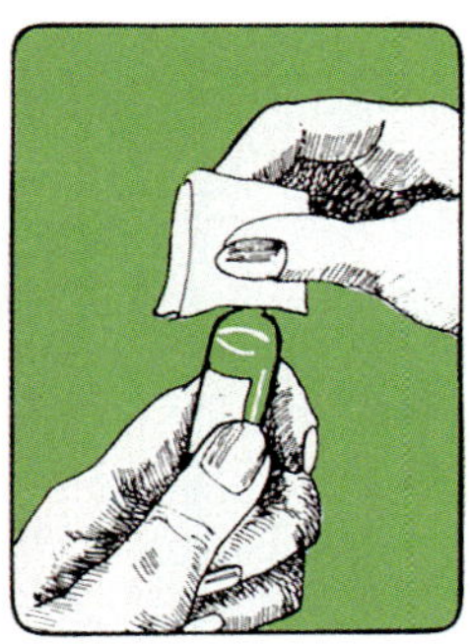

Ampullenspitze mit Alkohol-Tupfer fassen! Ampullenspitze mit leichtem Ruck abbrechen!

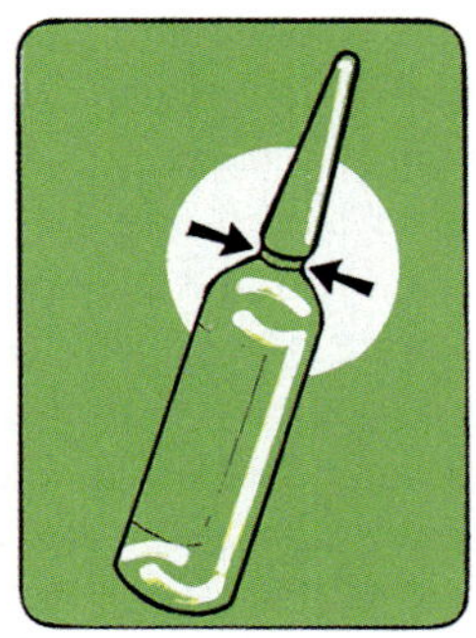

Ampullen mit weißem Halsring nicht ansägen. Durch den Hersteller bereits erfolgt. Nur abbrechen!

Die Kanüle wird, ohne den Ampullenrand zu berühren, in die Flüssigkeit der Ampulle geführt. Dabei wird mit dem linken Mittelfinger die Spritze bzw. der Kanülenkonus abgestützt. Die Kanüle selbst darf wegen der Sterilität nicht berührt werden.

MEMO!

Die Kanülenspitze darf keinesfalls an den Ampullenrand oder gar auf dem Ampullenboden aufstoßen, da sie sich sonst verbiegt (was zur Folge haben kann, dass der Einstich der Kanüle für den Patienten schmerzhaft wird). Geschieht es dennoch, muss die Kanüle ausgewechselt werden.

Anschließend Spritzenstempel durch Zug am Kolbenstangengriff hochziehen. Dadurch kommt der Ampulleninhalt in die Spritze.

Nach Entleerung der Ampulle wird die gefüllte Spritze mit der Kanüle senkrecht nach oben in Augenhöhe gehalten. Dann wird langsam die nach oben gestiegene Luft herausgedrückt, indem man vorsichtig am Kolbenstangengriff drückt. Kommt oben aus der Kanülenspitze der Inhalt in kleinen Tropfen heraus, so ist die Luft vollkommen aus der Spritze entwichen. Gleichzeitig wird die Kanülenspitze überprüft, ob sie einwandfrei (ohne Widerhaken) ist. Kanülen mit Widerhaken dürfen nicht verwendet werden.

MEMO!

Bei gewebereizenden Arzneimitteln muss die Kanüle vor der Injektion mit einem sterilen Tupfer außen gut getrocknet oder ausgetauscht werden.

Bereitet die Arzthelferin eine Injektion vor, die nicht umgehend nach der Spritzenfüllung erfolgen soll, so darf sie die Ampulle nicht wegwerfen, sondern muss sie vorsichtig über die Kanüle stülpen. So kann sich der Arzt, wenn er die Einspritzung vornehmen will, vorher von der Richtigkeit des Arzneimittels überzeugen. Die vorzeitige Spritzenfüllung sollte eine Ausnahme sein.

30.3.2. Intrakutane Injektion (i. c. Injektion)

Die intrakutane Injektion wird zur oberflächlichen Betäubung der Einstichstelle bei der Lokalanästhesie, bei Hauttestungen sowie bei der Neuraltherapie verwendet. Durchführung in der Regel nur durch den Arzt.

Instrumente

Tuberkulinspritze (1 ml), »Quaddel«-Kanüle (Größe 16 bis 20), Ampullenfeile, Injektionsmittel, Tupfer, Desinfektionsmittel (z. B. 70-prozentiger Alkohol), Heftpflaster, Einmalhandschuhe.

Vorgehen

Das Injektionsmittel wird nach fast parallel zur Hautoberfläche erfolgtem Einstich in die Haut langsam verabreicht, wobei sich – richtige Lage der Kanüle vorausgesetzt – eine weißliche Quaddel mit deutlich sichtbaren Hautporen bildet. Bei zu tiefer Injektion wird die Quaddel nicht sichtbar.

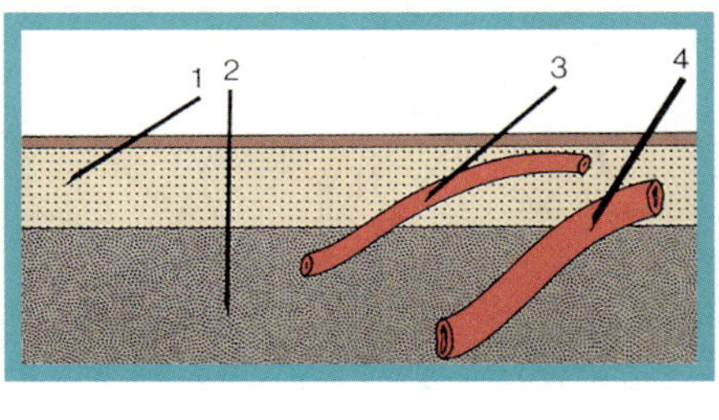

Injektionsarten von links nach rechts: (1) subkutan, (2) intramuskulär, (3) intravenös, (4) intraarteriell.

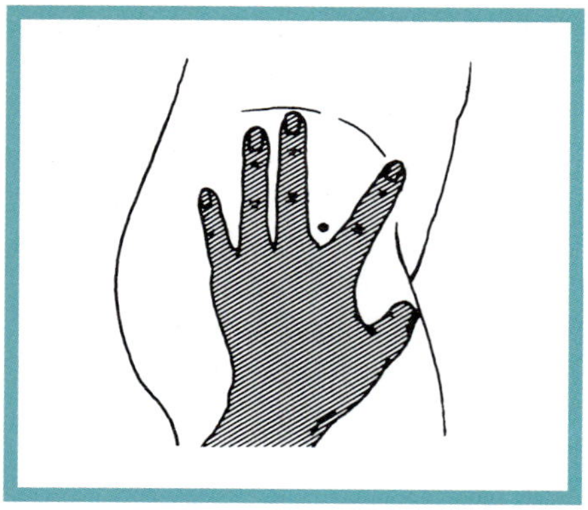

Intramuskuläre Injektion (ventroglutäal). Die Injektionsstelle ergibt sich dadurch, dass der Patient sich in linker Seitenlage befindet. Der linke Zeigefinger tastet den vorderen Darmbeinstachel (Spina illiaca anterior superior), die Spitze des linken Mittelfingers liegt am oberen Beckenrand. Die Kanüle wird dann in geringer Neigungsrichtung gegen den Beckenkamm zu eingestochen.

30.3.3. Subkutane Injektion (s. c. Injektion)

Die subkutane Injektion findet häufig Anwendung bei Impfungen und Verabreichung kleiner Mengen nicht gewebereizender Medikamente. Sie hat den Vorteil der einfachen Durchführung mit geringer Komplikationsrate. *Nur für bestimmte Medikamente geeignet!* Sie kann grundsätzlich in das Unterhautfettgewebe des gesamten Körpers erfolgen, in der Regel werden Streckseite von Oberarm und Oberschenkel bevorzugt. Durchführung durch den Arzt bzw. auf Anweisung des Arztes auch durch medizinisches Assistenzpersonal.

Benötigt:
Spritze (2 bis 5 ml), Kanülen Nr. 12 bis 16, Injektionsmittel, Tupfer, Desinfektionsmittel, Heftpflaster, Einmalhandschuhe.

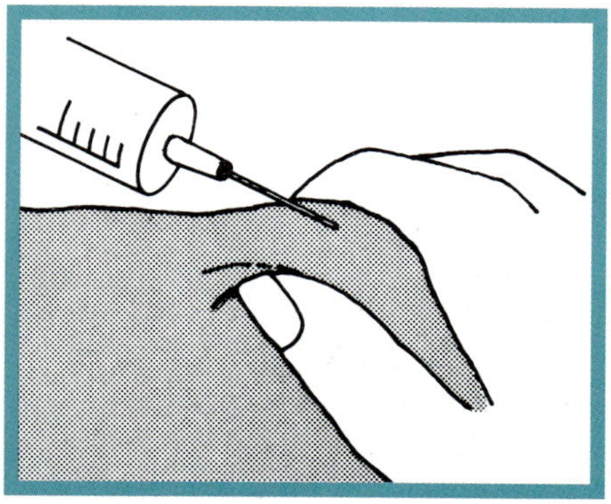

Subkutane Injektion. Mit Daumen und Zeigefinger der linken Hand wird eine Hautfalte abgehoben. Die Kanüle wird in das subkutane Gewebe eingestochen. Dann wird der Spritzeninhalt ausgedrückt.

Vorgehen:
Nach Desinfektion der vorgesehenen Stelle wird eine Hautfalte mit Daumen und Zeigefinger der linken Hand angehoben. Die Kanüle wird in die Hautfalte eingestochen, durch Anziehen des Stempels der Spritze wird geprüft, ob versehentlich ein Blutgefäß getroffen wurde *(Aspirationsversuch)*, dann wird das Medikament langsam injiziert.

Aspirationsversuch
Bei s. c. und i. m. Injektionen muss vor dem Einspritzen des Medikamentes durch Anziehen des Stempels geprüft werden, ob sich die Kanüle versehentlich in einem Blutgefäß befindet.

30.3.4. Intramuskuläre Injektion (i. m. Injektion)

Die intramuskuläre Injektion dient der Verabreichung auch größerer Mengen von teilweise auch schlechter gewebsverträglichen Arzneimitteln tief in den Muskel. Da die Muskeln sehr gut durchblutet sind, werden die Medikamente – soweit sie von entsprechender Beschaffenheit sind – schnell und sicher aufgenommen. Die intramuskuläre Injektion ist mit einer Reihe von Gefahren verbunden.

Wegen der dargestellten Komplikationsmöglichkeiten sollten bei bestimmten Medikamenten i. m. Injektionen nur durch den Arzt vorgenommen werden. Soweit vom Arzt angeordnet, sind intramuskuläre Arzneimittelverabreichungen auch durch die Arzthelferin zulässig.

Der Arzt muss sich persönlich davon überzeugt haben, dass die von ihm **im Einzelfall** mit der Durchführung beauftragte Arzthelferin tatsächlich in der Lage ist, die Injektion durchzuführen.

Instrumente
Spritzen 2 bis 10 ml, Kanülen (Nr. 1, für adipöse Patienten 8 bis 10 cm lang), Injektionsmittel, Tupfer, Desinfektionsmittel, Heftpflaster, Einmalhandschuhe.

Vorgehen

Die Injektion erfolgt in der Regel in die Glutäalmuskulatur. Wir unterscheiden zwei Modifikationen:

1. Bei der *dorsoglutäalen Injektion* (bei auf dem Bauch liegenden oder stehenden Patienten) wird in den seitlichen oder oberen Anteil des oberen äußeren Quadranten nach oben und außen auf den Beckenkamm gerichtet, eingestochen. Dabei wird die Haut mit den Fingern der linken Hand gestrafft, die Spritze schreibfederartig gefasst. Für den Patienten ist es am wenigsten schmerzhaft, wenn ohne Zögern zügig eingestochen wird. Nach Aspirationsversuch, bei dem kein Blut in der Spritze sichtbar werden darf, erfolgt die langsame Injektion des Medikamentes.

   Komplikationen bei dorsoglutäaler i. m. Injektion
   - *Schädigung des Nervus ischiadicus* durch falsche Impftechnik führt zur Lähmung von Beinmuskeln.
   - *Absterben (Nekrose)* von Gewebe durch Injektion in das subkutane Fettgewebe bei zu kurzer Kanüle. Die Kanüle muss bei adipösen Patienten bis zu 10 cm lang sein.
   - *Thrombosen und Embolien* bei versehentlicher Injektion von öligen Arzneimittellösungen in Blutgefäße. Deswegen *nie* Aspirationsversuch vergessen.

2. Die *ventroglutäale Injektion* nach v. Hochstetter ist der dorsoglutäalen vorzuziehen, da die angeführten Komplikationen kaum zu erwarten sind. Im Bereich der vorderen Glutäalregion ist die Fettschicht über dem Muskel nicht sehr dick, auch verlaufen hier keine großen Blutgefäße und Nerven.

Der Patient befindet sich in Seitenlage mit leicht angezogenen Beinen. Die Injektionsstelle wird mit dem weit gespreizten Zeige- und Mittelfinger der linken Hand bestimmt. Dabei muss sich die Zeigefingerspitze auf dem vorderen Darmbeinstachel (Spina illiaca anterior superior), die Spitze des Mittelfingers am oberen Beckenrand und der abgespreizte kleine Finger an der unteren Kante des Darmbeinkammes befinden. Die Injektion erfolgt mit der schreibfederartig gefassten Spritze zwischen Zeige- und Mittelfinger, leicht nach oben geneigt, senkrecht auf den Beckenknochen zu. Nach negativem Aspirationsversuch langsam injizieren, Kanüle danach schnell herausziehen.

◄◄ ***Dorsoglutäale Injektion.***

30.3.5. Intravenöse Injektion (i. v. Injektion)

Die intravenöse Injektion ist die schnellste in der Praxis übliche Möglichkeit, ein Medikament zu verabreichen. Die erste Wirkung tritt häufig schon wenige Sekunden nach der Injektion ein.

MEMO!

Wegen der mit der Medikamentenverabreichung verbundenen Gefahren dürfen i. v. Injektionen von der Arzthelferin nur auf ausdrückliche – im Einzelfall gegebene – Anordnung des Arztes erfolgen.

Instrumente

Spritzen 2 bis 20 ml, Kanülen Nr. 1 oder 2, Staubinde, Lagerungskissen, Injektionsmittel, Tupfer, Desinfektionsmittel, Heftpflaster.

◄◄ ***Ventroglutäale Injektion.***

Vorgehen

Der Arm wird auf einem Kissen gelagert, oberhalb der Injektionsstelle mit der Staubinde gestaut, der Patient schließt die Hand kräftig zu einer Faust. In der Regel sind dann in der Ellenbeuge Venen tastbar, in die direkt oder indirekt eingestochen wird. Nach Probeaspiration wird die Staubinde gelöst und das Medikament langsam injiziert. Dabei wird der Patient auf erste Wirkungen (oder Nebenwirkungen) des Medikamentes beobachtet. Nach beendeter Injektion wird die Einstichstelle für 5 Minuten mit einem (trocknen) Tupfer komprimiert, danach wird sie mit einem Heftpflaster abgedeckt.

Komplikationen der i. v. Injektion

- *Paravenöse Applikation* (das Medikament ist neben die Vene eingespritzt worden und verursacht Schmerzen)
- *Intraarterielle Applikation* (das Medikament ist in die Arterie eingespritzt worden und kann bei bestimmten Medikamenten zum Absterben {Nekrose} des Unterarms führen)
- *Durchstechen der Vene* mit meist harmloser Bildung eines Blutergusses (Hämatom)
- *Venenentzündung (Thrombophlebitis)* nach Verabreichung venenreizender Medikamente
- *Allgemeinreaktion* des Patienten bei zu schneller Injektion oder Unverträglichkeit des verabreichten Medikamentes

30.3.6. Anlegen einer Infusion

Mit einer Infusion werden einem Patienten größere Mengen Flüssigkeit parenteral (in der Regel intravenös) verabreicht. In der Flüssigkeit können sich Elektrolyte, Nährstoffe sowie Medikamente befinden. Man unterscheidet Infusionslösungen zur Deckung des Wasser- und Elektrolytbedarfs (einschließlich der Regulierung des Säure-Basen-Haushaltes) von solchen zur parenteralen Ernährung.

Instrumente

Spritzen 2 ml, Kunststoffverweilkanülen oder Flügelkanülen, Staubinde, Lagerungskissen, Tupfer, Desinfektionsmittel, Heftpflaster, eventuell eine Unteramschiene zur Fixierung des Armes, Infusionsflasche mit Einmal-Infusionsbesteck, Infusionsständer, Einmalhandschuhe.

Vorgehen

▶▶ *Infusionsflasche.*

Mit der Einstichkanüle des Einmal-Infusionsgerätes wird der Gummistopfen an der markierten Stelle durchstoßen. Damit die Infusionslösung aus der Infusionsflasche fließen kann, ist ein Belüftungsventil erforderlich, durch das die Luft in die Infusionsflasche eintreten kann.

Der Schlauch des Einmal-Infusionsgerätes wird mit Infusionslösung gefüllt, so dass er luftleer ist. Dabei wird die Tropfkammer durch Heben und Senken des freien Schlauchendes bis zur Markierung aufgefüllt. Die Infusion wird auf dem Infusionsständer auf dem Kopf stehend am Infusionsständer aufgehängt.

▶▶ *Venenpunktion.*

Der Arm wird auf einem Kissen gelagert, oberhalb der Injektionsstelle mit der Staubinde gestaut. Anders als bei der i. v. Injektion eignen sich Venen am Unterarm für Infusionen besser als Venen in der Ellenbeuge, da die Kanüle in der Ellenbeuge durch Bewegung leicht verschoben werden kann. Da eine Infusion über längere Zeit verabreicht wird, empfiehlt es sich bei guten Venen, eine Vene am Unterarm auszuwählen. Dann erfolgt nach der Hautdesinfektion die Venenpunktion. Die Staubinde wird gelöst.

Das freie Ende des Infusionsschlauches wird mit der in der Vene befindlichen Kanüle verbunden und die Infusionsgeschwindigkeit mit Hilfe des Durchflussreglers auf die vorgeschriebene Tropfenzahl einreguliert.

Falls erforderlich, wird der Arm des Patienten fixiert, damit die Kanüle nicht durch eine unabsichtliche Bewegung verrutscht und die Vene perforiert. In diesem Falle würde die Infusionslösung ins Gewebe fließen.

▶▶ *Braunüle.*

Die Verwendung von Kunststoffverweilkanülen (Braunülen) schließt eine Perforation aus. Bei ihnen ist eine Metallkanüle eng von einer Kunststoffhülse umschlossen. Die scharfe Spitze der Kanüle ragt gerade aus der Hülse hinaus. Nach der Punktion wird die Metallkanüle aus der Hülse gezogen, die allein in der Vene bleibt.

Komplikationen bei Infusionen

Da auch hier intravenös punktiert wird, sind die gleichen Komplikationen wie bei der intravenösen Injektion möglich. Eine zusätzliche Komplikation ist die Möglichkeit der Luftembolie. Beim Wechseln der Infusion kann auf Grund unglücklicher Lagerung (Sitzen oder angehobener Oberkörper) des Patienten ein Sog entstehen. Aus diesem Grunde müssen Patienten beim Wechsel des Infusionsschlauches flach liegen, der Wechsel muss schnell erfolgen. Während der Infusion müssen Infusionsschlauch und Kanüle fest miteinander verbunden sein.

30.3.7. Nach der Injektion

Einwegspritzen werden weggeworfen. Gebrauchte Kanülen bleiben auf der Spritze. Das Wegwerfen muss in einen festwandigen Behälter erfolgen, der nicht in Kinderhände gelangen darf.

30.4. Kleine chirurgische Eingriffe

30.4.1. Desinfektion der Haut des Kranken vor einem operativen Eingriff

Zweck der Reinigung, Entfettung und Desinfektion der Haut in umschriebener, für den Eingriff benötigter Ausdehnung. Außerdem soll das Desinfektionsmittel für die Dauer des Eingriffs auf der Haut haften bleiben. Verwendet wird ein nichtreizendes, dabei nicht nur bakterizid (keimfeindlich), sondern auch fungizid (hautpilzfeindlich) wirkendes Desinfektionsmittel mit reinigendem Effekt. Das Abweichen und Entfernen blutverkrusteter Haut- und Wundpartien erfolgt mit steriler physiologischer Kochsalzlösung.

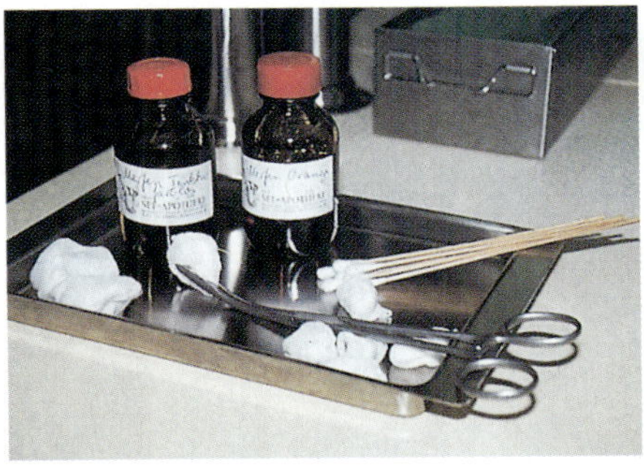

◀ *Zum Desinfizieren der Wundumgebung.*

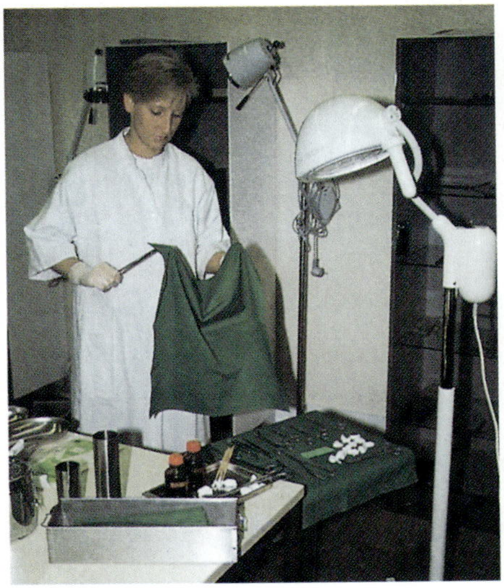

◀ *Vorbereitung einer Wundbehandlung.*

Die Zeitdauer der Hautdesinfektion wird durch die Art des beabsichtigten Eingriffes bestimmt. Vor Injektionen und Blutentnahmen reichen 30 Sekunden aus, bei weiter gehenden Eingriffen wie z. B.

Die Instrumente für eine Wundbehandlung sind vorbereitet. ▼

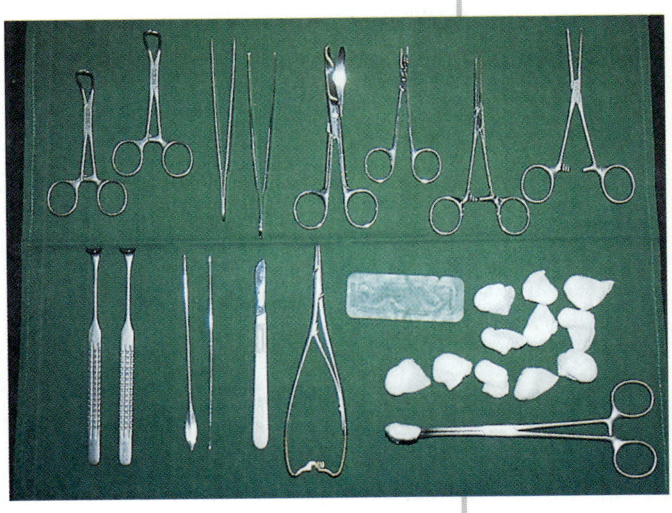

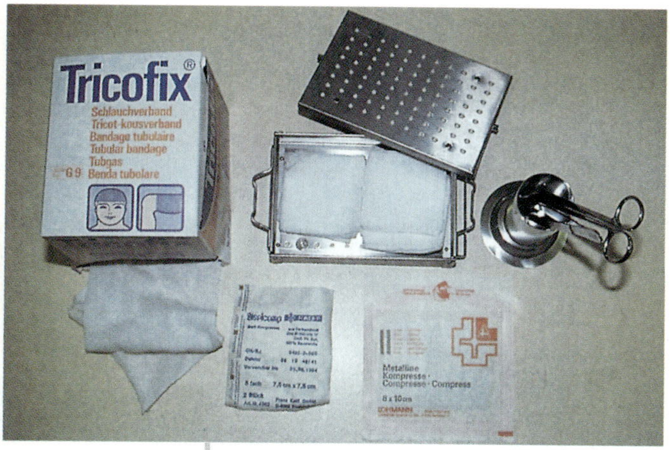

▲ *Tupfer, Kompressen und Verbandmaterial. Rechts eine Kornzange und eine Pinzette in einem Standgefäß.*

Arthroskopien oder Lumbalpunktionen sollen zwei Minuten nicht unterschritten werden.

Bei operativen Eingriffen erfolgt die Desinfektion der Haut des Patienten in mehreren Phasen:

- Reinigung und Entfettung z. B. mit Benzin
- Desinfektion über mindestens 5 Minuten mit einem Kombinationsdesinfektionsmittel

30.4.2. Lokale Anästhesie

Bei einer lokalen Anästhesie wird an einer umgrenzten Stelle eine Unempfindlichkeit gegen Schmerzen hergestellt. Die lokale Anästhesie ist Voraussetzung für viele kleine sowie mitunter auch größere chirurgische Eingriffe.

Wir unterscheiden drei Formen der lokalen Anästhesie. Der Patient befindet sich in jedem Falle bei vollem Bewusstsein.

Formen der lokalen Anästhesie

- Infiltrationsanästhesie
- Leitungsanästhesie
- Schleimhautanästhesie

Infiltrationsanästhesie

Man unterscheidet die direkte und indirekte Infiltrationsanästhesie. Bei der direkten Infiltrationsanästhesie wird nach Setzen mehrerer Quaddeln das ganze Gewebe infiltriert, bei der indirekten oder Umspritzungsanästhesie wird das Operationsgebiet von allen Seiten umspritzt. Das Zentrum bleibt frei von Anästhesielösung.

Leitungsanästhesie

Bei der Leitungsanästhesie wird die Schmerzempfindung durch Umspritzung der versorgenden Nerven aufgehoben. Das jeweilige Vorgehen richtet sich nach der Lage der Nerven.

Schleimhautanästhesie

Durch Aufträufeln der Anästhesielösung wird die zu betäubende Fläche schmerzunempfindlich gemacht. Die Schleimhautanästhesie kann z. B. an der Hornhaut, der Bindehaut des Auges, der Mund- oder Nasenschleimhaut, der Rachenschleimhaut sowie der Harnröhre zur Ermöglichung von Untersuchungen oder kleinen Eingriffen erfolgen.

30.4.3. Wundbehandlung

Wunden entstehen durch äußere Gewalteinwirkung und beruhen auf einer Trennung des Zusammenhangs von Geweben. Bei einfachen Wunden sind tiefer liegende Gewebe nicht mit verletzt, bei zusammengesetzten Wunden liegt eine Mitverletzung tiefer gelegener Gewebe, wie z. B. Muskeln, Nerven, Gefäßen, Knochen, Gelenken u. a. vor. Jede Gelegenheitswunde kann infiziert sein, deswegen sollte sie möglichst frühzeitig vom Arzt behandelt werden. Soweit möglich sollten hierbei die als infiziert zu betrachtenden Gebiete herausgeschnitten werden und die Wunde durch eine Naht verschlossen werden. Manche besonders infektionsgefährdete Wunden müssen jedoch offen gelassen werden z. B. Bissverletzungen.

Instrumente

Skalpell, Pinzetten, Nadelhalter, Nadeln, Wundspreizer, Scheren, Knochenfasszange, Gefäßklemmen, Schiene, Sonden,

Rasiermesser, Einwegkanülen, Einwegspritzen, Lokalanästhetikum, Nahtmaterial, Verbandsmaterial, Mull, Einweghandschuhe, Tetanusimpfstoff

Vorgehen

Nach Desinfektion der Wundumgebung und lokaler Anästhesie wird zunächst um den Wundrand ein 2 bis 3 mm breiter Hautstreifen herausgeschnitten. Das darunter liegende Gewebe wird schrittweise mit dem Messer gereinigt, zerfetztes und gequetschtes Gewebe sowie Fremdkörper werden entfernt. Nach vollständiger Reinigung der Wunde kann häufig ein Nahtverschluss der Wunde durchgeführt werden. Zum Abschluss wird die Wunde steril verbunden und ggf. durch eine Schiene ruhig gestellt.

Die Tetanusprophylaxe schließt sich an. Nach 6 bis 7 Tagen können normalerweise die Fäden entfernt werden.

Tetanusprophylaxe

Heute ist es üblich, bei nahezu jeder Verletzung den Impfschutz gegen Tetanus zu überprüfen und ggf. zu erneuern oder eine Grundimmunisierung vorzunehmen. Insbesondere bei Wunden an Händen oder Füßen, die mit Erde verschmutzt sind, und bei Verletzungen durch Holz ist die Gefahr eines Wundstarrkrampfes besonders groß.

Wir unterscheiden die passive und die aktive Tetanusschutzimpfung.

Wenn bisher keine Impfung gegen Wundstarrkrampf erfolgt ist oder die letzte Impfung zu lange zurückliegt, muss eine Simultanimpfung durchgeführt werden. Hierbei wird gleichzeitig eine Serumprophylaxe mit dem entsprechenden Impfstoff sowie eine Grundimmunisierung durchgeführt.

Für die Grundimmunisierung reichen zwei Impfungen im Abstand von vier bis sechs Wochen und eine weitere nach sechs bis zwölf Monaten aus. Die Zeitabstände zwischen den Impfungen können auch größer sein, ohne dass der Impfschutz dadurch schlechter wird.

Liegt die Grundimmunisierung erst 1 bis 2 Jahre zurück, so besteht ein voller Schutz auch ohne zusätzliche Maßnahmen. Im Zweifelsfall kann eine Auffrischimpfung mit dem aktiven Impfstoff erfolgen. Sie ist um so wichtiger, je mehr Jahre seit der Grundimmunisierung oder einer letzten Auffrischimpfung vergangen sind.

Gegenindikationen gegen eine Impfung sind akute fieberhafte Infektionen.

Bei guter Vorimmunität treten nach einer Impfung an der Impfstelle häufiger lokale Reaktionen (Schwellung, Rötung, Schmerz) auf.

◀◀ ***Reinigung der Wunde.***

30.4.4. Warzenentfernung

Warzen kommen oft bei Kindern und Jugendlichen, zumeist an den Händen, selten an anderen Körperstellen, vor. Sie werden durch Vereisung oder Ausschaben mit einem scharfen Löffel entfernt. Bei größeren Warzen empfiehlt es sich, diese herauszuschneiden und die Schnittstelle anschließend mit einer Naht zu schließen. Ausnahmen bilden Fußsohlenwarzen bei Kindern, bei denen die Narbenbildung störend sein kann.

◀◀ ***Grundimmunisierung.***

30.4.5. Varizenverödung

Bei Varizen handelt es sich um erweitere und geschlängelte Venen, vorwiegend an der unteren Extremität. Unter bestimmten Umständen können diese Varizen verödet werden.

Die Varizenverödung wird am liegenden Patienten vorgenommen. Nach Injektion des Verödungsmittels in die Vene wird ein Kompressionsverband mit einer elastischen Binde angelegt. Der Kompressionsverband bleibt 8 Tage liegen. Weitere Injektionen sind in der Regel wöchentlich durchzuführen.

◀ ***Kompressionsverband.***

Zum Wiederholen und Lernen.

MEMO!

WICHTIGES ZUM MERKEN

40 Insulineinheiten entsprechen 1 ml Insulin.

Ein **Mandrin** ist ein dünner Draht, der den Hohlraum von wiederverwendbaren Kanülen ausfüllt. Er muss die Kanüle auf beiden Seiten um 0,5 cm überragen und unbedingt vor Verwendung der Kanüle entfernt werden.

Beim **Aufziehen einer Flüssigkeit** aus einer Ampulle in die Spritze darf die Kanülenspitze das Glas nicht berühren, da sie sonst verbiegt. Beim Aufziehen **gewebereizender Mittel** durch eine Kanüle muss diese steril abgewischt oder ausgetauscht werden.

Anatomische Pinzetten haben Riefen, chirurgische spitze Zähne.

Aspirationsversuch: Bei subkutanen und intramuskulären Injektionen muss durch Anziehen des Spritzenstempels geprüft werden, ob sich die Kanüle versehentlich in einem Blutgefäß befindet.

Wegen der mit der Medikamentenverabreichung verbundenen Gefahren dürfen **i. v. Injektionen** durch die Arzthelferin nur mit ausdrücklicher – im Einzelfall gegebener – Anordnung des Arztes erfolgen.

Tetanusprophylaxe (Grundimmunisierung): 2 Impfungen im Abstand von 4 bis 6 Wochen, 1 weitere nach 6 bis 12 Monaten.

Röntgenstrahlen sind **elektromagnetische Wellen** mit einer Wellenlänge um 0,01 bis 100 Nanometer.

Röntgenstrahlen durchdringen den zu untersuchenden Körperteil und werden durch die **Strukturen des Körpers** unterschiedlich stark abgeschwächt. Entsprechend wird ein Röntgenfilm belichtet. Das zunächst noch nicht sichtbare Bild wird durch Entwicklung sichtbar.

Röntgenstrahlen entstehen beim Auftreffen auf jegliche Materie. Je höher die Röntgenspannung, je umfangreicher das zu durchstrahlende Objekt, desto höher ist die Streustrahlung. Streustrahlen werden vermindert durch konsequente Einblendung der Primärstrahlen auf das zu untersuchende Objekt. Ihre Auswirkungen auf den Röntgenfilm (diffuse Schwärzung) werden durch Raster vermindert.

Strahlengefahr in einem Röntgenraum besteht nur, solange die Röntgenröhre eingeschaltet ist.

Arzthelferinnen dürfen nur röntgen, wenn sie über die Fachkunde Strahlenschutz verfügen und unter ständiger Aufsicht und Verantwortung eines Arztes arbeiten.

TERMINOLOGIE

Tuberkulinspritze	1 ml Inhalt, Unterteilung in 1/100 ml
Insulinspritze	Einteilung in Insulineinheiten (1 ml = 40E)
Ohrspritze	Zum Ausspülen der Gehörgänge, 150 ml
Flügelkanülen	Kanülen mit Griffstück zum Anfassen, für Blutentnahmen
Aspiration	Ansaugen vor i. m. und s.c. Injektionen

MEMO!

EINIGE FRAGEN ZUM ÜBEN

Welche Größen haben die in der Allgemeinarztpraxis üblichen Spritzen?

Wie viel Insulineinheiten der Insulinspritze kommen auf 1 ml?

Welche Kanülen finden bei i. v., i. m. und s. c. Injektionen Verwendung?

Was muss geschehen, wenn die Kanülenspritze den Boden der Ampulle berührt hat?

Was muss die Arzthelferin tun, wenn eine Injektion nicht unverzüglich nach Füllung der Spritze erfolgen soll?

Mit welcher Art von Skalpellen wird eine Stich-, mit welcher Art eine Schnittinzision vorgenommen?

Wie unterscheidet sich eine anatomische von einer chirurgischen Pinzette?

Beschreiben Sie die in der Arztpraxis üblichen Injektionsarten!

Was versteht man unter dem »Aspirationsversuch«?

Aus welchem Grunde sollten i. v. Injektionen grundsätzlich nur vom Arzt verabreicht werden?

Wie wird eine gebrauchte Kanüle nach der Injektion (oder Blutentnahme) unfallsicher beseitigt?

Welche Voraussetzungen müssen bei Personen (auch Arzthelferinnen) gegeben sein, damit sie Röntgenuntersuchungen durchführen dürfen?

Wie lange müssen Röntgenbilder und Aufzeichnungen nach Durchführung der Röntgenuntersuchung aufbewahrt werden?

Beschreiben Sie Maßnahmen zum Strahlenschutz!

Zum Wiederholen und Lernen.

31. Physikalische Therapie, Verbandlehre und Hilfe bei Notfällen

ZIELE DES RAHMENLEHRPLANS

- Verfahren und Handhabung der Elektrotherapie beschreiben
- Anwendung der Wärme und Lichttherapie erklären
- Inhalationstherapie und Geräte beschreiben
- Anlegen von Verbänden erläutern
- Verhalten bei Zwischenfällen in der Arztpraxis beschreiben
- Erste Maßnahmen während der Abwesenheit des Arztes darstellen

31.1. Physikalische Therapie

Durch die physikalische Therapie wird versucht, Erkrankungen der inneren Organe meist unter Anwendung von Wärme zu behandeln.

31.1.1. Allgemeines

MEMO!

Beachte: Die Arzthelferin sollte sich während einer physikalisch-medizinischen Maßnahme nicht vom Patienten entfernen (Rufnähe).

Sie muss während der Behandlung die Apparateeinstellung kontrollieren und gegebenenfalls die Wärme entsprechend dem subjektiven Befinden des Kranken regulieren. Die vom Arzt vorgegebene Dosierung darf nicht überschritten werden.

Bei Unbehagen und Schmerzäußerung ist die Intensität der Maßnahme zu drosseln oder sofort zu unterbrechen. (Klingel, »Not-Aus-Leine«). Bei jedem Zwischenfall (Hautrötung bis Blasenbildung) oder bei Allgemeinreaktionen (Übelkeit, Ohnmacht) ist sofort der Arzt zu benachrichtigen, der Vorfall ist in der Kartei zu vermerken.

Durch die physikalische Therapie wird versucht, Erkrankungen der Haut, Muskulatur, Gelenke und der inneren Organe zu behandeln. Die Wirkung beschränkt sich meist auf das behandelte Gebiet; die einzelnen Maßnahmen müssen gegebenenfalls von Anwendung zu Anwendung hinsichtlich Dosis und Zeitdauer variiert werden.

Die erstmaligen Anwendungen sollen niedrig dosiert und von kurzer Dauer sein. Es gibt Maßnahmen, die grundsätzlich kurz durchgeführt werden (Ultraviolettbestrahlung), andere, die eine durchschnittliche Behandlungszeit von 10 bis 20 Minuten haben (Kurzwellendurchflutung), und schließlich die, welche über eine halbe Stunde ausgedehnt werden dürfen (Überwärmungsbad).

Die Hauptwirkung der physikalischen Therapie beruht auf der Hyperämie (Blutüberfüllung des behandelten Gebietes), bedingt durch Weiterstellung der Kapillaren. Vermehrte Durchblutung fördert eine bessere Ernährung von Haut, Unterhautzellgewebe, Fettschicht, Faszie und Muskulatur. Wärme führt zur Entspannung und Entkrampfung, damit häufig auch zur Verminderung von Schmerzen.

Wärmeanwendungen

Sie wirken hyperämisierend, entzündungshemmend, spasmenlösend und schmerzlindernd. Die Durchblutungsförderung beruht auf einer Kapillarerweiterung. Die Poren öffnen sich, so dass Schweiß abgesondert wird. Man unterscheidet

- trockene Wärme (Heizkissen, Wärmeflasche, Heißluft, Infrarot, Ultraschall) und
- feuchte Wärme (Kompresse, Wickel, Umschlag, Heilpackung, Abwaschung, Abreibung, Abklatschung, Guss).

Für die apparative Behandlung gelten Vorschriften der zuständigen Berufsgenossenschaft und der Betreiber- Verordnung (Prüf- und Überwachungsvorschriften für Wartung, Reinigung und Überprüfung).

MEMO!

Vor Bestrahlungsbeginn sind vom Patienten Ringe, Haarnadeln, Sicherheitsnadeln, Uhren, Spangen und Kunstfaserstoffe (wegen des Schwitzeffektes) besonders dann abzulegen, wenn sie sich in der Nähe des für die Therapie vorgesehenen Körperbereiches befinden. Feuchte verschwitzte Haut muss vor Bestrahlungsbeginn abgetrocknet werden. Anästhesierte Gebiete dürfen nicht bestrahlt werden.

31.1.2. Mikrowellentherapie

Bei der Elektrotherapie wird dem Körper elektrische Energie zugeführt, die in Wärme umgesetzt wird. Heute findet sich in den Arztpraxen meist die Mikrowellentherapie in Frequenzen von über 1 Million elektromagnetischen Schwingungen/s. Die Eindringtiefe ist relativ groß, so dass Muskeln, Knochen und innere Organe in der Tiefe erwärmt werden können. Es entstehen elektrische und magnetische Felder, deren Größe von der Art und Anbringung der Elektroden abhängt.

Mikrowellen sind 12,5 cm lange elektromagnetische Wellen, die gebündelt ausgestrahlt werden und in die Fett- und Muskelschichten des Körpers eindringen. In der Apparatur befindet sich eine Magnetröhre in einem Magnetfeld. Die Strahlen gehen von der Anode auf den Dipol, von hier aus in den Körper. Die Dosierung

Kontaktstrahler:
Fokusstrahler

... werden meistens im HNO-Bereich verwendet. Üblicherweise hält der Patient selbst den Strahler auf die zu behandelnde Körperstelle.
Beachte: Strahler muss Hautkontakt haben. Dosis nicht über **10 Watt!**

Großfeld- oder Muldenstrahler

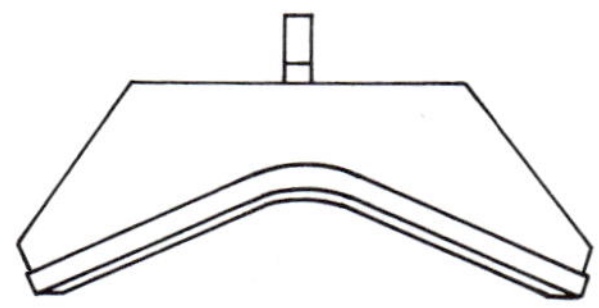

... werden benutzt, um eine grosse Flächenwirkung zu erzielen. Die Form des Strahlers passt sich gut einigen Körperkonturen an; z. B.: Schulter- oder Kniegelenk, Schultergürtel (Nacken), Bauch, Rücken.
Beachte: Anwendung als Kontaktstrahler.

Distanzstrahler:
Rundfeldstrahler

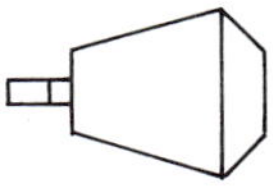

... werden benutzt, wenn man an begrenzten Körperpartien eine grosse Tiefenwirkung erzielen will. Dieser Strahler ist der gebräuchlichste Mikrowellenstrahler.
Beachte: 10 cm Abstand zwischen Strahler und Körper einhalten.

Langfeldstrahler

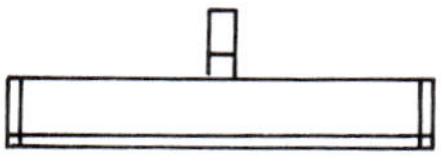

... werden zur Behandlung länglicher Körperpartien genommen; z. B.: Wirbelsäule, Extremitäten.
Beachte: 10 cm Abstand einhalten.

Zirkularstrahler

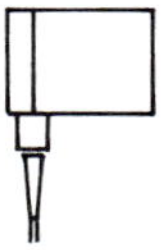

... kommt besonders in der Pädiatrie, der HNO-, Augen-, Zahn- und Kieferheilkunde zur Anwendung. Über den flexiblen Haltearm ist er in jede Richtung verstellbar.
Beachte: Dosis nicht über **25 Watt!** 10 cm Abstand einhalten. Teesiebgeflechtbrille!

▲ ***Mikrowellenstrahler und ihre Anwendung.***

muss niedrig gewählt werden, weil es sonst zu Verbrennungen kommen kann. Die Augen dürfen von den Mikrowellen nicht getroffen werden (Gefahr der Starbildung); daher müssen bei Kopfbestrahlungen die Augen mit einer Teesiebgeflechtbrille geschützt werden, die alle auf das Auge fallenden Wellen reflektiert.

Mikrowellentherapie darf nicht angewendet werden auf Liegen mit Metallrahmen, auf Matratzen mit Metallspiralen und auf Bezugsstoff, der elektroleitend ist. Kontraindiziert ist die Hochfrequenztherapie bei Patienten mit

- Herzschrittmacher
- einoperierten Metallteilen (Marknägel, Hüftgelenksprothesen)
- Granatsplittern
- Schwangerschaft (Gefahr teratogener Schäden)

31.1.3. Bestrahlung

Während der Wärmetherapie mit elektrisch betriebenen Apparaten ist der Patient dauernd zu beobachten. Vor Bestrahlungsbeginn sind Kabel und Stecker zu prüfen. Sofern keine andere Bestrahlungszeit verordnet wurde, sind 10 bis 15 Minuten einzuhalten. Um Verbrennung zu vermeiden, ist auf gehörigen Abstand zwischen Strahlungsträger und Haut zu achten.

Lichtbad (Lichtkasten)

Die Wirkung der Lichtkastenbestrahlung beruht auf der Wärmestrahlung der Glühbirnen. Durch die Kastenform kann Wärme kaum entweichen. Infolge schneller Erweiterung der vorwiegend oberflächlich liegenden Blutgefäße tritt beim Patienten starkes Wärmegefühl auf. Große Lichtkästen werden für den Körperstamm und für die Extremitäten bei einer Bestrahlungsdauer bis zu 20 Minuten benutzt, während kleine Lichtkästen zur Kopfbestrahlung (Kopflichtkasten) für die Dauer von 10 Minuten dienen. Die Augen sind dabei mit einer dicken dunklen Stoffschicht zu schützen.

MEMO!

Die Verwendung von Höhensonnenbrillen unter dem Kopflichtkasten ist untersagt, weil sich deren Metallränder erhitzen.

Infrarot (IR), Ultrarot (UR)

Infrarot- und Ultrarotstrahlen sind unsichtbares, langwelliges Licht. Die Infrarotlampe strahlt Wärme in tiefere Gewebeschichten ein, als dies mit dem Lichtbad möglich wäre. Bei der Bestrahlung muss ein Abstand von 40 cm vom Körper eingehalten werden; bei zu starkem Wärmegefühl wird der Abstand vergrößert. Bestrahlungsdauer bis 15 Minuten. Es entsteht ein Erythem (Hautrötung).

Die Solluxlampe wird für örtlich umgrenzte Bestrahlungen verwendet. Die in der Apparatur befindliche Infrarotröhre entwickelt eine intensive Wärmestrahlung. Jeder Apparat hat einen Adapter zur Begrenzung des Bestrahlungsfeldes. Um die Strahlenaustrittstelle liegt ein Schutz-

▶▶ *Solluxlampe.*

ring, der einen Abstand zwischen Haut und Apparat garantieren soll. Der Abstand zwischen Haut und Schutzring soll 10 bis 15 cm betragen. Die Bestrahlungsdauer liegt bei 15 Minuten. Ohne Filter wirkt die Solluxlampe als Wärmestrahler hyperämisierend. Mit vorgesetztem Blaufilter wird der Wärmeeffekt herabgesetzt (Dämpfungseffekt); Indikationen sind Nervenentzündungen und örtlich umschriebene Erfrierungsstellen. Ein Rotfilter bewirkt Hyperämie; Indikationen sind flächenhafte Entzündungen und Erkrankungen im Augenbereich, weil Rotlicht blendungsarm ist. Blaulicht hat eine kürzere Wellenlänge als Rotlicht. Je kürzer die Lichtwellen sind, desto weniger intensiv wärmen sie.

Ultraviolettquarzbrennerbestrahlung (»Höhensonne«)

Die Quecksilberhochdrucklampe sendet aus dem Quarzbrenner kurzwellige ultraviolette Strahlen (UV) aus, die auch in den Sonnenstrahlen vorkommen und die wenige Millimeter in die Haut eindringen. Vitamin D wird produziert, es werden Enzyme aktiviert, und ein bakterizider Effekt entsteht.

Der Brenner besteht aus einem luftleeren Quarzglasbogen, an dessen Enden je eine Elektrode sitzt. Im Innern befindet sich 15-prozentiges Quecksilber. Durch Bedienung des Schalters wird der Brenner gezündet. Der Strom wandert von einer zur anderen Elektrode, wodurch sich ein Lichtbogen von 300 °C Hitze bildet, in dem das Quecksilber verdampft. Damit beginnt die Entsendung des ultravioletten Lichts. Der Quarzbrenner hat eine Lebensdauer von bis zu 800 Bestrahlungsstunden. Die lange Lebensdauer setzt gründliche Pflege voraus: Abstauben vor jeder Bestrahlung mit trockenem, weichem Lappen unter Vermeidung der Berührung mit dem Finger (weil sich dann Fett am Brenner niederschlägt). Fingerabdrücke entfernt man vom Brenner mit absolutem Alkohol. Danach darf er 30 Minuten lang nicht benutzt werden.

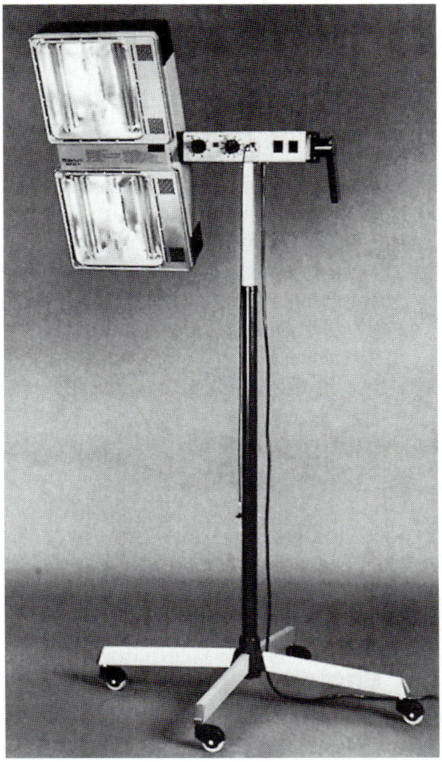

◀ *Höhensonne.*

Die Patienten legen sich auf eine Decke oder auf ein sauberes, ausgebreitetes Tuch. In jedem Fall muss eine Schutzbrille vom Kranken und von allen im Bestrahlungsraum anwesenden Personen getragen werden (sonst kann es zu schweren Bindehautentzündungen, wie beim Sonnenbrand, kommen). Die Arzthelferin soll beide Unterarme bedeckt halten, um Verbrennungen zu vermeiden. Der Abstand zwischen Brenner und dem Patienten muss mindestens 1 m betragen. Die Bestrahlungen folgen in Abständen von 3 bis 4 Tagen. Sie beginnen mit einer halben Minute und werden (je nach Hautreaktion) nach und nach auf 8 bis 10 Minuten gesteigert. Bestrahlungen mit bestimmten Modellen dürfen nicht über 30 s hinausgehen! Insgesamt werden 10 Bestrahlungen verabfolgt, da bei häufigeren Bestrahlungen eine Gewöhnung an UV-Strahlen eintritt. Bei Unterbrechung der Serie (Krankheit, Urlaub) muss man wieder mit kurz dauernden Bestrahlungen beginnen. Die

Hautentzündung.

Höhensonnenbestrahlungen werden bei Rachitis, Vitaminarmut, bestimmten Hauterkrankungen u. a. durchgeführt. Das UV-Erythem tritt erst nach Stunden auf, bei Überdosierung (besonders bei blonden oder rothaarigen Patienten) kann eine Hautentzündung eintreten. Vor jeder neuen Höhensonnenbestrahlung ist deshalb der Patient auf Hautrötung anzusehen. Bei übermäßiger Rötung (Sonnenbrand) ist die Bestrahlungsserie zu unterbrechen.

31.1.4. Inhalation

Aerosolvernebler.

Inhalation bedeutet tiefes Einatmen vernebelter Medikamentenlösungen, die abhängig von der Tröpfchengröße bis zu den Lungenbläschen gelangen. Geeignete Medikamente wirken sekretionsfördernd, entzündungshemmend und bronchialerweiternd. Da sich die Lumina der Atemwege ständig bis zu den Alveolen hin verengen (Alveolen haben einen Durchmesser von 0,2 bis 0,6 mm), muss die Partikelgröße der eingeatmeten Teile entsprechend klein sein. Die Zerstäubung der Medikamentenlösungen erfolgt bis zu Teilchengrößen von 0,5 bis 1 μm über Düsen oder durch Ultraschall (Aerosolvernebelung). Ultraschallvernebeler bedienen sich der Frequenzschwingungen 10 x 30^3 bis 10^{10} Hz. Die Nebeldichte soll 10 mg/Liter betragen bei einer Zerstäubungsleistung von 200 mg/min.

Es gibt folgende Apparatearten:
- Kopfdampfbad
- Düsenvernebler (inklusive Sole-Feucht-Zerstäuber)
- Ultraschallvernebler
- Dosier-Aerosole

Je nach Verordnung können verwendet werden:
- ätherische Öle (z. B. Eukalyptus)
- Heilwasser (Quellwasser)
- Kochsalzlösungen (Sole), z. B. Emser, Rappenauer, Reichenhaller Salz; Salzlösungen dringen nicht bis in die Alveolen vor
- Medikamente (Antibiotika, Antihistaminika, Sekretolytika, Spasmalytika, Tuberkulostatika)

MEMO!

Beachte:

Vernebler	**für die unteren Atemwege. Die Medikamente werden fein »vernebelt«.**
Zerstäuber	**für die oberen Atemwege, Sole und Heilwässer werden in kleine Tröpfchen »zerstäubt«.**
Maske	**erreicht alle Atemwege**
Mundstück	**für die tiefen Atemwege.**

Die Lösungen werden teils verwendungsfähig geliefert, teils müssen sie nach Vorschrift verdünnt werden. Die Gesamtdosis ist zu beachten.

Nach Benutzung sind alle Teile des Gerätes auseinandergenommen zu desinfizieren und zu autoklavieren. Hierbei sind die Herstellerhinweise zu beachten.

Zum Wiederholen und Lernen.

MEMO!

WICHTIGES ZUM MERKEN

Bei physikalischer Therapie: nicht vom Patienten entfernen, Patienten beobachten, bei Schmerzen oder Unbehagen Maßnahme vermindern oder abbrechen, bei Zwischenfällen Arzt benachrichtigen.

Vor Bestrahlungsbeginn sind vom Patienten Ringe, Haarnadeln, Sicherheitsnadeln, Uhren, Spangen und Kunstfaserstoffe insbesondere dann abzulegen, wenn sie sich in der Nähe des für die Therapie vorgesehenen Körperbereichs befinden. Hochfrequenztherapie darf nicht angewendet werden bei Patienten mit Herzschrittmachern, Metallteilen im Körper, Schwangerschaft.

EINIGE FRAGEN ZUM ÜBEN

Welche Wellenlänge haben Mikrowellenstrahlen?

Beschreiben Sie die Wirkung von Wärmeanwendungen!

Welche Vorsichtsmaßnahmen sind bei der Wärmetherapie zu beachten.

Worauf ist bei der Infrarot- und Ultraviolettbehandlung besonders zu achten?

Welche Folgen hat eine zu hohe Dosierung von UV-Strahlen?

Welche Hauptwirkungen hat die physikalische Therapie?

Wie wirkt die Elektrotherapie?

31.2. Verbandlehre

Verbände haben verschiedene Aufgaben. Sie dienen u. a. zum Schutz von Wunden gegen Berührung und Infektionen, zum Schutz der Umgebung (insbesondere Kleidung) bei Verwendung von Salben und Pasten u. ä., zum Halten der Wundauflage, zur Kompression bei bestimmten Erkrankungen, zur Stützung, Ruhigstellung und Fixierung bei Distorsionen, Luxationen, Frakturen, aber auch zur Ruhigstellung bei Infektionen wie Sehnenscheidenentzündung und Venenentzündung.

Um diese Aufgaben an den verschiedenen Körperteilen erfüllen zu können, gibt es Materialien und Techniken, die jeweils ihre festgelegten Anwendungsbereiche haben.

31.2.1. Verbandmaterialien

Ihren Aufgaben entsprechend bestehen Verbandstoffe aus verschiedenen Materialien:

Mull

Mull besteht aus Baumwoll- oder Zellwollfasern, wird chemisch gereinigt, gebleicht und sterilisiert. Er dient zur Wundabdeckung als Mullkompresse (Verbandmull), zur Befestigung (Mullbindung), zum Aufsaugen (Mulltupfer, Mulltampons), zum Abdecken (Mullschleier, Gesichtsschleier).

Mullbinden

Mullbinden dürfen nicht als Wundauflagen verwendet werden. Sie sind das wichtigste Material zur Befestigung von Wundauflagen. Mullbinden können im Autoklaven sterilisiert werden, mit Webkante sind sie nahezu unelastisch, mit gekräuselten Kettenfäden finden sie Verwendung als elastische Binde.

Mullkompressen

Mullkompressen sind an Rändern fest gewebte Mullrollen oder -lagen von Größen 7,5 cm x 7,5 cm, 10 cm x 10 cm oder 15 cm x 15 cm. Sie bestehen aus 10-, meistens 16fachen übereinander gelegten Mulllagen, gegebenenfalls mit Watte- oder

Verband einer Wundnaht: a) Wundnaht, b) Auflegen einer mehrfachen sterilen Mullschicht, c) Befestigung einer Mullschicht mit Heftpflasterstreifen. In geeigneten Fällen, besonders bei glatten Wundrändern, kleinen Wunden, wird Spraypflaster verwendet, das auf die Wunde und ihre unmittelbare Umgebung mittels Sprayflasche aufgetragen wird.

Zellstofflage. Vliesstoffkompressen dienen der Versorgung stark sezernierender Wunden, ebenso Zellstoff-Mull-Kompressen.

Verbandpäckchen

Es handelt sich um sterile Fertigverbände für keimfreie Wundbedeckung im Rahmen der Ersten Hilfe. Die aus mehreren Lagen bestehende, gepolsterte Auflage in der Mitte dient der direkten Wundabdeckung und dem Druck bei flächenhafter Blutung. Die beidseitig anschließenden Mullbinden werden zum Festbinden benutzt. Die Innenseite des Plastikumschlags vom Verbandpäckchen ist auch steril. Damit kann man abdecken (z. B. bei Brustkorbverletzung zur Vermeidung des Pneumothorax).

Tupfer

Tupfer sind ineinandergedrehte Mullagen, die ein aufsaugendes Auftupfen von Wundflächen gestatten. Die Kleinausführung wird als Präpariertupfer bezeichnet und wird an einer Kornzange befestigt.

Vliesstoffe

Vliesstoffe sind filzartige Materialien, die weder gesponnen noch gewebt sind und eine gute aufsaugende Wirkung haben. Dabei zerreißen sie nicht so leicht wie Zellstoff, sind, anders als Watte, flusenlos und lassen sich gut sterilisieren.

Watte

Watte besteht aus Baum- oder Zellwolle, Zellulose oder Synthetik. Man unterscheidet Augenwatte (nur aus Baumwolle), Saug- und Verbandwatte. Zu den Verbandwatten zählt die Polsterwatte, die zur Polsterung von Schienen und Gipsverbänden verwendet werden darf (weil sie nicht entfettet und nicht gebleicht ist); zur Polsterung verwendet man auch die außen geleimte Tafelwatte.

Zellstoff

Zellstoff in Lagen wird als großflächige Liegenunterlage, als Tupfer zur Hautreinigung, als Zwischenschicht für Verbände verwendet. Er wird in Rollen geliefert und muss daher zugeschnitten werden. Zellstoff-Mull-Kompressen haben eine Mullhülle und eine Zellstoffeinlage. Die Lagen sind miteinander versteppt. Zellstoff saugt die Feuchtigkeit schnell auf und hält sie gut, neigt aber insbesondere im nassen Zustand zum Zerfließen und Zerreißen.

Sonstiges

Gips findet Verwendung bei Gipsverbänden, *Kautschuk* sowie *Harze* sind in Pflasterklebemassen zu finden, *Zinkoxid* wird für Zinkleimverbände verwendet.

31.2.2. Bindenmaterial

Früher wurden Binden aus Leinen hergestellt. Dieses Material wäre heute viel zu teuer und nicht so vielseitig einsetzbar wie die verschiedenen heute verwendeten Bindenmaterialien. Wir unterscheiden unelastische von elastischen Binden, nicht klebende von (klebenden) Pflasterbinden. Wieder andere Binden sind wasserundurchlässig. Für alle gilt, dass sie nicht direkt auf offene Wunden gewickelt werden dürfen. Die am häufigsten verwendeten Binden sind die Mullbinden.

(Normale) Mullbinde

Die genormten Mullbinden, die überwiegend der Befestigung von Wundauflagen verschiedenster Art dienen, sind das am meisten verbreitete Material. Sie bestehen meist aus Zellwolle oder einer Mischung von Zellwolle und Baumwolle, haben 20 oder 24 Fäden und eine Webkante. Sie sind nicht elastisch und in Breiten vo 6, 8, 10 und 12 cm bei einer Länge von 4 m im Handel erhältlich.

Elastische Mullbinde

Elastische Fixierbinden bestehen aus synthetischer Faser und sind – wie der Name schon sagt – sehr elastisch. Sie finden immer dann Verwendung, wenn der Verband gut sitzen, aber die Bewegungsfähigkeit des Patienten nicht zu sehr behindern soll. Es gibt sie in Größen von 6 bis 12 cm Breite, gedehnt sind sie 4 m lang. Sie sind waschbar, kochbar, im Autoklaven sterilisierbar, können aber nicht gebügelt oder gemangelt werden.

Schlauchverbände

Schlauchverbände bestehen aus einem Schlauch aus verschiedenartigem Material in unterschiedlichen Breiten. Sie haben den Vorteil, dass sie sich der jeweiligen Körperform gut anpassen. *Trikotschlauchverbände* sind nur mäßig dehnbar und finden besonders unter Gipsverbänden Verwendung. *Netzverbände* zeichnen sich durch besondere Dehnbarkeit vorwiegend in der Querrichtung aus.

Idealbinden

Es handelt sich um elastische Binden aus Baumwolle, die in besonderer Webart unter Verwendung von Kreppzwirnen hergestellt werden. Sie sind insbesondere in Längsrichtung besonders elastisch. Ungedehnt haben sie eine Länge von 2,5 m, lassen sich aber bis etwa 5 m Länge dehnen. Idealbinden eignen sich besonders zur Stütz- und Gelenkverbänden sowie zur Kompression und Entlastung.

Idealbinden können mehrfach verwendet werden, verlieren dann aber zunehmend an Elastizität. Sie sind koch- und sterilisierbar, dürfen aber nicht gebügelt bzw. gemangelt werden.

Es gibt weitere Idealbinden aus anderen Materialien in unterschiedlichen Breiten sowie andere Formen von Kompressionsbinden, wie z. B. die »Gummifaserbinden«, die bis zu 200 Prozent dehnbar sind. Sie bestehen heute überwiegend nicht mehr aus »Gummifäden«, sondern synthetischen Materialien.

◀ *Kompressionsbinden.*

Elastische Pflasterbinden

Pflasterbinden sind auf der einen Seite mit einer Pflastermasse bestrichen, wodurch die Binden fest auf der – gegebenenfalls vorher rasierten – Haut kleben. Pflasterbinden können

- *querelastisch* (Gelenk-, und Bänderverletzungen, Rippenbrüche, Extensionen),
- *längselastisch* (Kompressionsverbände) oder
- *längsquerelastisch* (Kompressions- und Sportverbände)

sein. Pflasterbinden gibt es überwiegend luftdurchlässig. Bei ihrer Lagerung muss darauf geachtet werden, dass die Klebemasse nicht altert bzw. eintrocknet.

Zinkleimbinden

Hierbei handelt es sich um Mullbinden oder elastische Binden, die mit Zinkleim (Zinkoxid, Gelatine, Glyzerin und Wasser) getränkt sind. Es gibt sie fabrikfertig in Breiten von 8 cm (Länge 5 m) und 10 cm (Länge 5, 7 und 10 m). Zinkleimverbände finden insbesondere Verwendung bei den so genannten Beinleiden (Krampfadern, Ulcus cruris, Venenentzündung). Sie könnten auch selbst hergestellt werden.

◀ *Zinkleimverband.*

Papierbinden

Papierbinden bestehen aus Krepp und werden unter Gipsverbänden verwendet. Breiten sind 4, 6, 8, 10, 12 und 15 cm, Länge 4 m.

Gipsbinden

Gipsbinden sind Mullbinden, in die Gipspulver zum Teil mit Kunstharzen versetzt eingearbeitet ist. Anwendungsgebiete: Frakturen, Luxationen, Entzündungen, Gelenk- und Knochenerkrankungen.

Man unterscheidet gestrichene (Gips wird von den Mullbindemaschen fest gehalten) und gestreute Gipsbinden; sie unterscheiden sich in der Schnelligkeit der Bindung des Gipses nach Herausnahme aus dem Wasser und in der Tragfähigkeit. Hartgipsbinden üben nach der Trocknung statische Funktionen aus (sie halten den Druck des Körpergewichts aus, z. B. Beingips, Wirbelsäulengips). Gips-Kunstharz-Binden sind Hartgipsbinden, die gegen Feuchtigkeit unempfindlich sind. Ähnlich unempfindlich und besonders belastbar sind Fiberglasverbände. Einstreugipsbinden haben eine längere Tauchzeit. Schnellgipsbinden besitzen einen weitmaschigen Stoff, der schnell durchfeuchtet und sofort verwendungsfähig ist.

Gipsbinden sind 2 m oder 5 m lang und 8, 10, 12, 15 oder 20 cm breit. Die Breitlonguetten zur Herstellung von Gipsbetten werden aus 40, 60 oder 80 cm breiten Gipsbinden gefertigt. In trockenem, gleichmäßig temperiertem Raum sollen Gipsbinden nicht länger als 4 Monate lagern.

31.2.3. Pflaster

Heftpflaster besteht aus Gewebe mit einer Klebemasse und ist nicht dehnbar, luft- und wasserundurchlässig. *Synthetische Pflaster* bestehen aus Vliesstoffen oder einem Kunststoff-»Gewebe« sowie synthetischer Pflastermasse, sie sind alterungsbeständiger und hautfreundlicher. Je nach Material sind sie wasser- und luftdurchlässig.

Verbandpflaster

Verbandpflaster besteht aus einem breiteren Heftpflaster mit einer Wundauflage in der Mitte aus Zellwollgewebe, das aus verschiedenen Schichten besteht. Es gibt wasserdurchlässige, Wasser abstoßende und wasserundurchlässige Pflaster. Angestrebt wird weitgehende Luftdurchlässigkeit, da Luftzutritt zur Wunde die Heilung fördert. Überwiegend werden Heftpflaster in Breiten von 4, 6, 8 cm sowie Längen von 10 cm bis 5 m geliefert. Vom Streifen wird das benötigte Stück mit einer Schere abgeschnitten, die Wundauflage kommt auf die Wunde, die Randstreifen werden straff auf die Haut geklebt.

MEMO!

Beachte: Die Wundauflagen sind steril und durch Schutzstreifen abgedeckt. Diese dürfen erst unmittelbar bei der Verwendung des Heftpflasters entfernt werden, dabei darf die Wundauflage nicht berührt werden. Sollte dies doch einmal geschehen, ist die Wundauflage nicht mehr steril, das Pflaster darf nicht mehr auf Wunden verwendet werden.

Das Abziehen des Wundpflasters von der Haut erfolgt ruckartig, um den Schmerz zu verkürzen. Pflasterreste werden mit waschäther- oder waschbenzingetränktem Wattebausch entfernt (bei Benzinallergie ist Haushaltsseife zu verwenden). Bei Heftpflasterallergie wird poröses Pflaster mit Kunststoffstrichfläche verwendet.

31.2.4. Verbandtechnik

MEMO!

Beachte: Verbände dürfen nie so angelegt werden, dass sich der distale Körperteil blauviolett oder weiß verfärbt. Verbände dürfen sich nicht lockern oder verrutschen, die Befestigung des letzten Stückes der Binde darf nicht über der Wunde erfolgen. Offene Hautwunden werden vor einem Verband stets mit einer sterilen Auflage bedeckt. Die Wundauflage muss so beschaffen sein, dass sie sich so leicht wie möglich wieder entfernen lässt.

Verbände sollten so angelegt werden, dass möglichst leicht Luft an die Wunde heran kann. Durchgeblutete Verbände müssen gewechselt werden, Salben u. ä. dürfen nicht zu dick aufgetragen werden. Auch die Verbände selbst dürfen nicht zu dick sein.

Breite und Länge der Binde richten sich nach dem zu verbindenden Körperteil.

MEMO!

Beachte: Die Breite der Binde soll der Dicke des zu verbindenen Körperteils ungefähr entsprechen.

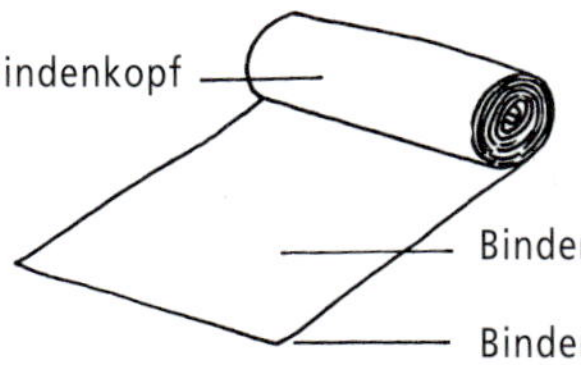

Bezeichnung der Teile einer Mullbinde.

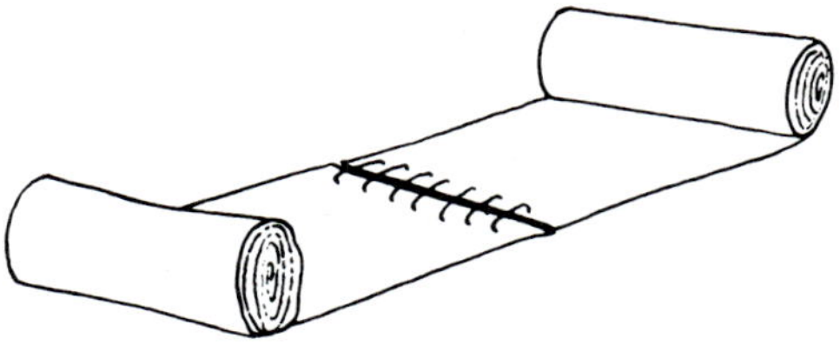
Zusammengenähte Bindenenden.

Mullbinden sind eng zusammengerollt und von einer Schutzhülle umgeben. Man unterscheidet

- das freie Bindenende (Anfang der Binde)
- den Bindenkopf
- die Bindenbahn

Gelegentlich benötigt man gleichzeitig zwei Binden, die mit ihren Bindenenden zusammengenäht werden (z. B. Kopfverband). Damit können die Touren nach rechts und nach links gewickelt werden.

Anlegen der Binde

Der zu verbindende Körperteil muss verbandgerecht liegen. Umstehende Gegenstände, Bekleidung u. a. dürfen nicht stören. Grundsätzlich wird unterhalb der zu bedeckenden Stelle begonnen. Nach Entfernen der Schutzhülle wird das Bindenende zwischen Daumen und Zeigefinger der linken (Linkshänder der rechten) Hand gefasst, während die andere Hand den Bindenkopf hält. Den Bindenkopf legt man etwas schräg an. In der Regel wird der Bindenverband herzwärts (Ausnahme: Kornährenverband an der Hand) und von innen nach außen gewickelt.

MEMO!

Bindenkopf in die rechte, Bindenende in die linke Hand!
Herzwärts wickeln!

Grundformen

Jeder Bindenverband bedient sich im Prinzip dreier Grundformen:

- Achtertour
- Kreistour
- Schraubentour

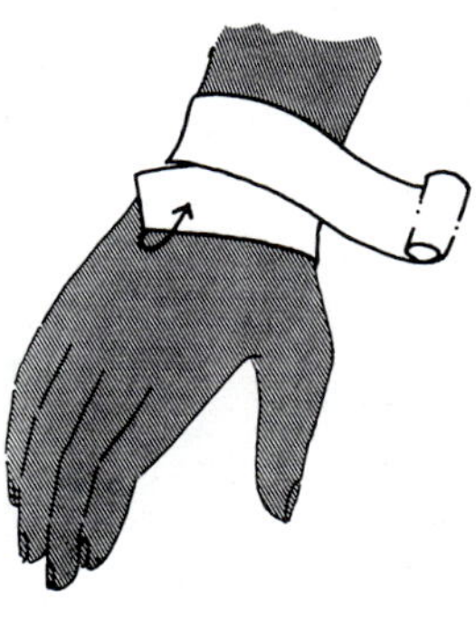

Kreistour: Beginn einer Kreistour mit einem etwas schräg liegenden Bindenende, dessen Zipfel in die zweite Kreistour eingeschlagen wird.

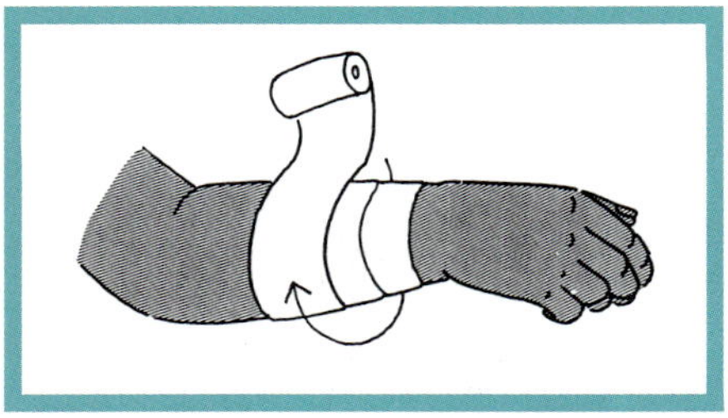

Schrauben-(Spiral-) Tour am rechten Unterarm.

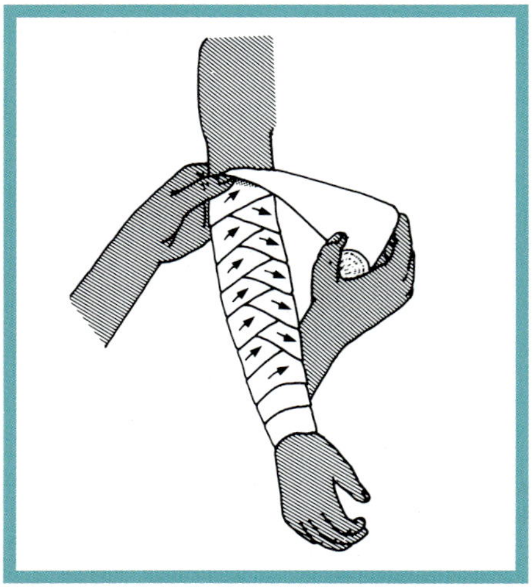

Umschlagtour: Zunächst zwei Kreistouren oberhalb des Handgelenks, dann Umschlagtouren um den Unterarm.

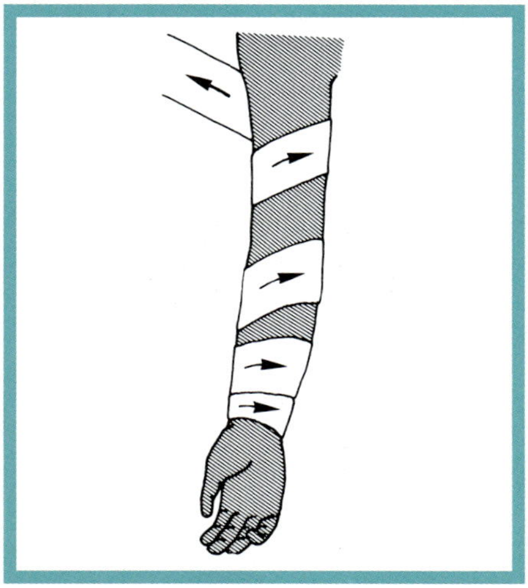

Schlangentour: Zunächst zwei Kreistouren oberhalb des Handgelenks, dann läuft die Binde entsprechend der Unterarmform.

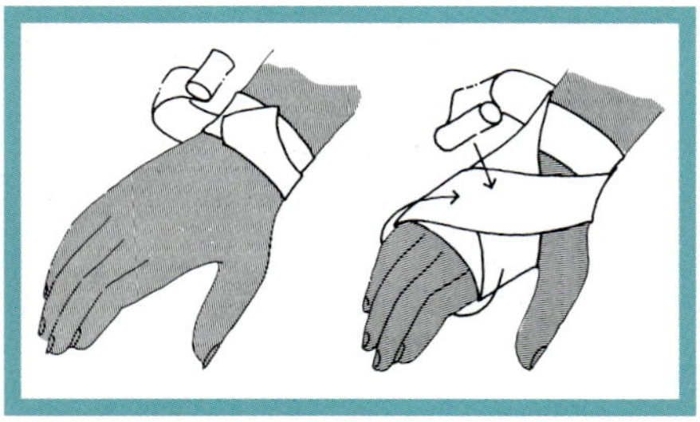

Achtertour: Absteigender Kornährenverband.

Achtertour

Es werden mehrere Touren achterförmig gewickelt, bei denen eine Kreuzfigur entsteht (siehe Abbildung). Das Kreuz kann entweder immer am selben Punkt liegen oder auf- bzw. absteigen. In den beiden letzten Fällen erhält man das Bild eines »**Kornährenverbandes**«. Der Achterverband an bestimmten Gelenken (z. B. Knie, Ellenbogen) wird auch wegen seines Aussehens »**Schildkrötenverband**« genannt.

Kreistour

Die Kreistour findet Verwendung bei Beginn des Verbandes oder beim Übergang auf eine zweite Binde.

Schraubentour

Bei der Schraubentour- oder Spiraltour wird die vorgehende Tour nur noch teilweise (etwa zu zwei Drittel) von der folgenden bedeckt. Bei der *Schlangentour* berühren sich die Bindentouren überhaupt nicht mehr. Bei der *Umschlagtour* wird mit dem Daumen der linken Hand der obere Rand der Binde fest gehalten und die Binde in der rechten Hand so umgedreht, dass sie verkehrt herum liegt (siehe Abbildung).

Nach der ersten Kreistour wird der vom Bindenkopf überstehende Zipfel eingeschlagen und mit einer weiteren Kreistour fest gebunden (dadurch rutscht die Binde nicht). Binden werden der Rundung des Körperteils entsprechend ringsherum gewickelt (Kreistour). Dabei wird die jeweils nachfolgende Spiraltour so gelegt, dass sie die vorhergehende Tour mindestens zwei Drittel bedeckt.

Reicht eine Mullbinde nicht aus, wird der Bindenkopf der letzten Binde glattgestrichen und darüber drei Kreistouren gewickelt, um danach den Verband in beabsichtigter Art fortzusetzen. Ist die Mullbinde zu lang, wird sie quer abgeschnitten und befestigt.

Befestigung des Verbandes

Zur Befestigung wird der Bindenkopf glatt gestrichen und mit ein oder zwei Verbandklammern festgesteckt. Sicherheitsnadeln dürfen nicht verwendet werden (Verletzungsgefahr bei deren Lösung). Statt der Befestigung mit Verbandklammern kann das Bindenende bei Mullbinden längs in zwei gleiche Hälften geschnitten werden, die Hälften an ihrer Trennungsstelle einmal verknoten, und über dem Verband zusammenbinden, ohne dass die entstehende Schleife in die Tiefe der Wunde drücken kann.

Halskrawattenverband nach Schanz

Das Fertigfabrikat besteht aus 1,80 m langer Halsbinde, die nach Umwickelung des Halses durch die mitgelieferten Bänder gehalten wird; Breiten 6, 8, 10 cm.

Rucksackverband

Dient der Weitung des Brustkorbs nach vorn, z. B. bei Schlüsselbeinbruch (Folge: Auseinanderweichen der Frakturenden, falls diese gegeneinander verschoben sind).

Vorgehen

- Trikotschlauchbinde straff mit Polsterwatte füllen, prall stopfen
- gleichmäßig geformten Schlauch fertigen (1,30 m lang). Schlauch über den Nacken legen
- ein Ende über das gesunde Schlüsselbein nach vorn leiten, unter der Achselhöhle hindurch zum Rücken
- dort von anderer Person festhalten lassen
- anderes Ende in gleicher Weise über die kranke Seite leiten
- beide Enden über der Wirbelsäule zusammenknoten (die Länge des Schlauches dabei unter dem Knoten verkürzen)

Rippenbogen-Pflasterverband

Da Mullbinden verrutschen, ist ein Verband mit 12 bis 15 cm breiten Pflasterbinden angezeigt *(Dachziegelverband).*

Rucksackverband von vorn.

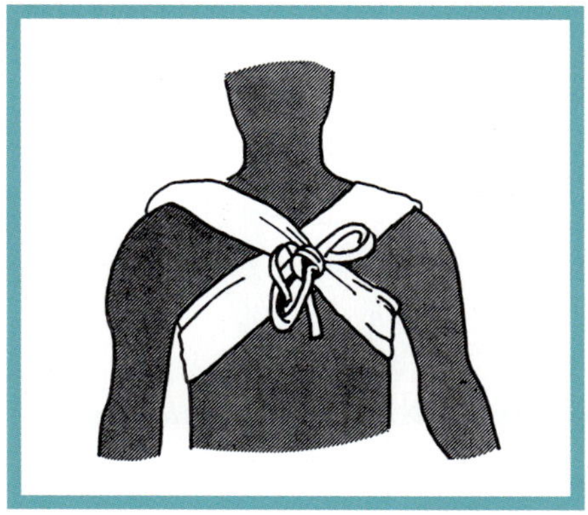

Rucksackverband von hinten.

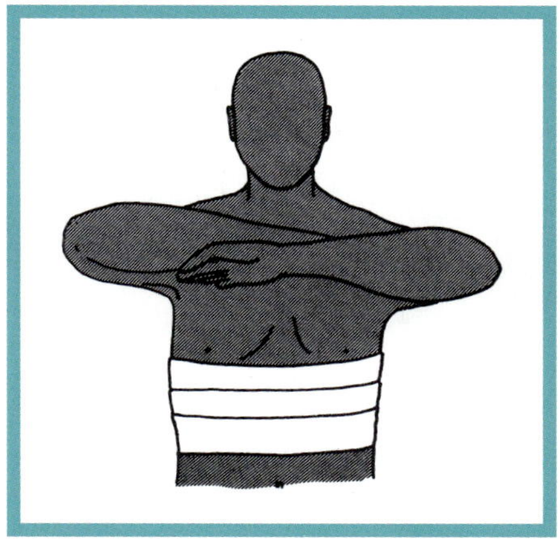

Rippenbogen-Pflasterverband.

Vorgehen

- Bei tiefster Ausatmung Kreistour um den unteren Rippenbogen legen,
- Die schrägliegende Kreistour bedeckt die jeweils vorangehende Kreistour um zwei Drittel;
- Heraufführen bis unter die Brustwarzen (diese keinesfalls einbeziehen).

▶ *Aufsteigender Einhüllverband für einen Finger.*

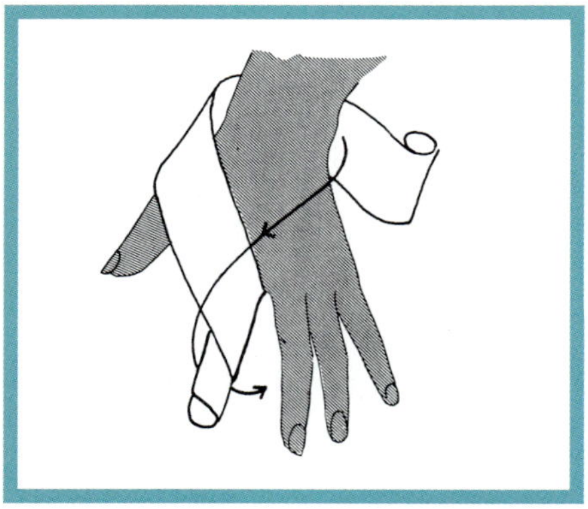

Absteigender Kornährenverband. ▼

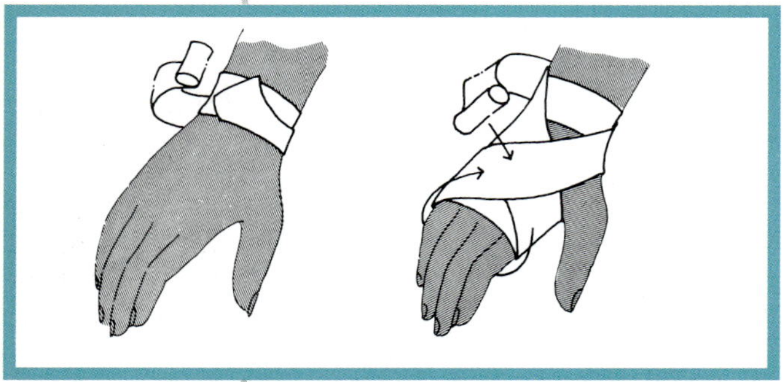

▶ *Steigbügelverband des Fußes.*

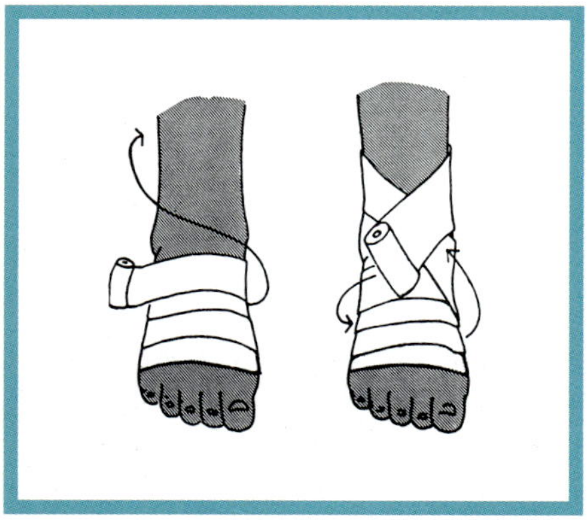

Absteigender Kornährenverband des Fußes. ▼

31.2.5. Beispiele für einfache Verbände

Fingerverband
z. B. bei Verletzung, Ekzem

Vorgehen
- Kreistour um die Fingerspitze
- die vorangehende Kreistour wird um zwei Drittel bedeckt
- schräg in Richtung Fingergrundgelenk wickeln
- dann den Handrücken in Richtung Handgelenk schräg überqueren
- Handgelenk an Innenfläche so halb umkreisen, dass Bindentour rückläufig in Fingerrichtung über den Handrücken geführt wird
- zwei Kreistouren um Grundgelenk des Fingers (Befestigung), ggf. Rückführung der Binde nochmals zum Handgelenk
- zwei Kreistouren um das Handgelenk

Hand- und Handgelenkverband
(absteigender Kornährenverband)
Bei Verletzungen des Handrückens und des Handtellers.

Vorgehen
- zwei Kreistouren um das Handgelenk
- bei Bedeckung des Handrückens über diesen bis zum Grundgelenk des 2. Fingers führen
- Binde so durch die Innenhand laufen lassen, dass die untere Kante der Binde über den Grundgelenken der Finger zu liegen kommt, Binde kommt über dem Gelenk des 5. Fingers an
- läuft über den Handrücken (die vorausgehende Tour in spitzem Winkel kreuzend) zum Handgelenk
- Kreistour um das Handgelenk
- nächste Tour zum Grundgelenk des 2. Fingers, dabei die vorangehende Tour zu zwei Drittel bedecken usw., bis der Handrücken eingehüllt ist
- Bei Bedecken der Handinnenfläche: Wie bei Verband des Handrückens, nur

dass die sich kreuzenden Touren über die Handinnenfläche und die halben Kreistouren über dem Handrücken liegen.

Absteigender Kornährenverband des Fußes

Vorgehen

- zwei Kreistouren oberhalb des Fußknöchels
- schräg über den Fußrücken zur Fußsohle
- um die Fußsohle herum, die vorangehende Tour kreuzend, zum äußeren Fußknöchel hoch
- Kreistour
- schräg über den Fußrücken zur Fußsohle; die vorangehende Tour um zwei Drittel bedecken

Steigbügelverband des Fußes

Greift wie ein Steigbügel um den Fuß.

Vorgehen

- Befestigungstour um den Mittelfuß
- über Fußrücken nach Gegend oberhalb des gegenüberliegenden Knöchels
- über obere Achillessehnengegend nach vorn
- vorangehende Tour überkreuzend
- zur Fußsohle
- die Fußsohle umfassend usw.

31.2.6. Andere Verbandarten

Schlauchverbände

Schlauchverbandtechnik

Zum Anlegen eines Schlauchverbandes sind grundsätzlich immer die gleichen vier Handgriffe erforderlich:

- Spannen
- Drehen
- Schließen
- Verankern

Der Beginn des Verbandes unterscheidet sich etwas, je nachdem, ob ein Applikator verwendet wird oder nicht.

Spannen: Dadurch, dass der Schlauchverband in der Breite bis etwa zum Vierfachen dehnbar ist und durch Ziehen in Längsrichtung wieder in die ursprüngliche Breite gebracht werden kann, lassen sich Schlauchverbände faltenfrei an den verschiedenen Teilen des zu verbindenden Körperteils anpassen (»Spannen«).

Drehen: Soweit das Spannen nicht ausreicht, lässt sich durch behutsames Drehen des Schlauchverbandes in der Längsrichtung die notwendige Festigkeit erreichen.

Schließen: Soll die Spitze eines Fingers ebenfalls mit verbunden werden, wird der Schlauchverband um 180 Grad gedreht und wieder vorwärts über den Finger geschoben.

Verankern: Der Schlauchverband wird am Ende des Verbandes um 180 Grad gedreht.

Fertigverbände

Die heute verwendeten Schlauchverbände sind fabrikgefertigte Einhüllverbände (z. B. tubegauz, Stülpa). Sie sitzen – im Gegensatz zu Mullbindenverbänden – fest und sind schneller anzulegen. Man kann damit auch große Körperflächen bedecken. Zum Anlegen der Verbände gibt es von Seiten der Hersteller Anweisungen, die zu beachten sind.

Fingerverband ohne Applikator
Offenes Stülpa-Schlauchstück dehnen und über den Finger stülpen (links), eingerollten Teil bis zum Fingeransatz abrollen (zweites Bild). Rolle auf der Beugeseite einschneiden (Mitte) und über den Handrücken weiterführen. Danach am Handgelenk einschneiden (vorletztes Bild). Beide Enden verknüpfen und um das Handgelenk führen (rechts).

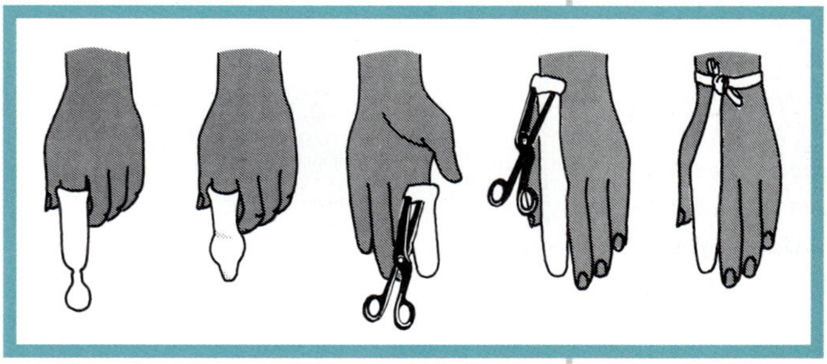

Netzverbände

Netzverbände sind großmaschige Verbände aus polyamidumsponnenen Gummifäden und gekräuselten Polyamidgarnen in verschiedenen Größen. Sie sind in Längs- oder Querrichtung der ungespannten Abmessungen dehnungsfähig bis zum 10- bis 15fachen. Netzverbände dienen der

Fixierung von Wund- und Salbenverbänden, von Folien und Medikamentenauflagen. Für Netzverbände, bei denen eine geringe Weitung des Netzschlauchs erforderlich ist, kann das gewünschte Längenmaß mit ungespanntem Schlauch abgemessen werden; im Übrigen rechnet man das Doppelte des ungespannten Schlauchs. Der Netzverband wird, indem beide Hände in sein Inneres greifen, mit beiden Händen gedehnt und auf die zu verbindende Körperstelle, auf der bereits die sterile Mulllage liegt, aufgeschoben. Wenn notwendig, kann der Verband an einer oder mehreren Stellen seitlich eingeschnitten werden; die Maschen laufen nicht.

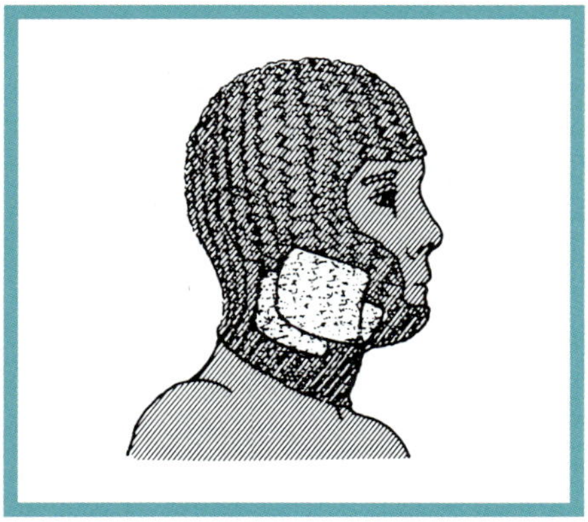

Der Kopfnetzverband wird als Schlauch über den Kopf bis zum Hals gezogen, dann in Augenhöhe eingeschnitten. Der untere Teil der Öffnung wird bis zum Kinn gezogen.

Beide Hände werden in das Schlauchinnere geführt, der Schlauch wird dadurch gedehnt und kann über den Körperteil gezogen werden.

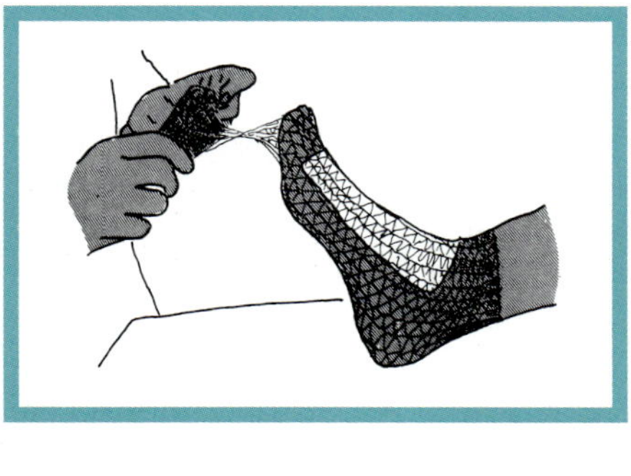

Fußverband.

Schienen

Schienen dienen der Ruhigstellung von Gliedmaßen. Schienen müssen den Gliedmaßen in Länge und Form angepasst sein und werden gepolstert. Die Polsterung hat den Zweck, direkten Schienendruck auf Körpergewebe zu vermeiden. Insbesondere sind Kanten und Ecken mit Polstermaterial abzudecken (Zellstoff, Schaumgummi, Polsterwatte). Das Polstermaterial wird mit einer Mullbinde oder mit einer elastischen Binde festgewickelt. Körperstellen, an denen die Schienen Knochen berühren, müssen stets gepolstert werden. Luftkammerschienen benötigen im Rahmen der Ersten Hilfe keine Polsterung.

Der zu schienende Körperteil wird auf die vorbereitete Schiene gelegt und mit breiter elastischer Binde festgewickelt.

Cramer-Schienen

Aus Draht gefertigte, leiterartige Schienen (Drahtleiterschienen). Sie bestehen aus zwei dicken Längsdrähten und sprossenartig zwischengelöteten, nicht rostenden Querdrähten in verschiedenen Breiten. Sie sind biegbar und damit der jeweiligen Körperform anzupassen. Die Schienen können mit einer Drahtzange gekürzt werden; die Kürzungsstellen sind stumpfzufeilen und gut zu polstern.

Braun-Schiene

Schiene zur erhöhten Lagerung des Unterschenkels und des Fußes. Sie besteht aus zwei parallel verlaufenden dicken Drähten, die miteinander durch Querdraht lediglich an den Auflageschenkeln verbunden sind. Außerdem besteht eine Verbindung der senkrechten Drähte. Im Übrigen unterscheidet man an der Braun-Schiene eine schräge und eine gerade Ebene. Die gerade Ebene liegt horizontal parallel zum Bett. An der Querverbindung der Senkrechtachsen des Gestells befindet sich eine drehbare hakenförmige Einrichtung, an der die Bindezüge angebracht werden können.

Die Bewicklung der Schiene weicht von der sonstigen Schienenumwicklung ab. Es müssen die Schräge (Oberschenkelteil) und die Gerade (Unterschenkelteil) zunächst mit Mullbinden miteinander verbunden werden. Daraufhin werden die schrägen Seitenstreben der Braun-Schiene mit Polstermaterial abgedeckt. Mehrere Mullbindenzüge halten diese Polsterung fest.

Volkmann-Schiene
Dachrinnenförmige Schiene für das Bein. An ihrem unteren Ende befindet sich ein rechtwinklig angelötetes Fußblatt, am Fersenende geht beiderseits je ein T-Stück ab. Die Fersengegend ist ausgehöhlt. Das rechtwinkelige Fußblatt verhindert die Spitzfußstellung.

MEMO!

Für Verletzungen am Bein gilt folgende Regel: Bei Verletzungen unterhalb des Knies Braun-Schiene; bei Verletzungen oberhalb des Kniegelenks Volkmann-Schiene. Ist man sich im Zweifel: Die Volkmann-Schiene ist immer richtig.

Luftkammer-Schiene
Eine doppelwandige, aufblasbare Kunststoffschiene, zur luftgepolsterten Schienung geeignet, um Unterarme oder Unterschenkel transportsicher zu schienen. Luftkammerschienen werden hauptsächlich im Rettungsdienst benutzt.

Gipsverbände
Gipsverbände dienen zur Ruhigstellung oder Fixierung von Körperteilen (insbesondere von Extremitäten) nach Knochenbrüchen, Verrenkungen, nach operativen Eingriffen, bei langwierigen Entzündungen sowie bei einer Korrektur von Deformitäten des Bewegungsapparates. Je nach Alter des Patienten und Ursache des Gipsverbandes müssen sie z. B. bei Knochenbrüchen bis zu 4 Monate am Körper verbleiben. Dies erfordert besondere Sorgfalt und Aufmerksamkeit beim Anlegen eines Gipses.

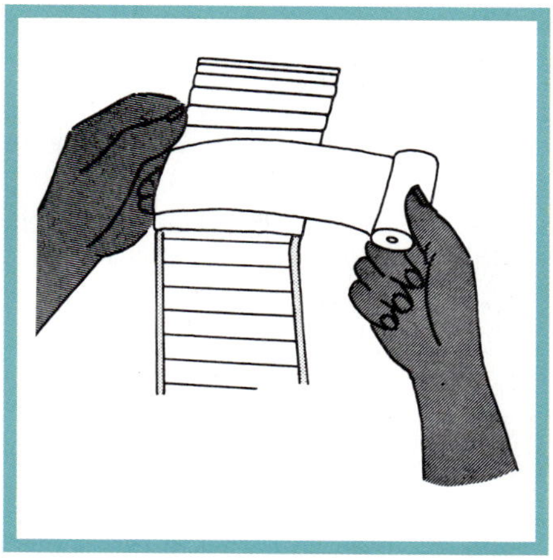

Bewicklung einer Cramer-Schiene.

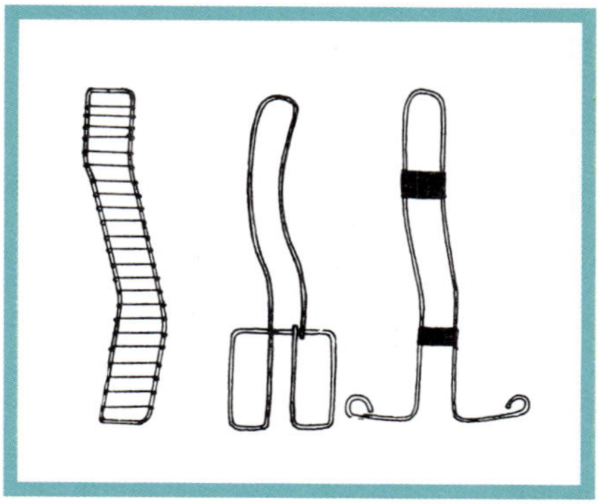

Fingerschienen: links: Cramer-Schiene; Mitte; Kienle-Schiene; rechts: Böhler-Schiene.

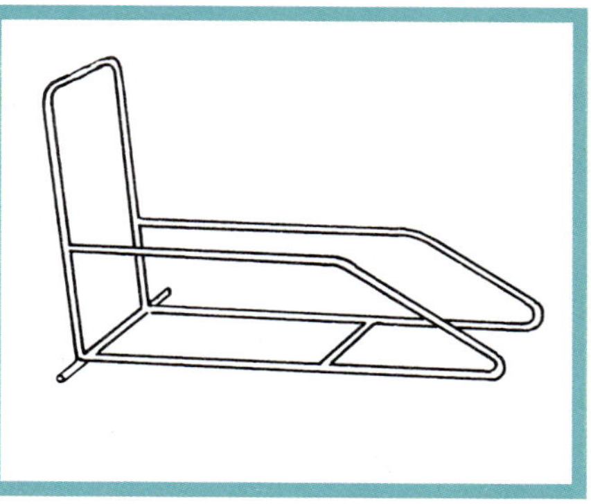

Braun-Schiene.

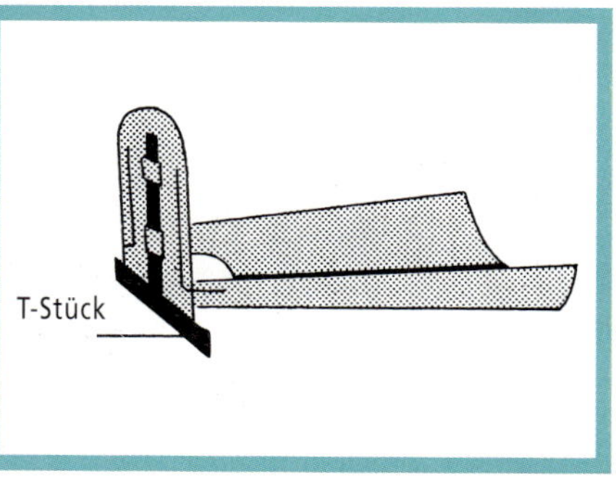

Volkmann-Schiene.

▶▶ *Gipsabfall.*

▶▶ *Durchblutung.*

▶ *Abbindezeit.*

▶▶ *Gipsabnahme.*

Vorbereitung zum Eingipsen

- Haut des einzugipsenden Körperteils mit guter Hautcreme pflegen
- Trikotschlauch faltenlos über den einzugipsenden Körperteil ziehen.
- Polsterung vorspringender Knochen (Ellenbogen, Speichenköpfchen, Wadenbeinköpfchen, Fußknöchel, Ferse). Bei Verwendung ungepolsterter Gipsverbände wird keine Trikotschlauchbinde benötigt; der Gips verklebt mit den Körperhaaren
- Für Becken- und Oberschenkelgips muss die Volkmann-Beckenstütze unter das Kreuz des Kranken geschoben werden
- Körperteil mit flacher Hand (nicht mit eingebogenen Fingerspitzen) halten, Gipsumwickelung nicht berühren. Die Stellung des Körperteils bestimmt der Arzt (Gelenkbeugung meistens in einer Mittelstellung)

Gebrauch der Gipsbinden

Gipsbinden werden in Wasser von 20 °C bis 21 °C getaucht, bis keine Luftblasen aus den Binden mehr aufsteigen. Dann werden sie sofort aus dem Wasser genommen, leicht (!) ausgedrückt und dem Arzt gereicht. Während der Zeit ihrer Schmiegsamkeit müssen die Gipsbinden angewickelt und anmodeliert werden. Gipslonguetten fertigt man auf dem Gipsbindentisch oder auf einer großen Resopalplatte.

Jeder Gipsverband benötigt eine mehr oder weniger lange Trocknungszeit (Abbindezeit), bis er belastet werden darf. Für gewöhnliche Gipsbinden dauert die Abbindezeit bei Beinverbänden bis zu 24 Stunden. Etwa nach 20 bis 30 Minuten kann eine vorsichtige Frühbelastung erfolgen. Der Trocknungsvorgang kann durch Wärmezufuhr (Lichtkasten) beschleunigt werden.

Auf dem fertigen Gipsverband sind zu vermerken:

- Unfalltag
- Tag des Anlegens des Gipsverbandes
- Tag der Röntgenkontrolle
- Tag der Wiederabnahme
- ggf. Skizze der Fraktur

Gipsabfälle sind als Müll zu entsorgen, keinesfalls darf Gips in Waschbeckenabflüsse gelangen.

Beobachtungen des Patienten mit Gips

Druckstellen können an den Rändern eines Gipsverbandes und an zu stark anmodellierten Stellen entstehen. Tritt eine Störung der Durchblutung ein (Blau- oder Weißwerden von Fingern, Zehen, Kribbelgefühl), muss der Gipsverband bis auf die Haut abgespalten bzw. der Rand aufgebogen werden. Treten Schmerzen an umschriebener Stelle auf, wird ein Fenster in den Gipsverband geschnitten. Dem Kranken mit Wirbelgips oder Beingips ist beim Gehen Führungshilfe zu geben, bis er beim Auftreten sicher wird.

Entfernung des Gipses

Gipslonguetten lassen sich leicht abheben. Dagegen sind zirkuläre Gipsverbände mit besonderer Sorgfalt aufzuschneiden und abzunehmen. Man benutzt dazu Gipsscheren (lange Schenkel, kurze Schnäbel mit starker Hebelkraft), elektrische Gipssägen oder Oszillationssägen. Die firmenseitig gegebenen Anweisungen sind zu beachten (z. B. Unterschieben eines Metallstreifens zwischen Haut und Gipsverband). Gipsverbände werden an der großen Längskante aufgeschnitten; falls dies nicht möglich ist, müssen Streck- oder Beugeseite genommen werden, z. B. Auftrennung des Zirkulärgipses über der Wadenmittellinie, wobei die Schnittlinie die Ferse in Richtung Fußsohlenmitte bis zu den Zehen zu führen ist.

Nach der Gipsabnahme wird der befreite Körperteil gewaschen und eingefettet. Da die Muskulatur nach mehreren Wochen Gipsverband atrophiert ist, müssen bald Bewegungsübungen vorgenommen werden. Die Hautpflege noch einige Zeit fortsetzen.

MEMO!

WICHTIGES ZUM MERKEN

Patienten mit **festen Verbänden,** insbesondere Gipsverbänden, müssen auf **Störung der Durchblutung** (Blau- bzw. Weißwerden, Kribbelgefühl) der distal vom Verband befindliche Körperteile (Finger, Zehen) beobachtet werden.

Verbände (Aufgaben) Schutz von Wunden gegen Berührung und Infektion. Schutz der Umgebung gegen Verunreinigung und Infektion. Halten einer Wundauflage. Kompression (Zusammenpressen) bei bestimmten Venenerkrankungen. Stützung, Ruhigstellung, Fixierung.

Verbandmaterialien: Watten, Zellstoff, Mull (Binden, Kompressen, Verbandpäckchen, Tupfer, Tampons).

Bindenmaterial: Mullbinden: normal, elastisch, Elastische Fixierbinden, aus synthetischer Faser, anpassungsfähig. Schlauchverbände, Trikot- und Netzschlauchverbände, passen sich gut an Körperformen an. Idealbinden, besonders in Längsrichtung dehnbar, für Stützverbände. Elastische Pflasterbinden, auf einer Seite mit Pflastermasse bestrichen. Zinkleimbinden mit Zinkleim getränkt, Verwendung besonders bei Beinleiden. Papierbinden, Gipsbinden, Mullbinden, in die Gipspulver (und evtl. Kunstharze) eingearbeitet sind, zur Ruhigstellung nach Frakturen, Luxationen u. a.

Regeln zum Anlegen von Verbänden:
Verbände dürfen nie so angelegt werden, dass sich der distale Körperteil verfärbt.
Offene Hautwunden werden vor dem Verbinden mit einer sterilen Wundauflage bedeckt.
Verbände dürfen nicht zu locker oder zu fest angelegt werden.
Binden bestehen aus dem freien Bindenende, dem Bindenkopf und der Bindenbahn. Der Bindenkopf gehört in die rechte, das Bindenende in die linke Hand.
Herzwärts wickeln.
Es gibt Grundformen für die Verbandstechnik: die Kreis-, Schrauben- und Achtertour.

EINIGE FRAGEN ZUM ÜBEN

Was versteht man unter Mullkompressen?

Beschreiben Sie heute übliches Bindenmaterial!

Wie ist ein Wundpflaster aufgebaut?

Aus welchen Materialien, in welcher Anordnung sind Heftpflaster aufgebaut?

Beschreiben Sie die allgemein zu beachtenden Regeln für das Anlegen von Verbänden!

Beschreiben Sie die Teile einer Binde!

Wie muss eine Binde angefasst werden?

Beschreiben Sie das Anlegen einer Binde!

Welche Grundformen für das Anlegen von Verbänden gibt es?

Zum Wiederholen und Lernen.

31.3. Hilfe bei Notfällen

31.3.1. Erste Hilfe bei Lebensgefahr

Ziel der Ersten Hilfe

MEMO!

Unter Erster Hilfe werden alle Maßnahmen verstanden, die in Notfällen erforderlich sind, um die Zeit nach Eintritt der Schädigung bis zur Übernahme der Hilfeleistung durch den Arzt zu überbrücken.

Panik vermeiden.

Im Notfall herrschen am Ort des Geschehens Durcheinander und Ratlosigkeit. Aus diesem Grund ist es gerade für die medizinische Fachkraft besonders wichtig, Ruhe zu bewahren, sicher aufzutreten und nicht in Panik zu geraten.

Die Situation muss beurteilt, die Gefahren erkannt und Maßnahmen ergriffen werden. Hierbei kann auch die Arzthelferin häufig bis an ihre Grenzen gefordert werden

Erst überlegen – dann handeln

Mangel an Geräten zwingt am Notfallort häufig zu Kompromissen und Improvisationen. In jedem Falle ist es erforderlich, sich auf das Notwendige zu beschränken:

Vorgehen bei Unfällen

Situation prüfen
Drohen weitere Gefahren?
Wie ist es um Atmung und Kreislauf des Verletzten bestellt?

Überlegen
Welche Unfallursachen bestehen fort?
Was muss als Erstes getan werden?

Rettungskette.

Maßnahmen ergreifen
Beseitigung der Unfallursachen
Begrenzung der Gefahren
Lebensbedrohliche Situationen bekämpfen (Beatmung, Herzmassage, Stillung schwerer Blutungen, Psychische Betreuung).
Rettungsleitstelle benachrichtigen

Gefahr beseitigen

Die Maßnahmen müssen von der Situation abhängig gemacht werden. Bei Verkehrsunfällen die Unfallstelle sichern, Verletzte vorsichtig aus der Gefahrenzone herausbringen und am Straßenrand lagern.

Ist die Rettung aus eigener Kraft nicht möglich, da der Verunfallte eingeklemmt ist oder sich unter Trümmern befindet, bei der Alarmierung von Hilfe auf die Schwierigkeiten hinweisen.

Rautek-Griff

Zur Rettung Verunglückter findet der *Rautek-Griff* Verwendung. Beim liegenden Patienten fasst die hinter dem Kopf stehende Arzthelferin flach unter den Nacken des Verunfallten und bringt den Oberkörper zum vornübergeneigten Sitz.

Beim sitzenden Patienten greift die Arzthelferin vom Rücken des Patienten aus mit beiden Armen unter der Achselhöhle durch. Ein Arm des Patienten wird in der Ellenbeuge angewinkelt, der Unterarm wird von oben her mit beiden Händen umfasst und in Höhe des Oberbauches gegen den Körper des Patienten gedrückt. Die Helferin richtet sich auf und zieht den Verunfallten sich auf die Oberschenkel. Rückwärts gehend wird der Verunfallte von der Arzthelferin an einen sicheren Ort gebracht.

Lagerung

Stabile Seitenlagerung bei Bewusstlosigkeit

Bewusstlose werden in der stabilen Seitenlage fixiert. Dies ist nicht erforderlich, wenn sie bereits durch den Notarzt intubiert worden sind.

Dabei wird in folgender Weise vorgegangen:

- Der Ersthelfer kniet neben dem Verunfallten. Das helfernahe Bein des Verunfallten wird angewinkelt, der Fuß möglichst dicht an das Gesäß gestellt.

- Dessen Hüfte wird angehoben, der helfernahe Arm gestreckt und von hinten unter das Gesäß geschoben.
- Helferferne Schulter und Hüfte des Verunfallten werden gefasst und zum Ersthelfer herübergezogen. Mit dem Bein wird verhindert, dass der Verunfallte ganz auf den Bauch rollt.
- Der unterliegende Arm wird vorsichtig, ohne ihn anzuheben, hervorgezogen. Damit kommt der Patient in eine stabile Lage.
- Der Kopf wird mit beiden Händen an Stirn und Kinn gefasst und nach hinten (nackenwärts) überstreckt. Das Gesicht des Verunfallten muss erdwärts gerichtet sein.

Durch das Überstrecken des Kopfes nach hinten werden die Atemwege freigehalten. In der stabilen Seitenlage ist der Kopf der tiefste Punkt des Körpers. Erbrochenes, Schleim, Blut können abfließen.

Sollte immer noch eine röchelnde oder schnarchende Atmung festzustellen sein, müssen Mund- und Rachenraum inspiziert werden.

Lagerung bei Bewusstsein

Ist das Bewusstsein vorhanden und sind die Atemwege frei, erfolgt die Lagerung nach Art der Verletzungen. Hierbei ist darauf zu achten, dass der Verunfallte oder Kranke so wenig Schmerzen wie möglich hat, dass er nicht unterkühlt und dass er ausreichend Luft bekommt.

Zur Vermeidung von Unterkühlung ist es erforderlich, dass der Patient von oben und unten in Decken eingehüllt wird. Beengende Kleidung muss geöffnet werden.

Atemwege frei machen

Sauerstoffmangel, der über 3 Minuten andauert, schädigt das Gehirn. Fremdkörper aus der Mundhöhle mit taschentuchumwickeltem Finger entfernen (Zahnprothese, Erbrochenes, Schmutz, Blut). Auf Bonbons und Kaugummi achten.

Die Mundöffnung erfolgt durch Druck beider Daumenballen in die Wangen des Kranken; die Daumenspitzen liegen dabei vorn neben dem Kinn; die gebeugten übrigen Finger liegen hinter dem Kieferwinkel am Kieferbogen; Druck mit dem Daumen auf das Kinn abwärts (Esmarchscher Handgriff). Speichel und Blut aus Mund und Rachen absaugen. Danach Kopf gera-

Beispiele für die Lagerung bei Bewußtsein.

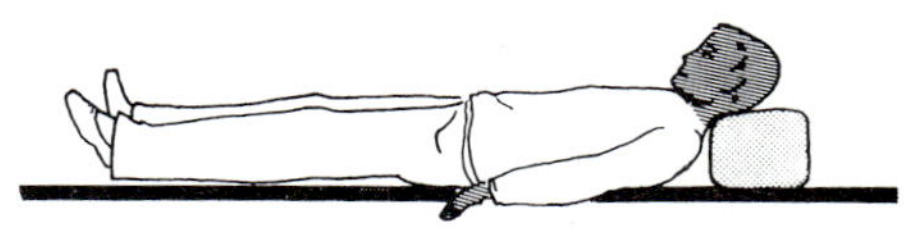

Lagerung in normaler Rückenlage.

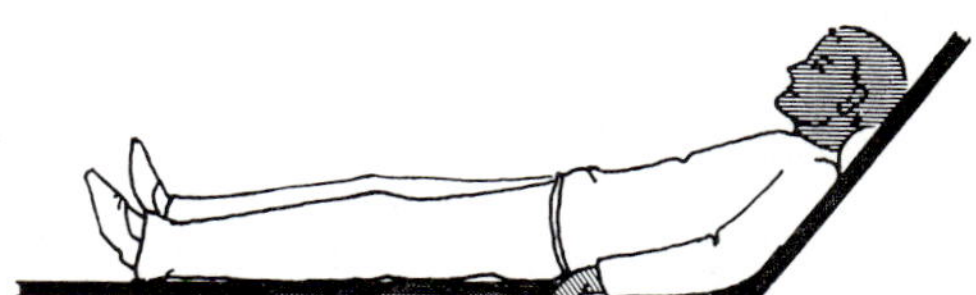

Halbsitzende Lagerung bei Atemnot.

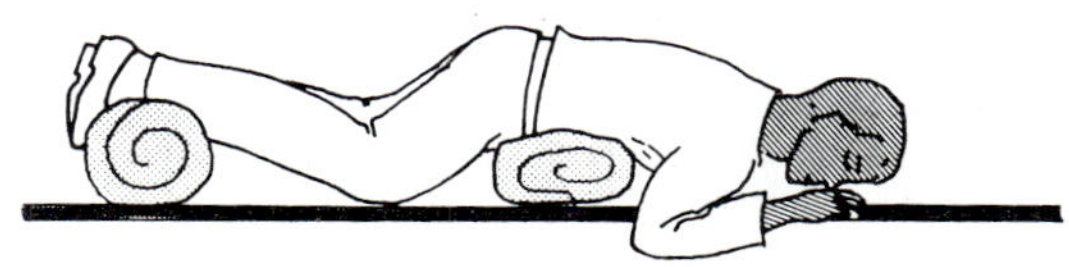

Lagerung in Bauchlage bei Kiefer- und Gesichtsblutungen.

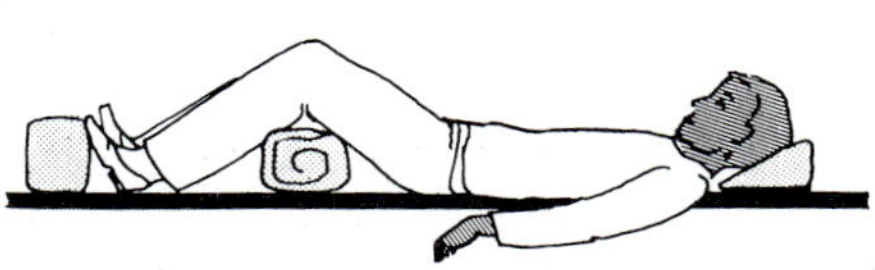

Lagerung in Rückenlage mit Knierolle bei Bauchverletzungen.

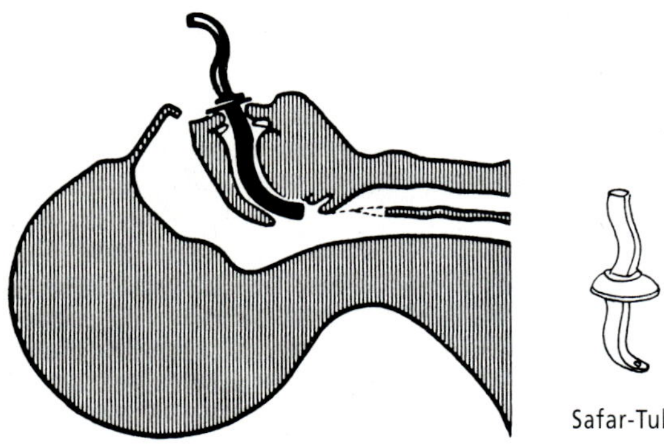

▲ *Eingeführter Tubus. Beim Einsetzen Vorsicht! Gefahr der Verletzung hinterer Rachenpartien! Bei wiederkehrendem Bewußtsein entfernen, da sonst Brechgefahr.*

de legen, nach hinten überstrecken (dadurch werden Atemwege infolge Zungen- und Gaumenverlagerung frei): rechte Handfläche auf Stirn des Bewusstlosen drücken, linke Handfläche drückt von unten gegen das Kinn (der Mund bleibt geschlossen); beide Hände ziehen bzw. drücken nach hinten (Überstreckung). Einige Minuten durchatmen lassen.

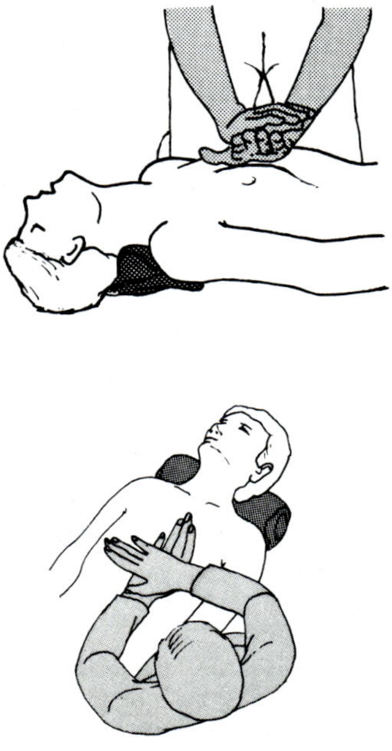

▶ *Extrathorakale Herzmassage. Man beachte die Lage der linken Hand direkt auf dem Brustbein und der rechten Hand, welche auf den Handrücken der linken Hand drückt.*

Atemspende
Sie ist notwendig bei Versagen der Atmung. Nachdem man sich davon überzeugt hat, dass die Atemwege frei sind, erfolgt die Atemspende mit der Mund-zu-Mund oder Mund-zu-Nase-Beatmung. Um eine Direktberührung von Mund zu Mund zu vermeiden, kann man – falls vorhanden – einen Tubus verwenden, der in den Mund des Bewusstlosen eingeführt wird; mit ihm wird die Zunge herabgedrückt, so dass die Atemwege freikommen.

Die Halswirbelsäule wird überstreckt und der Kopf in dieser Lage fixiert (mit Wolldecke oder dergleichen). Mit dem Daumen der linken Hand wird der Unterkiefer in Höhe der unteren Schneidezähne hochgehalten; zweiter bis fünfter Finger umfassen das Kinn; die rechte Hand drückt die Nase des Bewusstlosen zu und biegt den Kopf zurück; die helfende Person atmet tief ein, umfasst mit ihren Lippen fest den Mund des Bewusstlosen und bläst ihre Ausatmungsluft kräftig in dessen Mund. Wenn kein Tubus vorhanden ist, wird ein Stofftaschentuch oder eine Mullplatte auf den Mund des zu Beatmenden gelegt.

Der Vorgang wird in der Minute 12- bis 20-mal wiederholt.

Herzmassage
Sie dient der Aufrechterhaltung der Blutzirkulation bei Herzstillstand und wird meistens abwechselnd mit der Atemspende ausgeführt. Der Oberkörper ist freizumachen. Lagerung des Kopfes vom Bewusstlosen wie zu Atemspende. Die helfende Person kniet in Brusthöhe des Bewusstlosen. Ertasten des Schwertfortsatzes. Handballen der linken Hand handbreit oberhalb (kopfwärts) des Schwertfortsatzes auf Brustbeinmitte bei gestrecktem Ellenbogengelenk aufsetzen. Handballen der rechten Hand auflegen, dabei das eigene linke Handgelenk mit Daumen und Zeigefinger der rechten Hand umfassen. Finger gestreckt lassen, also nicht einkrallen. Druck des eigenen Körpers auf die Hände

wirken lassen, so dass das Brustbein des Bewußtlosen nach unten gedrückt wird. Druck dann wieder nachlassen (jeder Brustdruck soll nur 1 Sekunde dauern). Fünf solcher Druckvorgänge werden ausgeführt, dann erfolgt die Atemspende. Bei jugendlichen Bewusstlosen darf das Brustbein nur 4 cm tief eingedrückt werden.

◀◀ *Herz-Druck-Massage.*

31.3.2. Blutungen

Blutungen können aus Arterien, Venen oder Kapillaren erfolgen.

Bei arterieller Blutung spritzt Blut im hohen Bogen; bei Verletzung kleiner Arterien spritzt Blut stoßweise in kleinem Strahl; bei Verletzungen tiefgelegener großer Gefäße entleert sich das arterielle Blut im Strom.

Arterielles Blut ist hellrot.

Bei *venöser* Blutung schwappt oder fließt das Blut; es ist dunkelrot.

Die *kapilläre* Blutung ist eine Sickerblutung.

Den erheblich ausgebluteten Verletzten erkennt man an starker Blässe, am Gähnen (Sauerstoffmangel) und an der Minderung des Bewusstseins

Blutungen kommen u. a. aus

- dem Rektum (Zerreißen von Hämorriden, Darmblutungen)
- dem Mund (Zahnfleischblutungen, Lungenbluten, Blutung aus der Speiseröhre oder dem Magen)
- Krampfadern (Platzen)
- der Nase (Prellung, Nasenbluten, Schädelbasisbruch)
- dem Ohr (Trommelfellzerreißung, Schädelbasisbruch)
- der Scheide (Fehlgeburt u. a.)

Maßnahme bei Blutungen

Allgemeines

Blutungen nach außen sind häufig venöse Blutungen. Soweit sie oberflächlich sind und die Blutung nur leicht ist, genügt ein normaler Wundverband (Verbandspäckchen). Bei stärkeren Blutungen wird der Verunfallte flach gelagert, das blutende Körperteil hochgelagert.

Abdrücken

Starke arterielle Blutungen müssen abgedrückt werden, bevor ein Druckverband angelegt wird.

An den Extremitäten wird das Blutgefäß proximal von der Wunde abgedrückt. Am Arm wird die A. brachialis gegen den Humerus gedrückt. Dies geschieht dadurch, dass der Oberarm von unten her umfasst wird, die Finger in die Furche des Bizepsmuskels auf der Innenseite greifen und kräftig zudrücken. Am Bein wird die A. femoralis direkt unterhalb des Leistenbandes gegen das Schambein gepresst.

◀◀ *Arterielle Blutung.*

Andere arterielle Blutungen werden durch direkten Druck auf die Blutungsquelle abgedrückt. Hierzu muss unter Umständen mit den durch Handschuh geschützten Fingern in die Wunde gefasst werden.

Steht die Blutung, erfolgt ein Druckverband.

Druckverband

Es werden sterile Mullkompressen auf die Wunde gelegt, dann folgt ein Druckpolster z. B. aus einem geschlossenen Verbandpäckchen. Das Ganze wird mit einer Mullbinde unter Druck fest umwickelt. Steht die Blutung immer noch nicht, erfolgt ein zweiter noch fester angelegter Verband.

Abbinden

Eine Blutstillung durch Abbinden sollte nur Anwendung finden, wenn es anders wirklich nicht geht. Abbinden ist ohnehin nur an Extremitäten möglich und erfolgt am besten mit einer Blutdruckmanschette, die am Arm auf über 300, am Bein über 500 mmHg aufgepumpt werden muss. Steht eine Blutdruckmanschette nicht zur Verfügung, erfolgt das Abbinden mit einem Dreiecktuch. Der Zeitpunkt des Abbindens wird schriftlich fixiert. Die Abbindung wird durch den Arzt gelöst.

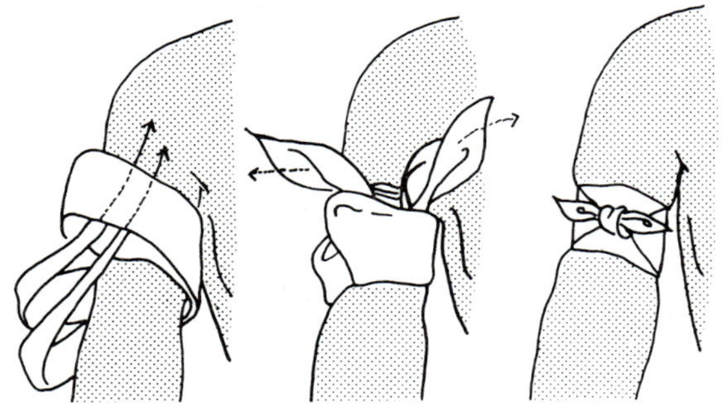

▲ *Abbinden mit einem Dreiecktuch. Tuch zu einem 6 cm breiten Streifen falten. Dann doppelt legen. Um den Oberarm zwischen Wunde und Herz führen. Beide Zipfel durch die Umschlagstelle des Dreiecktuchs führen, in entgegengesetzter Richtung um den Oberarm straff ziehen und verknoten.*

Das Abbinden von Extremitäten ist nicht ungefährlich. Zu starkes Abbinden kann zu Weichteilquetschungen führen. Zu lange liegende Abbindungen können Gewebeschädigungen und Schockzustände zur Folge haben. Nicht ausreichendes Abbinden, bei dem der venöse Abfluss gestoppt wird, der arterielle Zufluss aber noch möglich ist, kann zu einer Stauung und Verstärkung der Blutung führen.

31.3.3. Erste Hilfe bei Arbeitsunfällen

Laborunfälle

MEMO!

Beachte: Bei jeder Berührung der Augen-, Nasen-, Mund- und sonstiger Schleimhäute oder Wunden mit Untersuchungsmaterial, ist umgehend der Arzt hinzuzuziehen. Das gilt auch bei Verletzungen durch infizierte Instrumente sowie für jede Kontamination von Hautwunden und Schrunden mit infiziertem Material.

Verätzungen durch Chemikalien werden nach speziellen Erste Hilfe Richtlinien versorgt:

Mund

Nicht Schlucken! Ausspucken! Darauf den Mund wiederholt gründlich ausspülen und mit frisch angesetzter 0,1-prozentiger Kalipermanganatlösung oder 1-prozentiger Wasserstoffsuperoxidlösung gurgeln. Jedes Schlucken vermeiden! Zweckmäßig ist es, nach dem Spülen wiederholt trockenes Brot zu kauen und das zerkaute Brot unter Nachspülen und Gurgeln mit Wasser auszuspucken.

Auge

Nicht reiben! Den Bindehautsack mit 1promilliger Oxycyanatvaseline gründlich ausspülen (mit der Pipette in das durch Abspreizen der Lider offen gehaltene Auge reichlich und wiederholt eintropfen). Darauf 1-promillige Oxycyanatvaseline mit Glasstäbchen einstreichen. In den Bindehautsack geratene Krankheitserreger können auf dem Wege des Tränenkanals in die Nase und weiter in den Rachen, Mund und Magen gelangen.

Haut

Wunden ausbluten lassen! Oberflächliche Kratzwunden sofort mit Kodantinktur überpinseln. Darauf die Umgebung der Wunde abspülen und nach Abtupfen mit Zellstoff die Wunde nochmals mit Jodersatzlösung überpinseln. Anschließend Schutzverband! Stark blutende Schnittwunden und dgl. erst ausbluten lassen, dann Wundumgebung (nicht Wunde selbst) mit Jodersatzlösung desinfizieren. Anschließend Schutzverband!

Nase

Ausschnauben, einatmen durch den Mund, ausatmen durch die Nase! Wiederholtes energisches Ausschnauben in Zellstoff. Einstreichen von 1-promilliger Oxycyanatvaseline in die Nase. Außerdem sind anschließend die unter »Mund« angegebenen Maßnahmen vorzunehmen.

Verätzungen
Erste Hilfe: Reichlich Wasser trinken, bei Ätzgiften Haferschleim, Laugenverätzung Speiseessig (2 Esslöffel auf 100 ml Wasser), bei Säureverätzung gebrannte Magnesia (Magnesia usta, 6 Teelöffel auf 1 Liter Wasser). Bei Kalkverätzung des Augengebietes niemals Wasserspülung vornehmen! Ungelöschter Kalk darf nur mechanisch mit einem in Olivenöl (notfalls Salatöl) getauchten Wattetupfer entfernt werden, ehe der Verletzte zum nächsten Augenarzt gebracht wird.

Elektrounfälle
Ausgelöst durch Berührung spannungsführender Teile von Apparaten, Küchengeräten, Leitungen. Der Strom durchläuft den Körper und versucht in Richtung Erde aus dem Körper herauszukommen. Es kann zu Verbrennungen, Bewusstlosigkeit, Herzstillstand, Atemstillstand kommen.
Maßnahmen: Strom am Hauptschalter abschalten (Hochspannung kann nur der Fachmann unterbrechen). Bergen des Verunglückten nur nach Stromausschaltung.
Erste Hilfe: Bei Atemstillstand Wiederbelebung. Brandwunden versorgen. Den Verletzten warm halten.

Verbrennungen
Maßnahmen: Brennende Kleidung löschen (Wasser, Einhüllen in Decken, Rollen am Boden); lose Kleidung über den Brandstellen entfernen, sofern sie nicht festklebt.
Erste Hilfe: Bei umschriebener Verbrennung an den Extremitäten den Körperteil sofort in kaltes Wasser tauchen. Unter fließend kaltes Wasser 15 Minuten halten (bis zur Schmerzlinderung). Danach bei kleinen Brandwunden 1. Grades Aufstreichen eines Gels. Bei Verbrennungen über 4 x 4 cm Ausdehnung: Auflegen eines Brandwundenverbandes. Den Verletzten warm halten, bei großflächigen Verbrennungen 2. und 3. Grades kaltes Salzwasser schluckweise zu trinken geben (1/2 Teelöffel Kochsalz auf 1 Liter Flüssigkeit), solange der Verletzte bei Bewußtsein ist.

Verbrennungen durch Starkstrom verursachen meistens schwere Verkohlungen im Bereich des ein- und austretenden Starkstroms.

Wunden
Erste Hilfe: Wunde keimfrei abdecken. Kein Versuch der Fremdkörperentfernung, kein Auswaschen, keine Anwendung von Salben, Ruhigstellung, Schienung. Jede Wunde gilt als infiziert. Sekundärinfektion vermeiden.
Quetschwunden bluten zunächst kaum, später eventuell erheblich; das beruht darauf, dass sich bei Gefäßzerreißung das Blutgefäß an der herzwärts gelegenen Rissstelle einrollt und so den Blutaustritt versperrt; im Verlauf von Minuten oder Stunden löst sich aber der örtliche Gefäßkrampf, so dass die Spätblutung eintreten kann.

◀◀ *Kalk.*

31.3.4. Notfälle in der Praxis

Die Arzthelferin kann auch in Notfällen den Arzt nicht ersetzen. Im Verlauf ihres Berufslebens wird sie aber in Situationen kommen, in denen sie bei Abwesenheit des Arztes die richtigen ersten Maßnahmen treffen muss. Diese werden sich oft aber darauf beschränken, den Rettungsdienst zu alarmieren.

◀ *Rettungsdienst.*

Die Arzthelferin darf eigenmächtig keine Medikamente verabreichen, Spritzen geben oder andere Behandlungen, die dem Arzt vorbehalten sind, vornehmen.

Selbstverständlich ist es im Notfall möglich, bis der Arzt oder der Rettungsdienst eintreffen, schon erste Untersuchungen wie z. B. Blutzuckerbestimmung bei Patienten mit bekanntem Diabetes mellitus oder die Aufzeichnung eines EKGs bei bekannter Angina pectoris vorzunehmen.

Im Interesse des Patienten sollte sich die Arzthelferin auch in Notfällen mit ihren Maßnahmen zurückhalten. Im Zweifelsfall ist es immer besser, sofort dafür zu sorgen, dass der Patient ärztliche Hilfe erhält.

◀◀ *Kaltes Salzwasser.*

Ohnmacht, Schock

Ohnmacht
Eine einfache Ohnmacht ist ein verhältnismäßig häufiges, dramatisch erscheinendes Ereignis. Die Ursachen sind nicht selten banaler Art, wie z. B. niedriger Blutdruck, überheizte, schlecht belüftete Räume, Aufregung u. ä. Hinter einer Ohnmacht kann sich aber auch das Symptom einer ernsten Krankheit verbergen.

▶▶ *Anamnese.*

Folge einer Ohnmacht kann ein Sturz des Patienten mit der Gefahr der Verletzung sein.
Erste Hilfe: Lagerung des Patienten flach, der Kopf liegt tief, die Beine hoch (so genannte Kopftieflage oder Schocklage).

Soweit notwendig erhält der Patient Sauerstoff über eine Nasensonde, er muss warm gehalten werden. Falls ein Arzt nicht unverzüglich erreichbar ist, den Rettungsdienst alarmieren.

▶▶ *Erbrochenes.*

Schock
Sehr viel ernster als eine Ohnmacht ist ein Schock zu bewerten. Hierunter versteht man den Zusammenbruch des Kreislaufes mit Minderdurchblutung der peripheren Blutgefäße. Ursachen können Mangel an Körperflüssigkeit (Volumenmangel – hypovolämischer Schock, z. B. durch Blutungen, Verbrennungen) wie auch Herzversagen (kardiogener Schock) oder Veränderungen der Durchlässigkeit der Blutgefäße durch allergische Erscheinungen (anaphylaktischer Schock) sein. Ein Schock kann zu tiefer Bewusstlosigkeit führen.

▶ *Haut – Atmung – Puls.*

Typische Symptome sind kühle, bläuliche, schwitzende Haut, schnelle Atmung, flacher Puls über 100 Schläge pro Minute, ein systolischer Blutdruck unter 100 mmHg. Das Bewusstsein des Patienten kann getrübt sein.
Erste Hilfe: Bei Volumenmangelschock erfolgt die Lagerung des Patienten flach, der Kopf liegt tief, die Beine hoch. Bei kardiogenem Schock wird der Oberkörper des Patienten leicht hochgelagert. Soweit möglich, Sauerstoff über Nasensonde. Patienten warm halten. Falls ein Arzt nicht unverzüglich erreichbar ist, Rettungsdienst alarmieren.

Akute Schmerzen

Plötzlich auftretende Schmerzen können so viele unterschiedliche Ursachen haben, dass die Beurteilung ihrer Gefährlichkeit durch die Arzthelferin häufig nicht möglich sein wird. Mitunter wird die Entscheidung über die zu treffenden Maßnahmen durch die Anamnese des Patienten erleichtert. Medikamente dürfen auch hier unter keinen Umständen eigenmächtig von der Arzthelferin verabreicht werden.

Vor Veranlassung weiterer Maßnahmen sollte sich die Arzthelferin nach Verletzungsursachen erkundigen, um Verletzungen als Schmerzursache auszuschließen. Bis zum Eintreffen des Rettungsdienstes sollte sich der Patient hinlegen, eventuell Erbrochenes sollte aufbewahrt werden, bei Lichtempfindlichkeit sollte der Raum nach Möglichkeit verdunkelt werden.

Die auf Seite 491 wiedergegebene Tabelle gibt einen (nicht vollständigen) Überblick über die möglichen Ursachen für Schmerzen in den verschiedenen Körperbereichen, zusätzliche Hauptsymptome sowie die von der Arzthelferin zu ergreifenden Maßnahmen. In Zweifelsfällen empfiehlt es sich auch hier, den Patienten so schnell wie möglich einem Arzt vorzustellen.

31.3.5. Weitere akute Notfälle

Luftnot, Zyanose

Asthma bronchiale
Erkrankung meist anamnestisch bekannt. Luftnot mit Giemen und Brummen. Um den Patienten entscheidend zu helfen, ist eine Spritze durch den Arzt (meist Euphyllin i. v.) erforderlich. Falls das Eintreffen des Arztes abgewartet werden kann, für hohe Luftfeuchtigkeit sorgen, Sauerstoff (nicht zu viel) geben, Patienten beruhigen.

BEREICH	MÖGL. URSACHEN	ZUSÄTZL. HAUPTSYMPTOME	MAẞNAHMEN
Kopf	Schlaganfall	halbseitige Lähmungserscheinungen	A
	Aneurysma	Erbrechen, Bewusstseinstrübung	A
	Hirnhautentzündung	Nackensteife, Fieber	B
	Migräne	Anamnese, Erbrechen, Lichtscheu	C
	Trigeminusneuralgie	Anamnese, typische Gesichtsschmerzen	C
Brust	Lungenembolie	Luftnot, Zyanose	A
	Herzinfarkt	Schmerzen in linkem Arm austrahlend, Kreislaufkollaps	A
	Rippenfellentzündung	atemabhängige Schmerzen	C, B
Bauch	Koliken (Galle, Niere, Darm)	spastische Schmerzen Anamnese	C
	Geschwüre	Anamnese, Erbrechen, Teerstuhl	C, B
	Appendizitis	harte Bauchdecke, Erbrechen, Übelkeit	C, B
Rücken	Lumbago	»Hexenschuss«	C
	Akute Pyelonephritis	Fieber, Nierenlager klopfenschmerzhaft	C
Extremitäten	akuter arterieller Gefäßverschluss	plötzliche weiße, pulslose Extremitäten	A
	Ischialigie	Sensibilitätsstörungen, Schmerzen typisch ausstrahlend	C

Akut auftretende Schmerzen in den verschiedenen Körperbereichen (Beispiele). Abkürzungen A= sofort mit Rettungswagen ins Krankenhaus B= wenn möglich, sofort Arzt herbeiholen, sonst mit Rettungswagen ins Krankenhaus C= Arzt umgehend benachrichtigen und sein Erscheinen abwarten.

Im Falle eines *Status asthmaticus* (langanhaltender Asthmaanfall mit mitunter lebensbedrohender Behinderung der Ausatmung) sofort Noteinweisung ins Krankenhaus. Nicht auf Arzt warten.

Asthma cardiale, Lungenödem
Bedingt durch Herzinsuffizienz. Häufig nachts auftretend. Beim Übergang in Lungenödem schaumiges Sputum. Sofortige ärztliche Hilfe erforderlich. Erste Hilfe: Oberkörper hoch, Beine tief lagern, Sauerstoff oder Frischluft, Transport ins Krankenhaus im Sitzen.

Lungenembolie (=Lungeninfarkt)
Plötzliche starke Schmerzen in der Brust, schnelle, flache Atmung, Todesangst, blutiges Sputum. Höchste Lebensgefahr. Sofort mit Notarzt ins Krankenhaus. Bis dahin Sauerstoff, sitzend lagern.

Herzinfarkt
Plötzlich starke Schmerzen mehr im linken Brustraum, in den linken Arm ausstrahlend, Todesangst, Erbrechen (!), Herzrhythmusstörungen, Schocksymptome. Sofort mit Rettungswagen ins Krankenhaus. Bis dahin Lagerung bei Atemnot sitzend, bei niedrigem Blutdruck flach, beengende Kleidung lösen. Mit dem Patienten sprechen!

Fremdkörperaspiration
Bei Kleinkindern versuchen, das Kind mit dem Kopf nach unten hängen zu lassen, schütteln. Sonst schnellstmöglich Rettungsarzt, ggf. Hals-Nasen-Ohren-Arzt einschalten, Sauerstoffgabe.

Erbrechen, Übelkeit
Für das Auftreten von Erbrechen und Übelkeit gibt es sehr viele Ursachen. Zunächst wäre insbesondere an Magen-Darm-Erkrankungen zu denken. Auch Erkrankungen der Harnorgane, Hirndruck, Herzinfarkt sowie Vergiftungen können zum Erbrechen führen. Weitere Maßnahmen müssen davon abhängig gemacht werden, wie dramatisch sich das Krankheitsbild darstellt. Insbesondere ist darauf zu achten, ob weitere Symptome ein gefährliches Krankheitsbild vermuten lassen. Vergiftungen sollten durch Befragen des Patienten ausgeschlossen werden. Erbrechen bei Kindern mit unklarer Ursache sollte immer auch an eine Vergiftung denken lassen. Im Zweifelsfall und klarer Vergiftungsanamnese weitere Abklärung

im Krankenhaus. Keine Medikamente, Nahrung, Flüssigkeit.

Krampfanfälle

Therapie durch Arzt erforderlich. Bis zum Eintreffen Patienten insbesondere bei Bewusstlosigkeit in Seitenlage bringen, Verhindern des Zungenbisses mit Holzkeil, Taschentuch, Verbandpäckchen, Gummikeil o. ä.

▶ *Zungenbiss.*

Vergiftungen

Alle *Giftreste* (auch Erbrochenes), Packungen von Medikamenten, Stuhl und Urin aufbewahren. Bei Bewußtsein *Erbrechen* herbeiführen durch Trinken lauwarmer Salzwasserlösung (1 EL Salz/1 l Wasser). Bei Bewusstlosen, Vergiftungen mit Säuren, Laugen und Waschmitteln darf *kein Erbrechen* ausgelöst werden. Patienten warm halten, Atmung und Kreislauf beobachten, Rettungsdienst alarmieren.

▶▶ *Augenverletzungen.*

Hitzeschäden

Hitzschlag

Hitzschlag tritt auf, wenn der Körper im Inneren große Wärme gestaut hat, ohne dass die Haut durch Schweißabgabe den Hitzestau ableiten kann. Auftreten meistens bei feuchtheißer Außentemperatur und hoher Luftfeuchtigkeit (der Körper schwitzt dann ungenügend). Die Haut fühlt sich heiß und trocken an. Der Kranke ist benommen bis bewusstlos, hat Kopfschmerzen, gegebenenfalls Erbrechen. Der Puls ist schnell und hart. Es tritt hohes Fieber ein. Der Kopf ist hochrot (später Blässe infolge Kreislaufversagens).

▶▶ *Pneumothorax.*

Maßnahmen: Lockerung der Kleidung. Bei Hitzschlag Lagerung mit erhöhtem Oberkörper an schattigem, kühlem Ort.

Sonnenstich

Sonnenstich entsteht durch starke Sonnenstrahleneinwirkung bei unbedecktem Kopf. Der Kopf ist hochrot. Es kommt zur Bewusstlosigkeit als Folge der Gehirnschädigung (Hirnhautreizung).

Maßnahmen: Flach lagern! Frischluftzufuhr, Haut lauwarm absprengen bzw. lauwarme, später kühle, feuchte Umschläge auf Stirn, Hals, Brust, bis die Körpertemperatur auf 38 °C sinkt. Rettungsdienst alarmieren, Kreislauf und Atmung überwachen.

31.3.6. Verletzungen

Je nach Grad der Verletzung und ihrer Gefahr für den Patienten wird entweder das Eintreffen des Arztes oder eine weitere Behandlung durch eine chirurgische Ambulanz oder ein Krankenhaus veranlasst werden müssen. Verrenkungen und Knochenbrüche gehören nahezu immer in chirurgische Behandlung, das Gleiche gilt für größere Verbrennungen oder tiefe Schnitt- oder Stichverletzungen. Bei Augenverletzungen beide Augen abdecken, dann sofort in augenärztliche Behandlung. Frakturen sollten zum Transport provisorisch geschient werden.

Gehirnerschütterung (Commotio cerebri)

Erste Hilfe: Seitenlagerung, Kleidung öffnen. Nicht zu trinken geben. Erst nach Minuten eintretende Bewusstlosigkeit lässt eine Gehirnblutung vermuten. Die Gehirnerschütterung hinterlässt eine retrograde Amnesie, die sich nach und nach aufhellt.

Thoraxverletzung

Bei offener Thoraxverletzung tritt Pneumothorax ein. Deshalb Verletzung mit Feuchtkompresse (wasserundurchlässigen Stoff wie z. B. Gummihülle des Verbandspäckchens verschließen, auf die Thoraxwunde legen und mit breitem Heftpflasterstreifen sicher befestigen). Die Lunge fällt zusammen, wenn Luft von außen in den Thoraxraum eindringt. Es tritt starke Atemnot auf.

Bauchverletzung

Flachlagerung, dabei Knie beugen (Rolle unter die Kniegelenke), um die Bauchmuskulatur zu entspannen. Sofern der Bauchinhalt infolge Verletzung sichtbar ist (Bauchnetz, Darmschlingen), sterile Abdeckung. Den Bauchinhalt nicht zurückzudrängen.

Knochenbruch

Auch bei Vermutung einer Fraktur ist die Extremität zu schienen; die dem Bruch benachbarten Gelenke müssen ebenfalls ruhig gestellt werden. Hat die gebrochene Extremität eine extrem unnatürliche Lage (z. B. Abwinkelung), soll die Extremität mit Decken u. a. gestützt werden, bis fachmännische Hilfe zugegen ist. Jeder Versuch der Geraderichtung hat zu unterbleiben. Bei Armbruch ist der Unterarm in ein Dreiecktuch zu hängen; ein zweites Dreiecktuch wird dicht oberhalb des Unterarms kreisförmig um den Brustkorb gelegt, ein drittes Dreiecktuch ebenso in halber Oberarmhöhe.

Offene Fraktur (Knochen spießt aus der Haut): Abdeckung mit keimfreier Wundauflage.

Schädelbruch (meistens Bewusstlosigkeit, Erbrechen): Flachlagerung

Wirbelbruch: absolute Flachlagerung, nicht umlagern, nicht aufrichten (Verschiebung der Wirbelbruchstelle, dadurch Gefahr Querschnittlähmung), Atmung und Kreislauf überwachen

31.3.7. Assistenz bei Notfällen

Bestimmte diagnostische und therapeutische Maßnahmen in der Praxis sind nicht ganz ohne Risiko für die Patienten. Wenn auch die Zahl der Zwischenfälle sehr gering ist, müssen Arzt und Arzthelferin darauf vorbereitet sein, sofort die erforderliche Hilfe zu leisten. Aufgabe der Arzthelferin ist es, dafür zu sorgen, dass die erforderlichen Geräte (z. B. Notfallkoffer, Defibrillator, EKG-Gerät) und Medikamente am Patienten einsatzbereit zur Verfügung stehen. Von der Sorgfalt der Arzthelferin kann das Leben des Patienten im Notfall abhängen.

Anaphylaktischer Schock

Der anaphylaktsiche Schock kann in seltenen Fällen in der ärztlichen Praxis nach intravenöser (aber auch intramuskulärer, subkutaner, rektaler oder oraler) Verabreichung von Medikamenten auftreten. Gehäuft ist dies nach Antibiotika, Lokalanästhesie, Röntgenkontrastmitteln oder Fremdeiweißen der Fall. Voraussetzung ist eine schon bestehende Sensibilisierung des Patienten.

◀ ***Medikamentenunverträglichkeit.***

Symptome: Unruhe, Juckreiz, Schüttelfrost, Angstgefühle, Übelkeit, Erbrechen, Durchfall, kalter Schweiß, Atemnot, gestörtes Bewusstsein, Krämpfe, Blutdruckabfall und schneller Pulsschlag.

Sofortmaßnahmen: Sofort Arzt holen! Unverzüglich bereitstellen bzw. vorbereiten:

- Infusionslösung (Dextran-, Gelatine-, Stärkepräparate) und Infusionsbesteck
- Spritzen, Kanülen
- Medikamente (Adrenalin Amp., Prednisolon Amp., Antihistaminika Amp., Calcium gluc. Amp., physiol. Kochsalzlösung Amp., Theophyllin Amp.)
- Intubationsbesteck

Bei Fieber des Patienten Wadenwickel, bei Unruhe sedierendes Medikament auf Anordnung des Arztes bereitstellen. Anfeuchten der Atemluft. Beobachtung des Patienten auch nach erfolgreicher Therapie.

Kreislaufstillstand

Ein Kreislaufstillstand kann in der ärztlichen Praxis insbesondere im Zusammenhang mit der Durchführung ergometrischer Untersuchungen auftreten. Hinter dem Kreislaufstillstand verbirgt sich entweder ein Kammerflimmern des Herzens oder ein Herzstillstand.

Symptome: Bewusstlosigkeit, Pulslosigkeit, weite reaktionslose Pupillen, Atemstillstand, Hautblässe.

◀◀ ***Notfallkoffer.***

Sofortmaßnahmen: Beatmung, Herzdruckmassage.

Zum Wiederholen und Lernen.

MEMO!

WICHTIGES ZUM MERKEN

Atemspende: Mund-zu-Mund oder Mund-zu-Nase, evtl. mit Tubus, HWS wird überstreckt, helfende Person bläst ihre Ausatemluft etwa 12-bis 20-mal in Mund oder Nase des zu Beatmenden.

Herzdruckmassage: mit Handballen der linken Hand Druck für etwa 1 Sekunde auf Brustbein, eine Handbreit über Schwertfortsatz, verstärkt durch Handballen der rechten Hand, der auf Handrücken der linken Hand aufsetzt, 5-mal pro Atemspende.

Blutungen: Druckverband, Abdrücken, Abbinden (große Ausnahme, wenn es gar nicht anders geht).

Vorgehen bei Unfällen
Prüfen (drohen Gefahren?, was ist mit Atmung und Kreislauf des Verletzten?, gefährliche Blutungen?)
Überlegen (bestehen Unfallursachen fort? was ist als Erstes zu tun?
Handeln (Unfallursachen und Gefahren beseitigen, lebensbedrohliche Situationen bekämpfen, Rettungsleitstelle benachrichtigen)

EINIGE FRAGEN ZUM ÜBEN

Beschreiben Sie das Vorgehen bei Unfällen!

Beschreiben Sie die »stabile Seitenlage«!

Wie erfolgt die Lagerung eines Verletzten?

Wie werden die Atemwege frei gemacht?

Wie gehen Sie bei einer Atemspende vor?

Wie wird die (extrathorakale) Herzmassage durchgeführt?

Was ist bei einer arteriellen Blutung zu tun?

Was muss beim Abbinden von Arterien immer beachtet werden?

Nennen Sie erste Maßnahmen, wenn Untersuchungsmaterial in den Mund, das Auge die Nase bzw. auf die Haut kommt!

Ein Patient sinkt plötzlich ohnmächtig zusammen. Was kann die Arzthelferin tun?

Beschreiben Sie die Schocksymptome! Welche Maßnahmen muss die Arzthelferin ergreifen?

Welche Symptome treten bei einem anaphylaktischen Schock auf? Welche Maßnahmen muss die Arzthelferin ergreifen, was muss unverzüglich für den Arzt vorbereitet werden?

Welche Symptome lassen auf Kreislaufstillstand schließen?

UND ZUM SCHLUSS NOCH ETWAS SCHWERES

Nach Verabreichen eines Kontrastmittels wird einem Patienten plötzlich schlecht, er muss sich hinlegen, sein Puls ist über 100 Schl./Min., der systolische Blutdruck ist unter 100 mmHg. Welches Krankheitsbild liegt vor, was unternehmen Sie?

Labortechnologie

Übergreifende Lernziele

- *Anwendung von modernen Technologien in praxisnahen Funktions- und Handlungszusammenhängen*

Ohne die Labortechnologie würde es unsere moderne Medizin nicht geben. Für die Arzthelferin ist das Verständnis für die Zusammenhänge zwischen gewissenhafter Materialgewinnung und -aufbereitung sowie der Durchführung von Laboruntersuchungen und der Einfluß beider Faktoren auf die Qualität der Ergebnisse unentbehrlicher Bestandteil ihrer Berufstätigkeit.

32. Arbeiten im Praxislabor

ZIELE DES RAHMENLEHRPLANS

- ▶ Chemische Grundlagen für die Arbeit im Labor darstellen
- ▶ Das Labor als medizinisch-technischen Arbeitsraum beschreiben
- ▶ Verhaltensregeln im Labor erläutern und beachten
- ▶ Im Labor verwendete Maßeinheiten erklären
- ▶ Laborgeräte beschreiben und ihre Handhabung erläutern
- ▶ Das Lichtmikroskop erklären
- ▶ Bau und Arbeitsweise des Fotometer beschreiben
- ▶ Qualitätskontrolle im Praxislabor erläutern
- ▶ Labordaten in ihrer Bedeutung für den Patienten einstufen
- ▶ Umgang mit Zählkammern erklären

32.1. Das Labor als medizinisch-technischer Arbeitsraum

32.1.1. Arbeitsbereiche im Labor

Je nach Tätigkeitsschwerpunkten der Arztpraxis werden verschiedene Arbeitsbereiche unterschieden. Hierzu gehören

- der Arbeitsplatz für die Blutentnahme
- der Zentrifugenarbeitsplatz
- der Arbeitsplatz für die Urinuntersuchung
- der Arbeitsplatz zum Mikroskopieren
- der Fotometerarbeitsplatz

Der Arbeitsplatz für die Blutentnahme

Zum Arbeitsplatz gehören ein Stuhl mit Armstütze für den Patienten sowie ein Hocker für die Arzthelferin. Auf einem kleinen Tisch befinden sich Einmalhandschuhe für die Arzthelferin, Staubinde, Spritzen (2 ml, 5 ml, 10 ml), Kanülen (Nr. 1 und Nr. 2), Tupfer sowie 70-prozentiger Alkohol, Reagenzgläser oder Monovetten. Weitere Reagenzien wie Enteiweißungsmittel, Natrium citricum sind griffbereit.

Für die Kapillarblutentnahme sind Lanzetten, Mikropipettierhilfen und Mikropipetten (20 µl, 50 µl) vorhanden.

Für die Erythrozyten- und Leukozytenzählung sind Erythrozyten- und Leukozytenpipetten, die entsprechenden Verdünnungslösungen mit Blockschälchen, Pipettenrüttler und ein Standzylinder für gebrauchte Pipetten erforderlich.

Entfettete Objektträger für Blutausstriche gehören ebenfalls zum Arbeitsplatz.

Pflaster, Laborauftragsbögen und Beschriftungsetiketten dürfen nicht fehlen.

Der Zentrifugenarbeitsplatz

Die Zentrifuge (Drehzahl bis 8000 Umdrehungen pro Minute, mit einem frei schwingenden *Gehängekopf* oder eine feste Schräglage bewirkenden *Winkelkopf*, Zeituhr und Drehzahlanzeige)) gehört an einen festen Standort, getrennt von Geräten, die durch die Schwingungen Schaden erleiden können (Fotometer, Mikroskop).

Nach Möglichkeit sollte sich der Zentrifugenarbeitsplatz links von der Spüle befinden. Zum Arbeitsplatz gehören die Zentrifuge mit Zentrifugenröhrchen, eine Spritzflasche zum Austarieren der Zentrifuge, Einmalrührspatel, ein Auffanggefäß zum Abgießen des Überstandes nach dem Zentrifugieren sowie eine Schüssel mit

Desinfektionsmittel zum Aufnehmen der Zentrifugengläser.

Der Arbeitsplatz für die Urinuntersuchung

Der Arbeitsplatz für die Urinuntersuchungen sollte sich nicht am Fenster befinden, da Sonnenstrahlen die Untersuchung des Urins auf Bilirubin und Urobilinogen beeinflussen. Zum Arbeitsplatz gehören Einmalhandschuhe für die Arzthelferin, Reagenzglasständer, Reagenzglasschreiber, Mehrfach- und Einzelteststreifen, ein Tischabfalleimer für gebrauchte Teststreifen, eine Tischstoppuhr und ein Laborprotokollbuch. Werden auch Untersuchungen auf Bakterien z. B. mit Nährbodenträgern durchgeführt, darf ein kleiner Brutschrank nicht fehlen.

Der Arbeitsplatz zum Mikroskopieren

Der Arbeitsplatz sollte so gewählt werden, daß die Möglichkeit besteht, auf künstliche Raumbeleuchtung zu verzichten. Auf der rechten Seite vom Mikroskop werden die Objektträger, Deckgläschen, Zählkammern und Okulare nebst weichem Reinigungstuch staubfrei in einer Schublade aufbewahrt.

Weiterhin sind Immersionsöl, Behälter für gebrauchte Objektträger, Hämogramm-Listen für das Differenzialblutbild sowie im Bereich der Spüle eine Färbebank mit den für die Färbung eines Differenzialblutbildes notwendigen Reagenzien erforderlich.

Der Fotometerarbeitsplatz

Der Fotometerarbeitsplatz sollte sich weder in der Nähe einer Heizung noch eines Fensters befinden. Zum Fotometer (eventuell mit Drucker) gehören ein Wasserbad mit Temperatursteuerung (mindestens mit Temperatureinstellungen 25, 30 und 37 °C) und Anschlüssen für temperierbare Küvettenhalter.

Weiterhin sind Küvetten, Reagenzglasständer mit Reagenzgläsern und Folie zum Verschließen der Reagenzgläser, ein Reagenzglasschreiber, eine Zeituhr, Einmalhandschuhe, Tupfer, ein Tischabfalleimer, verschiedene Pipetten mit Pipettierhilfen, eine Aqua-dest.-Spritzflasche, verschiedene Reagenzien, Kontrollseren für die interne Qualitätssicherung, ein Kanister für die Entsorgung giftiger Lösungen erforderlich.

32.1.2. Vorbehaltene Tätigkeiten

Nicht alle Tätigkeiten im Praxislabor dürfen von einer Arzthelferin durchgeführt werden. Medizinisch-technische Laboratoriumsassistentinnen vorbehaltene Tätigkeiten sind nach § 9 des MTA-Gesetzes mit Ausnahme von einfachen vorbereitenden Tätigkeiten sowie einfachen qualitativen und quantitativen Untersuchungen von Körperflüssigkeiten und Ausscheidungen (z. B. Färbung von Blutausstrichen, kleines Blutbild, Nährbodentechnik, einfache Serologie):

- Hilfeleistungen bei feingeweblichen und zytologischen Untersuchungen
- Arbeiten in der klinischen Chemie
- Arbeiten in Hämatologie und Immunhämatologie
- Arbeiten in Mikrobiologie und Serologie

32.1.3. Pipetten

Pipetten sind graduierte, geeichte Glasröhrchen, die ein bestimmtes Fassungsvermögen haben und verschiedenen Zwecken

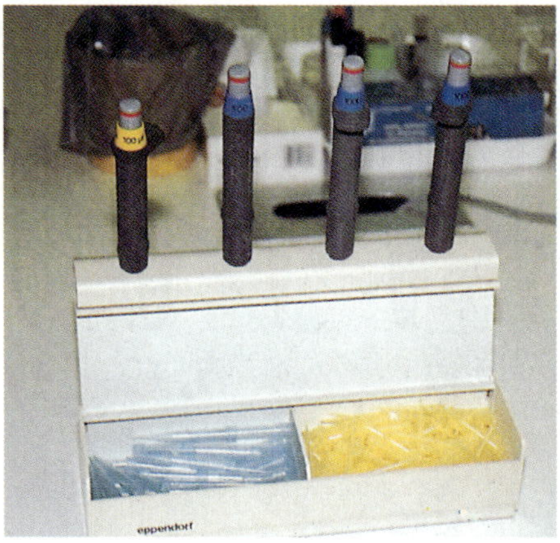

Kolbenhubpipetten mit Einmalspritzen im Pipettenständer.

▶▶ *In-Pipetten.*

▶ *Ex-Pipetten.*

▶▶ *Kolbenhubpipetten.*

dienen. Pipetten ab 0,5 ml Fassungsvermögen müssen eine ausgezogene Spitze aufweisen. Für Mengen unter 0,5 ml werden Mikroliter- oder Kapillarpipetten verwendet.

Aufgrund ihres Baus und ihrer Anwendung werden verschiedene Pipetten unterschieden:

- *Messpipetten* sind gerade Röhren, die eine bestimmte Flüssigkeitsmenge fassen und entsprechend einer Graduierung ganz oder teilweise entleert werden können.
- *Vollpipetten* sind Röhren, die oft eine bauchige Auftreibung haben und ebenfalls eine bestimmte Flüssigkeitsmenge fassen. Sie besitzen einen Eichstrich, bis zu dem sie gefüllt werden. Sie werden ganz oder bis zu einem unteren Eichstrich entleert. Es kann also stets nur die volle Menge, für die die Vollpipetten geeicht sind, abgemessen werden.

Beide Pipettenarten werden durch Unterdruck mit Hilfe einer Pipettiervorrichtung gefüllt.

Bei den »Ex-Pipetten« erfolgt das Ablaufen der Flüssigkeit mit Hilfe der Schwerkraft. Der in der Pipette haftende letzte Flüssigkeitsrest ist bei der Eichung berücksichtigt. Nach Ablaufen der Flüssigkeit soll die Pipettenspitze noch 10 Sekunden an den Gefäßrand gehalten werden, bei zähflüssigen Pipetteninhalten verlängert sich die Zeit auf das Doppelte.

Einige Pipetten tragen das Zeichen »blow out« (Ausblasen). Bei diesen Pipetten wird der letzte Rest des Inhalts mit Luftdruck ausgeblasen.

Aufgrund ihrer Besonderheiten werden folgende Pipettenarten unterschieden:

- *Kapillarpipetten* füllen sich durch kapillare Saugkraft. Zur genauen Abmessung findet eine Pipettierhilfe Verwendung. Der noch weit verbreitete Gummischlauch mit Mundstück ist nicht mehr zulässig.
- Mit Ausnahme der Prothrombinpipetten werden Kapillarpipetten stets mit Reagenzlösung ausgewaschen. Sie sind so geeicht, dass auch die an den Wänden der Pipette haftende Flüssigkeit berücksichtigt ist (»In-Pipetten«). Die Pipetten werden ganz (»end to end«) oder bis zu einem Eichstrich gefüllt.
- Bei geringfügigem Überschreiten der Eichmarkierung von In-Pipetten wird die Pipettenspitze leicht mit einem Tupfer abgestrichen. Bei zu starkem Überschreiten der Eichmarkierung muss die Abmessung mit einer neuen Pipette wiederholt werden, da es sonst zu Fehlresultaten kommt.
- Kapillarpipetten finden Verwendung als *Mikropipetten* zur Analyse von Körperflüssigkeiten mit einem Fassungsvermögen von 5 bis 100 Mikrolitern. Es handelt sich um Einmalartikel, die nach Verwendung weggeworfen werden.
- *Blutmischpipetten* mit einer Mischkammer zur Vorbereitung der Erythrozyten-, Leukozyten- oder Thrombozytenzählung.
- *Hämatokritröhrchen*, die keinen Eichstrich haben (»end to end«) und zur Bestimmung des Blut-Plasma-Verhältnisses Verwendung finden.

Ihre Wände enthalten einen dünnen Belag von Heparin, der das Blut ungerinnbar macht.

Sonderformen sind

- *Blutsenkungspipetten,* die 1 ml fassen und eine Millimetereinteilung haben.
- *Sicherheitspipetten* für gefährliche Flüssigkeiten
- *Enzympipetten.* Hierbei handelt es sich um Messpipetten, die eine lang ausgezogene Spitze haben. Sie werden voll aufgezogen, aber nur teilweise in das Analysegerät geleert. Enzympipetten werden mehr und mehr durch *Kolbenhubpipetten* verdrängt. Mit verschiedenen Größen lassen sich Flüssigkeiten im Mikroliterbereich (bis 1000 Mikroliter) mit hoher Genauigkeit und Sicherheit abmessen.

Durch Daumendruck und Federkraft wird ein kleiner Kolben hin und zurück bewegt. Dadurch wird in eine aufgesteckte Einmalspitze aus Kunststoff die abzumessende Menge der Flüssigkeit gesaugt. Beim Ablassen wird die Spitze mit Druckluft ausgeblasen.

In die Kolbenhubpipette selbst darf niemals Flüssigkeit geraten. Die Spitze muss stets tiefer liegen als der Kolben. Die Pipette wird nach Gebrauch sofort wieder senkrecht in den dazugehörigen Ständer abgelegt. Der Spezialständer enthält in besonderen Fächern die Spitzen, wobei die verschiedenen Größen an unterschiedlichen Farben erkennbar sind. Kolbenhubpipetten müssen sorgfältig behandelt und gepflegt werden.

Füllen der Pipetten
Es erfolgt mittels dosiertem Unterdruck durch eine Mikropipettierhilfe. Hochziehen mit dem Mund ist nicht zulässig. Zum Füllen der *Erythrozyten-*, *Leukozyten-* und *Capillarpipette für die Hämoglobinbestimmung* muss am oberen Ende dieser Pipetten die Mikropipettenhilfe angesetzt werden.

Die *Blutsenkungspipetten* werden mittels einer Spritze im Blutsenkungsständer gefüllt.

Das *Fassungsvolumen* einer Pipette muss dem analytischen Zweck entsprechen (werden kleine Mengen Reagenz benötigt, nimmt man eine Pipette mit ensprechend kleinem Volumen).

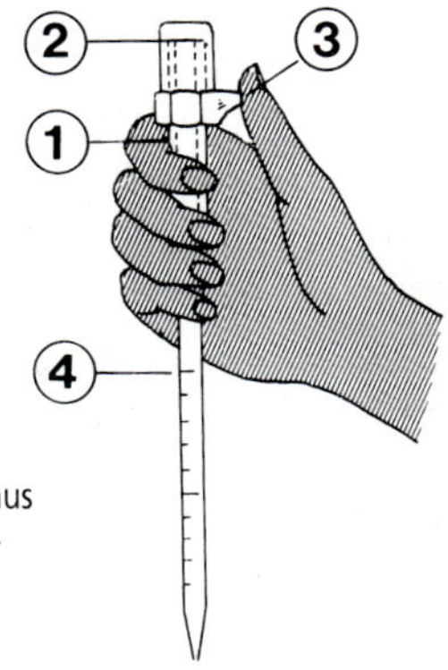

Pipettierhilfe.
1 Aufnahmekonus
2 Dosierzylinder
3 Luftkanal
4 Pipette

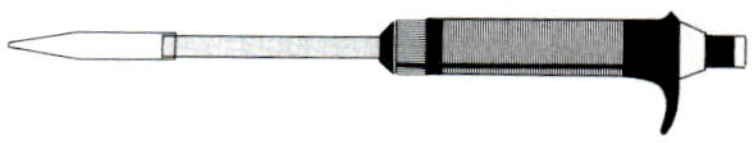

Kolbenhubpipette

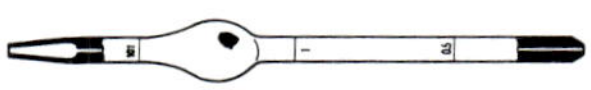

Blutmischpipette für Erythrozyten

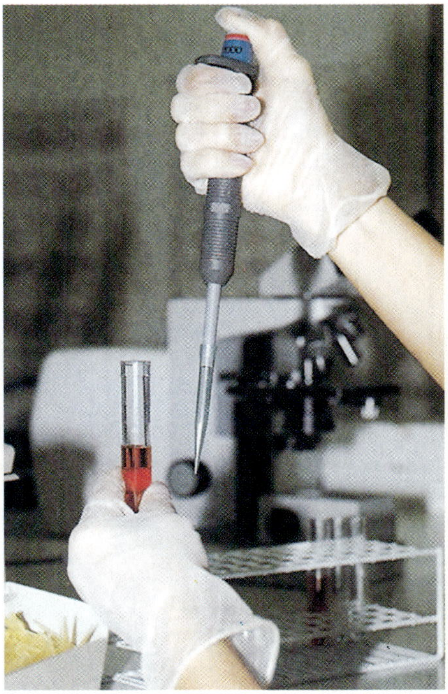

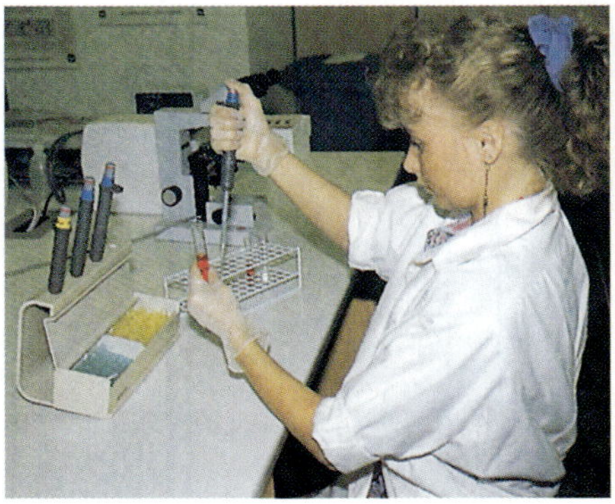

◀ **_Korrekte Haltung von Zentrifugenglas und Kolbenhubpipette._**

◀◀ **_Mit einer Kolbenhubpipette pipettierende Arzthelferin._**

▶ *Richtige Handhabung des Peleusballes.*

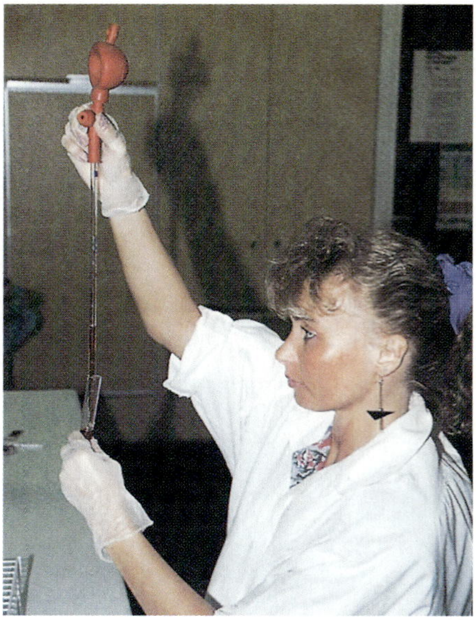

Pipettierhilfen
Beim Pipettieren von Flüssigkeiten, die giftig, infektiös oder ätzend sind, müssen Pipettierhilfen verwendet werden wie z. B. der *Peleusball.* Die Anwendung erfolgt durch:

- Aufschieben des Balles auf die obere Pipettieröffnung
- Öffnen des Auslassventiles (A) und Zusammendrücken des Balles
- Eintauchen der Pipette in die Flüssigkeit und Betätigen des Ventils (S). Dies führt zu Aufsaugen der Flüssigkeit
- Drücken des Ventils (E) führt zum Entleeren der Flüssigkeit

▶ *Peleusball (Schema).*

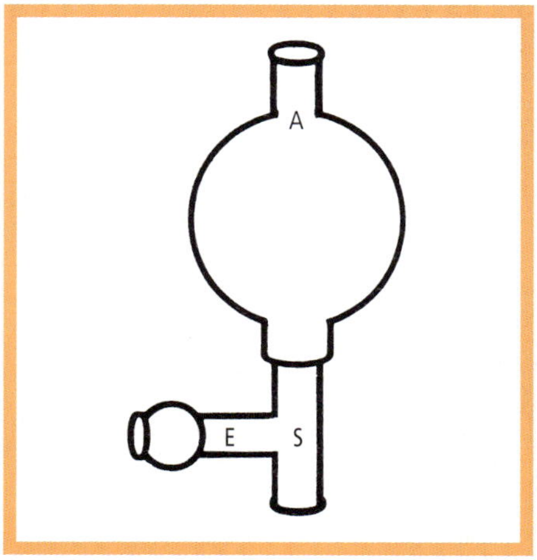

Dosiergeräte. Im Routinelabor haben sich Dosiergeräte bewährt. Sie sind sinnvoll, wenn eine große Zahl von Untersuchungen durchzuführen ist.

Ablesen des Füllungsstandes in der Pipette
Infolge Adhäsion schließt die Flüssigkeitssäule oben nicht waagerecht ab, sondern ist am Rand etwas höher als in der Mitte. Es wird der tiefste Punkt abgelesen.

Pipettierregeln

- Immer die richtige Pipettenart und -größe verwenden
- Oberes Pipettenende mit Zeigefinger oder mechanischer Einrichtung erschließen
- Pipette senkrecht halten, in Augenhöhe am unteren Meniskus der Flüssigkeit ablesen
- Luftblasen vermeiden, ggf. neu aufziehen
- Vor dem Ablassen Spitze mit Tupfer abwischen

▶▶ *Peleusball.*

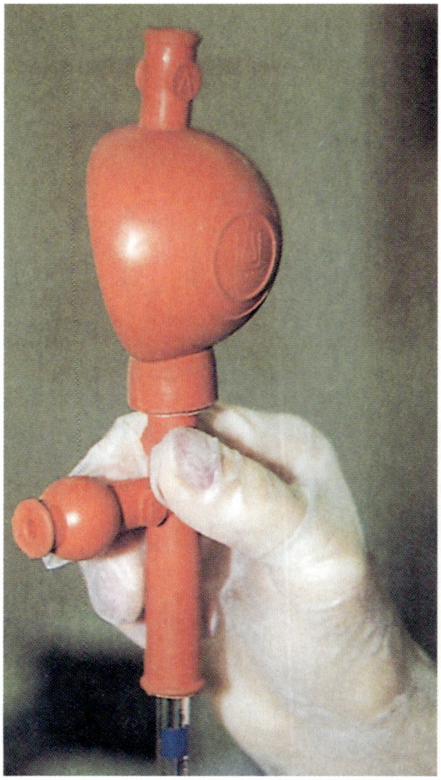

- Pipettenspitze über die Flüssigkeit an Gefäßwand des schräg gehaltenen Auffanggefäßes ansetzen

Der obere Füllspiegel in einer Pipette ist nicht waagerecht, sondern konkav. Der mit dem unteren Punkt der Konkavität übereinstimmende Teilstrich der Pipette gilt für das Abmessen der Flüssigkeitsmenge.

Entleeren der Pipette
Vor Zugabe der in der Pipette befindlichen Reagenz- oder Körperflüssigkeitsmenge wird die obere Pipettenöffnung entweder mit dem Zeigefinger oder mit einer entsprechenden mechanischen Einrichtung zugehalten, damit die Pipette nicht auslaufen kann. Dann muss mit einem trockenen Zellstoff- oder Filterpapiertupfer die Pipettenspitze abgewischt und von anhängendem Reagenz befreit werden (sonst gibt man zu viel Reagenz in den Analysenvorgang). Gleichzeitig wird die Pipettenspitze geprüft (Pipetten mit abgeschlagenen Glasteilchen müssen ausgesondert werden).

Das Entleeren der Pipetten erfolgt bei den verschiedenen Arten unterschiedlich:

Bei mit »*In*« markierten Pipetten wird der Inhalt der Pipette zunächst mit einer Pipettierhilfe ausgeblasen, wobei die Pipettenspitze in die Flüssigkeit des Aufnahmegefäßes eingetaucht wird. Das Auswaschen der Pipette erfolgt durch mehrmaliges Hochziehen und Ausblasen der Flüssigkeit des Aufnahmegefäßes. In der Pipette bleibt kein Rest der ursprünglichen Füllung.

Bei mit »*Ex*« markierten Pipetten wird der Pipetteninhalt dicht über einer eventuell vorhandenen Flüssigkeit in das schräg gehaltene Aufnahmegefäß an der Glaswand abgelassen. Danach wird noch 10 Sekunden gewartet, bis die Pipette aus dem Aufnahmegefäß entfernt wird. Bei zähflüssigem Pipetteninhalt verlängert sich die Zeit auf das Doppelte. Außer dem Rest an der Pipettenwand bleibt auch in der Pipettenspitze etwas vom Pipetteninhalt. Dies ist bei der Eichung der Pipette berücksichtigt.

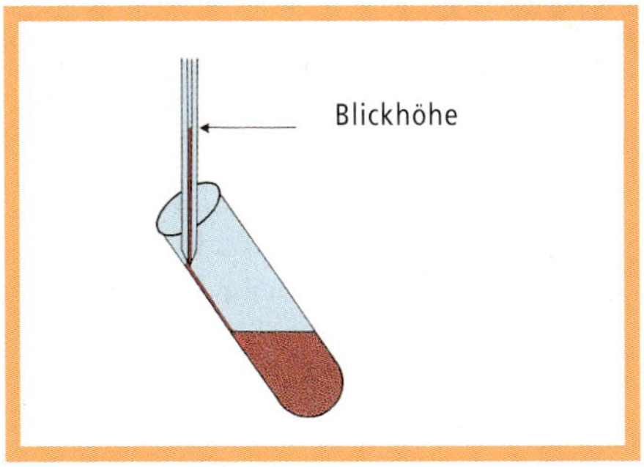

Einlaufenlassen einer Flüssigkeit aus einer Pipette.

Bei »*Ex*«-Pipetten mit der Kennzeichnung »*Ausblasen*« oder »*blow out*« wird der Inhalt zunächst abgelassen, dann wird der noch in der Pipettenspitze befindliche Rest in das Auffanggefäß mit Luftdruck abgeblasen. In diesem Falle verbleibt in der Pipette nur die an der Pipetteninnenwand anhaftende Flüssigkeit.

Die Pipettenspitze wird oberhalb des Flüssigkeitsspiegels oder, falls sich noch keine andere Flüssigkeit im Gefäß befindet, des Bodens an die Glaswand gehalten, dann lässt man durch entsprechendes Vermindern des Fingerdruckes die erwünschte Menge ein. Die Flüssigkeit soll an der Glaswand herunterlaufen.

Am unteren Meniskus der Flüssigkeit immer in Augenhöhe ablesen.

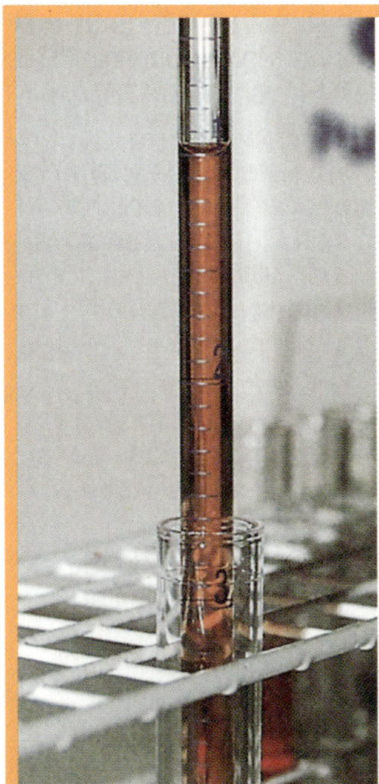

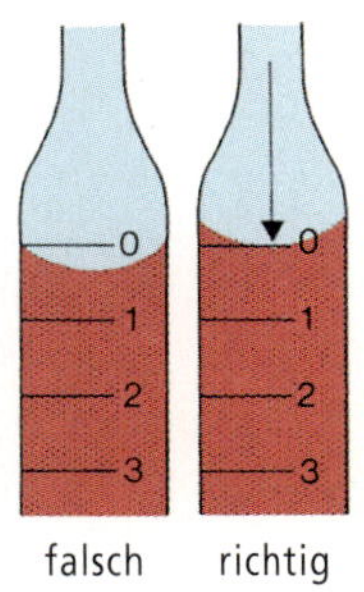

MEMO!

Das Ausblasen der Pipette darf nicht mit dem Mund, sondern muss mit einer Pipettierhilfe erfolgen. Beim Ablaufen der Flüssigkeit wird die Pipette stets senkrecht und das Auffanggefäß schräg gehalten.

Abstellen der Pipette
Nach Gebrauch werden die Pipetten in einen mit Leitungswasser gefüllten Plastikköcher gestellt und sobald wie möglich gereinigt und getrocknet.

32.1.4. Küvetten

Küvetten sind quadratförmige Glas- oder Plastikbehälter mit einer quadratischen Öffnung. Sie dienen der Absorptionsmessung von Flüssigkeiten im Fotometer. Die in der Praxis verwendeten Küvetten fassen etwa 3 ml (Standardküvetten) oder etwa 1,5 ml (Halbmikroküvetten).

Die gegenüberliegenden Flächen sind klar durchsichtig oder mattiert bzw. geriffelt. Nur an den mattierten oder geriffelten Flächen werden die Küvetten angefasst. Die klaren Flächen werden in den Strahlengang des Fotometers gebracht. Zur Vermeidung von Fehlern muss jede Trübung oder Verschmutzung (z. B. durch Fingerabdrücke) strengstens vermieden werden. Vor der Messung sollen die Küvetten an den klaren Flächen mit einem weichen, flusenfreien Tuch poliert werden. Dies ist bei Einmalküvetten nicht erforderlich.

Standard- und Halbmikroküvetten haben beide eine Flüssigkeitsschichtdicke von 10 mm, die vom Lichtstrahl im Fotometer durchleuchtet wird. Das Volumen der Halbmikroküvette wird dadurch vermindert, dass die mattierten Wände in der unteren Hälfte der Küvette verdickt sind.

Alle Küvetten, die in einer Messreihe verwendet werden, sollten genau die gleiche Absorption haben. Bringt man sie nacheinander leer in den Strahlengang des Fotometers, so muss stets die gleiche Extinktion angezeigt werden. Selbst bei fabrikneuen Glasküvetten gibt es geringe Abweichungen. Nur durch sorgfältige Behandlung gelingt es, diese Abweichungen in Grenzen zu halten.

Spuren von Reagenz, Fettschleiern, Kratzern und Fingerabdrücken verändern die Eigenextinktion der Küvetten. Fingerabdrücke, die nicht entfernt werden, können zu leichten Verätzungen der Glasoberfläche führen.

MEMO!

Küvetten mit beschädigter Oberfläche im Bereich des Strahlenganges sind unbrauchbar und müssen ausgesondert werden.

Küvetten.

MASSEINHEITEN

1 Millimeter	**1 (mm) = 1000 Mikrometer**
1 Mikrometer	**(1 µm) = 0,001 mm = 1000 Nanometer**
1 Nanometer	**(1 nm) = 0,001 µm = 0,000001 mm**
1 Angström	**(1A) = 0,1 nm = 0,0000001 mm = 0,0001 µm**

Reinigung der Glasküvetten
Während Einmalküvetten nach Gebrauch auf übliche Weise entsorgt werden, müssen Glasküvetten sorgfältig greinigt und getrocknet werden. Sofort nach Gebrauch werden sie entleert und unter fließendem Wasser außen und innen gründlich gespült. Nachgespült wird mit destilliertem Wasser aus einer Spritzflasche. Auch während der gesamten Reinigung dürfen die Küvetten nur an den mattierten Flächen angefasst werden. Bei Verwendung von entmineralisiertem Wasser sollte sich eine weitere Spülung mit doppelt destilliertem Wasser anschließen. Es folgt das Abtropfen mit der Öffnung schräg nach unten auf eine dicke Lage Fließpapier. Danach werden die Küvetten mit der Öffnung nach oben auf einem mit Fließpapier abgedeckten Blech in den mit etwa 40 bis 60 °C beheizten Trockenschrank eingeschoben.

32.1.5. Zählkammern

Zählkammern werden zum Auszählen von Erythrozyten, Leukozyten, Zellen des Liquors u. a. benötigt. Es gibt verschiedene Arten von Zählkammern, die nach ihren Erfindern benannt werden.

Das Zählnetz der Thoma-Zählkammer
Die Zählkammer zeigt in der Mitte des mittleren Balkens ein mit dem normalen Auge eben sichtbares Kreuz, das unter dem Mikroskop als Gittersystem erkennbar wird. Rechts und links vom mittleren Balken befinden sich Rinnen, an die sich nach außen Trägerbalken anschließen. Der mittlere Balken ist um 0,1 mm niedriger als die Trägerbalken.

Das Zählnetz der Thoma-Kammer besteht aus kleinen Quadraten. Jedes Quadrat wird von einer Linie vierseitig begrenzt. Je 16 kleine Quadrate werden von Dreifachlinien umschlossen und bilden große Quadrate (Gruppenquadrate). Insgesamt sind 16 große Quadrate mit je 16 kleinen Quadraten vorhanden.

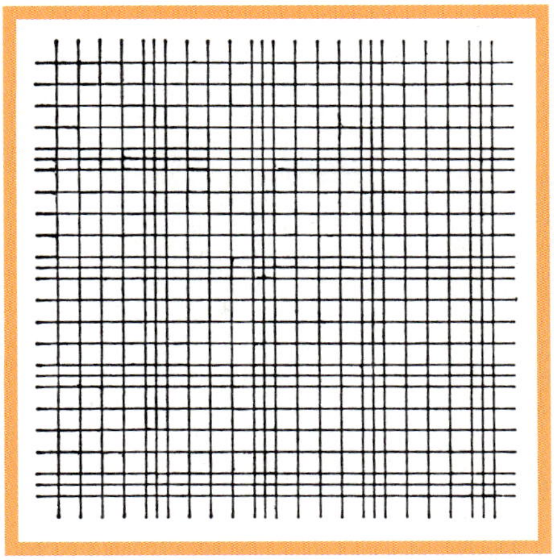

◄ Thoma-Zählkammer.

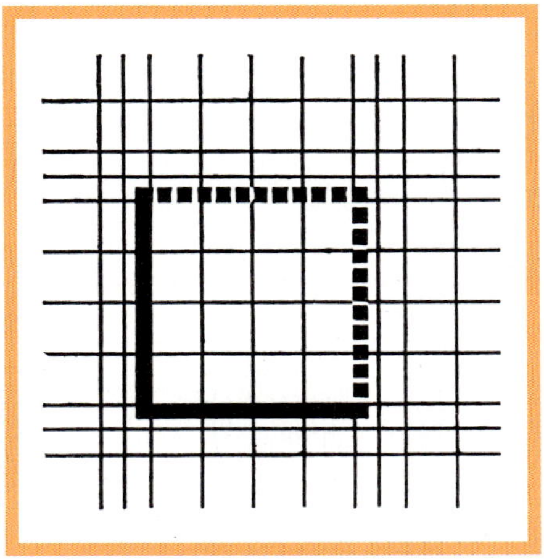

◄ Ausschnitt aus der Thoma-Zählkammer (Großquadrat mit 16 Kleinquadraten).

Jedes Gruppenquadrat hat eine Seitenlänge von 0,2 mm. Die Fläche eines Gruppenquadrates beträgt 0,2 mm x 0,2 mm = 0,04 mm^2. Da die Höhe der Zählkammer 0,1 mm beträgt, hat das Gruppenquadrat ein Volumen von 0,04 mm^2 x 0,1 mm = 0,004 mm^3.

Andere Zählkammern
Die Thoma-Neu-Kammer ist ebenfalls in 16 Gruppenquadrate unterteilt, jedoch sind die Grenzlinien hier durch freie Spalten ersetzt. Leukozyten werden wie bei der Thoma-Kammer gezählt. Wegen der größeren Gesamtfläche des ganzen Netzes von 1,21 mm^2 dürfen die 4 Feldstreifen oben, unten, rechts und links nicht mit ausgezählt werden. Die Tiefe ist ebenfalls wie bei der Thoma-Kammer 0,1 mm.

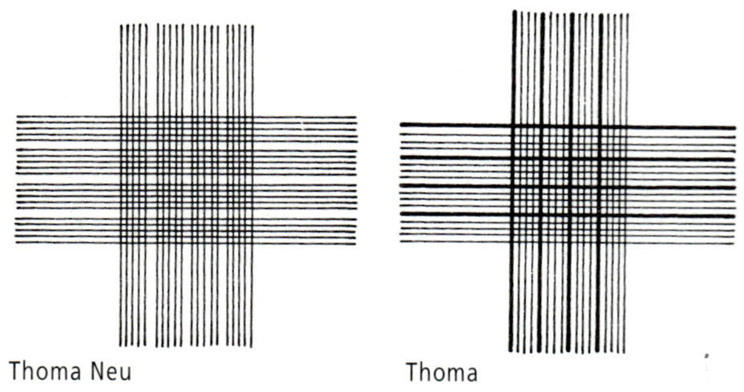

▲ *Vergleich zwischen den Zählnetzen einer Thoma- und einer Thoma-Neu-Kammer.*

Das Zählnetz der Neubauer-Kammer besteht aus 9 großen Quadraten mit einer Fläche von jeweils 1 mm², insgesamt also 9 mm². Die Erythrozytenzählung erfolgt im Mittelfeld wie bei der Thoma-Kammer, die Leukozytenzählung in 4 Quadraten zu je 1 mm², Tiefe ebenfalls 0,1 mm.

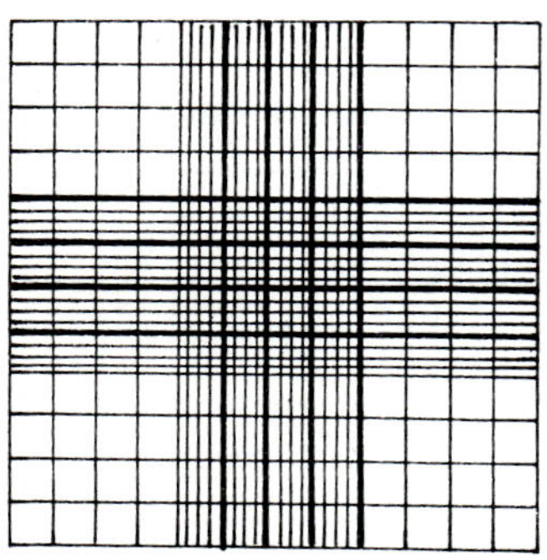

▶ *Neubauer-Zählkammer.*

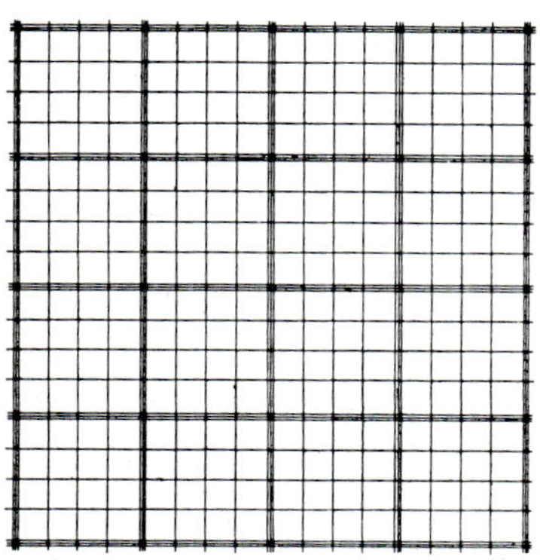

▶ *Fuchs-Rosenthal-Zählkammer.*

Fuchs-Rosenthal-Zählkammer

Das Zählnetz der *Fuchs-Rosenthal-Kammer* hat insgesamt 16 mm², die in 16 Gruppenquadrate von je 1 mm² Fläche unterteilt sind. Jedes Gruppenquadrat hat 16 kleine Quadrate von 0,25 mm Länge. Tiefe 0,2 mm. Mit der Kammer werden Zellen im Liquor gezählt.

Vorbereitung der Zählkammer

Ein geschliffenes Deckgläschen wird unter leichtem Druck von der Breitseite der Zählkammer aus auf die Trägerbalken geschoben. Bei festem Sitz des Deckgläschens auf dem Trägerbalken zeigen sich farbige Ringe *(Newtonsche Ringe)*. Zwischen dem Mittelbalken und dem Deckgläschen entsteht ein luftleerer, genau 0,1 mm hoher Raum.

Die Füllung der Zählkammer

Die Zählkammer wird vom Rand des Deckgläschens her gefüllt. Der aus der Zählpipette austretende dritte Tropfen wird an die untere Deckglaskante gebracht. Der Tropfen verteilt sich sofort durch Adhäsion gleichmäßig zwischen Mittelbalken und Deckgläschen.

Dann wird die Zählkammer – die dabei stets waagerecht gehalten werden muss – auf dem Objekttisch des Mikroskops festgeklemmt bzw. in den Kreuztisch eingeklemmt. Das auf dem Mittelbalken befindliche Kreuzsystem wird zunächst mit schwacher Vergrößerung eingestellt.

Häufig werden *Doppelzählkammern* verwendet. Sie gestatten die gleichzeitige Füllung der Zählkammer einerseits zur Erythrozyten-, andererseits zur Leukozytenzählung, ohne dass zwischendurch Zählkammer und Deckgläschen gesäubert zu werden brauchen. Sie haben aber den Nachteil, dass bei der Füllung Verteilungsfehler und infolgedessen Auszählfehler vorkommen können. Die Fehlerquote kann bis zu 30 Prozent betragen.

Doppelzählkammern werden aus diesem Grund mehr für die Doppelbestimmung der Erythrozyten- bzw. Leukozytenzahl verwendet. Bei der Zellzählung müssen Doppelbestimmungen erfolgen. Die Differenz beider Zählungen darf nicht mehr als 15 Prozent betragen.

Gezählt werden alle Zellen innerhalb des festgelegten Messbereiches. Mitgezählt werden nur die an zwei Seiten, z. B. an der linken und unteren Maßlinie an- oder aufliegenden Zellen. An den zwei Gegenlinien (rechts und oben) werden die an- oder aufliegenden Zellen nicht mitgezählt.

Objektträger/Deckgläschen

Sie werden für das Urinsediment, gefärbte Präparate und Abstriche benötigt. Auf Nativpräparate (Urinsediment, Vaginalschleimabstrich auf Trichomonas) wird unter Vermeidung von Luftbläschen ein Deckgläschen aufgebracht.

Desinfektion – Reinigung – Trocknung

Jedes benutzte Einweglaborgerät ist so zu beseitigen, dass es keinesfalls zu einer Quelle für eine Infektion wird. Wiederholt zu benutzende Glasgeräte sind umgehend nach Gebrauch zu desinfizieren, zu reinigen und zu spülen, schließlich, soweit notwendig, zu sterilisieren.

Zur Spülung werden spezielle für Laborgeräte geeignete Spüllösungen benutzt, die auch in der Lage sind, organische Reste aufzulösen. Die Anweisungen der Herstellerfirma sind zu beachten. Nach der Reinigung der Geräte ist immer mindestens dreimal mit destilliertem Wasser nachzuspülen; zum Durchspülen der Pipetten wird die Wasserstrahlpumpe benutzt.

Nach den Spülvorgängen wird das Glasgerät getrocknet, das in den Pipetten befindliche Wasser kann schnell beseitigt werden, indem man mit absolutem Alkohol nachspült und die Pipetten danach im Luftstrahl trocknet. Mit absolutem Alkohol gespülte Geräte können wegen der Entflammungsgefahr nicht im Sterilisator getrocknet werden.

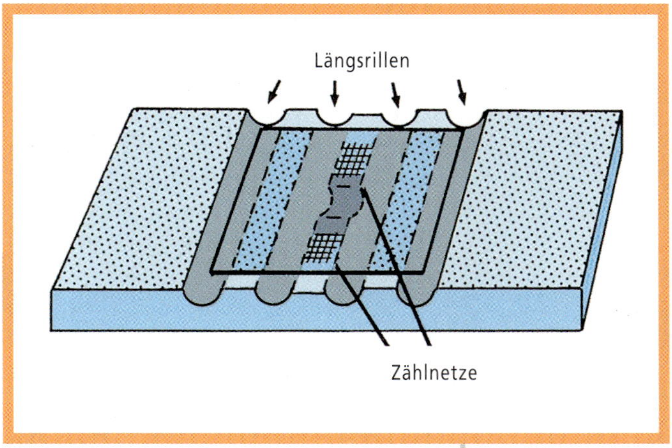

▲ *Zählkammer mit Deckglas von schräg oben.*

Zählkammer mit Deckglas, seitlich. ▼

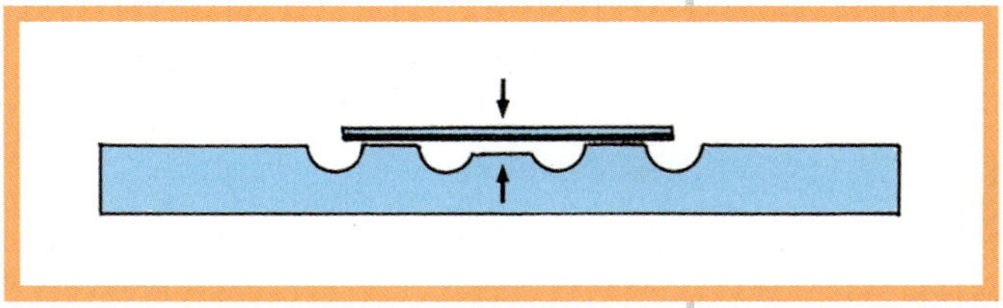

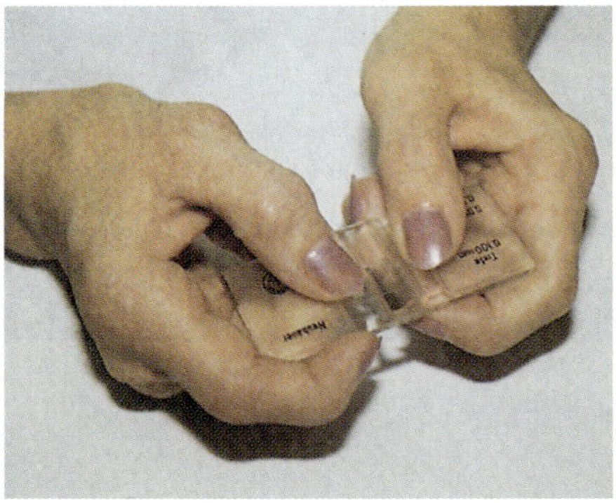

◀◀ *Das Deckgläschen wird auf die Zählkammer geschoben.*

32.1.6 Weitere Glasgeräte

Reagenzgläser

Die im Praxislabor gebräuchlichen Reagenzgläser haben einen Bördelrand und einen runden Boden. Sie fassen 13 bis 25 ml und sind kochbeständig (Jenaer Glas). Die heute im Handel erhältlichen Reagenzgläser sind dickwandig und trotzdem weit gehend unempfindlich gegen plötzliches Erhitzen. Reagenzgläser aus einfachem Glas oder aus verschiedenen

Kunststoffen werden als Einmalartikel verwendet.

Reagenzgläser werden in speziellen Ständern abgestellt und können mit einem Reagenzglashalter gehalten werden, wenn z. B. die in ihnen befindliche Flüssigkeit über einem Bunsenbrenner erwärmt wird. Verschlossen werden Reagenzgläser durch eine feuchtigkeitsresistente Folie.

Die Reinigung erfolgt unter fließendem Wasser. Möglicherweise verbliebene Reste lösen sich innerhalb von 30 Minuten in einer Schale mit Laborreinigungsmittel in üblicher Verdünnung. Danach muss mit Leitungs- und destilliertem Wasser nachgespült werden. Für alle Reinigungsarbeiten sind Schutzhandschuhe anzuziehen. Einmalreagenzgläser und beschädigte Reagenzgläser (z. B. angeschlagener Bördelrand) werden nicht weiter verwendet.

Zentrifugenröhrchen

Zentrifugenröhrchen sind kleine, glattrandige Röhrchen, häufig mit verstärktem Boden. Solche, die sich konisch verjüngen, bezeichnet man als Spitzbodenröhrchen. Sie werden zum Zentrifugieren des Urins für die Gewinnung des Urinsediments verwendet. Rundbodengläser dienen der Serumgewinnung. Zentrifugengläser bestehen im Allgemeinen aus Glas oder Kunststoff.

Trichter

Trichter bestehen aus Glas oder Kunststoff und werden zum Umfüllen (insbesondere in Gefäße mit enger Öffnung) und zum Filtrieren von Flüssigkeiten benötigt.

In der Praxis wird meist Filterpapier mit einem Durchmesser von 9 cm verwendet. Es soll den Trichterrand etwas überragen und chemisch neutral sein.

Zum Filtrieren wird das runde Filterpapier zweimal gefaltet und zu einem geschlossenen Trichter geöffnet. Durch mehrmaliges Knicken erreicht man, dass sich das Filterpapier an der Innenwand des Trichters anlegt. Im Filterpapier verbleibt beim Filtrieren der Rückstand, das (klare) Filtrat befindet sich im Glasgefäß.

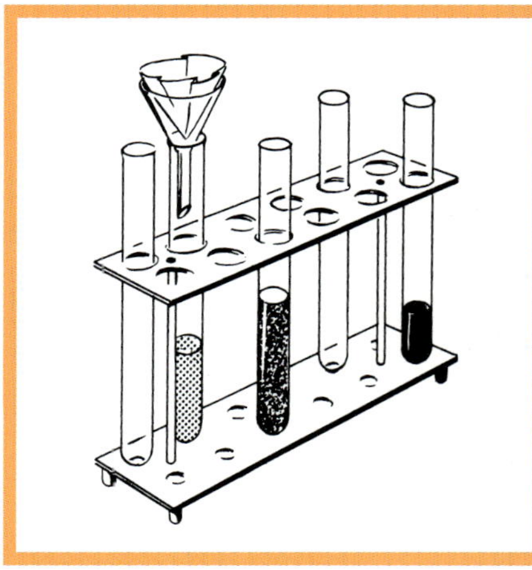

▶▶ *Reagenzgläser im Reagenzglasständer. In einem Reagenzglas steht ein Trichter mit Filterpapier. Der Reagenzglasständer soll hitze- und säurebeständig sein.*

▶ *Weitere Laborbehälter.*

Bechergläser	**Zylindrische Gläser mit aufgebogenem Rand (Fassung 20, 50 oder 100 ml); sie werden z. B. zur Prüfung des Urins mittels Stäbchentest verwendet.**
Meßzylinder	**Zylindrische, graduierte Gefäße mit breit aufsitzendem Fuß. Ähnlich sehen die Standgefäße aus, in die hinein die häufig benötigten Faßzangen, Pinzetten, Pipetten u. a. gebracht werden. Sich nach unten verbreiternde, oben mit einer engen Öffnung versehene Meßgefäße nennt man Erlenmeyerkolben.**
Petrischalen	**Petrischalen sind runde Glasschalen mit niedriger Seitenhöhe und einem Deckel. Sie werden zur Aufbewahrung von Sputum und Stuhl verwendet.**
Spitzbecher	**Spitzbecher sind nach unten sich verjüngende Becher, die mit einem Standteller versehen sind.**
Uringläser	**Uringläser haben unterschiedliche Formen. Meistens werden die dickbauchigen verwendet. In der Praxis sollten nur Einwegurinbecher verwendet werden. Sie fassen 120 ml und verhindern Keimübertragungen und Verunreinigungen.**

32.2. Mikroskop

Elektronenmikroskopie
Kleinste Teilchen (z. B. Viren) werden mit Hilfe von Elektronenstrahlen sichtbar gemacht, es sind millionenfache Vergrößerungen möglich.

Fluoreszenzmikroskopie
Mit besonderen Farbstoffen gefärbte kleine Teilchen (z. B. Tuberkelbakterien) leuchten bei Verwendung von ultraviolettem Licht auf und werden so im Fluoreszenzmikroskop sichtbar.

In der ärztlichen Praxis findet fast ausschließlich das Lichtmikroskop, auch kurz Mikroskop genannt, Anwendung.

Aufbau
Das *Mikroskop* besteht aus einem an einem Stativ befestigten Tubus, in dem augenwärts ein *Linsensystem* mit Lupenfunktion *(Okular)* eingelassen ist. Auf der anderen Seite des Tubus – dem zu untersuchenden Material (Objekt) zugewandt – befinden sich meist in einer drehbaren Scheibe (Objektivrevolver) eingeschraubte *Objektive.* Sie gestatten unterschiedliche Vergrößerungen.

Mit Hilfe der Makrometerschraube (Grobeinstellung) und Mikrometerschraube (Feineinstellung) erhält man ein scharf eingestelltes Bild des Objekts. Der das Objekt tragende Objektträger liegt auf dem *Objekttisch*, wird mit der Klemmeinrichtung des Kreuztisches festgehalten und kann seitlich, vor oder zurück verschoben werden. Unter dem Objekttisch befindet sich der *Kondensor*, sein Zweck ist es, das Licht auf das Objekt zu konzentrieren.

Unter dem Kondensor ist die Irisblende angebracht. Darunter befindet sich die Beleuchtung, die aus einer Lampe mit Linse besteht. Die günstigste Lichtstärke wird durch einen Dimmer eingestellt.

Das Auflösungsvermögen (Erkennbarkeit kleinster Teilchen bei mikroskopischer Betrachtung) hängt von der Wellenlänge des Lichtes ab, das das Objekt beleuchtet. Lichtquelle ist eine eingebaute Niedervoltlampe. Mit diesem Licht gelingt es, Teile einer Zelle, die größer als 200 nm sind, zu erkennen, wenn die übrige Ausstattung des Mikroskops es ermöglicht.

An älteren Mikroskopmodellen wird das Licht durch einen drehbaren Spiegel unter dem Kondensor ins Mikroskop gelenkt. Die Hohlspiegelseite wird nur für schwache Vergrößerungen verwendet (Objektiv 4fach). Darüber hinausgehende Vergrößerungen erfordern den Planspiegel.

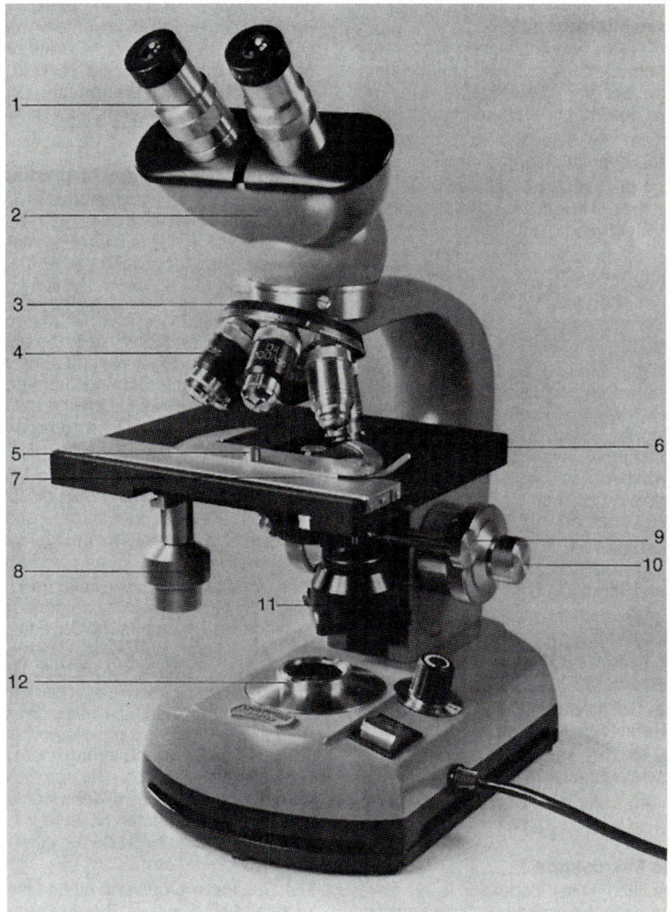

▲ *Binokulares Mikroskop: 1 Okulare, 2 Binokulartubus, 3 Objektivrevolver, 4 Objektive, 5 Einspannknopf für Kreuztisch, 6 Kreuztisch, 7 Präparathalter, 8 Triebköpfe für Kreuztisch, 9 Einstellknopf für Kondensor, 10 Fein- und Grobeinstellknöpfe (Mikro-, Makrometerschraube), 11 zentrierbare Leuchtfeldblende, 12 Lampengehäuse.*

Gebrauch des Mikroskops
Mittlere und hohe Vergrößerungen

Mit dem Praxismikroskop werden im normalen Routinebetrieb hauptsächlich Untersuchungen bei mittlerer und hoher Vergrößerung durchgeführt.

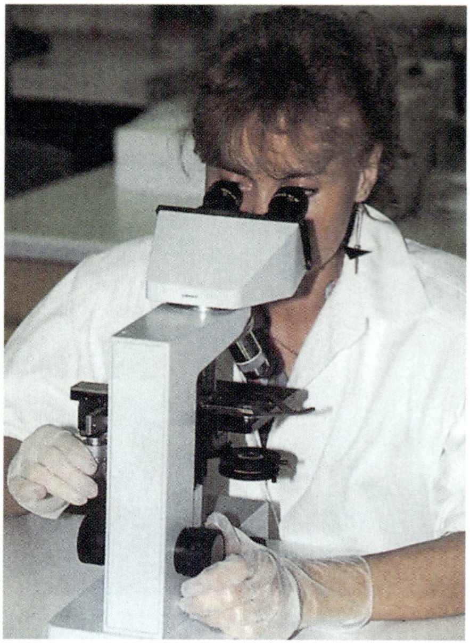

Richtige Haltung am Binokularmikroskop.

Hierfür werden Blut, Harn, Spinalflüssigkeit und Kot in unveränderter Form auf einen Objektträger gebracht und frei von Luftblasen mit einem Deckglas abgedeckt und betrachtet (Nativpräparat).

Vorbehandelt werden Urinsedimente (zentrifugiert, manchmal gefärbt), Kotpräparate (aufgeschwemmt, gefärbt) auf Objektträgern mit Deckglas betrachtet.

Vorbehandelt werden auch Blutzellpräparate zur Zählung (Konservierung und Färbung der zu zählenden, Zerstörung der übrigen Bestandteile des Blutes) in der Zählkammer.

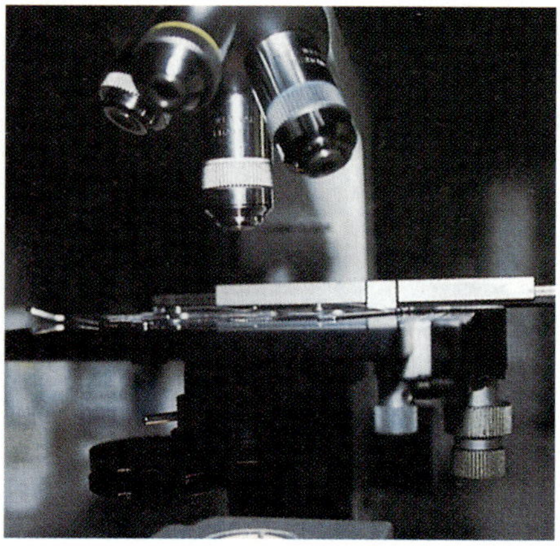

Objektivrevolver mit vier Objektiven (oben), Kreuztisch (Mitte) mit Einstellschrauben zum Verstellen des Tisches sowie Kondensor (unten).

Höchstmögliche Vergrößerungen

Nicht selten werden im Praxislabor auch Untersuchungen mit der höchstmöglichen Vergrößerung durchgeführt. Hierfür wird ein Ölimmersionsobjektiv sowie Immersionsöl benötigt.

Gefärbte Ausstrichpräparate von Untersuchungsmaterial werden auf Bakterien durchsucht.

Gefärbte Blutausstriche werden zur Bestimmung und Zählung von Blutzellen durchmustert (Differenzialblutbild).

Diese Untersuchungen werden auf dem Objektträger durchgeführt. Der Ausstrich wird gut getrocknet und mit einem Tropfen Immersionsöl versehen, in den die Frontlinse des Immersionsobjektives eingetaucht wird. Zur Verbesserung des Ergebnisses kann zwischen Objektträger und Frontlinse des Kondensors ein weiterer Tropfen Immersionsöl gegeben werden.

Zusätzliche Einrichtungen am Mikroskop

Bei *Mikroskopen mit einem Drehtisch* muss der Tisch so gedreht werde, dass die Kreuztischschrauben zugänglich sind und der Kreuztisch in Blickrichtung sowie quer dazu bewegt werden kann. Häufig muss ein unter dem Kondensor befindliches Polfilter ausgeklappt werden.

Zentriereinrichtungen müssen mit Schrauben am Kondensor oder am Tisch so justiert werden, dass das Licht voll in die Öffnung der Kondensorblende fällt.

Pflege des Mikroskops

Spätestens nach einer Inspektion ist ein erster Eindruck vom mechanischen und pflegerischen Zustand des Mikroskops vorhanden. Eventuell verschmutzte Okulare und Objektive werden herausgenommen und mit einem weichen, sauberen Lappen gereinigt. Bei hartnäckigem Schmutz darf etwas Benzin auf den Lappen aufgebracht werden. Keinen Druck auf die Linsen ausüben.

Keine anderen Lösungsmittel verwenden, da die Gefahr besteht, dass die Kittung der Linsen aufgelöst wird. Geringste

Mengen von Alkohol verursachen eine Trübung des Immersionsöls. Nähmaschinenöl, das zur Pflege des Lackes genommen werden könnte, stellt auf den Linsen ein schwer zu lösendes Reinigungsproblem dar. Störender Staub im Inneren der Okulare sollte von Zeit zu Zeit vom Optiker entfernt werden. Auch empfiehlt es sich, dort in regelmäßigen Abständen eine Überprüfung der Mechanik des Mikroskops vornehmen zu lassen.

Vorgehen beim Mikroskopieren

Vorbereitung

Der Objektträger wird in die Kreuztischbacken eingeklemmt. Mit Hilfe der Kreuztischschrauben wird das Objekt unter dem Deckglas über die Öffnung im Kreuztisch gebracht. Die Kondensorblende wird etwa zur Hälfte geöffnet. Der Tubus wird so weit hochgedreht, dass die Objektive im Objektivrevolver frei beweglich sind. Zum Suchen empfiehlt sich ein Objektiv mit 10facher und ein Okular mit 6facher Vergrößerung. Das Licht wird durch Dimmen oder Abblenden so weit vermindert, dass das Objekt nur schwach beleuchtet ist.

Scharfeinstellung

Dann wird der Tubus so weit nach unten gedreht, dass das Objektiv wenige Millimeter über dem Präparat steht. Es empfiehlt sich, dieses Vorgehen durch seitliche Betrachtung zu überwachen, damit der Tubus nicht versehentlich zu weit herabgedreht wird und dadurch das Objektiv das Präparat zerstört. Mit dem Grobtrieb wird dann unter Betrachtung des Präparates durch das Okular die Entfernung zwischen Objektträger und Präparat durch Hochdrehen des Tubus wieder so lange vergrößert, bis das Präparat scharf zu erkennen ist. Die Helligkeit wird jetzt angepasst. Bei gefärbten Präparaten wird die Blende weiter geöffnet, bei ungefärbten wird man sie etwas weiter schließen.

◀ *Binokular des Mikroskopes. Die Okulare sind auswechselbar und können durch Drehen an dem geriffelten Ring auf die Sehstärke des Untersuchers eingestellt werden.*

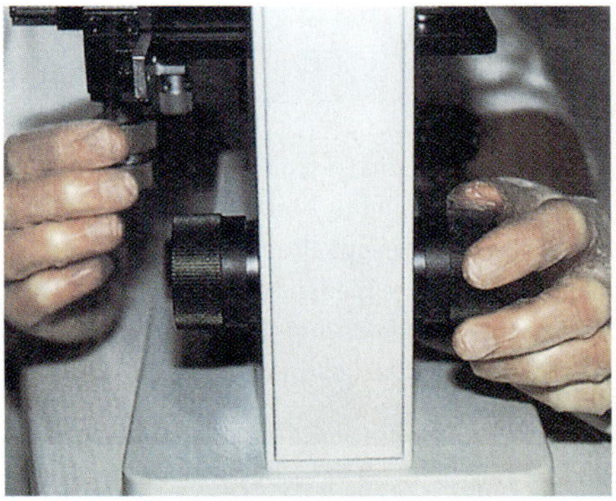

◀ *Haltung der Hände beim Durchmustern eines Präparates. Links wird (mit der rechten Hand) durch Drehen der beiden Einstellschrauben der Kreuztisch seitlich oder von vorn nach hinten bewegt, rechts wird mit der Mikrometerschraube die Scharfeinstellung verändert.*

MEMO!

Geringere Beleuchtung lässt feinere Strukturen besser erkennen.

Auswahl der zu untersuchenden Stelle

Mit Hilfe der Kreuztischschrauben wird die sich für eine Untersuchung eignende Stelle möglichst genau in die Mitte des Gesichtsfeldes gebracht und das Objektiv mit der 40fachen Vergrößerung durch Drehen des Objektivrevolvers gewählt. Wichtig ist, dass das Objektiv auch wirklich einrastet. Die für die Untersuchung vorausgewählte Stelle müsste auch jetzt im Gesichtsfeld sichtbar sein. Mit dem Feintrieb wird scharf gestellt, eventuell wird das Okular gewechselt. Gefärbte Präparate werden mit offener Blende und hellerem Licht betrachtet.

Zur Verbesserung des räumlichen Eindrucks wird der Feintrieb ständig hin und her bewegt.

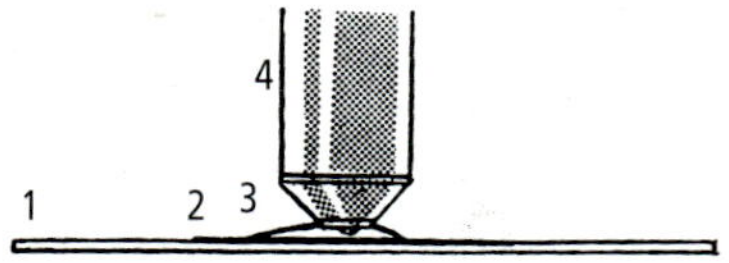

Eintauchen des Immersionsobjektivs in das auf dem gefärbten Objekt befindliche Immersionsöl. 1 Objektträger, 2 Blutausstrich, 3 Immersionsöl, 4 Objektiv mit Immersionslinse.

Objektträger und Deckgläschen, Aufsicht. Objektträger sind rechteckige Glasplatten, die stets fettfrei gehalten werden müssen (abspülen unter fließendem Wasser, reinigen in Granutonlösung). Deckgläschen sind hauchdünne quadratische oder rechteckige Glasplättchen.

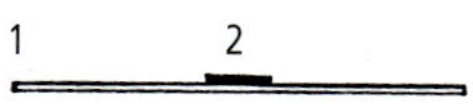

Objektträger, Seitenansicht. Auf dem Objektträger liegt das zu untersuchende ungefärbte Material (z. B. Urinsediment, Trichomonasabstrich). Darüber wird ein Deckgläschen gelegt. 1 Objektträger, 2 Deckgläschen.

Durch Veränderung der Höhe des Kondensors können die Kontraste verändert werden.

Untersuchung mit Ölimmersion

Die mit der Ölimmersion mögliche höchste Vergrößerung kann nicht – wie oben beschrieben – stufenweise erreicht werden. Zur Verbesserung der Betrachtungsmöglichkeit kann ein Tropfen Immersionsöl auf das Präparat direkt gegeben werden, die Blende wird halb geöffnet. Der Kondensor wird hoch gestellt, so dass er sich etwa 1 bis 2 mm unter dem Objektträger befindet. Vor dem weiteren Vorgehen wird überprüft, ob das Präparat richtig auf dem Kreuztisch befestigt ist, das heißt, ob der Ausstrich wirklich nach oben zeigt.

▶▶ ***Beim Eintauchen des Immersionsobjektivs in das Immersionsöl leuchtet das Präparat auf.***

MEMO!

Beachte: Lässt sich ein Präparat bei sonst richtigem Vorgehen nicht scharf stellen, muss überprüft werden, ob es nicht versehentlich verkehrt herum (mit der Unterseite nach oben) eingespannt worden ist.

Die zu untersuchende Stelle wird unter das Objektiv gebracht. Der Kondensor wird vorsichtig nach oben gedreht, bis der Öltropfen auf dem Objektträger verläuft. Der Tubus befindet sich oben. Ein bis zwei Tropfen Immersionsöl werden mitten auf das Präparat unter dem Objektiv gegeben. Dann wird das Ölimmersionsobjektiv eingerastet und unter seitlicher Beobachtung mit dem Grobtrieb langsam dem Öltropfen genähert. Dies muss vorsichtig geschehen, damit der Objektträger nicht zerstört wird. In dem Augenblick, in dem das Objektiv in den Öltropfen eintaucht, ist ein schwaches Aufleuchten in dem Öltropfen zu erkennen. Dann ist die Frontlinse des Objektivs noch etwa $^1/_2$ mm vom Objektträger entfernt und etwas oberhalb der Schärfenebene. Diese liegt bei den gebräuchlichen Ölimmersionsobjektiven mit einer numerischen Apertur von 1,2 etwa $^1/_2$ mm über der Schicht. Mit dem Feintrieb wird das Präparat dann scharf eingestellt.

Sollte trotz aller Vorsichtsmaßnahmen ein Objektträger zerbrechen, müssen alle Splitter mit einer Pinzette vorsichtig entfernt werden.

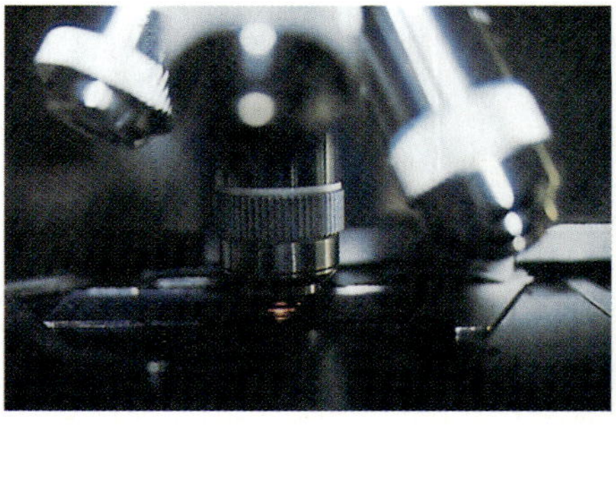

32.3. Fotometer

Prinzip

Die Fotometrie beruht auf dem Prinzip der vergleichenden Farbmessung. Seit alters her haben sich Ärzte bemüht, dieses Prinzip zur Diagnostik einzusetzen. Die Blässe von Handinnenflächen und Schleimhäuten gelten noch heute als Hinweis auf einen anämischen Zustand.

Fotometrie bedeutet »Lichtmessung«. Bei der im Praxislabor verwendeteten Absorptionsfotometrie wird die »Lichtschwächung« (Absorption) eines Lichtstrahles gemessen. Diese Abschwächung erfährt der Lichtstrahl, wenn man ihn durch die mit einem oder mehreren Reagenzien versetzte Körperflüssigkeit hindurchschickt.

Je mehr sich von dem zu bestimmenden Stoff in der Körperflüssigkeit befindet, desto stärker verfärbt das Reagenz das Untersuchungsmaterial und desto mehr wird der Lichtstrahl abgeschwächt. Die gemessene Lichtabschwächung kann mit der Lichtabschwächung durch eine Untersuchungsflüssigkeit mit bekannter Stoffmenge verglichen werden. Das Verhältnis der Lichtabschwächung (Absorption) entspricht dem Verhältnis der in den Flüssigkeiten befindlichen Stoffmengen (Fotometrisches Grundgesetz). Um zu genauen Ergebnissen zu kommen, müssen die Gegebenheiten genau festgelegt werden.

Bau des Fotometers

Der prinzipielle Bau eines Absorptionsfotometers ist verhältnismäßig einfach. Licht aus, je nach Fotometerprinzip unterschiedlichen, Lichtquellen (z. B. Wolfram,- Quecksilber-, Cadmiumlampe) wird durch eine Sammellinse gebündelt und durch einen Filter, Prisma oder auf andere geeignete Weise so isoliert, dass (weit gehend) monochromatisches Licht (Licht einer Wellenlänge) entsteht.

Diese Lichtmenge tritt durch die Küvette mit der Untersuchungsflüssigkeit hindurch, die Menge des hindurchgetretenen Lichtes (die Transmission) wird in Prozent des hindurchgeschickten Lichtes gemessen. Der Anteil, der im Untersuchungsgut zurückgehalten wurde, die Lichtschwächung, wird Absorption genannt. Je mehr Farbstoff in dem Untersuchungsgut entstanden ist, desto mehr Licht wird zurückgehalten.

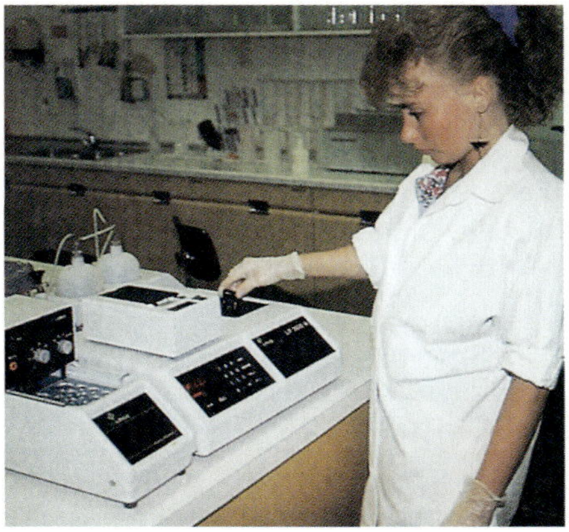

Arzthelferin am Fotometer. Links daneben ein Wasserbad.

MEMO!

Transmission und Absorption ergeben 100 Prozent des in das Untersuchungsgut hineingeschickten Lichtes.

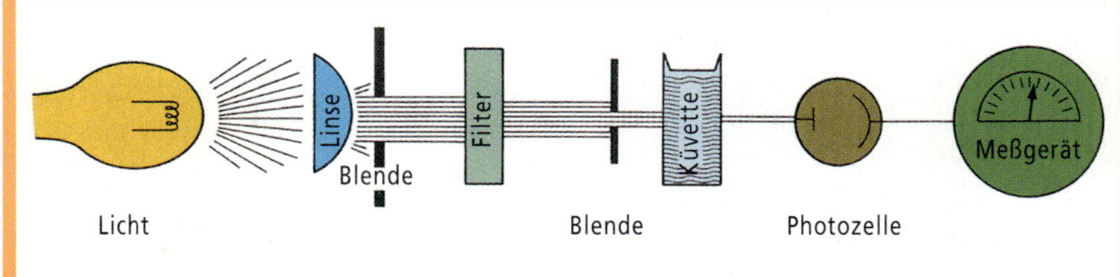

Schematische Darstellung eines Fotometers mit seinen wesentlichen Bauelementen.

Methoden

Endpunktmessung

Bei der Endpunktmessung wird das Substrat (= der zu messende Inhaltsstoff) durch eine chemische Reaktion, die mit Hilfe des passenden Enzyms stattfindet, vollständig in den mit dem Fotometer zu messenden Farbstoff umgesetzt, bevor die Messung stattfindet.

Substrate, wie z. B. Glukose, Harnsäure, Cholesterin, Triglyzeride, werden also durch Enzyme katalysiert. Die Veränderung der Extinktion lässt auf die Konzentration des Substrates schließen.

Ein Großteil der im Praxislabor durchgeführten Messungen mit dem Fotometer erfolgt nach diesem Prinzip.

Verlaufs- oder kinetische Messungen

Durch Enzyme gesteuerte chemische Reaktionen verlaufen langsam. Die Reaktionsgeschwindigkeit steht in direktem Verhältnis zu der Menge des vorhandenen Enzyms.

MEMO!

Aus der Geschwindigkeit des Reaktionsablaufes einer enzymatisch gesteuerten chemischen Reaktion lässt sich die Menge des in der Untersuchungsflüssigkeit vorhandenen Enzyms errechnen.

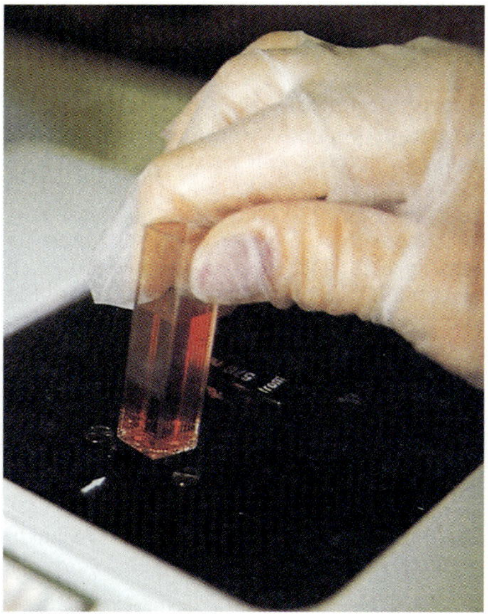

Eine Küvette wird in den Strahlengang gebracht. Rechts neben der Küvette ist der Filter zu sehen.

Wird einem Patientenserum, das auf die Menge eines bestimmten Enzyms untersucht werden soll, das dazugehörige Substrat und das Coenzym mit einem Reagenz hinzugefügt, so wandelt bei sonst geeigneten Bedingungen das Enzym das Substrat in einen anderen Stoff um. Handelt es sich um einen Farbstoff, ist dieser häufig fotometrisch nachweisbar, sonst schließt sich eine Reaktion an, bei der ein messbarer Farbstoff entsteht.

Wird die Küvette mit dem Reaktionsgemisch noch während der Reaktion in den Strahlengang des Fotometers gebracht, so ist von Minute zu Minute eine gleichmäßige Zunahme oder Abnahme der Extinktionen festzustellen. Die Differenz der Extinktionen von Minute zu Minute wird gemessen. Aus ihr lässt sich die Geschwindigkeit der Reaktion ablesen. Diese Aktivität, die in Zeitabständen beobachtet werden kann, wird auch Kinetik genannt.

Das Ergebnis einer so erfolgten Untersuchung wird mit Hilfe eines der Anleitung zu entnehmenden Faktors errechnet.

Allgemeines Vorgehen

Vorgehen bei der fotometrischen Bestimmung – allgemeine Maßnahmen

- Blutserum durch Zentrifugieren des Blutes gewinnen.
- Enteiweißen des Blutserums.
- Feststellung des Reagenzienleerwertes (Reagenzienmischung ohne das zu untersuchende Serum).
- Feststellung des Serumleerwertes (Serum ohne Zusatz spezifischer Reagenzienmischung).
- Feststellung der Extinktion eines Standards.
- Quantitative Feststellung des gesuchten Substrats im Serum durch Beachtung eines Faktors oder durch Fotometrie gegen einen Standard oder Erfassen der Enzymaktivität durch Feststellung sich verändernder Ablaufwerte oder anderer Reaktionsabläufe.

Reflexionsfotometer.

Die Empfehlungen der die Reagenzien liefernden Firma müssen genau beachtet werden.

MEMO!

Alle Fehler, die bei der Herstellung und Analyse der Standardlösung gemacht werden, verfälschen die Ergebnisse aller übrigen Bestimmungen.

Autoanalyzer

In Großlaboratorien werden Blut- und Serumanalysen auch mittels automatischer Vielfachanalyse erstellt, z. B. mit dem Autoanalyzer. Eine einzelne Untersuchung wird als Parameter bezeichnet; mehrere Parameter aus derselben Blutprobe ergeben ein biochemisches Profil. Es gibt Ein- und Mehrkanalsysteme, für die im Allgemeinen 2 bis 3 ml Blut benötigt werden.

Quantitative Bestimmung von Blutbestandteilen mit dem Reflexionsfotometer

Die Entwicklung von Trockenreagenzträgern (Teststreifen) für qualitative und semiquantitative Untersuchungen von Harn und Blut hat durch Verbesserung der Auswertung mit Hilfe reflektorischer Messungen und Mikroprozessorsteuerung zur Möglichkeit quantitativer Bestimmungen einer großen Zahl von Blutbestandteilen mit Teststreifen geführt.

Im Gegensatz zu den bisherigen Methoden der Analyse von Parametern im Blut, der »Nasschemie«, wird die quantitative Bestimmung von Blutbestandteilen als »Trockenchemie« bezeichnet. Mit ihr ist heute schon die Bestimmung von sehr vielen Blutbestandteilen (z. B. Glukose, Harnstoff, Bilirubin, Natrium, Kalium, Kalzium, Harnsäure, Triglyceride, Protein, Amylase, Albumin, AP, GOT, GPT, CK, y-GT, LDH, Kreatinin, HDL-Cholesterin, Cholesterin) möglich. Die Trockenchemie erlaubt die Durchführung kleiner Serien oder Einzelanalysen innerhalb kürzester Zeit (2 bis 3 Minuten) und ist deswegen in ganz besonderem Maß für den niedergelassenen Arzt geeignet, der noch innerhalb der Sprechstunde über Untersuchungsergebnisse verfügen möchte.

Für die Durchführung von Untersuchungen mit Hilfe der »Trockenchemie« werden ein spezielles Reflexionsfotometer, die dazugehörigen Trockenreagenzträger sowie eine spezielle Pipette zum Aufnehmen und Dosieren des Untersuchungsgutes benötigt.

32.4. Weitere Apparate

Bunsenbrenner

Zur Erwärmung und zum Kochen wird eine offene Flamme benötigt. Leicht explosive und brennbare Stoffe wie Äther, Rea-

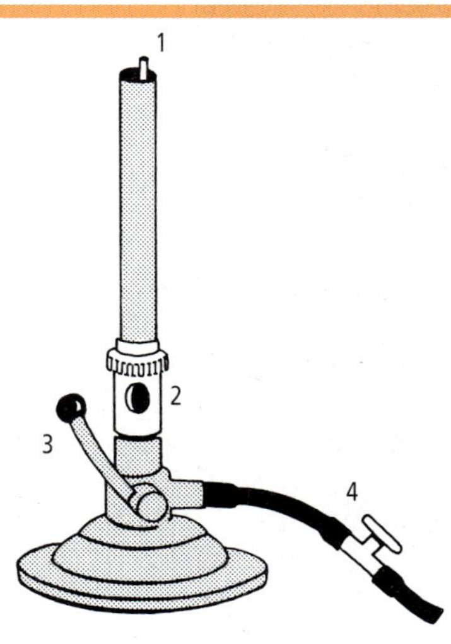

Bunsenbrenner.

genzien dürfen niemals in der Nähe der offenen Flamme stehen.

Zweckmäßig ist der Bunsenbrenner. Man kann sich aber auch mit einem einfachen Spiritusbrenner helfen.

Nach Aufdrehen des Haupthahns kann die kleine Dauerflamme (1) angezündet werden; bei Öffnung des Regelhahns (3) entzündet sich die große Flamme; die seitlich angebrachten Löcher in der Zuführung und im Stellring (2) gestatten eine Regelung der Luftzufuhr. Sind beide Löcher übereinander angebracht, ist die Luftzufuhr groß und die Flamme erhitzt so stark, dass sogar Glas darin geschmolzen werden kann; verdeckt der Stellring das Loch in der Zuführung, erwärmt die Flamme lediglich. Vor Verlassen des Laboratoriums muss der Haupthahn (4) geschlossen werden, damit die Dauerflamme erlischt.

Zentrifuge

Prinzip

Die Zentrifuge im Praxislabor hat die Aufgabe, feste und flüssige Bestandteile in Körperflüssigkeiten zu trennen. Dies wird dadurch erreicht, dass die Flüssigkeiten mit der für die Trennung erforderlichen Geschwindigkeit in dem geschlossenen Zentrifugenkessel um die Antriebsachse der Zentrifuge rotieren. So erfolgt z. B. die Herstellung des Urinsediments oder die Trennung des Blutserums oder Blutplasmas von den Blutzellen mit Hilfe einer Zentrifuge.

Einteilung

Die Zentrifuge kann einen frei schwingenden *Gehängekopf* (Ausschwingzentrifuge) oder einen eine feste Schräge bewirkenden *Winkelkopf* (Winkelkopfzentrifuge) haben, in die die Röhrchen mit der zu zentrifugierenden Flüssigkeit eingehängt werden.

Austarieren

Der um die Antriebsachse rotierende Kopf in der Zentrifuge muss immer gleichmäßig beladen sein, um Beschädigungen der Antriebsachse durch Unwucht zu vermeiden. Ist eine ungerade Zahl von Zentrifugenröhrchen zu zentrifugieren, muss die Zentrifuge austariert werden, d. h., es muss durch Hinzufügen eines weiteren, mit Wasser gefüllten Röhrchens eine gleichmäßige Beladung erreicht werden. Auch die gleichmäßige Beschaffenheit des zu zentrifugierenden Materials ist zu beachten.

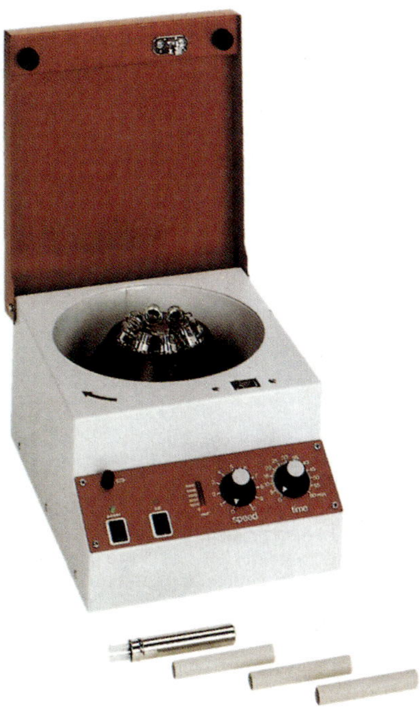

▶ *Zentrifuge.*

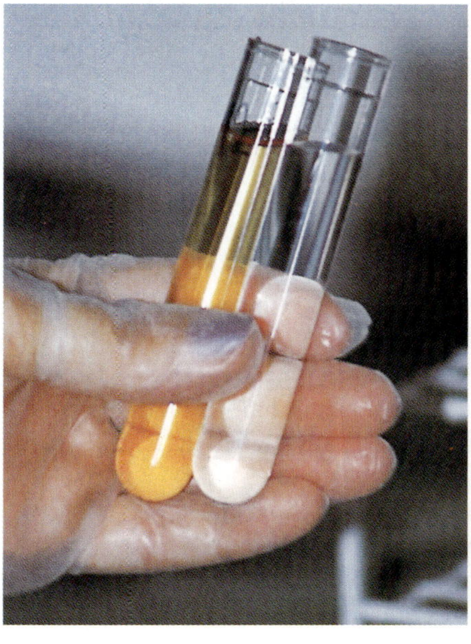

▶▶ ***Ist eine ungerade Zahl von Zentrifugenröhrchen zu zentrifugieren, muss durch Hinzufügen eines weiteren, mit Wasser gefüllten Röhrchens eine gleichmäßige Beladung erreicht werden.***

Betrieb
Das Zentrifugieren erfolgt nach den Anweisungen des Zentrifugenherstellers. Drehzahl und Uhrzeit werden an den hierfür vorgesehenen Knöpfen eingestellt, die Zentrifuge wird geschlossen.

Die Drehzahl sollte so genau wie möglich eingehalten werden. Bei zu hoher Drehzahl besteht die Gefahr der Hämolyse des zu zentrifugierenden Blutes, bei zu niedriger Drehzahl ist die Trennung zwischen Bodensatz und Überstand unbefriedigend.

MEMO!

Beachte: Zentrifugen dürfen nur in geschlossenem Zustand in Gang gesetzt werden. Erst wenn der Zentrifugenkopf ganz zur Ruhe gekommen ist, darf die Zentrifuge geöffnet werden. Es ist gefährlich (und gefährdet das Ergebnis des Zentrifugierens), wenn versucht wird, zur Abkürzung der Zeit den Zentrifugenkopf mit den Fingern abzubremsen.

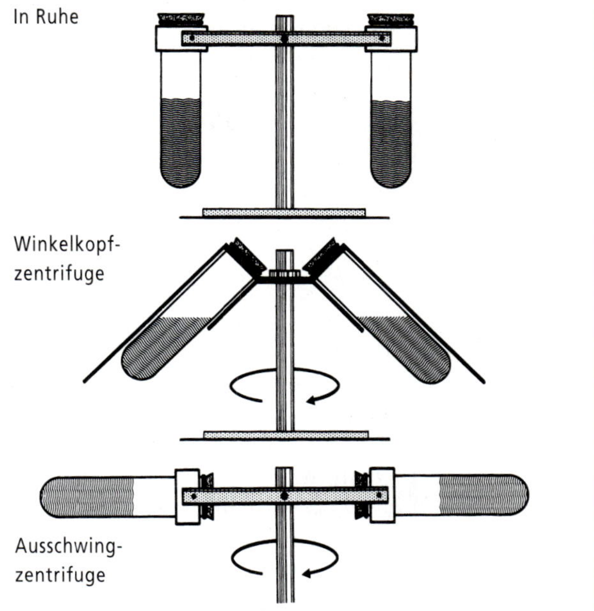

Zentrifugalkräfte bei der Winkel- und Ausschwingzentrifuge.

MEMO!

Urin zur Herstellung eines Urinsediments wird üblicherweise in sich unten konisch verjüngende Röhrchen, Blut zur Herstellung von Blutserum in unten runden Zentrifugenröhrchen zentrifugiert.

Dekantieren
Nach dem Zentrifugieren werden flüssiger Überstand und Bodensatz durch vorsichtiges Abgießen (*dekantieren*) getrennt. Für die Untersuchung des Sediments kommt es auf den im Zentrifugenröhrchen verbleibenden Bodensatz, eben das *Sediment*, an, der Überstand wird verworfen.

Bei Blutuntersuchungen sind der Überstand, Serum oder Plasma, erforderlich, der Bodensatz kommt in den Abfall.

Zentrifugenröhrchen
Die Zentrifugenröhrchen sollten aus unzerbrechlichem Material bestehen. Zerbricht ein Röhrchen, ist wegen der Verletzungs- und Infektionsgefahr größte Vorsicht geboten.

Wasserstrahlpumpe

Die Wasserstrahlpumpe ist ein am Wasserhahn angebrachtes Rohr aus Glas, Kunststoff oder Metall, dessen unteres Ende von einem weiteren Rohr umgeben ist. Das am

Schematische Darstellung der Funktion einer Wasserstrahlpumpe (links), Aussehen einer Wasserstrahlpumpe (rechts).

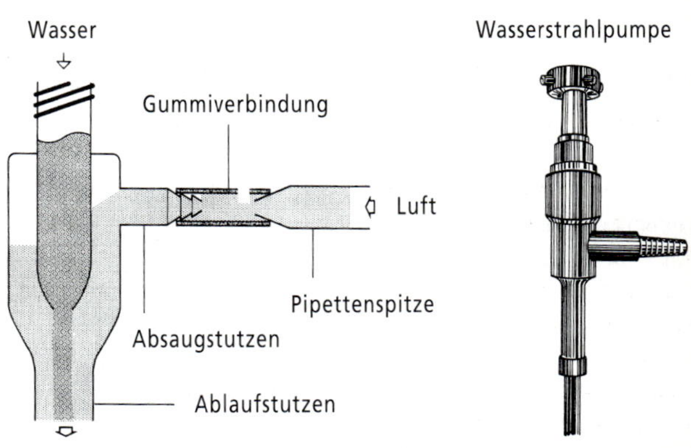

Wasserhahn angebrachte Rohr verjüngt sich innerhalb des weiten Rohres. Hierdurch erhöht sich die Fließgeschwindigkeit des Wassers, es entsteht ein Unterdruck. Durch einen seitlich angebrachten Stutzen kann der Unterdruck zum Absaugen von Flüssigkeiten u. ä. genutzt werden.

32.5. Ergebnisse der Untersuchung

32.5.1. Befundung

Jeder Befund einer Laboratoriumsuntersuchung muss sofort unter Datumsangabe auf dem Karteiblatt eingetragen werden. Gleichzeitig wird die entsprechende Nummer der Gebührenordnung (weil das die spätere Rechnungslegung erleichtert) vermerkt. Im Labor selbst führt man zweckmäßig ein Labortagebuch, in das alle Untersuchungen mit Nennung des Patientennamens eingetragen werden.

Positives Ergebnis heißt: Die durchgeführte Probe zeigt den krankhaften Befund an. Negatives Ergebnis heißt: Die durchgeführte Probe ergibt keinen Hinweis auf eine krankhafte Veränderung. Von dieser Grobregel gibt es nur sehr wenige Ausnahmen. Trübungs- und Fällungsreaktionen werden als

(+)	**schwach positiv**
+	**positiv**
++	**stark positiv**
+++	**sehr stark positiv**
Ø	**negativ**

bezeichnet.

Die messbaren Werte werden in ihrer genauen Prozentzahl eingetragen, vorwiegend in mg/dl, neuerdings in mmol/Liter. Die Werte des Blutbildes werden in Prozent oder mit der auf das Blutvolumen bezogenen Absolutzahl eingetragen. Die Ergebnisse der Urinsedimentuntersuchung werden entsprechend der Häufigkeit im Blickfeld bei 400facher Vergrößerung folgendermaßen eingezeichnet.

0	**keine**
(+)	**vereinzelt**
+	**etwa 10 im Blickfeld**
++	**etwa 30 im Blickfeld**
+++	**massenhaft**

32.5.2. Eichpflicht und Konformitätsprüfung

Eine größere Zahl medizinischer Geräte sind regelmäßig auf ihre Messgenauigkeit zu überprüfen. Unterschieden wird die Eichung von dem so genannten Konformitätsnachweis, bei dem der Hersteller bescheinigt, dass das medizinische Gerät mit den Anforderungen der Zulassung übereinstimmt.

Die *Eichung* ist für medizinische Thermometer, Blutdruckmessgeräte, Blutmischpipetten und Zellenzählkammern, Augentonometer, medizinische Patientenwaagen und Therapiedosimeter vorgeschrieben.

Ein *Konformitätsnachweis* ist für Laborhilfsmittel (Messkolben, Büretten, Pipetten, Kolbenpüretten, Kolbenhubpipetten, Dispenser, Dilutoren, Blutsenkungsröhrchen), Spritzen, Absorptionsfotometer, EKG-Geräte mit automatischer Auswertung, Ton- und Sprachaudiometer, Thermografiegeräte und Tretkurbelergometer erforderlich. Der Konformitätsnachweis kann mit einer Verpflichtung zur Wartung (jährlich Ton- und Sprachaudiometer und Thermografiegeräte, alle 2 Jahre Tretkur-

Beispiel für ein amtliches Eichzeichen (links das Eichband, rechts das Jahreszeichen).

belergometer) oder Vergleichsmessungen (nasschemische quantitative Laborverfahren) verbunden sein.

Eichnachkontrollen sind bei Augentonometern nach fünf Jahren, bei Säuglings- und Personenwaagen in Krankenhäusern nach vier Jahren sowie Analysenwaagen und Blutdruckmessgeräten nach zwei Jahren vorgeschrieben.

Volumenmessgeräte zur quantitativen Analyse brauchen nicht amtlich geeicht zu werden, wenn eine Eichung nicht möglich ist und statistische Qualitätskontrollen oder Ringversuche durchgeführt werden.

Nicht eichpflichtig sind Mischzylinder, Reagenzgläser, Bechergläser, Zentrifugengläser, Erlenmeyerkolben, Uringläser. Bestimmte Bedingungen müssen eingehalten werden für Volumenmessgeräte für qualitative Untersuchungen (Pipetten zu einmaligem Gebrauch, Spritzen).

Fotometer und Reflektormeter sind täglich im Laboratorium mit einer Testlösung zu eichen.

32.5.3. Qualitätssicherung

Vertragsärztliche Bestimmungen

Nach den Allgemeinen Bestimmungen Nr. 1 des Kapitels O des BMÄ sind Laborleistungen nur dann abrechnungsfähig, wenn die Richtigkeit der Untersuchungen durch eine *interne Qualitätssicherung (Präzisions- und Richtigkeitskontrolle)* und durch Teilnahme an der *externen Qualitätskontrolle (Ringversuch)* mit positivem Ergebnis gegenüber der Kassenärztlichen Vereinigung nachgewiesen sind.

Welche Messgrößen (Parameter) den Qualitätssicherungsmaßnahmen unterliegen, ist in der Anlage des Honorarverteilungsmaßstabes (HVM) nachzulesen.

Fehlermöglichkeiten

Bei der Durchführung von Untersuchungen im Labor sind eine Fülle von Fehlern möglich. Die Fehler lassen sich in drei Gruppen einteilen, wobei die Trennung im Einzelfall nicht immer streng vorgenommen werden kann.

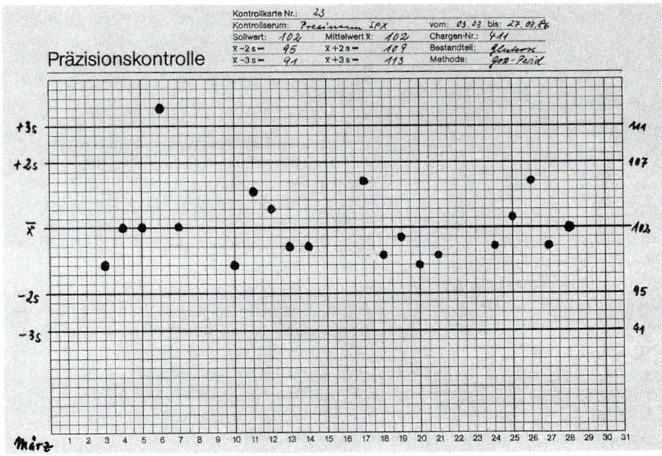

▲ ***Kontrollkarte***
Das Einzeichnen des Warnbereichs bei ± 2 s kann entfallen.

Zufällige (»unvermeidbare«) Fehler
Jede Messung (Wägung, Volumenmessung usw.) ist in gewissen Grenzen fehlerhaft. Die erreichbare Präzision hängt vom Untersucher, von der Methode, von verwendeten Pipetten, von Messgeräten u. a. ab.

Systematische (»vermeidbare«) Fehler
Diese Fehler wirken sich auf alle Ergebnisse einer Untersuchungsserie aus und bewirken Abweichungen in eine Richtung. Ursachen können u. a. falsch hergestellte Standardlösungen oder falsche Inkubationstemperaturen sein.

Grobe Fehler
Zu den groben Fehlern gehören z. B. die Verwechslung von Proben, von Pipetten, Seren oder Reagenzien, falsche Bedienung von Messgeräten, Rechen- und Übertragungsfehler usw. Gerade diese Art von Fehlern hat oft besonders schwerwiegende Folgen für die Patienten.

Präzisionskontrolle

Unter Präzision (Genauigkeit) einer Messung wird die Streuung der Einzelwerte von gleichen Proben (Kontrollserum) um den Mittelwert verstanden. Je geringer die Streubreite, desto besser ist die Präzision.

Die Streuung der Einzelwerte besteht aus der Summe der »zufälligen Fehler«, die bis zu einem gewissen Grade zwar unvermeidbar, aber durch Können und Aufmerksamkeit auf ein Minimum zu reduzieren sind.

▶ *Präzisionskontrolle.*

Die Präzisionskontrolle hat das Ziel, zu große zufällige Messabweichungen und Trends festzustellen.

Die aus den Analysen der Vorperiode errechneten statistischen Werte dienen als Grundlage für die Kontrollkarte.

Richtigkeitskontrolle

Systematische Fehler

Die Richtigkeitskontrolle dient der Verhinderung systematischer Fehler. Systematische Fehler bei Untersuchungen im medizinischen Labor treten besonders auf, wenn

- falsch eingestellte Volumenmessgeräte verwendet werden
- nicht bei der vorgeschriebenen Temperatur inkubiert wird
- nicht ausreichend reine Reagenzien verwendet werden
- ein falscher oder defekter Filter bei der Fotometrie verwendet wird u. ä.

Gemessener Wert und Sollwert

▶ *Kontrollserum.*

Systematische Fehler lassen sich durch das Mitführen von Kontrollseren mit bekanntem Untersuchungsergebnis erkennen. Dieses Verfahren wird als *Richtigkeitskontrolle* bezeichnet. Die Analysenergebnisse des mitgeführten Kontrollserums werden mit dem bekannten Wert des Kontrollserums *(Sollwert)* verglichen, die Differenz zwischen dem gemessenen Wert und dem Sollwert gibt Auskunft über die Richtigkeit der Messung. Je größer die Differenz, desto schlechter ist die Richtigkeit und umgekehrt.

Die Richtigkeit des kontrollierten Analyseverfahrens reicht aus, wenn der Sollwert nicht mehr über- oder unterschritten ist, als es die Richtlinien der Bundesärztekammer zulassen. Ist die Messabweichung größer, so muss die Ursache festgestellt und die gesamte Untersuchungsserie einschließlich der Kontrollmaßnahme wiederholt werden.

Fehlersuche

Wenn die durchgeführten Präzisions- und Richtigkeitskontrollen über das zugelassene Maß hinaus Abweichungen ergeben, muss der Fehler gesucht werden. Hierzu ist es notwendig, dass alle bei der Untersuchung des Materials in Frage kommenden Faktoren überprüft werden. Gegebenenfalls sind der Arzt oder die die Reagenzien liefernde Firma zu befragen.

Weitere Fehler sollten im Einzelfall ausgeschlossen werden: falsches Wiegen, falsches Ansetzen von Lösungen, Verwendung falsch gelagerter Materialien, Verwendung von ungeeignetem Untersuchungsmaterial, unsaubere Glasgeräte, ungenügendes Mischen, falsches Inkubieren und Messen.

Vermeiden von Fehlern

Die schlimmsten Fehler können durch einwandfreies Beherrschen der Methode, Beachten der Vorschriften für Geräte und Reagenzien, Sorgfalt bei der Bedienung der Geräte, regelmäßige Wartung sowie regelmäßige und sorgfältig durchgeführte Qualitätskontrolle vermieden werden.

Ringversuche

Ringversuche dienen der externen Richtigkeitskontrolle von Laborergebnissen. Sie ergänzen die laborinterne Qualitätskontrolle.

Hierbei werden von einem Referenzlabor meist gefriergetrocknete Kontrollseren zugeschickt, die in den Analysenserien mituntersucht werden. Die gefundenen Werte werden dem Referenzlabor mitgeteilt.

▶▶ *Zertifikat.*

Reicht die Richtigkeit der Analyse der Kontrollseren aus, erhält das teilnehmende Labor hierüber ein Zertifikat. Sonst muss der Fehler gesucht und der Ringversuch wiederholt werden.

Zum Wiederholen und Lernen.

MEMO!

WICHTIGES ZUM MERKEN

Zentrifugenröhrchen: Spitzbodenröhrchen für Herstellung von Urinsediment, Rundbodenröhrchen für Serumgewinnung

Das **Füllen der Pipetten** erfolgt durch dosierten Unterdruck mit Hilfe von Pipettierhilfen. Das Hochziehen mit dem Mund ist in jedem Falle unzulässig.

Auch das **Ausblasen der Pipette** darf nicht mit dem Mund, sondern muss mit einer Pipettierhilfe erfolgen.

Beim **Ablaufen der Flüssigkeit** wird die Pipette stets senkrecht und das Auffanggefäß schräg gehalten.

Küvetten sind quaderförmige Glas- oder Plastikbehälter mit einer quadratischen Öffnung und einem Inhalt von etwa 1,5–3 ml.

Das **Auflösungsvermögen eines Mikroskops** (Erkennbarkeit kleiner Teile bei mikroskopischer Betrachtung) hängt von der Wellenlänge des für die Beleuchtung des Objektes verwendeten Lichtes ab. Strukturen von 200 nm können noch erkannt werden.

Die **Gesamtvergrößerung eines Mikroskops** errechnet sich aus dem Produkt des Okulars und des Objektivs.

Zentrifugen dürfen nur in geschlossenem Zustand in Gang gesetzt werden. Erst wenn die Zentrifuge ganz zur Ruhe gekommen ist, darf sie geöffnet werden.

EINIGE FRAGEN ZUM ÜBEN

Beschreiben Sie den Arbeitsplatz für die Urinuntersuchung!

Beschreiben Sie den Arbeitsplatz für die Blutentnahme!

Welche unterschiedliche Verwendung finden Zentrifugengläser mit rundem und spitzem Boden?

Beschreiben Sie allgemein Aussehen und Verwendung von Pipetten!

Beschreiben Sie den Unterschied zwischen Ausblas-, Auslauf- und Auswaschpipetten!

Was sind Pipettierhilfen?

Nennen Sie die acht Pipettierregeln!

Beschreiben Sie Aussehen und Verwendung einer Küvette!

Beschreiben Sie den Aufbau der Zählkammer nach Thoma mit Zählnetz. Nennen Sie die wichtigsten Maße!

Wie sehen Newtonsche Ringe aus? Erklären Sie ihre Entstehung!

Wie groß ist das kleine Quadrat des Thoma- Zählnetzes?

Beschreiben Sie den Aufbau und die einzelnen Teile des Mikroskops!

Beschreiben Sie den Aufbau eines Fotometers!

Erläutern Sie, wie man abgestuft ein positives Ergebnis in das Laborbuch einträgt!

Aus welchen Teilen besteht das amtliche Eichband?

Beschreiben Sie das Vorgehen bei der Qualitätskontrolle!

33. Urinuntersuchungen

ZIELE DES RAHMENLEHRPLANS

- **Kriterien für die Durchführung von Schnelltests erläutern**
- **Harnuntersuchung beschreiben**
- **Untersuchung des Harnsedimentes beschreiben und normale und pathologische Bestandteile des Harnsedimentes erklären**

Urinuntersuchungen werden durchgeführt, um Hinweise auf krankhafte Veränderungen der Nieren und der ableitenden Harnwege (z. B. Entzündungen wie Pyelonephrites) oder des gesamten Körpers (z. B. Stoffwechselerkrankungen wie Diabetes mellitus) zu erhalten.

Die Untersuchung des Urins kann auch beim scheinbar Gesunden wertvolle Hinweise auf mögliche Erkrankungen des Körpers geben. Da Urin als Untersuchungsmaterial leicht zu gewinnen ist, wird die Urinuntersuchung häufig routinemäßig durchgeführt.

Die Untersuchung des Urins heißt Urinstatus. Zum Urinstatus gehören folgende Urinuntersuchungen:

- Bestimmung des pH-Wertes (der Reaktion)
- Bestimmung des spezifischen Gewichtes (der Dichte)
- Untersuchung auf Eiweiß, Zucker und Urobilinogen
- Untersuchung des Harnsedimentes.

Zur Arbeitsvereinfachung werden die aufgeführten Untersuchungen heute in aller Regel mit Teststäbchen durchgeführt. Bei positiven Befunden werden ergänzende Untersuchungen erforderlich, so z. B. bei positivem Glukosenachweis auf Ketonkörper, bei positivem Urobilinogennachweis auf Bilirubin. Bei Mehrfachteststreifen sind die Bestimmung von 8 und mehr der chemisch nachweisbaren Urinbestandteile mit einem Streifen möglich.

33.1. Untersuchungsmaterial Urin

33.1.1. Uringewinnung

Urinverunreinigungen

In üblicher Weise vom Patienten gelassener Urin ist meist durch Bakterien, die sich in der Harnröhre und am äußeren Genitale befinden, bei Frauen mitunter auch durch Vaginaflour und Menstrualblut, verunreinigt. Ein solcher Urin ist für die Untersuchung meist nicht geeignet. Besser zu verwenden ist *Mittelstrahlurin.* So wird diejenige Urinportion bezeichnet, die nach einer zunächst gelassenen kleinen Portion Urin in einem sterilen Gefäß aufgefangen wird. Die erste Urinstrahlmenge reinigt die Harnröhre. Zusätzlich sollte noch eine Desinfektion des äußeren Genitales erfolgen. Dem Patienten muss beim Überreichen des sterilen Gefäßes genau erklärt werden, wie beim Wasserlassen vorgegangen werden muss.

Aufbewahrung des Urins

Jede Urinuntersuchung sollte an frischem Urin vorgenommen werden. Falls dies nicht möglich ist, muss der Urin bis zur Untersuchung – höchstens jedoch 4 bis 6 Stunden – im Kühlschrank bei 4 °C aufbewahrt werden. Durch das Stehenlassen des Urins können auch bei Kühlung die zellulären Bestandteile (Erythrozyten, Zylinder) durch Auflösung verschwinden, auch ist eine Änderung des pH-Wertes möglich.

Verschiedene Urinproben
Morgenurin (Ruheurin) eignet sich zur Diagnostik von Erkrankungen des Nierensystems, vom Diabetes mellitus, für qualitativ-chemische und mikroskopische Untersuchung.

Tagesurin (Belastungsurin) eignet sich zur Diagnostik von Glukose- und Urobilinogenausscheidungen (besonders 2 Stunden nach einer Hauptmahlzeit).

24-Stunden-Urin (Sammelurin) ist für die quantitative chemische Untersuchung notwendig. Man beginnt gewöhnlich mit dem Sammeln um 7 Uhr morgens. Zu dieser Zeit wird der Patient angehalten, die Blase zu entleeren. Diese Harn wird weggeschüttet. Anschließend wird der während des Tages bis 7 Uhr morgens des nächsten Tages ausgeschiedene Harn gesammelt, man lässt zu dieser Zeit die Blase nochmals entleeren, gleichgültig ob ein Bedürfnis vorliegt oder nicht, und fügt diese letzte Harnportion der Gesamtmenge hinzu. Gesamtvolumen abmessen (Messzylinder) und notieren, gut mischen und Probe zur chemischen Analyse entnehmen.

Die Konzentrationsbestimmung eines Stoffes im Sammelurin (z. B. Glukose) errechnet sich wie folgt:

$$\text{Glukose/24 Std. (in g/dl)} = \frac{\text{Menge/24 Std x Glucose*) (in ml)}}{100}$$

*) Ergebnis des Stäbchentest in Prozent

BEISPIEL:

$$\text{Glucose g/dl} = \frac{1200\ \text{ml} \times 0{,}2\ \%}{100} = \frac{240}{100} = 2{,}4\ \text{g/dl}$$

33.1.2. Eigenschaften des Urins

Urinfarbe

AUSSEHEN	MÖGLICHE BEDEUTUNG
hell, farblos	Polynrie, Verdacht auf Diabetes mellitus
milchig, trüb	Leukozyturie
braunrot	Hämaturie
gelbbraun	weitere Gallenfarbstoffe

Beim Schütteln des Urins kann sogenannter »Schüttelschaum« auftreten, der normalerweise weiß ist. Bei Bilirubin im Harn sieht er gelbbraun aus. Vor einer Untersuchung des Harnsediments soll der Urin nicht geschüttelt werden, da die zellulären Bestandteile zerstört oder beschädigt werden können.

Schüttelschaum.

Urintrübungen
Normaler Urin ist klar. Bei längerem Stehen kann sich eine Bodensatz entwickeln, der dann aber keine Bedeutung hat. Trübungen und stärkerer Bodensatz müssen als verdächtig angesehen werden. Sie können durch Mikroorganismen, Leukozyten, aber auch Salze bedingt sein.

Bodensatz.

Trüber Urin muss stets auch mikroskopisch untersucht werden, damit die Ursache der Trübung festgestellt wird.

Geruch des Urins
Urin riecht normalerweise fade, aber nicht ekelerregend. Der Geruch kann wertvolle Hinweise geben, deswegen sollte man sich wichtige Möglichkeiten einprägen.

Geruch.

GERUCH	BEDEUTUNG
Ammoniakalisch	durch Bakterien, Harnwegsentzündung?
ekelerregend	durch Bakterien, Eiter
obstähnlich	Azeton bei Diabetes mellitus

Reaktion des Urins

Urin kann sauer, neutral oder alkalisch sein. Normalerweise ist er schwach sauer, üblicherweise wird die Reaktion des Urins heute durch Abschätzen des sogenannten pH-Wertes festgestellt. Dies kann mit pH-Indikatorpapier, Teststreifen oder Kombinationsstreifen erfolgen.

Der pH-Wert ist Ausdruck der Wasserstoffionenkonzentration in einer Flüssigkeit. Je mehr Wasserstoffionen sich in einer Lösung befinden, desto saurer ist die Lösung, desto niedriger ist der pH-Wert. Die Skala der pH-Werte geht von 1 bis 14. Der Wert 7 gibt eine neutrale Lösung an, Werte < 7 bedeuten eine saure, > 7 eine alkalische Lösung.

Urin ist im Gegensatz zu Blut (pH-Wert von 7,2 bis 7,4) normalerweise schwach sauer bis leicht alkalisch (pH-Wert 4,8 bis 7,5), die Schwankungen sind in der Regel durch eine unterschiedlich zusammengesetzte Nahrung bedingt.

Alkalisch ist Urin bei vegetarischer Kost, nach längerem Stehen und bei entzündlichen Erkrankungen der Harnwege.

Spezifisches Gewicht des Urins

Das spezifische Gewicht gibt Auskunft über die Dichte einer Substanz im Verhältnis zu Wasser von 4 °C mit dem spezifischen Gewicht von 1 kg/dm^3 (= $1000 g/dm^3$). Das spezifische Gewicht von Urin wird mit der so genannten Urinspindel (dem Urometer) gemessen. Urin hat normalerweise ein geringfügig höheres spezifisches Gewicht als Wasser, normal sind Werte zwischen 1,012 und 1,030 im 24-Stunden-Urin.

Durchführung

Mindestens 35 ml Urin wird in einem 50 ml fassenden Glaszylinder gegeben. Das Urometer wird vorsichtig in den Urin eingetaucht, bis es schwimmt. Damit die Spindel nicht am Rand des Gefäßes klebt, empfiehlt es sich, ihr eine kleine Drehung zu geben. Abgelesen wird auf der Urometerskala in Höhe des Harnflüssigkeitsspiegels.

KORREKTUREN DES ERGEBNISSES

	Verminderung des abgelesenen Wertes um
5 ‰ Eiweiß	1 Teilstrich
10 ‰ Eiweiß	3 Teilstriche
0,3 g Glukose/de	1 Teilstrich
1,0 g Glukose/de	3 Teilstriche

Die Temperatur des Urins sollte mit der eingeeichten Temperatur der Spindel übereinstimmen. Wenn dies nicht der Fall ist, muss auch hier das Ergebnis wie folgt korrigiert werden: Für je 3 °C über der eingeeichten Temperatur muss ein Teilstrich zum Ergebnis hinzugefügt werden.

Beispiel: Ein 26 °C warmer Urin wird mit einer Urinspindel untersucht, die auf 20 °C eingeeicht wurde, hier werden also 2 Teilstriche zum abgelesenen Ergebnis dazu gezählt.

▸▸ *Urometer.*

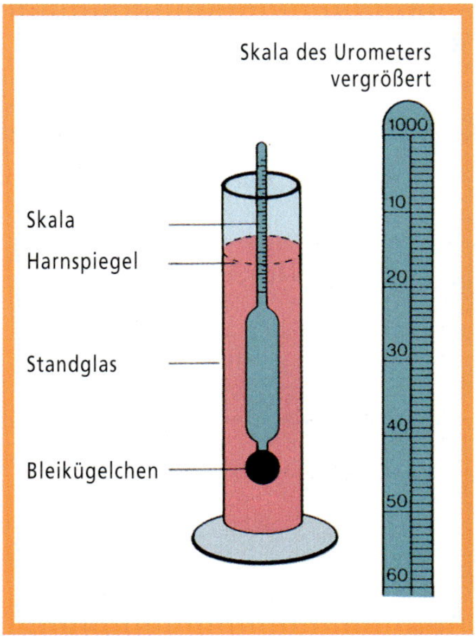

Durch höhere Mengen eines zuvor injizierten Kontrastmittels wie auch nach bestimmten Medikamenten wird das korrekte Bestimmen des spezifischen Gewichtes unmöglich. Es können spezifische Gewichte bis zu 1060 gefunden werden. In diesen Fällen muss die Untersuchung später wiederholt werden.

Ein zu hoher Salzgehalt des Urins täuscht einen zu niedrigen pH-Wert vor (so genannter »Salzfehler«). Bei zu niedrigem spezifischem Gewicht zerfallen die zellulären Bestandteile des Urins, dadurch wird eine Beurteilung des Harnsediments erschwert oder sogar unmöglich.

NORMALWERTE

24-Stunden-Sammelurin	**1,012 bis 1,030**
Spontanurin	**1,001 bis 1,040**
nach längerem Dursten	**über 1,026**

Gesamtmenge des Urins

Gesamtmenge des innerhalb von 24 Stunden ausgeschiedenen Urins beträgt normalerweise 1200 bis 1800 ml. Sie wird in graduierten Uringläsern gemessen.

Größere Mengen treten bei reichlichem Trinken *(Polydipsie)*, Diabetes mellitus, durch nächtliches Ausscheiden von in den Körper eingelagertem Wasser, bei Herzinsuffizienz und durch andere Ursachen auf.

Kleinere Mengen (unter 400 ml/24 Std. *Oligurie)* oder keine Harnausscheidung (unter 100 ml/24 Std. *Anurie)* treten bei Nierenversagen (beginnende Urämie), Verlegung des Harnblasenausganges (z. B. bei Prostatavergrößerung) u. a. auf.

33.2. Teststreifenuntersuchungen des Urins

Teststreifen zur Untersuchung von Urin ermöglichen auf schnelle und unkomplizierte Weise die Untersuchung des Urins auf alle üblicherweise vorkommenden chemischen Substanzen mit Bedeutung für die Diagnostik von Erkrankungen. Wegen ihrer einfachen Handhabbarkeit finden sie nicht nur Verwendung in der Routinediagnostik, sondern auch bei der Vorsorgeuntersuchung, bei Kontrolluntersuchungen sowie bei der vom Patienten vorzunehmenden Selbstkontrolle.

Die routinemäßige Bestimmung der Leukozyten, des Nitrits, des pH-Wertes, von Eiweiß, Glukose, Keton, Urobilinogen, Bilirubin und Blut führt zu Hinweisen auf das Vorliegen von Diabetes mellitus, von Nieren- und Harnwegserkrankungen sowie Erkrankungen der Leber. Kontrolluntersuchungen (auch vom Patienten selbst durchgeführt) sind insbesondere im Zusammenhang mit Diabetes mellitus (Bestimmung von Glukose und Keton) sinnvoll.

Teststreifen weisen entweder Reaktionszonen für einzelne Untersuchung (Einfachteststreifen) oder für mehrere Untersuchungen (Kombinationsstreifen) auf. Sie erlauben ohne großen Aufwand den qualitativen und semiquantitativen Nachweis von Substanzen im Urin.

Unterscheide: Qualitativ – quantitativ – semiquantitativ

Eine Untersuchung kann qualitativ, quantitativ und semiquantitativ sein. Eine qualitative Untersuchung gibt Auskunft darüber, ob ein Stoff überhaupt im Untersuchungsmaterial vorhanden ist, bei einer quantitativen Untersuchung wird festge-

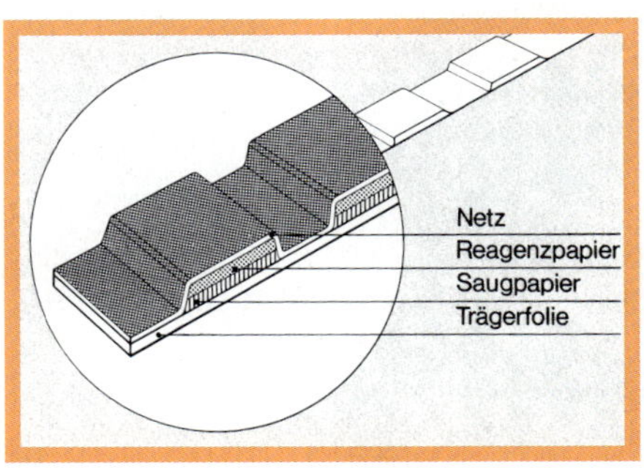

Aufbau eines Teststreifens.

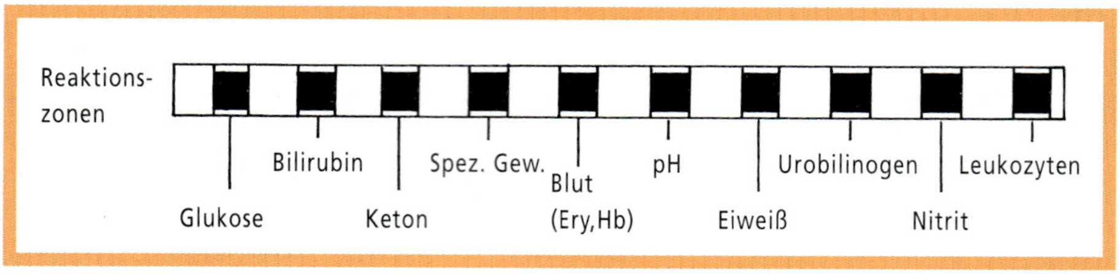

Teststreifen zur Bestimmung von Harnreaktion und Harnbestandteilen.

stellt, wie viel sich von einer bestimmten Substanz im Untersuchungsmaterial befindet, die semiquantitative Untersuchung ermöglicht die Feststellung der ungefähren Menge des zu bestimmenden Stoffes im Material.

Aufbau des Teststreifens

Von einer Trägerfolie ist das Reagenzpapier, in dem die eigentliche chemische Nachweisreaktion stattfindet, durch ein Saugpapier getrennt. Ein hauchdünnes Netz schützt den Reaktionsbereich des Teststreifens vor Berührung und Verunreinigung, ohne das gleichmäßige Eindringen des Urins zu behindern. Das Saugpapier nimmt überschüssige Urinmengen auf.

Handhabung des Teststreifens

Es wird frischer, nicht vorbehandelter Urin verwendet. Auf keinen Fall darf der Urin länger als 4 bis 6 Stunden im Kühlschrank gestanden haben. Der Teststreifen enthält alle notwendigen Reagenzien in dem Testfeld. Dadurch gestaltet sich die Untersuchung sehr einfach:

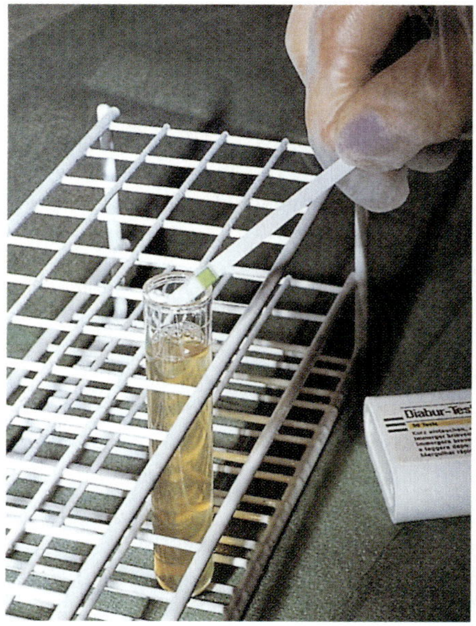

Der Teststreifen (hier ein Einfachteststreifen zur Feststellung von Urinzucker) wird kurz in den Urin eingetaucht und nach 30 bis 60 Sekunden mit der Farbskala auf dem Etikett der Packung verglichen. Die Verwendung einer Stoppuhr ist zu empfehlen.

- der Teststreifen wird kurz (höchstens 1 Sekunde) in den Urin eingetaucht, so dass das Testfeld – oder bei Kombinationsteststreifen die Testfelder – benetzt werden.
- beim Herausnehmen wird der Streifen am Gefäßrand abgestreift, um überschüssigen Urin zu entfernen
- nach 30 bis 60 Sekunden werden die Testfelder mit der Farbskala auf dem Etikett der Packung verglichen. Abweichende Ablesezeiten sind angegeben und müssen beachtet werden

Farbveränderungen, die nur an den Rändern der Testfelder auftreten, sind bedeutungslos.

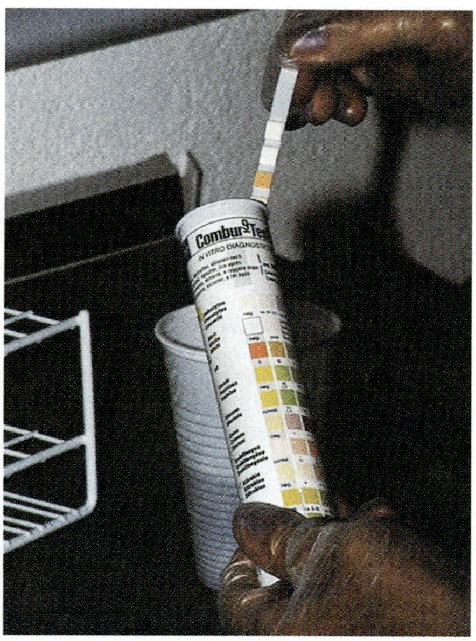

Mit Kombinationsteststreifen ist die qualitative bzw. semiquantitative Untersuchung auf mehrere Urinbestandteile möglich. Die Teststreifen sind gegen Luftfeuchtigkeit und höhere Temperaturen empfindlich. Deswegen müssen die Teststreifenröhrchen nach Entnahme des Teststreifens sofort wieder mit dem Trockenmittelstopfen verschlossen werden.

Empfindlichkeit

Die praktische Nachweisgrenze der einzelnen Tests ist meist so angelegt, dass schon geringfügig pathologische Beimengen im Urin nachweisbar sind.

Aufbewahrung und Haltbarkeit

Die Teststreifen sind gegen Luftfeuchtigkeit und höhere Temperaturen empfindlich. Aus diesem Grunde müssen die Teststreifenröhren nach Entnahme des Teststreifens sofort wieder mit dem Trockenmittelstopfen verschlossen werden. Der Trockenmittelstopfen enthält eine Substanz, die die in die Teststreifenröhre eingedrungene Feuchtigkeit aufnimmt. Die Packungen sind bis zum Verfallsdatum bei Zimmertemperatur, auf jeden Fall aber unter 30 °C aufzubewahren.

Kombinationsstreifen

Zur besseren Handhabbarkeit im Praxisalltag sind Kombinationsteststreifen entwickelt worden, mit denen qualitative bzw. semiquantitative Untersuchungen auf mehrere Urinbestandteile gleichzeitig

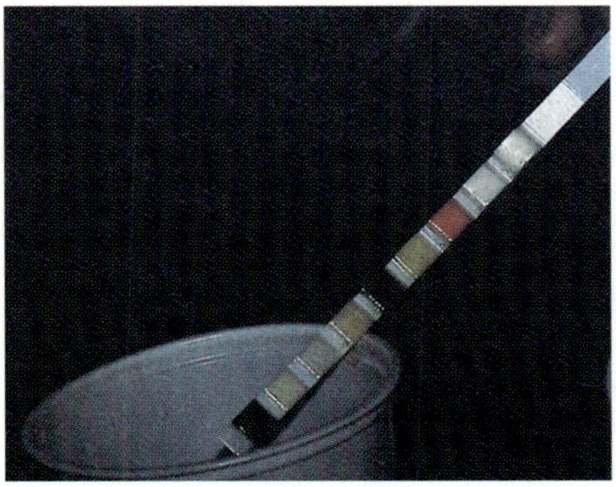

Nach dem Herausnehmen des Teststreifens aus dem Urin wird der Streifen am Gefäßrand abgestreift, um überschüssigen Urin zu entfernen.

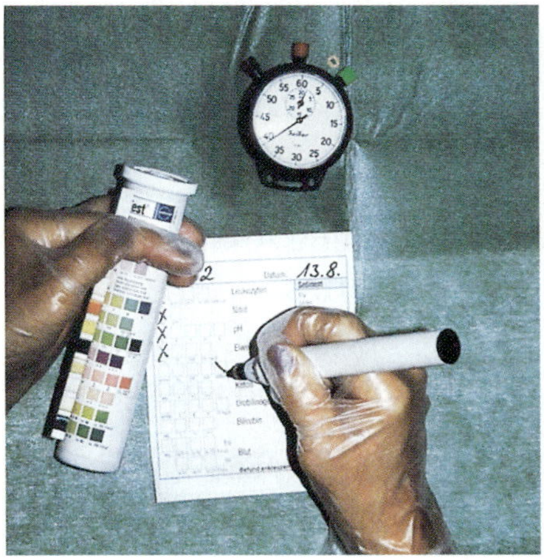

Das mit dem Kombinationsteststreifen ermittelte Ergebnis wird auf speziellen Vordrucken protokolliert.

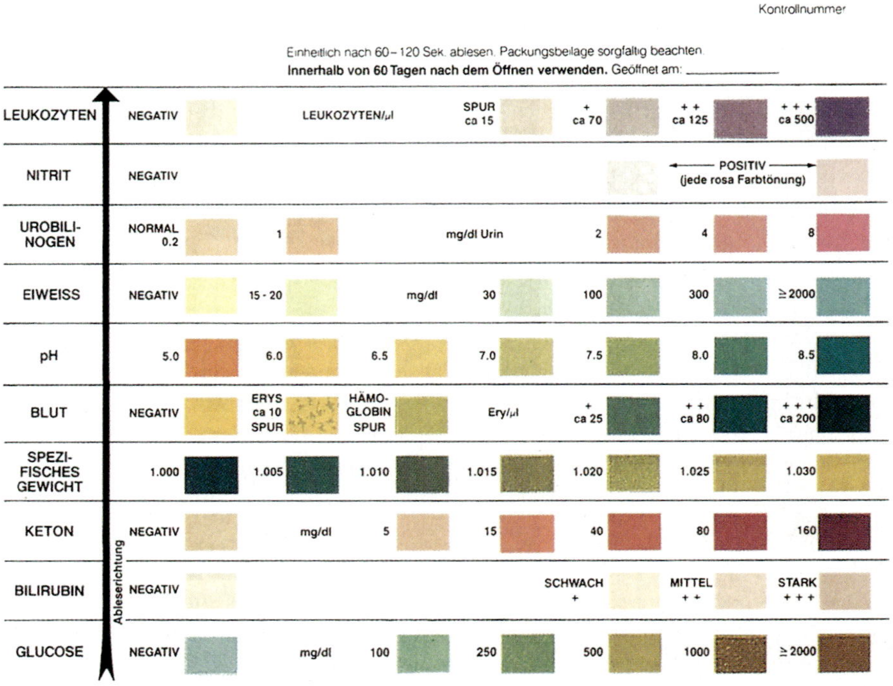

Ableseskala für die Auswertung von Kombinationsteststreifen.

möglich sind. Es gibt unterschiedliche Kombinationen von Testfeldern, z. B. für Diabetiker die Kombination von Glukose und Keton, bei Verdacht auf Nieren- und Harnwegserkrankungen die Kombination von pH-Wert, Einweiß, Glukose (evtl. noch einem Testfeld für Leukozyten). Teststreifen mit 8 oder 9 Testfeldern erlauben die Bestimmung aller mit Schnelltests erfassbarer Urinbestandteile (z. B. Combur^9-Test® mit Feldern für die Leukozyten, Nitrit, pH-Wert, Eiweiß, Glukose, Keton, Urobilinogen, Bilirubin und Blut), wobei (außer bei Nitrit), die Ergebnisse semiquantitativ ermittelt werden können.

▶ *Urinbestandteile.*

33.3. Spezielle Analysen des Urins

33.3.1. Blutnachweis im Urin

Blut im Urin (Hämaturie) kann in Form der mit dem bloßen Auge sichtbaren Makrohämaturie (sichtbar ab 0,5 ml Blut pro Liter Urin, entspricht 2500 Erythrozyten pro millionstel Liter) sowie als Mikrohämaturie auftreten. Als pathologisch zu bewertende Mikrohämaturie werden 5 Erythrozyten/µl Urin angesehen.

▶ *Hämaturie.*

Ursachen einer Hämaturie sind im Wesentlichen Erkrankungen der Nieren und der ableitenden Harnwege, insbesondere Entzündungen (Glomerulonephritis, Pyelonephritis, hämorrhagische Zystitis), Steinbildung (Nephrolithiasis) und bösartige Geschwulste.

Bei Muskelerkrankungen (z. B. Herzinfarkt, Muskelverletzungen, Myopathien), Vergiftungen, Verbrennungen und hämolytischen Anämien ist auch Hämoglobin oder Myoglobin im Urin nachweisbar.

Folgende Nachweise finden Verwendung:

- *Teststreifen*
  Nachweis von Erythrozyten, Hämoglobin und Myoglobin
- *Harnsediment*
  Nachweis von Erythrozyten, Hämoglobin und Myoglobin; der Nachweis im Harnsediment kann negativ ausfallen, weil sich bei abgestandenem Urin mit niedrigem spezifischem Gewicht die Blutzellen auflösen.

Auf die Feststellung von Erythrozyten im Harnsediment wird an späterer Stelle dieses Kapitels eingegangen.

Nachweis von Erythrozyten, Hämoglobin und Myoglobin mit Teststreifen
(Sangur-Test®, Heglostix®, Urotest®, Haemomerckognost® u. a.)
Testprinzip: Ein Farbindikator im Testfeld wird bei Vorhandensein von Hämoglobin oder Myoglobin zu einem blau-grünen Farbstoff umgewandelt, der auf dem gelben Testpapier einen Umschlag nach grün bewirkt. Die früher mögliche Störung der Reaktion durch Ascorbinsäure kann heute durch Imprägnation des Schutznetzes mit Jodat, das die Ascorbinsäure oxidiert, verhindert werden (Sangur-Test®). Intakte Erythrozyten zerfallen auf dem Testfeld durch Hämolyse und setzen die Reaktion in der Umgebung des Erythrozyten in Gang.

Das Ergebnis sind sichtbare grüne (bei Haemomerckognost® blaue) Punkte, die eine semiquantitative Bewertung erlauben.

Fehlermöglichkeiten
Fehler können bei mit Formalin konserviertem Urin und nicht gründlich ausgespülten Urinbehältern auftreten. Eiweiß von mehr als 5 g/l kann die Farbreaktion mit Hämoglobin vermindern.

▶▶ *Farbskala.*

Beurteilung
Die Beurteilung erfolgt durch Vergleich mit den Farbskalen, die für Erythrozyten und Hämoglobin getrennt ausgegeben sind. Normal sind 0 bis 3 Erythrozyten pro

µl. Mehr als 5 Erythrozyten sind als krankhaft anzusehen, das Untersuchungsergebnis muss kontrolliert werden. Bei hohen Erythrozytenkonzentrationen empfiehlt sich eine Verdünnung des Urins mit physiologischer Kochsalzlösung im Verhältnis 1 : 10 oder 1 : 100.

33.3.2. Gallenfarbstoff im Urin

Unter Gallenfarbstoffen wird Bilirubin, Urobilinogen und ggf. Urobilin verstanden.

Bilirubin

Normalerweise ist Bilirubin im Urin nicht nachweisbar. Erscheint es im Urin, so kann ein mechanischer Verschluss der Gallengänge, eine Hepatitis oder eine Hämolyse vorliegen. Der Bilirubinnachweis erfolgt mittels Teststäbchen oder Testtablette.

Bilirubinnachweis mit Teststreifen

Der Nachweis des (direkten) *Bilirubins* erfolgt durch die Kopplung von Bilirubin an ein Diazoniumsalz. Die Nachweisgrenze liegt bei 9 µmol/l (0,5 mg/dl). Ascorbinsäure und Nitrit setzen die Empfindlichkeit der Reaktion herab. Langes Stehenlassen bei Licht führt zu falsch negativen Ergebnissen. Medikamente, die den Harn rot färben, können falsch positive Ergebnisse zur Folge haben.

Der Farbumschlag erfolgt von weiß nach beige-rosa bis hellrot-violett und erlaubt eine Differenzierung zwischen negativem sowie schwach, mittel und stark positivem Befund.

Urobilinogen

Urobilinogen entsteht durch Umwandlung von Bilirubin im Darm. Ein Teil wird mit dem Stuhl ausgeschieden, der Rest wird vom Darm wieder aufgenommen und von den Leberzellen mit der Galle ausgeschieden. Bei Leberzellerkrankungen ist es vermehrt im Urin nachweisbar.

Urobilinogennachweis mit Teststreifen

Der Nachweis des Urobilinogens erfolgt durch die Verbindung mit einem Diazoniumsalz (Ugen-Test®). Dadurch entsteht ein roter Farbstoff. Die Nachweisgrenze liegt bei 7 µmol/l (0,4 mg/dl). Langes Stehenlassen bei Licht führt zu falsch negativen Ergebnissen. Medikamente, die den Harn rot färben, können falsch positive Ergebnisse zur Folge habe. Der Farbumschlag erfolgt von weiß nach rot in weniger als 10 Sekunden.

Bei anderen Teststreifen (Urobilistix®, Multistix®) ergibt die Reaktion mit Urobilinogen eine orange-braune Färbung, die nach 5 Farbblöcken (0,1, 1, 4, 12 mg/dl) bewertet wird. Falsch positive Ausfälle kommen u. a. durch bestimmte Medikamente (Sulfonamide, Phanzopyridin) und physiologische Stoffwechselprodukte im Urin (Indol, Skatol, Indikan) vor. Nitrit und Formaldehyd wirken hemmend und können bei entsprechenden Konzentrationen zu falsch negativen Ergebnissen führen.

Falsch-positive Ergebnisse.

Diazoniumsalz.

Leberzellenerkrankung.

33.3.3. Eiweißnachweis im Urin mit Teststreifen

Die Teststreifen enthalten einen Indikator, der in Gegenwart von Eiweiß einen Farbumschlag von gelb über hellgrün nach grün zeigt. Die Empfindlichkeit beginnt bei etwa 50 mg/dl Albumin, wobei andere Proteine (Globuline, Glukoproteine, Mukoproteine) erst in weit höheren Konzentrationen angezeigt werden.

Durchführung

Zunächst Prüfung, ob Harn alkalisch, ist das der Fall, dann zu 5 ml Urin 1 Tropfen 3-prozentige Essigsäurelösung zusetzen, um den Urin sauer zu machen (sonst gegebenenfalls falsch positive Anzeige auf Eiweiß). Imprägniertes Ende des Teststreifens kurz in den Harn eintauchen.

Teststreifen.

Ergebnis
Entstandene Färbung sofort mit der Farbskala vergleichen und in mg/dl ablesen (Schätzungswert – semiquantitative Probe): Gelber Farbton = Eiweiß negativ, grünblauer Farbton = Eiweiß positiv (semiquantitative Anzeige).

33.3.4. Glukosenachweis im Urin

Eine weit verbreitete Suchmethode zur Erkennung des Diabetes mellitus ist die Untersuchung des Urins mit Teststäbchen auf das Vorhandensein von Zucker. Da die Zuckerkrankheit in ihren Anfängen häufig keine typischen Symptome zeigt, ist dies eine auch vom Patienten leicht zu handhabende Methode zur Früherkennung des Diabetes.

Sowohl positive wie negative Befunde sind allerdings nicht unbedingt verlässlich. Ursache hierfür ist in diesem Falle nicht eine Unspezifität der Teststreifen, sondern physiologische Vorgänge im Körper.

Blutzuckerwert.

Auch bei erhöhten Blutzuckerwerten wird bis zu einer bestimmten Schwelle (= **Nierenschwelle**, 9 bis 10 mmol/l = 160 bis 180 mg/dl) Glukose nicht mit dem Urin ausgeschieden. Wenn die Nierenschwelle stark herabgesetzt ist, kann es auch bei normalen Blutzuckerwerten zur Ausscheidung von Glukose mit dem Urin (Glukosurie) kommen. Eine Glukosurie bei normalen Blutzuckerwerten tritt besonders häufig (in etwa 10 bis 15 Prozent) bei Schwangeren auf (Schwangeren-Glukosurie). Weiterhin kann eine Glukosurie bei normalen Blutzuckerwerten bei Nierenschaden oder auch nach kohlenhydratreichen Mahlzeiten beobachtet werden.

Glukosurie.

Glukosenachweis mit Teststreifen
Teststreifen beruhen auf einer enzymatischen Reaktion. Glukose wird im Beisein des Enzyms Glukose-Oxidase (GOD) und Luftsauerstoff (O_2) zu Glukonolakton oxidiert, dabei entsteht Wasserstoffperoxid (H_2O_2). In einer weiteren »Indikatorreaktion« wird das Wasserstoffperoxid mit Hilfe einer geeigneten Reaktionssubstanz (einem farblosen Chromogen) im Beisein eines weiteren Enzyms (Peroxidase, POD) zu einem Farbstoff oxidiert. In vereinfachter Darstellung sieht das Ganze aus wie in unten stehender Abbildung.
Die Empfindlichkeit der verschiedenen Teststreifen ist unterschiedlich. Sie beginnt etwa bei 40 mg/dl (S-Glukotest®), bei anderen Teststreifen liegt sie etwa um 100 mg/dl.

Falsch negative Ergebnisse treten bei Vorhandensein von Ascorbinsäure auf, falsch positive Ergebnisse können bei Verwendung stark oxidierender Desinfektionsmittel und schlechtem Ausspülen der Sammelgefäße auftreten.

Semiquantitative Bestimmung von Glukose im Urin mit Teststreifen
Der Diabur-Test® 5000 besteht aus zwei Testfeldern mit unterschiedlicher Empfindlichkeit für Glukose. Der empfindlichere Testbereich ist gelb eingefärbt und wird bei steigender Glukosekonzentration hellgrün bis dunkelgrün (2 Prozent Glukose). Der zweite Testbezirk ist weiß und verfärbt sich ab 0,5 Prozent Glukose hellblau bis blau (5 Prozent und mehr). Zwei Farbskalen stehen zur semiquantitativen Bewertung zur Verfügung. Bei Werten bis zu 1 Prozent erlaubt die obere, bei Werten über 1 Prozent die untere Farbskala eine bessere Bewertung.

$$\text{Glukose} + O_2 \xrightarrow{\text{GOD}} \text{Glukonolakton} + H_2O_2$$

$$H_2O_2 + \text{farbloses Chromogen} \xrightarrow{\text{POD}} \text{Wasser } (H_2O) + \text{Farbstoff}$$

33.3.5. Ketonkörpernachweis im Urin

Nachgewiesen wird von den drei Ketonkörpern (Azeton, Azetessigsäure, β-Oxybuttersäure) vorwiegend Azetessigsäure, z. B. bei schwerer Zuckerkrankheit (Versagen des Kohlenhydratstoffwechsels infolge Glykogenarmut der Leber), Bei Hungerzustand und im Präkoma, gelegentlich auch bei Schwangerschaftserbrechen, Säuglingstoxikose, Thyreotoxikose, hohem Fieber der Kinder.

Ketur-Test®, Ketostix®, Keto-Merckognost® u. a.
Die Nachweisgrenze liegt bei etwa 4 mg/dl. Es tritt bei positivem Befund ein Farbumschlag von beige nach violett in 15 Sekunden (Ketur-Test® 60 Sekunden) ein. Die Stärke der Violettfärbung ist proportional der Ketonmenge im Urin.

Bei Ketonkörpern mit Testtabletten (Acetest®) wird die Testtablette auf Filterpapier gelegt, ein Tropfen Urin aufgetropft, nach 30 Sekunden abgelesen. Positiv ist wie bei den Teststreifen ein Farbumschlag nach violett.

33.3.6. Nitritnachweis durch Teststreifen

Escherichia coli und viele weitere harnpathogene Bakterien (z. B. Proteus, Klebsiellen, teilweise auch Enterokokken und Pseudomonas) reduzieren im Urin vorhandenes Nitrat zu Nitrit. Da es sonst Nitrit im Urin nicht gibt, ist auf diese Weise ein indirekter – einfach durchzuführender – Nachweis von Bakterien im Urin möglich.

Der Nitritnachweis ist spezifisch, falsch positive Befunde kommen bei frischem Spontanurin trotz einer eventuellen Kontamination mit Bakterien der Harnröhre praktisch nicht vor, da die Zeit zur Reduktion von Nitrat in Nitrit nicht ausreicht. Urin, der älter als 4 Stunden ist, sollte nicht mehr auf Nitrit untersucht werden. Bis zu 90 Prozent der Harnwegsinfekte können bei Verwendung des Morgenurins erfasst werden.

Die Methode setzt voraus, dass sich genügend Nitrat im Urin befindet. Dies ist nicht in jedem Falle gegeben, kann aber durch eine normale gemüsehaltige Ernährung am Vortage erreicht werden. Weitere Ursachen für falsch negative Befunde kann starke Diurese sein, die Zeit zur Nitritbildung durch die Bakterien reicht nicht aus. Auch größere Mengen Ascorbinsäure können falsch negative Ergebnisse zur Folge haben.

33.3.7. Leukozytennachweis durch Teststreifen

Bakterien allein etwa durch Nitritnachweis, Nachweis von Bakterien im Harnsediment oder durch Nährböden beweisen noch nicht das Vorliegen eines Harnwegsinfektes, ebenso wie negative Befunde das Vorliegen nicht mit Sicherheit ausschließen. Ein wichtiger weiterer Befund ist der Nachweis von Leukozyten im Urin (Leukozyturie). Dieser ist im Harnsediment oder durch Teststreifen möglich.

Leukozyten im Urin werden durch Umschlagen des Testfeldes bei dem Cytur-Test® von hellbeige nach blau angezeigt. Nach 15 Minuten ist eine volle Empfindlichkeit erreicht, der Vergleich mit der auf der Packung aufgedruckten Farbskala zeigt als erstes positives Feld Konzentrationen von mehr als 10 Leukozyten/µl an. Blaufärbung schon nach 60 Sekunden spricht für eine massive Leukozyturie. Eine durch die Eigenfarbe des Urins an Stelle der Blaufärbung auftretende Grünfärbung ist als positive Reaktion zu bewerten.

Vorhandene Ascorbinsäure, Albumin und Keton können die Empfindlichkeit des Testes beeinträchtigen.

◀ *Harnwegsinfekt.*

◀◀ *Ketonmenge.*

◀◀ *Nitrit, Nitrat.*

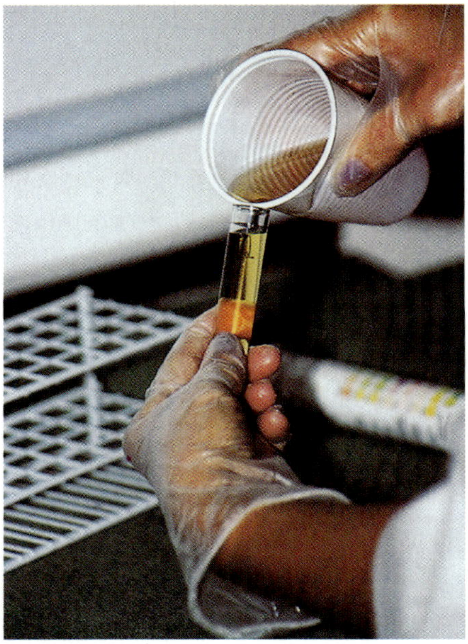

▶
Frisch gelassener Urin wird vorsichtig aufgeschüttelt und etwa 9 ml in ein Zentrifugenglas gegeben.

▶▶
Nach dem Dekantieren wird der Bodensatz zusammen mit dem verbliebenen Resturin aufgeschüttelt.

▶
Das Zentrifugenglas wird in den Zentrifugenkopf eingesetzt. Auf die gleichmäßige Beladung muss geachtet werden (siehe auch 32.4.).

▶
Nach dem Zentrifugieren werden flüssiger Überstand und Bodensatz durch vorsichtiges Abgießen (Dekantieren) getrennt (siehe auch 32.4.).

33.4. Urinsediment

33.4.1. Technik

Der Urin muss besonders dann mikroskopisch untersucht werden, wenn die Eiweißprobe positiv war oder ein Verdacht auf Nierenstörungen, Bluthochdruck, Infektionen besteht. Das Harnsediment ist Bestandteil des Harnstatus und sollte deswegen zu jeder gründlichen Untersuchung eines Patienten gehören.

Vorgehen

1. Frisch gelassenen Urin vorsichtig aufschütteln
2. 9 ml Urin in Zentrifugengläschen schütteln
3. Zentrifugengläschen in Halterung der Zentrifuge stellen,
4. Zentrifuge bei Umdrehung 1500/min laufen lassen (3 bis 5 Min.)

5. Zentrifuge abstellen und auslaufen lassen
6. Zentrifugenröhrchen entnehmen und zügig dekantieren
7. Sediment kurz aufschütteln
8. 1 Tropfen des im Zentrifugenröhrchen verbliebenen Urins auf einen Objektträger tropfen
9. Deckgläschen auflegen
10. Objekträger auf den Kreuztisch des Mikroskops legen
11. mikroskopische Betrachtung (400fache Vergrößerung)
12. Kondensor tief stellen, Irisblende schließen, Licht möglichst dunkel

Der Objektträger wird auf dem Kreuztisch des Mikroskops eingeklemmt und die richtige Ebene des Präparates gesucht. Dies geschieht zunächst mit dem 10fach vergrößernden Objektiv. Weiteres Vorgehen wie in **32.2.** beschrieben. Ist die Ebene gefunden, wird das 40fach vergrößernde Objektiv eingeschwenkt. Bei pathologischen Sedimenten werden 10 bis 14, bei Sedimenten mit Kristallen 8 bis 10 Gesichtsfelder ausgewertet.

Beurteilung

Im Sediment (siehe auch Abbildungen) werden organische und nichtorganische Bestandteile unterschieden.

33.4.2. Organische Bestandteile

Gelegentlich ist die Unterscheidung zelliger und anderer Bestandteile schwierig. Deshalb kann man das Phasenmikroskop benutzen oder einen Farbzusatz vornehmen, zweckmäßig bereits im Zentrifugenröhrchen.

Vorgehen

- Zwei Tropfen einer wässrigen 1-prozentigen Neutrallösung oder
- Vier Tropfen Trypanblau oder
- Ein Tropfen einer 0,5-prozentigen Eosinlösung

Damit färben sich die abgestorbenen im Gegensatz zu den lebenden Zellen sofort.

Zellen im Sediment

Erythrozyten

Als Scheibe mit lichtreflektierendem, doppelkonturiertem Rand oder geschrumpft in Stechapfelform zu erkennen, normal 2 Erythrozyten im Gesichtsfeld; Vorkommen von mehr Erythrozyten (=Erythrozyturie) weist auf Schleimhautläsion oder tiefere Gewebeläsion im Urogenitalsystem hin. Beachte Verunreinigung bei Menstruation.

◀ *Gewebeläsion.*

Erythrozyten lassen sich manchmal schlecht von Lymphozyten, Algen, Hefen, Prostatazellen und Leucin unterscheiden. Erythrozyten sind klein, kleiner als Leuko- und Lymphozyten, weisen bei Drehung der Mikrometerschraube einen zweiten lichtbrechenden Innenring auf, welcher der Eindellung der Erythrozyten entspricht. Sicherheit für die Unterscheidung bietet die Teststreifenuntersuchung auf Blut.

Leukozyten

Größer als Erythrozyten; man erkennt Granulationen im Zytoplasma und einen gelappten Kern, der häufig nur in gefärbten Präparaten gut zu erkennen ist. Vorkommen: normal bis zu 5 Leukozyten im Gesichtsfeld; mehr Leukozyten bei Entzündung im Harnsystem oder durch Verunreinigung (Vagina, Vulva, Urethra).

◀ *Entzündung im Harnsystem.*

Epithelzellen

Zu unterscheiden sind:

- Nierenepithelien: Tubuluszellen; sie sind geringfügig größer als Leukozyten; sie haben einen großen, runden Kern und sind teilweise granuliert, zum Teil auch mit Fettkugeln besetzt. Vorkommen bei Nierenparenchymerkrankung. Die Unterscheidung zwischen Nierenepithel und Rundepithel ist sehr wichtig. Die Zellen sind sich sehr ähnlich. Fehlinterpretationen können schwerwiegende Folgen haben, da Rundepi-

◀ *Nierenparenchymerkrankung.*

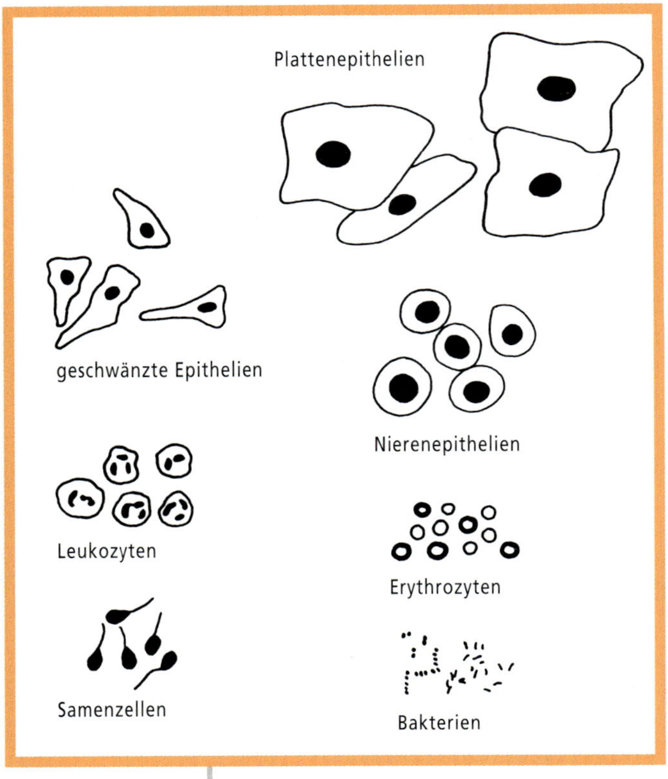

thelien bei geringem Vorkommen als normaler Befund angesehen werden können, während ein Nierenepithel schon ein pathologischer Befund ist.

- Plattenepithelzellen: große gelappte Zellen mit 1 bis 2 Zellkernen und unterschiedlicher Granulation; sie stammen vorwiegend aus der Vaginal- und Urethralschleimhaut (Verunreinigung); vermehrt sind sie um die Zeit des Eisprungs anzutreffen.
- Übergangsepithelien (Urothelien): etwas kleiner als Plattenepithelzellen, oft rundlich, seltener spitz ausgezogen (geschwänzt).

Spermien
Spermien sind im Urin von Männern noch Stunden nach einem Samenerguss als stark lichtbrechende, spitzovale Köpfe mit kurzem Schwanzteil nachweisbar, die sich in frischem Urin gelegentlich noch bewegen.

▶▶ *Nierenerkrankung.*

Krankheitserreger

Bakterien
Stäbchenförmige Kolibakterien zum Teil massenhaft bei Zystitis (Harnblasenentzündung), jedoch auch als Verunreinigung und bei nicht frischem (alkalischem) Urin. Deshalb Bakterienvorkommen nur im steril entnommenen Urin oder sauber gelassenen Mittelstrahlurin verwertbar. Bei Bakterienbefund stets Keimuntersuchung des Urins und gegebenenfalls Kultur. Beachte: Keime beruhen häufig auf Kontamination (z. B. unsteriles Auffanggefäß).

GROBE DIAGNOSTISCHE REGEL:

Bakterien allein = Verunreinigung,
Bakterien + Leukozyten = entzündliche Erkrankung.

Hefen
Einzeller, auch in Kolonien vorkommend; im Gegensatz zu den Erythrozyten haben sie keinen doppelkonturierten Rand und sind länglich geformt.

Trichomonaden
Spitzovale Einzeller mit lebhafter Geißelbewegung (besonders bei angewärmtem Objektträger), ausgehend von Genitalinfektion. Vorkommen im Frischharn.

Zylinder

Zylinder sind organische Bestandteile der Nieren. Es handelt sich um Ausgüsse der Tubulushöhlung. Ihre chemische Grundsubstanz sind Serumproteine. Finden sich Zellen auf oder in den Zylindern, kann man auf eine mehr oder minder schwere Nierenerkrankung schließen.

Epithelzylinder
Ein- oder Auflagerung von tubulären Nierenepithelien; Vorkommen bei akuter Niereninsuffizienz, interstitieller Nephritis, Nephropathie (Tubulusschäden).

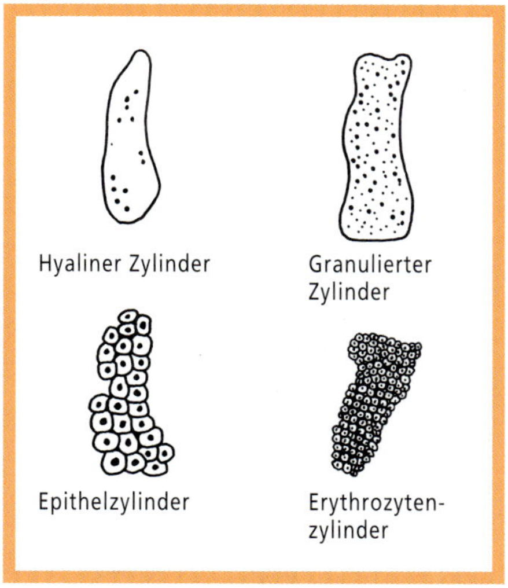

Erythrozytenzylinder
Zylinder mit haftenden oder eingeschlossenen Erythrozyten; Vorkommen bei Glomeruluserkrankung der Nieren (Glomerulonephritis, Glomerulopathie).

Granulierte Zylinder
Hyaline Zylinder mit Auflagerungen von Granula (Serumproteine mit Resten degenerativer Zellen); Vorkommen bei parenchymatöser Nierenerkrankung, Nephritis.

Hämoglobinzylinder
Bräunlich gefärbte Zylinder infolge Gehaltes an denaturiertem Hämoglobin; Vorkommen bei Nierenparenchymschaden, Muskelzerfall, Tumor.

Hyaline Zylinder
Homogen durchscheinend, kaum sichtbar; schwinden, wenn der Urin länger als 20 min. gestanden hat; Vorkommen bei Fieber, Herzinsuffizienz (Nierenstauung), während Diuretikamedikation; kann harmloser Befund sein, normalerweise vereinzelt vorkommend.

Leukozylinder
Stammen aus dem Nierenparenchym bei Entzündung; Vorkommen bei Pyelonephritis, interstitieller Nephritis.

Uratzylinder:
Hyaline Zylinder mit Uratkristallen im Inneren.

Wachs- und Fettzylinder
Auflagerung von Fettkügelchen (Lipoidzylinder), leicht gelb gefärbt; Vorkommen als Begleiterscheinung einer Proteinurie, bei Nephrose.

◄ ***Nephrose.***

Zylindroide
Zylinderähnlich geformte Schleimpartikel ohne wesentliche diagnostische Bedeutung.

33.4.3. Nichtorganische Bestandteile (Kristalle)

Die nichtorganischen Bestandteile des Urinsediments sind für die Diagnostik von geringer Bedeutung.

Häufiger vorkommende Kristalle

Erdalkaliphosphate
Amorphe Kristalle, von Uraten durch weißgraue Färbung unterscheidbar. Vorwiegend bei alkalischem Urin vorkommend, auch bei Neuropathie.

◄◄ ***Nephritis.***

Harnsäure
Tonnenförmige, aber teilweise mit Strukturen besetzte Kristalle; bei übermäßiger Harnsäurebildung (Gicht, Gallensteinbildung) vorkommend, auch Wetzstein-, Drusen-, Hantel- oder Rosettenform. Bei typischer Gichterkrankung sind die Kristalle häufig auch gelb angefärbt.

Kalziumoxalat
Stark lichtbrechende Kristalle, größtenteils viereckig erscheinend mit mittlerer Kreuzstruktur (Briefumschlagform), gelegentlich auch hantelförmig. Vorwiegen bei Pflanzennahrung und bei Harnstein (Oxalatstein) vorkommend.

◄◄ ***Interstitielle Nephritis.***

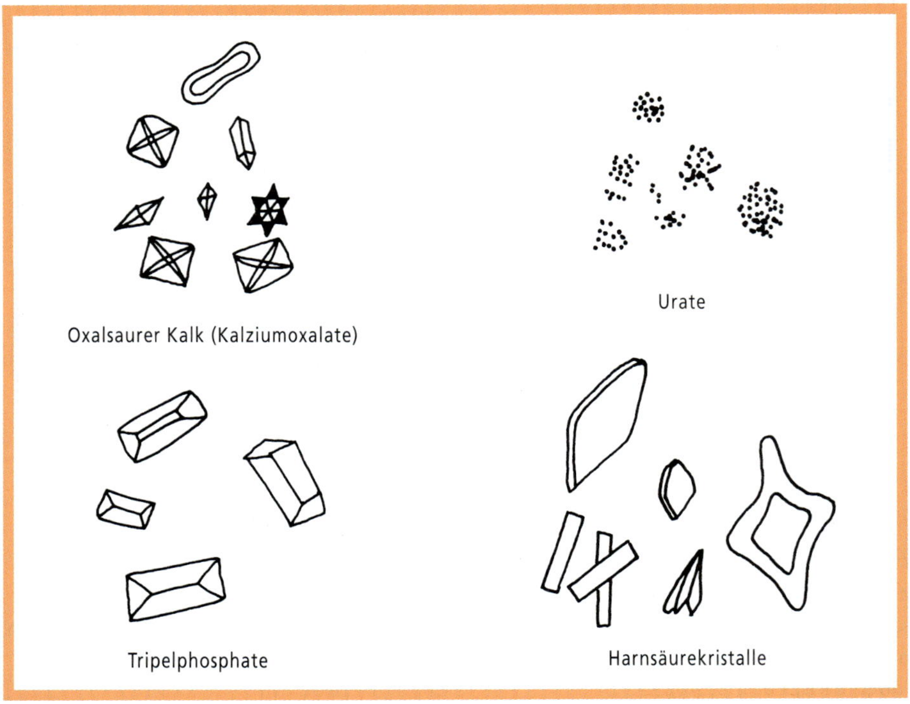

Nichtorganische (kristalline) Bestandteile im Harnsediment (schematisch).

Phosphorsaures Ammoniakmagnesia (Ammonium-Magnesium-Phosphat)
Tripelphosphate in Sargdeckelform, stark lichtbrechend. Vorkommen bei Störung des Eiweißstoffwechsels, Fäulnis, Vergiftung.

Sedimentum lateritium (Ziegelmehl)
Amorphe Kristalle, gelbrötlich, lösen sich bei Erwärmung des Sediments schnell auf; bestehen aus Uraten. Vorkommen bei Fieber.

33.5. Keimnachweis im Urin durch Tauchverfahren

Harnwegsinfekte sind beim Menschen sehr häufig, bedürfen aber, solange sie nur kurzdauernd auftreten und dann wieder verschwinden, keiner umfangreichen Diagnostik. Länger dauernde Harnwegsinfekte sollten jedoch gründlich untersucht werden. Dazu gehört ein Bakteriennachweis, eventuell verbunden mit einem Empfindlichkeitstest auf Antibiotika.

Durchgesetzt haben sich in der täglichen Praxis die einfach durchzuführenden Tauchverfahren zum Nachweis von Bakterien (z. B. Uricult®). In durchsichtigen sterilen Plastikröhrchen befindliche Nährbodenträger sind auf beiden Seiten mit für verschiedene Bakterienarten geeigneten Nährböden beschichtet. Die Untersuchung erfolgt an frisch gelassenem Mittelstrahlurin.

MEMO!

Hemmstoffe im Urin – insbesondere Antibiotika und Chemotherapeutika – können zu abgeschwächten oder sogar falsch negativen Ergebnissen führen.

Vorgehen:

- Der Nährbodenträger wird so in den in einem sterilen Gefäß aufgefangenen Urin eingetaucht, dass der Nährboden vollständig benetzt ist.

- Nach Abtropfen des überschüssigen Urins wird der Rest mit sauberem Filterpapier vom unteren Rand des senkrecht gehaltenen Nährbodenträgers abgesaugt.
- Der Nährbodenträger wird in das Röhrchen zurückgesteckt, das Röhrchen verschlossen und mit einem Etikett versehen.
- Das Röhrchen wird stehend für 16 bis 24 Stunden in einem Brutschrank mit 35 bis 37 °C inkubiert.
- Nach Ablauf der Zeit werden beide Seiten des Nährbodenträgers mit den Musterbildern verglichen und die Keimzahl geschätzt.

Ergebnis
Entscheidend für die Beurteilung ist nicht die Größe, sondern die Zahl der Kolonien. Weniger als 10 000 Keime/ml sind als Verunreinigung des Mittelstrahlurins (der nicht steril ist) anzusehen, Werte zwischen 10 000 und 100 000 Keime/ml sind als verdächtiger Befund zu bewerten, mehr als 100 000 Keime/ml lassen das Vorliegen eines Harnwegsinfektes vermuten.

Mehr als 10 Mill. Keime führen zu einem so dichten Wachstum der Kolonien auf dem Nährboden, dass es zu einer Verwechslung mit einem negativen Befund kommen kann. Im Gegensatz zu Nährböden ohne Bakterienwachstum mit spiegelnder Oberfläche ist der Nährboden in diesen Fällen matt und samtartig.

Bei positivem Befund sollte eine weitere Diagnostik zur Resistenzbestimmung der Keime gegen Antibiotika erfolgen.

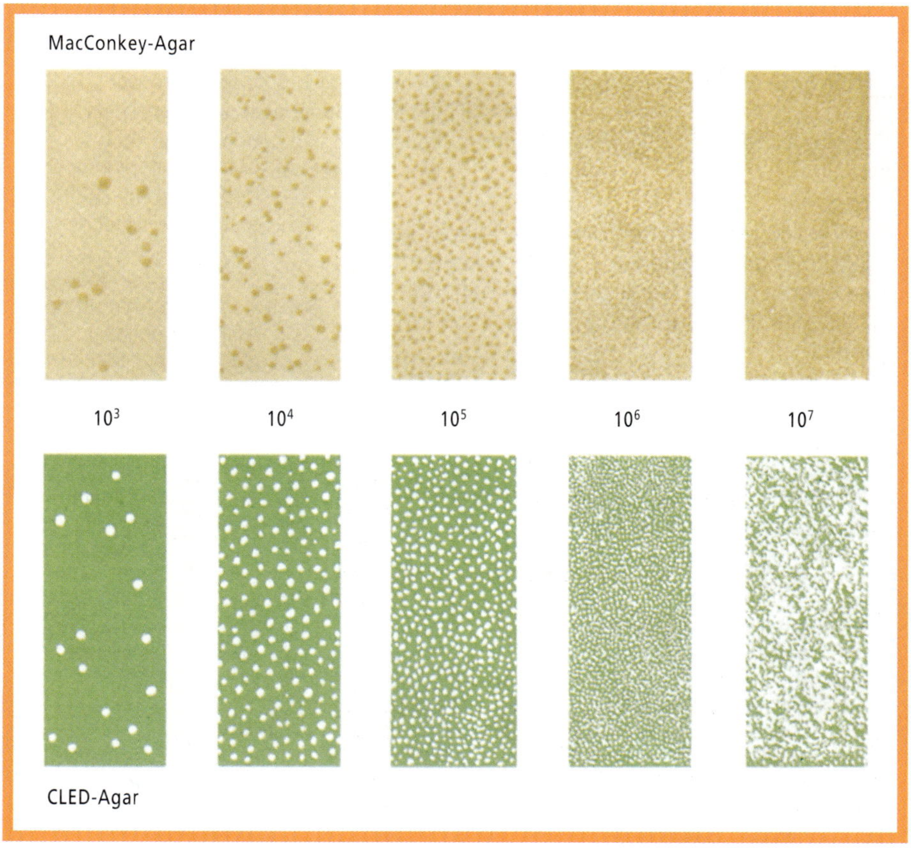

Musterbilder zur Ermittlung der Kennzahl/ml.

Zum Wiederholen und Lernen.

MEMO!

WICHTIGES ZUM MERKEN

Mittelstrahlurin: Gewinnung von eiweißarmem Urin. Nach Desinfektion des äußeren Genitales wird eine erste Menge Urin verworfen, der dann gelassene Urin in einem sterilen Gefäß aufgefangen.

Teststreifenuntersuchungen erlauben auf schnelle und unkomplizierte Weise die Untersuchung des Urins auf alle wichtigen Parameter (z. B. Leukozyten, Nitrit, pH-Wert, Eiweiß, Glukose, Keton, Urobilinogen, Bilirubin, Blut). Im Allgemeinen werden die Teststreifen kurz eingetaucht und nach 30 bis 60 Sekunden abgelesen.

EINIGE FRAGEN ZUM ÜBEN

Nennen Sie die allgemeinen Regeln für die Uringewinnung und -untersuchung!

Welche Farbe hat normaler Urin?

Wie wird das spezifische Gewicht des Urins bestimmt?

Die Urintemperatur beträgt 21°C; die Messung mit dem Urometer ergibt 1026. Rechnen Sie das spezifische Gewicht des Urins aus!

Beschreiben Sie den Unterschied zwischen quantitativen, semiquantitativen und qualitativen Untersuchungen !

Wann ist ein Harnsediment erforderlich?

Beschreiben Sie das Aussehen von Leukozyten im Harnsediment, wie unterscheiden sie sich von Erythrozyten?

Ziegelmehl stört Sie bei der Auswertung des Harnsediments. Wie können Sie es beseitigen?

UND ZUM SCHLUSS ETWAS SCHWERES

Beim Ablesen des Keimnachweises mit Nährbodenträger sieht der Nährboden matt und samtartig aus.
Was bedeutet das?

34. Blutuntersuchungen

ZIELE DES RAHMENLEHRPLANS

- ▶ Gewinnung von Blut für unterschiedliche Untersuchungsabläufe beschreiben
- ▶ Labordaten in ihrer Bedeutung für den Patienten einstufen
- ▶ Umgang mit Zählkammern erklären
- ▶ Kenntnisse der Morphologie der Leukozyten bei Differenzierung von Blutausstrichen anwenden
- ▶ Einfache fotometrische Untersuchungen beschreiben
- ▶ Klinisch-chemische Blutuntersuchungen darstellen

MEMO!

Die Arzthelferin muss bei jedem Umgang mit Untersuchungsmaterial darauf achten, sich selbst vor Infektionen zu schützen. In ganz besonderem Umfang gilt dies bei Arbeiten mit Blut, da die Möglichkeit besteht, sich mit Hepatitis-B-Viren oder den Erregern der tödlich verlaufenden Immunkrankheit AIDS anzustecken. Für die Blutentnahme müssen Einmalhandschuhe angezogen werden.

34.1. Blut als Untersuchungsmaterial

34.1.1. Blutentnahme aus der Vene

Für viele Untersuchungen wird Serum oder Plasma benötigt, das aus Venenblut hergestellt wird. Bei Kindern und Erwachsenen ist für eine Venenpunktion die Vene in der Ellenbeuge (Vena mediana cubiti) am besten geeignet. Bei Säuglingen und bis zu zweijährigen Kleinkindern ist der bevorzugte Ort für eine Venenblutentnahme eine Kopfvene. Für viele Blutuntersuchungen ist es erforderlich, dass das Blut morgens beim nüchternen Patienten entnommen wird.

Material: Spritzen 10 oder 20 ml, je nach erforderlicher Blutmenge. Bei größeren Blutentnahmen sterile Röhrchen, Kanülen Nr. 1, Staubinde, Lagerungskissen, Tupfer, Desinfektionsmittel (z. B. 70 Prozent Alkohol), Wundschnellpflaster.

Vorgehen:

- Der Arm des Patienten wird auf dem Kissen gelagert.
- Oberhalb der Entnahmestelle – also normalerweise am Oberarm – wird mit

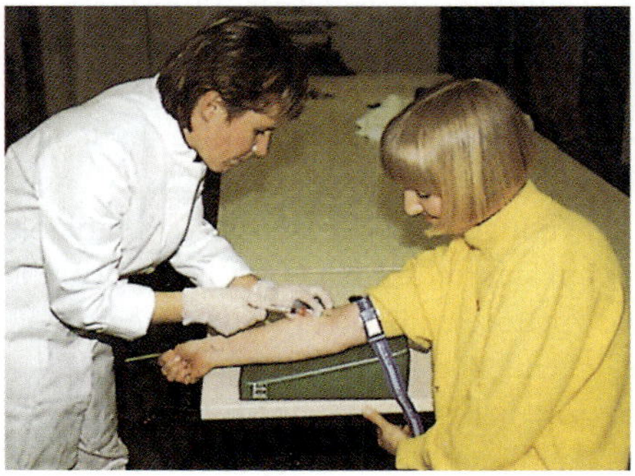

◀ *Lagerung des Armes bei der Blutentnahme.*

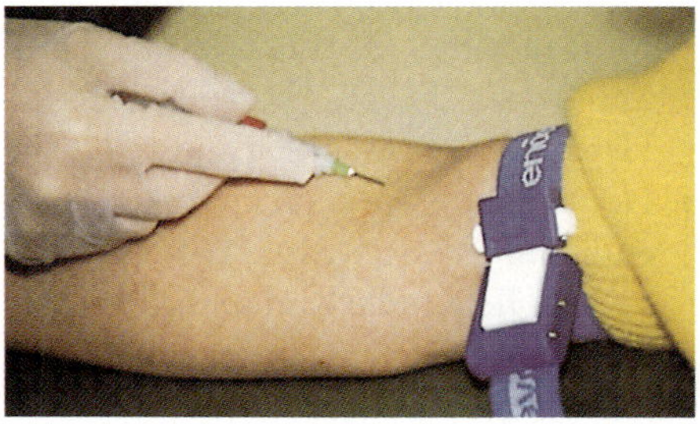

◀ *Blutentnahme.*

▶▶ *Einstichwunde.*

▶ *Bluterguss.*

▶ *Tupfer.*

der Staubinde gestaut. Dabei darf die Staubinde nicht zu fest angelegt werden.

- Falls die Vene nicht deutlich sichtbar, besser noch fühlbar ist, wird der Patient gebeten, die Faust zu öffnen und zu schließen. Bei »schlechten« Venen kann es erforderlich sein, die Füllung der Unterarmvenen durch ein heißes Unterarmbad zu verbessern.
- Es wird mit der angeschliffenen Kanülenspitze nach oben entweder direkt in die Vene oder einige Millimeter neben ihr eingestochen. Da das Durchstechen der Haut bei vielen Patienten einen gewissen Kraftaufwand erfordert, besteht beim direkten Einstechen leicht die Gefahr des Durchstechens der Vene und damit eines Blutergusses.
- Die richtige Lage der Kanüle in der Vene wird durch vorsichtiges Anziehen des Spritzenstempels überprüft (Aspiration). Falls sich kein Blut anziehen lässt, ist die Vene nicht getroffen oder durchstochen worden. In diesen Fällen empfiehlt sich ein vorsichtiges Zurückziehen der Kanüle, ohne sie aus der Haut herauszuziehen und ein erneuter Venenpunktionsversuch.
- Häufig wird zunächst Blut für eine Blutsenkung mit einer mit 0,4 ml Natrium citricum gefüllten 2-ml-Spritze entnommen. Sobald dies geschehen ist, empfiehlt es sich, das weitere benötigte Blut direkt aus der Kanüle in ein steriles Röhrchen tropfen zu lassen. Voraussetzung hierfür ist eine ausreichende Größe der Kanüle.
- Soweit Blutplasma benötigt wird, muss das Blut möglichst noch während der Entnahme mit einem gerinnungshemmenden Mittel (Natrium-Citrat, Natrium-Oxalat, EDTA, Natrium-Fluorid, Heparin) versetzt werden.
- Nachdem die gewünschte Blutmenge entnommen ist, wird die Stauung gelöst. Die Kanüle wird schnell aus der Einstichstelle herausgezogen, dann wird mit einem trockenen Tupfer für etwa 5 bis 10 Minuten fest auf die Einstichstelle gedrückt (dies kann auch der Patient tun), bevor die Einstichwunde mit einem Wundschnellpflaster geschützt wird.

34.1.2. Serumgewinnung

Wird geronnenes Blut zentrifugiert, besteht der Überstand aus Serum. Serum ist also Blutplasma ohne das für die Gerinnung notwendige Fibrinogen.

Plasma – Fibrinogen = Serum

Das Fehlen des Fibrinogens im Serum hat zur Folge, dass Serum im Gegensatz zu Plasma nicht mehr gerinnen kann.

Für die Gewinnung von Serum aus Blutproben sind Zentrifugenröhrchen aus Glas vorzuziehen, da die Gerinnung in Kunststoffröhrchen länger dauert.

Zur Gerinnung des Blutes mit dem Ziel der Serumgewinnung wird das vom Patienten ohne Zusätze aus der Vene entnommene Vollblut in ein Zentrifugenröhrchen gegeben und für etwa 20 bis 30 Minuten bei Zimmertemperatur stehen gelassen. Danach wird der Blutkuchen mit einem Glas- oder Kunststoffstäbchen von der Wand des Zentrifugenröhrchens gelöst und das Röhrchen für etwa 5 bis 10 Minuten bei 3000 bis 5000 Umdrehungen/Minute (U/min) zentrifugiert.

Das überstehende Serum wird in ein anderes Röhrchen dekantiert (abgegossen). Sollen auch wirklich alle Blutzellen entfernt werden, kann dieses Röhrchen nochmals für 5 Minuten zentrifugiert werden.

Nach der Gerinnung sollte die Trennung von festen und flüssigen Blutbestandteilen möglichst bald stattfinden, da ansonsten aus beschädigten Erythrozyten Blutfarbstoff in das Serum übertritt (Hämolyse). Hämolytisches Serum kann zu fehlerhaften Ergebnissen führen.

34.1.3. Plasmagewinnung

Plasma ist der flüssige Teil des Blutes (auch »Blutwasser« genannt), das neben den Serumbestandteilen auch das für die Gerinnung verantwortliche Fibrinogen enthält. Plasma wird insbesondere in der Gerinnungsdiagnostik eingesetzt, daher ist es sehr wichtig, das Blut sofort mit den gerinnungshemmenden Substanzen (Natrium citricum, Heparin) zu vermischen, da sonst die Blutgerinnung eintritt und das Blut nicht mehr zu verwenden ist.

Wird dem Blut bei der Entnahme eine gerinnungshemmende Substanz hinzugegeben, so erhält man nach dem Zentrifugieren Plasma.

34.1.4. Blutentnahme aus Ohrläppchen oder Fingerbeere

Häufig reichen für Blutuntersuchungen wenige Milliliter Kapillarblut aus, die aus der Fingerbeere oder dem Ohrläppchen durch Einstich mit einer sterilen Lanzette zu gewinnen sind. Bei Säuglingen wird das Blut aus der Ferse entnommen.

Material: Sterile Einmallanzette, Tupfer, Desinfektionsmittel, Wundschnellpflaster sowie Mischpipette, Objektträger o. ä. (je nach gewünschter Untersuchung) zur Aufnahme des Blutes.

Vorgehen:

- Die Entnahmestelle (vorzugsweise das Ohrläppchen) wird desinfiziert, bei nicht ausreichender Durchblutung durch Reiben und/oder Erwärmen vorbereitet.
- Mit der Lanzette wird kräftig (nicht zögern!) etwa 3 mm eingestochen. Das Blut muss nach dem Einstich spontan hervorquellen.
- Der erste Bluttropfen wird mit einem trockenen Tupfer weggewischt. Die dann folgenden Tropfen werden entweder mit der Pipette oder dem Objektträger aufgenommen. Drücken des Ohrläppchens oder der Fingerbeere zum Beschleunigen des Blutaustritts verfälscht das Ergebnis! Bei ausbleibender oder zu langsamer Blutung war die Haltung der Lanzette fehlerhaft oder die Einstichtiefe ungenügend. Durch leichtes Auseinanderziehen der Wundränder und scharfes Abwischen mit einem Mulltupfer kann versucht wer-

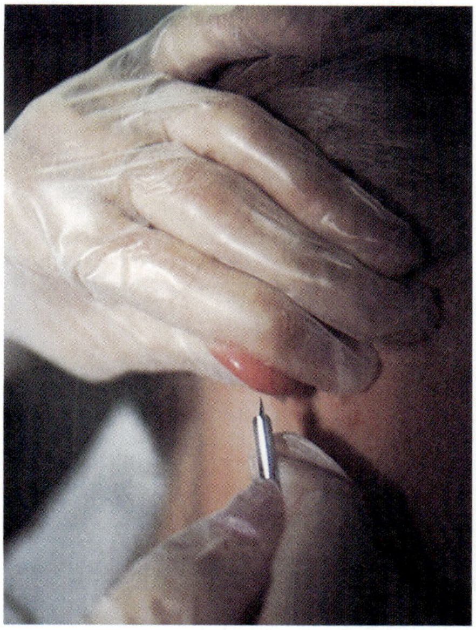

◀ *Die Lanzette wird in die desinfizierte Entnahmestelle kräftig eingestochen.*

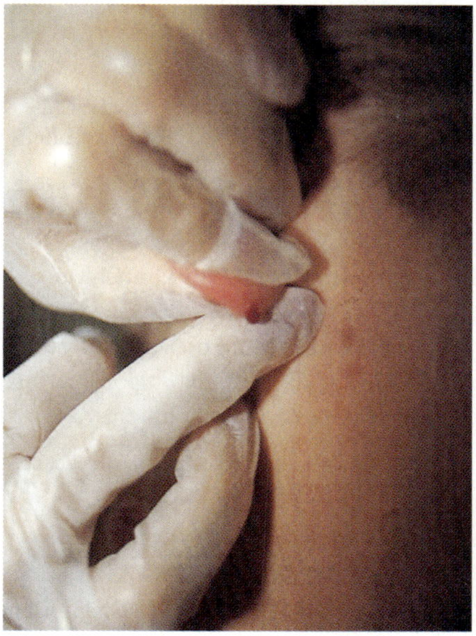

◀ *Das Blut muss nach dem Einstich spontan hervorquellen.*

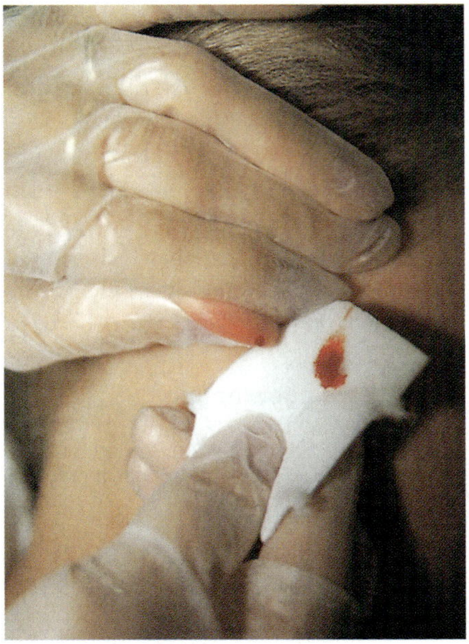

Der erste Bluttropfen wird mit einem trockenen Tupfer weggewischt.

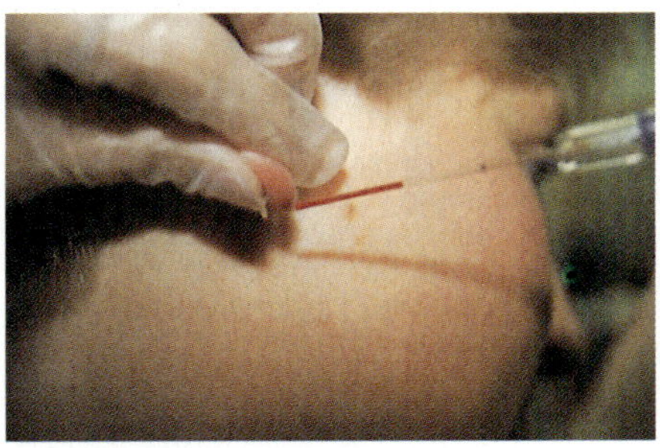

Die folgenden Tröpfchen werden mit der Pipette (hier Kapillarpipette) aufgenommen.

den, einen »spontanen« Blutaustritt zu erzielen. Falls der Versuch erfolglos ist, muss erneut mit der Lanzette gestochen werden.

- Die Wunde mit einem Wundschnellpflaster versehen.

Die Ergebnisse bei Entnahme aus Ohrläppchen oder Fingerbeere können durchaus unterschiedlich sein, deswegen empfiehlt es sich insbesondere bei Kontrolluntersuchungen, das Kapillarblut immer an der gleichen Stelle zu entnehmen.

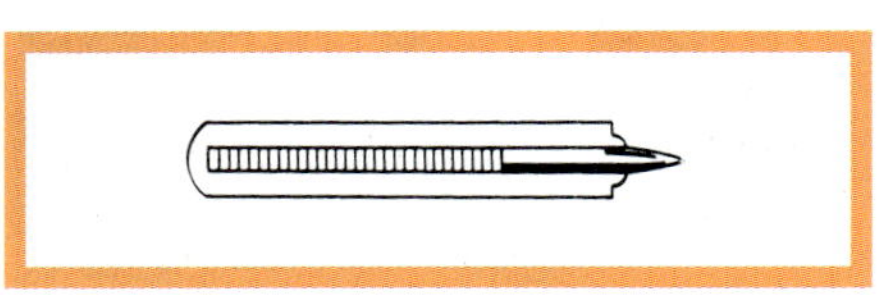

Hämostilette (Blutlanzette).

Hämolyse

Unter einer Hämolyse wird das Austreten von Hämoglobin aus zerstörten Erythrozyten verstanden. Hämolyse kann durch krankhafte Veränderungen, Substanzen wie z. B. Marcumar, Gifte, Antikörper bedingt sein oder auf technischem Versehen beruhen (Schütteln, Transport vor der Koagulation, große Kälte und Frost, Erwärmung, forciertes Blutentnehmen und Einspritzen des Blutes in das Reagenzglas, nicht trockene Reagenzgläser, unsterile Reagenzgläser mit Bakterienentwicklung). **Hämolytisches Blut ist für die meisten chemischen Analysen unbrauchbar.**

Das abgenomme Blut soll daher nach der Entnahme in die bereitgestellten sauberen Reagenz- und Zentrifugengläser so hineingegeben werden, dass es langsam am Innenrand des Glases herunterläuft.

34.1.5. Voraussetzungen für zuverlässige Untersuchungsergebnisse

Die Zuverlässigkeit eines Laborergebnisses hängt von zahlreichen Faktoren ab. Schon bei der Vorbereitung des Patienten, aber auch bei der Gewinnung, der Aufbewahrung und dem Transport des Blutes gibt es viele Möglichkeiten, etwas falsch zu machen.

Vorbereitung des Patienten

Der Patient muss von der Arzthelferin über die beabsichtigten Untersuchungen und die dazugehörigen Vorbereitungen unterrichtet werden. Dies geschieht grundsätzlich entsprechend den allgemeinen oder im besonderen Fall gegebenen Anweisungen des Arztes. Der Patient ist besonders darüber zu unterrichten, ob er für die Untersuchung nüchtern sein muss, ob bestimmte Nahrungsmittel gemieden werden müssen oder ob Medikamente eventuell nicht eingenommen werden dürfen. Gewöhnlich liegt der Zeitpunkt der Blutentnahme zwischen 7 und 8 Uhr morgens. Der Patient muss nüchtern sein.

MEMO!

Die Unterrichtung, Vorbereitung und Mitarbeit des Patienten ist von entscheidender Bedeutung für den Erfolg der Untersuchung.

Die *Nahrungsaufnahme* vor einer Untersuchung kann die Konzentration eines Blutbestandteils (z. B. Glucose, Triglyzeride) erheblich verändern. Stark lipämisches Blut (trübes Serum durch Fettansammlung) ist ein Störfaktor für fast alle fotometrisch ermittelten Laborwerte.

Alkoholkonsum vor der Blutentnahme führt zum Anstieg bestimmter Enzyme (GPT, GOT, Gamma-GT). Der Verzehr von *Fleisch* vor der Untersuchung des Stuhles auf Blut kann zu falsch positiven Ergebnissen führen.

Arzneimittel beeinflussen ebenfalls nicht selten die Ergebnisse der Blutuntersuchung und führen zu Schwierigkeiten bei der Bewertung. Dies gilt ganz besonders, wenn dem Arzt nicht genau bekannt ist, welche »Kopfschmerz-« oder »Vitamintabletten« der Patient zusätzlich zu eventuell verordneten Medikamenten einnimmt.

◀◀ Alkohol.

◀◀ Medikamente.

Aufbewahrung und Transport der Proben

Am günstigsten ist es, wenn das Blut sofort nach der Entnahme untersucht werden kann. Ist dies nicht möglich, müssen Serum bzw. Plasma innerhalb der nächsten zwei Stunden vom Blutkuchen getrennt werden. Wird diese Zeit überschritten, besteht die Gefahr der Verfälschung der Untersuchungsergebnisse, da Erythrozytenbestandteile in Serum oder Plasma übertreten oder umgekehrt.

Zur Vermeidung einer Verdunstung sollten Blut, Serum oder Plasma nur im verkorkten Röhrchen im Kühlschrank gelagert werden.

EDTA-Vollblut für ein kleines Blutbild soll innerhalb von 24 Stunden untersucht, ein Differenzialblutbild sollte schon innerhalb von 8 Stunden bestimmt werden.

◀◀ Vollblut.

Enzyme (z. B. GOT, GPT, Gamma-GT) und Substrate (z. B. Glucose, Harnsäure, Cholesterin) sind im Serum bei Raumtemperatur bis 24 Stunden stabil, bei Kühlschranktemperatur sogar mehrere Tage.

Für den Versand mit der Post eignen sich nur Serum oder Plasma, bei einigen Analyseverfahren ist der Zusatz eines Stabilisators möglich. Die vom verarbeitenden Labor gegebenen Anweisungen müssen unbedingt beachtet werden.

34.2. Morphologische Blutuntersuchungen

Aus Untersuchungen des Blutes lassen sich viele diagnostische Schlüsse ziehen. Die Untersuchung der Blutkörperchen wird mikroskopisch durchgeführt, die Untersuchung der Blutflüssigkeit chemisch oder chemisch-physikalisch.

Blutstatus (Gesamtblutbild)

- Zählung der Erythrozyten
- Zählung der Leukozyten
- Bestimmung des Hämoglobins
- Auszählung des Differenzialblutbildes (Blutausstriches) und
- Berechnung des Färbeindex

Nicht zum Blutstatus gehört die Blutkörperchensenkungsreaktion

Rotes Blutbild

- Zählen der Erythrozyten
- Bestimmung des Hämoglobins
- Blutausstrich mit Beurteilung der Erythrozytengröße, -form, -färbung
- Berechnung des Färbeindex

Weißes Blutbild

- Zählung der Leukozyten
- Auszählung des Differenzialblutbildes

Kleines Blutbild

- Erythrozytenzählung
- Bestimmung des Hämoglobins
- Hämatokrit
- Leukozytenzählung

34.2.1. Erythrozytenzählung mit der Zählkammer

Es gibt mehrere Methoden:

- Zählkammermethode: klassische Zählung mit Fehlerquellen
- Fotometermethode: moderne Zählung, bei der die Werte etwas höher als die mit Zählkammer bestimmten liegen. Werte mit Fehlerquellen
- Zählung mit Zählautomaten (elektronisch): nur für Großlaboratorien geeignet (Streulichtmethode, Dunkelfeldmethode, Widerstandsänderungsmethode)

Material: Thoma-Zählkammer, geschliffenes Deckglas, Mikroskop, Erythrozytenpipette (kenntlich an der roten Glaskugel mit dickem Pipettenbauch mit Eichstrichen bei 0,5 1,0 und 101), Hämostilette, Watte, Hayemsche Lösung.

Hayemsche Lösung zerstört die Leukozyten.

Durchführung

- Deckglas auf Zählkammer aufschieben, bis Newtonsche Ringe sichtbar sind
- Pipettenspitze mit Blut bis zur Marke 0,5 oder 1,0 füllen
- Pipettenspitze von anhaftendem Blut mit Tupfer reinigen
- sofort Hayemsche Lösung bis Marke 101 nachziehen
- 3 Minuten mischen (mit Schüttelapparat)
- bis 5 Tropfen verwerfen
- dann die nächsten beiden Tropfen in die Zählkammer bringen
- Zellen etwa 30 Sekunden sedimentieren lassen

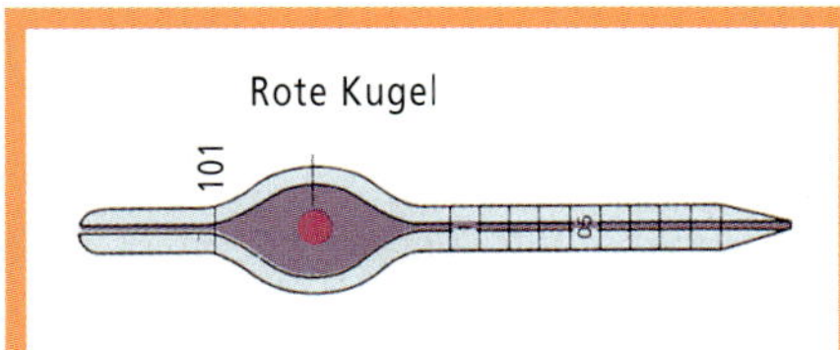

Erythrozytenpipette (schematisch).

Das Kapillarblut wird in den unteren geraden Teil der Erythrozytenpipette so hochgezogen, dass man zweckmäßigerweise eine geringe Menge mehr einzieht, dann die Pipette waagerecht hält und mit einem in der anderen Hand gehaltenen Filterpapierstück vorsichtig die über 0,5 bzw. 0,1 stehende Blutmenge absaugt.

Infolge Kapillarsaugwirkung ist das Abtupfen der zu viel hochgezogenen Menge leicht; das muss jedoch schnell geschehen, damit das Blut in der Pipette nicht gerinnt; die Suspensionsflüssigkeit (Hayemsche Lösung) muss unmittelbar darauf nachgezogen werden. Beim Aufziehen des Blutes auf Marke 1 und der Hayemschen Lösung auf Marke 101 befinden sich im Pipettenbauch 1 Volumenteil Blut sowie 99 Volumenteile Lösung. Es erfolgt eine Verdünnung 1 : 100.

Beim Aufziehen des Blutes auf die Marke 0,5 befinden sich im Pipettenbauch 0,5 Volumenteile Blut und 99,5 Volumenteile Lösung. Es entsteht eine Verdünnung des Blutes 1 : 200.

Trotz exakter Technik sind 15 Prozent Zählschwankungen möglich, weshalb mit demselben Pipetteninhalt zwei Zählkammerfüllungen hintereinander vorgenommen werden sollen. Die gefundenen Werte sind auf den Mittelwert dann zu reduzieren, wenn die gefundenen Werte relativ eng beieinander liegen. Liegen sie weit auseinander, muss nochmals Blut entnommen werden.

Auszählung und Berechnung

Betrachtung mit 40fach vergrößerndem Objektiv.

Es werden fünf große Quadrate (= Gruppenquadrate), die nicht nebeneinander liegen sollen (siehe Abb.), in der Thoma-Kammer gezählt und addiert (ein Gruppenquadrat = 4 x 4 = 16 Kleinquadrate). Ein Gruppenquadrat hat 0,2 mm Seitenlänge und 0,04 mm^2 Fläche. Da die Höhe 0,1 mm beträgt, umfasst das Volumen eines Gruppenquadrats 0,004 µl. Mitgezählt werden die auf der linken und

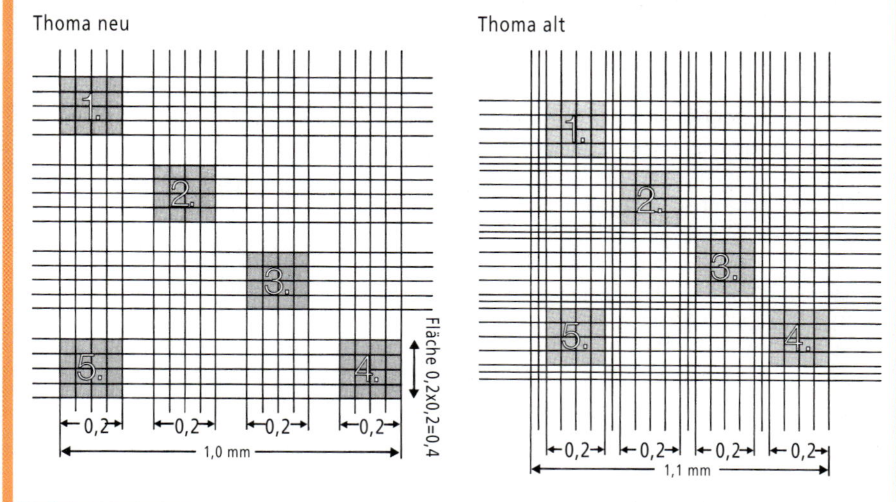

Bei der Erythrozytenzählung werden fünf große Quadrate, die nicht nebeneinander liegen sollen, ausgezählt und die Zahlen addiert.

unteren Kante des Gruppenquadrats liegenden Erythrozyten.

BERECHNUNG DER ERYTHROZYTENZAHL:

Folgende Formel wird benutzt.

$$\frac{X \times V}{Vol.} = \text{Erythrozytenzahl in } mm^3$$

Dabei ist X die ausgezählte Erythrozytenzahl in 5 Gruppenquadraten; V ist der Verdünnungsfaktor (also 100 oder 200). Vol ist das ausgezählte Volumen in der Zählkammer (0,004 µl Volumen eines Gruppenquadrates multipliziert mit 5 ausgezählten Quadraten ergibt 0,02 µl).

1. BEISPIEL

Füllen der Erythrozytenpipette bis Marke 1;
im 1. gr. Quadrat finden sich 192 Erythrozyten,
im 2. gr. Quadrat finden sich 196 Erythrozyten,
im 3. gr. Quadrat finden sich 188 Erythrozyten,
im 4. gr. Quadrat finden sich 191 Erythrozyten,
im 5. gr. Quadrat finden sich 193 Erythrozyten,

zusammen 960 Erythrozyten

Es wurde bis Marke 1 in der Erythrozytenpipette Blut hochgezogen, so dass eine Verdünnung von 1 : 100 entstand.

Mithin:

$$\frac{960 \times 100}{0{,}02} = 4{,}8 \text{ Mill./µl Blut}$$

2. BEISPIEL

Füllen der Erythrozytenpipette bis Marke 0,5;
im 1. gr. Quadrat finden sich 96 Erythrozyten,
im 2. gr. Quadrat finden sich 98 Erythrozyten,
im 3. gr. Quadrat finden sich 94 Erythrozyten,
im 4. gr. Quadrat finden sich 96 Erythrozyten,
im 5. gr. Quadrat finden sich 96 Erythrozyten,

zusammen 480 Erythrozyten

Es wurde bis Marke 0,5 in der Erythrozytenpipette Blut hochgezogen, so dass eine Verdünnung von 1 : 200 entstand.

Mithin:

$$\frac{480 \times 200}{0{,}02} = 4{,}8 \text{ Mill./µl Blut}$$

MEMO!

Beachte
Es gibt eine gute Faustregel: Wird bis Marke 1 hochgezogen, wird die in Großquadraten gefundene Erythrozytenzahl durch 2 geteilt, dann setzt man vor die zweitletzte Stelle ein Komma, also 960 durch 2 = 480; Komma gesetzt = 4,80 Mill./µl = 4,8 T/Liter. Wird bis Marke 0,5 hochgezogen, wird nur das Komma gesetzt, also 4,80 Mill./µl = 4,8 T/Liter.

Normalwerte: Männer 4,5 – 5,5 Mill., Frauen 4 – 5 Mill. in einem Mikroliter = T/Liter (Tera pro Liter).

Die Erythrozytenzahl wird nicht mehr in Million/mm^3 Blut angegeben, sondern in Mikroliter oder Liter Blut. T (Tera) ist der als Rechnungsfaktor fungierende Potenzwert 10^{12} (billionenfaches).

µl	Liter	Tera/Liter
3,5 Mill. µl	3,5 x 10^{12}/l	3,5 T/l
4,0 Mill. µl	4,0 x 10^{12}/l	4,0 T/l
4,5 Mill. µl	4,5 x 10^{12}/l	4,5 T/l
5,0 Mill. µl	5,0 x 10^{12}/l	5,0 T/l
5,5 Mill. µl	5,5 x 10^{12}/l	5,5 T/l

34.2.2. Leukozytenzählung mit der Zählkammer

Material: Thoma-Zählkammer mit aufgeschobenem, geschliffenem Deckgläschen, Mikroskop, Leukozytenpipette (kenntlich an der weißen Glaskugel im schmalen Pipettenbauch mit Eichstrich bis 0,5 1,0 und 11), Hämostilette, Watte, 1prozentige Essigsäurelösung (der man zur Färbung der Leukozytenkerne 1 bis 2 Tr. Methylenblaulösung auf 10 ml zusetzen kann) oder Türksche Lösung.

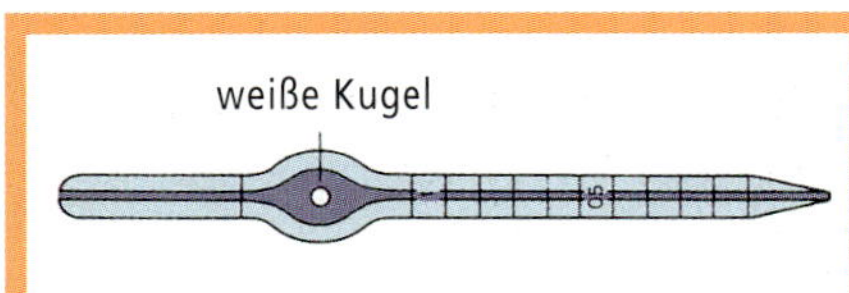

Leukozytenpipette (schematisch).

Durchführung:

- Deckglas auf Zählkammer aufschieben, bis Newtonsche Ringe sichtbar sind
- Pipettenspitze mit Blut bis zur Marke 0,5 oder 1,0 füllen
- Pipettenspitze von anhaftendem Blut mit Tupfer reinigen
- sofort 1-prozentige Essigsäurelösung oder Türksche Lösung bis Marke 11 nachziehen
- 3 Minuten mischen (mit Schüttelapparat)
- bis 5 Tropfen verwerfen
- dann die nächsten beiden Tropfen in die Zählkammer bringen
- Zellen etwa 30 Sekunden sedimentieren lassen

Beim Hochziehen von Kapillarblut in den unteren geraden Teil der Leukozytenpipette wird Blut bis zur Marke 0,5 bzw. 1 gezogen. Zweckmäßigerweise zieht man eine geringe Menge mehr ein; dann hält man die Pipette waagerecht und tupft mit

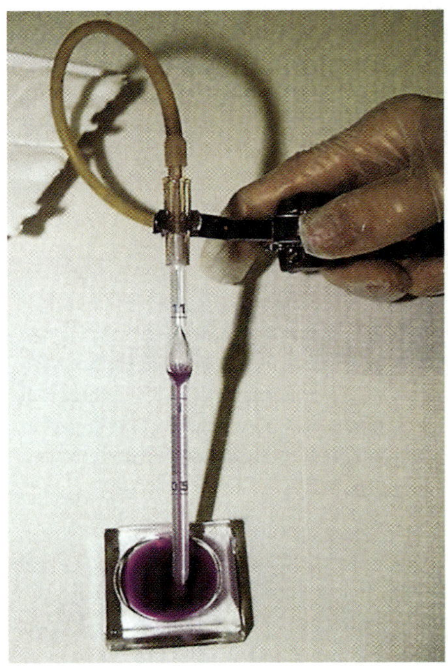

Leukozytenpipette mit Pipettierhilfe.

einem in der anderen Hand gehaltenen Filterpapierstück vorsichtig die über 0,5 bzw. 1,0 stehende Blutmenge ab.

Infolge Kapillarsaugwirkung ist das Abtupfen der zu viel hochgezogenen Menge leicht; das muss jedoch schnell geschehen, damit das Blut in der Pipette nicht gerinnt; denn die Suspensionsflüssigkeit (Essigsäurelösung) muss unmittelbar darauf nachgezogen werden (dadurch werden die Erythrozyten hämolysiert).

Beim Aufziehen des Blutes auf Marke 1 und der Türkschen Lösung auf Marke 11 befinden sich im Pipettenbauch 1 Volumenanteil Blut sowie 9 Volumenanteile Lösung. Es erfolgt also eine Verdünnung 1 : 10.

Beim Aufziehen des Blutes auf die Marke 0,5 befinden sich im Pipettenbauch 0,5 Volumenteile Blut und 9,5 Volumenteile Türksche Lösung, es entsteht eine Verdünnung 1 : 20.

Trotz exakter Technik sind 15 Prozent Zählschwankungen möglich, weshalb mit demselben Pipetteninhalt hintereinander zwei Zählkammerzählungen durchgeführt werden sollen. Liegen deren Werte relativ eng beieinander (bis ± 15 Prozent), wird der Mittelwert als Ergebnis genommen. Liegen sie weit auseinander, (> ± 15 Prozent), muss erneut Blut entnommen werden.

Auszählung und Berechnung

Betrachtung mit 10fach vergrößerndem Objektiv. Leukozyten lassen sich mit der »Thoma-alt«-, »Thoma-neu«- und »Neubauer«-Zählkammer auszählen.

Die »Thoma-neu« empfiehlt sich nicht für den routinemäßigen Gebrauch, da sie ein untypisches Zählnetz hat, welches sich für die Erythrozytenzählung wesentlich besser eignet.

Ausführung bei »Thoma-alt«

Es wird das gesamte Zählnetz (16 Gruppenquadrate mit ihren Zwischenräumen) ausgezählt.

Das Zählnetz hat 1 mm Seitenlänge, d. h. also 1 mm² Fläche. Da die Höhe 0,1 mm beträgt, umfasst das Volumen des gesamten Zählnetzes 0,1 µl. Mitgezählt werden die auf der linken äußeren und unteren äußeren Linie liegenden Leukozyten.

Ausführung bei »Thoma-neu«

Auch hier wird eine Fläche von 1 mm² ausgezählt. Da die »Thoma-neu« aber eine Seitenlänge von 1,1 mm und somit eine Fläche von 1,21 mm² hat, müssen andere Grenzlinien berücksichtigt werden.

Mitgezählt werden aber auch hier die auf der linken und rechten Linie liegenden Leukozyten.

◄◄ *Suspensionsflüssigkeit.*

BERECHNUNG DER LEUKOZYTENZAHL

Folgende Formel wird benutzt:

$$\frac{X \times V}{Vol}$$

Dabei ist X die ausgezählte Leukozytenzahl auf 1mm² Fläche; V ist der Verdünnungsfaktor (also 10 oder 20); Vol ist das ausgezählte Volumen des Zählnetzes (also 0,1 µl).

1. BEISPIEL (FÜR »THOMA-ALT«/»THOMA-NEU«)

Füllen der Leukozytenpipette bis Marke 1 (also Verdünnung 1 : 10)
In dem ganzen Zählnetz finden sich 68 Leukozyten.

◄◄ *Thoma-alt/Thoma-neu.*

Mithin:

$$\frac{68 \times 10}{0{,}1} = 6800/\mu l \text{ Blut}$$

2. BEISPIEL (FÜR »THOMA-ALT«/»THOMA-NEU«)

Füllen der Leukozytenpipette bis Marke 0,5 (also Verdünnung 1 : 20)
In dem ganzen Zählnetz finden sich 35 Leukozyten.

Thoma alt

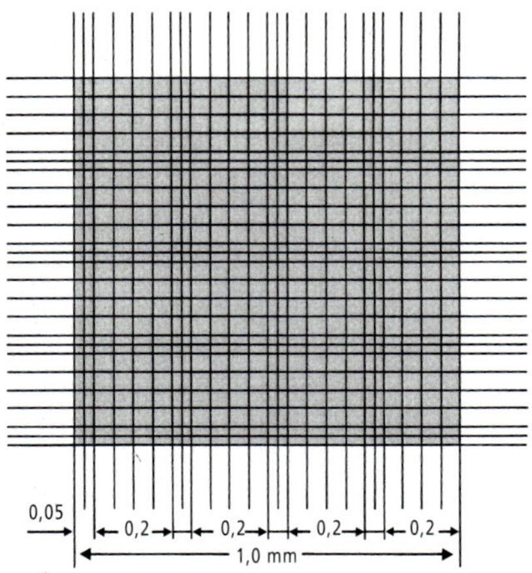

Leukozytenzählung mit »Thoma-alt«

Thoma neu

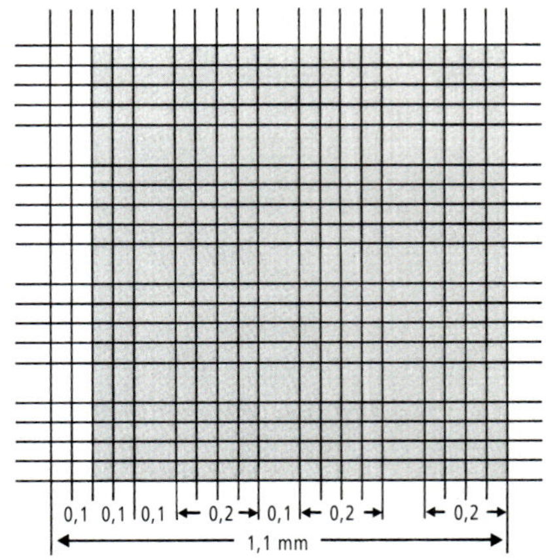

Leukozytenzählung mit »Thoma-neu«

Mithin:

$$\frac{35 \times 20}{0,1} = 7000/\mu l \text{ Blut}$$

MEMO!

Beachte
Vereinfacht dargestellt heißt das also, dass die gezählten Zellen mit dem für eine bestimmte Verdünnung gültigen Faktor multipliziert werden.
Verdünnung 1 : 10 = Leukozyten x 100
Verdünnung 1 : 20 = Leukozyten x 200

Ausführung und Berechnung bei »Neubauer«

Bei der »Neubauer«-Kammer werden die 4 Eckquadrate ausgezählt. Jedes Eckquadrat hat 1 mm Seitenlänge und 1 mm^2 Fläche. Da die Höhe 0,1 mm beträgt, umfasst das Volumen eines Eckquadrates 0,1 µl.

4 Eckquadrate werden ausgezählt, somit hat man ein ausgezähltes Volumen von 0,4 µl.

Mitgezählt werden die auf der linken und unteren Linie des Eckquadrates liegenden Leukozyten.

1. BEISPIEL

Füllen der Leukozyten bis Marke 1
(also Verdünnung 1 : 10)
Im 1. Eckquadrat finden sich 60 Leukozyten,
Im 2. Eckquadrat finden sich 58 Leukozyten,
Im 3. Eckquadrat finden sich 60 Leukozyten,
Im 4. Eckquadrat finden sich 62 Leukozyten,

zusammen 240 Erythrozyten

Die Summe der 4 Eckquadrate wird in die Grundformel eingesetzt.

Mithin:

$$\frac{240 \times 10}{0,4} = 6000/\mu l \text{ Blut}$$

2. BEISPIEL

Füllen der Leukozytenpipette bis Marke 0,5
(also Verdünnung 1 : 20)
im 1. Eckquadrat finden sich 36 Leukozyten,
im 2. gr. Quadrat finden sich 38 Leukozyten,
im 3. gr. Quadrat finden sich 38 Leukozyten,
im 4. gr. Quadrat finden sich 36 Leukozyten,

zusammen 148 Leukozyten

Die Summe der 4 Eckquadrate wird in die Grundformel eingesetzt.

Mithin:

$$\frac{148 \times 200}{0{,}4} = 7400/\mu l \text{ Blut}$$

MEMO!

Beachte
Vereinfacht dargestellt heißt das also, dass die gezählten Zellen mit dem für eine bestimmte Verdünnung gültigen Faktor multipliziert werden:
Verdünnung 1 : 10 = Summe aus 4 Eckquadraten x 25
Verdünnung 1 : 20 = Summe aus 4 Eckquadraten x 50

Zählkammer nach Neubauer

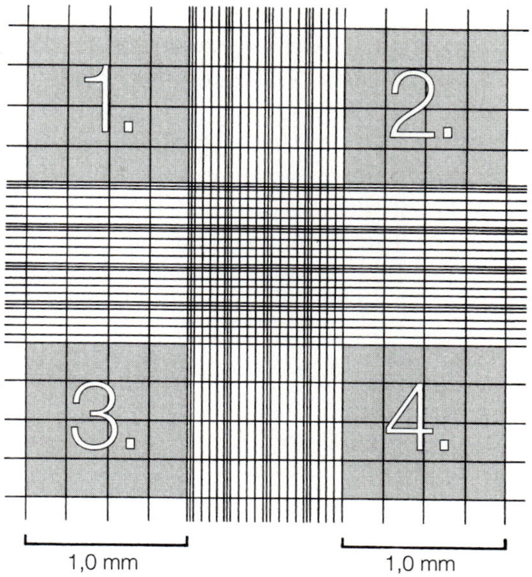

Leukozytenzählung mit »Neubauer«

Ergebnis
Normal 4000 bis 10 000 je Mikroliter Blut = 4 bis 10 G/Liter (Giga pro Liter) (im 1. Lebensjahr bis 15 000); vermindert unter 4000, vermehrt über 10 000, stark vermehrt über 15 000. Bei Verminderung spricht man von Leukopenie, bei Vermehrung von Leukozytose. Neuere Untersuchungen ergaben, dass 1/5 der Bevölkerung normalerweise 3500 bis 5000 Leukozyten/µl Blut hat. Säuglinge haben bis 18 000, Kinder bis 15 000 Leukozyten.

Die Werte für die weißen Blutkörperchen werden nicht mehr in tausend pro Kubikmillimeter (mm^3) Blut angegeben, sondern es wird von der Zahl im Liter Blut ausgegangen. Der als Rechnungsfaktor fungierende Potenzwert 10^9 wird auch als G (Giga) geschrieben. 10^9 bedeutet das Milliardenfache.

34.2.3. Herstellen eines Blutausstriches

Mit Hilfe des Differenzialblutbildes lässt sich die prozentuale Zusammensetzung der weißen Blutkörperchen sowie Größe, Form und Färbbarkeit der Erythrozyten feststellen und die Thrombozyten beurteilen. Die Herstellung eines brauchbaren Blutausstrichs erfordert viel Übung. Auf dem Ausstrich müssen bei mikroskopischer Betrachtung die Blutkörperchen nebeneinander liegen und dürfen sich nicht gegenseitig verdecken. Deshalb muss schon bei grober Betrachtung das Blut gleichmäßig verteilt sein, der Ausstrich darf also keine dicken und dünnen Stellen aufweisen. Dicke Ausstriche sind von vornherein unbrauchbar. Entstehen Blutringe, so war der Objektträger nicht genügend entfettet. Kommt es zum engen An- und Übereinanderliegen der Erythrozyten, spricht man von Geldrollenbildung. Dies kann darauf beruhen, dass unspezifische Eiweißkörper auf der Oberfläche der Erythrozyten haften.

◀ ***Blutausstrich.***

◀◀ ***Potenzwert.***

Material: Mehrere gut mit Alkohol-Äther-Gemisch entfettete Objektträger, 2 entfettete geschliffene Deckgläschen, Hämostilette, Watte, Färbegestell, Fließpapier, später Mikroskop. – Wasserfreier Methylalkohol; Farblösungen nach Giemsa (15 Tr. auf

10 ml gepuffertes Aq. des.) May-Grünwald; destilliertes Wasser.

Zu *schwach gefärbte Präparate* werden mit Xylol von etwa bereits aufgebrachtem Zedernöl befreit und nachgefärbt. Zu *stark gefärbte Präparate* werden auf gleiche Weise von Zedernöl befreit und mit viel destilliertem Wasser abgespült und zwei Sekunden mit Methylalkohol übergossen und nochmals mit Wasser nachgespült. Soll der Blutausstrich versandt werden, so wird er vorher für 1 min. mit Methylalkohol fixiert. Sternalpunktate müssen ebenfalls vor dem Versand mit Methylalkohol fixiert werden.

▶ *Färbegestell.*

Anfertigung des Blutausstriches

- Stets entfettete Objektträger benutzen.
- 1 Tropfen Blut (linsengroß) wenige Millimeter vor dem rechten Objektträgerrand aufsetzen.
- Geschliffenes Deckglas zwischen Daumen und Zeigefinger nehmen.
- Von der Mitte des Deckglases Deckglas an den Blutstropfen heranführen und ihn an der Kante des Deckglases auslaufen lassen.
- Deckglas unter leichtem Druck und Zug in einem Winkel von etwa 45° zu der linken Objektträgerseite schieben, dabei entsteht ein dünner Ausstrich.
- Blutausstrich trocknen lassen, bis der feuchte Glanz verschwindet. Ausstrich mit Bleistift in der Blutschicht beschriften.
- Stets 2 bis 3 Ausstriche pro Blutuntersuchung anfertigen.
- Ausstrich mehrere Stunden auftrocknen (in einem Kasten, da sonst Fliegen punktförmige Ausstanzungen abfressen können) lassen, bevor der beste Ausstrich gefärbt wird.

Färbung

Schnellfärbung nach Wright (Hemacolor)
Lufttrockenen Blutausstrich je 5mal 1 s in Fixierlösung 1,3mal 1 s in Farbreagenz 2,6mal 1 s in Farbreagenz 3 eintauchen und jeweils abtropfen lassen. Dann in Pufferlösung mit einem pH von 7,2 spülen und lufttrocknen lassen.

Färbung des Blutausstrichs nach Pappenheim:

- getrocknete Blutausstriche auf Färbegestell legen
- 3 min. in May-Grünwald-Lösung aufgießen
- danach gleiche Menge gepuffertes destilliertes Wasser mit Pipette zugeben
- leicht mischen (blasen oder etwas kippen)
- 2 min. färben

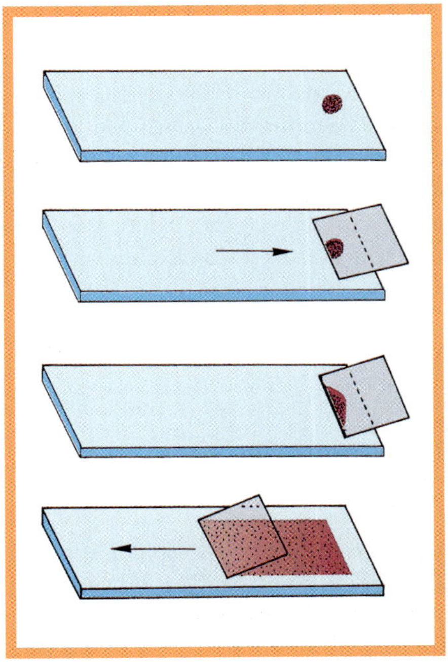

▶▶ *Herstellung eines Blutausstrichs auf dem Objektträger. Der Pfeil zeigt die Strichrichtung an.*

- abgießen
- verd. Giemsa-Lösung aufgießen
- 15 min. färben
- abspülen unter hartem Strahl mit gepuffertem destilliertem Wasser
- Objektträgerunterseite von Farbresten reinigen
- lufttrocknen durch Schrägstellen

Benutzung der Färbfolie
Den luftgetrockneten Blutausstrich für 10 bis 30 s in Methanol fixieren. Dann 1 bis 2 Tropfen der Pufferlösung von Sangodiff auftragen. Daraufhin die Färbefolie Sangodiff auflegen und leicht andrücken. Nach 10 min. kann der Bluausstrich mikroskopiert und differenziert werden. Will man den Blutausstrich aufheben, wird die Färbefolie abgenommen, der Ausstrich in Pufferlösung von pH 7,2 gewaschen und luftgetrocknet. Das Hantieren mit Farbstofflösungen wird auf diese Weise vermieden.

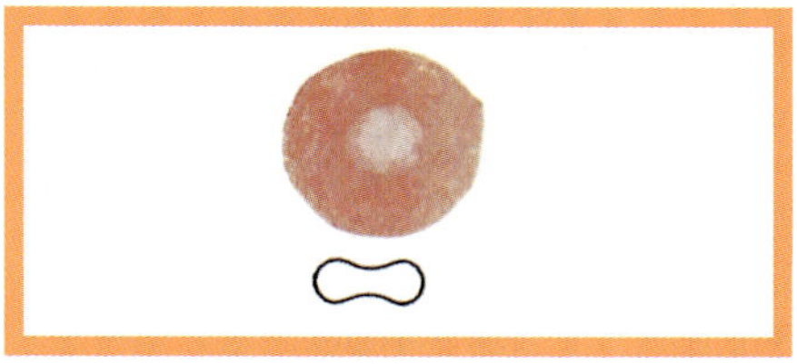

Erythrozyt (Normozyt).

Benutzung von farbbeschichteten Objektträgern
Zeitraubende Färbungen lassen sich bei Benutzung von farbbeschichteten Objekträgern (Testsimplets®) umgehen, die sich auch für Sputum-, Punktat-, Magenspülwasseruntersuchungen auf karzinomverdächtige Zellen eignen.

Material: Farbbeschichtete Objektträger, Deckgläser 24 x 36 mm (in der Packung enthalten).

Vorgehen
- Objektträger und Deckgläschen der Packung entnehmen. Farbfeld auf Objektträger nicht mit Fingern berühren.
- Kleinen Blutstropfen (Kapillar- oder Venenblut) auf die Mitte eines Deckglases geben. Richtig ist ein Blutstropfen, der auf dem Deckgläschen einen Durchmesser von 3 bis 4 mm ergibt. Zu große Tropfen haben eine zu dicke Blutschicht zu Folge.
- Das Deckgläschen wird so auf das Farbfeld des farbeschichteten Objekträgers gelegt, dass der Bluttropfen in der Mitte des Farbfeldes liegt.
- Differenzierung in üblicher Weise nach 15 Minuten. Die Präparate sind mindestens 4 Stunden, im Kühlschrank bis zu 24 Stunden haltbar.

34.2.4. Beurteilung der Leukozyten

Granulozyt
Mittelgroße Zelle, verschieden geformter rotvioletter Kern mit grober Chromatinstruktur, Zellplasma rosa mit unterschiedlich großen und unterschiedlich angefärbten Granula (Körnchen).

Stabkerniger neutrophiler Granulozyt: stabförmiger Kern, feine braunvioletter Granula.
Segmentkerniger neutrophiler Granulozyt: segmentierter Kern mit meist 3 bis 4 Segmenten, feine braunviolett gefärbte Granula.
Eosinophiler Granulozyt: Kern stabförmig oder segmentiert, zahlreiche rotgelbe, bläschenförmige Granula, die den Kern frei lassen.
Basophiler Granulozyt: vielgestaltig eingestülpter Kern, große, kugelförmige blauviolette Granula.

Lymphozyt
Zellen von sehr unterschiedlicher Größe, runder oder leicht eingebuchteter dunkelblauer Kern mit feinem Chromatin, groß im Verhältnis zum Zytoplasma, hellblauer Zellleib, selten feine Granula. Kleine Lymphozyten haben einen schmalen Zytoplasmasaum, bei »nacktkernigen« Lymphozyten ist das Zytoplasma nicht zu sehen.

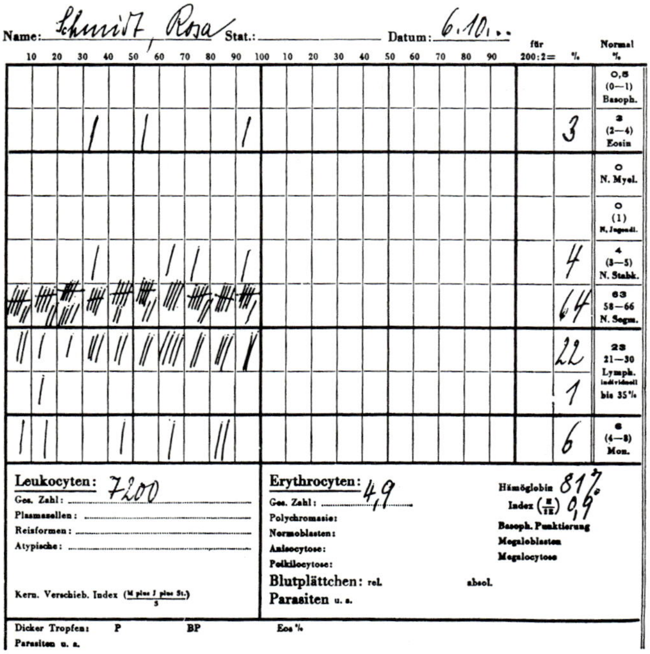
Name: Schmidt, Rosa Stat.: Datum: 6.10..

	für 200:2= %	Normal %
		0,5 (0–1) Basoph.
/ / /	3	3 (2–4) Eosin
		0 N. Myel.
		0 (1) N. Jugendl.
/ / / /	4	4 (3–5) N. Stabk.
	64	63 58–66 N. Segm.
	22	23 21–30 Lymph. individuell bis 35%
/	1	
	6	6 (4–8) Mon.

Leukocyten: 7200
Ges. Zahl:
Plasmazellen:
Reizformen:
Atypische:
Kern. Verschieb. Index (M plus J plus St. / S)

Erythrocyten: 4,9
Ges. Zahl:
Polychromasie:
Normoblasten:
Anisocytose:
Poikilocytose:
Blutplättchen: rel. absol.
Parasiten u. a.

Hämoglobin 81%
Index (Hb/Ery) 0,9
Basoph. Punktierung
Megaloblasten
Megalocytose

Dicker Tropfen: P BP Eos %
Parasiten u. a.

▲ *Schillingsche Tafel.*

Monozyt

Große, oft unregelmäßig begrenzte Zelle mit gelapptem, eingebuchtetem oder stabförmigem violetten Kern, feines Chromatin, Zellleib taubenblau mit sehr feinen Granula.

Differenzierung des Blutausstrichs

Es empfiehlt sich, das gefärbte Präparat zunächst kurz mikroskopisch (ohne Ölimmersion) durchzumustern, um sich einen Eindruck über die Färbung und die Verteilung der Blutzellen zu verschaffen.

Durchführung:

- Auf den getrockneten Ausstrich 1 Tr. Immersionsöl geben,
- im Kreuztisch des Mikroskops einklemmen
- Ölimmersionslinse in den Öltropfen eben eintauchen
- Kondensor hochstellen, helles Licht, Irisblende öffnen
- mit Mikrometerschraube des Mikroskops Sichtebene einstellen
- Okular für 10fache Vergrößerung einsetzen
- Betrachtung mit 900- bis 1000facher Vergrößerung

Für die Differenzierung wird auf dem Präparat eine dünn ausgestrichene Stelle herausgesucht. Die Zellen sollten nicht miteinander »verklebt« sein, da sie sonst nicht typisch aussehen. Eine solche Stelle findet sich meistens in dem Stück zwischen der Mitte und dem linken Ende des Ausstrichs.

Um die ungleichmäßige Verteilung der Blutzellen zu berücksichtigen und eine wiederholte Durchmusterung desselben Gesichtsfeldes zu vermeiden, wird das Präparat mäanderförmig durchgesehen. Hierbei muss darauf geachtet werden, dass auch die Randzonen betrachtet werden. Am Rand finden sich die größeren Zellen (Monozyten, Granulozyten) vermehrt. Differenziert werden die verschiedenen Leukozytenformen meist bis zu einer Gesamtleukozytenzahl von 100. Soweit Auffälligkeiten auftreten, werden auch die übrigen Blutzellen beurteilt.

Vorgehen bei Differenzieren

Schillingsche Tafel zum Differenzieren des Blutausstrichs. Als Beispiel ist ein normales Blutbild gewählt. Die Leukozyten werden einzeln betrachtet, ihrer Art nach bestimmt und mit Strich in entsprechender Vordrucksrubrik eingetragen, so dass in jeder Längsrubrik 10 Leukozyten gebucht werden. Man zählt mindestens 100 Leukozyten aus, in Zweifelsfällen 200.

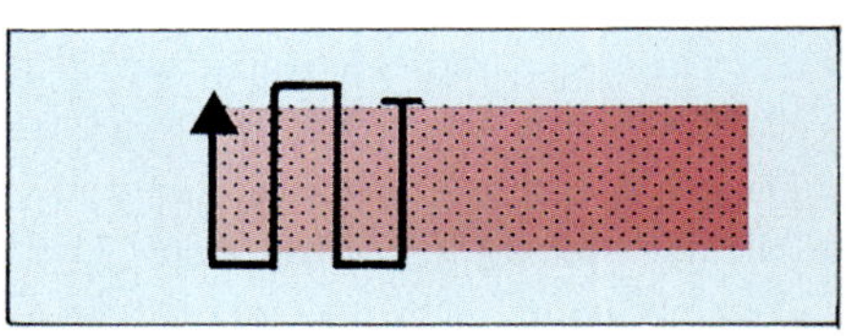

▶▶ *Aufzählung des Blutausstrichs: Mäanderlinie.*

ZELLART	AUSSEHEN UND GRÖßE	FIGUR
Myelozyt	vorwiegend rund, Kern bohnen- oder nierenförmig, grobmaschige Struktur, dunkelblau-violett, Zytoplasma, rötlich-violett, aber neutral mit leicht bläulichen Farbnuancen, feinste Granula, 12 – 16 µ	
Jugendlicher neutrophiler Granulozyt (»Jugendlicher«)	rund, Kern gebogen, stärker eingebuchtet, fast stabförmig, grobmaschige Struktur, dunkelblau-violett, Zytoplasma rötlich-violett, aber neutral, feinste Granula, 12 – 15 µ	
Stabkerniger neutrophiler Granulozyt (»Stabkerniger«)	rund, Kern stabförmig oder S-förmig oder U-förmig, grobmaschige Struktur, dunkelblau-violett, Zytoplasma rötlich-violett, aber neutral, feinste Granula, 10 – 15 µ	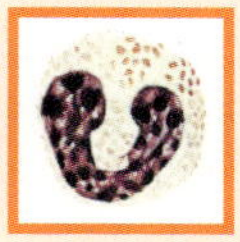
Segmentierter neutrophiler Granulozyt (»Segmentkerniger«)	rund, Kern 3 – 4 Segmente fadenförmig verbunden, grobmaschige Struktur, die sehr dicht ist, dunkelblau-violett, Zytoplasma rötlich-violett, aber neutral, feinste Granula, 9 – 13 µ	
Übersegmentierter neutrophiler Granulozyt	rund, Kern 5 oder mehr Segmente, Zytoplasma rötlich-violett, aber neutral, feinste Granula, 9 – 13 µ	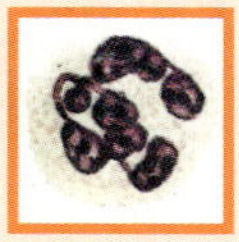
Eosinophiler Granulozyt	rund, Kern je nach Entwicklungsstand wie die Zellen zuvor, Zytoplasma: charakteristisch sind die großen rot gefärbten Granula, 9 – 15 µ	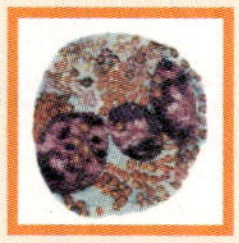
Basophiler Granulozyt	rund, Kern je nach Entwicklungsstand wie die Zellen zuvor, Zytoplasma: charakteristisch sind die großen blau gefärbten Granula, die auch spärlich auftreten können, 9 – 15 µ	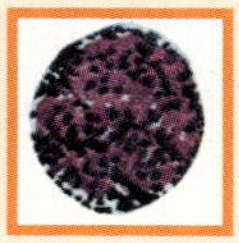
Lymphozyten	rundlich, unterschiedliche Größe, Kern im Verhältnis zum Zytoplasma groß; rund, auch oval oder leicht eingebuchtet, dunkel-violett, ohne deutliche Struktur, Zytoplasma bläulich-lila, feine Granula, aber kaum sichtbar, schmaler Plasmasaum oder nur Kern sichtbar, 8 – 12 µ, 10 – 15 µ	 
Monozyt	entrundet, unterschiedliche Größen, Kern großwabige Struktur, aufgelockert, nierenförmig, oder gebuchtet, hell-rot-violett od. schwach grau-blau, Zytoplasma hellrot-violett bis blau-gräulich, wolkig verteilte stäubchenförmige Granulation, 14 – 20 µ	

NORMALWERTE IM DIFFERENZIALBLUTBILD

Neutrophile jugendliche Granulozyten	0 % – 1 %
Neutrophile stabkernige Granulozyten	3 % – 5 %
Neutrophile segmentkernige Granulozyten	50 % – 70 %
Basophile Granulozyten	0 % – 1 %
Eosinophile Granulozyten	2 % – 4 %
Lymphozyten	25 % – 40 %
Monozyten	2 % – 6 %

Linksverschiebung: Vermehrtes Auftreten von jugendlichen Zellformen (Neutrophile jugendliche und stabkernige Granulozyten)
Rechtsverschiebung: Vermehrtes Auftreten von übersegmentierten (5 und mehr Kernsegmente) neutrophilen Granulozyten.

34.3. Physikalische Blutuntersuchungen

34.3.1. Blutkörperchen-Senkungsgeschwindigkeit (BSG)

Die BSG (auch BKS oder englisch ESR = erythrocyte sedimentation rate) ist eine Methode, mit der sich die Verschiebung des Eiweißgefüges im Blutserum grob erfassen lässt, insbesondere im Hinblick auf Feststellung etwaiger Entzündungsvorgänge im Körper.

Material: Blutsenkungsständer, Blutsenkungsröhrchen, 2 -ml-Spritze (so genannte Senkungsspritze mit einrastendem Kolben), Kanüle. – 3,8-prozentige Natrium-citricum-Lösung (für den Praxisgebrauch aus Ampullen, da die in größeren Mengen hergestellte Lösung ausflockt und unbrauchbar wird).

►► *Blutsenkungsapparat mit Füllvorrichtung.*

►► *Mit der Blutentnahmespritze wird die Pipette gefüllt. Links: Füllstellung; rechts: Sperrstellung.*

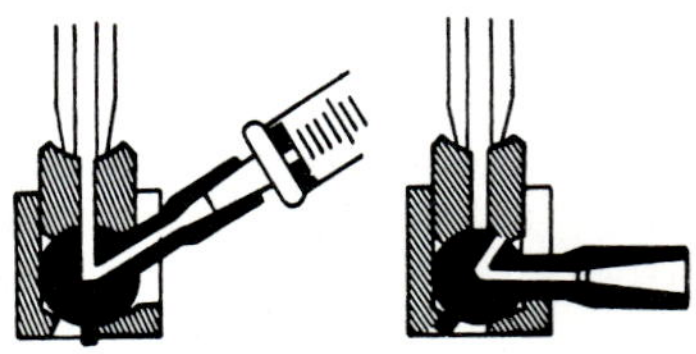

Blutsenkungspipette. ▼

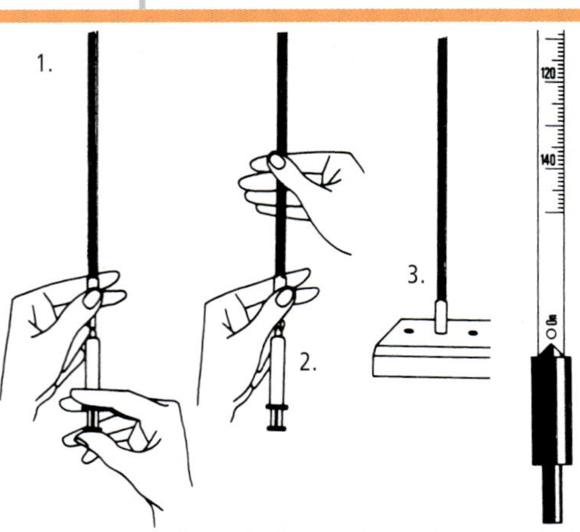

Befüllung mit Blutentnahmespritze.
Durch Vierteldrehung Schließen der Pipette.

Durchführung:

- In graduierte 2-ml-Spritze 0,4 ml einer 3,8-prozentigen Natrium-citricum-Lösung aufziehen. Desinfektion der Einstichstelle. Stauung am Oberarm (nicht zu lange!)
- Entnahme von 1,6 ml Blut aus Ellenbogenvene (genaues Mischverhältnis!).
- Blut-Natrium-citricum-Gemisch in gefüllter Spritze vorsichtig hin- und herbewegen (nicht schütteln!)
- Sofortiges Einfüllen des Gemisches in trockenes Westergren-Röhrchen genau bis Marke 0. Das Blutgemisch von unten eindrücken.
- Genau senkrechte Einklemmung des

Westergren-Röhrchens ins Gestell. Dieses muss während der ganzen Beobachtungszeit ruhig (erschütterungsfrei) und vor Wärme geschützt stehen.

- Nach einiger Zeit trennt sich das Plasma (obere helle Schicht) von den Erythrozyten (untere rote Schicht). Die schmale Zwischenschicht zwischen Plasma und Erythrozyten besteht vorwiegend aus Leukozyten.
- Ablesung des Standes der oberen Erythrozytenschicht genau nach einer und nach zwei Stunden. Aus dem 24-Stunden-Wert lässt sich die Menge der Erythrozyten schätzen. Hohe weiße Zwischenschicht zeigt Leukozytose an.
- Werte auf Karteikarte notieren, ebenso Plasmafarbe, Höhe der Leukozytenzwischenschicht und Trübungsgrad.

Es gibt unterschiedliche Blutsenkungsmessapparate: nach Westergren-Katz, nach Westergren-Adler und Einwegdispetten mit Füllkappe.

Ergebnis

Erhöhte Werte weisen auf Entzündungsprozesse im Körper hin.

Fehlerquellen

Die Blutsenkungsreaktion verläuft ungenau bei zu großer Zimmerwärme, in Ofen- oder Heizkörpernähe, bei Sonnenbestrahlung, bei Schiefstellung des Röhrchens oder des Gestells, unrichtigem Mischungsverhältnis (bei zu viel Natrium citricum erhöhte Falschwerte). Falschwerte (über 20 mm in der 1 Std.) bei Hypercholesterinämie werden beobachtet.

Sonstiges

Schnellsenkung: (Schrägkippen des genormten Gestells auf 45°). Es ergeben sich folgende Resultate: nach 7 Minuten = 1-Stunden-Wert, nach 11 Minuten = 2-Stunden-Wert. Es muss vermerkt werden, dass eine Schnellsenkung durchgeführt wurde (S-BSG). Ungenaue Methode.

Plasmafarbe: Normal gelblich, hell; krankhaft zitronengelb (weist auf Bilirubinerhöhung bei Leberstörung), grünlichgelblich (deutet auf Ikterus), rötlich-gelb (deutet auf Medikamenteneinfluss oder Hämolyse), bräunlich (deutet auf perniziöse Anämie).

Plasmadurchsichtigkeit: Normal durchsichtig, wenn mit Natrium citricum gemischt wurde, trüb-krankhaftes Serum infolge Stoffwechselschlacken; milchiges Plasma deutet auf hohen Fettgehalt (Hypertriglyzeridämie) und findet sich manchmal nach den Mahlzeiten. Schlierenbildung (manchmal kegelförmig oberhalb der Zwischenschicht) deutet auf veränderte Eiweißzusammensetzung des Blutplasmas.

Weiße Zwischenschicht: Unterhalb des Plasma auf der Grenze zur Blutsäule findet sich normalerweise eine 1 mm hohe weiße Zwischenschicht. Sie besteht aus Leukozyten. Bei hoher Leukozytenzahl ist die Schicht bis auf 4 mm und mehr erhöht. Man kann aus der erhöhten Zwischenschicht auf eine Leukozytose schließen.

◀ *Schnellsenkung.*

◀◀ *Entzündungsprozesse.*

◀ *Leukozytose.*

NORMALWERTE DER WESTERGRENSCHEN METHODE

	n. 1 Std.	n. 2 Std.	n. 24 Std.
Neugeborene 1. Std.	1 bis 4 mm		
Säuglinge	7 – 13 mm		
Kleinkinder			
Männer	3 bis 7 mm	10 mm	20 – 30 mm
Frauen	6 bis 10 (bis 13) mm	20 mm	30 bis 40 m

▶ *Erythrozyten.*

34.3.2. Hämatokritbestimmung

Der Hämatokrit (Hk) zeigt den Erythrozytenanteil in Prozent des gesamten Blutes an und ist genauer als die Erythrozytenzählung mittels Zählkammer oder Fotometrie.

Material: 2 Glaskapillaren (heparinisiert) von 75 mm Länge und 1 mm Durchmesser, Kitt zum Verschließen der Glaskapillare, Mikro-Hk-Zentrifuge (zur Sedimentation der Erythrozyten), Auswertegerät.

Durchführung

- Beide Glaskapillaren zu drei Viertel mit Blut füllen, blutfreie Kapillarenden mit Kitt waagerecht verschließen,
- Zentrifugieren 5 min. bei 10 000 Umdrehungen
- Unteres Blutsäulenende auf 0, oberes auf 100 Prozent einstellen.
- Ablesen des Hk-Wertes am oberen Erythrozytensäulenende in Prozent.

Ergebnis: Die Werte beider Kapillaren dürfen nur bis zu 2 Prozent voneinander abweichen, sonst Wiederholung der Bestimmung. Männer 42 bis 52 Prozent, Frauen 37 bis 47 Prozent.

▶ *Blutgerinnungsstörungen.*

34.3.3. Quick-Test

Dient der Feststellung der Blutgerinnungsstörungen, der Leberfunktionsdiagnostik, der Therapiekontrolle bei gerinnungsherabsetzender Medikation (Antikoagulantien wie Marcumar®), bei Thrombose, Myokardinfarkt.

Man benutzt dazu die Bestimmung der Thromboplastinzeit (= Prothrombinzeit). Die Zeitdauer bis zum Gerinnungseintritt des Blutplasmas (Gerinnselbildung Verwandlung von Fibrinogen in Fibrin) hängt dabei von den Blutfaktoren I (Fibrinbildung), II (Thrombinbildung), V und X (Prothombin-Aktivator-Bildung) und VII (Aktivator von Faktor X) ab.

Der Bezug der Zeitdauer in Prozenten der Normwerte (die im Blutplasma von gesunden Vergleichspersonen gefunden wurden) dient als Maß (Ablesung in Standardkurve oder Tabelle).

Man gibt dem Natriumzitratplasma bzw. dem mit Zitratpuffer versetzten Blut den Gewebefaktor III (entspricht der Vorphase der Blutgerinnung) und Kalziumionen zu und erwärmt im vom Thermostaten regulierten Wasserbad.

Die Reaktion ist fehleranfällig (u. a. falls bei der Venenpunktion Gewebeteile und damit Gewebethromboplastin erfasst wurde, wenn die in 10-prozentiger NaOH gespülten Glasgegenstände nicht ausreichend mit Aq. des. nachgespült wurden). Man gibt die Thomboplastinzeit in Prozent der Norm als »Quickwert in Prozent« an. Eine Eichkurve ist anzufertigen, aus der das Ergebnis abgelesen werden kann.

▶▶ *Gowersche Lösung.*

34.3.4. Erythrozytenbestimmung mit dem Fotometer

Die Erythrozytenauszählung mit der Zählkammer ist arbeitsintensiv und zeitaufwändig. Aus diesem Grunde findet gelegentlich die fotometrische Bestimmung der Erythrozyten mit Hilfe von Gowerscher Lösung Anwendung, die eine hinreichend genaue Bestimmung der Erythrozytenzahl ohne Zählung erlaubt. Das Vorgehen hat Ähnlichkeit mit der fotometrschen Hämoglobinbestimmung. Bei Werten unter 3,5 Mill. und über 6 Mill. Erythrozyten/µl muss eine Erythrozytenzählung mit der Zählkammer durchgeführt werden, da Messfehler möglich sind.

Gowersche Lösung führt zu kugelförmigen Erythrozyten. Dadurch kommt es zu einer Trübung der Lösung, die sich innerhalb gewisser Bereiche proportional zur Zahl der Erythrozyten verhält.

Material: 1 Vollpipette (5 ml), 1 Hb-Pipette (0,02 ml), 1 Reagenzglas, 2 Glasküvetten für das Fotometer, Fotometer mit geeignetem Filter (z. B. Grünfilter 546 nm), Gowersche Lösung.

Durchführung:

- 5 ml Gowersche Lösung + 0,02 Kapillarblut mischen (mehrfaches Aufziehen und Ausblasen)
- 5 Minuten stehen lassen
- 1 ml des Gemisches in die Küvette geben
- Fotometrie gegen destilliertes Wasser oder Gowersche Lösung
- Wert in der den Reagenzien oder dem Fotometer beigegebenen Wertetabelle ablesen

34.4. Chemische Blutunterschungen

34.4.1. Hämoglobinbestimmung

Die Bestimmung des Hb-Gehaltes nach der Hämometermethode (Sahli) ist unbrauchbar. Lediglich die fotometrische Bestimmung kann als exakt angesehen werden. Diese wird mit der Cyanid-Hämoglobin-Methode durchgeführt. Jede Hb-Bestimmung ist zweimal auszuführen. Die Extinktionswerte sind dann zusammenzurechnen, durch 2 zu dividieren und mit einem Faktor zu multiplizieren; der Faktor schwankt je nach Fotometer zwischen 36,7 und 36,8. Der Endwert entspricht gHb auf 100 ml Vollblut (g/dl).

Material: 1 Reagenzglas; Sicherheitspipette (5 ml); geeichte Hb-Pipette (0,02 ml), 2 Glasküvetten (Schichtdicke 1 cm), Fotometer mit geignetem Filter (z. B. Grünfilter 546 nm). – Tranformationslösung als gebrauchsfertige Lösung im Handel. Vorsicht, Gift!

Durchführung:

- 5 ml Transformationslösung + 0,02 ml heparinisiertes Vollblut oder Kapillarblut mischen (mehrmaliges Aufziehen und Ausblasen), stehen lassen (3 min),
- davon 1 ml in Küvette geben,
- Fotometrie gegen destilliertes Wasser,
- Wert in Wertetabelle ablesen oder mit Faktor multiplizieren.

Ergebnis: Normalzahlen bei Männern 14 bis 18 g/dl bzw. 8,69 bis 11,17 mmol/Liter. Falschwerte infolge Trübung des Blutes bei Hypertriglyzeridämie und durch Vermehrung der Makroglobuline (IgM) bei Morbus Waldenström. Dann Bestimmung im Zentrallaboratorium mittels Ultrazentrifuge.

Die Testpapiere auf Hb-Gehalt haben etwa 15 Prozent Fehlerbreite und sollten deshalb im Praxislaboratorium keine Verwendung finden.

Fehlerquote.

Testpapier.

Transformationslösung.

UMRECHNUNGSFORMEL:

g/dl x 0,6206 = mmol/l

RÜCKRECHNUNGSFORMEL:

mmol/l x 1,611 = g/dl

Hb-Gehalt des Erythrozyten: Hb_E ist der Hb-Gehalt des einzelnen Erythrozyten und wird nach folgender Formel ermittelt:

$$\frac{Hb \times 10}{Ery} = Hb_E$$

Seit einiger Zeit wird der Hb_E=Wert auch als MCH-Wert (mittleres korpuskuläres Hämoglobin) bezeichnet.

Ergebnis: Das Ergebnis wird ausgedrückt in Picogramm (pg). Normwerte 28 bis 34 pg; bis 27,9 pg = hypochrom; ab 34,1 pg = hyperchrom.

Erythrozytenvolumen:
(*MCV* =mittleres korpuskuläres Volumen): Rechenwert aus HK und Ery-Zahl nach folgender Formel:

$$\frac{\text{Hk x 10}}{\text{Ery}} = \text{MCV.}$$

Normwerte: 82–12 μm^3 (μm^3 = fl [Femtoliter]

▶ MCHC.

Hb-Gehalt der gesamten Erythrozyten:
MCHC = mittlere korpuskuläre Hämoglobinkonzentration): Rechenwert aus Hk und Hb nach folgender Formel:

$$\frac{\text{Hb x 100}}{\text{Hk}} = \text{MCHC.}$$

Normwerte: 32 bis 36 g Hb/100 ml Ery = 19,86 bis 22, 34 mmol/Liter.

34.4.2. Bilirubin im Blutserum

▶ Bilirubinwerte.

Bilirubin entstammt dem Hämoglobin der zugrunde gehenden Erythrozyten. Die Mengenfeststellung erfolgt fotometrsich, wobei neben dem Gesamtbilirubin das direkte Bilirubin bestimmt wird; aus beiden Werten lässt sich die Höhe des indirekten Bilirubins ermitteln (Gesamtbilirubin mit einem Grenzwert von 17 µmol/Liter = 1 mg/dl). Erhöhte Bilirubinwerte im Serum spiegeln das Ausmaß der mechanischen Abflussbehinderung innerhalb der Leber und im Gallengangsystem wider.

▶▶ Haemo-Glucotest.

Teststreifen
(Bilur-Test®, Bili-Merckognost®)
Vorgehen wie bei der Harnuntersuchung mit Teststreifen. Das Ablesen erfolgt mit Hilfe einer speziellen Farbskala für Serum.

Bilirubin ist normalerweise erhöht im Serum von Neugeborenen (steigt jedoch bei Neugeborenen der Serumbilirubingehalt laufend an, besteht Verdacht auf Morbus haemolyticus neonatorum [Kerniktus] bei Rh- oder AB0-Unverträglichkeit). Krankhaft erhöht bei Hämolyse, Hepatitis, Leberstauung, Lebertumor, Vergiftung, Verschlussikterus u. a. m. Schubweise erhöht bei angeborener Hyperbilirubinämie. Gelegentlich medikamentös und in der Schwangerschaft ausgelöst.

34.4.3. Glukosenachweis im Blut

Es stehen mehrere Methoden zur Verfügung:

- Untersuchung mit Teststreifen (leicht praktikabel, bietet gute Anhaltswerte)
- Fotometrische Glukosebestimmung im Blut (heute übliche quantitative Methode)
- Quantitative Bestimmung durch Reflexionsmessungen (Trockenchemie)

Glukosenachweis im Blut mit Teststreifen

Die Blutzuckerteststreifen beruhen auf dem gleichen Prinzip wie die Urinteststreifen. Glukose wird zu Glukonsäure oxidiert, das dabei entstehende Wasserstoffperoxid verwandelt einen farblosen Stoff in einen Farbstoff, der durch Vergleich mit der Farbskala auf der Packung das Ablesen eines semiquantitativen Wertes ermöglicht.

Ein Bluttropfen wird auf das Testfeld des Teststreifens gegeben und verteilt. Nach genau 60 Sekunden wird das Blut abgewischt (Haemo-Glukotest 20 bis 800) oder mit einem Wasserstrahl aus einer Spritzflasche abgewaschen (Dextrostix, Visidex), dann wird sofort mit der Farbskala verglichen.

Die Bereiche der Teststreifen sind unterschiedlich, Haemo-Glucotest und Visidex weisen einen Bereich von 20 bis 800 mg/dl Glukose, Dextrostix einen von 0 bis 250 mg/dl auf. Die Genauigkeit ist in Anbetracht der Methode bei Haemo-Glukotest 20 bis 800 und Visidex gut, es können jedoch Abweichungen von bis zu 30 Prozent Unter- oder Überschreitung des richtigen Wertes vorkommen. Positive

Befunde müssen in jedem Fall mit einer quantitativen Methode überprüft werden.

Glukosenachweis im Blut mit dem Fotometer

Die fotometrische Bestimmung von Glukose wird exemplarisch als Beispiel für eine Untersuchung nach dem Prinzip der Endpunktmessung dargestellt.

Bei der Oxidation von Glukose im Beisein von Glukose-Dehydrogenase wird NAD in NADH umgewandelt. Die Menge des NADH ist der Glukosemenge proportional. Die Messung erfordert ein Fotometer mit entsprechenden Filtern (z. B. Wellenlänge Hg 334 nm, Hg 365 nm, 340 nm oder Hg 436 nm o.a.).

Das Vorgehen muss sich genau nach den Vorschriften der die Reagenzien liefernden Firma richten und kann im Folgenden nur grundsätzlich wiedergegeben werden. Als Untersuchungsmaterial können Vollblut, Serum, Plasma (sowie zur quantitativen Bestimmung des Harn- und Liquorzuckers auch Urin und Liquor) verwendet werden. Eine Glukosebestimmung ist auch im Hämolysat (sofort nach der Abnahme hämolysiertes Vollblut), das sich im Kühlschrank 2 Wochen und bei 15 bis 20 °C 7 Tage aufbewahren lässt, möglich.

Material: Fotometer mit Filter; Pipetten (0,05 ml, 0,5 ml, 1 ml); Zentrifuge, Enteiweißungslösung (z. B. Urac); Lösung je nach Fabrikat, z. B. Lösung l: (9,1 mg Glukose/100 ml = Standard); Lösung II: (100 mM/Phosphatpuffer mit einem pH 7,0; 20 µg GOD/ml; 180 µg GOD/ml; 1 mg ABTS/ml); Aq. bidest.

Bereitung der Lösungen und Haltbarkeit siehe Angaben des Reagenzienherstellers.

Für die Glukosebestimmung im Blut werden die Extinkton (E) der Analyse (z. B. 0,4) und des Standards (z. B. 0,2) benötigt. Die Konzentration des Glukose-Standards ist auf 100 mg/dl festgelegt. Die Konzentration (C) im Blut wird nach folgender Formel ermittelt:

$$C_{Probe} = \frac{E_{Probe}}{E_{Standard}}$$

$$\text{Konzentration Probe} = \frac{0{,}4}{0{,}2} \times 100 = 200 \text{ mg/dl}$$

Der *Extinktionswert* gibt Auskunft über das Ausmaß der Abschwächung eines Lichtstrahles, der durch die Untersuchungsflüssigkeit in der Küvette (genannt: Analyse) geleitet wird. Damit aus dem Extinktionswert die Konzentration der gesuchten Körpersubstanz errechnet werden kann, muss er in Beziehung zum *Leerwert* (z. B. destilliertes Wasser) oder zusätzlich, je nach Art der Untersuchung, zum *Standard* (dessen Konzentration der gesuchten Substanz bekannt ist) gesetzt werden. Hieraus ergibt sich, dass bei einer fotometrischen Untersuchung mindestens zwei Küvetten verwendet werden müssen.

Glukose-Dehydrogenase.

Harn- und Liquorzucker.

34.4.4. Orale Glukosebelastung

Zur Sicherung der Diagnose »Diabetes mellitus« ist eine orale Glukosebelastung und die Erstellung eines Blutzuckerprofils erforderlich. Nach Bestimmung des Nüchternblutzuckers wird eine Lösung mit Oligosachariden (entsprechend 100 g Glukose) getrunken, alle 30 Minuten bis 120 Minuten wird Blutzucker bestimmt, nach 180 Minuten nur noch bei besonderen Fragestellungen (DEXTRO o. g. T.®).

Voraussetzung für die orale Glukosebelastung ist ein seit etwa 12 Stunden nüchterner Patient, der sich die letzten drei Tage kohlenhydratreich ernährt und keine störenden Medikamente eingenommen hat. Die Harnblase ist vor Beginn der oralen Glukosebehandlung vollständig zu entleeren.

Belastungsproben sind untersagt bei Dyspnoe, Erregbarkeit, Fieber, während einer Gravidität, bei Kleinkindern, 3 Tage vor und während der Menstruation, bei akuter Verdauungsstörung. Vorsicht bei

Belastungsproben.

Verdacht auf Insulom (Geschwulst im Pankreas) und Nebennierenstörung (Schock- und Hypoglykämiegefahr).

Material: Trinkgefäß; Probetrunk (z. B. Gluko-50-Probetrunk®, DEXTRO o. g. T.®). Körpergewicht feststellen, 1 g Glukose je kg Körpergewicht.

Durchführung

- Nüchterner Patient lässt Wasser (Urin auf Glukose prüfen)
- danach Blutentnahme
- danach Probetrunk
- Patient ruht
- Blutenntnahme nach jeweils 30, 60, 90, 120 Minuten, evtl. noch nach 180 Minuten
- Wasserlassen nach jeder 2. und 4. Stunde
- Blutzuckerbestimmungen (bei Belastungsprobe nur fotometrisch) und Prüfung aller Urinproben auf Glukose

Ergebnis

Zuckerausscheidung. Zuckerausscheidung im Urin, sofern keine Störung der Nierenschwelle vorliegt, nur wenn Blutzucker um 9,99 mmol/Liter (= 180 mg/dl) und höher liegt. Der Ausgangswert ist nach 2 Stunden erreicht.

Einstundenwert. Normaler höchster Einstundenwert bis 7,49 mmol/Liter (= 135 mg/dl), Zweistundenwert bis 6,38 mmol/Liter (=mg/dl).

34.4.5. Harnstoffbestimmung im Blut mit Teststreifen

Mit Teststreifen kann die Harnstoffkonzentration im Blut relativ schnell festgestellt werden. Damit ist die Diagnose einer beginnenden Urämie ohne große Umstände möglich.

Dem Nachweis liegt eine Spaltung von Harnstoff durch Urease letztlich in gasförmiges Ammoniak zugrunde. Die Menge des Ammoniaks wird durch die Teststreifen angezeigt.

Die Anwendung der Teststreifen ist bei den verschiedenen Fabrikaten unterschiedlich. Merckognost-Harnstoff® kann mit Vollblut, Heparinblut, Serum oder Plasma durchgeführt werden und liefert schon nach 10 Minuten erste Werte.

Zum Wiederholen und Lernen.

MEMO!

WICHTIGES ZUM MERKEN

Serum = Plasma – Fibrinogen

Serum bzw. **Plasma** müssen innerhalb von zwei Stunden nach der Blutentnahme von den festen Blutbestandteilen getrennt sein.

Hämolytisches Blut ist für die meisten chemischen Analysen unbrauchbar.

Normalwerte Erythrozyten: Männer 4,5 bis 5,5 Mill., Frauen 4 bis 5 Mill. T/Liter (Tera pro Liter).

Normalwerte Leukozyten: Erwachsene 4000 bis 10 000 G/ Liter (Giga pro Liter).

Linksverschiebung: Vermehrtes Auftreten von jugendlichen Zellformen (Neutrophilen, Jugendlichen und Stabkernigen).

Rechtsverschiebung: Vermehrtes Auftreten von alten Neutrophilen (= Übersegmentierten mit 5 und mehr Kernsegmenten).

Normalwerte für Thrombozyten liegen zwischen 140000 und 350000.

Normalwerte für die Blutsenkungsreaktion: Männer nach 1 Std. 3 bis 7 mm, nach 2 Std. bis 10 mm; Frauen nach 1 Std. 6 bis 10 mm, nach 2 Std. bis 20 mm.

EINIGE FRAGEN ZUM ÜBEN

Beschreiben Sie das Vorgehen bei der Venenblutentnahme!

Welche Gefahr besteht bei unsachgemäßer Durchführung der Serumherstellung?

Beschreiben Sie ausführlich die Voraussetzungen für zuverlässige Untersuchungsergebnisse bei Blutuntersuchungen!

Welche Untersuchungen werden unter dem Begriff »Blutstatus« zusammengefasst?

Welche Untersuchungen werden unter dem Begriff »Kleines Blutbild'' zusammengefasst?

Welche Zählkammer benutzt man im Allgemeinen zur Zählung der Erythrozyten?

Wozu wird ein Differenzialblutbild benötigt?

Erläutern Sie das Aussehen von Granulozyten, Lymphozyten und Monozyten im Blutbild!

Welche Veränderungen im Blut können mit der Blutkörperchensenkungsreaktion (BSR) festgestellt werden?

Nennen Sie die Normalwerte einer BSR unterschieden nach Alter und Geschlecht der Patienten!

Beschreiben Sie das Vorgehen bei der fotometrischen Hämoglobinbestimmung!

Beschreiben Sie Prinzip, Vorgehen und Bewertung des fotometrischen Glukosenachweises!

Zu guter Letzt – Prüfung und Beruf

Am Ende der Ausbildung steht die Prüfung, in der die Auszubildende beweisen kann, dass sie in dem erlernten Beruf ihre »Frau« steht.

Ist diese Hürde überwunden, geht es darum, auch die arbeitsrechtlichen Regeln für die Berufsausübung anzuwenden, um sich in der jeweiligen Situation für die besten Möglichkeiten zu entscheiden. Damit die Arzthelferin dazu in der Lage ist, sollten die Bestimmungen für die Berufsausübung schon vor Beendigung der Ausbildung bekannt sein.

35. Die Prüfung

35.1. Grundlagen der Prüfung

▶ *Abschlussprüfung.*

Die Abschlussprüfung wird vor dem Prüfungsausschuss der zuständigen Ärztekammer abgelegt. Für die Durchführung ist die Prüfungsordnung der Ärztekammer maßgebend. Die Prüfung erstreckt sich über die gesamten Inhalte der Ausbildung. Den Antrag auf Zulassung zur Abschlussprüfung muss der ausbildende Arzt stellen; die dem Antrag beizufügenden Unterlagen sind im Zweifelsfall bei der Ärztekammer zu erfragen. In aller Regel sind dem Antrag eine Beurteilung des ausbildenden Arztes, das Abschlusszeugnis einer allgemeinbildenden Schule, ein Zeugnis der Berufsschule sowie der Ausbildungsnachweis (Berichtsheft) und die Bescheinigung über die Zwischenprüfung beizufügen. Gemäß § 42 des Berufsbildungsgesetzes ist während der Berufsausbildung zur Ermittlung des Ausbildungsstandes mindestens eine Zwischenprüfung durchzuführen.

35.1.1. Prüfungsordnung

Die Prüfungsordnungen für die Durchführung der Arzthelferinnenprüfungen werden von den Ärztekammern beschlossen. Zuständig hierfür ist der jeweilige Berufsbildungsausschuss. Grundlage der Prüfungsordnung sind die Bestimmungen des Berufsbildungsgesetzes, der Ausbildungsordnung sowie Grundsatzbeschlüsse des Bundesinstitutes für Berufsbildung.

Alle für die Prüfung der Auszubildenden erforderlichen Bestimmungen sind in der Prüfungsordnung zusammengefasst.

▶ *Zwischenprüfung.*

Die Regelungen für die Zwischenprüfungen, die immer nur schriftlich erfolgen und deren Ergebnisse keine Auswirkungen auf die Abschlussprüfung haben, werden hier vernachlässigt.

35.1.2. Prüfungsausschüsse

Die Prüfungsausschüsse werden von der zuständigen Ärztekammer errichtet. Sie bestehen aus mindestens drei Mitgliedern. Die Mitglieder müssen für die Prüfungsgebiete sachkundig und für die Mitwirkung im Prüfungsausschuss geeignet sein.

Mitglieder des Prüfungsausschusses sind Beauftragte der Arbeitgeber und Arbeitnehmer in gleicher Zahl sowie mindestens ein Lehrer einer beruflichen Schule. Sie werden für längstens fünf Jahre berufen. Die Tätigkeit ist ehrenamtlich.

35.1.3. Zulassung zur Prüfung

Zur Abschlussprüfung ist zuzulassen

- Wer die Ausbildungszeit zurückgelegt hat oder wessen Ausbildungszeit nicht später als zwei Monate nach dem Prüfungstermin endet.
- Wer an der Zwischenprüfung teilgenommen sowie Berichtshefte geführt hat.
- Wessen Berufsausbildungsverhältnis in das Verzeichnis der Berufsausbildungsverhältnisse eingetragen oder aus einem Grunde nicht eingetragen ist, den weder der Auszubildende noch dessen gesetzlicher Vertreter zu vertreten haben.

In besonderen Fällen kann die Ärztekammer auf Antrag des Auszubildenden vorzeitig zur Prüfung zulassen, wenn durch überdurchschnittliche Leistungen zu erwarten ist, dass das Ausbildungsziel in der verkürzten Zeit erreicht werden kann.

Zur Abschlussprüfung kann auch zugelassen werden, wer nachweist, dass er ohne spezielle Ausbildung mindestens das Zweifache der Zeit, die als Ausbildungszeit vorgeschrieben ist, in dem Beruf tätig gewesen ist, in dem er die Prüfung ablegen will.

Die Anmeldung zur Prüfung muss schriftlich erfolgen. Über die Zulassung entscheidet die Ärztekammer. Hält sie die Voraussetzungen nicht für gegeben, entscheidet der Prüfungsausschuss.

Anmeldung zur Prüfung.

35.2. Durchführung der Prüfung

35.2.1. Prüfungsgegenstand

Durch die Abschlussprüfung ist festzustellen, ob ein Prüfungsteilnehmer die erforderlichen Fertigkeiten beherrscht, die notwendigen praktischen und theoretischen Kenntnisse besitzt und mit dem im Berufsschulunterricht vermittelten, für die Berufsausbildung wesentlichen Lehrstoff vertraut ist. Die Ausbildungsordnung ist zugrunde zu legen.

35.2.2. Gliederung der Prüfung

Die Prüfung ist in den Prüfungsfächern »Medizin«, »Verwaltung« sowie »Wirtschafts- und Sozialkunde« schriftlich und im Prüfungsfach »Praktische Übungen« mündlich durchzuführen. Die zeitlichen Höchstwerte für die Prüfungen in »Medizin« und »Verwaltung« dürfen 120 und für »Wirtschafts- und Sozialkunde« 45 Minuten nicht überschreiten.

Prüfungsfächer.

Etwa 4 Wochen nach der schriftlichen Prüfung in den Fächern »Medizin«, »Verwaltung« und »Wirtschafts- und Sozialkunde« findet die mündlich-praktische Prüfung im Fach »Praktische Übungen« statt.

Im Fach »Praktische Übungen« soll der einzelne Prüfungsteilnehmer nicht länger als 45 Minuten geprüft werden.

Praktische Prüfung

Die praktische Prüfung muss unabhängig von den Ergebnissen der schriftlichen Prüfung bei allen Prüflingen durchgeführt werden. Eine Befreiung von der praktischen Prüfung ist nicht möglich.

Es kommen nach den Bestimmungen der Ausbildungsordnung **insbesondere** folgende Gebiete in Betracht:

- Umgang mit Patienten
- Wartung des Praxisinventars
- Hilfeleistungen in der Praxis
- Anwendung und Pflege medizinischer Apparate, Geräte und Instrumente
- Durchführung einfacher Laborarbeiten
- Abwickeln von Schriftverkehr

»Insbesondere« bedeutet in diesem Zusammenhang, dass selbstverständlich auch Gebiete der Ausbildung praktisch geprüft werden können, die hier nicht ausdrücklich genannt sind, wie z. B. Elektronische Datenverarbeitung, Kassenabrechnung, Privatliquidation u. ä. Auch wird man nicht davon ausgehen können, dass in der praktischen Prüfung Aufgaben aus allen genannten Gebieten gestellt werden.

Mündliche Prüfung

Auf Antrag des Prüfungsteilnehmers oder nach Ermessen des Prüfungsausschusses ist in einzelnen Fächern die schriftliche Prüfung durch eine mündliche Prüfung zu ergänzen, wenn diese für das Bestehen den Ausschlag geben kann.

Der Prüfungsausschuss kann (nicht in allen Ärztekammerbereichen) auf Wunsch des Prüfungsteilnehmers einer zusätzlichen mündlichen Prüfung in einem Prüfungsfach zustimmen, wenn die begründete Aussicht besteht, dass hierdurch das Gesamtergebnis verbessert werden kann.

Die mündliche Prüfung wird einzeln oder in Gruppen durchgeführt. Die Prüfungsteilnehmer erhalten zunächst ihre Fragen und Zeit zur Vorbereitung.

▶ *Endergebnis.*

In Zweifelsfällen empfiehlt es sich, sich durch den Prüfungsausschuss beraten zu lassen, ob eine mündliche Prüfung das Endergebnis verändern kann.

AUSZUG AUS EINER PRÜFUNGSORDNUNG

(7) Die schriftliche Prüfung ist auf Antrag des Prüflings oder nach Ermessen des Prüfungsausschusses in einzelnen Fächern durch eine mündliche Prüfung zu ergänzen, wenn diese für das Bestehen der Prüfung den Ausschlag geben kann. Schriftliche und mündliche Prüfung haben das gleiche Gewicht.

(8) Bei der Ermittlung des Gesamtergebnisses haben die Prüfungsfächer Medizin und Verwaltung gegenüber jedem der übrigen Prüfungsfächer das doppelte Gewicht.

▶▶ *Gesamtergebnis.*

(9) Zum Bestehen der Abschlussprüfung müssen im Gesamtergebnis und im Durchschnitt der Prüfungsergebnisse für die Prüfungsfächer Medizin und Verwaltung mindestens ausreichende Leistungen erbracht werden. Werden die Prüfungsleistungen in mindestens einem Prüfungsfach mit ungenügend bewertet, so ist die Prüfung nicht bestanden.

35.3. Ermittlung von Prüfungsergebnissen

35.3.1. Bewertung von Prüfungsleistungen

▶ *Notenschlüssel.*

Die Prüfungsleistungen werden nach dem Schulnotenschlüssel (1–6) oder mit Punkten bewertet:

100 – 92 Punkte = sehr gut (1)
91 – 81 Punkte = gut (2)
80 – 67 Punkte = befriedigend (3)
66 – 50 Punkte = ausreichend (4)
49 – 30 Punkte = mangelhaft (5)
29 – 0 Punkte = ungenügend (6)

Das Ergebnis der schriftlichen Arbeiten ist dem Prüfungsteilnehmer vor Beginn der Prüfung im Prüfungsfach »Praktische Übungen« bekannt zu geben.

Schriftliche und mündliche Prüfung haben das gleiche, »Medizin« und »Verwaltung« gegenüber den übrigen Prüfungsfächern das doppelte Gewicht.

Das Prüfungsfach »Praktische Übungen« ist obligatorisch, die Prüfung muss also in jedem Fall in diesem Fach abgelegt werden. Eine »Befreiung« ist unter keinen Umständen möglich.

35.3.2. Bestehen der Prüfung

Die Prüfung ist bestanden, wenn das Gesamtergebnis und der Durchschnitt der beiden Fächer »Medizin« und »Verwaltung« mindestens ausreichend ist und kein Prüfungsfach mit ungenügend absolviert wurde.

Liegen die Ergebnisse der schriftlichen und der praktischen Prüfung vor, muss der Prüfungsausschuss, aber auch der Prüfungsteilnehmer prüfen, ob eine mündliche Prüfung zum Bestehen oder gegebenenfalls zur Verbesserung des Gesamtergebnisses erforderlich ist. In diesen Fällen ist die Prüfung auf Antrag des Prüfungsteilnehmers oder auf Beschluss des Prüfungsausschusses in einzelnen Fächern durch eine mündliche Prüfung zu ergänzen.

Nach bestandener Prüfung erhält der Prüfungsteilnehmer ein Prüfungszeugnis. Die Auszubildenden sind mit sofortiger Wirkung Arzthelferinnen. Neben dem Zeugnis erhalten sie den Arzthelferinnenbrief.

Ist die Prüfung nicht bestanden, erhalten Prüfungsteilnehmer und ausbildender Arzt einen schriftlichen Bescheid mit Rechtsmittelbelehrung.

Prüfungsprotokoll.

Prüfungsleistungen

Prüfungsfach	Note schriftl. Prüfung	Note „Prakt. Übungen"	Note „Mündl. Prüfung"	Endnote des Prüfungsfaches	Gewichtung	Bewertungnote
Medizin					2	
Verwaltung					2	
Wirtschafts- und Sozialkunde					1	
Praktische Übungen					1	
				(Su. d. Bew.-Noten: 6)		
				Gesamtnote		

Überprüfung der Notwendigkeit einer mündlichen Prüfung

Notendurchschnitt ohne mündliche Prüfung ________ (z. B. 2,33)

Mündliche Prüfung zur Verbesserung des Gesamtergebnisses sinnvoll ja/nein

Mündliche Prüfung für das Bestehen/Nichtbestehen der Prüfung erforderlich ja/nein (Nichtzutreffendes streichen)

Prüfungsprotokoll der Ärztekammer Schleswig-Holstein

ÄRZTEKAMMER SCHLESWIG-HOLSTEIN
Körperschaft des öffentlichen Rechts

ARZTHELFERINNENBRIEF

Frau ______________________________
(Vorname) (Name)

geboren am ______________ in ______________

hat die Abschlußprüfung als

ARZTHELFERIN

am ____________ vor dem Prüfungsausschuß der Ärztekammer Schleswig-Holstein bestanden und auf Grund des Ergebnisses diesen Helferinnenbrief erhalten.

Bad Segeberg, den ____________

DER PRÄSIDENT

36. Alles Gute im Beruf

36.1. Bewerbung um eine Stelle

Berufsaussichten.

Für Arzthelferinnen mit gutem Abschlusszeugnis und einer ausgewogenen, fundierten Ausbildung sind die Berufsaussichten gut. Anstellungsmöglichkeiten bestehen besonders bei niedergelassenen Ärzten, aber auch in medizinischen Instituten, in Krankenhäusern, bei Krankenkassen, Medizinischen Diensten oder Betriebsärzten sowie in Einrichtungen des Bundesgrenzschutzes, der Bundeswehr u. a.

Wenn ein Verbleiben der Arzthelferin nach der Ausbildung in der Ausbildungspraxis nicht möglich ist, besteht die Notwendigkeit, sich bei einem niedergelassenen Arzt oder einem geeigneten Betrieb um eine Stelle zu bewerben.

Bewerbung.

Auf Zeitungsanzeigen sollte die stellungssuchende Arzthelferin sich möglichst sofort und schriftlich bewerben. Telefonische Bewerbungen empfehlen sich nur bei einem entsprechenden Hinweis in der Anzeige. Von persönlichem Vorsprechen ohne Aufforderung ist abzuraten. Bewerbungen ohne Aufforderung sollten nur bei voraussehbarem oder erkennbarem Bedarf erfolgen.

36.1.1. Optische Gestaltung der Bewerbungsunterlagen

Auf eine Stellenausschreibung reagieren häufig viele gute Bewerber. Ergeben sich hinsichtlich der Eignung keine entscheidenden Unterschiede, bleibt dem Arzt nur die Möglichkeit, über die Auswertung der formalen und inhaltlichen Gestaltung der Bewerbung eine Vorauswahl zu treffen.

Bewerberinnen müssen also davon ausgehen, dass aufgrund des sog. »ersten Eindrucks« darüber entschieden wird, ob sie überhaupt in die engere Wahl einbezogen werden und die Chance zu einer persönlichen Vorstellung erhalten. Daher sollte alles vermieden werden, was dieses erste Bild negativ beeinflussen könnte.

- Fehler und Durchstreichungen vermeiden – gegebenenfalls neu schreiben
- ansprechendes Gesamtbild, z. B. weißes Schreibmaschinenpapier verwenden
- nicht mit »dickem« Filzschreiber oder schmierendem Kugelschreiber schreiben
- keine zu auffallende Aufmachung

36.1.2. Übersichtlichkeit und Vollständigkeit der Bewerbungsunterlagen

Zur Bewerbung gehören:

- Bewerbungsschreiben (verbleibt in der Praxis, keine Rückgabepflicht)
- Lebenslauf
- Schul- und Arbeitszeugnisse (keine Originalzeugnisse, unbeglaubigte, gut lesbare Kopien reichen aus)
- Lichtbild neueren Datums, oben rechts auf dem Lebenslauf befestigen, Rückseite mit Namen versehen.

Die Unterlagen sollen entsprechend den Daten des Lebenslaufes chronologisch geordnet sein. An erster bzw. zweiter Stelle befinden sich das Bewerbungsschreiben und der Lebenslauf. Optimal ist ein Schnellhefter, in dem sich alle Dokumente in Klarsichthüllen befinden. Einzelne, mit einer Büroklammer zusammengehaltene Blätter machen keinen guten Eindruck.

Zusammenfalten der Bewerbungsunterlagen sollte vermieden werden, so dass für das übliche Format DIN A4 ein DIN-C4 - Umschlag erforderlich ist.

Der ausreichend frankierte Briefumschlag muss mit der vollständigen und richtigen Anschrift des Empfängers versehen werden. Auf die richtige Schreibweise von Namen sollte geachtet werden. Damit die Bewerbung nicht in falsche Hände gerät, ist es empfehlenswert, Zusätze wie »Persönlich« oder »Vertrauliche Bewerbungsunterlagen« anzubringen.

36.1.3. Bewerbungsschreiben

Das Bewerbungsschreiben sollte sehr sorgfältig verfasst werden. Meist wird es als Erstes gelesen. Es kann großen Einfluss auf den Erfolg einer Bewerbung haben. Das Bewerbungsschreiben kann mit dem PC, mit der Schreibmaschine oder handschriftlich erstellt sein, sollte nicht mehr als eine DIN-A4-Seite umfassen und nur die unbedingt erforderlichen Angaben enthalten. Dem Bewerbungsschreiben sollte anzumerken sein, dass es auf die jeweilige Praxis bezogen ist. Fotokopien, in die nur noch der Empfänger des Bewerbungsschreibens eingesetzt wird, sollten ebenso wie standardisierte Schreiben keine Verwendung finden.

Wichtige Bestandteile eines Bewerbungsschreibens sind:

- vollständige Anschrift des Absenders (ggf. mit Telefonnummer)
- Ort und Datum
- genaue Anschrift des Empfängers
- Betreff mit Angabe des Bewerbungsanlasses (z. B. Bewerbung auf Ihre Anzeige vom ... in ....)
- Motiv für die Bewerbung
- Qualifikation (insbesondere Spezialkenntnisse, eventuell Bereitschaft bekunden, geforderte besondere Kenntnisse oder Fähigkeiten in Fortbildung zu erwerben)
- möglicher (frühester oder spätester) Zeitpunkt der Tätigkeitsaufnahme (eigene Kündigungsfristen beachten)
- Grußformel (»Mit freundlichen Grüßen«) und Unterschrift, Hinweis auf Anlagen (es genügt »Anlagen«).

36.1.4. Lebenslauf

Handgeschriebene Lebensläufe werden heute in aller Regel nicht mehr erwartet. Es genügt ein maschinengeschriebener Lebenslauf in tabellarischer Form. Es gibt verschiedene Möglichkeiten der tabellarischen Darstellung. Am nahe liegendsten und einfachsten ist eine chronologische Aufzählung der Ereignisse von der Geburt bis zum Zeitpunkt der Bewerbung. Sachgerechter kann eine Aufstellung nach gleichartigen Lebensabschnitten sein (z. B. schulische, berufliche Ausbildung, berufliche Tätigkeiten).

Notwendige Inhalte eines Lebenslaufes sind:

- Vor- und Zuname
- Geburtsdatum, -ort
- Nationalität
- Familienstand, ggf. Anzahl der Kinder
- Schulausbildung (Art und Ort der Schulen, Zeiträume, Abschluss)
- Berufsausbildung (Art und Ort der Praxis, Zeitraum, Abschluss)
- Berufspraxis (lückenlose Darstellung, Dauer, Art und Ort der Tätigkeiten)
- Spezielle Lehrgänge bzw. Fortbildungen (z. B. Arztfachhelferin)
- vollständige Unterschrift (Vor- und Zuname).

Nicht notwendig sind Angaben über den Beruf der Eltern, Konfession, Hobbys, Mitarbeit in Berufsverbänden, öffentliche Ämter, Zugehörigkeit zu einer Partei u. ä.

◀◀ *Bewerbungsunterlagen.*

◀ *Lebenslauf.*

36.2. Arbeitsbedingungen für Arzthelferinnen

▶ *Berufsausübung.*

Die Tätigkeit der Arzthelferin ist im Gegensatz zu der der Ärzte nicht durch ein spezielles Berufsrecht geregelt. Bei der Arzthelferin erfolgt die Berufsausübung im Rahmen der allgemeinen arbeitsrechtlichen Bestimmungen.

ARBEITSRECHT
INDIVIDUALARBEITSRECHT

- Arbeitsvertrag
- Bürgerliches Gesetzbuch (BGB)
- Arbeitnehmerschutzrechte

KOLLEKTIVES ARBEITSRECHT

- Betriebsverfassungsrecht
- Tarifrecht

▶▶ *Mindestarbeitsbedingungen.*

Das *Individualarbeitsrecht* umfasst neben arbeitsvertraglichen Regelungen gesetzliche Bestimmungen, die sich auf die Rechtsstellung des Arbeitnehmers zum Arbeitgeber beziehen. Es handelt sich um Regelungen aus dem Bürgerlichen Gesetzbuch zum Dienstvertrag und allgemeine Arbeitnehmerschutzgesetze (Bundesurlaubsgesetz, Kündigungsschutzgesetz, Jugendarbeitsschutzgesetz, Mutterschutzgesetz, Arbeitszeitgesetz).

Zum *kollektiven Arbeitsrecht* gehören das Betriebsverfassungsgesetz, in dem u. a. Mitbestimmungs- und Mitwirkungsrechte der Arbeitnehmer geregelt sind, und die für den jeweiligen Berufsbereich vorhandenen Tarifverträge. Für Praxen niedergelassener Ärzte findet das *Betriebsverfassungsgesetz* nur dann Anwendung, wenn mindestens fünf wahlberechtigte Arbeitnehmer beschäftigt werden. Wahlberechtigt sind alle Arbeitnehmer, die das 18. Lebensjahr vollendet haben.

▶ *Tarifvertrag.*

36.2.1. Tarifverträge für Arzthelferinnen

Tarifverträge sind privatrechtliche Verträge, die zwischen einem oder mehreren Arbeitgebern oder Arbeitgeberverbänden und einer oder mehreren Gewerkschaften zur Regelung von arbeitsrechtlichen Pflichten und Rechten der Tarifvertragsparteien (schuldrechtlicher Teil) und zur Festsetzung von Rechtsnormen über den Inhalt, Abschluss und die Beendigung von Arbeitsverträgen (normativer Teil) abgeschlossen werden.

Der *schuldrechtliche* Teil regelt die Rechte und Pflichten der Vertragsparteien untereinander (z. B. Geltungsdauer).

Grundlage für den *normativen* Teil der Tarifverträge ist Artikel 9, Absatz 3 des Grundgesetzes, in dem die Tarifautonomie (die Selbstständigkeit der Sozialpartner bei der Regelung von Tariffragen) festgelegt ist. Im normativen Teil sind die Mindestarbeitsbedingungen für das einzelne Arbeitsverhältnis, soweit sie in einem Tarifvertrag zu regeln sind, vereinbart.

TERMINOLOGIE

Arbeitgeber ist derjenige, der einen anderen als Arbeitnehmer beschäftigt.

Arbeitnehmer ist derjenige, der in persönlicher Abhängigkeit für andere Dienste leistet, und zwar auf der Grundlage eines privatrechtlichen Vertrages oder eines ihm gleichzustellenden Rechtsverhältnisses. Beschäftigungsbedingungen: weisungs- und zeitgebunden.

Arbeitsvertrag ist ein schuldrechtlicher Vertrag zwischen Arbeitgeber und Arbeitnehmer zur Herbeiführung von Arbeitsleistung gegen Entgelt.

Arbeitsverhältnis ist das Rechtsverhältnis zwischen Arbeitgeber und Arbeitnehmer, dessen Grundlage der Arbeitsvertrag ist.

Tarifverträge dürfen nur von *tariffähigen Verbänden* abgeschlossen werden. Zu den Voraussetzungen für die Tariffähigkeit gehört, dass die Organisation frei und auf überbetrieblicher Basis gebildet ist, dass sie von der Gegenseite, dem Staat und der Kirche unabhängig ist, zum Führen von Arbeitskämpfen bereit ist und eine nicht unerhebliche Zahl von Mitgliedern hat.

Gehaltstarifvertrag
Er wird im Gegensatz zu dem Manteltarifvertrag von den Vertragspartnern regelmäßig jährlich geändert, umfasst u. a. die Gehaltstabelle, die Ausbildungsvergütungen und weist die Zuschläge für Mehr-, Sonntags-, Feiertags- und Nachtarbeit aus.

Manteltarifvertrag
Der Manteltarifvertrag umfasst alle arbeitsrechtlich für die Arzthelferin wichtigen Bestimmungen und hat regelmäßig eine längere Laufzeit als der Gehaltstarifvertrag. Man kann ihn bei der zuständigen Ärztekammer anfordern.

Tarifvertragsparteien
Tarifvertragsparteien im Bereich der Arzthelferin sind auf der Seite der Arbeitnehmer

- der Berufsverband der Arzt-, Zahnarzt- und Tierarzthelferinnen (BdA)
- die Deutsche Angestellten-Gewerkschaft (DAG)
- der Verband der weiblichen Angestellten (VWA)
- die Gewerkschaft Öffentliche Dienste, Transport und Verkehr (ÖTV).

Für die Ärzte als Arbeitgeber ist die Arbeitsgemeinschaft zur Regelung der Arbeitsbedingungen der Arzthelferinnen (AAA) Vertragspartner.

Die Mitglieder der Tarifvertragsparteien sind an die Tarifverträge gebunden, es besteht eine *Tarifbindung*, ohne dass es einer besonderen Vereinbarung bedarf. Auch über die Mitglieder hinaus kann eine zwingende Tarifbindung durch eine schriftliche Vereinbarung (Arbeitsvertrag mit Tarifbindungsklausel) entstehen.

Die Ärztekammern empfehlen ihren Mitgliedern, die Arbeitsverträge entsprechend den tarifvertraglichen Bestimmungen abzuschließen, und stellen entsprechende Musterverträge kostenlos zur Verfügung.

36.2.2. Gestaltung von Arbeitsverträgen

Manteltarifvertrag.

Nachdem Einigung über die Aufnahme eines Arbeitsverhältnisses zwischen Arzt und Arzthelferin besteht, wird ein Arbeitsvertrag geschlossen. Arbeitgeber sind verpflichtet, mit ihren Arbeitnehmer/-innen spätestens 2 Monate nach Arbeitsaufnahme einen Arbeitsvertrag abzuschließen. Der Abschluss eines schriftlichen Arbeitsvertrages ist vorgeschrieben. Hierbei kann ein bei der Ärztekammer erhältlicher Musterarbeitsvertrag zugrunde gelegt werden. Der Arbeitsvertrag sollte sich am Mantel- und Gehaltstarifvertrag für Arzthelferinnen orientieren.

Musterarbeitsvertrag.

Im Arbeitsvertrag müssen auf jeden Fall folgende Sachverhalte geregelt werden:

Inhalte des Arbeitsvertrages

- Personaldaten der Vertragspartner
- Art der Tätigkeit
- Beginn des Arbeitsverhältnisses (evtl. Zeitraum der Befristung)
- Jahresurlaub
- Kündigungsfristen
- Gehalt
- Arbeitszeit
- Angabe von Tarifverträgen

Vertragspartner.

Üblicherweise beginnt ein Arbeitsverhältnis mit einer drei- bis sechsmonatigen Probezeit; sie entfällt, wenn die Arzthelferin unmittelbar nach ihrer Ausbildung in der gleichen Praxis eingestellt wird. Die Probezeit soll beiden Vertragspartnern die Möglichkeit geben, die Kooperationsbereitschaft und das Können der Arzthelferin, aber auch das Klima der Zusammenarbeit in der Praxis u. a. m. zu beurteilen.

▶ *Gehalt.*

▶▶ *13. Monatsgehalt.*

▶▶ *Bereitschaftsdienst.*

36.2.3. Vergütung der Arzthelferin

Der Gehaltstarifvertrag wird im Gegensatz zum Manteltarifvertrag, der die sonstigen Arbeitsbedingungen langfristig festschreibt, meistens jährlich neu verhandelt. Deshalb ist im Manteltarifvertrag für Arzthelferinnen festgelegt, dass die Höhe des Gehaltes und die Ausbildungsvergütung in einem gesondert abzuschließenden Gehaltstarifvertrag geregelt werden müssen.

Die Lohn- bzw. Gehaltszahlungspflicht des Arbeitgebers ergibt sich aus § 611 des Bürgerlichen Gesetzbuches (BGB).

MEMO!

Alles, was in einem Arbeitsverhältnis verdient wird, ist Gegenleistung für Arbeit.

Die Rechtsgrundlage für die Festlegung von Gehältern sowie sonstigen finanziellen Zuwendungen ergeben sich sowohl aus dem Gehalts- wie auch aus dem Manteltarifvertrag.

GEHALTSTARIFVERTRAG

- **Höhe der Gehälter nach Berufsjahren und Tätigkeitsgruppen**
- **Ausbildungsvergütungen**
- **Zuschläge**

MANTELTARIFVERTRAG

- **Ermittlung der Berufsjahre (Anrechenbarkeit)**
- **13. Gehalt**
- **Bereitschaftsdienste**
- **Vermögenswirksame Leistungen**

Berufsjahre

Nach dem Manteltarifvertrag zählen die Berufsjahre vom **Ersten** des Monats an, in dem die Arzthelferin ihre Abschlussprüfung bestanden hat. Diese Regelung vereinfacht auch das Berechnungsverfahren.

13. Gehalt

Nach dem Manteltarifvertrag erhält die Arzthelferin zum 1. Dezember eines Jahres ein 13. Monatsgehalt auf der Basis des letzten vollen Monatsgehaltes. Unregelmäßige Zahlungen (Überstunden-, Sonntags-, Feiertags-, Nachtarbeits- oder Bereitschaftsdienstvergütungen) bleiben hierbei unberücksichtigt. Bei Änderung der Vergütungshöhe während des Kalenderjahres auf Grund einer Änderung des Beschäftigungsumfanges oder Übernahme einer Auszubildenden in ein Arbeitsverhältnis ist aus den Bezügen für das gesamte Kalenderjahr das durchschnittliche Monatsgehalt zu ermitteln und bei der Berechnung des 13. Gehaltes zugrunde zu legen.

Das 13. Monatsgehalt reduziert sich, wenn das Beschäftigungsverhältnis nicht das ganze Jahr bestanden hat. Für jeden angefangenen Monat des Arbeitsverhältnisses (mindestens jedoch 15 Kalendertage) erhält die Arzthelferin 1/12 des 13. Gehaltes.

Bereitschaftsdienst – Rufbereitschaft

Zu den Berufspflichten der Arzthelferin gehört auch die Aufgabe, im Rahmen des ärztlichen Notfallbereitschaftsdienstes tätig zu werden.

Bereitschaftsdienst wird als die Verpflichtung der Arzthelferin verstanden, sich auf Anforderung des Arztes außerhalb der regelmäßigen Arbeitszeit an einem vom Arzt bestimmten Ort aufzuhalten, um im Bedarfsfall bei der Patientenversorgung die Arbeit aufnehmen zu können.

Bereitschaftsdienst = Bewertung als Arbeitszeit zu 60 Prozent

Rufbereitschaft ist die Zeit, in der die Arzthelferin sich entsprechend der Anordnung des Arztes außerhalb der regelmäßigen Arbeitszeit an einer dem Arzt anzuzeigenden Stelle aufhält, um auf Abruf die Arbeit aufzunehmen.

Rufbereitschaft = Bewertung als Arbeitszeit zu 30 Prozent

Die beiden Formen des Bereitschaftsdienstes haben unterschiedliche Konsequenzen in der Vergütungsberechnung. Zur Abgeltung von Bereitschaftsdienst und Rufbereitschaft erfolgt keine Sondervergütung, z. B. durch Zuschläge auf bestimmte Stundensätze, sondern eine Bewertung zu einem bestimmten Prozentsatz als Arbeitszeit.

Vermögenswirksame Leistungen

Der Manteltarifvertrag sieht für Arzthelferinnen nach Ablauf der Probezeit die Gewährung vermögenswirksamer Leistungen in Höhe von 52,– DM monatlich vor. Auszubildende, die nach bestandener Prüfung bei demselben Arzt bleiben, haben sofort Anspruch auf volle vermögenswirksame Leistungen.

Durch den Abschluss eines »vermögenswirksamen Sparvertrages« (max. 78,– DM monatlich bei bestimmten Anlageformen, sonst 52,– DM monatlich) entsteht unabhängig davon, wer die Sparleistungen aufbringt (Arbeitgeber oder Arbeitnehmer), gleichzeitig Anspruch auf die gesetzliche Sparzulage . Der Arbeitgeber ist verpflichtet, die Sparbeiträge vom Gehalt einzubehalten und an den Vertragspartner des Arbeitnehmers abzuführen. Die gesetzliche Sparzulage erhält der Arbeitnehmer im Rahmen des Lohnsteuerjahresausgleichs bzw. der Einkommensteuerveranlagung. Die Gewährung der gesetzlichen Sparzulage ist an Einkommensgrenzen gebunden.

36.2.4. Arbeitszeit

Die Arbeitszeit wird auf die Arbeitswoche bezogen. Die gesetzliche Regelarbeitszeit soll nicht über 8 Stunden am Tag liegen. Da der Sonnabend als Werktag angesehen wird, führt dies zu einer gesetzlich zulässigen Wochenarbeitszeit von 48 Stunden. Arzthelferinnen arbeiten tarifvertraglich durchschnittlich 38,5 Stunden wöchentlich.

Eine regelmäßige wöchentliche Arbeitszeit von 38,5 Stunden bedeutet nicht, dass in jeder Woche genau diese Arbeitszeit erreicht werden muss. Ein solcher Durchschnittswert kann auch über eine längere Zeit zustande kommen. Der Arzt als Arbeitgeber kann auf der Grundlage des Arbeitszeitgesetzes (§3) die werktägliche Arbeitszeit auf bis zu 10 Stunden verlängern.

AUSZUG AUS DEM ARBEITSZEITGESETZ (ARBZG)

§3 Arbeitszeit der Arbeitnehmer
»Die werktägliche Arbeitszeit der Arbeitnehmer darf acht Stunden nicht überschreiten. Sie kann auf bis zu zehn Stunden nur verlängert werden, wenn innerhalb von sechs Kalendermonaten oder innerhalb von 24 Wochen im Durchschnitt acht Stunden werktäglich nicht überschritten werden.«

Überstunden

Durch die im Arbeitszeitgesetz und dem Manteltarifvertrag definierte regelmäßige Arbeitszeit lassen sich die »Überstunden« abgrenzen. Hierbei handelt es sich um diejenigen Stunden, die keine Bereitschaftsdienststunden sind und nach dem Manteltarifvertrag nicht innerhalb der entsprechenden Frist durch Freizeit ausgeglichen worden sind. Die Überstunden sind mit den im Gehaltstarifvertrag festgelegten Zuschlägen zu vergüten.

Pausen

Arbeitszeitgesetz und Manteltarifvertrag legen ferner fest, dass die Pausen nicht auf die Arbeitszeit angerechnet werden. Die

◄ *Wochenarbeitszeit.*

◄◄ *Sparvertrag.*

◄◄ *Sparzulage.*

Ruhepausen.

Arbeit ist durch im Voraus feststehende Ruhepausen von mindestens 30 Minuten bei einer Arbeitszeit von mehr als sechs bis neun Stunden und 45 Minuten bei einer Arbeitszeit von mehr als neun Stunden insgesamt zu unterbrechen.

Als Ruhepausen gelten nur Arbeitszeitunterbrechungen von mindestens 15 Minuten. Länger als 6 Stunden hintereinander dürfen Arbeitnehmer nicht ohne Ruhepause beschäftigt werden.

36.2.5. Urlaub

Urlaub soll der Erholung und Erhaltung von Gesundheit und Leistungsfähigkeit dienen. Deshalb legt das Bundesurlaubsgesetz fest, dass

- der Urlaub möglichst zusammenhängend im laufenden Kalenderjahr gewährt wird,
- der Arbeitnehmer während des Urlaubs keine dem Urlaubszweck widersprechende Erwerbstätigkeit ausübt,
- bei Erkrankung im Urlaub der Zeitraum der Erkrankung nicht auf den Jahresurlaub angerechnet wird.

Erkrankung.

Der gesetzliche Mindesturlaub nach dem Bundesurlaubsgesetz beträgt 24 Werktage bei einer zugrunde gelegten 6-Tage-Woche. Bei einer 5-Tage-Woche entspricht dies 20 Arbeitstagen, also ebenfalls 4 Wochen.

Kündigung.

Der Manteltarifvertrag für Arzthelferinnen sieht erheblich mehr Urlaub vor. Die im Bundesurlaubsgesetz festgelegten Mindestbedingungen sind mittlerweile durch die tarifvertragliche Entwicklung weit überholt. Das Gleiche gilt auch für Auszubildende und Mitarbeiter des Arztes unter 18 Jahren. Auch hier finden die günstigeren tarifvertraglichen Regelungen Anwendung.

Das Bundesurlaubsgesetz legt fest, dass Urlaub erst 6 Monate nach Begründung eines Arbeitsverhältnisses fällig wird. Der Urlaubsanspruch bezieht sich grundsätzlich auf das Kalenderjahr.

MEMO!

Urlaub i. S. des Gesetzes ist die dem Arbeitnehmer zum Zwecke der Erholung für eine bestimmte Zeit unter Entgeltfortzahlung gewährte Befreiung von der Arbeitspflicht.

36.2.6. Beendigung des Arbeitsverhältnisses

Folgende Beendigungsmöglichkeiten für Arbeitsverhältnisse sind möglich:

- gegenseitiges Einvernehmen (Aufhebungsvertrag)
- Befristung (Fristablauf)
- Tod des Praxisinhabers
- Kündigung

Aufhebungs- (Auflösungs-)Vertrag

Bei unbefristeten Arbeitsverhältnissen kann zwischen den Vertragspartnern neben der fristgemäßen Kündigung auch eine Auflösung/Aufhebung des Arbeitsverhältnisses im gegenseitigen Einvernehmen vorgenommen werden, z. B. wenn eine oder beide Seiten die Kündigungsfrist nicht einhalten möchten oder können.

Befristung

Befristete Arbeitsverhältnisse als Ausnahmeregelung müssen ein berechtigtes Interesse der Vertragspartner beinhalten, d. h., es muss ein sachlicher Grund für die Befristung vorliegen (z. B. Vertretung im Erziehungsurlaub).

TARIFLICH FESTGELEGTE URLAUBSDAUER (5-TAGE-WOCHE)

bis zum 30. Lebensjahr	26 Arbeitstage (31 Werktage)
vom 30. bis zum 40. Lebensjahr	28 Arbeitstage (33 Werktage)
ab dem 40. Lebensjahr	30 Arbeitstage (36 Werktage)

Auf der Grundlage des Beschäftigungsförderungsgesetzes ist dagegen bis zum Jahr 2000 die Befristung von Arbeitsverhältnissen bis zu 24 Monaten auch ohne besondere Begründung möglich.

Tod des Praxisinhabers

Arbeitsverhältnisse werden durch Tod des Praxisinhabers nicht automatisch beendet. Die Erben treten als Rechtsnachfolger in die Arbeitsverträge ein, können aber ihrerseits sofort eine ordentliche fristgemäße Kündigung aussprechen. Unter Umständen können die Erben zu einer fristlosen Kündigung berechtigt sein, wenn die Dienstleistung (z. B. wegen Schließung der Praxis) nicht mehr angenommen werden kann und die Fortzahlung der Vergütung für die Erben unzumutbar ist.

Wenn die Praxis von einem anderen Arzt fortgeführt wird, tritt dieser als Arbeitgeber in die im Zeitpunkt des Übergangs bestehenden Arbeitsverhältnisse ein (§ 613 a BGB).

Kündigung

Die Kündigung ist eine einseitige, empfangs-, aber nicht annahmebedürftige Willenserklärung (§ 120 BGB) und zielt darauf ab, eine bestehende Rechtslage zu verändern. Als »empfangsbedürftige« Willenserklärung muss eine Kündigung bezeichnet werden, weil sie dem Kündigungsempfänger zugehen muss.

Wir unterscheiden 2 Kündigungsarten

- ordentliche Kündigung (unterliegt einer Kündigungsfrist)
- außerordentliche Kündigung (fristlos, aus wichtigem Grund).

Ordentliche Kündigung

Ordentliche Kündigungen sind von Fristen abhängig.

Im Rahmen der Probezeit kann die ordentliche Kündigung nach dem Manteltarifvertrag für Arzthelferinnen mit einer Frist von zwei Wochen erfolgen.

Nach dem Kündigungsfristengesetz beträgt die Kündigungsfrist für Arbeitsverhältnisse, die weniger als zwei Jahre bestehen, einheitlich 4 Wochen. Nach längerer Praxiszugehörigkeit verlängern sich die arbeitgeberseitigen Kündigungsfristen nach dem Manteltarifvertrag entsprechend dem Kündigungsfristengesetz vom 15. Oktober 1996.

◄◄ *Rechtsnachfolger.*

Änderungskündigung

◄ *Änderungskündigung.*

Ausnahmefall einer fristgemäßen Kündigung ist die so genannte Änderungskündigung. Bei einer Änderungskündigung wird das Arbeitsverhältnis normal gekündigt und gleichzeitig dem Vertragspartner die Fortsetzung des Beschäftigungsverhältnisses zu veränderten Arbeitsbedingungen angeboten. In jedem Fall hängt es allein vom Kündigungsempfänger ab, ob er die neuen Bedingungen annimmt. Bei negativer Entscheidung wird die Kündigung wirksam, und es kommt zur Beendigung des Arbeitsverhältnisses.

Begründung der Kündigung und Kündigungsschutz

◄ *Kündigungsschutz.*

Im Gegensatz zur außerordentlichen (fristlosen) Kündigung muss eine ordentliche Kündigung nicht begründet werden. Dies gilt für alle Arztpraxen bis einschließlich 5 Angestellte ohne Auszubildende.

Bei Anwendung des Kündigungsschutzgesetzes ab 6 Praxismitarbeiterinnen besteht dagegen eine Darlegungs- und Beweislast der Kündigungsursachen. Kündigungen des Arbeitgebers unterliegen dann den Bestimmungen des Kündigungsschutzes.

Die Bedeutung des Kündigungsschutzgesetzes liegt in der Verhinderung *sozial ungerechtfertigter* Kündigungen. Der Arbeitgeber kann nur bei Vorliegen

- betriebsbedingter
- personenbedingter
- verhaltensbedingter

Gründe kündigen.

Die materielle Bedeutung des allgemeinen Kündigungsschutzes liegt darin, dass sozial ungerechtfertigte Kündigungen rechtsunwirksam sind.

Die außerordentliche Kündigung

Die außerordentliche Kündigung (Kündigung aus wichtigem Grund) richtet sich unabhängig von einer Tarifgebundenheit ausschließlich nach § 626 BGB.

▶ *Fristlose Kündigung.*

Die Voraussetzungen für eine fristlose Kündigung sind dort in Form einer Generalklausel zusammengefasst:

> **»Das Vorliegen von Tatsachen, auf Grund derer es dem Kündigenden unter Berücksichtigung aller Umstände des Einzelfalls und unter Abwägung der Interessen beider Vertragspartner nicht zugemutet werden kann, das Arbeitsverhältnis bis zum Ablauf der Kündigungsfrist oder bis zum vereinbarten Beendigungstermin fortzusetzen.«**

Eine außerordentliche Kündigung ist demnach nur bei schwerwiegenden Vertragsverletzungen möglich. Die Verfehlung muss so gravierend sein, dass das Vertrauensverhältnis zwischen Arzt und Arzthelferin nachhaltig gestört ist und deshalb eine Fortsetzung des Arbeitsverhältnisses nicht zumutbar erscheint.

▶ *Arbeitspflichtverletzung.*

Auch bei groben sich wiederholenden Arbeitspflichtverletzungen sollte vor der außerordentlichen Kündigung eine schriftliche Abmahnung erfolgen, in der der Arbeitnehmer konkret aufgefordert wird, das zu bezeichnende Fehlverhalten abzustellen. Außerdem muss für den Wiederholungsfall die Kündigung angedroht werden.

Die außerordentliche Kündigung ist an eine Ausschlussfrist von 2 Wochen gebunden, nach deren Ablauf eine Kündigung rechtsunwirksam ist. Die Frist beginnt mit dem Zeitpunkt, an dem der Kündigungsberechtigte von den Kündigungsgründen Kenntnis erlangt.

MEMO!

> **Wichtig:** **Nach einer Kündigung muss eine Klage beim Arbeitsgericht innerhalb von 3 Wochen erhoben werden.**

36.2.7. Zeugnis

Es werden zwei Arten von Arbeitsbescheinigungen unterschieden; das einfache Zeugnis (Arbeitsbescheinigung) von dem qualifizierten Zeugnis.

Das einfache Zeugnis oder die Arbeitsbescheinigung bestätigt nur Art und Dauer der Beschäftigung, enthält also keine Aussagen über Führung und Leistungen. Eine Arbeitsbescheinigung wird ausgestellt, wenn wegen der Kürze der Betriebszugehörigkeit (z. B. Ausscheiden während der Probezeit) eine Bewertung der Leistungen nicht möglich ist oder der Arbeitnehmer auf ein umfassendes Zeugnis verzichtet.

Auf Verlangen der Arzthelferin hat der Praxisinhaber ein qualifiziertes Zeugnis zu erstellen, das Aussagen über Arbeitsleistung und persönliche Führung enthalten muss. Auch wenn eine Arzthelferin etwa bei guter persönlicher Führung Leistungsmängel aufweist und auf eine Beurteilung ihrer Leistungen im Zeugnis verzichten möchte muss sowohl auf Führung und Leistungen eingegangen werden.

Folgende Bestandteile gehören zu dem qualifizierten Zeugnis:

- Art und Dauer der Tätigkeit
- Aufgabenbeschreibung
- Leistungs- und Führungsbeurteilung
- Austrittsgrund

Grundsätzlich muss ein Zeugnis objektiv sein. Es darf weder Positives noch Negatives ausgelassen oder falsch dargestellt werden. Der Arbeitgeber macht sich unter Umständen schadenersatzpflichtig, wenn ein anderer Arbeitgeber im Vertrauen auf ein (falsches) gutes Zeugnis durch die schlechten Leistungen einer neuen Mitarbeiterin Schaden erleidet.

▶▶ *Zwischenzeugnis.*

Zum Zwecke der Arbeitssuche kann die Arzthelferin nach der Kündigung, aber vor dem Ende des Arbeitsverhältnisses, ein Zwischenzeugnis beanspruchen, um sich damit zu bewerben. Das vorläufige Zeugnis wird dann bei Auslaufen des Beschäftigungsverhältnisses durch das endgültige Zeugnis ersetzt.

Sollte eine Arzthelferin mit einem Zeugnis nicht einverstanden sein, empfiehlt es sich, dem Arbeitgeber einen eigenen Formulierungsvorschlag zu unterbreiten. Kommt eine Einigung nicht zustande, muss ein Arbeitsgericht entscheiden.

36.3. Weiter- und Fortbildung der Arzthelferin

36.3.1. Weiterbildung zur Arztfachhelferin

Im Bereich der Ärztekammern Berlin, Baden-Württemberg, Hessen, Nordrhein, Rheinland-Pfalz, Westfalen-Lippe und Schleswig-Holstein besteht für die Arzthelferin nach bestandener Prüfung und mehrjähriger Tätigkeit im Beruf die Möglichkeit, sich zur Arztfachhelferin weiterzubilden. In Kursen von insgesamt etwa 400 Stunden erwerben die künftigen Arztfachhelferinnen Fähigkeiten und Kenntnisse, die sie besonders auf die Tätigkeit als erste Kraft in einer Praxis vorbereiten. Am Ende der Weiterbildung steht eine Prüfung vor einem eigens hierfür eingesetzten Prüfungsausschuss. Einzelheiten sind über die Ärztekammern zu erfahren.

◀◀ *Formulierungsvorschlag.*

36.3.2. Fortbildungsveranstaltungen

Die Ärztekammern veranstalten spezielle Fortbildungsveranstaltungen und Kurse für Arzthelferinnen und in der Ausbildung befindliche Arzthelferinnen. Weiterhin werden Fortbildungsveranstaltungen von den Berufsverbänden der Arzthelferinnen, einigen Laborfirmen und anderen angeboten.

Informationen hierüber können den regionalen Ärzteblättern der Ärztekammern und Kassenärztlichen Vereinigungen sowie Mitteilungen des Berufsverbandes der Arzt-, Zahnarzt- und Tierarzthelferinnen e. V. entnommen werden. Gegebenenfalls gibt die zuständige Ärztekammer Auskunft, wo weitere Informationen erhalten werden können.

◀ *Berufsverband.*

INHALTE DER WEITERBILDUNG ZUR ARZTFACHHELFERIN (AM BEISPIEL SCHLESWIG-HOLSTEIN)	ANZAHL DER STUNDEN
1. Kommunikation und Zusammenarbeit in der ärztlichen Praxis	30
2. Arbeitsschutz und Arbeitshygiene	40
3. Arzthelferinnen-Ausbildung	40
4. Arbeitsrecht, Arztrecht, Sozialversicherungsrecht und Kassenärztliche Praxis	40
5. Praxisorganisation	40
6. Abrechnung und Liquidation	40
7. EDV in der Arztpraxis	40
8. Prävention, Prophylaxe und Gesundheitsberatung	30
9. Notfallsituationen und neue Verfahren	40
10. Topografie und Pathologie	40
	380

▶ *Zum Wiederholen und Lernen.*

MEMO!

WICHTIGES ZUM MERKEN

Die **Berufsausübung** der Arzthelferin erfolgt im Rahmen des allgemeinen Arbeitsrechts, d.h., es gibt kein spezielles Berufsrecht wie z. B. bei Ärzten.

Sozialpartner sind Arbeitgeber und Arbeitnehmer, die durch Arbeitgeberorganisationen sowie durch Gewerkschaften bzw. durch Berufsverbände vertreten werden.

Tarifverträge sind privatrechtliche Verträge der Sozialpartner zur Festsetzung von Rechtsnormen über den Inhalt, Abschluss und die Beendigung von Arbeitsverträgen (Mindestarbeitsbedingungen).

Der **Gehaltstarifvertrag** beinhaltet die Gehaltstabelle nach Tätigkeitsgruppen, die Ausbildungsvergütungen sowie Zuschläge für Mehr-, Sonntags-, Feiertags- und Nachtarbeit.

Der **Manteltarifvertrag** hat im Gegensatz zum Gehaltstarifvertrag eine längere Laufzeit und regelt alle sonstigen Arbeitsbedingungen, wie insbesondere Arbeitszeit, Urlaub, Kündigung.

Der **Arbeitsvertrag** ist ein schuldrechtlicher Vertrag zwischen Arbeitgeber und Arbeitnehmer zur Herbeiführung von Arbeitsleistung gegen Entgelt.

Für **Streitigkeiten** zwischen Arbeitgeber und Arbeitnehmer aus dem Arbeits- oder Ausbildungsverhältnis ist das Arbeitsgericht zuständig.

EINIGE FRAGEN ZUM ÜBEN

Welche Unterlagen gehören zu einer Bewerbung?

Wie sind Bewerbungsunterlagen zweckmäßigerweise zusammengestellt?

Was ist bei der Erstellung eines Bewerbungsschreibens zu beachten?

Welche Anforderungen werden an die Erstellung eines Lebenslaufes gestellt?

Erläutern Sie die Begriffe Individualarbeitsrecht und kollektives Arbeitsrecht!

Erläutern Sie die Begriffe Arbeitgeber, Arbeitnehmer, Arbeitsvertrag und Arbeitsverhältnis!

Nennen Sie die Tarifvertragsparteien zur Regelung der Arbeitsbedingungen für Arzthelferinnen!

Beschreiben Sie die Regelarbeitszeit!

Welchen Urlaubsanspruch haben Arzthelferinnen?

Welche Sachverhalte müssen in einem Arbeitsvertrag geregelt sein?

Was wissen Sie über Dauer und Höhe der Lohnfortzahlung im Krankheitsfall?

Die Kündigung ist ein einseitiges Rechtsgeschäft. Was bedeutet dies?

Welche Kündigungsfristen sind einzuhalten?

In welchen Fällen muss der Arbeitgeber bei der Kündigung das Kündigungsschutzgesetz beachten?

Welche Arbeitnehmer genießen einen besonderen Kündigungsschutz?

Unter welchen Voraussetzungen werden längere Kündigungsfristen wirksam?

Wann ist eine außerordentliche Kündigung statthaft?

Wie lange nach Bekanntwerden des Kündigungsgrundes darf noch eine außerordentliche (fristlose) Kündigung erfolgen?

Innerhalb welcher Frist kann ein Arbeitnehmer Kündigungsschutzklage beim Arbeitsgericht einreichen?

Welche Gerichte sind für die Abwicklung von arbeitsrechtlichen Streitigkeiten zuständig?

Nennen Sie die Instanzen der Arbeitsgerichtsbarkeit!

Welche Weiterbildungsmöglichkeiten bestehen für Arzthelferinnen?

Nennen Sie die wichtigsten Berufsorganisationen für Arzthelferinnen!

Stichwortverzeichnis

A

B

C

I

J

K

L

W

X

Y

Z

Abbildungsnachweis

Zeichnungen, die im Folgenden nicht aufgeführt sind, wurden von Uta Schmidt Thielemann oder Dr. Dietrich Brück angefertigt. Fotos, die nicht aufgeführt sind, stammen vom Verfasser.

Der Verfasser bedankt sich bei allen Einrichtungen, Firmen und Verlagen für die Nachdruckgenehmigungen.

Aesculap-Werke AG, Tuttlingen: S. 425, 426, 447 2. u. 4. Abb. v. o., 448–455
(Die Verwendung der Artikelnummern soll dazu dienen, eine einheitliche Nomenklatur für die Bezeichnung der Instrumente zur Verfügung zu haben)

Firma Bayer Diagnostic GmbH, Leverkusen: S. 525

Berufsgenossenschaft für Gesundheit und Wohlfahrtspflege (BGW), Hamburg: S. 456

Firma Boehringer Mannheim GmbH, Mannheim: S. 71, 523, 535

C. Boyle, Farbatlas der Rheumatologie, Schlütersche, Hannover, 1985: 379, 401 u. 354, 394

Deutsche Apotheker- und Ärztebank, Düsseldorf: S. 207

Deutscher Ärzteverlag, Köln: S. 197, 198

Deutsche Post AG: S. 172–181

Deutsche Telekom: S. 183–187, 191

J. Dreibholz, K.-D. Haehn (Hrsg.), Hausarzt und Patient, Lehrbuch der Allgemeinmedizin, Schlütersche, Hannover, 1982: S. 142, 143–145 (modifiziert)

Firma Heraeus KGaA, Düsseldorf: S. 468, 469

Firma Berthold Hermle GmbH & Co, Gosheim: S. 514

S. Geyer, A. Grabner, Die Tierarzthelferin, Schlütersche, Hannover, S. 532–534

S. Henker, Hannover: S. 42, 43, 47, 48, 49 li. o., 50, 51, 54, 67 u., 75, 78, 89, 98, 99, 100, 108, 115, 123 o., 124, 128, 348, 457, 467, 500, 503 o., 504 o., 505 o., 511, 515, 543, 546, 547, 548 re. u., 550

Nordmark-Werke GmbH: S. 551 (modifiziert)

V. Parsons, Farbatlas der Knochenerkrankungen, Schlütersche, Hannover, 1987: S. 401

G. Schettler, Der Mensch ist so jung wie seine Gefäße, 3. Auflage, Piper & Co, München, 1985: S. 361

L. H. Schnellbäcker, Schlüchtern (Zeichnungen): 49 u., 104, 350, 414, 429 (modifiziert), 430

Schury Verlag, Rosenheim: S. 159

»Sichere Technik in der Medizin«, Bayrisches Staatsministerium für Arbeit und Sozialordnung, München: S. 434, 435 re. u., 438

E. Theel, Hannover (Zeichnungen): 59, 60, 61 u., 62 li. o. u. u., 63, 65, 66, 101, 109

W. F. Walker, Farbatlas der peripheren Gefäßerkrankungen, Schlütersche, Hannover, 1988: S. 357, 385, 386

Anämie S.384
Hydrocephalus S.357
Gehirn S.122
Wochenbett S.121

NOTIZEN

NOTIZEN